中国昆曲年鉴编纂委员会 编

# 中国 [昆曲年鉴]
The Yearbook of Kunqu Opera-China
2016

苏州大学出版社

图书在版编目(CIP)数据

中国昆曲年鉴.2016/朱栋霖主编;中国昆曲年鉴编纂委员会编.—苏州:苏州大学出版社,2016.12
ISBN 978-7-5672-1978-6

Ⅰ.①中… Ⅱ.①朱… ②中… Ⅲ.①昆曲-2016-年鉴 Ⅳ.①J825.53-54

中国版本图书馆CIP数据核字(2016)第296843号

| 书　　名： | 中国昆曲年鉴2016 |
|---|---|
| 编　　者： | 中国昆曲年鉴编纂委员会 |
| 主　　编： | 朱栋霖 |
| 责任编辑： | 刘　海 |
| 装帧设计： | 吴　钰 |
| 出版发行： | 苏州大学出版社(Soochow University Press) |
| 出 品 人： | 张建初 |
| 社　　址： | 苏州市十梓街1号　邮编:215006 |
| 印　　刷： | 苏州工业园区美柯乐制版印务有限责任公司 |
| E-mail： | Liuwang@suda.edu.cn　　QQ:64826224 |
| 邮购热线： | 0512-67480030 |
| 销售热线： | 0512-65225020 |
| 开　　本： | 889 mm×1 194 mm　1/16　印张:29.5　插页:62　字数:1034千 |
| 版　　次： | 2016年12月第1版 |
| 印　　次： | 2016年12月第1次印刷 |
| 书　　号： | ISBN 978-7-5672-1978-6 |
| 定　　价： | 298.00元 |

凡购本社图书发现印装错误,请与本社联系调换。服务热线:0512-65225020

# 中国昆曲年鉴编纂委员会

主　任　董　伟

副主任　诸　迪　吕育忠　陈　嵘　徐春宏　朱栋霖

委　员　（按姓氏笔画为序）

　　　　王　馗　叶长海　朱恒夫　李鸿良

　　　　汪世瑜　张继青　吴新雷　杨凤一

　　　　谷好好　罗　艳　郑培凯　洪惟助

　　　　周鸣岐　侯少奎　俞为民　徐显眺

　　　　傅　谨　谢柏梁　蔡少华　蔡正仁

主　编　朱栋霖

# 编辑说明
## Editor Explanation

一、中国昆曲于 2001 年被联合国教科文组织列入"人类口述与非物质遗产代表作"名录。《中国昆曲年鉴》是关于中国昆曲的资料性、综合性年刊，记载中国昆曲的保护传承发展的年度状况。《中国昆曲年鉴》以学术性、文献性、资料性、纪实性为宗旨，为了解中国昆曲年度状况提供全方位信息。

二、《中国昆曲年鉴 2016》记载 2015 年度中国昆曲的保护传承工作和基本情况、各昆剧院团的艺术和相关活动，记录年度昆曲进展，聚焦年度昆曲热点，展示年度昆曲成就。

三、《中国昆曲年鉴 2016》共设栏目：（1）特载：第六届中国昆剧艺术节；（2）北方昆曲剧院；（3）上海昆剧团；（4）江苏省演艺集团昆剧院；（5）浙江昆剧团；（6）湖南省昆剧团；（7）江苏省苏州昆剧院；（8）永嘉昆剧团；（9）台湾昆剧团；（10）2015 年度推荐剧目；（11）2015 年度推荐艺术家；（12）昆曲教育；（13）昆曲研究；（14）2015 年度推荐论文；（15）昆曲博物馆；（16）昆事记忆；（17）中国昆曲 2015 年度记事。

四、《中国昆曲年鉴》附设英文目录。

五、《中国昆曲年鉴 2016》选登图片 500 余幅，编排次序系与正文目录所标示内容相一致，唯在每辑图片起始设以标题，不再另列图片目录。

六、《中国昆曲年鉴 2016》的封面底图系采用清徐扬《盛世繁华图》中姑苏遂初园厅堂演剧部分，17 个栏目的中扉页插图和封底图系采自明版传奇（昆曲剧本）木刻版画和倪传钺绘苏州昆剧传习所图。

# 特载：第六届中国昆剧艺术节

## 第六届中国昆剧艺术节开幕式

▲ 文化部董伟副部长在第六届中国昆剧艺术节上致开幕词

▶ 第六届中国昆剧艺术节宣布开幕

▲ 2015年10月12日第六届中国昆剧艺术节（昆山曲韵）开幕式

◀ 江苏省苏州昆剧院在第六届中国昆曲艺术节开幕式上演出《白兔记》后合影

◀ 文化部吕育忠副司长宣读第三届"名家传戏——当代昆曲名家收徒佳艺工程"名单

第三届"名家传戏——当代昆曲名家收徒佳艺工程"拜师仪式 ▶

▲ 第三届"名家传戏——当代昆曲名家收徒佳艺工程"拜师仪式合影

## 上海昆剧团

▲上海昆剧团参加第六届中国昆剧艺术节，演出经典剧目《墙头马上》（主演罗晨雪、黎安等）

▲上海昆剧团参加第六届中国昆剧艺术节，演出经典剧目《墙头马上》（主演罗晨雪、黎安等）

▲上海昆剧团参加第六届中国昆剧艺术节，演出经典剧目《墙头马上》（主演罗晨雪、黎安等）

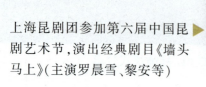

上海昆剧团参加第六届中国昆剧艺术节，演出经典剧目《墙头马上》（主演罗晨雪、黎安等）▶

上海昆剧团参加第六届中国昆剧艺术节，演出折子戏《雁翎甲·盗甲》（主演娄云啸）

上海昆剧团参加第六届中国昆剧艺术节，演出折子戏《雁翎甲·盗甲》（主演娄云啸）

上海昆剧团参加第六届中国昆剧艺术节，演出折子戏《雁翎甲·盗甲》（主演娄云啸）

上海昆剧团参加第六届中国昆剧艺术节，演出折子戏《雁翎甲·盗甲》（主演娄云啸）

上海昆剧团参加第六届中国昆剧艺术节，演出折子戏《玉簪记·偷诗》（主演罗晨雪、黎安）

▲ 上海昆剧团参加第六届中国昆剧艺术节,演出折子戏《玉簪记·偷诗》(主演罗晨雪、黎安)

▲ 上海昆剧团参加第六届中国昆剧艺术节,演出折子戏《玉簪记·偷诗》(主演罗晨雪、黎安)

◀ 上海昆剧团参加第六届中国昆剧艺术节,演出折子戏《玉簪记·偷诗》(主演罗晨雪、黎安)

▲ 上海昆剧团参加第六届中国昆剧艺术节,演出武戏《雁荡山》(主演季云峰、吴双、娄云啸)

特载：第六届中国昆剧艺术节

▲ 上海昆剧团参加第六届中国昆剧艺术节，演出武戏《雁荡山》（主演季云峰、吴双、娄云啸）

上海昆剧团参加第六届中国昆剧艺术节，演出武戏《雁荡山》（主演季云峰、吴双、娄云啸）▶

▲ 上海昆剧团参加第六届中国昆剧艺术节，演出武戏《雁荡山》（主演季云峰、吴双、娄云啸）

## 江苏省演艺集团昆剧院

2015年10月12日在苏州人民大会堂演出《曲圣魏良辅》剧照之一

2015年10月12日在苏州人民大会堂演出《曲圣魏良辅》剧照之二

2015年10月12日在苏州人民大会堂演出《曲圣魏良辅》后谢幕

2015年10月12日在苏州人民大会堂演出《曲圣魏良辅》时的场内观众

2015年10月18日在第六届中国昆剧艺术节上汇报演出《绣襦记·卖兴》（主演钱伟、周鑫）

2015年10月18日参加第六届中国昆剧艺术节汇报演出前排练

## 浙江昆剧团

▲《大将军韩信》的领衔主演林为林正在做演出前的准备

▲ 演出前《大将军韩信》的领衔主演林为林接受媒体采访

▲ 导演沈斌在给林为林说戏

▲ 演出紧张换装

▲ 昆剧《大将军韩信》剧终合影

特载：第六届中国昆剧艺术节

### 湖南省昆剧团

湖南省昆剧团参加第六届中国昆剧艺术节，在苏州昆山保利大剧院演出新编历史剧《湘妃梦》，演出前，观众们欣赏演出说明书

湖南省昆剧团参加第六届中国昆剧艺术节，演出新编历史剧《湘妃梦》（罗艳饰娥皇，刘婕饰女英，王福文饰舜；地点：苏州昆山保利大剧院）

湖南省昆剧团参加第六届中国昆剧艺术节，演出新编历史剧《湘妃梦》（罗艳饰娥皇，刘婕饰女英，王福文饰舜；地点：苏州昆山保利大剧院）

新编历史剧《湘妃梦》中的傩面舞表演

湖南省昆剧团参加第六届中国昆剧艺术节，演出新编历史剧《湘妃梦》（罗艳饰娥皇，刘婕饰女英，王福文饰舜；地点：苏州昆山保利大剧院）

湖南省昆剧团参加第六届中国昆剧艺术节，演出新编历史剧《湘妃梦》（罗艳饰娥皇，刘婕饰女英，王福文饰舜；地点：苏州昆山保利大剧院）

湖南省昆剧团《湘妃梦》剧组合影

湖南省昆剧团《湘妃梦》主创人员与主演合影

特载：第六届中国昆剧艺术节

▲ 湖南省昆剧团演出新编历史剧《湘妃梦》时的观众现场（地点：苏州昆山保利大剧院）

▲ 湖南省昆剧团《湘妃梦》演出结束后主演罗艳感谢恩师张洵澎的指导

▲ 湖南省昆剧团《湘妃梦》导演于少非接受记者采访

▲ 湖南省昆剧团演出新编历史剧《湘妃梦》，主演罗艳接受中央电视台采访（地点：苏州昆山保利大剧院）

► 北京的大学生专程赶到苏州观看《湘妃梦》

## 江苏省苏州昆剧院

第六届中国昆剧艺术节系列活动"戏画人生"林继凡个人书画展在苏州昆剧院举行

第六届中国昆剧艺术节系列活动"戏画人生"林继凡个人书画展现场

第六届中国昆剧艺术节系列活动"梁辰鱼、汤显祖与昆曲雅化"郑培凯讲座现场

◀第六届中国昆剧艺术节系列活动"林继凡昆丑专场"演出剧照

第六届中国昆剧艺术节系▶列活动《昆韵歌咏》现场

◀第六届中国昆剧艺术节系列活动《昆韵歌咏》

## 永嘉昆剧团

永嘉昆剧团举办第六届中国昆剧艺术节站前会议

永嘉昆剧团参加第六届中国昆剧艺术节,《赠书记》排练照之一

永嘉昆剧团参加第六届中国昆剧艺术节,《赠书记》排练照之三

永嘉昆剧团参加第六届中国昆剧艺术节,《赠书记》排练照之二

◀ 永嘉昆剧团参加第六届中国昆剧艺术节,《赠书记》排练照之四

永嘉昆剧团参加第六届中国昆剧艺术节,《赠书记》排练照之五 ▶

◀ 永嘉昆剧团参加第六届中国昆剧艺术节,《赠书记》演出剧照之一

▲ 永嘉昆剧团参加第六届中国昆剧艺术节,《赠书记》演出剧照之二

▲ 永嘉昆剧团参加第六届中国昆剧艺术节,《赠书记》演出剧照之三

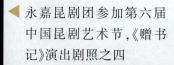
永嘉昆剧团参加第六届中国昆剧艺术节,《赠书记》演出剧照之四

永嘉昆剧团参加第六届中国昆剧艺术节,《赠书记》演出剧照之五

永嘉昆剧团参加第六届中国昆剧艺术节,《赠书记》演出剧照之六

永嘉昆剧团参加第六届中国昆剧艺术节,《赠书记》演出剧照之七

永嘉昆剧团参加第六届中国昆剧艺术节,《赠书记》演员在演出后台与外籍女士互动

## 北方昆曲剧院

▲《图雅雷玛》主角剧照(张媛媛饰图雅雷玛)

▲《图雅雷玛·诈婚》剧照(杨帆饰演尤龙乌兰,王怡饰齐思齐丹)

《图雅雷玛·堕狱》剧照(张媛媛饰演图雅雷玛,杨帆饰尤龙乌兰)▶

▲《图雅雷玛·激魔》剧照(张媛媛饰图雅雷玛,史舒越饰乌苏塔克)

▲欧隆克《巫师梦》剧照

▲《图雅雷玛·毁狱》剧照

▲《断桥》剧照(哈冬雪饰演白娘子，邵峥饰许仙，谭潇潇饰小青)

◀ 在芬兰演出《白蛇传》后合影

在芬兰演出▶《白蛇传·断桥》(哈冬雪饰演白娘子，邵峥饰演许仙，谭潇潇饰小青)

▲ 欧隆克《牡丹亭》剧照

# 上海昆剧团

▲ 新编历史剧《景阳钟》剧照（编剧周长赋，导演谢平安，主演黎安、余彬、吴双等，主笛钱寅；演出时间：2015年4月4日；地点：上海东方艺术中心）

◀ 新编历史剧《川上吟》剧照（编剧吕育忠，导演李利宏、张铭荣，主演吴双、黎安、罗晨雪，主笛杨子银；时间：2015年4月22日；地点：绍兴蓝天大剧院）

▶ 2015年度518"长三角昆剧联合展演"，上昆、浙昆和苏昆三代演员献演明星版《十五贯》（复排导演沈斌，主演缪斌（右）、胡刚（左）等，主笛杨子银；时间：2015年5月18日；地点：上海天蟾逸夫舞台）

2015年度518"长三角昆剧联合展演",上海昆剧团献演折子戏《占花魁·湖楼》,(主演黎安(右)、侯哲(左);主笛钱寅;时间:2015年5月19日;地点:上海天蟾逸夫舞台)

2015年度518"长三角昆剧联合展演"上海昆剧团武戏专场献演《扈家庄》(主演谷好好、孙敬华;主笛杨子银,时间2015年5月20日;地点:上海天蟾逸夫舞台)

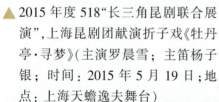

2015年度518"长三角昆剧联合展演",上海昆剧团献演折子戏《牡丹亭·寻梦》(主演罗晨雪;主笛杨子银;时间:2015年5月19日;地点:上海天蟾逸夫舞台)

2015年度518"长三角昆剧联合展演",上海昆剧团武戏专场献演《雁荡山》(技导赵磊、张崇毅、朱俊;图为贾喆(左)、谭笑(右);主笛钱寅;时间:2015年5月20日;地点:上海天蟾逸夫舞台)

2015年度518"长三角昆剧联合展演",上海昆剧团武戏专场献演《雁荡山》(技导赵磊、张崇毅、朱俊;主演奚中路(右二);主笛钱寅;时间:2015年5月20日;地点:上海天蟾逸夫舞台)

◀ 2015年度518"长三角昆剧联合展演",上海昆剧团献演《班昭》(编剧罗怀臻;导演杨小青、张铭荣;主演张静娴、蔡正仁、黎安、缪斌、谷好好、吴双等;主笛钱寅;时间:2015年5月23日;地点:上海天蟾逸夫舞台)

2015年9月15日,《双声慢·歌宋》词唱会(艺术指导尚长荣;润度及吟唱吴双;导演倪广金;音乐设计朱铭;地点:上海 The A.S.K艺术空间·微剧场) ▶

◀ 昆剧小戏《嵇康打铁》剧照(编剧俞霞婷;导演沈矿、张崇毅;主演张伟伟、安新宇、谭许亚;主笛张思炜;时间:2015年10月11日;地点:上海星舞台)

▲ 昆剧小戏《醉打蒋门神》剧照(编剧吴双、俞霞婷;导演赵磊;主演贾喆、阚鑫;主笛叶倚楼;时间:2015年10月11日;地点:上海星舞台)

▲《墙头马上》剧照（编剧白朴；艺术总监岳美缇、张静娴；主演黎安、罗晨雪；主笛张思炜；时间：2015年10月16日；地点：上海兰心大戏院）

▲ 2015年12月27日，《牡丹亭》中的人物"柳梦梅"（黎安）、"杜丽娘"（罗晨雪）穿越上海地铁，传播传统文化

▶ 精华版《长生殿》参加国家大剧院"昆曲艺术周"系列演出（主演黎安（右）、余彬（左）；时间：2015年3月10日；地点：北京国家大剧院）

精华版《长生殿》参加国家大剧院"昆曲艺术周"系列演出（时间：2015年3月10日；地点：北京国家大剧院）▶

▶ 精华版《长生殿》参加国家大剧院"昆曲艺术周"系列演出（主演蔡正仁（中）、张静娴（右）、缪斌（左）；时间：2015年3月10日；地点：北京国家大剧院）

▲ 2015年4月16日首批国家艺术基金资助剧目昆剧《川上吟》完成创排，在太仓大剧院上演

▲ 2015年4月16日首批国家艺术基金资助剧目昆剧《川上吟》完成创排，在太仓大剧院上演

▲ 2015年5月18日,"昆曲学馆"举行开馆仪式,上昆蔡正仁、岳美缇等老艺术家及浙昆武生大家林为林被聘为首批学馆教师并获颁聘书

▲ 2015年度518"长三角昆剧联合展演"上海昆剧团武戏专场献演《武松打店》(主演贾喆(右)、赵文英等;主笛侯捷;时间:2015年5月20日;地点:上海天蟾逸夫舞台)

▲ 2015年度518"长三角昆剧联合展演",上海昆剧团武戏专场献演《三战张月娥》(主演钱瑜婷(左)、阚鑫、张艺严(右)等;主笛侯捷;时间:2015年5月20日;地点:上海天蟾逸夫舞台)

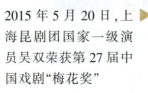

2015年5月20日,上海昆剧团国家一级演员吴双荣获第27届中国戏剧"梅花奖" ▶

◀ 吴双凭借新编历史昆剧《川上吟》中主角曹丕的出色表现荣获第 27 届中国戏剧"梅花奖"

▲ 2015 年 9 月,3D 昆剧电影《景阳钟》在上海松江车墩影视基地进行拍摄

▲ 2015 年 9 月 11 日,3D 昆剧电影《景阳钟》在上海松江车墩影视基地杀青,全体演职人员合影

2015年11月6日，上海昆剧团在上海豫园海上梨园上演《妙玉与宝玉》，开拓了定制驻场演出模式 ▼

▲ 2015年10月10日，上海昆剧团打造的实景园林昆曲红楼梦《妙玉与宝玉》，在上海豫园海上梨园召开新闻发布会

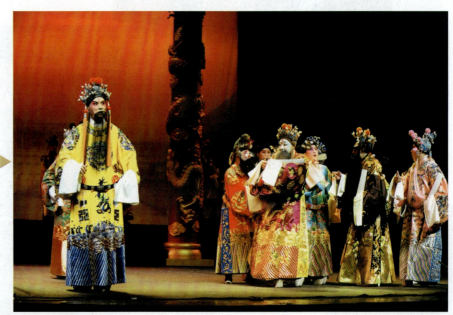

2015年10月29日，▶ 上海昆剧团新编历史昆剧《景阳钟》作为上海戏曲艺术中心主办的新剧目展演开锣大戏，在北京梅兰芳大剧院上演

◀ 2015年12月3日，上海昆剧团新创实验昆剧《夫的人》参加上海戏曲艺术中心主办的"戏曲·呼吸"2015首届上海小剧场戏曲节

◀ 2015年12月8日,上海昆剧团经典传统剧目《牡丹亭》上演于兰心大戏院(主演罗晨雪、黎安)

2015年12月31日,上海昆剧团在逸夫舞台举行2016迎新专场——《临川四梦》唱段精粹演唱会 ▶

▲ 2015年12月31日,上海昆剧团在逸夫舞台举行2016迎新专场——《临川四梦》唱段精粹演唱会

# 江苏省演艺集团昆剧院

▲ 2016年3月14日在昆山市新镇中心校举行"昆曲回故乡"高雅艺术进校园、进机关、进社区、进企业开幕式，演员和学生互动

▲ 2016年3月14日在昆山市新镇中心校举行"昆曲回故乡"高雅艺术进校园、进机关、进社区、进企业开幕式，演出《火判》

▲ 2015年5月16日19:30在澳门文化中心综合剧场参加第26届澳门艺术节，演出《1699桃花扇》

2015年5月16日《1699桃花扇》参加第26届澳门艺术节,澳门文化局代副局长杨子健与演员们合影

2015年11月1日,李鸿良、施夏明、单雯、张争耀在浙江大学人文学院举办"枫桦同调昆曲清唱会"

2015年3月4日江苏演艺集团昆剧院在台湾地区台中县元宵灯会演出准备中

2015年3月28日戴培德老师在兰苑剧场举办"昆曲打击乐讲座"之一

2015年3月28日戴培德老师在兰苑剧场举办"昆曲打击乐讲座"之二

2015年10月5日李鸿良院长与英国剑桥大学国王学院麦克法兰院长见面

2015年10月6日,江苏演艺集团昆剧院在英国剑桥大学国王学院演出《牡丹亭》(龚隐雷饰杜丽娘,钱振荣饰柳梦梅;地点:英国康桥)

2015年10月6日,江苏演艺集团昆剧院在英国剑桥大学国王学院演出

2015年10月6日江苏演艺集团昆剧院在英国剑桥大学国王学院演出《牡丹亭》(龚隐雷饰杜丽娘,钱振荣饰柳梦梅)

2015年10月7日江苏演艺集团昆剧院出访小分队在莎士比亚的家乡合影留念

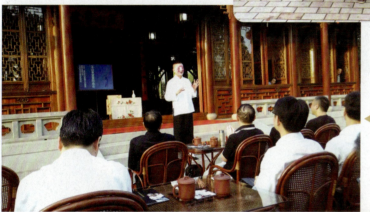

2015年10月21日（重阳节），江苏演艺集团昆剧院在昆山玉山草堂演出现场

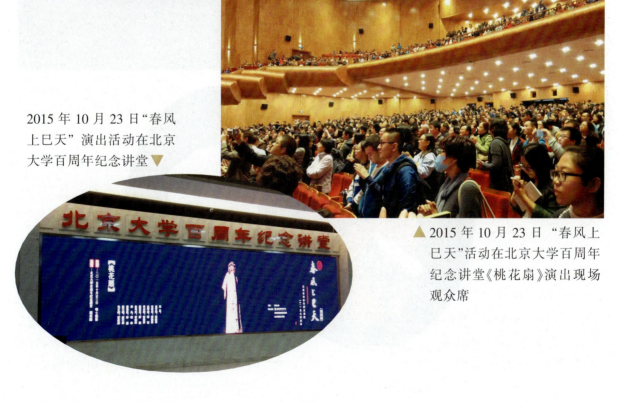

2015年10月23日"春风上巳天"演出活动在北京大学百周年纪念讲堂

2015年10月23日"春风上巳天"活动在北京大学百周年纪念讲堂《桃花扇》演出现场观众席

▲ 朱鹮艺术周海报

▼ 2015年11月1日，亚洲非遗大师Didik在南京博物院举行示范讲座

2015年10月29日，李▶ 鸿良在南京博物院小剧场表演《孽海记·下山》剧照之一

◀2015年10月29日，李鸿良在南京博物院小剧场表演《孽海记·下山》剧照之二

◀ 2015年10月29日，中日表演艺术家在南京博物院小剧场表演能剧《杨贵妃》

2015年11月1日，在南京博物院特展馆多功能厅举办"朱鹮五年计划回顾与前瞻研讨会" ▶

◀ 2015年10月31日，曹志威、杨阳在南京博物院小剧场表演《一桌二椅》

# 浙江昆剧团

《大将军韩信》

昆剧《大将军韩信》入选"国家艺术基金2015年度舞台艺术创作资助项目"。3月在国家大剧院公演;10月参加在苏州举办的第六届中国昆剧艺术节和第十四届中国戏剧节(编剧黄先钢,导演沈斌,主演林为林,主笛马飞云)

## 一集一开

浙昆2015年度"一集一开"传承汇报演出——昆剧传统折子戏专场及全本《狮吼记》（艺术指导：汪世瑜、王世瑶、王奉梅、陶伟明、陶波、张峰、朱玉峰、王凯；时间：2015年9月；地点：浙江杭州胜利剧院）

浙昆艺委会商议2015年传承剧目 ▶

◀ 浙昆老艺术家汪世瑜、陶伟明为青年演员传承《风筝误》

▲ 传承复排剧目《狮吼记》汇报演出

## 御乐堂

浙昆南宋御街旅游文化周末驻场演出御乐堂体验版《牡丹亭》再续100场(剧本整理:周世瑞;导演:林为林;副导演:吴婷婷;主演:曾杰、胡娉、毛文霞、杨崑、洪倩等;主笛:马飞云;时间:每周六晚19:30—21:00;演出地点:杭州南宋御街御乐堂小剧场)

▲ 御乐堂体验版《牡丹亭·惊梦》剧照

省文化厅领导观看御乐堂体验版《牡丹亭》后与演职员合影 ▶

▲ 御乐堂体验版《牡丹亭》谢幕照

▲ 御乐堂体验版《牡丹亭》演职员合影

## "代"字辈

### 浙昆"代"字辈昆剧班传承教学汇报及参赛获奖

▲2015年全国职业院校技能大赛，中职组黄翌荣获个人三等奖

▲2015年全国职业院校技能大赛，中职组吴心怡荣获个人二等奖

▲2015年全省中等职业学校学生技能大赛，黄翌荣获戏曲表演(京昆组)二等奖

▲2015年全省中等职业学校学生技能大赛，阮登越荣获戏曲表演(京昆组)三等奖

▲2015年全省中等职业学校学生技能大赛，吴心怡荣获戏曲表演(京昆组)一等奖

▲ "代"字辈汇报演出

▲ "代"字辈汇报演出

▲ "代"字辈年度传承剧目考核

## 《十五贯》

江、浙、沪三地联动合演昆剧《十五贯》及传承折子戏专场演出
（时间：2015年5月；地点：杭州剧院）

▲《十五贯·杀尤》剧照（浙昆陶波饰娄阿鼠）

▲《十五贯·判斩》剧照（上昆计镇华饰况钟）

▲《十五贯·见都》剧照（浙昆陶伟明饰况钟）

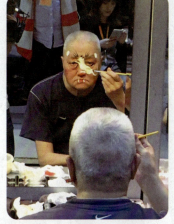

▲浙昆著名昆剧表演艺术家王世瑶老师化妆中

▲曾杰饰熊友兰，浙昆青年演员饰街坊四邻

▲《十五贯·杀尤》剧照（苏州吕福海饰娄阿鼠）

▲三地联动《十五贯》谢幕

# 湖南省昆剧团

▲ 2013 年 3 月 3 日在国家大剧院演出天香版《牡丹亭》(雷玲饰杜丽娘)

▲ 2015 年 3 月 3 日在国家大剧院演出天香版《牡丹亭》(雷玲饰杜丽娘(前),张璐妍饰春香)

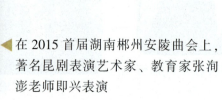

▲ 2015 年 3 月 3 日在国家大剧院演出天香版《牡丹亭》后谢幕,湖南省文化厅厅长李晖、郴州市市长瞿海、郴州市市委宣传部部长张希慧上台与演员合影

◀ 在 2015 首届湖南郴州安陵曲会上,著名昆剧表演艺术家、教育家张洵澎老师即兴表演

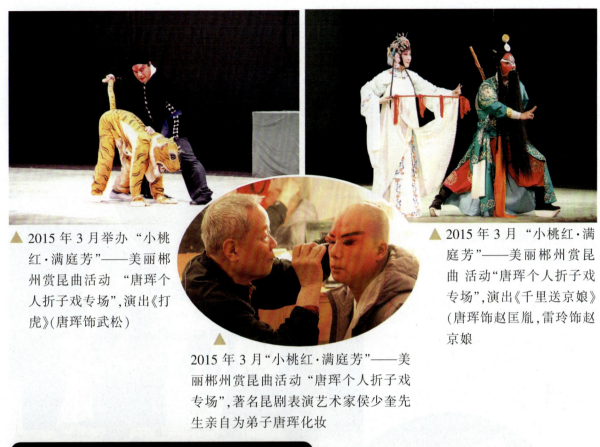

▲ 2015年3月举办"小桃红·满庭芳"——美丽郴州赏昆曲活动"唐珲个人折子戏专场",演出《打虎》(唐珲饰武松)

▲ 2015年3月"小桃红·满庭芳"——美丽郴州赏昆曲活动"唐珲个人折子戏专场",著名昆剧表演艺术家侯少奎先生亲自为弟子唐珲化妆

▲ 2015年3月"小桃红·满庭芳"——美丽郴州赏昆曲活动"唐珲个人折子戏专场",演出《千里送京娘》(唐珲饰赵匡胤,雷玲饰赵京娘)

◀ 2015年3月"小桃红·满庭芳"——美丽郴州赏昆曲活动演出昆曲折子戏《亭会》(王福文饰赵汝舟,胡艳婷饰谢素秋)

"小桃红·满庭芳"活动▶现场,观众入场看戏

▲ 湖南省昆剧团完成传统大戏《义侠记》传承并彩排演出(唐珲饰武松,刘婕饰潘金莲)

完成传统大戏《义侠记》传承并彩排演出(唐珲饰武松,刘婕饰潘金莲)

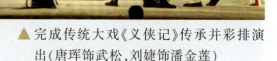

完成传统大戏《义侠记》传承并彩排演出(唐珲饰武松,刘婕饰潘金莲)

▲ 湖南省昆剧团"昆曲周周演"折子戏《贩马记·哭监》剧照(罗艳饰李桂芝,卢虹凯饰李奇)

▲ 湖南省昆剧团"昆曲周周演"折子戏《红梅阁·折梅》剧照(王艳红饰朝霞)

▲2015年7月在深圳南山文体中心演出天香版《牡丹亭》，观众接受记者采访

▲2015年7月在深圳南山文体中心演出天香版《牡丹亭》，观众入场

2015年7月在深圳南山文体中心演出天香版《牡丹亭》，演出结束后观众纷纷拍照留影▶

◀2015年10月13日，在第三届"名家传戏——当代昆曲名家收徒传艺工程"拜师仪式上湖南省昆剧团团长罗艳与弟子陈莉、邓娅晖合影

2015年10月13日,第三届"名家传戏——当代昆曲名家收徒传艺工程"拜师仪式合影

湖南省昆剧团参加第六届中国昆剧艺术节,演出新编历史剧《湘妃梦》(罗艳饰娥皇,刘婕饰女英,王福文饰舜;地点:苏州昆山保利大剧院)

2015年3月3日在国家大剧院演出天香版《牡丹亭》(雷玲饰杜丽娘)

2015年3月3日在国家大剧院演出天香版《牡丹亭》(雷玲饰杜丽娘,王福文饰柳梦梅)

▲ 2013年3月3日在国家大剧院演出天香版《牡丹亭》(雷玲饰杜丽娘(右),张璐妍饰春香)

▲ 2013年3月3日在国家大剧院演出天香版《牡丹亭》(雷玲饰杜丽娘(左),张璐妍饰春香)

◀ 2015年3月3日在国家大剧院演出天香版《牡丹亭》(雷玲饰杜丽娘,王福文饰柳梦梅)

◀ 2015年3月3日在国家大剧院演出天香版《牡丹亭》(雷玲饰杜丽娘,王福文饰柳梦梅)

2013年3月3日在国家大剧院演出天香版《牡丹亭》，演出结束后湖南省文化厅厅长李晖、郴州市市长瞿海、郴州市市委宣传部部长张希慧上台慰问演员

2015年3月在国家大剧院演出天香版《牡丹亭》，著名昆剧团表演艺术家张洵澎、蔡正仁，湖南省文化厅厅长李晖、郴州市市长瞿海、郴州市市委宣传部部长张希慧、郴州市文体广新局局长与演员们合影

2015年3月举办"小桃红·满庭芳"——美丽郴州赏昆曲活动"唐珲折子戏专场"，演出《闹朝扑犬》（唐珲饰赵盾，刘瑶轩饰屠岸贾）

2015年3月举办"小桃红·满庭芳"——美丽郴州赏昆曲活动"唐珲折子戏专场"，演出《千里送京娘》（唐珲饰赵匡胤，雷玲饰赵京娘）

▲ 2015年3月"小桃红·满庭芳"——美丽郴州赏昆曲活动，"唐珲折子戏专场"结束后，著名昆剧表演艺术家侯少奎、张洵澎、湖南省昆剧团团长罗艳与演员们合影

▲ 2015年3月举办"小桃红·满庭芳"——美丽郴州赏昆曲活动，北方昆曲剧院演出折子戏《跃鲤记·芦林》（张欢饰姜诗，马靖饰庞氏）

◀ 2015年3月举办"小桃红·满庭芳"——美丽郴州赏昆曲活动，演出昆曲折子戏《西游记·借扇》，曹静霞饰铁扇公主，曹文强饰孙悟空）

在2015首届中国▶郴州·安陵曲会研讨会上，著名昆剧表演艺术家蔡正仁老师即兴表演

在2015首届中国郴州·安陵曲会研讨会上，著名昆剧表演艺术家张洵澎老师即兴表演

2015首届中国郴州·安陵曲会与会人员合影

由著名昆剧表演艺术家张洵澎、蔡正仁、陆永昌老师传承的《贩马记》在湖南省昆剧团古典剧院演出（罗艳饰李桂芝，卢虹凯饰李奇）

由著名昆剧表演艺术家张洵澎、蔡正仁、陆永昌老师传承的《贩马记》在湖南省昆剧团古典剧院演出（王福文饰赵宠，曹云雯饰李保童）

湖南省昆剧团"昆曲周末剧场"演出折子戏《惊变》（王福文饰唐明皇，胡艳婷饰杨玉环）

◀"昆曲周末剧场"演出折子戏《寄子》(卢虹凯饰伍员,史飞飞饰伍子,彭峰林饰鲍牧)

"昆曲周末剧场"演出折子戏《折梅》▶(王艳红饰朝霞,胡艳婷饰卢昭容,曹云雯饰裴舜卿)

◀"昆曲周末剧场"演出折子戏《小商河》(刘志雄饰杨再兴,蔡路军饰金兀术)

▲由著名昆剧表演艺术家陈治平老师传承的《九莲灯·火判》在湖南省昆剧团汇报演出(刘瑶轩饰火德星君,王福文饰闵远)

▲由著名昆剧表演艺术家陈治平老师传承的《九莲灯·火判》在湖南省昆剧团汇报演出(刘瑶轩饰火德星君)

湖南省昆剧团昆班学生汇报演出之一

湖南省昆剧团昆班学生汇报演出之二

# 江苏省苏州昆剧院

青春版《牡丹亭》观众席（导演汪世瑜；主演沈丰英、俞玖林；时间：2015年3月5日；地点：北京国家大剧院）

《游园惊梦》国家大剧院昆曲艺术周主题展（时间：2015年3月5日；地点：国家大剧院公共空间）▼

▲ 2015年4月14日，王芳在美国哥伦比亚大学米勒剧场举办《游园惊梦》艺术讲座

▲ 田青艺术讲座（主讲：田青；时间：2015年4月26日；地点：江苏省苏州昆剧院厅堂）

▲ 2015年5月15日在长沙湖南大剧院演出《红娘》（吕佳饰红娘，周雪峰饰张珙，朱璎媛饰崔莺莺，吕福海饰法聪）

▲2015年5月20日,周雪峰荣获第27届中国戏剧梅花奖

▲《白蛇传》(导演俞珍珠,刘煜饰演白素贞,周雪峰饰演许仙,吕佳饰演小青青;时间:2015年5月23日;地点:南京人民大会堂)

◀《牡丹亭》剧照(主演:王芳饰演杜丽娘,石小梅饰演柳梦梅;时间:2015年6月1日;地点:北京世纪坛艺术馆)

▲《花魁记》演出后谢幕(导演范继信;王芳饰花魁,俞玖林饰秦钟;时间:2015年7月30日;地点:香港中国戏曲节)

◀实景版《玉簪记》剧照(导演吕福海;俞玖林饰潘必正,刘煜饰陈妙常;时间:2015年11月5日;地点:苏州昆剧传习所)

▲ 2015年11月12日在加拿大肯特学校演出后合影留念(王芳饰演杜丽娘,俞玖林饰演柳梦梅,沈国芳春香)

▲ 明星版《十五贯》演出剧照,演员有程伟兵、鲍晨、缪斌、吕福海、胡刚等(时间:2015年6月28日;地点:江苏省苏州昆剧院剧场)

▲ 2015年4月9日,在台湾大学中山堂演出折子戏,演员有俞玖林、沈丰英、吕佳、屈斌斌、柳春林等

2015年12月24日,吕佳和钢琴家顾劼亭合作演出《当德彪西遇上杜丽娘》(地点:江苏省苏州昆剧院剧场)▼

▲ 2015年8月9日,许培鸿在苏州凤凰书城举办昆曲摄影讲座

◀ 王芳在讲座中作表演示范

《游园惊梦》国家大剧院昆曲艺术周主题展 ▶

◀ 《游园惊梦》国家大剧院昆曲艺术周主题展

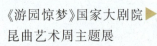

《游园惊梦》国家大剧院昆曲艺术周主题展 ▶

## 周雪峰参加第 27 届"梅花奖"竞演并获奖

▲ 第 27 届中国戏剧梅花奖领奖典礼现场

蔡正仁指导周雪峰、陈玲玲 ▶

▲ 竞演现场《跪池》剧照

▲ 竞演现场《见娘》剧照

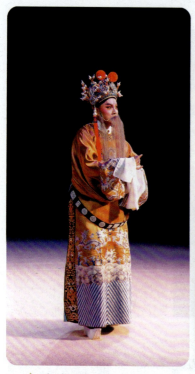
▲ 竞演现场《长生殿》剧照

▲ 竞演现场观众评委场景

▲ 媒体报道:《雪峰之吟诵昆腔》

▲ 媒体报道:《苏昆周雪峰摘得梅花奖》

### 青春版《牡丹亭》系列演出活动

▲ 青春版《牡丹亭》在国家大剧院演出时的观众场景

▲ 青春版《牡丹亭》献演国家大剧院时的观众场景

▲《牡丹亭》"游园·惊梦·寻梦"剧组在洛杉矶亚太博物馆演出时的演出说明书

▲《牡丹亭》"游园·惊梦·寻梦"剧组在中国驻美国洛杉矶领事馆演出时的演出说明书

▲ 相关演出报道

## 《白蛇传》参评第二届江苏省文华奖

▲《白蛇传·游湖》剧照
（主演刘煜、周雪峰）

《白蛇传》剧照

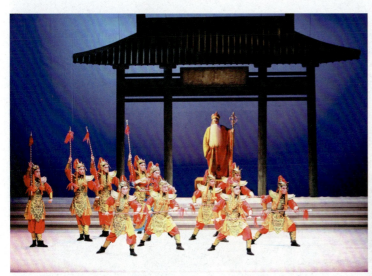

◀《白蛇传·水斗》剧照（群场演员）

《白蛇传·断桥》剧照（主演刘煜、▶
周雪峰）

▲ 2015年6月,《白蛇传》荣获第二届江苏省文华奖·文华优秀剧目奖

▲ 2015年6月,刘煜凭借在《白蛇传》中的表演荣获第二届江苏省文华奖·文华表演奖

▲《白蛇传》观众现场

## 在加拿大肯特学校演出

▲ 2015年赴加拿大演出《牡丹亭》海报

▲ 王芳和同事在加拿大肯特学校进行讲座示范

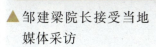
▲ 邹建梁院长接受当地媒体采访

▲ 王芳、俞玖林演出《惊梦》剧照

《牡丹亭》演出后合影 ▶

# 永嘉昆剧团

◀《痴梦》演出剧照（主演孙永会；时间：2015年10月30日；地点：温州水心文苑大楼）

《单刀赴会》演出剧照（主演张玲弟；主笛黄光利；时间：2015年10月30日；地点：温州水心文苑大楼）▶

◀《湖楼》剧照（主演杜晓伟；主笛金瑶瑶；时间：2015年2月24日；地点：乐清湖广茶楼）

《荆钗记》（导演张玲弟；主演杜晓伟、由腾腾；主笛黄光利；时间：2015年6月8日；地点：永嘉县大会堂）▶

▲《楼会》剧照(主演杜晓伟、南显娟;主笛金瑶瑶;时间:2015年2月23日;地点:乐清湖广茶楼)

▲《牡丹亭》剧照(导演范敬信;主演由腾腾、杜晓伟;主笛黄光利;时间:2015年4月2日;地点:永嘉县文化中心)

《琵琶记·扫松》剧照(主演冯诚彦;时间:2015年8月3日;地点:温州东南剧院)

◀《三请樊梨花》剧照(导演张玲弟;主演王耀祖、胡曼曼;主笛黄光利;时间:2015年8月9日;地点:永嘉县枫林文化礼堂)

《三请樊梨花》剧照(导演张玲弟;主演胡曼曼;主笛黄光利;时间:2015年11月15日;地点:永嘉岩头镇苍坡村)▶

▲《思凡》剧照(主演由腾腾;主笛黄光利;时间:2015年9月17日;地点:绍兴公共文化中心)

▲《亭会》剧照(主演金海雷;主笛金瑶瑶;时间:2015年2月22日;地点:乐清湖广茶楼)

◀《寻梦》剧照(主演由腾腾;主笛黄光利;时间:2015年5月16日;地点:永嘉县岩头镇苍坡村)

▲《折桂记》剧照(编剧施小琴;导演谢平安;主演冯诚彦、黄苗苗、孙永会、由腾腾、金海雷、李文义;主笛黄光利;时间:2015年4月2日;地点:永嘉县文化中心)

◀《百花公主·花亭赠剑》剧照(由腾腾饰方百花,冯诚彦饰江六云,胡曼曼饰江花右;时间:2015年5月1日,地点:永嘉县岩头镇苍坡村)

▲《孽海记·双下山》剧照（黄苗苗饰色空，李文义饰本无；时间：2015年5月10日；地点：永嘉县岩头镇苍坡古村）

▲浙江好腔调——"开演了"传统戏青年演员传承人专场活动《思凡》剧照（时间：2015年9月17日；地点：绍兴公共文化中心）

◀2015年10月14日参加中国第六届昆剧艺术节，在苏州公共文化中心演出《赠书记》

参加第六届中国昆剧▶艺术节，排练《赠书记》

2015年11月3日参加温州市第十三届戏剧节,在温州东南剧院演出《赠书记》

▲《张协状元》剧照(编剧张烈;导演谢平安;主演冯诚彦、由腾腾;主笛黄光利;时间:2015年4月1日;地点:永嘉县文化中心)

2015年3月19日《张协状元》,参加国家大剧院昆曲艺术周,在北京长安大戏院演出时的观众场面

2015年2月1日《南戏印象·琵琶记》在温州南戏博物馆首演新闻发布会

2015年2月10日《南戏印象·琵琶记》在温州南戏博物馆演出剧照之一

2015年2月10日《南戏印象·琵琶记》在温州南戏博物馆演出剧照之二

2015年2月10日《南戏印象·琵琶记》在温州南戏博物馆演出剧照之三

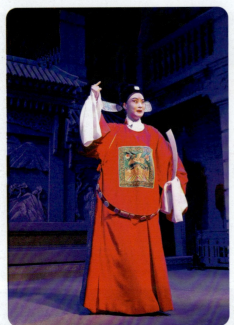

▸ 2015年2月10日《南戏印象·琵琶记》在温州南戏博物馆演出剧照之四

▸ 2015年2月10日《南戏印象·琵琶记》在温州南戏博物馆演出剧照之五

▸ 2015年2月10日《南戏印象·琵琶记》在温州南戏博物馆演出剧照之六

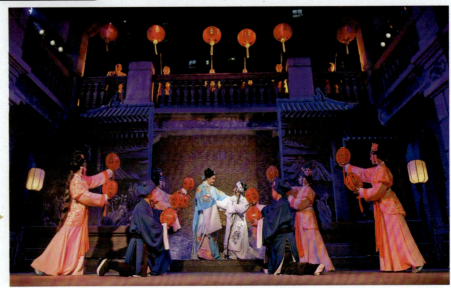

2015年2月10日▸《南戏印象·琵琶记》在温州南戏博物馆演出剧照之七

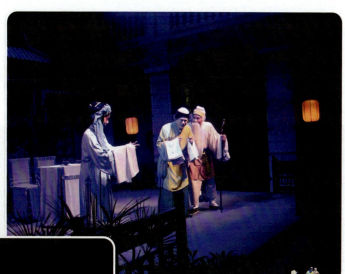

2015年4月17日《南戏印象·琵琶记》在温州南戏博物馆演出剧照之八

2015年4月18日《南戏印象·琵琶记》在温州南戏博物馆演出剧照之九

《南戏印象·琵琶记》该职人员合影（编剧施小琴；导演翁国生；南显娟饰赵五娘、杜晓伟饰蔡伯喈；主笛金瑶瑶；时间：2015年4月18日；地点：温州南戏博物馆）

## 台湾兰庭昆剧团

▲《牡丹亭·游园》剧照（王志萍饰杜丽娘）

▲小全本《金不换》剧照（温宇航饰姚英）

▲小全本《金不换》剧照（温宇航饰姚英）

▲小全本《金不换》剧照（温宇航饰姚英）

▲小全本《金不换》剧照（温宇航饰姚英）

# 2015 年度推荐剧目

## 北方昆曲剧院、中国戏曲学院:《李清照》

▲《李清照》节目单

▲《李清照》序幕(顾卫英饰李清照)

### 第一折 《改适》

▲赵明诚作为梦魂闪现,与现实中的李清照赌书泼茶、吟诗评词(顾卫英饰李清照,肖向平饰赵明诚)

▲李清照与张汝舟初见(顾卫英饰李清照,张贝勒饰张汝舟,徐鸣瑀饰李远)

◀ 李清照望着张汝舟离开的背影，心生好感(顾卫英饰李清照，徐鸣璐饰李远)

李清照最终暗许了这门婚事（顾卫英饰李清照，徐鸣璐饰李远，李欣饰铁叔，刘大馨饰翠环）▶

### 第二折 《阻会》

▲ 李清照为保住宝物坚决不从，张汝舟凶相毕露(顾卫英饰李清照，张贝勒饰张汝舟)

◀ 李清照将张汝舟告上公堂(顾卫英饰李清照，徐鸣璐饰李远，李欣饰铁叔)

### 第三折 《讼婚》

◀ 公堂上李清照据理力争(顾卫英饰李清照)

李清照最终赢得了官司的胜利,但她仍须坐牢(顾卫英饰李清照,肖向平饰赵明诚)

## 第四折 《心警》

梁丘大人劝李清照看开些(顾卫英饰李清照,许乃强饰梁丘崇礼)

李清照续写《金石录后序》,忽然被小女孩的朗读声所吸引(顾卫英饰李清照,吴思饰燕儿)

酸甜苦辣,悲欢离合顿时一齐涌上心头,一代词家如坠深渊……(顾卫英饰李清照)

## 上海昆剧团：《墙头马上》

◀ 第一场《遣子》剧照（黎安饰演裴少俊，沈矿饰演裴行俭，胡刚饰演裴福，侯哲饰演张千）

第二场《诗媒》剧照（黎安饰演裴少俊，罗晨雪饰演李倩君，胡刚饰演裴福，汤泼泼饰演梅香）▶

◀ 第二场《诗媒》剧照（罗晨雪饰演李倩君，汤泼泼饰演梅香，周娅丽饰演乳娘）

◀ 第二场《诗媒》剧照（罗晨雪饰演李倩君，汤泼泼饰演梅香）

◀ 第三场《出走》剧照（黎安饰演裴少俊，罗晨雪饰演李倩君，汤泼泼饰演梅香，周娅丽饰演乳娘）

2015年度推荐剧目

◀ 第四场《归绛》剧照（黎安饰演裴少俊，罗晨雪饰演李倩君，胡刚饰演裴福，汤泼泼饰演梅香）

第七场《逼休》剧照（黎安饰裴少俊，罗晨雪饰李倩君，沈矿饰裴行俭，胡刚饰裴福）▶

▲ 第八场《认婿》剧照（黎安饰裴少俊，缪斌饰李世杰，周娅丽饰乳母）

◀ 第十场《观圆》剧照（罗晨雪饰李倩君，沈矿饰裴行俭，胡刚饰裴福，汤泼泼饰梅香）

◀ 第十场《观圆》剧照（黎安饰裴少俊，罗晨雪饰李倩君，胡刚饰裴福，赵文英饰端端，周亦敏饰重阳）

## 江苏省演艺集团昆剧院:《曲圣魏良辅》

▲《曲圣魏良辅》剧照(蔡正仁饰魏良辅)

▲《曲圣魏良辅》剧照(李鸿良饰过云适)

◀《曲圣魏良辅》剧照(孔爱萍饰莺啭)

▲《曲圣魏良辅》剧照(蔡正仁饰魏良辅,孔爱萍饰莺啭)

▲《曲圣魏良辅》剧照(蔡正仁饰魏良辅,钱振荣饰张野塘)

《曲圣魏良辅》剧照(钱振荣饰张野塘,孔爱萍饰莺嗉)

《曲圣魏良辅》剧照(钱振荣饰张野塘)

《曲圣魏良辅》剧照(顾骏饰张梅谷)

《曲圣魏良辅》第五场"翁婿庆成"剧照

《曲圣魏良辅》第六场"虎丘曲会"剧照

▲《曲圣魏良辅》空景图

▲《曲圣魏良辅》导演周世琮、朱雅在兰苑剧场排练中

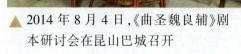

▲ 2014年8月4日,《曲圣魏良辅》剧本研讨会在昆山巴城召开

2015年5月13日,《曲圣魏良辅》主创会议在江苏演艺集团昆剧院会议室召开 ▶

## 湖南省昆剧团：《湘妃梦》

▲《湘妃梦》剧照（罗艳饰娥皇）

◀《湘妃梦》剧照（罗艳饰娥皇，刘婕饰女英）

◀《湘妃梦》剧照（王福文饰舜）

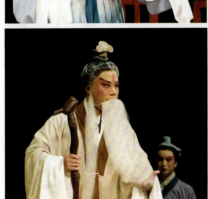

◀《湘妃梦》剧照（唐珲饰尧）

▶《湘妃梦》剧照（王福文饰舜）

▲《湘妃梦》剧照(罗艳饰娥皇,刘婕饰女英,王福文饰舜)

▶《湘妃梦》剧照(罗艳饰娥皇,王福文饰舜)

◀《湘妃梦》剧照(刘婕饰女英,王福文饰舜,唐珲饰尧)

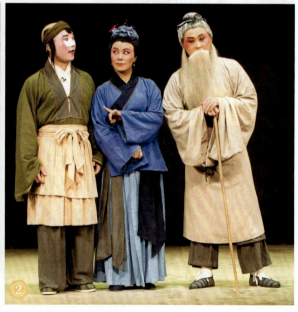

① 《湘妃梦》剧照(卢虹凯饰屈原)

② 《湘妃梦》剧照(刘瑶轩饰舜父,王荔梅饰舜继母,曹文强饰象)

2015 年度推荐剧目

◀《湘妃梦》主创人员与主演合影

《湘妃梦》演出后台 ▶

▲《湘妃梦》演出合影

## 江苏省苏州昆剧院：《白蛇传》

▲《白蛇传·游湖》剧照（主演刘煜、周雪峰、吕佳、吕福海）

▲《白蛇传·惊变》剧照（主演刘煜、周雪峰）

▲《白蛇传·水斗》剧照

《白蛇传·断桥》剧照 ▶（主演刘煜、周雪峰、吕佳）

◀《白蛇传》献演于武汉大剧院（摄影庞林春）

《白蛇传》献演于第二届江苏艺术展演月（摄影庞林春；地点：南京人民大会堂）▶

◀《白蛇传》献演于长沙湖南大剧院（摄影庞林春）

《白蛇传》排练现场（导演俞珍珠；作曲任枫；配器周友良）

《白蛇传》献演于宁波逸夫剧院

《白蛇传·水斗》群场排练

### 永嘉昆剧团:《赠书记》

▲ 在温州东南剧院演出《赠书记》

◀ 在苏州公共文化中心演出《赠书记》

在温州东南剧院演出▶
《赠书记》

▲ 在苏州公共文化中心演出《赠书记》

▲《赠书记》排练现场

# 2015 年度推荐艺术家

## 北方昆曲剧院：翁佳慧

▲ 翁佳慧生活照

化妆中的翁佳慧 ▶

翁佳慧在昆曲《牡丹亭》中饰柳梦梅 ▶

◀ 翁佳慧在昆曲《牡丹亭》中饰柳梦梅

在昆曲《西楼记》中饰于叔夜 ▶

▲ 翁佳慧在昆曲《红楼梦》中饰贾宝玉

▲ 翁佳慧在昆曲《红楼梦》中饰贾宝玉

▲ 翁佳慧在昆曲《红楼梦》中饰贾宝玉

▲ 翁佳慧在昆曲《望乡》中饰李陵

翁佳慧在昆剧《飞夺泸定桥》中饰小号手 ▶

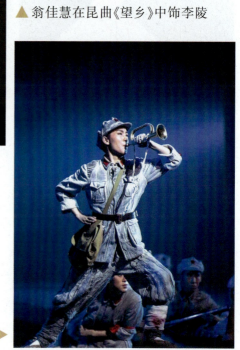

## 上海昆剧团：吴双

▲ 吴双在《双声慢·词唱会》上演出照

▲《班昭》剧照（吴双饰范伦）

▲《景阳钟》剧照（吴双饰周奎）

▲《长生殿》剧照（吴双饰安禄山）

◀《紫钗记》剧照（吴双饰黄衫客）

▲《南柯梦记》剧照(吴双饰檀萝太子)

▲《川上吟》剧照(吴双饰曹丕)

▲ 吴双后台化妆照

▲ 吴双排练照

▲ 吴双生活照

◀ 吴双在第 27 届中国戏剧梅花奖颁奖典礼上

## 江苏省演艺集团昆剧院：张争耀

▲《牡丹亭·惊梦》剧照（张争耀饰柳梦梅）

▲《桃花扇》剧照

▲《桃花扇》剧照

▲《百花赠剑》剧照（张争耀饰海俊）

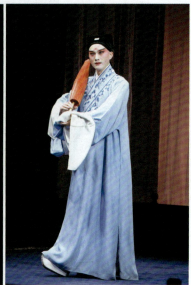
▲《幽闺记·踏伞》剧照

《玉簪记·问病》剧照▶
（张争耀饰潘必正）

▲《红楼梦·识锁》剧照(张争耀饰贾宝玉)

▲《奇双会·写状》剧照(张争耀饰赵宠)

▲《长生殿·小宴》剧照(张争耀饰唐明皇)

▲《长生殿·迎像哭像》剧照(张争耀饰唐明皇)

◀《长生殿·迎像哭像》剧照(张争耀饰唐明皇)

## 浙江昆剧团：鲍晨

▲鲍晨生活照

▲鲍晨在《大将军韩信》中饰萧何

▲鲍晨在《蝴蝶梦》中饰楚王孙

▲鲍晨在《烂柯山》中饰朱买臣

◀ 鲍晨在《蝴蝶梦》中饰庄周

鲍晨在《沈园情》中饰陆游 ▶

▲ 鲍晨在《十五贯》中饰况钟

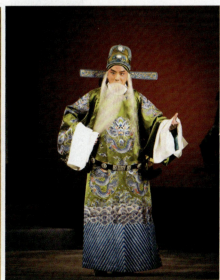
▲ 鲍晨在《十五贯》中饰周忱

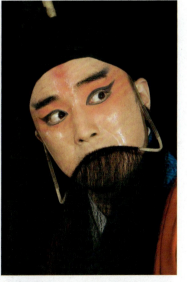
▲ 鲍晨在《云阳法场》中饰卢生

### 湖南省昆剧团：刘婕

▲ 刘婕

▲ 刘婕在接待演出中担任主持人

▶ 湖南省昆剧团完成传统大戏《义侠记》传承并彩排演出（唐珲饰武松，刘婕饰潘金莲）

◀《水浒记·活捉》剧照（刘婕饰阎惜娇，刘荻饰张文远）

◀《白蛇传·游湖》剧照(刘婕饰白素贞,张璐妍饰小青)

《白蛇传·游湖》剧照(刘婕饰白素贞,张璐妍饰小青,刘嘉饰许仙)▶

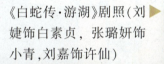

◀《白蛇传·游湖》剧照(刘婕饰白素贞)

《铁冠图·刺虎》剧照(刘婕饰费贞娥)▶

◀《铁冠图·刺虎》剧照（刘婕饰费贞娥，凡佳伟饰李固）

《铁冠图·刺虎》剧照▶
（刘婕饰费贞娥）

▲湖南省昆剧团演出《长生殿·小宴》
（王福文饰唐明皇，刘婕饰杨贵妃）

刘婕赴上海向著名昆曲表演艺术家、▶
教育家张洵澎老师学习《牡丹亭》

## 江苏省苏州昆剧院：吕佳

▲ 吕佳生活照

▲ 梁谷音老师教授吕佳

▲ 吕佳在《玉簪记》中饰演陈妙常

▲ 吕佳在《红娘》中饰演红娘

▲ 吕佳在《潘金莲》中饰演潘金莲

 ▲吕佳在《藏舟》中饰演邬飞霞
 ▲吕佳在《思凡》中饰演色空
 ▲吕佳在《寄子》中饰演伍子
 ▲《痴诉》剧照(吕佳饰萧惜芬)
 ▲《活捉》剧照(吕佳饰阎惜娇)
 ▲《白蛇传》剧照(吕佳饰小青)

## 永嘉昆剧团：林媚媚

▲ 林媚媚在《张协状元》中饰张协

▲ 林媚媚在《张协状元》中饰张协

▲ 林媚媚饰王十朋

《张协状元》剧照 ▶
（林媚媚饰张协）

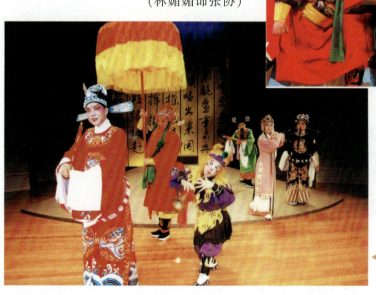

◀《张协状元》剧照
（林媚媚饰张协）

▶ 林媚媚饰王十朋

▲ 林媚媚在教授青年演员

▲ 林媚媚在教授青年演员

▲ 林媚媚在教青年演员表演

▲ 林媚媚在培训青年演员

# 昆曲教育

## 中国戏曲学院

▲ 在国戏小剧场实践演出《佳期》(肖诗琦饰红娘;主笛洪盛)

实践演出国戏小剧场《惊梦》(张敏饰杜丽娘,主笛付雨萌) ▶

▲ 在国戏小剧场实践演出《佳期》(肖诗琦饰红娘;主笛洪盛)

▲ 在国戏小剧场实践演出《痴梦》(鲍思雨饰崔氏;主笛洪盛)

▲ 在国戏小剧场实践演出《痴梦》(鲍思雨饰崔氏;主笛洪盛)

▲ 在国戏小剧场实践演出《春香闹学》(齐婉好饰春香;主笛刘义民)

▲ 在国戏小剧场实践演出《刺虎》(陈麓伊饰费贞娥;主笛洪盛)

◀ 在国戏小剧场实践演出《刺虎》(陈麓伊饰费贞娥;主笛洪盛)

在国戏小剧场实践演出《刺虎》▶(陈朔饰费贞娥;主笛洪盛)

◀ 在国戏小剧场实践演出《叫画》(王奕铼饰柳梦梅;主笛洪盛)

▲ 在国戏小剧场实践演出《叫画》(王奕铼饰柳梦梅；主笛洪盛)

▲ 在国戏小剧场实践演出《亭会》(杨悦饰谢素秋；主笛洪盛)

▲ 在国戏小剧场实践演出《亭会》(杨悦饰谢素秋；主笛洪盛)

▼ 在国戏小剧场实践演出《春香闹学》(李子铭饰春香；主笛陈雨潇)

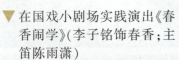
▲ 在国戏小剧场实践演出《春香闹学》(李子铭饰春香；主笛陈雨潇)

▲ 在国戏小剧场实践演出《见娘》(曲红颖饰王母；主笛刘义民)

▲ 在国戏小剧场实践演出《小放牛》(常月饰村姑；主笛洪盛)

▲ 在国戏小剧场实践演出《见娘》(徐鲲鹏饰王十朋；主笛刘义民)

▲ 在国戏小剧场实践演出《天罡阵》(高培雨饰明珠公主；主笛洪盛)

▲ 在国戏小剧场实践演出《天罡阵》(高培雨饰明珠公主；主笛洪盛)

### 上海戏剧学院戏曲学院

▲ 2015年10月13日参加第六届中国昆剧艺术节,演出《四声猿·翠乡梦》(卫立饰玉通和尚,蒋珂饰红莲;地点:江苏省苏州昆剧院剧场)

▲ 2015年10月13日参加第六届中国昆剧艺术节,演出《四声猿·翠乡梦》(卫立饰玉通和尚,蒋珂饰红莲,张前仓饰小僧;地点:江苏省苏州昆剧院剧场)

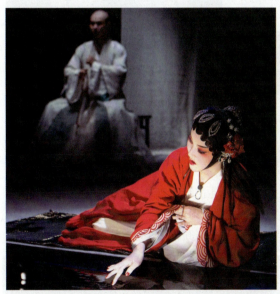

▲ 2015年10月13日参加第六届中国昆剧艺术节,演出《四声猿·翠乡梦》(蒋珂饰红莲;地点:江苏省苏州昆剧院剧场)

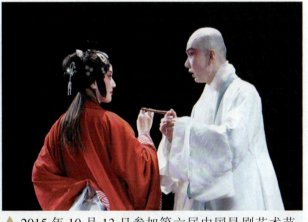

▲ 2015年10月13日参加第六届中国昆剧艺术节,演出《四声猿·翠乡梦》(蒋珂饰红莲,卫立饰玉通和尚;地点:江苏省苏州昆剧院剧场)

2015年10月13日参加第六届中国昆剧艺术节,演出《四声猿·翠乡梦》(卫立饰玉通和尚,蒋珂饰红莲;地点:江苏省苏州昆剧院剧场)▶

## 苏州市艺术学校

◀ 2015年10月18日参加第六届中国昆剧艺术节,在苏州昆剧院剧场演出《阎惜娇》(张心田饰张文远,刘煜饰阎惜娇)

在第六届中国昆剧艺术节上演出《阎惜娇》(张心田饰张文远,刘煜饰阎惜娇) ▶

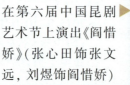

在第六届中国昆剧艺术节上演出《阎惜娇》(张心田饰张文远,刘煜饰阎惜娇,周乾德饰宋江) ▶

在第六届中国昆剧艺术节上演出《阎惜娇》(周乾德饰宋江,刘煜饰阎惜娇) ▶

昆曲教育

▲ 在第六届中国昆剧艺术节上演出《阎惜娇》（周乾德饰宋江，宋婷饰王婆）

▲ 在第六届中国昆剧艺术节上演出《阎惜娇》（刘煜饰阎惜娇）

▲ 在第六届中国昆剧艺术节上演出《阎惜娇》（张心田饰张文远，刘煜饰阎惜娇）

▲ 在第六届中国昆剧艺术节上演出《阎惜娇》）（刘煜饰阎惜娇）

▲ 在第六届中国昆剧艺术节上演出《阎惜娇》(张心田饰张文远)

▲ 在第六届中国昆剧艺术节上演出《阎惜娇》(周乾德饰宋江)

▲ 在第六届中国昆剧艺术节上演出《阎惜娇》(宋婷饰王婆)

▲ 2015年10月23日参加常州艺术学校剧场江苏省艺术职业院校教师技能大赛,演出《牡丹亭·惊梦》(常小飞饰杜丽娘)

▲ 2015年9月19日在通州剧场演出《小商河》,获红梅赛优秀表演奖(周乾德饰杨再兴)

# 中国昆曲博物馆　其他

## 木偶昆曲

▲ 顾笃璜、钱璎先生参加吴江七都洪福木偶昆剧团老艺人姚五宝收徒仪式

▲ 姚五宝演出照

▲ 收徒仪式合影（后排左四是王斐）

▲ 孙青和孙菁在演出木偶剧　　▲ 在收徒仪式上演出木偶剧

▲ 收徒仪式上的姚五宝

▲ 仅存的有百余年历史的木偶头

▲ 委培签约仪式

▲ 人偶同演《牡丹亭·惊梦》

◀ 木偶剧照

## 中国昆曲博物馆

▲ 昆曲明清史话展区之一

▲ 昆曲明清史话展区之二

▲ 晚清民国昆曲展区之一

▲ 晚清民国昆曲展区之二

▲ 新中国昆曲展区

▲ 苏州全晋会馆大殿

▲ 苏州全晋会馆古戏台

▲ 昆曲服饰展区之一

▲ 昆曲服饰展区之二

昆曲生活馆展区一 ▶

▲ 昆曲生活馆展区之二

音视频欣赏室 ▶

▲ 社会活动室

内花园一角 ▶

◀ 昆博临特展厅

马得昆曲戏画艺术厅 ▶

◀ 百花书局

"七夕"情人节《三笑缘》▶
昆曲工尺谱抄录活动

▲ "三羊开泰,乙未福来"春节猜灯谜活动火热开展

▲ 喜气洋洋画谱闹元宵

▲ 昆博馆藏苏州宝和堂堂名灯担现身国家大剧院

▲ "社科普及1+1"开启"昆曲小课堂"

"名家传戏——当代昆曲名家收徒传艺工程拜师仪式"暨《"国家昆曲艺术抢救、保护和扶持工程"十年成果展示》新书发布活动

# 目 录

## 特载：第六届中国昆剧艺术节

在第六届中国昆剧艺术节开幕式上的讲话　董　伟 …………………………………………… 3
《"国家昆曲艺术抢救、保护和扶持工程"十年成果展示》序
　　国家昆曲艺术抢救、保护和扶持工程办公室 ………………………………………………… 3
文化部 2015 年度"中华优秀传统艺术传承发展计划"2015 年度"名家传戏——当代昆曲名家收徒
　　传艺工程"入选名单 …………………………………………………………………………… 5
第六届中国昆剧艺术节开幕　8 天端出 17 台优秀剧目 …………………………………………… 6
第六届中国昆剧艺术节活动日程安排表 …………………………………………………………… 6
第六届中国昆剧艺术节演出简况 …………………………………………………………………… 7
第六届中国昆剧艺术节剧目演出述评　金　红　等 ……………………………………………… 12

## 北方昆曲剧院

北方昆曲剧院 2015 年度昆曲工作综述　王　焱 ………………………………………………… 23
　　中俄文化艺术的结晶——昆剧《图雅雷玛》　徐玉良 ……………………………………… 24
　　北昆《白蛇传》在赫尔辛基艺术节上演　李骥志　张　璇 ………………………………… 24
北方昆曲剧院 2015 年度演出日志 ………………………………………………………………… 25

## 上海昆剧团

上海昆剧团 2015 年度昆曲工作综述 ……………………………………………………………… 35
上海昆剧团 2015 年度演出日志 …………………………………………………………………… 36
上海昆剧团 2015 年度基本情况一览表 …………………………………………………………… 41

## 江苏省演艺集团昆剧院

江苏省演艺集团昆剧院 2015 年度昆曲工作综述 ………………………………………………… 45
　　朱鹮艺术周探讨古典文化传承　徐玉良 …………………………………………………… 47

江苏省演艺集团昆剧院2015年度演出日志 ································· 49
江苏省演艺集团昆剧院2015年度基本情况一览表 ························· 54

## 浙江昆剧团

浙江昆剧团2015年度昆曲工作综述 ······································· 57
浙江昆剧团2015年度演出日志 ··········································· 58
浙江昆剧团2015年度基本情况一览表 ····································· 61

## 湖南省昆剧团

湖南省昆剧团2015年度昆曲工作综述 ····································· 65
湖南省昆剧团2015年度演出日志 ········································· 66
湖南省昆剧团2015年度基本情况一览表 ··································· 68

## 江苏省苏州昆剧院

江苏省苏州昆剧院2015年度昆曲工作综述 ································· 71
江苏省苏州昆剧院2015年度演出日志 ····································· 72
江苏省苏州昆剧院2015年度基本情况一览表 ······························· 74

## 永嘉昆剧团

永嘉昆剧团2015年度昆曲工作综述 ······································· 77
　　南戏博物馆有了驻场演出　庭院版《琵琶记》春节前首演　徐玉良 ······· 78
永嘉昆剧团2015年度演出日志 ··········································· 78
永嘉昆剧团2015年度基本情况一览表 ····································· 82

## 台湾昆剧团

兰庭昆剧团2015年度昆曲工作综述 ······································· 85

## 2015年度推荐剧目

北方昆曲剧院、中国戏曲学院2015年度推荐剧目 ··························· 93
　　《李清照》　郭启宏 ················································ 93
　　国家艺术基金资助项目、北京市重点支持剧目《李清照》研讨会 ········· 106

上海昆剧团 2015 年度推荐剧目 ……………………………………………………………… 110
　　《墙头马上》 上海昆剧团演出本 ………………………………………………………… 110
　　青春传承版《墙头马上》 …………………………………………………………………… 124
　　上海昆剧团亮相昆剧艺术节　邵　玲 …………………………………………………… 124
江苏省演艺集团昆剧院 2015 年度推荐剧目 …………………………………………………… 125
　　《曲圣魏良辅》 ……………………………………………………………………………… 125
　　《曲圣魏良辅》曲谱 ………………………………………………………………………… 126
　　戏曲中的昆腔发展史——我编撰昆剧《曲圣魏良辅》　曾永义 ……………………… 134
　　蔡正仁：讲这个历史，是昆曲界一件大事　王晓映 …………………………………… 136
　　李鸿良：向曲圣的致敬之作　管悦纳 …………………………………………………… 137
湖南省昆剧团 2015 年度推荐剧目 ……………………………………………………………… 138
　　《湘妃梦》 …………………………………………………………………………………… 138
　　《湘妃梦》曲谱 ……………………………………………………………………………… 140
　　《湘妃梦》：追寻昆曲的别样之美　朱为总 …………………………………………… 184
　　天下明德，皆自尧舜始——走进昆剧《湘妃梦》　胡笑蓓 …………………………… 186
江苏省苏州昆剧院 2015 年度推荐剧目 ………………………………………………………… 189
　　《白蛇传》 …………………………………………………………………………………… 189
　　《白蛇传》曲谱 ……………………………………………………………………………… 190
　　旧曲陈酿意未尽　今调绿蚁赋新词　苏　昆　祥　文 ………………………………… 190
永嘉昆剧团 2015 年度推荐剧目 ………………………………………………………………… 193
　　《赠书记》 …………………………………………………………………………………… 193
　　尘封已久的剧目重现舞台　伍秀蓉 ……………………………………………………… 206

# 2015 年度推荐艺术家

北方昆曲剧院 2015 年度推荐艺术家 …………………………………………………………… 209
　　其人佳容姿　其戏巧亦慧
　　　　——记北方昆曲剧院青年巾生演员翁佳慧　绿竹猗猗 …………………………… 209
　　我演贾宝玉
　　　　——浅论新编昆剧《红楼梦》中贾宝玉的表演　翁佳慧 …………………………… 210
上海昆剧团 2015 年度推荐艺术家 ……………………………………………………………… 213
　　吴　双 ………………………………………………………………………………………… 213
江苏省演艺集团昆剧院 2015 年度推荐艺术家 ………………………………………………… 215
　　最是伤情行径处
　　　　——记昆曲小生张争耀的艺术情感　汪　芒 ……………………………………… 215
浙江昆剧团 2015 年度推荐艺术家 ……………………………………………………………… 216
　　鲍晨访谈　鲍　晨　李　蓉 ……………………………………………………………… 216

湖南省昆剧团 2015 年度推荐艺术家 ………………………………………………………………… 220
　　刘　婕 ……………………………………………………………………………………………… 220
江苏省苏州昆剧院 2015 年度推荐艺术家 ……………………………………………………………… 221
　　吕　佳 ……………………………………………………………………………………………… 221
　　曲随秋江远　情伴佳期长——吕佳访谈　金　红 …………………………………………… 223
永嘉昆剧团 2015 年度推荐艺术家 ……………………………………………………………………… 231
　　林媚媚 ……………………………………………………………………………………………… 231
　　我演张协　林媚媚 ………………………………………………………………………………… 232
　　永昆表演艺术风格　林媚媚 ……………………………………………………………………… 233

# 昆剧教育

中国戏曲学院 2015 年度昆剧教育　王振义　陈麓伊 ………………………………………………… 237
中国戏曲学院昆曲表演专业 2015 年度演出日志 ……………………………………………………… 239
上海戏剧学院戏曲学院 2015 年度昆剧教育　江沛毅　执笔 ………………………………………… 239
上海戏剧学院戏曲学院 2015 年度昆曲专业演出日志 ………………………………………………… 240
苏州市艺术学校 2015 年度昆剧教育 …………………………………………………………………… 241
苏州市艺术学校 2015 年度昆剧专业演出日志 ………………………………………………………… 242

# 昆曲研究

昆曲研究 2015 年度论著编目　谭　飞　辑 …………………………………………………………… 245
昆曲研究 2015 年度论文索引　谭　飞　辑 …………………………………………………………… 267
2015 年度昆曲研究论文述评　倪金艳 ………………………………………………………………… 280
面向 21 世纪，昆曲的思考——第七届中国昆曲国际学术座谈会学术综述　曹南山 …………… 286
昆曲杂剧三题　徐子方 ………………………………………………………………………………… 291
"南北曲"：清"内廷"昆弋两腔"同台"演剧的基石——兼论昆弋"同体"现象的特殊性　胡明明
　……………………………………………………………………………………………………… 295
汤显祖剧作的当代阐释——《汤显祖戏曲全集·总序》　邹自振 ………………………………… 302
中国昆剧表演艺术的理论自觉——评顾笃璜著《昆剧表演艺术论》　陆　咸 …………………… 305
《昆曲表演学》出版座谈会在苏州举行　钟明奇　周敬芝 ………………………………………… 309

## 昆曲研究 2015 年度推荐论文

论明末清初南北曲的演变——兼论魏良辅和沈宠绥的曲唱理念　艾立中 ………………………… 313
论说"曲牌"（之一）——曲牌之来源、类型、发展与北曲联套　曾永义 ……………………… 319
论说"曲牌"（之二）——曲牌之建构与格律之变化　曾永义 …………………………………… 331

北方昆弋同台、同班、同籍演剧形制考察——以晚清民国时期北方昆弋职业班社荣庆社与祥庆社为例　张　蕾 ……………………………………………………………………………………………… 343

顾大典及明清两代的吴江顾氏曲学家族　周巩平 …………………………………………………… 347

论曲牌　庄永平 ……………………………………………………………………………………… 358

试论昆曲字腔的音势不变性及形态可变性——以昆曲南曲为例　周来达 ………………………… 369

昆曲曲牌及套数的艺术特点和应用规律　顾兆琳 …………………………………………………… 379

也论昆曲与梅兰芳　朱恒夫 ………………………………………………………………………… 395

梁辰鱼与中晚明曲家交往述略　黎国韬　杨　瑾 …………………………………………………… 400

昆曲表演艺术的当代传承——以折子戏《惊梦》为例　赵天为 …………………………………… 407

# 昆曲博物馆

中国昆曲博物馆2015年度昆曲工作综述　孙伊婷　整理 ………………………………………… 421

中国昆曲博物馆——全晋会馆保护性整体维修工程 ……………………………………………… 422

# 昆事记忆

说昆剧传习所　顾笃璜 ……………………………………………………………………………… 427

明清浙江家族祭会演剧考论　杨惠玲 ………………………………………………………………… 435

江南园林雅集与晚明戏曲的繁荣　董　雁 …………………………………………………………… 441

"老郎菩萨"李耋冈据清内廷供奉陈金雀观心室　祖传藏本之手抄孤本《昆剧全目》初探　孙伊婷 ……………………………………………………………………………………………………… 444

祥庆昆弋社1936年在湖北湖南演出活动钩沉　王　馨 …………………………………………… 447

吴江七都昆曲提线木偶剧发现记　陈　波 …………………………………………………………… 451

风义兼师友　清歌结胜因——顾兆琳《昆剧曲学探究》书后　江沛毅 …………………………… 453

# 中国昆曲2015年度大事记

中国昆曲2015年度大事记　艾立中　整编 ………………………………………………………… 457

后　记 ………………………………………………………………………………………………… 462

# The 2016 Annal of China Kunqu Opera

## Special Feature: The 6th China Kunqu Opera Art Festival

Opening Speech at the 6th China Kunqu Opera Art Festival　　Dong Wei ················ 3
Ten year's Achievements Exhibit—The National Project of Saving, Preserving and Funding the Kunqu Opera Preface
　　by Office of the National Project of Saving, Preserving and Funding the Kunqu Opera ················ 3
2015 List of "Inheritance by Famous Artists—Contemporary Famous Kunqu Opera Artist Taking on Apprentice and Passing on Arts" Project ················ 5
17 Outstanding Kunqu Opera Performances in 8 days ················ 6
Itinerary of the 6th China Kunqu Opera Art Festival ················ 6
A Survey of the Performances in the 6th China Kunqu Opera Art Festival ················ 7
A Review of the 6th China Kunqu Opera Art Festival　　by Jin Hong ················ 12

## The Northern Kunqu Opera Troupe

An Overview of the Work of the Northern Kunqu Opera Troupe in 2015　　by Wang Yan ················ 23
ТУЙААРЫМА—The Quintessence of Sino-Russian Culture and Art　　by Xu Yuliang ················ 24
Legend of the White Snake Staged in Helsinki by the Northern Kunqu Opera Troupe　　by Li Jizhi　Zhang Xuan ········ 24
Performance Log of the Northern Kunqu Opera Troupe in 2015 ················ 25

## The Shanghai Kunqu Opera Troupe

An Overview of the Work of the Shanghai Kunqu Opera Troupe in 2015 ················ 35
Performance Log of the Shanghai Kunqu Opera Troupe in 2015 ················ 36
A General Survey of the Shanghai Kunqu Opera Troupe in 2015 ················ 41

## The Jiangsu Kunqu Opera Troupe

An Overview of the Work of the Jiangsu Kunqu Opera Troupe in 2015 ················ 45

Classical Cultural Inheritance Discussion, Toki International Arts Festival　　by Xu Yuliang ········· 47
Performance Log of the Jiangsu Kunqu Opera Troupe in 2015 ············································ 49
A General Survey of the Jiangsu Kunqu Opera Troupe in 2015 ············································ 54

## The Zhejiang Kunqu Opera Troupe

An Overview of the Work of the Zhejiang Kunqu Opera Troupe in 2015 ································· 57
Performance Log of the Zhejiang Kunqu Opera Troupe in 2015 ············································ 58
A General Survey of the Zhejiang Kunqu Opera Troupe in 2015 ··········································· 61

## The Hunan Kunqu Opera Troupe

An Overview of the Work of the Hunan Kunqu Opera Troupe in 2015 ···································· 65
Performance Log of the Hunan Kunqu Opera Troupe in 2015 ·············································· 66
A General Survey of the Hunan Kunqu Opera Troupe in 2015 ············································· 68

## The Suzhou Kunqu Opera Troupe

An Overview of the Work of the Suzhou Kunqu Opera Troupe in 2015 ··································· 71
Performance Log of the Suzhou Kunqu Opera Troupe in 2015 ·············································· 72
A General Survey of the Suzhou Kunqu Opera Troupe in 2015 ············································· 74

## The Yongjia Kunqu Opera Troupe

An Overview of the Work of the Yongjia Kunqu Opera Troupe in 2015 ··································· 77
　　The Southern Drama Theatre Play *The Tale of Pipa* (Courtyard Version) Debut Before Spring Festival
　　by Xu Yuliang ································································································· 78
Performance Log of the Yongjia Kunqu Opera Troupe in 2015 ·············································· 78
A General Survey of the Yongjia Kunqu Opera Troupe in 2015 ············································· 82

## The Taiwan Kunqu Opera Troupes

An Overview of the Work of the Lanting Kunqu Opera Troupe in 2015 ··································· 85

## Recommended Plays in 2015

2015 Best Plays Recommended by the Northern Kunqu Opera Troupe and the National Academy of Chinese Theatre Arts
　　·················································································································· 93
　　*Li Qingzhao*　　by Guo Qihong ············································································ 93
　　Symposium of Kunqu Opera *Li Qingzhao*, National Art Funding Project, Beijing Municipal Key Project ······ 106
2015 Best Plays Recommended by the Shanghai Kunqu Opera Troupe ···································· 110
　　*Pei Shaojun and Li Qianjun*　　The Shanghai Kunqu Opera Troupe Stage Script ·················· 110

Youth Edition of *Pei Shaojun and Li Qianjun* ··· 124

The Shanghai Kunqu Opera Troupe Performing on the stage of Kunqu Art Festival　by Shao Ling ··· 124

2015 Best Plays Recommended by the Jiangsu Kunqu Opera Troupe ··· 125

*The Sage of Kungu Opera Wei Liang fu* ··· 125

*The Sage of Kunqu Opera Wei Liangfu* (Scores) ··· 126

The History of the Development of Kunshan Tune—on *The Sage of Kunqu Opera Wei Liangfu*　by Zeng Yongyi ··· 134

Cai Zhengren: Telling the Story of this Historical Event Is a Big Issue　by Wang Xiaoying ··· 136

Li Hongliang: Pay Tribute to the Sage of Kunqu Opera　by Guan Yuena ··· 137

2015 Best Plays Recommended by the Hunan Kunqu Opera Troupe ··· 138

*Dream of the Imperial Concubine* ··· 138

*Dream of the Imperial Concubine* (Scores) ··· 140

*Dream of the Imperial Concubine*: Pursuing the Unique Beauty of Kunqu Opera　by Zhu Weizong ··· 184

Doctrine and Morality Start from Emperor Yao and Shun—on *Dream of the Imperial Concubine*　by Hu Xiaobei ··· 186

2015 Best Plays Recommended by the Suzhou Kunqu Opera Troupe ··· 189

*The legend of the white Snake* ··· 189

*The Legend of the White Snake* (Scores) ··· 190

Traditional Operas Restaged to Ferment Infinite Implications　by Su Kun and Xiang Wen ··· 190

2015 Best Plays Recommended by The Yongjia Kunqu Opera Troupe ··· 193

*A Tale of Presenting Books* ··· 193

Dust-laden Opera Unveiled　by Wu Xiurong ··· 206

# Recommended Artists for 2015

Recommended Artists for 2015 by the Northern Kunqu Opera Troupe ··· 209

Elegant Demeanor and Delicate Performance: Chin Sheng Role Player Weng Jiahui of the Northern Kunqu Opera Troupe　by Lvzhu Yiyi ··· 209

On My Playing the Role of Jia Baoyu: A Tentative Discussion on Playing the Role of Jia Baoyu in the Newly Adapted Version of *A Dream in Red Mansions*　by Weng Jiahui ··· 210

Recommended Artists for 2015 by the Shanghai Kunqu Opera Troupe ··· 213

Wu Shuang ··· 213

Recommended Artists for 2015 by the Jiangsu Kunqu Opera Troupe ··· 215

The Deep Sorrow and Affection—On the Artistic Emotions of Young Man's Role Player Zhang Zhengyao　by Wang Mang ··· 215

Recommended Artists for 2015 by the Zhejiang Kunqu Opera Troupe ··· 216

An Interview with Bao Chen　by Bao Chen and Li Rong ··· 216

Recommended Artists for 2015 by the Hunan Kunqu Opera Troupe ··· 220

Liu Jie ··· 220

Recommended Artists for 2015 by the Suzhou Kunqu Opera Troupe ··· 221

Lv Jia ··· 221

Everlasting Melody with Lingering Aftertaste—An Interview with Lv Jia　by Jin Hong ··· 223

Recommended Artists for 2015 by the Yongjia Kunqu Opera Troupe ·············· 231
    Lin Meimei ·············· 231
    On My Playing the Role of Zhang Xie    by Lin Meimei ·············· 232
    On the Yongkun Style Kunqu Opera Performing Art    by Lin Meimei ·············· 233

# Kunqu Opera Education

The Kunqu Opera Education in the National Academy of Chinese Theatre Arts 2015    by Wang Zhenyi    Chen Luyi
    ·············· 237
The Performance Log of the National Academy of Chinese Theatre Arts 2015 ·············· 239
The Kunqu Opera Education of the College of Chinese Opera, Shanghai Theater Academy 2015    by Jiang Peiyi
    ·············· 239
The Performance Log of the College of Chinese Opera, Shanghai Theater Academy 2015 ·············· 240
The Kunqu Opera Education in Suzhou Art School 2015 ·············· 241
The Performance Log of Suzhou Art School 2015 ·············· 242

# Kunqu Studies

Index of Books on the Kunqu Studies in 2015    by Tan Fei ·············· 245
Index of Research Articles on Kunqu Studies in 2015    by Tan Fei ·············· 267
A Review of Kunqu Studies in 2015    by Ni Jinyan ·············· 280
Thoughts on Kunqu Opera Facing to the 21st Century: A Review of the 7th International Kunqu Opera Symposium
    by Cao Nanshan ·············· 286
Notes on Kunqu Zaju    by Xu Zifang ·············· 291
"Southern and Northern Drama Music": The Cornerstone of Kunshan Opera Tune and Yiyang Opera Tune Performing together in the Qing Imperial Palace—Review on the Peculiarity of the Co-existence of Kunshan Opera Tune and Yiyang Opera Tune    by Hu Mingming ·············· 295
The Contemporary Interpretation of Tang Xianzu's Plays—*The Complete Plays of Tang Xianzu* (Preface)
    by Zou Zizhen ·············· 302
Theoretical Awareness of Kunqu Opera Performing Art in China—on Gu Duhuang's *Performing Art Theory of Kunqu Opera*
    by Lu Xian ·············· 305
Symposium on Ding Xiuxun's *Kunqu Opera Performing Art*    by Zhong Ming qi    Zhou Jing zhi ·············· 309

# Recommended Essays on Kunqu Studies in 2015

On the Evolution of the Southern and Northern Drama Music in Late Ming and Early Qing Dynasties—Review on Wei Liangfu and Shen Congsui's Qu-singing Concept    by Ai Lizhong ·············· 313
On Qupai Style (Ⅰ)    by Zeng Yongyi ·············· 319
On Qupai Style (Ⅱ)    by Zeng Yongyi ·············· 331
A Survey of Theatrical System of the Troupe of Kunshan Opera Tune and Yiyang Opera Tune—Rongqing Troupe and Xiangqing Kunyi Troupe in Northern China During the Late Qing Dynasty and Republican China as An Example
    by Zhang Lei ·············· 343

Gu Dadian and the Wujiang Gu Family's Drama Research in Ming and Qing Dynasties　　by Zhou Gongping
　　………………………………………………………………………………………………………… 347
On Qupai Style　　by Zhuang Yongping ……………………………………………………………… 358
On the Invariance of Sound and the Variability of Form in Kunku Opera—the Nanqu of Kunqu Opera as An Example
　　by Zhou Laida ………………………………………………………………………………………… 369
The Qupai Style and Cycle of Songs of Kunqu Opera and Its Artistic Feature and Application Law　　by Gu Zhaolin
　　………………………………………………………………………………………………………… 379
On Kunqu Opera and Drama Master Mei Lanfang　　by Zhu Hengfu ………………………………… 395
A Brief Introduction to Liang Chenyu's Relationship with the Dramatists in the Later Ming Dynasty　　by Li Guotao
　　Yang Jin ……………………………………………………………………………………………… 400
Contemporary Inheritance of the Performing Art of Kunqu Opera—Opera Highlights *Interrupted Dream* as An Example
　　by Zhao Tianwei ……………………………………………………………………………………… 407

## Kunqu Museums

A General Survey of China Kunqu Museum in 2015　　by Sun Yiting …………………………………… 421
The China Kunqu Museum—The Protective Restoration Project of Quanjin Hall ……………………… 422

## Memoirs of Kunqu Events

Kunqu Opera Training School　　by Gu Duhuang ……………………………………………………… 427
A Study on the Zhejiang Family Clan Altar Service Drama in Ming and Qing Dynasties　　by Yang Huiling …… 435
The Garden Literati Gallery in the Southern Yangtze River and the Prosperity of Drama　　by Dong Yan ………… 441
Analysis on the Li Zhugang's Manuscript of *The Completed Records of Kunqu Opera*　　by Sun Yiting …………… 444
Historical Records of Xiangqing Kunyi Opera Troupe's Performances in Hubei and Hunan Provinces in 1936
　　by Wang Xin ………………………………………………………………………………………… 447
The Discovery of the Kunqu Opera Stringed Puppet Show in Qidu Wujiang　　by Chen Bo ……………… 451
Touch for Tuning Art—on Gu Zhaolin's *Study on Kunqu Research*　　by Jiang Peiyi ………………………… 453

## Chronicles of China's Kunqu Opera in 2015

Chronicles of China's Kunqu Opera in 2015　　Compiled　by Ai Lizhong ………………………………… 457

**Postscripts** ……………………………………………………………………………………………… 462

特载　第六届中国昆剧艺术节

## 在第六届中国昆剧艺术节开幕式上的讲话

董 伟

尊敬的各位领导、各位来宾,女士们、先生们:

大家晚上好!

由中华人民共和国文化部和江苏省人民政府共同主办的第六届中国昆剧艺术节,今晚即将在昆曲的发源地昆山拉开帷幕。我谨代表文化部和艺术节组委会,向参加昆剧节的嘉宾和昆曲艺术工作者表示热烈的欢迎!向为艺术节做出重大贡献的江苏省委、省政府,苏州以及昆山市委、市政府和热情好客的苏州人民表示衷心的感谢!

昆曲是中华民族的艺术瑰宝,有着 600 多年的悠久历史,2001 年 5 月 18 日,被联合国教科文组织列为首批"人类口述和非物质遗产代表作"。新中国成立以来,党和政府高度重视民族优秀传统文化的传承保护。在财政部的大力支持下,从 2005 年至今,文化部精心组织实施了"国家昆曲艺术抢救、保护和扶持工程",引导和扶持全国昆曲院团在剧目创作、人才培养、公益性普及性演出、珍贵资料抢救与保护、举办全国性昆曲活动等方面做了大量卓有成效的工作,取得了令人瞩目的丰硕成果。创办于 2000 年的中国昆剧艺术节,始终坚持正确的文艺方向,为传承发展昆曲艺术、丰富人民群众精神文化生活做出了积极贡献,已经成为展示昆曲剧目传承与创作成果和人才培养最新成就的平台。

第六届中国昆剧艺术节将继续秉承"艺术的盛会,人民的节日"的宗旨,集中举办优秀剧目展演和一系列丰富多彩的群众文化活动。为更好地发挥艺术评论对戏剧创作的引导作用,昆剧节期间,将定期召开专家研讨会,采取"一剧一评"的方式对参演剧目进行点评,以权威专业、严肃认真的文艺评论推动昆剧创作演出水平不断提高。

当前,全国文化系统正在深入学习贯彻党的十八届四中全会和习近平总书记在文艺工作座谈会上的重要讲话精神。习近平总书记强调指出,推动文艺繁荣发展,最根本的是要创作生产出无愧于我们这个伟大民族、伟大时代的优秀作品,必须把创作生产优秀作品作为文艺工作的中心环节;创作是文艺工作者的中心任务,作品是文艺工作者的立身之本。前不久,中央政治局会议审议通过《关于繁荣发展社会主义文艺的意见》,国务院办公厅印发《关于支持戏曲传承发展的若干政策》,中宣部、文化部召开全国戏曲工作座谈会,对传承发展戏曲艺术、不断推动文艺精品创作做出了部署,包括昆曲在内的民族戏曲艺术迎来了良好的发展机遇。希望各级政府部门和全体文艺工作者牢牢把握机遇,坚持以人民为中心的创作导向,培育和践行社会主义核心价值观,创作生产更多体现时代文化成就、代表国家文化形象、人民喜闻乐见的优秀作品,为建设社会主义文化强国、实现中华民族伟大复兴"中国梦"做出新的更大贡献。

祝第六届中国昆剧艺术节圆满成功!

谢谢大家。

2015 年 10 月 12 日 19:30,苏州昆山大剧院

## 《"国家昆曲艺术抢救、保护和扶持工程"十年成果展示》序

国家昆曲艺术抢救、保护和扶持工程办公室

2001 年 5 月,中国昆曲全票入选联合国教科文组织颁布的首批"人类口述和非物质遗产代表作"名录,迎来新的发展机遇。2001 年 12 月,文化部制定《保护和振兴昆曲艺术十年规划》,明确了保护、振兴昆曲艺术的指导思想、基本目标、主要任务和保障措施。2004 年 12 月,文化部在苏州召开全国昆曲工作会议。2005 年 3 月,文化部、财政部联合制定印发《国家昆曲艺术抢救、保护和扶持工程实施方案》(以下简称《实施方案》),第一次将昆曲艺术抢救、保护和扶持工作上升到国家文化工程的高度,进而加以全面部署和科学细化。

2014 年 10 月 15 日,习近平总书记主持召开文艺工作座谈会并发表重要讲话。习总书记指出:"中华优秀传统文化是中华民族的精神命脉,是涵养社会主义核心价值观的重要源泉,也是我们在世界文化激荡中站稳脚跟的坚实根基。要结合新的时代条件传承和弘扬中华优秀传统文化,传承和弘扬中华美学精神。"讲话对包括

戏曲在内的中华传统文化倾注了莫大的关注和支持,为今后的文化建设工作指明了方向。2015年7月11日,国务院办公厅印发《关于支持戏曲传承发展的若干政策》(以下简称《若干政策》),提出了令人振奋的总体目标:力争在"十三五"期间健全戏曲艺术保护传承工作体系、学校教育与戏曲艺术表演团体传习相结合的人才培养体系,完善戏曲艺术表演团体体制机制、戏曲工作者扎根基层潜心事业的保障激励机制,大幅提升戏曲艺术服务群众的综合能力和水平,培育有利于戏曲活起来、传下去、出精品、出名家的良好环境,形成全社会重视戏曲、关心支持戏曲艺术发展的生动局面,并从保护传承、剧本创作、舞台演出、生产条件、剧团发展、人才培养、普及宣传、组织领导等诸多方面向戏曲艺术提供政策保障和财力支持。《若干政策》还专门指出,要"继续安排资金支持京剧、昆曲保护与传承",继续"实施当代昆曲名家收徒传艺工程,做好优秀昆曲传统折子戏录制工作"。可以说,昆曲艺术正处于两百多年以来最有利的发展时期。

数百年来传唱不衰的数百个折子戏,是昆曲艺术的宝贵财富。从原真性原则和完整性原则出发,对其加以抢救保护,是昆曲艺术得以传承发展的基础。在国家昆曲艺术抢救、保护和扶持工程办公室的指导下,各昆剧院团每年制定传统折子戏教学和展演计划,并以此作为基本教材,用以培养青年演员并考察其艺术功底。2007年在杭州举办的全国昆曲优秀青年演员展演、2011年在上海举办的全国昆曲优秀中青年演员展演,作为对全国昆剧院团传统折子戏传承成果和人才培养成果的检阅,产生了重大影响。按照《实施方案》部署,各昆剧院团传承、排练、搬演折子戏约444折,其中择优录制传统折子戏逾200出,已入藏中国昆曲博物馆。

戏曲艺术必须面对现代观众,存活于当下舞台。传统剧目的改编和新剧目的创作是其中的重中之重。《实施方案》要求各昆剧院团每年申报整理改编、新创剧目,通过专家论证,择优给予扶持,10年来各昆剧院团共推出整理改编和新创剧目129部,其中优秀剧目59台,包括《琵琶记》《西厢记》《牡丹亭》《桃花扇》《长生殿》中国五大古典名剧,《张协状元》《白兔记》《荆钗记》《小孙屠》等古老南戏经典,汤显祖"临川四梦"中的《紫钗记》《南柯记》《邯郸梦》,昆曲史上正式搬演于舞台的第一部大戏《浣纱记》,"一出戏救活了一个剧种"的名剧《十五贯》,优秀传统剧目《雷峰塔》《一捧雪》等;还有入选"国家舞台艺术精品工程"精品剧目、获得"文华大奖"和"文华优秀剧目奖"的新创剧目《公孙子都》《红楼梦》《景阳钟》等。

"非遗"保护传承的成败关键在于人,具体到昆曲艺术,就是青年演员能否通过自身努力较好较快地接过老一辈艺术家身上的"活"。同时,编剧、导演、作曲、舞美、乐队也缺一不可。与剧目传承工作相结合,2005年至2009年在浙江、上海建立了昆曲创作人才培训中心和昆曲表演艺术人才培训中心,有170余位昆曲编、导、音、舞美创作人员和200余位在职优秀青年演员接受了高规格的专业培训。2012年起,文化部启动了"名家传戏——当代昆曲名家收徒传艺工程",首度在国家级层面上建立昆曲艺术的人才传承创新机制。通过拜师学艺这一形式,逐渐完成人才队伍传承上的对接融合、自然过渡,带动全国昆剧院团继续加大对青年艺术创作人才和表演人才的培养力度,让更多的年轻一代艺术家真正承担起当代和未来昆曲传承保护、繁荣发展的历史重任。

作为"人类口头和非物质遗产代表作"的昆曲艺术,其遗产属性自然离不开对其历史资料的整理抢救、理论研究和学术交流。中国艺术研究院及其前身中国戏曲研究院在昆曲研究方面做了大量有意义的工作,积累了丰富的文献、图片和音像资料,10年间相继出版了《昆曲艺术家系列人物传记》《昆曲与传统文化研究丛书》《地方戏昆腔论集》《傅惜华藏古典戏曲珍本丛刊》《昆曲表演文献整理丛刊》等一系列史料和研究书刊,目前正在编辑《昆曲大典》(即将面世)。中国昆曲博物馆以抢救、保护、传承和弘扬昆曲艺术为宗旨,以陈列、展演、研究等多项并行的方式开展对昆曲遗产的保护与传承工作。在资料抢救方面,中国昆曲博物馆10年间累计征集各类昆曲文物史料共7000余册(种、件),并完成了张紫东家藏《昆剧手抄曲本一百册》《含英咀华昆谱集萃》(第一辑)等出版工作。

与此同时,《实施方案》决定依托苏州市文化广电新闻出版局和中国昆曲研究中心,在苏州建立昆曲遗产保护研究中心。该中心自2003年成立以来,在文化部的指导下,广泛联络海内外昆曲学者,举办了6届中国昆曲国际学术研讨会,与会学者累计400多人次,发表论文300多篇,议题涵盖昆曲遗产的存活现状和保护策略、昆曲艺术的文化特征和流派现象、近年来各地推出的改编和新编昆剧本戏等内容。在此基础上,该中心还汇集海内外最新研究成果,编纂出版《中国昆曲论坛》,并与苏州大学中国昆曲与戏曲研究中心组织编纂《中国昆曲年鉴》,反映昆曲每年度的现状风貌,聚焦年度昆曲热点,展示昆曲年度成就,记录昆曲年度进展,为人们了解年度中国昆曲提供全方位的信息。

国家昆曲艺术抢救、保护和扶持工程自实施以来，积极推动和资助全国7个昆剧院团持续进行公益性、普及性演出活动，10年来共计演出5000余场。不仅使更多的优秀青年演员获得了舞台实践的机会，也让更多的青年人有机会近距离接触和欣赏民族优秀传统艺术，为昆曲艺术的传承发展营造出较为良好的生存环境与社会基础。在这一举措的有效引导下，全国昆剧院团的演出状况十分喜人，不仅演出剧目多、演出场次不断增长、观众面广、社会影响力大，同时演出的形式也呈多样化的趋势，如进校园、进地铁、进园林，从而在总体上使昆曲舞台更加丰富多彩。

为进一步弘扬中华优秀传统文化，提高中华文化国际影响力，国家昆曲艺术抢救、保护和扶持工程在实施过程中，还十分注重推动优秀昆剧院团、优秀昆曲剧目"走出去"。10年来，在国家扶持下，全国各昆剧院团赴美国、英国、希腊、荷兰、瑞士、瑞典、比利时、日本、爱沙尼亚、拉脱维亚、土库曼斯坦等30余个国家进行对外交流演出近700场。同时还以昆曲为纽带，不断加强与港澳台地区的文化交流，积极邀请港澳台地区的昆剧院团、专家学者和昆曲爱好者参与"中国昆剧艺术节""中国昆曲论坛"等重大艺术活动的演出、研讨和观摩，进一步提升民族文化在国际上的影响力、竞争力，促进近年来世界性"昆曲文化热"的形成。

回首《实施方案》公布以来昆曲艺术抢救、保护和扶持工程走过的10年历程，相关政策法规不断完善，工作思路和方法不断创新，政府扶持力度持续加大，昆曲艺术在人才培养、剧目建设和市场拓展等方面都得到健康发展，昆曲观众的年轻化和知识化日益成为令兄弟剧种羡慕的一大亮点，昆曲艺术生存发展的生态环境日趋改善。10年，只能算是昆曲发展史上的短暂一页，但确乎是不平凡的一页。衷心祝愿昆曲艺术在行将开开的下一页中，继续书写昆曲艺术传承与发展的新篇章。

二〇一五年九月

# 文化部2015年度"中华优秀传统艺术传承发展计划"2015年度"名家传戏——当代昆曲名家收徒传艺工程"入选名单

| | 申报单位 | 名家 | 拟传授剧目 | 学生 |
|---|---|---|---|---|
| 1 | 北方昆曲剧院 | 顾凤莉 | 《昭君出塞》《游园惊梦》 | 陈娟娟 |
| 2 | | 韩建成 | 《相梁》《刺梁》 | 张 欢 |
| 3 | 上海昆剧团 | 周启明 | 《铁冠图·对刀步战》《别母乱箭》 | 张伟伟、贾 喆 |
| 4 | | 谷好好 | 《出猎》《劈山救母》 | 胡曼曼、史飞飞 |
| 5 | 江苏省演艺集团昆剧院 | 张继青 | 《逼休》《芦林》《说亲回话》 | 顾卫英、沈国芳、刘 煜 |
| 6 | | 石小梅 | 《秋江》《见娘》 | 唐晓成 |
| 7 | | 胡锦芳 | 《离魂》《借茶》 | 刘亚玲、孙伊君 |
| 8 | 江苏省苏州昆剧院 | 王 芳 | 《养子》《思凡》 | 翁育贤、杨 美 |
| 9 | 浙江昆剧团 | 张世铮 | 《鸣凤记·写本》《贩马记·三拉》 | 徐 霓、罗贝贝 |
| 10 | | 龚世葵 | 《出猎回猎》《相梁刺梁》 | 张侃侃、耿绿洁 |
| 11 | 湖南省昆剧团 | 罗 艳 | 《女弹》《游园》 | 陈 莉、邓娅晖 |
| 12 | 永嘉昆剧团 | 林媚媚 | 《荆钗记·见娘》《张协状元·游街》 | 金海雷、杜晓伟 |

## 第六届中国昆剧艺术节开幕　8 天端出 17 台优秀剧目

苏报讯(首席记者　施晓平)为期 8 天的第六届中国昆剧艺术节昨晚(2015 年 10 月 12 日)在昆山文化艺术中心保利大剧院拉开帷幕。文化部副部长董伟,江苏省委常委、宣传部长王燕文共同为盛会启幕,副省长曹卫星、苏州市委副书记陈振一等分别致辞。

拥有 600 多年历史的昆曲是中华民族的艺术瑰宝,2001 年被联合国教科文组织列为首批"人类口述和非物质遗产代表作"。由文化部、省政府主办,文化部艺术司、省委宣传部、省文化厅、市政府承办的中国昆剧艺术节,是一项全国性昆剧展演盛会,每 3 年一届,固定在昆剧的故乡——苏州举办。经过 5 届培育,这一盛会已成为展现昆曲剧目传承与创作成果、人才培养最新成就的品牌活动。

昨天的开幕式上,董伟说,前不久国务院办公厅印发了《关于支持戏曲传承发展的若干政策》,中宣部、文化部召开了全国戏曲工作座谈会,对传承发展戏曲艺术、不断推动文艺精品创作做出了部署,包括昆曲在内的民族戏曲艺术迎来了良好的发展机遇。他希望各级政府部门及全体文艺工作者牢牢把握机遇,坚持以人民为中心的创作导向,培育和践行社会主义核心价值观,创作生产更多体现时代文化成就、代表国家文化形象、人民群众喜闻乐见的优秀作品,为建设社会主义文化强国、实现中华民族伟大复兴的中国梦做出新的更大贡献。

开幕式结束后,由江苏省苏州昆剧院带来的本届昆剧节首场演出《白兔记》精彩上演。该剧经过进一步润色、加工、提高,凸显了"古老的传统样式,纯正的昆剧风貌"的特色。著名昆剧表演艺术家王芳、赵文林以婉转的唱腔和细腻的动作,让众多观众感悟了昆曲的无穷魅力。

本届昆剧节将持续至 19 日。8 天时间里,祖国大陆 7 大昆剧院团、3 家戏曲院校、1 家民营昆剧团、2 家来自台湾地区的昆剧团 13 家演出单位,将在苏州 6 大剧院演出 17 台优秀昆曲剧目。其中 9 台为参加评议剧目,将由专家组采取"一剧一评价"的方式进行评议;4 台为展演剧目;4 台为第二届"名家传戏"成果汇报演出,将于 17 日至 18 日举行,集中演绎 29 出经典折子戏,以此展示第二届"名家传戏——当代昆曲名家收徒传艺工程"的成果。

19 日晚上,本届昆剧节闭幕式将在苏州市会议中心大会堂举行,之后将上演江苏省演艺集团昆剧院的新编昆剧《曲圣魏良辅》,为本届活动画上句号。

本届昆剧节不但参赛剧目题材丰富,形式多样,名角荟萃,注重思想性、艺术性和观赏性统一,而且贯彻文艺惠民政策,最高票价只要 100 元,最低票价仅为 20 元,还向持证老人、学生出售对折票。

昆剧节期间,主办方还将举行《春华秋实 兰苑芳菲 国家昆曲艺术抢救、保护和扶持工程十年成果展示》新书首发式暨第三届"名家传戏——当代昆曲名家收徒传艺工程"收徒仪式、第七届"昆曲学术座谈会"、2015 年虎丘曲会等活动。

省文化厅厅长徐耀新,市领导钱海鑫、王鸿声、徐惠民以及来自全国的昆曲专家、艺术家等出席开幕式。

原载《苏州日报》2015 年 10 月 12 日

## 第六届中国昆剧艺术节活动日程安排表

| 日期 | 内　容 | 时间 | 地点 |
| --- | --- | --- | --- |
| 10 月 12 日 | 开幕式及首场演出(江苏省苏州昆剧院《白兔记》) | 19:30 | 昆山文化艺术中心保利大剧院 |
| 10 月 13 日 | 《春华秋实 兰苑芳菲——国家昆曲抢救、保护和扶持工程十年成果展示》首发式暨第三届"名家传戏——当代昆曲名家收徒传艺工程"仪式 | 8:30 | 江苏省苏州昆剧院二楼厅堂 |
| | 第七届中国昆曲国际学术座谈会开幕式 | 9:00 | 苏州市图书馆多功能厅 |
| | 上海戏剧学院《四声猿·翠乡梦》 | 14:00 | 江苏省苏州昆剧院剧场 |
| | 浙江昆剧团《大将军韩信》 | 19:00 | 苏州文化艺术中心大剧院 |

续表

| 日期 | 内容 | 时间 | 地点 |
|---|---|---|---|
| 10月13—15日 | 第七届中国昆曲国际学术座谈会 | | 苏州市图书馆多功能厅 |
| 10月14日 | 第一次剧目评议会议(苏昆、浙昆、上戏) | 9:30 | 苏州市会议中心多功能厅 |
| | 永嘉昆剧团《赠书记》 | 14:00 | 苏州市公共文化中心剧场 |
| | 湖南省昆剧团《湘妃梦》 | 19:00 | 昆山文化艺术中心保利大剧院 |
| 10月15日 | 昆曲界纪念习近平总书记文艺座谈会讲话一周年研讨会 | 9:30 | 苏州市会议中心多功能厅 |
| | 苏州兰芽昆曲艺术剧团吴凤版《牡丹亭》 | 14:00 | 江苏省苏州昆剧院剧场 |
| | 中央戏曲学院、北方昆曲剧院《李清照》 | 19:00 | 苏州人民大会堂 |
| 10月16日 | 第二次剧目评议会议(永昆、湘昆、国戏) | 9:30 | 苏州市会议中心多功能厅 |
| | 上海昆剧团《墙头马上》 | 14:00 | 苏州市公共文化中心剧场 |
| | 北方昆曲剧院《董小宛》 | 19:00 | 苏州文化艺术中心大剧院 |
| 10月17日 | 第三次剧目评议会议(上昆、北昆) | 9:30 | 苏州市会议中心多功能厅 |
| | 虎丘曲会开幕式 | 9:30 | 虎丘 |
| | (台湾)兰庭昆剧团《金不换》 | 14:00 | 江苏省苏州昆剧院剧场 |
| | 第二届名家传戏成果汇报演出(一) | 14:00 | 开明大戏院 |
| | 第二届名家传戏成果汇报演出(二) | 19:00 | 开明大戏院 |
| 10月17—18日 | 虎丘曲会 | | 虎丘 |
| 10月18日 | 第二届名家传戏成果汇报演出(三) | 14:00 | 开明大戏院 |
| | 第二届名家传戏成果汇报演出(四) | 19:00 | 开明大戏院 |
| | 苏州市艺术学校《水浒记·阎惜娇》 | 19:00 | 江苏省苏州昆剧院剧场 |
| 10月19日 | 台湾戏曲学院《杨妃梦》 | 14:00 | 苏州市公共文化中心剧场 |
| | 闭幕式及演出(江苏省演艺集团昆剧院《曲圣魏良辅》);演出结束后第四次剧目评议会议(江苏省昆剧院) | 19:00 | 苏州人民大会堂 |

## 第六届中国昆剧艺术节演出简况(1)

| 时间 | 10月12日19:30 | 10月13日14:00 | 10月13日19:00 | 10月14日14:00 | 10月14日19:00 |
|---|---|---|---|---|---|
| 演出场馆 | 昆山文化艺术中心保利大剧院 | 江苏省苏州昆剧院剧场 | 苏州文化艺术中心 | 苏州公共文化中心剧场 | 昆山文化艺术中心保利大剧院 |
| 剧目 | 《白兔记》 | 《四声猿·翠乡梦》 | 《大将军韩信》 | 《赠书记》 | 《湘妃梦》 |
| 演出单位 | 江苏省苏州昆剧院 | 上海戏剧学院 | 浙江昆剧团 | 永嘉昆剧团 | 湖南省昆剧团 |
| 出品人 | 蔡少华 | | | 张胜建 | 罗艳 |
| (总)策划 | 蔡少华、邹建梁 | | | 胡佐光、戴华章 | |
| (总)监制 | 吕福海、王芳 | 王立军、张咏亮 | | 张建豪、董小娀 | |
| 制作人 | | 制作人:刘春友 执行制作:朱志钰 | | | |
| (总)统筹 | 邹建梁、张建伟 | | | | 李幼昆、王永生 |
| 原著 | (元)无名氏 | (明)徐渭 | | (明)无名氏 | |
| 编剧 | 剧本整理:汤迟荪 | 张静 | 黄先钢 | 张烈 | 陈平 |

续表

| 时间 | 10月12日 19:30 | 10月13日 14:00 | 10月13日 19:00 | 10月14日 14:00 | 10月14日 19:00 |
|---|---|---|---|---|---|
| 导演 | 原导演：顾笃璜 复排导演：张善鸿 | 马俊丰 | 沈斌 | 张树勇 | 于少非 |
| 艺术总监 |  | 郭宇、谷好好 |  |  | 罗艳 |
| 艺术指导 | 音乐指导：邹建梁 | 训练指导：王士杰 | 唱念指导：陆永昌 | 林媚媚、张世铮、周雪雯 | 张洵澎 |
| 音乐设计（作曲） | 音乐整理、配器：周雪华 | 叶倚楼、王书焱 | 作曲：周雪华、程峰、王明强 打击乐设计：王明强、张啸天 | 配音作曲：周雪华 | 作曲：钱洪明、许晓明 打击乐设计：陈林峰 |
| 唱腔设计 |  | 高均 | 周雪华 | 周雪华 |  |
| 舞蹈设计 |  |  | 编舞：朱萍 武打设计：俞渭春、朱振莹、吴振伟 |  |  |
| 舞美设计 | 高名辰 | 谭华 | 赵国良、赵忆青 | 何礼培 | 于少非、欧阳勇 |
| 道具设计 |  |  | 陈红明 | 吴加勤 |  |
| 灯光设计 | 黄祖延 | 谭华 | 宋勇 | 潘家瑜 | 刘毓 |
| 音响设计 |  | 声音技术设计：刘佳子（丹麦） | 朱旷 | 配器：周雪华、徐建、夏炜焱 |  |
| 服装设计 | 柏玲芳 | 苏子航 | 服装设计：李小炎、姜丽 | 李荣森 | 惠静 |
| （化妆）造型设计 |  | 苏子航 | 吴佳 | 龚元 | 李学敏 |
| 主要演员 | 王芳饰李三娘，赵文林饰刘知远，杨美饰咬脐郎，汤迟荪饰窦公，吕福海饰恶嫂，朱璎媛饰岳绣英 | 卫立饰玉通和尚，蒋珂饰红莲，张前仓饰小沙弥 | 林为林饰韩信，胡立楠饰刘邦，鲍晨饰萧何，胡娉饰吕雉，项卫东饰广武君，田漾饰陈豨，吴振伟饰钟离昧，朱斌饰屠中，李琼瑶饰漂母 | 由腾腾饰贾巫云，杜晓伟饰谈轩，冯诚彦饰傅子虚，刘小朝饰魏烽烟，张胜建饰贾椒，金海雷饰奶娘，李文义饰奚伯，刘汉光饰刘公公 | 罗艳饰娥皇，雷玲饰女英，王福文饰舜，唐珲饰尧，卢虹凯饰屈原，曹文强饰象，刘瑶轩饰瞽叟，王荔梅饰继母 |
| 指挥 |  |  |  |  | 陈林峰 |
| 司笛 | 主笛：邹建梁 新笛：范学好 | 叶倚楼 | 马飞云 | 金瑶瑶 | 司笛、南箫：鄢辉亮 |
| 司鼓 | 苏志源 | 王书焱 | 张啸天 | 郑益云 | 陈林峰 |
| 三弦 |  | 唐楚越 |  | 吴敏 |  |
| 笙 | 周明军、张翠翠 | 方依琦 | 王成 | 徐律 | 黄章、王永生 |
| 唢呐 | 范学好、陆惠良 |  | 丁尧安、俞锡永、程峰 | 徐律 | 王永生、蒋锋 |
| 琵琶 | 汪瑛瑛 | 陈晓晨 | 项宇 | 曹也 | 贾增兰 |
| 中阮 | 陆惠良 | 李媛媛 | 翁嘉祥 | 吴敏 | 蒋扬宁 |
| 古筝 | 胡以益 |  | 陈岩 | 陈西印 | 唐啸 |
| 扬琴 | 韦秀子 |  | 黄瑾 | 吕佩佩 | 李利民 |
| 二胡 | 姚慎行、徐春霞、府昊、赵建安 |  | 二胡（Ⅰ）：王世英、张绮雯 二胡（Ⅱ）：黄可群、应雄略 | 吴子础、徐显眺、支建策、胡彬彬 | 毕山佳子、黎凌冰、冯梅、唐邵华 |
| 中胡 | 杨磊 |  | 程峰、徐兰枫 | 朱直迎、林志峰 |  |

续表

| 时间 | 10月12日19:30 | 10月13日14:00 | 10月13日19:00 | 10月14日14:00 | 10月14日19:00 |
|---|---|---|---|---|---|
| 大提琴 | 大提琴:奚承<br>开提琴:赵建安 | | 蔡群慧(兼古琴)、阮佳航 | 黄瑜 | 大提琴:刘珊珊<br>古琴:邓旎 |
| 低音提琴 | 庞林春 | | 葛泽平 | 夏炜焱 | 铝片琴:左丽琴 |
| 倍大提琴 | | | | | 邓旎 |
| 打击乐 | 陆元贵、辛仕林、刘长宾 | 小锣:张立丹 | 罗祖卫、张朝晖、霍瑞涛、张丽华、刘金虎、刘群 | 打击乐:林兵、朱直迎<br>定音鼓:林志峰 | 大锣:李玉亮<br>铙钹:王俊宏<br>小锣:丁丽贤<br>打击乐:李力 |

## 第六届中国昆剧艺术节演出简况（2）

| 时间 | 10月15日14:00 | 10月15日19:00 | 10月16日14:00 | 10月16日19:00 | 10月17日14:00 |
|---|---|---|---|---|---|
| 演出场馆 | 江苏省苏州昆剧院剧场 | 苏州人民大会堂 | 苏州市公共文化中心剧场 | 苏州文化艺术中心大剧院 | 江苏省苏州昆剧院剧场 |
| 剧目 | 吴凤版《牡丹亭》 | 《李清照》 | 《墙头马上》 | 《董小宛》 | 《金不换》 |
| 演出单位 | 苏州兰芽昆曲艺术剧团 | 中央戏曲学院、北方昆曲剧院 | 上海昆剧团 | 北方昆曲剧院 | （台湾）兰庭昆剧团 |
| 出品人 | | 杨凤一 | 谷好好 | 杨凤一 | |
| （总）策划 | 冷桂军 | 谢柏梁、曹颖 | | | |
| （总）监制 | | 凌金玉 | 史建 | 凌金玉 | |
| 制作人 | | 海军、曹颖、孙明磊 | 张咏亮、武鹏 | 曹颖、海军 | 王志萍 |
| （总）统筹 | | | 陆余庆、徐清容 | | |
| 原著 | （明）汤显祖 | | （元）白朴 | | |
| 编剧 | | 郭启宏 | | 罗怀臻、沈杏莲 | |
| 导演 | | 沈斌 | 技术导演:倪广金、丁芸 | 总导演:曹其敬,导演:徐春兰 | |
| 艺术总监 | 吕福海 | | 岳美缇、张静娴 | | 王志萍 |
| 艺术指导 | 朱立明 | 张静娴 | 李小平、周启明 | 艺术指导:胡锦芳,指导教师:乔燕和、王小瑞 | 温宇航 |
| 音乐设计（作曲） | | 音乐设计:周雪华<br>配器设计:张芳菲<br>打击乐设计:张航 | 配乐配器:朱铭 | 音乐作曲:汝金山 | 音乐统筹:萧本耀 |
| 唱腔设计 | | 周雪华 | | 唱腔作曲:顾兆琳 | |
| 舞蹈设计 | | 张莹 | | | |
| 舞美设计 | | 边文彤 | 倪放(特邀) | 刘杏林 | |
| 道具设计 | 道具:严云啸 | 史优扬 | | | |
| 灯光设计 | 灯光:徐亮 | 管艾 | 李冰春 | 邢辛 | 雷正光、刘东信 |
| 音响设计 | 音响:方尚昆 | 乔江芳 | | | 雷正光、刘东信 |

续表

| 时间 | 10月15日 14:00 | 10月15日 19:00 | 10月16日 14:00 | 10月16日 19:00 | 10月17日 14:00 |
|---|---|---|---|---|---|
| 服装设计 | 服装:柏玲芳 | 刘小庆 |  | 彭丁煌 | 张美芳、朱建国 |
| (化妆)造型设计 | 化妆:陆宁 | 艾淑云 | 头饰设计:符凤珑、范毅俐 | 龚元 |  |
| 主要演员 | 王鑫饰柳梦梅,李洁蕊饰杜丽娘,周婧饰春香 | 顾卫英饰李清照,肖向平饰赵明诚,张贝勒饰张汝舟,许乃强饰梁丘崇礼,徐鸣玚饰李远,李欣饰铁叔,刘大馨饰翠环,吴思饰燕儿,海军饰中年男,陈娟饰青年女 | 黎安饰裴少俊,罗晨雪饰李倩君,沈矿饰裴行俭,胡刚饰裴福,缪斌饰李世杰,汤泼泼饰梅香,何燕萍饰乳娘,侯哲饰张千,周亦敏饰端端,赵文英饰重阳,张伟伟饰院公 | 邵天帅饰董小宛,施夏明饰冒辟疆,白晓君饰冒母,肖向平(老年)冒辟疆,马靖饰燕儿,陈琳饰玉沁,张暧饰鸣泉,李欣饰冒安,马宝旺饰御医,罗素娟饰秀儿 | 温宇航饰姚英,王耀星饰上官氏,黄若琳饰春兰 |
| 指挥 |  | 于雪 |  | 梁音 |  |
| 司笛 | 姜伟钧 | 司笛:关墨轩 副笛:王孟秋、丁文轩 | 张思炜 | 韦兰 副笛:刘天录、王孟秋 | 萧本耀 |
| 司鼓 | 周耀达 | 张航 | 王一帆 | 庄德成 | 吴承翰 |
| 三弦 |  | 张悦洋 | 王志豪 | 张悦洋 | 林杰儒 |
| 笙 | 董晓华 | 传统笙:王智超 键笙:王晓旭 排笙:郭宗平 | 甄跃奇 | 传统笙:郭宗 平键笙:王晓旭 排笙:王智超 | 王宝康 |
| 唢呐 |  | 郑学、刘天录 | 翁魏魏 | 李文利、郑学 | 林杰儒 |
| 琵琶 |  | 高雪、陶亮亮 | 杨盛怡 | 高雪、侯菊 | 吴幸融 |
| 中阮 |  | 霍新星、李小娟 | 吕百超 | 霍新星、张瑞娟 |  |
| 古筝 |  | 王燕 | 陆晨欢 | 董逢若 |  |
| 扬琴 |  | 阳茜 | 鲍丹旎 | 阳茜 |  |
| 二胡 | 翁赞庆 | 张学敏、张明明、郝淑一、梁茜 | 朱铭、陈悦婷 | 二胡:张学敏、张明明、郝淑一、梁茜 | 宋金龙 |
| 中胡 |  | 付鹏、庞言 | 沈晓俊、张津 | 付鹏、吴薇 |  |
| 大提琴 |  | 周瑞雪 |  | 周瑞雪、张楠 | 唐厚明 |
| 低音提琴 |  |  |  | 颤音琴、风锣:郭继方 |  |
| 倍大提琴 |  | 马福 |  | 马福 |  |
| 打击乐 | 翁赞庆 | 定音鼓:郭继方 大锣:王闯 铙钹:柳玉忠 小锣:成金桥 | 大锣:陈骏 铙钹:於天乐 小锣:张国强 | 大鼓:刘爱音 小堂鼓:白明卉 吊镲:张航 大锣:王闯 铙钹:柳玉忠 小锣:李斯 | 大锣:叶俊铭 铙钹:余济维 小锣:许雯 |

## 第六届中国昆剧艺术节演出简况(3)

| 时间 | 10月18日 19:00 | 10月19日 14:00 | 10月19日 19:00 |
|---|---|---|---|
| 演出场馆 | 江苏省苏州昆剧院剧场 | 苏州市公共文化中心剧场 | 苏州人民大会堂 |
| 剧目 | 《水泊记·阎惜娇》 | 《杨妃梦》 | 《曲圣魏良辅》 |

续表

| 时间 | 10月18日 19:00 | 10月19日 14:00 | 10月19日 19:00 |
|---|---|---|---|
| 演出单位 | 苏州市艺术学校 | 台湾戏曲学院 | 江苏省演艺集团昆剧院 |
| 出品人 | | | 朱昌耀 |
| (总)策划 | | | 李鸿良 |
| (总)监制 | 周沛然、王善春 | | 刘金星、赵京利 |
| 制作人 | | 侯刚本 | |
| (总)统筹 | | | 庄培成、顾骏 |
| 原著 | (明)许自昌 | | |
| 编剧 | | 曾永义 | 编剧:曾永义 演出本整理:朱雅(特邀) |
| 导演 | 杨晓勇 | 张世铮 | 导演:周世琮、朱雅(特邀)副导演:杜九红 |
| 艺术总监 | 林继凡 | | 艺术总监:柯军 音乐总监:孙建安 舞美总监:郭云峰 |
| 艺术指导 | 林继凡、陶红珍、周庆祥、杨晓勇 | 周雪雯 | 蔡正仁 |
| 音乐设计(作曲) | | | 作曲、配器:孙建安、洪敦远(台湾) |
| 唱腔设计 | | 编腔:周秦 | |
| 舞蹈设计 | | | |
| 舞美设计 | | 王耀崇 | 于少非(特邀) |
| 道具设计 | 道具:万鹏程 | | 洪亮、缪向明 |
| 灯光设计 | 灯光:那增荣 | 黄祖延 | 郭云峰 |
| 音响设计 | 音响:那增荣 | | |
| 服装设计 | 服装:曹蝶 | 蔡毓芬 | 徐瑛(特邀) |
| (化妆)造型设计 | 化妆:付晓玲、曹蝶 | 蔡毓芬 | 蒋曙红 |
| 主要演员 | 刘煜饰阎惜娇,张心田饰张文远,周乾德饰宋江,宋婷饰阎婆 | 朱民玲饰杨贵妃,赵扬强饰唐明皇,黄昶然饰程教授,王声元饰寿王,顾雅娟饰韩国夫人,臧其亮饰高力士,曾汉寿饰杨国忠,吴仁杰饰安禄山,郭胜芳饰梅妃,林政翰饰陈玄礼,张化纬饰虢国夫人,唐天瑞饰秦国夫人,余大莉饰韩国夫人 | 蔡正仁饰魏良辅,钱振荣饰张野塘,孔爱萍饰莺娣,李鸿良饰过云适,孙晶饰梁辰鱼,赵于涛饰朱元璋,刘效饰顾坚,顾骏饰张梅谷,张军(特邀)饰子玉,计韶清饰周寿谊、晋清 |
| 指挥 | | 凌瑜彦 | |
| 司笛 | 蒋晓地 | 李经元 | 陈辉东 |
| 司鼓 | 王凯 | 梁珪华 | 单立里 |
| 三弦 | | 王文财 | 三弦、古琴:刘佳 |
| 笙 | | 张毓欣 | 杨卓 |
| 唢呐 | | | 陈浩、孙建安 |
| 琵琶 | | 李亦舒 | 倪峥 |
| 中阮 | | 李台钰 | 强雁华 |
| 古筝 | | 曾筱筑 | 古筝、瑟:黄睿琦 |
| 扬琴 | | 电子琴:曾筱筑 月琴:王文则 | 尹梅 |
| 二胡 | | 黄家俊 | 祁昂、张瑶 |

续表

| 时间 | 10月18日19:00 | 10月19日14:00 | 10月19日19:00 |
|---|---|---|---|
| 中胡 |  | 中胡:刘俊铭 京胡:黄建华 | 高胡:刘思华 中胡:高博 |
| 大提琴 |  | 沈俊溥 | 孙红 |
| 低音提琴 |  |  | 姚小凤 |
| 打击乐 |  | 大锣:魏统贤 铙钹:张丰岳 小锣:刘尧渊 | 大锣:戴敬平 铙钹:陈铭 小锣:张晓龙 |

# 第六届中国昆剧艺术节剧目演出述评

金 红 等[1]

由文化部、江苏省人民政府联合主办的第六届中国昆剧艺术节于2015年10月19日在苏州落下帷幕。从10月12日—19日,共7天,全国7大昆剧院团(江苏省苏州昆剧院、上海昆剧团、浙江昆剧团、北方昆曲剧院、永嘉昆剧团、湖南省昆剧团、江苏省演艺集团昆剧院)、戏曲院校(中国戏曲学院、上海戏剧学院、苏州市艺术学校)、民营昆剧院团(苏州兰芽昆曲艺术剧团)以及来自台湾地区的台湾戏曲学院、兰庭昆剧团共13家演出单位在苏州6大剧院上演了17台剧目。

中国昆剧艺术节自2000年举办首届以来,每三年一届,到2015年已是第六届。在这六届艺术节中,全国各大艺术院团(校)秉承保存和发展昆剧艺术的宗旨,每届演出20出左右的大小剧目,展示各自的成绩,尤其是展示近三年来的昆剧艺术传承发展成果。

本届昆剧艺术节剧目演出与以往有两个不同点:

一是不设奖项,不评奖,而在演出期间组织专家采取"一剧一评"的方式对参演剧目进行评议;二是剧目在演出同时,举办第二届"名家传戏"——当代昆曲名家收徒传艺工程成果汇报演出(第一届成果汇报演出是在第五届中国昆剧节后,即2013年12月1日—19日文化部在北京举办"2013全国昆剧优秀剧目展演"活动期间进行的),因此4场汇报演出成为本届昆剧节的亮色之一。

按照安排,江苏省苏州昆剧院的《白兔记》,上海戏剧学院的《四声猿·翠乡梦》,浙江昆剧团的《大将军韩信》,永嘉昆剧团的《赠书记》,湖南省昆剧团的《湘妃梦》,中国戏曲学院、北方昆曲剧院的《李清照》,上海昆剧团的《墙头马上》,北方昆曲剧院的《董小宛》,江苏省演艺集团昆剧院的《曲圣魏良辅》9台戏为参加评议的剧目,由专家组在演出后进行评议。苏州兰芽昆曲艺术剧团的吴风版《牡丹亭》、(台湾)兰庭昆剧团的《金不换》、苏州市艺术学校的《水泊记·阎惜姣》、台湾戏曲学院的《杨妃梦》4台戏为展演剧目。其他4台为第二届名家传戏成果汇报演出(分4场演出)。后两类演出,专家不参与评议。

本述评以专家参与评议的9场演出为重点,兼及4场展演剧目。名家传戏成果汇报演出另有专文评述。

## 一、"新编"流行,如何"传统"

综观本届昆剧节,一个特别突出的特点是:新编新创剧目比往届多。具体讲,9台评议剧目中7台是新编戏,另外2台也不乏许多新内容;4台主要由艺术院校学生表演、以传承为主要目的的剧目里也有1台是新编新创戏。也就是说,9台评议剧目中新编戏占77%,学生传承剧目新编占25%。总体上看,新编新创戏占62%不止。

如果说每三年一届的昆剧节是对近三年来各剧团院所昆剧艺术成果的检验,那么,本届昆剧艺术节有相当一部分内容可谓新编新创戏展演。

当"新编新创"流行时,还要不要传承戏?答案当然是肯定的。

但接下来的问题是,当"新编新创"流行时,各剧团院所该如何传承与怎样呈现传统戏呢?

(一)可颁"传承奖"的《白兔记》

本届昆剧艺术节首场演出的是江苏省苏州昆剧院

---

[1] 参与撰稿的还有庄吉(昆山文联)、朱玲(苏州大学)、王敏玲(苏州市职业大学)、郝文静、宋真真、周艳、洪楠(以上四位为苏州大学研究生)。金红,苏州科技大学人文学院教授。

的《白兔记》。演出过后,有专家称赞说,《白兔记》可获本届昆剧节"传承奖",意即该戏是本届昆剧节上最具传统内涵的戏。

江苏省苏州昆剧院复排《白兔记》起自 2001 年,剧院在"传"字辈教授的《赛愿》《养子》《送子》《出猎》《回猎》5 个折子基础上,由顾笃璜先生指导首次排演了较为完整的《白兔记》。2014 年,苏州昆剧院立项再次复排《白兔记》,于原来基础上又整理出《团圆》一折,由张善鸿任复排导演,最终选演《养子》《上路送子》《出猎》《回猎》《团圆》5 折剧目,重点突出李三娘的人物命运,并对原演出本进行整理,成为故事连贯、剧情相对完整的叠头戏,再现了《白兔记》作为南戏经典剧目的风采。

江苏省苏州昆剧院复排此戏,在传承"古老的传统样式,纯正的昆剧风貌"方面特别突出,于复活经典折子戏和剧目方面做出了积极的探索和实践。

从表演上看,全剧演出严格遵循传统昆剧样式。前四折基本按照"传"字辈所授,在剧本整理方面,是将多个影响较大的本子综合在一起,按照传统昆剧的演出样式进行编排。最后一折《团圆》虽属新戏,但也是按照传统昆剧的唱念样式编排,因此仍然是传统戏。从昆剧节演出的剧目看,《白兔记》可谓本届昆剧节上仅有的一出传统大戏。唱念做打,完全遵循传统,简洁的一桌两椅、一个井圈的舞台美术,更彰显了昆剧舞台艺术的抽象美与简约美。而复排中呈现的舞美设计、灯光设计、音乐设计等,虽有"现代"倾向,但都是为增加戏的韵味而做的有限度的艺术加工。所以专家普遍称赞该剧传统艺术浓厚,是抢救、传承传统昆剧艺术的成功范本。

《白兔记》成功复排离不开剧中人物的塑造和演绎。女主人公李三娘,由"二度梅"、文华奖、白玉兰奖得主王芳饰演,男主人公刘知远由国家一级演员赵文林饰演。王芳曾多次演出折子戏《养子》,磨房产子一段在"传"字辈沈传芷的传授下,保留了传统表演模式,又有个性刻画。如:为使舞台更简练,凸显昆剧表演的虚拟性,王芳在顾笃璜先生的提议下,去掉象征磨盘的道具,而改为虚拟推磨动作,同时在表现临盆生育环节加强声音的呐喊度,强化分娩时的痛苦,突出李三娘磨房产子呼天天不应、呼地地不理的苦痛。最后分娩时双手在桌子后面大伸舞动,强烈挣扎,有层次,有内涵,有力度,有感染力,同时具现代表演的魅力,感人至深,催人泪下。王芳的演唱气韵通畅,人物内心把握精准细腻,现场观众无不为李三娘的命运所牵引。男主演赵文林在唱腔上也能准确把握,尤其是《回猎》《团圆》两折,演员从大冠生调整为小冠生,而非传统剧目中规定的老生戏,这应该

是赵文林个人演艺角色的又一次突破。咬脐郎一角也给观众不小惊喜。咬脐郎既不是典型的雉尾生也不是典型的娃娃生,而是介于两者之间,较难把握。咬脐郎的饰演是对青年演员杨美的一次重要历练。饰演岳绣英的青年演员朱璎媛在该剧中挑战了个人从闺门旦到正旦的行当转变,人物形象处理自然无痕,出场不多但人物塑造已然到位。其余小人物的演出亦可圈可点,特别是吕福海饰演的恶嫂嫂一出场其恶行恶状便活灵活现,汤迟苏饰演的老家人窦公亦诙谐可爱,给观众留下了深刻印象。

《白兔记》的故事虽然家喻户晓,引人入胜,但因为剧本时间久远,不仅不容易整理,而且因为剧中若干情节已不符合现代伦理观念而易受争议。相对于以往的演出,苏州昆剧院复排的《白兔记》是一台志在传承昆剧折子戏精品的好剧,也是一台力求再现经典臻于完美的好戏。

(二)《墙头马上》:传承链条中的"这一个"

如果说《白兔记》是本届昆剧节最传统的"传承戏",那么,上海昆剧团的《墙头马上》可谓"传统的延续"。

元杂剧《墙头马上》剧本古老,一代代的传承从未间断过,新中国成立后各剧团的传承演出尤以上海昆剧团最完整。20 个世纪 50 年代,俞振飞、言慧珠、方传芸、朱传茗等艺术家和苏雪安、杨村彬等戏剧家共同改编创作,排演了单本戏《墙头马上》。自首演至今的 55 年间,演出数百场,上海昆剧团从俞振飞算起,五班四代演员代代相传,一路传下来。同时,各代演员在舞台实践中又不断地磨合、修改、创造,使该剧成为各不同时期均受观众喜爱的名剧。此戏是按照前辈艺术大师的教授而编排,遵循由来已久的元杂剧传统,戏骨很传统,只是在一些细节上有所创新。

本届昆剧节演出的《墙头马上》是上海昆剧团第三、四、五代演职员的整体亮相,其中,主要演员由第四代演员(昆四班)担纲,乐队由昆五班成员构成。演出由俞门嫡传弟子岳美缇、张静娴、李小平三位艺术家全程参与,岳美缇和张静娴两位艺术家还首次担任艺术总监。她们不仅口传心授,亲身垂范,将多年舞台表演的经验、技艺传承给年轻演员,还全面协调、把握、监督舞美、灯光、服装、妆面、音乐的创作和设计过程。

此版《墙头马上》是上昆新一代演职员在俞振飞版基础上的全新复排与创作。说"复排",是指全戏在情节设置、人物设置、唱腔念白、身段动作等方面均出自当年的俞派版本;说"全新",是指此次编排又增加了适应新环境的舞美、灯光、服装、音乐等方面的创造。整体上做

到：敬畏传统，细节创新，让观众感到看传统戏并不拖沓，舞美、灯光以及音乐方面的"创新"也并没有超出经典传统戏的轨道。于是，两个多小时、唱功十足的古典戏曲大戏，却令观众意犹未尽，实是难能可贵。可以说，此版《墙头马上》为如何传承传统大戏提供了有益的参考，也为传统戏的"现代"演绎提供了可能。

岳美缇深得俞振飞的表演精髓，所扮演的裴少俊曾广受赞誉。这一次，裴少俊一角由岳美缇老师的高徒、当红小生黎安担纲。黎安为国家一级演员、"梅花奖"得主，师承岳美缇、蔡正仁、周志刚，是俞振飞大师的再传弟子。他基本功扎实，扮相清逸雅致、俊朗脱俗，嗓音酣畅醇厚，长于刻画人物内心，表演细腻，感染力强。在上一届（第五届）中国昆剧艺术节上，黎安曾以《景阳钟变》崇祯帝一角荣登优秀表演奖榜首（按得票多少）。此番扮演俊朗小生，更是发挥其特长，很讲究表演层次，恰到好处。

罗晨雪饰演的李倩君也很出彩。她是上海昆剧团国家二级演员，师承昆剧表演艺术家胡锦芳、张静娴，以及龚隐雷、孔爱萍、徐云秀等名师。剧中的李倩君是美丽温婉的化身，也是执着刚强的化身，她忠于爱情，勇于为爱情牺牲。罗晨雪将一位千金小姐美丽、温柔、善良而又忍辱负重的性格表现得很到位，受到观众好评。

传承名剧，重塑经典，期待用时代的审美意蕴和今日的观众用昆剧对话，是上昆的目标。为配合青年演员的形象气质和现代观众的观剧需求，剧组在创排期间两易服装设计稿，三易舞美、灯光设计稿，不断调整头饰与妆容，力求从表演到舞台整体呈现出既不失传统与经典，又有全新演绎和诠释的效果。这也是上昆这部看家戏带给观众的最大感受。

（三）《四声猿·翠乡梦》《赠书记》：于传统中脱胎、再造

1. 《四声猿·翠乡梦》

明代徐渭的杂剧《玉禅师翠乡一梦》是昆剧体例，音乐、文学成就都很高，在戏剧史上占重要地位，遗憾的是因曲谱失传，一直绝迹于昆曲舞台。上海戏剧学院此次排演的《四声猿·翠乡梦》是对徐渭《四声猿·玉禅师翠乡一梦》的重新演绎。编剧张静在评议会上介绍说，剧本的创作初衷是想尝试用当代理念呈现传统经典。原作是"小剧场"般的戏剧样式，情节曲折、精致而有深意。故事因时间久远，失传的内容过多，但不影响今人对它重新进行阐释。在编排中，主创人员尤其注意既保留传统，又整合创新。"保留传统"体现在保留徐渭原作唱词方面，新编剧本唱词80%为徐渭原创。"整合创新"体现在基于对人物、情节的重新设置。在舞台观念上，新编剧作希望将观众带入当代最前沿的领域，比如在舞美设计、音乐设计等方面下功夫，力争将传统与现代相交融的美献给观众。剧本于2015年9月完成，主演卫立和蒋珂当时还是上海戏剧学院的学生，而将富有创新色彩的剧本拿给青年学生演，既是对年轻演员的考验，也是对剧作的检验。这批演员为上昆最年轻的一代（新生代），他们虽然处在经济快速发展时期，但仍能够踏实地学戏。戏中的很多形体动作都是演员自己根据人物性格拿捏出来的。戏的结尾收于传统曲牌【步步娇】，是想告诉观众，剧组是以这种方式向传统致敬。

因此，此版《四声猿·翠乡梦》既是对徐渭原著的诠释，又是对这部经典作品的全新演绎。这部带有浓厚思辨色彩的剧作，改编让作品更具细腻精致的女性倾向。

昆曲讲传承，也讲发展。《四声猿·翠乡梦》在昆曲传统的丝竹之声（鼓、笛、笙、琵琶、中阮、三弦）中，适当加入当代西洋乐元素，某些段落还经过电子合成器的再造，连接剧情的两大段独唱，是【新水令】【步步娇】与爵士、摇滚的混编，等等创新使该戏的音乐设计新意十足，但听起来并无"违和"之感。服装设计同样值得称道。剧中两套主要角色的服装都是双面的，在前后两次"转世"环节中，伴随吟唱，男女主人公通过换衣、反穿，实现了角色身份的互换。这一设计得到观众的一致赞赏，可谓"既古典又时尚"。

该剧主创人员中很多都有在海外学习戏剧的经历。如编剧张静是伦敦大学国王学院文化创意产业的硕士，舞美设计、灯光设计谭华曾经就读于伦敦大学皇家中央戏剧与演讲学院。他们将国际戏剧的先锋理念融入昆曲，将空间、时间、声音、光影等舞台元素构成一个有机的整体，并通过舞台视觉与现场音乐的实时互动，把"无形"的音乐变作"有形"的视觉形象，令人耳目一新。

《四声猿·翠乡梦》以"小剧场"的形式演绎昆剧，全剧时长约一个小时，符合现代观众的剧场习惯。用最传统的昆曲表演来演绎最古典的中国人文精神，同时用最现代的剧场技法将内容的思辨性和形式的实验性完美结合，以凸显精致、简约的演剧风格，这出戏表现得很出色。自然，若干情节也有"少儿不宜"的地方，不适合进中小学校园，而戏中传统观念与现代观念的冲突以及价值观问题，也值得人们进一步思索。

2. 《赠书记》

无独有偶，《赠书记》也是一出"男女互换"的情节戏。永嘉昆剧团青年演员在本届昆剧艺术节上集体亮相，让观众眼前一亮。

原创昆剧《赠书记》尘封已久，绝迹舞台一两百年，

这次永嘉昆剧团根据《六十种曲》中的《赠书记》进行整理、改编,重新排演,以新的视角、新的意识,打造了一出既保留传统昆剧精华又符合现代审美情趣的"新"戏。风格质朴而不失清新,既接地气又彰显昆曲艺术的雅致;情节跌宕起伏;演员青春靓丽;灯光、服装、舞美新鲜活泼而恰到好处……这些是这出戏的突出之处。特别是舞美,受到专家和观众的一致好评。

与《四声猿·翠乡梦》一样,新编的《赠书记》也是从传统中"脱胎"而出的,但它不似《四声猿·翠乡梦》那样重新设计剧情,也没有大幅度融合多媒体等技术手段,而是在情节编排方面注重戏剧性,强化舞台艺术效果,使传统戏更好看。

《赠书记》是一出富有幽默色彩的爱情喜剧。此版《赠书记》由编剧张烈进行改编,国家一级导演张树勇执导,永嘉昆剧团年轻阵容出演。团长张胜建在评议会上介绍说,本届昆剧艺术节之所以选择排演《赠书记》,一是鉴于它是永嘉昆剧团的保留剧目,只是后来遗失了,为了传承传统戏,此次做了重新整理。二是永嘉昆剧团这些年来一直步履维艰,演员行当不全,主演基本上是靠外请,前几届昆剧节上的演出均如此。现在剧团有了起色,演员数量增加,行当基本齐全,因此想以本团的实力努力打造这出戏,助推青年演员成长。三是想在舞台艺术上有所突破,这出戏可利用生、旦互换角色吸引观众,丰富昆曲艺术。

传统戏怎样改?怎样才能让"老"戏有"新"样式、"新"内涵?《赠书记》为目前的昆剧传承提供了一条新思路,即:向传统要灵感。单看《赠书记》原剧本,会发现很多与经典昆剧不一样的地方,比如它很"土",很"俗",也很"荒诞",互换角色的情节也会妨碍角色发挥,所以一般文人不会这样创作,这或许也是《赠书记》多年沉睡的原因。然而,"俗"并不一定"丑","荒诞"也并非"难看"。如果让它丰富起来,"活"起来,"动"起来,那它就是一出可以重生的好戏。本届昆剧节上永嘉昆剧团的演出,让一部尘封的戏起死回生。它同时给我们一种启示:昆曲是一个可以雅俗共赏的剧种。

此剧最大的亮点在于男扮女装与女扮男装的互换。这就要求生、旦表演要特别的精细。旦角由腾腾和生角杜晓伟的表演很精彩,受到一致好评,特别是由腾腾的表演,专家认为有大家风范,风格沉稳,气质脱俗清新。

此版《赠书记》体现了当前永嘉昆剧团的上升态势。音乐设计中,司鼓、司笛、笙、琵琶、中阮、三弦等传统昆曲乐器合奏出优美的古乐,而大提琴、低音提琴等的加入,让人感受到古代音乐与现代音乐的完美融合。服装、道具精致巧妙,为全戏增色。生、旦两人以浅蓝色和白粉色为主的服装风格烘托出两人的青春靓丽。道具除了传统的一桌两椅外,加上了"城墙"和"门",并且通过城墙和门的组合变换来配合场次变换,让观众更容易分辨故事发生的场所,有一定的话剧风格,但并不生硬。

专家在评议会上也提出了进一步提升的建议,如表演方面,在男女角色互换后,可以采用有人的时候根据剧情演,无人的时候恢复男儿身(或者女儿身)的手法,这样更能强化角色的作用等。

## 二、细数家珍:如何呈现文武"将军"

与以上四部戏不同,在本届昆剧艺术节上,浙江昆剧团的《大将军韩信》、湖南省昆剧团的《湘妃梦》、中国戏曲学院与北方昆曲剧院的《李清照》、北方昆曲剧院的《董小宛》,以及江苏省演艺集团昆剧院的《曲圣魏良辅》均为新编昆剧。总体上看,5部戏均为历史题材,都由当下著名编剧写就,充分体现着对历史的尊重以及对昆剧发展的认识。细察这5部戏,我们可以将之分成两大类,一是文武"将军"戏,一是"英豪"女子戏。

(一)《曲圣魏良辅》《大将军韩信》:"一文一武"颂精神

1.《曲圣魏良辅》

新创大戏《曲圣魏良辅》为本届昆剧艺术节的压轴戏,由台湾地区著名编剧曾永义编剧,江苏省演艺集团昆剧院策划演出,大陆团体又由江苏、上海等地演职人员联合出演,可谓台湾与大陆剧团合作的新成果。

全剧分《序曲》《切磋曲艺》《邂逅奇遇》《翁婿庆成》《衣钵传梁》《虎丘曲会》6场,题材宏大,讲述了昆曲人眼中的昆曲史。2001年5月18日,昆曲入选世界首批非物质文化遗产名录。这一绵延数百年的东方戏曲,几经盛衰,仍以绵延不绝的精神流传至今,并且再度走进人们的视野。然而,对这一剧种源流尤其是对"腔"的探究,尚没有舞台表现样式。《曲圣魏良辅》以昆曲形式演绎了昆山腔如何转变为昆曲艺术的历程。在昆曲"入遗"已近20年的今天,向观众讲清昆山腔的来龙去脉,讲清楚魏良辅在昆曲史上的地位,以完善对昆曲的认识,很有必要。

该戏由"传"字辈艺术家周传瑛之子周世琮、朱雅侃俪执导,昆笛演奏家孙建安担任音乐总监及作曲,并特邀中国戏曲学院新媒体艺术系主任于少非出任舞美设计。著名昆曲表演艺术家、有"活唐明皇"之称的蔡正仁领衔出演魏良辅,中国戏剧梅花奖得主孔爱萍出演魏良辅之女莺嗾,江苏省演艺集团昆剧院院长、中国戏剧梅花奖得主李鸿良出演曲家过云适,中国戏剧梅花奖得主、蔡正仁弟子张军出演子玉,国家一级演员钱振荣出演张野塘,剧中其他主次角色也均由江苏省昆剧院中生代艺术家与第四代优秀青年演员担纲。

这部昆曲舞台上的曲圣故事,故事明晰,音乐流畅,舞美设计、服装设计、造型设计等均延续了南昆的一贯特色:细腻委婉,古朴大方,意韵悠长。而戏中最突出的是蔡正仁先生的表演。

年过七旬的昆坛元老蔡正仁先生,气定神闲,唱念绝佳。这位国家级昆曲传承人、中国戏剧梅花奖、文华奖、上海戏剧白玉兰奖获得者,以古稀之龄演满两个多小时,且唱得满宫满调,曲曲动人,实在令人钦佩!

蔡正仁曾坦言接排这部剧也是经过内心斗争的,因为不仅是对自己脑力和体力的考验,也是对于剧坛元老接排新戏可能遇到风险的考验。但是,出于一生对昆曲痴迷的爱,对曲圣的敬畏,蔡正仁老师毅然接戏。自8月份进驻兰苑以来,蔡老师真是拳不离手、曲不离口,薄薄的剧本被翻出了毛边,每一页的空白处都有唱段标注,台词更是天天背,时时背。蔡老师有时会自谦地说这叫"自讨苦吃"。然而,正是如此"自讨苦吃",蔡正仁先生为我们留下了昆曲舞台上的曲圣形象,留下了昆曲人对艺术的景仰与崇敬。戏中的其他人物表演也可圈可点,都有上佳表现。

2.《大将军韩信》

如果说《曲圣魏良辅》为本届昆剧艺术节表现"文"将军的大戏,乃正曲之脉,香远益清,那么,浙江省昆剧团的《大将军韩信》可谓本届昆剧艺术节上展现武将军的武生大戏,乃正"武"之本。中国戏曲历来文武兼备,我们需要像《牡丹亭》这样的传统风雅文戏,也需要金戈铁马般的武戏。只有这样才有利于全面传承昆曲、振兴昆曲。《大将军韩信》讲述的是韩信跌宕起伏的一生,在还原历史真相、忠实人物内心、追溯命运根源、追求悲剧意蕴的过程中,重构了一段耐人寻味、发人深省的历史。

该剧编剧黄先钢,导演沈斌,唱腔设计、作曲周雪华、程峰、王明强,舞美设计赵国良、赵忆青,昆曲大武生、中国戏剧梅花奖二度梅得主、著名昆剧表演艺术家林为林饰演韩信,整个创作班底可谓强强联合。

该戏实为武生量身定制,这也使得林为林的表演才能得到了充分的发挥。林为林被称为"江南一条腿"。他的每一个亮相、每一句唱腔,常常引来观众的热烈掌声。而他抖出的一朵朵枪花,舞出的一片片剑影,更是令场上叫好声此起彼伏。昆曲历来文戏居多,精彩的武戏很少,近年来武戏传承常遇瓶颈。浙江昆剧团多年坚持延续下来的武戏传统,既注重传承传统戏,又不断推出适应本团演出的新编戏,成绩显著。作为浙江昆剧团团长,林为林始终秉承在传承中求发展的理念。他今年51岁,技艺仍然不减当年,当他站在两米多的高台上以一个"540度僵尸跳"结束韩信悲壮的一生时,全场掌声久久不息,观众是在向韩信致敬,更是在向为武戏竭尽心力的大武生林为林致敬。

作为文化部2015年国家艺术基金重点扶持项目,《大将军韩信》在沿袭浙昆一贯的武戏优势基础上精心雕琢,在人物塑造方面融入了更多的内心表达。导演尊重传统,兼具时代感,能够抓住观众的心。另外,在舞台设计、唱腔念白以及表演形式上也不断寻求创新与突破,通过更加细腻的文戏来使故事衔接更加顺畅,使剧中人物形象更加立体、饱满。编剧给演员的表演留出了很大空间。

除此之外,《大将军韩信》对音乐作曲和身段表演也做了更加精益求精的完善。尤其是古琴、鼓乐的巧妙设计和大胆运用,一动一静,交相呼应,格外亮丽出彩。作曲周雪华、程峰、王明强尝试打击乐与古琴乐队相结合,别有一番刀枪剑影般的激情,尤其是王明强设计的鼓乐穿插全剧,成为此剧的亮点之一。古琴演奏巧妙穿插全剧,在烘托人物内心、营造氛围与意境方面起到了不可或缺的作用。作曲、唱腔设计周雪华多次亲临排练厅,对演员的唱腔、乐队的伴奏进行指导改进。在身段表演上,导演沈斌更是没有放过每一个细节,大到舞台的整体调度,小到每一个面部表情,都力争做到尽善尽美。

(二)《李清照》《董小宛》《湘妃梦》:充分展示妩媚与阳刚

1.《李清照》

昆剧《李清照》是由中国戏曲学院、北方昆曲剧院联合推出的原创剧目,入选国家艺术基金2014年资助项目。编剧郭启宏,导演沈斌,艺术指导张静娴,唱腔音乐设计周雪华,主演顾卫英、肖向平、张贝勒等。

编剧郭启宏从1979年便动了写李清照的念头,时隔多年迟迟动笔,此次该剧着重描写的是李清照曾经改嫁的传奇身世。李清照是一个具有独特身世、独特才华和独特争议的女子,生逢国变,家破人亡,颠沛流离,受尽人间残酷的折磨,尤其是"改嫁"备受争议。该剧展示的不只是历来人们对李清照诗情才华的倾慕,而是以"离婚案"为主要载体来强化李清照的人格魅力和个性光辉。因而在剧作中跃然可见的是,李清照之为李清照,是因为她没有按照当时的常规办事。她做了封建社会中一般女人绝对不敢做的事,果断坚强,决不姑息迁就。

正如剧作家自己所言："在我看来，正是再嫁和离异，突显出李清照独特的个性，张扬了她人格的尊严，也自然而然地与家国的命运联系在一起……"①北方昆曲剧院院长杨凤一介绍："用昆曲这个最古老的戏种来演绎李清照，这还是头一次。"此前，戏曲舞台上的李清照并不鲜见，但于昆曲是第一次。导演沈斌称："我之前曾看过六七个版本的《李清照》，但没有一个成功的，郭启宏的剧本让我看到了一种对男权主义的抗争。"李清照改嫁是戏曲作家历来鲜有触及的话题，编剧郭启宏的创作非常成功，独得境界。该剧深刻地提炼了李清照的精神世界和心灵珍藏，独得其诗性，剧作构思独特，词和戏融为一体，境界高雅，超越了才子佳人戏的窠臼。

李清照的扮演者是昆曲名角、国家一级演员顾卫英。在该剧中，她扮相秀美，大气端庄，表演清雅脱俗，唱腔优美动听，身段规范到位，具备诗化写意的表演风格，在气质与风范上与李清照特别相应。顾卫英作为时下中青年昆剧演员中的佼佼者，经过与国家级剧团北方昆曲剧院的整体合作，与编剧郭启宏、导演沈斌和作曲周雪华的共同托举，令这出昆曲大戏精美动人。

该剧的三名小生均为北昆年轻演员，观众及专家反映亦良好。尤其是饰演张汝舟的张贝勒，目前虽为三级演员，但他对人物拿捏得当，唱念均很到位，对人物角色做了深入的理解和把握，表演受到观众和专家的一致好评。其他演员如肖向平的表演尽显儒雅之风，与赵明诚的形象特别吻合，都颇受赞赏。

2.《影梅庵忆语——董小宛》

北方昆曲剧院的新编剧目《影梅庵忆语——董小宛》融合了编剧和导演对历史的感悟，采撷了当代灯光、布景之精美，汇集了北昆和江苏省昆的优秀青年演员，是一出优秀新编剧目。该剧由中国戏剧家协会副主席、著名剧作家罗怀臻与青年编剧沈杏莲携手，根据明末清初学者、诗人冒襄（字辟疆，1611—1693）所撰的散文小品《影梅庵忆语》创作而成。

该剧将董、冒二人9年的深厚感情浓缩在一出戏里，显示了编剧深厚的文学功底，罗怀臻认为要让戏曲的神韵在新的时代得到新的发展，戏曲的创作就要触及心灵、触及情感、触及思想。因此这个戏他寻求戏曲中久违的那种"感动"，通过人性的传达，将看似浓郁得化不开的深情点滴流露，从文学到舞台演出，表演和观众之间产生出了情感共鸣。

戏剧选取梅花作为两位主人公品格的象征，因此在舞台、服饰和扇面上都有梅花的展示。梅花自古象征坚贞不渝、高洁、坚强、谦虚等品格，这正与董小宛的气质、冒辟疆的文人风骨不谋而合。曹其敬导演统帅的二度创作团队在昆剧舞台上呈现了一种别样的古典美与现代美相生相谐的诗境品格。

两位优秀青年演员天赋之好、嗓音之佳、扮相之美，均为一时之选。邵天帅扮相华丽，尤其擅长揣测人物心理，用真情演绎人物，把董小宛善良、多情、坚强的性格刻画得入木三分，其念白、唱腔、形体、动作都能精准地符合人物特点。敬茶、留守、熬药、侍病每一个细节动作都表达了董小宛对冒辟疆的款款深情。特别是当冒母认可董小宛，让她叫母亲时，董小宛内心被深深地感动，喊出的"母亲"里有发自内心的情感震颤，这点被邵天帅精准地演绎出来了。施夏明的扮相俊美，气质高雅出众，嗓音亮丽，唱腔圆润，整体呈现了冒辟疆在乱世之中的沉重和忧郁。两人青春靓丽的形象和感情真挚的表演，使这段爱情故事更为感人肺腑。冒母的扮演者白晓君在剧中也有突出表现，将冒母这样一位既考虑门第尊严又善良仁慈的古代妇女演绎得活灵活现。

整体来说，整出戏剧情紧凑完整，演员阵容华丽，演技精湛，舞美灯光低调又不失优雅奢华，无论从专家的认可度还是观众的反响来看都是一出成功的剧目。只是对于不了解历史的观众来说，在剧情上应该增加信息量，让观众更多地获得董、冒二人的感情基础，以便更多地了解董小宛隐忍、顺从和一味牺牲的原因。另外老年冒辟疆的出现有待进一步商榷，应使人物的出现更具合理性。冒辟疆的角色设计稍显被动，在为小宛争取权利上没有表现出积极的态度。演员表演细节处需要进一步规范，例如病步和醉步的区别，唱腔要有昆曲的韵味等。

3.《湘妃梦》

湖南省昆剧团的新编昆腔历史剧《湘妃梦》一开场，就以诗人屈原一段仰天长问作为开场白，以《九歌》中对湘夫人的宏大叙述将观众引导入上古时代传说中的尧舜时期，以虞舜与娥皇、女英二妃的感情作为贯穿全剧的主线。

在继承与创新方面：其一，舞台勾栏既恪守传统又创新传承。舞台布局上设计了一个有复古意象的勾栏形式，再现了宋元戏曲演出情形，演员们从勾栏的出将、入相处自如穿梭，整个乐队则身着古代乐手服饰，在舞

---

① 郭启宏:剧评:昆曲〈李清照〉余墨.光明日报,2015年9月28日。

台左右两侧伴奏,营造了一种古拙浑厚的昆剧"场面"。

其二,下场环节既回归古制又再现礼仪。《湘妃梦》演员下场时,多位演员共同朗诵下场诗,并面向观众拱手施礼,这在古典昆剧的演出中是一种定式,然而现在人们为了不打破舞台表演的节奏,仅仅保留了演出结束时的谢幕。该剧编导在恪守昆剧舞台传统规制方面下了一定的功夫。其三,曲牌配器既尊重曲牌又融入特色。《湘妃梦》的曲牌唱腔基本符合昆曲唱腔打谱的规范;又能根据剧情发展进行声乐配器编排,有独唱、有对唱、有重唱,杂以湘音、湘俗、湘白,交错融合,赋予古典幽雅的昆剧以湘湖特色和现代歌剧的视听效果。

《湘妃梦》全剧人物众多、行当纷呈。从现场效果而言,湖南省昆剧团的青年艺术家们以其充沛的演出实力使整个剧场华光四溢,人物角色被演绎得淋漓尽致。

《湘妃梦》全剧的二位女主角娥皇和女英,表演自然大方,真情流露,把一对"姿色娇美而清纯不浊,彰显个性又含蓄有仪"的千古佳人演绎得栩栩如生。娥皇和女英分别由国家一级演员罗艳和青年演员刘婕饰演,特别是罗艳,其气韵生动,丽音天成,演唱自成一格,其饰演的娥皇气场气度惊艳全场。值得一提的是,由于意外变化,女英饰演者临时由优秀青年演员刘婕接棒,在不到3天的时间里,她完成了全剧的演唱、对白、走台等衔接,整场演出几乎天衣无缝。对湘昆而言,青年小生演员长期存在青黄不接的现实困境,此番剧中的小生主角——虞舜的扮演者王福文让观众刮目相看,他扮相清朗敦厚,声音清澈稳重。从2012年起王福文正式拜昆曲表演艺术家蔡正仁为师,在冠生行当的表演环节亦有所突破,使湘昆的新生代演员水平整体上了一个台阶。《湘妃梦》整台戏中涵盖了生、旦、净、末、丑等行当。其中饰演尧帝的演员唐珲、饰演继母的王荔梅、饰演瞽叟的青年演员刘瑶轩、饰演屈原的卢虹凯、饰演象的曹文强等人,都能出色完成各自角色,甚至,连饰演虞舜胞弟的丑角以及饰演樵夫和渔夫等人,虽戏份不多,但同样能成为剧中的闪光点。

诗情画意,歌舞相交,历史意蕴,地方特色,这些可谓《湘妃梦》的创作初衷,事实证明,湘昆人齐心协力打造了这一"湘昆梦"。评议会上,专家也就如何加强"曲"的成分、如何将地方特色与文化意蕴交融,以及如何讲好以说唱歌舞为主的故事,提出了若干建议。

## 三、台湾昆剧团及苏州艺校学生的展演

本届昆剧艺术节除了9台评议剧目外,还有4台青年演员(学生)的演出,即苏州兰芽昆曲艺术剧团的吴风版《牡丹亭》、苏州市艺术学校的《水泊记·阎惜娇》,以及来自台湾地区的两台剧目:兰庭昆剧团的《金不换》和台湾戏曲学院的新编戏《杨妃梦》。

《牡丹亭》的故事家喻户晓,吴风版《牡丹亭》同样改编自明代汤显祖的剧作《牡丹亭》,而之所以称"吴风版",主要是指剧团属吴地,因此在风格上属南昆特色。

吴风版《牡丹亭》是由苏州兰芽昆曲艺术剧团艺术指导吕福海导演和兰芽昆剧团团长冷桂军、副团长朱立明共同改编制作,由兰芽昆剧团独立排演的苏州特色的昆剧节目。其宗旨是推广、传播昆曲文化,着重针对第一次走进昆剧剧场的观众。在表演方面,艺术性、故事性并重,并且舍弃了渲染大团圆的热闹场面,让观众感觉更雅、更精致。

全戏从全本《牡丹亭》中精选了唱腔和表演最具有代表性的7折戏,分别为《游园》《惊梦》《寻梦》《写真》《拾画》《叫画》《幽媾》,各折之间又加以删减勾连,分为"梦中情"和"人鬼情"上下两阕,使故事更完整。

全剧同时注重视觉效果和听觉效果,舞台上背景和灯光变化极少,而是力求突出昆曲唱腔和表演的本色之美,以保证昆曲的原汁原味。

作为全国首家大学生自主创业的昆剧团,苏州兰芽昆曲艺术剧团(原名苏州市兰芽昆曲艺术实验剧团)2003年成立,2009获得营业性演出许可证。在10余年的时间里,剧团在传播、传承昆曲文化的过程中逐渐形成了自己的品牌特色,有昆曲与园林紧密结合的"园林景区昆剧",有重原味重学术的"博物馆昆剧",有与校园文化紧密相连的"校园昆剧",还有适合社区大众欣赏的"吴歈粹雅"。在上一届昆剧艺术节上,该剧团演出了折子戏专场,包括《牡丹亭·游园》《水浒记·夜奔》《十五贯·访测》等,本届演出《牡丹亭》串折,技艺要求更高,可以看出剧团在传承传统戏方面所做的努力。

苏州市艺术学校演出的《水泊记·阎惜姣》,是由苏州市杨晓勇昆曲名师工作室和苏州市艺术学校实验演出团联合打造的传承实验剧目,根据《水泊记》中《借茶》《前诱》《杀惜》《活捉》4出戏串连而成。之前在舞台上比较常见的是《借茶》《活捉》,《前诱》和《杀惜》比较少见,此次苏州市艺术学校对这两出戏进行挖掘、整理、编排,在昆剧艺术节上展示给观众。

为了更好地表现这出戏的精髓,苏州市艺术学校邀请昆曲表演家、中国戏剧梅花奖得主林继凡担任艺术总监,杨晓勇担任导演,诸铭对剧本进行整理。林继凡、周庆祥、陶红珍、杨晓勇担任指导教师,青年教师赵晴怡担任副导演。剧中主要人物阎惜姣、张文远、宋江、阎婆均

由艺术学校优秀青年教师和优秀毕业生扮演。

整个演出注重传统,完全是青年学生的传承版演出,即使是新整理的《前诱》《杀惜》两折,也完全按照传统昆剧的一招一式拿捏而成。几位青年学生的演出也异常认真执着。尤其是阎惜姣的扮演者刘煜已经进入江苏省苏州昆剧院的演员队伍,成长迅速,已然成为苏州昆剧院的一位令人瞩目的90后闺门旦。在《阎惜姣》中,她注意把握人物性格,将阎惜姣演得很有层次,人物命运所经历的遭遇丈夫冷落、偶见张文远、思念情人、固执匿信、激怒宋江、阴魂勾情、大功告成等环节,力争表演到位,演出后受到观众的好评。其他演员如张心田、周乾德、宋婷等,也都有很好的发挥。

苏州市艺术学校的演出,让人们看到:苏州昆曲,事业有人。

(台湾)兰庭昆剧院的《金不换》,是北派穷生的经典戏,经过北昆白云生的加工整理,形成了如今的《投河》《守岁》《侍酒》《团圆》4场次中型戏码的面貌。

本届昆剧节上,兰庭昆剧院将剧中的重要情节以半台戏袖珍小全本的规格烘托全剧,可谓当代"穷生"表演史上的大事,既是对白云老的追怀,又是向传统致敬。此剧亦入围2015年台湾地区第二十六届"传艺金曲奖""最佳年度演出奖",获得观众的肯定。

饰演姚英的温宇航为兰庭昆剧团荣誉驻团艺术家,2010年加入台湾国光剧团,早年于北京北方昆曲剧院任主要小生演员,拜师于白派嫡传马玉森先生门下,潜心继承学习白派艺术。他扮相俊朗,气质优雅,唱念均佳,屡获殊荣。饰演上官氏的王耀星,为国光剧团优秀演员,师事程派名师章遏云女士。曾向中国程派名家熊承旭、李文敏、张曼玲、徐季平等名家学习请教,演出过多出程派戏。近年跟从周雪雯、张毓文老师学习南北派昆曲。她勤学苦练,深得观众的喜爱。

台湾戏曲学院的新编昆剧《杨妃梦》,取材于家喻户晓的唐明皇与杨贵妃的故事。但编剧运用时尚的时空交错、意识流动手法,今古"穿越",圆梦心中,令观众感到很新鲜。

因情成梦,因梦成戏,是《杨妃梦》的创作构想。故事由当代的程教授与杨玉环仙魂四度同入杨妃旧梦开始,将"霓裳羽衣""锦·禄儿""上阳怨女""马嵬遗恨"几个有关杨贵妃生命的节点做转折式切面,从而展开跨越时空的对谈。这是一出梦中套梦的戏剧样式。而既然托言为梦,那么就有无限可能的想象性。化身的程教授,以一今一古的造型与杨妃对话。该剧编剧为台湾著名编剧曾永义,又集合了张世铮、周雪雯、周秦、王耀崇、黄祖延、蔡毓芬等两岸知名人士加盟。总体效果可谓:传统故事,创新理念,原态表演,时尚设计。全剧尤其得到年轻观众的认可,演出结束后,观众热情很高。

台湾戏曲学院京剧团前身为"复兴京剧团",1963年创建,是台湾地区第一传统戏曲学府旗下的隶属剧团,也是台湾地区迄今历史最悠久的京剧团。该团在艺术追求上秉承"继承传统"与"现代创新"并行的发展理念,演出过许多脍炙人口的好戏,对台湾戏曲发展做出了很大的贡献。

饰演杨贵妃的朱民玲戏份重,身段繁,唱念考验大。但她表演流畅,情绪转换自然。饰演程教授的叶复润,虽为临危受命,但仍然认真、踏实地完成了任务,得到观众的认可。

总体上看,该剧有很多话剧因素,有大量的对话、独白,这自然是剧情的需要,也比较适合不甚喜欢慢唱的年轻人。但对于传统艺术来讲,过多的对话是否容易干扰戏曲艺术特色?应该怎样处理唱、念(人物对话)之间的关系?这是值得我们深思的问题。新编昆剧《杨妃梦》为我们提供了思考的方向。

北方昆曲剧院

# 北方昆曲剧院2015年度昆曲工作综述

王 焱

### 昆曲传承

3月,侯少奎先生在香港中文大学讲授昆曲,并示范《千里送京娘》。

4月,昆曲巾生名家汪世瑜在北昆向青年演员传授经典名剧《狮吼记·跪池》。

7月2日,文化部艺术司公示了"中华优秀传统艺术传承发展计划"戏曲专项扶持项目入选名单,北昆顾凤莉《昭君出塞》《游园惊梦》,韩建成《相梁》《刺梁》入选,受教学生分别为陈娟娟、张欢。折子戏《闹昆阳》《幽闺记·踏伞》《牡丹亭·拾画叫画》《焚香记·阳告》《渔家乐·刺梁》《铁冠图·刺虎》《千里送京娘》《连环计·问探》《牡丹亭·离魂》《西游记·借扇》《渔家乐·相梁》《小放牛》《百花记·赠剑》《义侠记·戏叔》《义侠记·杀嫂》《西楼记·楼会》名列其中。

### 新剧创作

北方昆曲剧院这些年连续创作出《红楼梦》《续琵琶》《董小宛》等一系列新作。2015年的新剧创作《李清照》《图雅雷玛》《孔子》三部大戏同时排练,并相继搬上舞台,把北昆人的潜力充分激发出来,展示出北昆旺盛的创作力。

### 海内外演出

元旦,著名昆曲表演艺术家、国家级非物质文化遗产项目代表性传承人侯少奎先生参加2015新年戏曲晚会,演出剧目《单刀会》。

这一年,北昆创作任务依然繁重,但即使如此,剧团仍然加强对昆曲的传播力度,除了在以往昆曲流播广泛的国内一二线城市演出外,更增加了河北霸州、江苏淮安等一些小城市的演出。除此之外,北昆还到美国、芬兰、日本等国家演出。

### 重要活动

1月26日,北京优秀青年戏曲演员展演之北昆专场在大观园戏楼举办。

3月7日,第八届东方名家名剧月"北昆展演周"在上海举行,北昆《董小宛》《续琵琶》《红楼梦》(上下本)在东方艺术中心歌剧厅相继上演。

3月25日、26日,昆曲《红楼梦》(上下本)参加第四届深圳戏剧节,在深圳少年宫演出。

4月16日,北昆二级演员刘巍以作旦行当荣获第27届中国戏剧梅花奖。

6月13日至16日,"良辰美景·2015非遗演出季",北方昆曲剧院的昆曲专场在中山音乐堂和恭王府上演。

6月23日、24日,北京市文化局、天津市文化广播影视局、河北省文化厅共同主办的"2015年京津冀精品剧目展演"在京拉开序幕,北方昆曲剧院的《续琵琶》在解放军歌剧院上演。

7月8日,拍摄完成于2012年的昆曲电影《红楼梦》,在获得中国电影金鸡奖——最佳戏曲片奖、摩纳哥国际电影节"最佳原创音乐奖""最佳服装造型奖"乃至最高奖"最佳影片——天使奖"之后,终于院线上映。

9月28日、29日,国家艺术基金资助剧目《李清照》参加"2015年北京金秋优秀剧目展演"。

10月12日至19日,北昆参加第六届中国昆剧艺术节,剧目是:《李清照》《影梅庵忆语·董小宛》及折子戏《雁翎甲·盗甲》《牡丹亭·寻梦》《紫钗记·折柳阳关》《牡丹亭·拾画叫画》《铁冠图·刺虎》《焚香记·阳告》《长生殿·絮阁》

11月20日,北昆艺术家魏春荣、邵铮到北京二中传播昆曲,受到师生们的热烈欢迎。

12月,由中华人民共和国文化部、俄罗斯联邦文化部和俄罗斯驻华大使馆共同主办的2015俄罗斯文化节进入尾声。以昆剧《图雅雷玛》开幕的由北方昆曲剧院与俄罗斯萨哈共和国(雅库特)共同举办的欧隆克艺术节,是2015俄罗斯文化节的大轴。欧隆克艺术节在清华大学举办,上演了昆剧《图雅雷玛》、欧隆克《牡丹亭》、戏剧《巫师梦》、歌剧《伊戈尔王》。

### 对外交流

昆曲一直都是中外文化交流的重要载体,这一年,北昆的对外文化交流活动依然频繁。不仅有赴美国、日本的演出,也有与其他国家的合作交流:

8月25日、26日,北昆《白蛇传》应邀赴芬兰亚历山大剧院演出,参加芬兰第48届赫尔辛基艺术节。这是我国与芬兰建交以来,我国在芬兰举办的最大规模的文化活动。

12月,与俄罗斯的昆曲—欧隆克互相演绎对方国家经典名作最为别致新颖,北昆用昆曲的形式演绎俄罗斯的英雄史诗《美丽的图雅雷玛》,俄罗斯用欧隆克的形式演绎中国的《牡丹亭》,两大世界级"非遗"的深度合作,为世界"非遗"的传承与传播开辟了另一条道路。

## 其他

7月15日,北方昆曲剧院院长杨凤一当选新一届中国戏剧家协会副主席。

## 中俄文化艺术的结晶——昆剧《图雅雷玛》

徐玉良

昆曲是我国被联合国列入非物质文化遗产的保护剧种;欧隆克-雅库特英雄叙事诗是俄罗斯被联合国列入非物质文化遗产的保护剧种,当这两个伟大民族最古老的艺术瑰宝相碰撞时会产生怎样璀璨的火花呢?12月10日在清华大学新清华学堂上演的昆剧《图雅雷玛》将为人们揭晓这一答案。

该剧是2015年中俄文化交流年的合作项目之一,即用中国的昆曲演绎俄罗斯萨哈共和国的民间故事,由北方昆曲剧院制作。

该剧的编剧由昆剧《红楼梦》的编剧王焱来担纲,是根据俄罗斯非物质文化遗产之一的欧隆克-雅库特英雄叙事诗《美丽的图雅雷玛》改编而来,该剧故事主题鲜明,叙事节奏明快,故事情节跌宕起伏,对人物感情刻化细腻。

该剧讲述的是:草原上有一位美丽善良的姑娘图雅雷玛,地狱魔王看上了她并欲强行霸占,如不能得逞,魔王便将人间化为火海。图雅雷玛为了让人间免于苦难便欲应允魔王,此时她偶遇天界勇士尤龙乌兰,两人一见钟情,尤龙乌兰决意下凡相助。两人施展智慧,利用魔王的贪婪和魔王妹妹的好色最终战胜了恶魔,赢得了上、中、下三界的平安。全剧通过光明与黑暗、正义与邪恶的较量以及光明正义最终艰难取胜的过程,歌颂了人类真善美的情感是不可战胜的。

该剧女主角图雅雷玛由青年演员张媛媛饰演。张媛媛扮相俊美、嗓音甜润、身段流畅优美,她将主人公图雅雷玛的善良、机智和勇敢淋漓尽致地表现出来,青年演员杨帆饰演的天界勇士尤龙乌兰扮相英武、做表洒脱干练。演出不断赢得中外观众的热烈掌声。

全剧角色行当齐全,文武兼备,唱念做打,全方位展现了昆剧的表演形式和艺术魅力,这为演员利用昆曲程式化的表演诠释异国故事和人物提供了广阔的创作空间,也为观众全面了解和认识昆曲提供了良好的机会。

艺术是没有国界的,愈是民族的便愈是世界的,昆剧《图雅雷玛》属于中国,也属于俄罗斯,更属于世界,它为世界艺术的长廊增添了中俄两国艺术家共同打造的新的艺术形象图雅雷玛,这是中俄文化艺术碰撞的结晶。

当演出谢幕时,俄罗斯萨哈共和国议长以及来华参加文化交流年的几十名艺术家共同走上舞台祝贺演出成功并有节奏地高呼着"乌拉",台上台下的掌声和"乌拉"声汇成一片,到此我们的观众对中俄两国文化艺术瑰宝碰撞的结果应该已经有了自己的答案,我们的读者呢?或许也有了答案。

## 北昆《白蛇传》在赫尔辛基艺术节上演

李骥志 张璇

由北方昆曲剧院带来的昆曲传统剧目《白蛇传》连日来在芬兰赫尔辛基亚历山大剧院上演,受到芬兰观众的欢迎。

演出时,记者看到,表演不时赢得观众热烈的掌声。

饰演白娘子的演员哈冬雪说,此次选段表演约1小时45分钟,白蛇的戏份基本保留,有文有武,对演员的要求很高。

制片人列沃宁说,这是一个经久不衰的爱情故事,

"虽源自几百年前的中国,但在今天被芬兰观众所接纳和喜爱,说明这个故事仍保持着温度,仍然贴近生活"。

此次率团出访的北方昆曲剧院副院长海军说,北昆近年来多次到国外进行表演,这是第四次来到芬兰演出,每次都引起当地观众的热烈反响,有时甚至一票难求,这体现出国外观众对于中国传统文化的认可。

自8月14日赫尔辛基艺术节中国主宾国活动启动以来,已陆续推出10余场活动,内容涵盖昆曲、京剧、书画等多个门类。

## 北方昆曲剧院 2015 年度演出日志

| 序号 | 演出时间 | 地点、剧场 | 剧目 | 主要演员 | 观众人次 | 编剧、导演、作曲 |
|---|---|---|---|---|---|---|
| 1 | 1月1日 19:30 | 北京,国家大剧院小剧场 | 《牡丹亭》 | | | |
| 2 | 1月2日 19:30 | 北京,国家大剧院小剧场 | 《传书赖束》《长生殿·弹词》《游园惊梦》 | | | |
| 3 | 1月3日 19:30 | 北京,国家大剧院小剧场 | 《牡丹亭》 | | | |
| 4 | 1月7日 19:30 | 北京,中演钓鱼台国宴 | 《红楼梦》"读西厢"片段 | 朱冰贞、邵天帅、翁佳慧 | | |
| 5 | 1月7日 19:30 | 北京,正乙祠古戏楼 | 《牡丹亭》 | | | |
| 6 | 1月11日 19:30 | 北京,正乙祠古戏楼 | 《西厢记》 | | | |
| 7 | 1月14日 19:30 | 北京,正乙祠古戏楼 | 《牡丹亭》 | | | |
| 8 | 1月15日 14:00 | | 《牡丹亭》片段 | | | |
| 9 | 1月16—18日 | 武汉 | 同光十三绝 | | | |
| 10 | 1月14日 15:00 | 北京,梅兰芳大剧院 | 《牡丹亭》 | 魏春荣、邵铮 | | |
| 11 | 1月17日 | 北京,天桥剧场 | 芭蕾《牡丹亭》 | 张媛媛 | | |
| | 1月18日 | 北京,天桥剧场 | 芭蕾《牡丹亭》 | 张媛媛 | | |
| 12 | 1月20日 19:30 | 北京,梅兰芳大剧院 | 《游园》《惊梦》 | | | |
| 13 | 1月21日 19:30 | 北京,正乙祠古戏楼 | 《西厢记》 | | | |
| 14 | 1月25日 19:30 | 北京,正乙祠古戏楼 | 《牡丹亭》 | | | |
| 15 | 1月26日 14:30 | 北京,大观园戏楼 | 《出塞》《思凡》《山门》《断桥》 | 王丽媛;马靖;霍鑫;张媛媛 | | |
| 16 | 1月27日 14:30 | 北京,大观园戏楼 | 《打店》《寻梦》《夜奔》《嫁妹》 | 谭萧萧;顾卫英;王锋;张鹏 | | |
| 17 | 1月28日 19:30 | 北京,正乙祠古戏楼 | 《西厢记》 | | | |
| 18 | 1月29日 14:30 | 北京,大观园戏楼 | 《小放牛》《痴梦》《拾画叫画》《闹昆阳》 | 柴亚玲;于雪娇;翁佳慧;刘恒 | | |
| 19 | 1月30日 14:30 | 北京,大观园戏楼 | 《扈家庄》《阳告》《写真》《芦林》《见娘》 | 周虹;潘晓佳;刘亚琳;张欢;张贝勒 | | |

续表

| 序号 | 演出时间 | 地点、剧场 | 剧目 | 主要演员 | 观众人次 | 编剧、导演、作曲 |
|---|---|---|---|---|---|---|
| 20 | 1月31日 14:30 | 北京,大观园戏楼 | 《问探》《活捉》《寻梦》《送京娘》 | 张暖;陈娟娟;朱冰贞;周好璐 | | |
| 22 | 2月13日 19:30 | 北京,中山音乐堂 | 《牡丹亭》 | | | |
| 23 | 初五 10:00 | 北京,燕山剧场 | 《玉簪记》 | | | |
| 24 | 初五 14:00 | 北京,燕山剧场 | 《白蛇传》 | | | |
| 25 | 2月27日 19:30 | 北京,国家大剧院戏剧场 | 《红楼梦》(上) | | | |
| 26 | 2月28日 19:30 | 北京,国家大剧院戏剧场 | 《红楼梦》(下) | | | |
| 27 | 3月6日 19:00 | 北京,北大多功能厅 | 《白兔记》 | 刘巍,陈娟娟,刘亚琳,海军 | | 编剧:刘建军 总导演:周世琮 导演:刘巍 作曲:王大元 |
| 28 | 3月7日 19:00 | 北京,北大多功能厅 | 《夜奔》《寻梦》《送京娘》 | 王锋;张媛媛、王琳琳;周好璐、杨帆 | | |
| 29 | 3月6日 19:30 | 北京,大兴剧院 | 《西厢记》 | | | |
| 30 | 3月8日 19:30 | 北京,大兴剧院 | 《续琵琶》(周末场) | | | |
| 31 | 3月13日 | 上海,东方艺术中心 | 《董小宛》 | | | |
| 32 | 3月15日 | 上海,东方艺术中心 | 《续琵琶》 | | | |
| 33 | 3月18日 | 上海,东方艺术中心 | 《红楼梦》(上本) | | | |
| 34 | 3月19日 | 上海,东方艺术中心 | 《红楼梦》(下本) | | | |
| 35 | 3月21日 | 郴州 | 《打虎》《长亭》《芦林》《小放牛》 | 饶子为、肖宇江、李恒宇;张媛媛、王琛;张欢、马靖;柴亚玲、张暖 | | |
| 36 | 3月25—26日 | 深圳,深圳市少年宫 | 《红楼梦》(上本) | | | |
| 37 | 3月26日 | 深圳,深圳市少年宫 | 《红楼梦》(下本) | | | |
| 38 | 4月6日 | 北京,正乙祠古戏楼 | 《牡丹亭》 | 潘晓佳 | | |
| 39 | 4月13日 | 北京,老北京电视台 | 《宝黛相见》《葬花》《游园》《赠帕》《听琴》 | | | |
| 40 | 4月15日 | 北京,正乙祠古戏楼 | 摘锦版《西厢记》 | | | |
| | 4月16日 14:00 | 绍兴蓝天大剧院 | 《白兔记》 | 刘巍 | | |
| 41 | 4月18日 | 武汉,琴台音乐厅 | 《西厢记》 | | | |
| 42 | 4月19日 | 武汉,琴台音乐厅 | 《牡丹亭》 | | | |
| 43 | 4月22日 19:15 | 上海,逸夫舞台 | 《牡丹亭》 | 肖向平、顾卫英、柴亚玲 | | |

续表

| 序号 | 演出时间 | 地点、剧场 | 剧目 | 主要演员 | 观众人次 | 编剧、导演、作曲 |
|---|---|---|---|---|---|---|
| 44 | 4月23日 19:15 | 上海,逸夫舞台 | 肖向平专场: 《绣襦记·莲花》《玉簪记·偷诗》《荆钗记·见娘》 | 肖向平、刘亚琳;肖向平、顾卫英;肖向平、白晓君、曹文震 | | |
| 45 | 4月29日 | 北京,正乙祠古戏楼 | 《牡丹亭》 | | | |
| 46 | 5月3日 | 北京,正乙祠古戏楼 | 《牡丹亭》 | | 100人 | |
| 47 | 5月7日 | 北京,梅兰芳大剧院 | 《白兔记》 | 刘巍、张惠、海军、刘亚琳、张欢、张暖 | | |
| 48 | 5月8日 | 北京,梅兰芳大剧院 | 《长生殿》 | 张贝勒、邵天帅、张鹏、董红刚、许乃强、张欢、张惠、柴亚玲、丁珂 | | |
| 49 | 5月9日 | 北京,梅兰芳大剧院 | 折子戏:《打虎》《闹学》《闹龙宫》 | 饶子为、肖宇江、王瑾、曹文震、张惠、谷峰 | | |
| 50 | 5月9日 | 北京,梅兰芳大剧院 | 《白蛇传》 | 张媛媛、哈冬雪、邵铮、马婧、谭潇潇、海军 | | |
| 51 | 5月10日 | 北京,梅兰芳大剧院 | 《牡丹亭》 | 魏春荣、邵铮、王瑾、董红刚、海军、白晓君、马宝旺、王怡、张竹梅 | | |
| 52 | 5月10日 | 北京,中国评剧院 | 音乐会 | | | |
| 53 | 5月13日 | 北京,北京大学小剧场 | 《游园惊梦》《小宴》《夜奔》 | | | |
| 54 | 5月13日 | 北京,正乙祠古戏楼 | 摘锦版《西厢记》 | | 71人 | |
| 55 | 5月16日 13:00 | 北京,日本大使馆 | 《游园》 | | | |
| 56 | 5月19日 19:30 | 北京,长安大剧院 | 《胖姑学舌》《阳告》《赠剑》《送京娘》 | | | |
| 57 | 5月20日 | 北京,长安大剧院 | 《夜奔》《寻梦》《芦林》《断桥》 | | | |
| 58 | 5月21日 | 北京,长安大剧院 | 《打虎》《拾画叫画》《相梁刺梁》 | | | |
| 59 | 5月20日 | 北京,正乙祠古戏楼 | 《西厢记》 | | | |
| 60 | 5月23日 | 河北霸州 | 《游园》《盗草》 | | | |
| 61 | 5月27日 | 北京,正乙祠古戏楼 | 《牡丹亭》 | | | |
| 62 | 5月28日 14:00 | 北京,二十五中 | 《打虎》《游园》《钟馗嫁妹》 | | 180人 | |
| 63 | 5月31日 | 北京,中国评剧院 | 《牡丹亭》 | 邵峥、邵天帅 | | |
| 64 | 6月1日 | 河北高阳 | 《闹学》《下山》《盗草》 | | | |
| 65 | 6月2日 | 西安 | 第二届黄河流域戏曲红梅竞演活动:《惊梦》 | 邵峥、邵天帅 | | |
| 66 | 6月4日 | 北京,民族宫剧场 | 《红楼梦》(上本) | | | |
| 67 | 6月5日 | 北京,民族宫剧场 | 《红楼梦》(下本) | | | |
| 68 | 6月7日 | 北京,正乙祠古戏楼 | 《牡丹亭》 | | | |

续表

| 序号 | 演出时间 | 地点、剧场 | 剧目 | 主要演员 | 观众人次 | 编剧、导演、作曲 |
|---|---|---|---|---|---|---|
| 69 | 6月9日 19:00 | 北京,中国评剧院 | 《西厢记》 | | | |
| 70 | 6月12、13 | 深圳,聚橙大剧院 | 《西厢记》 | 王丽媛、邵峥 | | |
| 71 | 6月13日 | 深圳,聚橙大剧院 | 《西厢记》 | 王丽媛、邵峥 | | |
| 72 | 6月13日 8:00 | 北京,农展馆剧场 | 《游园》 | | | |
| 73 | 6月13日 | 北京,中山音乐堂 | 《出猎》《小宴》《单刀会》 | 刘巍、张惠;张贝勒、邵天帅;侯少奎、杨帆、许乃强、董红刚 | | |
| 74 | 6月14日 19:30 | 北京,恭王府花园 | 《出猎》《小宴》《单刀会》 | 刘巍、张惠;张贝勒、邵天帅;侯少奎、杨帆、许乃强、董红刚 | | |
| 75 | 6月15日 19:30 | 北京,恭王府花园 | 《赠剑》《夜奔》《嫁妹》 | 邵天帅、邵峥、谭潇潇;王锋、董红刚、邵峥、白春香 | | |
| 76 | 6月16日 | 北京,中山音乐堂 | 《赠剑》《夜奔》《嫁妹》 | 邵天帅、邵峥、谭潇潇;王锋、董红刚、邵峥、白春香 | | |
| 77 | 6月17日 | 北京,正乙祠古戏楼 | 《西厢记》 | | 116人 | |
| 78 | 6月17日 18:00 | 北京,农展馆剧场 | 《游园》 | | | |
| 79 | 6月18日 | 北京,清华大学新清华学堂 | 《红楼梦》(上本) | | | |
| 80 | 6月19日 | 北京,清华大学新清华学堂 | 《红楼梦》(下本) | | | |
| 81 | 6月21日 | 北京,正乙祠古戏楼 | 《白蛇传》 | | | |
| 82 | 6月21日 14:00 | 北京,中国评剧院 | 《长生殿》 | | | |
| 83 | 6月23日 | 北京,解放军歌剧院 | 《续琵琶》 | | | |
| 84 | 6月24日 | 北京,解放军歌剧院 | 《续琵琶》 | | | |
| 85 | 6月24日 | 北京,传奇时代影城 | 电影《红楼梦》首映发布会 | 杨凤一、凌金玉、曹颖、王大元 | | |
| 86 | 6月28日 | 北京,正乙祠古戏楼 | 《牡丹亭》 | | 120人 | |
| 87 | 7月3日 | 北京,西城区文化馆 | 《白蛇传》 | | | |
| 88 | 7月4日 | 北京,西城区文化馆 | 《玉簪记》 | | | |
| 89 | 7月4日—25日 | 美国 | 芭蕾《牡丹亭》 | 于雪娇、张媛媛 | | |
| 90 | 7月14日 20:30 | 北京,友谊宾馆 | 《游园惊梦》带"堆花";《红楼梦》片段 | | | |
| 91 | 7月15日 | 北京,正乙祠古戏楼 | 《西厢记》 | | | |
| 92 | 五19:00 | 北京,北大多功能厅 | 《打虎》《寻梦》《相约相骂》《絮阁》 | | | |
| 93 | 7月18日 19:00 | 北京,北大多功能厅 | 《奇双会》 | | | |
| 94 | 7月18日 | 北京,国家大剧院公益讲座 | 《思凡》《夜奔》《盗甲》 | | | |

续表

| 序号 | 演出时间 | 地点、剧场 | 剧目 | 主要演员 | 观众人次 | 编剧、导演、作曲 |
|---|---|---|---|---|---|---|
| 95 | 7月20日 15:50 | 北京，国家会议中心 | 《游园惊梦》 | | | |
| 96 | 7月20日 19:30 | 北京，梅兰芳大剧院 | 《玉簪记》 | | | |
| 97 | 7月21日 | 北京，梅兰芳大剧院 | 《武松打店》《写真离魂》《浣纱记·寄子》《嫁妹》 | 饶子为、谭潇潇；周好璐；许乃强、刘巍；董红钢 | | |
| 98 | 7月22日 | 北京，梅兰芳大剧院 | 《西厢记》 | 王丽媛、邵峥 | | |
| 99 | 7月22日 | 北京，正乙祠古戏楼 | 《牡丹亭》 | | | |
| 100 | 7月23日 | 北京，梅兰芳大剧院 | 《牡丹亭》 | 魏春荣、邵铮 | | |
| 101 | 7月25日 14:00 | 北京，中国评剧院 | 《白兔记》 | | | |
| 102 | 7月26日 9:00 | 北京，大观园露天舞台 | 《打店》《下山》《闹龙宫》 | | | |
| 103 | 7月29日 | 北京，正乙祠古戏楼 | 《牡丹亭》 | | | |
| 104 | 8月2日 | 北京，中山音乐堂 | 《牡丹亭》 | | | |
| 105 | 8月5日 | 北京，正乙祠古戏楼 | 《牡丹亭》 | | 120人 | |
| 106 | 8月11日 | 北京，中山音乐堂 | 《牡丹亭》 | 魏春荣、邵铮 | | |
| 107 | 8月10日 | 北京，长安大戏院 | 《长生殿》 | 张贝勒饰演唐明皇，邵天帅饰演杨贵妃，张鹏饰演杨国忠，张欢饰演高力士 | | |
| 108 | 8月11日 | 北京，长安大戏院 | 摘锦版《西厢记》 | 周好璐饰演崔莺莺，肖向平饰演张生，王琳琳饰演红娘 | | |
| 109 | 8月12日 | 北京，长安大戏院 | 芬兰版《白蛇传》 | 哈冬雪饰演白娘子，邵铮饰演许仙，谭潇潇饰演小青，海军饰演法海 | | |
| 110 | 8月13日 | 北京，长安大戏院 | 《奇双会》 | 魏春荣饰演李桂枝，邵铮饰演赵宠，许乃强饰演李奇，王琛饰演李保童，马宝旺饰演胡老爷 | | |
| | 8月16日 | 北京，梅兰芳大剧院 | 《李清照》首演 | 顾卫英饰演李清照，肖向平饰演赵明诚，张贝勒饰演赵汝舟 | | 编剧：郭启宏 导演：沈斌 唱腔音乐：周雪华 |
| 111 | 8月20日 | 北京，正乙祠古戏楼 | 《长生殿》 | 邵天帅 | | |
| 112 | 8月20日 | 北京，香山 | 《牡丹亭》 | | | |
| 113 | 8月21日 | 北京，正乙祠古戏楼 | 《牡丹亭》 | | | |
| 114 | 8月24日—26日 | 北京，繁星戏剧村 | 《一旦三梦》 | 顾卫英、肖向平 | | 编剧：谢柏梁 导演：廖向红 |
| 115 | 8月24日 | 芬兰 | 《白蛇传》 | | | |
| 116 | 8月25日 | 芬兰 | 《白蛇传》 | | | |
| 117 | 8月27日 | 北昆大厅 | 文化沙龙讲座《下山》 | | | |
| 118 | 8月29日 | 淮安市人民大会堂 | 摘锦版《牡丹亭》 | 周好璐、刘鹏建、王琳琳 | | |

续表

| 序号 | 演出时间 | 地点、剧场 | 剧目 | 主要演员 | 观众人次 | 编剧、导演、作曲 |
|---|---|---|---|---|---|---|
| 119 | 8月30日 | 淮安市人民大会堂 | 摘锦版《牡丹亭》 | 周好璐、刘鹏建、王琳琳 | | |
| 120 | 9月6日 | 北京,大观园露天 | 《夜奔》《百花赠剑》 | | | |
| 121 | 9月5日—月10日 | 北京,大兴影剧院 | 《图雅蕾玛》彩排演出 | | | |
| 122 | 5月11日 | 北京,大兴剧院 | 《图雅蕾玛》彩排演出 | | | |
| 123 | 9月14日 | 成都 | 《西厢记》 | | | |
| 124 | 9月15日 | 成都 | 《西厢记》 | | | |
| 125 | 9月9日 | 北京,正乙祠古戏楼 | 《牡丹亭》 | | | |
| 126 | 9月15日 | 北京,华北电力大学 | 《牡丹亭》 | 进校园 | | |
| 127 | 9月16日 | 北京,正乙祠古戏楼 | 《西厢记》 | | | |
| 128 | 9月23日 | 北京,正乙祠古戏楼 | 《牡丹亭》 | | | |
| 129 | 9月17日—23日3场 | 日本 | 《牡丹亭》《续琵琶》 | | | |
| 130 | 9月25日 | 北京,二十五中 | 《夜奔》《长亭》《窦娥冤》 | | | |
| 131 | 9月28日两场 | 北京,解放军歌剧院 | 《李清照》 | 顾卫英,肖向平,张贝勒 | | 编剧:郭启宏<br>导演:沈斌<br>作曲:周雪华 |
| 132 | 9月29日 | 北京,解放军歌剧院 | 《李清照》 | | | |
| 133 | 10月4日 | 北京,天桥剧场 | 大都版《牡丹亭》 | 朱冰贞,翁佳慧 | | 原作:汤显祖<br>整理:王仁杰<br>导演:曹其敬,徐春兰<br>唱腔:王大元<br>作曲:董为杰 |
| 134 | 10月5日 | 北京,正乙祠古戏楼 | 《牡丹亭》 | | | |
| 135 | 10月6日 | 北京,正乙祠古戏楼 | 《西厢记》 | | | |
| 136 | 10月8日—11日 | 北京,中国评剧院 | 《李清照》(一装三演) | 顾卫英 | | |
| 137 | 10月15日 | 苏州,会议中心 | 《李清照》 | | | |
| 138 | 10月16日 | 苏州,科文中心 | 《董小宛》 | | | 编剧:罗怀臻<br>导演:曹其敬,徐春兰<br>唱腔:顾兆林 |
| 139 | 10月17日 | 苏州,开明大戏院 | 两场折子戏 | | | |
| 140 | 10月21日 | 昆山,保利剧院 | 《李清照》 | | | |
| 141 | 10月22日 | 昆山,保利剧院 | 《李清照》 | | | |
| 142 | 10月31日 | 上海,上海大剧院 | 大师版《牡丹亭》 | | | |
| 143 | 11月1日 | 上海大剧院 | 大师版《牡丹亭》 | | | |
| 144 | 11月4日 | 北京,清华大学 | 《李清照》 | | | |
| 145 | 11月5日 | 北京,清华大学 | 《李清照》 | | | |

续表

| 序号 | 演出时间 | 地点、剧场 | 剧目 | 主要演员 | 观众人次 | 编剧、导演、作曲 |
|---|---|---|---|---|---|---|
| 146 | 11月8日 | 北京,中国评剧院 | 《李清照》 | | | |
| 147 | 11月9日 | 北京,中国评剧院 | 《李清照》 | | | |
| 148 | 11月10日 | 北京,中国评剧院 | 《李清照》 | | | |
| 149 | 11月11日 | 北京,正乙祠古戏楼 | 《牡丹亭》 | | | |
| 150 | 11月11日 | 论坛 | 《游园》 | | | |
| 151 | 11月13日 | 北京,国家大剧院 | 《梁祝》 | 魏春荣,温宇航 | | 编剧:曾永义<br>导演:李小平<br>唱腔:周秦<br>作曲:周雪华 |
| 152 | 11月14日 | 北京,国家大剧院 | 《梁祝》 | | | |
| 153 | 11月14日 | 北京,北大小剧场 | 折子戏 | | | |
| 154 | 11月15日 | 北京,正乙祠古戏楼 | 《西厢记》 | | | |
| 155 | 11月16日 | 北京工业大学 | 《西厢记》 | | | |
| 156 | 11月17日 | 北京15中 | 折子戏 | | | |
| 157 | 11月18日 | 年会 | 《游园》 | | | |
| 158 | 11月18日 | 北京,正乙祠古戏楼 | 《长生殿》 | | | |
| 159 | 11月20日 | 北京,梅兰芳大剧院 | 《李清照》 | | | |
| 160 | 11月21日 | 北京,梅兰芳大剧院 | 《李清照》 | | | |
| 161 | 11月22日 | 北京,梅兰芳大剧院 | 《李清照》 | | | |
| 162 | 11月25日 | 北京,华北电力大学 | 《西厢记》 | | | |
| 163 | 11月28日 | 北京,正乙祠古戏楼 | 《牡丹亭》 | | | |
| 164 | 11月30日 | 北京,首都师范大学 | 《玉簪记》 | | | |
| 165 | 12月3日 | 首师大科德 | 《西厢记》 | | | |
| 166 | 12月6日 | 北京,正乙祠古戏楼 | 《西厢记》 | | | |
| 167 | 12月10日 | 北京,清华大学,新清华学堂 | 《图雅雷玛》 | 张媛媛,杨帆,王怡,史舒越 | 2000人 | 编剧:王焱<br>总导演:裴福林<br>导演:蔡小龙<br>唱腔:王大元<br>音乐:洪敦远(台湾地区) |
| 168 | 12月11日 | 北京,清华大学,蒙民伟音乐厅 | 俄罗斯欧隆克《牡丹亭》 | | | |
| 169 | 12月12日 | 北京,清华大学,蒙民伟音乐厅 | 俄罗斯欧隆克《巫师梦》 | | | |
| 170 | 12月13日 | 北京,清华大学,新清华学堂 | 俄罗斯歌剧《伊戈尔王》 | | | |
| 171 | 12月13日 | 北京,中国评剧院 | 《李清照》 | | | |

续表

| 序号 | 演出时间 | 地点、剧场 | 剧目 | 主要演员 | 观众人次 | 编剧、导演、作曲 |
|---|---|---|---|---|---|---|
| 172 | 12月14日 | 北京,中国评剧院 | 《李清照》 | | | |
| 173 | 12月18日 | 北京,梅兰芳大剧院 | 《凤仪社》 | | | |
| 174 | 12月18日 | 青岛,青岛大剧院 | 交响《红楼梦》 | | | |
| 175 | 12月20日 | 北京,北京理工大学 | 《西厢记》 | | | |
| 176 | 12月22日 | 北京,梅兰芳大剧院 | 《李清照》 | | | |
| 177 | 12月23日 | 北京,梅兰芳大剧院 | 《长生殿》 | | | |
| 178 | 12月23日 | 北京,中国戏曲学院 | 昆曲班 彩排 | | | |
| 179 | 12月24日 | 北京,梅兰芳大剧院 | 《玉簪记》 | | | |
| 180 | 12月27日 | 北京,正乙祠古戏楼 | 《长生殿》 | | | |

上海昆剧团

# 上海昆剧团 2015 年度昆曲工作综述

2015 年，上海昆剧团获各类奖项 18 个，其中国家级奖项 1 个、市级奖项 11 个、宣传部级奖项 1 个、剧目类奖项 3 个、人才培养类奖项 3 个。上海昆剧团被评为上海市文明单位；昆剧《景阳钟》再度被评为上海市文艺创作精品；昆剧小戏《醉打蒋门神》《嵇康打铁》分别获得2015 年上海市小剧（节）目评选展演"优秀作品奖""演出奖"；国家一级演员吴双获第 27 届中国戏曲梅花奖和宣传系统"基层服务型党组织建设"优秀共产党员称号；谷好好获 2010—2014 年度上海市先进工作者称号；黎安获上海市领军人才称号。同时，继去年两个项目入选首批国家艺术基金之后，今年上昆唯一申报的"俞派人才培养基地"项目入选国家艺术基金。

2015 年，上海昆剧团全年完成总演出场次 226 场，其中学生场 106 场、社区场 52 场、下乡演出 5 场、本市商业演出 35 场、外省市演出 26 场、境外演出 2 场，总场次同比去年增长 74%。总观众人数 10.6 万人次。全年演出收入比去年同比增长 72%。演出场次和演出收入大幅度增加，实现了"从创作到市场、再到创作"的良性循环。

## 一、传承

上海昆剧团率先落实推出"昆曲学馆"项目。"昆曲学馆"是上海推出的文艺院团"一团一策"改革中的亮点，受到全国戏曲界的高度关注和效仿。剧团在聘请上海现有一批国家级昆曲大师教学的同时，邀请侯少奎、张继青等全国各地昆剧名师来上海教学，吸纳各家精华，传承昆曲经典。今年共启动传承《金雀记·乔醋》等 30 出经典折子戏及《邯郸梦》《长生殿》两台大戏。教学相长，为青年人才营造良好学习氛围，创造理想条件完成昆曲的代际转换。

## 二、创作

2015 年修改打磨了新编历史昆剧《川上吟》，拍摄了中国首部 3D 昆曲电影《景阳钟》，在创作上大胆创新，推出小剧场实验昆剧《夫的人》、"双声慢·歌宋"词唱会、高端驻场园林实景版昆剧《妙玉与宝玉》等。由青年编导创排的《醉打蒋门神》《嵇康打铁》《刘唐》《借妻》等小戏喜获人才、剧目双丰收。其中，上昆青年人才创排、根据莎士比亚名著《麦克白》改编的《夫的人》，定位"用中国最传统的戏曲语言去诠释世界通用性的符号，巧妙嫁接，为中西方文化跨界交流做贡献"。该剧参加了首届小剧场戏曲节，开昆曲创新样式先河，为实验昆曲摸索新的道路。

## 三、演出

顺利地完成了中国昆剧艺术节、上海戏曲中心北京新剧目展演、香港高山剧场新翼演艺厅开幕演出、北京国家大剧院《长生殿》、上海嘉定保利大剧院重现典藏版《牡丹亭》、东方艺术中心演出《景阳钟》、庆贺 5·18 非遗纪念日系列演出——长三角昆曲联合展演、文化部"2015 年高雅艺术进校园"、2015 年中阿文化艺术展示周等重要演出，足迹踏遍国内的北京、香港、澳门、台湾、绍兴、西安、银川、武汉、苏州、湖州、昆山等地以及德国等国家。特别是在昆剧节上继续领先全国，传承大戏《墙头马上》一票难求，三场经典折子戏文武兼备。专家艺术家们盛赞："上昆还是上昆，依旧是全国标杆性的团队！"

为进一步提升昆曲在社会高端人群中的影响力及开辟商业驻场演出新空间，上昆在 2015 年成功引入社会资本，推出海上梨园·昆曲红楼梦之《妙玉与宝玉》，自 11 月 6 日首演，被誉为"1+1＞2"的拓展传统文化新思路。

## 四、人才

将重点人才分类培养列入"一团一策"改革要点，助推上昆青年梅花奖得主黎安、吴双进入"上海青年文艺家培养计划"，加大对业务骨干德与艺的培养。全年输送 8 人参加各类研修学习。以择优录取方式确定 18 位昆五小班学员进团。邀请上昆艺委会专家完成昆五大班学员转正、初级专技人员职称晋升等考核。目前，上海昆剧团演员队伍实现老中青理想阶梯结构，为未来的长远发展夯实了基础。

通过公开招聘补充营销、宣传及行政管理岗位的关键人才。积极推进中层干部考核，陆续完善修订中层干部岗位职责，给予各类人才立体成长及上升空间。

## 五、宣传

跨部门组建营销团队，加大宣传力度，分别在《人民日报》《光明日报》《中国文化报》《解放日报》《文汇报》《新民晚报》《新闻晨报》《东方早报》《外滩画报》，中央电视台新闻、戏曲频道，上海电视台、东方卫视，东方网、搜狐、新浪等媒体刊登、播出100多篇报道,内容涉及剧目、人才、传承、院团改革、演出品牌等。昆曲,成为大家喜闻乐见的传统文化艺术样式。

## 六、管 理

根据市委市政府指导意见,从机制体制、队伍建设、创作演出、考核评估等方面提出设想,修改制定一团一策方略,为上昆长远发展谋得有利的战略地位。理顺现有制度及流程,修订并通过《上海昆剧团劳务费发放管理的暂行规定》《上海昆剧团四项经费使用及管理办法》等若干制度,管理更明细化、条理化,为组织机构发展壮大提供保障。

## 上海昆剧团2015年演出日志

| | 演出时间 | 演出场所 | 剧目 | 主演 | 演出场次 | 观众人数 |
|---|---|---|---|---|---|---|
| 1 | 1月3日 | 俞振飞昆曲厅 | 《浣纱记·寄子》《红梨记·花婆》《五台山》《西厢记·游殿》 | 周喆、黄亚男、袁彬、陈思青、谭许亚、吴双、张伟伟、张铭荣、胡维露、罗晨雪、汤泼泼 | 1 | 150 |
| 2 | 1月9日 | 七色花小学 | 《三打白骨精》 | 钱瑜婷、娄云霄等 | 2 | 500 |
| 3 | 1月10日 | 俞振飞昆曲厅 | 《一箭仇》《焚香记·阳告》《牧羊记·望乡》《义侠记·挑帘裁衣》 | 贾喆、张伟伟、张艺严、陶思好、缪斌、黎安、刘异龙、梁谷音、孙敬华 | 1 | 150 |
| 4 | 1月25日 | 南通 | 《弼马温》《长生殿·弹词》《西厢记·游殿》《扈家庄》 | 尤磊、周喆、倪徐浩、朱霖彦、谭许亚、钱瑜婷、张艺严、张前仓 | 1 | 150 |
| 5 | 1月30日 | 香港 | 《墙头马上》 | 岳美缇、黎安、张静娴、罗晨雪、袁国良、缪斌、胡刚、汤泼泼 | 1 | 1500 |
| 6 | 1月31日 | 香港 | 《西厢记·游殿》《琵琶记·扫松》《义侠记·挑帘裁衣》《金雀记·乔醋》 | 张铭荣、胡维露、计镇华、胡刚、罗晨雪、汤泼泼、刘异龙、梁谷音、蔡正仁、张静娴、孙敬华、胡刚、侯哲 | 1 | 1500 |
| 7 | 2月7日 | 俞振飞昆曲厅 | 《雁翎甲·盗甲》《龙凤衫》 | 娄云啸、吴双、黎安、袁国良、陈莉等 | 1 | 150 |
| 8 | 2月10日 | 政协 | 《盗草》《惊梦》《小宴》 | 赵文英、贾喆、黎安、罗晨雪、蔡正仁、张静娴等 | 1 | 800 |
| 9 | 2月13日 | 昆山 | 《弼马温》《酒楼》《三战张月娥》 | 尤磊、张伟伟、袁彬、钱瑜婷、张艺严等 | 1 | 1000 |
| 10 | 2月14日 | 儿童艺术剧场 | 《三打白骨精》 | 钱瑜婷、张艺严等 | 1 | 800 |
| 11 | 3月5日 | 俞振飞昆曲厅 | 《占花魁》 | 黎安、沈昳丽、孙敬华、侯哲、吴双、胡刚等 | 1 | 150 |
| 12 | 3月6日 | 徐家汇街道 | 《下山》 | 谷好好、侯哲等 | 1 | 300 |
| 13 | 3月10日、11日 | 北京国家大剧院 | 精华版《长生殿》 | 蔡正仁、黎安、张静娴、余彬、胡刚、安新宇、吴双、缪斌、倪泓、谢璐等 | 2 | 1800 |
| 14 | 3月13日 | 兰心大戏院 | 《牡丹亭》 | 余彬、张莉、沈昳丽、袁佳、罗晨雪、倪徐浩、胡维露、黎安、吴双、倪泓等 | 1 | 600 |
| 15 | 3月14日 | 兰心大戏院 | 《钟馗嫁妹》《弹词》《昭君出塞》《乔醋》 | 吴双、袁国良、谷好好、侯哲、蔡正仁、张静娴等 | 1 | 400 |
| 16 | 3月15日 | 兰心大戏院 | 《烂柯山》 | 梁谷音、袁国良等 | 1 | 500 |
| 17 | 3月18日 | 打浦桥街道 | 《三打白骨精》 | 谭笑、赵文英等 | 2 | 600 |

续表

| | 演出时间 | 演出场所 | 剧目 | 主演 | 演出场次 | 观众人数 |
|---|---|---|---|---|---|---|
| 18 | 3月22日 | 嘉定保利 | 《牡丹亭》 | 余彬、张莉、沈昳丽、袁佳、罗晨雪、倪徐浩、胡维露、黎安、吴双、倪泓等 | 1 | 900 |
| 19 | 3月28日 | 俞振飞昆曲厅 | 《问探》《养子》《思凡》《千里送京娘》 | 谭笑、汤泼泼等 | 1 | 120 |
| 20 | 3月30日 | 瑞金二路街道 | 《三打白骨精》 | 钱瑜婷、娄云霄等 | 2 | 600 |
| 21 | 3月31日 | 虹口区工人文体活动中心 | 《玉簪记》 | 岳美缇、黎安等 | 1 | 200 |
| 22 | 3月31日 | 同济大学 | 《景阳钟》 | 黎安、缪斌等 | 1 | 200 |
| 23 | 4月4日 | 东方艺术中心 | 《景阳钟》 | 黎安、缪斌、吴双等 | 1 | 800 |
| 24 | 4月6日 | 宜川街道 | 解读式演出 | 倪徐浩、张莉、钱瑜婷等 | 1 | 300 |
| 25 | 4月7日 | 复旦大学 | 《川上吟》 | 吴双、黎安等 | 1 | 600 |
| 26 | 4月8日 | 同济大学 | 《景阳钟》 | 黎安、缪斌、吴双等 | 1 | 600 |
| 27 | 4月11日 | 俞振飞昆曲厅 | 《玉簪记》 | 胡维露、袁佳、侯哲、何燕萍等 | 1 | 150 |
| 28 | 4月14日—16日 | 太仓大剧院 | 《川上吟》 | 吴双、黎安等 | 2 | 800 |
| 29 | 4月18日 | 俞振飞昆曲厅 | 《西厢记》 | 汤泼泼、倪泓、胡维露等 | 1 | 150 |
| 30 | 4月22日 | 绍兴 | 《川上吟》 | 吴双、黎安等 | 1 | 800 |
| 31 | 4月24日 | 曹光彪小学 | 解读式演出 | 倪徐浩、张莉、钱瑜婷等 | 2 | 600 |
| 32 | 4月25日 | 俞振飞昆曲厅 | 《长生殿》 | 黎安、沈昳丽、胡刚等 | 1 | 150 |
| 33 | 4月26日 | 地铁 | 折子戏 | 倪徐浩、张莉、钱瑜婷等 | 1 | 600 |
| 34 | 4月26日、27日 | 东方艺术中心 | 娴情偶寄清音会 | 张静娴 | 2 | 600 |
| 35 | 5月1日 | 逸夫舞台 | 《贩马记》 | 杨楠、沈昳丽、缪斌等 | 1 | 800 |
| 36 | 5月5日 | 华师大 | 《景阳钟》 | 黎安、吴双等 | 1 | 600 |
| 37 | 5月6日 | 纽约大学 | 《白蛇传》 | 谷好好、赵文英等 | 1 | 600 |
| 38 | 5月7日 | 天华学院 | 《川上吟》 | 吴双、黎安、罗晨雪等 | 1 | 600 |
| 39 | 5月8日 | 湖州大剧院 | 《长生殿》 | 黎安、沈昳丽等 | 1 | 900 |
| 40 | 5月11日、12日 | 协和双语学校 | 《川上吟》 | 吴双、黎安、罗晨雪等 | 2 | 400 |
| 41 | 5月13日 | 东海学院 | 昆剧走进青年 | 贾喆、倪徐浩等 | 1 | 600 |
| 42 | 5月14日 | 惠灵顿国际学校 | 《三打白骨精》 | 赵文英、娄云啸等 | 1 | 800 |
| 43 | 5月14日 | 复旦大学 | 《景阳钟》 | 黎安、吴双等 | 1 | 600 |
| 44 | 5月15日 | 浦东商贸学院 | 昆剧走进青年 | 贾喆、倪徐浩等 | 1 | 800 |
| 45 | 5月15日 | 巴城 | 《盗草》《寄子》《弼马温》 | 钱瑜婷、张伟伟、赵磊等 | 1 | 600 |
| 46 | 5月16日 | 俞振飞昆曲厅 | 《白蛇传》 | 沈昳丽、钱瑜婷、谷好好、罗晨雪等 | 1 | 600 |
| 47 | 5月17日 | 地铁 | 《山门》《偷诗》《弹词》《游园》 | 钱瑜婷、张莉、倪徐浩等 | 1 | 300 |
| 48 | 5月18日 | 逸夫舞台 | 《十五贯》 | 张世铮、陶伟民、吕福海、缪斌、胡刚等 | 1 | 800 |
| 49 | 5月19日 | 逸夫舞台 | 《湖楼》《夜祭》《刺虎》《跪池》 | 黎安、侯哲、李公律、罗晨雪、吴双、王芳等 | 1 | 800 |

续表

| | 演出时间 | 演出场所 | 剧目 | 主演 | 演出场次 | 观众人数 |
|---|---|---|---|---|---|---|
| 50 | 5月20日 | 逸夫舞台 | 《三战张月娥》《武松打店》《扈家庄》《雁荡山》 | 钱瑜婷、贾喆、谷好好、奚中路等 | 1 | 800 |
| 51 | 5月21日 | 德威英国国际学校 | 《三打白骨精》 | 谭笑、钱瑜婷等 | 1 | 800 |
| 52 | 5月23日 | 逸夫舞台 | 《班昭》 | 张静娴、蔡正仁等 | 1 | 800 |
| 53 | 5月26日 | 工程技术大学 | 《玉簪记》 | 倪徐浩、张莉等 | 1 | 600 |
| 54 | 5月27日 | 瑞金二路街道 | 昆剧走进青年 | 贾喆、倪徐浩等 | 2 | 1000 |
| 55 | 5月28日 | 华师大附中 | 《三打白骨精》 | 赵文英、娄云啸等 | 2 | 1000 |
| 56 | 5月30日 | 俞振飞昆曲厅 | 《墙头马上》 | 胡维露、罗晨雪等 | 1 | 100 |
| 57 | 6月1日 | 协和双语学校 | 昆剧走进青年 | 贾喆、倪徐浩等 | 2 | 800 |
| 58 | 6月5日 | 瑞金二路街道 | 《玉簪记》 | 倪徐浩、张莉等 | 1 | 600 |
| 59 | 6月6日 | 俞振飞昆曲厅 | 《钗钏记》 | 倪泓、孙敬华等 | 1 | 600 |
| 60 | 6月8日 | 华东师范大学 | 《川上吟》 | 吴双、黎安、罗晨雪等 | 1 | 800 |
| 61 | 6月9日 | 建桥学院 | 《景阳钟》 | 黎安、吴双等 | 1 | 800 |
| 62 | 6月10日 | 工程技术大学 | 《景阳钟》 | 黎安、吴双、余彬等 | 1 | 800 |
| 63 | 6月11日 | 天华学院 | 《玉簪记》 | 倪徐浩、张莉等 | 1 | 600 |
| 64 | 6月12日 | 向明中学 | 《白蛇传》 | 谷好好、赵文英等 | 1 | 900 |
| 65 | 6月13日 | 俞振飞昆曲厅 | 《贩马记》 | 黎安、沈昳丽等 | 1 | 400 |
| 66 | 6月13日 | 半淞园路街道 | 折子戏专场 | 钱瑜婷、张伟伟、赵磊等 | 2 | 600 |
| 67 | 6月16日 | 曹家渡街道 | 昆剧走进青年 | 贾喆、倪徐浩等 | 2 | 1000 |
| 68 | 6月17日 | 瑞金二路街道 | 昆剧走进青年 | 贾喆、倪徐浩等 | 2 | 800 |
| 69 | 6月18日 | 复旦大学 | 《川上吟》 | 吴双、黎安、罗晨雪等 | 1 | 900 |
| 70 | 6月20日 | 逸夫舞台 | 《白蛇传》 | 沈昳丽、钱瑜婷、谷好好、罗晨雪等 | 1 | 600 |
| 71 | 6月20日 | 半淞园路街道 | 折子戏专场 | 钱瑜婷、张莉、倪徐浩等 | 2 | 600 |
| 72 | 6月24、25日 | 艺海剧院 | 《川上吟》 | 吴双、黎安、罗晨雪等 | 2 | 600 |
| 73 | 6月27日 | 俞振飞昆曲厅 | 《牡丹亭》 | 沈昳丽、罗晨雪、袁佳等 | 1 | 600 |
| 74 | 6月28日 | 苏州 | 《十五贯》 | 缪斌、胡刚等 | 1 | 600 |
| 75 | 6月29日 | 复旦大学 | 昆剧走进青年 | 贾喆、倪徐浩等 | 1 | 800 |
| 76 | 7月1日 | 启秀实验学校 | 《三打白骨精》 | 钱瑜婷、倪徐浩等 | 2 | 800 |
| 77 | 7月2日 | 瑞金二路街道 | 《三打白骨精》 | 赵文英、谭笑等 | 2 | 600 |
| 78 | 7月3日 | 半淞园路街道 | 《三打白骨精》 | 赵文英、谭笑等 | 2 | 400 |
| 79 | 7月5日 | 深圳 | 《牡丹亭》 | 黎安、罗晨雪等 | 1 | 800 |
| 80 | 7月8日 | 深圳 | 《牡丹亭》 | 黎安、罗晨雪等 | 1 | 800 |
| 81 | 7月9日 | 深圳 | 《玉簪记》 | 胡维露、沈昳丽等 | 1 | 800 |
| 82 | 7月13日 | 半淞园路街道 | 《三打白骨精》 | 钱瑜婷、倪徐浩等 | 2 | 500 |
| 83 | 7月15日 | 半淞园路街道 | 《三打白骨精》 | 钱瑜婷、倪徐浩等 | 2 | 800 |
| 84 | 7月17日 | 虹口区妇联 | 《三打白骨精》 | 赵文英、谭笑等 | 2 | 600 |
| 85 | 8月4日 | 大同中学 | 昆剧走近青年 | 钱瑜婷、倪徐浩等 | 2 | 800 |

续表

| | 演出时间 | 演出场所 | 剧目 | 主演 | 演出场次 | 观众人数 |
|---|---|---|---|---|---|---|
| 86 | 8月6日 | 半淞园路街道 | 《三打白骨精》 | 赵文英、谭笑等 | 2 | 600 |
| 87 | 8月7日 | 湖南路街道 | 《三打白骨精》 | 钱瑜婷、倪徐浩等 | 2 | 400 |
| 88 | 8月14日 | 打浦桥街道 | 《三打白骨精》 | 赵文英、谭笑等 | 2 | 800 |
| 89 | 8月17日 | 立达中学 | 《三打白骨精》 | 钱瑜婷、倪徐浩等 | 2 | 800 |
| 90 | 8月19日 | 淮海中路街道 | 昆剧走近青年 | 钱瑜婷、倪徐浩等 | 2 | 800 |
| 91 | 8月20日 | 半淞园路街道 | 《三打白骨精》 | 赵文英、谭笑等 | 2 | 500 |
| 92 | 8月25日 | 纽约大学 | 解读式演出 | 钱瑜婷、倪徐浩等 | 2 | 100 |
| 93 | 8月26日 | 纽约大学 | 解读式演出 | 赵文英、谭笑等 | 2 | 100 |
| 94 | 8月27日 | 纽约大学 | 解读式演出 | 钱瑜婷、倪徐浩等 | 2 | 100 |
| 95 | 9月5日 | 俞振飞昆曲厅 | 《牡丹亭》 | 沈昳丽、胡维露等 | 1 | 200 |
| 96 | 9月7日 | 七色花小学 | 解读式演出 | 赵文英、谭笑等 | 2 | 800 |
| 97 | 9月8日 | 华师大附中 | 解读式演出 | 钱瑜婷、倪徐浩等 | 2 | 500 |
| 98 | 9月9日 | 瑞金二路街道 | 解读式演出 | 赵文英、谭笑等 | 2 | 800 |
| 99 | 9月10日 | 半淞园路街道 | 解读式演出 | 赵文英、谭笑等 | 2 | 800 |
| 100 | 9月12日 | 俞振飞昆曲厅 | 《玉簪记》 | 黎安、罗晨雪等 | 1 | 200 |
| 101 | 9月14日 | 向明中学 | 解读式演出 | 赵文英、谭笑等 | 2 | 500 |
| 102 | 9月15日 | 打浦桥街道 | 解读式演出 | 钱瑜婷、倪徐浩等 | 2 | 600 |
| 103 | 9月16日 | 永昌小学 | 解读式演出 | 钱瑜婷、倪徐浩等 | 2 | 600 |
| 104 | 9月17日 | 大同中学 | 解读式演出 | 赵文英、谭笑等 | 2 | 600 |
| 105 | 9月18日 | 宜川街道 | 解读式演出 | 钱瑜婷、倪徐浩等 | 2 | 600 |
| 106 | 9月20日 | 陕西科技大学 | 《牡丹亭》 | 黎安、罗晨雪等 | 1 | 2000 |
| 107 | 9月21日 | 西安工业大学 | 《牡丹亭》 | 黎安、罗晨雪等 | 1 | 2000 |
| 108 | 9月22日 | 西安西京学院 | 《牡丹亭》 | 黎安、罗晨雪等 | 1 | 2000 |
| 109 | 9月23日 | 西安农林大学 | 《牡丹亭》 | 黎安、罗晨雪等 | 1 | 2000 |
| 110 | 9月25日 | 五十四中学 | 解读式演出 | 沈昳丽、胡维露等 | 2 | 800 |
| 111 | 9月26日 | 银川大剧院 | 《武松打店》《千里送京娘》《琴挑》《昭君出塞》 | 贾喆、吴双、黎安、罗晨雪、谷好好等 | 1 | 1000 |
| 112 | 9月27日 | 银川大剧院 | 《牡丹亭》 | 黎安、罗晨雪等 | 1 | 1000 |
| 113 | 9月27日 | 复旦大学 | 解读式演出 | 沈昳丽、胡维露等 | 2 | 800 |
| 114 | 9月28日 | 华东师范大学 | 解读式演出 | 姚徐依、倪徐浩等 | 2 | 500 |
| 115 | 10月1日 | 临港 | 《牡丹亭》 | 汪思雅、谭许亚等 | 1 | 200 |
| 116 | 10月7日 | 半淞园路街道 | 《三打白骨精》 | 赵文英、谭笑等 | 2 | 800 |
| 117 | 10月10日 | 瑞金二路街道 | 《盗甲》《偷诗》《弹词》《挑滑车》 | 娄云啸、倪徐浩、黎安、罗晨雪、贾喆等 | 2 | 500 |
| 118 | 10月12日 | 同济大学 | 《牡丹亭》 | 赵文英、谭笑等 | 1 | 800 |
| 119 | 10月13日 | 复旦大学 | 《玉簪记》 | 赵文英、谭笑等 | 1 | 800 |
| 120 | 10月14日 | 华东师范大学 | 解读式演出 | 姚徐依、倪徐浩等 | 2 | 200 |
| 121 | 10月14日 | 建桥学院 | 解读式演出 | 赵文英、谭笑等 | 2 | 800 |

续表

| | 演出时间 | 演出场所 | 剧目 | 主演 | 演出场次 | 观众人数 |
|---|---|---|---|---|---|---|
| 122 | 10月16日 | 苏州 | 《墙头马上》 | 黎安、罗晨雪等 | 1 | 500 |
| 123 | 10月18日 | 苏州 | 《雁荡山》 | 朱霖彦、谭笑、赵文英、张伟伟、贾喆等 | 1 | 600 |
| 124 | 10月19日 | 继光中学 | 解读式演出 | 赵文英、谭笑等 | 2 | 600 |
| 125 | 10月20日 | 半淞园路街道 | 解读式演出 | 姚徐依、倪徐浩等 | 2 | 600 |
| 126 | 10月21日 | 华东师范大学 | 解读式演出 | 姚徐依、倪徐浩等 | 2 | 200 |
| 127 | 10月22日 | 上海师范大学 | 《牡丹亭》 | 袁佳、胡维露等 | 2 | 600 |
| 128 | 10月23日 | 同济大学 | 解读式演出 | 娄云啸、倪徐浩、黎安、罗晨雪、贾喆等 | 2 | 500 |
| 129 | 10月24日 | 瑞金二路街道 | 《刘唐》《借妻》《嵇康打铁》《醉打蒋门神》 | 朱霖彦、谭笑、赵文英、张伟伟、贾喆等 | 2 | 600 |
| 130 | 10月26日 | 建桥学院 | 《景阳钟》 | 黎安、吴双等 | 1 | 800 |
| 131 | 10月27日 | 建桥学院 | 《川上吟》 | 黎安、罗晨雪等 | 1 | 800 |
| 132 | 10月28日 | 华东师范大学 | 解读式演出 | 姚徐依、倪徐浩等 | 2 | 200 |
| 133 | 10月30日 | 北京 | 《景阳钟》 | 黎安、吴双等 | 1 | 1000 |
| 134 | 11月3日 | 瑞金二路街道 | 解读式演出 | 汪思雅、谭许亚等 | 2 | 500 |
| 135 | 11月4日 | 纽约大学 | 解读式演出 | 赵文英、谭笑等 | 2 | 800 |
| 136 | 11月4日 | 上海师范大学 | 《景阳钟》 | 黎安、吴双等 | 1 | 500 |
| 137 | 11月5日 | 上海师范大学 | 《川上吟》 | 黎安、罗晨雪等 | 1 | 800 |
| 138 | 11月6日 | 华东师范大学 | 解读式演出 | 姚徐依、倪徐浩等 | 2 | 800 |
| 139 | 11月10日 | 江汉大学 | 《牡丹亭》 | 沈昳丽、胡维露等 | 1 | 800 |
| 140 | 11月11日 | 湖北大学 | 《牡丹亭》 | 沈昳丽、胡维露等 | 1 | 800 |
| 141 | 11月12日 | 中国地质大学 | 《牡丹亭》 | 沈昳丽、胡维露等 | 1 | 1000 |
| 142 | 11月13日 | 武汉轻工大学 | 《牡丹亭》 | 沈昳丽、胡维露等 | 1 | 600 |
| 143 | 11月13日 | 华东师范大学 | 解读式演出 | 姚徐依、倪徐浩等 | 2 | 600 |
| 144 | 11月17日 | 复旦大学江湾校区 | 《牡丹亭》 | 张莉、倪徐浩等 | 2 | 600 |
| 145 | 11月18日 | 新加坡国际学校 | 《三打白骨精》 | 朱霖彦、谭笑、赵文英、张伟伟、贾喆等 | 2 | 200 |
| 146 | 11月20日 | 华东师范大学 | 解读式演出 | 姚徐依、倪徐浩等 | 2 | 600 |
| 147 | 11月20日 | 中远实验学校 | 《三打白骨精》 | 朱霖彦、谭笑、赵文英、张伟伟、贾喆等 | 2 | 500 |
| 148 | 11月21日 | 半淞园路街道 | 《盗甲》《下山》《惊丑》《芦林》 | 侯哲、汤泼波、胡刚等 | 2 | 200 |
| 149 | 11月22日 | 上海音乐学院 | 解读式演出 | 汪思雅、谭许亚等 | 2 | 600 |
| 150 | 11月24日 | 东华大学 | 解读式演出 | 赵文英、谭笑等 | 2 | 800 |
| 151 | 11月25日 | 开放大学 | 解读式演出 | 汪思雅、谭许亚等 | 2 | 800 |
| 152 | 11月27日 | 华东师范大学 | 解读式演出 | 姚徐依、倪徐浩等 | 2 | 200 |
| 153 | 11月28日 | 瑞金二路街道 | 《阳告》《三挡》《女弹》 | 陈莉、张伟伟等 | 2 | 200 |
| 154 | 11月30日 | 中医大 | 解读式演出 | 汪思雅、谭许亚等 | 2 | 800 |
| 155 | 12月2日 | 华东师范大学 | 《川上吟》 | 黎安、罗晨雪等 | 1 | 500 |
| 156 | 12月3日 | 华东师范大学 | 《景阳钟》 | 黎安、吴双等 | 1 | 800 |

续表

| | 演出时间 | 演出场所 | 剧目 | 主演 | 演出场次 | 观众人数 |
|---|---|---|---|---|---|---|
| 157 | 12月4日 | 晋元高级中学 | 《川上吟》 | 黎安、罗晨雪等 | 1 | 500 |
| 158 | 12月8日 | 华东政法学院 | 《景阳钟》 | 黎安、吴双等 | 1 | 800 |
| 159 | 12月9日 | 体育学院 | 《川上吟》 | 黎安、罗晨雪等 | 1 | 800 |
| 160 | 12月11日 | 华东师范大学 | 解读式演出 | 姚徐依、倪徐浩等 | 2 | 500 |
| 161 | 12月18日 | 华东师范大学 | 解读式演出 | 姚徐依、倪徐浩等 | 2 | 500 |
| 162 | 12月25日 | 华东师范大学 | 解读式演出 | 姚徐依、倪徐浩等 | 2 | 500 |
| 163 | 12月31日 | 逸夫舞台 | 迎新演唱会 | 蔡正仁、张静娴等 | 1 | 600 |
| 合计 | | | | | | 106220 |

## 上海昆剧团2015年度基本情况一览表

| 单位名称 | 上海昆剧团 | | |
|---|---|---|---|
| 单位地址 | 绍兴路9号 | | |
| 团长 | 谷好好 | | |
| 工作经费 | 万元 | 经费来源 | 全额拨款 |
| 在编人数 | 155人 | 年龄段 | A 79 人,B 68 人,C 8 人 |
| 院(团)面积 | 350m² | 演出场次 | 226 |

注:A:18—30岁　B:31—50岁　C:51岁以上

江苏省演艺集团
昆剧院

# 江苏省演艺集团昆剧院 2015 年度昆曲工作综述

2015年，江苏省演艺集团昆剧院（以下简称"宁昆"）于2015年新排剧目1台（《曲圣魏良辅》），复排剧目2台（《1699桃花扇》《南柯梦》），传承剧目2台（《桃花扇》《白罗衫》）、折子戏20出，共计演出628场。

## 一、演出类

### （一）"兰苑"、周庄、南博，演出一票难求

兰苑剧场周末昆剧演出一直都保持着高的上座率。自去年兰苑剧场恢复个人专场演出以来，今年有6位演员举办专场，个人专场演出的回归显示出了宁昆对传统剧目传承的重视。今年宁昆凭借不错的口碑再次成为唯一在周庄演出昆剧的专业院团。

继2014年宁昆受邀在南京博物院老茶馆举办昆曲专场月获得好评，2015年宁昆再次成为老茶馆的固定演出团队。逢单月除周一闭馆，每天下午2点昆剧演出准点开场，戏台古色古香，人流如织。此次活动，有益于昆剧在广大市民中的普及。

### （二）与台湾地区合作《南柯梦》赴京演出

由江苏省演艺集团昆剧院集聚海峡两岸力量打造的传奇昆曲《南柯梦》，在文本考订、唱腔整理、舞台调度上严格遵循昆曲的传统程式规范，虽修枝删叶、去芜存菁，但不离根本。同时，由台湾知名导演王嘉明与获亚洲级大奖的舞美、灯光、服装设计师组成的主创团队，在表现"旧"经典灵魂的同时又有"新"概念的呈现。其中，舞美设计以"回归文本，在舞台上呈现禅意"为核心理念，在空灵写意的舞台上呈现昆剧流动之美。服装则是以中国传统青瓷与山水画为元素，构造出不属于人世的"梦幻槐安"特色，既有传统的古典韵味，又多了一些"美梦"般的绚丽多姿。因而，这出补齐百年空缺的古典"魔幻写实剧"，被人称为"明代的盗梦空间"。该剧赴北京国家大剧院参加"昆曲艺术周"活动，获得了良好的反响。

### （三）"春风上巳天"精彩依旧

2015年，"春风上巳天"活动除做北京站外，还增加了南京站。10月，作为昆剧院2015北大演出季的活动之一献演北京大学百周年纪念讲堂，依旧为大家精心准备了两台极具南昆风格的演出及数台讲座活动。4月，"春风上巳天"作为集团演出季的重要活动安排，《红楼梦》和《白罗衫》也相继在紫金大戏院上演，昆曲表演艺术家石小梅，梅花奖得主李鸿良、孔爱萍，以及龚隐雷、徐云秀、钱振荣等一批极具实力的国家一级演员悉数登场，行当丰富，雅俗共赏，不仅展示出宁昆演出的最强阵容，更是酣畅淋漓地展现了宁昆规范、淡雅、内敛的舞台表演风格。

### （四）《春江花月夜》上海演出艳惊四座

该剧由上海张军昆曲艺术中心、江苏省演艺集团昆剧院单位联合出品。演员阵容集合了四位大陆戏剧"梅花奖"得主——上海京剧院梅派传人史依弘、北方昆曲剧院闺门旦魏春荣、江苏省昆剧院院长李鸿良，以及兼任制作人与领衔主演双重身份的张军。该剧于6月26、27、28日晚终于在上海大剧院揭开了世界首演的大幕。

### （五）《曲圣魏良辅》献演第六届中国昆剧艺术节

宁昆从2015年7月开始排演《曲圣魏良辅》。该剧由台湾著名戏曲理论家曾永义教授创作剧本，讲述的是昆曲之祖魏良辅革新旧腔、创立新腔最终使昆山腔转变为昆曲的艺术历程。著名导演周世琮、京剧名家朱雅伉俪联袂执导。该剧是著名昆曲表演艺术家蔡正仁先生的收官之作。梅花奖得主李鸿良、孔爱萍与昆剧院优秀中青年演员担纲主演。梅花奖得主、蔡正仁亲传弟子张军也特邀出演。经过几个月紧锣密鼓的排练，继10月1日在江南剧院首演之后，该剧于10月12日在第六届中国昆剧艺术节闭幕式上演出，获得了文化部及相关领导的一致好评。

### （六）"苏韵繁花"广州、珠海、杭州三地演出大放异彩

2015年7月31日至8月2日，宁昆青春版《1699·桃花扇》与南昆版《牡丹亭》赴广州大剧院及珠海华发中演大剧院演出。12月18日至19日，全本《1699·桃花扇》和传承版《白罗衫》在杭州剧院上演。三地演出以唱响"苏韵繁花"为主旋律，以充分展现江苏地域文化特色，展示江苏精品艺术剧目，促进江苏舞台艺术交流互通为宗旨，传承和弘扬我国民族的传统文化。"苏韵繁花"演出得到了江苏省文化研究与发展中心的大力支持。

## 二、活动类

（一）为大力弘扬中华优秀传统文化，增加广大市民、学生和新老昆山人对昆曲这一起源于昆山的传统文化艺术瑰宝的普及推广，更好地促进昆曲艺术的保护、

传承和发展,继2005年、2006年、2013年、2014年后,今年宁昆又与昆山市第五次联合开展"昆曲回故乡"——高雅艺术进校园、进社区、进企业的"三进"活动。自2015年4月活动启动以来,宁昆陆续派出数十位昆曲表演艺术家,完成了总计100场昆曲传统折子戏的演出和赏析。

(二)昆剧院第五代传承人的招生工作在紧张忙碌的安排中圆满落下帷幕。众所周知,目前全国从事昆曲事业的人仅余800多,优秀的演出人才更是少之又少,宁昆以单雯、施夏明为首的第四代演员也已经形成了一个稳定的人才梯队。随着戏曲市场的回温,演出越来越多,演员根本不够用,以往每隔20年才招生一次。我们人才梯队建设亟须储备和培养,因此宁昆联合江苏省戏剧学校于今年上半年把此项重要工作进行了全面部署和落实,3月份开始宣传,短短两个月就有几百名学生报名,在经过几轮初选之后,仍有300多位考生参加了6月份举行的招生考试。今年招生考试中不乏条件优秀的考生,为我们的人才选拔输入了强有力的质量保障,至6月底,我们圆满完成了本届委培生的招生录取工作,所有录取考生均签订了委培合同,完成了入学资格的审核和手续的办理,9月份顺利入学开始长达6年的昆曲表演专业教育。

(三)由国家图书馆、江苏省演艺集团昆剧院、江苏省昆山市文化广电新闻出版局联合主办的"不到园林,怎知春色如许"昆曲系列讲座,7、8两个月的8个周末连续在国家图书馆总馆北区学津堂举行8场,多位昆曲名家和文化学者开讲,学者从昆曲行当、音乐、文学等各个方面解析昆曲,传播昆曲之美。这一系列讲座,是文化部非物质文化遗产司和国家图书馆在我国第10个"文化遗产日"来临之际,携手联合推出的多项主题活动之一。

(四)10月12日,"昆山当代昆剧院"在昆山文化艺术中心正式揭牌成立。该院的成立填补了昆曲故乡昆山没有专业昆剧表演团体的空白,该院也成为中国第八个昆剧专业院团。此次成立的昆山当代昆剧院由昆山籍著名昆剧表演艺术家、江苏省演艺集团总经理柯军先生担任董事长兼运营总监,昆山籍著名昆剧表演艺术家、江苏省演艺集团昆剧院院长李鸿良先生担任副董事长兼行政总监,著名昆剧表演艺术家、"联合国教科文组织和平艺术家"称号获得者张军先生担任副董事长兼艺术总监,并逐步引进和培育一批昆曲表演人才,开展昆曲艺术传承弘扬工作。

(五)"朱鹮国际艺术节"近年来一直是宁昆国际文化交流演出的一个重要平台,今年的项目由进念·二十面体、江苏省演艺集团昆剧院、南京博物院及日本国际交流基金会联合主办。一直致力扩展观众对当代昆曲的兴趣及观赏人数,提高对昆曲的欣赏能力,拓展下一代对昆曲发展的认识及参与;推动昆曲创作、扩展年轻一代精英演员的视野,以达成薪火相传的目标。积极把中国传统艺术的当代演绎带到世界不同的角落。这是一个开拓性、跨越性及传薪性的年度艺术活动,集结了当代与传统、亚洲大师与青年昆曲精英演员的互动。活动举办4年来,已在国际国内戏剧界产生重要影响,因此本届吸引了更多的艺术家与戏剧界人士。今年南京博物院强势参与,所有演出与活动全部在南博不同场馆举行。本届艺术周吸引到将近50位世界各地的艺术家和嘉宾,10月25—31日共计举办了6场演出,4个讲座,2场研讨会。观众们欣赏了震撼的古典印度舞、古典爪哇舞、昆剧、能剧等亚洲"非遗"表演。

### 三、出访类

2015年,昆剧院对外文化交流演出、讲学、讲座17项,出访311人次。足迹遍及英国、意大利、土耳其、新加坡、日本、泰国等国家和台湾、香港地区。

应澳门特别行政区政府文化局邀请,5月13日至19日,宁昆90人赴澳门参加第二十六届澳门艺术节的两场昆剧演出,昆剧院派出了包含著名昆剧表演艺术家、梅花奖得主石小梅、胡锦芳、黄小午,昆净名家赵坚等老一辈艺术家及昆剧院院长、梅花奖得主李鸿良,中生代实力派昆曲名家龚隐雷、钱振荣等及单雯、施夏明、张争耀等优秀青年演员组成的近百人团队。演出团由集团总经理柯军亲任团长。16、17日,在澳门文化艺术中心为观众带去了《1699·桃花扇》及《南昆风度——昆剧经典折子戏》两场精彩演出。两场演出不仅受到了澳门观众的热烈欢迎,也得到了澳门媒体的高度关注,《濠江日报》《大众报》《正报》等报纸均以大篇幅图文新闻对演出进行报道。《市民日报》《星报》与《澳门日报》亦刊发《苏昆剧院周六日演绎非文遗精髓》《艺术节昆剧折子戏壮丽演绎》《昆剧今明晚上演——蓄水养鱼多面推广让昆剧薪火相传》等大篇幅报道。

10月5日至8日,为庆祝2015中英文化交流年,由江苏省文化厅与剑桥大学国王学院联合举办的"'精彩江苏'进剑桥"系列文化活动在英国剑桥市拉开帷幕。宁昆派出了由李鸿良院长领队、龚隐雷、徐云秀、钱振荣等10名艺术家共同参与的剑桥大学昆曲活态展示的强大演出阵容。这是宁昆首次走进剑桥,以表演及授课相结合的方式,与当地学生、学者及嘉宾进行文化交流。同时,世界顶尖的青少年合唱团剑桥大学国王学院合唱团也给活动现场的观众们展现了他们的艺术风采。来自两国的艺术家们在10月的康河畔,给观众们带来了一场东西方文化交流的视觉盛宴。"精彩江苏"系列对外文化交流活动,旨在把江苏的精彩传向世界,把世界的精彩引进江苏,牵手剑桥是该活动的第一站。创新对外宣传方式,是对习总书记讲话精神的行动落实,而宁昆作为首站,在展示中国文化风采中带来了巨大的文化影响力。

## 四、创新类

自2010年以来,"环球昆曲在线"一直是宁昆重要的网络宣传平台。观众通过这个平台了解宁昆的所有资讯及演出,今年官网共计在线直播演出52场。同名微博粉丝数达到10850人,比去年上升1550人。微信公众号的累计关注数达6960人,比去年上升2660人。微博与微信的传播覆盖范围更广、影响力更大,俨然已经成为宁昆新的传播平台。宁昆力争在今后把这个平台做得更大、更好、更强。

# 朱鹮艺术周探讨古典文化传承

徐玉良

由香港剧团进念·二十面体策划,江苏省演艺集团昆剧院、南京博物院及国际交流基金会联合主办的"朱鹮艺术周2015"10月底在南京举行。艺术周主打"当代传统的衔接""跨文化领域互动"的主题,来自东京、北京、南京、曼谷、新加坡等亚洲地区的艺术家齐集,带来包括日本能剧、中国昆剧、古典泰国舞蹈、古典巴厘舞蹈、当代剧场等的艺术形式,意图通过跨越、沟通、合作,拓展亚洲地区文化辩证发展。

朱鹮是亚洲濒临绝种的珍贵鸟类,在2010年的上海世博会上,日本政府委托来自香港的华人实验艺术先驱、进念剧团创办人荣念曾创作昆剧能剧互动演出,就是以朱鹮和环保为主题。其后,荣氏将朱鹮比作传统表演艺术家,探讨社会培育艺术家和培育朱鹮的关系。2012年起,首度在南京举办年度朱鹮工作坊和艺术节,推动不同面向的艺术家培育计划,希望透过跨文化辩证、互动的实践,走出既定文化消费的笼子,实现艺术的可持续发展。

今年的朱鹮艺术周由舞台演出、学术交流和主题研讨构成,演出的部分延续了"一桌二椅"实验计划,能剧、昆剧、当代剧场及当代舞蹈等不同领域的艺术家以相同的舞台设置——一个桌子两把椅子进行创作,产生7个富有实验性的20分钟短篇。

### 传统艺术可以拿来实验吗?

一桌二椅是中国传统戏曲最基本的剧场装置,仿佛古代文人书房的缩影。荣念曾于1997年开创的一桌二椅计划,建立了跨越时代与国界的艺术交流平台,共超过100位文化艺术工作者参与,探索当代、传统如何结合剧场的实验。

专攻昆曲武生的著名表演艺术家柯军在与荣念曾合作的10多年过程中,逐渐衍生出包括原创作品、艺术计划、交流活动、学术研讨等在内的艺术探索系统。一桌二椅,是这种艺术探索的精神核心。柯军说,台上的物质越少,非物质的就越多。

在多年探索中,他发现昆曲本身就具有最传统和最先锋两种属性,可以和任何国家的任何表演艺术对话。他甚至发现了昆曲和荣念曾实验剧场的共同之处:简约、抽象、浓缩、写意、含蓄。两人合作的实验昆剧《夜奔》,被称作"新概念昆曲",唱腔是原汁原味的昆曲,但思考、舞台、角色设置都是现代的。

《夜奔》取材自中国古代小说《水浒传》里的林冲夜奔故事,荣念曾通过利用和参照明朝中期剧作家李开先(1502—1568)创作的《宝剑记》挖掘出《夜奔》的历史过去,横向上,则探讨剧场表演的结构如何构成,包括观众座位和定位,检场(舞台工作人员)的定位等。因此演出开场由一组看似非演出的动作构成,不展开任何叙述,像演员的日常练习。荣念曾通过干预观众的方式,打破一味沉浸表演的习惯,还结合现代设备的投影仪,用字幕不断向观众发问:舞台怎样观望林冲?林冲怎样观望观众?公众如何观望政治?政治如何观望艺术?(《夜奔》文本第四幕)

对于有观点认为600年传统不能改,荣念曾认为这就如同在当今使用古汉语。"当前线艺术工作者累积了足够的经验和学问,就有足够的资格决定昆曲可以如何发展。"中国传统文化瑰宝昆曲,600年命运坎坷,终究是保留了下来,却几近成为一种动态的博物馆馆藏。迥异于西方现代主义者，荣念曾对摧毁传统或是保留传统"原貌"都不感兴趣，他与昆曲演员合作，重新创作昆剧，尽力"释放无法自由发展的要素"。

荣念曾在《实验中国，实现传统》一文中写道，把传统表演艺术放进博物馆，并不是最佳的保存方式，它是活的艺术，必须通过艺术工作者的创造力才能保存和发展，这是真正的传承。"我们需要辩证式的文化组织，它必须具备全方位的文化视野和使命感。"2002年开始，荣念曾所在的香港剧团"进念·二十面体"正式展开《实验传统》研究及发展计划，每年策划一系列以中国传统戏曲为题的剧场演出、工作坊及研究会议等，努力成为文化发展和创意的前锋。而终极目的，则是让普罗大众及下一代认识"非物质文化遗产"的重要性，继而令其成为社群文化发展的一部分。

荣氏认为，中国传统戏曲面对的最大问题是既定体制问题，体制不改进，限制了传统戏曲前线工作人员的文化视野和士气。创作讲求进取和评议，体制讲求功效和稳定。而朱鹮计划成为他与内地艺术资源成功整合而建立的文化交流平台。

### 跨性别表演的跨文化视角

本届朱鹮艺术节的重点交流主题为跨性别表演艺术的挑战。10月29日夜晚，南京博物院迎来了一场由4位亚洲"非遗"大师演出的经典剧目片段，主题为"跨越性别的创造"。能剧表演者西村高夫、北浪贵裕和鹈泽光特意选择了和中国有关的剧目《杨贵妃》，由昆剧演员扮演的唐玄宗身边方士在蓬莱岛寻到了杨贵妃的魂灵，杨贵妃将与玄宗的定情信物交于方士，最后舞一曲霓裳羽衣挥别而去。印度艺术家卡拉·克里希那和印尼艺术家狄迪科·妮妮·索沃克则分别带来了有深厚历史传统的古典印度舞蹈和古典巴厘舞蹈。两人身着女性传统服饰，表演惟妙惟肖，既有舞蹈的质感美，又有跨性别创造的独特灵性美，令人击掌赞叹。江苏昆剧院院长李鸿良则演出了一段精彩的和尚下山戏码，当中穿插的昆剧特有的女性表演，征服了在场观众，赢得数次掌声。

演后讨论中，卡拉·克里希那说，为了练习反申，他需要压抑自己的天性，付出百分之两百的努力，一段时间不注意则又会恢复。而他也保持了对女性动作神态的持续观察，直到观察所得内化为演出中的神韵。狄迪科也表示，性别不重要，作为一个表演者来说，应该能够表演一切。能剧表演者西村高夫则说，他看到一些跨性别表演者的演出比女性还美，但能剧不要求这些动作，追求的是女性内在的精神。而对于李鸿良来说，昆剧的女性表演应该是信手拈来的技艺，中国的传统戏班没有女性加入，昆剧直到新中国成立后才有女性演员的出现，尽管自己生活中很男人，还是能在舞台上表现各种身份、各个年龄层的女性角色。

而这种古典传统艺术是否应该改变形式以适应当代的变化？印尼舞蹈家狄迪科·妮妮·索沃克告诉亚洲周刊，他确实曾对传统舞蹈进行过现代化的改编，但仅限于时长，因为传统舞蹈的数小时不间断表演很难让现代的观众看得下去。然而动作规则却是坚决不改变的，"要保持它的灵魂，那是最重要的"。

他花费了20年的时间来学习印尼各地的传统舞蹈，直到今天他还在收集各个国家的艺术创作，比如对中国京剧的脸谱进行研究，甚至前去四川跟一位老师学习公认为难度极高的变脸艺术。"作为一个艺术家，坚持学习是最重要的。学习令我丰富、令我变得更小，它使我谦卑。我不会停止学习。永远不会。"这个虔诚的基督徒舞蹈家说，在他的世界里有三件事情：工作、祈祷和学习。他近年来身兼舞者和演艺公司总经理的职位，要妥善管理公司的运作，才能使得艺术的成长有更宽松的空间。对于这种传统舞蹈可能会失传的境遇，狄迪科也不讳言："确实是担心的，现在的社会，已经不会有人像我们当时那样投入这么多来学习一门技艺了。"

### 年轻表演者的"非遗"传承

朱鹮计划的核心意义是为了年轻艺术家的培育和古典文化的传承，在这个难得的平台与多位来自各国的古典艺术大师交流合作，是让江苏昆剧院9个年轻"小朱鹮"最振奋的事。

然而9个小朱鹮，一开始进入实验的时候几乎都是逃避的，青年昆剧演员赵于涛甚至表示要退出，"觉得怎么要自己创作，就觉得害怕"。荣念曾清楚记得这件事，赵于涛告诉他："荣老师我真的不知道我在干什么。""我说不要紧，你就坐在我旁边看我怎么工作。"荣念曾一直在谈舞台的规矩、大小、局限，舞台和外部世界的关系。两三天以后，赵又主动加入进来。荣念曾认为，对于一直在框框里成长的年轻人来说，有这样的质疑是正常的。"年轻艺术家习惯了一种方法，有点不适应。以前觉得自己只是个演员，不知道导演要求什么的话，没有安全感。我恰恰不是那种导演，不会规定他做什么。"

朱虹也在几年的磨合中有了新的想法："传统表演体系是很封闭的，灯光永远照着主角，有（身体或表演上的）缺陷的话永远只能跑龙套。而在实验中，每个人都有机会。"孙晶则在某一次排演中，在抚摸桌椅的三秒钟里，一下明白了自己在做的到底是什么。原来实验不是对传统的破坏，而是抛掉既有框架，不断尝试、丰富这门艺术，也丰富表演者自己。柯军表示，在艺术家的探索中，一定要追求最传统，像考古，同时也要追求最先锋，像探险。"好在地球是圆的，走到尽头，殊途同归，都是相通的。"

柯军曾经一度对昆曲的发展感到担忧。2001年，联合国教科文组织把昆曲列为人类口述和非物质遗产代表作，为昆曲带来了繁荣，昆剧吃香了，开始鱼目混珠，高级美学逐渐向市侩、庸俗、炫技低头。

而几年来的种种实践，让他看到了某种反思、融合和发展的路子。这次朱鹮艺术活动，日本艺术家的能剧表演就让他印象深刻。"能剧太美了，凝重而高贵，不取悦观众。很少人能懂，但他们不在乎。"柯军说，取悦和实验是不同的。看似都是在表演中加入一些新元素和技巧，但取悦没有创造，只是堆砌。往外探了探，没有跨出去，还是以自我为中心。而实验是跨出去、研究、花功夫。"是有根的东西。不是拿来主义，哪会还回去。"

而最让荣念曾欣慰的是，一位年轻昆剧演员跑来问他，既然30年前他可以创建进念·二十面体，为什么现在年轻一代不能？荣念曾说，这就是所谓传承的希望所在。

在学术研讨的几天中，来自各地的艺术家、组织者和评论家都针对朱鹮计划及亚洲各地艺术的发展发表了各自的意见。台湾大学戏剧系讲师傅裕惠发言说，台湾自17世纪初起就经历了西班牙、荷兰、原住民、日本、两岸等的跨文化交汇的局面，但也一直存在强并弱的政治性，近年来兴起的布袋戏、歌仔戏融合本地民谣、京剧和日本新剧，成为台湾地区民间非常成功的跨文化艺术；希望能在朱鹮的平台学习更多交流和实践的方法。荣念曾发言表示，跨文化跨领域，其实是去寻找新的空间，让我们重新审视自己，去发展文化，而不是迎合市场。"我希望传统艺术家同时也是一位知识分子，是推动文化发展的重要力量。"

川剧演员田蔓莎表示，"传统"不是凝固的概念，是动态的。"'传'是动词，而我们时常把它当名词。"柯军则提出了"昆曲监狱计划"，针对传承的危机，在不自由的环境下，完成艰苦的教学传承。朱鹮计划还考虑进行"一带一路朱鹮之旅"，拓展到北京、台北、香港、东亚，进行开放的学习对话和主动的文化游走。

2016年，朱鹮计划还将继续。来年恰逢西方喜剧大师莎士比亚和中国明代戏曲家汤显祖逝世400年，朱鹮将保持形式上的"一桌二椅"框架，内容围绕汤、莎两大戏剧巨头交流讨论，引人期待。

## 江苏省演艺集团昆剧院 2015 年度演出日志

| 序号 | 地点 | 日期 | 剧（节）目 | 场次 | 观众人数 | 上座率 |
|---|---|---|---|---|---|---|
| 1 | 兰苑剧场 | 1月3日 | 昆剧《长生殿·定情赐盒》《长生殿·絮阁》《长生殿·惊变》/张争耀专场三 | 1 | 135 | 100% |
| 2 | 兰苑剧场 | 1月10日 | 昆剧《草庐记·花荡》《狮吼记·跪池》《绣襦记·当巾》《蝴蝶梦·说亲回话》 | 1 | 135 | 100% |
| 3 | 昆山艺术中心 | 1月11日 | 昆剧折子戏 | 1 | 900 | 100% |
| 4 | 兰苑剧场 | 1月17日 | 昆剧《艳云亭·痴诉点香》《桃花扇·沉江》《疗妒羹·题曲》《长生殿·密誓》 | 1 | 135 | 100% |
| 5 | 三亚 | 1月20日 | 昆曲折子戏演出 | 1 | 800 | 100% |
| 6 | 兰苑剧场 | 1月24日 | 昆剧《桃花扇·侦戏》《单刀会·刀会》/赵于涛专场五 | 1 | 135 | 100% |
| 7 | 昆山艺术中心 | 1月25日 | 昆剧折子戏 | 1 | 900 | 100% |
| 8 | 江南剧院 | 1月26日—27日 | 精华版《牡丹亭》 | 2 | 1200 | 100% |
| 9 | 江南剧院 | 1月28日 | 《红楼梦》 | 1 | 1200 | 100% |
| 10 | 江南剧院 | 1月29日 | 昆曲反串演出 | 1 | 1200 | 100% |
| 11 | 兰苑剧场 | 1月31日 | 昆剧《牡丹亭·冥判》《连环计·小宴》《烂柯山·痴梦》《荆钗记·绣房》 | 1 | 135 | 100% |
| 12 | 南京博物院非遗馆 | 1月1日—31日 | 昆剧折子戏 | 30 | 8000 | 100% |

续表

| 序号 | 地点 | 日期 | 剧(节)目 | 场次 | 观众人数 | 上座率 |
|---|---|---|---|---|---|---|
| 13 | 昆山周庄 | 1月1日—31日 | 昆剧《牡丹亭·游园·惊梦》《虎囊弹·山门》《西厢记·佳期》等 | 30 | 10000 | 100% |
| 14 | 兰苑剧场 | 2月7日 | 昆剧《义侠记·打店》《琵琶记·扫松》《幽闺记·拜月》《牧羊记·望乡》 | 1 | 135 | 100% |
| 15 | 兰苑剧场 | 2月14日 | 昆剧《贩马记·写状》《风筝误·前亲》《玉簪记·偷诗》《长生殿·小宴》 | 1 | 135 | 100% |
| 16 | 昆山艺术中心 | 2月8日、28日 | 昆剧折子戏 | 2 | 2000 | 100% |
| 17 | 昆山周庄 | 2月1日—28日 | 昆剧《牡丹亭·游园·惊梦》《虎囊弹·山门》《西厢记·佳期》等 | 18 | 10000 | 100% |
| 18 | 台湾 | 3月3日—4日 | 昆曲折子戏 | 2 | 500 | 100% |
| 19 | 兰苑剧场 | 3月7日 | 昆剧《天官赐福》《孽海记·双下山》《金雀记·乔醋》《牡丹亭·问路》《西厢记·佳期》 | 1 | 135 | 100% |
| 20 | 昆山艺术中心 | 3月8日 | 昆剧折子戏 | 1 | 1000 | 100% |
| 21 | 兰苑剧场 | 3月14日 | 昆剧《牡丹亭·游园》《宝剑记·夜奔》《玉簪记·琴挑》《绣襦记·教歌》 | 1 | 135 | 100% |
| 22 | 国家大剧院 | 3月14日—15日 | 《南柯梦》 | 2 | 2200 | 100% |
| 23 | 兰苑剧场 | 3月21日 | 昆剧《三岔口》《吟风阁·罢宴》《玉簪记·问病》《凤凰山·百花赠剑》 | 1 | 135 | 100% |
| 24 | 昆山艺术中心 | 3月22日 | 昆剧折子戏 | 1 | 1000 | 100% |
| 25 | 苏州 | 3月28日 | 昆剧折子戏 | 1 | 100 | 100% |
| 26 | 兰苑剧场 | 3月28日 | 昆剧讲座 | 1 | 135 | 100% |
| 27 | 兰苑剧场 | 3月28日 | 昆剧《昊天塔·五台会兄》《西厢记·拷红》《玉簪记·茶叙》《烂柯山·痴梦》 | 1 | 135 | 100% |
| 28 | 南京博物院非遗馆 | 3月1日—31日 | 昆剧折子戏 | 30 | 8000 | 100% |
| 29 | 昆山周庄 | 3月1日—31日 | 昆剧《牡丹亭·游园·惊梦》《虎囊弹·山门》《西厢记·佳期》等 | 30 | 10000 | 100% |
| 30 | 兰苑剧场 | 4月3日 | 邮票首发 | | | |
| 31 | 兰苑剧场 | 4月4日 | 昆剧《牡丹亭·冥判》《孽海记·思凡》《桃花扇·题画》《蝴蝶梦·说亲回话》 | 1 | 135 | 100% |
| 32 | 昆山昆玉堂 | 4月7日 | 《牡丹亭》/昆山昆玉堂 | 1 | 100 | 100% |
| 33 | 紫金大戏院 | 4月10日 | 《红楼梦》 | 1 | 1000 | 100% |
| 34 | 紫金大戏院 | 4月11日 | 《白罗衫》 | 1 | 1000 | 100% |
| 35 | 兰苑剧场 | 4月11日 | 昆剧《占花魁·湖楼》《西厢记·佳期》《红梨记·亭会》《疗妒羹·题曲》 | 1 | 135 | 100% |
| 36 | 紫金大戏院 | 4月12日 | 昆曲折子戏 | 1 | 1000 | 100% |
| 37 | 兰苑剧场 | 4月18日 | 昆剧《西楼记·楼会》《狮吼记·跪池》《连环计·小宴》/施海涛专场一 | 1 | 135 | 100% |
| 38 | 昆山艺术艺术中心 | 4月19日 | 昆剧折子戏 | 1 | 1000 | 100% |
| 39 | 兰苑剧场 | 4月25日 | 昆剧《凤凰山·赠剑》《艳云亭·痴诉》《渔家乐·相梁刺梁》/郑懿专场四 | 1 | 135 | 100% |
| 40 | 昆山艺术中心 | 4月26日 | 昆剧折子戏 | 1 | 1000 | 100% |
| 41 | 昆山 | 14日—30日 | 昆剧《牡丹亭·游园·惊梦》《虎囊弹·山门》《西厢记·佳期》等/昆曲进校园 | 34 | 10000 | 100% |
| 42 | 昆山周庄 | 8日—30日 | 昆剧《牡丹亭·游园·惊梦》《虎囊弹·山门》《西厢记·佳期》等 | 30 | 10000 | 100% |

续表

| 序号 | 地点 | 日期 | 剧(节)目 | 场次 | 观众人数 | 上座率 |
|---|---|---|---|---|---|---|
| 43 | 香港城市大学 | 28日—30日 | 昆曲折子戏 | 3 | 500 | 100% |
| 44 | 武定门水街 | 5月1日 | 昆曲折子戏 | 1 | 100 | 100% |
| 45 | 兰苑剧场 | 5月2日 | 昆剧《三岔口》《十五贯·访测》《长生殿·酒楼》《荆钗记·见娘》 | 1 | 135 | 100% |
| 46 | 太仓 | 5月3日 | 昆曲折子戏 | 1 | 800 | 100% |
| 47 | 兰苑剧场 | 5月7日 | 昆剧《连环计·问探》《凤凰山·百花赠剑》《牡丹亭·寻梦》《宝剑记·夜奔》/上戏专场 | 1 | 135 | 100% |
| 48 | 兰苑剧场 | 5月8日 | 昆剧《孽海记·下山》《义侠记·戏叔别兄》《占花魁·湖楼》《扈家庄》/上戏专场 | 1 | 135 | 100% |
| 49 | 江南剧场 | 5月7日 | 昆曲折子戏 | 1 | 800 | 100% |
| 50 | 江南剧场 | 5月8日 | 昆曲折子戏 | 1 | 800 | 100% |
| 51 | 兰苑剧场 | 5月9日 | 昆剧《西厢记·佳期》《雷峰塔·断桥》《钗钏记·讲书》《水浒记·借茶》 | 1 | 135 | 100% |
| 52 | 无锡万和公益剧场 | 5月9日—10日 | 昆曲折子戏 | 2 | 1400 | 100% |
| 53 | 昆山艺术中心 | 5月10日 | 昆剧折子戏 | 1 | 1000 | 100% |
| 54 | 东南大学 | 5月11日 | 昆曲折子戏 | 1 | 800 | 100% |
| 55 | 东南大学 | 5月11日 | 昆曲折子戏 | 1 | 800 | 100% |
| 56 | 兰苑剧场 | 5月16日 | 昆剧《牡丹亭·游园》《牡丹亭·惊梦》《孽海记·下山》《疗妒羹·题曲》 | 1 | 135 | 100% |
| 57 | 澳门文化艺术中心 | 5月16日—17日 | 《1699·桃花扇》 | 2 | 3000 | 100% |
| 58 | 兰苑剧场 | 5月23日 | 昆剧《玉簪记·琴挑》《玉簪记·问病》《玉簪记·偷诗》《玉簪记·秋江》 | 1 | 135 | 100% |
| 59 | 昆山艺术中心 | 5月24日 | 昆剧折子戏 | 1 | 1000 | 100% |
| 60 | 东南大学 | 5月26日 | 《牡丹亭》 | 1 | 800 | 100% |
| 61 | 兰苑剧场 | 5月30日 | 昆剧《九莲灯·火判》《牡丹亭·幽媾》《牡丹亭·冥誓》《彩楼记·评雪辨踪》 | 1 | 135 | 100% |
| 62 | 南京博物院非遗馆 | 5月20日—31日 | 昆剧折子戏 | 11 | 3000 | 100% |
| 63 | 昆山周庄 | 5月1日—31日 | 昆剧《牡丹亭·游园·惊梦》《虎囊弹·山门》《西厢记·佳期》等 | 30 | 10000 | 100% |
| 64 | 昆山 | 5月20日—30日 | 昆剧《牡丹亭·游园·惊梦》《虎囊弹·山门》《西厢记·佳期》等/昆曲进校园 | 11 | 10000 | 100% |
| 65 | 兰苑剧场 | 6月6日 | 昆剧《九莲灯·火判》《占花魁·湖楼》《玉簪记·偷诗》《绣襦记·莲花》 | 1 | 135 | 100% |
| 66 | 常州凤凰谷大剧院 | 6月13日 | 《梁山伯与祝英台》 | 1 | 2000 | 100% |
| 67 | 兰苑剧场 | 6月13日 | 昆剧《幽闺记·踏伞》《贩马记·写状》《牡丹亭·幽媾》《长生殿·小宴》 | 1 | 135 | 100% |
| 68 | 昆山艺术中心 | 6月14日 | 昆剧折子戏 | 1 | 1000 | 100% |
| 69 | 兰苑剧场 | 6月20日 | 昆剧《宝剑记·夜奔》《幽闺记·拜月》《鲛绡记·写状》《牡丹亭·离魂》 | 1 | 135 | 100% |
| 70 | 上海大剧院 | 6月26日—28日 | 《春江花月夜》 | 3 | 1000 | 100% |
| 71 | 兰苑剧场 | 6月27日 | 昆剧《钗钏记·落园》《焚香记·阳告》《牡丹亭·冥誓》《燕子笺·狗洞》 | 1 | 135 | 100% |
| 72 | 昆山艺术中心 | 6月28日 | 昆剧折子戏 | 1 | 1000 | 100% |

续表

| 序号 | 地点 | 日期 | 剧(节)目 | 场次 | 观众人数 | 上座率 |
|---|---|---|---|---|---|---|
| 73 | 昆山 | 6月1日—30日 | 昆剧《牡丹亭·游园·惊梦》《虎囊弹·山门》《西厢记·佳期》等/昆曲进校园 | 55 | 10000 | 100% |
| 74 | 昆山周庄 | 6月1日—30日 | 昆剧《牡丹亭·游园·惊梦》《虎囊弹·山门》《西厢记·佳期》等 | 26 | 10000 | 100% |
| 75 | 兰苑剧场 | 7月3日 | 昆曲折子戏招待演出 | 1 | 135 | 100% |
| 76 | 兰苑剧场 | 7月4日 | 昆剧《长生殿·小宴》《蝴蝶梦·说亲回话》《玉簪记·秋江》/单雯专场八 | 1 | 135 | 100% |
| 77 | 兰苑剧场 | 7月11日 | 昆剧《千忠戮·搜山打车》《十五贯·访测》《十五贯·见都》/陈睿专场一 | 1 | 135 | 100% |
| 78 | 昆山艺术中心 | 7月12日 | 昆剧折子戏 | 1 | 1000 | 100% |
| 79 | 昆山文广新局 | 7月14日 | 昆剧折子戏 | 1 | 300 | 100% |
| 80 | 东南大学 | 7月17日 | 昆剧折子戏 | 1 | 1000 | 100% |
| 81 | 兰苑剧场 | 7月18日 | 昆剧《绣襦记·打子》《桃花扇·沉江》《虎囊弹·山门》《紫钗记·折柳阳关》 | 1 | 135 | 100% |
| 82 | 建邺区文化馆 | 7月19日 | 昆剧折子戏 | 1 | 500 | 100% |
| 83 | 法国 | 7月20日—23日 | 昆剧折子戏 | 4 | 8000 | 100% |
| 84 | 兰苑剧场 | 7月25日 | 昆剧《三岔口》《西楼记·楼会》《红楼梦·读曲》《吟风阁·罢宴》 | 1 | 135 | 100% |
| 85 | 昆山艺术中心 | 7月26日 | 昆剧折子戏 | 1 | 1000 | 100% |
| 86 | 广州大剧院 | 7月31日 | 《1699·桃花扇》 | 1 | 800 | 100% |
| 87 | 南京博物院非遗馆 | 7月1日—31日 | 昆剧折子戏 | 27 | 8000 | 100% |
| 88 | 昆山周庄 | 7月1日—31日 | 昆剧《牡丹亭·游园·惊梦》《虎囊弹·山门》《西厢记·佳期》等 | 30 | 10000 | 100% |
| 89 | 广州大剧院 | 8月1日 | 精华版《牡丹亭》 | 1 | 500 | 100% |
| 90 | 兰苑剧场 | 8月1日 | 昆剧《鲛绡记·写状》《疗妒羹·题曲》《十五贯·访测》《蝴蝶梦·说亲回话》 | 1 | 135 | 100% |
| 91 | 珠海中演剧院 | 8月2日 | 精华版《牡丹亭》 | 1 | 550 | 100% |
| 92 | 兰苑剧场 | 8月8日 | 昆剧《武十回·狮子楼》《西厢记·拷红》《长生殿·闻铃》《风云会·千里送京娘》 | 1 | 135 | 100% |
| 93 | 昆山艺术中心 | 8月9日 | 昆剧折子戏 | 1 | 1000 | 100% |
| 94 | 南京博物院非遗馆 | 8月15日 | 《1699·桃花扇》 | 1 | 100 | 100% |
| 95 | 兰苑剧场 | 8月15日 | 昆剧《幽闺记·拜月》《虎囊弹·山门》《牡丹亭·幽媾》《牡丹亭·冥誓》 | 1 | 135 | 100% |
| 96 | 兰苑剧场 | 8月17日 | 昆曲折子戏招待演出 | 1 | 135 | 100% |
| 97 | 兰苑剧场 | 8月22日 | 昆剧《桃花扇》/施夏明专场八 | 1 | 135 | 100% |
| 98 | 兰苑剧场 | 8月23日 | 昆曲折子戏南大包场 | 1 | 100 | 100% |
| 99 | 昆山艺术中心 | 8月23日 | 昆剧折子戏 | 1 | 1000 | 100% |
| 100 | 江南剧院 | 8月25日 | 《1699·桃花扇》 | 1 | 600 | 100% |
| 101 | 江南剧院 | 8月26日 | 昆曲折子戏 | 1 | 600 | 100% |
| 102 | 兰苑剧场 | 8月26日 | 昆曲折子戏招待演出 | 1 | 135 | 100% |
| 103 | 兰苑剧场 | 8月29日 | 昆剧《宵光剑·闸庄救青》《绣襦记·卖兴》《绣襦记·当巾》《艳云亭·痴诉点香》 | 1 | 135 | 100% |
| 104 | 昆山周庄 | 8月1日—31日 | 昆剧《牡丹亭·游园·惊梦》《虎囊弹·山门》《西厢记·佳期》等 | 30 | 10000 | 100% |

续表

| 序号 | 地点 | 日期 | 剧(节)目 | 场次 | 观众人数 | 上座率 |
|---|---|---|---|---|---|---|
| 105 | 国家图书馆 | 7月—8月 | 国家图书馆讲座演出 | 8 | 2800 | 100% |
| 106 | 兰苑剧场 | 9月5日 | 昆剧《牡丹亭·游园惊梦》《牡丹亭·寻梦》《牡丹亭·写真》《牡丹亭·离魂》 | 1 | 135 | 100% |
| 107 | 兰苑剧场 | 9月12日 | 昆剧《武十回·狮子楼》《奇双会·哭监》《奇双会·写状》《奇双会·三拉团圆》 | 1 | 135 | 100% |
| 108 | 昆山艺术中心 | 9月13日 | 昆剧折子戏 | 1 | 1000 | 100% |
| 109 | 兰苑剧场 | 9月19日 | 昆剧《西楼记·楼会》《钗钏记·相约讨钗》《燕子笺·狗洞》《红梨记·醉皂》 | 1 | 135 | 100% |
| 110 | 兰苑剧场 | 9月26日 | 昆剧《牡丹亭·问路》《虎囊弹·山门》《牡丹亭·寻梦》《牡丹亭·离魂》 | 1 | 135 | 100% |
| 111 | 昆山艺术中心 | 9月27日 | 昆剧折子戏 | 1 | 1000 | 100% |
| 112 | 昆山周庄 | 9月1日—30日 | 昆剧《牡丹亭·游园·惊梦》《虎囊弹·山门》《西厢记·佳期》等 | 30 | 10000 | 100% |
| 113 | 兰苑剧场 | 10月3日 | 昆剧《三岔口》《琵琶记·扫松》《长生殿·酒楼》《怒蛋挞·闹学》 | 1 | 135 | 100% |
| 114 | 英国剑桥大学 | 10月5日—8日 | 昆曲折子戏 | 4 | 800 | 100% |
| 115 | 兰苑剧场 | 10月10日 | 昆剧《荆钗记·见娘》《孽海记·思凡》《白罗衫·看状》《双珠记·投渊》 | 1 | 135 | 100% |
| 116 | 昆山艺术中心 | 10月11日 | 昆剧折子戏 | 1 | 1000 | 100% |
| 117 | 昆山当代昆剧院 | 10月12日 | 昆曲折子戏 | 1 | 100 | 100% |
| 118 | 兰苑剧场 | 10月17日 | 昆剧《牡丹亭·游园惊梦》《牡丹亭·寻梦》《牡丹亭·写真》《牡丹亭·离魂》 | 1 | 135 | 100% |
| 119 | 苏州开明剧院 | 10月18日 | 折子戏传承汇报演出 | 1 | 400 | 100% |
| 120 | 苏州会议中心大礼堂 | 10月19日 | 《曲圣魏良辅》 | 1 | 600 | 100% |
| 121 | 巴城玉山草堂 | 10月21日 | 昆曲折子戏 | 1 | 80 | 100% |
| 122 | 北京大学 | 10月23日 | 《桃花扇》 | 1 | 1500 | 100% |
| 123 | 北京大学 | 10月24日 | 昆曲折子戏 | 1 | 1500 | 100% |
| 124 | 兰苑剧场 | 10月24日 | 昆剧《牡丹亭·幽媾》《牡丹亭·冥誓》《西厢记·佳期》《占花魁·湖楼》 | 1 | 135 | 100% |
| 125 | 昆山艺术中心 | 10月25日 | 昆剧折子戏 | 1 | 1000 | 100% |
| 126 | 兰苑剧场 | 10月31日 | 昆剧《牧羊记·小逼》《焚香记·阳告》《钗钏记·落园》《疗妒羹·题曲》 | 1 | 135 | 100% |
| 127 | 昆山周庄 | 10月1日—31日 | 昆剧《牡丹亭·游园·惊梦》《虎囊弹·山门》《西厢记·佳期》等 | 30 | 10000 | 100% |
| 128 | 昆山艺术中心 | 11月5日 | 昆剧折子戏 | 1 | 600 | 100% |
| 129 | 兰苑剧场 | 11月7日 | 昆剧《玉簪记·琴挑》《玉簪记·问病》《玉簪记·偷诗》《玉簪记·秋江》 | 1 | 135 | 100% |
| 130 | 昆山艺术中心 | 11月8日 | 昆剧折子戏 | 1 | 1000 | 100% |
| 131 | 南京大学 | 11月12日 | 昆曲折子戏 | 2 | 100 | 100% |
| 132 | 兰苑剧场 | 11月14日 | 昆曲折子戏 | 1 | 135 | 100% |
| 133 | 兰苑剧场 | 11月14日 | 昆剧《九莲灯·火判》《连环计·小宴》《十五贯·访测》《牡丹亭·冥判》 | 1 | 135 | 100% |
| 134 | 上海 | 11月20日 | 《桃花扇》 | 1 | 500 | 100% |

续表

| 序号 | 地点 | 日期 | 剧(节)目 | 场次 | 观众人数 | 上座率 |
|---|---|---|---|---|---|---|
| 135 | 兰苑剧场 | 11月21日 | 昆剧《西厢记·佳期》《白罗衫·井遇》《白罗衫·看状》《鲛绡记·写状》 | 1 | 135 | 100% |
| 136 | 昆山艺术中心 | 11月22日 | 昆剧折子戏 | 1 | 1000 | 100% |
| 137 | 兰苑剧场 | 11月28日 | 昆剧《牡丹亭·游园惊梦》《牡丹亭·寻梦》《牡丹亭·写真》《牡丹亭·离魂》 | 1 | 135 | 100% |
| 138 | 昆山艺术中心 | 11月29日 | 昆剧折子戏 | 1 | 1000 | 100% |
| 139 | 南京博物院 | 11月1日—30日 | 昆剧折子戏 | 25 | 1000 | 100% |
| 140 | 昆山周庄 | 11月1日—30日 | 昆剧《牡丹亭·游园·惊梦》《虎囊弹·山门》《西厢记·佳期》等 | 30 | 10000 | 100% |
| 141 | 兰苑剧场 | 12月5日 | 昆剧《武十回·狮子楼》《占花魁·湖楼》《望湖亭·照镜》《水浒记·借茶》 | 1 | 135 | 100% |
| 142 | 兰苑剧场 | 12月7日—11日 | 当代昆剧艺术周 | 5 | 5000 | 100% |
| 143 | 兰苑剧场 | 12月12日 | 昆剧《琵琶记·扫松》《蝴蝶梦·说亲回话》《牡丹亭·幽媾》《牡丹亭·冥誓》 | 1 | 135 | 100% |
| 144 | 台湾 | 12月12日—13日 | 《桃花扇》 | 2 | 3000 | 100% |
| 145 | 昆山艺术中心 | 12月13日 | 昆剧折子戏 | 1 | 600 | 100% |
| 146 | 杭州剧院 | 12月18日—19日 | 昆剧《1699·桃花扇》《白罗衫》 | 2 | 2000 | 90% |
| 147 | 兰苑剧场 | 12月19日 | 《孽海记·思凡》《幽闺记·拜月》《玉簪记·琴挑》《玉簪记·偷诗》 | 1 | 135 | 100% |
| 148 | 南京博物院非遗馆 | 12月26日 | 昆剧折子戏 | 2 | 800 | 100% |
| 149 | 兰苑剧场 | 12月26日 | 《祝发记·渡江》《狮吼记·跪池》《十五贯·访测》《烂柯山·痴梦》 | 1 | 2600 | 100% |
| 150 | 昆山艺术中心 | 12月27日 | 昆剧折子戏 | 1 | 600 | 100% |
| 151 | 昆山图书馆 | 12月 | 昆曲讲座 | 6 | 1200 | 100% |
| 152 | 昆山周庄 | 12月1日—31日 | 昆剧《牡丹亭·游园·惊梦》《虎囊弹·山门》《西厢记·佳期》等 | 30 | 10000 | 100% |

# 江苏省演艺集团昆剧院2015年度基本情况一览表

| 单位名称 | 江苏省演艺集团昆剧院 | | |
|---|---|---|---|
| 单位地址 | 南京市朝天宫4号 | | |
| 团长 | 李鸿良 | | |
| 工作经费 | 万元 | 经费来源 | 财政补贴、自营收入 |
| 在编人数 | 116人 | 年龄段 | A  43 人,B  47 人,C  26 人 |
| 院(团)面积 | 5413(4580)m² | 演出场次 | 628场 |

注:A:18—30岁  B:31—50岁  C:51岁以上

浙江昆剧团

# 浙江昆剧团2015年度昆曲工作综述

2015年,以国家《关于繁荣发展社会主义文艺的意见》和《关于支持戏曲传承发展的若干政策》为指导,浙江昆剧团在剧目创排、人才培养、演出传播、剧团管理等方面,都取得了新的成绩。

## 一、坚持传承创新,全年投入排演两台昆曲大戏和两台折子戏

(一)新编昆剧历史剧《大将军韩信》修改与展演。该剧既是"国家昆曲艺术抢救、保护和扶持工程"的重点资助剧目,也是入选"国家艺术基金2015年度舞台艺术创作资助项目"。在前几稿的基础上,今年浙昆又对全剧进行了加工提高。不仅于3月中旬赴北京国家大剧院连演两场爆满,而且于今年10月在苏州先后举行的第六届中国昆剧艺术节和第十四届中国戏剧节上展演,并被评为第十四届中国戏剧节"优秀入选剧目"。

(二)开展"一集一开"传承计划,完成两台八出折子戏排演任务。今年8月开展的以集中师资(时间)、开放式·零门槛为特色,以传承剧目、传承技艺、传承职业道德为主要内容的"一集一开"传承计划,是浙江昆剧团的全新发展举措。具体完成《问探》《惊丑》《逼婚》《后亲》《雅观楼》《四杰村》《敬德诈疯》《洪母骂畴》两台八出昆剧折子戏的传承。

(三)为青年拔尖人才量身定制,重排浙昆的代表性传统剧目《狮吼记》。该剧根据明汪廷讷同名传奇本改编。写宋代黄州才子陈季常,因出入青楼妓院,被妻柳氏发觉,柳氏命其罚跪池边。季常好友苏东坡来访,见状,设法为夫妇俩消除隔阂,重归于好。该剧由"世"字辈演员汪世瑜、龚世葵、张世铮主演,1987年10月首演于杭州,12月赴京参加全国昆剧抢救继承剧目汇报演出,荣获继承改革奖。这次排演,是为我团入选2014年度省属舞台艺术拔尖人才培养对象曾杰量身定制,既传承昆曲剧目,又为其多演出创造条件。通过汪世瑜老师的亲授排演,该剧还将作为剧团的主要演出剧目,推向市场,服务观众,并扩大拔尖人才知名度。

此外,与香港合作排演的昆剧传统大戏《紫钗记》,作为2016年香港"中国戏剧节"的参演剧目,现已完成剧本整理改编及唱腔配乐工作,待二度主创班子组建就绪即投入开排。

## 二、坚持惠民演出,超额完成全年演出场次、票房收入指标

全年完成各类演出116场(指标105场);完成票房收入124万元(指标115万元),均超额完成年度责任指标。全年演出亮点是:

(一)昆剧《牡丹亭》,自2014年4月与投资方合作签协100场体验版在杭州御乐堂演出以来,至今年上半年已完成演出110场。11月下旬,第二季100场开演的优雅笛声再次悠扬在御乐堂上空,充分体现了昆曲经典名剧的无限魅力,而且也说明:该剧作为高端化昆曲品牌,正在杭州演艺市场中稳立足、持续展演。

(二)原创排演、被媒体称为"怨"字三部曲的佛典昆剧之一《未生怨》,今年6月赴温州龙港福胜寺演出后,于11月上旬再次应邀献演香港志莲净苑,受到香港各界人士好评。实践证明,创演佛典昆剧,不仅是弘扬中华优秀传统文化的有机载体,也是向海内外扩大传播昆剧艺术的有效途径。

(三)坚持公益性、市场化,各类演出精彩纷呈。今年,浙昆携《西园记》《红梅记》《大将军韩信》《烂柯山》、现代昆剧《小萝卜头》等大戏和折子戏专场,赴全省各地、各院校、文化礼堂相继完成了2015年新春演出季、"雏鹰计划""送戏下乡、文化走亲""高雅艺术进校园""浙江省传承戏剧经典剧目展演"等公益性及市场化演出。5、6月间,浙昆赴上海、苏州参加了江、浙、沪联动合演《十五贯》及优秀折子戏专场演出。协助省厅非遗处完成了在台州、绍兴、杭州举行的"浙江好声腔——'开锣了''开唱了''开演了'"三个专题演出活动。

(四)新推出的浙昆"幽兰系列项目"。这是一个利用剧团现有资源,通过演出、讲座等形式,旨在搞活昆曲传播,培育戏迷观众,同时促进从业人员综合素养的系列项目。"幽兰之梦——《牡丹亭》第二季百场驻演御乐堂""幽兰寻根——百场昆曲文化送戏进礼堂""幽兰之美——昆曲讲座登学堂""幽兰墨韵——浙昆职工书法讲堂"都已如期展开,初见成效。

## 三、坚持舞台实践与进修深造相结合,加强人才培养工作

(一)积极实施文化部"名家传戏——当代昆曲名

家收徒传艺工程"。在第一、第二届名家传戏工程中被名家收为徒弟的有青年演员毛文霞、白云、胡娉、朱斌和田漾,他们在老师们的悉心传授下,虚心好学,勤奋苦练,于今年10月的第六届昆曲艺术节上,分别汇报演出了各自的传承剧目:《望乡》《借扇》《题曲》《借靴》,受到专家和观众的好评。今年第三届"名家传戏"工程,浙昆又有徐霓、张侃侃、耿绿洁三位演员被张世铮、龚世葵两位名师收为徒弟,将分别学习《鸣凤记·写本》《贩马记·三拉》和《出猎围猎》《相梁刺梁》4出折子戏。同时,我团的《玉簪记·琴挑》《荆钗记·绣房》《界牌关》等19出折子戏入选文化部"昆曲传统折子戏录制名单"。

(二)实施浙江省文化厅"新松计划"。今年是该计划实施10周年。浙江昆剧团除上述专为拔尖人才曾杰排演昆剧大戏《狮吼记》、开展"一集一开"传承计划外,还于今年9月下旬在杭州浙江胜利剧院举办了两台2015"新松计划"之《名家传戏》和《武戏专场》,12位青年演员献演9出折子戏。其中3出折子戏参加了省文化厅"新松计划"实施10周年"一脉相承——名师带徒戏曲晚会"演出。7月,选派田漾、朱斌、李琼瑶、胡立楠4人参加"新松计划"第十期全省青年表演人才(小丑、老旦、花脸)高研班,选送程峰参加"新松计划"第二期全省中青年作曲人才高研班,均如期结业。

此外,剧团推荐孙晓燕、程峰分别参加"中国文联第七期全国中青年编导人才高研班"和"中国剧协全国青年戏剧创作会议"学习深造;倡导并支持演职员在职学历教育、以戏促功基本训练和职业道德素养等教育。

(三)有序推进"代"字辈昆剧班的教学管理。目前正在浙江艺术职业学院潜心学习的该班学生,已进入第三学年。按照教学计划,今年正式开设8出折子戏表演教学课程。6月,选送该班吴心怡、黄珏两同学代表浙江省赴京参加由教育部、文化部等组织联办的"2015年全国职业院校技能大赛"京昆组的比赛,以折子戏《牡丹亭·游园》和《石秀探庄》分获大赛"二等奖""三等奖"。为加强管理工作,浙昆根据教学实际,决定由王明强和郭鉴英、孙肖远分别兼任该班领导小组正、副组长。

## 四、坚持昆曲研究,如期完成《浙江通志》浙昆条目编纂任务

《浙江通志》是浙江省的一项重大修史编志工程。浙江昆剧团参编其中的"舞台艺术卷"和"非物质文化遗产卷"的条目编纂。这项工作,从2014年6月至2015年11月,由王世英召集,特邀两位老同志(周世瑞、励栋煌)作为主要执笔人,如期编撰上报这两卷的浙昆条目68条3万多字,同时剧团研究推广部及艺档室协助提供相关剧目、论著、说明书等照片合计230幅。

为迎接明年建团60周年,《浙江昆剧团六十年》(暂名)团史编撰项目由王世英牵头,进入立项筹备阶段。此外,浙江省昆曲代表性传承人王世瑶老师的口述论著已记录完成,将进入修改、编撰工作,预计2016年完成并出版发行。

## 浙江昆剧团2015年度演出日志

| 序号 | 演出时间 | 地点 | 剧目 | 主要演员 | 观众人次 | 其他(编剧、导演、作曲等) |
|---|---|---|---|---|---|---|
| 1 | 1月2日、3日、9日、10日、16日、17日、23日、24日、30日、31日 | 御乐堂 | 《牡丹亭》 | 曾杰、胡娉、毛文霞、杨崑、张侃侃、白云、李琼瑶、胡立楠等 | 66场/人 | 剧本改编:周世瑞 导演:林为林 编曲:程峰 |
| 2 | 1月26日 | 每日商报 | 《牡丹亭》 | 毛文霞,杨崑 | | |
| 3 | 1月28日 | 胜利剧院 | 《白水滩》《望乡》《亭会》《闹龙宫》 | 曾杰、胡娉、毛文霞、白云、沙国良、程会会 | 600人 | 遂昌汤显祖文化节开幕式 |
| 4 | 1月29日 | 胜利剧院 | 《问探》《惊梦·寻梦》《搜山打车》《昭君出塞》 | 程相安、汪茵、鲍晨、白云 | 560人 | |
| 5 | 2月6日、7日 | 御乐堂 | 《牡丹亭》 | 曾杰、胡娉、毛文霞、杨崑、张侃侃、白云、李琼瑶、胡立楠等 | 66场/人 | 剧本改编:周世瑞 导演:林为林 编曲:程峰 |

续表

| 序号 | 演出时间 | 地点 | 剧目 | 主要演员 | 观众人次 | 其他(编剧、导演、作曲等) |
|---|---|---|---|---|---|---|
| 6 | 3月4日 | 红星剧院 | 《红梅记》 | 胡娉、毛文霞、白云、程子明、胡立楠等 | | 移植改编:张静<br>导演:石玉昆<br>唱腔设计、作曲:周雪华 |
| 7 | 3月5日 | 红星剧院 | 《西园记》 | 曾杰、胡娉、张侃侃、鲍晨、王静 | 600人 | 改编:贝庚 |
| 8 | 3月10日、11日 | 金华婺剧院 | 《大将军韩信》 | 林为林、鲍晨、徐延芬、胡立楠等 | 600人 | 编剧:黄先钢<br>导演:沈斌<br>作曲:周雪华 |
| 9 | 3月17日、18日 | 国家大剧院 | 《大将军韩信》 | 林为林、鲍晨、徐延芬、胡立楠等 | 900人 | 编剧:黄先钢<br>导演:沈斌<br>作曲:周雪华 |
| 10 | 3月21日 | 杭州电视台洪园春恋 | | | | |
| 11 | 3月6日、7日、12日、14日、20日、27日、28日 | 御乐堂 | 《牡丹亭》 | 曾杰、胡娉、毛文霞、杨崑、张侃侃、白云、李琼瑶、胡立楠等 | 66场/人 | 剧本改编:周世瑞<br>导演:林为林<br>编曲:程峰 |
| 12 | 4月20—23日 | 安吉 | 《小萝卜头》 | 李琼瑶、白云、洪倩、鲍晨、王静 | 1800人 | 编剧:程伟兵<br>导演:程伟兵 |
| 13 | 4月3日、4日、10日、11日、17日、18日 | 御乐堂 | 《牡丹亭》 | 曾杰、胡娉、毛文霞、杨崑、张侃侃、白云、李琼瑶、胡立楠等 | 66场/人 | 剧本改编:周世瑞<br>导演:林为林<br>编曲:程峰 |
| 14 | 5月7日 | 郭庄 | 《游园惊梦》 | 胡娉、毛文霞 | | |
| 15 | 5月9日 | 缙云 | 《三岔口》《游园惊梦》《湖楼》《前亲》《试马》 | 沙果董、沙国良、曾杰、胡娉、毛文霞、汤建华、朱斌、田漾、程子明 | 500人 | |
| 16 | 5月9日 | 缙云 | 《烂柯山》 | 鲍晨、王静 | 500人 | |
| 17 | 5月10日 | 缙云 | 《狮子楼》《教歌》《测字》《望乡》 | 薛鹏、程平安、曾杰、朱斌、汤建华、田漾、徐霓、毛文霞、项卫东 | 600人 | |
| 18 | 5月10日 | 缙云 | 《西园记》 | 曾杰、胡娉、张侃侃、鲍晨、王静 | 600人 | 改编:贝庚 |
| 19 | 5月11日 | 松阳 | 《三岔口》《游园惊梦》《湖楼》《前亲》《试马》 | 沙果董、沙国良、曾杰、胡娉、毛文霞、汤建华、朱斌、田漾、程子明 | 500人 | |
| 20 | 5月11日 | 松阳 | 《烂柯山》 | 鲍晨、王静 | 500人 | |
| 21 | 5月12日 | 松阳 | 《狮子楼》《教歌》《测字》《望乡》 | 薛鹏、程平安、曾杰、朱斌、汤建华、田漾、徐霓、毛文霞、项卫东 | 600人 | |
| 22 | 5月12日 | 松阳 | 《西园记》 | 曾杰、胡娉、张侃侃、鲍晨、王静 | 600人 | 改编:贝庚 |
| 23 | 5月18日 | 上海逸夫舞台 | 长三角昆曲展演演出《十五贯》 | 张世铮、鲍晨 | 800人 | |
| 24 | 5月19日 | 上海逸夫舞台 | 上海长三角昆曲展演演出《夜祭》 | 曾杰 | 800人 | |
| 25 | 5月20日 | 上海逸夫舞台 | 上海长三角昆曲展演演出《雁荡山》 | 程会会、程相安、程子明、程平安、沙果董、沙国良 | 800人 | |

续表

| 序号 | 演出时间 | 地点 | 剧目 | 主要演员 | 观众人次 | 其他(编剧、导演、作曲等) |
|---|---|---|---|---|---|---|
| 26 | 5月23日、30日 | 御乐堂 | 《牡丹亭》 | 曾杰、胡婷、毛文霞、杨崑、张侃侃、白云、李琼瑶、胡立楠等 | 66场/人 | 剧本改编:周世瑞 导演:林为林 编曲:程峰 |
| 27 | 6月9日 | 杭州剧院 | 戏曲音乐会 | | | |
| 28 | 6月23日 | 龙港 | 《未生怨》 | 毛文霞、鲍晨、徐延芬、曾杰、胡婷、胡立楠 | | 编剧:林为林 导演:林为林 作曲:周雪华 |
| 29 | 6月28日 | 苏州 | 三地联动《十五贯》 | 鲍晨 | 800人 | |
| 30 | 6月6日、13日 | 御乐堂 | 《牡丹亭》 | 曾杰、胡婷、毛文霞、杨崑、张侃侃、白云、李琼瑶、胡立楠等 | 66场/人 | 剧本改编:周世瑞 导演:林为林 编曲:程峰 |
| 31 | 7月16日 | 绍兴 | 《西园记》 | 曾杰、胡婷、张侃侃、鲍晨、王静 | 600人 | 改编:贝庚 导演:汪世瑜 |
| 32 | 24日 | 文化厅活动 | 《惊梦》 | 曾杰、胡婷 | | |
| 33 | 7月4日、18日、25日 | 御乐堂 | 《牡丹亭》 | 曾杰、胡婷、毛文霞、杨崑、张侃侃、白云、李琼瑶、胡立楠等 | 66场/人 | 剧本改编:周世瑞 导演:林为林 编曲:程峰 |
| 34 | 8月2日 | 洪春桥 | 《游园惊梦》 | 胡婷、曾杰、田漾、张侃侃 | | |
| 35 | 8月26日 | 浙江好声腔 | 《三岔口》 | 程相安、沙果董 | | |
| 36 | 8月27日 | 胜利剧院 | 汇报传承演出第一台 | | 600人 | |
| 37 | 8月28日 | 胜利剧院 | 汇报传承演出第二台 | | 600人 | |
| 38 | 9月17日 | 绍兴 | 《湖楼》 | 毛文霞、汤建华 | | |
| 39 | 9月24日 | 胜利剧院 | 新松计划名家传承专场 | | 600人 | |
| 40 | 9月25日 | 胜利剧院 | 新松计划武戏专场 | | 600人 | |
| 41 | 10月13日 | 苏州科文中心 | 《大将军韩信》 | | 800人 | 编剧:黄先钢 导演:沈斌 作曲:周雪华 |
| 42 | 10月17日 | 苏州开明大戏院 | 《借靴》《题曲》《借扇》《望乡》 | 田漾、朱斌、胡婷、白云、程会会、毛文霞、项卫东 | 600人 | |
| 43 | 10月21日 | 临安文化礼堂 | 《昭君出塞》《湖楼》《界牌关》 | 白云、程会会、毛文霞、汤建华、程子明 | 400人 | |
| 44 | 10月21日 | 临安文化礼堂 | 《西园记》 | 曾杰、胡婷、张侃侃、鲍晨、王静 | 400人 | 改编:贝庚 导演:汪世瑜 |
| 45 | 10月22日 | 临安文化礼堂 | 《借扇》《夜奔》《前亲》《小商河》 | 白云、程会会、项卫东、田漾、朱斌、薛鹏 | 400人 | |
| 46 | 10月22日 | 临安文化礼堂 | 《烂柯山》 | 鲍晨、王静 | 400人 | |
| 47 | 10月26日 | 苏州中国戏剧节 | 《大将军韩信》 | | 800人 | 编剧:黄先钢 导演:沈斌 作曲:周雪华 |
| 48 | 10月28日 | 浙江同济科技学院 | "高雅艺术进校园"讲课 | 汤建华 | | |
| 49 | 11月4日 | 新松计划十周年演出 | | | | |

续表

| 序号 | 演出时间 | 地点 | 剧目 | 主要演员 | 观众人次 | 其他(编剧、导演、作曲等) |
|---|---|---|---|---|---|---|
| 50 | 11月6日—8日 | 香港志莲净苑 | 《未生怨》 | 毛文霞、鲍晨、徐延芬、曾杰、胡娉、胡立楠 | 800人 | 编剧：林为林<br>导演：林为林<br>作曲：周雪华 |
| 51 | 11月9日、16日、23日、30日 | 幽兰学堂 | 讲课 | 俞志青、耿绿洁 | | |
| 52 | 11月28日 | 御乐堂 | 《牡丹亭》 | 曾杰、胡娉、毛文霞、杨崑、张侃侃、白云、李琼瑶、胡立楠等 | 66场/人 | 剧本改编：周世瑞<br>导演：林为林<br>编曲：程峰 |
| 53 | 12月1日 | 东阳文化礼堂 | 《西园记》 | 曾杰、胡娉、张侃侃、鲍晨、王静 | 400人 | 改编：贝庚<br>导演：汪世瑜 |
| 54 | 12月1日 | 东阳文化礼堂 | 《烂柯山》 | 鲍晨、王静 | 400人 | |
| 55 | 12月15日 | 西溪湿地 | 《惊梦》 | 毛文霞、汪茜 | | |
| 56 | 12月17日 | 宁波 | "高雅艺术进校园"讲课 | 汤建华、洪倩、白云 | 600人 | |
| 57 | 18日 | 美院 | "高雅艺术进校园"《西园记》 | 曾杰、胡娉、张侃侃、鲍晨、王静 | 400人 | 改编：贝庚<br>导演：汪世瑜 |
| 58 | 12月22日 | 浙江大学玉泉校区 | "高雅艺术进校园"讲座 | 林为林等 | 500人 | |
| 59 | 12月31日 | 美院象山校区 | 《牡丹亭》片段 | 汪茜、毛文霞、李琼瑶 | | |
| 60 | 12月5日、12日、19日、26日。 | 御乐堂 | 《牡丹亭》 | 曾杰、胡娉、毛文霞、杨崑、张侃侃、白云、李琼瑶、胡立楠等 | 66场/人 | 剧本改编：周世瑞<br>导演：林为林<br>编曲：程峰 |
| 61 | 12月7日、14日、28日 | 幽兰学堂 | 讲课 | 俞志青、耿绿洁 | | |

## 浙江昆剧团2015年度基本情况一览表

| 单位名称 | 浙江昆剧团 | | |
|---|---|---|---|
| 单位地址 | 杭州市上塘路118号 | | |
| 团长 | 周鸣岐(2015年5月任命为浙江昆剧团主持工作副团长) | | |
| 工作经费 | 670万元 | 经费来源 | 财政补助 |
| 在编人数 | 79人 | 年龄段 | A 15 人，B 53 人，C 11 人 |
| 院(团)面积 | 4085.12m² | 演出场次 | 116 |

注：A：18—30岁　B：31—50岁　C：51岁以上

湖南省昆剧团

# 湖南省昆剧团 2015 年度昆曲工作综述

2015年，湖南省昆剧团推进剧团建设，积极开展昆曲的传承与弘扬，努力拓宽演出市场，共演出100余场，其中惠民演出40场，全面完成了今年的各项任务。

## 一、排演大戏传承整理新剧目

做好昆曲经典剧目及湘昆传统特色剧目的挖掘、整理与传承，一直以来是湘昆的重点。近几年，剧团邀请了昆曲名家侯少奎、蔡正仁、张洵澎、陈治平、陆永昌、张善元、张国泰、王德林等老师来团传承剧目，返聘了湘昆老一辈艺术家唐湘音、唐湘雄、左荣美、文菊林传承湘昆传统剧目。3月，著名表演艺术家张洵澎、蔡正仁来团传承了大戏《贩马记》，剧团的青年演员都参与了学习。4月，邀请了著名表演艺术家侯少奎老师来团传承折子戏《林冲夜奔》，唐珲、刘瑶轩、刘志雄、蔡路军等青年演员参与了学习，并彩排演出。刘婕、唐珲、刘荻等演员已在年前完成了《义侠记》的传承工作，4月7日沈矿导演排演加工传统大戏《义侠记》，并于4月29日完成彩排演出。

5月，著名昆剧表演艺术家张洵澎、蔡正仁、陆永昌三位老师再次来团传承、指导、传承《贩马记》，并完成彩排和汇报演出。

11月中旬，特邀著名昆剧表演艺术家陈治平老师来团传承《九莲灯·火判》，为期一个月的教学让学生获益匪浅，12月10日《火判》完成彩排汇报演出。

今年还排演了新编历史剧《湘妃梦》，该剧导演于少非，编剧陈平，作曲钱洪明、许晓明。艺术指导张洵澎老师为了更好地完成这部作品，多次来团指导、沟通及参加排演工作，目前该剧已圆满完成排演工作，并多次演出。

团长罗艳在2015年第三届"名家传戏——当代昆曲名家收徒传艺工程"上收上海昆剧团青年演员陈莉、湖南省昆剧团青年演员邓娅晖为徒，向陈莉、邓娅晖两位弟子传授了《牡丹亭·游园》《货郎担·女弹》等剧目。

## 二、天香版《牡丹亭》成功献演国家大剧院

剧团受国家大剧院邀请，参加了由国家大剧院和北京市文化局联合主办的2015"昆曲艺术周"演出活动，于2015年3月3日在国家大剧院戏剧场演出天香版《牡丹亭》。此次在国家大剧院的演出十分成功，可容纳900人的戏剧场座无虚席，两个多小时的演出，没有观众提前退场，演出结束后，现场观众都给予了热烈的掌声，而且久久不愿离去。这是湘昆首次登上国家大剧院的舞台，引起了省市各大媒体的关注和报道，使剧团的知名度和美誉度大幅提高。

## 三、举办"小桃红·满庭芳"——美丽郴州赏昆曲演出月活动

从2013年开始，在入春之际的阳春三月，每年邀请一个昆剧院团合作，联合举办"小桃红·满庭芳"——美丽郴州赏昆曲演出月活动。今年又继续举办"小桃红·满庭芳"美丽郴州赏昆曲活动，并邀请北方昆曲剧院来郴助阵演出。许多"昆虫"不远千里从外地赶来买票听赏昆曲。这样以市场方式进行运作已有3年，取得了显著成效，既锻炼了演员，培养了观众，也增加了创收，为郴城旅游文化建设增添了一抹亮色。

## 四、获奖情况

团长罗艳于2014年12月22日在上海举办昆曲折子戏专场演出，角逐第二十五届上海白玉兰戏剧表演艺术奖，并荣获"上海白玉兰戏剧表演艺术主角奖"提名奖，于2015年3月31日在上海参加颁奖典礼。

## 五、开设昆曲周末剧场

我团开设了昆曲周周演项目，于2015年4月11日开演，每周六演出昆曲大戏或折子戏、昆曲演唱会、音乐会等，以不同的内容丰富广大群众的文化生活。

## 六、开展城市交流演出

今年我团与深圳聚橙网达成合作，于7月—8月赴深圳(南山文体中心)演出，演出得到深圳观众的认可和好评。深圳聚橙网络有限公司负责人在观看了我团的演出后，邀请我团参加聚橙的"戏剧节"，并将我团其他剧目申报立项。

## 七、参加中国昆剧节和湖南艺术节、郴州艺术节

10月14日，我团新编历史昆剧《湘妃梦》参加第六届中国昆剧艺术节，在苏州昆山保利大剧院成功献演。

该剧又于10月29日参加湖南艺术节,在湖南长沙花鼓大舞台剧场演出,荣获第五届湖南艺术节"新创剧目奖",主演罗艳、王福文荣获"田汉表演奖",唐邵华荣获作曲奖。11月1日参加郴州艺术节,荣获"优秀剧目奖"。在这次艺术节上,我团的昆曲折子戏《游园》《寄子》荣获金奖。

## 八、受邀赴清华大学、湘南学院讲座

11月27日下午,应清华大学艺术教育中心的邀请,团长罗艳做客清华大学艺术教育中心"艺术名家讲堂"暨《文化素质教育讲座》,为清华学子介绍了郴州湘昆的历史流源、艺术特色以及闺门旦的表演特点。这也是我团首次受邀在清华大学授课。短短2个小时的授课结束后,学生们意犹未尽,不仅频频发问,还走上讲台,要求学习昆曲演员的表演身段。艺术教育中心主任林叶青表示,湘昆艺术有个性,节奏明快,特点鲜明。

12月2日,应本地大学湘南学院团委邀请,团长罗艳在湘南学院扬帆音乐厅为学生们讲昆曲欣赏课。

## 湖南省昆剧团 2015 年度演出日志

| 序号 | 演出日期 | 演出地点 | 演出剧目 | 参演人数 | 邀请演出单位 |
| --- | --- | --- | --- | --- | --- |
| 1 | 2015年1月4日 | 资兴东江办事处 龙泉村 | 《好运来》《天蓝蓝》《扈家庄》小品《如此招兵》器乐合奏《春江花月夜》等 | 32 | 资兴市东江街道办事处 龙泉村村委会 |
| 2 | 2015年1月20日 | 西路社区 | 《花儿香》《是喜是忧》《挡马》《楼会》 | 45 | 郴州市北湖区人民路社区 |
| 3 | 2015年2月2日 | 永兴板梁古村 | 《游园》《千里洞庭我的家》《光辉照儿永向前》《如此招兵》 | 60 | 永兴县高亭镇板梁古村居委会 |
| 4 | 2015年2月10日 | 永兴复合镇 | 《天上西藏》《花儿香》《二胡重奏》《器乐串烧》 | 55 | 永兴县复合镇镇政府 |
| 5 | 2015年3月3日 | 国家大剧院 | 天香版《牡丹亭》 | 65 | 国家大剧院 |
| 6 | 2015年3月7日 | 湖南省昆剧团古典剧场 | 《琴挑》《下山》《湖楼》 | 50 | "小桃红·满庭芳"——美丽郴州赏昆曲活动 |
| 7 | 2015年3月9日 | 资兴 兰市乡 | 《春江花月夜》《山门》《荷塘月色》《财神跳加官》 | 40 | 资兴市兰市乡人民政府 |
| 8 | 2015年3月14日 | 湖南省昆剧团古典剧场 | 《闹朝扑犬》《活捉》《寄子》《借扇》 | 50 | "小桃红·满庭芳"——美丽郴州赏昆曲活动 |
| 9 | 2015年3月18日 | 复合镇宋家村 | 《千里送京娘》《挡马》《葡萄熟了》《是喜是忧》《天蓝蓝》 | 50 | 永兴县复合镇宋家村 |
| 10 | 2015年3月21日 | 湖南省昆剧团古典剧场 | 《打虎》《芦林》《小放牛》《长亭》 | 50 | "小桃红·满庭芳"——美丽郴州赏昆曲活动 |
| 11 | 2015年3月25日 | 资兴铁厂村 | 《天上西藏》《游园》《器乐合奏》《雾失楼台》 | 45 | 资兴街道办事处铁厂村 |
| 12 | 2015年3月27日 | 湖南省昆剧团古典剧场 | 《时迁盗甲》《弹词》《活捉》《借扇》 | 55 | "小桃红·满庭芳"——美丽郴州赏昆曲活动 |
| 13 | 2015年3月28日 | 湖南省昆剧团古典剧场 | 《打虎》《双下山》《闹朝扑犬》《亭会》《千里送京娘》 | 55 | "小桃红·满庭芳"——美丽郴州赏昆曲活动 |
| 14 | 2015年4月1日 | 西路社区 | 《好运来》《花儿香》《惊梦》《二胡重奏》《器乐串烧》 | 40 | 郴州市北湖区人民路社区 |
| 15 | 2015年4月8日 | 梧桐村 | 《借茶》《挡马》《高山流水》《千里送京娘》 | 45 | 资兴东江办事处里梧桐村 |
| 16 | 2015年4月11日 | 湖南省昆剧团古典剧场 | 《挡马》《活捉》《夜奔》 | 45 | "昆曲周周演"活动 |
| | 2015年4月18日 | 湖南省昆剧团古典剧场 | 《思凡》《借茶》《扈家庄》 | 55 | "昆曲周周演"活动 |
| 17 | 2015年4月25日 | 湖南省昆剧团古典剧场 | 《游园》《湖楼》《借扇》 | 40 | "昆曲周周演"活动 |
| 18 | 2015年5月2日 | 湖南省昆剧团古典剧场 | 《佳期》《弹词》《打虎游街》 | 55 | "昆曲周周演"活动 |

续表

| 序号 | 演出日期 | 演出地点 | 演出剧目 | 参演人数 | 邀请演出单位 |
|---|---|---|---|---|---|
| 19 | 2015年5月5日 | 复合镇 宋家村 | 《是喜还是忧》《借扇》《活捉》《器乐合奏》 | 50 | 永兴县复合镇镇政府 |
| 20 | 2015年5月9日 | 湖南省昆剧团古典剧场 | 《下山》《亭会》《夜奔》 | 55 | "昆曲周周演"活动 |
| 21 | 2015年5月10日 | 北湖公园 | 《雾失楼台》《游园》《千里送京娘》《借茶》《器乐合奏》 | 60 | 郴州市北湖区人民路社区 |
| 22 | 2015年5月16日 | 湖南省昆剧团古典剧场 | 《寄子》《琴挑》《闹朝扑犬》 | 50 | "昆曲周周演"活动 |
| 23 | 2015年5月23日 | 湖南省昆剧团古典剧场 | 《时迁盗甲》《见娘》《诱叔别兄》 | 55 | "昆曲周周演"活动 |
| 24 | 2015年5月24日 | 星红村 | 诗词演唱《虞美人》《高山流水》《借茶》 | 35 | 资兴东江办事处星红村 |
| 25 | 2015年5月30日 | 湖南省昆剧团古典剧场 | 《双下山》《寻梦》《小宴》 | 50 | "昆曲周周演"活动 |
| 26 | 2015年6月5日 | 安陵书院 | 《挡马》《活捉》《游园惊梦》 | 50 | 永兴县安陵书院 |
| 27 | 2015年6月6日 | 湖南省昆剧团古典剧场 | 《酒楼》《幽会》《杀嫂》 | 55 | "昆曲周周演"活动 |
| 28 | 2015年6月13日 | 湖南省昆剧团古典剧场 | 《小宴》《挑帘裁衣》《借扇》 | 45 | "昆曲周周演"活动 |
| 29 | 2015年6月20日 | 湖南省昆剧团古典剧场 | 《下山》《哭监》《扈家庄》 | 55 | "昆曲周周演"活动 |
| 30 | 2015年6月27日 | 湖南省昆剧团古典剧场 | 《挡马》《写状》《三拉团圆》 | 50 | "昆曲周周演"活动 |
| 31 | 2015年6月29日 | 资兴州门司镇 | 《借茶》《如此招兵》二胡独奏《葡萄熟了》 | 50 | 资兴市州门司镇人民政府 |
| 32 | 2015年7月3日 | 北湖公园 | 《扈家庄》《是喜是忧》《山门》《三百六十五个祝福》 | 50 | 郴州市北湖区人民路社区 |
| 33 | 2015年7月4日 | 湖南省昆剧团古典剧场 | 《亭会》《醉打山门》《琴挑》 | 50 | "昆曲周周演"活动 |
| 34 | 2015年7月10日 | 复合镇宋家村 | 《如此招兵》《活捉》《双下山》《戏曲联唱》 | 55 | 永兴县复合镇镇政府 |
| 35 | 2015年7月11日 | 湖南省昆剧团古典剧场 | 天香版《牡丹亭》 | 65 | "昆曲周周演"活动 |
| 36 | 2015年7月25日 | 湖南省昆剧团古典剧场 | 《挑帘裁衣》《思凡》《小商河》 | 55 | "昆曲周周演"活动 |
| 37 | 2015年7月28日 | 东江演出车 | 《借茶》《三岔口》《牡丹亭·惊梦》《荷塘月色》 | 45 | 资兴东江街道办事处 |
| 38 | 2015年8月1日 | 湖南省昆剧团古典剧场 | 《借茶》《寄子》《扈家庄》 | 55 | "昆曲周周演"活动 |
| 39 | 2015年8月8日 | 湖南省昆剧团古典剧场 | 《琴挑》《挡马》《说亲》 | 60 | "昆曲周周演"活动 |
| 40 | 2015年8月9日 | 永兴板梁古村 | 《欢天喜地》《借茶》《器乐串烧》 | 50 | 永兴县高亭乡板梁古村居委会 |
| 41 | 2015年8月14日 | 资兴 龙泉村 | 戏舞《大人物》《套马杆》等 | 50 | 资兴市东江街道办事处龙泉村 |
| 42 | 2015年8月15日 | 湖南省昆剧团古典剧场 | 《荆钗记》 | 60 | "昆曲周周演"活动 |
| 43 | 2015年8月30日 | 东江演出车 | 《说亲》《醉打山门》《千里送京娘》等 | 40 | 资兴东江办事处星红村 |
| 44 | 2015年9月4日 | 东江演出车 | 《白兔记·抢棍》《挡马》《器乐串烧》《365个祝福》 | 55 | 资兴市东江街道办事处 |
| 45 | 2015年9月5日 | 湖南省昆剧团古典剧场 | 《打虎游街》《小宴》 | 55 | "昆曲周周演"活动 |
| 46 | 2015年9月12日 | 湖南省昆剧团古典剧场 | 《酒楼》《借茶》《闹朝扑犬》 | 55 | "昆曲周周演"活动 |
| 47 | 2015年9月13日 | 湖南省昆剧团古典剧场 | 大戏天香版《牡丹亭》 | 70 | 郴州市北湖区人民路社区 |
| 48 | 2015年9月18日 | 泉水村 | 《天蓝蓝》《韩舞串烧》《高山流水》等 | 55 | 资兴泉水村村委会 |
| 49 | 2015年9月19日 | 湖南省昆剧团古典剧场 | 《下山》《琴挑》《借扇》 | | "昆曲周周演"活动 |
| 50 | 2015年9月24日 | 资兴铁厂村 | 《醉打山门》《是喜还是忧》《游园惊梦》等 | 45 | 资兴东江街道办铁厂村委员会 |
| 51 | 2015年9月26日 | 湖南省昆剧团古典剧场 | 《湖楼》《游园惊梦》 | | "昆曲周周演"活动 |

续表

| 序号 | 演出日期 | 演出地点 | 演出剧目 | 参演人数 | 邀请演出单位 |
|---|---|---|---|---|---|
| 52 | 2015年10月3日 | 湖南省昆剧团古典剧场 | 《亭会》《思凡》《活捉》 | 50 | "昆曲周周演"活动 |
| 53 | 2015年10月14日 | 苏州昆山保利大剧院 | 《湘妃梦》 | 65 | 第六届中国昆剧艺术节组委会 |
| 54 | 2015年10月9日 | 复合镇宋家村 | 《活捉》《花儿香》《芦花荡》 | 55 | 永兴县复合镇宋家村 |
| 55 | 2015年10月21日 | 资兴龙泉村 | 《醉打山门》器乐《高山流水》《春江花月夜》 | 45 | 资兴市东江街道办事处龙泉村 |
| 56 | 2015年10月31日 | 湖南省昆剧团古典剧场 | 《双下山》《寄子》《刺虎》 | 50 | "昆曲周周演"活动 |
| 57 | 2015年11月1日 | 长沙花鼓 大舞台 | 《湘妃梦》 | 60 | 第五届湖南艺术节 |
| 58 | 2015年11月7日 | 湖南省昆剧团古典剧场 | 《双下山》《寄子》《刺虎》 | 55 | "昆曲周周演"活动 |
| 59 | 2015年11月14日 | 湖南省昆剧团古典剧场 | 《借茶》《拾画叫画》《扈家庄》 | 55 | "昆曲周周演"活动 |
| 60 | 2015年11月21日 | 湖南省昆剧团古典剧场 | 《小宴》《湖楼》《借扇》 | 50 | "昆曲周周演"活动 |
| 61 | 2015年11月28日 | 湖南省昆剧团古典剧场 | 《时迁盗甲》《游园》《千里送京娘》 | 50 | "昆曲周周演"活动 |
| 62 | 2015年11月30日 | 东江演出车 | 群舞《花开盛世》器乐合奏《春江花月夜》等 | 60 | 资兴市东江街道办事处 |
| 63 | 2015年12月1日 | 复合镇宋家村 | 《金猴贺喜》歌伴舞《好运来》《芦花荡》 | 65 | 永兴县复合镇宋家村 |
| 64 | 2015年12月5日 | 湖南省昆剧团古典剧场 | 《打虎》《琴挑》《醉打山门》 | 50 | "昆曲周周演"活动 |
| 65 | 2015年12月6日 | 资兴市塘溪镇 | 《借扇》《如此招兵》《韩舞串烧等》《辉煌》 | 40 | 资兴市塘溪镇人民政府 |
| 66 | 2015年12月12日 | 湖南省昆剧团古典剧场 | 《酒楼》《佳期》《闹朝扑犬》 | 55 | "昆曲周周演"活动 |
| 67 | 2015年12月19日 | 湖南省昆剧团古典剧场 | 《见娘》《说亲》《小商河》 | 55 | "昆曲周周演"活动 |
| 68 | 2015年12月26日 | 湖南省昆剧团古典剧场 | 《戏叔别兄》《雕窗》《活判》 | 55 | "昆曲周周演"活动 |

## 湖南省昆剧团2015年度基本情况一览表

| 单位名称 | 湖南省昆剧团 | | |
|---|---|---|---|
| 单位地址 | 湖南省郴州市人民西路36号 | | |
| 团长 | 罗艳 | | |
| 工作经费 | 1176.98万元 | 经费来源 | 财政拨款1023.48万元，上级补助150.6万元，其他收入2.9万元 |
| 在编人数 | 79人 | 年龄段 | A 28 人，B 40 人，C 12 人 |
| 院(团)面积 | 9628.8m² | 演出场次 | 100场 |

注：A:18—30岁　B:31—50岁　C:51岁以上

江苏省苏州昆剧院

# 江苏省苏州昆剧院 2015 年度昆曲工作综述

一、江苏省苏州昆剧院新院集艺术传承、剧场演出、教育培训、公益推广、开放体验多项功能于一体，聚合社会资源，通过专业管理，实现全方位的开发利用。致力于打造苏州昆曲传承成果综合展示场所和演出推广平台，苏州昆曲文化分享体验和实践传播平台，在形成聚集效应的同时作用于苏州文化的长远发展。

1. 新院对外开放，供市民免票参观。开放时间为每周五到周日中午十二点到晚五点。开放范围为一楼体验空间、二楼展厅、苏州昆曲传习所。全年共完成113批次的接待工作，其中部级以上领导18批次，中央及国家级媒体12家。

2. 开设苏州昆曲讲堂，举办3场公益性讲座。分别是：首讲青春版《牡丹亭》十年回顾，讲座人白先勇；第二讲传统文化与当代中国，讲座人田青；第三讲梁辰鱼、汤显祖与昆曲雅化，讲座人郑培凯。

3. 剧院二楼展厅开设各种与昆曲相关的展览。常设展览项目为江苏省苏州昆剧院60年院史回顾展；2014年10月至2015年9月展览项目为"游园惊梦"——昆曲与苏州书画展和昆剧青春版《牡丹亭》摄影展；2015年10月至今展览项目为林继凡书画展。

4. 昆剧节期间，举办"昆韵歌咏"大型公益昆歌演出。林继凡老师"戏画人生"丑角昆曲专场演出及书画作品展览活动，受到广泛的好评和关注。

5. 圆满完成中国评弹艺术节的主场承办和票务工作。

6. 多家中央媒体以"苏州昆曲的活态传承"为核心内容进行全面报道，宣传了苏州，引起了广泛关注。

二、江苏省苏州昆剧院演员周雪峰获得第二十七届中国戏剧梅花奖。刘煜荣获江苏省文华表演奖。《白蛇传》荣获江苏省文华奖。

三、江苏省苏州昆剧院精心组织优秀剧目：由二度梅花奖获得者王芳主演的昆剧《白兔记》参加第六届中国昆剧艺术节、王芳主演的苏剧《满庭芳》参加第十四届中国戏剧节演出。

四、在剧目建设工作方面，完成《白兔记》《白蛇传》的加工、修改、提高及对外公演。完成《白罗衫》的排练工作。

五、积极开展对外文化交流工作，完成3月份赴我国台湾进行的"昆曲之美"台湾大学示范演出，4月份赴香港中文大学演出昆曲折子戏，4月份赴美国纽约、洛杉矶、旧金山三座城市进行昆曲示范讲座和经典折子戏演出，7月份赴香港参加香港艺术节演出。11月份赴加拿大多伦多进行"祝贺中加建交45周年、中加文化交流年苏州昆曲行"演出活动。

六、完成品牌剧目青春版《牡丹亭》、精华版《牡丹亭》《红娘》《长生殿》等商演活动。在公益性演出方面：完成100场"沁兰厅"昆曲的演出；积极参加2015年苏州市舞台艺术"四进工程"文化惠民演出活动，该活动由市委宣传部、市文广新局联合主办，这一公益活动年内将面向全市乡镇、街道、社区、学校推出百场以上。剧院精心挑选和排练了昆曲经典折子戏片段、民乐专场、歌舞表演等多形式演出节目，赴吴江震泽、芦墟、高新区嘉业阳光城社区等地演出。

七、着力培养第六代"振"字辈演员，推进青年团的建立，有效加快苏昆后备艺术人才的培养进程。全面做好艺术传承工作。促成刘煜拜张继青、徐昀拜黄小午、徐超拜张洵澎为师。2014年促成徐栋寅、束良拜林继凡、殷立人拜雷子文、章祺拜黄小午为师，并在2015年10月第六届昆剧艺术节期间参加了折子戏的展演活动。完成新剧院的定期演出工作，打造苏州昆曲演出推广平台和传承展示基地。

# 江苏省苏州昆剧院 2015 年度演出日志

| 时间 | 场地 | 活动内容 | 性质 | 演出内容 | 轮次 | 场次 | 总计 |
|---|---|---|---|---|---|---|---|
| 青春版《牡丹亭》演出历程 ||||||||
| 2015年3月5日—7日 | 北京国家大剧院 | 国家大剧院"昆曲艺术周" | 商演 | 上中下 | 1 | 3 | 20 |
| 2015年3月8日—10日 | 武汉剧院 | 第三届中华优秀戏曲文化艺术节 | 商演 | 上中下 | 1 | 3 | |
| 2015年9月3日 | 温州大剧院 | | 商演 | 精华版 | 1 | 1 | |
| 2015年9月5日 | 杭州浙江胜利剧院 | | 商演 | 精华版 | 1 | 1 | |
| 2015年9月12日 | 昆明云南海埂会堂 | | 商演 | 精华版 | 1 | 1 | |
| 2015年9月15日—16日 | 城都锦城艺术宫 | | 商演 | 精华版 | 1 | 2 | |
| 2015年9月18日—19日 | 重庆大剧院 | | 商演 | 精华版 | 1 | 2 | |
| 2015年11月25日—26日 | 广州黄花岗剧院 | | 商演 | 精华版 | 1 | 2 | |
| 2015年11月29日 | 深圳南山文体中心 | | 商演 | 精华版 | 1 | 1 | |
| 2015年11月30日 | 汕头艺都剧院 | | 商演 | 精华版 | 1 | 1 | |
| 2015年12月5日 | 南京文化艺术中心 | | 商演 | 精华版 | 1 | 1 | |
| 2015年12月19日 | 北京民族文化宫大剧院 | | 商演 | 精华版 | 1 | 2 | |
| | | 总计 | | | 12 | 20 | 20 |
| 新版《玉簪记》演出历程 ||||||||
| 2015年4月10日 | 香港中文大学·邵逸夫堂 | 玉簪情缘 | | 《琴挑、问病、偷诗、秋江》 | 1 | 1 | 1 |
| | | 总计 | | | 1 | 1 | 1 |
| 《红娘》《西厢记》演出历程（吕佳、周雪峰）||||||||
| 2015年1月12日 | 苏州昆剧院（中国昆曲剧院） | 苏州昆剧院新剧院落成庆演 | 商演 | 《红娘》 | 1 | 1 | 7 |
| 2015年1月16日—17日 | 成都华美紫馨国际剧场 | | 商演 | 《红娘》 | 1 | 2 | |
| 2015年1月18日 | 重庆大剧院 | | 商演 | 《红娘》 | 1 | 1 | |
| 2015年5月13日 | 岳阳文化会展艺术中心 | | 商演 | 《红娘》 | 1 | 1 | |
| 2015年5月15日 | 长沙湖南大剧院 | | 商演 | 《红娘》 | 1 | 1 | |
| 2015年5月17日 | 江西艺术中心大剧院 | | 商演 | 《红娘》 | 1 | 1 | |
| 2015年12月1日 | 汕头艺都剧院 | | 商演 | 《红娘》 | 1 | 1 | 1 |
| | | 总计 | | | 7 | 8 | 8 |
| 《满床笏》演出历程（王芳、赵文林）||||||||
| 2015年7月17日 | 苏州昆剧院（中国昆曲剧院） | | 商演 | 全本 | 1 | 1 | 1 |
| 2015年8月1日 | 香港文化中心大剧院 | 香港2015中国戏曲节 | 商演 | 全本 | 1 | 1 | 1 |
| | | 总计 | | | 2 | 2 | 2 |

续表

| 时间 | 场　地 | 活动内容 | 性质 | 演出内容 | 轮次 | 场次 | 总计 |
|---|---|---|---|---|---|---|---|
| 《白蛇传》演出历程（刘煜、周雪峰） ||||||||
| 2015年1月8日 | 苏州昆剧院（中国昆曲剧院） | 苏州昆剧院新剧院落成庆演 | 庆演 | 全本 | 1 | 1 | 4 |
| 2015年2月7日 | 苏州昆剧院（中国昆曲剧院） |  | 商演 | 全本 | 1 | 1 | |
| 2015年5月23日 | 南京人民大会堂 | 第二届江苏艺术展演月 | 参演 | 全本 | 1 | 1 | |
| 2015年10月24日 | 宁波逸夫剧院 | 2015逸夫剧院演出季 | 商演 | 全本 | 1 | 1 | |
| | | 总计 | | | 4 | 4 | 4 |
| 出国（境）统计 ||||||||
| 2015年4月10日 | 香港中文大学·邵逸夫堂 | 玉簪情缘 | | 《玉簪记·琴挑、问病、偷诗、秋江》 | 1 | 1 | 6 |
| 2015年4月11日 | 香港中文大学·利希慎音乐厅 | 昆曲经典折子戏演出 | | 《下山》《逼休》《千里送京娘》《幽媾》 | | 1 | |
| 2015年4月19日 | 美国哥伦比亚大学米勒剧场 | 展演 张继青大师经典折子戏 | | 《痴梦》《游园》《惊梦》《寻梦》 | 1 | 1 | |
| 2015年8月1日—3日 | 香港文化艺术中心 | 香港2015中国戏曲节 | | 《花魁记》《满床笏》（折子戏） | 1 | 3 | |
| | | 总计 | | | 3 | 6 | 6 |
| 四进工程演出（市委宣传部主办） ||||||||
| 时间 | 场　地 | 活动内容 | 性质 | 演出内容 | 场次 | 总计 | |
| 2015年5月3日 | 震泽市民广场 | 2015"家在苏州·德善之城"欢乐社区行 | 公益 | 综合 | 1 | 1 | |
| | | 总计 | | | 1 | 1 | |
| 未成年人昆曲教育传播中心 ||||||||
| 2015年度 | 苏州沁兰厅 | 昆曲为百万学生公益演出普及工程 | 公益 | 综合 | 107 | 107 | |
| | | 总计 | | | 107 | 107 | |
| 厅堂、传习所、招待等零星演出 ||||||||
| 2015年度 | 苏州昆剧院 | 厅堂、传习所、招待等零星演出 | | 综合 | 156 | 156 | |
| | | 总计 | | | 156 | 156 | |

## 江苏省苏州昆剧院 2015 年度基本情况一览表

| 单位名称 | 江苏省苏州昆剧院 | | |
|---|---|---|---|
| 单位地址 | 苏州校场桥 9 号 | | |
| 团长 | 蔡少华 | | |
| 工作经费 | 万元 | 经费来源 | 财政 |
| 在编人数 | 88 人 | 年龄段 | A 33 人,B 25 人,C 30 人 |
| 院(团)面积 | 13112m² | 演出场次 | 200 场左右 |

注：A:18—30 岁　B:31—50 岁　C:51 岁以上

永嘉昆剧团

# 永嘉昆剧团 2015 年度昆曲工作综述

## 一、传承工作

永昆非常重视传承工作。长期聘用永昆国家级非遗传承人林天文、林媚媚,省级非遗传承人吕德明、市级非遗传承人陈崇明、董秀凤等一批永昆老艺人来开展传承工作,挖掘永昆的一批传统剧目,进行艺术资料的挖掘、整理。我们通过举办"青年传承班""培训月""名家拜师""濒危剧目抢救、经典剧目传承"等工作取得了较好的效果。

2015 年,我团选派优秀乐队人员徐律、夏炜焱两位同志向著名作曲家周雪华、林天文两位老师学习昆曲作曲,培养永昆青年作曲人才,目前已卓有成效。该两位同志已在一些剧目的创作生产中担任重要主创。另外,我团 3 位优秀青年演员金海蕾、杜晓伟、胡曼曼分别通过"名师授徒"拜了林媚媚与谷好好为师。本团演员在 2015 年 7 月—8 月"青年传承班"活动中向永昆老艺术家分别学习了一出永昆折子戏。另外,永昆以传承基地为平台,与院校开展人才培养、联合演出、宣传普及、理论研究等方面的合作。永昆自 2011 年与温州大学合作以来,成为其"舞蹈、音乐的实践基地之一",每年都会进行一些交流活动。2015 年 5 月温州大学音乐学院一行 20 人来永昆交流活动,我团青年演员由腾腾给师生们讲解示范昆曲表演。

## 二、剧目建设

2015 年永昆在艺术生产这方面主要做了以下几项工作。

1. 创新创作了一出小剧场剧目《南戏印象·琵琶记》。该剧目是配合温州"文化驿站"工程,打造"都市十五分钟文化休闲圈"而制作的,由温州市文化广电新闻出版局、永嘉县文化广电新闻出版局联合出品,温州市文化艺术研究所策划创意,温州市文物保护考古所协作,永嘉昆剧排演并在温州南戏博物馆驻地演出。自 1 月 3 日启动排演以来,经过全体人员两个月左右的紧张排练,于 4 月 11 日正式面向温州市民开放演出。作为我市首个文化驿站——戏曲站演出,每月周六驻场南戏博物馆演出,每次下午和晚上两场。全年累计演出 24 场。

2. 时隔 30 年后,在永昆老先生的努力下,永昆传统版《荆钗记》又一次搬上舞台,并在 2015 年 6 月 9 号在永嘉县文化中心举行首演仪式。该剧主创人员和演职员都是由本团老、中、青三代艺术家担任,自产自出、自导自演。演出获得观众一致好评,也为永昆经典剧目传承留下了又一个成果。

3. 挖掘恢复并改编创作了一出永昆失传剧目《赠书记》。

该剧是永昆的失传剧目,为了恢复永昆一批有代表性的剧目,我们通过永昆老艺人的努力,于 2015 年 7 月启动剧目抢救工作。邀请国家一级编剧张烈先生担任改编编剧、邀请国家知名导演张树勇担任导演,周雪华担任作曲,并邀请永昆传承人林媚媚担任艺术指导。历时两个月,于 9 月 28 日在永嘉县文化中心举行首演仪式,并参加了第六届中国昆剧艺术节的演出。

## 三、参加各类重大演出活动

2015 年永昆重大演出活动有以下几项:

一、永昆青春版《张协状元》参加"国家大剧院昆曲艺术展演周"活动。3 月 20 日晚,永昆青春版《张协状元》在北京长安大戏院演出。此次演出是由北京市文化局与国家大剧院联合主办的"昆曲艺术周"活动。全国七大昆曲院团同台竞技,尽展昆曲之大美。此次,全国唯一的县级昆剧团——永昆带来的《张协状元》也受到极大关注。

二、新编剧目《赠书记》参加第六届中国昆剧艺术节的演出。10 月 14 日,永昆新创剧目《赠书记》在江苏省苏州市公共文化中心剧场演出。第六届中国昆剧艺术节活动由国家文化部、江苏省人民政府主办,每隔 3 年举办一次活动,继上次第五届昆剧艺术节参演剧目《金印记》取得了优异成绩后,该剧目再次受到了艺术节专家们的一致好评。

三、《赠书记》参加温州市第十三届戏剧节活动。11 月,永昆新创剧目《赠书记》在温州市东南剧院参加温州第十三届戏剧节的演出。受到温州新老观众的热烈欢迎。

四、青春版《张协状元》参加温州市南戏演出月活动。11 月 21 日—22 日,永昆青春版《张协状元》在温州市文化艺苑演出。由温州市文化广电新闻出版局主办的"南戏演出月"活动,是温州打造南戏故里文化品牌的一项重要文化工程。该工程组织了全市国有剧团参加演出,其中主要由温州市越剧展演中心、温州市瓯剧院、永嘉昆剧团轮换演出南戏经典剧目。永昆《张协状元》作为温州南戏的代表剧目,在温州南戏月活动期间演出有重大意义,产生了很好的社会效益。

### 四、公益性演出活动

近几年,我团积极组织公益性演出和永嘉昆曲进校园、进企业、下基层演出活动,每年达到120场左右。通过公益性、普及性的演出,创建昆曲生态环境,培养观众市场,创设一个良好的昆曲可持续发展空间。2015年我团与楠溪江旅游管委会合作,开展"昆曲古村落驻场演出"。以永嘉古村落苍坡村为主要演出点,开展双休日与节假日的常态化驻场演出。全年累计完成演出138场,观众8万人次左右。通过与旅游的结合,使永昆在社会影响力和社会关注度上都有了很大的提升,也使永昆的传承与发展走上了良性的轨道。

## 南戏博物馆有了驻场演出　庭院版《琵琶记》春节前首演

徐玉良

本报讯（记者　伍秀蓉）厅堂版的《牡丹亭》在北京皇家粮仓驻场,一演就是700场,600年粮仓看600年《牡丹亭》一时成为美谈。如今,有着"南曲之祖"之称的《琵琶记》也有了庭院版,在晚清的古朴建筑内看700年前的《琵琶记》又会产生什么效果呢？昨日记者从市艺术研究所获悉,我市首个戏曲驻场演出《南戏印象·琵琶记》目前正在紧锣密鼓的排练中,并定于羊年春节前亮相温州南戏博物馆。

所谓"驻场演出",就是一台设计好的节目在一个固定的场所里演出。《南戏印象·琵琶记》将舞台设在南戏博物馆的庭院内,一净一丑两位俳优以说书的形式串起《琵琶记》中《吃糠嘱托》《辞朝拒婚》《描容别坟》三个经典折子戏,其间还穿插经典南戏的介绍、温州古词的演绎,以"短平快"的灵活形式向普通百姓或观光者亮出温州"戏曲故里名片"。这台集南戏艺术精华于一体的演出邀请了浙江京剧团团长、国家一级导演翁国生执导,由永嘉昆剧团主力演员担纲演出,是南戏博物馆静态与动态紧密联动的一次新尝试。

南戏博物馆位于市区四营堂巷,四周高楼大厦包围,于繁华喧嚣中独守一隅。博物馆的建筑来自晚清,青砖绿苔,具有历史的质感,饱含建筑美学,南戏也犹如这独特难觅的建筑一样,饱含历史沧桑,独具文化魅力。南戏鼻祖高则诚的代表作《琵琶记》,不单是历代戏曲出版物版本最多、流传最广、影响最大的中国古典戏曲作品,也是中国戏曲结束草创时代的标志,意味着南戏创作由粗到细、由低到高、由俚到文,被后人称为"南曲之祖"。庭院版的《琵琶记》也因此尤为值得期待。

"我们想把'南戏印象'打造成为温州文化地标的一项重要品牌,《琵琶记》之后,还会推出南戏经典系列,以全新的包装形式让古老的戏曲走进普通老百姓的生活。"该项目负责人施小琴介绍说,"在传统与现代、保护与开发、研究与演绎、文化与旅游、产品生产与市场消费相结合的多种方式上,搭建这样一个具有影响力的文化平台。这类演出除本地观众外,对旅游观光客的吸引力也很大。"

据了解,《南戏印象·琵琶记》首演后将定时定点在南戏博物馆上演,以惠民的低票价让百姓一出家门就能欣赏到一场高质量的演出。今后还有望结合旅游产业,成为新型的旅游文化产品。

## 永嘉昆剧团2015年度演出日志

| 序号 | 演出时间 | 地点、剧场 | 剧目 | 主要演员 | 观众人次 | 其他（编剧、导演、作曲等） |
| --- | --- | --- | --- | --- | --- | --- |
| 1 | 1月16日（上午） | 岩头镇苍坡村 | 《琵琶记·扫松》《占花魁·湖楼》 | 冯诚彦、张胜建、杜晓伟、李文义 | 550 | |
| 2 | 1月16日（下午） | 岩头镇苍坡村 | 《琵琶记·扫松》《占花魁·湖楼》 | 冯诚彦、张胜建、杜晓伟、李文义 | 500 | |

续表

| 序号 | 演出时间 | 地点、剧场 | 剧目 | 主要演员 | 观众人次 | 其他(编剧、导演、作曲等) |
|---|---|---|---|---|---|---|
| 3 | 1月17日（上午） | 岩头镇苍坡村 | 《三岔口》《东窗事犯·疯僧扫秦》《草海记·双下山》 | 王耀祖、肖献志、张胜建、刘汉光、黄苗苗、李文义 | 500 | |
| 4 | 1月17日（下午） | 岩头镇苍坡村 | 《三岔口》《东窗事犯·疯僧扫秦》《草海记·双下山》 | 王耀祖、肖献志、张胜建、刘汉光、黄苗苗、李文义 | 700 | |
| 5 | 1月19日 | 永嘉县文化中心 | 《墙头马上》彩排 | 杜晓伟、南显娟、冯诚彦、刘汉光 | 750 | 导演：张玲弟 作曲：徐律 作曲：夏炜焱 |
| 6 | 1月20日 | 永嘉县文化中心 | 《墙头马上》公演 | 杜晓伟、南显娟、冯诚彦、刘汉光 | 900 | 导演：张玲弟 作曲：徐律 作曲：夏炜焱 |
| 7 | 1月24日（上午） | 岩头镇苍坡村 | 《问探》《探庄》《说亲》 | 肖献志、王耀祖、黄苗苗、李文义 | 600 | |
| 8 | 1月24日（下午） | 岩头镇苍坡村 | 《问探》《探庄》《说亲》 | 肖献志、王耀祖、黄苗苗、李文义 | 500 | |
| 9 | 2月9日 | 温州南戏博物馆 | 《南戏印象·琵琶记》 | 杜晓伟、南显娟、张胜建、冯诚彦、李文义 | 300 | |
| 10 | 2月10日 | 温州南戏博物馆 | 《南戏印象·琵琶记》 | 杜晓伟、南显娟、张胜建、冯诚彦、李文义 | 300 | |
| 11 | 2月22日 | 乐清乐成镇 | 《游园》《双下山》《亭会》 | 南显娟、黄苗苗、李文义、金海雷 | 500 | |
| 12 | 2月23日 | 乐清乐成镇 | 《寻梦》《楼会》《说亲》 | 由腾腾、南显娟、杜晓伟、黄苗苗、李文义 | 600 | |
| 13 | 2月24日 | 乐清乐成镇 | 《思凡》《湖楼》《相遇》 | 由腾腾、杜晓伟、李文义、南显娟、黄苗苗 | 550 | |
| 14 | 2月25日（上午） | 岩头镇苍坡村 | 《湖楼》《扫松》《秋江》 | 杜晓伟、李文义、冯诚彦、张胜建、黄苗苗、张胜建、刘汉光 | 550 | |
| 15 | 2月25日（下午） | 岩头镇苍坡村 | 《湖楼》《扫松》《秋江》 | 杜晓伟、李文义、冯诚彦、张胜建、黄苗苗、张胜建、刘汉光 | 500 | |
| 16 | 3月5日 | 上塘镇鹅浦公园 | 《牡丹亭·惊梦》 | 由腾腾、杜晓伟 | 1000 | |
| 17 | 3月13日（上午） | 岩头镇苍坡村 | 《探庄》《秋江》《湖楼》 | 王耀祖、杜晓伟、黄苗苗、张胜建、刘汉光、李文义 | 480 | |
| 18 | 3月13日（下午） | 岩头镇苍坡村 | 《探庄》《秋江》《湖楼》 | 王耀祖、杜晓伟、黄苗苗、张胜建、刘汉光、李文义 | 520 | |
| 19 | 3月19日 | 北京长安大戏院 | 《张协状元》 | 胡维露、由腾腾、张胜建、刘汉光、李文义、冯诚彦 | 900 | 编剧：张烈 导演：谢平安 作曲：林天文 作曲：黄光利 |
| 20 | 3月31日（下午） | 永嘉县文化中心 | 《张协状元》 | 胡维露、由腾腾、张胜建、刘汉光、李文义、冯诚彦 | 800 | 编剧：张烈 导演：谢平安 作曲：林天文 作曲：黄光利 |
| 21 | 3月31日（晚上） | 永嘉县文化中心 | 《墙头马上》 | 杜晓伟、南显娟、冯诚彦、刘汉光 | 900 | 导演：张玲弟 作曲：徐律 作曲：夏炜焱 |
| 21 | 4月1日（下午） | 永嘉县文化中心 | 《折桂记》 | 冯诚彦、南显娟、杜晓伟、李文义、黄苗苗、孙永会 | 750 | 编剧：施小琴 导演：谢平安 作曲：朱碧金 |

续表

| 序号 | 演出时间 | 地点、剧场 | 剧目 | 主要演员 | 观众人次 | 其他（编剧、导演、作曲等） |
|---|---|---|---|---|---|---|
| 22 | 4月1日（晚上） | 永嘉县文化中心 | 《牡丹亭》 | 由腾腾、杨寒、金海雷 | 850 | 导演：范敬信<br>作曲：周雪华 |
| 23 | 4月7日（上午） | 永嘉县岩头镇芙蓉村 | 《琵琶记·吃饭、吃糠》 | 南显娟、张胜建、冯诚彦 | 600 | 导演：谢平安<br>编剧：谭志湘<br>作曲：林天文<br>作曲：夏志强 |
| 24 | 4月7日（下午） | 永嘉县岩头镇芙蓉村 | 《琵琶记·吃饭、吃糠》 | 南显娟、张胜建、冯诚彦 | 500 | 导演：谢平安<br>编剧：谭志湘<br>作曲：林天文<br>作曲：夏志强 |
| 25 | 4月11日（下午） | 温州南戏博物馆 | 《南戏印象·琵琶记》 | 杜晓伟、南显娟、张胜建、冯诚彦 | 200 | |
| 26 | 4月11日（晚上） | 温州南戏博物馆 | 《南戏印象·琵琶记》 | 杜晓伟、南显娟、张胜建、冯诚彦 | 300 | |
| 27 | 4月18日（下午） | 温州南戏博物馆 | 《南戏印象·琵琶记》 | 杜晓伟、南显娟、张胜建、冯诚彦 | 230 | |
| 28 | 4月18日（晚上） | 温州南戏博物馆 | 《南戏印象·琵琶记》 | 杜晓伟、南显娟、张胜建、冯诚彦 | 300 | |
| 29 | 4月25日（下午） | 温州南戏博物馆 | 《南戏印象·琵琶记》 | 杜晓伟、南显娟、张胜建、冯诚彦 | 200 | |
| 30 | 4月25日（晚上） | 温州南戏博物馆 | 《南戏印象·琵琶记》 | 杜晓伟、南显娟、张胜建、冯诚彦 | 320 | |
| 31 | 5月1日（上午） | 永嘉县岩头镇苍坡村 | 《百花赠剑》《双下山》 | 由腾腾、冯诚彦、胡曼曼、黄苗苗、李文义 | 650 | |
| 32 | 5月1日（下午） | 永嘉县岩头镇苍坡村 | 《百花赠剑》《双下山》 | 由腾腾、冯诚彦、胡曼曼、黄苗苗、李文义 | 550 | |
| 33 | 5月2日（上午） | 永嘉县岩头镇苍坡村 | 《思凡》《疯僧扫秦》《湖楼》 | 由腾腾、张胜建、刘汉光、杜晓伟、李文义 | 500 | |
| 34 | 5月2日（下午） | 永嘉县岩头镇苍坡村 | 《思凡》《疯僧扫秦》《湖楼》 | 由腾腾、张胜建、刘汉光、杜晓伟、李文义 | 600 | |
| 35 | 5月3日（上午） | 永嘉县岩头镇苍坡村 | 《楼会》《扫松》《说亲》 | 南显娟、杜晓伟、冯诚彦、张胜建、黄苗苗、李文义 | 700 | |
| 36 | 5月3日（下午） | 永嘉县岩头镇苍坡村 | 《楼会》《扫松》《说亲》 | 南显娟、杜晓伟、冯诚彦、张胜建、黄苗苗、李文义 | 580 | |
| 37 | 5月5日（上午） | 永嘉县枫林镇 | 《琵琶记》《墙头马上》等片段 | 由腾腾、黄苗苗、冯诚彦、李文义、杜晓伟、南显娟、肖献志、金海雷、刘汉光、王耀祖 | 800 | |
| 38 | 5月5日（下午） | 永嘉县岩头镇苍坡村 | 《牡丹亭·惊梦、寻梦》 | 由腾腾、杜晓伟 | 580 | 导演：范敬信<br>作曲：周雪华 |
| 39 | 5月16日（上午） | 永嘉县岩头镇苍坡村 | 《寻梦》《一请》《亭会》 | 由腾腾、胡曼曼、金海雷 | 500 | |
| 40 | 5月16日（下午） | 永嘉县岩头镇苍坡村 | 《寻梦》《一请》《亭会》 | 由腾腾、胡曼曼、金海雷 | 550 | |
| 41 | 5月17日（上午） | 永嘉县岩头镇苍坡村 | 《牲祭》《拾画》 | 孙永会、杜晓伟 | 450 | |
| 42 | 5月17日（下午） | 永嘉县岩头镇苍坡村 | 《牲祭》《拾画》 | 孙永会、杜晓伟 | 600 | |
| 43 | 5月23日（上午） | 永嘉县岩头镇苍坡村 | 《说亲》《游湖》《疯僧扫秦》 | 黄苗苗、李文义、杜晓伟、张胜建、刘汉光 | 520 | |

续表

| 序号 | 演出时间 | 地点、剧场 | 剧目 | 主要演员 | 观众人次 | 其他(编剧、导演、作曲等) |
|---|---|---|---|---|---|---|
| 44 | 5月23日（下午） | 永嘉县岩头镇苍坡村 | 《说亲》《游湖》《疯僧扫秦》 | 黄苗苗、李文义、杜晓伟、张胜建、刘汉光 | 580 | |
| 45 | 5月24日（上午） | 永嘉县岩头镇苍坡村 | 《三请樊梨花·第一、二场》《亭会》 | 王耀祖、胡曼曼 | 500 | 导演：张玲弟 |
| 46 | 5月24日（下午） | 永嘉县岩头镇苍坡村 | 《三请樊梨花·第一、二场》《亭会》 | 王耀祖、胡曼曼 | 560 | 导演：张玲弟 |
| 47 | 5月27日 | 岩头镇苍坡村 | 《寻梦》《双下山》 | 由腾腾、黄苗苗、李文义 | 450 | |
| 48 | 5月30日（上午） | 岩头镇苍坡村 | 《三岔口》《湖楼》《描容别坟》 | 王耀祖、肖献志、杜晓伟、李文义、南显娟 | 500 | |
| 49 | 5月30日（下午） | 岩头镇苍坡村 | 《三岔口》《湖楼》《描容别坟》 | 王耀祖、肖献志、杜晓伟、李文义、南显娟 | 550 | |
| 50 | 5月31日（上午） | 岩头镇苍坡村 | 《南浦嘱别》《断桥》《秋江》 | 冯诚彦、南显娟、金海雷、由腾腾、胡曼曼、杜晓伟、黄苗苗、李文义、张胜建、刘汉光 | 580 | |
| 51 | 5月31日（下午） | 岩头镇苍坡村 | 《南浦嘱别》《断桥》《秋江》 | 冯诚彦、南显娟、金海雷、由腾腾、胡曼曼、杜晓伟、黄苗苗、李文义、张胜建、刘汉光 | 600 | |
| 52 | 6月7日（晚上） | 永嘉县文化中心 | 《荆钗记》彩排 | 杜晓伟、由腾腾、张胜建、李文义、孙永会、冯诚彦、南显娟 | 300 | 导演：张玲弟 |
| 53 | 6月12日 | 温州大剧院音乐厅 | 《张协状元》 | 由腾腾、冯诚彦、刘汉光、张胜建、李文义、肖献志 | 800 | 编剧：张烈 导演：谢平安 作曲：林天文 作曲：黄光利 |
| 54 | 6月17日（下午） | 温州南戏博物馆 | 《南戏印象·琵琶记》 | 杜晓伟、南显娟、张胜建、冯诚彦 | 300 | |
| 55 | 6月17日（晚上） | 温州南戏博物馆 | 《南戏印象·琵琶记》 | 杜晓伟、南显娟、张胜建、冯诚彦 | 280 | |
| 56 | 9月17日 | 绍兴文化馆剧场 | 《孽海记·思凡》 | 由腾腾 | 900 | |
| 57 | 9月27日（晚上） | 永嘉县文化中心 | 《赠书记》彩排 | 杜晓伟、由腾腾、冯诚彦、刘小朝、金海雷、李文义、张胜建、刘汉光 | 700 | 导演：张树勇 编剧：张烈 作曲：周雪华 |
| 58 | 9月28日（晚上） | 永嘉县文化中心 | 《赠书记》公演 | 杜晓伟、由腾腾、冯诚彦、刘小朝、金海雷、李文义、张胜建、刘汉光 | 900 | 导演：张树勇 编剧：张烈 作曲：周雪华 |
| 59 | 10月14日 | 苏州市公共文化中心 | 《赠书记》 | 杜晓伟、由腾腾、冯诚彦、刘小朝、金海雷、李文义、张胜建、刘汉光 | 800 | 导演：张树勇 编剧：张烈 作曲：周雪华 |
| 60 | 10月30日 | 温州市文苑剧场 | 《痴梦》《寻梦》《扫松》《说亲》《拾画》《单刀》 | 孙永会、由腾腾、张胜建、冯诚彦、黄苗苗、李文义、杜晓伟、张玲弟、刘汉光 | 550 | |
| 61 | 11月3日 | 温州市东南剧院 | 《赠书记》 | 杜晓伟、由腾腾、冯诚彦、刘小朝、金海雷、李文义、张胜建、刘汉光 | 850 | 导演：张树勇 编剧：张烈 作曲：周雪华 |
| 62 | 11月7日（上午） | 岩头镇苍坡村 | 《秋江》《三岔口》《亭会》 | 杜晓伟、黄苗苗、李文义、张胜建、刘汉光、王耀祖、肖献志、金海雷 | 500 | |

续表

| 序号 | 演出时间 | 地点、剧场 | 剧目 | 主要演员 | 观众人次 | 其他(编剧、导演、作曲等) |
|---|---|---|---|---|---|---|
| 63 | 11月7日（下午） | 岩头镇苍坡村 | 《秋江》《三岔口》《亭会》 | 杜晓伟、黄苗苗、李文义、张胜建、刘汉光、王耀祖、肖献志、金海雷 | 550 | |
| 64 | 11月8日（上午） | 岩头镇苍坡村 | 《游湖》《扫松》《游园》 | 金海雷、由腾腾、黄苗苗、张胜建、冯诚彦、南显娟、胡曼曼 | 600 | |
| 65 | 11月8日（下午） | 岩头镇苍坡村 | 《游湖》《扫松》《游园》 | 金海雷、由腾腾、黄苗苗、张胜建、冯诚彦、南显娟、胡曼曼 | | |
| 66 | 11月12日 | 杭州胜利剧院 | 《张协状元》片段 | 由腾腾 | 900 | |
| 67 | 11月14日（上午） | 岩头镇苍坡村 | 《寻梦》《探庄》《楼会》 | 由腾腾、王耀祖、杜晓伟、南显娟 | 470 | |
| 68 | 11月14日（下午） | 岩头镇苍坡村 | 《寻梦》《探庄》《楼会》 | 由腾腾、王耀祖、杜晓伟、南显娟 | 560 | |
| 69 | 11月15日（上午） | 岩头镇苍坡村 | 《巡防·一请》《湖楼》《问探》 | 金海雷、胡曼曼、杜晓伟、李文义、肖献志、冯诚彦 | 600 | |
| 70 | 11月15日（下午） | 岩头镇苍坡村 | 《巡防·一请》《湖楼》《问探》 | 金海雷、胡曼曼、杜晓伟、李文义、肖献志、冯诚彦 | 550 | |
| 71 | 11月21日 | 温州文苑剧院 | 《张协状元》 | 冯诚彦、由腾腾、张胜建、刘汉光、李文义、冯诚彦 | 500 | 编剧:张烈 导演:谢平安 作曲:林天文 作曲:黄光利 |
| 72 | 11月22日 | 温州文苑剧院 | 《张协状元》 | 冯诚彦、由腾腾、张胜建、刘汉光、李文义、冯诚彦 | 450 | 编剧:张烈 导演:谢平安 作曲:林天文 作曲:黄光利 |

## 永嘉昆剧团2015年度基本情况一览表

| 单位名称 | 永嘉昆剧团(浙江永嘉昆曲传习所) | | |
|---|---|---|---|
| 单位地址 | 永嘉县上塘镇环山路54号 | | |
| 团长 | 张胜建 | | |
| 工作经费 | 万元 | 经费来源 | 全额拨款 |
| 在编人数 | 31人 | 年龄段 | A 7 人,B 21 人,C 3 人 |
| 院(团)面积 | 无 | 演出场次 | 82场 |

注：A:18—30岁  B:31—50岁  C:51岁以上

台湾昆剧团

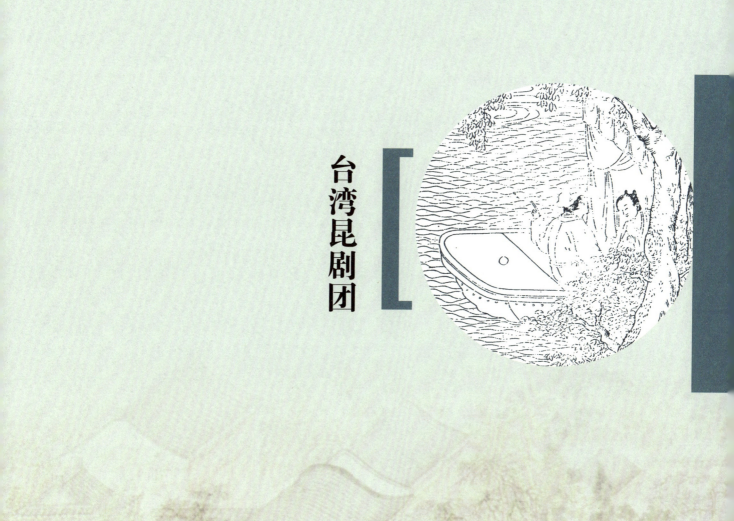

# 兰庭昆剧团 2015 年度昆曲工作综述

（一）虚拟昆剧场：《移动的牡丹亭》：集合昆剧界、书画界、数位艺术界及剧场界翘楚，共同打造奇幻空间美学！借数码位科技的运用，崭新呈现昆剧 400 年来动人的故事人物与审美语汇。

1. 金曲奖最佳制作人　王志萍
2. 国际昆坛百变昆生　温宇航
3. 当代水墨心象大师　吴士伟　（共同合作）
4. 数码艺术影像专家　王奕盛
5. 现代剧场设计才子　张哲龙
6. 新剧场灯光魔术师　沈柏宏

※ 演出时间及地点：2015 年 8 月 14 日—15 日，共计 3 场，台北水源剧场。

※ 演出特色及内容：

◎ 前言：庆祝创团 10 年，兰庭并没有思考过将以往成功的演出制作以"集锦"方式重新推出，反而是召集台湾地区的剧场、书画、昆剧界精英，精心创制一个昆剧与数码艺术的合作里程碑——《移动的牡丹亭》，并诚挚地邀请网络、数码时代的观众走进剧场，让大家有一个崭新的机会接触到精致的世界文化遗产——昆剧艺术，体验我们文化底蕴中的经典之美。

◎《牡丹亭》为什么会移动？

《牡丹亭》是昆剧发展史上最著名的代表作，可说是昆剧的代名词。其文辞典丽、剧情曲折、人物性格深刻、唱腔优美、身段华丽，是昆剧表演最经典的上乘之作。作者汤显祖与同时期的西方戏剧大师莎士比亚齐名，《牡丹亭》的主人公杜丽娘为追求至情至性，生可以死，直可媲美于莎剧《罗密欧与茱丽叶》的唯美挚爱；然而死又可以复生，却是无与伦比的浪漫！《牡丹亭》这一部爱情传奇从她问世 400 多年以来，持续保有旺盛的生命力，在"时间"的概念上，《牡丹亭》从未荒颓，她从明代移动到现代，依旧感动着当代的有情读者与观众。

昆剧舞台的虚拟性，原是抽离自园林建筑中的特质。兰庭曾经用"环境剧场"的概念，将昆剧带进许多历史建筑（华山米酒工厂、"空军十一村"、北投温泉博物馆、华山红砖区台北红馆……），以历史建筑里充满故事能量的氛围烘托昆剧艺术的表演之美，得到许多的启发。《移动的牡丹亭》站在过去环境剧场的经验基础上，思考着借重数码科技的运用，打破镜框式舞台的那种主观性的单点透视逻辑，要让当代昆剧除了保有她 400 年来动人的审美语汇外，再加入一些现代的语法，让现代人"穿越性"的时空概念与传统昆剧中"流转性"的时空观有交错、对话的可能！《牡丹亭》因此而移动了起来……

◎ 什么是"虚拟昆剧场"？

面对一个数位席卷的新时代，所有的艺术形式（当然也包括剧场艺术）都无法自外于这一波来势汹汹的数码潮流。将昆剧舞台的虚拟写意性、传统昆剧的审美语汇，结合环境剧场的启发，借重数码科技的手法，发展成深具当代精神且适应巡回展演的昆剧演出活动，是我们投入《移动的牡丹亭》制作的初衷。

一般观众走进剧场，往往只能从观众席对向观看舞台单面、二维的面貌；其实，舞台有其丰富的深度与高度，亟待被观众关注与开发。兰庭企图营造一个"虚拟昆剧场"，将一幅卷轴从舞台空中 45 度迤逦开展，其间结合身段、舞蹈、音乐、声腔、投影、装置……让观众在走进这奇幻空间的同时，仿佛穿梭于舞台间无数的时空焦点，与表演元素和剧场空间做奇妙的声情对话。

◎ 柳梦梅版的《牡丹亭》

《牡丹亭》，明代汤显祖作，是昆曲中最负盛名的经典剧目，描写少女杜丽娘追求爱情、追求自我的故事。原剧 55 折，勾勒杜丽娘追求至情至性，生可以死，死而可以复生的浪漫传奇。每一个昆团无不发展具其特色的《牡丹亭》版本，10 年来，兰庭共发展出 5 个各具特色且扣合环境与主题的精心之作。《移动的牡丹亭》可说是男版的《牡丹亭》，从柳梦梅《拾画》开场，眼见这颓败的园子里依稀存在的衣香鬓影，揣想着曾在此发生过的凄美故事……回到杜丽娘的《游园惊梦》，再透过柳之《拾画》《叫画》与杜之《写真》（自画春容）并列，到《玩真幽媾》里"人与画""画即人"等的心领神会，展开一场跨越时空、生死、梦境与真实的剧场体验。

（二）第六届中国昆剧艺术节：兰庭版袖珍小全本——《金不换》

※ 演出时间及地点：2015 年 10 月 17 日共计一场，江苏省苏州昆剧院。

※ 演出特色及内容

◎ 前言：2015 年兰庭昆剧团受邀参加在苏州举办的第六届中国昆剧艺术节，特别从 2014 年度大戏《又见百变昆生》系列中选出最受观众喜爱的袖珍版小全本《金不换》(穷生家门的看家戏)与大陆昆坛交流。此剧不仅在台湾地区荣获2015年第26届传艺金曲奖"最佳年度演出奖"入围，备受传统戏曲界肯定；在第六届中国昆剧艺术节之演出亦受到海内外昆剧表演界之瞩目与好评。

◎穷生戏的经典之作：袖珍小全本《金不换》，由荣誉驻团艺术家温宇航先生担纲，温先生表演兼得北派与南派师承，唱腔细腻，身段潇洒，自2005年创团以来即与兰庭合作迄今；沿循北昆路数诠释，细心琢磨北派白云老的表演路线，细腻精准地展现"穷生"这一个家门的表演风格，再现传统精致的昆剧艺术精华。所谓穷生，又称苦生、黑衣，俗称鞋皮生，专门扮演穷愁潦倒的落魄书生。穷生多穿黑褶子或上有补丁的"富贵衣"(象征日后将飞黄腾达)，有些戏则在表演上以鞋后跟内趿在脚上(拖鞋皮)的表演方式来表现穷生的落魄形象，是生行中具有特殊表演技法的家门。穷生在唱念音色上要求带悲音，表演上呈现寒酸迂腐又恃才傲物的神态，分寸的拿捏掌握十分不易。北昆大师白云生在对"穷生"的诠释中提到"七分生、三分丑"，通过肢体的内缩以及蜷曲，表达出此类人物在人生困顿中带点滑稽而又不失读书人身份的特色。

◎剧目简介：兰庭版袖珍小全本《金不换》——《投河》《守岁》《侍酒》《团圆》。《金不换》，又名《锦蒲团》，取谚语"浪子回头金不换"之意。此剧描述明朝富家子弟姚英少年时生活放荡，将祖宗所留万贯家财挥霍用尽，甚至将妻子一同卖出，最后只好流落街头，乞讨存身。其妻上官氏仍念旧日夫妻恩情，假借他人之名将姚英所卖家产连同她自己一起买回来，又命家人姚勤每日跟随姚英，在他无法生存、正要跳河自尽之时，将他带回府中看门度日。后上官氏与使女春兰假扮夫妻，于她寿诞日当面试探，姚英悔恨莫及，决心悔过重新做人，夫妻和好。

◎表演特色：兰庭版《金不换》传授自北昆满乐民老师，袭自白云生先生，是北派穷生的经典之作。对穷生人物的刻画，则是直捣心肺地往"狠"里做。穷途末路上，生命的存系都很艰难，饥肠辘辘可真是前胸贴后背的痛楚，生行的潇洒英姿顿抛，身形也跟着畏缩起来，《金不换》里的姚英丧尽家财追悔不已，只得拖着鞋皮换就一副丑行的步履，来到原本是自己的家业里充当奴仆。这场穷生戏可说是撷取三代昆剧表演艺术家的精髓，尤其是白云老所传留下的《金不换》，目前仅剩《侍酒》一折见于舞台，此次演出集《投河》《守岁》《侍酒》《团圆》成一袖珍小全本《金不换》，算是对白云老的追怀，更是当代"穷生"表演史上的一件大事。

## 制作演出小组介绍

| | | |
|---|---|---|
| 艺术总监兼制作人 | 王志萍 | 兰庭昆剧团团长。台湾艺术大学兼任助理教授、"中华"花艺基金会教授，美国堪萨斯大学艺术史硕士，习曲35年，师从徐炎之、张善芗及周雪雯等老师，为台湾资深曲家。除长于昆曲艺术外，兼治茶学、花学，对中国古典艺术美学有全面及深入之体会。1982年曾参加白先勇教授制作、新象艺术筹办的舞台剧《游园惊梦》演出，饰演"月月红"一角。1990年参与两岸三地昆剧交流之滥觞，与上海昆剧团联演。2005年与朱惠良、萧本耀合力创办兰庭昆剧团，同年年底接任团长迄今，并担任制作人、艺术总监、总编辑、演员等工作。<br>2007年策划制作"昆曲与历史空间的声情对话——新古典昆剧《寻找游园惊梦》(古迹版)"，在台湾地区戏剧界、建筑界引起极大反响！并以《寻找游园惊梦》DVD荣获第19届金曲奖"最佳专辑制作人"大奖。2008年撷元明六大剧本表演芳华，制作台北场《兰庭六记》，并以《兰庭六记》DVD入围第20届金曲奖"最佳传统曲艺专辑"。2009年在"台北故宫博物院"的邀请下，以艺术史专业结合故宫文物与昆剧艺术，制作"故宫新韵：明皇幸蜀图——经典昆剧《长生殿》"，为"故宫"文会堂首季定目演出12场(7/8/9/23)，场场满座，深受"故宫"肯定，圆满完成"昆曲艺术与故宫文物对话"的特殊使命，引发了国际观众的一致好评，并以该制作之演出DVD及音乐CD入围第20届金曲奖"最佳专辑制作人"及"最佳传统曲艺专辑"。2010年制作"新古典昆剧《寻找游园惊梦》(剧场版)"，启用歌舞剧名伶洪瑞襄担任现代女子角色，营造大舞台上罕见的时空交错之古典魅力，受到许多新旧昆迷的讨论与好评。2008—2010年连续3年受香港志莲净苑与南莲园池之邀，率团于南莲园池推出"南莲清音昆剧系列活动"。2011年受文化部之邀，参加"纪念昆剧非遗十周年系列活动"，并亲自编撰《曲韵兰庭》一书，陈述昆曲艺术在台发展的轨迹、特色与现状，该书与兰庭精彩的演出制作受到国际昆坛的关注与重视。<br>2011年制作《兰庭六记》系列二——《昆旦的千种风情》，并主演"闺门旦专场"，与荣誉驻团艺术家温宇航搭档，演出《牡丹亭·游园惊梦》《蝴蝶梦·说亲》《凤凰山·百花赠剑》三个经典昆旦折子戏，演出风格跨度极大，相当具有挑战性，吸引了许多新旧戏迷到场观赏。2012年策划制作台积心筑艺术季——《昆旦的千种风情》——南北派精华汇演，担任现场专业"导聆人"。2012年担任《雅韵兰庭》——到北投温泉博物馆惊艳昆剧之美"昆剧跨界艺术展"策展人并担纲演出《牡丹亭·游园、写真》《狮吼记·梳妆、跪池》。致力于推广经典折子戏的主题性与跨界对话演出。2013年9月在台北红馆策划制作并演出《水墨昆曲茶席——杜丽娘的红尘心事》，吸引了许多新旧昆迷的注目。2013年担任古典爱情轻喜剧《玉簪记》制作人兼艺术总监。2014年担任《又见百变昆生》之制作人兼艺术总监。2015年担任《移动的牡丹亭》之制作人兼艺术总监。 |

续表

| | | |
|---|---|---|
| 音乐统筹/昆笛 | 萧本耀 | 台湾大学法律系毕业，擅长昆笛及箫，为已故台湾昆曲大师徐炎之先生之得意门生。专研昆笛吹奏，能吹众多昆曲戏，经常领导台湾地区专业及业余昆曲演出。其笛音清亮口风饱满，指法规矩流畅，由于熟悉昆曲唱腔技巧，吹奏昆曲行腔转调富于传统昆曲韵味，为海内外曲友所公认之台湾地区昆笛首席并为兰庭昆剧团创团发起人之一，自2006年以来参与兰庭制作与演出，2010年参与"2010·遇见兰庭——新古典昆剧《寻找游园惊梦》"、香港"南莲清音昆曲系列活动"，担任文场领导和昆笛演出。2011年及2012年参加《昆旦的千种风情》，2013年在台北红馆《水墨昆曲茶席——杜丽娘的红尘心事》中担任文场领导及昆笛演出，在兰庭年度大戏"古典爱情轻喜剧——昆剧小全本《玉簪记》"中担任文场领导和昆笛演出。2014年在《又见百变昆生》中担任文场领导和昆笛演出。2015年在《移动的牡丹亭》中担任文场领导和昆笛演出。 |
| 武场领道 | 吴承翰 | 复兴剧校剧艺音乐科第二届、台湾艺术大学表演艺术研究所毕业，多次参与台北新剧团、国光剧团、当代传奇剧场、魏海敏京剧文教基金会、兰庭昆剧团、台湾昆剧团、荣兴客家采茶剧团等的演出活动，为台湾地区昆曲界优秀的新生代青年鼓师。曾参与兰庭昆剧团《狮吼记》巡演、《寻找游园惊梦》《兰庭六记》台北场演出活动，2009年参加"故宫新韵:明皇幸蜀图——经典昆剧《长生殿》"、香港"南莲清音昆曲系列活动"，2011年参加《昆旦的千种风情》，2013年参加台北红馆《水墨昆曲茶席——杜丽娘的红尘心事》、兰庭年度大戏"古典爱情轻喜剧——昆剧小全本《玉簪记》"，担任文场领导、司鼓。2014年在《又见百变昆生》中担任文场领导、司鼓。2015年在《移动的牡丹亭》中担任文场领导、司鼓。现为台北新剧团、兰庭昆剧团、台湾昆剧团鼓师，当代传奇剧场乐师，台湾戏曲学院戏曲音乐学系教师。 |
| 荣誉驻团艺术家&生/饰柳梦梅&姚英 | 温宇航 | 兰庭昆剧团荣誉驻团艺术家，2010年加入台湾国光剧团。早年于北京北方昆剧院任主要小生演员。1999年赴美参加足本《牡丹亭》的世界首演，饰柳梦梅，轰动纽约，受到美国诸多主流媒体的高度关注与好评，有"最佳柳梦梅"之称。7年间先后赴欧洲各国环球巡演，所之处皆为观众与媒体的焦点，并获得高度评价。居美期间仍不断学习深造昆剧艺术，每年仍定期回家数月，拜问艺于白派嫡传马玉森先生门下，潜心继承学习白派艺术，为使之承传不息而努力。2006年受兰庭昆剧团之邀演出《狮吼记》中陈季常一角。2007年成为兰庭昆剧团驻团艺术家，并主排年度新作"新古典昆剧——寻找游园惊梦"。2008年担纲演出《兰庭六记》(台北场)，并以该剧演出DVD荣获第20届金曲奖"最佳传统音乐诠释奖"。2009年主演"明皇幸蜀图——经典昆剧《长生殿》"，饰演唐明皇。2010年主演"2010·遇见兰庭——新古典昆剧《寻找游园惊梦》(剧场版)"，饰演柳梦梅。2008—2010年参与香港地区"南莲清音昆系列活动"，2011年参加北京"纪念昆剧非遗十周年系列活动"，表演精湛，深获海内外昆迷之喜爱与好评。被特邀参加2011—2012年《昆旦的千种风情》《雅韵兰庭》—到温泉博物馆经验昆剧之美系列中的男主人公生角演出。2013年在兰庭年度大戏"古典爱情轻喜剧——昆剧小全本《玉簪记》"中饰潘必正一角。2014年在《又见百变昆生》中主演生角。2015年在《移动的牡丹亭》中饰柳梦梅。 |
| 旦/饰上官氏 | 王耀星 | 国光剧团优秀演员，"中国文化大学"戏剧学系国剧组毕业，专攻程派青衣，师事程派名师章遏云女士。在大学时即以22岁之龄获"中国文艺奖章"，并于东京获颁SGI文化赏。曾向程派名家熊承旭、李文敏、张曼玲、徐季平等学习请益，演出过《锁麟囊》《朱痕记》《汾河湾》《贺后骂殿》《六月雪》等程派戏。在《三个人儿两盏灯》中饰广芝，在《金锁记》中袁芝寿，在《青冢前的对话》中饰渔妇，表现优异，颇受肯定。2006年演程派名作《春闺梦》，2007年演出《陈三两爬堂》，2008年演出《荒山泪》，2009年主演《李慧娘》、2010年演出《一捧雪》中的雪艳一角，2014年及2015年参加兰庭昆剧团演出袖珍版《金不换》中的主母上官氏，努力用功，深获观众喜爱与肯定。 |
| 旦/饰杜丽娘&春兰 | 黄若琳 | 台湾戏曲学院学院部毕业，工青衣花旦。学习剧目:《大登殿》《断桥》《红线盗盒》《游园》《贵妃醉酒》《廉锦枫》;演出剧目:《大登殿》《游园》《廉锦枫》《红线盗盒》《失子惊疯》《断桥》。演出经历:2012年参加新北市政府教育局举办的艺术满城香活动，演出《精灵王国的奇幻冒险》，参加当代传奇学堂学习《红线盗盒》，在木栅兆如老院出《二进宫》《打渔杀家》，在南海艺术馆演出《打渔杀家》。2013年在中正纪念堂演出《游园》《失子惊疯》《廉锦枫》、新编儿童京剧《哪吒》。2014年参加香港国际艺术节，演出《荡寇志3·终极英雄》，2014年参加大学部毕业公演支援演出《七星庙》。2014年在《又见百变昆生》——《金不换》中饰春兰。2015年在《移动的牡丹亭》中饰杜丽娘，扮相俊俏，堪称演技生动的明日之星。 |
| 末/饰姚勤 | 邹慈爱 | 兰庭团员，国光剧团优秀老生演员，国光剧校及"中国文化大学"毕业，专攻文老生，以唱功见长，嗓音高亢，表现力强。邹慈爱曾加入昆曲传习计划，由陆永昌老师开蒙，曾师从计镇华、张世铮、黄小午等。曾演出昆曲折子戏《长生殿·弹词、酒楼》《浣纱记·寄子》《琵琶记·扫松》《贩马记》《狮吼记·跪池》及《牧羊记·望乡》等，并在兰庭昆剧团2006年《狮吼记》公演中饰苏东坡一角。2008年参加台北、香港场《兰庭六记》演出。2009年参加"故宫新韵:小全本《长生殿》"演出和香港"南莲清音昆剧系列活动"，饰演李龟年、陈元礼。2010年再度参与"南莲清音昆剧系列活动"，在《狮吼记》中饰演苏东坡。2011年参加北京"纪念昆剧非遗十周年系列活动"。2011年在《兰庭六记》系列二《昆旦的千种风情》中演出《牡丹亭·学堂》《琵琶记·描容别坟》等经典折子(台北大稻埕戏苑)。2012年参与台积心筑艺术季《昆旦的千种风情》——南北派菁华汇演，演出《牡丹亭·学堂》《烂柯山·痴梦》《琵琶记·描容别坟》等经典折子戏(新竹交通大学)。2014年在《又见百变昆生》——《长生殿》中饰李龟年、在《牧羊记》中饰苏武。2015年参加第六届中国昆剧艺术节，在《金不换》一剧中客串姚勤一角。 |

| 丑/饰茶僮 | 陈利昌 | 国光剧团优秀丑角演员,陆光剧校第四期毕业,专攻文武丑,师承董盛村、吴剑虹老师,1996年拜上海名丑孙正阳先生为师,并向上海昆剧团名丑成志雄先生学习《思凡下山》,曾获"国军"文艺金像奖。擅长戏码有《昭君出塞》《小上坟》《春草闯堂》《海舟过关》《活捉》《小放牛》等戏。曾屡次担任国光剧团公演要角,如1996年在"咸京阕天关"校园巡演中担纲主演《巧县官》之县太爷一角,在2004年新编昆曲《梁山伯与祝英台》中饰演马文才一角,2006年饰演《狮吼记》中县官一角,2012年在《雅韵兰庭》——到北投温泉博物馆惊艳昆剧之美(昆剧跨界艺术展)中演出《狮吼记·梳妆、跪池》,2014年在《又见百变昆生》——《金不换》中担任丑角小哥,幽默讨喜的做表,获得观众极大的反响。陈利昌也曾数度随当代传奇剧场、台北新剧团出访欧美及到亚洲各国巡回演出,为近年来活跃在昆曲界的重要丑角之一。|

(一)第六届中国昆剧艺术节:兰庭版袖珍小全本——《金不换》

2015年11月05日/NO.31,《现代苏州》第249期,第92~93页

## 海峡对岸"浪荡子"的磨炼之路

陶瑾 晓芬

有人说"最好的昆曲演员在大陆,最好的昆曲观众在台湾"。此话不尽然。那边厢,虚拟昆剧场《移动的牡丹亭》之视听盛宴还余音袅袅;这边厢,袖珍小全本《金不换》已在苏州引人注目,这一切,与来自台湾地区的兰庭剧团的努力分不开。

这次第六届中国昆剧艺术节,这出《金不换》让人惊喜。

**海峡飘过水磨调**

和我一样对台湾演员的昆曲表演艺术充满兴趣的不乏其人。

那天下午,虽然有响档在同期开演,但是兰庭的剧场里依旧坐得满满当当。一些昆曲老票友和我介绍说,海峡对面这几年,昆曲艺术传承到位,水平也相当高,尤其,这次还有名家的加盟,值得一观。

说起台湾与昆曲的缘分,主要的发展阶段在两岸开放后,在台湾有心人士樊曼侬、曾永义、洪惟助等人的大力推动下,台湾的昆曲欣赏有了大幅度的发展,大陆六大昆班都去台湾表演,每次都造成轰动。许多年轻观众完全陶醉在管笛悠扬载歌载舞中,发觉了昆曲的美。其实昆曲是最能表现中国传统美学抒情、写意、象征、诗化的一种艺术,能够把歌、舞、诗、戏糅合成精致优美的一种表演形式,昆曲能以最简单朴素的舞台,表现出最繁复的情感意象。台湾的白先勇先生说张继青表演《寻梦》一折中的【忒忒令】,一把扇子就扇活了满台的花花草草,这是象征艺术最高的境界,也是昆曲最美的地方。

的确,台湾观众一旦发现了昆曲之美,那种喷薄而出的热情是让人侧目的。这么些年来,台湾在不断培养自己的昆曲演员,乃至剧团,兰庭就是其中的佼佼者。

2005年5月,在朱惠良、萧本耀与资深曲家王志萍的策划之下,兰庭昆剧团成立。以"兰庭"为名,旨在延续已故台湾京昆名伶高蕙兰女士"兰庭艺苑"之优秀传承。自2005年创团至今,兰庭昆剧团以台湾地区在华人文化圈的特殊地位与视野,结合全球昆曲精英,有系统地编整、搬演小全本昆剧。2011年兰庭昆剧团受文化部、北京市政府与北方昆剧院之邀,参加"昆剧之路"(纪念昆剧非遗十周年庆祝系列活动)之展览演出,为全国七大国家昆剧之外唯一受邀展览演出之港台团队。

**小全本声色俱佳**

这次刚落幕的昆剧艺术节是由文化部和江苏省人民政府联合主办的,是全国范围内规模最大、艺术水准最高、参与面最大的昆剧艺术活动。这一活动从2000年开始每三年一次,固定在苏州举办,一直受到社会各界以至海内外的广泛关注和参与。全国7大昆剧院团、戏曲院校、民营昆剧院团以及来自台湾地区的昆剧团等共13家演出单位在苏州6个大剧院上演17台优秀昆曲剧目,兰庭又在其列,并带来了他们千磨百炼的小全本《金不换》。

《金不换》,又名《锦蒲团》,取谚语"浪子回头金不换"之意,此剧描述明朝富家子弟姚英少年时生活放荡,将祖宗所留万贯家财挥霍用尽,甚至将妻子一同卖出,最后只好流落街头,乞讨存身。其妻上官氏仍念旧日夫妻恩情,假借他人之名将姚英所卖家产连同她自己一起买回来,又命家人姚勤每日跟随姚英,在他无法生存正要跳河自尽之时,将他带回府中看门度日。后上官氏与侍女春兰假扮夫妻,于她寿诞日当面试探,姚英悔恨莫及,决心悔改重新做人,夫妻和好。

兰庭的专业成员皆为台湾京剧界的一时之选,而本次《金不换》的主演之一温宇航更是台湾唯一"昆剧"作科的专业演员。温宇航1982年(11岁)进北京戏曲学校,1988年毕业,在北方昆剧院担任小生演员,三度获得昆剧青年演员奖二等奖,1994年就以《金不换》荣获全国昆剧青年演员交流大会优秀兰花表演奖。1998年获21世纪优秀艺术家奖。1999年美国林肯艺术中心排演

全本《牡丹亭》，他被邀请去担纲主演柳梦梅，而后加入美国籍，参加世界巡演，足迹遍及日本及中国的大陆、香港、台湾等地区。2005年，受台湾兰庭昆剧团朱惠良邀请，温宇航到台湾排演《狮吼记》，并成为驻团艺术家。由于温宇航的加入，兰庭版《金不换》可谓传授自北昆满乐民老师、袭自白云生先生，是北派穷生的经典之作，兰庭的艺术眼光由此可见一斑。

白老所传留下的《金不换》，目前仅剩《侍酒》一折见于舞台，而此次兰庭的演出却集《投河》《守岁》《侍酒》《团圆》成一袖珍小全本，因此这场穷生戏可说是三代昆剧表演艺术家传承的佳作。现场观众都很懂行，要紧处，凝神屏息，唯恐心有旁骛。表演者的动作语言很丰富，俯仰之间，绰有态度；一笑一嗔，皆有神韵。舞台布景不见奢华，戏全出在表演者身上，风生水起皆在角色，尤其是，温宇航对穷生人物的刻画，是直捣心肺地往"狠"里做。《金不换》里的姚英丧尽家财追悔不及，只得拖着鞋皮换就一副丑行的步履，来到原来是自己的家业里充当奴仆，穷途末路上，生命的存系都很艰难，饥肠辘辘可真是前胸贴后背的痛楚，温宇航生行的潇洒英姿顿撮，身形也跟着畏缩起来。整场戏中，温宇航唱做俱佳不时激起台下的热烈掌声。此外，王耀星饰演的上官氏、黄若琳饰演的春兰也十分到位，让人看到了兰庭昆曲的整体实力。

传承，是海峡两岸共同的心愿。这是一份来自宝岛昆曲的素朴、清新和经典的美感，为人们寻回了现代社会可能缺失的一种精神体验。

# 2015 年度推荐剧目

# 北方昆曲剧院、中国戏曲学院 2015 年度推荐剧目

## 《李清照》

编剧：郭启宏

### 人物表

李清照——宋代著名女词人，籍贯山东济南历城（或曰章丘），自号易安居士。父李格非（累官礼部员外郎），夫赵明诚。夫亡后三年，改适张汝舟，未百日离异。晚岁流落江湖间以卒（卒年未能详考），世人但知其《漱玉词》及《金石录·后序》等，粲然存焉。本剧开场时虚龄49岁。

赵明诚——宋代大学者，字德甫，山东密州诸城人，父赵挺之（官至右仆射，居相位）。曾先后知莱州、淄州、建康及湖州，卒于建康。有名著《金石录》。大李清照3岁。本剧开场时已作古。

张汝舟——字云槎，时任右承奉郎、监诸军审计司属吏，大李清照3岁。

李　迒——字天衢，李清照胞弟，时任敕令局删定官，40余岁。

梁丘崇礼——字存厚，赵明诚的远亲，时任翰林承旨，年50余。

铁　叔——赵明诚的老仆，60余岁。赵明诚亡后，为未亡人李清照做管家。

翠　环——李清照的婢女，年可20余，幼相从，后出嫁，夫病故，复投奔故主。

燕　儿——孙姓少女，10余岁，其相貌与智慧酷肖少女时代的李清照，其家境与教养也极类早年的李格非家。

二家奴——后兼演二公差。

中年男——一个类似符号的人物。

青年女——另一个类似符号的人物。

## 第一折　改　适

［南宋绍兴二年壬子春末。

［是年正月，宋高宗由越至临安，李清照追随皇帝行在，亦由越赴杭，卜居士民顾氏舍。此前李清照由山东青州南下，连舻渡江淮的十五车文物，遗于途、失于盗、奉于官衙、毁于兵燹，已然十去七八，唯三代宗器父乙彝等物仍在主人掌握之中，引各方觊觎。

［顾氏舍是一座旧宅废园，李清照居此已有数月，因病革，一庭静寂。

［幕启。

［女声吟唱《声声慢》：

　　寻寻觅觅，
　　冷冷清清，
　　凄凄惨惨戚戚。
　　乍暖还寒时候，
　　最难将息。
　　三杯两盏淡酒，
　　怎敌他、晚来风急……

［切光。

李　迒　云槎兄！请！
张汝舟　天衢兄！请！
铁　叔　少主人回来了！还有客人，翠环备茶，备好茶！
翠　环　是。

［李迒偕张汝舟上。

李　迒　（念）百二山河成破碎，
　　　　　　　三千才调叹飘零……
张汝舟　（念）敢期麟阁座中列？
　　　　　　　但望鸾星足下升。
李　迒　云槎兄！请！
张汝舟　请！

［翠环上茶。

李　迒　云槎兄！请！
张汝舟　请！

［李迒屏退铁叔、翠环。

张汝舟　天衢兄，未见令姐天姿之前，先要请教一事。
李　远　何事？
张汝舟　一件说大不大、说小不小的事……
李　远　快快讲来。
张汝舟　（嗽嗓子）三年前，北朝，金邦，有一个姓张的鞑子官，扮作古董商人，从令姐夫赵德甫明诚先生手中得到一个玉壶……
李　远　（慌忙拦住话头）不不不！那玉壶不是我姐夫的藏品，是那姓张的自家带来，请姐夫鉴定的……
张汝舟　赵侯鉴赏过了？
李　远　姐夫看过，说是珉，不是玉，张某听了不快活，带着那玉壶走了。
张汝舟　（叹息，有意加重语气）三年来呵！
　　　　（唱北曲【仙吕·点绛唇】）
　　　　　　朝野咸嚣，
　　　　　　亲仇同调，
　　　　　　齐声道，
　　　　　　赵明诚呵献玉金朝！
李　远　（虽有预闻，毕竟惊心）说什么玉壶颁金，通敌叛国，我姐夫好冤呀……
张汝舟　（又叹息）唉！（接唱【点绛唇】）
　　　　　　冤大乾坤小……
李　远　我姐夫虽已作古，可是姐姐她还在呀！
张汝舟　是呀！（唱【仙吕·混江龙】）
　　　　　　忧心如捣，
　　　　　　女屈平空赋宋《离骚》。
李　远　我姐姐是百口难辩！（接唱【混江龙】）
　　　　　　几回回望虚心跳，
　　　　　　一星星闻变魂销……这流言是假，物证是真！
　　　　（接唱【混江龙】）
　　　　　　口耳谈、街巷语，是谣诼、终归水流云邈……
张汝舟　（不动声色，接唱【混江龙】）
　　　　　　空穴风、赤舌火，纵流言、毕竟火箭风刀！
　　　　若是真有物证呢？
李　远　这个……我姐姐她是要吃官司的呀……
　　　　[一时静场。
张汝舟　（突如其来）你来看！（掏出玉壶，高擎）
李　远　（蓦然一惊）玉壶？
　　　　[李远愕然仰望。
张汝舟　（复狡黠一笑，将玉壶塞给李远）物证奉送！
李　远　（感激莫名）云槎兄！你是我姐姐的大恩人哪！
　　　　（接唱【混江龙】）
　　　　　　却怎生逢山开道？
　　　　　　敢则是遇水搭桥！
　　　　[李远欲拜。
张汝舟　（急扶）哎！我说过，一件说大不大、说小不小的事。
李　远　（逢迎）云槎兄，此物怕是重金购得的吧……
张汝舟　（接唱【混江龙】）
　　　　　　权当作……
李　远　（接唱【混江龙】）
　　　　　　聘金价俏？
　　　　　　信物情豪？
　　　　[张汝舟但笑不语。
李　远　我这就告诉姐姐去！姐姐，姐姐！
　　　　[李清照携卷缓缓出屋。
李清照　（吟唱）
　　　　　　病起萧萧两鬓华，
　　　　　　卧看残月上窗纱。
李　远　姐姐请。
　　　　[李清照望见张汝舟的背影，一愣怔，止步……
　　　　[冷色光打在张汝舟身上，气氛有些异样……
　　　　[李清照面前一片迷幻……
　　　　[张汝舟，连同李远，阒寂而灭。
李清照　德甫？（向前走去）果然是德甫！德甫！
赵明诚　清照！
　　　　[赵明诚立于庭前，宛若玉树临风。
李清照　德甫！
赵明诚　清照！
李清照　你还活着！（泪奔）
赵明诚　（抱持李清照）三年来难为你了！
李清照　（喜极而泣）这三年呵！（唱【油葫芦】）
　　　　　　一日三惊浪里鸥，
　　　　　　逐行在，郡县走。
　　　　咿咿，离建康，到越州，居奉化，行台州，别黄岩，到温州，跟着皇上一路走，来在杭州。（接唱【油葫芦】）
　　　　　　三千里路鬓先秋，
　　　　　　十五车书身与守。
赵明诚　（念叨）十五车书……
李清照　兵荒马乱，十五车书画器物献的献，毁的毁，盗的盗，丢的丢，十去七八九！（接唱【油葫芦】）
　　　　　　留香湖海香难久……
　　　　幸的是父乙彝还在，钥匙我藏于身旁，你的嘱咐我铭记在心，身与共存亡。

赵明诚　（似乎无动于衷，陡转话茬，接唱【油葫芦】）
　　　　高尚士每优游，
　　　　浮薄人多愧疚。
　　　　（突如其来）清照，我对不住你呀！
李清照　德甫，何出此言？
赵明诚　世人都说你我伉俪情深，可是我也做过对不住你的事啊！就在青州，三天三夜，我恋上一个歌妓，叫申……
李清照　（忽然泪涌，伏于丈夫肩头）不要说了，我从未怨恨过你。（认真地）倒是我应该感谢你呀！
赵明诚　（意外）感谢我？
李清照　（点头）我未曾与你生下半丁一男，犯了七出之条！（接唱【油葫芦】）
　　　　你可也，尽移桑竹栽新柳，
　　　　天谴旧人休！（黯然泪下）
赵明诚　（摇头，高声）有妻如李清照者，横扫天下须眉！何须犬子！
李清照　（感激地）德甫！（依偎）
赵明诚　清照！清照，你那首《醉花阴》写得真是好呀！我闭门谢客三昼夜，填了五十阕，连同你的那首，交予陆德夫，这个老陆，说道只有十四个字绝佳，"莫道不消魂，帘卷西风，人比黄花瘦"，还是你的词儿！惭愧呀！
李清照　（靠得更紧）德甫，你可记得，那时节我们离了东京，来在青州归来堂。
赵明诚　（纠正）不！雅士云，知否，知否！
李清照　（笑）知否？知否？归来堂每回得书，夜尽一烛，有如滴漏……
赵明诚　是啊，别真伪、共校同勘……
李清照　辨正误、摘纰指缪……
赵明诚　题签整集、一字褒贬……
李清照　探颐索隐、追步春秋……（唱【天下乐】）
　　　　恰便似坐拥琼林（也那）第一州，
　　　　风（么也）流！
赵明诚　知否？知否？（接唱【天下乐】）立茗筹，
　　　　射者赢、角者胜，
　　　　香茶归捷手。
李清照　知否？知否？（接唱【天下乐】）
　　　　便闹得茶当酒……
赵明诚　（接唱【天下乐】）
　　　　饮似牛……
李清照　（接唱【天下乐】）
　　　　杯倾怀……

赵明诚　（接唱【天下乐】）
　　　　水泼袖……
李清照　（接唱【天下乐】）
　　　　哎呀呀，衫子湿了，裙子污了，簪子斜了，钗子丢了，肚子岔气了，
赵明诚　（接唱【天下乐】）
　　　　樊素口直笑得小蛮腰肢风摆柳！
赵、李　（齐声）知否？知否？（相视复大笑）
李清照　（无限怀想）德甫！归来堂简朴清淡，餐饮去肉，衣着去采，头上无明珠之饰，室中无金碧之具，而胸藏丘壑，语列烟霞，乐在声色犬马之上！其葛天氏之民乎？清照愿老死是乡也！
　　　　（唱【哪吒令】）
　　　　走苍茫、南州北州，
　　　　何处寻、书楼绣楼？
　　　　梦幽深、帘钩帐钩，
　　　　几回闻、莺俦燕俦？
　　　　我与君、心谋意谋，
　　　　君同我、虽愁莫愁！
　　　　借陋室作神游，
　　　　三生缘谁能够？
　　　　愿相守（哎呀）终老白头！
赵明诚　（忽然痛心疾首）可我不是老死，是早死！三年了，时光如流水，你还是原来的你呀。
李清照　三年了！落花败絮飘过了，金沙玉石沉淀了，小女子的酸涩走失了，大男人的豪迈留下了！我想你的时节，想的全是好事，全是好事！德甫……
　　　　〔李清照发现原本孤身一人，愕然独立。
　　　　〔翠环走来。
翠　环　夫人！
　　　　〔李清照复一愣怔。
李　远　姐姐，这位就是右承奉郎、监诸军审计司张大人！
张汝舟　张汝舟，字云槎。
李清照　张大人！
张汝舟　不敢！就叫张汝舟，要不，叫老张，小张也好！
李清照　岂敢无理。听胞弟说，张大人做过明州知府……
张汝舟　呃，正是，正是……
李清照　那年逃难过明州，好想看看雪窦山的飞瀑，可惜无有机缘。
张汝舟　夫人雅兴！难怪夫人的词句，境界恢宏，原来

胸纳万里山川!
李清照　　大人过奖!
李　远　　请坐。
李清照　　(忽然起兴)噢,当今词人可是车载斗量、盈千累万。
李　远　　大凡会写字的,就会填词!
张汝舟　　(附和)不错!会咳嗽的就会歌,会走路的就会舞!
李清照　　(一笑)词,别是一家!精通此道之人,其实不多见!
张汝舟　　高论!高论!就是当今的名公才人也不懂这词儿是怎样个填法!
李清照　　(颇有兴趣)愿闻其详!
张汝舟　　(有备而来,分明讨好)就说本朝苏柳两大家,柳永太俗,苏轼又不懂音律,再如王安石、曾巩之辈,文章倒还可以,却像是西汉,填起小歌词来,简直笑掉慈悲巷老太婆嘴里硕果仅存的两颗大板儿牙……
李清照　　有趣!听大人口音,也是北边人么?
张汝舟　　河南陈留,年少到的京师,就住在金梁桥西大大的一个宅院……
李清照　　也在东京?
张汝舟　　正是。
李清照　　(油然生出大同乡的亲和感)汴梁风物,大人可还记得?
张汝舟　　记得,记得!(如数家珍,滔滔不绝,数板)
东京城,有外城和内城、外诸司、内诸司,
那一答朱雀门外,
樊王楼有肥鹅、水鸭、野兔、家鸡,
梅花苑有白肠、红丝、鱼头、蛤蜊,
夏月有麻饮细粉、素签纱糖、水晶皂儿、冰雪丸子,
冬月有芥辣瓜旋、姜辣萝卜、批切羊头、麻腐鸡皮,
这一答龙津街里,
一年四季,鳝鱼包子、蹬砂团子、脆筋巴子、河阳查子,
炙腰子、煎鹌子、烧臆子、炒栗子、蹄膀子、羊腱子、鱼翅子,
馃子、粽子、桃子、杏子、橙子、柿子、梨子、李子、栗子,
还有珠子、簪子、镯子、坠子、金镏子……
李　远　　(惊诧)慢来慢来,这些也是吃的?
张汝舟　　(莞尔一笑)这些是吃的……人,戴着的……玩意儿!
李　远　　说话大喘气!
张汝舟　　(数板,语速骤快)
总而言之,统而言之,
各种各色,靡不有之,
谓之杂嚼,也叫细食。
再看那州桥上边、御街侧畔,
人头攒动,灯火连绵,
三更不灭,五鼓阑珊,
时人有诗称赞——
百年都会黄金地,
千古风流不夜天!(一口气道来,颇传神)
李　远　　(忘情拍手)好!好!(少顷)我姐姐最爱逛大相国寺。
张汝舟　　大相国寺每月五次交易,大三门有寻常猫狗,也有珍禽奇兽,庭中摆地摊,卖屏帏、簟席、鞍辔、弓箭、时果、腊脯……
李清照　　(亦兴奋起来)靠近佛殿,占定两廊,有赵文秀之笔、潘谷之墨……
张汝舟　　呃,是的,是的……
李清照　　殿后资圣门前,尽是好货,金石书画,偶有彝鼎!
李　远　　是啊,我姐夫《金石录》里,有好多宝贝就是从那里淘换来的!
李清照　　便是。(兀自神往,唱【鹊踏枝】)
汴梁城,九天上的梦幻都,
相国寺,秘窟内的艺文库。
再难见泽畔新蒲、驿外高梧,
更何况早岁田庐、昔日书图……
张汝舟　　(凑趣地)大相国寺,碰巧还能买到贡品嘞!
李　远　　贡品?贡皇上的?
张汝舟　　只要有钱,除了金銮殿,没有什么买不到的!(接唱【鹊踏枝】)
常言道多财善贾,
俺只作老实人傻傻乎乎!
李　远　　什么贡品……
张汝舟　　茶贡品。易安夫人必定知道龙凤团茶?
李清照　　我只见过小龙凤团茶,听说贵得很。
张汝舟　　(神秘一笑,取出一盒)请夫人品鉴,可是此物?
李清照　　(犹豫着品鉴,一惊)正是小龙凤团茶!
张汝舟　　(站立,举盒过肩)汝舟冒昧,请夫人笑纳!
[李清照迟疑着不敢接受。

李　远　（有顷）姐姐，恭敬不如从命！
　　　　［铁叔匆匆上。
铁　叔　禀大人，门外有一乘轿子，恭请大人速回有司！
张汝舟　噢！（起身，与李远使个眼色）公务繁忙，汝舟告辞了！（缓步退出）
　　　　［李远送走张汝舟。
　　　　［女声吟唱《声声慢》：
　　　　雁过也，
　　　　正伤心，
　　　　却是旧时相识……
李　远　（有顷）姐姐，你看那张汝舟如何？
　　　　［李清照不语。
李　远　（唱【仙吕煞尾】）
　　　　　　他居官有文书，
　　　　　　他家境亦殷富，
　　　　　　心好古，才名仰慕……
　　　　　　他说过，古往复今来，诗坛唯三李。
李清照　三李？
李　远　盛唐李白、五代李煜、大宋朝李清照！
李清照　（莫名其妙地感泣）可是我已经四十九岁了……
李　远　哎……（接唱【仙吕煞尾】）
　　　　　　如友如宾非越楚！
　　　　［幕后女声接唱【仙吕煞尾】：
　　　　憔悴甚，
　　　　怕见夜间出去，
　　　　不如向帘儿底下听人笑语……
李　远　姐姐！为弟四处奔波，不能随时照拂，若有张汝舟呵！（接唱【仙吕煞尾】）
　　　　　　晚芳犹得腴泥护！
　　　　［幕后女声接唱【仙吕煞尾】：
　　　　侧身仿佛，
　　　　重生德甫……
　　　　［铁叔和翠环上前。
铁　叔　老辈人说，这叫冲喜。
铁、翠　（接唱【仙吕煞尾】）
　　　　　　再婚，冲喜，百邪除！
李　远　姐姐，你看这玉壶！（得意地高举玉壶）是云槎兄重金购得的物证！
李清照　（大感动）是他！
李　远　是他！
李清照　难为他了！
铁　叔　公子！不知他的生辰八字？
李　远　我这里有。（拿出一帖）辛酉生人，属鸡，还与姐夫同月。
李清照　（一阅，大惊失色）只比德甫小一天！（喃喃自语）天意？天意……
　　　　［在场众人高呼"天意"。

# 第二折　　驵　侩

　　　　［南宋绍兴二年壬子七八月间，午后。
　　　　［张汝舟私第内。厅堂的柜橱、多宝格乃至砖地上散落各种真的和伪的文物。
张汝舟　怪呀！实在太怪呀！（唱南曲【仙吕入双调·步步娇】）
　　　　遍搜屋角眠床下，
　　　　不见连城价。
　　　　那父乙彝或钟或鼎，是商是夏……
　　　　绝非镜里花，
　　　　也应缸来大，
　　　　怎生幻化？
　　　　［翠环上，欲收拾屋子，见状……
翠　环　老爷，这……
张汝舟　莫动！
翠　环　（旁白）这个人，求亲是假，谋财是真。
张汝舟　（接唱【步步娇】）
　　　　君子咏蒹葭，
　　　　意在彝鼎周、商、夏！
张汝舟　过来！
翠　环　老爷，何事啊？
　　　　［颇烦躁，对翠环，指后背。
翠　环　这……
　　　　［张汝舟忽然伸手搂过翠环，翠环挣脱开来。
翠　环　老爷，使不得。
张汝舟　你不是陪嫁过来的吗？也不是黄花闺女，宝贝个毬啊！你男人死了好几年，难道你……听我的，我不会亏待你的！
翠　环　（忽一笑）老爷，（指里屋）夫人可是个大才女！

| | |
|---|---|
| 张汝舟 | 棺材女！（亦笑）嘿嘿,陪床要的什么才！ |
| 翠　环 | （挑逗地）那你下了好大的功夫…… |
| 张汝舟 | （诡秘一笑）你不懂！（猛然抱住翠环） |
| 翠　环 | （佯作媚笑）老爷急什么？ |
| 张汝舟 | 狼叼了羊,火上了房,能不急吗？ |
| 翠　环 | （推开）我拿被儿去！ |
| 张汝舟 | 不要被儿！不要！ |
| 翠　环 | 光天白日,羞人答答。 |
| 张汝舟 | 休要慒我,快去快回！ |

［翠环急下。

| | |
|---|---|
| 张汝舟 | 鬼丫头！倒还不是榆木疙瘩。世上男人,还不都是一个样儿！ |

［铁叔抱被褥走来。

| | |
|---|---|
| 铁　叔 | 老爷,给你铺被！ |
| 张汝舟 | （无名火起）滚！ |

［铁叔不动声色,欲下。

| | |
|---|---|
| 张汝舟 | 回来！ |

［铁叔止步。

| | |
|---|---|
| 张汝舟 | 我来问你,她的那个……什么彝放在哪里？ |
| 铁　叔 | 什么姨？哦,夫人的远亲,十八姨…… |
| 张汝舟 | 不是这个姨,是那个彝！ |
| 铁　叔 | 是哪个姨…… |
| 张汝舟 | 是那个彝！ |
| 铁　叔 | 不是这个姨…… |
| 张汝舟 | 不是这个姨！ |
| 铁　叔 | 是哪个姨？ |
| 张汝舟 | 是哪个姨……我也被你弄糊涂了！我是说父乙彝,就是父乙鼎！父乙鼎！ |
| 铁　叔 | 茯苓饼？我当什么稀罕物件,我去取！茯苓饼…… |
| 张汝舟 | 狗才！竟敢耍我？（对外）小薛霸！赛董超！ |

［内应声响亮。

| | |
|---|---|
| 薛、董 | 老爷。 |
| 铁　叔 | 两个臭狗屎公差…… |
| 张汝舟 | 两个端公！如今归我门下,看家护院…… |
| 铁　叔 | 你！ |

［李清照咳嗽一声,与翠环从内室走到前厅。

| | |
|---|---|
| 李清照 | （诗）夜长应悔一孤灯, |
| | 　　从此愁城不驻兵。 |
| | 　　总为帝心怜赤子, |
| | 　　孰知天意拂苍生。 |
| 张汝舟 | 夫人…… |
| 李清照 | 大人,你寻父乙彝,何不问我？ |
| 张汝舟 | 问你？你会告诉我？ |
| 李清照 | 不知大人意欲何为？ |
| 张汝舟 | 不欲何为！看看而已。 |
| 李清照 | 看看而已？ |
| 张汝舟 | 是啊！看看而已！ |
| 李清照 | 同一屋檐下,看看又何妨？好！等着。（就腰间取钥匙,交铁叔） |

［铁叔接钥匙下。

| | |
|---|---|
| 李清照 | 请看！（唱南曲【仙吕入双调·园林好】） |
| | 上三代,钟、鼎、鬲、甑, |
| | 下五季,罍、尊、卣、盘, |
| | 父乙彝呵！ |
| | 锈迹斑斓幽暗, |
| | 惊肃穆,叹庄严！ |
| | 惊肃穆,叹庄严！ |
| | 此乃天下之共器,绝非个人可私得！ |
| 铁　叔 | 夫人。 |

［铁叔复上,铁叔还归钥匙。

| | |
|---|---|
| 张汝舟 | （慢慢变脸）钥匙！钥匙！（步步进逼）拿来！ |
| 李清照 | （缓缓后退,怒目）你说的,看看而已！ |
| 张汝舟 | 你已是我的人了！ |
| 李清照 | （摇头）我身我主！ |
| 张汝舟 | 你的东西就是我的东西,你得听我的！ |
| 李清照 | （复摇头）我行我素！ |
| 张汝舟 | 嫁鸡随鸡,嫁狗随狗,嫁个扁担挑着走！你敢髭毛儿？ |
| 李清照 | 赵家旧物,德甫遗存,休想强占！ |
| 张汝舟 | 赵明诚？一个死鬼！我……钥匙,你交是不交？ |
| 李清照 | 不交。 |
| 张汝舟 | 你交是不交！ |
| 李清照 | 不交！ |
| 张汝舟 | 你若不交,我就要……贱人找死！ |

［铁叔、翠环一齐跪地。

| | |
|---|---|
| 铁、翠 | （哀求）老爷手下留情！ |
| 张汝舟 | （对外）小薛、大董！ |

［内应声响亮。二家奴上。

| | |
|---|---|
| 薛、董 | 老爷,何事？ |
| 张汝舟 | 交给你们了！（将李清照一把推出） |
| 薛、董 | 看我们的喽！（挟李清照,下） |

［铁叔和翠环随下。

| | |
|---|---|
| 张汝舟 | 给我狠狠地打！ |

［幕后鞭打声传来。

　　　　　[李远赶来。
李　远　住手！张汝舟，你这是何意！
　　　　　[张汝舟不理睬，气哼哼走下。
　　　　　[铁叔和翠环扶李清照复上。
李　远　（见乃姐身上伤痕，落泪哽咽）姐姐！小弟我对不住你呀！都怪我弄错了！
　　　　张汝舟原本有两个，那一个明州太守，官阶甚高，道德文章都好，近日打听，才知他已经作古！（唱【忒忒令】）
　　　　糊涂涂李戴张冠，
　　　　急切切针嘴乱线……
李清照　且慢，那这一个呢？
李　远　这一个官带右字，显然无出身，他的乌纱帽是妄增举数得来的！
李清照　（大吃一惊）妄增举数？
李　远　是啊，张汝舟这厮虚报了应举的次数，才骗得一个小官……
　　　　（接唱【忒忒令】）
　　　　逾墙钻穴，
　　　　他机关尽算。
　　　　可恨我心混混，
　　　　面团团，
　　　　失聪的耳（呀）失明的眼……
李清照　（喃喃地）他骗来的官……
李　远　我到审计司——（接唱【忒忒令】）
　　　　问过姚度远。
李清照　原来如此！
李　远　（点头）只是，以为弟之见，姐姐还是隐忍了吧！
铁、翠　是啊。
李　远　常言道，嫁鸡随鸡，嫁狗随狗，嫁个扁担挑着走……
李清照　（悲凉）你……
李　远　（点点头）已经嫁了，不隐忍又能怎样啊？
李清照　不隐忍又能怎样啊……
　　　　　[李清照凄苦地向一侧走去……
　　　　　[起冷色光。
　　　　　[一个中年男人悄然显现。
中年男　儿啊。
李清照　（惊呼）爹爹！
中年男　（冷然）当初我就不同意你改嫁！
李清照　爹爹！本朝女子改嫁司空见惯。秦国大长公主，先嫁米福德，后嫁高怀德；荣德帝姬初嫁曹晟，后嫁习古国王。治平年间，圣上颁诏，诏许宗女、宗妇再嫁……
中年男　那是帝王家！（背过脸去）
李清照　大家闺秀、小家碧玉也是一样啊！范仲淹之母，王安石之媳，都是改嫁的！爹爹！
中年男　（回身）我不是你爹！我是男人！女流就该嫁鸡随鸡，嫁狗随狗……
李清照　（故意）嫁个扁担挑着走！
中年男　是啊！嫁鸡随鸡，嫁狗随狗，嫁个扁担挑着走！
李清照　（猛然爆发）我最恨这一句！（唱【沉醉东风】）
　　　　怒难捐，怒目向天，
　　　　恨难咽，恨泪洗面。
　　　　非是我性愚顽，
　　　　惹云招电，
　　　　实可恨这尘寰千年一念……
　　　　　[画外音："嫁鸡随鸡，嫁狗随狗，嫁个扁担挑着走！"
李清照　（接唱【沉醉东风】）
　　　　想古今有多少红颜心酸，
　　　　佳人齿寒，
　　　　莫奈何把恨咽怒捐……
　　　　　[赵明诚行来。
赵明诚　（低吟着《一剪梅》）：
　　　　花自飘零水自流，
　　　　一种相思，两处闲愁。
　　　　此情无计可消除，
　　　　才下眉头，却上心头……
李清照　（闻声泪涌）德甫……（不敢前，怯生生）我对不住你呀！
　　　　（唱【江儿水】）
　　　　想望芝兰苑，
　　　　跌落艾蒿川！
　　　　真个是——
　　　　雨送黄昏歌渐远，
　　　　风卷疏林诗已断，
　　　　恨压丘峰人积怨。
　　　　欲哭无泪惨淡，
　　　　仰惭碧落，俯愧黄泉，
　　　　纵然是漆身吞炭……（倒身跪拜）
赵明诚　清照言重了！（急扶起，唱【五供养】）
　　　　斯时迷幻，
　　　　欠周全、抱恨终天。
　　　　须知真情难再造，
　　　　真爱岂重编？

　　　　　黄回绿转，
　　　　　苦或甘今生兑现。
　　　　　天意乎人愿？
　　　　　一生祸福只一番，
　　　　　安然听命白云端！
李清照　德甫……（感泣，望着赵明诚，唱【玉交枝】）
　　　　　这答儿修眉俊眼，
　　　　　揽书史春诵夏弦，
　　　　　儒冠饱学兼卓见，
　　　　　天生风度翩翩！
　　　　[赵明诚悄然行至另一侧，缓缓转身，却是张汝舟。
李清照　（顿生厌恶，接唱【玉交枝】）
　　　　　那答儿胸无翰墨有机关，
　　　　　败稂恶莠真霉烂。
　　　　　悲莫悲兮吞冤饮冤……（摇头）
　　　　　鸣不默兮仰天呐喊！
　　　　[赵明诚抑或张汝舟，阒然而灭。
　　　　[暖色光起。
　　　　[李清照面无人色。李远和铁叔、翠环围了上来。
李　远　姐姐！
铁、翠　夫人！
李　远　（惊惶）姐姐怎么样了！
铁、翠　（急煞）夫人怎么样了！
李清照　（艰难一吼）我要休夫！
　　　　[一座愕然。
李　远　（唱【好姐姐】）
　　　　　　惊天！
　　　　　　进退两难……
　　　　　　姐姐，古来只有夫休妻，哪有什么妻休夫呀！姐姐你是万万休不得的。
李清照　不！休得，休得。（接唱【好姐姐】）
　　　　　休的是玉中石、人中伪赝！
铁　叔　夫人怎生休得？
李清照　告上公堂！（接唱【好姐姐】）
　　　　　盼得个清官公断……
李　远　如今人心不古，世风日下，哪来的什么清官？
铁　叔　（蓦然兴奋）哎！夫人的表妹乃当今秦宰相的内人……
李清照　（摇头）秦桧王氏口碑甚劣，物议忒多。
李　远　还有哪个？
李清照　（胸有成竹）翰林承旨梁丘崇礼！

铁　叔　梁丘乃赵老爷家的亲戚，还是远亲……
李　远　是啊，梁丘为人正派，又是皇上近臣。
铁　叔　我看这官司定能赢……
李　远　（忽然大喊）哎呀不好！姐姐呀！大宋刑律，妇告夫，当坐，二年。
　　　　（接唱【好姐姐】）
　　　　　长年禁在监，
　　　　　冤何遣？
李清照　在监？（接唱【好姐姐】）
　　　　　便矜持佳句魂犹断，
　　　　　更约束铁窗死不甘！
翠　环　（忿忿然）赢了也坐监，这是什么王法？！
铁　叔　（叹息）难道女人不是人么！
远、翠　是啊！
　　　　[李清照挥手。
　　　　[李远率铁叔、翠环退下。
　　　　[青年女子突兀而现，笑盈盈走来。
李清照　（发问）女人是人吗？
青年女　（反问）什么叫人？
　　　　[李清照语塞。
青年女　我只见过张三李四王二小，只见过淑芳、秀英、小丽华，没见过什么人！
　　　　　倒是你把汉字排列出来，叫作诗词什么的，兴许会留得长久些，不过，那些东西也可以改来变去……
李清照　（一提起文字，便骤生兴趣）噢？改来变去？
青年女　对，如同改嫁！不信我们就试试，你念一首旧诗！我改一首新诗！
李清照　（点头）《如梦令》！（念）"常记溪亭日暮"……
青年女　（念）"常记溪亭夕照"，改了！
李清照　韵也改了，御遇改啸效，（念）"沉醉不知归路"……
青年女　（念）"沉醉不知还棹"。
李清照　还成。（念）"兴尽晚回舟"……
青年女　（念）"兴尽晚归航"……
李清照　（念）"误入藕花深处"……
青年女　（念）"误入藕花泥淖"！
李清照　勉强。（念）"争渡，争渡"……
青年女　（念）"喧笑，喧笑"……
李清照　（念）"惊起一滩鸥鹭"。
青年女　（念）"惊起一滩禽鸟"！
李清照　改是改得，到底还是原来的好。
青年女　（莞尔一笑）也如改嫁，未必胜于原配。

李清照　（愣怔着,望着对方,质问）你从哪里来？
青年女　从来处来。
李清照　到哪里去？
青年女　到去处去。
李清照　（仰望,忽来禅机）万古长空……
青年女　（立时应声）一轮明月。
李清照　（突兀）漆黑一片,何来明月？
青年女　（反诘）若无明月,何来清照？
李清照　若无明月,何来清照！
　　　　［青年女子阒然而灭。
　　　　［李清照独立凉秋。

## 第三折　讼　婚

　　　　［南宋绍兴二年壬子九月间,某日。
　　　　［临安,翰林承旨梁丘崇礼官衙公堂。
　　　　［四壁质素,栋宇无设饰,而刀枪在架,刑具连墙。
　　　　［梁丘崇礼端坐正中,二公差分列。
梁丘崇礼　（诗）有髪头陀寺,
　　　　　　无官御史台。
　　　　　　清风盈两袖,
　　　　　　块垒上孤怀！
　　　　　　传原告张李氏上堂！
众衙役　张李氏上堂。
　　　　［喊堂声起。
　　　　［李清照上。
李清照　（更正）原告李清照。
梁丘崇礼　（冷漠）原告张李氏。
李清照　（固执）李清照。
梁丘崇礼　（厉声）张李氏！跪下。
李清照　（隐忍,跪下）大……人！
梁丘崇礼　你可知大宋朝的刑法？妻告夫,夫罪成立,妻当连坐二年……
李清照　（点头）《刑统·名例律》。
梁丘崇礼　如此,你还告状么？
李清照　荷尽尚存擎雨盖,菊残犹剩傲霜枝。（坚定地）告！
梁丘崇礼　（少顷）起来讲。
李清照　（站立）谢大人！（唱南曲【越调·小桃红】）
　　　　　状书一纸泪斑斑,
　　　　　呈与仁人看（也）！
　　　　　问苍茫,
　　　　　九霄大路起尘寰,
　　　　　应有再生天。
　　　　　为甚的雯儿暖,
　　　　　雯儿寒,
　　　　　雯儿怛,
　　　　　兀的前程断（也）！
　　　　　怕只怕躲了泥淖撞着深渊？
　　　　　想那破不剌的铁窗呵,
　　　　　无挽髻、罢描眉,
　　　　　难问春,不知年……
　　　　［一束白光打在李清照身上,一束红光打在梁丘崇礼身上。
梁丘崇礼　（阅毕状纸,高喊）传证人！
众衙役　证人上堂。
　　　　［李远、翠环、铁叔鱼贯而上,跪地。
李翠铁　参见大人。
梁丘崇礼　证人李远、李翠环、赵铁,你们能举证张汝舟骗婚、虐妇、谋财？
　　　　［李远、翠环、铁叔一齐应声。
李　远　大人！当时李清照病入膏肓,神思恍惚,蚂蚁认作黄牛,蚊子当成仙鹤,哎呀大人！家中早已备下棺木,只待大限到来……（唱【下山虎】）
　　　　　伊哪里认清善恶,
　　　　　辨得伪真？
　　　　　名曰秦晋配,
　　　　　实为吴越婚！
翠　环　大人,张汝舟私设公堂,殴击侵凌！（接唱【下山虎】）
　　　　　弱主妇肉绽血淋,
　　　　　恶家奴鹤煮琴焚。
　　　　　大才女直如一布裙,
　　　　　苦泪何时尽！
铁　叔　大人！张汝舟名为求亲,实则谋财！（接唱【下山虎】）
　　　　　张氏谋（呵）赵氏珍,

　　　　　　巧偷豪夺孰为甚……
梁丘崇礼　你是说张汝舟谋夺赵家的珍宝,最珍贵
　　　　　的……
铁　叔　父乙彝!(接唱【下山虎】)
　　　　千珍万珍,
　　　　唯有此彝无价珍!
　　　　[一时静场。
梁丘崇礼　(旁白)父乙彝?圣上数次问过此宝下
　　　　　落……(唱【五般宜】)
　　　　　古之钟、鬲、鼎,绿幽幽,商尊夏尊,
　　　　　今之宫、殿、阁,黄灿灿,人昏国昏。
　　　　　好古器最是九五尊,
　　　　　千念万念,奇珍异珍……
　　　　[梁丘崇礼一挥手,翠环、铁叔起立,复归原位。
梁丘崇礼　传张汝舟上堂。
众衙役　张汝舟上堂。
张汝舟　参见大人。
梁丘崇礼　张汝舟,李清照指控你犯下三条罪状:骗婚,
　　　　　虐妇,谋财。证人作证,你知罪吗?
张汝舟　哈哈哈哈哈!(狂笑不已)
梁丘崇礼　你笑什么?
张汝舟　我笑大人枉当了翰林承旨!
　　　　["啊——!"喊堂之声聚起。
张汝舟　(改口)我是说,大人博学鸿词,况又明镜高悬,
　　　　怎会被这班小人蒙蔽?
　　　　大人明见,何为骗婚?必是一方蓄谋而一方不
　　　　察。张李联姻,先有玉壶作证,嗣后团茶定情。
　　　　结缡之际,笙箫琴瑟,爆竹烟花,一应俱全,哪
　　　　里来的骗婚?呶呶呶,(取出礼单)赤绳系足,
　　　　下聘的礼单犹存;鸾胶续弦,合卺的傧相仍在!
　　　　眼下这帮证人,当时个个食客,满嘴流油,没少
　　　　撮呀!列为可是有的……(接唱【五般宜】)
　　　　俺这厢情真意真,她那厢妇人小人!
　　　　子曰,唯女子与小人为难养也!(接唱【五般
　　　　宜】)
　　　　难养也,背义忘恩。
　　　　望高台,怜孤枕!
　　　　[李远等证人一齐失语。
梁丘崇礼　适才证人作证,李清照病革之时,蚂蚁认作
　　　　　黄牛,蚊子当成仙鹤……
张汝舟　大人!她的词中还说什么绿肥红瘦,红花绿
　　　　叶,竟能分出肥瘦!胡诌呗!
梁丘崇礼　好了!你虐待妻室,谋夺宝器,可是有的?

张汝舟　(反诘)敢问大人,三纲中可有一条,夫为妻纲?
　　　　[梁丘崇礼点头。
张汝舟　三从中可有一条,出嫁从夫?
　　　　[梁丘崇礼复点头。
张汝舟　(堂而皇之)既然夫为妻纲、出嫁从夫,汝舟依
　　　　凭国法家规,管教妻室,谈何虐待?李清照既
　　　　已出嫁,便是我张门李氏,一切书画古器,无非
　　　　陪嫁之物,谈何霸占?(唱【五韵美】)
　　　　我纵严苛,
　　　　失分寸,
　　　　也亲疏有别知远近,
　　　　(故意向李清照嬉皮笑脸,接唱【五韵美】)
　　　　算拙夫可喜还堪恨!
　　　　(转向梁丘崇礼)大人!(接唱【五韵美】)
　　　　家务事清官不问,
　　　　抬望眼世无尧舜!
梁丘崇礼　(接唱【五韵美】)
　　　　　口若河、舌如刃,
　　　　　十足巧伪人!
　　　　　更无赖佛面刮金,
　　　　　佛头着粪!
　　　　　张李氏,被告人言说,张家家务事,清
　　　　　官也断它不得,你还告得么?你还告
　　　　　得么!
众衙役　告得么!告得么!告得么!
李清照　(一时无语)天呐!(黯然泪下)
　　　　[暗转。
　　　　[女声吟唱《声声慢》
　　　　满地黄花堆积,
　　　　憔悴损,
　　　　如今有谁堪摘……
　　　　[李清照孤零零站立。
　　　　[中年男人行来。
中年男　李清照,你还告得么?
　　　　[李清照无语。
中年男　你的官司输了!你以为,是张汝舟巧舌如簧、
　　　　浮言似锦?你以为,是梁丘不肯主持公道、仗
　　　　义执言?不!是他们身后有一个男人的壁垒!
　　　　[青年女子走来。
青年女　是男人的天下!左一个三纲五常,右一个三从
　　　　四德,这就是男人的武器,进可攻,退可守!
中年男　张汝舟赢定了!你还告得么?(悄然而逝)
李清照　我还告得么?(痛苦、屈辱、无助,一齐袭来,复

泪下)
青年女　(睿智地)告得。告得。告得!
李清照　告得!
　　　　［暗转。
梁丘崇礼　张李氏!
李清照　(信心十足)罪妇在!
梁丘崇礼　为何自称罪妇?
李清照　妇人来到人世间,便是罪人。
梁丘崇礼　(不置可否)我再来问你,你还告他骗婚?
李清照　(摇头)不。
梁丘崇礼　那你告他什么?
李清照　我告他骗国!
梁丘崇礼　(一惊)什么?
李清照　骗国!家国的国!
张汝舟　(一愣,复自嘲)我家都骗不了,还能骗国?(怒骂)贱人!
梁丘崇礼　(制止)公堂之上,不得危言耸听!
李清照　罪妇告的并非家务小事,乃是邦国大事!
梁丘崇礼　嗯,讲来!
李清照　请大人恕过罪妇冒犯之罪,方敢讲话。
梁丘崇礼　也罢,本官恕过就是了,你且讲来。
李清照　(拜谢)谢大人!敢问大人,可是科举出身?
梁丘崇礼　(自豪地)那个自然!本官乃皇宋政和七年,丁酉榜,进士及第!
李清照　既然科举出身,必知举子授官之道……
梁丘崇礼　(依旧自豪)然也!举子授官,科举身份必定堂堂正正,不得含混!
李清照　倘若屡试不第,就不得授官,可是么?
梁丘崇礼　当然!(思考,有顷)哦,也有别样的。
李清照　(追问)什么样的?
梁丘崇礼　应举次数累计到一定程度,也可授官的,那叫作累增举数。
李清照　哦!累增举数。倘若虚报呢?
梁丘崇礼　怎能虚报!
李清照　果真虚报了?
梁丘崇礼　那叫作妄增举数。
李清照　妄增举数。涉嫌犯罪吗?
梁丘崇礼　当然!
李清照　何罪?
梁丘崇礼　欺君罔上!
李清照　如何处置?
梁丘崇礼　革职查办!
李清照　(点点头)大人!今有一人呵——(唱【忆多娇】)胸少墨,

人缺德。
隐介藏形造履历,
妄增举数欺邦国。
请清君侧,
请清君侧,
奸究当须革职!
梁丘崇礼　谁人?
李清照　张汝舟!
　　　　［一座愕然。
　　　　［梁丘崇礼察知事体严重,站起身来。
　　　　［张汝舟始料不及,瞠目结舌。
梁丘崇礼　(遽醒过来,喝令)张汝舟!
张汝舟　呃,在!
梁丘崇礼　妄增举数,可是实情?
张汝舟　大人!(强辩)李清照乃一介女流如何知道科场始末?她……给我扣屎盆啊!大人!我是有官文书的呀!
李　远　(大胆上前)大人!张汝舟的官文书是伪造的!
梁丘崇礼　李清照!你如何知道张汝舟妄增举数?
李清照　大人!审计司姚度远大人详知他的底细,可作证人!
梁丘崇礼　(沉吟,立下决心)传姚度远!
众衙役　传姚度远!
　　　　［内声:"传姚度远!"
　　　　［隐隐画外音:"妻告夫,当连坐,二年……"
李清照　(沉着,昂首)李清照愿从大宋刑律!(伸出双手,作被铐状。)
　　　　［女声吟唱《声声慢》
守着窗儿,
独自怎生得黑……
李清照　(望虚嘱咐)弟弟!那件古器,传承着华夏文脉,你要保管好哇!(复前行,忽有发现)德甫!
　　　　［赵明诚兀立眼前。
赵明诚　(向李清照行来)大哉清照!伟哉清照!吟诗评词,你敢褒敢贬,谈婚论嫁,你敢从敢弃,直行曲施,逆见错出,何其横也,古往今来有多少美貌才女,只有你做到了!
李清照　(惊喜,感泣)可是,我坐牢了!
赵明诚　(摇摇头)可是你解脱了!
李清照　解脱?解脱了张某舟,只是我拼命保下的书画、古器,怕是难逃风雨摧残!
赵明诚　(叹息)我华夏文物没入大水,毁于兵燹,还少

　　　　　吗？（唱【斗黑麻】）
　　　　　你不必神虑心焦，
　　　　　骨瘦形销！
　　　　　造物者公道，
　　　　　得与失不差分毫。
　　　　　昨团聚，
　　　　　今飘消。
李清照　我懂了！（接唱【斗黑麻】）
　　　　　寻常见抽条晨朝，
　　　　　辞枝晚照，
　　　　　人亡锦袄，
　　　　　人复得绣袍。

　　　　　（哎呀）恨阴阳两界萧骚……
赵明诚　（接唱【斗黑麻】）
　　　　　恨阴阳两界萧骚……
赵、李　（接唱【斗黑麻】）
　　　　　相思处风高月小！
　　　　　相思处风高月小！
　　　　　［赵明诚悄然隐没。
　　　　　［李清照伫立仰望……
　　　　　［女声吟唱《声声慢》：
　　　　　梧桐更兼细雨，
　　　　　到黄昏、点点滴滴……

## 第四折　心　警

　　　　　［若干时日后。
　　　　　［衢州李清照寄居处。竹篱茅舍，白石清溪。
　　　　　［庭前，铁叔与翠环正在闲话；帘内，隐约有人
　　　　　在写作。
翠　环　这案子好生奇怪！夫人坐监不是二年，只关了
　　　　　九天就放了出来，梁丘大人可真仗义……
铁　叔　什么仗义！（低声）少主人把父乙彝送到梁丘
　　　　　府上……
翠　环　送到梁丘府上？
铁　叔　（不置可否）说是存放，少主人说怕张汝舟
　　　　　抢走。
翠　环　那不就是送礼吗？
铁　叔　（复摇头）梁丘不敢私吞！我猜，是上面的……
翠　环　梁丘大人上面？皇上？
铁　叔　皇上是个古董迷！你记得吗？赵明诚赵老爷
　　　　　过世才几天，皇帝身边那个御医，特别霸道，叫
　　　　　王什么的……
翠　环　叫王继先！
铁　叔　对！王御医出价三百两黄金，要收购赵明诚赵
　　　　　老爷全部金石书画，易安夫人不肯。你想想，
　　　　　王御医哪有那么大谱？他是替主子蹚路！
　　　　　［李清照走来，一手握卷。
李清照　（念）旧时天气旧时衣，
　　　　　　　　安得情怀似旧时？
　　　　　［李远兴奋地走来。
铁、翠　夫人。

李　远　姐姐！告诉你一个好消息！
铁、翠　（聚拢来）什么好消息？
李　远　皇上亲自过问了，张汝舟削职为民，贬到广西
　　　　　柳州去了！
翠　环　好啊！
铁　叔　活该！
李　远　这个张汝舟，太会装了，竟把我与姐姐都瞒过
　　　　　去了，实实的一个阴阳人！
李清照　（摇头）是我想得太好了！（唱北曲【正宫·端
　　　　　正好】）
　　　　　一江风，
　　　　　千山径，
　　　　　甚时节雨过天青。
　　　　　物情不领人情领，
　　　　　世事波中影。
　　　　　［内声："梁丘大人到！"
　　　　　［李清照、李远赶紧迎接。
　　　　　［梁丘崇礼缓步走来。
李清照　不知大人驾到，有失远迎！
梁丘崇礼　免礼。今日行舟江上，听说易安夫人卜居在
　　　　　此，特来拜访！
李清照　多谢大人枉驾！清照刚作一书，《投内翰梁丘
　　　　　公崇礼启》，哪知大人便到，真是巧极了！（递
　　　　　书信）
梁丘崇礼　（一笑）还有更巧的呢！（唱【滚绣球】）
　　　　　昨宵里风雨猛，

府衙中鬼神惊,
但见那郁纷纷似卿云度轩穿径,
绿幽幽若虬枝藏影潜形……
正在此时,内子来报,父乙彝不见了!(接唱【滚绣球】)
却原来彝化龙上了天庭
空留下七宝匣落了孤零!

[一座半晌无语。

李清照　（打破沉默）化龙飞天……赵氏命中注定,无福消受这绝世珍奇。莫非是天意!

梁丘崇礼　是天意!（向内招手）

[公差捧七宝匣上,交与李清照。

梁丘崇礼　（对李清照,似乎自剖心迹,接唱【滚绣球】）
看门前一溪波静,
每思忖濯却尘缨。
入眼来无声诗(也那)有声画,
一卧田园万事轻,
思陶令,山也青青,
念屈平,水也清清!

李清照　（不由泪下）得时节是何等艰难,失时节却如此容易! 天意……

梁丘崇礼　（不敢置词）哦!崇礼告辞了!

[李远率铁叔恭送梁丘崇礼,与之同下。
[忽然间,掠过一阵天真烂漫的笑声,是一个少女的笑声。

李清照　（神往）好似我儿时的笑声!那天真烂漫的笑声!久违了!

[翠环随之行去。
[离家已远,突现白石清溪。
[燕儿坐溪石上,赤足濯清流。

燕　儿　（顾盼自若,朗声背诵《如梦令》）"昨夜雨疏风骤,浓睡不消残酒。试问卷帘人,却道海棠依旧。知否?知否?应是绿肥红瘦。"（说到"绿肥",手指树木;说到"红瘦",手指自己）

李清照　（一时忘忧,笑对翠环）知是哪家的女孩儿?

翠　环　夫人,这是邻村孙家,也是诗书门第,她还有一个小弟,姐弟俩,都好生可爱。

李清照　（遥想）宛如当年历城李家,也是姐弟两个……（上前,亲热地）小妹妹,怎么不去做女红针线?

[燕儿摇头。

李清照　荡秋千?

燕　儿　秋千?（背诵《点绛唇》）"蹴罢秋千,起来慵整纤纤手。露浓花瘦,薄汗轻衣透。见有人来,袜刬金钗溜。和羞走,倚门回首,却把青梅嗅。"

李清照　（又一笑,更上前）你可知晓双溪吗?那是个好地方。丽泽祠前,可以泛舟……

燕　儿　（应声而出《武陵春》）"闻说双溪春尚好,也拟泛轻舟。只恐双溪舴艋舟,载不动,许多愁!"

李清照　载不动,许多愁!（开心地笑了起来）哈哈哈哈!

燕　儿　（也开心地笑了起来）哈哈哈哈!

李清照　请问,这愁该有多重呀?

燕　儿　（奇怪地看着李清照）你是成心还是糊涂?这是填词!

李清照　哦,填词。你可知晓这些词是哪个写的?

燕　儿　李清照!

李清照　（陡起杏坛绛帐之思）小妹妹,我教你填词,像李清照那样可好?

燕　儿　（脱口）好!（犹豫）唔……（摇头）不好……

李清照　（疑惑）怎么说?

燕　儿　（调皮地）好,不好……不好,好……

李清照　（嗔笑）这个丫头,到底是好还是不好?

燕　儿　唔……（坚定地）不好。

李清照　（不无失落）这是为何?

燕　儿　母亲说,女孩儿家无须要才情,不要像李清照那样,晚节不保。

李清照　什么?

燕　儿　不要像李清照那样,晚节不保。（说完蹦跳着越过小溪,远去）

[画外音:"晚节不保!晚节不保!晚节不保!"

李清照　（木然呆立,唱【叨叨令】）
霎时间花儿草儿,
黯淡了红红绿绿的俏,
多少篇词儿赋儿,
失却了婉婉约约的妙!
可怜我心儿胆儿,
又响起凄凄冷冷的调,
怎生得锛儿凿儿,
重开我混混沌沌的窍!
兀的不闷煞人也么哥,
兀的不愁煞人也么哥!
甚时候星儿月儿,
光找我寻寻觅觅的道!

[李清照仿佛被固定在溪边。
[天色将晚,暮云漠漠。

李清照 （似若无闻,仰望长空）德甫,我的心思恐怕只有你懂!

［李清照慢慢地往回走……

［女声吟唱《声声慢》：

这次第,

怎一个愁字了得……

（剧终）

## 国家艺术基金资助项目、北京市重点支持剧目《李清照》研讨会

**凌金玉**：欢迎大家的到来。北昆近年来推出了一系列有影响的剧目,应该说北方昆曲剧院正处在一条正确的轨道上。前天看完了《李清照》,咱们就开研讨会。

**郭启宏**：我讲三点,第一点,过程不说了,李清照这个事情大概最光彩的就是在南渡之后,展现了人品、人格,比如说意识流等等,这是一点。第二点我觉得艺术品,尤其搞昆曲,必须提出这个问题,必须严格按照传统的昆曲模式,我这不能含糊了,所以我讲这个问题,选取从套数到曲牌,严格按照昆曲来讲。这要求从古文学到音乐必须这样做。第三点,现在写昆曲应该有现在的意识、现在的观点。因此也应该有所创新。从导演上也做了工作,有的包括古代之说,西方的说法,不能离开这个本。还请专家说。

**沈斌**：我们本子就是昆曲本,所以昆曲导演找它最合适了。它就是高雅,高雅在什么地方？它整个结构,展示在博弈,因为古不成久,但是新不能离本。我们创作原则要在,创新创新,你们要原汁原味,我说都是片面的,咱们只能在继承中往前面走,这个艺术性的东西就是我们昆曲的品位。我来采用一个人物张力,人物出来了,还有她舞态的呈现等方面。昆曲就是要有跟人家不一样的东西。现在剧种多杂,它自己本体的东西越来越单薄,这个现象我也导过很多地方戏,我再根据戏的分析,剧种个性没有了,它的声腔艺术,从创作说,从演员各方面都讲了,是用昆曲的表演手段塑造人物。

**沈世华**：我抛砖引玉,我说这个戏在短短的时间内能排成这样,从无到有,太不容易了。因为我们都是演员出身,这是最主要的一点,这个戏北昆这次找对了人,这是最主要的。找对了剧本,可以说郭老师在当今来说就是他了,他能写出的是真正昆曲的样子,首要是剧本,因为一切都是从剧本出发。然后又找对了导演,二度创作的导演。它不是找话剧导演,一找了话剧导演这个戏就变味了,所以找了沈斌,在当前来说,他在昆曲界导演中确实是可以称得上一流的。他排过那么多戏,而且又是从小就学昆曲的。

**顾卫英**：通过表演这个戏,我认为提高很多。因为这个昆曲的《李清照》按理说是纯粹的正旦戏,那么要演出这么一个将近50岁的人,你想《牡丹亭》中的杜母都还不到这个岁数,李清照与杜丽娘,在声音、眼神和体型的呈现等方面都不一样。所以我认为通过这个戏,我和这些年轻演员们都提得非常快。大家都很认真,是在潜心进行创作。

李清照被打,打的声音很惨,出来却还好好的。被打之后需要有更加明确的表现。还有就是字幕上应有所表现,现在好像突然丫鬟出来,说张汝舟想谋家产什么的,突然弄了一句,观众不是很清楚。最好能字幕交代一下。这次的《李清照》十分具有昆曲的儒雅,同时也有些不足之处。我现在是抛砖引玉,说一点。

**钮骠**：我们看了这个戏太激动了,感觉是这么多年来,北昆排的戏中最好的,我认为也可能其他没看吧。主要是创作的团队选择得非常好,你比如说启宏兄的剧本,他有丰富的经验。而且现在剧作家里头,能够写昆曲的已经是很少很少了。

当代应该说启宏兄是写昆曲的佼佼者了,因为他受过名师传授,是写最好的,写昆曲戏不是你诗词有这个修养就成了,你写的是曲。这个曲跟诗跟词不一样。启宏本人就是曲人,就是词人,当然写得很好。而且我们这个戏所表演的人物,塑造的人物是一个古代的才华出众的、卓尔不凡的女诗人,我觉得这才对路,不是让一个俗人去写,我个人认为只有昆曲能够表现,有些小的地方戏剧种表现不了,《李清照》这个只有昆曲是对路的,是最合适的。今天要把《李清照》立在舞台上,立起来,要用昆曲。作家是能够做到这一点的,而且做得很好。

再有就是选导演,沈斌同志是学昆曲出身的,他又在剧院当过导演,拜入李紫贵门下,是行家里手的导演。我们有的戏请的是要作秀、玩昆曲的一个话剧导演在这客串,有这样的戏剧,所以我管那样的戏叫"游戏",我们不是,我们很严肃,很正规的。昆曲的味,昆曲的神,昆

曲的韵都在维护着，可以是守望着昆曲进入家园。我记得前年在上海，张铭荣办专场的时候，我们做串场的嘉宾。当时我们就说昆曲应当培养一些"张铭荣型"的导演。这样我们就不再去麻烦人家话剧导演了，也希望昆曲人来拍昆曲戏。演员再去大显身手，也不会离开自己。这一点我感觉到，导演选得是好的。所以一般看演出前我先看说明书，如果一看说明书上是一个话剧导演我就担心。

再有这个作曲选得也对，周雪华是非常有经验的一个作曲家，祖辈、父辈都是在这个圈里的，她可能很小的时候受到熏陶，她是沉浸在昆曲音乐里面，所以她作出的曲子我听着是昆曲。这一点作曲选得对。再有，艺术指导选的是张静娴，这也是对的，这个角色不能让闺门旦代言，她的年岁跟她的身份、气质都是正旦代言。在辅导方面，张静娴会用正旦表演的规格去辅导。

舞美也是很好的，很干净、很简约、很大方、很美，而且没有加转台，其实按《李清照》的内容，加个转台很容易，一变的时候换灯光了，就转过去了。但这个戏没有那些转的平台，就是在干净的舞台上，这个是我们昆曲导演做到的。服装也都很美，我觉得整个舞台都是完美的，给人感觉到它的神韵。北昆在创作团队的选人用人方面做得好，打得响，因为什么呢？我们演员要塑造的人物是三个，一个是形，一个是神，一个是戏。也就是造型、传神、写戏。你怎么表现呢？是才、慧、智。智，能够表现出来，成为立体的李清照，这一点顾卫英你做到了。这个戏应该说立得住，李清照立住了，你演员就立住了，观众就承认了，一提李清照就是顾卫英，一提到俞振飞就是李白，你提到杨贵妃能把梅兰芳忘了吗？我觉得一个演员在这一生，你要能成功地塑造几个活生生的角色，要能够立得住，不在于多，吃多了嚼不烂，你真正精雕细刻，精益求精，千锤百炼，最后这个人物就是属于你的。

我感觉编剧、导演也对得起主演，而主演的舞台呈现也对得起编剧和导演。戏剧人生，就是这样。所以我认为北昆这个戏最值得肯定，选人选得得当，选得好。曹颖先生也在这儿，我感觉将来拍戏一定要注意这个，不要请那些"游戏"家，我用句土话说，准"玩儿完"。这个戏会有生命的，我为什么看了戏以后比较激动，就是因为北昆排了一部传世的戏，今天讲要继承传统，这样才有我们的生存之道。

再有，我有一两个小建议，就是那两件白衣服，我觉得应该改红。如果是一片白的话不如一点红，那多突出，罪衣罪裤那多好。我们这场要是穿上红的罪衣罪裤不违规，后来舞蹈起来一片白中一点红，现在不突出了。我建议，改一件红的罪衣罪裤，李清照在监狱里头正好穿这个。再有一点就是官上来官办官事儿，他在坐堂的时候，审案的时候那样的穿戴没关系。等到再来找李清照的时候，最好穿类似开氅，戴学士巾。要有这个区别，在穿戴上还要讲究一些。还有一个"女红"，念的"女红（gōng）"是对的，有些人很容易念成"女红（hóng）"了，顾卫英念"女红（gōng）"是对的。

沈世华：我补充一点，舞台设计那么年轻。你原来是哪儿的？

凌金玉：舞美的教授。

沈世华：还有那个配器，也那么年轻。

凌金玉：中国戏曲学院作曲系毕业的。

钮骠：这位（张莹）编舞老师也很年轻。

沈世华：是啊，我一看都那么年轻，连配器都是年轻的，特别的兴奋，这次年轻的演员都上了，虽然他们的基础我也了解。导演是辛苦了一点，但是他们演员有创作的激情，这一点不容易。

钮骠：配器用的基本都是昆曲的曲牌变化的，因为现在的戏，一般都是好像必须要创一首别人没排过、别人没有过的音乐。而有那么多曲牌、那么多音乐却不用，然后再加一个伴唱、加一个戏歌，就是这样。我觉得都是不对的，这个戏我们就避免了。我听着整个的音乐，整出戏，就是昆曲。

刘侗：非常仓促、非常荣幸地看了这部《李清照》的作品，老师们谈得非常好，沈老师和钮骠老师，我把我的学习心得向郭老师汇报，祝贺北昆的这一大收获，我听说顾老师可能要加盟到北昆去了，可喜可贺，也祝贺您心愿所成。第二个祝贺北昆收获了一出好戏，真的是一出好戏。顾老师表演非常细腻，对人物的刻画非常有层次，非常到位，表演有张力。李清照这样一个有骨气、有理想、有才华、有情怀的女性，刻画得应该说十分准确。

这个戏从文学到唱腔、音乐，到舞美到导演的舞台处理，我认为都是非常高水平的一台创作。演出整体来说非常完整，体现了一个优秀作品基本的素质。剧本是郭老师的作品，郭老师是我的老师，我是从郭老师那儿开始启蒙的，郭老师的剧本结构非常严谨，紧紧地抓住李清照离婚这一历史性的事件进行了缜密的情节编织，对两个丈夫巧妙地进行了一个情节化的处理。一个在现实中，一个在李清照的心里面，这里处理得非常巧妙。在查阅了大量的史料之后，处理起《李清照》这个故事来，真的是非常困难。

李清照的一生是非常悲剧的一生，非常的不幸，赵明诚的父亲和她的父亲,曾经被逐出赵家门,李清照幸福的时候是在青州那里。赵明诚要出世做官,来青州做知府,那时候又傍上一个歌妓。李清照知道这个事儿以后非常苦恼,作了非常多婉约的词,李清照在情感上是很不幸的。把这两个人婚姻的困难和爱情的处理放在这一段里面去写,我觉得郭老师功力非常深。

赵明诚实际上是李清照用一生的心血培养起来的一个男人,包括他在做江宁知府弃官而逃的时候,在李清照的感召下,重新悔过,重新向朝廷认罪。一个男人的成长,在李清照的关照下,完成了自己人生历史的一个过程。两个人的爱情还是比较深刻的。从李清照和赵明诚、张汝舟的关系来说,她肯定是非常怀念和赵明诚的情感生活。张汝舟的出现只是给了她一丝安慰,仅此而已。两个人没有情感基础,她也不是贪恋张汝舟的官位,因为李清照的父亲和公爹都是很高的官。

在这戏里边,张汝舟用什么赢得李清照这颗心,这可能是比较值得讨论的话题。张汝舟的确是一个财迷,他知道李清照拥有了赵明诚死后的全部的家当,赵明诚是金石玩家,也是收藏史上非常出名的金石玩家,收藏的宝物无尽,死后虽然在战火中被焚毁了一部分,但还有一部分被李清照运到了江宁,一直在李清照身边保存着,后来又被盗。这么一个财迷在得不到李清照这些宝物的情况下,反目成仇。这是李清照的婚姻破裂很关键的一点。张汝舟最终用他残暴的方式虐待李清照,还是要获取这些古玩和珍宝。

李清照在郭老师的笔下非常鲜活,非常生动地挺身而出。在郭老师这个作品里面,李清照不仅仅是李清照这个人物,而是已经代表了广大封建统治下面的中国女性的一种抗争,一种向封建王朝统治的宣战,对人性和人权的一种捍卫。"公堂"那场,表现出了李清照是有尊严的人,是一位追求理想、追求真感情的人,是一位捍卫人权的人,她就是这样一位伟大的女性。所以这个戏确实给我们留下了非常深刻的印象。我看戏看得比较少,它也是在近年来舞台上,我看到的戏里边非常优秀的一部好作品,给了我们很多的启迪。

有两点小的建议:一个就是在这个戏里面李清照的个人命运和南宋王朝的这种社会关系,这种环境的关系好像没有特别多的一种渲染,其实李清照的命运跟北宋王朝的命运,北宋初期的腐败、不稳定,有着非常密切的关系。李清照婚姻的不幸也是国家命运的不幸。家国情怀在李清照身上都体现出来了。有没有可能在后面加工的过程中把北宋、南宋历史的变化再点染一些?这是一个小的建议。

再一个,关于"诉讼"那场,李清照在大堂上进行了对张汝舟的申诉。申诉完了以后,其实李清照是拼着50岁的性命上了公堂,那时候一个女人没有随便的权利提出离婚这个主张,她要为此付出代价,代价就是坐牢,但即使这样,她也要离这个婚,因为这个婚就是一个坟墓,就是一个不可生活的火坑。李清照上了公堂,当她表达完了自己要离婚的这个理由的时候,她已经用尽生命的能量,应该说完全的一种凄苦也好,决绝也好,总之在公堂上可以晕倒的,甚至可以把自己的心血全部都泼洒到公堂上去抗争命运不公的安排。这样一个情况,也应该为我们的舞台处理提供一些便利。在舞台上,接下来认证的时候,李清照很尴尬,在公堂之上给她安排了一个下场的气口,也就是说她拼尽了全部的气力,晕厥在公堂之上。再一个,我是在一层看演出,看到乐池里面好多脑袋,还有巡视的脑袋出现在乐池里面,非常显眼。随着指挥棒的活动,他还调整身体的姿态。演奏者也是,也要随着音乐的演奏要调整自己的姿态,就像一群演员在那去争夺观众的目光。乐池里面乐队的演奏者们,一定要把全部的身体隐藏在乐池里边。不可露出一根毛发,这是演出中的归置,建议你们注意。谢谢!非常祝贺你们有这样一个好作品。

周传家:半年之前我听说要搞《李清照》这么一个戏,这个戏是相当难搞的,前天晚上看了以后,感到了巨大的惊喜。我觉得这个戏从剧本、从舞台呈现、从舞台调度和演员的表演几个方面来看,都是非常完整,非常成功的。可以说是一个既清新又古朴,既传统又创新的一个剧目。这个戏的成功首先来自于剧本,我没想到郭启宏兄70多岁有如此的创造活力,如此精力满满,我感觉受到鼓舞。他对这个剧本操作自如,从中可以看出他的才情,他的激情,他对古典文学、对传统中华文化的熟悉的程度,他对昆曲的宫调、套数,对格律的掌握,是一般人所不能达到的。这个戏又"新"又"旧",既有人物,又有心理。郭启宏兄采取了心理的表现形式,包括一跳出来,这种布莱希特处理的方式,经过导演沈斌先生的处理,基本上是完整的,是流畅的。这是相当不容易的。他保证了昆曲最根本的特点,而且不拒绝心理的表现手法,或者是表现形式。他运用得那么自如,我觉得十分难能可贵,他没有大力制作,也没有各种离奇的处理方式,这一点很难得。

这个戏的演员我觉得是找对了人,我觉得顾卫英经过这么多年,得到了一种沉淀,一种反思,一种历练。从作为南方来到了北方,从南方苏州昆剧院的精英,到北方教书,我觉得她内在的东西提高了很多,她有很大的提高。我觉得更重要的是内在的，从行当来说，她作为张静娴的真传，人物满脸的沧桑，一种执着，而且加上细腻的表演，当然她的扮相很端庄，气质高雅，加上清脆的嗓子，规范的唱腔，我觉得她把这个人物演绎得非常到位，我觉得非常贴切。如果她在更小的地方，比如"公堂"那场的服装再改为这个罪裙就更好了。总而言之，我知道演员张贝勒坏透了，演得很到位的，我原来觉得这个人物有一些脸谱化，现在经过反腐斗争，他们的丑行一点不夸张，就是这种人，就是这种气质。而且我觉得赵明诚嗓音特别美，听他唱真是一种欣赏，真是一种享受，嗓音美而且气质也很好，当然李远就嫩了一点。另外，我觉得这个剧本刚才刘侗先生对《李清照》已经说得非常清楚了。

我对李清照的了解是不够的，李清照这一生主要是前后两期，在前一期是书香门第、闺阁少女，她享受了最美的生活，她的青州10年在我印象里不是特别的清晰了，在诗词当中青少年是很美的，他们在一起玩耍，在一起写诗，李清照的确是最美的、最幸福的一个女性。她是一个幸运儿，但是时代的变化，国破家亡，再加上她的父亲惹上官司，刚才刘侗说应当加上南北宋的外部环境，我觉得郭启宏兄很巧妙地避免了这个缘由之争也是可以的，不加那个也好，主要加上外敌的入侵，朝政的腐败，这样就够了。从前一段过渡到后一段，李清照的生活发生了巨大的跌宕变化，所以她那种天真，那种烂漫，那种单纯，遇到了这么一个世道，一个反复无情的世道，变幻了政治风云，在这个情况下，不是只做一个小女儿，非常可怜地到处去祈求，到处希望得到人们的怜悯，在这里反而显示出的是她本质的特征——坚毅刚强。所以她看不上男人，看不上很多男人。

再一个，她写的"生当作人杰"那首诗，正是因为国难家仇，正是因为这些不幸，反倒激起了她内心深处那种须眉情怀，家国情怀。在这个情况下，造成了极大的反差。这个剧本之所以好，是因为不像过去的很多剧本，写一个人全部的人生，而且不是有意无意地去回避她改嫁、她上告，觉得那个是不光彩的事儿。恰恰郭启宏把这一段编出来，就写这一段，明显导演也是这么说，所以她不是一般的女人，这个女人不能光从表面上看，表面上看是儿女情长，实际上是非常刚强，这一点抓住了中国女人的本质特性，中国的女子其实是最耐磨难的。

中国有名的就这几个女子，李香君这些人，她们都是些女子。这些女子比男人还男人，她们有须眉气。剧情发展到这地步，启宏站出来了，体现他的特点，他就起来提出一个问题：什么是男人？什么是女人？什么是人最高贵的品质？我觉得启宏在这儿站出来一点也不生硬和牵强。所以这个剧本的出新就出在这，不是一般意义上的李清照生活的琐事和经历，而是透过李清照的经历来引导我们像布莱希特一样去思考。这个是深刻的，不是贴上去的，不是观念的平移，不是背书，是很自然的。人家手法很大胆的，因为他"那个人"出来了，那个人是什么人？两次出来的男人，是父亲吗？我觉得用得挺好，一点也不生硬，整个剧不仅有故事，有人物，而且非常有机趣，妙趣横生。你看张汝舟的贯口，那真好，有生活气息，把南宋的那种奢靡的生活，影响着那个时代的生活状态都体现出来了。所以我觉得这些方面都是很好的。

如果要提几个建议的话，第一个建议我跟刘侗是一样的，就是李清照和张汝舟的关系显得多少有点突兀。固然在她憔悴的时候，在她无助的时候，一个男人给她温暖，给她假象，赢得了她的芳心和信任，但好像没有爱的铺垫，没有爱，却还是和他一起继续生活，这一点还是应该有点思考的。再一个就是说，对张汝舟真面目的发现，应该多一点点笔墨，她是怎么发现张汝舟丑恶的内心的？张汝舟的言行已经表现出他不是一个正人君子，但是他丑恶的内心对男人的生活方式来说，浪漫一点也能够接受，但前提是他是一个好人。

钮骠：张汝舟像一个二面，不像小生。

周传家：在当今就是一个贪官了。李清照与张汝舟的关系可以再多一点笔墨。第二个，现在已经引用了很多李清照的诗词，最能表现她的个性，最能表现她生命历程的两三首可以反复地咏唱。比如说"寻寻觅觅"等等，我觉得这可以作为一个主调。李清照的一生就是这样，就是在寻觅，在寻觅什么？在寻觅真正的人生，寻觅真正的人的尊严。当时就是一种人权的思想，就是女权的意识，可以再多吸收一点，再反复地咏叹，变奏地咏叹，当然还是昆曲的限定。总而言之看了以后非常高兴，而且我这辈子恐怕也学不了启宏兄，特别对宫调等绝学不敢问津，这个戏相当的好。

王蕴明：这个戏我是组长，我还没有看。因为启宏写的本子不用看，北昆的演员我也知，就一个字"好"！演技好、导演好、演员好、音乐好、舞美好，都好！一些典故也好，都是有出处的，有记载的。大体上是把握了李清照在渡江以后她的生存状态跟她的心理状态、情感状态。也加入了要表达的思想，这个是好的。这个在这个戏里面体现得是比较早一点。导演我很欣赏，导演是整个昆曲的本体，要想导出原汁原味的、能够体现昆曲每一个特点的新剧,而且在力求诗化的状态,《李清照》这个舞台就是应该像这样的诗化。

昨天表现得很满意,加入新生力量还是很高兴的,刚才老师讲得很好。时间很有限,不再讲那么多了,都很好。但是我还要讲一句,我觉得这个戏还可以更好,或者我希望更好。另外我在上学的时候,读李清照主要是读她的词,很多时候到趵突泉去,我都会到李清照居住的那个泉去看一看当年李清照是怎么在那儿照镜子的,但是我觉得那时候对李清照理解得很肤浅。我以为相对比较过得去的、比较好的是黄梅戏的《李清照》,这部戏大体上概括了李清照的一生,特别看了一下资料,我们看李清照这个词是有诗论的,很多人看不上,苏轼也看不上。她定词的观念写了词,是婉约的。但是李清照是很高超的一个女人,也可以说是巾帼英雄。她到南渡以后完全是一个大女人,拥有大丈夫的气概。

这两首诗我特别有感触:"千古风流八咏楼,江山留与后人愁。水通南国三千里,气压江城十四州。"在京华避难的时候我到这个八咏楼去过几次。她过那个钓台的时候,不敢白天走,晚上走。这两三行诗表现出的是大丈夫的气概。

王蕴明:郭启宏兄用这一段表现她的反叛意识、决策的勇气是好的,还是赞成的。我觉得启宏在这一段时间应该想办法,你是有这个能力的。就把李清照的这个基本故事、她的民族气概和爱国主义精神穿一点进去。要不然这个戏一开始就是改嫁,就是打官司,家国情怀还应该再有新的解决方案。

第二,李清照在后续里面,整个这一段在保护文物,你这个基本上没有体现。还有这个改嫁,她给綦崇礼写了一封信,那是多么感人的诗情散文。但是在这个系统上没有充分地利用,李清照对她文物的丢失及她从改嫁到休夫复杂的情感叙述得不够。另外一个,我觉得重点应该改一下,李清照改嫁得很随意,找几个家里人说个话,就同意改嫁了。要休夫,重点要放在休夫上。休夫是很容易的,其实李清照晚上也没有办法好好睡觉,都在思考这个问题。休夫很容易,但在当时是不允许的,她告状,但是,要告什么?重点就放在妄增举数,当然还可以再理理。那个诗魂队的舞蹈的演出不要搅乱李清照的表演,包括"公堂"那场戏,舞蹈队上来之后也不要搅乱李清照的表演。"公堂"的重点是状告。

戏的表现,不仅需要表现在动作上,还需要表现在台词上,我们昆曲人都很有文化,不是地方性的小丑。这样梳理都可以再选择。李清照决定改嫁其中有一个很重要的原因,这里边没有用好,张蕙清那个事件,这应该是她决定改嫁的原因,张汝舟抓了这个东西,利用这个东西威胁李清照,李这才改嫁。这是可以打磨的。

我看了之后觉得第一是好!第二希望更好!祝贺!

2015 年 8 月 18 日

## 上海昆剧团 2015 年度推荐剧目

### 《墙头马上》
上海昆剧团演出本

艺术总监:张静娴、岳美缇
艺术指导:李小平、周启明
技术指导:倪广金、丁芸
头饰设计:符凤珑
舞美设计:倪放(特邀)
灯光设计:李冰春
配乐配器:朱铭

主演
罗晨雪饰李倩君
黎安饰裴少俊

缪斌饰李世杰
周娅丽饰乳母
胡刚饰裴福
汤泼泼饰梅香
沈矿饰裴行俭
赵文英饰端端
周亦敏饰重阳
侯哲饰张千

乐队
司鼓:王一帆

司笛：张思炜
三弦：王志豪
琵琶：杨盛怡
扬琴：陈玉芳
古筝：鲍丹旎
中阮：吕百超
高胡：朱铭
二胡：陈悦婷、刘敏、张津
中胡：沈晓俊
笙：翁巍巍、甄跃奇
大唢呐：翁巍巍、陈英武
新笛：侯捷
大阮：陈娟娟
大锣：孟巧根

铙钹：徐元甲

裴少俊
李倩君
裴行俭
裴　福
李世杰
梅　香
乳　娘
张　千
端　端
重　阳
院　公

# 第一场　遣　子

裴行俭　满腹宏才,今生坐享荣华福,不是读书哪里来。老夫　裴行俭。夫人柳氏早已下世,孩儿少俊年少多才。近因圣上要修建御苑,命老夫去往洛阳择选奇花异草,带些花栽子回来。想老夫年迈多病怎能亲自前往。有了,不免命孩儿少俊代我前去。张千。

张　千　在。

裴行俭　唤公子出来。

张　千　是,有请公子。

裴少俊　来了。书生谁似我？鲤庭中寸步难挪。孩儿参见爹爹。

裴行俭　罢了,我儿一旁坐下。

裴少俊　告坐。爹爹唤孩儿出来不知有何吩咐？

裴行俭　儿啊,近因圣上要修建御苑,命为父去往洛阳择选奇花异草,带些花栽子回来。想为父年迈多病不便长行,命你代我前往。

裴少俊　既是爹爹有恙,待孩儿前去就是。但不知几时起程？

裴行俭　要即刻起程,张千。

张　千　在。

裴行俭　唤裴福过来。

张　千　是。老伯伯老相公叫你。

裴　福　来了。苍头苍头前后奔走,不是厅前便是堂后。参见老相公。

裴行俭　罢了。

裴　福　公子。

裴少俊　罢了。

裴　福　老相公叫我出来有何吩咐？

裴行俭　你家公子要去洛阳买花栽子,命你伴同前去。

裴　福　好的。

裴行俭　儿啊,此番到了洛阳要多办事,少闲游。

裴少俊　孩儿遵命。

裴行俭　打点行囊去吧。

裴少俊　是孩儿告退。

裴行俭　裴福,你家公子此番到了洛阳,当去的地方让他去,不当去的地方,不可任他到处游玩。小心了。

裴　福　我晓得了。

裴少俊　老院公,我爹爹讲些什么？

裴　福　没说什么。

裴少俊　好,你快快与我准备行囊,不要忘了随带笔砚。

裴　福　公子,我们是去买花栽子,又不是去算账,你要笔砚何用？

裴少俊　若是看到名胜古迹,我还要吟诗作赋。

裴　福　这个小伙子将来倒是有出息。

## 第二场 诗 媒

李倩君 （唱【金井水红花】）
　　　　陌上春风遍，人间韵事多。
梅　香　看蝴蝶对舞紫燕双飞。
李倩君　庭院飞花絮，池塘泛绿波，春光好，
梅　香　春光好，
李倩君　美景怎消磨？
梅　香　小姐你看这围屏上面，画着一个少年，在堂上弹琴。一个妇人在帘后偷看，这是个什么故事呢？
李倩君　此乃是凤求凰的故事。
梅　香　什么叫凤求凰？
李倩君　西汉有个才女，名唤卓文君。是她听了那司马相如……
梅　香　司马相如是什么？
李倩君　便是那弹琴的才子。
　　　　（唱）求凰一曲动了文君，倩女才郎，竟把樊笼劈破。
梅　香　他二人是怎样劈破樊笼的呢？
李倩君　那文君听琴之后，动了怜才之心，她就悄悄地奔到相如客舍之中去了。
梅　香　那司马相如见了文君，便说些什么？
李倩君　他感念文君相爱，他二人竟做了夫妻了。
梅　香　他二人竟做了夫妻了，有趣啊。小姐，梅香看你倒有些像。
李倩君　像什么？
梅　香　像这画上的卓文君。
李倩君　不像。
梅　香　为何不像？
李倩君　哪里来的司马相如呢？
梅　香　小姐，待梅香来做个司马相如，你看可好？
李倩君　休得顽皮。
梅　香　我们作耍的，试上一回又怕什么？
李倩君　使得。
梅　香　文君小姐，你吃饭了吗。
李倩君　哪有见面便问吃饭的？你做不得司马相如。
梅　香　如此你做司马相如，我来做卓文君，再来可好？
李倩君　倒也使得。文君小姐，相如不才，多蒙见爱，来来来愿与你共订白首之盟！你要来啊，来啊，哈哈哈……
李世杰　嗯，我儿不在绣房，为何来到前堂？
梅　香　我与小姐。
李世杰　多嘴。回来！儿啊，想我家乃唐室宗亲，名门阀阅，儿身为千金小姐，不可不明礼义。儿站立前堂，听为父的教训。凡为女子者，礼义当先，孝顺为上，言不出贵阃，足不离户庭。闻男子之声而惊走，乃是贞娘；览须眉之容而掩卷，方为贤妇。非礼勿言，非礼勿视，非礼勿听，岂可任意而行乎？
　　　　（唱【梧叶衬红花】）
　　　　礼教当崇奉，经文细揣摩。自今呵把璇闺深锁，不许庭阶闲走，行动乱穿梭。
院　公　启禀老爷，今当上巳佳节，众位老爷俱在多宝寺赏花饮酒，专候家爷入座。
李世杰　说我就来。儿啊，为父的言语，儿要牢牢紧记！
李倩君　孩儿记下了。
李世杰　乳娘哪里？
乳　娘　来了，老爷有何吩咐？
李世杰　带了小姐回转绣房。正是：幼女不知处世险，老人还为看花忙。
梅　香　梅香送老爷，
李世杰　免。
乳　娘　小姐，方才老爷吩咐我们还是回房去吧。
李倩君　乳娘，今乃上巳佳节，景色宜人，难道不许我们去看一看么？
乳　娘　你难道不知你爹爹的脾气么？
梅　香　老爷不许小姐出门，他自己倒去看花饮酒。
乳　娘　你这丫头说话真是没大没小。
梅　香　妈妈，就让小姐到大门口去游玩一会，又怕什么？
乳　娘　若被老爷知道，是要打的。
李倩君　乳娘，我们不到前门。
梅　香　是啊，我们不到前门，到后门。
乳　娘　又来顽皮，前门后门不是一样么？
梅　香　我们也不到后门。
乳　娘　你们要到哪里去？
李倩君　且到花园中一观春色。
梅　香　好啊，且到花园中一观春色，实实的有趣。
乳　娘　又来讨打。
李倩君　乳娘，应允了吧。
乳　娘　去不得。

梅　香　妈妈,应允了吧。
乳　娘　不许去。
李倩君　梅香,乳娘不许去,我们自己去,我们走。
乳　娘　小姐,你们要到哪里去?
李倩君　我们要到大门口去。
乳　娘　这大门口如何去得?也罢,你们就到花园中游玩一会。梅香,你要好好伺候,不许贪玩,去去便回。
梅　香　妈妈,你敢是要去玩耍么?
乳　娘　顽皮。
梅　香　小姐,他们都去了,我们快些去吧。
李倩君　去吧。
梅　香　小姐,你听啊。
李倩君　(唱【前腔】)
　　　　遥听笙歌澈,偏憎礼教苛,上巳节佳景莫蹉跎。
裴少俊　(唱【前腔】)
　　　　我春城遍走,春色常新,跨了雕鞍,舍不得扬鞭而过。
　　　　今乃上巳佳节,洛阳风俗,家家出门看花,为此我扬鞭跨马,到处游览。啊呀妙啊,看洛阳风景,果然名不虚传。想我往常在家,被爹爹关得几乎闷死,今日之游,好不自由自在也!
李倩君　(梅香合唱)陌上春风遍,人间韵事多。
裴少俊　啊呀妙啊,看墙内秋千荡漾,花荫笑语欢歌。我今日身临佳境,倒引起我的诗兴来了!
　　　　碍路花枝留过客,隔墙笑语度春风。快活!
裴少俊　镂花墙里忽遇神仙过。
李倩君　镂花墙外忽遇儒生过。
李倩君　(唱【玉胞肚】)
　　　　画桥西向,跨雕鞍,风流俊郎,美丰姿,气度轩昂,妙身材称体新装。
裴　福　公子,你走慢点啊,我老老赶不上了。公子,你好下马了。
裴少俊　我正要下马。
裴　福　公子啊——
裴少俊　不要这样大呼小叫。
裴　福　你在看什么?
裴少俊　我在此看神仙啊。
裴　福　什么,我活到那么大年纪,从未见过神仙。今日倒也要来看看神仙。不是在看神仙,是在看女眷!使不得的,公子,我们回去吧,快上马去。
裴少俊　啊呀妙啊,四目相窥,各有眷恋之情,这相思教我如何撇得下哟。
裴　福　要看出事来了。
裴少俊　从此墙头马上,使我难舍难忘。
　　　　老院公快取笔砚过来。
裴　福　你要笔砚何用?
裴少俊　不要多问,快快取来。
裴　福　好的,我就看你在大街上做文章吧。
裴少俊　什么讲话!
李倩君　梅香,你看。
梅　香　小姐,看不得的。
李倩君　为何?
梅　香　你看了他,他也看了你去了。
李倩君　这又何妨。
　　　　(唱)禁不住两厢窥望,管什么墙头马上。
裴少俊　老院公快快与我送去
裴　福　到哪里去?
裴少俊　送到墙头上去啊。
裴　福　公子,我做了一辈子佣人,从未到墙头上送过信。我不去的。
裴少俊　你去不去?
裴　福　我不去。
裴少俊　老院公,你就与我去这一遭。
裴　福　好吧,只此一遭下不为例。我还是不去。
裴少俊　为何?
裴　福　若被旁人看见,岂不是一顿好打。
裴少俊　若是有人看见,你就说奉旨前来,买花栽子。
裴　福　若被这位看见呢?
裴少俊　神仙啊,就说是你家公子命你送来的。
裴　福　公子啊,你这套本事哪儿学来的啊。
裴少俊　什么讲话,快去。
裴　福　喂,你们这花园中,可有卖花栽子的?
李倩君　梅香,墙外有人唤你。
梅　香　哪个在唤我?
裴　福　你们这花园中,可有卖花栽子的么?
梅　香　小姐,他问你可要买花带子,原来是个货郎儿。
李倩君　不要胡说,你就说你家小姐有花栽子。
梅　香　我家小姐说有花栽子。
裴　福　好的,好的,这就是买花栽子的。
梅　香　小姐请看。
李倩君　待我看来
　　　　只疑身在武陵游,流水桃花隔岸羞。咫尺刘郎肠已断,为谁含笑依墙头。
绛州裴少俊题

| | | | |
|---|---|---|---|
|李倩君|梅香,文房四宝伺候。|裴少俊|待我看来,|
|梅　香|你们等着。| |深闺拘束暂闲游,手捻青梅半掩羞。莫负后园今夜约,月移初上柳梢头。|
|裴　福|好的,你们看这个小丫头,一副调皮面孔。这位小姐,长得倒是挺标致。倘若和我们公子成了夫妻,倒是天生一对,地成一双。|李倩君|题|
| | |裴少俊|老院公,今晚我要到花园中来。|
|裴少俊|妙啊。(唱【前腔】)|裴　福|可是买花栽子?|
| |云开月朗,是嫦娥人间降祥。忒匆忙不及烧香,仗虔诚寄我衷肠。佳人若许配成双,报李投桃古有常。|裴少俊|只是我怎样进去?|
| | |裴　福|公子啊,你是读书人,读书人就该跳龙门,你今晚就跳龙门进去。|
|梅　香|你们要的花栽子,在这里。|裴少俊|今晚我要来跳龙门,带马。|
|裴　福|来了来了,你们看,这就叫有人想买么自然有人肯卖。公子,花栽子来了。|裴　福|公子,神仙上了天了,看不见了,你怎么还在看。|

## 第三场　出　走

| | | | |
|---|---|---|---|
|乳　娘|(唱)花朝过了又清明,老去春光看得轻。月夜长街人静后,隔墙何处卖饧声。|乳　娘|小什么?|
| | |梅　香|小心灯火被风吹灭了。|
| |方才院子来说,老爷醉卧多宝寺,今晚不回府了。家中缺少丁口,为此特到园中照看门户。老院公,前门可曾上锁?|乳　娘|快些走吧。|
| | |李倩君|梅香被乳娘拉了去了,这便如何是好。那旁敢是梅香么?|
|院　公|锁好了,|裴少俊|小姐,小生在此。|
|乳　娘|待我到那边看来。|李倩君|原来是你。|
|李倩君|梅香,怎么他还不来呢?|裴少俊|小姐呀,(唱【二郎神】)|
|梅　香|想是他睡着了。| |承蒙你不畏嫌疑佳期订来,历乱情怀难自解。银河怎阻,花墙权当梯阶,片刻相逢成永爱。|
|李倩君|说哪里话来,想是他迷了道路。| | |
|梅　香|这里线一般的一条直路,还怕他迷路不成。|李倩君|今日相逢实乃三生有幸,但不知你家中还有何人?|
|李倩君|梅香。你道是芳径直如线,我道是侯门深似海。天都二更了。|裴少俊|不幸老母见背,只有爹爹在堂。|
| | |李倩君|还有?|
|梅　香|小姐,他来了。|裴少俊|没有了!|
|乳　娘|花园中是哪个?|李倩君|你……|
|梅　香|妈妈来了。|裴少俊|小生尚未婚配。|
|李倩君|这便怎么处呢?|李倩君|裴郎!|
|乳　娘|花园中是哪个?原来是梅香。梅香,天都二更了,不去睡觉,在花园中做什么?|裴少俊|小姐!|
| | |李倩君|(唱【集贤宾】)|
|梅　香|不是哟,方才游园时节,小姐失落了一方锦帕,命我来寻找的。啊呀在哪里啊?| |风流张敞俊雅才,早一见投怀。纵私订姻缘人震骇,我今偏自调排。只要恩情似海,又何惧旁人惊怪?|
|乳　娘|黑夜之间,看你手无灯亮,如何寻找,待我来帮你找。| | |
| | |裴少俊|我深感戴,莫负了今宵相爱。|
|梅　香|妈妈,不用找了,我们回复小姐去吧。|梅　香|小姐,这回可有司马相如了。|
|乳　娘|是啊,找不着就该回复小姐。我们走吧。|裴少俊|司马相如?哈哈哈!|
|梅　香|小……| | |

| | | | |
|---|---|---|---|
| 乳　娘 | 你是什么人？ | | 是何等厉害。你今做出此事，日后作何了局！ |
| 裴少俊 | 我……我……啊呀我啊…… | 李倩君 | 日后么？叫他回去禀知父母，前来求亲。 |
| 李倩君 | 乳娘。他不是仙郎迷路入天台，是我墙头掷果招来。 | 乳　娘 | 求亲？啊呀小姐啊，我对你实说了吧。今有韦国公为媒，老爷将你许配杜丞相之子，不日就来下聘了。 |
| 乳　娘 | 小姐，你乃深闺幼女，怎么在花园内，与这样野男子相会。 | 李倩君 | 此话当真？ |
| 裴少俊 | 怎么骂起我野男子来了。 | 乳　娘 | 谁来哄你。 |
| 乳　娘 | 这一汉子你是何人？还不讲来。 | 裴少俊 | 这一下完了。 |
| 裴少俊 | 小生姓裴，绛州人氏，我父官居工部尚书。今晚冒昧至此，望乞宽恕。 | 李倩君 | 乳娘，这里来。我倒有个主意，只恐乳娘不允。 |
| 乳　娘 | 宽恕？这是宽恕得了的吗？ | 乳　娘 | 只要是好主意，我便应允。 |
| 梅　香 | 妈妈，这有什么大不了的。 | 李倩君 | 你放我二人逃走。 |
| 乳　娘 | 定是你这丫头勾引来的。 | 乳　娘 | 嚛声。你们要逃走么？ |
| 梅　香 | 小姐的事与我什么相干？ | 李倩君 | 乳娘，（唱【啄木儿】） |
| 李倩君 | 这不怪她。 | | 女孩儿本是堂上寄居客，譬如嫁在他乡外。 |
| 裴少俊 | 妈妈呀！将礼施陪笑颜，口称阿奶，我买花栽。 | 乳　娘 | 罢！塌天大事我担待。小姐啊，我如今担了这天大干系，放你二人逃走。日后是好是歹，全在你们自己了。 |
| 乳　娘 | 住了，买花栽子怎么买到我们这里来了？少时天明，老爷回府，定要将你送官究办。 | 裴少俊 | 多谢妈妈。 |
| 梅　香 | 事情不是越闹越大了。 | 乳　娘 | 天已三更，待我开了花园后门，放你二人逃走了吧。小姐，保重！ |
| 李倩君 | 乳娘，千万不可声张。 | | |
| 乳　娘 | 小姐你只顾眼前恩爱，却忘了你父平日管教， | | |

## 第四场　归　绛

| | | | |
|---|---|---|---|
| 李倩君 | | | 二的了。 |
| 裴少俊 | （合唱【福马郎】） | 裴少俊 | 是啊，都是固执得很。 |
| 喜的是风流成爱眷，道不尽欢喜春风面。听莺声呖呖唱，似送行人转回乡园。 | | 李倩君 | 我家爹爹平日管教虽严，我如今是不怕的了。 |
| 裴少俊 | 娘子，前面不远就是我家。从今往后，你我夫妻是形影不离了。 | 裴少俊 | 你不怕你的爹爹，我还怕我的爹爹呢。 |
| 裴　福 | 哎！ | 李倩君 | 你我二人既为夫妇，便双双回去，料你爹爹也奈何不得。 |
| 梅　香 | 老公公，好端端的为何唉声叹气？ | 裴　福 | 少夫人你哪里晓得，我们老相公性情古怪，他岂肯容留于你…… |
| 裴　福 | 你晓得什么？ | 梅　香 | 难道叫我家小姐再回去不成！ |
| 裴少俊 | 老院公你为何长叹？ | 裴　福 | 这小丫头说话倒凶。 |
| 裴　福 | 公子啊！你堂上治家严，不告成婚眷，只恐受忧煎。 | 李倩君 | 老人家，难道我们夫妻就进不得裴家么？ |
| 裴少俊 | 是啊，老院公，这便如何是好？ | 裴　福 | 这个么…… |
| 李倩君 | 你们在商量些什么？ | 裴少俊 | 老院公，你敢是有了主意了？ |
| 裴少俊 | 不是哟，娘子，只因我家爹爹性情顽固，如今我夫妻这样回去，便是不告而娶，罪莫大焉。 | 裴　福 | 主意倒有，只恐少夫人不肯。 |
| 李倩君 | 如此说来，你家尊翁与我家爹爹，倒是一般无 | 李倩君 | 老人家，只要我们夫妻能团聚一处，便是上天摘月亮，下海探龙须，我也肯办。 |
| | | 裴　福 | 好的，公子少夫人你们听好。 |

| | | | |
|---|---|---|---|
| 裴少俊 | 讲。 | 裴少俊 | 娘子,我们只好先顾眼前事, |
| 裴　福 | 尚书家法严,顽固不听劝。今日回家门,只有将他骗。 | 李倩君 | 将来再打算。 |
| | | 梅　香 | 小姐,这老头儿倒有些诡计。 |
| 裴少俊 | 怎样的骗法? | 裴　福 | 什么诡计,我的计策比诸葛亮还好三分。 |
| 裴　福 | 公子前门进,夫人后门搬。藏在花园内,书房门上闩。你们完花烛,老奴把门看。 | 裴少俊 | 老院公,我们先将小姐安顿之后再去见我爹爹。 |
| 裴少俊 | 只是藏在花园之内,哪里来的茶饭? | 梅　香 | 还有我呢? |
| 裴　福 | 你推用功勤,我将茶饭端。 | 裴　福 | 说了半天的话,倒把你忘记了,你是火腿上一根绳,一起带进去就是了。 |
| 李倩君 | 只是日久天长,将来怎么办呢? | | |
| 裴少俊 | 是啊,将来怎么办呢? | 裴少俊 | 休得取笑,前面带路。 |
| 裴　福 | 公子啊,先顾眼前事,将来再打算。 | | (唱)夫妻恩非浅,只羡鸳鸯不羡仙。 |

## 第五场　逼　试

| | | | |
|---|---|---|---|
| 裴行俭 | 大比今春正开科选,我儿苦读已多年,迁延,若是裴门得显,此一科鳌头占先。我那少俊孩儿,自从洛阳买花栽子回来,已有三年了。他终日在后花园闭门读书,倒也十分可喜,此乃老夫教子有方。今当大比之年,不免命他上京赴考,若得功名,岂非光耀门庭。张千快来。 | 裴行俭 | 难道你不思上进么?不必多言,为父后堂打点银两,要即刻起程。张千,随我来。 |
| | | 裴少俊 | 哎呀!(唱【红芍药】)<br>闻言似落在深渊,此一番怎生幸免?<br>老院公快来! |
| | | 裴　福 | 来了,公子何事? |
| | | 裴少俊 | 爹爹命我即日上京赴考,这便如何是好? |
| 张　千 | 来哉,老相公做啥? | 裴　福 | 老相公叫你上京赴考这是好事,为啥不去? |
| 裴行俭 | 唤公子出来。 | 裴少俊 | 我如今是万万不能离家而去的。 |
| 张　千 | 是哉,带我去看看公子在做什么?老伯伯,老伯伯。 | 裴　福 | 年纪轻轻,有了家小连功名都不要了。 |
| 裴　福 | 小兄弟,什么事? | 裴少俊 | 你哪里晓得哟!非是我香闺自留恋,我要调护她月中方便。 |
| 张　千 | 公子在做啥? | | |
| 裴　福 | 公子在读书。 | 裴　福 | 少夫人又要养了啊? |
| 张　千 | 公子在读书,老相公叫他。 | 裴少俊 | 是啊,就要临盆了。 |
| 裴　福 | 公子公子。 | 裴　福 | 没关系,有梅香伺候,你放心去吧。 |
| 裴少俊 | 老院公何事啊? | 裴少俊 | 梅香是个小姑娘,叫我如何放心得下。老院公,你敢是又有主意了? |
| 裴　福 | 老相公叫你。 | | |
| 裴少俊 | 叫我? | 裴　福 | 公子啊,少时老相公叫你上京赴考么,你仍要答应的。你就拿着银子背了行李,就出……出了前门,马上进后门。在后花园书房中躲上两个月,等少夫人满月之后,你再出后门进前门,见了老相公就说考不取就是了。 |
| 裴　福 | 当心点。 | | |
| 裴少俊 | 孩儿参见爹爹。 | | |
| 裴行俭 | 儿啊,为父唤你半日,为何来迟。 | | |
| 裴少俊 | 爹爹,儿在书房读书,故而来迟,爹爹恕罪。 | | |
| 张　千 | 老相公,公子读书太用功了。 | 裴少俊 | 这倒是条妙计。 |
| 裴行俭 | 我儿读书这般用功,何愁功名不就?今当大比之年,命你上京赴考。 | 裴行俭 | 儿啊,这有银子三百两,作为上京的盘费。就命张千伴同前去,张千与公子备马,儿啊,起程去吧。 |
| 裴少俊 | 爹爹,想孩儿的文字尚欠揣摩,只怕今科还去不得。 | 裴少俊 | 孩儿就此拜辞,正是,今朝匹马赴春闱 |

裴行俭　富贵功名儿自为。
裴少俊　但愿蟾宫高折桂,
裴　福　马前报道状元归。
裴行俭　裴福,你讲什么?
裴　福　马前报道状元归。
裴行俭　讲得好,好口才,讲得好!
裴少俊　张千带马。
裴　福　开后门去啊。

## 第六场　责　俊

裴少俊　(唱【山坡羊】)
独自个思前想后,几年来夫妻厮守,哪一日才得明剖?想我夫妻成婚以来,端端孩儿已有三岁,上月又生下一女,取名重阳。只是我夫妻儿女,终日藏在花园内,不知几时才得出头露面。
梅　香　公子,好端端的为何唉声叹气。
裴少俊　我没有叹气,你家小姐呢?
梅　香　在里面梳妆。
裴少俊　请她出来。
梅　香　是,有请小姐。
李倩君　潜居不失唱随乐,梳妆才罢。今日里再逢汤饼,你乐如何。
裴少俊　娘子,这玉佩是我幼年佩带之物,少时与重阳戴上。
李倩君　她此时睡着了,少时与她戴上。你在看什么?
裴少俊　怎么不见端端孩儿?
李倩君　方才在此。
梅　香　到花园中去了。
裴少俊　怎么又到花园中去了?
端　端　爸爸、妈妈!
李倩君　我是怎样吩咐与你,叫你不要胡行乱走,你这样不听话,我是要打的。
裴少俊　娘子,好端端的怎么又生气了。
李倩君　你倒来问我!(唱【渔灯儿】)
为什么虚怯怯总怕人知?为什么四年来躲在花园里?为什么做了瞒人夫妻?
裴少俊　(唱【锦渔灯】)
只为我爹尊,容不得他孩儿不告而娶。更容不得,这没媒妁的做成夫妻。
裴　福　公子。
裴少俊　老院公何事?
裴　福　少夫人为啥不开心?
裴少俊　还不是为了几年来,藏在花园内,不能出头露面。
裴　福　这也难怪少夫人烦恼,都是我们老相性情古怪,公子也是出于无奈。我想你们二人的事总有一天会有着落的,小夫妻唠叨也没用。
李倩君　老人家,(唱【锦中拍】)
并非是唠叨不已,这谜儿瞒瞒到底。
裴少俊　我便向严亲禀明首尾,顾不得惊天动地。
裴　福　公子啊!怕追悔莫及不可噬脐,你的父亲啊,有道是江山易改,只怕他本性难移。少夫人,你那势利的公爹是难话难提。
裴　福　公子,少夫人你们坐好了,我还有两句正经话要对你们讲。
裴少俊　什么正经话?
裴　福　公子你难道忘了吗?自从你辞别老相公,出了前门进了后门,从那一天算到今日,也有两个月了。你该出后门进前门,去回复老相公了。
李倩君　是啊,该回复公爹去了。
裴少俊　我实实的怕见。
裴　福　怕什么呀,丑媳妇总要见公婆。
裴少俊　什么讲话。
李倩君　不妨事的。
裴少俊　不是啊,娘子,爹爹若见我未曾得中,岂不又要着恼。
裴　福　不去也不是事情。
李倩君　怕也无用,总是要去见的。
裴少俊　如此待我前去,娘子此番我去见了爹爹,他若不恼,便将你我成婚之事禀告于他。
李倩君　只是你功名未就,他焉能欢喜,还是见机行事吧。
裴少俊　我去了。
李倩君　去去就来。
裴　福　公子行李带好。
裴少俊　张千可晓得。
裴　福　在后门口等你半天了。小兄弟
张　千　老伯伯公子在哪里?

裴少俊　张千可有马?
张　千　早就给你准备好了。
裴少俊　老院公你要来的。
裴　福　放心去吧,开前门去啊。
张　千　公子让我去回复老相公,有请老相公。
裴行俭　张千你回来了?
张　千　回来了。
裴行俭　公子也回来了?
张　千　也回来了。
裴少俊　爹爹。
裴行俭　儿啊,你难道不曾得中么?
裴少俊　爹爹,孩儿此番名落孙山了。
裴行俭　依我儿的文才不难考中,莫非那主考官瞎了眼了。儿啊,你将墨卷取来,为父观看。
裴少俊　孩儿在中途路上失落了。
裴行俭　怎么讲?
裴少俊　失落了。
裴行俭　奴才!(唱【扑灯蛾】)
　　　　骂声奴才太荒唐,太荒唐!辱没我书香,今日不管教,日后脸无光,脸无光。
裴少俊　(唱【缕缕金】)
　　　　啊呀爹爹啊,我含悲向跪堂前,文才不可强,攻读实为先,难道把亲儿腿打成飞片。
裴行俭　奴才,想我裴家世代居官,哪一辈不是满腹经纶,偏偏生下你这奴才,不求上进辱没我书香门第。裴福,将这奴才关在后花园书房之中,将门锁上,除一日三餐以外不许与外人相见!
裴　福　公子啊,你被打得怎样了?
裴少俊　还好,还好。今日若不是你解劝,爹爹岂肯干休。
裴　福　公子,我看你今天这顿生活吃得值得。
裴少俊　你怎么这样讲话。
裴　福　公子你没听见吗?
裴少俊　什么啊?
裴　福　方才老相公说,把你关在后花园书房之中,除了一日三餐之外不许与外人相见!你倒仔细想想看,老相公岂不是暗中成全了你们了。
裴少俊　呀……哈哈哈哈……喔呦……

## 第七场　逼　休

张　千　老相公,太古板,管儿子,像囚犯。都只为,公子不曾得官衔,老相公,一顿家法把他关起来,书房门只许关,不许开,关得公子挺舒服,书房里面做人家,花园里面好自在。少夫人,真贤惠,养了一胎又一胎。里里外外全晓得,上上下下全称赞,只有我们老相公,因在鼓里不曾醒过来。有朝一日穿帮了,老相公我看你怎么办,怎么办。今日清明佳节,老相公命公子去上坟,公子已经去了,让我去回复老相公。有请老相公!
裴行俭　张千,命你去唤公子代我上坟扫墓,可曾去么?
张　千　公子已经去了。
裴行俭　看今日天气晴和,不免到花园中闲步一回,以散心情。
张　千　老相公,你的病刚好一点,花园里风大还是不要去了。
裴行俭　不妨事。正是,心闲身自在,春至景常佳。随我来。
端　端　老爷爷,快来呀,我们要去嘛。
裴　福　你们要到哪去?
端　端　我们要去找爸爸。
裴　福　你爹爹去上坟了,就回来的。
端　端　我们要找梅香姐姐。
裴　福　梅香在街上买花线,就回来的。
端　端　我们要玩。
裴　福　你们要玩什么?
端　端　捉迷藏,你捉。
裴　福　老爷爷,我们在这儿呢。
裴行俭　狗才,裴福这二个小孩是谁家的?
端　端　我们是裴家的。
裴　福　什么裴不裴的,再说我要打了哦。
裴行俭　你们是哪一个裴家?
端　端　裴尚书家的。
裴　福　谁不知道你们是裴尚书家花园后门口的野小孩。走走走。
裴行俭　我看这两个小孩,不像平常人家儿女。
李倩君　这两个孩儿,不知哪里去了?
端　端　妈妈,一个老头。

| 李倩君 | 啊呀!(唱【二转】)
你接爹爹, |
| 端　端 | 妈妈,这老头是谁啊? |
| 李倩君 | 正撞着你爷爷。 |
| 裴行俭 | 回来!那一妇人,你是谁家女子。 |
| 裴　福 | 老相公,那妇人采了我们花园中几朵花,恐被老相公盘问,故而藏在这里的。 |
| 裴行俭 | 还不从实讲来! |
| 李倩君 | 公爹!把因由细说,我是你家的媳妇,儿啊,快向前去拜见了你爷爷。 |
| 端　端 | 爷爷。 |
| 裴行俭 | 那一妇人,口称媳妇孙儿,莫非是个疯妇。 |
| 裴　福 | 她倒是有点白痴。 |
| 李倩君 | 并非疯妇,我乃少俊的妻子。 |
| 裴行俭 | 这两个小孩,是谁人之子? |
| 李倩君 | 是你裴门的骨血。 |
| 端　端 | 我们早说是裴家的。 |
| 裴　福 | 老相公,你不曾花半分彩礼,就讨了这样一个标致的媳妇,还有一对粉妆样的孙儿,你应该高兴,何必烦恼? |
| 裴行俭 | 原来这奴才瞒我在花园中干的好事!裴福,就命你去到前门等这奴才回来,叫他速来见我,快去!那一妇人,你既口称是少俊之妻,何人为媒? |
| 李倩君 | 无人为媒。 |
| 裴行俭 | 哪一个做主? |
| 李倩君 | 自己做主。 |
| 裴行俭 | 你一无父母之命,二无媒妁之言,不是苟合定是私奔,分明是轻狂荡妇。 |
| 李倩君 | (唱)怎道是无媒苟合太轻狂,我是个宦家女,知书达理在闺门养,博得个一颗珍珠擎在掌。 |
| 裴行俭 | 你既口称是宦门之后,家住哪里你父亲是谁?看你无言回答,定是个娼妓之流。 |
| 李倩君 | 竟道我是优娼,何须讪谤。 |
| 裴行俭 | 想我裴家世代书香,被你玷辱,若不将你送到官府,这奸盗淫邪少不得要问你个徒杖之罪! |
| 李倩君 | 啊呀咦!(唱)怎道是玷辱了他世代书香?怎道是送官府,应遭流徒杖,怎道是奸盗一样罪难当?啊呀公爹啊,你忍心拆开同心连理比翼鸳鸯。 |
| 裴行俭 | 你枉坏我儿子的前程,辱没我裴门上祖!自古道,聘则为妻,奔则为妾,妾婢之流最为下贱。想我裴家岂容你这样伤风败俗之人!你还不与我快走! |
| 李倩君 | 公爹啊,说什么聘则为妻奔则为妾,我与少俊成婚七载,与你裴门生下后代,续下香烟,难道还算不得妻子?你裴门既是官宦人家,书香门第,怎么把糟糠之妻,有儿之母,任意挥逐门外,断了天赐姻缘。 |
| 裴行俭 | 这个,也罢。你既口称天赐姻缘,我如今就凭天判断。 |
| 李倩君 | 何为凭天判断? |
| 裴行俭 | 你若能将游丝系住银瓶,向井内汲水,若是丝不断瓶不坠,便容你在此。 |
| 李倩君 | 若是丝断瓶坠呢? |
| 裴行俭 | 那就是天不容你。 |
| 李倩君 | 想那游丝焉能系得住银瓶,你好刁难人也!他虽是弄机关逞奸刁,逼得俺拼残生也不动摇。 |
| 裴行俭 | 银瓶在此。 |
| 李倩君 | 吓哈俺呵,谁耐烦向井中把明月去捞! |
| 裴行俭 | 那一妇人,如今丝断,瓶坠,此乃是天要你夫妻分离,你还有何话可讲? |
| 裴少俊 | 爹爹。 |
| 裴行俭 | 奴才!你瞒我在花园中,干的好事! |
| 裴少俊 | 爹爹! |
| 裴行俭 | 不许开口!还不与我写下休书,休她回去。 |
| 裴　福 | 啊呀老相公,想公子与少夫人,成婚已有七年了,怎么叫公子写休书,你千不看万不看,看在两个小孩份上。有道是,生米已经煮成熟饭,你就高抬贵手饶了他们吧。 |
| 裴行俭 | 老奴才,都是你帮他们干的好事!还不与我滚了下去!张千,取笔砚过来。 |
| 裴少俊 | 爹爹!(唱【六转】)
吓呵他,他教我写休书魂飞魄散,满腹中有千言我一时难讲。我只得惊惊恐恐悲悲切切兢兢战战委委曲曲去求爹相谅!
爹爹啊,想孩儿与媳妇成婚数载,如今又养下两个孩儿,若是将她无故休弃,叫孩儿置身何地?叫小姐何以为人? |
| 裴行俭 | 你二人分明是苟合,怎道无故休弃,你还敢与她求饶么? |
| 裴少俊 | 只哭得夫妻儿女泪如雨降,生逼散一家骨肉流离飘荡。爹爹啊,你就看在两个孙儿的份上,将小姐留下了吧。 |
| 裴行俭 | 你还敢多言,还不与我快写! |
| 李倩君 | 裴郎。 |

裴行俭　你敢是不写？
裴少俊　爹爹开恩。
裴行俭　张千，将这妇人送到州司衙门，要问她个徒杖之罪。
裴少俊　爹爹，孩儿写。
裴行俭　快写，且慢，你要写无媒苟合，已违三从四德，淫奔贱女，怎作宦门之妇，立此休书永断瓜葛！
裴　福　公子啊，先顾眼前事，你就写了吧。
裴行俭　还不快写！
裴少俊　我写，我写！莫奈何假意允从，忍泪修书，暂作一个薄幸郎。
裴行俭　就命你即刻上京赴考，若得功名回来见我，如若不然定要你的狗命！张千，押这奴才即刻进京，不许停留！
张　千　公子，我们走吧。
裴少俊　啊呀娘子啊，想今日之事你心中定然明白，后会有期，你要保重了。
李倩君　裴郎。
裴行俭　回来，我儿已将你休弃，休书在此。裴福，拿去交付与她，快快交付与她！还不与我快走！
李倩君　要我走？好，儿啊我们走！
裴行俭　且慢！这两个小孩，是我裴家骨血，岂能任你带走？
端　端　妈妈。
李倩君　看着那端端哭叫重阳骇，到如今夫妻儿女两分开。
梅　香　小姐！这老头儿既是这样无情无义，我们还是回去吧。
李倩君　我既然出走，决不回头。
梅　香　只是我们往哪里安身才好？
裴　福　少夫人，这不妨事，此地城外有个清虚观，到蛮清静的。你去暂且住下，等公子回来，你们再图相见吧。
李倩君　我那老人家，我这一对儿女，要你好好看待。
裴　福　少夫人，你放心去吧！

## 第八场　认　婿

李世杰　蒙恩开复承知遇，又挣得春闱主试老尚书。
乳　娘　启禀老爷，方才新科状元差人送来名帖，少时前来拜见。
李世杰　唉！
乳　娘　老爷见了此帖，为何烦闷？
李世杰　乳娘哪里知道，老夫亲取绛州裴少俊，一表人才，少时就要前来拜谒。想当初我那女儿若不随那狂徒逃走，今日岂不是一个现成的状元女婿。
乳　娘　想小姐若在，只怕早已嫁与杜府了。
李世杰　那杜公子早已亡故，还提他作甚？狂徒啊狂徒！天若有眼，有朝一日，犯在老夫的手内，定将你碎尸万段，方消老夫心头之恨！
院　公　启禀老爷，众位门生老爷前来拜谒。
李世杰　内中可有新科状元？
院　公　这倒无有。
李世杰　少时状元到来请至内书房待茶，说我即刻就来。请众门生花厅相见。
院　公　遵命。
乳　娘　想小姐自随那少年逃走之后，不觉已有七年了，如今也不知她生死存亡，好不想煞人也！
院　公　（内）状元公到！
乳　娘　啊呀且住，方才老爷言道新科状元姓裴，又是绛州人氏，莫非？待我躲在门外，少时倒要偷觑偷觑。
院　公　状元公，随我来。状元公，我家老爷在花厅会客，少时就到，请状元公稍待。
裴少俊　啊呀且住，想那恩师大人明明知我今日前来拜见，怎么将我冷淡起来，难道他已晓得那墙头马上之事？
乳　娘　裴公子？
裴少俊　你……
乳　娘　我是倩君小姐的乳娘，难道你忘了吗？那日开了花园后门，放你二人逃走之人，难道你不认识了么？
裴少俊　原来是妈妈。
乳　娘　裴公子我家小姐可好？
裴少俊　小姐么，还好。
李世杰　乳娘，你怎么认得状元公？为何提起小姐？还不快讲！

| | |
|---|---|
| 乳　娘 | 啊呀老爷啊,你道他是何人? |
| 李世杰 | 谁不知他是新科状元。 |
| 乳　娘 | 是啊,新科状元是他,带了小姐逃走之人也是他。 |
| 裴少俊 | 门生该死! |
| 乳　娘 | 老爷,这样一个现成的状元女婿,还不认了下来? |
| 李世杰 | 老夫今日骂狂徒,明日骂狂徒,不想这狂徒…… |
| 乳　娘 | 快快见了岳父大人 |
| 裴少俊 | 是,岳父大人请上,受小婿大礼参拜! |
| 李世杰 | 不敢啊不敢!喜女儿自择人家,状元郎个个争夺,眼力不差眼力不差。 |
| | (合唱)到如今翁婿一家,早知今日何须惊怕。 |
| 李世杰 | 贤婿此去,可是先回绛州? |
| 裴少俊 | 正是。 |
| 李世杰 | 见了令尊,就说老夫不日就到绛州会亲。 |
| 裴少俊 | 小婿遵命,就此拜辞。 |

## 第九场　悔　休

| | |
|---|---|
| 裴　福 | (唱【江儿水】)<br>失母儿啼哭,思儿母惨凄。 |
| 端　端 | 我们要去嘛。 |
| 裴　福 | 到哪里去。 |
| 端　端 | 我们要到花园里去。 |
| 裴　福 | 到花园里去做什么。 |
| 端　端 | 我们要找妈妈。 |
| 裴　福 | 你妈妈不在花园里,乖孩子,跟我进去。 |
| 端　端 | 不,我要去! |
| 裴　福 | 不听话老爷要打的。 |
| 裴行俭 | 裴福他们要到哪里去? |
| 裴　福 | 要到花园里去 |
| 裴行俭 | 要到花园中去么,不妨事,带他们去吧。 |
| 裴　福 | 花园里千万去不得。 |
| 裴行俭 | 却是为何? |
| 裴　福 | 两个小孩到花园里,就哭哭啼啼,要寻他们的亲娘。 |
| 端　端 | 我们要找妈妈。 |
| 裴行俭 | 你们再吵闹,我是要打的。 |
| 端　端 | 你打呀,你打呀。 |
| 裴　福 | 老相公,小孩要亲娘,也是人之常情,你这样大的年纪了,在小孩子面前发什么威风! |
| 张　千 | 老相公,公子中了状元回来了! |
| 裴行俭 | 怎么,中了状元了!吩咐鼓乐相迎! |
| 裴少俊 | 爹爹,爹爹请上,受孩儿大礼拜见。 |
| 裴行俭 | 慢来,儿啊,今日得中回来,不拜也罢。 |
| 裴少俊 | 哪有不拜之理,正是,荣归乡里拜严亲,拜谢谆谆教养恩。只为宏才动天子,顶冠束带耀门庭。 |
| 端　端 | 爸爸! |
| 裴少俊 | 儿啊! |
| 端　端 | 我们要找妈妈! |
| 裴行俭 | 你们这样哭哭啼啼成何体统,裴福,将这两个孩儿领到后堂去吧! |
| 裴　福 | 乖孩子,跟我进去,我去买冰糖给你们吃。 |
| 裴行俭 | 儿啊,今日高中回来正该欢喜才是,为何这般愁闷起来? |
| 裴少俊 | 只是两个小孩儿,哭哭啼啼要他的亲娘,叫孩儿也是无计奈何。 |
| 裴行俭 | 这又何难,待为父与你另选高门贵女,也就是了。 |
| 裴少俊 | 高门贵女么? |
| 裴行俭 | 正是。 |
| 裴少俊 | 不劳爹爹费心。 |
| 裴行俭 | 却是为何? |
| 裴少俊 | 想孩儿此番赴罢琼林之后,那位恩师大人,定要将他的女儿许配孩儿。 |
| 裴行俭 | 怎么,竟有这等好事?你可曾应允? |
| 裴少俊 | 孩儿不敢应允。 |
| 裴行俭 | 你为何不允呢? |
| 裴少俊 | 只因尚未禀明爹爹,若是允了岂不是不告而娶,罪莫大焉。 |
| 裴行俭 | 但不知那位恩师大人,他叫何名字? |
| 裴少俊 | 他乃唐室宗亲。 |
| 裴行俭 | 唐室宗亲,那一定是姓李了,官居何职? |
| 裴少俊 | 现任礼部尚书。 |
| 裴行俭 | 唐室宗亲,礼部尚书。原来是李世杰李尚书,我与他同朝为官,这正是门当户对,天赐良缘! |

裴少俊　爹爹,依孩儿看来不是什么天赐良缘。
裴行俭　是什么?
裴少俊　大祸临头!
裴行俭　我儿何出此言?
裴少俊　爹爹啊!(唱【铧锹儿】)
　　　　你慢欢喜事跷蹊,这临头大祸,只怕轮到自己。
裴行俭　儿啊,哪一个大祸临头?
裴少俊　还有哪个?就是孩儿。
裴行俭　我儿是新科状元,天子门生,只有鹏程万里,哪有大祸临头?
裴少俊　爹爹,你道被我家休弃之人,她是何人?
裴行俭　她乃寒门贱女,早已休弃,你还提她作甚?
裴少俊　爹爹,这一休,就休出事来了。
裴行俭　休出什么事来?
裴少俊　她就是李尚书之女,那李尚书即日要来会亲,我家已将小姐休弃,他若来时,岂肯干休?这不是孩儿的大祸临头?
裴行俭　儿啊,当初你不该将她休弃,这是你大大的错了。
裴少俊　孩儿的不好。
裴行俭　如今只有你亲自前去向她赔礼,接她回来团聚才是。
裴少俊　要孩儿前去么?
裴行俭　是啊,快去。儿啊,你难道不愿前去接她么?
裴少俊　非是孩儿不愿前去,只是那小姐性情顽强,孩儿去只怕也是枉然。
裴行俭　难道说,要我亲自前去接她?
裴　福　看起来,是要老将出马了。
裴行俭　也罢,为了我儿的前程,我亲自前去接她。裴福,吩咐外厢打轿,随我来。
裴　福　到哪里去啊?
裴行俭　是啊,你家少夫人自那日离家之后,不知往哪里安身?
裴　福　你问少夫人吗?在城外清虚观。
裴少俊　清虚观?难道她出了家么?
裴　福　家还不曾出。
裴行俭　状元夫人哪有出家之理,裴福随我来。正是,阖家欢喜庆团圆。
裴　福　今朝看他团团转。
裴少俊　且住,想那小姐的脾气,我是晓得的,爹爹此去,小姐未必肯回。有了,我不免随后追赶前去。

## 第十场　观　圆

裴　福　笑话笑话真笑话,前三个月把她赶出去,后三个月把接她回来,自己晓得难为情,缩在后面不敢跑上来,叫我老老去通报。好,我就去通报一声。
梅　香　老公公来了。
裴　福　我来了。
梅　香　老公公因何发笑?
裴　福　我心里想到开心的事。
梅　香　什么事高兴你讲啊。
裴　福　你调皮不告诉你。
梅　香　你讲啊。
李倩君　梅香这等顽皮。老人家来了。
裴　福　我来了。
李倩君　我那两个孩儿可好?
裴　福　好的好的。
李倩君　老人家因何这般欢喜?
梅　香　小姐,他独自一人笑了半日,问他因何发笑,他就是不肯讲。
裴　福　你调皮我不告诉你听,少夫人一出来,我马上就讲。恭喜少夫人,贺喜少夫人!
李倩君　想我夫离子散,身居庵观之中,还有什么可喜可贺。
裴　福　少夫人,公子中了状元回来了。
李倩君　他……
梅　香　这下就好了。
李倩君　他中他的状元,与我什么相干。
梅　香　是啊,他已把小姐休弃了,还管他什么状圆状方的。
裴　福　少夫人,我家老相公也来了。
李倩君　我乃被他家休弃之人,何用他来!
梅　香　何用他来!
裴　福　对,这也都怪老相公太绝情,今朝也该让他来,碰碰这个钉子。老相公。
裴行俭　裴福,可曾见过你家少夫人?

裴　福　见过了。
裴行俭　她可曾讲些什么？
裴　福　没说什么，她请你进去。
裴行俭　怎么，她请我进去。
裴　福　请你进去。
裴行俭　是啊，她乃高门贵女，知书达礼，知道我来了，自然要请的，待我进去。快去通报你家小姐，说我来了。
梅　香　你等着。
裴　福　老相公，她讲些什么？
裴行俭　她叫我们等着。
裴　福　叫我们等，那我们就等吧。
裴行俭　裴福，快去通报，说我来了。
裴　福　不等啦？
裴行俭　快去通报。
裴　福　老相公来了。
裴行俭　贤媳在哪里。
李倩君　我道是谁？原来是老尚书。
裴行俭　贤媳，我们是一家人，为何要这样称呼呢？
李倩君　到此有何贵干？
裴行俭　贤媳有所不知，我儿少俊得中状元回来，我特地与你报喜来。
李倩君　你的儿子中了状元，与我报的什么喜来？
裴行俭　有道是夫荣妻贵，怎说不喜，裴福吩咐外厢打轿，少夫人要回去了。
李倩君　且慢！怎当得老尚书玉步亲劳？
裴行俭　贤媳，我们是一家人，我是特地来接你的。
李倩君　我若回去，岂不枉坏了你儿子的前程，辱没了你裴门上祖。你家世代书香，哪有我这无媒苟合、伤风败俗之人。
裴行俭　说什么无媒苟合，伤风败俗，想这两情相悦，成就百年之好，古来就有。
李倩君　古来就有？倒要请教。
裴行俭　想那韩寿偷香，贾充不以为罪；文君私奔，后世传为佳话。贤媳，你实有古人之风啊。
李倩君　令人好笑！闻言教人笑，令人恼，怎忘了游丝系银瓶，坠井难捞。
裴行俭　想那游丝焉能系得住银瓶，这原是一句淡话。贤媳，我们是一家人，快快回家去吧。
李倩君　哪个是你家之人，难道你忘了不成？
裴行俭　忘了什么？
李倩君　立过休书，永断瓜葛！那满纸上写画着，火辣辣的圣贤大道，你胸中蕴藏着恶狠狠的秽根苗，罢罢罢，老尚书免开尊口，纵然你舌敝唇焦，也枉费心劳。
裴行俭　儿啊，你还是自己去吧。
裴　福　公子啊，你来的正是当口。
裴少俊　什么当口？
裴　福　你爹爹弄不牢，溜掉了。
裴少俊　敢是小姐着恼了？
裴　福　像是有点。
裴少俊　这便如何是好？
裴　福　公子啊，你两样的，你进去就好了，让我去看看老相公。
裴少俊　待我进去，娘子在哪里………
梅　香　进来的是哪一个？
裴少俊　梅香，是我。
梅　香　原来是裴家公子，你今日头插金花，身着红袍，到我们这里来做什么？
裴少俊　什么讲话，你家小姐呢？
梅　香　在里面烧香念经，不许闲人打扰。
裴少俊　怎么把你家姑老爷当起闲人来了，你闪开些吧，娘子在哪里……
李倩君　裴郎在哪里……裴郎啊！
裴少俊　娘子啊！娘子，今日相逢合当欢喜才是，怎么一言不发，敢是埋怨我么？
李倩君　我只说生死同心鸾凤交，感谢你写休书我多承教。
裴少俊　娘子，想这休书乃是爹爹再三逼迫，如今他口口声声称你是贤德的媳妇，你也扬眉吐气了。
李倩君　我不是他贤德的媳妇，你算得怯懦夫曹。
裴少俊　娘子！你肯把墙头马上深盟抛？往事如烟你宽恕饶！
端　端　妈妈！
李倩君　我那朝思暮想的亲儿啊，看双双儿女把亲娘叫，禁不住消愁解怨。
裴少俊　娘子！破涕为笑。娘子，我们回去吧。
端　端　妈妈，我们回去吧。
裴　福　少夫人，我们回去吧。
李倩君　回去吧。
裴　福　这回是要大团圆了
众　合　墙头马上成伉俪，伪道的尚书枉费心机，留与后人谱传奇。

（剧终）

# 青春传承版《墙头马上》

青春传承版《墙头马上》是一出以传承为主、创新为辅的昆剧剧目。原著为元代著名剧作家白朴所著,被誉为元杂剧"四大爱情剧"之一。20世纪50年代,由俞振飞、言慧珠、方传芸、朱传茗等前辈艺术家和苏雪安、杨村彬等著名戏剧家共同改编创作,排演了单本的《墙头马上》并参加了国庆10周年的献礼演出,成为与《十五贯》齐名的昆剧代表剧目,是上海昆剧团经典保留剧目。

2014年,《墙头马上》重新排演,全面综合地展现国家一级演员、梅花奖获得者黎安以及引进人才、优秀闺门旦罗晨雪的艺术风采。他们挑梁经典名剧,既是向前辈艺术家学习技艺、继承传统,也是提升自我角色塑造的能力,更是通过传统大戏的创作和承习,掌握昆剧艺术创作规律,延续前辈艺术家们孜孜以求的昆剧表演艺术品格。

青春传承版《墙头马上》的排演是在传统基础上进行的全新创作,传承名剧,重塑经典,期待用时代的审美意蕴和今日的观众用昆剧对话。俞门嫡传弟子岳美缇和张静娴、李小平三位艺术家全程参与,说戏教戏。特别是岳、张两位艺术家还首次担当艺术总监,她们不仅口传心授,亲身垂范,将多年舞台表演的经验、技艺传承给年轻演员,还全面协调、把握、监督舞美、灯光、服装、妆面、音乐的创作和设计过程。为配合青年演员的形象气质和现代观众的观剧需求,在创排期间两易服装设计稿,三易舞美、灯光设计稿,不断调整头饰与妆容;力求从表演到舞台整体呈现既不失传统与经典,又有全新的演绎和诠释。

2015年1月30日,崭新的青春传承版昆剧《墙头马上》在我国香港进行了首场演出,现场观众掌声不断、笑声不断。新老观众都觉得,青年演员们把传统经典名剧演出了新的味道。

2015年10月12日—19日,上海昆剧团携青春传承版《墙头马上》将昆剧节推向了高潮。昆剧节开票不久就已一票难求。两位主演,中国戏剧梅花奖得主黎安、上昆引进人才罗晨雪的表演细腻传神,唱腔优美婉转,让观众为之沉醉。在第二天文化部召开的剧评会上,龚和德、王安奎、周育德等一批专家盛赞上昆"满台生辉,让传统焕发青春",青年一代很好地实现了"代际转换、无缝对接"。

老版的《墙头马上》自首演至今已有55年,演出数百场,上海昆剧团从俞振飞大师算起,五班四代演员代代相传。这次青春传承版《墙头马上》在经过不断的修改、创作、磨合之后已多次上演于香港、苏州、上海各大剧院,均获观众好评,使得该剧继续成为每个不同时期都深受观众喜爱的昆剧传统经典名剧。

# 上海昆剧团亮相昆剧艺术节

邵 玲

上海昆剧团亮相于正在苏州举行的第六届中国昆剧艺术节,继前天的经典剧目《墙头马上》获得百分之百上座率之后,今天,包括武戏《雁荡山》在内的折子戏专场又一票难求,开演前数日门票就已售罄。

中国昆剧艺术节汇聚了内地七大国有昆剧院团、戏曲院校、民营昆剧院团以及来自台湾地区的昆剧团等共13家演出单位,在苏州六大剧院演出17台优秀昆曲剧目。其中既有《白兔记》《墙头马上》等经典老戏,也有《李清照》《曲圣魏良辅》等新编戏。

戏曲界人士认为,在创排了《川上吟》《烟锁宫楼》《景阳钟》等多部新编戏之后,上海昆剧团选择经典老戏献演昆剧节并受到热捧,充分证明了传统老戏在当下的魅力,也说明了经典传承对于戏曲发展的重要性。

## 《墙头马上》,用时代感与今天的观众对话

上海昆剧团自建团以来,抢救、整理了包括《墙头马上》在内的60部整本大戏和300出折子戏,这些剧目也成为上海昆剧团目前最宝贵的资产。

在所有这些剧目中,《墙头马上》在传承意义上最为深厚,可谓上昆压箱底的独家作品。《墙头马上》根据元白朴同名杂剧改编。原著4折,没有舞台演出版。改编本演绎为9场,细致刻画了李倩君、裴少俊、裴行俭、裴福等人物的性格,具有浓郁的喜剧色彩。

20世纪50年代,改编本由一代京昆大师俞振飞与

言慧珠两位名家首演,经昆大班、昆二班一辈当代昆剧国宝级艺术家岳美缇、张静娴的发扬传承,再由昆三班青年艺术家的接力润色,直至此次昆剧艺术节的第三、第四代传承人黎安、罗晨雪联袂演出,可谓宗脉嫡传五十七载,将近一个甲子的光阴,尽管程式和调度没有太大变化,但是经过代代传承,每个演员都会把自己对人物的理解和个性气质在不断研磨中发展,使之成为属于上海昆剧的传统经典保留剧目。

可以说,昆曲人"戏以人传"的情怀,尽在《墙头马上》。然而光有情怀不够,在当下飞速发展的年代,做好昆剧传承更离不开"以旧传新",使时代的审美意蕴和今日的观众用昆剧对话。

为了做到从表演到舞台整体呈现既不失传统与经典,又有全新的演绎和诠释,该版《墙头马上》的改编工作从2013年就开始启动,通过删减修改,剧情更加紧凑合理。上海昆剧团还启用黎安和罗晨雪的组合。黎安在《景阳钟》《伤逝》《司马相如》中的表演细腻传神、唱腔优美,一举夺得了中国戏剧梅花奖。这次在《墙头马上》中扮演裴少俊,进一步丰富了他的舞台形象。罗晨雪是上海昆剧团2012年引进的优秀青年昆剧演员,扮相俊美,唱腔华丽婉转,能文能武,这次主演《墙头马上》也被罗晨雪自己视为角色塑造上的突破,在内秀矜持之余又多了几分敢作敢为。

《墙头马上》在舞美方面创新也较大,大胆使用白色基调,主张精致、简洁、唯美,运用以白色、红色为主的色彩语言,释放着昆曲的魅力,在含蓄中张弛着个性气质与青春气息。

## 《雁荡山》,首开纯武戏亮相昆剧节之先河

除了《墙头马上》之外,上海昆剧团在此次昆剧节折子戏专场还奉上了武戏经典《雁荡山》。

《雁荡山》讲述隋末曹州孟海公起义,隋将贺天龙败退雁荡山。孟海公率军攀登山路追击,贺天龙再次退入雁湖。孟追入湖中,水战获胜。贺引残兵入雁翎关负隅顽抗,孟海公率义军越关斩将,全歼隋军。该剧情节不见于《史传》,是一出由艺人创作的经典剧目,清代咸丰年间宫廷升平署演过,后来京剧界也曾加以吸收。

老戏迷都非常清楚,《雁荡山》是一出难度极高的武戏,全剧没有一句台词唱腔,全凭演员高超的打斗技巧来表现敌我双方不同环境下展开殊死搏斗的场面。特别是在攻城大战中,演员完成跟头翻城墙——这一高难动作堪称武戏史上的经典场面。由于该戏难度太高,目前全国昆剧院团中只有上昆可以完成。据悉,历届昆剧节上尚未有过一台纯粹的武戏演绎,此次上昆也算首开先河,这充分体现了上海昆剧团"文武双全、行当齐备"的艺术特色。

上海昆剧团团长谷好好表示,把这些看家剧目在年轻演员身上拷贝不走样并且提炼精华、不断提高,也是对昆曲传承最基础性的工作。事实上,经典剧目更考验的是团队的整体呈现能力,演员个体的唱念坐打翻,舞美和乐队合作协调,没有团结一致、齐心协力的团队是无法完成的。

(来源:新民网)

# 江苏省演艺集团昆剧院2015年度推荐剧目

## 《曲圣魏良辅》

**主要演员**

魏良辅——蔡正仁饰(特邀)
周似虞——柯　军饰(特邀)
子　玉——张　军饰(特邀)
张野塘——钱振荣饰
莺　啭——孔爱萍饰
过云适——李鸿良饰
梁辰鱼——孙　晶饰
朱元璋——赵于涛饰

顾　坚——刘　效饰
张梅谷——顾　骏饰
周寿谊·晋　清——计韶清饰
谢林泉——张争耀饰
乙　芝——徐思佳饰
大太监·水　青——钱　伟饰
周镜山·魏　检——曹志威饰
沈粟林·穆咏农——计　灵饰
陆紫云·沈项福——陈　睿饰

贝　贤——周　鑫饰　　　　　　　　演出本整理：朱　雅（特邀）
菊　寿——杨　阳饰　　　　　　　　导　　演：周世琮　朱　雅（特邀）
项　生——陈　超饰　　　　　　　　艺术指导：蔡正仁（特邀）
梁　桂——黄世忠饰　　　　　　　　作曲、配器：孙建安　洪敦远（中国台湾）
杏　香——丛海燕饰　　　　　　　　舞美设计：于少非（特邀）
企　斋——张静芝饰　　　　　　　　灯光设计：郭云峰
车夫、太监——本院演员饰　　　　　服装设计：徐　瑛（特邀）
　　　　　　　　　　　　　　　　　化妆造型设计：蒋曙红
　　　　　　**主创人员**　　　　　　盔帽、道具设计：洪　亮　缪向明
编　　剧：曾永义（中国台湾）　　　副导演：杜九红（特邀）

## 《曲圣魏良辅》曲谱

【便殿，外扮明太祖朱元璋，老生扮顾坚，丑扮周寿谊，净扮周子，末扮乡野耆老。杂扮宫女太监。】

【音乐】 1=A

（曲谱）

中吕引子【菊花新】 1=♭B

Rubato

（唱）大明一统锦江山。甘澍(shù)普施喜平安。

昨夜梦邯郸，警觉流年轻换。

朱元璋：一统山河。御宇三十年，忽然古稀矣。今召集天下乡野耄耋，赐宴偏殿，同庆眉寿，共乐天平。

中吕过曲【驻马听】

（唱）想朕　　早岁征鞍，万里驱驰

星月寒。那江南缦舞，塞外悲歌，宫内吹弹，都付与大风扫灭云尽翻。今日裹河清海晏(yàn)擎金盏。

顾　坚：[出列] 臣启陛下：

（扎）

（唱）欣逢良辰万寿，普天同庆，举世腾欢。（仝唱）同享福安，共祈眉寿共朝班。

朱元璋：哈哈……！闻昆山周寿谊年届一百有七，今日来否？

顾　坚：已在殿外侍候。

朱元璋：来，宣他们觐见。

太　监：遵旨，万岁有旨，众位乐者觐见！

小太监：领旨

【音乐】1=♭B

♩=86（稍快）

‖: 2/4  2 1 2 1 2 | 3 5  3 0 5 | 2 3 1 2 3 2 | 1  0 5 6 1 5 6 1 0 1 | 6 5 6 1 5 |

6 1 5 6 1 6 | 5  0 5 6 1 5 6 1 1 6 | 5 5 6 5 3 | 2 1 2 3 2 | 1  0 6 1 :‖

[周寿谊出列]

周寿谊：大老倌在哪里？万岁爷在上，小民见过万岁爷。

众：　　万万岁

朱元璋：周寿谊，你是如何前来？

周寿谊：万岁爷，小民是一步一步走来的。这是我儿子，名叫周镜山。今年刚刚八十岁，年纪还
　　　　小呢。他陪老老一同前来。一路上气喘如牛，数次跌坐地上。还不及我老老呢！

朱元璋：周寿谊，你是如何得此长寿呢？

周寿谊：小民无养生知道，但有三好。

朱元璋：哪三好？

周寿谊：一好唱曲，二好饮酒，

朱元璋：这第三好？

周寿谊：这第三好么？好美色！

朱元璋：什么？

周寿谊：这是老老长寿的心得。

朱元璋：你好酒色，有福有福！来，赐绣墩。周寿谊，闻说昆山腔甚是耐听，今日你能唱与我们
　　　　听听么？

周寿谊：领旨。

【吴歌】1=D （寄调巴城民歌《白须老翁不算老》）

2/4 (3 3 5  6.1 2 3 | 1. 6  5 6 1 2) | 3  3  5 | 6. 5 3 | 5 6 5  3 2 1 | 3/4 2 — |

（唱）　　　　　　　　　　　　　　　　月　子（么）弯　弯　照　几　州，

$\frac{2}{4}$ 2 2 3 | 5 3 2 1 | 3 2 3 2 1 6 | 5· ∨ (5 6 | 1. 2 3 5 2 1 6 1 | 5· ∨ 6 3 2 3 5) |
几 人（么）欢　乐　几人　　　愁。

6 5 6 1. 2 | 3. 2 1 ∨ | 1 3 2 1 | 6. 5 1 | ∨ 5 3 5 | 6 5 3 |
几　人（么）夫　妇　同 罗　帐，　几人（么）飘

　　　　　　　rit.
2 — ∨ | 1 3 2 1 | 6 — ‖
散　　　在 他　　州。

末：好听好听！万岁爷，小人们也要来唱一段。（寄调昆山【吴歌】《十杯酒》）

$\frac{2}{4}$ 1. 1 6 1 | $\frac{3}{4}$ 6 1 2 3 2 3 | $\frac{2}{4}$ 2 2 1 | 6. 1 2 3 | $\frac{3}{4}$ 2 1 6 1 6 5 1 |
（唱）八 字 衙门　　朝南 开，　　　有 理无钱　莫 进 来。

　　　　　　　　　　　rit.　　　　　　　　　　e tempo
$\frac{2}{4}$ 6 6 5 ∨ | 1 2 3 2 | 5 3 2 1 | ∨ 6 1 3 2 | 2 — ∨ | 2 1 6 5 0 ‖
有钱 官 司　包 打　赢，无 钱 官 司　　打 屁 腿。

朱元璋：这八十岁的儿子在哪里？

周镜山：小民便是周镜山，也为万岁唱上一曲。

朱元璋：快快唱来。

　［周子接唱］（寄调巴城民歌《吃仔饭来饭山歌》）

$\frac{2}{4}$ 2 2. 1 2 | 5 5 5 3 2 | ∨ 5. 3 2 1 6 | 1 1 1 6 5 | ∨
（唱）天 平　地 平，官府 不 平。官 府 一　平，天 下 太 平。

6. 5 6 1 | 2 2 2 1 6 5 6 | 6. 5 3 2 1 | 2 2 2 3 1 ‖
天　平 地平，世道 不 平。　世道 一 平，天下 太 平。

陆紫云：小民陆紫云也要献唱一曲。

【周子接唱】（寄调昆山民歌《搭凉棚》）

```
2/4  5 5 3. 5 | 6. 1 6 5  3 ∨ | 3 6 1 6 5 | 3 2 1  2 ∨ |
（唱）说 凤 阳（么）、道 凤 阳，  凤 阳（么）本 是 好 地 方。

1. 2 3 5 | 3 2 1 6 ∨ | 6 6 5 3 5 | 3 2 1 2. 3 |
自 从 出 了 朱 皇 帝，  十 年  就 有 九 年 荒（么）。

1 2 3 1 6 5 | 1 6 - ‖
九（呀么）九 年   荒。
```

［朱元璋每听一曲即皱一次眉头，及听《凤阳》曲，勃然捋案，沉吟一会，若有所而款款坐下。］

太　监：大胆村夫，竟唱此不雅之调，触怒龙颜……

顾　坚：万岁息怒！凡有真龙降世，必有大灾。今已盛世天下，民谣土腔遍生。土腔以歌谣为载体，每满心而发，肆口而成，语不假雕琢；故俚俗粗鄙。若以南北曲牌为载体，二者人工早就严格之音律，三者文士彩绘歌词，臣当与知交名士杨维桢、顾瑛、倪瓒等研究南曲之奥秘。四者略施管弦，腔调精致而悦耳矣。因有"昆山腔"之称，蒙陛下耳闻者，宝经臣等改良之昆山腔，非周老所歌之土腔也。

朱元璋：若此，如先生所言，则腔调艺术之提升，格律之精，语言之优雅，唱腔之细腻，以管弦伴奏，经此四者，乃能进为婉转美德之腔调矣，能劳先生为朕歌一曲乎！

顾　坚：陛下声明，容臣咏唱《琵琶行》首曲【秋怀】：

朱元璋：唱来。

南商调【二郎神】1＝C

```
Rubato
廿 3 3 5 6 2 | 1 ∨ 5 3 5 5 6 | 6 ∨ 1 2 1 6  5 6 - ∨ |
  从 别 后，   正 七 夕 穿 针 在  书   楼。
```

# 一、序　幕

【过云适上】

中吕慢词【沁园春】 1=A

(唱)绛帐春风，上庠(xiáng)京国，暇日从容。且挥毫著墨，谱将昆曲，去派来龙。关目新颖，排场讲究，按律填词宿所宗。洪武帝，传瑜正音，万世咏诵。

过云适：正是[吟介]：

　　魏良辅翻新水磨调，
　　张野塘落拓苏门啸。
　　千人石嘌唱中秋夜，
　　梁辰鱼撑张昆剧纛。

(曲谱略)

暮雨过 纱窗凉已透。夕阳影里，见一簇寒蝉衰柳，水绿蘋香人自愁。

朱元璋：朕览《琵琶记》，以为五经四书在民间如五谷不可缺。此记如珍馐百味，富贵家其可无耶？适才卿家所唱【二郎神】，细腻婉转，以低腔作美，极其耐听。其所谓"昆者，当如先生之韵喉也。先生必以此传世矣！

顾　坚：谨尊圣谕。臣必将此曲传与万代！

众　　：陛下圣明！万岁万岁万万岁！

【序曲】 1=C

# 戏曲中的昆腔发展史
## ——我编撰昆剧《曲圣魏良辅》

曾永义

2010年6月拙作昆剧《梁祝》，江苏省昆剧院于南京金陵大剧院演出其重谱重排之第二版。昆剧院院长柯军当面邀我为该剧院编撰《曲圣魏良辅》，为的是将这位不世出的昆山水磨调创发人的生平和创发水磨调的过程搬上戏曲舞台，使昆曲界的人不要数典忘祖。

因为我对魏良辅已做过相当研究，恰好那年9月我在北京大学短期客座，旅邸无聊，乃于9月19日开笔，10月6日完稿于台大长兴街宿舍。剧本采南杂剧体制规律，"家门大意"之外，全剧分六出。剧本已发表于2011年7月台北艺术大学《戏曲学刊》第十四期。

没想到柯军荣升江苏省演艺公司常务副总，《曲圣魏良辅》的演出因此延搁下来。继任的李鸿良院长每见到我都说"耿耿于怀"。今年8月4日李院长终于邀集专家学者在昆山"玉山草堂"开了一整天的"剧本修编意见座谈会"，而且决定由石玉昆导演、孙建安谱曲，蔡正仁演魏良辅，张军演张野塘。李院长本人和柯总也都要义不容辞地投入演出。凡是熟悉昆剧界的人，都一眼可以看出其阵容是多么"重大"；尤其冠生泰斗、上昆老团长蔡正仁以逾古之年犹然担纲，最令人感动和期待。蔡团长在座谈会中也关切有加，而且提出许多宝贵的意见。李院长还说，本剧不止要在明年昆剧节首演，还要作为即将成立的昆山昆剧团的创团剧目。我很企盼，果然能按部就班地付诸实现。

对于魏良辅与昆腔、昆曲、昆剧的关系，我在下笔编剧之前，对学者争论不休或错误的问题，自然应先予以厘清和纠正，然后才能使本剧读者或观众真正明白"如是我闻"的缘故。

我认为学者最大的"共业"是不明白"腔调"源生之理：古代交通不发达，一群人长久共居一地，其字音便产生特殊的音质与调质，以方言为载体，便形成有别于他方的腔口，是为"土腔"。可见"土腔"是由"土音""土语"所构成。"土腔"如以当地歌谣小调为载体，是谓"土曲"；如用来演出当地戏曲，是为"土戏"。而"土腔""土曲""土戏"必须流播在外，然后才会冠上源生地的名称。所以呈现方音方言旋律的地方"腔调"，绝非一人所能创始。

但腔调可经由名家唱口而提升艺术品质，甚至经由乐器之妥适帮衬渲染和曲牌曲词之精致雅化而焕发华彩；腔调更会因为流播交融而引发质变。凡此，笔者有《从腔调说到昆剧》详论其事。

因此，历史上与昆腔有关的人物：元末明初的顾坚，明成化、正德间的祝允明，嘉靖、隆庆间的魏良辅，以及与魏氏同时的过云适、梁辰鱼，等等，他们都只是昆腔的唱家，至多以其腔口改良提升昆腔之艺术而已。他们无一与昆腔之源生有关，更根本不能有所谓"鼻祖"之称。

由于顾坚出现的时代最早，根据昆山人张丑（1577—1643）《真迹日录》中所发现，吴昆麓（嘉靖间人）校正，文徵明（1470—1559）手写的《娄江尚泉魏良辅南词引正》第五条所记载，顾氏"善发南曲之奥，故国初有昆山腔之称"。则由此可见：顾氏曾以南曲之曲牌曲词为载体，为第一位以其腔口改良昆腔而使昆腔艺术有所提升者，在明初就流播在外。

而魏良辅创发"水磨调"是通过与同道切磋和对乐器添加改良而来的。那时过云适、袁髯、尤驼三人是他的前辈。他自叹不如过，而袁、尤二人则对他折服。和他同时的吴中善歌者有陶九官、周梦谷、滕全拙、朱南川、张小泉、季敬坡、戴梅川、包郎郎、陆九畴、宋美、黄问琴、周梦山、潘荆南、张梅谷、谢林泉以及他的女婿张野塘，他的弟子安㧑吉、周似虞、张新、吴㫸溪、任小泉、张怀仙等，不是和他切磋，就是作为他的羽翼；他可以说是博取众长而成就新猷的一代宗师。

昆山腔的乐器，在魏良辅之前已有笛、箫、笙、琶，他在创发"水磨调"时又和他的同道加入了三弦、筝、阮等乐器，使之成为以笛为主的管弦众乐合奏，一方面强化了"水磨调"的音乐功能，一方面也解决了"北曲昆唱"的扞格，从而成就了"声则平上去入之婉协，字则头腹尾音之毕匀；功深镕琢，气无烟火，启口轻圆，收音纯细"，传衍至今而为最高尚的中国传统艺术歌曲"水磨调"。

梁辰鱼直接继承魏良辅衣钵，由于他为人风流豪举，精于度曲，一丝不苟，名声非常大。虽然同时的汪廷讷《狮吼记》、张凤翼《红拂记》、高濂《玉簪记》等也都以"水磨调"演唱，但终被梁氏所创作的散曲《江东白苎》和戏曲《浣纱记》所淹，而梁独享"昆剧开山"之名。

可见顾坚、魏良辅、梁辰鱼三人在昆腔、昆剧史上确实有他们各自的地位。

但由于明沈宠绥(万历间人)《度曲须知·曲运隆衰》说魏良辅"腔曰昆腔,曲名时曲。声场禀为曲圣,后世依为鼻祖。盖自有良辅,而南词音理,已极抽秘逞妍矣",极尽揄扬肯定之能事,于是世人便也据此推崇魏氏为昆腔之"鼻祖",认为昆腔是由他创始的。而也有人认为顾坚毕竟早于魏氏两百年,便把顾坚抬出来和魏氏争"鼻祖"。更有人如彭剑飙撰《从历史角度探讨顾坚存在的可能性》,费心费力地去论述顾坚是伪造出来的人物,根本没有资格与魏氏争鼻祖。而我们已经知道,魏氏是改革昆腔的集大成者,他创发的"水磨调"其实是他在旧昆腔的基础上更加提升和别开境界的"新昆腔",其所以称为"水磨调",乃因其吐音行腔有如雕镂金玉,必须加水慢工,细细琢磨,方能使之精美无瑕。因此,说他为水磨调"曲圣",当之无愧;如尊之为昆腔"鼻祖",就要落入不明腔调源生之理的"窠臼"。这也是本剧舍"鼻祖"而称之为"曲圣"的原因。

"曲圣魏良辅"的籍贯到底是江西豫章,还是江苏太仓或昆山?他究竟是那位官至山东左布政使的显官,还是不过为一位兼能医的曲家?学者也争论不休。笔者仔细考量的结果认为他是太仓(娄东)人,他只是一位兼能医的曲家,万历十年(1582)左右仍存活人间;他于嘉、隆间即以水磨调显声名。他和那位豫章人,生于明弘治二年(1498)9月15日,嘉靖五年(1526)中进士授户部主事,嘉靖三十一年(1552)9月为山东左布政使,卒于嘉靖四十五年(1566)4月初9日享年76岁的魏良辅,实是不同的两个人。我们必须辨明魏良辅的真实身份,才不至于"走火入魔"地运用不正确的资料。

本剧的编写,旨在呈现魏良辅创发水磨调的来龙去脉,从而彰显昆山腔曲剧是如何发展完成的。所以运用的手法是以魏良辅的生平事迹为主轴,其间加设色点染,于平实中兼具意趣神采。也因此一般为"引人入胜"的所谓"冲突悬宕"等造作技巧,一概摈除,以免"弄巧"反伤宗旨。

据笔者考察,昆山腔曲剧的演进有四部曲:其一为土腔土曲,其二为昆腔昆曲,其三为昆山水磨调清曲,其四为昆山水磨调剧曲。剧中因以《序曲》周寿谊所唱之歌谣为土腔土曲;而以顾坚为首位用自家唱口提升艺术,并使之流播在外,是为昆腔昆曲。接着以《切磋曲艺》《邂逅奇遇》《翁婿庆成》三出写魏良辅与友朋创发水磨调的艰辛,及与女婿张野塘终于打破扦格、调适北曲唱口于水磨调之喜悦,是为昆山水磨调清曲。而以《衣钵传梁》表彰梁辰鱼不辱师命,撰作《浣纱记》,以水磨调演诸场上,是为昆山水磨调剧曲。最后以《虎丘曲会》夤缘苏州习俗,在中秋清风朗月之下,赓歌水磨阳春白雪之际,点明魏良辅之所以被奉为"曲圣"的缘故和旨趣。

若论此"四部曲"之关键分野,则:

其土腔土曲为自然语言旋律,满心而发、肆口而成;其载体歌谣小调,止讲求协韵律和未固定仅粗具的长短律;时代在南宋中叶以前。

其次,昆腔昆曲虽已具曲牌,但曲牌类型以粗曲和可粗可细者为主,其细曲和集曲犯调尚少,套式稳定性不大;若以曲牌八律——字数律、句数律、长短律、协韵律、句式音节单双律、对偶律、平仄声调律、句中语法律衡量,则其声调律、句中语法律均尚未讲求,其音韵亦未有所依准,仍随口取协;时代在明代中叶之前。

而昆山水磨调清曲则八律俱不可缺,细曲与集曲犯调独多,南北套数、合套套数,成式沿用者形成;其吐字行腔,由声调之考究而及字音头腹尾音之辨析,并以《中原音韵》为准,向官话靠拢,务求歌乐之融合无间;时代在明嘉靖间魏良辅创发水磨调之后。

至于昆山水磨调剧曲,则依存于明嘉靖末梁辰鱼以水磨调搬演《浣纱记》之后的明清传奇。其所具备之关键性要件虽等同昆山水磨调,但由于搬演舞台,因而进一步讲求歌、舞、乐之结合。但也因为锣鼓身段配搭相应,雅俗照顾,其歌乐间势未能如清曲之严丝合缝,臻于尽善尽美。也就是说剧曲为演出,势须较清曲为松懈。

我编撰昆剧无不讲究曲律,包括选宫、配调、联套、协韵以建构排场,务使一字一音无讹,声情词情相得益彰。因于曲牌填词,即使句法正衬、犯调集曲结构,亦不厌标示清楚。因此谱曲的周秦、孙建安两先生,都说为我的剧本制曲省事容易,音乐感油然而生。希望本剧同样以原汁原味的昆腔水磨调曲剧呈现在观众的面前。

2014年10月7日晨序于台大长兴街宿舍

# 蔡正仁：讲这个历史，是昆曲界的一件大事

王晓映

75岁的蔡正仁已经在南京两个月了。上了年纪之后，他从没有在上海以外的城市住过这么久。当然，他也许久不接新戏了。

戏曲向来喜旧厌新。昆曲表演艺术家被称为"大熊猫"，越老越值钱。蔡老先生稳坐昆曲生行头把交椅，戴着"官生魁首""蔡皇""活明皇"等各种桂冠。他身体还不错，满可以全国各地随便走走，唱唱《牡丹亭》，演演《长生殿》，皆大欢喜，日子不要太舒服。

乐呵呵的蔡老师提起眼下这个新戏竖起了眉毛："我同事和家里人都说我呀！这么大年纪去接新戏干嘛？"他摇摇头，仿佛对自己无能为力：像我这么大年龄演新戏的，全国好像也没有第二个了。银发的蔡老，每句话后带着标志性的"呵呵呵呵呵"，均匀的颤音一样。

蔡正仁75岁挑战的新角色，是昆曲人的祖师爷魏良辅。由江苏省演艺集团制作的大戏《曲圣魏良辅》10月1日南京首演，10月19日作为中国昆剧节闭幕演出在苏州上演。

## 为昆曲历史正本清源

魏良辅，是我们昆曲人名副其实的祖师爷。

有人说昆曲历史有600年左右，这就有一个问题，其实是从魏良辅创造水磨调开始，才形成了完整的昆曲，这个历史是470多年。说昆曲历史有600年是勉强的。从前有南戏四大声腔：海盐腔、余姚腔、昆山腔、弋阳腔……从这个昆山腔算起，600年是没问题的。我们排这个戏，是为历史正本清源。明确地说：昆曲就是水磨调，形成470年不到500年，创始人就是魏良辅，这不容置疑。

现在人们总是笼而统之不加思考地人云亦云"昆曲600年"，昆曲的正宗历史，这个事儿，一直没说明白。昆曲的后辈，首先要明白我们的祖先是怎么回事，然后把这个故事讲给别人听。

讲这个历史，是昆曲界的一件大事。

蔡正仁接下这个戏最主要的动力便来自于陈述这段历史的责任感和荣誉感。"我作为470年后的昆曲后辈，能出演祖师爷，既然他们（省昆）找到我，我义不容辞。"

江苏省昆剧院院长李鸿良介绍，"魏良辅"是昆剧院一直想做的主题，五六年前委托我国台湾"中央研究院"院士曾永义教授进行剧本创作，直到今天才完整地搬上舞台，一群昆曲人得以用昆曲的形式展现昆曲的历史。

魏良辅给后世留下了巨大的昆曲宝藏，但是他自身的故事、人物特点等等记录有限。观其一生，没有大起大落的坎坷，也没有踌躇满志的豪情，唯有"足迹不下楼十年"的痴醉流传人间。曾永义的剧本没有臆造的情节演化，还原了第一代昆曲人打磨"水磨调"的历史。

"说句老实话，我演了几十年的戏，这样的戏头一回演。昆曲里的故事大多是才子佳人、帝王将相，这个戏的主角是魏良辅和一群文人雅士，我带着崇敬去演他，他对昆曲竟能那么痴，这很有趣。"走出柳梦梅，走出唐明皇，在戏里谈了一辈子恋爱的蔡正仁这回的恋爱对象是音乐。

## 四朵梅花组团向祖师爷致敬

蔡老评价，《曲圣魏良辅》的本子严谨精巧。讲述的是明太祖古稀万寿，举行"耄耋宴"。107岁的昆山人周寿谊御前奉命歌昆山腔，昆山腔改良者顾坚将昆剧的来龙去脉告知太祖。魏良辅恨昆腔自顾坚后无人传承，与名家过云适等人切磋曲艺，论语言、音乐旋律融合之道，邂逅北曲高手张野塘，将女儿嫁之共研南北曲律，革新旧腔，创立新腔，最终使昆山腔转变为昆曲。

昆曲人无不将此剧作为向祖师爷的致敬之作，因此吸纳了南京、上海、北京三地的强大阵容。"传"字辈艺术家周传瑛先生之子周世琮伉俪从北京来执导。除了蔡老这朵梅花外，还有三朵梅花：南昆旦行表演艺术家孔爱萍出演魏良辅之女莺啭，名丑李鸿良出演曲家过云适，蔡正仁老师得意弟子张军特别出演剧中子玉一角。蔡老另一爱徒钱振荣则出演魏良辅女婿张野塘。

李鸿良说，昆曲人来演昆曲事，别有一番心境。剧中不仅可以听到依据乡野采风和历史记载还原的昆山土腔，也能够听到极具艺术特色的昆腔。从某种程度上来说，"听曲"将成为剧目的最大亮点。

而作为一部新编剧，戏迷最担心的是会不会"话剧加唱""舞美超炫"等"雷"点频出。周世琮说得骄傲：上

声光电？不通，昆曲的价值就削弱了。我们的念白采用中州韵，在某种意义上来说是一种示范性的表演。从'土腔''小调'慢慢演变成为昆曲，在声腔的展示上面也是有很高要求的。"

### 不是学术报告，是好看的文人戏

江苏省昆剧院明伦堂的大牌匾下，蔡正仁和省昆演员日日进行排练。

剧院所在地乃"江宁府学"，隔壁的南京博物馆所在地是文庙，同治年间，两任两江总督李鸿章、曾国藩接续修建，1869年完工。据说，"明伦堂"三字乃曾国藩亲书，"明"的日字旁，写成"目"。"明伦堂"是读书、讲学、弘道、研究的场所，昆曲后辈在此排演魏良辅，真是各种点题。魏良辅开心，曾国藩开心，李鸿章开心，孔子也开心吧。

蔡老也开心，他第一次和南京的徒子徒孙同台演大戏。用周世琮的话来说，三代同台，本身就体现着传承。

周导今年66岁，他不掩饰自己是个追求精致生活的人，面前的案几上，摊开一排烟斗，工作进行到不同阶段，看精神情绪换不同的烟丝。"小时候总是练功学戏，没好好玩过，老了来补课。"排着排着，他就拿着烟斗上台了，对演员的布局、身段、表情进行最后的调整。

蔡老则扇着一把满绘国画人物的纸折扇，他的剧本用老挂历纸做了封皮，内页上注满了工尺谱，密密麻麻，满满当当。剧组里已经有好几个人跟他说了：蔡老师，戏演完了，这个剧本我收藏。

剧本原先设计魏良辅是老生应工，蔡正仁担任主演，就改为大官生（昆曲生行之一种）。"这个人物艺术性、学术性很强，有很多音律念白方面的专业词汇，背唱词比一般剧目难多了。"随便翻到一段《锦缠道》：论宫商，汉相如只知篆组成章，五音自相将。平仄传李唐，杜子美工吟榜样。宋词分去上，长短律、浅酌低唱。昆腔又落入新魔障……"这词儿不是抒情写景的，非常难背。"

"过去背一段曲子只要两三天，现在两三天印不进脑子里去，起码半个月。"除了唱词本身的专业性，当然年纪也不饶人。在南京，蔡老除了排戏，回到旅馆就一件事——背曲，电视也不看，背到脑子受不了，才开开电视换一下脑筋。南京徒子徒孙不少，他并没有心思跟他们出去玩。

好多人听说他排一个大戏大吃一惊，尤其是新创戏，那是有风险的，搞砸了怎么办？蔡老又笑，呵呵呵呵地："我们做演员的，从来不好说一辈子每一次演戏都是成功的。我经过两个月的排练，自我感觉，这个戏不是在做学术报告，是很好看的戏。至于我本人的表现，一切到时候看现场的造化。"

# 李鸿良：向曲圣的致敬之作

管悦纳

10月1日，南京江南剧院首演。

10月19日，苏州人民大会堂第六届中国昆剧节闭幕演出。

该剧由我国台湾曾永义教授创作剧本，讲述的是昆曲之祖魏良辅革新旧腔，创立新腔最终使昆山腔转变为昆曲的艺术历程，展开明代戏曲家丝竹入耳、集体创作的生活图卷。本剧由周世琮、朱雅伉俪联袂执导，云集了蔡正仁、李鸿良、张军、孔爱萍、钱振荣等众多昆曲大家，以及第四代优秀青年演员。

提到这次的新编戏《曲圣魏良辅》，江苏省昆剧院院长李鸿良不无崇敬地说道："历朝历代，人们谈论着昆曲，却没有人认祖归宗。而在今天我们做的是溯本追源，用昆曲的形式讲述昆曲的形成。我们昆曲人依然享受着魏良辅留下的遗产，应当怀有敬畏与感恩之心。"《曲圣魏良辅》正是一部饱含深情的致敬之作，是昆曲人的一次顶礼膜拜。

李鸿良老师介绍，"魏良辅"是昆剧院一直想做的主题，五六年前就委托我国台湾"中央研究院"的院士曾永义教授进行剧本创作，直到今天才完整地搬上舞台。有关魏良辅的历史资料流传下来的有限，观其一生，没有大起大落的坎坷，也没有踌躇满志的豪情，独有的是"足迹不下楼十年"的执着。剧本精巧古雅，注重情趣。掀起历史的一角，一窥第一代昆曲人是如何打磨"水磨调"的韵味。剧中人物有着独特的处理，李鸿良老师所扮演的是过云适，历史上是擅长唱南戏的度曲家，魏良辅常向他请教，剧中与魏良辅亦师亦友，行当归副，承上启下串联剧情;而魏良辅的学生、明代戏剧家梁辰鱼则是处理成花脸,史料中有记载"辰鱼身长八尺余,眉虬髯,好任侠",剧中用花脸表现人物兼备报国情怀和文人气质,由第四代青年演员孙晶扮演;朱元璋耄耋宴赞"土腔"的剧情中,朱元璋行当归净,由第四代青年演员赵于涛扮演。剧本的声腔念白都极为严格,"我们的念白采用中州韵,在某种意义上来说是一种示范性的表演。从'土腔''小调'慢慢演变成为昆曲,在声腔的展示上面也是有很高要求的"。

除了文学剧本创作的考究,舞台的二度创作也是再三斟酌,唱腔上更显情趣美。"我们的导演周世琮老师,特邀出演的蔡正仁老师,两位都是75岁的老人,为这部戏倾注了心血。"昆曲泰斗、梅花奖得主、优秀的青年演员,老、中、青三代昆曲人参与到《曲圣魏良辅》的演出中来,让这部戏有着别样的意义,"不光是感到荣幸,更是一种责任"。李鸿良老师强调,在这个戏里并不会过分地渲染声光音效,而是回归传统,展现最正宗、最有韵味的昆曲表演。

《曲圣魏良辅》作为新编戏,在"创新"这一点上,李鸿良老师很坚定地说:"我认为不要'谈新色变',创新是与时俱进的,是必然的,昆曲到现在还在焕发着生命力,是演给当下的观众看的,不能一味地复古,也不能本末倒置地瞎创新。"《曲圣魏良辅》是一个很好的示范。"我们的新编戏是'做旧'的表演,不会让声光电淹没演员的表演。简洁的舞台,投入的表演,还原昆曲最本质的东西。尊敬、传承、创新,省昆会一直坚持这种南昆风度的。"

"通过这个戏,我们想树立一种文化精神,不光是昆曲,对各行各业来说,文脉都应当溯本求源,文化从尊重开始。"

昆曲从何而来?昆曲的演唱是怎样变化的?正宗的中州韵怎么念?耄耋宴上的老人唱了什么令龙颜大悦?南曲北曲有着怎样的邂逅?"十年不下楼"的魏良辅苦心钻研出了怎样的结果?……《曲圣魏良辅》带你穿越六百年的水磨韵味,见证昆曲的诞生。

# 湖南省昆剧团 2015 年度推荐剧目

## 《湘妃梦》

出品人、艺术总监:罗 艳
统筹:王永生

**主创人员**

编剧:陈 平
导演:于少非
艺术指导:张洵澎
作曲:钱洪明
　　　许晓明
配器:许晓明
　　　唐邵华
打击乐设计:陈林峰
舞美设计:于少非
　　　　　欧阳勇
灯光设计:刘 毓
服装设计:惠 静
化妆造型:李学敏
音乐助理:唐邵华
导演助理:刘 婕

**乐队**

司鼓、指挥:陈林峰
司笛、南箫:鄢辉亮
埙、箫、唢呐、梆笛:蒋 锋
笙、唢呐:王永生
笙:黄 璋
琵琶:贾增兰
扬琴:李利民
古筝:唐 啸
中阮:蒋扬宁
高胡、二胡:毕山佳子
二胡:黎凌冰、冯 梅、唐邵华
大提琴:刘珊珊
倍大提琴、古琴:邓 旎
铝片琴:左丽琴
大锣:李玉亮
铙钹:王俊宏
小锣:丁丽贤
打击乐:李 力

**演员表**

娥皇：罗　艳饰
女英：刘　婕饰
舜：王福文饰
尧：唐　珲饰
屈原：卢虹凯饰
象：曹文强饰
瞽叟：刘瑶轩饰
继母：王荔梅饰
凤：张璐研饰
凰：曹惊霞饰
百灵：邓娅晖饰
山雀：杨琴饰
画眉：史飞飞饰
黄莺：胡艳婷饰

**职员表**

剧务：凡佳伟
场记：曹惊霞
舞台监督：王　峰
绘景：欧阳勇、张智勇
灯光：邓利军
音响：曹国雁
服装：黄　婧、符　炎
化妆：王虹英
盔头：范飞莺
道具制作：田桂芳、文　凯
装置：汤军红
字幕：廖科玲
后勤营销：孔次娥、刘　莉
宣传主管：蒋　莉

《湘妃梦》曲谱

## 序幕 始作幻化

**【临江仙】** 1=G（屈原与合唱）

慢板
廿 3 5 6 — — | 4/4 6 1 2 1 6 5 6.5 | 3.2 5 3 1 2 6.5 3 | 2 2 6 2 6.1 6.5 3 |
（屈原）管 着 九 歌 愁 种 就 忧 郁 荡

5.3 2.3 3 2 — 1 1 | 5.3 2 3 1 6 1 2 1 — 6.1 6.5 3 |
漾 悲 伤。 洞 庭 风 作 啸 沧

5.6 5 — | 1.2 3 5 2.3 1 | 2.3 1 2 1 1 6 — | 6 6 6 1 6 5 3 — |
浪。 纵 思 尧 舜 禹, 犹 眷

稍快的中板
0 5 3 2 1.1 1 2 3 | 5 6 5 3 | 2 — 3 — | 2/4 5 3 6 5 | 1.2 3 |
楚 怀 王。（合唱）纵 思 尧 舜 禹,

1 1 3 5 6 | 5 5 3 1 — | 0 6 0 6 | 5 6 5 3 2 | 0 2 6 2 | 2 3 5 |
犹 眷 楚 怀 王。 冀 得 君 之 一 晤 处, 欲 求 贤 举 忠 肠,

稍慢
0 5 3 1 1 | 6 5 3 | 5 1 2 3 — | 3 5 3 2 | 1.3 2 3 1 |
宿 辰 谁 者 似 陶 唐。 吟 髭 学 唱

rit
2 1 1 | 3.5 6 5 6 | 5 — ‖
曲, 填 字 弄 宫 商。

## 第一出 历山访贤

1=G 4/4

【恋春芳】(合唱)盘古凿丸,开天辟地伏羲八卦阴明。黍稷神农耒耜,百草灵经。一统轩辕铸鼎,播五谷划田为井,祥和景。到我陶唐雍延百姓康宁。

【祝英台近】1=D（娥皇唱）

椹果红，桑叶绿，养蚕盼成茧。纤细丝抽，纺来若冰练。且随柳絮吹飘，春林正闹，摇花影啼莺啾燕。

【小女冠子】1=D（女英唱）

缓穿林色添顽兴，恰似仓庚

欢鸣。　听父王　频唤寻山径，

只因恋景迟相　　应。

【临江仙】（女英唱）1=D
闻这花　香风　里迴，跳来石上泉

萦，　蝶飞相　逐笑　音倾。

1=G
（舜唱）山前　看　这景，河　畔转

舟　行。

【满江红】1=G（舜唱）

旭日初升，理荒秽随溪绕岭。春风里耕畦耘垄，驱牛奋劲。秋染黄云勤稼穑，衣食道固思丰永。晚来击壤庆农功，皆欢咏。

【贺新郎】（尧唱）1=D

踏这山中，且寻你重华名姚姓，感苍天昭明恩幸。你是我要觅贤良的俊卿，察世人无相与并。

识德厚，爱聪颖，把娥皇来嫔聘。欢洽也，意随逞。

1=A 【隔尾】(舜唱)
感尧天，尊帝命，蒙恩露欲降荒荆，映暮天霞染岭屏。

【小桃红】(女英唱)
见他仁厚亦德贤，对牲畜也犹从善。也，黜惰勤劳，

(娥皇唱)
孝义名传。听你若遇

$$\left\| \begin{array}{l} \frac{2}{4} \; 3 \; \widehat{6 \; 6 \; 5 \; 3} \; - \; | \; 5 \; \overset{3}{\mathrm{J}} \; 6 \; 5 \; - \; | \; 6 \cdot \underline{5} \; 3 \; - \; | \; \widehat{6 \; 1} \; 3 \; \underline{5 \cdot 3} \; \widehat{6 \; 5} \; | \; \underline{6 \; 1} \; \underline{6 \; 1} \; 2 \; - \; | \end{array} \right.$$

良　贤，声　声　　　中　致　礼　尤　　　虔。

（女英唱）

$$\frac{2}{4} \; 0 \; \underline{6 \cdot \dot{1}} \; | \; \underline{3 \; 3} \; | \; \underline{5 \; 6} \; | \; \underline{5 \; 6 \; 6} \; | \; \underline{\dot{1} \; \dot{1} \; 6} \; | \; \underline{5 \; 6 \; \dot{1}} \; \underline{6 \; 3} \; | \; \underline{6 \; \dot{1} \; 5} \; \underline{3 \; 2} \; |$$

这　人儿，性　清　和，英　姿　面。　也，真　则个

$$\underline{5 \; 3} \; \underline{6 \; 5} \; | \; \underline{1 \; 2} \; 3 \; | \; 5 \; \underline{6 \; 5 \; 6} \; | \; \dot{1} \cdot \underline{\dot{2}} \; | \; \dot{1} \; - \; | \; 6 \; - \; | \; 3 \; \underline{2 \; 2 \; 1} \; | \; 3 \; - \; |$$

意　踟　蹰，挂　春　　怀　　惹　思

$$5 \; \underline{6 \; 6 \; 5} \; | \; 3 \; 5 \; | \; 2 \; - \; \|$$

牵。

【前调】（娥皇唱）

$$\left\| \begin{array}{l} \frac{4}{4} \; 5 \cdot \underline{3} \; \underline{6 \; 6 \cdot \dot{1}} \; 3 \; | \; 3 \; \underline{6 \; 5} \; \underline{1 \cdot 6} \; \underline{1 \; 2} \; | \; 3 \; \underline{5 \; 6} \; \underline{2 \cdot \dot{1}} \; 6 \; | \; 5 \; 6 \; - \; \underline{6 \; 1} \; | \end{array} \right.$$

感　　父　王　为　女　选　夫　贤，

$$\underline{6 \cdot \dot{1}} \; 5 \; \underline{3 \; 6 \; 5} \; \underline{2 \cdot \dot{1}} \; | \; \underline{3 \; 2 \cdot 3} \; \underline{1 \; 6 \; 6 \; 5} \; | \; 3 \; \underline{5 \; 6} \; \underline{2 \cdot \dot{3}} \; \underline{2 \; 1 \; 6 \; 1} \; | \; \underline{6 \; 5 \; 3} \; \underline{0 \; 5 \; 6} \; \underline{1 \cdot \dot{2}} \; |$$

这 本　　也　如　心　　愿。

$$6 \cdot \underline{\dot{1}} \; \underline{6 \; 7 \; 6 \; 6} \; 5 \cdot \underline{6 \; 5} \; | \; 3 \; \overset{6}{\mathrm{J}} \; 5 \; 3 \; 2 \; | \; \dot{1} \cdot \underline{\dot{1}} \; \underline{6 \; 5 \; 6 \; 1} \; 2 \; \overset{4}{\mathrm{J}} \; \overset{\sim}{3} \; | \; 2 \; - \; \underline{6 \cdot \dot{1}} \; 5 \; |$$

也，姊　妹　　　　　情

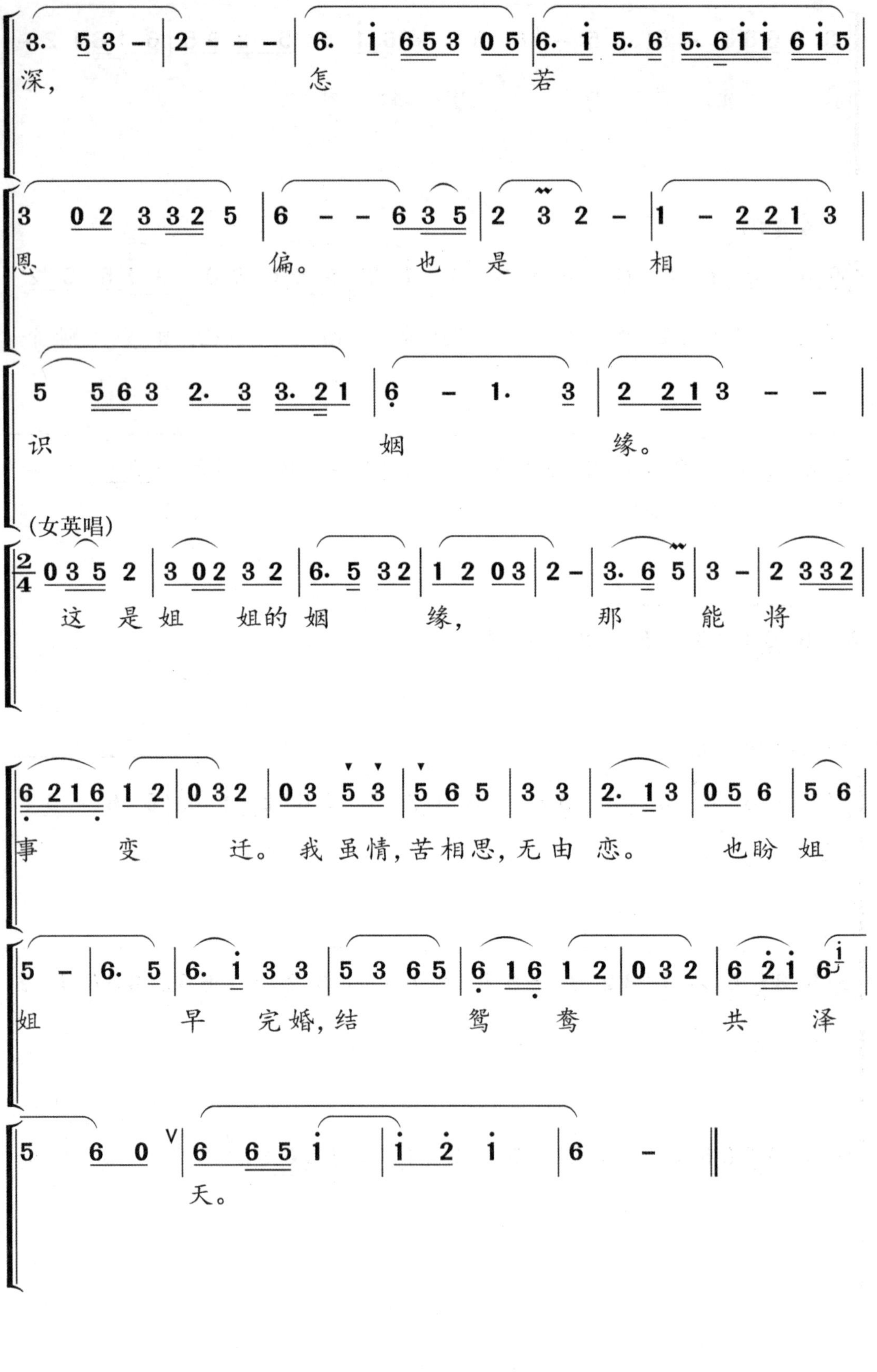
深，怎若
恩偏。也是相
识姻缘。
(女英唱)
这是姐姐的姻缘，那能将
事变迁。我虽情，苦相思，无由恋。也盼姐
姐早完婚，结鸳鸯共泽
天。

【道和】1=D（娥皇女英唱）

| 0 0 2.3̲ 3̲1̲ | 6̲ 6̲ 5̲ 6 | 6. 2̲ 2̲1̲ 6 5. 6̲1̲ | 6. 5̲ 3 - |
喜　　　　同　心　愿，　　结　　　伴

| 2. 1̲ 3̲ 6̲ 5̲ 6 | 5̲³ 6̲ 2. 1̲ 6̲ | 5 6̲6̲5̲3̲ - | 5 6̲5̲3̲ 2 - 3̲ 2̲ |
陪　　　鸯。　感　东　风　　配　　　合

| 1 0 2̲1̲2̲1̲1̲ 6̲ - | 3. 5̲ 2̲1̲ 6̲ 1̲2̲ | 2̲ 3̲ 2 - | 6 - 5̲ 6̲ |
　　　　　　对　娟，　　　　　双　凰

| 6 0̲5̲ 3̲0̲3̲2̲1̲ | 6̲ - 1.3̲ 2̲3̲ | 6. 1̲ 6̲5̲3̲2̲ - | 2 - 3 - | 3̲ 0̲5̲3̲ - |
伴　　　　　凤　　　　　翱

| 2 0̲3̲ 2 - | 1. 2̲ 1̲2̲1̲1̲ 6̲1̲ | 2 -ᵛ 5̲ 3̲6̲ | 5 - 6. 1̲3̲ |
碧　　　天。　　　　相　恩　互

| 5 6̲6̲5̲3̲2̲ | 1. 3̲ 2̲3̲ 5. 6̲3̲ | 2 3̲3̲2̲ 1̲ 2 | 6. 2̲ 1̲ 6 - |
爱　　　持　　　家　善　仁　德

1=A
| 1²᷍ 6̲5̲ - | 6. 5̲ 3. 3̲ 2̲3̲1̲ | 6̲ 6̲5̲ 1̲ 2 - | 1̲ 6̲ 1̲2̲3̲ 2̲2̲1̲ 3 0 |
孝　义　相　　　延，　　（尧唱）舜　　为

佳婿选，喜随心意也，良辰吉日双珠绚，欢声宴乐琼浆溅。（合唱）今定美成姻眷，姊妹情牵，乘鸾帝辇。

## 第二出　仁孝齐家

【绛都春】1=D（舜唱）

炊烟正袅，这温存亦谢双娇。

贤慧聪明，缘恩爱相携老。

（娥皇女英合唱）

粗衣素貌，心性巧。守淡薄随君贫乐，当户机杼，犹勤劳作，顺道知孝。

【疏影】（娥皇唱）

| 0 0 6 1̇ 3 3 | 5. 1̇ 6 5 3 2 | 5 6 6 5 3 - | 2. 3 1 1. 5 3 |

望 门 前 路 弯， 影 过 溪 桥。

| 2 - 2.³ 1̇ 1̇ ᵛ | 6 6 1̇ 1̇ 6 5 | 3. 2 3 3 2 5 | 5⁼¹ 6 6 5 3. 3 2 |

嫁 得 夫 君， 任 凭 艰

| 1̣ 6 1̣ 2 - - | 3. 2 3 5 | 6 - 5⁼⁶ 1̇ | 6 5 3. 5 6 1 |

苦， 甘 甜 愿 是

| 5 3 3 2 1 2 | 0 6 3 5 6 1̇ 5 6 | 1̇. 6 5 6 1̇ 6 ᵛ 0 3 5 | 2 - 6 6 |

辛 劳。(女英唱)相随 姐 姐 温 寒 灶，愿 随 夫 君

| 2.³ 1̇ 6 5. 3 6 | 2 3 0 5 2 1̣ 6̣ | 3 2 3 5 6. 1̇ 6 ᵛ 2 2 | 6⁼¹ 5 3 5 6 - ‖

解 繁 恼。(合唱)共谐 家 事，相容 梦 稳，鸟雀 安 巢。

【永团圆犯】(舜唱)

ヶ6 3̲6̲ 5̲3̲ 3- 4/4 2- 3.̲ 3̲ 2̲3̲1̲ | 6̲ 0̲ 1̲ 2.̲ 3̲ 1̲ 6̲ 0 | 3.̲ 5̲ 2.̲ 3̲ 1̲ |

夫人　　　　蓑　　　　　笠　　　添

6̣ - 1̣ 6̣ | 2 - - - | 3.̲ 5̲ 6 - 1̇ | 5 5̲ 6̲ 5 |

翼　　羽,　　　　如　　飞　凤

1̇ 0 1̲ 6̲̇ | 2 3̲ 3̲2̲ | 1̲ 2̲ 3̲ 5̲ 6 | 5 6̲6̲ 5̲3̲ - | 5̲ 3̲ 0 5̲ 6̲ 1̇ |

下　　青　霄。奈何他　们　　心　生

6. 1̲̇ 6.̲ 1̲̇ 6̲5̲ 3̲ | 5 - 6̲ 1̲̇ 3̲ | 3̲ 5̲ 6̲ 1̇ 1̲̇ 6̲ 5 - | 1̲ 6̲ 3̲3̲ 2̲ 1̲ 2̲ |

歹,　　　　休　怨语,无　须　恼,以　德

5 0 6̲ 3̲ 3̲ 2̲ | 1. 2̲ 1̲2̲1̲1̲ 6̲̇ 1̲ | 2 - - - ‖

相　　　　报。

【剑器令】（舜唱）

早知有今番，多谢夫人巧计洞铲，暂躲安身能避祸，怎生又令心寒。

【前腔】

见娘泪潸潸，嘱我莫要结仇怨。

【光乍乍】

见他们如此心奸，听罢更心寒。

我要孝行莫德悭，顺理德明皆无患。

【山坡羊】（娥皇唱）

| 0 2 3 | 1. ⌄6 5. i̇ 6 5 3. 5 2 1 | 6̣ 1 - - | 2 2 3 1 6̣ 6̣ 1 |

夫 君 孝 感 霞 云

| 2. 3 3 3 2 1 6̣ - | 3 5 6. i̇ 6 5 3 | 2 2 1 3 3 0 5 6 | 6 i̇ i̇ 6 5. 6 6. 5 3 |

灿， 故 土 离 别 随

| 2. 3 2. 3 3 2 1 | 6̣. 6 5 1 3 3 2 5 | 6. 2 1 6 - | 6 5 3 5 6 i̇ 5 3 |

暮 晚。（女英唱）何 还，影 萧 萧 酸 泪

| 5 6 6 5 3. 3 2 3 1 | 6̣ 1 0 2 1 - | 3. 2 3 5. 6 3 3 2 | 1. 2 3 3 2 1. 2 2 1 6̣ |

颜。 相 关，影 依 依

| 5̣ 3 6̣ 1 2. 3 3 2 1 | 6̣ 1 5. 5 6 6 5 | 3 3 3 5 6̣ - ‖

倾 泪 颜。

## 第三出　尧天舜日

1 = D

轻盈的小快板

【农家乐】6 6 1̇ 5 | 6 1̇ 6 0 5 | 3 5 0 1 | 2 - | 2. 3 5 | 6 1̇ 3 2 1

（女声齐唱）耕于历三兮，　　五谷　丰盈。渔　于　雷　泽　兮

2̇ 2 5 | 6 - | 6 6 1̇ 5 | 6 1̇ 6 0 5 | 3 5 0 1 | 2 - |

丝罟置纵。　陶于河滨兮，　　良窳　彩明。

突慢

2. 3 5 | 6 1̇ 3 2 1 | 2̇ 2 5 | 6. 5 | 3. 2 3 5 | 6 2̇ 1̇ 2 5 | 6 - ‖

帝　子织素兮，巧裁衣成，　巧　裁　衣　　成。

【石榴花】1=D(舜帝唱)

慢行径绕踏斜阳，且挑嘉谷下山岗。老身何幸受(老妇唱)丰粮，不愁无食充饥肠。山(娥皇女英唱)光四围抱水光，远烟一抹林梢上。分春种，殷(舜帝唱)秋收，富囷仓，这咸熙庶绩谢尧王。

【驻云飞】(舜唱) 雷泽鱼乡,处处渔人弄网。河畔应相让,莫使相生怏。(嗏)看这好山光,细风吹送爽。各自家回,夕色霞云降,归雁长空成一行。

【前腔】 $\frac{4}{4}$ 0 0 3 2 3 5 6 | 5. 1 6 5 3 2 0 3 5 | 6 0 1 1 2 6 5 3 |

(娥皇女英唱）阵　阵　清　　香，谷　色　风　吹

2 2 1 3 3 5 6 5 | 3 - 1 6 1 2 | 3. 5 2 3 1 6 5 5 | 6. 1 5 0 6 6 5 3 |

疑　叠　　浪。柳　影　轻　摇，径　绕　蝉　声

2 2 1 3 1 6 1 2 | 3. 5 2 3 1 1 2 2 1 | 6 1 2 1 6 - | 6 5 6 5 3 5 2 1 |

唱。(众唱)(喏)让谷　历　山　岗，　　放　鱼　雷

6 6 6 1 2 2 1 3 | 2 2 3 3 2 5 | 2 - 3 0 2 3 5 | 6 - 0 1 2 6 5 |

泽　上。　克　明　仁　德，　更　是

3. 5 2 1 2 3 2. 1 6 | 5 6 6. 1 | 6. 1 5 5 6 5 3 3 2 | 1 - 2 2 1 3 |

心　中　　畅，一　并　归　来

5. 6 1 2 1 3. 6 | 5 6 - 0 ‖

追　夕　阳。

【步步娇】(舜帝唱)

感圣德如天光明丽，授四季成年历。难与比，无庶绩少咸熙。恐事违，功非离尧王臆。

## 第三场

宏伟地

【大德歌】(合唱)天昊兮，日明兮。

纷纷耀灿辉，缦缦呈祥瑞。

轻盈地　　　　　　　　浑厚地

(女声)善政惟德宜，(男齐)韶光弘于文祖帝，(合唱)夔乐遏云霓。

## 第四出　荐禹浚川

1=F

【燕归粱】（女英唱）

艹3 6 1 5 3 3 5 6 1 5 3 2 3 - 6 1 2 1 0
黄水洪波雨未　休，　云不散，

2 3 1 6 5 6 5 3 5 6 1 5 3 2 2 3 5 -
风　还飐。倚栏眺远　渐寒秋，

1 6 6 1 2 3 5 2 3 1 0 6 5 6 0
山影淡，　树　痕　柔。

1=D

【玉芙蓉】0 0 6 6 | 2 3 1 3 5 6.2 2.1 6 | 5 6 - 6 0 |
（娥皇唱）念君去　日　　　长，

5 6 6 5 3 - | 5.6 5 1 6 0 5 3 3 2 | 1 2 3 3.2 1 6.1 2 | 1 2 2 3 1 6 - |
屈　指　离　家　久。

3 5 6 1 5 3 | 2 - - 0 3 | 2 0 3 2 - | 3.6 5 6 5 0 6 | 6 0 5 3.3 2 3 1 |
见　风　吹　雨　骤，

6 - 6 0 1 6.5 | 1 - 2 - | 2 - 3 - | 3 0 5 3.6 5 6 | 1.2 6.1 6.5 3 |
洪　水　横　　流。

·2015 年度推荐剧目·

2 - 3 - | 2 3 5 3 - | 5. 6 1 2 1 1 6. 5 | 6. 1 6 5 3 2 - | 2 - 3. 2 |
（女英唱）怎　知　　在　　外　饥

1 0 2.3 1 1 1 6 | 5 3 0 5 6 0 | 5. 6 6 5 3 | 2 3 1 3 6 5 3 2 2 1 3 | 1 0 2 1 1 6 |
寒　　受，　衣　单　尚　薄

5 - 6. 5 | 3. 2 5 6. 2 1 2 1 1 | 6. 3 5 2 3 3 2 |
百　倍　忧。　　　怎　般

1 2 6. 2 1 2 3 | 6 6 1 5 3 - | 3 2 1 3 3 2 1 6 1 2 |
是，呀 成　　愁，　　盼 夫 君 早

3. 2 3. 3 2 3 1 | 6 6 6 5 1 - | 2 0 3 2 - | 6. 1 2 3 1 - |
归 心　切　　望　　凝

【前腔】
6. 5 6 - | 1. 3 2 3 2 2 1 - | 6 - - 6 0 | 5 6 6 5 3 - | 2 0 2 1 2 3 3 2 5 |
眸。（娥皇唱）巧　　裁　葛　　布

6. 2 1 2 1 1 6 - | 3. 5 6 6 5 3. 2 5 | 6. 5 3 6 5 6 | 5 6 3 5 6 1. 2 |
衣，　　那　试　袍　衫　袖。

6 5 6 0 1 | 2 - 3. 3 2 3 1 | 6. 1 2 3 1 6 | 3. 5 2 2 1 6 - |
飞　针　　连　　綫　走，

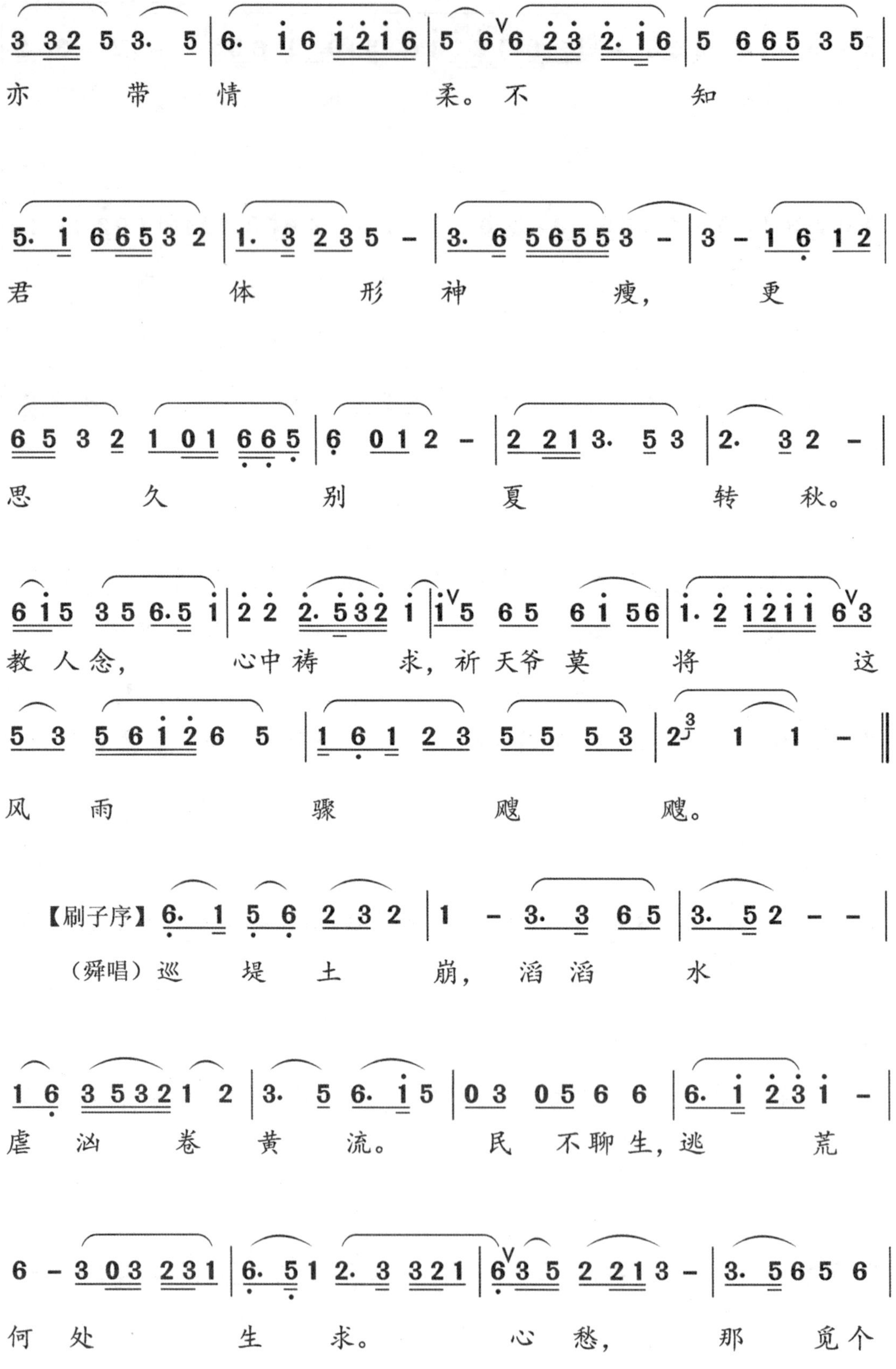

亦带情　柔。不　　　知

君　　体　形　神　　瘦，更

思　久　别　夏　转　秋。

教 人 念,　心中祷　求,祈天爷莫　将　这

风　雨　骤　飕　飕。

【刷子序】（舜唱）巡 堤 土 崩, 滔 滔 水

虐 汹 卷 黄 流。 民 不聊生,逃 荒

何 处　 生　 求。　 心愁, 那 觅个

浚川援手，可将洪兽似俘囚。那觅个有志贤良，海隅雄踞镇山州。

【玉芙蓉】1=D

紧追急走，出门来那寻看影没烟稠。
（合唱）

## 第四场

1=D

【雁过声】㚤 1 2 3 3̂ - 2/4 6̣ 5̣6̣ | 1 - ᵛ 3 1 2 3 3̂ 2 |
（禹唱）洪 害 滔 天　　肆 虐 殊，犹 若 凶 龙

5̣ 6̣ | 5̣ 5̣ 5̣6̣ 1 - | 3⁶ 1 2 3 - | 3 5 3 2 1 2 |
携 雨　 骤。　看 黎 民　 疾　 苦

4 3 2 | 1 5̣ 6̣ | 1 2 1 | 3 3 6 5 4 3 | 6 6.5 3 2 2 1 3 |
无　 生 处，尧 王 舜 帝 堪　　 愁。

5 2 1 | 3 2 0 1̣ 7̣ | 2 1̣ 7̣ | 6̣. 2 1̣ 7̣ 6̣ 5̣ | 3 3 2 1̣ 7̣ 6̣ |
钦 咱 授　 命　　 安 汹 流，

3. 5 1 2 | 3 3 | 7̣ 6̣ 2 | 2. 3 | 1. 7̣ 6̣ 1 | 2 3 2 |
导　 江 河 去　　 患　 忧

2. 1 3 | 3 3 3 2 | 1̣ 7̣ 6̣ | 1 2 3 2 3 | 7̣ 6̣ 5̣ 6̣ 1 | 5 2 5 |
家 门 三　 过　 何　 曾 入，决 浚

3 2 3. 2 | 1 2 3 0 | 2 3 5 | 5 - | 6 6 5 | 4 3 2 3 | 5 - ‖
九　 川 十 三　　　　 秋。

## 第五出  韶乐服苗

1=D

【驻马听】3 53 6 665 | 3 32 5 | 2³12 3 | 665 3² | 1. 2 352 |

（舜唱）甚是思于,    苗汉应当和睦

²1 - | 3 56 2 12 | 3 321 | ⌵6̇ 12 3 2 | 35 22 1 ‖

处。 剑  收 刀  住, 炎黄 子孙 本 一 族。

## 第五场

1 = F

【南风歌】 3　3 2　1 2　6̣ 1 | 2 (5　3 2　1 2　6̣ 1 | 2 - -)　1 2 |
（娥皇）南风　之　薰　兮，　　　　　　　　　　　可以

3　5　3 2　1 2　6̣ 1 | 2 (5　3 2　1 2　6̣ 1 | 2 - - -) |
解　吾民之　愠　兮。

5　6 3　5.　6 | 6̣ 1　2 3　1　- | 3　5 6　i 6　5　3 |
南风之时　之　时兮，　　可以阜吾民之　财

0　0　5 6 3 | 5　-　6̣ 1　2 3 | 1　-　3 5　6 i |
（合唱）南风之时　之　时兮，　　可以阜吾

2.　3　2 3　1 6̣ | 5̣　-　6̣　- ‖
兮。　吾民之　财　兮。

6̣ 5̣　3 2　1 6̣ | 5̣　-　6̣　- ‖
民之　财兮。

1 = D

【红林檎慢】

(舜唱)昔日烧仓廪,再谋填井窟。养育怀仁孝,解仇以德服。此有苗人逆命,又何示誓当诛。将干戈化玉浆壶,闻韶音解眉舒。

[换头](娥皇唱)琴把干戈止,仁消怨恨无。苗人感此,曲能呐喊停呼。丝弦能悦耳,山萦韶乐,四围风静云色舒。

【沉醉东风】（生唱）弃矛戟随韶共舞，（净）化干戈苗汉同肤。（生、净）伴凤鸣，谐歌步。共蒙开天本同族，皆始太极将混顿舒，山水相连为一处。【收尾】（众唱）汉苗永好刀枪住，韶乐回响绕山殊。引鸾凤百鸟逐歌呼，帝德怀民降恩露。

## 第六出　梦化洞庭

1=D

【泛兰舟】（娥皇唱）梦底君危寄信，凶吉乱心寸。苍梧那里向何奔，思念意难尽。几过山村，几渡水津。一路相问，千里峰阻行云。

【前腔】 $\frac{4}{4}$ 3. 5 6 1 | 5. 5 3 3 2 | 1 2 0 3 3 2 1 | 6. 1 2 - |
(娥皇唱)不　　　　　　　怕　　　　　　　　　山

3 3 2 5 3. 5 6 1 | 5. 5 3 3 2 1 2 | 5 0 6 1 1 2 1 1 6 | 3. 5 6 1 5. 6 3 2 |
重　岭　　　　　　　困，一　路　接　天

1 2 1 6 1 2 6. 5 | 3 - 1 1 2 6 | 5 - 6 - 6 | 5 6 1 2 6 1 5 3 3 2 5 |
近。　攀　藤　觅　径　扶　　　凌

6. 2 1 6 - | 0 3 5 2 0 5. 6 1 2 | 6. 5 3. 3 2 3 2 | 1 - 1 6 5 1 2 |
云，　　迷　识　鸟　声　引。　　过　这

3. 3 2 3 2 3 3 6 1 | 5 6 1 2 3 3 2 | 1. 2 6 5 | 1 6 3 5 3 2 1 3 2 1 6 |
山　　群，又　到　水　滨，何　处　相　问，

3. 5 6 1 5 0 5 3 3 2 | 1 2 1 2 1 6 1 2 | 5. 3 6 5. 6 3 3 | 2 - 0 0 ‖
忽　有　柳　渚　歌　　　闻。

1=A

【前腔】 4/4 0 5 6 5 0 6 | 1 3 3. 5 6 | 0 2 3 2 5 3 2 |
（船翁唱）帆 借 风　　吹 亦 顺，　携 二 妃 追

1=D

1 2 1 6 1 2 3 2 | 6 1 5 6. 5 3 2 5 6 5 6 | 1. 2 6 1 2 1 |
（娥皇女英唱）
虞　　 舜。 渔 舟 似 剪 山 分，水　 溅 浸

6. 5 3 2 5 6 1 1 v 6 1 5 3 3 2 | 1. 5 3 2 3 2 2 1 | 6 5 0 6 6 v 5. 1 6 5 3
衣　 润。　俯 见 游 鳞，仰 见　飞 云。 随 有

2 3 5 3 2 1 2 6 1 2 | 6 5 0 6 5 6 5 3 | 3 5 2 — ‖
鸥　 阵，　　心 急　似 火 如　焚。

【山羊转五更】卅 5 3 6 6. 5 3 4/4 3 — 5 v 3 5 | 3 0 2 1 2
（女英唱）听 噩 耗　　　惊 天

2 5 3 0 2 1 6 | 5 0 5 3 5 6 — | 6 — 6 6 5 1 | 6. 2 1 2 1 1 6 — |
忽　 猛，　　只 恨 谶

0 5 3 5 0 5 | 3. 2 1 2 | 2 5 3 0 2 1 6 | 5 0 5 3 5 6 — |
现 苍　梧 梦。

6 — 6. 1 3 3 | 5 0 6 5 0 6 6 6 2 3 2 | 1 0 5 6 6 5 3. 3 2 3 1 | 6 1 0 2 1 — |
远 迢 迢 千 山　　万　　水，

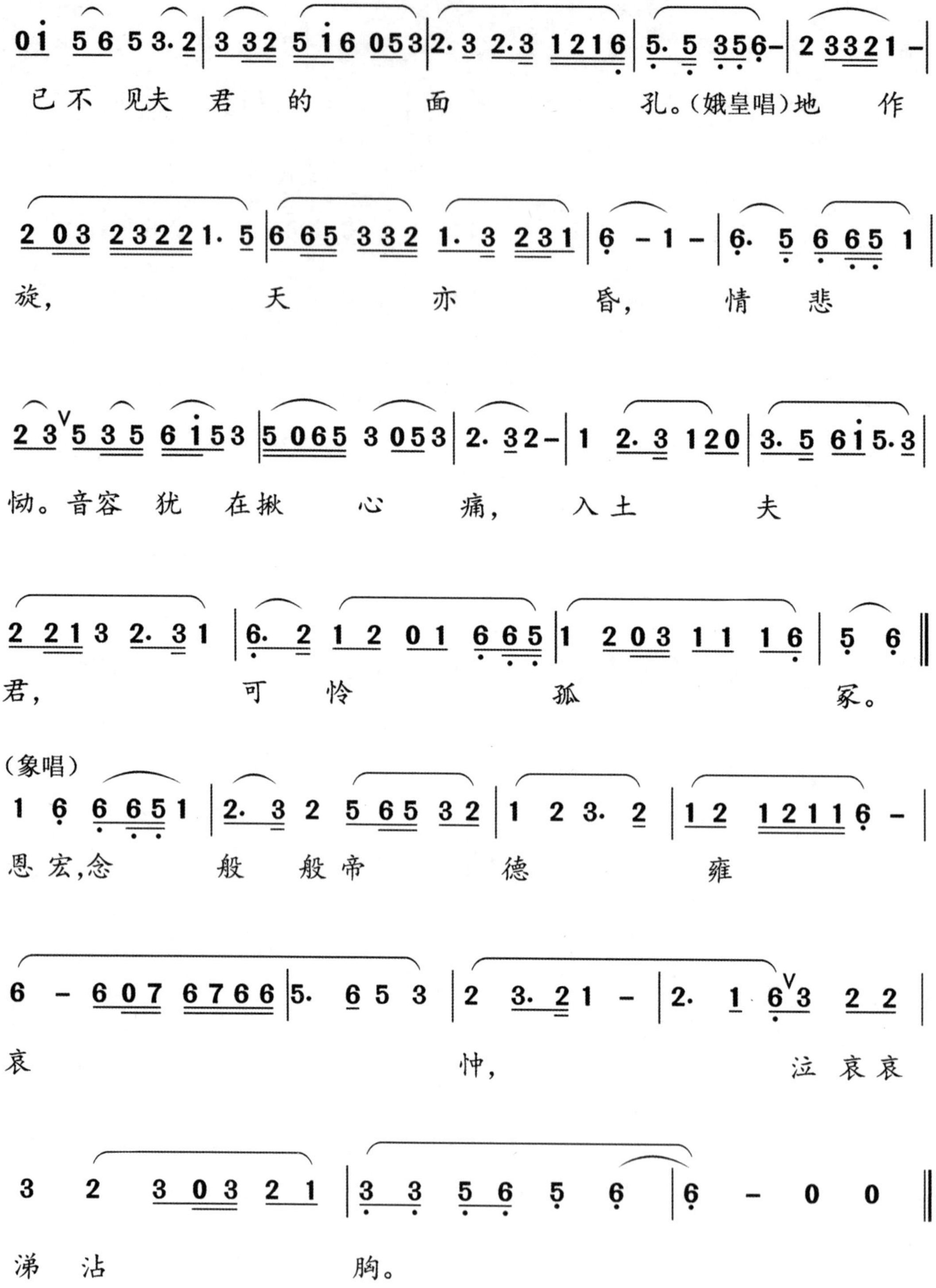
已不见夫君的面孔。(娥皇唱)地作
旋,天亦昏,情悲
恸。音容犹在揪心痛,入土夫
君,可怜孤家。
(象唱)
恩宏,念般般帝德雍
哀忡,泣哀哀
涕沾胸。

【梧桐半折芙蓉花】ᄼ 6 6ⱽ 3 2 3 2 1 6̣ 1 2 4/4 2 - 6 - | 1̇ - 2 ⅜ 1̇ 6 5 |
（娥皇唱）悲 声 在 岭　 重，　　　　　　 珠　 泪

3 5 6 - | 1̇ · 2̇ 6̇ 1̇ 6 5 | 3 - 5 · 6 6 5 3 | 2 3 5 3 · 2 |
随 江　　　　　涌。　　　　　水

1 · 1 6̣ 1 2 - | 3 · 2 1 - | 1 - 3 6 5 | 5 · 3 2 3 |
阔　　　　　　　　　　　　连

5 - - 6 | 5 - - - | 6 - 6 2̇ 1̇ | 6 · 1̇ 6 · 1̇ 6 5 3 |
穹，　　　　　　　雾 漫

2 3 5 - | 2 · 3 2 - | 2 - 1 6̣ 1 | 2 ⅟ 3 2 3 |
云　浮　　　动。　　　　　　　更

3 5 3 2 | 1 · 2 1 - | 1 - 6̣ 2 | 2 · 3 2 · 1 |
念　夫 君　心

6̣ - 1 2 | 3 - - 5 | 2 · 1 3 2 · 3 1 | 2 - 3 · 2 |
忧　痛，　　　　　　　　　　　倚

1 - 6 · 2̇ 1̇ 6 5 | 3 5 6 5 - - | 6 - 6 · 5 1̇ | 6 · 1̇ 6 5ⱽ |
定 船　帮　　　望 眼　空。

3 · 5 3 - | 1 2 1 2 3 5 3 2 | 1 2 3 2 - | 2 2 2 1 6̣ 5 |
（女英唱）
呼 君 何 在，　　　　螺 屿

浸濛濛，那觅足迹寻君踵。(娥皇唱)浩浩湖波与泪融，簌簌苦雨曳凄风。涨卷涛声，翻起浪花千纵。

【莺啼序】

山连竹密皆翠葱，风摇万千丛。泪哭干沁血双瞳，染斑斑若霞红。

(女英唱)看碧色琅玕簇迸，又点点血凝垂涌。叶语恸，似与云天哀诵。

【啭林莺】
悲心亦如
(娥皇唱)
涡浪重，泪水且与血相溶。

夫君久别留高家，弄相思已是难相

逢。哀情憯恸，哭切切云倾雷动。号悲风，急雨怎涤竹印泪斑红。

## 第六场

【前腔】（众合唱）雷鸣电掣惊紫穹，疾雨如倒江洪。浪翻白水银花涌，看云狂卷呼悲风。（女英唱）伤心更痛，这泪眼湖天如梦。（众合唱）觅君踪，这楚岭那般是九嶷峰。

1 = D

【天下乐】 4/4 2 35 2³ 2 | 6 2̇ 1̇ 6 5 6 5 | 2. 1 3 5 6. 2̇ 1̇ 6 5 |

（舜唱）瑞霭　祥云舞　　御风，飞　　龙，

3 3 2 5 6 — | 6 6 6 5 3 2 0 | 2 2 1 3. 5 3 | 2 — 2 2 1 3

上　九　　　　　穹。　　　　　感　二

3 0 5 3. 2 | 1 2 — 3 | 2 — — — | 2 — 3. 2

妃　　　　　情　深

1̇. 1̇ 6 6 5 6. 2̇ 1̇ 2̇ 1̇ 1 | 6 — 1̇ 6 | 5 — 6. 5 | 3 — 5 — |

笃　　　　　　　　　意　融，

6 6 5 1̇ 6 1̇ 5 3 2 2 1 | 3 — 6. 2̇ 1̇ | 6. 5 6 — 1̇ | 6 6 5 1̇ 6 — |

更　相　依　　凝　此　恩。且　相

6 6 5 3 2 | 2 2 1 3 3 3 2 5 | 6 0 1̇ 6 5 3 2 — | 2 — 2 2 1 3

携　　永　　　　　世

```
3 0 5 3 - | 2 - - - | 5 6̱6̱5̱ 3̱0̱3̱ 2̱3̱1̱ | 6̣ - - 6̣ 0 |
    同,       双                              凰

1 - 2 - | 1̇.2̇ 3̇2̇.3̇ 1̇0 | 2 0 1 3̱3̱2̱5̱ | 6̱6̱5̱1̱0̱2̱ 1̇2̇1̇1̇ | 6 - - - |
   相           逐          与              凤。

1=D
【醉中天】 3 0 5 6̱6̱5̱ 3̱0̱3̱ 2̱3̱1̱ | 6̣ - 1 6̱5̱ 1̱.2̱3̱3̱ | 2 2̱1̱ 3̱.5̱3̱ |
(娥皇女英唱)多                    受 君       恩

2. 3̱2̱ - | 6̱.1̱ 5̱3̱ - | 5̱.3̱ 2̱0̱3̱ 2̱1̱6̣ | 1 - 2 - |
   宠,      情  意       更  深   浓,

5̱6̱3̱2̱ 3̱3̱2̱5̱ - | 6̱.2̱ 1̱2̇1̇1̱6̱ - | 1̇ 6̱5̱.6̱ 1̱1̱6̱ 5̱.6̱3̱2̱3̱ |
瑞  霭      祥  云       绕 御              龙。

2 5̱6̱3̱2̱ | 2̱1̱2̱ 3̱3̱2̱ 6̱1̣6̣ | 5̣.6̣ 1 - | 1̱2̱3̱ 6̱.1̇ 5̱3̱ | 2̱3̱5̱ 3̱3̱2̱ |
(合唱)列 仙 美 眷   人 间 永,   华  彩 绮

1̱2̱ 3̱5̱ | 6̱1̇ 3̱0̱2̱ 3̱5̱ 6̱2̱ | 1̇2̇1̇1̱ 6̱6̱5̱ 6̱.1̇ 3̱3̱2̱ | 1̱2̱1̱ 1̱2̱ |
霞 吐  霓     虹。  湘  君   神    女,    天

2̱3̱2̱0̱ 3̱3̱2̱5̱ | 6̱1̇ 3̱5̱ | 6 - ‖
地 此  心   同。
```

## 尾声

【秋夜雨】
（屈原）泪泣风雨中，感帝子情深恩重。涕血斑筠，湘沅极浦，降渚思君容。目渺渺 目渺渺愁予，往事若烟 往事若烟化梦。

## 韶乐 南风歌

### 湘昆《湘妃梦》主题曲

(娥皇)南风之薰兮,可以解吾民之愠兮。

南风之时之时兮,可以阜吾民之财兮。

(合唱)南风之时之时兮,可以阜吾民之财兮。

## 《湘妃梦》：追寻昆曲的别样之美

朱为总

十月秋色里的苏州，静逸秀美，典雅婉约。三年一度的第六届中国昆剧艺术节，又如期相约在这昆剧的故乡隆重举行。以全国七大昆剧院团为核心，演绎了多形式的新编传统戏、新创历史题材剧、实验小剧场昆剧等，其中由湖南省昆剧团创作演出的《湘妃梦》，以其独特的叙事结构、歌舞并重的精彩演绎和具有鲜明中国传统美学精神追求的整体性舞台呈现，成为本届昆剧艺术节上风格鲜明、最引人关注并引起人们广泛思考的剧目之一。

《湘妃梦》全剧是以楚国诗人屈原"仰天长问"的情景开场，以《九歌》中对湘夫人的描述将观众带回尧舜时期，讲述了距今4000年的上古时期传说中关于尧、舜、禹的故事，并以虞舜与娥皇、女英二妃的感情故事贯穿其中，体现着谦和礼让、尊老爱幼、孝顺父母、和睦共处、禅让贤能等中华民族的传统美德。故事是人们所熟悉的故事，但该剧的叙述方式、视点结构和舞台演绎，却有别于当下戏剧创作的常规，没有刻意地去追求戏剧故事的新奇性、人物情感的复杂性、矛盾冲突的不可调和性，以及借此来形成和强化舞台表演的所谓表面张力等，而是平心静气地选择了昆剧传统"曲为核心"的诗体叙事手法，突出文学性和整体风格的文化感，以饶有诗意的生活揭示和丰富浪漫的想象力与逻辑架构，淡化戏剧矛盾冲突、接近人物情感，构筑作品形象，其最重要的着力点似乎更在于追寻当代戏剧舞台甚至当代人们心中失却已久的唯美、兼和、礼让等民族最为深沉的审美情感与情趣，并以词之美、乐之美、歌舞之美、主旨意趣之美，在整体上构筑起适合于昆剧演出的一种意蕴和形态，它不仅使《湘妃梦》在艺术表达上具有了一份赏心乐事的别样之美，而且更体现出让主题升华的观念实践之现代思想与精神。从演出现场的座无虚席，到观众的掌声不断，《湘妃梦》这种追求古朴、浪漫、富有诗意的舞台创作样式，显然也是深为当代观众所认可和接受的。

严格地说，《湘妃梦》是一部带有较为浓郁的"新文人化昆曲"意味的新编历史题材剧，其以"曲为核心"，追求文化性和文学性标高的编演方式，向来是昆剧文人化戏剧创作有别于其他剧种的一种标志。但纵观近数十年来大量的昆剧新创剧目，其文化性、文学性高度的弱化已成为一种不争的事实，也使昆剧这一被人们赞誉为"百戏之师"、有深厚文化承载的古老剧种，在当今戏曲舞台上与其他剧种新创作品的竞争并不占优势。当然，若就湖南省昆剧团所创作演出的《湘妃梦》整体性而言，无论在文学性、戏剧性或表演性上，离昆剧传统核心艺术应有的高度还有较大的提升空间，但是，作为一部试图以文化性和文学性为引领，追寻昆剧人文、唯美、典雅艺术底色和审美意趣的原创剧目，其价值意义就在于它对昆曲传统文化精神回归于当代舞台所表现出的独立与觉醒，其中所折射出许多新的理念和新的现象，无论是从学术角度，还是从审美角度，都值得我们给予更多的关注和肯定。

以昆曲舞台演绎的形式，较为完整地叙述和展现上古时期先祖们开启中华文明之源和造福百姓的丰功伟业，以及贯穿其中可歌可泣的千古之恋，《湘妃梦》是有其独创性的。剧作者能将这样大气磅礴的历史画卷，借用昆曲这一独有的艺术形态，变雄浑为潇洒，化刚劲为柔和，我思量再三，是将其解读为"优雅"。但它的"优雅"使人平静，使人博爱，是一种旷达、纯净、恬淡、飘逸的艺术品格，更是追求理想精神世界的本身。这显然是与剧作者"意不在于戏"的创作理念有关。

湖南省昆剧团此次创作演出的《湘妃梦》，其编剧陈平先生实是我国当代国宝级的山水画大师和书法家。他近年来先后创作了《孤山梦》《富春梦》和《湘妃梦》等一系列带有鲜明文人化戏剧风格的佳作。特别是其深厚的词学造诣，有元人质朴自然、意象高远之风，因此他所创作的戏曲作品，虽不刻意追求剧情、结构的新奇，但剧中所唱之曲却是词曲工丽，音韵和谐，或咏事或抒情或达情表意，可谓是形象鲜明，情感真挚，浓而不艳，能与人物当时的心境相映衬，更显风采飞扬，就这一份文学功力和底蕴修为，在当今职业剧作家中，也是绝少的。陈平先生说他想通过昆曲创作，借助于有形写照、达于事理的舞台演出创造一种"活的水墨"，而《湘妃梦》所演绎的一幕幕上古故事中所蕴含的诗意想象、浪漫情思和质朴自然的生活情景，也让我们似乎以为是感受到了剧作家意象中那"活的水墨"。但是，如果我们真能平静地从戏的表象走入戏的深处，也许会有一种突然的顿悟：

戏曲难道唯有表现大悲大喜才感人吗？《湘妃梦》所创造的那种兼和、礼让、和睦的一幕幕生活情景和一幅幅美好的生活画卷，不正是戏曲所力图想要传达给社会的一种理想之大美与关乎天道人心的精神力量？我想这或许才是陈平先生心中真正想要创造的"活的水墨"，真正在平和中动之人情、感之人心、震之魂魄，使人思之回味无穷的，不是淡雅，而是厚重的戏。

其实，湖南省昆剧团能坚守昆曲传统艺术本体，成功地将《湘妃梦》搬演于本届昆剧艺术节舞台，其胆略和勇气实是让我为之感动和敬佩。因为像《湘妃梦》这样一种编演形式的戏，需要有高水准的表演技艺来给予完美体现；剧中人物众多、行行有戏，更需要有一个强大的表演团队为支撑。如果说该剧文本上的最大特色是延承了昆剧"曲为核心"的传统，那么舞台表演能否实现"歌之美"就成了全剧是否成功的关键。但出人意料的是，湖南省昆剧团的青年艺术家们是以其完足的演唱技压当场。整个演出场面流光溢彩，众多的人物角色全部由中青年演员给予尽情演绎，既有质朴、自然、诗情的整体艺术追求，又具有柔婉、绚丽、富有寓意的视觉审美呈现，同样也得到了广大观众的强烈共鸣和赞美。特别是扮演娥皇的罗艳和扮演女英的刘捷，真是气韵生动，丽音天成，听她们的演唱犹如海浪轻卷，涛音风笛，似在眼前耳边。剧中的娥皇、女英，一红一绿，载歌载舞，表演真情流露，并始终以饱满的激情，借助于词情、声情、舞容的深度诠释和渲染，直是把一对"姿色娇美而清纯不浊，彰显个性又含蓄有仪"的千古佳人演绎得天仙化人、栩栩如生。剧中小生演员、虞舜的扮演者王福文的表演也十分出彩。他扮相清朗敦厚，与剧中青年时的虞舜颇为相合，并能很好地把握农家男儿"刚健而不为强，敦厚而不为弱"的人物行为定位，而身为舜帝时，又能表现得温润如玉，有谦谦君子之风，使之成为整台戏中所有试图通过自己努力去接近历史人物本原的一位成功的演绎者。此外，还有许多小脚色如演虞舜同胞兄弟的丑脚演员，《苍梧寄梦》一场中的樵夫和渔夫，他们的戏份虽不多，但同样成为打造全剧优秀艺术品质的支撑点，正是由于有每一个演员的认真、执着和努力，点点的星光才最终汇聚出全剧的一派亮色。《湘妃梦》是一部有湖南地域文化深厚内涵的戏，湖南省昆剧团的艺术家以其湘音、湘俗、湘趣，不仅让该剧具有浓浓的湘昆特色，同样也让我们真真切切地感受到了一代青年艺术家的风采和不俗的整体实力。

在中国戏曲的综合艺术呈现中，如何以空纳万物的审美理念，在舞台上营建一个虚实相间的审美时空，创造一个生机盎然、开阔宏大、可行可望、可思可游的艺术天地，让欣赏者的精神徜徉其中，从而获得一种情景交融、韵味无穷、物我两忘的意境，这应该是所有创作者共同追求的一个艺术理想。《湘妃梦》的二度创作，依然是体现出于少非导演追寻中国古典审美精神内在特质与传统文化精神相一致的舞台整体风格。早在1992年，于少非就曾执导被誉为中国古典"第一戏"的南宋戏文《张协状元》，他不仅使当代观众"能一睹宋金舞台之风貌，重聆绝响的宋元南音"，而更重要的是通过演员与角色分离等规范与自由、幻觉与间离的舞台演绎形式，把中华民族尚礼的文化精神有机地融入全剧的视觉审美之中，台上演员彬彬有礼、和睦谦逊，以礼修身，以礼载艺，让人感受到了古时艺人对自己所从事的艺术本身一种图腾般的崇敬和"戏比天大"的真正含义，给人留下极深的文化记忆。同样，在昆剧《湘妃梦》中，于少非在现代物理的舞台空间上构建一个带有古典意象的世界，在古拙浑厚的舞台上，身着古时乐人服饰的乐手和犹如穿越历史时空般的演奏形态，让观众瞬时就感受到了一个有利于表现剧情的特定历史场景。大的布景道具在这出戏里是绝少使用的，尽量把本然的舞台空间让给人物、让给演员、让给表演，以舞台之"空"形成表演时空的流转自由和纵深能力。对于舞台人物的整体塑造，不论是尧帝、虞舜，还是娥皇、女英，都具有善良质朴、真情自然之美，很好地体现了文本创作追求"兼和、礼让、和睦"的宗旨和意趣。尤其是他再度将"尚礼"的审美视觉样式运用于该剧，每一场结尾时演员都面向观众，拱手而立，深深施礼，台下观众则报以热烈的掌声，"戏比天大"的崇敬和尚礼的文化精神就在台上台下的互动之中形成一种水润墨色般的宽泛性延伸，无论是形式还是其中所蕴含的精神内涵，应该说都有着强烈的现实观照和意义。让故事有历史感，让情景有人生感，让艺术形式有庄严和神圣感，以至形成对艺术传统之美的敬畏感，在《湘妃梦》一剧中我感受到了这种理性的思考和创造，它也的确为全剧的成功奠定了绝好的品格和基础。

"腔以聚众，曲以流传"，中国戏曲的舞台演艺，从和歌之调，伴舞之曲，到举手投足的表情达义，无不在唱腔音乐的规范之中，并影响着戏曲的创作与发展。对于《湘妃梦》一剧的唱腔音乐创作，可以说也是凝聚了唱腔设计钱洪明和音乐配器许晓明二位昆曲音乐家的智慧与才华，无论是在构思布局、选择宫调、分配脚色、布置剧情、点板打谱，还是在技法呈现、音乐表现力、旋律织体的审美追求等方面，从整体上说是较为成功地完成和深化了对主题的诠释和表达。"以文化乐""依字行腔"，应该说《湘妃梦》的唱腔音乐是符合昆曲这一唱腔打谱规范的,并因规范而更显美听,或谐美静幽,或清丽脱俗,或触景生情,或酸楚哀怨,独唱、对唱、重唱、同唱交错互变,辞情腔情融合自然,唱腔配乐非常具有美感和很强的视听表现力,由此也可见作曲家对昆曲的真正理解和扎实的功力。当那一曲曲委婉声清、器和响逸、极富歌唱性和旋律性的昆腔曲韵化为剧中动人的乐章,我们可以肯定地说,作曲家们在这出戏中是下了大功夫的。

对于当代昆曲的保护传承,不仅仅要注重技艺层面,更重要的是在于其传统文化精神能否代代相传。对文学性、文化性的追求,不仅是昆剧的剧种标志和艺术传统,也是当代观众对昆曲文化传统回归舞台的一种新的审美诉求,更是昆剧未来发展的必然选择。《湘妃梦》一剧能被观众所认可,从一定层面上也为当代昆剧的文人化创作提供了一种借鉴和可能。期待有更多的昆剧原创剧目能带给我们更为深度的思考与启迪,并为民族戏剧长廊再增一份精彩与美好。

## 天下明德,皆自尧舜始——走进昆剧《湘妃梦》

胡笑蓓

像是一个久远的约定,《湘妃梦》选择了昆剧。

昆剧从历史走来,自明初始,迄今已是600多年。2001年5月18日,昆曲被联合国教科文组织宣布为世界首批"人类口头和非物质遗产代表作"。

"六百年"也好,"遗产"也好,丝毫也不能遮掩她青春的风姿。她有着丰富的剧目,华丽典雅的文辞,她的曲调清逸婉转,一唱三叹,表演细腻优美。她载歌载舞,武功技艺卓绝。她是融诗、乐、歌、舞、戏于一身的,最能体现中国传统美学抒情、写意、象征和诗化特色的一种表演体系,对于后来的京剧和众多的地方戏曲产生了深远而直接的影响。

在昆曲系统中,虽说"腔出吴中",却是"声各有变"。昆曲自明万历年间从苏州传入湖南,相继流行于桂阳、嘉禾一带。最早记载的是清乾隆五十六年的湖南集秀班,相继有记录的有昆文秀班、福文秀班、老文秀班、合文秀班等十几个班社。"文雅衣冠,当场出色,秀灵子弟,按节传神。"这是有名的一副藏头戏台楹联,记载了当时的繁荣气象,展示了湘昆的特色。哪些是湘昆的特色?在音乐和道白上吸收了当地民歌和西南官话,使得她的音乐既有文雅的共性,又有质朴的个性,表演于优美细腻中显出粗犷豪放的风格,节奏明快,深受人民群众喜欢。

古人说:"马到郴州死,人到郴州打摆子。"郴州自古乃充军发配的荒蛮之地,居然衍生了众多优秀的昆剧昆班,且生根结果、花繁叶茂——真乃一奇葩!

(一)2015年深秋,湖南省昆剧团以一出新创历史昆剧《湘妃梦》赴苏州参加第六届中国昆剧节。随即,也就是这个温暖的秋天,它像一支空谷幽兰,亭亭玉立于第五届湖南艺术节舞台!

以她的诗情画意,以她的古朴素雅,她的传统表演样式,以她满台青年演员响亮的唱念,以她从容之气质,亭亭玉立于艺术节舞台!受到两地观众的热烈欢迎,交口称赞!

九嶷山,古称苍梧山,山上有远古华夏人文初祖五帝之一的舜帝陵墓。汉代著名史学家司马迁也有关于舜帝"崩于苍梧之野,葬于江南九嶷"的记载。"天下明德皆自虞舜始"。他以身作则,德化众生。他"耕历山,历山之人皆让畔;渔雷泽,雷泽上人皆让居;陶河滨,河滨器皆不苦窳(雨音,恶劣的意思)",以至"一年而所居成聚,二年成邑,三年成都"。他"勤民事,苦忧人,只为苍生不为身"。舜帝为我国古代道德文化的典型代表,堪为早期中国社会公仆的典范。

史记载:"尧二女不敢以贵骄事舜亲戚,甚有妇道。"后人将二妃尊称为"湘君",传说中的娥皇女英为追寻远去的丈夫虞舜,泪滴于竹,遂成"斑竹",即"湘妃竹"。

二妃寻夫没于云梦,葬于君山。好凄美!

《湘妃梦》由当代著名中国国画家、作家陈平先生编剧,由著名中国油画家、导演于少非先生导演,由湖南省昆剧团演出。

这出戏以娥皇、女英为角度,以她们波澜壮阔的爱情心理线为视角,讲述了距今4000年的上古时期关于尧舜禹的传说故事。

尧、舜、禹时期是中华民族五千年文明史中一段伟大的时期,被后世誉为"箫韶九成,凤凰来仪"的上古美好社会。尧将帝位禅让给舜,舜又禅让给禹。舜并且开创了农耕文化。这是一个中华文明继往开来的辉煌时代。

全剧共分6出。第一出讲的是尧帝携女历山访贤,讲舜的仁慈,娥皇、女英对舜的爱慕。第二出《仁孝齐家》是一个有名的关于舜的、中国《二十四孝》中第一孝的故事。舜的继母和弟弟心生忌恨,为得到尧给舜的牛羊和仓廪以及娥皇女英,加害虞舜。他们让舜修补仓廪,待舜登上仓廪之后便撤掉梯子,放火烧仓。危急之时,娥皇与女英为舜编织的斗笠和蓑衣救了虞舜,逃过了焚仓廪之灾。一计不成,又生一计,继母和弟弟又让虞舜淘井以加害。娥皇、女英在井底挖一侧井,舜便躲进侧井又逃过一劫。善良的虞舜见父亲与继母和弟弟如此对待自己,并无怨恨,反而觉得是自己考虑不周,做得不好,便与娥皇女英商量,将自己的牛羊及仓廪都送与他们,以孝心、仁德感化他们,继母、弟弟和父亲终被感动,从此一家和睦。

第四出是《荐禹浚川》。说的是舜日夜为治理洪灾奔忙,数月未归,娥皇、女英惦念丈夫,得知舜为治洪苦恼,便荐禹来治洪,舜心生犹豫,因禹为鲧之子,鲧因治水9年未成被杀,尧王有命不用其后。娥皇听后劝舜:"鲧之错,非禹之错,夫君应向尧王举荐,让禹治水,也好替父改过。"舜听后转忧为喜,遂恳求尧王,让禹来治理洪害。

第五出:《韶乐服苗》。说的是南方苗人不服汉人的统治而作乱。虞舜派禹征服月余未果,很是焦急。娥皇便奏韶乐以安慰舜,她深情地唱起了《南风歌》:"南风之薰兮,可以解吾民之愠兮,南风之时兮,可以阜吾民之财兮!"不料苗人听到优美的韶乐即停止喊杀,虞舜大喜——音乐亦能打动人!若光凭武力征服,只能埋下仇恨的种子!于是即令禹停止打斗,抚琴奏韶乐,汉苗纷纷闻乐起舞,百鸟随舞,一派祥瑞,长期的民族争斗终止了。

《湘妃梦》就是这样,以二妃与虞舜的爱情故事为纽带,以二妃的情和爱与虞舜的孝和德纠结映衬,向观众展示着父子、兄弟、夫妻、邻里之情和民族之情。以众多的生活细节,生动而细致地展示了谦和礼让、尊老爱幼、孝顺父母、禅让贤能的中华民族传统美德。这种美德,是今天社会急切呼唤、代代相传的精神财富。

(二)于少非先生多次与陈平先生合作,编导了《富春梦》《画梦诗魂》等一出又一出优秀的舞台昆剧。"情感逗留于物象,并且推动物象朝着情感深化的方向发展,从而使这一情与象互生的状态更加丰富。这是中国人的智慧,是中国人的哲学。昆曲能将繁纷的情感意蕴凝聚为一种精湛的艺术秩序……延续中国人崇尚的'简约平和'的整体风貌。"这段精彩的文字来自导演阐述。一如写意性的国画,让画面流动起来!这是一种强烈的文化感与个人灵性的展现,也是生命力的自由洋溢。舞台上的《湘妃梦》有一种集文学性、音乐性、载歌载舞的表演性于一身的流动美!

"回归传统,还昆曲一个蕴藉雅静的美好意境"是《湘妃梦》的整体艺术追求。

注重文化感,注重演出样式。

昆曲以"戏出"划分场次。这种样式源自宋代的瓦舍勾栏。瓦舍是遮风挡雨的演出场所,内设若干勾栏,也就是用栏杆围起来演戏的地盘。以勾栏分割为戏台和观众席,戏台一般高出地面。戏台前部为表演区,后部为演员装扮、休息之所,叫做戏房。戏房中的演员有时还要与前台配戏搭腔,如《张协状元》中,净在戏房作狗叫,生在前台吆喝:"什么妇人直入厅前,门子当头何不止约?"

《湘妃梦》中的"踏场"就是这样一个古老的样式。舞台中间挂着写意性的画幕,画有蓝天湖水和山,即称"守旧",将舞台分隔为前后台,"守旧"的两边有出入场,前台即表演场所,左右各坐6个身着古装的乐手,以勾栏与观众分隔。舞台中央虚设一个地盘,踏上这个地盘就是戏内,是戏;走出这个地盘就是戏外。一种瓦舍勾栏的古风扑面而来。《仁孝齐家》一场,象儿要害哥哥,让哥哥舜去淘井,"快把井摆上",端两把椅子一靠,就是井。演员入戏要"行礼",上场一拱手,大拇指右压左,表示"我来了,请多担带。多多捧场"。下场一拱手,大拇指左压右,表示"谢谢!敬礼!我下去了"。两个扮作牛的就是这样,他们戴着面具,一牛搭着另一牛的肩行礼,表示:"我们来了,我们扮作牛,请各位配合一下。"这段戏出在第一出《历山访贤》,这里有个细节,虞舜耕田,挥鞭不打二牛身,却打竹笠,尧帝问他为何,他说:"老人家,牛儿耕地已然辛苦,我若再鞭笞它们,我于心不忍,故而鞭打竹笠。"女英问他,这牛儿一雄一雌,哪头更有力气?舜指雄牛。女英问他为何不说出声来,舜轻声说:"我若是当着雌牛夸奖雄牛,那雌牛定会伤心。"尧帝笑:"你真是慈善得很呢!"可谓以小见大,从形式到内容都表现了舜的仁德、湘妃的贤良。

戏中有这样一个情节,两个演员上场后当场戴上牛头傩面具,起舞耕田。中国古代面具萌芽于新石器时代,源于原始先民的狩猎活动、图腾崇拜和巫仪傩祭。最早的面具应是动物的假头,即动物面具。史前人类在狩猎时披戴鸟兽头冠和皮毛,模拟猎物对象的形态和活动,隐蔽自身,麻痹目标,命中猎物,以此获得食物,同时也为了防寒避体。剧中之"牛",当听到尧帝将湘妃许配给虞舜时,喜形于色,摘下面具说:"我们也沾点喜气,歇它半晌!你们还不快去禀告父母,好让他们高兴高兴才是呀!"插科打诨,戏说调侃,自娱又娱人,既具中国传统戏曲的假定性,又极具娱乐性。第六出《梦化洞庭》,女英得不祥之梦,以傩舞表现、强化恶梦之幻觉。傩舞是上古先人将狩猎活动演化成仪式,是古代"傩祭"仪式中的一种舞蹈,又演化出各种法术、巫术,逐渐成为当时人们普遍的信仰。巫仪表演时,演员头戴兽冠,身披兽皮,手持鸟羽兽尾。祭祀涉及原始的生命崇拜、太阳崇拜、河神崇拜、动物崇拜、山岳崇拜,为面具的发育生长提供了必要的宗教条件,形成了巫傩之仪式。将傩舞运用在这一戏剧情境中,便有了一种上古的仪式感。

(三)"不得旧物者,不敢言新。"湖南省昆剧团能将《湘妃梦》做到今天的火候,是多年努力的结果,是代代传承的结果。这出戏由罗艳饰演娥皇,雷玲和刘婕演女英,王福文演虞舜。他们有一个共同的特点:沉稳大气,唱念表演特别好。罗艳系昆剧团的现任团长,国家一级演员。她最早工刀马旦。三年攻读中国戏曲学院研究生期间,深入地学习科学发声方法与戏曲演唱的有机结合,练就了一副金嗓子。2015年11月,与湖南交响乐团合作,成功举办个人经典唱段演唱会,古老的湘昆音乐走向了当代,昆剧演唱上了一个新台阶。这样,带着一股崭新的气息,罗艳饰演的娥皇唱腔悦耳动听,形象清丽感人。饰演女英的雷玲,2013年获第26届中国戏剧梅花奖,不料在这次会演前几天病倒了,角色由B组的刘婕顶上。20多岁的刘婕硬是在三五天的时间内将一出大戏排演下来,并获得了成功!这功夫无疑来自平时的勤学苦练。王福文是剧团的当家小生,师从著名昆曲表演艺术家蔡正仁先生,他饰演虞舜一角,朴实稳重,唱念表演俱佳。

湖南省昆剧团行当齐全,行行都有领军人物。有获中国梅花奖的演员3人,有湖南省第一个中国戏曲表演研究生,另有获兰花奖、小梅花奖、省芙蓉奖等省部级大奖的近40人。剧团曾多次晋京,赴港澳台地区演出,出访日本、菲律宾、新加坡、英国、爱沙尼亚、拉脱维亚、土库曼斯坦等国演出。

剧团长期以请进来、送出去的方式传承昆曲艺术,如聘请上海昆剧院著名昆曲表演艺术家、教育家张洵澎老师来团教授,源源不断地派出青年演员前往上海、北京学习。2012年,雷玲拜张洵澎老师为师,唐珲拜侯少奎老师为师;2013年,王福文拜蔡正仁老师为师;2015年,在苏州举行的第三届"名家传戏"——当代昆曲名家收徒传艺工程活动中,罗艳正式收上昆的陈莉、本团的邓娅晖为徒;同时,青年演员史飞飞拜上海昆剧团谷好好老师为师。他们都是活跃在当今昆剧舞台上的中坚力量。此外,还有正在郴州师范学习的昆班小学员51人。剧团呈现出一种代代有传人的勃勃生机。

从2010年开始,剧团举办两年一届的"相约郴州"——相约经典昆剧展演。2010年,2012年,2014年,全国六大昆剧院团相约郴州,演出《荆钗记》《牡丹亭》《山门》《寻梦》《弹词》《吕布试马》《思凡》《小宴》《单刀会》《百花赠剑》等剧目。去年起约请了港澳台地区的昆班,下一步打算走向国际,相约海内外曲家来湘演出,共赴盛会。

剧团每年3月举办"小桃红·满庭芳"——美丽郴州赏昆曲专场演出。这是承袭中国人上巳游春的民俗民风和古老而优雅的传统,游园赏曲,踏青而歌。该活动2013年由湖南省昆剧团和上海张军昆曲艺术中心合办,演出了《活捉》《闹朝扑》《千时送京娘》《说亲》《扈家庄》《三岔口》《挡马》等众多剧目。

从今年开始,剧团举办"折子戏周周演",每周六晚上演出3个折子戏,让青年演员人人有上台的机会。

《湘妃梦》中的《大德歌》这样唱着:"天昊兮,月明兮,纷纷耀山岳,缦缦呈祥瑞……"

让我们为古老而年轻的湘昆祝福。

# 江苏省苏州昆剧院 2015 年度推荐剧目

## 《白蛇传》

**主创人员**

总监制：徐耀新　盛　蕾
总策划：高　云、徐　宁、王鸿声、徐晓林
总统筹：沈益峰、韩显红、缪学为、陈　嵘
策　划：陈　晶、黄春育
监　制：徐春宏
统　筹：蔡少华
艺术总监：汪世瑜
艺术指导：张继青、马佩玲
导　演：俞珍珠、吕福海
剧本改编：王　焱
作　曲：周友良
舞美设计：戴晓云、黄祖延
服装设计：蓝　玲、张　颖
化妆造型：蓝　玲、张　颖
灯光设计：祝世明、黄祖延、徐　亮
配器：任　枫
武打指导：俞渭春
编　舞：杨允金
舞美制作：练　成
道具设计：练　成
唱念指导：毛伟志
领　唱：杨　美
统　筹：吕福海
项目执行：高雪生
舞美统筹：李　强
舞台监督：李　强
书　法：华人德
篆　刻：朱耀祖
平面设计：叶　纯

**演员表**

白娘子：刘　煜
许　仙：周雪峰
小　青：吕　佳
法　海：唐　荣
船　家：徐栋寅
仙　翁：徐栋寅
鹿　童：徐　昀
鹤　童：钟晓帅
众神将：本院演员
众水族：本院演员

**乐队演奏员**

司鼓：王　凯
司笛：施成吉
箫：范学好（兼唢呐）
小笙：周明军
排笙：张翠翠
琵琶：汪瑛瑛
扬琴：韦秀子
古筝：胡以益
中阮：陆惠良（兼唢呐）
二胡：姚慎行（兼高胡）、徐春霞（兼提琴）、府　昊
中胡：杨　磊
大提琴：奚承开
贝司：庞林春
打击乐：刘长宾、辛仕林、程相龙、陆元贵

**舞美人员**

灯光：徐　亮、智学清、严鑫鑫、潘小弟
音响：施祖华、方尚坤
化妆造型：方佳莉、顾　玲
服装：柏玲芳、马晓青、胡倩汝
道具：肖中浩、严云啸、史庆丰
盔帽：朱建华、王傅杰
装置：翁晓村、陆晓彬
字幕：周　骁

# 《白蛇传》曲谱

第19页

【江儿水】1=D

你罗心肠铁做成　啊呀教人怒更生　你把朝朝暮暮全抛
非非是是难明证　纠纠缠缠将人哄　你一片
狼子心性　假意虚情　龙泉剑怎饶你性命

## 旧曲陈酿意未尽　今调绿蚁赋新词

苏昆祥　文

一段衣衫疏影里的凄美神话，一曲挥洒青春的水磨新腔，一台悱恻纠缠的倾心演绎，兰枝上，嫩香迎风处，为君娓娓诉来！

《白蛇传》是家喻户晓的故事，国人对白娘子这个人物非常了解。关于白娘子的传说这一题材，全国几乎所有的剧种，如京剧、越剧、川剧、婺剧、豫剧、评剧、秦腔、粤剧、河北梆子，甚至包括木偶戏、皮影戏等都有涉及。白娘子的爱情故事，早已深入民心。近年来，昆曲舞台剧目丰富，《牡丹亭》《长生殿》《玉簪记》《西厢记》等各具特色，但是如《白蛇传》这样以家喻户晓的故事为题材的并不多见，《断桥》《水斗》等经典折子戏在昆曲演出中也不多见，在观众对昆曲《白蛇传》由衷期待、昆曲界却尚无此新编剧目的背景下，昆曲《白蛇传》作为江苏省文化厅舞台艺术重点投入剧目，由省文化厅和苏州市文广新局共同出品，由苏州昆剧院具体组织实施担纲制作和演出。2012年8月正式启动，2014年起正式对外公演。

### 在传承中呈现新气象

苏昆版《白蛇传》的创作遵循青春版《牡丹亭》的艺术创作思路，突出"青春"二字。按照"以昆曲传承为核心，以打造具有苏昆特色的《白蛇传》为努力方向，以培养青年演员为目标，集中展示昆曲内涵，表现昆曲本质特征，实现新人新戏新呈现"的创作原则，通过西湖借伞、勇盗仙草、水漫金山、断桥相会等来编排故事、设定情节，讲述了一个关于包容与博爱的故事，具有浓郁的神话色彩和强烈的悲剧冲突。全剧演员平均年龄25岁，由苏州昆剧院青年演员刘煜、周雪峰等担纲主演，成功塑造了多情善良、知恩图报、追求爱情、不畏强暴、勇于牺牲的白蛇形象，许仙也由一个懦弱书生变成幡然悔悟、忠于爱情的大丈夫，热情赞美了对于真、善、美的执着追求，打造出一部文武戏兼务、观赏性和艺术性并重的优秀剧目。

新版《白蛇传》追求典雅，淡化矛盾，突出人性，讲究神韵，既能反映昆曲内涵又能够跟时代接轨，把现代人的审美和理念以及现代人对待民间神话故事的态度呈现出来，将《白蛇传》这一民间故事加以升华。在该剧的创作中，结构模式上借鉴了社会上已经普遍接受的、深入人心的京剧《白蛇传》，突出地体现了对于前人成果的尊重、继承与吸收；但在人物形象的塑造上则充分体现了当代人对于这一题材的思考，去掉了存在于主人公身上的诸多不美好因素，淡化了矛盾冲突，更加彰显人性中美好的一面，从而为昆曲宝库呈现出一部全新的作品。

该剧在尊重传统的基础上力求满足当代观众的审美需求，创作中加入很多新元素。如主题曲"千年等一回，此情无悔。是与非问谁？三生爱永相追。泪在飞，泪在飞，化作一江滔天水……"反复出现，贯穿全剧始终。舞台呈现坚持写意简洁，留出足够的舞台空间给演员表演，在保持昆曲本质的同时适应现代观众的审美，达到唯美的舞台效果。整个戏结构上突出重点，有快有慢，有张有弛。以《游湖》《惊变》《断桥》三折戏作为全剧的重点折目，抒发人物情感。全剧以情为主线，《游湖》侧重表现了恋爱之情，《惊变》侧重表现了夫妻之情，《盗草》侧重体现了救夫之情，《断桥》侧重表现了姐妹之情和许仙的委屈悔恨之情，《合钵》侧重体现了母子之情和离别之情。同时，在尊重传统的基础上加以创新，加入《下山》一折，许仙在目睹白娘子和小青与神将厮杀斗法后决心下山寻找自己的爱人，这样使许仙这个人物更加丰满。

## 人物塑造凸显真善美

苏昆版《白蛇传》的主要特点体现在对于白娘子、许仙、法海这三个人物形象的重新塑造上：较之于以往，白娘子形象的主要特点在于强调她的痴心付出，终于换得真爱，"一点痴心，换得情深爱长"。白娘子虽是白蛇化成的人间女子，但是她对于许仙的爱是真诚的、执着的、深切的，既非贪图情欲，又未作恶人间，甚至正是由于对许仙真诚的爱恋，一句"执子之手，与子偕老"便让她不忍拒绝许仙劝酒而冒险饮酒；也正是由于她的痴心，她才不顾生死，而闯昆仑盗仙草，"哪怕你仙山峭壁峰危，哪怕你暗藏杀气腾飞"，以至于仙翁都感念她的真情真意而赠了灵芝；也正是由于这一点痴心，她到金山寺索夫，与法海陈明心迹："为夫妻有恩深爱重……在人间，有假意虚情。俺却是长悬壶，济尘世情更钟……"但她的心迹得不到法海的谅解，在禅杖威力之下只得水斗；正是由于这一腔真情，她为许仙生下麟儿；也正是由于这一腔真情，她虽被镇压塔底，却换来了与许仙永远的相思。"任凭你塔高万丈，隔不断情深爱广。听塔铃悲荡，塔铃悲荡，是俺夫妻相思无尽，咫尺相望。"这结局，悲耶？喜耶？让人在不尽的伤感中回味无穷。

在《雷峰塔》传奇中，许仙是个市井气息非常浓郁的卑微人物，不仅疑心、摇摆、试探，而且躲避、逃跑，甚至在《断桥》一场也是在犹豫中被小青抓到，夫妻才得团圆。在新版《白蛇传》里，许仙则是个质朴、清贫、忠厚、懂得感恩的形象，虽是小商人身份，却颇有书生的单纯、质朴气质。端阳佳节，他怀着对娘子的满腔爱意与感激，要好好庆贺一番，以慰劳"再世的女华佗"。法海之语，并未让他惊怕、犹疑，而是觉得可气、好笑、晦气，因此回家就必然要与娘子共饮雄黄酒来祛除晦气。并无任何疑心、试探之意的许仙，在完全出于美好意愿的情况下，让白娘子现了原形，自己也受惊昏死。许仙被娘子救活过来之后，对于所见到的异象赶到惊恐不定，他开始怀疑娘子是否真是蛇妖了，只得到金山寺寻找法海求救。法海劝他出家摆脱妖魔缠绕，而夫妻恩爱之情又让他恋恋不舍。娘子到底是人还是妖？他迷惑了。在犹豫中，他被法海拉上了金山寺。在寺中，他亲眼看到了娘子率领水族与法海的争斗，他终于明白了，法海所言不虚，娘子果然是蛇妖。但是娘子虽然是妖，却对自己如此情深义重，而且济世助人，甚至不顾生死地盗草，怀着身孕与法海拼死争战，这样的真爱，比人间的爱还要纯、还要真、还要深。因此，眼看着这一番恶斗，他为娘子孕中死战而心"痛"，为自己私上金山有负娘子而"愧"，为自己眼睁睁看着娘子受伤战败而"恨"自己无能相助。他不再犹疑，只为娘子"生生死死一片情"，他要下金山寻找爱妻，"纵一死要听她唤郎声"。许仙寻找白娘子，寻到断桥，遇到娘子和小青，他主动、大胆地认错以求得娘子原谅，最终两人重续生死盟，"纵异类共死同生"。到了"合钵"一场，面对佛家的威严，许仙对于自己的爱情、婚姻更有了深刻的认识，他为自己的娘子极力辩解，娘子"与我夫唱妇随，行医扶危，济世助人"，不是危害人间的"魑魅魍魉"。白娘子被压在雷峰塔下之后，许仙以最深沉的爱、永久的相思，来回报娘子的痴情。在许仙形象得以完成之时，本剧的主题也得以彰显。

对于法海形象的塑造，是本剧有别于以往白娘子题材的另一个要点，体现了对于宗教的尊重。本剧中的法海，既不是出于与妖魔争高下、与妖魔势不两立而决意除掉白蛇，也不是顽固不化地就要干涉婚姻爱情，而是为了执行佛家维护人间清净这一使命而斩妖除魔。因此，法海在"说许"中一出场的一段念白就树立了佛家威严、慈悲、肩负使命的形象："【念奴娇】堪悲尘世，贪嗔痴、三字终朝萦系。慧水常携，休教那、禅枝沾惹尘渍。佛地江南，威灵无边，岂任妖蛇恣。许仙沉沦，菩提超度于之。"之后的"上山"一场中，在上场诗中，法海流露出对于人间沉沦苦海的无限悲悯："人生何必觅闲愁？一片白云去悠悠。苦海沉沦有时尽，江河滚滚永休休！"为此他拉着犹豫不决的许仙到了金山寺。这样一来，法海与白娘子的矛盾冲突就不是十分尖锐对立的，而是一种错位。白娘子为爱到了人间，她不仅爱许仙，还爱人间，她的爱远远胜过人间之爱。但在法海看来，"人和妖难相共"，为了人间清净定要将白蛇驱赶回峨眉山。法海的威严与使命使得他犹如一道坚不可摧的城墙，这是白娘子爱情悲剧的根源。雷峰塔，是佛家威严的象征。巍巍耸立的雷峰塔隔断了白娘子与尘世的来往，却隔不断她与许仙真诚的爱情，隔不断两人绵绵的相思。这雷峰塔,反而成了人与妖相爱、相思的象征。

### 音乐创作扬其韵铸其魂

苏昆版《白蛇传》没有驾轻就熟地沿用传统的演出本来进行整编,而只是借用传奇故事来重新演绎这个凄美的神话。编剧对本子进行了重新改编,重选曲牌、重写唱词,是一个全新的版本。该剧曲牌的选择经过反复权衡,也多次进行了调整,在主创班子不断地交流磨合下才逐步成形。全剧唱腔都选用了曲牌,有几出戏都采用了套曲形式。如第八出《下山》用了一支南正宫的【倾杯玉芙蓉】和北双调中的【折桂令】【雁儿落带得胜令】。其中【折桂令】是这折中最为激烈的唱段,是前一出《水斗》在许仙眼中的再现。演唱时整个唱段节奏很快,要一气呵成,通过许仙一个人从侧面来表现打斗的惨烈与白素贞作战的艰辛。而在表演上,这一段主要是展示许仙看到这种打斗场面恐惧的内心,演员运用了跪步等武戏身段来表现许仙慌乱的心情。本折的重点唱段【雁儿落带得胜令】则是许仙内心活动的强烈流露,在节奏变化中表达出人物内心活动的丰富层次、复杂感情,使许仙的感情色彩进入了一个新的层次,从而毅然下山,去断桥边寻找白素贞。

新版《白蛇传》的音乐创作是依据"理筑其形,情铸其魂"来进行的。如果传统曲牌、套曲能完成剧情所表达的内容,就尽量依昆曲的曲牌规范来写。板眼、主腔尽可能达到规范,轻易不去动它。在有余地的有限空间里,尽量把唱腔的情绪做到极致。如某些唱段在戏的重要之处遇到了体现上的困难,那就会采取一些新的手段来试图解决。比如在《断桥》《合钵》两出戏中,对两首重点唱段,在板式和声部上进行了一些探索尝试。传统的《断桥》采用南商调的【金络索套】:【山坡羊】二支、【五供养】【玉交枝】【川拨棹】【金络索】二支、【尾声】。新编的《断桥》原也是全部采用南曲,又几易其稿,最后插入一支不常用的北曲【梅花酒】。现在是【山坡羊】二支、【江儿水】【绵搭絮】【梅花酒】【江儿水】【川拨棹】【尾声】。对于【梅花酒】这个曲牌,导演希望演员唱到这里时情绪要非常强烈。编剧在唱词写作上运用了"顶针"的写法,一环一环、一步一步地把情绪推上去。因此,作曲对【梅花酒】的曲牌在音调和板式上进行了一些处理,在节奏上类似垛板,都是强音,慢起渐快再渐慢,再渐快到极致再撤下来。乐队一个特强音,停顿、静场……白娘子再气若游丝地轻轻吐出:"你怎不扪心自省……"大起大落,大开大合,情绪得到充分宣泄,剧场效果非常好。这种节奏、速度的处理,在以往的昆曲演出中是没有的。【尾声】没用传统的曲牌,用女声齐唱深情地唱出:"人生最难是离别……"这些处理都是戏剧表现的需要,也是在遵循曲牌格律的基础上,允许对重点、有想法的唱段因"情"伤"理"。传统的《合钵》是一套北曲,而新编的《合钵》采用了南正宫的【普天乐】二支、【倾杯序】二支、【玉芙蓉】。戏一开始是表达夫妇俩儿子降临的喜悦恩爱之情,许仙唱了半支【普天乐】后,白娘子接唱。后半支作曲处理成二重唱。声部时而平行,时而此起彼伏,非常温馨感人。这两场戏中的唱腔写作是依守格律的,但在加强音乐性方面下了功夫,其间也有一些有意为之的"破",这种处理对戏的剧情推进起了很大的作用。

磨合一部大戏的过程是艰辛的,台前幕后每个人的汗水泪水凝结成一部作品,最终呈现在舞台上。《白蛇传》这一古老的爱情传说,被苏州昆剧院以清新的面貌搬上舞台之后,受到观众们的热烈响应。在深受功利主义影响的当今社会,人们呼唤真情,白娘子这一集美丽、痴情、才干于一身的女性,用她自己的追求与痴情,散发出神圣的光芒,让人们看到爱情,看到美好,看到希望。白娘子或许只是传说,水斗的场景也只存在于幻象之中,她与许仙的爱情也早已远去,但美丽的西湖仍在,雷峰塔古塔废墟仍在,人们对于美好的追求仍在。

## 永嘉昆剧团 2015 年度推荐剧目

### 《赠书记》

(根据明无名氏《赠书记》传奇改编)

编剧：张　烈
总策划：胡佐光、戴华章
总监制：张建豪、董小娥
出品人：张胜建
监制：黄光利、徐显眺、张玲弟
编剧：张　烈
导演：张树勇
指导老师：林媚媚、张世铮、周雪雯
配音作曲、唱腔设计：周雪华
配器：周雪华、徐律、夏炜焱
舞美设计：何礼培
灯光设计：潘家瑜
造型设计：龚　元
服装设计：李荣森
道具设计：吴　加

**演员表**

贾巫云……由腾腾
谈　轩……杜晓伟
傅子虚……冯诚彦
魏烽烟……刘小朝
贾　椒……张胜建
奶　娘……金海雷
奚　伯……李文义
刘公公……刘汉光
师　太……黄苗苗
里　正……肖献志
随从甲……王耀祖
四丫鬟……本团演员

**演奏员表**

司鼓……郑益云
司笛……金瑶瑶
笙……徐　律(兼唢呐)
二胡……吴子础、徐显眺、支建策、胡彬彬
琵琶……曹　也
扬琴……吕佩佩
古筝……陈西印
三弦、中阮……吴　敏
中胡……朱直迎
大提琴……黄　瑜
低音提琴……夏炜焱
打击乐……林兵、朱直迎
定音鼓、中胡……林志锋

**舞台工作人员表**

舞美设计助理……周星耀
舞台监督、场记……何海霞
灯光操作……孙孟佑、盛　昊
装置……吴胜龙
音响操作……张　力
服装……张彩英
盔帽……许柯英
化妆……胡玲群
字幕……李小琼

时间：古代。

人物：贾巫云——父母双亡，与奶娘相依为命，身世凄凉
　　　　　　的年轻女子。
　　　谈轩——兵部尚书谈侃之子。遭权奸卫三台陷
　　　　　　害，沦为钦犯，逃亡在外的年青书生。
　　　傅子虚——淮扬刺史。刚正不阿的清廉官吏。
　　　魏烽烟——草莽英雄。凤凰山凤凰寨寨主。
　　　贾椒——贾巫云之叔。只认钱财不认亲情的
　　　　　　小人。
　　　奶娘——贾家奶娘。
　　　奚伯——谈府院公。
　　　师太——莲花庵主持。
　　　刘公公——黄门太监。
　　　里正、随从，酒保，义兵、丫鬟侍女、百姓等。

## （一）

    ［清明前后。
    ［贾巫云住处：后园。一门通小路……
    ［奶娘引贾巫云上，推门进。

贾巫云　（唱南仙吕入双调【步步娇】）
    趁春时祭扫离，
    陌上，
    思椿萱隔泉壤，
    伤心事与谁讲。
    泪洒归途，
    强止哀怨，
    听垂杨鸟惊喧，
    无端的增惆怅。

奶　娘　小姐，老爷过世多年。你不要悲伤了。
贾巫云　双亲辞世，难止伤感。叔父欺凌，倍增忧烦。
奶　娘　路途劳顿，回房歇息去吧！去吧！去吧！（推贾巫云下）唉，可叹我家小姐父母相继亡故，叔父又一门心思想谋夺家财。小姐她念及亲情百般忍让，不知到何时才是个头哟！
    ［贾巫云喊："乳娘！乳娘……"惊惶上。
贾巫云　乳娘，我的房中被人翻检过了，凌乱得很。
奶　娘　可曾少了什么东西？
贾巫云　一个黄布包袱。
奶　娘　包袱内有些什么？
贾巫云　一本书。
奶　娘　书？
贾巫云　就是爹爹留下的《圯桥老人秘笈》。
奶　娘　啊呀，这是你的家传宝物。老爷临终有过托付：待你长大成人，若遇着识得此书的如意郎君，就把此书相赠。
贾巫云　这便如何是好？
奶　娘　我看不是外贼，怕是内贼……
贾巫云　内贼？
    ［贾椒内："巫云，巫云！"
奶　娘　他来了！
    ［贾椒上。
贾　椒　侄女儿，你回来了？（见贾巫云不搭理）侄女儿啊——
    （唱【川拨棹】）
    春祭还，
    何需将冷脸我看。
    怨你父无子香烟断，
    怨你父无子香烟断，
    遵祖训继兄业弟承担。
    持家辛劳细盘算，
    求兴旺不畏难。

奶　娘　二老爷这般辛苦。今日还有空光顾小姐闺房……
贾　椒　光顾闺房？你怎么说话呢？
奶　娘　小姐房中少了个黄布包袱，莫非是二老爷你……
贾　椒　……偷？
奶　娘　这话难听，叫"拿"！可惜包袱里没有值钱东西。
贾　椒　是没有什么值钱东西，只有一本破书。
奶　娘　如此说来这书确是二老爷你……
贾　椒　……偷？
奶　娘　偷书不算贼。
贾　椒　对！偷书不算贼！（回过味来）呸！呸！老乞婆，你变着法儿骂我是贼！你……念你在我家多年，不然……
奶　娘　不然怎么样？
贾　椒　将你赶出门去！——其实么，你们在此家的日子也不远了！
贾巫云　怎么？也要赶我出门么？
贾　椒　不是赶，是嫁！
贾巫云　终身大事不劳叔父操心。
贾　椒　笑话，我不操心，谁来操心？婚姻之事从来听媒妁之言，遵父母之命。你二老死了，自然由我为你做主。
奶　娘　二老爷，你不会为了钱财将我家小姐给卖了吧？
贾　椒　又怎么说话呢！难道找个要饭的，坑害我侄女不成？
奶　娘　那新郎是善是恶是美是丑无关紧要……
贾　椒　你……
奶　娘　二老爷你真是好福气哟！一旦小姐出阁，留给你这么大的宅院不算，这聘礼，又叫你大发横财！
贾　椒　放肆！你就不怕……
奶　娘　扫地出门！

贾巫云　叔父啊,你乃尊长,平时不敢相争,总是忍让。唯独此事不能相让。

贾　椒　你

贾巫云　叔父啊——
　　　　（唱【玉交枝】）
　　　　勿须你奔走匆忙,
　　　　莫落个枉费思量。
　　　　家爷他弥留托孤当不忘,
　　　　婚嫁事容奴自主张。
　　　　人做事苍天在看,
　　　　劝把邪念收善记胸膛。
　　　　须知骨肉情赛金万两。
　　　　莫教恩义绝待再续终无望。

贾　椒　恩断义绝?好!你不认我为叔父,我还认你是侄女。不把你卖进青楼,算我对得起祖宗!我这就去!（欲走）

奶　娘　二老爷哪里去?

贾　椒　你管得着吗?

奶　娘　那书?

贾　椒　扔了!（出门,下）

奶　娘　小姐不必悲伤,自古男大当婚、女大当嫁。你已成人,是该论婚议嫁,寻找如意郎君的时候了。

贾巫云　想我深居闺中,到哪里去寻如意郎君!况这世道都是些纨绔子弟。

奶　娘　不、不!想世上虽有那些纨绔子弟,可是有才学的志诚君子却也不少。小姐不必愁烦,这婚嫁之事需凭机缘。机缘未到,好事难成。小姐,不用难过,回房歇息去吧!

　　　　[奚伯同谈轩上,进园。奚伯打量门外无人后将门关上。

奚　伯　相公,幸好逃脱追捕,来到这扬州地界。我看这园子倒也僻静,就在此借住几天,再作打算罢。

谈　轩　但不知他们肯容留否?

奚　伯　待我前去问来。（喊）园内有人吗?
　　　　[乳娘上。

奶　娘　是哪个……?

奚　伯　我们是从外乡来的,这是我家公子。

奶　娘　外乡人……

谈　轩　（对奶娘一揖）老人家,学生这厢有礼了!

奶　娘　二位到此何事?

谈　轩　妈妈,学生游学到此,厌城中喧嚣,喜郊外幽静。眼见日已平西,天色将晚。欲在此借住几日,不知可否?

奶　娘　原来要在此借住几日。请稍待,好一个俊俏后生,机缘来了。
　　　　——小姐,快来!
　　　　[贾巫云上。

贾巫云　乳娘何事?

奶　娘　有二位外乡人欲在此借住几日。

贾巫云　这……

奶　娘　吁小姐。与人方便自己方便。我看园内西厢房尚空,就让他们住几日吧!嗳呀,小姐（拉过贾巫云）你看这书生!
　　　　[贾巫云与谈轩互视。贾巫云羞涩。

贾巫云　（背唱【嘉庆子】）
　　　　蓦见这俊俏书生（佳人）举止斯文,

谈　轩　止不住心底小鹿撞脸上红云。
　　　　（背唱）她淡施粉黛秀美天成,
　　　　蓦地里爱意生,

贾巫云　（同背白）当记男女防嫌呵——

谈　轩　（同背唱）莫走近,羞叙谈,暗沉吟。

奶　娘　小姐?

贾巫云　乳娘心思,巫云明白!（羞涩）

谈　轩　红粉佳人,偏似隔水桃花。

贾巫云　只是春尚寒,锦盖单薄……

奶　娘　不妨事!取几件小姐衣裳与他二人夜里御寒也就是了。

贾巫云　但凭乳娘做主。
　　　　（将谈轩打量了一眼,含羞下）
　　　　[谈轩望着贾巫云远去的身影发呆。
　　　　[奶娘、奚伯见状,会心笑出。

奶　娘　相公,相公!

谈　轩　（惊觉）不应该!不应该呀!

奶　娘　有什么不应该的呀!

谈　轩　这……唉,一言难尽。
　　　　[转暗。

## （二）

　　　　　［转亮。
　　　　　［翌日晨。
　　　　　［舞台:半为厢房,半为后院。
　　　　　［谈轩在房中浩叹。
奚　伯　是呀,我家公子怎好明言!家遭大难,落难之人倘若再生变故,岂不害了人家的小姐……你们看看把他愁的哦……
奚　伯　我还是进城探听风声要紧哟!(下)
谈　轩　呵呵,(苦笑)流亡人一言难尽哪。
　　　　　(唱北仙吕【寄生草】)
　　　　　垂泪迎风立,
　　　　　难息恨陡升。
　　　　　家尊他身居兵部护边境,
　　　　　孰料遭权奸陷害丧性命,
　　　　　灭九族血漫庭院鸟过惊心。
　　　　　留取俺四处奔逃归无门,
　　　　　怎思量卿卿我我儿女情。
　　　　　卫三台,你这祸国殃民的贼子!有朝一日,俺定要报仇雪恨!
　　　　　［奶娘持扫帚上。
奶　娘　(敲门)相公、相公?
谈　轩　(开门)原来是老人家。
奶　娘　相公请用早膳!
谈　轩　多谢妈妈!
奶　娘　你家院公一早进城去了。这厢房久未住人,今趁院公不在,我来替你们清扫一番。
谈　轩　有劳了!
　　　　　［奶娘打扫房间。
　　　　　［贾巫云上。
贾巫云　(唱【哪吒令】)
　　　　　步苍苔越小径,
　　　　　烦忧去喜意生。
　　　　　处幽闺觉孤零,
　　　　　不自觉厢房近。(欲敲门又停手)
　　　　　欲进门时羞进门。
谈　轩　(发现黄布包袱,捡起)啊老人家此乃何物?
奶　娘　哎哟!到处寻你不着,原来这书藏在这里!
谈　轩　书?(喜)可否借我一观。
奶　娘　相公请看。(打开包袱,取书本给谈轩)
谈　轩　(接书看)《圯桥老人秘笈》。(翻看)好书!好书呀!
奶　娘　是祖上传下来的,小姐她奉为珍宝。但不知它好在哪里呢?
谈　轩　圯桥老人就是黄石公。当年,汉张良求学六韬三略,在下邳圯上,遇到黄石公。黄石公赠与《太公兵法》。张良学业有成,辅佐汉主刘邦平定了天下。此书将古今兵书融会贯通,师古,成规不墨守;追今,适时出新招。妙哉!奇哉!
奶　娘　原来相公也懂兵法?
谈　轩　略知一二。小姐令尊精通兵法,可否烦乳娘引见,容晚生当面受教。
奶　娘　老爷早已亡故三年!如今小姐孤身一人与我做伴。相公,你的父母……?
谈　轩　唉,都已作古,留下我孤单一人与奚伯相依。
奶　娘　嗳哟!真是苦命的一对呀!
谈　轩　啊,老人家,此书可否借我几日,容我再仔细研读。
奶　娘　相公喜欢,你就拿去看吧!
谈　轩　莫非将此书赠我?
奶　娘　不瞒相公说,我家老爷在世时曾嘱咐老身:待等小姐长大成人,若遇上识得此书的如意郎君,就把此书相赠。
谈　轩　哦,原来如此。(虽喜还忧)不过……
奶　娘　不过此事,还得要问过我家小姐。相公,你且耐心等待。
　　　　　［出门发现小姐。
奶　娘　小姐!
贾巫云　乳娘!
奶　娘　全听见了?这书……
贾巫云　相赠与他吧!(羞涩难禁,下)
奶　娘　(冲房内喊)相公听了!不对,得改口:"姑爷,听了!"我家小姐愿将此书赠你。你要好生看管哟!(欣喜下)
　　　　　［谈轩欢喜不禁。
谈　轩　(唱)喜从天降临。
　　　　　得奇书遇……佳人,
　　　　　奔波苦终有尽,
　　　　　做一个虎伏龙隐。
　　　　　［奚伯气喘吁吁上。推开园门,直进厢房。
奚　伯　相公,不好了!

谈　轩　何事如此惊慌？
奚　伯　朝廷将你画影图形，四处张挂，官府到处搜查，悬赏捉拿于你！
谈　轩　这……？
奚　伯　此地不可久留。
谈　轩　是啊！万一生出事端，便会连累小姐的。
奚　伯　你我快快走吧！
谈　轩　走（欲走，回头见书，忙将书捧起，沉吟），这书呵——
奚　伯　现在逃命要紧。
谈　轩　（唱【青哥儿】）
　　　　捧书儿陷两难境。
奚　伯　一本书儿有什么两难的？
谈　轩　（唱）是佳人亲口相赠。
奚　伯　怎么？是小姐赠与你的？
谈　轩　（唱）它是俺缔结姻亲信与凭，
奚　伯　原来是定情的信物。
谈　轩　还给她呵——（奚伯：还是还给她吧！）
　　　　（唱）舍不得书中佳句眼前佳人。
　　　　不还她呵——（奚伯：不还又怎样呢？）
　　　　（唱）一旦里惨遭不幸——（奚伯：是呀，要连累人家小姐！）
　　　　耽误她年少青春怎忍心。
奚　伯　还也不是，不还也不是。（思索之后）相公，依老奴之见，还是带着走。
谈　轩　带着它走么？
奚　伯　我看卫三台专权也只在一时，待到拨云见日时，来此迎娶小姐。
谈　轩　待我即刻去向小姐道谢辞行。
奚　伯　万万不可！你家遭惨祸，如今朝廷捉拿，此话不能讲呀！
谈　轩　这……那我们就走吧！
奚　伯　且慢，四处都是捉拿你的画影图形，如此出去，一眼就可将你认出的呀！
谈　轩　这……这便如何是好？
奚　伯　（一眼看见贾巫云的衣裳）有了！相公，你来看！（指贾巫云的衣裳）
谈　轩　怎么？七尺男儿改扮女人……岂不羞煞人也！
奚　伯　这是没有办法时的办法。你容颜姣好，改扮过后，同去庵院，暂避风头，等待雨过天晴……
　　　　［里正敲锣上。
里　正　乡里人听了。缉拿谈轩，朝廷钦犯。十家一牌，五家一保，逐户搜查，窝藏同罪，举报有赏……（喊下）
谈　轩　啊！
奚　伯　由不得你了！（将女人衣裳抛给谈轩）
　　　　［谈轩捧衣苦笑。
　　　　［转暗。

## （三）

　　　　［转亮。
　　　　［当日傍晚。
　　　　［闺房。
　　　　［奶娘帮贾巫云梳妆。
贾巫云　（唱南小石【锦上花】）
　　　　愁云散喜上心，
　　　　照花儿前后镜，
　　　　漫理云鬓施脂粉。
　　　　整钗钿点朱唇，
　　　　改衣装束罗裙，
　　　　还我秀美姿容窈窕身，
　　　　羞见意中人。
　　　　［贾椒内："喔哟，"（跌倒呼痛）醉态上。
贾　椒　跌得我好痛哟！
　　　　（念）跌跌撞撞步不稳，
　　　　三杯两盏酒烧心。
　　　　且去闺房报喜讯，
　　　　她不乐意我欢欣。（进房）
　　　　巫云，侄女儿！侄女儿！（进门）侄女儿，恭喜你了！侄女儿，你大喜了啊
奶　娘　二老爷为我家小姐找到婆家了？
贾　椒　找着了！找着了！
奶　娘　不知是哪一家？
贾　椒　说出来，吓死你！
奶　娘　我的胆儿不小！
贾　椒　告诉你说，乃是"天下第一家"！
奶　娘　"天下第一家"？
贾巫云　（惊）"天下第一家"？叔父？

| | |
|---|---|
| 贾　椒 | 皇上派钦差,江南选秀女。贾巫云的芳名已上了花名册,不日到京城。侄女儿,你得近皇上,有朝一日当上娘娘,相带我成皇亲国戚了。哈哈 |
| 奶　娘 | 二老爷,跪下。 |
| 贾　椒 | 跪下? 作啥跪下? |
| 奶　娘 | 见了娘娘,能不跪么? |
| 贾　椒 | 对! 我跪! 参见娘娘!……呀呸(知被戏弄),八字还没一撇,早着呢! 侄女儿,我已收了赏金,此事非同儿戏啊…… |
| 贾巫云 | 我若不愿呢?(贾巫云不理睬) |
| 贾　椒 | 你拗得过我,也拗不过皇上。准备准备,明日一早我送你去县衙。 |
| 奶　娘 | 小姐,这便如何是好? |
| 贾巫云 | 你快去请公子前来。(暗露羞涩) |
| 奶　娘 | 对对对。我去请相公来一起商量商量。(下) |
| | [天已昏暗。贾巫云将灯点亮。 |
| 贾巫云 | 好歹毒的叔父啊—— |
| | (唱【锦后拍】) |
| | 将奴家送宫禁, |
| | 幸已与意中人终身定。 |
| | [奶娘喊:"小姐! 小姐……"捧男人衣服惊惶上。 |
| 奶　娘 | 姑爷不见了! |
| 贾巫云 | (惊)怎么? 不见了?……那书呢? |
| 奶　娘 | 书也不见了。只留下这身衣衫。 |
| 贾巫云 | (跌坐)(唱)欲效文君夜逋, |
| | 欲效文君夜逋。 |
| | 偏遭遇浪子欺心, |
| 奶　娘 | 小姐,我看那位相公不像是无有德行之人,莫非是另有苦衷。 |
| 贾巫云 | 纵有苦衷也应来当面道明! |
| 奶　娘 | 小姐,恨也没用。明日一早你叔父就要将你送往县衙。要紧的是想个办法才是。 |
| 贾巫云 | 无非是一走了之。 |
| 奶　娘 | 就这样走么……皇帝选秀在册难逃! 凡年轻女子是要抓的呀! |
| 贾巫云 | 有了! |
| 奶　娘 | 有办法啦? |
| 贾巫云 | 乳娘,你来看!(指奶娘手上的男人衣服) |
| | (贾巫云从奶娘手上接过衣服) |
| 贾巫云 | (唱)恨不是铮铮男儿身, |
| | 吐浩气叱咤风云, |
| | 遍天涯寻我那心上人。 |
| | 乳娘,速速装扮。 |
| | [转暗。 |

（四）

　　［翌日。
　　［四衙役：州府文告,缉拿钦犯,知情不报,视为同罪,举报有赏。
　　［通衢。路边酒肆。酒肆对面墙上贴有缉拿谈轩的图文……
　　［魏烽烟内："走哇!"同二随便服上。

| | |
|---|---|
| 魏烽烟 | (唱北中吕【粉蝶儿】) |
| | 纸扇轻摇, |
| | 觅贤才将市廛到。 |
| | 装斯文不避喧嚣, |
| | 谁能知,俺乃是,人中英豪。 |
| 随从甲 | 寨主。 |
| 随从乙 | 得叫老爷。 |
| 随从甲 | 老爷,这里有官府的图形文告。 |
| 魏烽烟 | 噢,待俺看来。(上前看告示图文,念)"兵部尚书谈侃,拥兵自重,意图谋反。已诛灭九族。其子谈轩逃亡在外……"黑白颠倒,一派胡言!(欲上前撕文告,被拦住) |
| 随从甲 | 老爷,这人多嘈杂,你就忍着点吧! |
| 魏烽烟 | 嘿! 喝酒去! |
| | [魏烽烟三人去酒肆就座。 |
| 随从乙 | (喊)店家! 好酒好菜给俺家爷端上来! |
| | [酒保内:"好嘞!"端酒菜上,摆放好。 |
| 酒　保 | 三位爷,请慢用。(下) |
| | [贾巫云同奶娘东张西望上。 |
| 贾巫云 | (唱)可怜见弓鞋袜小, |
| | 强装作男儿姿阔步走志高气傲。(见有人来,同奶娘躲向墙边,无意中发现缉拿文告) |
| 奶　娘 | (惊)是他! 小姐,你来看!(轻声) |
| 贾巫云 | 他是? |

奶　娘　姑爷。
贾巫云　（惊）你不会看错吧？
奶　娘　你就看了一眼，我可是看得真真的，不错，就是他。我就料到，他不辞而别，定有原因！
　　　　［贾巫云神色惊惶。魏烽烟起立，随后又坐下。
贾巫云　（唱【普天乐】）
　　　　霎时间心似捣，
　　　　喜的是赠书的人呵——
　　　　与忠良后结永好，
　　　　忧城乡遍悬，海捕文告。
　　　　止不住心惊恐，
　　　　担心他怎躲逃。
魏烽烟　这位先生请来小坐。
　　　　［贾椒上。
贾　椒　（内喊：）哈哈……老东西，看你往哪里跑！
　　　　（上，发现乳娘）
　　　　站住！告诉我，巫云在哪里？
奶　娘　城里正到处在抓捕逃犯、寻觅秀女，小姐她东躲西藏，我们被人一冲，走散了。
贾　椒　走散了？（见奶娘要走）站住，你往哪去？
奶　娘　小姐走丢了。你将我扫地出门。我只得自找去处。
贾　椒　你
奶　娘　（故作神秘地要贾椒附耳过去）二老爷，依我看呀，小姐她，一定去了莲花庵，落发做尼姑了！
贾　椒　莲花庵？
　　　　［奶娘下。
贾　椒　老乞婆假话多。不可信她！累死我了！
　　　　（与贾巫云擦身而过）
贾　椒　站住！（打量，觉得像贾巫云，却又是个男人）
　　　　你，你是……有点面熟，像是……
魏烽烟　像什么？
贾　椒　好像是……
魏烽烟　像什么？
贾　椒　像图中逃犯……
　　　　［魏烽烟抓起贾椒，将他重重摔在地上。
贾　椒　你……敢打人？
魏烽烟　呔！俺是除三害周处，虬髯客古押衙。平生惯打抱不平，岂容鼠辈欺良善胡乱指划。还不与我滚！
贾　椒　（起立，欲发作又不敢）我滚，我滚，
　　　　（嘀咕）唔，还是到莲花庵看看。喔哟喂……
　　　　（呼痛下）
贾巫云　多谢壮士仗义执言。（对魏烽烟一揖）
魏烽烟　区区小事，何足挂齿。先生请坐。（同贾巫云去酒肆就座）
魏烽烟　方才见你面对图形露悲戚之容，莫非认得图中之人？
贾巫云　素不相识！只因见忠良被陷害，不免悲伤。
魏烽烟　先生姓甚名谁，因何来到此地？
贾巫云　这个……学生姓贝名西亭。父母双亡，家遭变故，与婶母来此投亲。不料铁门上锁，不知去向。
魏烽烟　如此说来，你无有归处？
贾巫云　正是！
魏烽烟　若蒙不弃，俺正是用人之时，可去俺那里暂住。
贾巫云　多谢容留，只是无故叨扰，深为不安。
魏烽烟　何言叨扰。俺正要借重先生你呢！
贾巫云　只是与婶母走散……
魏烽烟　俺派人寻找就是，请先生随俺上山！
贾巫云　上山？
魏烽烟　实不相瞒，俺就是凤凰山凤凰寨寨主魏烽烟！
贾巫云　啊！要我落草为寇？
魏烽烟　嗳！当叫草莽英雄。俺原是兵部尚书谈侃麾下一员偏将，因痛骂卫三台，得罪朝廷，被罢除兵籍，驱赶回乡。谈兵部遭惨祸，好不痛煞人也！故而啸聚山林。俺想请先生写篇文章，告知天下：国贼不除，天下难安！
贾巫云　好，《讨贼檄文》我来写。
魏烽烟　今日得遇先生，真乃三生有幸！
　　　　（唱【尧民歌】）
　　　　上山去义旗高举聚英豪，
　　　　除奸护国替天行道。
　　　　登高吼海呼啸，
　　　　画角鸣时地动摇，
贾巫云　（唱）挥毫，
　　　　当让圣上晓，
　　　　知民怨似山高。
贾巫云　上山！
魏烽烟　上山！（众亮相）
　　　　［转暗。

## （五）

[钟鼓梵呗声中转亮：莲花庵。佛堂。
[谈轩着优尼装在佛堂前。

奚　伯　为躲选秀，小姐女扮男装上山做了军师。我家公子为避追捕，逃进莲花庵当了尼姑。奚伯流落街头。乳娘不知去向。我看你们后头的戏怎么唱！

谈　轩　前日蒙庵堂住持怜我孤苦，容留我在此带发修行，权且有了个避祸之所。只是不允奚伯伴随身边，不知他投奔何方？佛门清静，暂息忧虑吧！
（唱南南吕【懒画眉】）
　　佛堂幽静少喧哗，
　　蒙容留黄卷青灯拜菩萨，
　　罗裙强掩脚儿大。
　　含羞带恨装娇娃，
　　知何日还作男儿嚙牙戴发。

[师太上。

师　太　徒儿，贫尼在佛前与你求下名来，今后俗名当去，禅名自如。

谈　轩　阿弥陀佛，自如谢过了。（双手合十）

师　太　专心礼佛，尘虑当去。自如，随我后堂做佛事去吧！

谈　轩　是。（随师太下）

[贾椒同里正上。

里　正　贾椒啊贾椒！你的侄女逃走了，缴还赏金不算，还得受责罚，连我也要被追责的呀！

贾　椒　故而请你同来。我打听到了，莲花庵新来一个年轻漂亮尼姑……

里　正　是你侄女？

贾　椒　十有八九。

里　正　万一不是？

贾　椒　都是明白人（掏钱，塞给里正）

里　正　冒充你侄女顶数？（同笑）

[钟鸣鼓响，佛号声声。

贾　椒　（喊）庵内有人么？

[师太上。

师　太　何人喧哗？二位施主，佛门法事，请勿骚扰。

贾　椒　叫那新来的尼姑出来。我是她叔父，我要见她。

师　太　凡入佛门，尘缘已净。纵是叔侄，不见也罢。阿弥陀佛……

贾　椒　老秃驴，你就不怕惹爷性起，一把火烧了你的庵院！

师　太　罪过，罪过。施主少安勿躁（对内喊）自如快来。

谈　轩　师父。

师　太　有人要见你哪！

[谈轩上。

谈　轩　不知施主有何赐教？

贾　椒　（自语）果然是个美貌女子。

里　正　她是你侄女？

贾　椒　（对里正耳语）丢真求假。（转对谈轩）侄女儿，叔父找得你好苦哟！

谈　轩　施主，你我素不相识，你认错人了。

贾　椒　侄女儿啊！你不愿当秀女，也不该进庵观当尼姑的呀！

里　正　哪来那么多废话，拉她走就是了！

贾　椒　对！（上前强拉谈轩）你给我走吧！

[谈轩抓住贾椒的手，用力一拧，痛得贾椒"哇哇"呼痛。

[内喊："傅大人到！"

[衙役引傅子虚上。

傅子虚　（唱【临江梅】）
　　走巷穿街民情查，
　　遇庵院拜菩萨。
　　佛门清静禁喧哗，
　　何来这争吵声嘈杂。

众　　　参见大人。

傅子虚　罢了。佛门圣地，何来喧哗之声？

师　太　大人，你来得正好。一桩疑难事待你公断。

傅子虚　何来疑难之事？

谈　轩　禀大人，贫尼自如与他素不相识，他强认我是他侄女，故而互生争执。

贾　椒　里正大人，你要为我说话呀！

傅子虚　你是里正？

[里正点头。

里　正　正是。

傅子虚　身为里正，他的侄女你一定认得？

里　正　小姐养在深闺。小人不认得呀！

傅子虚　如此说来，你无法断定？

里　正　禀大人，朝廷选秀女。他将她的侄女报了名儿，他的侄女闻听之后逃走了。他对小人说，他的侄女逃在尼姑庵做了尼姑，要小人同来劝她回家。

傅子虚　呀，又是源于选秀。（对贾椒）你侄女何日出走？

贾　椒　昨日晚上。

傅子虚　（转问师太）她是哪日投身佛门的呢？

师　太　前日相投。

傅子虚　前日相投，一日之差，已见端倪。自如师姑，听你口音……？

谈　轩　祖籍淮安。

傅子虚　着啊！一在淮安，一在扬州，乡音各异。（转对贾椒）分明是你冒认。可叹，从来是冒认官亲，这冒认尼姑为亲的却是古往今来第一桩奇事哟！朝廷选秀原有成法：叫四不选。身有残疾的不选；面目丑陋的不选；有夫之妇不选；空门中人不选。自己侄女走了，却来庵院寻人，借选秀搅扰佛场，理该知错，谅你对皇上的一片忠心，却当有赏，老夫赏你。

贾　椒　……

傅子虚　莫非嫌少，那就四十……

里　正　还不谢过老爷。

贾　椒　谢老爷！

傅子虚　（板下面孔，威严）大板！哼！观你作为，非是善类，当施责罚，以儆效尤。佛门清净地，不可施行。将他拉至院外，与我打！

贾　椒　（哭喊）老爷饶命，小人不敢了，再也不敢了……（被衙役拉下，里正随下）

谈　轩　多谢爹爹！

傅子虚　自如，我来问你。你年纪轻轻，因何遁迹空门？

谈　轩　家遭惨变，父母双亡。来此投亲未遇。无处可归，无奈寄身空门。

傅子虚　原来如此，你原来叫何名姓？

谈　轩　我么……姓言，名子云。

傅子虚　听此名姓，料是出身书香门第？

傅子虚　自如，老夫无子无女，膝下空虚，老来甚觉孤单。我有意将你认作义女，脱离空门，你可应允？

谈　轩　（对傅子虚跪）谢大人垂爱，奴家愿依在膝下，终生侍奉。

傅子虚　哈哈，我儿请起，既已还俗，仍将改回名姓呀。我将你改姓不改名，就叫傅子云吧！

谈　轩　多谢！

（内喊：圣旨下）

傅子虚　儿等回避！接旨！

刘公公　（袖中取出圣旨）圣旨下，

[师太与谈轩下。傅子虚跪。万岁！

刘公公　（宣读圣旨）"奉天承运，皇帝诏曰：朕闻淮扬一带匪患猖獗。匪首魏烽烟啸聚山林，意图谋反。现封傅子虚为淮扬征讨史，赐兵一千，着在十日内，消弭匪患。不得有误！钦此！"

傅子虚　请坐！

刘公公　傅大人真有您的，衙门不呆东奔西跑，找得咱家好苦哟！

傅子虚　劳累公公！

刘公公　（携起傅子虚）我说傅大人哪！从来做官的都是瞄着上头，谁权势大投靠谁。如今卫三台卫大人权倾朝野，可称一人之下万人之上。人家投靠他还嫌来不及。你却一根筋，与他作对，上表弹劾他。这下好，他在万岁爷面前请下旨来，要你这文官去充武将，而且只给一千弱兵，要剿数万匪众。嗳哟喂，你这是自讨苦吃啰！

傅子虚　忠奸不两立乃傅某秉性，此生难改呀！

刘公公　好吧！是祸是福，是吉是凶，你瞧着办吧！咱家告辞！（下）

傅子虚　奉送！

[谈轩上，见傅子虚面露愁容。

谈　轩　爹爹，方才所言俱已听见，剿匪之事儿愿承担。

傅子虚　你！？

谈　轩　爹爹不必愁烦，有了它！（指书）定能克敌制胜！

傅子虚　儿手拿何物？

谈　轩　乃是一本兵书。

傅子虚　（从谈轩手中接过书）《圯桥老人秘笈》！女孩儿家也学兵法？

谈　轩　家父膝下无儿，女作男养。

傅子虚　可惜呀！你不是男儿。

谈　轩　巾帼英雄自古就有。女儿未必不如男！

傅子虚　你当知晓为父是以一千弱兵对付数万之众。

谈　轩　以少胜多古有战略。依孩儿之间此番出战当以抚为主，剿次之；招安为主，力战次之。爹爹——

（唱【节节高】）

　　权奸当道民怨生，
　　聚山林，

未必桀骜非良民。
动以情，义当尽，心换心。
招安重任我担承。
孩儿我呵——

傅子虚　好哇！就依我儿。愿苍天保佑，旗开得胜，一举成功！
　　　　[转暗。

## （六）

[数日后。
[画角鼙鼓声中转亮。
[凤凰寨聚义厅。"除奸护国，替天行道"二旗高悬……
[贾巫云登高关注战况。
[魏烽烟率败兵上。

魏烽烟　（唱北正宫【脱布衫】）
　　　　落荒逃（贾巫云：寨主），
　　　　俺落荒逃，
　　　　孰料她布下笼牢。
　　　　俺无知误入圈套，
　　　　杀得俺豪气全消。
贾巫云　莫非他有高人相助？
魏烽烟　高人……嘿，她是个女的。
贾巫云　女人竟有如此能耐？
　　　　[义兵喊："报！"上。
义　兵　启禀寨主：官兵欲闯山寨误进螺蛳峪！
魏烽烟　螺蛳峪……哈哈！他是寻死来了！待俺前去雪我兵败之恨。
贾巫云　且慢！（转对义兵）山下来了多少人马？
义　兵　还是那女将，单枪匹马，只带二人随从。
贾巫云　寨主，此番出战，只宜生擒，不可杀他！
魏烽烟　只宜生擒，不可杀人。好吧！听你的。（率兵下）
贾巫云　单枪匹马，方才交战，她以少胜多，获胜之后又单枪匹马闯寨而来，这其中定有蹊跷。
　　　　[魏烽烟上。
贾巫云　寨主。
魏烽烟　先生！尚未交战，她就下马受缚。你说这是怎么回事啊？
贾巫云　嗯……当面问他！
魏烽烟　来呀！把那女将押上来！
　　　　[义兵押谈轩上。
贾巫云　这一女将因何独闯山寨？

魏烽烟　螺蛳峪乃兵家所忌，你是自来送死。
谈　轩　身负重任早把生死置之度外。
　　　　[贾巫云为谈轩松绑，互视。
谈　轩　（各背白）好像在哪里见过……
贾巫云　好像在哪里见过……
贾巫云　请坐，将军大胜之后，却单枪匹马闯寨而来。定是另有所图。
魏烽烟　嗯，你为何而来？
谈　轩　就冲你这"除奸护国"而来！我来问你：你要除的是哪个奸？
魏烽烟　权奸卫三台！他祸国殃民，天人共恨！你却助纣为虐，率兵来剿，俺饶不了你。（剑指谈轩）
谈　轩　怎么！（笑）我来救你。你却要杀我？
魏烽烟　此话怎讲？
谈　轩　除奸之情可悯，对抗朝廷有差。岂不知今日官兵一千，来日数万，再来数十万，就不怕将你这山寨踏为齑粉？纵然你俩情愿战死，就不怜惜你手下的数万之众么？
魏烽烟　这个……
贾巫云　我等聚义山林并无谋反之意，只求将黎民之苦，忠良之冤，上达帝听锄奸护国。（案上取《讨贼檄文》给谈轩）此乃《讨贼檄文》，你仔细看来。
谈　轩　（捧看）《讨贼檄文》？呀！
　　　　（唱【小梁州】）
　　　　手捧着娟秀文字妙文章，
　　　　止不住泪洒胸膛。
贾巫云　（唱）他一手遮天欺君王，
　　　　害忠良，阻言路霸朝纲。
魏烽烟　老元戎谈侃，忠心耿耿守护边疆，百姓拥戴，外敌丧胆。屡建奇功却落个满门抄斩。怎不痛煞人也！（落泪）
谈　轩　（唱）言者泪落听者惨伤，
　　　　锥心痛痛及肝肠。

　　　　　请问壮士,谈家之事你怎会如此清楚?
魏烽烟　俺原是兵部尚书谈侃麾下偏将,谈家冤情岂能不知?
谈　轩　二位壮士,谈家冤仇我也尽知。而今另一忠良怕要又遭其害。
贾巫云　哪位忠良?
谈　轩　他几番上表弹劾卫三台,却被他留中不报。如今又向圣上请下旨来。着他一个文官充当武将,领一千弱兵剿你山寨数万之众。分明欲置他于死地。他忧国忧民彻夜难眠,吁天长叹。做女儿者自当为父分忧,故而冒死上山,求列位接受招安,不再兵戎相见,免伤无辜。
魏烽烟　你说的是傅子虚刺史大人?
谈　轩　正是!
贾巫云　你是他的女儿?
谈　轩　落难之人蒙他收留,并将我认作义女。
贾巫云　(对魏烽烟)魏兄,为救忠良及众生灵免遭杀戮,恳求二位接受招安了吧!
魏烽烟　招安?嘿!卫三台不除我心不安哪!
谈　轩　讨贼之心相通。若寨主认同,可请傅大人上山,共商大计。
贾巫云　寨主?
魏烽烟　傅大人今在何处?
谈　轩　就在山下营寨,等候消息!
魏烽烟　好!俺去迎他上山!(下)
谈　轩　请问小哥尊姓大名?
贾巫云　在下姓贝名西亭。请问小姐芳名……
谈　轩　姓傅名子云。你我相遇可称有缘哪!
　　　　(背唱【朝天子】)
　　　　他绝妙文章,
贾巫云　(背唱)她女赛儿男,
谈　轩　(背唱)结良侣同赏翰墨香,
贾巫云　(背唱)驱寂寥红颜双姝在闺房,
　　　　　　是二女相聚山梁。
谈　轩　(背唱)原二男相见甚欢,
贾巫云　(同背唱)珍惜良缘,
谈　轩　相依相伴本无妨。
　　　　奸佞除重整朝纲,
　　　　日出天朗,

　　　　作一个结伴携手回故乡。
谈　轩　敢问小哥贵庚几何?
贾巫云　虚长一十六岁。
谈　轩　如此说来我大你二岁。若不嫌弃,你我结为异姓姐弟可好?
贾巫云　正合小弟之意!
谈　轩　如此,你我对天一拜!
贾巫云　姐姐!
谈　轩　小弟!(同笑)
　　　　[内喊:"傅大人到——"
贾巫云　动乐相迎!
　　　　[谈轩、贾巫云迎。
　　　　[魏烽烟引傅子虚上,归座。
傅子虚　二位壮士深明大义,令人可敬!
魏烽烟　(二人同念)
贾巫云　大人夸奖。
傅子虚　子云我儿!此番招安得成,免除杀戮,是你大大的功劳。
谈　轩　非女儿之功。(将《讨贼檄文》递给傅子虚)爹爹你看……
傅子虚　《讨贼檄文》?好文章!字字句句血泪写成,不知出自哪位之手。
谈　轩　是小弟西亭所写!
傅子虚　好!好!(携贾巫云起)西亭,你即刻书写招安表文,连同《讨贼檄文》,随我上京,呈与皇上。义兵暂勿解散,等待朝廷旨意。魏壮士也随后进京为尚书辩冤,扳倒奸贼卫三台!
魏烽烟　纵死不辞!
傅子虚　此番老夫面见圣上要舍命死谏!
谈　轩　爹爹,乌云蔽日短暂
贾巫云　海晏河清久长!
傅子虚　说得好!
众　　　(合唱【脱布衫】)
　　　　鼓乐鸣凯歌奏响,
　　　　往龙楼觐见皇上。
　　　　抒正义岂可畏难,
　　　　纵杀身又有何妨。
　　　　[转暗。

（七）

　　［转亮。
　　［约半月后。
　　［追光下的刘公公。

刘公公　嗳哟喂，想不到文绉绉的傅子虚还真有能耐。给他一千弱兵去剿灭土匪，居然把土匪给招安了。回到京城，死去活来要扳倒权倾朝野的卫三台，嘿，居然给扳倒了。那卫三台午门外被砍了脑袋。还有新鲜的呢！这傅大人在尼姑庵里认了个女儿不算，又在土匪窝里寻出个儿子。皇上一高兴，下了圣旨赐婚叫他的儿子与女儿成亲。可更新鲜的是！青年男女洞房花烛本该欢喜，偏是这对男女死活不肯。（对内喊）我说傅大人哪！你给我听好了！皇上旨意不容违抗！你将他俩绑也要绑入洞房，由不得他俩。这强扭的瓜非叫它甜不可！这喜酒没味。咱家没兴趣。咱家走了！（追光暗）

　　［喜乐声中转亮：洞房。
　　［谈轩与贾巫云在房内。

谈　轩　圣上不辨风与凰。
贾巫云　赐配婚姻真荒唐！开门，开门！
谈　轩　小弟，哭也无用，且等天明再作主处。夜已深了，你先去睡吧！
贾巫云　你呢？
谈　轩　坐等天明。
贾巫云　哎，岂可男儿去睡，教女孩儿家坐等天明之理。
谈　轩　呵护小弟乃为姐之责哟！
贾巫云　不可！还是姐姐去睡吧。
谈　轩　休要再争！你若是半夜醒来，就来替换我，你看可好？
贾巫云　也好！
谈　轩　（爱抚地将罗帐放下，扶贾巫云上床）小心受凉。

　　［贾巫云睡下。

谈　轩　起更了。小弟，小弟，他睡着了！
　　（枯寂无聊，踱至窗口）
　　（唱南仙吕【桂枝香】）
　　　星月辉映，
　　　消长夜出佳人所赠。（怀中取出《圮桥老人秘笈》）
　　　对灯檠浅唱低吟，
　　　书儿呵——
　　　你是俺良缘媒证。
　　　月老红绳，
　　　月老红绳。
　　　止不住睹物思人，
　　　小姐，与你见匆匆别匆匆呵——
　　　到如今未知芳名。
　　　思念不尽，
　　　昏沉沉原来三更近，（困倦）
　　　睡虫儿趁机上身。（伏案睡着）

　　［鼓敲三更。
　　［贾巫云拂开罗帐，出。

贾巫云　（睁惺忪睡眼）三更了！待我替换姐姐。（见谈轩睡意正浓，欲喊不忍喊）姐姐，姐姐，呀！她酣睡了。
　　（唱仙吕入双调【风入松】）
　　　她鼾声躺躺眠正稳，
　　　鬓发乱钗钿不整。
　　　睡模样不像女钗裙，
　　　莫非是娇养少闺训。
　　　姐姐她手儿不离书本，
　　　不知她读何诗文。（取书看）
　　《圮桥老人秘笈》？（惊）此书怎会在她手中？（再打量谈轩）一双大脚？莫非她是改扮女儿装的谈轩？

　　［听到"谈轩"二字，谈轩惊醒。

贾巫云　姐姐醒来，姐姐醒来。
谈　轩　小弟……
贾巫云　我来问你，此书从何而来？
谈　轩　此书么……？乃是我家祖传之物。
贾巫云　非也，此书乃他人所赠，赠书的还是个闺中小姐。
谈　轩　这……
贾巫云　抓捕你的图形文告四处张挂，今再见此奇书，我就认定你是谈轩。
贾巫云　既然结拜，就该实言相告。
谈　轩　那你是？
贾巫云　我就是赠书之人贾巫云
谈　轩　怎么你……你就是赠书之人？可你是个男子？
贾巫云　你可以男扮女，我就不可以女扮男么？

谈　轩　这……这就奇了。我扮女出于无奈,你又为何女扮男,还上山落草?

贾巫云　难忍恶叔欺凌为躲选秀,与乳娘黄夜出逃,不料中途走散无处投奔,蒙寨主容留,故而上了山寨……

谈　轩　原来小弟就是赠我奇书的贾小姐。

贾巫云　你就是不辞而别的谈公子?

谈　轩　啊!小姐,事出无奈,自离你之后,我无时无刻不在思念你呀!

贾巫云　我却不信。

谈　轩　苍天作证。

贾巫云　谈郎!(羞涩)

谈　轩　小姐!(与贾巫云拥抱)

谈　轩、贾巫云　(同唱仙吕入双调【沉醉东风】)

　　葛然间悲喜交并,
　　似处身太虚幻境。谈公子
　　此情景疑是假怕非真,

贾巫云　谈郎,是真的哟!

谈　轩　小姐,自然是真的呵——

贾巫云　(同唱)把忧思丢尽,
　　将颠倒的乾坤复整。

谈　轩　(唱)还我男儿身,

贾巫云　(唱)奴本女钗裙,

谈　轩　(同唱)奇异婚配,良缘天定。

贾巫云　谈郎,你我应将真情告知爹爹的才是。

谈　轩　是啊!你我同去后帐更衣,然后同去面陈爹爹(携贾巫云下)

　　[鸡鸣。天亮。
　　[二人从两边笑上。

奶　娘　历尽千般苦,

奚　伯　终于了心愿。

奶　娘　真是机缘来时,洪水都挡不住哟!

奚　伯　是啊!你道奇不奇怪,你与小姐走散,游落街头。我么,庵堂里容不得我,被师太赶了出来。

乳　娘　是啊!你我二人进莲花庵,得知公子已被傅大人认作义女,为此你我二人结伴乞讨,来到京城。

奚　伯　是啊!是啊!哪里知道,卫三台已经"喀叱",人头落地,真是大快人心。

奶　娘　是啊!我们还想恳请傅大人寻找小姐,想不到这一寻,竟寻出两个人来,你道喜是不喜?

奚　伯　喜!喜呀!

奶　娘　喜!喜呀!

奚　伯　还有呢,皇帝亲自赐婚……

乳　娘　小姐与公子终结良缘。

奚　伯　啊呀!真是喜上加喜……

乳　娘　大喜!大喜呀

奚　伯　大喜!(二人同笑)我们快去祝贺他们!

　　[谈轩同贾巫云互换服装后上。

谈　轩　(惊喜)奚伯,乳娘,你们怎么来了?

奚　伯　我们怎么来的台下都明白。

奶　娘　(二人同)给公子与小姐道喜来了,皇帝赐婚,喜结良缘。

谈　轩　皇上赐婚么……?何来之喜?啊呀!乃是大祸临头了!

奚　伯　此话怎讲?

谈　轩　若西亭与子云结为夫妻,如今名字不同,阴阳颠倒。这……可是欺君大罪!

　　[傅子虚上。

傅子虚　唔,祸及满门!

贾巫云　爹爹!

傅子虚　奚伯、乳娘一来,俱已说明。为父一早觐见圣上,孰料龙颜震怒。难道你们就不知道怕么?

谈　轩　爹爹,孩儿为不连累爹爹,我二人决意离开此处。

傅子虚　离开此处?往哪里去?

谈　轩　远走海角天涯。爹爹呀——
　　(唱【好姐姐】)
　　不担心,天发雷霆,

贾巫云　(唱)莫奈何牛女双星。

谈　轩　(同唱)情真意切,敢与天抗衡。

贾巫云　起誓盟,
　　纵东海水竭泰山崩,
　　谈轩贾巫云呵——
　　死死生生不离分。

傅子虚　海誓山盟老夫听得多了哇!

谈　轩　患难之交,奇异婚配

贾巫云　情真爱切,地久天长!(双双对傅子虚跪下)恕孩儿不孝,爹爹保重。孩儿告辞了!(起身欲走)

傅子虚　且慢!

　　[谈轩与贾巫云停步。

傅子虚　(袖中取出诏书)谈轩、贾巫云接旨!
　　[谈轩、贾巫云等惊恐跪。

傅子虚　(读圣旨)"奉天承运,皇帝诏曰:朕闻谈轩、贾巫云事,颇为欣喜。二人各经磨难,均历颠沛。

|||
|---|---|
|  | 其事可传，其情可嘉。恩准改回原名，阴阳复位，即日完婚。钦此！" |
| 谈　轩 | （同）谢主隆恩！ |
| 贾巫云 |  |
|  | ［谈轩贾巫云等起立。 |
| 奶　娘 | 老爷，你把我们吓苦了！ |
|  | ［魏烽烟内喊"傅大人……"上。 |
| 傅子虚 | 你二人受尽磨难，从今往后，就留在府中，吃些现成茶饭，你二人将他们侍奉终身。 |
| 魏烽烟 | 俺处置了义兵，匆匆赶来，讨杯喜酒喝。不知可是时候？ |
| 傅子虚 | 魏壮士，来得正好。来！吩咐重开喜宴！ |
| 奶　娘 | 姑爷，那本书呢？ |
| 谈　轩 | 在这里！（怀中取出书） |
| 众 | （合唱）书结良缘， |
|  | 　　　　书是媒证。 |
|  | 　　　　历磨难显爱之坚贞， |
|  | 　　　　成眷属总归有情人。 |
|  | ［幕闭。 |

2015年8月31日定稿

# 尘封已久的剧目重现舞台

伍秀蓉

尘封已久的经典剧目《赠书记》被永昆重新搬上舞台。作为第十三届温州戏剧节的展演剧目之一，《赠书记》昨晚在市区东南剧院上演。

本剧根据明无名氏《赠书记》传奇改编。原昆剧《赠书记》尘封已久，永昆曾在20世纪50年代演过该剧。这次经我市著名编剧张烈之手重新改编，由国家一级导演张树勇执导，永昆年轻阵容出演，拂去其历史的尘埃，以新的视角、新的意识打造的符合时代精神、观众喜闻乐见的新编昆剧《赠书记》，是一出幽默的爱情喜剧。

故事讲述的是：孤苦女子贾巫云遭叔欺凌，年轻书生谈轩前来借宿，二人一见钟情。巫云着奶娘将祖传兵书《圯桥老人秘笈》赠给谈轩，作为定情信物。谈轩之父谈侃遭权奸陷害，被诛灭九族，唯谈轩逃亡在外。谈轩见缉拿他的图文遍及城乡，情急之下，改换女装，不及向贾巫云辞行，匆匆离去，遁迹莲花庵带发修行。后经一番周折，谈轩、贾巫云有情人终成眷属。

剧中谈轩由杜晓伟饰演。杜晓伟为永嘉昆剧团当家女小生，曾在《白蛇传》中饰演许仙、《十五贯》中饰演熊友兰、《金印记》中饰演苏秦、《荆钗记》中饰演王十朋、《杀狗记》中饰演孙荣、《牡丹亭》中饰演柳梦梅。贾巫云由由腾腾饰演。由腾腾师承张宝祥、刘文华、张玲弟，曾演过《扈家庄》《白蛇传》《三请樊梨花》《四郎探母》等剧目。2004年在第二届全国红梅大赛中出演《盗仙草》中的白素贞一角，荣获表演一等奖。

团长张胜建介绍，《赠书记》是永昆的经典老剧目，尘封这么多年有必要将其进行重新整理。该剧故事很有看头，且是昆曲中少有的男女角色反串的剧目。10月14日，永昆《赠书记》首次在苏州举行的第六届中国昆剧艺术节上亮相，获得专家和观众的一致好评。专家认为该剧非常符合永昆雅俗共享的艺术特征，演出阵营青春靓丽，风格幽默。

永嘉昆剧团是全国七大昆剧院团之一，也是唯一的国有县级昆剧团。永昆是昆剧的一个支脉，以其独特艺术风格，在昆剧大家庭中独树一帜。它是继承了南戏的艺术特色并结合地方戏曲剧种优点而形成的一个珍稀剧种。由于长期扎根民间，永昆具有较强的平民气质，表演风格庄谐并存，粗放与婉约兼顾，一些剧目在全国也是独一无二的，因而深受老百姓欢迎。

（作者系温州日报记者）

# 2015 年度推荐艺术家

# 北方昆曲剧院 2015 年度推荐艺术家

## 其人佳容姿　其戏巧亦慧
### ——记北方昆曲剧院青年巾生演员翁佳慧

绿竹猗猗

第一次看翁佳慧的戏，是来自纪俞"雅韵千秋"系列演出的录像，她贴一折《牡丹亭·拾画叫画》、一折《玉簪记·问病》。

《拾画》上场，这个高挑俊俏的女小生自带一份稳重平和，听引子，其声在高音敞亮的同时也有女声难得的宽厚，"谁似我"的行腔也很俏，可称有几分其师岳美缇老师的风范。《叫画》时对着画时拜时喜，情态痴态尽显眼角眉梢，当时只以为这个女小生天然灵动，后来看了采访才知道，因为一开始不会"用眼睛笑"差点被岳老师退了货，自己对着镜子苦练一周才有了那么点儿意思。

说到"眉眼传情"，在另一折《问病》中体现得更加淋漓尽致。《问病》是一折很萌的戏，潘必正为情而困，郁而成疾，病中意中人来探病，身旁却还跟了个严防死守的姑妈，这种情况下陈妙常作为道姑脸上是不能有什么真情显露的，全靠潘郎发挥。而他重病，身上不便移动，一旁又有姑妈坐镇，故而脸上的表情格外重要。翁佳慧把潘必正见到意中人痴情、有苦难言的郁闷都合度地传达给了观众，念完"一言难尽"后的那一脸郁闷真是恨不得让人上去帮他一把。

她曾经说改行唱小生是因为参不透闺门旦的玲珑心思，而后来却被挑选担纲昆曲《红楼梦》的主演，饰演贾宝玉，那个"为群芳拭泪痕"的痴情人，那个作者命运之叹的寄托者这样一个角色，内心只会比传统闺门旦更复杂更难参透。况且，新编戏没有老师手把手从身段到心理一点点教授，老师只能作为"艺术指导"把握表演的大方向，细微处无不需要演员自己下功夫。

北方昆曲剧院的电影版《红楼梦》剧本容量很大，纵向上依旧是从"林黛玉抛父进京都"写到"焚稿断痴情"，而横向上加入了家族的内斗和一些具有政治意味的事件，这些元素的加入使得宝玉在作为一个爱情戏中主角的同时也体悟到了世事的辛酸与荒唐。要塑造一个无忧无虑的孩子，一个闲愁万种的痴儿，一个凡心寂灭的世外人，加之，新编戏和传统戏在节奏上有着天壤之别，唱惯传统戏的翁佳慧说在新戏的舞台上一开始感觉"有点晕"。

不过看她呈现出来的表演，这种"晕"是被克服了的。

初见潇湘，二人俱是幼年，贾府也正值兴旺，宝玉无忧无虑一片纯真，翁佳慧在表演上有意地向娃娃生靠近一些，也保留了巾生的潇洒，加之她自身灵秀气，一个"鬓若刀裁，眉如墨画，面如桃瓣，目若秋波"的宝哥哥就活在了戏台上。

外形过关后，着墨点便是宝玉的内心世界，宝黛的情感被翁佳慧形容为"相爱但永不言爱"，在爱情之外，翁佳慧也着力塑造一个讲"朋友情、手足情、父母情"的宝玉形象。

有几场戏的表演值得一提，一场是"宝玉挨打"，在原著中宝玉是被"拿索子捆上，按在椅子上打"，搬演到昆曲电影中仅仅是把嘴堵上，这样就给演员添加了大量的表演空间，翁佳慧的表演运用借鉴了不少传统戏中的身段，水袖表现内心的惊惧和焦急，跪步和小跳以示躲闪，把原著中着墨较少的宝玉被打时的心态运用戏曲的手段呈现在观众面前。

此外是"宝玉丢玉"后的形象塑造，这个阶段的形象一是疯癫二是木然，往日的灵性都随玉去了，大观园中的女儿皆去，留下一片萧瑟。翁佳慧或痴或怨或喜，双眼时而明亮时而黯淡，以示他逐渐参悟了红尘中喜悲相交、人非物换只不过是瞬息之间。此时他心中一念不过是迎娶黛玉，转而这一念也被打破，顺应之前的情绪铺垫，宝玉大悲后就转而参透、出家。

另有一个表演的亮点是宝、钗结亲那晚翁佳慧唱的那几支北曲，清越疏朗、神情潇洒，与失玉后的痴态判若两人。

作为一个女小生，在气场和声音上多少会有些吃亏，但贵在心思清明，戏里干净，翁佳慧也曾苦恼过"台上的龙套都比自己有气概"，而现在可以在各种角色、各种人物中穿梭地游刃有余，英姿佳丽、又生慧业可作为对斯人、对其戏不错的注脚吧。在 2016 年 5 月 28 日至 6 月 4 日北方昆曲剧院上海艺术周中，翁佳慧将在上海大剧院献演《牡丹亭》和《红楼梦》两出大戏，在北方舞台上历练多时的她回到故乡和搭档唱起杜府院中和贾门观园中的"如花美眷，似水流年"。

# 我演贾宝玉
## ——浅论新编昆剧《红楼梦》中贾宝玉的表演

翁佳慧

北方昆曲剧院新编昆剧《红楼梦》自排演至今，已有5年了，5年来全院同事通力合作，克服困难反复磨合、打造，终于使之成为演得住的大戏，并且到海内外多地巡演，改编成电影、交响乐等多种形式，赢得了一批忠实的爱好者，该剧在全团通力合作下，获得了"文华大奖"的殊荣，我有幸参与此剧的创作，在其中饰演贾宝玉一角，在激动的同时也背负了很大的压力。在排演过程中，我反复阅读原著，努力思考，塑造属于我的贾宝玉形象，就一些问题进行了深入探索与创造。

### 小说《红楼梦》中的贾宝玉

《红楼梦》作为四大名著之一，其文学成就毋庸置疑。《红楼梦》又与其他三个古典文学名著不同，它是唯一一个女性人物居多、占绝大部分篇幅的小说，也是一个谜团颇多的小说，甚至它是否是完整的作品、最后的结局为哪般，历年来都争论不休。

而《红楼梦》最吸引我的，却是其中那些细小的点。"一双丹凤三角眼，两弯柳叶吊梢眉"——两笔带出一个活灵活现的人物；焦大酒后大骂"红刀子进去白刀子出来"——一个琐碎小事带出几个人的性情，这样细腻又一针见血的笔触令我赞叹、震惊。曹雪芹的高明处在于不动声色地描写事物，在于文章起承转合的行云流水，例如"黛玉葬花"，黛玉先在怡红院外受了气，再是强打起精神做事，之后又正好撞见宝钗引发心事，另有几回前所写共读《西厢》、偷听《牡丹》做铺垫，以黛玉的心性在此时有感而发写出一大篇《葬花吟》，是非常水到渠成的事，并不见一丝的矫揉造作。

《红楼梦》里描写的贾宝玉是个对情很纯粹的人，他至情至性，为了他的情，千金的扇子亦可撕，老爹贾政的板子亦可挨，依他的性子，我想，为了情，他大概连命也可以不要吧。而贾宝玉追求的情也要单纯、干净，里面容不得一丝的杂质，像赚钱盈利、考学当官这些世俗之事他都厌恶至极，所以他喜欢女人，有了著名的痴话"女人是水做的骨肉"——在贾宝玉所在的时代，也只有大家庭里的女人才有可能躲开那些肮脏的东西，所以只有女人是干净的，干净得像水一样。在我看来，贾宝玉一切痴傻的表现都是因他对纯粹的"情"的追求所造成的。

世上本无纯情，或许他这种追求本身就是痴傻的。

贾宝玉也滥情，他对很多人都存有真情，无论林黛玉、薛宝钗等十二正钗，还是袭人、晴雯这些副钗，又抑或秦钟、蒋玉菡等人，他都赋予真情，在他眼里，这些人都是值得他爱的，即便他最爱的是林黛玉，也依然有的是精力拿心去爱其他人。在情方面，贾宝玉是"侠义"的：当所爱的人受到外力侵犯时，挺身而出，为了包庇他们不惜坏了自己的名声，被痛打也全不后悔。在情方面，贾宝玉也是软弱的：当他所爱护的人互相有了不可调和的矛盾时，他就不知道怎么办才好，只能默默看着，最终妥协。

贾宝玉其人是矛盾的，他是贾府的贵公子，一切奢侈的生活都由这个身份得来，他深知贾府的腐败与黑暗，厌恶做这样事的人，却又割舍不了血脉亲情，割舍不了所拥有的生活。这种矛盾使得他蒙上双眼过自己的日子，在贾府大厦将倾时依然逃避现实。

贾宝玉与林黛玉，他们的性格既对立又统一。贾宝玉喜聚不喜散，只愿常聚不散；林黛玉喜散不喜聚——聚了终归要散，不如不聚，而这相反的想法，恰恰基于二人对聚的渴望和对散的恐惧，而宝玉的显然比黛玉积极得多。仍旧说"葬花"，贾宝玉葬花葬得高高兴兴，他认为他将高洁留给了高洁的花瓣，是美事一桩，而林黛玉则葬得心力交瘁，她关注的是高洁的花瓣并不长久，终于暮春凋谢。

就这样，两个有着同样情感追求的人，在性格使然下，有了正相反的行为、心理，而他们恰恰能彼此理解、彼此慰藉，实在是一桩奇妙的事情。另外，林黛玉的小性子，也只有贾宝玉这样性情的人可以哄且不厌其烦吧。

通过上述分析，我以为，《红楼梦》小说中的贾宝玉是个追求至纯感情的滥情者，他依赖着他最看不上的腐朽的封建王府，厌恶着他们却又爱着他们，聪明得看清一切，却又鸵鸟般地埋头回避。他不完美，充满病态的思维，却依旧可爱，他的所作所为引人深思。

### 昆剧《红楼梦》中的贾宝玉

《红楼梦》小说用一百多回、几十万字，描写出一个活灵活现的、有着复杂性格的贾宝玉,但是舞台剧受其表现时间、空间的局限,不可能面面俱到地表现出小说中的贾宝玉。那么如何化繁为简,就是一个大问题了。以往演《红楼梦》比较成功的剧种,如越剧、黄梅戏等,其抓住的核心是宝黛钗的爱情故事,大篇幅地表现这个方面。像越剧《红楼梦》"天上掉下个林妹妹"唱段家喻户晓,而其作品的起点为林黛玉进贾府,终点在宝玉哭灵,基本上是个非常单纯的爱情故事。表现其他红楼人物的越剧折子也有很多,但是演整本大戏的时候一般都不会演。

而昆剧以往也有贾宝玉形象的塑造,例如我的老师岳美缇就曾演过昆剧的《晴雯》,其故事内容基本局限在宝玉与晴雯的故事上,这样独立成章亦是一种不错的手法。而我所要演的《红楼梦》是首次尝试多人物多线索全面展示《红楼梦》小说的昆剧,其难度可想而知。而其带来的直接影响是贾宝玉的戏份混在多线索中,演员如果不迅速地建立一个立刻抓住观众眼球的形象,就会淹没在众多线索里,从而使观众觉得整台演出太过平淡,或者太过混乱。

而昆剧《红楼梦》中的贾宝玉,其性格要比以往很多剧种的贾宝玉复杂。因为剧本多线索,贾府的兴衰成为全剧的一条重要线索,而宝玉在家庭影响中所产生的性格变化也要相应体现出来,这就使得之前所考虑的,舞台剧演贾宝玉,性格要化繁为简的难度有所增加。戏份相应减少,性格变化增加,难度等于翻了几倍,如何体现贾宝玉的何种性格、成了重要问题。

我经过反复研读剧本,对昆剧《红楼梦》中的贾宝玉有了以下的考虑:首先,追求最纯的情的大基调不能变。其次,削减其滥情的特点,好比对于薛宝钗,就尽量回避其爱意,对于挨打的原因也偏向慷慨帮助琪官、与金钏平等聊天而非暧昧。第三,宝玉对科考对俗事的态度依旧厌恶,对自己家里的黑暗则变为逐渐领悟,最终大彻大悟,而非从头就是在做"鸵鸟"。

有了这样的"定调"后,我对如何表现出上述想法进行了进一步的摸索。我要表现的贾宝玉,最重要的一点是追求纯粹的情。那么在原著中,贾宝玉的这个性格特点是通过哪些细节体现的呢?撇开滥情部分的表现,我以为,是他的痴。他的很多被别人誉为疯魔的举动,很多痴傻的举动都恰恰是表现其追求最纯真的情的性格特点使然。

在昆剧《红楼梦》的剧本里,最能表现贾宝玉痴的段落要数上本的"摔玉"情节与下本的"丢玉"情节了。而剧本对原小说中的奇幻色彩也有表现,这个表现为表现贾宝玉的"痴"提供了一大助力。

林妹妹进贾府时宝玉摔玉,这一段情节基于前面奇幻的"似曾相识"感应,贾宝玉与林黛玉初次见面,并非柳梦梅与杜丽娘的一见钟情,亦非张生与崔莺莺的互相惊艳,而是"似曾相识"——他们觉得曾经见过,而这个感觉来源于神瑛侍者与绛珠仙草的缘分,这个缘分来得奇幻。这层奇幻在舞台上有强烈的带入带出感,即本来活泼的、单纯是好奇新妹妹的宝玉,在见到黛玉的刹那,与黛玉相互产生了感应,将彼此带入了一个他们不可介入的独立空间,同时前世神性激发出来,使得那一刻见面神圣而神秘。这层铺垫,使得后面宝玉听到连黛玉都拿他所衔宝玉来说的时候,就再也忍不住愤而摔玉,他摔的是他所追求的情不能被人所认同,他因此而愤怒委屈,既不是闹脾气,也不是疯魔。

如果说上本的"摔玉"情节是隐性的"痴"的表现的话,下本的"丢玉"情节则是赤裸裸的"痴"了,甚至是"痴傻"。宝玉丢玉后到底有没有痴傻呢?在我看来,他没有,只是选择性失忆,大观园自检、尤二姐身亡、妹妹远嫁、贾府破败、大观园散了……当现实生活中他最害怕看到的一幕幕都真实存在的时候,当他追求的情被撕扯得支离破碎的时候,他无法面对了。他将自己的心关在狭小的空间里,选择性地当这些事不存在,于是便表现出众人认为的"痴",而众人理所当然地把它归咎于"丢玉"。

### 我与"贾宝玉"

确定了所要塑造的人物性格及主要塑造点,我对成功塑造贾宝玉这一人物有了一定的自信。而要成功塑造贾宝玉这个角色,还需要分析我自己的特点,找到优势、劣势。

我是一名昆剧演员,在以往的学习、演出中,所接触的人物均为典型的昆剧小生。昆剧是行当分得非常细的剧种,即便在小生门类里还分大官生、小官生、巾生、雉尾生、穷生。

不夸张地说,在我以往所演的角色里,随便哪一个都有明确的家门行当。可是这一点在演贾宝玉上却犯了难。似乎无论电视剧还是舞台剧,贾宝玉永远是最难找到合适人选的。这个大概源于贾宝玉的年龄与相貌。按小说所写,贾宝玉的年龄跨度还是蛮大的,他与林黛玉从小一起长大,前后年龄至少差了10岁,可是有意思的是,小说里对贾宝玉的思维行动并没有太大的描写变化,而在我们的昆剧《红楼梦》里,这个年龄就更加模糊了,剧本上本中所描绘的宝玉不是7岁——试想7岁的孩子怎么谈情说爱？也不是17岁，17岁的孩子再清纯也不能无所顾忌地一起滚在床上。那么我在表演上要既顾及到谈情说爱，又要特别的纯真，让人不做他想。

要完成这一点，就不能是纯粹地表现风流倜傥的公子哥的巾生行当，也不能是纯粹地演小孩子的作旦（娃娃生）行当，我考虑这个人物的特殊性后，决定尝试将两个行当的表演特色相互融合，主体在巾生的角度上，糅合作旦的动作、特点，使年龄感往下放，让人产生纯真无邪、两小无猜的感觉。

我演贾宝玉的另一个亦好亦坏的点是，我是女小生。女小生在塑造贾宝玉的"面若中秋之月，色如春晓之花……"这种美得像女孩儿的形象上比较占优势，但在诸多越剧、黄梅戏的坤生塑造过贾宝玉之后，昆剧坤生演宝玉反而容易雷同，这样很容易让观众觉得没有特点，从而塑造人物失败。因此，我尝试多用昆曲的成熟动作来加强观众对我外貌形象的印象。

我自身的第三个劣势在于传统的四功五法造成我的表演夸张化较严重，脸谱化较严重，这个在传统戏中没有问题，但是在新编昆剧《红楼梦》中成了让表演不能融会贯通的大问题。为此，我去首都人民艺术剧院看了很多话剧，通过话剧的完全无戏曲的四功五法、靠演员的角色带入感情感染观众的艺术形式，对比我们传统戏曲的表现形式，逐步摸索、借鉴，学会让身体松下来，投入地带入角色。时至今日，这依旧是我需要努力进步的地方。

## 我塑造的贾宝玉

通过反复琢磨、学习、排演，我逐步将我塑造的贾宝玉形象定型。在上本里，贾宝玉主要以开朗积极的性格形态出现，同时表现他的痴，以及与黛玉纯真的情感。具体在表演上反映在第一场宝黛初见以及第三场的两小无猜上。

第一场宝黛初见，是整台戏里宝玉的第一次亮相，也是宝玉年幼最无忧无虑的时候。我出场的时候要表现的是孩童活泼、心性干净的状态，而因为他要见一个没见过的林妹妹，心情又很急迫，为此，我反复思忖各个昆剧行当的动作，最终设计为灵活借用昆剧武旦行当出场的一个"马趟子"的动作，又将它去掉女人的柔媚气、带上男孩儿化的气质，这样的出场在舞台实际效果上果然达到了出场即让人眼前一亮的效果。

昆剧《红楼梦》由于是舞台剧，基于剧情进度需要，宝玉在见黛玉前即知道要见个妹妹，由于宝玉喜欢女孩，他对这个林妹妹万分期待，急匆匆地出来相见，在见到的一刻却突然怔住：这个妹妹我曾经见过的！本剧本的设计，让两人在见面怔住的一刻，恍惚间把"木石前盟"的暗示渗透进人物，一时间整个舞台都黯然失色，宝黛进入玄妙的明悟状态中，这一刻的宝玉，褪掉了本身的孩童气质，忽然体现出一种神性，这种跳脱感要非常明确，要带动观众，又不能太过违和，尺度把握难度极大。我在表演这段时将动作放缓，仿佛动作大了会惊扰了这神圣的状态，又将眼神一瞬不转地放在黛玉身上，在二人互视、旋转时传达深情，对黛玉的感情在这一刻定性。

当出了这一瞬明悟状态后，宝玉发问一句："敢问妹妹，可有玉否？"这个话对于初相见的二人来说，显得极为突兀，但是对于宝玉又合情合理——他太希望得到呼应了！自从"衔玉而生"的异象出现在自己身上后，宝玉就期待能有类似的人出现在自己的生命里，而黛玉给他的那种宿命感，使他极其期待黛玉也能有玉，这种迫切的期待，使得他正经对黛玉说的第一句话成了问玉，自然而然的，当知道黛玉没玉后，宝玉发了狂，摔玉。这个情节细分析是清晰的，但是在舞台上短短几分钟，不好让观众明白，我的做法是，将出明悟状态后的宝玉表现出一种恍惚，仿佛神魂未完全归壳，一直对黛玉是痴的状态，由此急迫去问玉，这样可让整个戏显得流畅，宝玉上本中性格的体现在此时基本确立。

第三场戏也是整个上本戏中突出展现宝黛情感的一折，是至关重要的一折。曹公笔下那些浑然天成的小细节，在此场中均有体现。而对于本场中宝玉与黛玉共同躺在床上，宝玉编排耗子精故事哄黛玉的一段，对我来说感想颇多。虽然现代与古代有很大差别，虽然很多思维形态不相通，但是年幼时跟自己亲密无间的姐妹兄弟床上床下打闹、掏心掏肺地互相编排是大凡有相好发小的人共同的记忆。每每回想起小时候与表姐滚在床上疯玩，一会儿哭一会儿笑，编排小故事的童年，我不自觉就会笑出来，我以为，那是我今生弥足珍贵的记忆。

而在我看来，宝玉这场的行为举动是那么的亲切。虽然是两人滚在床上，却没有一丝的邪念，这时候宝玉是掏心掏肺地对黛玉的，这一刻，他本身也愉快而自在，我在表演这段时将心态放回到童年，在身段上，我自创了个双腿伸直坐在床上时两只"厚底靴"轻轻相碰的动作，以表现人物心理的放松与愉快。

上本的表演中，从第四场宝黛读西厢开始，宝黛的情愫已经十分明朗，却在此时出了宝钗。而这一场中，宝钗的性格、心机也小有体现，可以看作为下本的发展做铺垫。这个铺垫在第六场宝玉挨打后更加明显地体现出来,作为宝玉,我在对黛钗的态度上也进行了细微的变化:宝钗又是带药又是表伤心的,宝玉只表现感激;而黛玉来劝他改,是明知改便违心,不仅违宝玉之心也违自己之心,只是实在舍不得宝玉受苦。这种感情的相通使宝玉反而生了怜惜黛玉之心。此时一来二去倒是就势互明心意。我在这一场里非常仔细地把握情绪的每一次变化,细腻磨合这段感情戏,不仅给黛玉吃定心丸,也要给观众吃定心丸——"我"跟黛玉的感情是牢不可摧的。有的戏里和书里表现得宝玉对宝钗的感情很深,而我觉得,在舞台剧上,这样的明确是好的,没必要浪费时间将原本明朗的感情复杂化。

在下本里宝玉的性格有了截然不同的变化,下本的宝玉是悲凉的,他在亲历大观园自检,贾府被抄,探春远嫁,尤二姐被害,贾元妃薨逝……

黛玉之死实则是宝玉最不能接受的事实,而他除了逃避无有他法。无论是本剧还是小说,都将宝玉的矛盾昭示得很清楚:宝玉无法解决家族大家长与他所爱护的女儿间的矛盾。当他的家人对他所爱的人下手的时候,他只能退缩。简单来说,他没有勇气也没有能力反抗。而无论是秦钟之死或是晴雯之死还是梨香院的十二倌儿悲惨的命运,宝玉都软弱地选择了屈服,最终他的黛玉没了。而黛玉给他的打击使得他在回避的同时突然在心理上有了极大的成长。

宝玉丢玉后选择性封锁了自己的部分记忆感情,正是他一贯的逃避所做出的惯性举动,整场戏中,有支非常好的曲子【二郎神】,无论从曲牌调式上还是从曲辞上,都极能体现出宝玉的真情实感:

【二郎神】
神恍惚,
魂难定,
身绵绵如絮当风,
急煎煎脚步儿前行……
五儿 宝二爷你要往哪里去?
贾宝玉 (唱)拜访秋爽斋——
五儿 探春姑娘远嫁了。
贾宝玉 (唱)人去远,相隔得云山万重。
登门缀锦楼
五儿 迎春姑娘死了,宝二爷您还哭了好几天哪。
贾宝玉 (唱)怎忘却她,偏遇着中山狼,
受逼凌,早赴幽冥。
(哭转笑)哈哈哈……
贾宝玉 (唱)我将这海棠诗轻哦慢咏,
只待你蘅芜君细品评。

也正是在这段曲子中,宝玉逐步出了痴傻的自闭状态——他彻悟了。也正因此,在结尾处,宝玉出家并不突兀,在我看来,也并不悲凉。谁又知道宝玉孑然一身与僧道同行,不是去了更属于他的地方呢?这段感情,这些事情留给宝玉的,又怎能认为只有悲凉?无论他是人也好、顽石也好、神仙也罢,经此一世勘破"情"之一字的宝玉又怎能不生出大智慧呢?

因此,我大胆地认为,宝玉的出家,是积极的,他积极出世,他会拥有更明亮的未来。基于这种想法,我在最后一场宝玉随僧道走时回身莞尔一笑——充满了希望。

## 结　语

本文是基于我创演期间的思考与实践,也许还有许多地方不成熟,甚至有可能理解得不对。经过此次创排昆剧《红楼梦》我得到了自我升华,也更明确了个人优势与努力方向。在此与大家分享。

## 上海昆剧团 2015 年度推荐艺术家

### 吴　双

吴双是上海昆剧团国家一级演员,先后毕业于上海市戏曲学校第三届昆剧演员班和华东师范大学汉语言文学专业。师承著名昆剧表演艺术家方洋及钟维德、王群老师,并受尚长荣指点,工净角。其嗓音高亢,台风大度,表演张扬但不逾矩,自然酣畅,善于将不同行当的表现技巧兼而并收,为人物性格的表演服务。

吴双曾主演《刀会》《嫁妹》《山门》《古城会》《花判》《相梁刺梁》等传统折子戏,深受赞誉。在大戏《班昭》《司马相如》《白蛇传》《牡丹亭》《桃花扇》《西施》《公孙子都》《长生殿》《景阳钟》等剧目中饰演不同行当的人物，为全剧增色不少，广受好评。曾出版《中国昆剧音像库——经典折子戏》DVD等，数次成功举办个人专场，首创《双声慢·词唱会》，以视听综合形式传扬传统文化价值。作为主要演员，吴双曾多次出访香港和台湾地区以及德国、荷兰、美国等国家进行文化交流，为中国昆曲的海外传播做出了自己的努力和贡献。

吴双曾在1994年首届全国昆剧青年演员交流演出中获"兰花优秀新蕾奖"；在2002年由联合国和文化部举办的全国昆剧优秀中青年演员评比展演中荣获"促进昆剧艺术奖"；在《班昭》中饰范伦一角获第十三届"上海白玉兰戏剧表演艺术配角奖（榜首）"；在2003年首届"中国戏曲演唱大赛"中获红梅金奖；2004年获上海文化广播影视集团首届"文广新人"称号；2007年获全国昆剧优秀青年演员展演"十佳演员"称号；2007年在苏州昆剧院创作的《西施》中饰演夫差，获第十二届文华奖"文华表演奖"；2008年他凭借《血手记》中的马佩一角荣获上海市新剧目展演新人奖，《血手记》被评为2008年新剧目评选"优秀作品奖"；2009年获第十九届上海白玉兰戏剧表演艺术主角奖提名奖。

作为当下中国昆剧演员的中坚力量，吴双的演技是广受称赞的。无论是主演或配演，都人物个性鲜明，表演技法纯熟，光彩夺目。他将昆剧花脸这样一个冷门行当硬生生地塑造成舞台上的抢眼人物。1996年吴双出演《司马相如》中的杨得意，第一次不勾脸谱演戏，他将剧中这个只有寥寥数笔的"狗太监"演绎得入木三分，也首次让观众们看到了他个性化的人物塑造能力。2001年，上海昆剧团排演新编历史剧《班昭》，摆在吴双面前的又是一个相似的小角色——大太监范伦。如何不演得和杨得意重复？如何表现出人物年龄的跨度？这困扰了吴双很长时间。在最后的舞台呈现中，吴双版的范伦跳开了花脸行当的程式，真正成为一种独立的角色创造。他在台上短短几分钟的独白，成为《班昭》一剧最为华彩的段落之一。吴双也因为这个只有念白没有唱词的"小角色"，荣登当年"白玉兰奖配角奖"榜首。

对于掌声和赞誉，吴双没有因此就沾沾自喜，对他来说更多的是自我激励，并希望在突破行当的同时，能够展现自己学了14年的本行和表演方式。2007年上昆排演四本《长生殿》，吴双在剧中扮演安禄山，由于昆剧舞台以前没有"安禄山"的范本，吴双从剧本到人物都进行了详细的研究和分析，无论体形服饰、行为动作乃至嗓音都做了精心设计，并给人物设计了三个不同时期的脸谱。在昆曲名家云集的《长生殿》中，吴双所塑造的安禄山卓尔不群，深入人心。不少领导专家观摩后纷纷感叹："吴双的安禄山，既程式化，又很有戏！"可见，在尊重传统戏曲程式的基础上，加入人物的情绪体验，已逐渐成为吴双在表演探索和实践中日渐鲜明的风格。

吴双的演技同样受到了外界专业人士的充分认可。2006年吴双受邀在苏州昆剧院新编大戏《西施》中担任男主角"夫差"，并参加了浙江昆剧团"国家舞台艺术精品工程剧目"《公孙子都》的排演；2007年浙江昆剧团排演昆曲《徐九经升官记》，在这个文化部的定项剧目中，吴双被文化部有关专家认为是最适合出演徐九经的演员。但作为京剧名丑朱世慧的成名之作，徐九经的丑角形象已深入人心，将此剧移植上昆曲舞台，并要求演出昆曲的风范，难度可见一斑。而起用一名从未学过昆丑的青年花脸演员，更是让所有人诧异。然而经过几个月的磨炼，吴双以"丑角"跨行担纲主演徐九经，赢得了所有人的首肯，大家都说，这个"徐九经"，姓"昆"。

台上风光，台下寂寞。15年前昆曲已进入萧条期，吴双跟其他刚毕业的"昆三班"同学一样，面对艰难冷落的昆曲环境，思考着是继续坚守舞台还是另谋他就。面对一些同学的陆续离开，吴双毅然选择了留守昆曲。他明白从他做出选择的那刻起，就必须面对冷落的舞台和刻苦的磨炼。"冰冻三尺非一日之寒"是他的名言警句，他坚持每天练功，即便节假日也是如此，他也经常引导别人一起练功，起到了模范带头作用。业余时间，喜爱古典诗词的他常在家里看书、练书法，丰富自己的文化知识，提高自我艺术修养。他把大部分时间和空间都给予了昆曲，把精力放在了对戏的完善打磨和人物的塑造演绎上，坚持自己的艺术理想，坚守传统优秀文化，为传播和传承中华民族的传统艺术而执着，顽强地守候着昆曲这片艺术的热土。台上每一出精彩的戏都凝结着他的心血，一个个新鲜作品的出炉和一个个性格鲜明的艺术形象的产生印证了吴双的成长与成熟。

经过了十几年的不懈努力，今年上海昆剧团根据桂剧版移植、为吴双量身打造了一出改编历史故事的原创剧目《川上吟》。早先在广西戏剧院桂剧团创排的大型桂剧《七步吟》中，曹丕一角就由吴双所饰演，广受赞誉。为完善人物塑造，吴双坚持既不固步自封也不狂飙妄进，他以自己20多年来对表演的探索和实践，在尊重传统的基础上，适当放下心中固有的行当概念，将传统戏中的程式化动作与新编服饰融合，并结合人物情绪体验和现代表演技法，使人物性格和心理得到更具张力的表现，将曹丕的霸气、隐忍、深情、孤独等人物的各个侧面呈现得丝丝入扣，饱满而深刻；并充分展现了曹丕面对王权、亲情、爱情时，与兄弟曹植、妻子甄氏之间的内心纠葛和矛盾,从而引发难解的冲突。这样一个复杂、立体的曹丕在史上各类"七步诗"题材中史无前例,而吴双也通过《川上吟》的创作表演突破了唱腔、行当的局限,完成了传统昆曲与时代审美态势的融合,并从新编戏的创作中开辟形成属于自己的崭新表现方式。

2015年,吴双凭借《川上吟》曹丕一角成功摘得第二十七届中国戏剧梅花奖,同时荣获2016年第二十六届上海白玉兰戏剧艺术表演艺术主角奖,为上昆,为上海争得了荣誉,也为昆剧事业的发展做出了积极的贡献。

## 江苏省演艺集团昆剧院2015年度推荐艺术家

### 最是伤情行径处
——记昆曲小生张争耀的艺术情感

汪 芒

张争耀是个地道的江南人,丝织王国——古镇盛泽孕育了他的情感。当年负笈金陵的时候,他或许未曾想过昆曲这门古老的艺术将在自己的生命中有着何等不寻常的意义。然而岁月如梭,恍然间那位吴江少年已经长成。无情流水争如有情之人,他已经成为在一方氍毹上舞动灵魂的人。台上一分钟,台下十年功,幕后的汗水坚持,舞台上的动静相宜,他的生命已经熔化了,熔化在了那气无烟火的水磨昆腔里。

10多年来,张争耀学演过很多剧目。在《牡丹亭·惊梦》里,他扮演的柳梦梅擎着柳枝只为寻找有情之人,那是汤翁从《西厢记·惊艳》里继承而来的艺术灵感,就在转身刹那间,"小生哪一处不寻到,姐姐却在这里",道出了惊喜,放大了凝视,仿佛三生缘法由天定的。他演的柳梦梅眼光炯炯,含情脉脉,似有惊诧与嗔喜。从他的表情里你可以读出来一个惊叹号:怪也! 怪的是冥冥注定,怪的是踏破铁鞋,怪的是苦苦厮寻。张争耀早年曾表露过他不喜欢柳梦梅,他嫌柳梦梅太过理想,太过痴迂! 然而生活中的张争耀自己却做得来性本邱山、神往五柳,弹琴谈禅也罢,远足问道也罢,哪一样不是痴迂的,其实是太像了,灵魂深处的相似让他觉得柳梦梅不是生在尘埃中的,舞台上演绎柳梦梅就像在窥视着他自己,令他在浮躁尘世中的隐居之心被另外的镜像发现了,所以他惧了。直到拜师蔡正仁先生的前夕,在那次北昆操办的"红楼选秀"的现场,他硬着头皮演了《拾画》,他把自己在《惊梦》中的嗔喜带到了杜丽娘曾经寻梦不得的后花园里,所有在场评委都觉得那个原本不善表达的张争耀突然间开了大窍,开始知道如何敞开自己的内心,一板一眼而又情思饱满地演绎着柳梦梅。自此以后,作为昆曲巾生的看家戏——《拾画叫画》就成为他常演的剧目了。

张争耀也叫"张富贵",这是个时下年轻戏迷赠予他的绰号、雅号。到底怎么来的? 无人考证明白。张争耀也就自然接受了,更后来的戏迷闹不明白,竟也有到百度上去询问的。大体他总是很随和,用时下的话讲——呆萌。有一回石小梅老师当着兰苑剧场观众的面评价过自己身边的三个新生代小生,提及张争耀的时候,只说:"这孩子很是特别,什么都不在乎,什么也不争!"什么样的人才会什么都不争呢? 大概戏迷们早就看出来了——富贵闲人也! 于是乎"张富贵"不胫而走,南北昆虫(昆曲戏迷俗称昆虫)皆知。你要问年轻戏迷们,"张富贵"擅长什么剧目? 保证十有八九告诉你的不是《牡丹亭》里的柳梦梅,而是《玉簪记》里的潘必正,《幽闺记》里的蒋世隆,《西厢记》里的张珙,《百花赠剑》里的海俊,《奇双会》里的赵宠……这些人物都是暖男,暖色调的随和性格倒是张争耀最善于塑造的。张争耀拥有一副令人羡慕的好嗓子,但是他自己也坦诚地说自己身上不如同门,也有人批评过他身段僵硬,他在一直谦虚地接受着。为什么还是有这么多暖色调的人物让观众牢牢地记住了他呢? 还真是他演得出色了。《偷诗》里的潘必正是他演绎此类暖色调人物的代表,"一念静中思动,万般情思缠身,强将津吐压凡心,怎奈凡心转甚"。念及至此,那扑哧一笑,笑得绘声绘色,就像他自己也是第一次听来的,眼窝里能带着笑,面颊上能映着光,甚至有戏迷说他自己在笑场哩! 用他自己后来总结的话说:"我本色出演了! 我希望若干年后我还能一直这么演下去!"

呆萌、不争只是耀耀(观众对张争耀的昵称)带给年轻观众的大体印象,大伙喜欢他的率真。他所演绎的暖色调人物系列已经得到年轻戏迷的普遍认可。不过张争耀不是一个不自量力、闹不清自己斤两的人,毕竟他也在昆曲舞台上打磨了十多年。只愿听好话听不得批评的演员可不是戏曲行的好角儿。正如他曾经明白地知道自己身上不如同行，他也认识到了自己本色出演的方式是不合适表达昆剧舞台上的悲剧情感的。古希腊悲喜剧里面，悲剧才被视为正剧，不善于拿捏悲剧的演员是缺少分量感的。早在他初次走向舞台的时候，也就是大戏《1699 桃花扇》里面，他就面临这样的挑战，前半场侯方域富贵风流，他拿捏起来不成难度，后半场却要跌落进国破家亡时代里文人的悲痛之中，对于当年的他来说，20 几岁的人要体会这些是很困难的，更何况他非常不善于在舞台上一反生活常态，而去体验家国情仇。所以很久以来，他都说自己沉不下来演这类情绪，就像他生活中从来跟人急眼的时候也不多，悲也在心里，痛也在心里，挂不到脸上来，也从来不争不闹。但他是个略显矛盾的人，他很看重演绎大悲剧，你要问他最喜欢舞台演绎什么人物，答案或许很多人想不到，却是《牧羊记·望乡》里那个令人揪心入骨、令人唏嘘感叹的李陵。也就是说他从骨子里希望有悲剧的舞台张力，他对自己以往塑造暖色调风格的成就是并不自满的。

因为向往着演绎《望乡》里的李陵，张争耀已经在很多场合演唱过其中的名曲如【园林好】【沉醉东风】【江儿水】等，他希望通过这种悲情激愤的演唱为自己打基础。在长期的实践磨炼中，他也最终战胜了自己，能演出全场《桃花扇》了，尤其石小梅老师那牵动万千戏迷的【倾杯序】也能拿捏顺手了。《望乡》中的李陵至今他还没有正式公演过，《桃花扇》也不是他作为折子戏常演的剧目。在正式拜师成为蔡正仁先生门下弟子以后，他希望通过学习蔡老师的官生让自己在塑造人物的深度上饱满起来，他学习了老师的不少官生戏。其中有仍属于暖男色调人物的《奇双会》，但更为重要的是他开辟了自己的大官生之路，他开始演绎唐明皇了。

《长生殿》是昆曲演出史上举足轻重的经典名作，是昆曲传统剧目的半壁江山。作为以演绎"三皇二仙人"为传统家门的大官生，蔡正仁老师已经在《长生殿》中奠定了自己在昆曲表演艺术领域不可撼动的地位——蔡明皇。作为俞派传承人，蔡正仁老师的学生，张争耀以优越的嗓音条件，在拜师之后的不久，就跟随蔡老师学起了如何塑造唐明皇。五年多来，他先后学了《定情赐盒》《絮阁》《惊变》等著名传统折子戏，更着力打磨了老师最为鼎立昆坛的折子戏——《迎像哭像》。

《牡丹亭》原著中有句唱词叫作"有情人叫不出情人应"，那是杜丽娘鬼魂听到柳梦梅在叫画，声声啼血，丝丝关情。《长生殿》并不是一个通俗的昏君与祸水的故事，它所艺术再现的是帝王家的普世人情。谁规定了历史学家眼里帝王就不该有常人之情的？洪昇要打动人的不是政治故事，而是一个"情"字。《迎像哭像》原本也可以看作《拾画叫画》，柳梦梅痴迂，唐明皇伤情。有人说张争耀是要通过《迎像哭像》整个的剧情挑动自己演绎悲情人物的潜力，他在努力把自己灵魂深处的悲悯调动起来，即便他还不是唐明皇那样的年纪。唐明皇此时还真是"有情人叫不出情人应"，不同于柳梦梅的痴情，他还有伤情的悔恨，甚至是恼怒自己的愤恨与悲痛。"我在这厢，你在那厢，把着这断头香在手添悲怆。"张争耀在演绎的唐明皇中运用着哭腔，几番哽咽，几番泪洒，手把着断头香都不经意间抖了几抖。每次演完《迎像哭像》他总是喊道："累！"是啊！像唐明皇这样的人物情感怎能不是一个酸痛的"累"字呢？最是伤情行径处，在几番演完这出戏之后，你从侧影里可以看到张争耀和他的昆曲舞台形象都走向了成熟。从吴江少年本色演绎的暖男走向了灵魂深处的苍凉感触，这其间倒也有了他那几分非佛即道的大千悲悯！

张争耀的路还很长，昆曲艺术还期待着他去传承更多，更多。他肩上的责任感愈发重了，愿他有更好的继承，更好的创造！

# 浙江昆剧团 2015 年度推荐艺术家

## 鲍晨访谈

鲍 晨  李 蓉

鲍晨简介：鲍晨，1982 年生，浙江杭州人，1996 年考入浙江省艺术学校学习昆曲表演专业，工老生，师承著名昆剧表演艺术家计镇华、张世铮、陆永昌、陶伟明。2000 年进入浙江昆剧团从事昆曲表演至今。

鲍晨嗓音宽广洪亮，扮相儒雅清逸，可塑性强。主演传统大戏：在《十五贯》中扮况钟；在《烂柯山》中扮演朱买臣；在《蝴蝶梦》中扮演庄周、楚王孙；《未生怨》中扮演瓶沙王；《无怨道》中扮演罗摩等。主演传统折子戏：在《扫松》中扮演张广才；在《寄子》中扮演伍子胥；在《打子》中扮演郑儋；在《望乡》中扮演苏武；在《搜山打车》中扮演程济；在《云阳法场》中扮演卢生；等等。在多部大戏中扮演重要角色，如：《徐九经升官记》中扮演并肩王；《西园记》中扮演赵礼；《乔小青》中扮演舅父；《琥珀匙》中扮演桃南洲；《大将军韩信》中扮演萧何；等等。

2012年，鲍晨受邀参加越剧电影《沈园情》的拍摄，领衔主演陆游一角，演绎了陆游20岁—80岁传奇的一生。

2004年获浙江省昆剧、京剧青年演员大赛表演银奖；2007年获全国昆剧青年演员大奖赛"表演奖"；2009年获浙江省昆剧演员、演奏员大赛银奖；2012年获第五届中国昆剧艺术节"表演奖"。

李蓉：浙江工商大学人文与传播学院新闻系老师。

采访前记：采访前，浙昆老生演员鲍晨刚刚结束排练，一身休闲打扮，阳光利落，说起话来字正腔圆。5月他刚去北京参加了五代同堂的《十五贯》演出，我们的话题也由《十五贯》开启。

### 《十五贯》中的多面老生

李：《十五贯》是浙昆经典大戏，是由老生担纲主演的，你能谈谈自己的角色心得吗？

鲍：《十五贯》中的四个老生秦古心、周忱、过于执、况钟，我都演过。虽然同属老生行当，但这四个人物的身份、性格、戏份均不同，所以必须区别开来。先说说秦古心，这个人物相对来说比较好把握，他是一个非常普通的芸芸众生中的老年人，所以就按照一般老生的套路来扮演。放下身段，去自然表现出上了年纪的人的状态，如弓腰驼背，就可以了。周忱是个官员，而且是个官僚气较重的官员，扮演这个人物的时候，我必须端起身段，由于深夜被况钟击鼓叫醒，所以心中非常不满，眼神中流露出对况钟的不屑一顾，我用这些来表现因他的主观臆断所下的武断结论。再比如他的念白是一个字一个字慢慢往外蹦，我会刻意拉慢它的节奏，因为这是符合人物的，观众不会觉得他说话慢。再说说过于执，诚如他的名字"过于执"，有点一根筋的样子，对于这个人物，尤其是他与况钟的对手戏，在表演的时候非常过瘾。一方面他对于况钟并不服气，但又对况钟有所畏惧，表面上还要显得毕恭毕敬。过于执和周忱一样，身上有官僚气，但他们又并不是脸谱化的。他们的内心疾恶如仇，是要将坏人绳之以法的。只不过他们办案的方式以及能力有一定缺陷，但他们的本心不坏，我要去把他们的双重特征表现出来。

李：况钟是《十五贯》中的主角老生，对于这个人物，你又是如何理解的？

鲍：况钟绝对不能演成一个弓腰驼背的老人，他是一身正气的。扮演他的时候，身段一定要挺拔，表现他的耿直刚正。况钟的角色身份当中有一场戏给观众印象深刻，那就是他扮演成算命先生和娄阿鼠测字那场。这时况钟化身为便衣，算命先生是其另一重身份，但观众明白他还是况钟。在表演上，我要体现他内在作为况钟的正直一面，又要表现出他在和娄阿鼠交谈时的那种江湖气。因为他要对娄阿鼠隐瞒自己的真实身份，必须把算命先生演得活灵活现，但又不能失于油滑，这当中涉及尺度如何拿捏得宜的问题。另外在勘查物证那场戏，况钟因为受到时间的限制必须尽快查出物证，他的内心非常焦虑，但是对于陪他一起办案的过于执，他又要表现出自己临危不乱、镇定从容的一面。他和过于执在巧妙周旋时寻找着物证，在危机时刻展现人物的沉着冷静，戏也在这种一张一弛中展开。

李：能说说这次在北京五代同堂《十五贯》的盛况吗？

鲍：能够和老先生、老师们同台演出，我真是非常激动。因为进浙昆以来，先是在一遍遍观摩老师们的演出中去感受《十五贯》的艺术魅力，之后在老师的言传身教下学会了这出戏，这次能够有幸和老师们同台演出，激动之情难以言表。我们演出的时候，台下观众掌声不断，说这个戏太经典了。央视普法栏目也过来采访我们，让我们去谈谈这个戏的现代意义。

李：《十五贯》是一个传奇，久演不衰，它的魅力究竟何在？

鲍：《十五贯》当年是"一出戏救活了一个剧种"。据老师们的回忆，那个时候剧团遭遇困境，举步维艰，当年这出戏是在一个仓库中排练出来的，非常不容易。时间证明，周传瑛老先生选择排演这出戏是非常有前瞻眼光的。当年进京演出时就取得的轰动效应对于演员们来说也是超出预期的。这个戏的魅力在于它主题的深刻性，它所展现的在执法过程中如何做到实地取证、勘察真相、正直无私和伸张正义，深刻地讽刺了主观主义和官僚主义。况钟这个人物身上也寄托了人们对为民请命的好官的期望。因此过了这么多年，仍然具有现实意义。我记得前两年有一起在浙江审判的"叔侄"冤案被平反这则新闻报道，心里想这不就是《十五贯》所要警示大家的吗？当年这个被推为神探的女法官实际上是武断臆断、迅速结案的，这给无辜者带来多么大的伤害，也给社会带来了严重的负面影响。无论在什么时代，

《十五贯》中况钟身上所体现的正能量,所代表青天的形象,永远会受到老百姓的喜爱。所以这出戏具有现代理念,久演不衰。

李:《十五贯》是浙昆最经典的剧目,对于你们浙昆人而言,应该是有着更为深厚的情感。

鲍:《十五贯》是浙昆精神的一种传承。每当提起这出戏、复排这出戏的时候,我们都有一种责任感和使命感。《十五贯》真的是说不尽、演不完的。它是深植在浙昆人心中的一种精神,我们年轻辈演员要把它发扬光大。

### 驾驭"帅与衰",小角色也是有戏的

李:在观众的心中,老生的形象都是挂着胡子,坐在那儿慢条斯理地唱着。

鲍:哈哈,不是挂了胡子的都是老生,因为老生的胡子的颜色、长短和疏密都是有讲究的。老生重唱,但是身段也很重要。

李:在《蝴蝶梦》中,你一人分饰了庄周与楚王孙两个角色,跨了两个行当,又要用真假嗓来演唱,很让人惊艳,我想这对于你来说是个很大的挑战。

鲍:的确如此,这出戏让我演得很过瘾啊。庄周和楚王孙如果由两个人来演的话,就会失去看点,必须由一个人来演,去体现反差,贯穿情绪才可以吸引观众。简单来说,庄周的扮演要有仙气,楚王孙的表演要有贵气、英气。庄周是老生,是个有仙风道骨的老生,必须抛弃世俗气,展现他的仙气。这出戏的主题绝不是现代家庭伦理剧,其立意在于体现出道家的游戏人生、逍遥旷达的境界。因此庄周不能被演成一个心怀猜疑、小肚鸡肠的男人。他的一举一动有着超脱、潇洒和放任不羁。其实这出戏和《邯郸记》的主题有内蕴性,就是人生到头是一场虚无。扮演楚王孙的时候,首先形象上必须要有说服力。楚王孙不能用巾生来演,因为他不是人们一般意义上理解的文弱书生。人物的造型是借鉴了翎子生的打扮,一身白莽,英气逼人,显示出他的文武双全,举手投足之间要有贵族之气。楚王孙是庄周的化身,表演的时候要把庄周的心理植入楚王孙的形象中,就是在试妻的过程中的矛盾心理:既希望这个游戏可以论证他的观点,又不愿意自己的妻子精神出轨,于是戏剧性非常明显。我在这个过程中所展现的人物的两副面孔和不同表情要让观众认可,觉得既诙谐又幽默。在唱的方面,老生是本嗓,楚王孙是假嗓。由本嗓转到假嗓还好,但是最后一场由假嗓回到本嗓,确实有点累。我和王静在上海学戏,计镇华老师和梁谷音老师对我们悉心指点,天天都完全沉浸式地排练,自己的感觉收获很大。

李:在角色扮演过程中可能会出现特别难过的坎,这个情况下怎么办?

鲍:有时候会出现"当局者迷,旁观者清"的情况。这时候自己陷在里面,一下子拔不出来。在集体排戏时,一句唱或一句念,在老师示范后旁人看来明明不难,但自己就是不得要领,转不过弯来。在那种情形之下,心里很着急,非常希望自己能快速学会,但是越着急,越容易出错。所以还是要平心静气,慢慢让自己去揣摩体会,从错误的状态中走出来。有一次去计老师家学戏,就是一个字,我总是念不好,念了一下午,计老师批评了我,那个时候自己觉得又紧张又尴尬。后来终于念好了,得到了老师的肯定,经历了这个过程后如释重负,非常开心。

李:《搜山打车》中,你饰演的程济也给人印象很深刻。

鲍:这要感谢陆永昌老师的指导,这出戏非常吃重,演下来不亚于半个《夜奔》。在演出过程中,我觉得非常有力,每一个环节都不能有丝毫的疏忽。《烂柯山》的朱买臣这个角色我也很喜欢,戏很苦寒,行头也很破落,完全要求演员能够镇得住场,能引起有人生阅历的观众的共鸣,这让我觉得非常过瘾。

李:遇到自己不喜欢的角色怎么办?

鲍:对于演员而言,有些角色是我们自己喜欢的,在扮演过程中就很自然地能投入感情,激发自己的创作激情。但有些角色是自己并不喜欢的,这时进入人物可能就会慢,在人物把握上要克服自己的排斥心理,让自己接受这个人物,进入他的内心。这是大家都会遇到的情况,对我而言也是。《望乡》中的苏武,我在演的时候开始是有抵触的,尤其是他一味斥责李陵,我觉得他不近人情。苏武对国的忠诚、他的隐忍这些又是一般人很难做到的。把握这个人物,我们要理解他的处境,特别是要把这种极端情境中人物的无奈和悲凉之情表现出来。

李:在角色塑造的过程中,是否有过自己觉得很难发挥的角色?

鲍:有的!《大将军韩信》中我扮演萧何,对于这个人物,我开始找不到感觉,陆永昌老师把我的唱词拿过去一念,马上给我打电话说:"小鲍,这里面有戏的,有戏的!"陆老师是特别会启发学生的那种老师,而且他很善于给学生练基本功。他给我分析了《大将军韩信》的几句唱词,马上味道就出来了,然后他又教我念白,虽然萧何戏份很少,但是气场不弱。陆老师有句话对我非常有教益,他说:"小角色也是有戏的,你不能轻视他!"的确,

一出戏是所有人共同才华的体现，假如主角很强，配角很弱，这个戏就会黯然失色。只有主角和配角互相飙戏，互相角力，戏才有味道。观众看了才会过瘾。

李：你是如何和计镇华老师结为师生之谊的？

鲍：当我第一次看计镇华老师的表演时，有种思路大开之感："老生原来也可以演得这么帅。"计老师确实是走出了老生帅演的路子。这种帅又与小生那种风流潇洒的帅不同。这种帅是内在的帅，是有年龄感的帅，帅得更有内涵和人生底蕴。那时很迷他的《烂柯山》，当时没有视频，我是到处找录像带来看，揣摩老师的表演。第一次见到计老师是在苏州开设的昆曲培训班中，当时来学习的人很多，自己在学员中年龄最小，也很害羞，见到老师只敢叫声老师好，没有更多的交流。后来多蒙上昆谷好好老师的引荐，我有机会向计镇华老师学戏。我和他学习了《烂柯山》《打子》《蝴蝶梦》，计老师对我都是悉心指导，一点一点地抠戏。计老师对我要求很严格，总是指出我的不足，几乎没有表扬过我，但我知道，他是为我好。

李：可以说，这几位老师分别从不同方面影响了你。

鲍：总结一下，在艺校学习过程中陶伟明老师对我的帮助很大，是我的启蒙老师，我和他学习一招一式，建立起对于昆曲的兴趣。进团后陆永昌老师和张世铮老师教了我很多戏，给我打下扎实的基本功和基础，计镇华老师是帮我实现了学生到演员的转变，对刻画人物内心有了更深入的体会。我真的非常感谢这几位恩师在我的艺术之路上对我的指点和提携。

## 在多元创作和推广中做好昆曲传承者

李：你是如何走上昆曲之路的？

鲍：这要感谢我的父亲。我的父亲是一位文艺爱好者，喜欢唱京剧。在我小的时候，他经常教我演唱，也有意培养我往文艺方向发展。我在初中的时候学过美声唱法，这对于我的嗓音训练非常有益处。1996年昆剧团招考，我就报名并且考上了。应该说我走上艺术之路，主要是受了家庭影响。

李：你是一开始就学的老生吗？有没有想过学小生行当，毕竟昆曲中小生戏更多些。

鲍：哈哈，我进艺校学习时，老师们直接给我定的老生，没有给我任何选择余地。因为他们觉得我的本嗓条件比较好，所以大家在我的行当确定上非常一致，决定得很快。后来我也觉得老生这个行当的确很适合我。我在艺校演的第一出戏是《春香闹学》里面的老先生。

李：作为一个年轻人，去扮演老生，在年龄跨度上该如何把握？

鲍：这是个逐渐积累的过程。我在艺校当学生的时候，我觉得自己很难体会到老生的心理状态。那个时候老师怎么教，我就怎么模仿，尽量做到形似，但内心是没有感觉的，这里也是有个心理过程。

李：是不是做了父亲后，对老生角色体会更深些？

鲍：这个有影响，比如在演《打子》《寄子》这些戏的时候也会想到自己的儿子，会有感同身受的体会。但这又不是绝对的，因为毕竟戏不同、角色不同，还需要自己从多方面、多维度去理解和体验。

李：京剧中的老生戏会更多些，你有没有想过转行去唱京剧？

鲍：这个没有。当时我们在京昆艺术剧院时，我也学唱过京剧。但从自己内心来说，就是更喜欢昆曲。觉得昆曲老生演起来更为过瘾，它的唱、念、做有着特殊的魅力。

李：在你们进团时，昆曲发展处于低迷期，在那个时候对于未来你是怎么想的？

鲍：我们进团时才20出头，由于剧团不景气，那时自己心思很多，也有过其他的想法。我们当时也在业余时间去唱过流行歌曲。我自己报考时被文工团录取了，但这些都放弃了，最终还是喜欢昆曲吧。随着年岁渐增，我越发感到昆曲的魅力所在，越发觉得学习的重要性，经常感到时间的紧迫性，特别想把这些戏传承好。

李：2012年，你在越剧电影《沈园情》中扮演了陆游这个角色，这也是你的跨界演出，能说说当时的情况吗？

鲍：这也是机缘巧合。当时绍兴市政府为了金鸡百花电影节，想选择一个与绍兴有关的人物拍一个电影，于是就选择了陆游，因为沈园也在绍兴嘛！浙百的江瑶老师推荐我去试镜。试镜不久，就定了我演陆游这个角色。我想这可能也是由于我是老生，从剧情上更符合陆游的年龄感吧。在表现他的青年时期时，我是本色出演，因为我也是年轻人嘛！但是到了中老年的时候，我的老生行当的基础让我在把握人物的年龄段上更为贴近。这个电影在电影节上放映过，后来在上海放映了一个月，在北京、杭州、宁波等地也有放映，据戏迷反馈还是不错的。

李：根据你的体会，你觉得电影表演和舞台表演应该如何区分？

鲍：从情绪上来说，舞台表演是一气呵成的，有连贯性，我们通过人物塑造推动情节发展，所以不存在情绪接不上的问题。电影表演，因为镜头是要后期剪辑和处理的，但拍摄时候情绪又是中断的，所以必须时刻提醒自己要注意上下镜头之间的衔接,不能出现穿帮。在取景上,舞台是完全虚拟的,通过你的表演去展现虚拟空间的事物,这个难度会更大。而电影表演是实景拍摄,所以只需要按照生活正常状态来演就可以。从表演处理上来说,舞台表演是讲究程式化的,是要刻意地外放些,甚至可以有所夸张,这是符合舞台真实的。电影表演中特写镜头比较多,如果演员的表情过于夸张,就会显得很别扭,从表演上来说也要内敛些。不过有时候导演也会觉得我们为了避免外放而收敛过度,又会显得拘泥,这也有个适应的过程。从效果处理来看,舞台表演是有遗憾的,因为它是直播状态,如果念错唱错,是无法补救的,而电影不会有太大影响,假如出错了,可以再拍一条来补救。从和观众的互动来讲,舞台反馈是即时的,我们的一句唱、一个眼神、一个动作出去,观众的反馈是迅速的,我们在舞台上能够听到他们的笑声、掌声和哭声,也能再次调动我们的情绪,实现台上台下的互动。电影反馈有滞后性,等播放之后,我们才知道观众的评价好不好,那时我们早已跳离了人物扮演的阶段。

李:戏曲和电影结合似乎很难找到结合点。

鲍:是的,电影是商业的,应该有票房价值。在现在的环境下,戏曲很难走商业推广之路。从拍摄而言,在摄影棚中拍摄的戏曲电影,似乎与舞台并无太大区别。如果实景拍摄,又会削弱戏曲本身的程式魅力,而且同样题材的话,戏曲表演展现的内容又不如电视剧内容更充分。从传播角度来看,戏曲和影视的结合对于推广戏曲有着积极的作用,但是究竟怎样结合,是个难题,我也在思考,目前还没有找到答案。

李:据说浙昆今年对社会招收了昆曲学员班,而且报名非常火爆?

鲍:是的。我们今年尝试推行了昆曲学员班,招收社会上喜欢昆曲的朋友当学员,由团里的老师们来教大家,本来只有45个名额的,结果报了450人。有这么多人对昆曲有兴趣,而且年轻人占了较大的比例,这让我们感到非常高兴。我们也希望通过这种方式去推广昆曲,让更多的人了解昆曲,热爱昆曲。

2016年9月22日于杭州两岸咖啡

# 湖南省昆剧团2015年度推荐艺术家

## 刘 婕

### 一、艺术简介

刘婕,女,汉族,中共党员,本科学历,国家三级演员,湖南省昆剧团优秀青年演员。郴州市戏剧家协会理事。

1986年,刘婕出生于湖南省桂东县花鼓剧团的文艺世家,父亲是本地戏剧家协会主席,母亲是文艺战线的骨干,她从小就耳濡目染受到了艺术的熏陶。1998年,11岁的刘婕考入了湖南省艺术学校湘昆科。2000年初赴上海戏剧学院附属戏曲学校委培,在校跟随昆曲名师朱晓瑜、陈明珠、王英姿、王君惠、纪晓玲老师学习。2003年毕业,同年7月考入湖南省昆剧团,成为一名青年昆曲演员。参加表演和协助导演昆曲《彩楼记》《湘水郎中》《比目鱼》《雾失楼台》《白兔记》《荆钗记》、天香版《牡丹亭》《湘妃梦》等大戏。先后主演《铁冠图·刺虎》《白蛇传·游湖》《孽海记·思凡》《水浒记·活捉》《白蛇传·水斗》《贩马记·写状》《武松杀嫂》《长生殿·小宴》等折子戏。并在大戏《义侠记》《湘妃梦》《罗密欧与朱丽叶》中担纲主演。刘婕的表演得到了专家、老一辈艺术家和观众的高度好评。

### 二、学习实践经历

学艺至今,刘婕从不放过任何观摩学戏的机会,各个行当、戏种都会去,还经常向身边的老师和老艺术家们讨教,力求塑造好每一个演出人物,并且在导演领域初见成效。2005年参加了中央文化部举办的"全国昆曲编剧班";2006年参加了中央文化部举办的"全国昆曲导演班";2007年参加了中央文化部举办的"全国昆曲旦角班";2008年参加了中央文化部举办的"全国昆曲高级创作人才班";2014年参加了"湖南省优秀中青年导演班"等。多年的学习和历练,不仅使其在艺术表演上有了长足进步,其塑造人物的功力更是获得了质的飞跃。

传承和弘扬中华优秀传统文化是新时期文艺工作者的义务和责任。挖掘中华传统文化瑰宝,继承先辈们留下的艺术精华,是她一直孜孜不倦追求的目标。工作以来,刘婕多次参加"全国昆曲优秀剧目展演"等重大昆曲活动。2012年4月参加郴州"海峡两岸昆曲交流活动",同年7月参加"全国昆曲艺术节"和"湖南省艺术节"。2013年3月参加"小桃红·满庭芳"——美丽郴州赏昆曲的演出。2014年赴台湾地区演出《荆钗记》,饰姚氏。同年10月在"相约郴州"大型昆曲活动中演出折子戏《水浒记·活捉》,受到著名昆曲表演艺术家、教育家张洵澎老师的青睐。张洵澎老师评价道:"刘婕是一个没毛病、有条件、通戏路的好苗子。"欲有意栽培之。因此,2015年3月团长罗艳把刘婕送往上海,向张洵澎推荐并恳请张洵澎老师给刘婕传授教学。在张老师的悉心教导下,刘婕把之前从未放弃的基本功派上了用场,托举、前桥、桌上抢背、摔僵尸等,可谓文戏武唱。后又经张洵澎老师调教点拨,让湘昆的潘金莲角色合情合理、别具一格地呈现在了观众面前。大戏《义侠记》正式汇报演出后,刘婕主演的潘金莲角色令在场的专家老师们大吃一惊,并赞叹道:"果然是名师出高徒,经张洵澎老师毫无保留的言传身教,刘婕的身段、唱腔和表演都上了一个极高的台阶。"

每回在排练新戏的时候,刘婕除了不断揣摩自己所担任角色的表演,还不惜花费大量时间去观摩学习其他角色的表演,汲取众家所长、弥补自身所短。上天总是特别垂青勤奋且有准备的人。2015年10月的一天,再过3天,新剧目《湘妃梦》就要正式演出了,而出演女英一角的主演却突发急病无法参加演出,刘婕"临危受命"接下了这个角色。由于有之前的学习基础,又通过3天时间打磨,背台词、唱腔、记台位、揣摩人物表演等效果奇佳。《湘妃梦》首演直接就是在中国昆剧艺术节的舞台上,紧接着湖南省艺术节,最后郴州市艺术节,《湘妃梦》成为众多艺术节中"杀"出来的一匹"黑马"。不少专家评委评价:"刘婕具备一个优秀的专业演员的基本素养,'临危不乱、来之能战、战之能胜',是一个成熟、值得重点培养的好演员。"

近年来,在罗艳团长的细心栽培、张洵澎老师的悉心指导下,刘婕系统地学习了《长生殿小宴》《贩马记》《挑帘裁衣》《戏叔别兄》《游园惊梦》等大量昆曲折子戏。刘婕感悟到:昆曲演员必须"通古今之变、会中西之学、守戏曲之本、求推陈之新"。

刘婕曾在自己的微博、朋友圈中这样写道:昆曲演员虽然很累、很辛苦,收入又很少,但昆曲文化所特有的魅力内涵,昆曲音乐所特有的韵味,又使我欲罢不能,特别是在舞台上成功塑造好一个角色后的那份满足和欣慰,是无法用语言来描述的。文章深情饱满,感人至深,描述了她自己从事戏曲艺术19年来的心路历程。

2016年4月,应郴州市委市政府、市委宣传部的文件要求,湘昆剧团将于8月赴英国参加爱丁堡艺术节。为配合艺术节主题,剧团第一次尝试将外国经典剧目《罗密欧与朱丽叶》用昆曲的形式来演绎。刘婕作为女主角朱丽叶的扮演者,为了向观众呈现出最完美的表演形象,从来不节食的她戒掉了米饭和主食,吃了长达5个月的减肥餐;家中年幼的孩子忽患急性肺炎,她也不得不托付给父母,自己坚持在练功房排练、背台词。8月,英国爱丁堡的舞台上,昆曲版《罗密欧与朱丽叶》演出成功,轰动了整个爱丁堡艺术节,既传播了中国的民族文化,又弘扬了昆曲艺术。

舞台上多年的"摸爬滚打",让刘婕成长为一位成熟、主动、努力钻研的演员。随着越来越多的接触,著名昆曲表演艺术家、教育家张洵澎老师见证了刘婕的成长与蝶变,从内心喜欢上了这样一位聪明、有灵气、对表演有感觉的好演员,并于2016年正式收刘婕为"澎派"门下的入室弟子。

## 江苏省苏州昆剧院2015年度推荐艺术家

### 吕 佳

吕佳,江苏省苏州昆剧院优秀青年演员,主攻六旦。国家一级演员,苏州市戏剧家协会会员。1998年8月进入剧院工作。2003年拜昆剧表演艺术家梁谷音为师。

主演的大戏有:《南西厢》《红娘》、昆博版《玉簪记》、苏昆新版《玉簪记》《白蛇传》、青春版《牡丹亭》、传统版《牡丹亭》。

折子戏代表剧目:《西厢记·红娘》(饰红娘)、《水浒记·借茶·情勾》(饰阎惜姣)、《孽海记·思凡·下山》(饰色空)、《潘金莲》(饰潘金莲)、《玉簪记》(饰陈妙常)、《渔家乐·藏舟》(饰邬飞霞)、《浣纱记·寄子》(饰伍子)等。

近年主要成绩:

1. 《西厢记·红娘》(饰红娘):担任主演。曾在苏州经贸学院、香港大学、香港理工大学、台北政治大学和台南成功大学巡回演出,获得大陆和港台地区学生的青睐以及港台地区昆曲专家和教授的好评。该戏为2009—2010年度国家昆曲艺术抢救、保护和扶持工程资助剧目。参加苏州市庆祝建国六十周年优秀剧目展演活动,在苏州文化艺术中心、苏州公共文化中心、上海天蟾逸夫舞台、北京梅兰芳大剧院、国家大剧院等地演出,为2012香港戏曲节开幕大戏,2013年在上海天蟾逸夫舞台演出并参加白玉兰奖评选,2014年、2016年两次赴武汉参加优秀戏曲文化艺术节,2015年在台湾大学做昆曲示范演出。

2. 《潘金莲》(饰潘金莲):该戏由梁谷音、刘异龙、黄小午、王维艰等艺术家亲授,2016年起在苏州、台北、成都、重庆、广州、长沙等地演出,赴深圳参加第三届城市戏剧节,赴武汉参加优秀戏曲文化艺术节,连续演出两个月,受到观众的一致赞誉。

3. 昆博版《玉簪记》:应中国昆曲博物馆之邀编排此剧,担任女主角陈妙常,该剧荣获第四届中国昆剧艺术节剧目奖。

4. 青春版《牡丹亭》:2008年参加北京庆奥运重大文艺演出活动,饰演春香和溜金娘娘两个角色。同年赴英国和希腊演出。剧组被授予江苏省文艺团体集体三等功和集体一等功。为2011—2012年度国家精品工程保护扶持资助剧目,入选文化部庆祝建国六十周年优秀展演剧目。

5. 新版《玉簪记》:分饰陈妙常和艄婆两个角色,2014年4—5月在上海天蟾逸夫舞台和重庆国泰大剧院演出。

6. 《白蛇传》:饰演小青。该剧荣获2015年江苏省文华奖。

7. 传统版《牡丹亭》:饰演春香。2010年应美西昆曲社马瑶瑶的邀请,与艺术家石小梅合作,赴美国洛杉矶唐尼市市民剧院演出该戏,并连演两轮,获得在美观众的好评和市长颁发的荣誉证书。2011年受文化部非物质遗产司邀请参加北京中山音乐堂纪念申遗10周年活动。

8. 出访讲座、授课及演出:2010年受文化部指派,随团出访法国、德国,参加"发现中国——昆曲讲座",主讲旦角表演艺术并演出《牡丹亭》片断(饰杜丽娘)。2011年应北京大学昆曲传承计划特邀,执教校园版《牡丹亭》。受北京大学文化产业研究院之邀,在白先勇经典昆曲欣赏课上担任教师。在苏州太湖大学堂举办讲座示范和演出,为中小学生讲解昆曲表演艺术,受到小朋友们的喜爱。2012年赴香港城市大学青年艺术家工作坊讲解昆曲六旦的表演艺术。2012年赴美国纽约亨特学院丹尼肯剧院、密歇根大学孔子学院演出《情勾》《偷诗》。2013—2016年,每年在香港中文大学做昆曲传承计划(折子戏)演出。2014年5月在成都图书馆锦城讲堂做专题讲座,主讲题目为"昆曲与《西厢记》",8月应成都当代艺术中心的邀请,参加"即时"音乐会,举办个人昆曲清唱会。2014年与作曲家姚晨、琵琶演奏家兰维薇、昆曲小生肖向平共同合作的《琵琶弹戏:西厢记三折》在北京中央音乐学院校庆活动中演出,大获好评。2015年与旅法青年钢琴演奏家顾颉亭合作的四幕音乐事件《当德彪西遇上杜丽娘》参加北京新浪潮城市戏曲节。2016年受邀参加北京大学艺术沙龙,主题为"昆曲传统与活态传承——从新编昆剧《潘金莲》说起"。

自任现职工作以来,吕佳努力学习传统折子戏,巩固和提高唱念表演基本功,通过《西厢记》《玉簪记》等戏加强塑造人物和表演能力,提升舞台表演的控制力,并且主动克服困难,出色地完成各类演出任务。平时注重提升自身文化修养,努力钻研绘画技艺,坚持阅读和写作,观摩门类不同的艺术表演,积极拓展学习发展道路,提升艺术欣赏和鉴别能力。

近五年来,吕佳在艺术道路上幸运地得到梁谷音、汪世瑜、岳美缇、黄小午、王维艰、刘异龙、华文漪等多位艺术家的悉心教导和倾囊传授,同时得到苏州昆剧院领导和白先勇老师的大力提携,获得了许多重要的演出机会,艺术水准有了质的飞跃,演出质量和演出效果也获得了较大的提升,如今已逐渐成长为一名优秀的昆剧演员。

# 曲随秋江远　情伴佳期长
## ——吕佳访谈

金　红

吕佳，苏州昆剧院优秀青年旦角，国家一级演员，苏州戏剧家协会会员。师从著名昆剧表演艺术家梁谷音。主演的昆剧大戏有：《红娘》《潘金莲》《玉簪记》《白蛇传》、青春版《牡丹亭》。与钢琴家及作曲家合作跨界艺术作品《当德彪西遇上杜丽娘》《琵琶弹戏——西厢记三折》，成功塑造了多个鲜明生动的人物形象，如聪慧顽皮仗义的红娘、痴情而绝望的潘金莲、凡心萌动的道姑陈妙常、傲娇的杨婆、天真的春香，以及活泼直率的小青等。在"北京大学白先勇昆曲传承计划"中担任课程教师，为北大学生辅导和排演青春版《牡丹亭》。参加香港城市大学的青年艺术家工作坊，与香港学生分享"昆曲六旦表演的艺术特色"和戏曲程式化表演。曾以《牡丹亭》杜丽娘一角为例，承担单元式昆曲主讲人。参加文化部主办的"发现中国"在法国巴黎使领馆和德国柏林使领馆举行的昆曲讲座和演出。荣获2014年度、2015年度"苏州市艺术人才"称号。

## 一、结缘：机会留给有准备的人

金红（以下简称"金"）：吕佳你好，从2004年青春版《牡丹亭》结识你，到现在整整12年了。作为观众来讲，我为青春版《牡丹亭》欣喜和感动，也为你们苏州昆剧院"小兰花"班演员一路以来的成长而感慨。虽说"小兰花"班由于遇到了白先勇老师很幸运，因为大家都知道，没白先勇就没有青春版《牡丹亭》，但是"小兰花"班能够成就青春版《牡丹亭》绝不是一朝一夕之事。你们付出的艰辛，恐怕只有自己才知道。《中国昆曲年鉴》有一个固定栏目"年度艺术家"，今年苏州昆剧院推荐了你。今天就请你谈谈你的昆曲之路，包括学习情况和表演感受。

吕佳（以下简称"吕"）：我是1994年进入苏州艺术学校学习昆曲的，班上有四十几个同学，我们旦角分在一组。当时没有具体分行当，大致的情况是，个子娇小一点儿的学春香，个子高挑一点儿的学杜丽娘。我的个子小，所以我学的是春香。当时的老师是陈蓓。因为我喜欢文艺，所以接受能力比较强。记得那个时候经常帮着老师做助教，就是老师教了后，我学会了，但还有同学没学会，这时候老师就忙别的去了，我负责教会这些同学。所以学年结束的时候，我们组只有两档节目参加彩排，我所在的就是其中一组。

金："学年结束"大概多长时间？

吕：一个学期，也就是半年时间。

金：哦，仅仅半年时间就能进入彩排，足见你们这些学员很有艺术天赋。

吕：记得我们是4个女孩，学习后就彩排，汇报演出。我与朱璎媛一组，另外一组有陈晓蓉。顾卫英和沈丰英"劈山救母"去了，就是沈丰英演武戏，顾卫英演她的妈妈，很好玩。

金：你说的这几个女孩，都是"小兰花"班的优秀旦角演员，现在都成长起来、挑大梁了。

吕：当时顾卫英演春香。后来我们又开始学《思凡》，《思凡》学完后，老师就调我去学《寄子》了，于是我就从"六旦"一下子跳转到了"娃娃生"。

金：行当有了变化。

吕：是的。陆永昌老师教我们娃娃生。其实，那时候学《游园》《思凡》都没什么感觉，也没感到昆曲怎么怎么好，对演戏也没有感觉。但是到学《寄子》的时候，突然感觉不一样了！现在想想，是否能感觉到不一样，关键在于老师会教不会教！陆老师就非常会教！他的唱、念很有味道，开始的时候就教你如何"抓住"唱、念的"味道"！他会一个字、一个字地给你"抠"，让我们琢磨，告诉我们什么是表演。记得学《寄子》时，让我最痛苦的是我不会哭。陆老师告诉我，一定要真哭，要把真情流露出来，绝对不能假哭。他说，你自己不感动，怎么能感动观众呢？唉，哭，我觉得真是最难的一个问题。于是，晚上自习的时候我就在练功房抱着脑袋想怎么哭。哈，那时候好像伤心事也想不出来，怎么都不觉得伤心。又试图想，练功太苦了啊，想家啊，累啊，等等，就是拼命把自己往伤心情绪里带，就这样"哭"了几天吧，突然有一天哭出来了，哎呀，我好开心啊！第二天排戏的时候，说到那句台词时，我就噼里啪啦地掉眼泪。也就是从那天开始，我演这个戏的时候就会特别动情。到后来，不用想什么伤心事，也能哭出来了。似乎一碰到那个戏，就不由自主地触动神经，就会哭出来，然后就慢慢地入戏了。这个戏后来得到很多老师的好评。记得当时顾笃簧老师说，嗯，这个《寄子》像样了，他的意思是说我们演的这个戏有点模样了。哈，好不容易！

金：就是说学《寄子》的时候，突然找到感觉了，进入一种状态了。

吕：对，知道怎么演了。

金：听你介绍这些，很有意思，但更说明"入戏"需要真情实感的道理。那么，学《寄子》是在你入学后的第几年？

吕：第三年。入学第一年是练功，第二年开始学习，第三年接触到具体剧目。当时陆老师着重给我们加工，对我们寄予很大的希望，所以我们也演得相当卖力。

金：你当年报考艺校是自己主动想考的，还是家里让考的？

吕：我小时候学过京剧，是我的一个京剧老师建议我报考艺术学校。

金：什么时候学的京剧？

吕：小学三年级。当时的老师是宋苏霞，在京剧团工作，后来到了苏州昆剧院。

金：在哪里学京剧？

吕：少年宫，上学之余学习。

金：每天都去学吗？

吕：一周去几次吧。

金：还记得是什么原因学京剧的吗？

吕：最开始是学习芭蕾舞。但是学习芭蕾舞要光脚，因为我太小了，又是寒性体质，一光脚跳芭蕾舞，不是感冒就是拉肚子，体质受不了。然后，爷爷奶奶就告诉我爸妈，说这样不行呀，小家伙老是感冒，不行啊！我就不想学芭蕾舞了。正好少年宫来学校选拔演员，把我选去了，问我愿不愿意学京剧，我想反正都是少年宫，不是进这个门就是进那个门，这样就去学京剧了。

金：说明你家里很重视对你艺术能力的培养。家里有人在艺术团体工作吗？

吕：没有。我妈妈是医生，爸爸是医药工程师，但他们的业余兴趣爱好都是艺术。妈妈喜欢唱京剧，她以前就差一点去考艺术学校。所以他们虽然都是理工科出身，但都喜欢文艺。父母确实有一定的影响。他们对我的前途发展也比较民主，不限制我，由着我的性子走。

金：也并不是由着你的性子，而是爸爸妈妈了解你，又很开明，顺着你的兴趣发展。

吕：对，初中毕业时，他们让我选择，要么继续读书，要么考艺术学校。当时我已经考中了其他学校，录取书都到家了。艺校的录取证书发得晚。面对两张录取通知书，爸爸说，你选择哪一个？我考虑了一下，觉得还是对艺术学校感兴趣，就说，选这个吧！就这样到了艺校。当时我的京剧老师也说，这一届招生很难得，刚好你踩上点了，很巧，就来试试吧！当时上戏、北戏也招生，但因为年龄因素，够不上门槛，就没有机会考上戏和北戏。

金：曾经听周雪峰介绍说，当时你们班有几个很有灵气的同学，他很羡慕你学得快学得好，看来是有原因的，因为你的基础好，起点比较高。

吕：起点只是一部分，更多的是练功。在学校的时候，每天6点半就要起床练早功，练完早功上文化课，然后再练功，练功之后是排戏。所以觉得艺校学习跟以前读书完全不一样。读书是大家都坐着，然后就是头脑风暴，不停地做作业、记笔记，你永远是坐着的。可是艺校正好相反，根本就没有机会屁股粘板凳，基本都是站着，所有的技能都是跟身体打交道。你要把身体练软了，拉筋、翻跟头是以前体育课上都不会做的事，而现在做出来却特别地超出身体常规。我们当时已经十六七岁了，这个时候练功已经很晚了。人家说的"童子功"，很有道理，就是练功的年龄越小越好。所以我们老师都说我们年纪大了，腰腿很硬。所以要把身体掰得像面条一样的软，非常痛苦！记得学校四年，练得累了，腰酸背疼了，大家回到宿舍，只要有一个女生哭，整个宿舍里的人就都跟着哭，抱着枕头哭，抱着被子哭，会哭成一片。累了，哭；想家了，哭；稍微受点委屈了，还是哭。现在想起来，是又心酸，又好笑。

金：梅花香自苦寒来。一分汗水才会有一分收获。戏曲演员尤其如此。还记得艺校学习有哪些老师吗？

吕：基本功都是请的京剧老师。唱念课是毛伟志老师，还有柳继雁老师、尹继梅老师、凌继勤老师，包括刚才说的陈蓓老师，都给我们上过课。还有一年暑假，学校专门请来了张继青老师、王维坚老师、石小梅老师等一些省昆的老师给我们上课。所以我们真的好幸运，在学校的时候就有机会接触这些大师级的老师。

金：现在看来，你们那一批"小兰花"真的是在这些老师的呵护下成长起来的。

吕：我们真是很幸运！一入学就非常受重视，局里的老领导、关工委（关心下一代工作委员会），像钱局长（钱璎）、昆剧院的院领导、评弹学校的领导等，经常来看我们。问我们吃得好不好，住得好不好，学得怎么样；然后会有各种类型的汇报演出。大家觉得很温暖，很有劲头。我们一直有很好的师资力量，很好的学习方式。

金：当领导看你们来了，艺术家们来教你们了，你那时候有没有想：啊，我的责任好重啊，我要好好学呀！

吕：哈哈，这个不用想，天天都给你灌！我们的班主任是郝诚、郝校长，是艺校的校长，他与毛伟志老师一起负责管理我们。那时候几乎是每天给我们灌输专业思想。比如：你们肩上的任务很重啊，责任重大啊，你们就是苏昆的将来啊，现在要好好学习啊，等等。我们是定向培养，大家都知道毕业后一定是从事昆剧、苏剧工作，如果不出意外，都会进苏昆剧团。所以我们没有后顾之忧。工作已经解决了，你除了好好学习，根本不用担心其他事情。我们入学的时候都不知道昆剧是什么、苏剧是什么，顶多知道《苏州好风光》那首歌，知道这首歌与苏剧有点关系。进了学校后，才慢慢地对昆曲和苏剧有了感觉。

金：记得你们最初是以苏剧班的名义招生的。那你们第一个戏学的是苏剧还是昆剧？

吕：是以苏剧班的名义招生的，但第一出戏学的是昆剧。后来大概学了两个昆曲折子戏，就是学习《游园》和《思凡》以后，我们就开了苏剧唱念课，大致有《出猎》《醉归》，柳继雁老师和尹继梅老师教我们苏剧，排的第一个戏是《醉归》。那时候几个学闺门旦和小生的都被派去学《醉归》了，像我这种没事情的就接着唱昆曲。

金：那时候没让你去唱苏剧吗？

吕：我那时候没有学闺门旦的戏，就让我去学了《寄子》。

金：这四年中，你感觉印象深刻的是哪些事？

吕：第一是陆永昌老师的教学，印象深刻。再有就是遇到了几个好老师。我后来学的两出武戏印象深刻，一个是《十字坡·武松打店》。那时有一位京剧团的老师与我们团唱武生的周正国老师一起给我们说戏。当时老师看我的身段利索，有一定的爆发力，基本功还不错，就让我唱武旦。京剧老师教武戏特别严，比我以前练功还要夸张。别人晚上都是唱唱跳跳的很轻松地练，我却要抱着练功毯在上面翻上翻下，都是男生练的那种，很辛苦。我也很羡慕那些小生花旦们，你看他们唱唱跳跳就可以了，而我呢，每天练得昏天黑地的。但是等到汇报的时候，就非常明显，你花了多少功夫会直接就反映出来，我们的《打店》效果相当好。等到毕业汇报演出时，我做汇报的也是这出戏。后来进团以后我还一直演这个戏。两个戏，一个《打店》，一个《寄子》，两个不同的行当，一个是娃娃生，一个是武旦，是我很好的基础。我反倒不是六旦(应工)。有好长一段时间，他们都说我是武旦，因为我老演这两个戏，我自己心里也在嘀咕，我明明是唱六旦的呀，为什么把我转到别的行当里去了？接下来学了六旦的戏，《游园》《思凡》等，却好像是附带着学的。到后来我真的开始想好好演六旦的时候是2002年，白老师(白先勇)要在香港办一个讲座，主题是"昆曲中的男欢女爱"，他来我们剧院选戏，剧院选中了我去演《游园》中的春香，同时让我演《佳期》。我当时的《佳期》是看梁谷音老师的录像学的，自己学完后就去香港演出了，那时候真是"初生牛犊不怕虎"啊！自个翻着录像，居然还能演下来，我现在看肯定是很糟糕，但当时据说还行。所以那时就在想：我应该把自己归置为一个行当。脑子里就有这根弦了。我总不能一直唱武旦、刀马旦吧？我的功夫终归赶不上从童子功起就开始练的同行，而且娃娃生也不可能是专门的行当，因为没有那么多戏。所以当时白老师问我：你有没有自己心仪的老师啊？你想跟谁学习啊？我就说，我想跟梁谷音老师学习。我心想：成不成再说，反正我说了！

金：你2002年去香港演出的时候就提出这个想法了？

吕：是的。因为一进团就跑龙套嘛，大家都跑龙套，不是《长生殿》，就是《花魁记》，再就是《十五贯》，都是龙套。进团后没再学什么戏。直到2002年那个时候，我说我要跟梁老师学戏。等到2003年白老师来苏昆，就牵线搭桥，让我拜了梁老师为师，然后就正式开始学《佳期》等戏，就这么一出一出地规划。

金：是机会，也是缘分。2002年就有想法，虽然还不很明确，但到后来，由白老师穿针引线，就注定成了一条路。

吕：对，真的很有意思。老师一直说一定要打好基本功。现在回头想想，真好像事先预备好了。我正因为学了武戏，所以身上和脚底下比较"干净"，这都是学武戏的功劳，现在接触文戏就不觉得很难很累。反过来，假如当初没学武戏的话，很有可能基本功都过不了关。当年曾经练得有走投无路的感觉，现在又庆幸经历了当年的训练，呵呵，原来好处在后面呢！

金：从观众的角度，学过武戏和没有学过武戏，走路的轻盈度都不一样。

吕：包括梁老师现在教学生都说，你们要学点武戏，哪怕是一两出。练了武戏再来学文戏，你会觉得完全不一样，会感觉轻松自如很多。

金：说到这里我想到王芳老师，王老师的开蒙戏是《扈家庄》，她最早的演出也是《扈家庄》。

吕：我武戏的启蒙老师叫张丽珠，她是京剧团的老师，她也很会教，很会演，给我做了很好的示范。团里的周正国老师，是盖派传人。所以当时我遇到几个很不错的老师，帮我打下了比较扎实的功底。

金：一定程度上讲，武戏的基础会成就文戏。

吕：是的。接着就到了2003年，白老师决定在我们苏州昆剧院打造青春版《牡丹亭》。白老师选演员。当时我们集中在一起,每个人唱一段、表演一段,然后老师现场点评。唷,那种点评真是叫人无地自容啊!各种问题全出来了,每个人都有一大堆问题。选好演员后,就是像俞玖林所说的三个月"魔鬼式训练",从最基本的腰腿练起,可以称得上是打回原形的训练,从头练。很痛苦,但很有成效。因为这三个月的训练内容太系统了!除了基本功,芭蕾舞老师还给我们练身段、练形体,声乐老师给我们练嗓子。时间一天天过去,我们眼看着自己苗条了,挺拔了,有气质了,开始向旺季的方向走了。真是有了质的变化!还有一个训练内容是让我们写人物感受,写塑造人物的心得体会。我就把一个个细节、体会、场景、线索,包括心理,都写下来,写得很详细,就像一个个小剧本。记得老师看到我写的东西很高兴,总是表扬我。我也正是在那时候,通过写这些东西,明白了什么是潜台词,眼神应该如何表现,什么是表演感受,等等。直到这时,我也才知道表演课究竟是怎么一回事。这些记录给我打开了另一扇窗户,我也学会了多方位思考。记得当时选演员时,我也想演杜丽娘。呵,学戏曲的演员,谁不想演杜丽娘呢?但我知道,当时那种情况,我肯定选不上杜丽娘,我只能是六旦(春香)。但是后来,春香也没选上,老师们说,你演杨婆吧!于是,演了杨婆。但是经历了整个排练过程,我也会演杜丽娘和春香。一次青春版《牡丹亭》主演沈丰英病了,当时白老师说,别人不能替,只能吕佳替。我于是紧急救火,演了杜丽娘。演春香的沈国芳生小孩期间,我又替代她,演了一段时间的春香。我一直认为,机会是留给有准备的人的,这是真的。你不准备,机会来的时候你也抓不住,这个不能怨别人。

## 二、"戏说":粉黛妆成"这一个"

金:听你介绍《牡丹亭》的演出经过,明显感觉到你的戏路很宽,能扮演多个角色。闺门旦、六旦、娃娃生、武旦,而且各个行当差别很大,但是都能演,真是塑造了不同的旦角形象。请你介绍一下把握这些角色的主要方法,或者说,介绍一下你把握这些不同旦角形象的关键。

吕:我喜欢有个性、让人印象深刻的角色,对那些性格鲜明、有着不同生活背景、命运又比较可怜的人物很感兴趣。另外还有一种可以称作"自作自受"型的人物,也比较吸引我。这一点与我的老师(梁谷音)很像。梁老师的路数是看演技,我也喜欢看演技,喜欢琢磨表演,包括每一个细节。女演员都喜欢演大家闺秀。才子佳人的故事好听,角色又长得漂亮,当然受欢迎。但是演太多的大家闺秀,就容易没了个性。如果都来演杜丽娘、陈妙常,那么你在戏里的成分有多少,她们的个性在哪里,则需要认真思考和比较。演员自身条件好,当然没问题,而一旦演员在某些地方有欠缺,观众和行家就会一眼看出差距来。《水浒记》里的阎惜姣就是一个有个性的人物。她实际上很成熟,处事老练。你看她,一手拉着宋江,一手拉着张文远,玩得相当的"溜"!因为她清楚,自己要找一个喜欢的人,但她又不放弃宋江,因为宋江供她吃、供她穿、供她住,她必须依靠,不能扔掉,何况她还有妈妈在一起生活,她需要足够的经济支撑。一方面要情,一方面还要钱,人财不能两空,你看这个人物多狡猾、多复杂!但是到最后,她又是因贪财贪人而丢了性命。如果塑造好这么复杂的人物,会很叫座。

金:需要演出她的个性。

吕:是的。我现在演的潘金莲,性格跨度也很大。潘金莲的故事几乎是家喻户晓,这就为如何塑造这个人物设了难题。人人心中都有一个潘金莲,功过评判虽然在观众,但也在于我们演员如何表演。我觉得她就是一个小人物,从嫁给武大郎起,就是那种很可怜的小侍妾形象。当后来慢慢发展到勾引武松,与西门庆私通,一直到最后杀掉武大郎,再到被武松杀死时,有一个逐渐变化的过程。因此对于演员来讲,这是个跨度很大的角色。而从观众角度看,这又是一出很过瘾的戏。

金:同一个人物,却可以有不同的欣赏与表现视角。

吕:对。《思凡·下山》里的小尼姑是天真可爱型的,就是所谓的很接地气。你看她就是一个乡下的小丫头,没什么文化背景,本来应该自由自在地生活,却被关在庙里修行,她当然不愿意。于是,当她看到山下人们的自由生活时,那种讨厌目前状态、向往田园的情愫,便在心里油然而生。而《红娘》更是在塑造可爱的形象。我演红娘时,大家说"哦,好可爱啊""太讨巧了""好机敏啊"等,我觉得大家的评价实际上是指红娘的个性。

金:你在学校学戏时曾想过要塑造有个性的人物吗?

吕:我在学校时就学了不同行当的戏。娃娃生,武旦,闺门旦、六旦,也学过刀马旦、正旦,到目前为止就没碰过老旦(笑),其他的都学过了。所以从红娘、邬飞霞、春香,再到后来的杜丽娘、崔莺莺、陈妙常,包括《寄子》,都让我感觉人物跨度很大。但是学着学着,你就会感觉想法在变,变得厚实,变得充实了。老师告诉我,你要多看闺门旦的戏,多学一些,那么你演的红娘就会很大气,而不仅仅是一个小丫头。

金：说起《红娘》，大家都知道这是你的拿手好戏。给我们具体介绍一下戏里的人物塑造吧！

吕：《红娘》，包括后来的《南西厢》，确实是我的重头戏。当年白老师牵线，让我拜梁谷音老师为师，学的第一出戏也是《红娘》。

金：白先勇老师做了你和梁谷音老师的"红娘"。

吕：是的（笑）。没有白老师、梁老师，我真的学不到红娘，或者说，演不好红娘。这个戏也很有意思。玩笑一点说，这是一个"三角关系"，红娘对张生也存在倾慕的情感。虽然她不识字，但这不妨碍她喜欢识字的人，不妨碍她喜欢美男子。于是，当张生这个才华横溢的美男子站在面前时，她也有"惊艳"的感觉。加上小姐莺莺又是那么暗恋张生，她都看在眼里，自然心里也异常地欢喜。但是，红娘不是"第三者"，她对小姐极其忠诚，她对张生的欢喜情感是产生在小姐莺莺对张生爱慕的基础上的，她是想把张生与莺莺拉近。曾有一些观众说：红娘应该和张生是一对。这是现代人以自己的想法理解作品，并不正确。红娘如此用心，完全是为了给自己的小姐找到一个情投意合的伴侣。她的感觉是：我认为莺莺和张生应该在一起。于是，她就去帮忙，也非常愿意帮忙。而在帮忙过程中，她又觉得这个书生傻傻的、憨憨的，很可爱，所以她忍不住去取笑他、调侃他；也正因为她与张生走得近，才能从张生的言语中知道莺莺的想法——而这正是红娘处理与张生关系的关键点。另一方面，莺莺又有另外一个故事，就是莺莺一直伪装自己与张生的关系，她本来喜欢张生、爱慕张生，却故意装成跟自己没关系的样子，故意把两人拉得很远。这一切，红娘与莺莺自各心知肚明，但谁都不点破。一边是莺莺反复强调我和张生是兄妹，不能在一起，如果你再帮助他，我就告诉老夫人教训你，等等；一边是红娘佯装自己什么都不知道，任凭他们伪装，她就是不戳破——这样一个各怀心腹事、又各自打主意的三人戏，实在是太有意思了！所以，像《跳墙着棋》等折，笑点极多，每次演到这里，观众都哈哈大笑。

金：我也看过你演的这出戏，观众的反响特别强烈。

吕：但整体上讲，《西厢记》包括《南西厢》《红娘》并非以笑点取胜。昆曲中生旦爱情戏很多，最著名的是《牡丹亭》《玉簪记》。比较而言，《西厢记》讲情讲不过《牡丹亭》，"打情骂俏"又比不过《玉簪记》。在这出戏中，张生与莺莺的情感是通过二人之间的诗词来往表现的。有来往，就少不了红娘这位递书人。白老师希望以红娘作为崔张爱情的见证人，希望以红娘的视角讲故事，从而辐射到张生和崔莺莺。从我们串演的这部戏看，自《游殿》《寄柬》到《跳墙着棋》，再到《佳期》《拷红》，虽然大部分是红娘的戏份，但副线里张生与崔莺莺都存在。只不过"一个半推半就，一个是又惊又爱……今宵勾却相思债"——人物性格和故事线索非常清楚，看起来又很喜庆。再加上戏里唯一的反面人物老夫人悔婚、拷红等情节，到最后被迫应下这桩婚事，更给后来的大团圆结局提供了对比。《西厢记》原创结局是悲伤的，《长亭送别》"西风起，北雁南飞……"很凄凉，但此版《西厢记》改成了大团圆结局。中国人喜欢大团圆，观众在乐呵呵中看完了戏。所以后来我们改叫《红娘》，收尾时也回到了主题。

金：《红娘》的主角无疑是红娘，但《西厢记》家喻户晓的角色是崔莺莺。是不是剧组为了突出红娘这一角色而把名字改成了《红娘》？你是如何权衡红娘与莺莺之间的角色关系的？

吕：这虽是一部带有"三角关系"的戏，但是总要有一个主角。白老师比较希望红娘是这部戏的主角。他是从人物塑造角度出发的。因为生旦爱情戏太多了。如果还讲生旦爱情，《西厢记》并不占太多的优势。而如果将舞台全让出一点儿给红娘，这部戏就很有特点，很好看。但是三个人毕竟有主次关系，我演的时候虽然向"角儿"的方向靠拢，有一定的气场，但不能将气场做得太足。如果气场太足，就与角色的身份不协调了，后面的戏也就不好演了，因为红娘毕竟是个丫鬟，要在切合丫鬟身份的前提下适当发挥，演得恰到好处即可，不能抢别人的戏，要给莺莺、张生和其他角色留下足够的发挥空间。如果红娘过于强势，就会影响整个舞台效果。塑造红娘要分几个层次，要让大家知道红娘不仅天真会卖萌，她其实也懂事得多。她与春香不一样，她年龄比春香大，春香就是一个小丫头，十三四岁，是真的天真活泼，整天跟着杜丽娘跑，围着杜丽娘转。红娘不是这样，红娘只比莺莺小那么一点点，几乎什么事都懂了，包括男女方面的事，所以她绝对是莺莺的得力助手。她最初是老夫人的"暗探"，老夫人让她既照顾小姐，还要看着小姐、监督小姐，老夫人就怕小姐出事，可还是"出事"了。去年我在台湾地区演出后，台湾一位老师评价说："很难得在以红娘为主的戏里看得见张生和崔莺莺。"对我很肯定。也就是说，虽然是以你为主角的戏，但你要让配角充分发挥，你不要遮掉其他人的光彩。在舞台上，不能只想着我要成为耀眼的明星等等，而应该想着如何让台上的每一个角色活起来、更有魅力。而这时候，我就不是吕佳了，不是角儿，而是这一个人物。比如，周雪峰（饰演张生）演的时候，我会静静地看，不抢戏,安静地与他配合。对手戏特别讲究配合,该你的戏份你当然尽力表现,该别人的部分就应该完全留给对方,而不是抱有"我是主角,观众都要看我"的心态。这也是演员的"艺德"。大家要彼此照应,相互协调。红娘是一个有层次有分量的丫头,当红娘是独角戏,或者站在中间呈现主角地位时,那么她就是主角,就要演出大气感。不能让观众感觉红娘跟春香很像。春香永远是依偎在小姐身边的小丫头,不可能站中间演。红娘懂事得多,她知道什么时候出手、什么时候收手。而当演杜丽娘的时候,就一定要大气。你看演杜丽娘的很多演员后来都去演杨贵妃了,说明演了杜丽娘,就知道如何把握人物的气质、风度,也就是"范儿"。而随着岁月的增长,演员也会慢慢地提升气质,会把人从气质上抬起来、立起来。只要大家默契配合,就能呈现出一台好戏。所以我希望每个人都能在自己的位置上尽力。

金:把握个性与协调配合,是成就一出戏的关键。

吕:对。把握个性也会让演员演得过瘾。红娘、阎惜姣、潘金莲,都是极有个性的人物。

金:那么,说完了红娘,再介绍一下阎惜姣和潘金莲。阎惜姣和潘金莲是不是有些像?你看,她们有那么多相似的经历,连结局都一样。

吕:其实这两个人物并不相似。阎惜姣比较老到、世故、爱算计。她和妈妈走投无路的时候,阎母想把她卖给宋江。宋江慨然相助,就暂时收了阎惜姣,并给这母女俩置了房子。但宋江本心也不是纳阎惜姣为妾。可阎母却觉得傍上大款了,就一心想着将女儿塞给宋江,这一辈子就有依有靠了。阎惜姣以前是一个行奸卖笑的人,将名声视为浮云。在阎母的主导下,她为了钱财就跟了宋江。但是在某一天,她见到了张文远。几番打量后,一是发现这人对她有意思,二是看到这人比宋江年轻,三是知道了这个人又有钱,于是马上瞒着宋江勾搭起来。再看潘金莲呢?她在张大户家做婢女,后来又被收拢了。但张大户的老婆妒忌她年轻貌美,便将她关进柴房里,贱卖给了武大郎。武大郎貌丑家贫,潘金莲一见到武大郎顿时有天塌了下来的感觉。但她一个弱女子又无计可施、无处可去,所以她最初很感激武大郎收留她。与阎惜姣相比,她既不会弹唱又不识字,唯有帮着武大郎卖烧饼,由于生活在社会最底层,至此她算是个规矩人。突然有一日她见到了武松,这个高大英俊的英雄,与武大郎又矮又丑的侏儒形象完全不同。她无法想象这两个天差地别的人竟是亲兄弟。惊讶之余,她便放弃了先前的所谓道德观念,一心想着"我应该嫁给这个人",所以才一门心思扑上去。我认为从这一点

看,潘金莲更单纯。无论武松有没有钱,她都不在意,她看中的是武松这个人。所以从游街遇到武松之后,第二出戏《戏叔别兄》起就直奔主题——引诱武松,非常直接地表达感情,没有那么多复杂的心理过程。所以我认为潘金莲和阎惜姣不好比较。阎惜姣从认识张文远开始,直到两人勾搭通奸以后,始终存在很多弯弯绕绕的想法。单从这些情节设计看,阎惜姣就是一个不单纯的人。而潘金莲却不是。当潘金莲被武松狠狠地训斥后,她感到颜面全无,自尊心彻底受挫,这时候,她便发狠了,暗自想:"不信我哪天不开花,不信春来不发芽。"——即便自己身份低贱,也可以有追求。她将头发梳得规规整整,衣服洗得干干净净——被武松刺激后,她反而激起了人生应该向上的强烈决心。这样看,潘金莲不是一无是处,她的骨子里是要强、倔强的。而正当她产生这一决心的时候,西门庆出现了。

金:促使潘金莲后来有毒夫的想法,存在一个契机。

吕:是的。潘金莲虽然觉得西门庆对自己有意思,但内心并没有想和他发生什么。没想到西门庆找了王婆,给她下了一个套,一步一步将她推向深渊。从这一点看,潘金莲是被动的。而阎惜姣是非常主动地与张文远在一起,甚至阎母劝阻她她也不听。而潘金莲在得知自己被算计后,埋怨王婆将自己置于这种地步。到后来事情败露,西门庆伤了武大郎。潘金莲很害怕,心想,如果武大郎告诉武松,自己还能活命吗?正在担心之时,王婆拿着砒霜给了她。但她不敢下毒,王婆便在一旁煽风点火,句句戳心,她只能选择毒杀亲夫。阎惜姣呢,她捡到了宋江的招文袋,里面有与梁山私通的书信和钱财。她一方面要独吞钱财,另一方面又以书信逼宋江写休书,同意她嫁给张文远。而当休书到手后,阎惜姣仍然不将书信还给宋江,反而以此要挟去告官,以绝后患。所以说阎惜姣心思复杂,老练而阴狠。潘金莲没这些花花心思,也完全顾不上毒杀武大郎以后更难交代的后果,所谓活脱脱的"一步错误终生"。等到武松要杀她为兄报仇时,她已经认命了。

金:也就是说,潘金莲是被动走到这一步,而阎惜姣是主动。这是两人的实质区别。那么,你是通过这一点来把握这两个人物形象的吗?

吕:是的,这是把握人物的心理依据。

金:你在表现潘金莲的时候是无奈更多一点吗?

吕:会有一些。心里唯一一次强烈争取的感觉出现在第二出《戏叔别兄》。这里有一个强烈反差。第一出戏是在游街之前,武大郎把她叫出来介绍给武松时,潘金莲心里是讨厌、不情愿的。而当她第一眼见到武松

时，感情立刻焕发起来了，此处有一个铺垫。所以到《戏叔别兄》时，她已经是完全不顾一切地扑上去了。

金：你现在演的这出戏为什么叫《诱叔》？以往都叫《戏叔》。

吕：这与《活捉》的命名一样，《活捉》原来叫《情勾》，后来又改成《活捉张三郎》，比较吓人，太直白了，又没有文字上的含义。我觉得少了昆曲该有的味道。而"情勾"是因情而勾，比"活捉"更强化一个"情"字。同样，原来叫《诱叔别兄》，是引诱小叔子，但"戏叔"有戏弄之嫌。"戏弄"不如"引诱"更恰切，所以我就改回了原来的名字，分别是《诱叔》《情勾》。

金：是你改的？

吕：我改的。我跟梁老师学习的时候，老师告诉我原来就叫"诱叔别兄"，现在都叫"戏叔别兄"，现在这个反而叫顺了，成了大家都知道的名字。我说我想改回《诱叔》《情勾》。所以后来白先勇老师也将名字都改成了《诱叔》《情勾》。

金：原来是这样。你的讲解让我感觉好过瘾，也了解了你对人物形象的把握。除了这两部十分叫好的戏，你还饰演了好多角色，比如《白蛇传》里的小青、《藏舟》里的邬飞霞、《秋江》里的艄婆等。这些人物与你刚才讲的人物性格差距很大，有的台词很少，只是形体动作，还有武功等。那么你在塑造这些人物时，是更侧重于形象把握还是更侧重于技巧呈现呢？

吕：对我来说，所有角色都不重视技巧，无论她有没有台词，我都从人物出发。站在台上，大家首先看到的是人物形象，这是先入为主。比如小青，她首先是一个蛇妖，其次她很干练，加之她本身也是"男人"，所以她一定身手矫健。也正因如此，在《水斗》和《断桥》中，塑造小青就要偏男性一点。相反，在与白蛇游西湖直到白娘子与许仙结婚时，小青的形象就要偏女性一点。因此在呈现小青形象的过程中，要抓住"雌雄同体"这一关键点。但是邬飞霞又不一样。邬飞霞本是一个老实本分的船家女，在遭遇家庭变故之后，无意中救了未来的皇帝，并被许为夫人，从此命运改变了。我认为塑造邬飞霞不需要赋予她太多的性格，只要将她塑造成一个简单朴实的劳动人民形象就可以。小青的形象塑造在理解人物的前提下需要一定的技巧，但其他人物只需做简简单单的处理就好。当演大戏的时候，像潘金莲、阎惜姣、红娘这样的人物，需要丰富、充实人物形象。毕竟要演出两个半到三个小时，那么长的时间，只靠一个行当撑不住，需要囊括其他行当的表演（演技），需要添加许多心理表演因素，这样才能吸引观众。但如果是二三十分钟、不超过45分钟的戏，则不需要这些附加因素。

金：小青的戏是你自己捏出来的还是老师教的？

吕：都是自己捏的，我们的行话叫"捏戏"，实际上就是自己揣摩形体动作。

金：《白蛇传》是新编的版本吗？记得原来也有折子戏，像《断桥》。

吕：是的。但我们这次没有用原来的本子，一出传统戏都没有，可以说，基本上都是新创。

金：那说到这里，想问你是如何看待传统戏和新编戏的。你更喜欢演哪种戏？

吕：虽然刚才说的几个拿手大戏都是新编新创戏，其实我更喜欢传统戏，因为我是传统戏的受益者。演到现在，我的大部分折子戏都是传统戏，像大家比较称道的《佳期》《情勾》《藏舟》等，都是以传统见长，2010年11月"苏州大学白先勇昆曲传承计划"我的专场，就是演的这三出折子戏，也可谓我的代表作。而且我还喜欢把传统戏串在一起演。

金：怎样串在一起演？

吕：好戏一般是4折，把这4折连在一起演，就是串折大戏。这也是我的主攻方向。像我演的《西厢记》《潘金莲》都是这样串起来的，用串折戏来成就大戏，我是最大的受益者，我觉得这样很好，本子不会有问题。新编戏很难，如果没有好编剧，就成不了好戏。

金：是的，现在太缺少昆曲编剧了！因为它与话剧甚至是歌剧等都不一样，昆曲有曲牌，不懂曲牌，根本写不了昆曲剧本。

吕：一般见到很多新编戏，台词都太浅白了，而且韵律方面也有很多问题。现在的本子往往是从头到尾一道韵，这个不对。

金：现在有些话剧编剧也进行戏曲编剧创作。

吕：这就是问题所在。如果编剧不懂得韵脚和四声，怎么可能写好昆剧剧本。昆剧讲究很多，不但有韵脚，还要注意四声，一定要非常精通才敢去碰它。也正因为没有很好的新编本子，我才更偏于传统戏。当然我也不排斥创新，但真正的创新真的很难，现在都只能称是尝试。

金：听说你与上海合作，打造了一出很时尚的《当德彪西遇上杜丽娘》的作品，你简单介绍一下情况好吗？

吕：这是苏州昆剧院与钢琴家合作的一个创新性的跨界项目，是第十八届上海国际艺术节"扶持青年艺术家计划"委约作品，并且被评为第十八届上海国际艺术节演出交易会国内"走出去"项目视频选拔推介会的优秀项目。这个推介会是由世界各国的艺术家、艺术总监、剧院总裁组成的,他们专门采购中国国内优秀的艺术作品,然后向国外的艺术节和剧院推荐演出。

金:我还没有看过这出戏,请你介绍一下这是怎样一个剧目。

吕:它其实是一个音乐作品,是用德彪西的几段著名钢琴曲与昆曲《牡丹亭》中杜丽娘的片段融合的。德彪西这几首曲子讲述的都是一个女人的故事,用西方钢琴曲家心中的女人与东方戏剧名家笔下的杜丽娘结合在一起,跨界,又很有味道。这是两个不同的女人,但整个场景发生在中国园林。我们用传统的园林做了一个视频,找了两个舞蹈演员拍了一段很现代的水中舞蹈来表现"惊梦"的情感。在园林里,有一张纸在慢慢地燃烧,而后燃烧出一种荒凉的景色。现代多媒体与舞台表演融合,采用倒叙手法,将故事分为今生前世、游园惊梦、月色满庭和梦残魂断4个段落,结尾部分的主旨是"醒"。这样,通过德彪西的钢琴音乐与杜丽娘的昆曲表演形成对话后,描绘出了一个穿越时空的梦。总之,这个作品非常成功。演出后,省里的5位专家开了研讨会,给予了很高的评价,称是"目前国内东西方文化与音乐融合出类拔萃的跨界作品",既简洁、古典又具现代风采,而且也没有打破钢琴和昆曲的精华部分,保留了昆曲原汁原味的东西,让观众看到了制作者对昆曲艺术的尊重。

金:定义它为"新昆曲"吗?

吕:也不能叫"新昆曲"。我也不是很明确制作者是如何定义的。

金:之所以评价高,是否因为这种形式更符合现代观众的审美情趣?因为年轻人毕竟更喜欢现代、时尚的作品。

吕:或许是这样。但我想,这种实验也是传承传统艺术面对的一个挑战,现在生活节奏越来越快,如何对待传统,确实是应该认真考虑的问题。对于什么是创新,总有不同的说法。作为演员,我也在不断地学习。2003年拜梁谷音老师为师时,白先勇老师告诉我,要把梁老师的戏一个一个地学下来,先是《佳期》,是梁老师的绝活,《佳期》学完学《活捉》,学完《活捉》学《思凡》,然后是《潘金莲》《阎惜姣》,白老师一直反复地叮咛我要做梁老师的衣钵传人。所以我现在的主要任务仍然是传承。刚开始学戏的时候,梁老师特别忙,既要教学又要演出,最初也不怎么了解我,曾经让她的学生教我,当时我觉得有点委屈。慢慢地,我得到了梁老师的肯定,她开始一点一点地给我排戏,我也是一趟一趟地往上海跑。学一点,练一点,让老师指点一点,积少成多,学得也越来越丰富起来。

金:你大约往上海跑了多长时间?

吕:一直跑,跑了很多年,现在还是这样。整个一部《西厢记》都是在上海学习的,后来的《情勾》《藏舟》《下山》也是这样。基本上是要彩排了,老师才来苏州几天,看我彩排。我基本是在上海学戏。

金:包括这次的《潘金莲》吗?

吕:是的,都是这样。梁老师是此版《潘金莲》的指导老师,白先勇老师担任策划。这出戏是苏昆今年打造的,明年可能重新制作,现在服装和布景已经在进行中。白老师说,要把这出戏打造成继《牡丹亭》《玉簪记》《白罗衫》之后的又一台大戏。

金:白老师真是为我们苏昆倾注了太多的心血!

吕:没错,没有白老师,就没有我们现在的苏昆,他一直为我们规划。

金:能不能简单介绍一下你这些年做过哪些传承方面的工作?

吕:昆曲校园推广做得最多,北大是重镇。迄今为止,北京大学的昆曲传承课一直在开设,已经有10年了。我算是主讲人之一,基本是助演,比如适当地为学生讲解,兼表演和教授表演,帮助学生排校园版的《牡丹亭》等。这方面的工作使我受益良多。大学生的接受能力强,悟性高,所以讲课要有一定的水平,不能太直白,我觉得这项活动既有意义又很有趣。后来有机会去了香港城市大学,也是郑培凯教授中国文化中心办的"青年艺术家工作坊"。我在香港待了一个月,和学生们分享了"昆曲表演六旦心得",也给他们介绍了一些戏,包括如何把握人物、如何表演、具体剧目的看点等。除此之外,还去一些城市做讲座,和普通观众分享昆曲艺术的魅力。希望通过我的讲解让观众在看演出的时候有感而发。

金:你觉得这些工作在普及昆曲方面有什么样的作用?

吕:这些工作非常必要。很多观众并不了解昆曲,更不知道手眼身法步是怎么回事。我们做这些讲座,用最直白的语言告诉观众这些昆曲常识,观众看戏的时候就会更明了,更有目的性,就能更好地接受。我们在传统艺术的推广方面还需要花费更多的功夫,但很有意义。

金:是的,你们第一线的演员肯定更能深刻地体会普及的意义和效果。希望有关层面更加重视传统艺术的普及工作,以提高全民的文化素质。最后请你总结一下2015年所做的一些工作吧!

吕：首先是《白蛇传》荣获了江苏省的"文华奖"。其次是9月份开始排《潘金莲》，一折一折地跟着梁老师学戏，直到2016年正式演出。第三项工作是参与《当德彪西遇上杜丽娘》的排练和演出。

金：你接下来的打算是什么？

吕：目前是把《潘金莲》扎扎实实地排好，使它成为《西厢记》之外的另一部代表作。演员要用作品说话。我希望《潘金莲》之后还有更多更好的作品出现。

金：好的，预祝你成功！

# 永嘉昆剧团 2015 年度推荐艺术家
## 林媚媚

林媚媚，女，汉族，1941年生，浙江温州市人。第三批国家级非物质文化遗产项目昆曲代表性传承人、中国昆曲研究会会员。

林媚媚于1957年考入温州首届戏剧训练班，学习表演，主攻小生，师承杨永棠、杨银友两位名师，完整继承了"永昆"传统表演艺术的风格。

1958年10月，赴上海汇报演出《长生殿》，在《惊变埋玉》中饰唐明皇，受到表演艺术大师俞振飞先生的赞美、好评。

1961年，永昆青年传承专场向文化部首长、专家作汇报演出了10多出大戏，如《荆钗记》《琵琶行》《白罗衫》《桂花亭》《墙头马上》《拜月记》《长生殿》《白蛇传》等，她均主演小生一角。

"文革"前期林媚媚先后演出现代剧《洪湖赤卫队》（韩英）、《星星之火》（烈士李英才）、《红霞》（党代表）、《红色娘子军》（队长）等剧目。

1970年，林媚媚调离永嘉，随军部队要将她调入北京空军文工团，她因情系"永昆"毅然地谢绝了。

1987年，林媚媚回温参加了文化部《见娘》（王十朋）、《秋江》（潘必正）折子戏的录制演出。

1999年，林媚媚参加市第七届戏剧节汇演，在《琵琶记》中饰蔡伯喈一角，获表演一等奖。

2000年4月1日，《张协状元》参加中国首届昆剧艺术节汇演，荣获10项国家级大奖，林媚媚所扮演的"张协"一角荣获"全国优秀表演奖"，艺术界评论其为"原汁原味永昆传承人"。

2001年，《张协状元》应邀赴台湾地区进行学术交流，台湾学术界在台北召开新闻发布会。

2002年，文化部安排《张协状元》赴北京长安大剧院汇报演出，并赴北京大学"百年礼堂"作学术交流演出，北京学术界召开《张协状元》专题恳谈会。

2003年，《张协状元》应邀赴香港地区参加学术交流，香港中文大学陈守仁教授设南戏讲座，影视著名人士邵逸夫先生设宴招待并参加学术交流座谈。

2003年，中国第二届昆剧艺术节汇演，林媚媚担任《杀狗记》艺术总监、副导演，该剧荣获"优秀剧目奖"。

2006年，中国第三届艺术节汇演，林媚媚担任《摘桂记》副导演，该剧荣获优秀剧目奖。

2003年"永昆"复兴后，首批戏剧学校毕业10位学员返团，林媚媚应邀担任艺术指导老师，几年内，新排、复排数部大戏和10多出折子戏，如《张协状元》《杀狗记》《摘桂记》《见娘》《秋江》《小宴》《仪亭》《相约》《相骂》《吃糠》《吃饭》等。

2011年始，林媚媚萌生一念，以文字记载的传承思路将"永昆"的表演程式、独特的风格、人物内心的真实动态做仔细的概述，展现其精品剧目精粹之所在，加以她自己数十年对角色的感悟，对各个人物的不同性格和形态进行分析和刻画。近期已完成几个戏的分解剖析稿。该著述除让"永昆"艺术原汁原味传承、真实流传的意义外，还可作教戏及理论研究剖析资料，传给后人做参考。

# 我演张协

林媚媚

永嘉昆剧是在极其艰难的条件下演出《张协状元》，却没料到在名家如林的首届中国昆剧艺术节上好评如潮，这是我们万万不敢企望、也是始料未及的。我以为，《张协状元》演出成功的原因，首先是永昆剧种风格固有的魅力；其次是编剧对温州南戏原有风格的深刻理解，在剧情的进展中为演员的创造发挥提供了广阔的空间；三是导演精湛的舞台调度与节奏的把握。

我生于1941年，由于酷爱昆剧，1957年考入温州戏曲学员训练班，毕业后分配在永嘉昆剧团学演生角，师事杨永棠、杨银友二先生。演过《荆钗记》的王十朋、《琵琶记》的蔡伯喈、《桂花亭》的唐伯虎、《玉簪记》的潘必正、《白罗衫》的徐继祖等，可惜我的艺术青春过于短暂，不到10年就碰上"文革"。20世纪80年代后虽一度出演，但由于永昆的不景气，也是断断续续，与我所追求的艺术生涯相去甚远。

在当今的昆剧舞台上，单就生角而言，可说是名家辈出，许多人都有"大师"的称号，他（她）们的演技都已达到炉火纯青的程度，无论是程式的掌握与运用，声腔水磨的功力，以及剧团规模、演出阵营与条件，我们都是难以望其项背的。要我谈谈扮演张协的心得体会，我觉得首先应该把这个问题放到永昆剧种风格表现力的大背景下面来讨论，离开这个前提，像我这样一个"草台班"演员，在众多"鲁班"面前耍斧头，即使别人没有笑掉牙，我自己也会觉得害臊。

在乡村庙台上成长的永昆，在声腔方面就没有苏昆那种水磨、冷板、咬字、气口的诸多讲究，所秉承的是从南戏直接继承而来的"畸农市女，顺口可歌"的所谓"九搭头"；在表演的手眼身法步程式方面，也没有苏昆那么烦琐，它的表演特点是贴近自然，着重表现人物的内心世界。从永昆历代老艺人所追求的境界而言，我觉得，可以把永昆各个脚色行当的表演技巧用下面的八个字来表述，这就是"以神导形，以形托神"。换言之，就是人物在特定环境中的内心世界所外化的神态。就生角的步法而言，前辈艺人曾创造出"麻雀步""穷生步""垫步""云步"等10多种步法。演员要根据剧中人物所处的环境，先确定他应当走什么样的步，再确定应当穿什么靴子。管靴子的"三担"一般都备有高底、中底与薄底三种不同的靴子。同一种步法，也因演员穿不同的靴子而有所差异。

永昆《张协状元》改编本中的张协，既不同于蔡伯喈，也有别于陈世美，虽然他也有杀妻的念头，但到临场时又不忍下手，故贫女只受了一点轻伤。他在"名节"与"饿死"之间的选择中多次反复，根本原因是他的生存环境使然。他对贫女并无好感，与贫女的结合，仅仅是他落难时邂逅相逢的一种权宜之计，并不是真心相爱。在塑造这一人物时，要使观众对张协的双重人格不致十分痛恨，是演好这一人物的关键。

所以，我在设计张协刚出场的外部形象时，不穿高靴，而是穿一种薄底靴，走永昆特有的"穷生步"。这种步法的特点是，既没有庙堂卿相所显示的雍容华贵，也不像青衣小帽穿同一种靴子的平民气。张协虽然是穷途落难，冻得瑟瑟发抖，但仍不失书生本色。我记得永昆前辈艺人、我的老师杨永棠先生所塑造的《卖兴·当巾》中的郑元和，永昆称之谓"半雌雄小生"。杨老师在郑元和《当巾》中所走的"拖鞋步"对我有很大的启发。《张协状元》演出后，许多行家对我所塑造的张协评论最多的就是步法。

永昆的音乐结构与苏昆极为相似，许多曲牌也都是同牌同调，但演唱方法大异其趣。永昆不讲究上口、吐字与行腔规律，没有赠板，更没有水磨、冷板。即使有些同牌同调的曲牌，演唱时速度也要快得多。永昆音乐的"九搭头"中有一种类似于京剧【流水板】的滚唱，诸如【黄龙滚】之类，一字一声，速度较快，据我所知，苏昆没有这种板式。《张协状元》虽然基本上已打破宫调体系上固有的曲牌联缀格局，即当今各剧种普遍使用的"作曲"，但作曲者在总体格局上仍遵循永昆原有的音乐风格。比如第一场，小二说："你不娶她就死路一条"，张协下面的一段唱："听一言来提醒，不允婚，无吃无穿难活命"，一字一顿，速度较快，其旋律似乎从【普天乐】中化出，很符合永昆音乐中的"滚唱"特点，突显了张协在此时此刻激烈的思想斗争。

十分可惜的是，永昆的老艺人几乎已凋零殆尽，我这永昆的"末代子孙"所学到的仅仅是一些皮毛。我只是在默默祈祷：在繁花似锦的中国戏曲大家庭中能为永昆留下一席之地，也许这便是我的余生最大的奢望了。

# 永昆表演艺术风格

林媚媚

永昆老一辈艺术家代代相传,一方面继承了明代"昆剧"的优良传统,一方面把劳动人民的现实生活与舞台表演密切结合起来,历经几百年所保留下来的艺术精华,在"唱腔""念白""表演"上,都富有浓郁的生活气息,有一种原始的质朴感,这就是"永昆"最具代表性的舞台艺术风格。

古时候,温州交通不便,处在浙南水乡一带的"永昆",没有受到外来文化的冲击,更没有受到大文人思维的变更,这使"永昆"一直保留着原汁原味的艺术青春。

数十年来,"永昆"受到当代学者极力的保护,他们一次又一次向各级政府呼吁,一次又一次让"永昆"起死回生,这也足以证明"永昆"这朵最早的南戏奇葩有不可取代的艺术存在价值。该如何予以保护与继承?是单一挖掘它的剧本,按现代统一格式来改编呢?还是更应该保存"永昆"在表演艺术及声腔演唱上的古风呢?如何保护"永昆"的原汁?这些都是值得深思的问题。专家们认为《张协状元》的出台可以仿照,因为此剧保持了剧本、声腔、表演、舞台形式上的"永昆"原味、古朴的风格。

戏剧家们确认,"永昆"与"苏昆"是属于两种体系的艺术范畴,存在明显不同,这是不争的事实,他们那么肯定地评论,是有一定原因的。

"昆剧"表演的本身非常规范,定格的总纲是"舞台的动作必须按'曲唱'的节奏而生,不是音乐依属于表演"。也就是说,要以固定的曲牌,以曲牌来填"字",以"字""音"来锁定表演动作的一招一式,并要按剧中所定的曲牌行腔来设计形体动作。必须遵循如此严谨的规律,才是"昆剧"。精致、细腻到如此程度,这才叫昆,所以才称得"昆剧"为戏祖。

正因为,以声腔的旋律奠定表演身段的设计,以行腔"字""音"定位表演手法,即行腔的节奏旋律快与慢,造成了"永昆"与"苏昆"因行腔上的不同而在表演风格上截然不同的差异,使"永昆"形成了自成一体的、独立的艺术体系。

"苏昆"行腔抒情、缓慢、拖磨,花腔运用多,在身段设计上,线条体现一个"柔"字。"永昆"则不同,行腔明快、节奏强烈,重"字"音,拖腔干脆。因行腔不同,二者表演上的风格差异自然形成。

"永昆"表演风格大致概括为12个字,粗犷、强烈、古朴;细腻、儒雅、真切。前六个字指的是在身段动作设计上,在表演程式上体现原味生活的返真。这在"永昆"上演的戏里比比皆是。例如,《张协状元》第一场,以鬼神做门,小儿当桌子。第六场,虚坐的动作。配上音像演出的场面,做二位人物剖析解说。粗犷并不是粗糙,强烈并不是放肆,古朴并不是土俗,将生活的原味以自身功、法的运用来表现,主要是要把握一个"度"字。

后六个字,细腻、儒雅、真切,是指在表演上体现人物本色神态的返真。如《荆钗记·见娘》中,王十朋所使用的几种步法,《张协状元》中张协的特定步法,演员要将人物的内心神态掌握得透彻而准确,融入自身的感情,并得把握一个"度"。(解说两个人物:张协、王十朋。配"见娘片段""雀步动作"。张协状元第一场唱段"听一言……"第六场"非薄幸……")

"永昆"小生其表演别具一格,小生分为三大类:"官生","巾生","穷生"。官生中又有大小官生之分。例如《荆钗记·见娘》中的王十朋,《琵琶记·书馆》中的蔡伯喈,《长生殿·惊变埋玉》中的唐明皇。这三个人物的气度、风范、步伐都属"大官生"的定位来展演。"巾生",一般指未中举的富家书生,例如《拜月亭》中的蒋世隆、《墙头马上》中的裴少俊,《琴挑·偷诗》中的潘必正,《桂花亭》中的唐伯虎等。这些角色以展现儒雅、风流、倜傥、潇洒为主旋律。也有称之为"扇子生"的。"穷生",一般指家境清贫的落魄书生。例如《永团圆》中的蔡文英,《白蛇传》中的许仙,《烂柯山》中的朱买臣等,他们通常身着青生褶子衫,脚穿薄底云头鞋。其他昆团称这一类角色为"鞋皮生"。

"半雌雄小生"或称"拖鞋生"。这一角色表演特色为永昆独有。"永昆"有一出来自《绣襦记·当巾》的折子戏,生角郑元和的表演,他既不同于朱买臣、吕蒙正等怀才未遇的穷生,又不同于家境中落的穷生。郑元和则出身官宦世家,是未经风雨,不懂世故,在温室里长大的公子哥。他与李亚仙一见钟情,竟不顾家规,痴情迷恋,忘却功名,花尽千银追寻李亚仙,结果落得身无分文,为充饥杀马、卖仆,可谓痴情至极,最后痴情发展到"当巾"还债的悲剧。如郑元和"当巾"中的表演神态,外形体动作设置,内神态感情流露,巧妙体现了"痴""酸""书"

"娇"味四个字。表演者准确塑造了此一典型人物，此剧乃永昆经典折子之一。

"永昆"小生的特定步法、特定指法如何运用，是"永昆"小生必须要掌握好的课题，并要练好10多种专用的步法与指法，将之运用在角色中，以体现一个个逼真切实的剧中人物。例如《张协状元》中的穷步，《荆钗记·见娘》中的雀步、顿步，《蜃中楼》中的上下楼步，《绣襦记·当巾》中的拖鞋步等，都是"永昆"小生表演上典型的事例。（待后续解）

"永昆"唱腔同其他"昆剧"唱腔在理性上应为统一，在风格上各有不同。"昆曲"唱腔，其特征是"依字声行腔"，"依字"之四声声调化为音乐旋律节奏，是"昆剧"唱曲的重要特征。不同的是，"永昆"四声是依"温州官话"发音的四声声腔起伏的旋律，这就是"永昆"独有的声腔特征。此外，"永昆"还有一种独特唱法叫"朗吟式"流水版，在《张协状元》中就能体会到。念白方面，"永昆"同样用的是"温州官话"，存有尖、团音，"上口字"用得少，小生一角基本不用"上口字"，唱腔、念白均用本嗓，吐字韵律平直。

要说演戏说简单也简单，上上、下下，一出戏完了，但要得到专业人士的认可，这就有难度。所以从你进戏剧界起，你就得准备吃苦，要下功夫，必须要做到三个"认真"，入戏界，要认真"学戏"，上台要认真"演戏"，有成了，要认真"传戏"，这也是当戏剧演员的一生事业，要将艺术视为生命。

昆剧教育

# 中国戏曲学院 2015 年度昆剧教育

王振义　陈麓伊

## 概　述

中国戏曲学院表演系是以昆曲和地方戏办学为主体的教学系，主要培养昆曲表演、地方剧表演、戏曲形体及舞蹈专业高素质应用型人才。昆曲表演专业是中国戏曲学院表演系的重要专业之一。昆曲表演是戏曲表演教学的主要内容之一，中国戏曲学院在昆曲教学基础上，以地方剧办学为主体，依照"教学、科研、创作、实践四位一体"的国戏人才培养模式，明确了"立足首都、面向全国、依托地方、服务地方"的办学理念，初步形成了开门办学、动态办学、校内教学与校外实践基地教学相结合的办学形式。

昆曲教研室在教研室主任王振义老师的带领下，在教研室成员、国家一级演员顾卫英老师的共同努力下，2015 年进行了多项昆曲教学实践活动，取得了很多科研学术成果。今后中国戏曲学院表演系昆曲教研室将不遗余力地继续为弘扬我国优秀传统文化做出不懈努力，更加充分地发挥昆剧的"母剧"作用。

## 教研室成员简介

**王振义**

男，中国戏曲学院表演系昆曲教研室主任，国家一级演员，第十六届戏剧梅花奖获得者，中国戏剧家协会会员，宣武区青联委员，中国戏曲学院第四届青研班研究生。先后从师于满乐民、马玉森、朱世藕、蔡正仁、岳美缇、汪世瑜、石小梅、周志刚等昆曲名宿以及京剧小生名家叶少兰先生，多年来又承蒙著名昆曲表演艺术家蔡瑶铣老师的倾心教诲。

获奖情况及艺术成就：

1994 年，在全国首届昆曲青年演员交流评奖调演中荣获"最佳兰花优秀表演奖"（《连环记·梳妆掷戟》）；

2000 年，在首届中国昆剧节中荣获优秀表演奖（《琵琶记》）；

2008 年，在第四届中国昆剧节中再度荣获优秀表演奖（十佳榜首）及优秀剧目奖（《西厢记》《长生殿》）；

2011 年，在第 21 届上海白玉兰戏剧表演艺术奖中荣获"上海白玉兰戏剧表演艺术奖主角奖"（《西厢记》）；

曾先后主演过《连环记·问探、小宴、梳妆掷戟》《贩马记》《牡丹亭》《见娘》《百花赠剑》《晴雯》《琵琶记》《西厢记》《长生殿》《玉簪记》《百花记》《关汉卿》等几十出剧目；

曾多次出访日本、美国、加拿大、法国、西班牙、瑞典、芬兰等国家以及台湾和香港地区，并在许多大学演出以及开办昆曲知识讲座。

**韩冬青**

女，汉族，1972 年生，北京人。中国戏曲学院表演系教授，硕士生导师。曾任北方昆曲剧院演员、中国戏曲学院表演系研究生教研室主任，是戏曲史上首位表演专业女硕士及昆剧演出史上首位硕士。2008 年和 2009 年分别赴美国南卡罗来纳大学、北京大学做访问学者，2013 年赴美担任美国纽约州立宾汉顿大学戏曲孔子学院中方院长、戏曲孔子学院艺术团团长。

艺术成就：

主要研究方向为昆曲表演及剧目教学。

多次获表演、教学科研奖项和荣誉称号。

## 2015 年昆曲表演专业课程设置

课程名称：剧目。

主讲老师：张毓文、王振义、王瑾、王小瑞、哈冬雪、韩冬青，岳芃晖等。

本课程为昆曲专业主课，通过昆曲剧目的教学让各行当学生学习昆曲表演。

## 2015 昆曲表演专业大事记

2015 年 11 月 3、4、5 日中国戏曲学院昆曲表演专业学生在中国戏曲学院小剧场进行了昆曲剧目实践演出。剧目表如下：

（一）表演系 2012、2013、2014 级昆曲班彩排实践演出

### 第一台

时间：2015 年 11 月 3 日（星期二）晚 6：30

地点：小剧场

剧务：陶然

1.《春香闹学》 主教老师：岳芃晖

时长：20分钟

春香：齐婉妤　杜丽娘：佘梓铭

陈最良：倪博

司鼓：赵佳佳　司笛：刘义民

2.《惊梦》 主教老师：韩冬青、王振义

时长：15分钟

杜丽娘：张敏　柳梦梅：徐鲲鹏

司鼓：赵佳佳　司笛：付雨萌

3.《佳期》 主教老师：王瑾　时长：30分钟

红娘：肖诗琦

司鼓：王翔　司笛：洪盛

4.《思凡》 主教老师：冯海荣　时长：30分钟

色空：韩畅

司鼓：曹广森　司笛：陈亭屹

5.《梳妆掷戟》 主教老师：王振义　时长：30分钟

吕布：王盛　貂蝉：肖诗琦

董卓：郑武

司鼓：王翔　司笛：洪盛

6.《春香闹学》 主教老师：王瑾

春香：曹艾雯　杜丽娘：张敏

陈最良：冯旭

司鼓：赵佳佳　司笛：陈雨潇

（二）表演系2012、2013、2014昆曲班彩排实践演出

第二台

时间：2015年11月4日（星期三）晚6:30

地点：小剧场

剧务：陶然

1.《叫画》 主教老师：王振义　时长：15分钟

柳梦梅：王奕铼

司鼓：赵佳佳　司笛：洪盛

2.《亭会》 主教老师：陆焕英　时长：15分钟

谢素秋：杨悦

司鼓：唐建宏（13京器）　司笛：陈亭屹

3.《刺虎》 主教老师：张毓文　时长：40分钟

费贞娥：陈麓伊　李固：张彦栋

四宫女：韩畅、常悦、齐婉妤、张敏

四校尉：刘金、徐大鹏、薛小东、徐凡

司鼓：王翔　司笛：洪盛

4.《痴梦》 主教老师：张毓文　时长：30分钟

崔氏：鲍思雨　苟婆：曲红颖

院公：王昊天

皂隶：刘金、徐大鹏　无徒：孙根庆

司鼓：王翔　司笛：洪盛

5.《刺虎》 主教老师：张毓文　时长：40分钟

费贞娥：陈麓伊　李固：张彦栋

四宫女：韩畅、常悦、齐婉妤、张敏

四校尉：刘金、徐大鹏、薛小东、徐凡

司鼓：王翔　司笛：洪盛

（三）表演系2012、2013、2014昆曲班彩排实践演出

第三台

1.《小放牛》 主教老师：王瑾　时长：30分钟

村姑：常月　牧童：董建华

司鼓：邱天宇　司笛：洪盛

2.《春香闹学》 主教老师：王瑾　时长：30分钟

春香：李子铭　杜丽娘：张敏

陈最良：冯旭

司鼓：赵佳佳　司笛：陈雨潇

3.《见娘》 主教老师：王小瑞　时长：30分钟

王母：曲红颖　王十朋：徐鲲鹏

李成：郑武　长班：徐大鹏

司鼓：赵佳佳　司笛：刘义民

4.《天罡阵》 主教老师：哈冬雪

明珠公主：高陪雨　杨六郎：祖荣

岳胜：贾劲军　黄秋女：陈麓伊

萧天佐：杨杰　报子：王盛

四男兵：王献光　董渊博　徐大鹏　毛小宇

四男达子：李秋来　薛小东　张跃兵　徐凡

司鼓：王翔　司笛：洪盛

（四）中国戏曲学院2012级昆曲专业毕业汇报

1.《牡丹亭·春香闹学》 主教老师：王瑾

春香：曹艾雯　杜丽娘：鲍思雨　陈最良：冯旭

司鼓：王曦　司笛：陈雨潇

2.《红梨记·亭会》 主教老师：陆焕英

谢素秋：杨悦　司鼓：王曦　司笛：关默轩

3.《连环计·梳妆掷戟》 主教老师：王振义

吕布：王盛　貂蝉：肖诗琦　董卓：张彦栋

司鼓：王翔　司笛：洪盛

4.《小放牛》 主教老师：王瑾

村姑：常悦　牧童：董建华　司鼓：邱天宇　司笛：关墨轩

5.《百花记·百花点将》 主教老师：张毓文

百花公主：陶然　海俊：徐鲲鹏

巴喇铁头：金施伯　江花佑：吴卓宇

喇花左：彭昱婷　四男兵：2014级多剧种班学员
司鼓：王曦　司笛：洪盛
6.《牡丹亭·春香闹学》　主教老师：王瑾
春香：李子铭　杜丽娘：杨悦　陈最良：冯旭
司鼓：王曦　司笛：陈雨潇
7.《烂柯山·痴梦》　主教老师：张毓文
崔氏：鲍思雨　衙婆：曲红颖　院公：王昊天
皂隶：陈五龙、王盛　无徒：孙根庆
司鼓：王翔　司笛：关默轩
8.《西厢记·佳期》　主教老师：王瑾
红娘：肖诗琦

司鼓：王翔　司笛：关默轩
9.《牡丹亭·叫画》　主教老师：王振义
柳梦梅：王奕铼
司鼓：王曦　司笛：洪盛
10.《祥麟现·天罡阵》　主教老师：哈冬雪
明珠公主：高陪雨　杨六郎：祖荣
岳胜：贾劲军　黄秋女：彭昱婷
萧天佐：金施伯　报子：王盛
四男兵、四达子：2014级多剧种班学员
司鼓：王翔　司笛：洪盛

## 中国戏曲学院昆曲表演专业2015年度演出日志

| 序号 | 演出时间 | 演出地点（剧场） | 演出剧目 | 主要演员 | 观众人次 | 其他（编剧、导演、作曲等） |
|---|---|---|---|---|---|---|
| 1 | 2015年11月3日 | 中国戏曲学院小剧场 | 《闹学》《惊梦》《佳期》《思凡》《梳妆掷戟》 | 齐婉妤、张敏、徐鲲鹏、肖诗琦、韩畅、王盛 | 200人左右 | 指导老师：王振义、岳芃辉、王瑾、李永昇、洪伟、姚红等 |
| 2 | 2015年11月4日 | 中国戏曲学院小剧场 | 《叫画》《亭会》《刺虎》《痴梦》 | 王奕铼、杨悦、陈麓伊、鲍思雨、陈朔 | 200人左右 | 指导老师：王振义、张毓文、陆焕英、洪伟、姚红等 |
| 3 | 2015年11月5日 | 中国戏曲学院小剧场 | 《闹学》《小放牛》《闹学》《见娘》《天罡阵》 | 曹艾雯、常悦、李子铭、曲红颖、徐鲲鹏、高陪雨 | 200人左右 | 指导老师：王振义、王瑾、王小瑞、哈冬雪、洪伟、姚红等 |
| 4 | 2015年12月23日 | 中国戏曲学院小剧场 | 《闹学》《小放牛》《百花点将》《痴梦》《天罡阵》《佳期》《叫画》《梳妆掷戟》 | 曹艾雯、杨悦、王盛、常悦、陶然、李子铭、鲍思雨、肖诗琦、王奕铼、高陪雨 | 200人左右 | 指导老师：王振义、张毓文、王瑾、哈冬雪、洪伟、姚红等 |

# 上海戏剧学院戏曲学院2015年度昆剧教育

江沛毅　执笔

## 一、日常教学、演出及2011级学生本科毕业

2015年寒假前后，上海戏剧学院戏曲学院安排顾兆琳、黄小武、王维艰、甘明智等名师作为学生撰写毕业论文的指导老师。他们及时联系学生，为其一一做了开题报告，并结合实际，从各个方面予以认真、全面的指导。其后，又不烦其烦地为之校阅文稿，悉心修改，力求完善。学生们也从各自所从事的专业行当，分别就昆曲艺术的剧作文本、声腔音律、舞台表演、舞美化妆等各个方面，尽情书写自己付出10年心血所获得的相关体会、心声和感悟。经过答辩，评出了数篇优秀论文。这些论文质量之高，出乎专家们的意料，他们欣喜地说："这是一批不仅会在舞台上表演的昆曲事业的接班人，更是一批善于发现问题、思考问题的新世纪演艺人才！"同年6月，2011级昆曲表演专业23名学生全部顺利毕业。经过有关方面专家组成的委员会的严格考核，一共有18人进入上海昆剧团，1人进入上海京剧院，就业率达83%。

从学校到剧团，"昆五班"完成了从昆曲学生到专业演员的华丽转变。为了进一步提升他们的艺术实力，扩大其社会影响，剧团领导积极向市委、市政府争取，顺利建立起"学馆制"，聘请蔡正仁、岳美缇、张静娴、计镇华、

刘异龙等国宝级艺术家悉心传、帮、带。经过半年多的磨合和实践,学生们投入日常折子戏以及《翠乡梦》《南柯记》等新创剧目的排练演出,已经完全胜任剧团的各项工作,获得了剧团上下的交口称赞和广大观众的普遍认可。

在全国率先探索中等教育与高等教育相贯通的2011级昆曲表演专业学生的全部顺利毕业,彻底改变了以往昆曲演员多为中专学历的历史,标志着我国首次有计划、成建制地培养的具有本科学历的昆曲表演新一代接班人的正式诞生,从而为全国昆曲演艺人才的培养做出了应有的贡献,这在昆曲600年绵长悠久的发展历史中是值得大书一笔的。同时,这也进一步确立了学院作为国家级昆曲表演人才培养基地的重要地位,其历史意义是不言而喻的。回首10年办学历程,以下数点颇为值得总结:把好人才培养链的顶端——招生质量,抓好人才培养的纲和目——教学计划,重视人才培养的关键——师资力量,提高人才培养的科学性——优质教材,依靠人才培养的领导层面——政策支持,争取人才培养的外部力量——社会关怀。

## 二、理论研究成果

在整体推进、合理规范、科学管理、努力加强课堂教学的同时,学院始终倡导并积极鼓励有关专业人员针对教学实际从事理论研究,撰写论文报告和专著。在2015年中,该项工作取得了丰硕的成果。顾兆琳的《昆剧曲学探究》、朱夏君的《二十世纪昆曲研究》两本专著,先后由上海中西书局和上海古籍出版社出版发行。2015年5月,上海戏剧学院附属戏曲学校与香港振兴京昆传承中心、香港中文大学和声书院共同签署协议,联手在香港中文大学及其他高等学府开设京昆通识课程,旨在让京昆艺术走进校园,走进青年,融入大学的人文教育和美的教育。根据协议,戏校除组织师资力量、提供全部服装、道具等舞美外,另需编印文字教材、制作视唱教材。编研室青年教师江沛毅受命负责《京昆通识教育学习资料汇编》一书中关于昆曲部分内容的编辑工作。经过多方论证,并根据港方学生于昆曲方面俱为"一张白纸"的实际情况,选录了梅兰芳、俞振飞、魏良辅、俞粟庐、吴梅、顾兆琳、余秋雨等曲坛巨匠的理论大作,力图深入浅出,提纲挈领。江沛毅本人也应中心秘书处之邀,撰写了《昆曲的故事》普及文字(附录《昆曲术语浅释》)。此外,江沛毅所著《俞振飞诗词曲联辑注》书稿已交付中西书局待梓。

综合以上几个方面所述,上海戏剧学院戏曲学院在2015年度中的昆曲教学是严格按照既定方针来实施的,体现出规划性与在继承中的创新教学机制,既宏观、又具体。特别在教学演出计划的落实上,做到了克服困难、狠抓落实、有序推进、注重实效,从而使昆曲人才的培养能顺利完成年度教学任务,并取得了可喜的成绩。尤其是2011级昆曲表演专业学生的全部毕业,标志着有史以来第一批昆曲本科学生的胜利诞生!这为我们进一步探索戏曲人才的本科教育取得了诸多有益的经验。我们将继续努力,在总结经验的前提下,不断探索昆剧人才培养的新模式。

## 上海戏剧学院戏曲学院2015年度昆曲专业演出日志

| 序号 | 演出时间 | 地点、剧场 | 剧目 | 主要演员 | 观众上座率 | 其他（编剧、导演、作曲等） |
|---|---|---|---|---|---|---|
| 1 | 2015年3月14日晚19:00 | 江苏省苏州昆剧院剧场 | 《钗钏记·相约》《连环记·问探》《凤凰山·百花赠剑》《雷峰塔·盗库银》 | 周亦敏、陈思青、徐敏、吴跃跃、卫立、姚徐依、周亦敏、王倩澜、吕绍阳 | 满座 | 王维艰、倪泓、张铭荣、周清明、蔡正仁、张洵澎、王芝泉 |
| 2 | 2015年3月14日晚19:00 | 江苏省苏州昆剧院剧场 | 《十五贯·访测打店》《侠记·戏叔别兄》《通天犀·白水滩》 | 丁勤、徐敏、林月媛、王胤、雷思琪、袁彬、房鹏、田阳、王金雨、林月媛、徐敏 | | 黄小午、王士杰、梁谷音、黄小午、王士杰、张善元、倪顺福 |
| 3 | 2015年4月24日晚19:15 | 上海逸夫舞台 | 《雷峰塔·游湖》《雷峰塔·端阳》《雷峰塔·盗仙草》《雷峰塔·水斗》《雷峰塔·逃山》《雷峰塔·断桥》 | 倪徐浩、张莉、周亦敏、张前仓、卫立、姚徐依、周亦敏、周喆、王倩澜、张佳浩、田阳、王倩澜、林芝、周喆、徐敏、戴国良、徐敏、王倩澜、戴国良、王雨婷 | 满座 | 岳美缇、王士杰、丁芸、王芝泉、王世民、王士杰、沈绮琅 |

续表

| 序号 | 演出时间 | 地点、剧场 | 剧目 | 主要演员 | 观众上座率 | 其他（编剧、导演、作曲等） |
|---|---|---|---|---|---|---|
| 4 | 2015年4月25日晚19:15 | 上海逸夫舞台 | 《连环记·问探》《铁冠图·刺虎》《钗钏记·相约讨钗》《通天犀·白水滩》 | 徐敏、吴跃跃、沈欣婕、王金雨、周亦敏、陈思青、田阳、王金雨、林月媛、徐敏 | 九成 | 张铭荣、周清明、方洋、朱晓瑜、王维艰、倪泓、张善元、倪顺福 |
| 5 | 2015年5月7日晚19:15 | 江苏省昆剧院兰苑剧场 | 《连环记·问探》《凤凰山·百花赠剑》《牡丹亭·寻梦》《宝剑记·夜奔》 | 徐敏、吴跃跃、卫立、姚徐依、周亦敏、王金雨、蒋珂、林芝、杨阳 | 满座 | 张铭荣、周清明、蔡正仁、张洵澎、周雪雯 |
| 6 | 2015年5月8日晚19:15 | 江苏省昆剧院兰苑剧场 | 《孽海记·下山》《义侠记·戏叔别兄》《占花魁·湖楼》《扈家庄》 | 徐敏、周亦敏、雷思琪、袁彬、房鹏、钱振荣、李鸿良、王倩澜、房鹏 | 满座 | 刘异龙、倪泓、梁谷音、黄小午、王士杰、王芝泉 |
| 7 | 2015年6月4日晚19:15 | 上海逸夫舞台 | 《孽海记·双下山》《四郎探母·坐宫》《荆钗记·见娘》《扈家庄》 | 徐敏、周亦敏、傅希如、王倩澜、卫立、陈思青、王倩澜、房鹏 | 满座 | 刘异龙、倪泓、沈绮琅、蔡正仁、顾兆琳、王维艰、王芝泉 |
| 8 | 2015年6月5日晚19:15 | 上海逸夫舞台 | 《挡马》《凤凰山·百花赠剑》《投军别窑》《霸王别姬》 | 张月明、潘梓健、张莉、卫立、孙亚军、方沐蓉、炼雯晴、杨东虎 | | 王芝泉、江志雄、华文漪、蔡正仁、陆仪萍、金喜全、沈绮琅 |
| 9 | 2015年10月13日下午14:00 | 江苏省苏州昆剧院剧场 | 《四声猿·翠乡梦》 | 卫立、蒋珂、张前仓 | 满座 | 张静（编剧）、马俊丰（导演）、高均（作曲）、谭华（舞美）、苏子航（服装） |

上海戏剧学院戏曲学院供稿，江沛毅撰稿

# 苏州市艺术学校2015年度昆剧教育

## 一、做好学期昆曲教研常规事宜

学校在昆剧教育方面努力做好外聘教师的任用和课时费用管理、各年级专业课程的合理进度、练功房的配置，以及整个学期教学进度和期中、期末考评等工作，保证了整个昆曲专业教学计划的有序开展。

努力做好昆曲名师工作室的日常工作，积极整理材料，完善台账，完成撰写工作室成果等文字工作。

了解艺术职业教育的规律和昆曲教育自身规律，明确课程改革的方向，自觉更新知识结构，改革课堂教学模式，灵活教学方法，建立传统师生"师傅带徒弟"与新型师生关系的新结合模式，让课堂更加生动活泼，全面、有效提高课堂教学效率。

组织好青年昆曲教师，提高科研意识和研究能力，善于发现和掌握教育、教学规律；善于将理论和实践相结合；善于反思性地总结，增强创新意识，培养创新能力。本学年主要完成11月份由文化厅举办的全省艺术职业院校推门听课和说课的重大活动。

配合学校招生办努力完成今年的戏曲招生工作，在招生形势极其严峻的情况下，克服种种困难，和团队成员圆满完成了此次招生工作，参加复试生源的数量和质量也是近几年比较成功的，为今年下半年的昆曲教学工作打下了良好的基础。

配合教务提升教研水平、提高自身的专业能力和技能比赛的能力。本学期通过说课等教研活动，使自己能知道自身的不足，对各专业的教学情况也进一步以认识，相互之间取长补短，使自己的教学水平不断提高。

## 二、配合演出团及名师工作室完成一系列工作

1. 杨晓勇获得省级和市级荣誉和表彰

2015年杨晓勇同志被任命为江苏省艺术职业学校学科带头人。

2015年杨晓勇同志被评为苏州市先进个人。

2. 我校昆曲专业师生应邀参加汕头文化大讲堂

2015年1月，苏州市艺术学校杨晓勇昆曲名师工作室成员受广东省汕头市文广新局邀请参加汕头文化大讲堂首场讲座《当潮剧遇到昆曲》。

3. 苏州市艺术学校青年昆曲教师精彩亮相上海星期戏曲广播会

2015年6月14日，苏州市艺术学校应上海东方广播有限公司邀请，赶赴上海兰心大戏院参加了由上海电台戏剧曲艺广播和东方电视台七彩戏剧联合举办的第920期星期戏曲广播会专场演出。

4. 苏州市艺术学校排演昆剧《阎惜娇》启动仪式

为迎接2015年在苏州召开的中国昆剧节，苏州市艺术学校杨晓勇昆曲名师工作室精心准备的昆剧《阎惜娇》于6月底正式开排，10月将代表苏州市艺术学校参加中国昆曲艺术节。

5. 《阎惜娇》亮相第六届中国昆曲艺术节

2015年10月18日，苏州市艺术学校杨晓勇昆曲名师工作室精心准备的昆剧《阎惜娇》亮相昆曲艺术节，获得观众和业内人士的好评。

6. 第七届江苏省戏剧"红梅杯"获得佳绩

2015年9月19日苏州艺术学校杨晓勇昆曲工作室成员及学生赴通州参加第七届江苏省戏剧"红梅杯"大赛。成人组昆曲青年教师周乾德的《小商河》和常小飞的《百花赠剑》力压群芳，双双入围。学生组赵晴怡的学生王安安和王悦丽的学生奚晓天，分别以《出塞》和《惊梦》拔得学生组头筹。

7. 第五届江苏省艺术职业院校教师技能大赛获得一金、二铜奖项

2015年10月23日，江苏省艺术职业院校教师技能大赛在常州开赛，苏州市艺术学校推出杨晓勇昆曲名师工作室青年教师常小飞和周乾德、唐晓雯参加此次比赛。最终常小飞以一出《惊梦》力压群芳，获得金奖；周乾德和唐晓雯凭借《八义记·闹朝》和《出塞》双双获得铜奖。

苏州市艺术学校<br>杨晓勇昆曲名师工作室<br>二〇一六年九月

## 苏州市艺术学校2015年度昆剧专业演出日志

| 序号 | 演出时间 | 演出地点、剧场 | 演出剧目 | 主要演员 | 观众人次 | 其他（编剧、导演、作曲等） |
|---|---|---|---|---|---|---|
| 1 | 2015年10月 | 江苏省苏州昆剧院 | 中国昆曲艺术节参演剧目《阎惜娇》 | 阎惜娇—刘煜饰<br>张文远—张心田饰<br>宋江—周乾德饰<br>王婆—宋婷饰 | 300 | 艺术总监：林继凡<br>总导演：杨晓勇<br>副导演：赵晴怡 |
| 2 | 2015年9月 | 江苏省通州剧院 | 《小商河》 | 杨再兴—周乾德饰 | 200 | |
| 3 | 2015年11月 | 江苏省常州市艺术学校剧场 | 《八义记—闹朝》 | 赵盾—周乾德饰 | 200 | |
| 4 | 2015年11月 | 江苏省常州市艺术学校剧场 | 《牡丹亭—寻梦》 | 杜丽娘—常小飞饰 | 200 | |
| 5 | 2015年7月 | 苏州市公共文化中心大剧院 | 大型文艺晚会《和平颂》 | 执行导演：赵晴怡、张心田 | 300 | 艺术总监：周沛然<br>统筹：杨晓勇 |

昆曲研究

# 昆曲研究 2015 年度论著编目

谭 飞 辑

**（一）丛兆桓谈戏：丛兰剧谭**

作者：丛兆桓

出版社：台北秀威资讯科技股份有限公司；第1版

出版日期：2015 年 1 月

本书为丛兆桓先生的剧评、剧论、回忆及讲演之合集，分为"剧目篇""剧人篇""剧论篇""剧事篇"4 辑，以昆曲为主，兼及大半个世纪以来中国大陆戏曲领域的人与事。丛兆桓先生曾先后从事昆曲表演、导演、编剧、理论、组织等工作，是当代昆曲发展的亲历者与见证人。因这一身份，此书之特点至少有二：其一为在半个世纪以来昆曲的特殊历史境遇中思考；其二是从昆曲舞台实践出发的理论批评。这些特点使本书不同于学院式的阐释，而更具有现实性、针对性与启发性。丛兆桓，1931 年生，国家一级演员、一级导演、昆剧艺术家、国家级非遗文化（昆曲）传承人。昆曲师承沈盘生、白云生、侯永奎、俞振飞等，曾主演《百花记》《连环计》《李慧娘》《夜奔》《赠剑》《惊梦》等；编导有《长生殿》《西厢记》《桃花扇》《窦娥冤》《琵琶记》《南唐遗事》《千里送京娘》《宦门子弟错立身》《李香君》等昆剧及京、评、豫、晋等数十剧种剧码；编辑剧刊数种；发表文章多篇；常在海内外、各院校做学术讲座。

**（二）极品美学：书法·昆曲·普洱茶**

作者：余秋雨

出版社：远见天下文化出版股份有限公司；第1版

出版日期：2015 年 2 月

本书为余秋雨 2013 年作品《极端之美：书法、昆曲、普洱茶》的台湾版。作者沉淀 30 载，执笔开讲"文化美学"。在书中他把书法、昆曲、普洱茶选为文化极品的三元组合。本书风格不晦涩，不拽文，用极普通的大白话将这三元文化极品之美娓娓道来。所谓"文化极品"，就是其他文化不可取代而又达到了最优秀等级，一直被公认共享的那些具体作品。作者将书法、昆曲、普洱茶这三项比作中国文化所暗藏的"命穴"和"胎记"。他认为，书法是我们进入中国文化史的一个简要读本，是中国文化人格最抽象的一种描绘方式。昆曲是中国古典戏剧中的"最高范型"，也就是"戏中极品"，堪称东方美学格局的标本。昆曲整整热闹了 230 年，说得更完整点，是 3 个世纪。这样一个时间跨度，再加上其间人们的痴迷程度，已使它在世界戏剧史上独占鳌头，无可匹敌。普洱茶是文化的重心正从"文本文化"转向"生态文化"的提醒性学术行为。作者特别看重文化的感官确认，所以在本书中专门精心配了 200 余幅全彩插图，让读者可以更加直观地品味、感知中国文化的"极端之美"。

**（三）中国古典戏曲鉴赏**

作者：欧阳启名

出版社：文化艺术出版社；第1版

出版日期：2015 年 3 月

本书概述了中国古典戏曲艺术的渊源，介绍了中国戏曲表演艺术的构成、艺术特征等。中国古典戏曲是中华民族文化的重要组成部分，也是中国文化中的一颗明珠，在某种意义上，它具有一定的代表性、典型性。通过这样一个窗口，可以对中国文化有一个比较全面的、深入的认识。中国"戏曲"从春秋优孟滥觞，历代相袭，代不间辍。"唐八百宋三千"，极见其盛；金元南戏、杂剧、昆腔以及明清以来各地的"戏曲"更见繁茂，雅部、花部、高腔、乱弹、各类"讴""调"、各种梆子，可谓各有其彩，自有其声，各有各的才智，各有各的特点。如把中国的戏曲纵横一拢，不能不使人眼花缭乱，用"百花齐放"来做一概括，不为过甚。本书对昆曲、京剧、秦腔、河北梆子、川曲豫剧等 11 个曲种做了概说，并选取各曲种中的代表剧目进行讲解，展示唱词供大家欣赏。本书分为 6 章，主要内容有：中国戏曲、中国戏曲表演艺术的构成、中国戏曲艺术的特征——"虚拟"、中国戏曲艺术成熟的标志——"程式化"、中国戏曲艺术的核心——"和"、戏曲赏析等。

**（四）民间戏曲**

作者：杨和平

出版社：学苑出版社；第1版

出版日期：2015 年 3 月

本书为非物质文化遗产研究丛书之一种，涵盖了中国民间戏曲的各类品种，从较为宏观的视野出发，在田野调查掌握一手资料的基础上，对中国民间戏曲所包含的昆曲、京剧、越剧、川剧、豫剧、沪剧、评剧、淮剧、黄梅戏、婺剧进行了宏观、有机、动态的理论与实践把握，力争做到既尊重历史存在的事实和田野调查现状的实际，又尽可能通俗易懂、声像图谱齐全，以便客观公允地展现本书所研究问题的全貌。中国戏曲是一种综合的艺术，它的舞台表演是歌唱、舞蹈、科白等要素在音乐声腔的有机组合之下产生的。戏曲的产生是一个渐进的演化过程。民间戏曲种类庞杂，声腔众多，演出的时候也有很多习俗，本书将一一介绍。主要内容有：第一章昆曲（历史轨迹、行当班社、板式唱腔、名家经典、服饰化装、乐队伴奏灯）；第二章京剧；第三章越剧；第四章川剧；第五章豫剧；第六章沪剧；第七章评剧；第八章淮剧；第九章黄梅戏；第十章婺剧等。

**（五）戏曲行业民俗研究**

作者：宋希芝

出版社：山东人民出版社；第1版

出版日期：2015年3月

本书希望适时总结以往中国戏曲与民俗关系的研究成果，深化认识，组建"自己的园地"，集中探讨"戏曲民俗研究"的理论和方法，从而积极开掘中国戏曲研究的深层学术意义。中国戏曲与民俗的关系是在20世纪的中国戏曲研究中越来越凸显的一个领域。随着认识方式的日益增长、文献检索的不断强化，戏曲与民俗的互动研究在今天逐渐显示了较为强劲的学术生长能力。本书的主要内容有：序言、绪论；第一章，戏曲行业民俗的特征（戏曲行业民俗的民族性、戏曲行业民俗的社会性、戏曲行业民俗的行业性、戏曲行业民俗的传承性）；第二章，戏曲行业艺人民俗（戏曲艺人来源民俗、戏曲艺人师承民俗、戏曲艺人言语民俗、戏曲艺人生活民俗、戏曲艺人交往礼俗）；第三章，戏曲行业演出民俗（戏曲行业演出禁忌、戏曲演出功能民俗、戏曲演出仪式民俗、戏曲演出特色民俗）；第四章，戏曲行业经营民俗（戏曲行业写戏民俗、戏曲行业财务民俗、戏曲行业广告民俗）；第五章，戏曲行业民俗的继承与革新（戏曲行业民俗的基本功能、戏曲行业民俗的价值判断、戏曲行业民俗的生态环境、戏曲行业民俗的现实思考）等。

**（六）汤显祖与莎士比亚文化国际学术研讨会论文集**

主编：华治武

出版社：浙江大学出版社；第1版

出版日期：2015年3月

本书收录论文44篇，涉及汤显祖和莎士比亚的生平、思想、创作、剧作演出、文化传播等内容，其中多篇论文以两位戏剧大师的比较研究为题。主要内容包括：《春阳曲》与《牡丹亭》——兼论声诗与戏曲之间的关联性问题；从古典戏曲序跋中看文人对汤显祖及其剧作的评价；梅兰芳搬演汤显祖《牡丹亭》述略；吴吴山三妇对杜、柳之"情"的心理观照初探；"双性同体"与《牡丹亭》的经典重读——以周祖炎的研究为例；"词场玉茗古今师"——清代诗人对汤显祖的回望与热评；《邯郸记》演剧史研究；论《南柯》《邯郸》二梦艺术结构的佛学思维特征；"《牡丹亭》影响传奇作品群"的提出及其遴选；英译《紫箫记》选场（第三十四场巧合）；从"临川四梦"宫谱的变迁看"清宫"与"戏宫"；臧懋循《牡丹亭》改编浅议；汤显祖戏剧英译的副文本研究——以汪译《牡丹亭》为例；青春创意与传统典范——关于青春版《牡丹亭》公演200场的回顾与思考；丽娘何如朱丽叶 不让莎翁有故村——《牡丹亭》与《罗密欧与朱丽叶》之比较；浅谈《牡丹亭》与《仲夏夜之梦》戏剧创作比较；试谈汤显祖平民教化和莎士比亚十四行诗的人性价值理念之异同；从剧场到情境的考古学——关于多媒体环境戏剧《游园·今梦》当代性的思考等。

**（七）解行集：戏曲、民俗论文选**

作者：王馗

丛书：中国艺术研究院学术文库

出版社：北京时代华文书局；第1版

出版日期：2015年3月

本书分上下两编。上编收录了作者近年发表的关于梨园行会碑刻文献、戏曲表演文献的最新研究成果，从国家语言政策、经济文化制度变迁、戏曲班社管理、戏曲文献著录等角度，细腻地考证和论述了18世纪以来昆曲、京剧及地方戏曲艺术的发展演变规律，将微观的文献考察与田野调查实践相结合，侧重于舞台艺术规律的阐扬和揭示。下编以民俗生态视角切入对戏曲的研究，或考证民俗方言的文化背景，考察民间故事与信仰的关系；或探索民俗活动的宗教内涵，忠实记录民俗行为的心理和情感动机；或综合研究民俗演剧的特质与细节的区别，并对戏曲艺术遗产的当代命运进行关注。本书内容包括：上编，戏曲史论编（外江梨园与岭南戏曲、雍正解放贱民令与中国戏曲发展、"正字""正音"与闽粤地方戏曲发展、山西上党赛社演出中的行业变迁与演剧形态、昆曲流派与姑苏风范、从《异同集》到《昆剧手抄曲本一百册》等）；下编，民俗生态编（"呼名怖儿"习俗与麻胡考释、宋元孩偶"魔合罗"的节日归属及民俗流变、从"东海孝妇"到"窦娥冤"、目连戏与傩戏：传统礼乐格局中的宗教祭祀演剧,昆曲十年,"卿怜诗"的意境和明清文人戏曲等)。

### (八)二十世纪戏曲学研究论丛·戏曲跨学科研究卷
总主编:田黎明,刘祯
主编:李玲
丛书:二十世纪戏曲学研究论丛
出版社:安徽文艺出版社;第1版
出版日期:2015年3月

本书以20世纪百年为时间范畴,将百年来不同历史阶段有代表性的戏曲研究文章编辑成集,以戏曲学10个重要的专题为切入点,兼具文献性与资料索引功能,是一套既具备历史脉络又涵盖戏曲学各个重要断面和领域的研究文集。本书收录文章包括:《谈目连戏》《旧戏评价》《目连戏考》《〈沙贡特拉〉和"赵贞女型"的戏剧》《汤显祖与莎士比亚》《北宋墓葬中人物雕砖的研究》《从建国后发现的一些文物看金元杂剧在平阳地区的发展》《中西悲剧观探异》《论中国演剧观的形成——兼论中西演剧观的主要差异》《论古代曲论中的模糊思辨》《中国各民族傩戏的分类、特征及其"活化石"价值》《中国戏曲的传统与印度kerala地方的梵剧的比较》《戏曲演员行为学试探——戏曲演员艺术创作的动机和目的系》《戏曲演出的符号化特征》《从现代心理学看传统戏曲文化——论〈贵妃醉酒〉的艺术魅力》《中原傩戏源流》《中国戏剧的起源与产生》《戏曲艺术与观众关系的当代状况》《日本能乐的形式与宋元戏曲》《二十世纪戏曲跨学科研究文章索引》等。

### (九)二十世纪戏曲学研究论丛·中国戏曲史研究卷
总主编:田黎明,刘祯
主编:张静
丛书:二十世纪戏曲学研究论丛
出版社:安徽文艺出版社;第1版
出版日期:2015年3月

本书对新收录入中国戏剧研究领域的中国戏曲研究史做了全面的梳理。中国戏曲史研究是中国戏曲研究范畴内的基础性研究,具有重要意义。广义的中国戏曲史研究内涵宽泛,而从狭义的角度来说,则是指关于中国戏曲的历史研究,或者说是对中国戏曲侧重于从史的角度展开研究,无论是描述还原历史的史述类论文,还是分析认识历史的史论类论文,研究考察的对象都是中国戏曲的源流、形成和发展。本书选取了具有代表性的理论文章16篇,包括《原戏》《宋元戏曲史·上古至五代之戏剧》《南北戏曲概言》《说戏剧》《宋元南戏百一录·总说(节选)》《古剧四考》《南戏与北剧之交化》《中国戏剧的起源和发展》《戏曲、戏弄与戏象》《北杂剧声腔的形成和衰落》《平阳戏考》《明代的民间戏曲》《金元杂剧的再认识》《明清文人传奇的历史演进》《明人改本戏文通论》《走向雅部——戏曲艺术的一条"绝"路》《二十世纪中国戏曲史研究文章索引》等。

### (十)二十世纪戏曲学研究论丛·戏曲音乐研究卷
总主编:田黎明,刘祯
主编:孔培培
丛书:二十世纪戏曲学研究论丛
出版社:安徽文艺出版社;第1版
出版日期:2015年3月

本书旨在呈现20世纪100年来戏曲音乐方面的研究成果,收录了戏曲音乐方面的研究文章,内容包括:《青衣唱法概论》《谭腔之研究》《嗓与腔之研究》《中国旧戏上之音乐》《昆曲的宫调解放(昆曲史初稿第一章第三节)》《改进中国乐剧与锣鼓之存废》《皮黄音乐上的诸种特质和此后的新趋势》《谈戏曲音乐的改革问题》《对中国戏曲音乐的现实主义传统的一点理解》《怎样研究戏曲音乐规律——在戏曲音乐工作座谈会上的报告》《戏曲唱腔和戏曲艺术形式的关系》《关于戏曲音乐刻画形象的几个美学问题》《戏曲音乐的推陈出新》《论戏曲音乐的民间性》《程砚秋的演唱艺术特色及成就》《千秋一曲舞霓裳——谈〈长生殿〉在音乐方面的成就》《从中国传统文化的整体中看戏曲音乐——董维松教授在"中国戏曲音乐研讨会第二次年会"上讲话》《民族音乐学与戏曲音乐研究——民族音乐学研究方法的启示》《戏曲声腔、剧种论》《戏曲腔式及其板块分布论》《戏曲音乐曲牌[耍孩儿]的形态研究》《戏曲声腔的传播》《二十世纪戏曲音乐研究文章索引》等。本书兼具文献性与资料索引功能,是一套既具备历史脉络又涵盖戏曲学重要断面和领域的研究文集。

### (十一)二十世纪戏曲学研究论丛·戏曲表导演研究卷
总主编:田黎明,刘祯
主编:王艺睿
丛书:二十世纪戏曲学研究论丛
出版社:安徽文艺出版社;第1版
出版日期:2015年4月

本书对20世纪百年的戏曲表导演研究进行了全面梳理,精选20世纪戏曲表导演研究方面最具学术价值和影响的论文20余篇,包括《论身段做工》《论杨小楼的艺术》《荀慧生之面面观》《说旦》《梅兰芳艺术一斑》《旧剧的导演术及其导演艺术之建设论》《谭剧精微》《现代四大名旦之比较》《生活的真实和戏曲表演艺术的真实》《谈表演艺术中的身段》《戏曲表演的四功五法》《论戏曲舞台调度》《谈昆曲小生的表演艺术》《流派千秋》《看戏与演戏》《几种同类型角色的分析和创造》《谈表演艺术》《漫谈戏曲的表演体系问题》《程式与剖象》《论中国戏曲导演》《〈红灯记〉导演的艺术》《周信芳演剧思想试论》《表演程式:戏曲塑造舞台形象的艺术语汇》《论中国戏曲表演的艺术精神》《二十世纪戏曲表导演研究文章索引》等。

### (十二)戏剧工作文献汇编:1984—2012·戏剧评论卷

作者:刘忠心

出版社:文化艺术出版社;第1版

出版日期:2015年4月

本书为20世纪80年代以来有关戏曲戏剧方面的政策法规、领导人讲话、戏剧评论文献汇编。分上、中、下三卷。上卷为"文件、政策、法规卷",中卷为"领导、专家讲话卷";下卷为"戏剧评论卷"。上卷汇编收录了1984年至2012年党和政府关于戏剧工作的重要指示、决定、决议和通知,共收录100多篇,以便于从事戏剧研究、评论、创作等的专业人员及爱好者学习党的戏剧方针、政策。中卷汇编收录了1984年至2012年国家领导和专家关于戏剧工作重要讲话的摘要,共收录领导重要讲话、专家讲话100多篇,以便于从事戏剧研究、评论、创作等的专业人员及爱好者学习党的戏剧方针、政策。下卷汇编收录了1984年至2012年重要戏剧活动的评论、通讯和报道的摘要,共收录戏剧评论、通讯、报道200多篇,以便于从事戏剧研究、评论、创作等的专业人员及爱好者学习党的戏剧方针、政策。

### (十三)民俗与文学:古典小说戏曲中的鬼神

作者:刘燕萍

出版社:上海古籍出版社;第1版

出版日期:2015年4月

本书是一本论文集,从民俗与文学的跨界角度,以古典小说戏曲中的鬼神信仰为焦点,深入研究了文学文本中隐含的民俗信仰,探讨古典小说戏曲中所反映的有关守护型女仙、葬丧文化和鬼王等信仰及民俗,推进了民俗与文学的跨学科研究。主要内容有:前言;地方性守护型女仙;异类、救助与伪装——论《樊夫人》中的拯救型母仙;论表500《崔炜》中的试链之旅;复生、冥婚与丧葬文化;宋代人鬼婚恋文言小说中的复活与冥婚故事;论《越娘记》和《太原意娘》中的改葬情;暴劫、受难与超越死亡——论《剪灯新话》中的《翠翠传》和《爱卿传》;鬼王、五方鬼与降鬼;阳丑·鬼王与神堂——论《庆丰年五鬼闹钟馗》的造神过程;不遇、补偿与辟邪——论《庆丰年五鬼闹钟馗》等。

### (十四)中国古典戏曲目录发展史

作者:杜海军

出版社:广西师范大学出版社;第1版

出版日期:2015年4月

本书是学术界首部系统全面地研究中国古典戏曲目录发展史的专著,该书深入浅出地介绍了我国古典戏曲目录这一学科的发生、发展、成熟过程,同时对古代的戏曲目录学家及其著作均做了中肯而独到的评介,本书对戏曲史研究、戏曲批评史研究以及戏曲目录学研究有很大的借鉴和补充意义。本书以宋、元、明、清、民国至今撰著的戏曲目录著作作为研究对象,考订、阐释、详论古代戏曲目录的形式及功用,戏曲目录的组织,戏曲目录的著录、分类,戏曲目录的发生发展以及对于戏曲研究的学术史贡献。全书共七章,包括第一章——戏曲目录的形式及功用,第二章——戏曲目录的组织,第三章——戏曲目录的发生,第四章——戏曲目录的发展,第五章——戏曲目录的成熟,第六章——戏曲目录的发展高潮与余响,第七章——戏曲目录之学术史贡献,最后附加参考文献。本著作在论述过程中,列举古代有名的戏曲目录学家、藏书家,并对这些人的著作做出了独到中肯的评介,而对臧懋循《元曲选目》、姚燮《今乐考证》、王国维《新编录鬼簿校注》与《曲录》、傅惜华等戏曲目录学家以及其著作所做的评介尤为详细。

### (十五)二十世纪戏曲学研究论丛·戏曲剧种研究卷

总主编:田黎明,刘祯

主编:王学锋

丛书:二十世纪戏曲学研究论丛

出版社:安徽文艺出版社;第1版

出版日期:2015年4月

本书以20世纪百年为时间范畴,将百年来不同历史阶段有代表性的戏曲剧种研究做了梳理,体现了这100多年来戏曲剧种研究在不同历史阶段的研究现状和整体面貌,精选了其中最具学术价值和影响的论文,如齐如山《京剧之变迁》、马彦祥《秦腔考》、陆洪非《关于黄梅戏》等,反映了一个世纪以来戏曲剧种研究的水平和特点。这些论文多发表于不同时期的《戏曲笔谈》《菊部丛刊》《剧学月刊》《戏剧论丛》等，已产生过良好的影响。主要内容包括：《梨园佳话》《顾曲麈谈》《豫剧通论》《京剧之变迁》《秦腔考》《祁阳剧》《八百年来地方剧的鸟瞰》《昆曲史略》《桂剧之整理与改进》《广东戏剧史略》《论沪剧的成长》《从秧歌到地方戏》《湘剧漫谈》《谈婺剧》《京戏一知谈》《胶东的柳腔和茂腔》《关于黄梅戏》《莆仙戏源流初考》《延续二百年的鸣凤班》《关于编写剧种史》《徽戏和山东戏曲的关系》《太平天国时期的昆剧》《剧种论略》《选择性的重新建构——谈越剧的形成及其意义》《南京剧坛昆曲史略》《二十世纪戏曲剧种研究文章索引》等。

### （十六）二十世纪戏曲学研究论丛·当代戏曲研究卷

总主编：田黎明，刘祯
主编：张之薇
丛书：二十世纪戏曲学研究论丛
出版社：安徽文艺出版社；第1版
出版日期：2015年4月

本书对20世纪以来的当代戏曲研究做了全面的梳理，体现了这60多年来当代戏曲研究在不同历史阶段的研究现状和整体面貌。本书精选收录了其中最具学术价值和影响的论文，如《为爱国主义的人民新戏曲而奋斗——1950年12月1日在全国戏曲工作会议上的报告》《谈〈牛郎织女〉》《清除戏曲舞台上的病态和丑恶形象》《改革和发展民族戏曲艺术——在第一届全国戏曲观摩演出大会上的报告》《评〈金钵记〉》《谈谈戏曲改革的几个实际问题》《正确地理解传统戏曲剧目的思想意义——在文化部第一次全国戏曲剧目会议上的专题报告》《有关传统剧目教育意义的几个问题》《反对用教条主义的态度来"改革"戏曲》《禁戏浅谭》《试论戏曲表现现代生活和继承戏曲艺术传统问题》《有鬼无害论》《论历史剧》《"史实"和"虚构"——漫谈历史剧创作中的历史真实与艺术真实的统一》《鬼魂戏管窥——兼及新中国成立以来关于鬼魂戏的论争》《推陈出新十题》《"戏曲化"辨析》《当代戏曲创作的两个流派》《死与美——对古典戏曲命运的理性认识》《戏曲危机与文化市场》《近五十年"禁戏"略论》《新时期戏剧人物创造论》《二十世纪当代戏曲研究文章索引》等。

### （十七）二十世纪戏曲学研究论丛·戏曲理论与美学研究卷

总主编：田黎明，刘祯
主编：毛忠
丛书：二十世纪戏曲学研究论丛
出版社：安徽文艺出版社；第1版
出版日期：2015年4月

本书对20世纪以来的当代戏曲理论与戏曲美学研究做了全面的梳理，体现了100多年来当代戏曲理论与戏曲美学研究在不同历史阶段的研究现状和整体面貌。本书精选收录了其中具学术价值和影响的论文，如陈独秀《论戏曲》（1904年）、胡适《文学进化观念与戏剧改良》（1918年）、光未然《戏曲遗产中的现实主义——"发扬戏曲遗产中的现实主义传统"之一》（1952年）等。这些论文多发表于不同时期的《新青年》《文汇报》《文艺报》《戏剧与文艺》等，已产生过良好的影响，反映了当代戏曲研究的水平和特点。本书收录的其他文章有：《再谈旧戏的改革》《话剧的民族化与旧剧的现代化》《戏曲艺术是一种真正的艺术形式》《谈戏曲表演艺术特点及其现实主义创作原则——兼论向斯氏体系学习问题》《梅兰芳、斯坦尼斯拉夫斯基、布莱希特戏剧观比较》《多层次的动态结构——对戏曲特征的一种看法》《形神兼备——戏曲创造舞台形象的美学追求》《戏曲美学三题》《戏曲的美学品格》《中华戏曲美学命题体系初探》《二十世纪戏曲理论与美学研究文章索引》等。本书所附戏曲理论与戏曲美学研究论文索引千余条，具有重要的文献价值。

### （十八）昆曲唱演与剧论——聆森昆曲论集续编

作者：顾聆森
出版社：台湾"国家出版社"；第1版
出版日期：2015年5月

本书是《聆森昆曲集》的续集。分为三编，即：演唱论、剧论、散论。其中"演唱论"选取的是关于昆曲演与唱的一些基础理论阐说，同时也选择了对于如张继青、蔡正仁、石小梅、李鸿良等几位著名表演艺术家唱演所在行当的典型折子戏的评论；"剧论"多取剧作评论，其中几篇古代传奇的文学本评论是作者在研究昆曲"苏州派"过程中陆续发表的论文，这些论文稍后都收在专著《李玉与昆曲苏州派》中，已由广陵书社出版。"散论"中《难以扶正的伪命题：昆曲600年》一文，乃是《聆森昆曲论集》之中《何来昆曲600年？》的续篇，可以互为印证参考。"散论"中尚有些文论是作者在任江苏省演艺集团艺术顾问期间，目睹经历了"改企"艰辛的省昆这个表演团体从奄奄一息的生存状态到开创每年演出五六百场的欣欣向荣的局面后，有所思考所撰写的评论。

### (十九)丁耀亢戏曲集(校注译评本)

作者：(清)丁耀亢；古今、阎增山、郝明朝编著
出版社：中州古籍出版社；第1版
出版日期：2015年5月

本书收录了丁氏传世的全部戏曲作品，即《化人游》《赤松游》《西湖扇》和《蚺蛇胆表忠记》。丁耀亢，生于明万历二十七年(1599)，卒于清康熙八年(1669)，享年71岁。字西生，号野鹤，自称紫阳道人，后又称木鸡道人，山东诸城人。明末清初小说家。戏剧有传奇4种，为《西湖扇》二卷，《化人游》一卷，《蚺蛇胆》二卷，《赤松游》三卷，曾于顺治时进呈。《四库全书存目》收存《丁野鹤诗钞》十卷，凡5种：为《椒邱集》二卷，《陆舫诗钞》五卷，《江干草》一卷，《归山草》一卷，《听山亭草》一卷。《诸诚志》又载《逍遥游》二卷，为诗为文。《天史》十卷，系纂历代吉凶诸事而成，被焚于南都，该书抄本现已被发现。另著作还有《家政须知》一卷，《出劫纪略》一卷，《增删补易》十五卷，《管见》一卷，《集古》一卷，《问天亭放言》一卷。丁耀亢的传奇作品，其子丁慎行《〈西湖扇〉序》中称，尚有《非非梦》《星汉槎》等，"久已流传远近，脍炙人口"，然今日未见存本，恐已佚。

### (二十)中国戏曲审美文化论

作者：施旭升
出版社：台北秀威资讯出版有限公司；第1版
出版日期：2015年5月

本书主要是以文化学的方法，探寻戏曲文化生态的建构；从整体的历史视野出发，既对戏曲进行本体的探讨，又将其放在与之相关联的社会文化环境中，研究与之相关的社会文化政治因素，探索戏曲的审美特征、生存依据、传播界域、观演关系及其作为一种古典的艺术形态在已经嬗变的生态环境中如何现代化等诸多问题，开创了中国戏曲研究的一种新的研究路向。本书作为一部史论性的戏曲理论著作，并未将其目光局限在戏曲的历史发展脉络走向及现状上，而是将戏曲作为一个与观众审美联系密切的独特的审美文化活体，在考察历史及现状的同时，对于戏曲的本体特质，即戏曲"何以是"戏曲、戏曲根植于中国美学哲学的空灵圆融的审美意味、写意传神的形式机理、谱系化的生存状态的社会制度文化根源、乐天悯人的民间诗性智慧、戏曲传播的媒介形态、戏曲传播受众及演员的互动关系及戏曲在近百年来所面临的现代化等诸多问题进行了完整系统的研究。全书包括绪论及正文共8章。在绪论中，作者首先界定了"戏曲"这一概念，并将其作为本书的主导性核心观念提出。在此后8章中，则从戏曲的本体特质出发，依次向外，从戏曲审美特征呈现到其形式机理，终至及生存发展相关生态要素及其传承，均作相应阐述。

### (二十一)海峡两岸戏曲艺术论

作者：王耀华等
出版社：北京大学出版社；第1版
出版日期：2015年5月

本书为两岸关系和平发展协同创新中心福建师范大学文化研究中心、福建师范大学音乐学院研究成果。主要内容包括戏曲种类与"剧种"(戏曲种类与"剧种"，我们到底有多少"剧种"——对戏曲工具书中有关数据的分析)；闽台戏曲声腔剧种研究(闽南文化视野下的泉州戏曲研究，印证福建宋杂剧：闽中作场戏与莆仙戏关系考探，地理信息系统支持下的福建戏曲声腔剧种研究，闽南语系剧种声腔考察——以海南琼剧音乐唱腔为例，从琼剧音乐的沿革看中国戏曲声腔剧种的趋同化，关于2002年两岸戏曲大展，非物质文化遗产保护视野中的高甲戏柯派艺术，困境中创新局——台湾戏曲的时代适应)；两岸戏曲表演艺术论(从跨文化论"当代剧场"的舞台空间表现，形体、定格、亮相——京剧的表演艺术)；两岸戏曲音乐论("曲牌体"与"板腔体"体式互相流转之探讨，剧种音色论，早期梆子腔"族性"音调举证——兼论台湾地区，"申遗"十年昆曲音乐的新发展，中国现代戏曲音乐创作的三维特征等)；戏曲的交流与传播(弦管曲词与梨园戏唱词的异同——只以唱"陈三五娘"故事题材来梳理两者的关系，中国戏曲《寻亲记》在琉球的传播)；歌仔戏艺术论等。本书试图从以上6个方面总结两岸戏曲发展的共同规律，增进两岸的文化认同。

### (二十二)牡丹情缘：白先勇的昆曲之旅

作者：白先勇
出版社：台北时报文化出版企业股份有限公司；第1版
出版日期：2015年6月

本书全面收录白先勇先生关于昆曲的随笔以及与昆曲相关的精彩访问与对谈。自2004年起，白先勇策划制作的青春版《牡丹亭》开始巡演，至2012年共演出200场，成为这一阶段的著名文化现象，有力推动了昆曲在中国社会以及欧美的传播。在这一期间，白先勇形成并表述了其独有的昆曲理念，不仅在众多访谈中披露青春版《牡丹亭》的制作过程、深入的文化，还提出了"昆曲新美学"的概念。昆曲这个有着五六百年历史的剧种，发展至今历经了多次兴盛衰落。可以说，白先勇的青春版

《牡丹亭》使昆曲再次出现了复兴的局势,这的确是一种很有意味的文化现象,它唤回了昆曲在舞台上的青春生命,恢复了昆曲在舞台上姣好靓丽的风貌,改变了观众对昆曲老旧迟缓的刻板印象,证明昆曲也可变成年轻观众时尚追捧的表演艺术。本书作为白先勇先生推广昆曲文化的集大成之作,全面展现了白先勇与昆曲的因缘与感想、收获与得失,以及制作青春版《牡丹亭》和新版《玉簪记》的心路历程。

### (二十三)昆曲搣忆

作者:朱锦华

出版社:上海远东出版社;第1版

出版日期:2015年6月

本书作者朱锦华凭借专业戏曲理论知识,更兼具对昆曲的热爱,以清新的文笔记录了上海昆剧团30多位昆剧老艺术家的舞台生涯,一人一文,有长有短,30篇文章就像30出折子戏,连缀起来就是连台本戏,把艺术家的点滴趣事贯穿在著名的舞台剧介绍中,不管是写人说戏、叙事记史还是谈艺论技,角度多样、文笔清新,它们所讲述的内容构成了当代上海昆曲的立体呈现。同时《昆曲搣忆》也从多角度讲述了上海昆剧团的演出史、教育史和发展史,并得到了上海市文化基金的支持。作为一门古老的艺术形式,中国昆曲是活在人身上的艺术,它以"口传心授"的传播和继承方式,演变和发展其特有的舞台表演体系和艺术特色。本书采访的艺术家既包括主演,也包括幕后人员和"龙套"绿叶,把他们的故事呈现出来,让更多读者了解他们平凡却又不平凡的历史,也是一种尊重。本书采访的艺术家是新中国培养的第一、第二代昆曲从业者,书中披露了第一手历史线索和艺术经验。他们的生动讲述有助于读者从多个角度更为全面地了解当代上海昆曲的历史。

### (二十四)宋元伎艺杂考 南北戏曲源流考

作者:李啸仓、青木正儿、江侠庵

出版社:中国戏剧出版社;第1版

出版日期:2015年6月

本书为《中国戏曲艺术大系》影印系列之一,因篇幅较小,《宋元伎艺杂考》和《南北戏曲源流考》两本合编为一册。《宋元伎艺杂考》是一本个人论文集。《宋元伎艺杂考》一文对宋金元杂剧、院本戏剧形式相关名词做了考证,还原了戏曲从宋杂剧至元代兴盛整个过程中戏曲体制的发展和对应关系,对这一时期的戏曲种类、剧本体裁、演出规模等进行了阐述和分析。另收入《合生考》《释银字儿》等9篇曲艺和古典文学专题论文。影印底本为上杂出版社1953年11月版。《南北戏曲源流考》是一本侧重研究戏曲音乐向南向北发展脉络的专著。从音乐传承角度来看,乐府从汉唐发展到末代流行的词曲,后因宋金对峙版图分割,传统戏曲音乐自此分为南曲和北曲,开始区别发展(期间也有南北创作者相互参照借鉴),到了元代科举废止,文化精英阶层中如马致远、关汉卿这样的戏曲文学家参与戏曲创作致北曲大盛。元末南曲开始抬头,明中晚期昆腔兴起。本书梳理了元曲之前与之后戏曲音乐发展变化的轨迹,所用底本为商务印书馆民国二十七年(1938)十月初版。内容包括院本与院么、杂扮杂砌考、结语、合生与杂嘲、合生与戏曲、辨合生非说话四家之一、说话名称解、谈宋人说话的四家、释银字儿、缀字的来源、银字的名称、银字焉哀艳腔调的代称、银字与说话的关系、辨今存裴度还带杂剧非关汉卿作等。

### (二十五)戏曲鉴赏

作者:陈文兵,华金余

出版社:对外经贸大学出版社;第2版

出版日期:2015年6月

本书(第二版)作为全国高等院校公共艺术课系列教材之一,立足于经典戏曲作品的鉴赏,着重阐述中国戏曲发展历史、戏曲体例特征、中国古典戏曲理论,并精选中国古代、近现代经典戏曲特别是京剧和其他地方戏曲作品加以分析,以助读者鉴赏。本书分为上、下两编,上编为戏曲理论篇,内容有:中国戏曲简史(中国戏曲的萌芽、宋金杂剧、元代杂剧、宋元南戏、明代戏曲、清代戏曲、近现代戏曲);中国戏曲体制特征(剧本体制、音乐体制、演出体制、舞美体制);中国古典戏曲理论(元代戏曲理论、明代戏曲理论、清初戏曲理论、近代戏曲理论)。下编为戏曲鉴赏篇,内容有宋元南戏(《张协状元》《宦门子弟错立身》《小孙屠》《荆钗记》《白兔记》《杀狗记》《拜月亭记》等);元代杂剧(《窦娥冤》《西厢记》《墙头马上》《汉宫秋》《倩女离魂》《赵氏孤儿》等);明清传奇(《宝剑记》《浣纱记》《鸣凤记》《牡丹亭》《长生殿》《桃花扇》《清忠谱》等);近现代京剧经典剧目鉴赏(《铡美案》《杨门女将》《闹天宫》《狸猫换太子》《贵妃醉酒》《玉堂春》等);近现代地方戏经典剧目鉴赏(昆曲《十五贯》、昆曲《李慧娘》等)。

### (二十六)元明散曲小史

作者:梁乙真

出版社：中国戏剧出版社；第1版
出版日期：2015年6月

本书是一部散曲断代史，是对中国散曲的黄金时代——宋元时期散曲的发展态势和文学价值加以探讨的专著。全书共分10章，对散曲的开场、派别及其各个发展时段的特点和代表人物、昆曲兴前后占主流的流派，如白苎派、吴江派及梁沈以外的曲派进行评述。本书是20世纪30年代重要的曲学研究文献，在戏曲史研究方面有不可替代的价值。本次影印再版的《元明散曲小史》由吴梅题写书名，商务印书馆民国二十三年（1934）十二月初版。主要内容有：散曲的开场及清丽派第一期、豪放派的第一期、清丽派的黄金时代、后期的豪放派、过渡时期的几位曲家、昆曲未流行前的豪放派、昆曲未流行前的清丽派、昆腔起来后的白苎派、嘉靖后的吴江派、梁沈以外的曲派、（附录）研究散曲重要参考书。梁乙真（1899—1950年前后），中国近代学者，文艺理论家，所研究方向为中国文学史、中国妇女文学史、中国散曲史。中国国民党党员，中华民国国民革命军陆军少将。主要著述有：《清代妇女文学史》《中国妇女文学史纲》《中国文学史话》《钱玄同题写书名》《花间词人研究》（笔名伊砳）《民族英雄诗话》《民族英雄百人传》《从心理学的观点论民族气节》《中国民族文学史》等。《元明散曲小史》在曲学界颇有影响。

### （二十七）宋元戏曲史

作者：王国维

出版社：中华书局；第1版

出版日期：2015年6月

本书是王国维多年从事戏曲研究的一部总结性著作，被公认为中国近代古典戏曲研究的"开山之作"。它大大提升了戏曲在文学中的地位，把戏曲从"托体近卑"的俗文学拉升到了文学艺术的范畴。全书共16章，以宋、元两朝为重点，征引历代有关资料，考察中国古典戏曲形成、演变、发展的过程，描绘出清晰的途径和线索，对戏曲语言的艺术特点和审美价值做了具体的分析和发挥，是中国第一部系统研究戏曲发展史的专著，材料丰富，治学态度谨严，影响深远。此次整理出版是以1933年3月商务印书馆《国学小丛书》为底本，同时参考上海古籍出版社本，内容更加完善。主要内容有：自序、上古至五代之戏剧、宋之滑稽戏、宋之小说杂戏、宋之乐曲、宋官本杂剧段数、金院本名目、古剧之结构、元杂剧之渊源、元剧之时地、元剧之存亡、元剧之结构、元剧之文章、元院本、南戏之渊源及时代、元南戏之文章、余论、附录一（元戏曲家小传）、附录二（王国维、傅斯年、赵景深等人作品）。

### （二十八）曲韵举隅

作者：卢前

出版社：中国戏剧出版社；第1版

出版日期：2015年6月

本书是一本简明介绍戏曲音韵学基础知识的工具书。在继承《中原音韵》《韵学骊珠》《音韵辑要》等书的基础上，搜罗曲韵作品，选择应用较多的字，并且分为二十一韵部，对一些曾被方言滥用的字韵也进行了规范。本次影印所据底本为民国二十一年六月上海中华书局发行本。后附《曲雅》和《论曲绝句》。《曲雅》版本为开明书店民国二十年（1931）十月初版，选录元曲以来经典作品和民国一些用韵规范的曲作，可作填词度曲学习参考和巩固之用。《曲雅》后附据辛未上巳刻于师范大学的私刻本影印的《论曲绝句》，该书以古典诗论形式评点了自元至20世纪20年代有代表性的散曲作家作品。卢前（1905—1951），原名正绅，字冀野，自号饮虹、小疏，江苏南京人。戏曲史研究专家、散曲作家、剧作家、诗人，为词曲大师吴梅弟子。卢前继承业师吴梅的衣钵，一生致力于戏曲史研究、诗词曲创作，成为曲学大家，著述丰富，主要剧作有《饮虹五种》《楚凤烈》《孔雀女》等。论著有《明清戏曲史》《中国戏曲概论》《读曲小识》《论曲绝句》《饮虹曲话》《冶城话旧》等。

### （二十九）元剧研究ABC　曲选

作者：吴梅

出版社：中国戏剧出版社；第1版

出版日期：2015年6月

本书是吴梅曲学研究的一部重要作品，是世界书局徐蔚南主编的152种《ABC丛书》之一，体现了吴梅的学术方向和戏曲研究方法。全书考证了元剧的渊源来历，又对留存下来的元剧作品数目和表演情况、元剧作家的生平做了尽可能详尽的文献考证，并且对元剧文学体裁进行分析，讲解古典文学中难懂的元曲方言等，为元曲研究提供了方法和理论指导，为后世研究开辟了门径。《曲选》是填词学曲的入门参考书，选取的曲词具有代表性，无论是从初学创作还是从欣赏南北曲的角度，都是一部比较好的选本。本书主要内容包括：绪论；第一章,元剧的来历；第二章,元剧现存数目；第三章,元剧作者考略（上）；第四章,元剧作者考略（下）。吴梅（1884—1939），字瞿安，号霜厓，别署瞿安、逋飞、匡叟等。江苏长洲(今苏州)人,近代戏曲理论家和教育家,诗词曲作家,现代曲学的奠基人,当时与王国维并称为曲学研究的两大巨擘。钱基博以为:"特是曲学之兴,国维治之三年,未若吴梅之劬以毕生;国维限于元曲,未若吴梅之集大成;国维详其历史,未若吴梅之发其条例;国维赏其文学,未若吴梅之析其声律。而论曲学者,并世要推吴梅为大师云!"

### (三十)曲学通论·顾曲尘谈

作者:曲学通论　顾曲尘谈
丛书名:中国戏曲艺术大系
出版社:中国戏剧出版社;第1版
出版日期:2015年6月

本书收入吴梅的两部曲学经典著作《曲学通论》和《顾曲尘谈》。《曲学通论》是介绍曲学基本知识并论及曲学发展史的著作。本书所用底本为商务印书馆民国二十四年(1935)十一月初版。《顾曲尘谈》影印底本为商务印书馆民国五年十二月初版。全书分原曲、制曲、度曲、谈曲4章,对包括散曲和剧曲在内的南北曲的宫调、音韵、作法、唱法诸问题进行了全面系统的阐释,并对元、明、清部分作家作品做了评介。吴梅对古典诗、文、词、曲研究精深,著有《霜厓诗录》《霜厓曲录》《霜厓词录》行世。杂剧有《血花飞》《风洞山》和合称《霜厓三剧》并附乐谱的《湘真阁》《惆怅爨》《无价宝》等12种。其著述皆为后世治词曲者必读之书,有《顾曲尘谈》《曲学通论》《词学通论》《中国戏曲概论》《元剧研究》《曲海目疏证》《南北词简谱》《辽金元文学史》《霜厓曲话》《奢摩他室曲话》《奢摩他室曲旨》《朝野新声太平乐府校勘记》《长生殿传奇斠律》等。

### (三十一)南北词简谱

作者:吴梅
丛书名:中国戏曲艺术大系
出版社:中国戏剧出版社;第1版
出版日期:2015年6月

本书是吴梅先生"竭毕生之精力"而作成的。他逝世前在给门生卢前先生的信中说:"惟《南北词简谱》十卷,已成清本,为治曲者必需之书,此则必待付刻。"曲谱是记录曲牌体式和唱法的一种工具书,是基于戏曲创作和演唱的需要而产生的。元代以来,曲谱著作并不乏见,像《太和正音谱》《南九宫谱》《南词新谱》《南词定律》《九宫谱定》《钦定曲谱》《九宫大成南北词宫谱》等,都是为制、谱、度的需要而编定的。这些曲谱,有的成书较早,词体不甚完备;有的因袭守旧,无甚创造;有的诸体备列,莫衷一是。《九宫大成南北词宫谱》集前人之大成,是一部较好而完备的巨帙鸿著,然而它偏重歌唱,忽视词作,体格甚多,使用不便。吴梅先生取各谱之所长,去各谱之所短,编写了简而明的《南北词简谱》,从创作角度,偏重研究曲牌格律。从创作南北曲看,它为作者立下了标准模式;从研究和校点看,它是一部很好的工具书;从欣赏角度看,它又是一部较好的选本。正如卢前先生在跋语中所说:"先生竭毕生之力,梳爬搜剔,独下论断,旧谱滞疑,悉为扫除,不独树歌场之规范,亦立示文苑以楷则,功远迈于万树《词律》。"

### (三十二)国剧韵典

作者:张笑侠
丛书名:中国戏曲艺术大系
出版社:中国戏剧出版社;第1版
出版日期:2015年6月

本书是一部系统标示中国戏曲唱词音韵的工具书。全书收入以京剧、昆曲为主体的戏曲常用字8000多个,每个字下除注有切音、字义、五声阴阳外,还注明五声二变、清浊、尖团、上口及入十三辙的某辙,对戏曲唱念的吐字行腔进行规范。编辑体例上采用了字典的分部法和检字表,以方便读者查阅。本次影印底本为北平戏曲研究社民国廿四年(1935)十一月初版。主要内容包括:总目;王伯龙先生序;沈睦公先生序;张次溪先生序;陈逸飞先生序;毛醇先生序;成芙萍先生序;臧岚光艺员序;国剧音韵谈;例言;检字表;子集;丑集;寅集;卯集;辰集;巳集;午集;未集;申集;酉集;戌集;亥集;附注;国剧韵典总目。

### (三十三)昆曲:十五贯(中国戏曲海外传播工程)

作者:杨孝明
出版社:外语教学与研究出版社;第1版
出版日期:2015年7月

本书为中国戏曲海外传播工程图书。《十五贯》为著名昆剧剧目,属于"江湖十八本"的剧目。其故事收录于明末冯梦龙《醒世恒言》的"十五贯戏言成巧祸",被清代剧作家朱素臣改编为传奇《双熊梦》,后来被多番改编为京剧、粤剧、秦腔及河洛歌仔戏的剧目。20世纪50年代,昆剧《十五贯》的首次演出轰动了全国,重振了昆剧的地位,《人民日报》为此发表《从"一出戏救活了一个剧种"谈起》的社论。本书分为三章,第一章为简介,扼要介绍了昆剧《十五贯》随着新中国的成立而重获新生的过程。第二章对昆剧《十五贯》的形成过程及人物原型进行了探讨。第三章介绍剧情：屠夫尤葫芦从皋桥亲戚家借得十五贯铜钱，哄骗继女苏戌娟说是卖她的身价钱。苏因不愿为婢，深夜私逃投亲。娄阿鼠闯入尤家偷了十五贯铜钱，并用肉斧杀尤灭口。另一方面，客商伙计熊友兰带十五贯钱往常州办货，遇到苏戌娟问路，二人因此顺路同行。邻人差役见二人同行，又见其有十五贯，遂疑其为凶手，于是二人被押送无锡县衙门，被判死刑。苏州知府况钟冒着丢官的风险，亲至无锡调查，又改扮私访，将真凶娄阿鼠捉住，终于案情大白。书后附有剧本的英语译文。

### （三十四）昆曲：班昭（中国戏曲海外传播工程）

作者：李慧明
出版社：外语教学与研究出版社；第1版
出版日期：2015年7月

本书为中国戏曲海外传播工程图书。该书讲述了东汉时期生在儒学（史学）世家的女史学家班昭，如何在父兄相继去世以后，继承他们的遗志，排除常人难以忍受的艰难，终于把中国历史上的断代史《汉书》补充完整的故事。该书以独特的视角大胆虚构了一个"守望者"的动人故事，情节感人，寓意深刻，给读者带来一次非凡的精神洗礼。昆剧《班昭》讲述了班固为杀青《汉书》寻找继承人，将14岁的妹妹班昭许配给他的二师兄曹寿。但曹寿新婚不久便不耐书斋寂寞，怀揣美赋，游走宫廷。兄长临终，班昭毅然继承了父兄遗志，续写《汉书》，长年依靠温良敦厚的大师兄马续。然曹寿不归，马续也不便久居班家。风雨之夜，班昭以一杯清茶送走了马续，曹寿却意外归来。最后，在经历了丈夫殉葬、书稿被焚等一系列磨难后，班昭和大师兄马续再度相逢，在他的支持和感召下，终于完成了史学巨著。除了昆曲剧本，本书还用大量的笔墨介绍了班昭和她生活的年代以及她的家庭背景，以帮助读者更深一步理解该剧的精华。

### （三十五）中国传统戏曲口头剧本研究

作者：郑劭荣
出版社：光明日报出版社；第1版
出版日期：2015年7月

本书首次系统、综合地研究了传统戏曲"口头剧本"。作者采取文献史料与田野考察资料相互参证、补充的方法，一方面，系统梳理口头剧本的历史脉络及其与书面剧本的关系；另一方面，立足历史和现状两个维度，全面研究口头剧本的形态结构、编创与表演、技艺传承及其活动现状。全书资料生动鲜活，图文并茂，视角新颖，"论""述"水乳交融，深入探究传统戏曲即兴演剧形态，展现了民间艺人独有的艺术智慧和表演技能，对我国戏剧的发展史实及其规律提供了新的思考方向。本书内容有：口头剧本的产生及其成因（俳优戏弄与口头剧本的起源、说唱技艺与口头剧本的形成等）；口头剧本的历史传统（元杂剧口头编创形态与特征、明清戏文即兴演剧形态、清代以来口头剧本繁盛概况）；提纲本的形式特征及提纲戏的定型书写（提纲本的形式特征、提纲戏的定型书写）；口头剧本的套语艺术（戏曲中赋的渊源、戏曲套语的来源与题材内容、戏曲套语的体式、艺术手法及其属性特征）；提纲戏剧目创与"说戏"制（戏班演出的剧目及其编创、提纲戏的"说戏"制）；口头剧本的演出形态（戏词的舞台编创与即兴运用、音乐声腔与舞台动作的临场运用、舞台上的协作与交流、即兴演剧的稳定性与变异性）；表演技艺传习及幕表戏的活动现状（提纲戏的技艺传习、"幕表戏"的历史困境及其活动现状）等。

### （三十六）戏曲把子功

编者：中国戏曲学院
出版社：文化艺术出版社；第1版
出版日期：2015年7月

本书为中国戏曲学院教授戏曲把子功的教材，包括戏曲舞台基本姿态、术语、刀枪花、兵器对打123套的要领、各种下场花等，附有大量的随文图，对戏曲师生、戏曲爱好者掌握这些姿势和动作具有重要的指导意义，同时也是第一次对我国戏曲把子功的全面总结。中国戏曲学院成立于1950年，被誉为"中国戏曲艺术人才的摇篮"，形成了"教学、实践、科研、创作"四位一体的人才培养模式。60多年来，学院为国家培养万余名戏曲专门人才，涌现出刘秀荣、李光、刘长瑜、叶少兰、于魁智、张火丁等一大批艺术家；出版了大量戏曲方面的教材及专著。本书着重解决传统训练的基本技术基础，鉴于新编历史戏和现代戏的不断涌现，不少武打在艺术处理和人物造型上都有很大的变革和出新，其共同特点是从生活出发，脱胎于京剧传统的"单对儿"和"群荡子"，把部队中的擒拿格斗、劈刺射击、投弹、武术、舞蹈与京剧的武打技术技巧融为一体，使真实感与艺术性高度和谐统一，在继承传统的基础上发展了京剧武打的艺术特色。限于编者的能力和条件，本书还不能包括这些新的训练内容，有待今后逐步积累新的训练教材，去完成更为艰巨的整理工作。

### (三十七)宋元戏曲论稿

作者：钟涛，朱玲

出版社：人民日报出版社；第1版

出版日期：2015年7月

本书主要收集了作者近年研究宋元戏曲的成果，围绕宋元时期的戏曲文艺展开有针对性的论述。主要包括三个方面内容：一是探讨宋元曲艺与戏剧的关系；二是考察元杂剧"一人主唱"的艺术体制；三是分析元散曲的美学特征和传播方式。本书的内容具有学术创新性，对中国古代文学和戏剧戏曲学研究具有参考价值，也适合具有中等以上文化程度的一般读者阅读。书中主要内容有：宋大曲中的以歌舞演故事（唐宋大曲概述、宋金杂剧院本大曲的使用等）；宋元市井中的俗曲传播（宋元市井中流行的俗曲、宋元俗曲传播的载体和渠道等）；南宋初觱栗教坊与市井文艺的繁荣（南宋初年的觱栗教坊、觱栗教坊与市井文艺繁荣等）；元杂剧"一人主唱"体制的艺术生成（"一人主唱"的界定、歌诗传统对元杂剧演唱体制的影响等）；元杂剧"一人主唱"体制的分类（按主唱者扮演的角色个数分类、按主唱角色与主要人物的关系分类等）；"一人主唱"对元杂剧表现特征的影响（"一角主唱"与元杂剧的抒情特征和意境的形成、"多角主唱"与伸缩自如的叙述时空等）；元散曲的体式生成及美学特征（元散曲曲体的艺术生成、元散曲与古代歌诗的审美传统等）；元散曲的创作主体和传播方式（创作主体的多样性、与传统文学相似的创作和传播方式等）。

### (三十八)明清曲谈　戏曲笔谈

作者：赵景深

出版社：复旦大学出版社；第1版

出版日期：2015年8月

本书为赵景深作品结集。《明清曲谈》是赵景深先生从1938年至1948年所写明清戏曲论文的汇编。内容主要为明、清两代剧作家生平史料的钩稽，戏曲作品剧目版本、故事源流的考证，思想艺术特点的分析，以及明清散曲家、散曲选集和别集的介绍，散曲的辑佚，等等，都是当时戏曲研究的重要话题。所论康海、郑若庸、朱佐朝、张大复等30余位剧家，杂剧、传奇至宫廷大戏等数十部作品，都有新的发现和阐述。《戏曲笔谈》是1949年后赵景深先生所作论文的初次结集。所收17篇文章，随着时代的发展和研究热点的变化，与时俱进，着重研究名家名剧，对关汉卿、汤显祖、沈璟、李玉剧作的思想价值与艺术特点均有精到而系统的论述。赵先生对我国戏剧史上的剧种、声腔有深入的研究，书中所论南戏、弋阳腔、青阳腔、昆曲、地方戏的内容，都开阔了戏曲研究的视野，揭示了我国民间戏曲的活力，有很高的学术价值，学术影响十分深远。阅读这些文章，仿佛在阅读一部具有赵氏特色的中国戏曲史。它们于今人了解和评价这些剧家和剧作都有参考价值。

### (三十九)戏曲

作者：仝十一妹

出版社：山西教育出版社；第1版

出版日期：2015年8月

本书从戏源、戏艺、戏目、戏台、戏班、戏迷6个方面追溯戏曲的历史，了解剧种剧目和基本的表演元素，重温台前幕后的规矩与逸闻。戏曲，中国特有的综合舞台艺术，曾在漫长的历史中风靡宫廷市井、城市乡村。而今它与现代娱乐渐行渐远，但仍是无数中国人魂牵梦绕的回响。本书带读者追溯戏曲的历史，了解剧种剧目和基本的表演元素，重温台前幕后的规矩与逸闻，让我们在霓裳羽衣、丝竹管弦中一起梦回梨园。主要内容有：戏源（从原始歌舞到优孟衣冠、大唐宫廷歌舞与民间说唱艺术等）；戏艺（生旦净丑：戏曲的行当、唱念做打：戏曲的表演、霓裳羽衣：戏曲的行头和扮相）；戏目（昆曲《牡丹亭》、京剧《龙凤呈祥》等）；戏台（形形色色的演出场所、戏台背景万象等）；戏班（戏班的生存方式、戏班里的学徒、戏班里的规矩等）；戏迷（内行看门道、狂热的粉丝们、票友的故事等）

### (四十)中国戏曲艺术思想史

作者：李世英

出版社：人民文学出版社；第1版

出版日期：2015年8月

本书是关于戏曲艺术的意识、观念和思想的形成史、演变史，也是对戏曲艺术的理论研究史，同时又是人们对"何谓戏曲""戏曲何为"的理论探索史。它体现了对戏曲艺术呈现形态和内在本质由表及里、由浅入深的认识过程。本书是"中国戏曲艺术思想发展史研究"课题的产物，该课题为2008年度"文化部文化艺术科学研究项目"立项项目。该项目研究的目标是试图在已有的戏曲史论研究的基础上，以戏曲文本、戏曲评论、戏曲评点以及与其相关的社会历史环境、文化思潮、审美风尚等作为考察和研究对象，摆脱以往仅仅通过戏曲理论资料来研究戏曲理论的研究模式，从中探讨、总结中国戏曲艺术思想和艺术观念产生、发展和演变的规律。这就增加了课题研究的难度，给研究者提出了许多理论上的难题。在项目研究进行过程中,课题组成员密切关注本学科领域研究的最新成果,关注教学改革的进展,将研究心得和理论成果及时运用到教学实践中,充分验证成果的可行性和适用性,并把在实践中暴露和呈现出的问题及时反馈到理论研究层面,不断地对科研结论和学术成果进行完善和补充。经过课题组成员4年来的艰苦探索和研究,《中国戏曲艺术思想史》终于得以完成。

### (四十一)梨园文献与优伶演剧——京剧昆曲文献史料考论

作者:谷曙光

出版社:中国社科出版社;第1版

出版日期:2015年8月

本书立足于文、音、像、档等"梨园文献",专注其特有的综合性、多元性和鲜活性,以之观照清中叶以来的剧坛变迁和优伶嬗演。概言之,文献是基石,梨园是生态,优伶是主体,而演剧是研究的终极目标。发现新材料、关注珍稀史料,乃本书一大特色;议论出于文献,则是研究始终秉持的理念;而优伶与演剧,又是本书的着力点。京剧昆曲既是中国传统文化的精粹,亦是考察中国社会、文化的一个独特视角。清代以降,戏曲的重心已从案头转移到了舞台、由文本更迭为表演。清乾隆以后的戏曲史,实即一部优伶演剧史。本书首次标举"梨园文献"的概念,案头与场上贯通,文献与思辨并重,尝试创新研究范式,切实推进清乾嘉以迄民国的戏曲研究。本书内容包括:第一章,京剧昆曲文献学概论;第二章,剧作家、剧坛与剧目研究;第三章,清代梨园花谱研究;第四章,谭鑫培戏单与轶闻;第五章,梅兰芳特刊专集、小说与戏单;第六章,梅兰芳与昆曲;第七章,杨小楼念白与小说;第八章,余叔岩特刊、戏单与老唱片;第九章,近代传媒与戏曲;第十章,京剧唱片录音研究;第十一章,周氏兄弟与戏曲;第十二章,戏曲散札等。

### (四十二)戏出文物:宋代戏曲文物与宋代演出

作者:沈倩

出版社:上海远东出版社;第1版

出版日期:2015年8月

本书通过对宋代戏曲文物的研究、分类、分析,在尝试"以图证史"的同时,尽可能复原宋代戏曲舞台艺术之演剧形态。由宋至元,中国戏曲正在为走向成熟做着最后的冲刺。宋杂剧是中国戏剧成熟前的一级重要阶梯,它虽然仍是不够严整的滑稽短剧,却与以往滑稽表演有了很大的不同。它有比较固定的演出规程和角色行当,包含了可供发展的多种艺术元素。它又有广泛的观众面和相对稳定的演出地点,为戏剧的进一步发展做了准备,对中国戏剧日后的美学格局产生了重大的影响。目前出土的宋代戏曲文物不仅给我们提供了当时盛行的乐舞、说唱、傀儡戏、社火、杂剧等表演的生动场景,众多杂剧演出场景中的角色形象还使我们能结合历史文献的记载,直观地了解宋代戏剧演出的角色体制与扮演形态。全书分上下篇,上篇包括宋代戏曲文物产生的历史背景、宋代戏曲文物分类、宋代戏曲文物分布等,下篇介绍戏曲文物与宋代演出情况。

### (四十三)懂戏的不只有我:中国人都必须知道的中国戏曲史

作者:梅兰

出版社:红旗出版社;第1版

出版日期:2015年8月

本书以通俗生动的语言叙述了中国戏曲的发展历史,包括各个历史时期的代表剧种,各个流派的代表剧作、人物,以及它们的时代特征和戏曲特点。同时,还概述了中国各民族各地域丰富多彩的戏曲文化,让大家看到,中国戏曲一直都没有远离中国人的生活。中国戏曲的唱腔动人,身段曼妙;塑造的人物形象生动,类型多样……这一切,都使中国戏曲成为回味无穷的艺术瑰宝,它纵横古今,让世界为之倾倒。本书语言精妙,意境动人。内容包括:《戏曲,你知道多少》《中国戏曲的寻根》《从"优孟衣冠"到"角抵百戏"》《唐戏有弄参军,也有踏摇娘》《南戏北曲演义的戏曲前奏》《〈水浒传〉告诉你的"宋杂剧"》《〈琵琶记〉为代表的"宋元南戏"》《四折一楔的元杂剧》《盖世界浪子班头的关汉卿》《戏曲,这样成熟》《明清传奇谱写的戏曲新时期》《政治狂奴汤显祖》《"南洪北孔"的传奇"双璧"》《诸腔并奏的地方戏》《不可不知的戏曲剧种》《京剧,外行看热闹的"国剧"》《昆曲,曾冠绝梨园的百戏之祖》《地方戏,民间娱乐这样自我传承》《评剧,评古论今的说唱》《豫剧,戏窝子里捧出来的剧》等。

### (四十四)中国古代戏曲

作者:王烨

出版社:中国商业出版社;第1版

出版日期:2015年8月

本书论述了中国古代戏曲的概念及其从起源、发展到繁荣、嬗变的整个历史过程,并对各个时期不同流派的代表性作品进行了作者、思想内容、人物形象、艺术性等方面的系统介绍与分析,以帮助读者了解中国古代戏曲的发展脉络和重要作品。中国戏曲作为中国文化的一种重要形式,其历史悠久,源远流长,在中国民族文化艺术史上以及在世界文化艺术宝库中占有独特的地位。本书用较大篇幅介绍了南戏、元杂剧、明清传奇,通过剧本分析和舞台表演分析让读者感受到了古代戏曲的独特魅力。主要内容有:戏曲的孕育时期(源远流长的戏曲艺术,先秦—魏晋时期的歌舞百戏,唐代的歌舞戏);戏曲的形成时期(宋代大曲与诸宫调、宋元的南戏等);古代戏曲的巅嶂时期(元杂剧的兴盛、元杂剧的经典作品);明清传奇与昆弋争雄(明时期的传奇,清代前期的传奇,传奇的剧本形式和舞台表演);地方戏与京剧;少数民族戏曲等。

### (四十五)中国戏曲教育六十年:1949—2009

作者:董德光,生媛媛,董昕

出版社:学苑出版社;第1版

出版日期:2015年9月

本书是中国艺术教育六十年(1949—2009)丛书中的一册。该丛书由北京舞蹈学院王国宾院长主持组织编写,分为戏曲、音乐、美术、舞蹈、戏剧5个分卷,全面系统地总结了新中国成立60年来我国艺术教育的历程、特点和经验,为我们了解新中国艺术教育提供了一个比较全景的视角,为进一步走出一条适合中国特色的艺术教育之路提供了许多借鉴,具有一定的参考价值。这套图书系"新中国60年艺术教育的实践进展与理论创新"课题的结项成果图书。本书由戏曲教育的发展历程,艺术、教育政策法规对戏曲教育的影响,戏曲教育实践三篇构成,主要包括九章:戏曲教育的孕育、形成与发展;戏曲现代教育的确立与曲折前行;戏曲现代教育的改革与发展;艺术与教育方针、政策法规的沿革;戏曲教育管理体制的改革与发展;戏曲学校制度的变革;戏曲教育培养目标的演变;戏曲教育的教师和学生;戏曲教学实践。

### (四十六)中国戏曲史略与名段鉴赏

作者:齐江

出版社:西南师范大学出版社;第1版

出版日期:2015年9月

本书由中国戏曲史略与名段鉴赏两篇构成。首先,作者以新的思路、结构和写作方法介绍了中国戏曲的起源和发展历程,对各个历史阶段发展过程中戏曲所呈现的基本面貌、代表性人物及作品进行了概要描述,同时也对不同时期戏曲艺术盛衰兴替的原因做了阐述与分析,试图通过对古代戏曲与各时期的政治、经济、文化等互动关系的研究,来探索戏曲发展的艺术规律。其次,作者又对5种至今仍具有重要影响力的戏曲声腔进行了较为详细的介绍,并对其代表性唱段做了导读分析,以便于读者更好地了解和欣赏这些戏曲声腔。上篇"中国戏曲史略"的主要内容有:远古及夏商周时期的乐舞(远古乐舞、六代乐舞、优孟衣冠);秦汉散乐和百戏;魏晋南北朝时期的百戏与故事歌舞戏;隋唐时期的散乐与歌舞戏;宋元时期的戏曲发展;明代戏曲的发展(杂剧的衰微南戏的繁盛、传奇体制的确立、明代四大声腔);清代戏曲的发展等。下篇"名段鉴赏"的主要内容有:昆腔唱腔赏析(昆剧概况、唱段赏析);高腔唱腔赏析;梆子腔唱腔赏析;皮黄腔唱腔赏析;近现代剧种唱腔赏析等。

### (四十七)戏曲历史与审美变迁

作者:刘祯

出版社:中国文联出版社;第1版

出版日期:2015年9月

《戏曲历史与审美变迁》为作者研究戏曲历史与审美变迁之论文集。作者多年从事中国戏曲史研究,所收文章发表于《文艺研究》《戏曲研究》《戏剧艺术》等刊物或国际学术研讨会。主要内容有:论昆曲审美思想的变迁(《琵琶记》与明初文学思潮,文人与戏曲的契缘,"雅正"思想与"寓道德于诙谐"的走向);略论中国戏曲雅俗审美思潮之变迁(俗之滥觞——南戏的兴起与"里巷歌谣",雅、俗共赏——雅俗审美之真正融合与杂剧作家身份之双重性,雅化之风——戏曲身份的确立与昆曲的"流丽悠远"等);虎丘曲会与昆曲审美的雅、俗之境(戏曲史中的俗与雅,虎丘曲会文献记载,曲会现象与雅、俗两境等);乾隆时期(1736—1795)北京演剧及雅俗思潮嬗变(戏曲史上之清代戏曲与乾隆戏曲,乾隆时期北京演剧与花雅之争等);实践与理论:关于中国戏曲表演理论体系;论元杂剧及在大都的兴盛(元杂剧:一代之文学,多元艺术的综合与演进等),以及研究高则诚与《琵琶记》、关汉卿、王实甫等剧作的论文。本书集中反映了作者多年来研究中国戏曲史及审美变迁的成果,受到学界关注和好评。全书共约25万字。

### (四十八)元曲三百首

作者:(元)关汉卿;杨靖,李昆仑编

出版社:敦煌文艺出版社;第1版

出版日期:2015年9月

本书分为六大版块:图鉴阅读、史记阅读、辅助阅读、原作新释、体验阅读和延展阅读。通过这些版块,详细生动地从不同功用上对《元曲三百首》进行全方位的介绍。元曲是中国古代文化的瑰宝，是在唐诗、宋词之后我国文学史上的又一突出成就。它与汉赋、唐诗、宋词、明清小说一道，成为中国古代文人聪明才智的见证。元曲盛于元代，它不同于唐诗宋词的典雅瑰丽，而是大量使用口语方言，将阳春白雪与下里巴人很好地融合在一起，以其广阔的题材、独特的风格以及直白押韵的语言，深得历代文人的青睐。元曲语言通俗、题材广泛、风格独特，有苍凉感慨的怀古之情，有激越悲壮的边塞之风，有哀婉典雅的闺怨情怀……本书选取元曲代表作300余篇，集注释、赏析为一体，将元曲艺术的精粹尽显书中，比较全面地展示了元曲的风貌，让读者在轻松阅读的同时获得更多的文化熏陶、丰富的想象空间和审美情趣，值得广大读者慢慢赏读。本书既可以帮助读者更好地理解和背诵元曲，也可作为精美的收藏。

**（四十九）长江流域的戏曲艺术**

作者：宋辉

丛书：长江文明之旅

出版社：长江出版社；第1版

出版日期：2015年9月

本书为长江文明之旅丛书其中一册。长江文明之旅丛书分为《长江流域的名山奇峡》《长江流域的楼台亭榭》《长江流域的岁时节庆》《长江流域的饮食生活》《长江流域的名城古镇》等32册，着力把握长江流域经济社会发展的新特征，深入挖掘长江文化的底蕴和特质，以求全面、系统地展示长江文明。全套书包括500多万字和上千幅图片，融知识性、趣味性、思想性、可读性于一炉，雅俗共赏，适合全民阅读。走进长江文明馆，阅读长江文明之旅丛书，一部波澜壮阔的史诗画卷慢慢打开，一条浩浩大江的光阴故事鲜活呈现。本书介绍了长江流域戏曲艺术的有关知识，主要内容有：6300公里：满江歌戏胜如花（一脉戏韵说从头、一江流波映戏影）；长江上游篇：冲波浪涌天净沙（青藏高原天籁音、彩云之滇踏莎行、巴山蜀水锦堂月）；长江中游篇：波光潋滟醉花荫（楚天谣带清江引、潇湘曲腔凤栖梧等）；长江下游篇：江流宛转满庭芳（遥看徽州花戏楼、吴侬软语听妙音、申江水暖赏花时）；雅韵兰芳观昆剧（良辰美景奈何天、姹紫嫣红传世曲、吴中花月又春风、沪上今朝竞风流、别样昆腔发几枝）等。

**（五十）昆曲表演学**

作者：丁修询

出版社：江苏凤凰教育出版社；第1版

出版日期：2015年9月

本书是对昆曲的舞台艺术、表演艺术的阐述和研究。全书先对昆曲表演做了全面概述，进而详尽地记述和分析各种家门规范、舞台体制等以至各种身段形态、身段组合和各种服饰道具的技艺等，把古典昆曲表演的程式和规范全都用文字具体记录了下来，对传统舞台技能进行了一次科学大整理。本书对昆曲艺术的保存具有不可替代的重大意义。迄今为止关于昆曲的研究多为曲学类、史著（含史料、考证、作家作品论等等）类，但对于昆曲舞台艺术的研究却几乎空白。这部作品不仅记述了昆曲各个行当的众多折子和角色的表演技术技巧，而且是从体系的高度加以系统的研究，可以说在昆曲学术史上和在戏曲学术史上都是第一部。本书内容有：导言，昆曲演剧方法与中国演剧体系（关于"昆曲学"、关于"演剧体系"、中国戏曲演剧体系与昆曲、昆曲是中国民族演剧体系的范本）；第一章，昆曲表演概述（昆曲表演的构成、昆曲表演程式的三个层级、昆曲程式表演的古典特性、京昆之别）；第二章，昆曲表演技术基础（上）；第三章，昆曲表演技术基础（下）；第四章，身段组合举隅；第五章，折子戏表演提要；第六章，身段谱五种；后记。

**（五十一）昆曲史考论**

作者：吴新雷

出版社：上海古籍出版社；第1版

出版日期：2015年9月

本书为戏曲研究名家吴新雷积数十年心血探究昆曲的结晶之作，作者从不同层面对昆曲进行深入研究，有考有论，以实证的方法解决了昆曲史中的诸多节点问题，全面反映了作者昆曲研究的重大成果。本书从具体议题出发，由点的突破架构起昆曲史的系统认知。全书内容包括：卷一，源流史论（昆山腔的源流与演变、论玉山雅集在昆山腔形成中的声乐融合作用、吴中昆曲发展史考论、论戏曲史上临川派与吴江派之争等）；卷二，昆班考论（苏州昆班考、南京剧坛昆曲史略、扬州昆班曲社考、浙江三大昆曲支派初探）；卷三，剧目考论（昆曲传统剧目考论、昆曲剧目发微、关于昆剧中的神道八仙戏、舞台演出本选集《缀白裘》的来龙去脉）；卷四，名家考论（李渔和清代戏剧创作论的发展、论孔尚任《桃花扇》的创作思想等）；卷五，曲谱唱论（《紫钗记》的传谱形态及台本工尺谱的新发现、《牡丹亭》昆曲工尺谱全印本的探究、关于《长生殿》全本工尺谱的印行本、昆曲"俞派唱法"研究);卷六,曲话剧论(关于吴梅的昆曲论著及其演唱实践——为纪念曲学大师吴梅先生诞辰120周年而作,一九一一年以来昆曲《牡丹亭》演出回顾,当今昆曲艺术的传承与发展——以"苏昆"青春版《牡丹亭》和"上昆"全景式《长生殿》为例等)。

**(五十二)昆剧志/中国"昆曲学"研究课题系列(套装上下册)**
主编:王永敬
出版社:上海文化出版社;第1版
出版日期:2015年9月

本书以专业志书形式客观记载自昆剧形成以来的史实,包括剧目、演艺、音乐、舞美、机构、场所、专著、传记、大事记等,是有史以来的第一部中国昆剧志书与工具书(全书约150万字,含文字、图表、照片、曲谱等)。内容包括:总序、凡例、综述、图表、大事年表、前代昆剧史编年、当代昆剧大事记、获奖表、中华人民共和国文化部文华奖昆剧获奖一览表、中国戏剧梅花奖昆剧演员获奖一览表、2002年联合国教科文组织嘉奖中华人民共和国文化部"促进昆剧艺术奖"、2002年联合国教科文组织及中华人民共和国文化部嘉奖和表彰长期潜心昆剧事业成就显著的昆剧艺术工作者、志略、剧目《一文钱·烧香》《罗梦》《一天太守》《一两漆》《一种情·冥勘》《一捧雪》《儿孙福》《丁甲山》《十五贯》《十面埋伏·十面》《八义记》《八仙过海》《九龙柱》《九曲珠》《九莲灯》《人兽关》《人情钱》《三上西天》《三夫人》《三关排宴》《三岔口》《三战张月娥》《三笑缘》《万里圆·打差》《下陈州》《义侠记》《千忠录》《千里送京娘》《千金记》《大名府》《小罗成》《夕鹤》《女飞行员》《女中杰》等;传记、附录:政府有关文件资料、索引、编后记。

**(五十三)对谈白先勇——从台北人到纽约客**
作者:符立中
出版社:现代出版社;第1版
出版日期:2015年9月

本书是一本完整收录白先勇谈家庭、感情、学业与文学创作的对话录,收录了白先勇与作者(符立中)的珍贵对谈,在《百劫红颜》中白先勇首次公开谈及他的姊姊对他成长与文学的影响;青春版的《牡丹亭》呈现跨世代的青春追寻,白先勇打磨了昆剧美学;《玉簪记》揭露了白先勇与昆曲一生的缘分,及他对台湾昆曲的影响;《断背山》公开剖析同性之爱。谈及师承《红楼梦》的白学及其创新的成就,更详尽记载白先勇写《游园惊梦》、提倡昆曲的历程;现代文学的篇章记录了白先勇当时的老师张心漪,回忆共同创办现代文学的文友们,如王文兴、陈若曦等,弥足珍贵。符立中被赞誉为"当今台湾文化界奇才",他曾多次贴身访问白先勇,也曾多次参与"白学"的活动,大扣大鸣,在一问一答间,循着台北人到纽约客的足迹,精准地呈现了白先勇的文学、昆曲、电影的艺术成就,盘根纠结,彼此交错,文笔细腻,触动人心,在岁月的流离中,白先勇的文字、"白学"的精神一直流传与感动人心。本书记录了白先勇的文学成就——剖析从台北人到纽约客的创作背景;诉说了白先勇的昆曲情缘——梳理青春版《牡丹亭》的前世今生。本书被誉为为深度了解白先勇之必读书目。

**(五十四)乾隆时期戏曲研究:以清代中叶戏曲发展的嬗变为核心**
作者:王春晓
丛书:历史文化研究丛书
出版社:中国书籍出版社;第1版
出版日期:2015年9月

本书以清代中叶戏曲发展的嬗变为核心研究乾隆时期戏曲。乾隆时期是中国古代戏曲史上的重要阶段,也是清代戏曲发展的转折期:由内廷而至民间,戏曲演出活动十分繁盛,但雅部昆腔受到新兴地方声种的挑战,形成花雅争胜的局面;文人戏曲的创作受制于酷厉的思想统治,也呈现出因循守旧、创新不足的态势。演剧大盛而文人戏曲却渐趋衰微,是乾隆时期戏曲的主要特点。倘将之置于清代戏曲发展的流脉中加以观察,则不难发现,这也是清代中叶戏曲嬗变的重要表征。有鉴于乾隆时期戏曲的研究状况,王春晓所著的《乾隆时期戏曲研究——以清代中叶戏曲发展的嬗变为核心》着眼于清代中叶戏曲发展的嬗变这一核心,分别从内廷大戏的编演和文人戏曲的创作两个方面,对乾隆时期演剧大盛而文人剧转衰的原因进行探讨。上篇重点对此期内廷承应戏的编演情况及创作意图加以论述,下篇则对文人戏曲的创作状况及其式微的原因加以探讨。本书认为,乾隆时期戏曲演出的繁盛与高宗皇帝的好尚及其着意打造盛世的用心关系极大,而此期文人剧的衰弱也和君主集政统与道统于一身、推行酷厉的文化政策,进而导致文人独立性的丧失不无关联。

**(五十五)中国昆曲年鉴2015**
主编:朱栋霖
出版社:苏州大学出版社;第1版

出版日期：2015年10月

本书是在文化部艺术司的支持下，专项记录中国昆曲演出、传承、创作、研究的专业性年鉴，记载中国昆曲的保护、传承、发展的年度状况，以学术性、文献性、资料性、纪实性为宗旨，为了解中国昆曲年度状况提供全方位信息。《中国昆曲年鉴2015》记载2014年度中国昆曲的保护传承工作和基本情况，各昆剧院团的艺术表演和相关活动，记录年度昆曲进展，聚焦年度昆曲热点，展示年度昆曲成就。本书共设18个栏目：特载；北方昆曲剧院；上海昆剧团；江苏省演艺集团昆剧院；浙江昆剧团；湖南省昆剧团；江苏省苏州昆剧院；永嘉昆剧团；台湾昆剧团；2014年度推荐剧目；2014年度推荐艺术家；昆剧教育；苏州昆曲传习所、昆曲曲社；昆曲研究；昆曲研究2014年度推荐论文；昆曲博物馆；昆事记忆；中国昆曲2014年度大事记。《中国昆曲年鉴》每年一部，逐年记载中国昆曲的保护传承和发展状况、各昆剧院团的艺术活动以及年度昆曲热点问题探讨，展示年度昆曲艺术成就，是关于中国昆曲的学术性、文献性、纪实性综合年刊，对昆曲每年发生的重要事件进行梳理和总结，为昆曲艺术留下历史的记录，具有较高的学术价值。

## （五十六）昆曲在北方的流传与发展

作者：朱俊玲

出版社：中国社会科学出版社；第1版

出版日期：2015年10月

本书是第一部全面系统研究北方昆曲发展史的专著。明末昆曲传入北方，结合北方的语音及音乐特色，适应北方观众的欣赏习惯，逐渐形成了有别于南方昆曲的特征。清朝后期到民国年间昆曲开始衰落，新中国成立后北方昆曲剧院建立，成为北方昆曲发展和传播的重镇。北方昆曲剧院在恢复传统老戏的基础上不断创排新戏，《红楼梦》成为北方昆曲剧院发展史上新的里程碑。本书还对南北方昆曲不同的艺术风格进行了探讨，并对北方地区昆曲曲社和昆曲教育的发展进行了研究。本书内容包括：第一章，昆曲在北方的初步发展；第二章，昆曲在北方的兴盛（北京昆曲剧坛的创作与演出，宫廷大戏的编纂与演出，北方家庭戏班、职业戏班的兴盛，昆曲在北方地区的流传与发展）；第三章，昆曲的衰落及其在北方的延续（诸腔杂陈与昆曲的衰微，折子戏演出的兴盛，王府昆弋班和河北农村昆弋班延承昆曲，荣庆社等昆弋社延续昆曲余脉，昆曲对京剧及北方其他剧种的影响）；第四章，新中国成立后昆曲在北方的发展；第五章，北方昆曲的艺术风格及与南方昆曲的交流等。

## （五十七）中华艺术论丛第14辑（戏曲音乐改革研究专辑）

主编：朱恒夫，聂圣哲

出版社：复旦大学出版社；第1版

出版日期：2015年10月

本书系中华艺术论丛第14辑。主要内容为戏曲音乐改革研究专辑，分为理论前沿、曲家经验、汪人元专栏、路应昆专栏、最新动态、附录六个部分。着力于探索戏曲音乐改革的有效途径，总结其经验与教训，特别强调音乐在戏曲改革中的重要性。收录的文章有《简论中国戏曲音乐的特征》《昆曲的宫调与套式》《关于戏曲音乐人才问题的报告》《谈京剧的唱腔创作》《昆曲"依字行腔"疑议》《戏曲音乐"改革"在路上——昆曲、京剧音乐改革历史掠影及现代启示》《对当代戏曲音乐论述中三个非音乐关键词的反思》《关于戏曲音乐人才问题的报告》《打造新的声腔音乐，是戏曲能否振兴的关键》《探索戏曲音乐改革的新途径——浅谈"一曲贯穿全剧"的创作手法》《我在戏曲音乐创作中的思考与做法》《当代戏曲音乐创作点滴思考》《当前戏曲传承、发展中的唱腔音乐问题》《戏曲音乐的"传统"如何继承》《戏曲音乐发展中的民族性与现代性问题》《时代、传统与戏曲音乐》等。

## （五十八）二十世纪昆曲研究

作者：朱夏君

出版社：上海古籍出版社；第1版

出版日期：2015年11月

本书梳理了20世纪昆曲研究理论，探讨了学者的研究经验与治学方法，总结了20世纪昆曲研究学术史的一般规律。作者首先从吴梅的学术道路与影响看20世纪昆曲学术格局的形成，继而从昆曲文献的几个问题看其中的学术传统，并且清理昆曲乐律中的传统曲学观点和西方音乐观点。此外，还从演员和曲家的角度谈20世纪昆曲表演，从昆剧史、昆剧志和昆剧词典的编撰分析21世纪昆曲研究的新趋势。全书内容包括：第一章，二十世纪昆曲史研究（前三十年的昆曲史研究、三四十年代的昆曲史研究、八十年代以后的昆曲史研究）；第二章，二十世纪昆曲文献研究（传统文献学中关于昆曲的著录、二十世纪新发现的昆曲文献学著作、学科初创期的昆曲文献研究、昆曲文献学研究的细化与分化）；第三章，二十世纪昆曲乐律研究（昆曲乐律研究的传统及新变、二十世纪昆曲曲韵研究、二十世纪昆曲曲谱研究、二十世纪昆曲宫调研究）；第四章，二十世纪昆曲表演研究

(二十世纪昆曲的脚色与各家门功法、二十世纪昆曲唱腔研究、二十世纪昆曲念白研究、二十世纪昆曲身段研究);第五章,二十世纪昆曲志书、辞典的编撰("戏曲志"与"音乐志"中的昆曲史料与文献、地方昆剧志的编撰、昆剧(曲)辞典的编撰)等。

**(五十九)插图本昆曲史事编年**

作者:吴新雷

出版社:上海古籍出版社;第1版

出版日期:2015年11月

本书是一部学术性的昆曲史料书,主旨是为昆曲史的研究累积原始资料,留存往事的讯息和线索,供昆曲史研究者做参考。昆曲是综合艺术,涉及作家作品、艺人伶工、声歌音律、舞台演出等各个方面,排比编年时还连带到史书典籍、报刊文宣之类的诸多事项,虽限于条件难以网罗求全,然均取精用闳,择要列举。本书又从历代文籍中爬梳剔抉,发掘了一批新资料,通过调查研究和实地访察,确考其史实和时地。再者,本书还适当地插配了一些图像,配有图片440余幅,包括昆曲珍贵资料的书影、版画、书信影印件及演出的剧照、戏单等,直观立体地起到了视觉形象"以图证史、图文互证"的双向效应。如《真迹日录·南词引正》的书影,孔尚任介安堂原刻本《桃花扇》扉页的书影,周明泰"几礼居"旧藏北方昆弋班荣庆社和庆生社的戏单,日本"青木文库"所藏苏州昆剧传习所在徐园演出的戏单,以及上海美华大戏院聘请周传瑛和王传淞演唱昆剧的契约等,均极具史料价值和学术意义。全稿分为五个部分,即:元末、明、清、民国及中华人民共和国建立后的昆曲史料编年,元、明、清部分侧重于重要史料的客观排列和钩稽增补,民国及近现代部分侧重于昆曲大事提要的陈列,综合起来,全面概要地展示了昆曲发展的历史轨迹。

**(六十)中国戏曲广记**

作者:邓运佳

出版社:四川大学出版社;第1版

出版日期:2015年11月

本书是作者将自己从事戏曲艺术教学和科研工作数十年来所积累的戏曲文献资料卡片和图片,以戏曲相关艺术(如曲艺、乐舞、角抵、百戏、木偶、影戏等)、技艺、理论研究等为纬,以文献作者及其著作在二十五史中所在之朝代先后为序,以方便后学继续深入研究古老戏曲为目的,历时4年,整理而成的带有工具书性质的戏曲史料专著。该书分上、下两大册,收录了上自先秦下迄明清历朝历代的文献典籍稗官野史中与戏曲有关的大量资料,计200余万字,堪称洋洋大观,是作者半个世纪以来教学、科研的重大成果。在当年没有电脑等现代工具可供利用的情况下,作者全凭手抄笔录完成这一鸿篇巨制的浩大工程,尤其难能可贵。这部书的出版,无论对中华文化的积累还是开展学术研究,都有重要的价值,弥足珍贵。主要内容有:卷一先秦、卷二汉代、卷三三国魏晋南北朝、卷四隋唐、卷五五代、卷六宋辽金代、卷七元代、卷八明代(上)、卷九明代(下)、卷十清代(上)、卷十一清代(中)、卷十二清代(下)等。

**(六十一)晚清报载小说戏曲禁毁史料汇编(上、下)**

作者:张天星

出版社:北京大学出版社;第1版

出版日期:2015年11月

本书全书92万余字,在普查上百种晚清中文报刊的基础上,共从69种晚清中文报刊上搜集小说戏曲禁毁史料2300余则(篇),时间跨度自1869年至1911年。全书分为前言、凡例、正文、索引四部分。前言部分综述了晚清报载小说戏曲禁毁史料的主要特点和研究价值。凡例部分则说明了所收史料的收录标准、编排体例及整理方式。正文部分以史料报载时间先后为序,将搜罗的报载官方禁令、民间约章、论说、新闻报道、广告、歌曲等内容分为"上编 禁毁令章""中编 查禁报道""下编 禁毁舆论"三部分编排,并以页下注的形式对史料涉及的相关人名做了简要注释,以便参考。索引部分以汉语拼音为序对《汇编》出现的人名、书名、剧名、曲名予以索引,以便检阅。本书所收史料来源广泛、记载较详尽,内容新旧杂陈,较突出地反映了晚清文学艺术在社会转型过程中所体现的守旧与新变、冲突与融合的发展历程,不但对全面了解晚清小说戏曲发展的真实情况,深入研究中国近代文学与文化具有一定的学术价值和应用价值,而且对中国小说史、戏曲史、文学制度史、文化管理史等相关研究也具有参考研究意义,是截至目前学界首次对晚清报载小说戏曲禁毁史料予以全面整理的研究成果,具有较强的文献、史料和工具价值。

**(六十二)中国戏曲唱腔曲谱选·梨园戏卷**

主编:孙洁,朱为总

编者:汪照安,汪洋

出版社:中国文联出版社;第1版

出版日期:2015年11月

本书是以唱腔曲谱为主的梨园戏谱。书中介绍的梨园戏是我国古老的戏种之一,被誉为"宋元南戏活化石"。梨园戏是宋元南戏戏文流程演变的产物,至今已有800多年的历史,现在我国闽南广为流传。书稿将梨园戏的谱与曲相结合,用五线谱的形式展示给读者,并将曲的每一个曲牌进行背景讲解与分析。作品分为:小梨园、上路、下南,非常全面地整理和抢救弥补了梨园戏研究的空白,而且对于地方戏曲的自我界定和继承发展有着重要意义与历史价值。本书收录小梨园12个剧目57首唱腔,例如:《刘智远·井边会》(锦板·南北交)"小将军听说起"、《蒋世隆·宿店》(北叠)"秀才娘子"、《吕蒙正·入窑》(福马郎)"秀才先行"等;上路11个剧目20首唱腔,例如:《王十朋·十朋猜》(福马郎)"泥金书"、《蔡伯喈·真女行》(倍工·五韵美)"玉箫声和"、《王魁·捉王魁》(倍工·巫山十二峰)"珠泪垂"等;下南8个剧目14首唱腔,例如:《苏秦·大不第》(中滚·三隅反)"去秦邦"、《郑元和·护褥》(寡北·昆腔))"鹅毛雪满空飞"等。共收入31个传统剧目,91首传统唱腔;附录新编剧目《董生于李氏》11首唱腔,共计32个剧目102首唱腔。

### (六十三)非遗保护与遂昌昆曲十番研究

作者:谭啸

出版社:苏州大学出版社;第1版

出版日期:2015年12月

本书以敏锐的学术视角,运用文化遗产保护理念,综合民族音乐学、文化地理学、社会学以及音乐分析等方法,坚持理论与实践相结合、历史与逻辑相统一,将遂昌昆曲十番置于遂昌特定的社会人文环境和非物质文化遗产保护的背景中加以研究,对其形成的社会政治、经济和文化背景,乐曲形式的生成、发展与变迁,传承艺人相互之间的联系,传播、传承过程中的相互借鉴、吸收、影响等做了深入的挖掘开垦;对其表演现象、乐器与器乐、唱腔音乐、场合范围、个体音乐实践等做了细致的分析考察;对其生态现状、面临的困境、创新与传承等做了动态的梳理解读;还将其与佛山十番、海南八音器乐、茶亭十番等进行横向的比较研究,全面勾勒了遂昌昆曲十番的来龙去脉,图文并茂地展示了遂昌昆曲十番的内在神韵。本书内容包括:绪论、遂昌生态特征与人文背景、遂昌昆曲十番的渊源与发展、遂昌昆曲十番的曲目与曲牌、遂昌昆曲十番的乐队与作品、遂昌昆曲十番的音乐与传承、遂昌昆曲十番与其他十番比较、遂昌昆曲十番的特征与价值、遂昌昆曲十番的现状与发展策略、结语:让遂昌昆曲十番在新时代发出灿烂的光芒等。

### (六十四)戏曲源流 曲律易知

作者:许之衡

出版社:中国戏剧出版社;第1版

出版日期:2015年12月

本书是中法大学弗尔德学院内部刊印的戏曲史教材。本书将中华戏曲置于整个历史文化视野中,从诗经、汉乐府、唐大曲到宋参军戏一直到盛期北曲至南曲,选取有代表的诗歌、曲词和作者进行介绍,揭示出我国戏曲以歌舞形态不断发展流变、一脉相承的历史。《曲律易知》是许之衡饮流斋壬戌(1922)十二月刻本。牌记页刻:壬戌十二月梓行书经存案翻刻必究。书口下刻:饮流斋,为许氏自刊本。前有吴梅序、李宣倜序。因吴梅著有《曲学通论》,故此书于同年出版铅印本时改题《曲学通论续编》,吴梅为之核定并作序。此书对南北曲的宫调、曲调、韵律、衬字等曲律问题做了具体的论述,尤其对南曲的引子、过曲的节奏、粗细曲之分别以及曲调的搭配与场次的安排等问题的论述十分详尽。另外,在"余论"部分中,对《拜月亭》《琵琶记》《明珠记》《绣襦记》《浣纱记》《昙花记》《玉块记》《南西厢》以及张凤翼、沈璟、顾大典等人的剧作做了简略的评述,并论述了临川派与吴江派、《牡丹亭》的改本、李玉与苏州曲家等戏曲史上的一些重要问题。

### (六十五)中国戏曲文物图谱

作者:廖奔,赵建新

出版社:中国戏剧出版社;第1版

出版日期:2015年12月

本书是一部戏曲文物学专著。作者廖奔、赵建新在掌握大量历史资料的基础上,用文化人类学、社会学和历史考证等研究理论和方法,把我国丰富的戏曲历史文化遗存同戏曲文献、民俗文化相结合,通过文物图片如戏曲版画、绘画、建筑、雕塑等的形象展示,进而研究戏曲艺术在某一特殊历史时期的特殊形态,从中揭示戏曲发展的历史规律。本书属于《中国戏曲艺术大系·史论卷》(共8册),这套丛书还有《中国戏曲文化》《中国戏曲通论》《中国戏曲文化》《中国戏曲通论》《中国戏曲发展史(全四卷)》等。本书内容有:前言;第一章,演出场所类(戏台的源起、戏台);第二章,戏曲美术类(戏曲绘画列、戏曲雕塑类、戏曲器物装饰、戏曲剪纸刺绣);第三章,戏曲资料类(戏曲典籍、碑刻题记、演出用具类)等。

### (六十六)戏曲写作教程

作者:宋光祖

出版社:上海人民出版社;第1版

出版日期：2015 年 12 月

本书致力于探讨戏曲写作的历史传统和写作方法，条分缕析，深刻细致，系统完整，切实起到了强化戏曲思维与写作过程中的答疑解惑之作用。作者也未局限于戏曲的特性，而是注重向话剧理论学习，以人物的性格描写、感情揭示和心理分析为主，事件或者情节为从，由浅入深、体贴入微。本书是作者经过 20 余年的教学实践摸索而建构的一整套独立的戏曲写作理论，格外遵从教学需求，以指导学生的写作训练为轴心，推崇从读剧看戏中总结戏曲写作理论，因此全书涉及众多中国现当代戏曲范例，还汲取了古典戏曲理论和剧作的精华，对于研习戏曲编剧的学生而言具有很强的应用性。主要内容有：戏曲剧作特点（叙述体戏剧、以诗写剧、受表演形式的制约、民间性传统）；情节（戏曲重情节、传奇说与境遇说、曲径通幽、情节的歌舞化）；结构（戏曲结构与戏剧冲突、整体布局、场子编排、结构手法）；曲白（曲白的音乐性、舞台性、文学性）；戏曲人物（性格描写、感情揭示、心理分析）；戏曲改编（传统剧目的改编、古典名剧的改编、莎士比亚戏剧的改编）；戏曲新编（新编古代戏、现代戏的优势和劣势）；小型戏曲（释义与分类、以小见大以少胜多、情节的高度集中）；当代戏曲的写实倾向；史剧创作"意识"种种；剧本简洁的范例——读"梅"偶得；越剧剧作特点；代后记戏曲剧本写作课是一门训练课等。

**（六十七）新旧戏曲之研究**

作者：佟晶心

出版社：中国戏剧出版社；第 1 版

出版日期：2015 年 12 月

本书是我国较早对戏曲、话剧乃至电影等表演艺术进行全面研究的专著。《新旧戏曲之研究》引入了西方审美心理学等理论，把中国传统戏曲包括昆曲、皮黄（当时京剧的称法）和地方戏与话剧、傀儡戏等表演艺术形式作为研究对象，既对其内在的艺术规律和特点进行历史溯源和形态分析，同时又介绍了新旧戏剧表演艺术的演出场所、音乐、舞美和化妆直到剧本大纲的编写并提供了范例。在戏曲戏剧舞台作为主流娱乐形式的时代，对创作和欣赏各类戏剧均有实用意义。《新旧戏曲之研究》影印底本为戏曲研究会出版的"戏剧丛书"之一，文化书局民国十六年（1937）三月再版。佟晶心曾在《剧学月刊》《歌谣》等当时知名的学术刊物上发表戏曲及民俗研究论文数十篇，专著《新旧戏曲之研究》被誉为"革命式的书"，学术观点曾得到卢前、赵景深、台静农、吴晓铃、叶德均、顾颉刚、罗常培、谭正璧等著名学人及名伶程砚秋等人的关注。佟氏还是一名高产的剧作家，在话剧及传统戏曲方面均有作品问世。令人遗憾的是，佟晶心和杜颖陶、邵茗生等人一样，均是 20 世纪上半叶古代戏曲研究史上不容忽视却又久被忽略的"失踪者"。这种学术史地位与研究史现状之间的悖论，再次说明目前的学术研究史版图还远远称不上丰富和完整。

**（六十八）戏曲编剧理论与技巧**

作者：田雨澍

出版社：上海人民出版社；第 1 版

出版日期：2015 年 12 月

本书强调戏曲的独特性，以廓清与话剧、电影等艺术形式的区别；较为全面地透析了戏曲人物、情节、冲突、场景和语言特色，又调度经典戏剧剧本案例辅佐证论点，挖掘出戏曲审美特质。全书吸收古典论著、序跋、注释当中的散论，又广纳民间艺人从实践中总结的口诀谚语，为教学和创作提供理论依据。材料丰富、案例得当，通过对古今中外剧作和戏剧理论的研究，系统探索了编剧艺术的规律。其中关于戏剧创作基本特性的论述尤为精彩。作者在对西方戏剧理论作系统梳理的基础上，做出"冲突说"的归纳，简明而又有力量。在戏剧结构章节中，作者依据欧洲戏剧史上对于结构类型比较科学的分类方法，把戏剧结构分为"开放式结构""锁闭式结构"和"人像展览式结构"三种类型，并对不同结构的特点作精当分析，同时又选择"重点突出""悬念设置""吃惊""突转与发现"四种主要的结构手法作介绍，可谓鞭辟入里。本书主要内容包括：戏曲艺术的特征、人物塑造、戏剧冲突、情节、场景安排、戏曲语言等。

**（六十九）中国古典戏曲母题史**

作者：王政

出版社：中国社会科学出版社；第 1 版

出版日期：2015 年 12 月

本书探讨宋金至清末戏剧活动及作品中的母题类型及其发展。首先断代考察，解决特定时代背景与母题间的关系，探究现实文化氛围如何影响了"母题"的内涵与意义。其次纵向考察，研究哪些母题个案长期持存以及"持存"中如何刷新前代原型。这意味着已深入戏曲母题与民族文化传统、心理习惯、艺术精神之关系的层面。它使我们看到了一个母题在不同时期不同作品中的"变迁史"，一种"文化意蕴单元"的蝉蜕、衍替及发展的痕迹，从而由一个侧面揭示了中华文化何以生生不息的缘由：那是因为有无数的小的"意蕴单元"在时时更新、涅槃,保持着它的活性特质。再者是剧家作品与母题的关系。一个剧家不管他写的作品有多少,前代遗留或现实中滋生的各种母题都会无例外地渗入其创作活动及剧作表达。本书共上下卷十二章,上卷内容有:宋金戏剧母题,元杂剧作品个案的母题分析,元剧母题事象摭论,明代戏曲母题概述,明剧与宗教神话母题,明剧中的风俗母题等;下卷内容有:明剧与母题的沉积,梅鼎祚、汪廷讷、佘翘剧作母题,清代戏剧母题概述,丁耀亢、汪光被、周稚廉剧作母题,邹式金《杂剧三集》剧作母题,清代方志中的民间演剧与俗信母题等。

## (七十)明乐府套数举略 《都门纪略》中之戏曲史料

作者:周明泰

出版社:中国戏剧出版社;第1版

出版日期:2015年12月

本书收录了周明泰两部有代表性的学术作品。前者《明乐府套数举略》为戏曲音乐,分北曲、南曲和南北合套三类。作者依据元明以来的音乐典籍如《太平乐府》等12种,比较套数长短和曲牌名的异同,列表排出,条目分明,既可以作填词之谱,又可对照曲目的演变做曲学历史研究之用。后者《〈都门纪略〉中之戏曲史料》则对一本通俗的北京文化生活书籍《都门纪略》中戏曲史料加以整理,就京剧肇兴时期戏班、演员、剧目等情况进行梳理,力求还原戏曲艺术发展脉络和盛况。刘半农题写书名。两书均有学术方法参考价值和文化积累价值。影印底本均为民国自印本。周明泰(1896—1994),字志辅,别号几礼居主人,近代著名实业家周学熙的长子。曾任北洋政府总统府秘书、内务部参事。酷爱戏曲,专门从事中国戏曲史研究。他熟悉梨园掌故,广泛搜集戏曲史图籍,并常与著名京剧演员交往。后移居上海、香港等地,闭门著述。著有《几礼居戏曲丛书》《几礼居随笔》《读曲类稿》《枕流答问》等,后将所藏珍贵戏曲史料及唱片捐献给国家。

## (七十一)戏曲丛谭 曲艺论丛

作者:华连圃,傅惜华

出版社:中国戏剧出版社;第1版

出版日期:2015年12月

本书为两部著作的合集。《戏曲丛谭》为华连圃所著,系统讲解了戏曲产生发展的源流,对汉乐府、南北朝百戏、唐大曲的繁盛、宋杂剧、金弹词等逐一展开论述,对元以后戏曲成熟之后的体制、声律、宫调、脚色等做了条分缕析的阐释,分析了南北曲的发展、基本作法和度曲法及曲家和流派等。《曲艺论丛》是傅惜华先生的曲艺研究论文集,收作者1937年至1951年所写曲艺研究文章11篇。其中《明清两代北方之俗曲总集》介绍明成化年间刻本《驻云飞》、清乾隆年间刻本《万花小曲》《霓裳续谱》、道光年间刻本《白雪遗音》等20种专集,各有解题,详尽叙录其曲调名目;《乾隆时代之时调小曲》专就现存乾隆年间辑刻的俗曲总集《万花小曲》《西调黄鹂调集钞》《霓裳续谱》《丝弦小曲》4种,研讨南北时调小曲的种类、源流、名目、内容,并予以评价。另一部分是清代子弟书研究考证文章,分别评叙取材于明清通俗小说、戏曲、传奇及《聊斋志异》的子弟书作品,兼及版本。此外,如《北京曲艺概说》,记述曾在北京流行的京韵大鼓、西河大鼓、坠子等各种曲艺形式。

## (七十二)明清女性作家戏曲创作研究

作者:刘军华

出版社:科学出版社;第1版

出版日期:2015年12月

本书为陕西省艺术科学规划重点项目成果,系陕西师范大学人文社会科学研究基金重点项目成果。考察明清时代众多的女性文学创作,我们发现明清的女作家们不仅创作了大量的诗、文、词,而且对体式繁杂的散曲、杂剧、传奇、弹词、小说也积极参与创作和评论,而长期以来,对于她们的创作和文学评论是大多数学者们所不关注和重视的,尤其明清女性的戏曲创作是被学术界倍加冷落的,无论是单篇论文还是学术专著都少得可怜,女性戏曲作品乏人问津。本书主要内容:一是较为全面地整理、考证了明清女性作家戏曲创作的概貌。二是分析了现存戏曲文本中所呈现的女性创作的主题、意向和戏曲叙述与表现方式,其对中国戏曲传统的继承与开拓,以此给她们在中国戏曲史上客观的定位和评价。三是女性作家在戏曲创作中从不同的角度质疑、反思男女性别的定见以及女性角色的社会规范,阐述了其在性别定位和束缚的刻意突破中呈现的与男性剧作家同类题材不同的内涵。

## (七十三)走近汤显祖

作者:华玮

丛书:汤显祖研究丛刊

出版社:上海人民出版社;第1版

出版日期:2015年12月

本书从"汤显祖的'情'观与其剧作的关系""论《紫箫记》与杜秋娘""《牡丹亭·惊梦》的诠释及演出""清初对《牡丹亭》的接受"、《牡丹亭》对于清代传奇的影响、女性意识与《牡丹亭》之间的相互影响、文人传记剧的评价问题以及实验昆剧改编的现实问题等诸多方面,多角度探讨汤显祖与他的剧作对于当时社会乃至今日的影响。妙趣横生是本书的一大特点,这或许与作者的经历有关。从大二大三接触汤显祖,到被白先勇的昆曲情怀所感动;从还是学生在堂上讲《汉宫秋》受到老师表扬,到成为教研主力讲论汤显祖,可以说,将堂上教与学的谐趣转移到书本的字里行间,非有持久过人之功不可。本书主要内容包括:世间只有情难诉——试论汤显祖的"情"观与其剧作的关系;人世上愁人日老——论《紫箫记》与杜秋娘;则为你如花美眷,似水流年——《牡丹亭·惊梦》的诠释及演出等。

### (七十四)宋元明讲唱文学

作者:叶德均

出版社:商务印书馆;第1版

出版日期:2015年12月

本书为曲艺史研究的经典著作,1953年初版,1979年又收入作者的专集《戏曲小说丛考》。本书第一次把宋元明清讲唱文学按乐曲系诗赞系一一贯穿起来,兼通史和编年之体例,诚学人开宗之巨文。唐代以后,说唱艺术形式不断发展、更迭,宋代有陶真、涯词、鼓子词、诸宫调、覆赚,元代有词话、驭说、说唱货郎儿,明清有弹词、鼓词、宝卷等。对于这些说唱艺术形式,著者按其文学体裁分为乐曲系、诗赞系两类,分别钩稽文献资料,加以论述。《宋元明讲唱文学》上承唐代变文的传统,下开近代说唱艺术之先河,在曲艺发展研究史上占据重要地位。本书是研究和考证宋元明代曲艺发展和流变的专著。书中论述和分析了"乐曲系""诗赞系"两类讲唱文学的渊源与流变。著者所作之系统论述,一直为曲艺研究者所重视。

### (七十五)汤学刍议

作者:叶长海

丛书:汤显祖研究丛刊

出版社:上海人民出版社;第1版

出版日期:2015年12月

本书为叶长海先生长期以来对汤显祖及其作品研究成果的结集。书中"汤学新论""综观概说""短章漫笔""汤文选注"4辑篇幅收入相关著述24篇,简略地说出个人的一些研读心得及对相关问题的点滴思考。"临川四梦"系指汤显祖创作的《紫钗记》《牡丹亭》《南柯记》和《邯郸记》4部剧作。本书从戏曲文学及舞台演出剧本的角度,全面探讨"临川四梦"的艺术造诣,从而获知汤显祖的"临川四梦"跨越了400年还受到后人的钟爱,不断搬演,在舞台上依然活跃的重要原因。主要内容包括:自序;汤学新论(从临川四梦看汤显祖的人生观、理无情有说汤翁、《牡丹亭》的悲喜剧因素、早期的《牡丹亭》批评、汤显祖的戏曲理论、《风流院》《临川梦》与"临川四梦"、沈璟曲学辩争录等);综观概说(戏曲家汤显祖,魂牵梦绕牡丹亭,短章漫笔,"汤学"刍议,谁解惊梦词,汤显祖与浙江——读《玉茗堂诗》札记,月落重生灯再红等);汤文选注(答刘子威侍御论乐、论辅臣科臣疏、牡丹亭记题词等)。

### (七十六)汤显祖论稿(增订本)

作者:周育德

丛书名:汤显祖研究丛刊

出版社:上海人民出版社;第1版

出版日期:2015年12月

本书是作者周育德多年来发表过的研究汤显祖的戏曲研究论文的自选集。书中涉及汤显祖的方方面面,包括对明代戏曲家汤显祖的哲学思想、宗教意识、文艺观等方面的研究成果;在各种场合发表的与众不同的见解与论辩等。此次增订版对《汤显祖论稿》中提出的一些观点做了必要的整理;对有些具体问题做了进一步的阐述。在原书基础上收录了新近发表的有关汤显祖研究的论文以及序言。主要内容包括:再版前言;汤显祖的哲学思想;汤显祖的宗教意识;汤显祖的文艺观;汤显祖和万历政界;汤显祖和万历剧坛;"临川四梦"中的明代社会;"临川四梦"和戏曲舞台;也谈戏曲史上的"汤沈之争";宜黄戏神辨踪;作为教育家的汤显祖——徐闻贵生书院所见;"吕家改的"及其他;平昌又见玉茗花;汤显祖研究若干问题之我见;汤显祖与道学;汤显祖的贬谪之旅与艺文创作;汤显祖——晚明文坛的弄潮儿;汤显祖的人格追求;百计思量,没个为欢处——汤显祖《牡丹亭》家门解;《宜黄县戏神清源师庙记》解;《牡丹亭》明清版本的时代文化印记;《牡丹亭》的戏外话;作好汤显祖大文章 繁荣临川戏剧文化;汤显祖与莎士比亚比较研究在中国;重读经典《牡丹亭》序等。

### (七十七)汤显祖研究论集

作者:江巨荣

丛书:汤显祖研究丛刊

出版社:上海人民出版社;第1版

出版日期:2015年12月

本书是作者对汤显祖研究的论文集,收录了作者所发现的汤显祖佚文6篇，以及近年发表的研究汤显祖和"临川四梦"的相关论文20余篇。具体内容包括：汤显祖与《牡丹亭》简说；"词场玉茗古今师"——清代诗人对汤显祖的回望与热评；关于汤显祖的词作；徐士俊、李雯"和汤若士"词二首辨析；一组署名"汤海若"的散曲考；汤显祖的两篇佚文——汤显祖佚文拾零之一；《彭比部集序》与彭辂其人——汤显祖佚文拾零之二；说《皆春园集叙》——汤显祖佚文拾零之三；汤显祖与沈思孝的文字交——汤显祖佚文拾零之四；汤显祖的《青莲阁集序》——汤显祖佚文拾零之五；精神的抚慰——汤显祖佚文拾零之六；汤显祖对《杜丽娘记》的创造性改编；《牡丹亭》的历史解读与舞台呈现；《牡丹亭》演出的多样性；戏里与戏外——对《牡丹亭》《邯郸梦》等几部昆曲精品剧目社会效应的分析；《牡丹亭》演出小史；《牡丹亭》演出诗证；《邯郸梦》演出考述；《南柯记》演剧诗辑；《紫箫记》与《紫钗记》的演出；《才子牡丹亭》对"理学贤文"的哲学、历史和文学批判；汤显祖"四梦"的流风遗韵；20世纪《牡丹亭》研究概述；守护传统锐意革新——上海昆剧团"临川四梦"演出观后等。

**(七十八) 元词斠律**

编者：王玉章

校阅：吴梅

出版社：中国戏剧出版社；第1版

出版日期：2015年12月

本书是专就《元曲选》研究曲辞句法的元曲研究专著。全书按明《太和正音谱》编次，对臧晋叔编《元曲选》所录曲之脱讹处一一加以钩稽补正，辨析北曲谱式异同，把元曲中句子长短错杂、衬字很多情况进行辨析，便于读者对元曲的格律一目了然，是近世研究元杂剧曲律的重要论著。《元词斠律》的创作归因于吴梅自谓《南北词简谱》比较简略，建议作一详谱，并指出：如果南北曲谱一齐下手，短期内难以完成，可先成北谱。"尽取元剧之存于今者，比类而条列之，以钩稽同异。著吾吾说，以立一准绳，似非难事也。"王玉章按吴梅所指的方向，呕心沥血，搜剔扒疏，历时8年，编成《元词斠律》一书，1936年7月由商务印书馆出版。吴梅和他的另一个学生蔡莹分别为这《元词斠律》作序。《元词斠律》影印之底本为商务印书馆中华民国二十五年七月初版。

**(七十九) 孤本元明杂戏提要　宋元明讲唱文学**

作者：王季烈，叶德均

出版社：中国戏剧出版社；第1版

出版日期：2015年12月

本书是研究中国古典戏曲和曲艺的两部著作之合订本。《孤本元明杂剧提要》是昆曲大家王季烈民国时应出版者之约做了144种元明杂剧校刊时所写的剧目提要，对剧目及其作者做了介绍、考证和评价。《宋元明讲唱文学》为叶德均著作。作者按其文学体裁将唐代以后的说唱艺术分为乐曲系、诗赞系两类，分别钩稽文献资料，加以论述。全书分三部分，五章，其中《讲唱文学的一般情形》和《乐曲系讲唱文学》各一章，《诗赞系讲唱文学》三章。《讲唱文学的一般情形》论述了乐曲系和诗赞系讲唱文学的特点，以及它们之间的区别和联系，并分析了韵文唱词在讲唱文学中的作用以及它和散文的关系；指出韵文和散文之间大致有"复用""连用"和"插用"三种情况。《乐曲系讲唱文学》论述了乐曲系讲唱文学的发展和流变，强调这类讲唱文学的特点是"采用当时流行长短句的词调"，分别介绍了宋元以来的小说、叙事鼓子词、覆赚和诸宫调、驭说、说唱货郎儿的情况；最后分析了明代乐曲系讲唱文学的特殊情况，指出当时流行的陶真、叙事乐曲道情、叙事莲花落等，本身虽然不属于乐曲系讲唱文学范围以内，"但其中又有一两种作品或伎艺却又是用乐曲和散文构成的叙事的讲唱文学"。

**(八十) 中国戏曲研究的新方向**

主编：（美）王靖宇，王瑷玲

出版社：台北"国家出版社"；第1版

出版日期：2015年2月

2010年11月，美国斯坦福大学东亚系和哈佛大学东方语言与文明系举办"中国戏曲研究之新方向"（New Directions in the Study of Chinese Drama）研讨会。由王靖宇教授发起并与台湾"中央研究院"中国文哲研究所副所长王瑷玲博士共同主持。研讨的主要论题包括中国戏曲的概念辨析、文本细读、作家研究、戏曲文物、戏曲演变五个方面。

**(八十一) 江苏戏曲现代戏优秀剧作选**

作者：刘俊鸿

出版社：江苏凤凰文艺出版社；第1版

出版日期：2015年11月

**(八十二) 重读经典《牡丹亭》**

作者：蔡孟珍

出版社：台湾商务印书馆股份有限公司；第1版

出版日期：2015年8月

# 昆曲研究 2015 年度论文索引

## 谭 飞 辑

(1) 朱夏君.《牡丹亭》与《风流梦》对勘研究——兼论汤、冯审美意趣之差异与时代动因[J]. 曲学(年刊),2015 年刊

(2) 徐文琴,刘轩,刘怡冰.《西厢记》文学与戏剧的发展及其在视觉艺术的回响[J]. 曲学(年刊),2015 年刊

(3) 庄永平. 论曲牌[J]. 曲学(年刊),2015 年刊

(4) 马骢. 郑孟津先生的词曲学研究[J]. 曲学(年刊),2015 年刊

(5) 顾兆琳. 昆曲曲牌及套数的艺术特点和应用规律[J]. 曲学(年刊),2015 年刊

(6) 王宁."因词生乐"与"依谱填词":昆剧词乐关系简论[J]. 曲学(年刊),2015 年刊

(7) 沈不沉."温州腔"新论[J]. 曲学(年刊),2015 年刊

(8) 徐顺平. 关于"南戏"名称的考释[J]. 曲学(年刊),2015 年刊

(9) 王永恩. 明后期的戏曲演出形态[J]. 曲学(年刊),2015 年刊

(10) 李晓. 明万历戏曲选刊《大明天下春》南戏散出选考[J]. 曲学(年刊),2015 年刊

(11) 赵天为. 昆曲表演艺术的当代传承——以折子戏《惊梦》为例[J]. 曲学(年刊),2015 年刊

(12) 唐葆祥. 俞粟庐《度曲刍言》手稿的新发现[J]. 曲学(年刊),2015 年刊

(13) 周巩平. 顾大典及明清两代的吴江顾氏曲家族[J]. 曲学(年刊),2015 年刊

(14) 江巨荣. 人间唱遍《牡丹亭》——明清诗家观演《牡丹亭》述略[J]. 中国古代小说戏剧研究(年刊),2015 年刊

(15) 李超.《韵学骊珠》南北音比较[J]. 汉语史学报(年刊),2015 年刊

(16) 顾聆森. 苏州滩簧独白[J]. 艺术百家(双月刊),2015 年第 1 期

(17) 朱栋霖. 明清苏州艺术论[J]. 艺术百家(双月刊),2015 年第 1 期

(18) 邹元江. 昆曲民间沉重传承的活态记忆——读张允和《昆曲日记》札记[J]. 艺术百家(双月刊),2015 年第 1 期

(19) 徐振贵. 南戏《小孙屠》的两难[J]. 艺术百家(双月刊),2015 年第 1 期

(20) 杜书瀛. 关于《李笠翁曲话》——中华书局版《李笠翁曲话》前言[J]. 艺术百家(双月刊),2015 年第 1 期

(21) 王雯. 昆曲滋养地方戏的历史与反思[J]. 戏剧文学(月刊),2015 年第 1 期

(22) 朱恒夫. 也论昆曲与梅兰芳[J]. 戏曲艺术(季刊),2015 年第 1 期

(23) 王灵均. 程长庚昆曲剧目钩沉及其昆曲表演艺术研究[J]. 戏曲艺术(季刊),2015 年第 1 期

(24) 生媛媛. 昆曲剧目《佳期》传承研究[J]. 戏曲艺术(季刊),2015 年第 1 期

(25) 黄振林,储瑶."古体原文"与《南曲九宫正始》的曲学思维[J]. 戏曲艺术(季刊),2015 年第 1 期

(26) 相晓燕. 论清中叶扬州曲家群的"崇元"倾向[J]. 戏剧艺术(双月刊),2015 年第 1 期

(27) 杨惠玲. 明清浙江家族祭会演剧考论[J]. 戏剧艺术(双月刊),2015 年第 1 期

(28) 王志毅. 曲牌【东瓯令】辨析[J]. 中国音乐学(季刊),2015 年第 1 期

(28) 杨栋. 反思:南戏先熟论的逻辑思维方式——答胡雪冈教授[J]. 河北师范大学学报(哲学社会科学版)(双月刊),2015 年第 1 期

(29) 董雁. 清代南北园林演剧消长与南北戏曲嬗变[J]. 厦门大学学报(哲学社会科学版)(双月刊),2015 年第 1 期

(30) 苗怀明. 开拓与总结:钱南扬先生南戏研究述略[J]. 中国矿业大学学报(社会科学版)(双月刊),2015 年第 1 期

(31) 王艺翰.《长生殿·絮阁》对《雷峰塔·水斗》影响的研究[J]. 红河学院学报(双月刊),2015 年第 1 期

(32) 郑海涛. 周履靖词曲创作比较论[J]. 西华师范大学学报(哲学社会科学版)(双月刊),2015 年第 1 期

(33) 卢富强. 昆曲同民族声乐的比较分析[J]. 大舞台(月刊),2015 年第 1 期

(34) 王艺翰. 略论《长生殿·惊变》对《梧桐雨》的借鉴——以曲牌【粉蝶儿】为例[J]. 阴山学刊(双月刊),2015年第1期

(35) 艾立中. 论明末清初南北曲的演变——兼论魏良辅和沈宠绥的曲唱理念[J]. 中国韵文学刊(季刊),2015年第1期

(36) 张真. 近代日本的南戏研究(1890-1945)[J]. 陕西理工学院学报(社会科学版)(双月刊),2015年第1期

(37) 黎国韬,周佩文. 梁辰鱼与乐家乐妓交往述略[J]. 广东第二师范学院学报(双月刊),2015年第1期

(38) 王辉斌. 黄图珌的戏曲创作论——以其《看山阁闲笔·词曲》为例[J]. 宁夏师范学院学报(双月刊),2015年第1期

(39) 王辉斌. 清代前期的制曲与唱法论——以黄周星《制曲枝语》、毛先舒《南曲入声客问》为例[J]. 太原大学学报(双月刊),2015年第1期

(40) 石麟. 宫调·诸宫调·元曲宫调——兼谈宫调与曲牌的关系[J]. 文化艺术研究(季刊),2015年第1期

(41) 李雪萍,黄振林. 南方地方腔调的活跃与传奇"原生"的民间版本考证[J]. 东华理工大学学报(社会科学版)(双月刊),2015年第1期

(42) 邓俊,高琦. 古韵频发青春活力剧坛绽放惊世华彩——对近10年不同剧种演绎《牡丹亭》盛况的回顾与思考[J]. 东华理工大学学报(社会科学版)(双月刊),2015年第1期

(43) 张圣华. 传承文化培育精英——访首都师范大学教授、北京昆曲研习社社长欧阳启名[J]. 中国人才(半月刊),2015年第1期

(44) 单永军. 传播学视域中的民国戏曲期刊论略[J]. 戏剧(中央戏剧学院学报)(双月刊),2015年第1期

(45) 刘嘉伟. 论台湾兰庭版《玉簪记》之创新[J]. 中国戏剧(月刊),2015年第1期

(46) 陈宁."阴出阳收"考辨[J]. 汉语史研究集刊(半年刊),2015年第1期

(47) 杨守松. 芳声依旧——继字辈演出散记[J]. 苏州杂志(双月刊),2015年第1期

(48) 沈慧瑛. 曲学大师吴瞿安[J]. 苏州杂志(双月刊),2015年第1期

(49) 曾永义. 论说"曲牌"(之二)——曲牌之建构与格律之变化[J]. 剧作家(双月刊),2015年第1期

(50) 朱惠民. 生活丑与艺术美——从昆曲《十五贯》娄阿鼠人物的塑造说起[J]. 剧影月报(双月刊),2015年第1期

(51) 张蕾. 北方昆弋同台、同班、同籍演剧形制考察——以晚清民国时期北方昆弋职业班社荣庆社与祥庆社为例[J]. 戏曲研究(季刊),2015年第1期

(52) 董雁. 江南园林雅集与晚明戏曲的繁荣[J]. 戏曲研究(季刊),2015年第1期

(53) 吴新苗. 一出戏的流变:从《幽闺记·旷野奇逢》到《踏伞》(《扯伞》)[J]. 戏曲研究(季刊),2015年第1期

(54) 李晓. 在学习中研究在研究中学习[J]. 戏曲研究(季刊),2015年第1期

(55) 李健正. 长安古乐谱整理与研究[J]. 乐府学(半年刊),2015年第1期

(56) 梁帅. 李玉《洛阳桥》传奇残曲考[J]. 南大戏剧论丛(半年刊),2015年第1期

(57) 鲍开恺. 昆曲"清唱"与"剧唱"之关系考[J]. 南大戏剧论丛(半年刊),2015年第1期

(58) 刘祯. 隽永传统戏别样牡丹亭[J]. 中华文化画报(月刊),2015年第1期

(59) 陈志勇,杨波. 论明杂剧《苏门啸》的版本形态与文本价值[J]. 文化遗产(双月刊),2015年第1期

(60) 潘天波.《闲情偶寄》:一个剧论的知识社会学文本[J]. 戏剧艺术(双月刊),2015年第1期

(61) 李豫,于红,李雪梅. 新发现疑是元高明《琵琶记》本事之"词话体南戏"《戏孝琵琶》[J]. 晋中学院学报(双月刊),2015年第1期

(62) 黄肖嘉,刘佳.《牡丹亭》与"离魂"现象的互文[J]. 晋中学院学报(双月刊),2015年第1期

(63) 刘祯. 论梅兰芳表演理论及体系——《舞台生活四十年》个案研究[J]. 民族艺术研究(双月刊),2015年第1期

(64) 曹洋. 牡丹花开,昆潮春涌——昆曲热对非物质文化遗产保护的启示[J]. 文化月刊(半月刊),2015年第1期

(65) 姚永强. 一个人的昆曲舞台[J]. 新闻论坛(双月刊),2015年第1期

(66) 刘群. 从西厢故事的演变看王实甫《西厢记》的艺术价值[J]. 齐齐哈尔师范高等专科学校学报(双月刊),2015年第1期

(67) 张志. 论汪廷讷《狮吼记》的喜剧创作艺术[J]. 巢湖学院学报(双月刊),2015年第1期

(68) 孙友欣.《桃花扇》的中国文化传播[J].齐齐哈尔大学学报(哲学社会科学版)(双月刊),2015年第2期

(69) 高小慧.李香君形象新谈[J].商丘师范学院学报(双月刊),2015年第2期

(70) 杨守松.大美昆曲[J].群众(月刊),2015年第2期

(71) 季伟.百戏之祖的新解读——评田韶东《昆曲演唱艺术研究》[J].大众文艺(半月刊),2015年第2期

(72) 艾立中.引文入曲:晚明清初散曲与散文的结合[J].苏州大学学报(哲学社会科学版)(双月刊),2015年第2期

(73) 刘亚玲.试论提升昆曲表演专业语文教学的实效性[J].大众文艺(半月刊),2015年第2期

(74) 徐文珊.以"学问"入曲与明代中晚期文坛生态[J].现代语文(学术综合版)(月刊),2015年第2期

(75) 郑海涛,方新蓉.明代词曲创作择用牌调比较研究——以《全明词》《〈全明词〉补编》、《全明散曲》为中心[J].浙江学刊(双月刊),2015年第2期

(76) 尹晓东.精神的传承比技艺的传承更重要[J].艺术评论(月刊),2015年第2期

(77) 王辉斌.凌蒙初戏曲批评三题——以其《谭曲杂札》为研究的中心[J].南阳师范学院学报(双月刊),2015年第2期

(78) 魏洪洲."汉唐古谱"《骷髅格》真伪考[J].文艺评论(月刊),2015年第2期

(79) 时俊静.元明带过曲观念及其变迁[J].河北师范大学学报(哲学社会科学版)(双月刊),2015年第2期

(80) 李晓艳.土汉曲艺音乐文化交融渊源与流变的轨迹略考——以鄂西长阳南曲为例[J].贵州民族研究(月刊),2015年第2期

(81) 仲万美子,郭艳平.梅兰芳赴日公演之时日本知识界的反应[J].戏剧艺术(双月刊),2015年第2期

(82) 乔俏.乐籍制度解体对堂名形成之影响[J].音乐研究(双月刊),2015年第2期

(83) 魏洪洲.陈、白二氏《九宫谱》《十三调谱》考原[J].社会科学辑刊(双月刊),2015年第2期

(84) 谢伯阳.重头同韵小令与重头无尾套数之辨[J].中国韵文学刊(季刊),2015年第2期

(85) 仰亮.声能录音时期昆曲录音的数字修复[J].西南科技大学学报(哲学社会科学版)(双月刊),2015年第2期

(86) 李伟民.从莎士比亚《麦克白》到昆剧《血手记》[J].国外文学(季刊),2015年第2期

(87) 石超.《拜月亭》本事考辨[J].武汉科技大学学报(社会科学版)(双月刊),2015年第2期

(88) 李俊勇,刁志平."宫谱"新考[J].河北大学学报(哲学社会科学版)(双月刊),2015年第2期

(89) 程晖晖.传统音乐曲牌统计及相关问题[J].中国音乐学(季刊),2015年第2期

(90) 钱成.吴陵家班谱传奇——明清泰州地区昆曲家班及其主人考论[J].盐城工学院学报(社会科学版)(双月刊),2015年第2期

(91) 丁明拥.周贻白先生对戏曲音乐的研究[J].音乐传播(季刊),2015年第2期

(92) 俞为民.明初南戏汇考[J].文化艺术研究(季刊),2015年第2期

(93) 孙书磊.家族文化与叶小纨《鸳鸯梦》创作[J].浙江艺术职业学院学报(季刊),2015年第2期

(94) 张婷婷.晚明江南青楼乐妓的曲唱活动[J].浙江艺术职业学院学报(季刊),2015年第2期

(95) 唐振华.昆曲曲社现状述论[J].吉林艺术学院学报(双月刊),2015年第2期

(96) 刘富琳.中国戏曲《寻亲记》在琉球的传播[J].黄钟(武汉音乐学院学报)(季刊),2015年第2期

(97) 左象高,孟繁之,周景良.兰畦谈剧[J].中国文化(半年刊),2015年第2期

(98) 王伶俐.论昆曲演唱艺术在当代民族声乐的传承[J].中国音乐(季刊),2015年第2期

(99) 杨鹏鑫.明中期到清初期的"规范曲学"及反思——以叙事方面的考察为中心[J].戏曲艺术(季刊),2015年第2期

(100) 邹元江.从青春版《牡丹亭》上演十周年看昆曲传承的核心问题[J].戏曲艺术(季刊),2015年第2期

(101) 陆林.清初戏曲家嵇永仁事迹探微[J].戏曲艺术(季刊),2015年第2期

(102) 赵晓红,侯雪莉.从《书馆》看干嘉以来昆曲《琵琶记》折子戏的继承与演变[J].戏曲艺术(季刊),2015年第2期

(103) 胡明明."南北曲"——清"内廷"昆弋两腔"同台"演剧的基石——兼论昆弋"同体"现象的特殊性[J].戏曲艺术(季刊),2015年第2期

(104) 吕茹.《白兔记》在近代地方戏中的流变[J].戏曲艺术(季刊),2015年第2期

(105) 侯雪菲.起于舞台,归于舞台观青年演员张

冉"冉冉升起"个人昆剧专场[J].中国戏剧(月刊),2015年第2期

(106)李小青.本土名剧与外来经典小剧场戏曲《一旦三梦》与《朱丽小姐》[J].中国戏剧(月刊),2015年第2期

(107)袁青.从拉斯韦尔模式浅谈青春版《牡丹亭》的成功之道[J].人文天下(半月刊),2015年第2期

(108)王潞伟.《红楼梦》中演剧所反映的"花雅之争"[J].曹雪芹研究(季刊),2015年第2期

(109)魏洪洲.胡介祉《南九宫谱大全》编纂考[J].文献(双月刊),2015年第2期

(110)顾聆森.昆曲腔律浅说[J].艺术学界(半年刊),2015年第2期

(111)孙丽萍.不同剧种剧目移植表演规律之探索——以从昆到越为例[J].艺术学界(半年刊),2015年第2期

(112)赵天为.第十一届全国戏曲学术研讨会暨中国古代戏曲学会2015年年会综述[J].艺术学界(半年刊),2015年第2期

(113)吴晓东.白先勇:我和《牡丹亭》冥冥中的缘[J].新天地(月刊),2015年第2期

(114)张苏.吴声清婉,鼓弦而歌[J].苏州杂志(双月刊),2015年第2期

(115)邓婉青.简析古代昆曲教育传承模式[J].通俗歌曲(月刊),2015年第2期

(116)王稼句.游园惊梦前言[J].苏州杂志(双月刊),2015年第2期

(117)冯田芬.21世纪昆曲理论研究简述[J].雪莲(半月刊),2015年第2期

(118)辛仕林.鼓在昆剧中的作用[J].剧影月报(双月刊),2015年第2期

(119)金昱杉.一个昆曲人的内心独白——记著名昆丑演员李鸿良[J].剧影月报(双月刊),2015年第2期

(120)汪人元.笛韵昆声清丽深蕴——贺《曾明昆笛集成》出版[J].剧影月报(双月刊),2015年第2期

(121)周光毅.昆韵美和归于宗迹——论文化创意产业中传统戏曲演出的困境与出路[J].剧影月报(双月刊),2015年第2期

(122)路应昆."昆弋腔"辨疑[J].戏曲研究(季刊),2015年第2期

(123)李秀燕.元明时期"赵氏孤儿"故事戏曲文本创作时间考述[J].地方文化研究辑刊(半年刊),2015年第2期

(124)刘小梅.从《牡丹亭》的三种交流方式看古典戏曲的困境[J].河南教育学院学报(哲学社会科学版),2015年第2期

(125)杨志敏.多情一本《石榴记》——兼论《石榴记》对汤显祖《牡丹亭》的模仿与创新[J].北京化工大学学报(社会科学版)(双月刊),2015年第2期

(126)周敏.我看昆剧《浣纱记·寄子》中的娃娃生表演[J].剧影月报(双月刊),2015年第2期

(127)冷自如.高脚凳削成小马扎看昆剧《川上吟》[J].上海戏剧(月刊),2015年第2期

(128)刘轩.但愿那月落重生灯再红——品味大师版《牡丹亭》[J].上海戏剧(月刊),2015年第2期

(129)吴民.康乾时期戏曲生态嬗变——以《扬州画舫录》之卷五《新城北路下》为例[J].戏剧文学(月刊),2015年第2期

(130)刘勤.戏核·半径·圆——昆曲《一旦三梦》小剧场的成功探索[J].戏剧文学(月刊),2015年第3期

(131)李恒."马前泼水"源流与演变考略[J].戏剧文学(月刊),2015年第3期

(132)胡明华.论赖声川新剧《梦游》中的"梦游"意象[J].戏剧文学(月刊),2015年第3期

(133)冯田芬.21世纪昆曲理论研究简述[J].戏剧文学(月刊),2015年第3期

(134)顾兆琳.忆那些与"范例集"有关的人和事[J].上海戏剧(月刊),2015年第3期

(135)安葵.戏曲艺术:"新常态"下努力进取[J].艺术评论(月刊),2015年第3期

(136)徐文翔.明代中后期文学世俗化中的民歌因素[J].海南师范大学学报(社会科学版)(双月刊),2015年第3期

(137)于洋阳.从赴台交流看台湾戏剧种种[J].四川戏剧(月刊),2015年第3期

(138)李昂.明代曲学家沈宠绥的四声唱法论[J].四川戏剧(月刊),2015年第3期

(139)张俊花.从艺术角度看清代戏曲的发展[J].天津职业院校联合学报(月刊),2015年第3期

(140)胡淳艳.仲振奎《红楼梦传奇》上卷曲谱略论[J].红楼梦学刊(双月刊),2015年第3期

(141)黎国韬,杨瑾.梁辰鱼与中晚明曲家交往述略[J].文化遗产(双月刊),2015年第3期

(142)戴云.清南府演戏腔调考述[J].文化遗产(双月刊),2015年第3期

(143)王海涛.论戏曲与中国古典舞的关系——兼

论"昆舞"的体系创建[J].重庆大学学报(社会科学版)(双月刊),2015年第3期

(144)安裴智.礼乐文化与中国韵文学的嬗变[J].深圳大学学报(人文社会科学版),2015年第3期

(145)蔡福军.新编昆曲的一条路子——评周长赋昆曲《景阳钟》[J].福建艺术(双月刊),2015年第3期

(146)周丹.昆曲文献出版的困局与出路[J].现代出版(双月刊),2015年第3期

(147)武迪.补证《张协状元》编成于元代——从【红绣鞋】曲牌入手[J].昭通学院学报(双月刊),2015年第3期

(148)陈玉琛.《西厢记》与明清俗曲[J].中国音乐学(季刊),2015年第3期

(149)赵楠.曲、腔、调与南北曲之关系[J].中国音乐学(季刊),2015年第3期

(150)李文军.浙皖(南)地区现存昆曲酬神戏抄本叙录[J].中国音乐学(季刊),2015年第3期

(151)赵兴勤,赵韡.徐调孚戏曲活动述论——民国时期戏曲研究学谱之二十一[J].中国矿业大学学报(社会科学版)(双月刊),2015年第3期

(152)杨鹏鑫.明中期到清初期的"规范曲学"及反思——以叙事方面的考察为中心[J].戏剧(中央戏剧学院学报)(双月刊),2015年第3期

(153)俞为民.凌刻臞仙本《琵琶记》考述[J].艺术百家(双月刊),2015年第3期

(154)徐子方.明杂剧风格论[J].艺术百家(双月刊),2015年第3期

(155)马晓霓.南音《偷眼睨》的文学蓝本[J].艺术百家(双月刊),2015年第3期

(156)何玉人.20世纪中国戏曲的历史回顾[J].艺术百家(双月刊),2015年第3期

(157)马健羚."千里送京娘"故事的演变[J].明清小说研究(季刊),2015年第3期

(158)程芸,李艳华.明人"翻北曲"现象初探——兼论元曲的"经典化"与"再生产"[J].南京师范大学文学院学报(双月刊),2015年第3期

(159)相晓燕.骚情史笔杂剧杰构——《四弦秋》解读[J].云南艺术学院学报(双月刊),2015年第3期

(160)明光.戏剧家班、题咏与创作——清代扬州盐商戏剧活动研究[J].浙江艺术职业学院学报(季刊),2015年第3期

(161)周雪华.我的恩师周大风[J].浙江艺术职业学院学报(季刊),2015年第3期

(162)廖奔.论朱有燉[J].戏曲艺术(季刊),2015年第3期

(163)胡亚珩.从小说《红楼梦》窥探清代"康乾"时期戏曲文化[J].音乐传播(季刊),2015年第3期

(164)白宁.昆曲《牡丹亭》"袅晴丝"唱段之演唱审美分析[J].乐府新声(沈阳音乐学院学报)(季刊),2015年第3期

(165)朱俊玲.北京昆曲对外交流和传播史述及其意义[J].戏曲艺术(季刊),2015年第3期

(166)王志毅.戏曲曲谱"宫调"刍议三题[J].文化艺术研究(季刊),2015年第3期

(167)谢雍君.《南戏印象·琵琶记》打造温州都市"文化驿站"第一站[J].中国戏剧(月刊),2015年第3期

(168)周来达.试论昆曲字腔的音势不变性及形态可变性——以昆曲南曲为例[J].中国音乐(季刊),2015年第3期

(169)叶天山.论元明曲学论著的目录著录与学术品格[J].黄钟(武汉音乐学院学报)(季刊),2015年第3期

(170)王小岩.《远山堂曲品》"杂调"剧目类别商榷[J].戏曲研究(季刊),2015年第3期

(171)张蕾.试论北方昆弋的特殊性及其历史地位[J].戏曲研究(季刊),2015年第3期

(172)李文洁."大陆与台湾:昆曲传承和发展"研讨会纪要[J].戏曲研究(季刊),2015年第3期

(173)苏涵."江南戏曲文化研讨会"综述[J].戏曲研究(季刊),2015年第3期

(174)邹青.明代声腔与"剧种"的关系再探[J].戏曲研究(季刊),2015年第3期

(175)朱珠.不到园林怎知春色如许——论昆曲之美[J].通俗歌曲(月刊),2015年第3期

(176)陈娟娟.新中国成立以来的昆剧表演艺术研究[J].剧作家(双月刊),2015年第3期

(177)袁玉冰.嘉兴曲师许鸿宾[J].剧作家(双月刊),2015年第3期:

(178)马晓霓.南音与昆曲归韵区别管窥——兼谈南音咬字的"改良"[J].中国艺术时空(双月刊),2015年第3期

(179)安裴智.明传奇的兴盛与昆曲的文化意义[J].南方论丛(双月刊),2015年第3期

(180)顾聆森.雪峰折梅记[J].剧影月报(双月刊),2015年第3期

(181) 王焱,庞林春. 苏州牡丹香北国[J]. 中华文化画报(月刊),2015年第3期

(182) 黄雪,邹宜宁."汤沈之争"对明代剧坛的影响[J]. 兰台世界(半月刊),2015年第3期.

(183) 赵征军. 杨宪益、戴乃迭英译《牡丹亭》研究[J]. 三峡大学学报(人文社会科学版)(双月刊),2015年第3期

(184) 黄飞立. 古典戏曲叙事性质与曲学论域再考察[J]. 甘肃社会科学(双月刊),2015年第3期

(185) 袁睿. 论李渔"怜才""劝妒"的思想——兼驳《怜香伴》传奇"女同性恋说"[J]. 宁夏大学学报(人文社会科学版)(双月刊),2015年第3期

(186) 高洋. 沈璟戏曲作品流传不广原因分析[J]. 南京广播电视大学学报(季刊),2015年第3期

(187) 武迪.《张协状元》编成年代研究的困境与出路——兼论"南北曲先熟"之争[J]. 河北科技师范学院学报(社会科学版)(季刊),2015年第3期

(188) 陈国华. 戏曲电影《牡丹亭》流变探析[J]. 短篇小说(原创版),2015年第3期

(189) 史庆丰. 昆剧《西施》的道具设计理念感悟[J]. 剧影月报(双月刊),2015年第3期

(190) 李真真. 论明杂剧《易水寒》对《史记·刺客列传》的突出与淡化[J]. 广州广播电视大学学报(双月刊),2015年第3期

(191) 葛雅萍. 徐渭《四声猿》对中国戏剧的影响[J]. 文学教育(下)(月刊),2015年第4期

(192) 余映."非遗"昆曲艺术的动态传承——谈谈我在湘昆《白兔记》中饰咬脐郎[J]. 艺海(月刊),2015年第4期

(193) 忻颖. 我要给青年人机会——访北方昆曲剧院院长杨凤一[J]. 上海戏剧(月刊),2015年第4期

(194) 智联忠. 在历史文脉中寻找共鸣——对昆剧《续琵琶》的思考[J]. 上海戏剧(月刊),2015年第4期

(195) 吴韩娴. 似是故人来——评北昆版《红楼梦》[J]. 上海戏剧(月刊),2015年第4期

(196) 王文,婷刘,佳瑶,赵晨. 昆曲与苏州的传承及发展[J]. 黄河之声(半月刊),2015年第4期

(197) 张静. 昆曲传承不能只靠一出《牡丹亭》[J]. 共产党员(河北)(旬刊),2015年第4期

(198) 杨惠玲. 论明清江南家族文化与昆曲艺术的互动[J]. 厦门大学学报(哲学社会科学版)(双月刊),2015年第4期

(199) 曾永义."永嘉杂剧"应成立于北宋[J]. 扬州大学学报(人文社会科学版)(双月刊),2015年第4期

(200) 张川平. 以美启真以美储善——评《裴艳玲传》兼及裴艳玲的艺术人生[J]. 石家庄学院学报(双月刊),2015年第4期

(201) 汪超. 论"以词为曲"与明代曲坛的风格嬗变[J]. 齐鲁学刊(双月刊),2015年第4期

(202) 张真. 明治词曲开山——森槐南生平及其南戏研究考述[J]. 戏剧艺术(双月刊),2015年第4期

(203) 徐子方. 昆曲杂剧三题[J]. 戏剧(中央戏剧学院学报)(双月刊),2015年第4期

(204) 黄新华. 论清末以来道教对昆剧传承的积极作用——以苏州地区为视角[J]. 苏州科技学院学报(社会科学版)(双月刊),2015年第4期

(205) 王海涛. 论马家钦的"昆舞"和她的当代艺术贡献[J]. 贵州大学学报(艺术版)(双月刊),2015年第4期

(206) 孙竹. 丑之诙谐滑稽——以昆曲《孽海记·下山》中本无形象为例[J]. 美与时代(下)(月刊),2015年第4期

(207) 刘淑丽. 从江南元素看《浣纱记》的成功原因[J]. 苏州教育学院学报(双月刊),2015年第4期

(208) 王宁. 吴文化研究:吴地戏曲[J]. 苏州教育学院学报(双月刊),2015年第4期

(209) 顾聆森. 明清苏南昆曲流派生成论[J]. 苏州教育学院学报(双月刊),2015年第4期

(210) 郑锦燕. 昆曲与江南园卉文化[J]. 苏州教育学院学报(双月刊),2015年第4期

(211) 徐翠.《青冢记》版本考辨[J]. 艺术探索(双月刊),2015年第4期

(212) 邹元江. 昆曲《牡丹亭》:坂东玉三郎寻"根"演绎的历史回声[J]. 云南艺术学院学报(双月刊),2015年第4期

(213) 李连生,康保成. 台湾的中国戏剧史研究及其对大陆的启示[J]. 戏曲艺术(季刊),2015年第4期

(214) 毋丹. 从现存戏曲宫谱看"清宫"与"戏宫"——以"临川四梦"宫谱为例[J]. 戏曲艺术(季刊),2015年第4期

(215) 陈均. 青春版《牡丹亭》如何走出国门——以《青春版〈牡丹亭〉美西巡回演出2006》剪报册为例[J]. 戏曲艺术(季刊),2015年第4期

(216) 孙红侠. 武戏与"技"的"回归"浙江昆剧团《大将军韩信》[J]. 中国戏剧(月刊),2015年第4期

(217) 徐贤文. 一路向南奔永昆——记昆剧新秀由

腾腾[J].中国戏剧(月刊),2015年第4期

(218)杨瑞庆.曾经名满沪上的《昆山记》[J].中国戏剧(月刊),2015年第4期

(219)钱国桢.中国戏曲音乐作品分析[J].乐府新声(沈阳音乐学院学报)(季刊),2015年第4期

(220)包建强.南戏声腔的流变与地方戏的产生[J].浙江艺术职业学院学报(季刊),2015年第4期

(221)浦晗.南戏舞台艺术在当代的再现与改编——以"温州南戏新编系列工程"为例[J].浙江艺术职业学院学报(季刊),2015年第4期

(222)王艺翰.《梦中缘传奇序》与花雅之争关系辨误——兼论清中后期北京剧坛的昆曲兴衰[J].文化艺术研究(季刊),2015年第4期

(223)张品.源于文用于乐——试论昆曲赠板[J].黄钟(武汉音乐学院学报)(季刊),2015年第4期

(224)刘莉.当代民族声乐需恭敬向昆曲学习的演唱技艺举隅[J].中国音乐(季刊),2015年第4期

(225)秦峰."中国昆曲美醉了!"[J].文化交流(月刊),2015年第4期

(226)杨守松.张充和的"昆曲之路"[J].苏州杂志(双月刊),2015年第4期

(227)韩光浩.梦归笙歌之顾笃璜[J].苏州杂志(双月刊),2015年第4期

(228)郭晨子.忆语·痴梦——从《影梅庵忆语》读出的昆曲[J].戏剧与影视评论(双月刊),2015年第4期.

(229)施金龙.浅谈昆曲的四大件之曲弦[J].剧影月报(双月刊),2015年第4期

(230)孙晶.昆曲中文、武判官戏的表演比较[J].剧影月报(双月刊),2015年第4期

(231)肖演.昆舞《情醉三月天》与昆曲《游园》的异同[J].剧影月报(双月刊),2015年第4期

(232)冉建凯,王亚利.《长生殿》艺术构思的道教内涵探究[J].青年作家(月刊),2015年第4期

(233)赵明月.论南戏的民间性与文人化——从《张协状元》到《琵琶记》[J].嘉兴学院学报(双月刊),2015年第4期

(234)林静茹.试析《玉簪记·追别》的创作特色[J].集宁师范学院学报(双月刊),2015年第4期

(235)李小红.《鼎峙春秋》与《续琵琶》[J].戏曲艺术(季刊),2015年第4期

(236)俞为民.调腔本《琵琶记》考论[J].浙江艺术职业学院学报(季刊),2015年第4期

(237)代树芳.论"十五贯"故事情节的变异——从《错斩崔宁》、《双熊梦》到浙昆剧《十五贯》[J].滇西科技师范学院学报(季刊),2015年第4期

(238)黄亚琴,李跃忠.徐渭《南词叙录》中"情"的思想体现[J].当代教育理论与实践(月刊),2015年第4期

(239)王南颖.论《桃花扇》英法文译本对传统文化元素的译介[J].四川戏剧(月刊),2015年第4期

(240)吴书荫.对明末杂剧《破梦鹃》的不同解读——兼与徐立先生商榷[J].中国文化研究(季刊),2015年第4期

(241)赵逊.竹笛与戏曲音乐间的千丝万缕[J].音乐时空(半月刊),2015年第5期

(242)方佳莉.昆曲舞台化妆艺术的发展趋势[J].戏剧之家(半月刊),2015年第5期

(243)忻颖.我把我唱给你听——访"娴情偶记"张静娴、俞鳗文[J].上海戏剧(月刊),2015年第5期

(244)李佳.谈琵琶独奏曲《长生殿》[J].音乐生活(月刊),2015年第5期

(245)战雪雷.雅郑之际——明代文人的戏曲实践与戏曲发展[J].艺术教育(月刊),2015年第5期

(246)李玫.清代至近现代红楼戏中《黛玉葬花》创作得失论[J].红楼梦学刊(双月刊),2015年第5期

(247)陈文革.转型与动因:清代戏曲发展的两个相关问题[J].音乐研究(双月刊),2015年第5期

(248)兰青.昆曲的历史传承与发展[J].沈阳师范大学学报(社会科学版)(双月刊),2015年第5期

(249)杨瑞庆.失而复得的《南词引正》[J].钟山风雨(双月刊),2015年第5期

(250)张冰.李煜四首词演唱探析[J].歌海(双月刊),2015年第5期

(251)李晓艳.土家族传统曲艺的声腔语境与传承保护解读——以鄂西"非遗"曲种长阳南曲为例[J].艺术百家(双月刊),2015年第5期

(252)蔡珊珊.《九宫正始》所收【会河阳】曲牌考论[J].艺术百家(双月刊),2015年第5期

(253)陶蕾仔.昆曲艺术与水墨动画的结合策略——以昆曲水墨动画《双下山》为例[J].江苏开放大学学报(双月刊),2015年第5期

(254)陈雪薇.自我·本我·精神病——昆曲《思凡》中色空的精神分析[J].齐齐哈尔师范高等专科学校学报(双月刊),2015年第5期

(255)陈震宇.试析厅堂版《牡丹亭》的舞美特色

[J].浙江传媒学院学报(双月刊),2015年第5期

(256)杨瑞庆.昆山和四部经典昆剧[J].中国戏剧(月刊),2015年第5期

(257)陈明.从源流到舞台呈现——昆曲《虎囊弹·山门》浅析[J].剧影月报(双月刊),2015年第5期

(258)阮仪三.记耦园昆曲雅集[J].苏州杂志(双月刊),2015年第5期

(259)尹建民.王芳的舞台之路[J].苏州杂志(双月刊),2015年第5期

(260)汪超,谭帆.古代曲家的身份认同与观念阐释[J].文艺研究(月刊),2015年第5期

(261)杨晶蕾.观川昆同台演《潘金莲》[J].上海戏剧(月刊),2015年第5期

(262)马华祥.万历李评本《破窑记》声腔归属考[J].艺术百家(双月刊),2015年第5期

(263)刘水云.《〈金丸记〉点校》补正[J].浙江传媒学院学报(双月刊),2015年第5期

(264)颜健,孔德凌.论《桃花扇》在清代后期的传播与接受[J].潍坊学院学报(双月刊),2015年第5期

(265)唐强.苏剧《满庭芳》及司鼓演奏[J].剧影月报(双月刊),2015年第5期

(266)齐静.元明清戏曲教学初探[J].戏剧之家(半月刊),2015年第6期

(267)王倩.从文化层面探析"昆曲"翻译[J].英语广场(月刊),2015年第6期

(268)谷曙光.梅兰芳搬演汤显祖《牡丹亭》述论[J].四川戏剧(月刊),2015年第6期

(269)翁思再.梅兰芳与昆曲《游园惊梦》[J].四川戏剧(月刊),2015年第6期

(270)石鸣.江南丝竹和昆曲的今世前缘[J].四川戏剧(月刊),2015年第6期

(271)薛瑞芝.从昆曲艺术的新发展探讨传统戏曲变革的时代因素[J].四川戏剧(月刊),2015年第6期

(272)蒋凡.将军"顾曲"胜文人——漫谈徐树铮之诗文词曲[J].徐州工程学院学报(社会科学版)(双月刊),2015年第6期

(273)刘深.清词自度曲与清代词学的发展[J].南京大学学报(哲学·人文科学·社会科学)(双月刊),2015年第6期

(274)王良成.词曲非小道——略论中国古代文人戏曲接受的审美趣向[J].聊城大学学报(社会科学版)(双月刊),2015年第6期

(275)孙崇涛.《金瓶梅词话》戏剧史料辑考[J].文化遗产(双月刊),2015年第6期

(276)蒋宸.清人学风影响下的南戏文献考辨简论[J].温州大学学报(社会科学版)(双月刊),2015年第6期

(277)刘芳.从《张协状元》曲调格律看早期南戏的律化倾向[J].温州大学学报(社会科学版)(双月刊),2015年第6期

(278)杨小露.论昆曲对小说《游园惊梦》的创作渗透[J].太原师范学院学报(社会科学版)(双月刊),2015年第6期

(279)华玮.思想与情感的简化:论臧懋循改本《南柯记》[J].戏剧艺术(双月刊),2015年第6期

(280)张文德.宋元南戏本事新探[J].江苏师范大学学报(哲学社会科学版)(双月刊),2015年第6期

(281)黄强.六代兴亡,几点清弹千古慨——《桃花扇》末出《余韵》赏析[J].古典文学知识(双月刊),2015年第6期

(282)朱俊玲.论民国时期中国戏曲教育的现代性[J].当代戏剧(双月刊),2015年第6期

(283)青白.山岳巍兮幽兰馨兮——北方昆曲剧院优秀演员刘巍印象[J].中国戏剧(月刊),2015年第6期

(284)刘巍.昆曲娃娃生行当的传承与发展[J].中国戏剧(月刊),2015年第6期

(285)陈玥辛.歌漫红楼,昆班旧影——由《红楼梦》浅析清代初期家班文化的发展[J].剧影月报(双月刊),2015年第6期

(286)沈彬.浅析杨振雄《西厢记》[J].剧影月报(双月刊),2015年第6期

(287)王阿州.一个人的大戏——浅谈《夜奔》[J].剧影月报(双月刊),2015年第6期

(288)施金龙.昆曲实景版《游园惊梦》与昆曲主笛[J].剧影月报(双月刊),2015年第6期

(289)朱珠.情不知所起,一往而深——论昆曲的多情与唯美[J].通俗歌曲(月刊),2015年第6期

(290)张世进.从昆曲的表演程式看苏州园林的意境美[J].艺术品鉴(月刊),2015年第6期

(291)张艳,周萌.从《牡丹亭》的碎片化看现代社会的微电影热[J].戏剧之家(半月刊),2015年第6期

(292)王圣临.从《牡丹亭》前二十出人物关系浅析杜丽娘人物性格[J].科学大众(科学教育)(月刊),2015年第6期

(293)俞为民.南戏《破窑记》版本考述[J].温州大学学报(社会科学版)(双月刊),2015年第6期

(294) 郑培凯. 汤显祖四题[J]. 戏剧艺术（双月刊），2015年第6期

(295) 赵明月. 论《续琵琶》中的文姬形象[J]. 合肥学院学报（社会科学版）（双月刊），2015年第6期

(296) 罗兵，胡胜. 论明清传奇下场诗中的集句现象[J]. 辽宁经济管理干部学院·辽宁经济职业技术学院学报（双月刊），2015年第6期

(297) 周骁. 苏昆《白蛇传》青春新希望[J]. 剧影月报（双月刊），2015年第6期

(298) 史庆丰. 昆剧中常见道具及用法概述[J]. 剧影月报（双月刊），2015年第6期

(299) 唐乙之. 川剧荆钗记与南戏荆钗记的比较探略[J]. 鸭绿江（下半月版）（月刊），2015年第6期

(300) 李冬君. 南戏里的民间精神[J]. 文史天地（月刊），2015年第7期

(301) 艾立中. 中国戏曲：从备受攻击到重建自信——以1925年《申报》关于梅兰芳出洋讨论为考察对象[J]. 中国现代文学研究丛刊（月刊），2015年第7期

(302) 高月. 昆曲《牡丹亭》之人物造型灵感引发思考——以吉承时装周2014时装发布会为例[J]. 戏剧之家（半月刊），2015年第7期

(303) 袁硕. 论昆曲《牡丹亭·游园》的古风古韵——以选段【皂罗袍】为例[J]. 戏剧之家（半月刊），2015年第7期

(304) 陈益. 昆曲的"竹肉相发"[J]. 书屋（月刊），2015年第7期

(305) 蔡正仁. 一幅活态昆曲史——《昆曲撷忆》序言[J]. 上海戏剧（月刊），2015年第7期

(306) 戴平. 昆曲的武戏[J]. 上海戏剧（月刊），2015年第7期

(307) 高岩. 元剧崇尚与沈自征的北曲创作[J]. 文艺评论（月刊），2015年第7期

(308) 董卉君. 青春洋溢的浪漫主义经典——浅析戏剧青春版《牡丹亭》[J]. 新闻世界（月刊），2015年第7期

(309) 朱永新. 守望昆曲的不老松[J]. 新教师（月刊），2015年第7期

(310) 陈耀辉. 百变刀马谷好好[J]. 温州人（半月刊），2015年第7期

(311) 王馗，刘晓辉，姚慧. 走出《牡丹亭》的"昆曲拾遗"[J]. 中华文化画报（月刊），2015年第7期

(312) 晓溪. 是不是最好？不重要！昆曲《春江花月夜》带来的思考[J]. 上海戏剧（月刊），2015年第8期

(313) 刘海燕. 昆曲艺术在综合艺术院校的传承意义及教学模式探析——以广西艺术学院《昆曲艺术鉴赏》课程为例[J]. 大众文艺（半月刊），2015年第8期

(314) 邹蓉. 论南戏、传奇中的曲牌与科诨[J]. 戏剧文学（月刊），2015年第8期

(315) 施剑. 古村落非物质文化遗产的传承模式研究——以新叶昆曲为中心[J]. 理论界（月刊），2015年第8期

(316) 杜竹敏. 今月曾经照古人——观昆曲《春江花月夜》[J]. 上海戏剧（月刊），2015年第8期

(317) 顾兆琳. 曲牌体联套是古典戏曲的遗存——谈《春江花月夜》唱腔设计中的一些得失[J]. 上海戏剧（月刊），2015年第8期

(318) 俞妙兰. 昆曲《春江花月夜》音乐赏析[J]. 上海戏剧（月刊），2015年第8期

(319) 张晓妍. 天地之间一缕香——昆曲《春江花月夜》视觉设计的得与失[J]. 上海戏剧（月刊），2015年第8期

(320) 朱锦华.《昆曲撷忆》[J]. 上海戏剧（月刊），2015年第8期

(321) 陶蕾仔. 数字影像在昆曲艺术中的表现形式[J]. 大舞台（月刊），2015年第8期

(322) 傅婷雯. 清传奇与新版昆曲《桃花扇》中侯李故事结局的比较[J]. 现代语文（学术综合版）（月刊），2015年第8期

(323) 刘安达. 昆曲服饰审美文化浅析[J]. 艺术科技（月刊），2015年第8期

(324) 陈明黎. 新旧相遇下的焦虑——论《玉簪记》的昆曲新美学[J]. 艺术科技（月刊），2015年第8期

(325) 张涛. 沈璟曲学"本色"论研究[J]. 淮海工学院学报（人文社会科学版）（双月刊），2015年第8期

(326) 俞霞婷. 吴双：程式与体验融合的艺术创造——从《司马相如》到《川上吟》探索昆净的传承发展[J]. 中国戏剧（月刊），2015年第8期

(327) 秦岭. "张军现象"及戏曲美学的当代继承[J]. 上海采风（月刊），2015年第8期

(328) 王云一. 戏如人生——《游园惊梦》影评综述[J]. 艺术品鉴（月刊），2015年第8期

(329) 万佳.《牡丹亭》的文本语言分析[J]. 文学教育（下）（月刊），2015年第9期

(330) 张耀予. 论《玉簪记》的"西厢行径"[J]. 湖州师范学院学报（双月刊），2015年第9期

(334) 唐旭，刘晨. 浅析《红梅记》的故事源流及艺

术超越[J].鸭绿江(下半月版)(月刊),2015年第8期

(335)钱颖.汤显祖《牡丹亭》与"青春版"比较研究[J].名作欣赏(旬刊),2015年第9期

(336)高月.谈昆曲《怜香伴》的人物形象设计的创新[J].戏剧之家(半月刊),2015年第9期

(337)张静娴.繁华落尽见真淳[J].上海戏剧(月刊),2015年第9期

(338)吴波.从《南词叙录》看徐渭"华夷"思想下的戏曲批评观[J].美与时代(下)(月刊),2015年第9期

(339)朱晓琳.徐炎之对台湾昆曲传播的贡献[J].大舞台(月刊),2015年第9期

(340)韩勤.论《紫钗记》之"折柳送别"[J].佳木斯职业学院学报(月刊),2015年第10期

(341)侯云杰.当代观众观剧心理探析——以昆曲《长生殿》为例[J].四川戏剧(月刊),2015年第10期

(342)安裴智.风雅绝美天上曲——经典昆曲《玉簪记》赏析[J].名作欣赏(旬刊),2015年第10期

(343)何英英.汤显祖《牡丹亭》与昆曲剧本中杜丽娘故事情节比较[J].现代语文(学术综合版)(月刊),2015年第10期

(344)彭素倩.《水浒传》与昆曲剧本中关于潘金莲的故事情节比较[J].现代语文(学术综合版)(月刊),2015年第10期

(345)朱雯婷.《长生殿》与《杨贵妃》中唐明皇形象的比较研究[J].现代语文(学术综合版)(月刊),2015年第10期

(346)蒋晗玉.当下的传统是改良的传统——中国戏曲当下传统来路回顾与讨论[J].艺海(月刊),2015年第10期

(347)蒋锋.昆曲音乐与昆曲声腔[J].艺海(月刊),2015年第10期

(348)陶蕾仔.非遗保护背景下的昆曲艺术与水墨动画的结合——以昆曲水墨动画《双下山》为例[J].戏剧文学(月刊),2015年第10期

(349)张颖.浅析大都版《牡丹亭》服装的国画之美[J].演艺科技(月刊),2015年第10期

(350)黎蕾.新媒体时代非物质文化遗产的传播策略——以青春版昆曲《牡丹亭》为例[J].新闻世界(月刊),2015年第10期

(351)侯云杰.当代观众观剧心理探析——以昆曲《长生殿》为例[J].四川戏剧(月刊),2015年第10期

(352)谷好好.坚持以人民为中心的创作导向创作无愧于时代的优秀作品[J].中国戏剧(月刊),2015年第10期

(353)王志毅.永嘉昆剧的声腔与伴奏特色[J].戏剧之家(半月刊),2015年第11期

(354)王菊.略论长阳南曲艺术形式之谜语特征——基于阿多诺艺术审美之维[J].贵州民族研究(月刊),2015年第11期

(355)贾晓珍.浅探玉茗堂四梦中的"生"角形象[J].商丘师范学院学报(双月刊),2015年第11期

(356)陈阳阳.《点绛唇》曲牌考论[J].哈尔滨学院学报(月刊),2015年第11期

(357)王学军."字"得其乐,如"幕"春风——浅谈如何做好字幕工作[J].中国戏剧(月刊),2015年第11期

(358)余复生.探析南戏《张协状元》[J].中国戏剧(月刊),2015年第11期

(359)林文.文化部实施2015"名家传戏——当代戏曲名家收徒传艺工程"[J].中国戏剧(月刊),2015年第11期

(360)徐杰.昆曲在明清时期的发展[J].中国民族博览(月刊),2015年第11期

(361)郭启宏.昆剧《李清照》例行报告[J].剧本(月刊),2015年第11期

(362)张泓.桃花扇之争[J].湖南科技学院学报(月刊),2015年第11期

(363)张丽娥.情欲与教化:论《玉簪记》情理冲突的弱化[J].社会科学论坛(月刊),2015年第11期

(364)任明华.《莺莺传》在明代的文本传播[J].东岳论丛(月刊),2015年第11期

(365)朱锦华.墙头马上两厢窥望[J].中国戏剧(月刊),2015年第12期

(366)周青奇.昆剧视觉元素及其在产品设计中的应用[J].大舞台(月刊),2015年第12期

(367)王雨倩,胡雯丽.《玉茗堂四梦》浅论[J].雪莲(半月刊),2015年第12期

(368)苏子宸.永嘉昆曲在当地的传承现状调查与反思[J].大众文艺(半月刊),2015年第12期

(369)王诗瑶.论明代教化戏、弄孔戏与八股文的关系[J].广东技术师范学院学报(月刊),2015年第12期

(370)王倩.昆舞语言的戏剧性魅力——观"花梦"后的思考[J].前沿(月刊),2015年第12期

(371)笑蓓.天下明德自尧舜始——走进昆剧《湘妃梦》[J].艺海(月刊),2015年第12期

(372）张国玲.从《长恨歌》到《长生殿》[J]．鸭绿江（下半月版）（月刊），2015年第12期

(373）薛家柱.《十五贯》救活了昆曲[J]．杭州（生活品质版）（月刊），2015年第12期

(374）秦岭,沈眈丽.像昆曲一样生活[J]．上海采风（月刊），2015年第12期

(375）邹荣学.编导教学中古典戏曲名剧改编的个案研究——论《牡丹亭》当代三个主要改编本的文本改编[J]．戏剧之家（半月刊），2015年第13期

(376）姜薇.昆曲闺门旦表演艺术品格浅析[J]．戏剧之家（半月刊），2015年第13期

(377）郑锦燕.论昆腔传奇中的江南节令民俗书写[J]．山花（半月刊），2015年第14期

(378）杨瑞庆.昆山曲坛"连续剧"[J]．文化月刊（半月刊），2015年第15期

(379）周法栋.论动画形式对昆曲传播的推动作用研究[J]．戏剧之家（半月刊），2015年第16期

(380）栗晓洋.百年昆曲,谁主沉浮[J]．戏剧之家（半月刊），2015年第16期

(381）武婷婷.沈璟音乐思想探析[J]．戏剧之家（半月刊），2015年第16期

(382）张婧,庞瑞东.李渔《闲情偶寄》"结构论"研究[J]．语文学刊（半月刊），2015年第16期

(383）吕梦柯.漫议昆山腔的"雅正"之旅[J]．名作欣赏（旬刊），2015年第17期

(384）舒安静,顾琼.近二十年昆曲传播研究述评[J]．戏剧之家（半月刊），2015年第17期

(385）李花.管窥昆曲在当代高校的传承与保护——以对"白先勇昆曲传承计划"的讨论为中心[J]．戏剧之家（半月刊），2015年第17期

(386）孙盼洪.浅析川剧与昆曲传统容妆的特点[J]．大众文艺（半月刊），2015年第17期

(387）赵亮.昆曲在高校的传承——从大学生看《牡丹亭》成为一种时尚说开来[J]．黄河之声（半月刊），2015年第17期

(388）燕飞.探究昆曲艺术在南京兴盛的历史原因及影响力[J]．北方音乐（半月刊），2015年第17期

(389）顾潇.古典诗词声乐作品所蕴含的意境美探究——以《春江花月夜》为例[J]．黄河之声（半月刊），2015年第17期

(390）刘纪明."真气"和"深情"——论张岱《陶庵梦忆》之戏曲人物品评[J]．名作欣赏（旬刊），2015年第18期

(391）张义瑶,杨婷.解析《红楼梦》中的音乐文化[J]．语文建设（旬刊），2015年第18期

(392）石艺.发调考辨[J]．兰台世界（半月刊），2015年第18期

(393）金瑶.戏曲艺术的古典美学精神探讨——以昆曲为例[J]．戏剧之家（半月刊），2015年第19期

(394）郑意长.《牡丹亭》在英语世界的译介与传播评析[J]．英语教师（半月刊），2015年第19期

(395）陈泓茹,赵宁.昆曲演唱艺术探析与借鉴[J]．北方音乐（半月刊），2015年第19期

(396）孙晓婷.徐渭《南词叙录》研究综述[J]．戏剧之家（半月刊），2015年第19期

(397）章雪晴.从昆曲《血手记》对《麦克白》的改编看戏曲人物塑造的艺术特征[J]．名作欣赏（旬刊），2015年第20期

(398）张亚琦.浅析一场昆曲堂会给予的启示[J]．课程教育研究（旬刊），2015年第20期

(399）夏旸.明朝"曲圣"魏良辅的音乐才情[J]．兰台世界（半月刊），2015年第21期

(400）朱清泉."写意"手法及昆曲素材在笛曲《幽兰逢春》中的运用[J]．戏剧之家（半月刊），2015年第21期

(401）陈可馨.走进"百戏之祖",看北昆传承[J]．文化月刊（半月刊），2015年第21期

(402）魏莱.《牡丹亭》的审美意境翻译分析[J]．语文建设（旬刊），2015年第21期

(403）唐小山.鲜花着锦时,偏偏最凄冷——从昆曲电影《红楼梦》遭零排片看传统与现代的思想碰撞[J]．文化月刊（半月刊），2015年第22期

(404）丛海霞.《十五贯》题材来源考辨[J]．戏剧之家（半月刊），2015年第23期

(405）黄蓓.清代弋阳腔雅俗之辨[J]．戏剧之家（半月刊），2015年第23期

(406）崔雪青.良辰美景奈何天——论昆曲艺术的特征[J]．戏剧之家（半月刊），2015年第23期

(407）包莉.昆曲字音理论对于流行演唱的启示[J]．音乐时空（半月刊），2015年第23期

(408）杨子.浅论清代戏曲音乐审美之转型——以"花雅之争"为例[J]．当代音乐（半月刊），2015年第23期

(409）邢秀廷.闺门旦表演艺术[J]．戏剧之家（半月刊），2015年第24期

(410）张思齐.明清乐伎对昆曲的创作和传播[J]．

北方音乐(半月刊),2015年第24期

(411) 孙晓曼.曲师吴畹卿的音乐贡献[J].兰台世界(半月刊),2015年第25期

(412) 姜婷.美的选择:青春版《牡丹亭》中"花神"的舞台改编[J].青年文学家(旬刊),2015年第29期

(413) 朱胜楠.从接受美学视角谈《牡丹亭》的文学魅力[J].名作欣赏(旬刊),2015年第29期

(414) 王悦阳,元味.牡丹还魂四百年[J].新民周刊(周刊),2015年第42期

(415) 王悦阳.昆曲王子眼中的未来五年 传统艺术不再靠"抢救"[J].新民周刊(周刊),2015年第43期

(416) 安葵.再谈创新与继承——张庚先生对京剧、昆曲的关注给我们的启发[J].影剧新作(季刊),2015年第Z1期

(417) 王馗."牡丹虽好",如何换来"春色如许"[N].光明日报,2015-01-05第015版

(418) 吴晓东,白先勇:让昆曲与青春同行[N].光明日报,2015-01-31第009版

(419) 苏雁,陈敏.《天韵社曲谱》百年后终"回家"[N].光明日报,2015-03-15第010版

(420) 谢柏梁.昆曲演员返乡演出的思考[N].光明日报,2015-04-27第015版

(421) 郭启宏.昆曲《李清照》余墨[N].光明日报,2015-09-28第015版

(422) 邵岭.昆曲的兴与衰都和剧本有关[N].文汇报,2015-04-30第011版

(423) 顾笃璜.苏州昆曲曲家与道和曲社[N].文汇报,2015-05-18第007版

(424) 张军.给过去一个未来[N].文汇报,2015-05-18第007版

(425) 范昕.汤显祖:以美好想象的升华取代人世真实的龌龊[N].文汇报,2015-11-10第010版

(426) 黄启哲.用昆曲重新演绎莎士比亚名剧[N].文汇报,2015-12-04第009版

(427) 王新荣.上昆典藏版《牡丹亭》,典藏的是什么?[N].中国艺术报,2015-01-16第004版

(428) 刘姝含.冲突矛盾之中的虚幻人生[N].中国艺术报,2015-03-18第004版

(429) 刘姝含,单雯:要和昆曲一辈子纠缠下去[N].中国艺术报,2015-03-20第006版

(430) 陈均.昆曲为何能"久衰而未绝"?[N].中国艺术报,2015-03-25第004版

(431) 郑荣健.昆曲热起来,南昆北昆急管繁弦[N].中国艺术报,2015-03-30第001版

(432) 王渝.拥抱时代的昆曲拥有更好未来[N].中国艺术报,2015-04-27第004版

(433) 俞霞婷.为昆曲做嫁衣[N].中国艺术报,2015-04-29第003版

(434) 云雅.戏曲教育是传统文化的综合课[N].中国艺术报,2015-05-15第006版

(435) 郑荣健.旧瓶装新酒的昆曲学馆[N].中国艺术报,2015-06-15第001版

(436) 非鱼.戏曲传承不该"牡丹独俏"[N].中国文化报,2015-01-20第002版

(437) 刘雅.传统艺术的突围之路[N].中国文化报,2015-03-31第005版

(438) 张婷.昆曲、古琴、南音相会"良辰美景"[N].中国文化报,2015-06-23第005版

(439) 王焱.昆曲创新,需要依循规律[N].中国文化报,2015-06-23第006版

(440) 汪人元.笛韵昆声清丽深蕴[N].中国文化报,2015-07-21第006版

(441) 王芳.昆剧艺术应传承和发展并举[N].中国文化报,2015-07-22第007版

(442) 王焱.创作、排演与研究"三位一体"的模式构想[N].中国文化报,2015-07-24第003版

(443) 杨凤一.清音雅韵传习经典[N].中国文化报,2015-08-07第003版

(444) 蔡正仁.戏曲的传承和发展必须实干才能做好[N].中国文化报,2015-08-19第006版

(445) 高昌."我觉得这个戏还可以更好"[N].中国文化报,2015-08-28第003版

(446) 徐晓钟.昆剧《景阳钟》:"不换形"的"移步"[N].中国文化报,2015-11-17第006版

(447) 朱为总.《湘妃梦》:追寻昆曲的别样之美[N].中国文化报,2015-11-20第003版

(448) 萧鼓.白先勇"转基因昆曲"的是与非[N].文学报,2015-01-29第023版

(449) 秋末.昆曲"活态传承"的几个问题[N].文学报,2015-06-18第023版

(450) 萧鼓.昆曲究竟"转"了什么"基因"?[N].文学报,2015-07-02第024版

(451) 金莹.让古老昆曲切入时代的心理和审美[N].文学报,2015-07-09第003版

(452) 郑永为.一首散发着理想主义光芒的情诗——评昆曲《影梅庵忆语——董小宛》[N].文学报,

2015－12－17 第 007 版

（453）陈均.昆曲如何进校园[N].文艺报,2015－04－13 第 004 版

（454）中国昆曲的宏大史诗[N].文艺报,2015－04－22 第 008 版

（455）孙金诚.昆曲等了你 400 年,不在乎再等 30 年[N].人民政协报,2015－03－06 第 014 版

（456）昌校宇.带你去看人生第一场昆曲[N].人民政协报,2015－11－28 第 008 版

（457）沈慧瑛,蒋恩铠:此生只为昆曲醉[N].中国档案报,2015－05－08 第 003 版

（458）郑亮.让传统戏曲契合当代青年人审美[N].农民日报,2015－06－12 第 005 版

（459）李伟.创新之中,恰闻见浓浓"昆味"[N].解放日报,2015－07－08 第 012 版

（460）黄玮.和时间赛跑,我挺焦虑的——对话昆曲表演艺术家张军[N].解放日报,2015－07－10 第 009 版

（461）李茂君.传承并创新昆山兴昆曲[N].解放日报,2015－11－13 第 006 版

（462）戴平.超越时空的生死情怀——评原创昆曲《春江花月夜》[N].解放日报,2015－11－27 第 013 版

（463）王研.偌大的市场容不下一部昆曲电影?[N].辽宁日报,2015－07－17 第 012 版

（464）周育德.戏剧文学巨匠——汤显祖[N].江西日报,2015－09－24 第 A03 版

（465）邹昱琴.让昆曲成为年轻人的时尚[N].中国出版传媒商报,2015－09－25 第 014 版

（466）李广平.《绝色倾城》:当新世纪音乐遇见古老的昆曲[N].北京日报,2015－12－17 第 018 版

（467）孙文辉.柔美《湘妃梦》亦是中国风[N].湖南日报,2015－12－11 第 017 版

（468）黄亮,朱新国.来这里跟昆曲谈一场恋爱[N].苏州日报,2015－11－01 第 A03 版

# 2015年度昆曲研究论文述评

倪金艳

2015年度(2015年1月1日—2015年12月31日),昆曲研究的学术论文达466篇,虽然数量上少于2014年度的537篇,但总体看来,成果也是丰硕的。这些论文既有对昆曲史、剧目版本等传统问题的关注,也有对戏曲与地域文化、园林文化等关系的探讨,其研究领域进一步拓展。笔者从剧作家、剧目、音乐、舞台表演和昆曲传承等方面,对2015年公开发表的具有一定代表性的昆曲研究论文做简要的论述。

## 一、剧作家为何人、作意何在

与其他剧种不同,昆曲是由有高文化素养的文人参与创作的戏曲艺术,许多优秀的文人如高濂、徐渭、李开先、汤显祖、沈璟、朱素臣、李玉、李渔、洪升、孔尚任等都积极地参与了戏曲剧本的创作。

陆林在《清初戏曲家嵇永仁事迹探微》一文中指出,嵇永仁是留名青史的爱国者,殉难于耿精忠叛乱,同时他也是剧作家,但保留下来的剧目仅有《扬州梦》《双报应》和杂剧《续离骚》,而他的生平资料几乎无处可考。为填补信息的缺失,陆林根据方志、家谱、时人诗文等考知其籍贯、家世、生平。嵇永仁祖籍苏州府常熟,葬于无锡太湖边,先辈家世富足,但他多次科考未中,于是以幕僚为职业,入胡弟忠、袁一相、范承谟等幕……使这位爱国文人有了"归属"。黎国韬与杨瑾合撰的《梁辰鱼与中晚明曲家交往述略》一文,先是对梁辰鱼生平及创作做一个简短的概说,然后以他与著名的戏曲作家、散曲作家、曲论家的交往为论述重点,阐释了梁辰鱼与李开先、张凤翼、高濂、沈仕、王稚登、徐渭、王世贞、潘之恒等人交往的相关情况及相互浸染的过程。这些人交往深厚,在艺术观与创作上相互影响。将梁辰鱼置于他所交游的文人圈内进行审视的方法,不但有助于整体地研究梁氏的生平、思想和创作,亦有助于判断其在当时及后世剧坛上的地位,而且对进一步分析中晚明士风、文学流派、作家群体等均有助益。

郑培凯的《汤显祖四题》提出了四个议题:(一)汤显祖作为一个政治家和戏剧家,哪个是第一位的?政论文《论辅臣科臣疏》和《牡丹亭》的创作之间有什么关系?(二)汤显祖弃官归隐的深层原因是什么?(三)汤显祖对待丰臣秀吉侵略的态度如何?(四)《牡丹亭》是否真的充满性象征?并对这四个问题逐一进行了探讨。郑氏认为汤显祖有明确的抗日主张,憎恨倭寇对东南沿海的骚扰,赞同对日作战。他强力驳斥了吴震生、程琼夫妇在所作《才子牡丹亭》中提出的《牡丹亭》充满"性象征""性暗示"、男女交媾、阴阳交欢的庸俗观点。除《汤显祖四题》外,范昕《汤显祖:以美好想象的升华取代人世真实的龌龊》和周育德讲的《戏剧文学巨匠——汤显祖》也是围绕着汤显祖展开多角度阐释。

关于李渔、徐渭、沈璟的研究也取得了新的成就,主要论文有袁睿的《论李渔"怜才""劝妒"的思想——兼驳〈怜香伴〉传奇"女同性恋说"》和吴波的《从〈南词叙录〉看徐渭"华夷"思想下的戏曲批评观》。前者梳理了李渔的人生经历——仕途失利但治家有方、妻妾和顺,从这一现实出发,推导出他逐渐形成"怜才""劝妒"思想,并鲜明地表现在戏曲小说作品中,故而中年所作《怜香伴》"女同性恋之说"乃是谬论;后者意在分析徐渭传统的"严华夷之界""华夷分野"观念及形成原因,兼论"华夷"观对《南词叙录》的影响。元明易代后,建立了以汉民族为中心的全新封建政权体制,便有了与元朝有别的"别华夷""正名分"的理念,加之大明面临着"北虏南倭",形成了徐渭比较偏激的"华夷"观念。

对于剧作家的研究,不再侧重于"年谱编纂""人物传记"等传统形式,而是从地方志、文人诗词、交游等角度进行探讨,从作品切入看作者的思想观点、考证其人生经历、推断其在文学史中的地位,这种多角度的思索使研究更为深入。

## 二、稽考剧目文本变化,对残存剧目拾遗补缺

如果说剧作家的研究还略嫌薄弱的话,本年度剧目研究的成果则非常丰富。对剧目研究大致可分为单个剧目版本的考证、遗失剧目的挖掘补充和对存在争议问题的考辨三类。

单个剧作的考证方面,俞为民多有佳作,有《凌刻臞仙本〈琵琶记〉考述》《调腔本〈琵琶记〉考论》《南戏〈破窑记〉版本考述》。众所周知,同一剧目在流传过程中其故事情节和曲文会发生变化,因而对不同时间、不同地区、不同版本的曲目进行对照研究是很有必要的工作。俞为民在《南戏〈破窑记〉版本考述》里指出,在现存的

《破窑记》版本中,全本的有明富春堂刊本《新刻出像音注吕蒙正破窑记》(简称富春堂本)和明书林陈含初、詹林我绣刻本《李九我先生批评破窑记》(简称李评本)两种。又有《风月锦囊》所收《新刊摘汇奇妙戏式全家锦囊大全吕蒙正》(简称《锦囊》本),明钞本《彩楼记》(简称钞本)。富春堂产生时间早于李评本,与元本相同或相近的曲调与曲文,多于李评本;李评本增加了"夫人看女""吕蒙正数罗汉""刘千金辞窑"等情节;钞本是早期南戏《破窑记》的改编本,压缩了原作内容,增强了舞台效果。

关于遗失剧目的挖掘补遗有梁帅的《李玉〈洛阳桥〉传奇残曲考》、俞为民的《明初南戏汇考》、李晓的《明万历戏曲选刊〈大明天下春〉南戏散出选考》等。残卷本《大明天下春》只有卷四至卷八部分,在南戏散出的这五卷本中,又分为原本已佚之散出如《朝云庆寿》《词赠佳人》;无全剧的传本或改本,受民间流传的脚本和演出的影响,无定本,如《僧尼相调》;有传本或改本的散出,受民间流传的脚本和演出的影响,有改动,如《仁贵叹功》。《天下春》是昆腔和弋阳腔、青阳腔兼收的戏曲选刊,收录的是明嘉靖年间和万历中期以前流行的作品,还记录了演出的特点:不仅吸纳民间曲调、北曲、"南北合套"的多样形式,还自创了"滚调"。由于南戏剧本和演出记录失传较多,而《天下春》是对南戏当时演出状态的"活记录",这些散出便弥足珍贵,为我们深入研究南戏的发展历史提供了宝贵的资料。

对存疑的戏曲问题的考证文章,有李恒《"马前泼水"源流与演变考略》、徐子方《昆曲杂剧三题》、石超《〈拜月亭〉本事考辨》等,旨在解疑答惑,清除戏曲界的误区,解开谜团。石超的《〈拜月亭〉本事考辨》通过比较关汉卿杂剧《闺怨佳人拜月亭》和南戏《拜月亭》世德堂本、《风月锦囊》本等"拜月"之前的内容,发现《拜月亭》的故事背景与金元交战、金主迁都的史实相似,不仅年代、地理位置高度相符,而且保留了金代之风俗,因此,《拜月亭》本事不是后人改编的宋金交战而是金元交战,《拜月亭》故事当是由此演化而来。

## 三、风格、人物形象、情节构建及改编之研究

风格是创作个性的体现,也是艺术创作成熟的标志。汪超《论"以词为曲"与明代曲坛的风格嬗变》认为"以词为曲"的创作风气带有鲜明的吴中色彩,是传奇戏曲文人化的产物,这种风气波及明代曲坛多数文人,像郑若庸、高濂、顾大典等。他们追求典丽藻饰的文辞,雅致的审美趣味,突显"才士"的情怀。这种风格受当时"后七子"崇古观念的影响,着重于文辞修饰的功力,加上文坛领袖王世贞等人的"吹捧",是多种因素综合作用而形成的。徐子方《明杂剧风格论》首先提出明杂剧风格是剧作家个人风格的集合,为群体及时代风格的体现。通过归纳,他将风格分为四类:贵族化的铺张扬厉、简化整一,诗歌化的含蓄蕴藉、词深意长,市俗化的幽默讽刺、变形夸张,复古派的回归传统、注重写实。此四种风格先后交替——始于贵族化,终于复古派。

人物形象的分析既有通篇对某一人物的论述也有论及多个人物者,既有立论也有驳论。赵明月《论〈续琵琶〉中的文姬形象》、贾晓珍《浅探玉茗堂四梦中的"生"角形象》、高小慧《李香君形象新谈》是这方面的代表论文。在《续琵琶》中曹寅突破了"饿死是小,失节是大"的礼教观念,将文姬塑造为坚毅、隐忍、孝顺的形象。她尊崇并践行儒家孝道理念,担负着继承汉文化的使命,完成了修史的重任。这与曹寅身为汉人、心系旧朝、一心传承汉文化的使命感有关,是其民族精神的流露。贾晓珍选取汤显祖的四部传奇《紫钗记》《牡丹亭》《南柯梦记》《邯郸记》中的四位"生"角——李益、柳梦梅、淳于棼和卢生为研究对象,分析这四位"生"的异同,如才智过人却又生活潦倒,性格有些软弱却不失机敏,也讨论了他们秉性的殊异及各自功名与婚姻的差异。高小慧的《李香君形象新论》驳斥了以政治标准和目的来评价李香君的错位现象,主张从文本出发,将李香君还原为对爱情忠贞不渝、更对家国挚爱于心的女子。

杨鹏鑫《明中期到清初期的"规范曲学"及反思——以叙事方面的考察为中心》和张丽娥《情欲与教化:论〈玉簪记〉情理冲突的弱化》是在叙事学方面探究剧本的叙事特点。张丽娥《情欲与教化:论〈玉簪记〉情理冲突的弱化》探讨了自笔记《古今女史》至传奇《玉簪记》,其故事情节在流传过程中不断被改写的过程。经对杂剧、小说及传奇诸版本的分析,发现作者高濂沿用了以往版本中"指腹为婚"的设计,回避了陈妙常怀孕产子的情节,试图把作品中所高扬的"情"纳入传统伦理道德的轨道之中,弱化了作品中情与理的冲突。这与时代精神烛照下士人心态嬗变及戏曲创作理论对"诗言志"文学传统的承袭密切相关。

此外,还有对国内和国外原有剧本的改编,比如邹荣学《编导教学中古典戏曲名剧改编的个案研究——论〈牡丹亭〉当代三个主要改编本的文本改编》、章雪晴《从昆曲〈血手记〉对〈麦克白〉的改编看戏曲人物塑造的艺术特征》。章雪晴的《血手记》作为莎剧昆曲化比较成功的改编之作,获得了国内外一致好评。一方面《血手记》

对戏曲的体制有所突破,兼容了西方话剧的特点;另一方面也对戏曲本身的艺术特点表现出了最大的尊重。在人物的塑造过程中,《血手记》自觉遵循戏曲规律,利用动作表演、唱词、表情变化,力争逼真再现。像《闹宴》一折,为表现麦克白见到幽灵的失控状态,演员用抖髯、甩发、搓步、变脸的程式动作,惟妙惟肖地表现疯癫之态。麦克白夫人发疯后会经常梦游和洗手,戏曲将原作中夫人独白、侍女的议论改编成折子戏《闺疯》,通过旦角一系列身段动作和水袖舞表演,把内心的不安和恐惧形象化、具体化。

## 四、曲牌、声腔等音乐问题之探讨

有关昆曲音乐研究的学术论文数量多且质量高,或是梳理了历史上存在的曲牌、宫调的种类和数量,如顾兆琳整理的北曲套数8套、南曲套数22套和比较常用的26个南曲孤牌;或是研究套数、宫谱、声腔的规律,为昆曲音乐的发展提供理论指导。

关于曲牌的研究有庄永平的《论曲牌》、顾兆琳的《昆曲曲牌及套数的艺术特点和应用规律》、曾永义的《论说"曲牌"(之二)——曲牌之建构与格律之变化》和蔡珊珊的《〈九宫正始〉所收【会河阳】曲牌考论》。庄永平的《论曲牌》先解释了"曲""牌"与"曲牌"三者的含义。"曲"原指音乐或兼指旋律,"牌"是以一个物体形状为标志而称为"牌","曲牌"按照王骥德的解释是"曲之调名,今俗称牌名"。在庄永平看来,曲牌思维是汉以来正统思想的一种显示,根据大一统思想来填补内容。曲牌的标题与内容要相符,像《渔歌子》反映渔人的日常生活,而《忆江南》则是回忆江南景色。悦耳的曲牌要做到曲牌联套、倚声填词、依牌谱曲。另外,曲牌也有自己的结构特点和程式性以及可塑性和变异性特征。

台湾戏曲研究专家曾永义的《论说"曲牌"(之二)——曲牌之建构与格律之变化》应是2014年发表的《论说"曲牌"——曲牌之来源、类型、发展与北曲联套》的续篇,继研究其来源、类型、发展及北曲连套后,专注分析曲牌的建构和格律问题。曾文依旧以北曲为例,指出周备的曲牌格律建构元素包括正字律、正句律、长短律、平仄声调律、句中音节形式律、协韵律、对偶律、词句特殊语法律,但每个曲牌又不必包含所有元素;格律的变化要借助"衬字""增字""增句""滚白""滚唱""夹白""减字""减句""犯调",使曲牌灵动多样。

何为宫谱?即标明工尺板眼的音乐谱,在曲词之旁标注了"工尺谱"的曲谱。李俊勇、刁志平的《"宫谱"新考》、魏洪洲的《陈、白二氏〈九宫谱〉〈十三调谱〉考原》、魏洪洲的《胡介祉〈南九宫谱大全〉编纂考》和毋丹的《从现存戏曲宫谱看"清宫"与"戏宫"——以"临川四梦"宫谱为例》等,都是有关宫谱论述的优秀文章。《"宫谱"新考》辨析了宫谱的概念,并梳理了不同时代宫谱所指的内容。宫谱最早是今人所谓的曲词"格律谱",以宫调分类编排曲牌、标句读、分正衬,不带工尺谱。到康乾时期,在曲词格律谱的基础上加了工尺谱,如《新定九宫大成南北词宫谱》,成为"典型的"宫谱。而到了乾隆末年,宫谱已经向南北曲折子戏工尺谱的用法转化。自近代以来,宫谱才是专指带工尺谱的曲谱。通过梳理便厘清了宫谱产生之初、康乾时期和近代所包含的内容。

戏曲界一直以来将戏曲宫谱分为"清宫"与"戏宫",毋丹的《从现存戏曲宫谱看"清宫"与"戏宫"——以"临川四梦"宫谱为例》,提出若干相关概念以作为区分二者的标准。而在剧目选择方面,单折清宫谱的数目与舞台演出的频繁程度一致。就现存文献来看,戏曲宫谱的具体内容并不因清宫、戏宫而有所区别,在现实中未明显呈现"清宫"与"戏宫"的差异,如果人为地将二者分割开来,甚至使它们形成对立,将会不利于戏曲音乐的发展。

宫调是古代音乐术语,凡以宫为主的调式称"宫",以其他各声为主的则叫"调",统称"宫调"。通俗地讲,宫调就是每一支曲子的调门,有五音或七音,也就是简谱中的A调、B调、C调等。对宫调进行研究的有王志毅《戏曲宫谱"宫调"刍议三题》和石麟《宫调·诸宫调·元曲宫调——兼谈宫调与曲牌的关系》。按照"七声配十二律,可得十二宫、七十二调"的原则,共有八十四宫调。但在音乐实践中,十二宫并未全用,最多只用七宫。戏曲曲谱常以"九宫"命名,编纂体例也以九宫为线索统辖曲牌。但实际上,在明清的音乐典籍以及南北曲谱中,"九宫"已没有了调高的理论意识。"仙吕入双角(调)"也不是某类曲牌的宫调,只是仙吕与双角(调)两种宫调曲牌的合套重编,有名无实。此外,笛上七调顺序,常有"高不过五,下不过乙"之称,它仅是音阶的顺序排列,不宜复杂化。《宫调·诸宫调·元曲宫调——兼谈宫调与曲牌的关系》围绕着宫调从何而来,宫调在金元之际的诸宫调和元曲这几大艺术形式中的使用状况如何,宫调与曲牌之间有何种联系这几个问题进行讨论。作者统计了金元之际宫调与曲牌之关系,以确定何种宫调用何种曲牌,供后来者参考。

声腔研究方面,周来达《试论昆曲字腔的音势不变性及形态可变性——以昆曲南曲为例》指出曲字的调值不变,字腔的音势也不变,但字腔内音乐的高低、时值和音数在描述同一音势中则可变。昆曲字腔形态的可变性集中体现在字腔显示方式、样式的可变性和在同一显示方式、样式背景下字腔内同一音势中的乐音运动形态的可变性两大方面。昆曲的字腔有千万，但归纳其显示形态，除由失误所致的不确定显示型外，主要有完全显示型、显隐显示型、局部显示型三种。乐音形态的可变性则主要表现在描述同一种音势的乐音之音高、时值、音数等形态的可变性上。

胡明明的《"南北曲"——清"内廷"昆弋两腔"同台"演剧的基石——兼论昆弋"同体"现象的特殊性》认为，"南北曲"的"场下之曲"与"场上之曲"共同组成了一个中国传统乐曲中"词、格、曲、腔、戏"的"大系统"。这个系统上承两汉以来"旧乐府"之"歌辞体"，下启宋元以来"新乐府"之"曲牌体"。像"南戏诸腔""明清诸传奇"及"四大声腔"等都是这个"大系统"中的南北"子系统"。各南北"子系统"之间有着明显的相互影响、相互传承、此消彼长的关系。因此，在中国戏曲史的有关论述中，称"南北曲"而非清"内廷"中某一两种声腔为中国传统文化"乐府楷式"。

此外，顾聆森《昆曲腔律浅说》、路应昆《"昆弋腔"辨疑》等对昆曲的声腔特色亦有新的诠释。

## 五、表演艺术之论述

昆曲的完整呈现离不开舞台表演，而表演则是昆曲存活的生命体征。朱恒夫的《也论昆曲与梅兰芳》论述了梅兰芳与昆曲的关系及他的美学追求。梅兰芳在一生的舞台表演中，从未和昆曲分离过，二者相互扶持。可以说昆曲乳育、携挈了梅兰芳，梅兰芳传承、抢救了昆曲艺术。梅兰芳学习昆曲时，受业于梅雨田、陈嘉良、谢昆泉、丁兰荪、曹心泉、俞粟庐、俞振飞、吴梅等人，这是他习得昆曲本领的重要原因。朱文总结了梅兰芳在昆曲表演上的三点突出的美学追求：一是喜爱塑造敢于挑战现实、努力把握自己命运的女性人物形象；二是扮演数个旦行角色，以汲取旦行多方面的表演经验；三是在继承的基础上创新。最后，指出梅兰芳大力地倡导昆曲艺术的原因即昆曲能为京剧等表演艺术提供无穷无尽的营养。他借自己名角的号召力与影响力，打起了保护昆曲艺术的大旗，做出了系列的传承举动，并产生了积极而深远的影响。

王灵均的《程长庚昆曲剧目钩沉及其昆曲表演艺术研究》披露了道光年间昆曲科班出身的程长庚，在他的演出生涯中，昆曲剧目最多，如《伏虎》《钗钏大姊》《水漫》《断桥》等。程长庚表演时，身段和形象极其优美，在当时堪称首位；咬字清晰且极富抑扬顿挫之妙，还匠心独运地把昆曲字音标志及唱念口法用于京剧表演中。他不但大量演出昆曲剧目，在晚年还创办四箴堂科班，传承昆曲之脉，使得昆曲艺术精髓初步融入京剧艺术的躯体。

对某一角色如旦角、丑角的表演也是关注的对象。姜薇的《昆曲闺门旦表演艺术品格浅析》认为，在经典剧目《牡丹亭》《长生殿》《玉簪记》《桃花扇》中，闺门旦无疑是吸引眼球的看点。闺门旦是由昆旦中细分出来的一个角色，常饰演妙龄女子，她们待字闺中，有一定的文化素养，内秀、雅致、柔声细语、甜美。其表演风格娇媚羞美，唱念则是"清、润、嗲"。孙竹的《丑之诙谐滑稽——以昆曲〈孽海记·下山〉中本无形象为例》，论述小和尚本无不肯在佛门恪守清规戒律，安心修行，而是向往俗世生活，并勇敢地追求幸福。本无两眼之间涂有白粉，这是丑角典型的脸谱造型，白粉上画有小木鱼形状的图形，增加了一层滑稽感，他背小尼姑色空过河的身段动作夸张有趣；加之"男有心来女有心，哪怕山高水又深。约定在夕阳西下会，有心人对有心人，南无佛阿弥陀佛"这一热情生动的歌唱，营造出轻松自然的气氛，使得《孽海记·下山》这出戏诙谐、幽默、生动有趣，给观众带来美的享受。

## 六、从比较中看昆曲艺术的独特性

比较是学术研究的重要方法之一。本年度以比较的视角研究昆曲的论文也不少，统观这些文章，可将其分为对照比较、影响研究和跨学科研究三种。

对照比较研究的有郑海涛的《周履靖词曲创作比较论》、卢富强的《昆曲同民族声乐的比较分析》和彭素情的《〈水浒传〉与昆曲剧本中关于潘金莲的故事情节比较》。卢富强认为昆曲与民族声乐同为我国音乐的重要支脉，二者各有特色，继而从气息运用、字声关系、音色追求、共鸣手法、表演风格五个方面比较昆曲与民族声乐的异同。昆曲借助丹田之气，唱出婉转低回的声音；民族声乐以"胸腹式联合呼吸"为主，追求沉稳、宏大的音量。字声方面，昆曲唱念带吴音，有团字、尖字、入声字及上口字之分；民族声乐则以汉字普通话为主，使用"阴阳上去"的声韵。音色层面，昆曲需要演员用小嗓或假声演唱，口型始终保持微张；民族声乐则塑造出富有金属质感、丰满、通透的音色。表演上，昆曲要"四功""五法"皆备，而民族声乐则主要是面部表情和肢体语言，不需要复杂的全身动作。

彭素情将昆曲剧本《潘金莲》与小说《水浒传》的情节相比照，发现昆曲《潘金莲》基本与小说中的情节相似但亦有增删。其中,保留了小说中潘金莲挑帘失手、王婆贪贿说风情、何九叔偷取骨殖的情节;增加了嫁夫惊丑、游街重逢、会邻杀嫂三场戏;郓哥闹茶肆与武大郎捉奸、淫妇药鸩武大郎。通过情节的改动,使舞台上的潘金莲成为一个性格复杂、有血有肉的人物。

乔俏的《乐籍制度解体对堂名形成之影响》是影响研究的代表论文。堂名是人家遇有红白喜庆设宴待客时邀请艺人清唱昆曲的一种形式,产生于清中叶,流行于江南一带,是乐籍制度解体后而逐步形成的。由此可见,乐籍制度对堂名的形成有着深刻影响。具体说来:一方面清代从乐之人多是乐籍中人,当该制度解体后,这些官府乐人恢复了自由身,为求生存,他们开始向民间礼俗靠拢,从而为堂名提供了演员基础;另一方面,乐人下移也带动了戏曲文化下移,拥有不同技艺的人逐步融合,切磋技艺,互补长短,使堂名"五脏俱全"。堂名从产生到发展一直是个不断变化的动态过程。它经历了从官属乐人向民间艺人的嬗变,由官府所在京畿之地不断向外围辐射,并在扩展中与吹鼓手和道士相融合,为各种民俗活动服务。

跨学科研究的有董雁的《江南园林雅集与晚明戏曲的繁荣》、张世进的《从昆曲的表演程式看苏州园林的意境美》和郑锦燕的《昆曲与江南园卉文化》等。董雁的这篇文章涵盖了园林艺术、文人集会与明清戏曲三个领域,意在探讨江南园林文人汇聚对昆曲发展的促进作用。雅士才子谙熟声律、长于度曲,炼句工、琢字切、用腔巧,在当时几乎"登峰造极"。他们广交四方名流,传承着昆曲清逸蕴藉、气韵淡雅的文化品格,在园林中挥洒才华,或是谱曲填词、编创曲本,或是打磨声腔、调试音调。园林雅集时,组织由家乐昆班进行演出,为此文人争相蓄养家班并精心调教,这无疑有益于昆曲表演水平的提升。借助雅林聚会,也促进了昆腔清唱与剧曲在士这一阶层的传播。"园林""昆曲"以及"雅集"俨然成为士阶层身份确认和文化认同的符号,构成一种强势的文化导向,使昆曲得到持续繁荣。

## 七、为当下提供可以借鉴的昆曲传播经验

如何保护和传承拥有400多年历史的昆曲依旧是当下关注的重点,在昆曲与民俗、宗教相结合,借助职业戏班、业余戏班、多媒体、高科技等载体传承国粹艺术的同时,也应注重对昆曲欣赏者的培养,以肥沃昆曲存在的土壤。

杨惠玲的《明清浙江家族祭会演剧考论》指出,明清时江浙一带各种形式的家族祭会颇多,在祭会时凡是有财力的家族都要聘请当地演艺精、名气响的上等戏班演出。此种定期频繁的祭会习俗对昆曲发展的影响主要有四点:赋予演剧敬祖酬神的功能;将演剧作为仪式的一部分写入会则,在一定程度上使之制度化;提供必要的经济支持;对剧种、戏班和剧目提出要求,使演员自发提高表演技能,编创新剧。将演戏纳入敬神的必备仪式,强化了昆曲存在的必要性。

宗教也是传播昆曲的重要途径,黄新华《论清末以来道教对昆剧传承的积极作用——以苏州地区为视角》对此展开了论述。清末民初,昆剧的舞台演出日趋萎缩,职业戏班或解散或加入京昆合班,苏州的散居道士却以道教法事之外兼唱昆曲的形式活跃在苏州的各个乡镇,成为昆剧表演的重要力量。苏州宫观内的戏楼和神仙诞辰的搭台演剧成为昆剧演出的重要舞台。而出身道士世家或由道教培养出来的音乐人才,为新中国成立后昆曲艺术的恢复发展贡献了重要力量。

张蕾的《北方昆弋同台、同班、同籍演剧形制考察——以晚清民国时期北方昆弋职业班社荣庆社与祥庆社为例》,剖析了"内廷应制"解除后职业戏班如何自我养活的方式,为当下昆曲保存和振兴提供了有益的借鉴。比如与城市接轨、市场化,演员之间切磋技艺,有意培养"红角",演出优秀剧目等。

搬演优秀的折子戏也是传承昆曲的有益方式。赵天为的《昆曲表演艺术的当代传承——以折子戏〈惊梦〉为例》,选择昆曲经典名剧《牡丹亭》中的《惊梦》加以分析,并将汤显祖原本《牡丹亭》、臧懋循改本《还魂记》、冯梦龙改本《同梦记》,以及戏曲选本《醉怡情》《缀白裘》《审音鉴古录》,梅兰芳演出版《游园惊梦》、张继青演出版《牡丹亭》、白先勇青春版《牡丹亭》相对照,从个案视角展示出昆曲表演的传承轨迹。《惊梦》折子戏代有嬗变的历史告诉我们,只有掌握了昆剧的艺术规律、悉心揣摩剧目,博采众长、添改曲辞、润饰身段,并细腻琢磨,融入自己的灵魂,才能够传承昆剧的精髓,从而继承和推动昆剧的长远发展,完成昆剧的活态传承。这方面的论文还有颜健、孔德凌《论〈桃花扇〉在清代后期的传播与接受》。

昆曲的保护和传承,既要借鉴传统的传播经验,又要勇于开拓新的渠道。在传播载体层面,张艳、周萌的《从〈牡丹亭〉的碎片化看现代社会的微电影热》启发我们,昆曲的当代传承可以开辟多元的传播渠道,比如借助微电影、戏曲电影、动画、3D技术,以扩大传播范围。在受众层面,陈均的《昆曲如何进校园》积极倡导"昆曲进校园",以抓住学生群体,并提出了较为可行的方案,

即通过昆曲艺术展演,在学生中传播和普及民族传统文化,培养新一代的昆曲观众;将昆曲与校园生活相结合,开展各种昆曲社团活动;建议昆剧院团或民间曲社与高校建立系统的、长期的合作计划;高等院校将昆曲列入高校素质课程;等等。

纵览2015年昆曲研究的论文,除了上述之外,还有对前人研究成果的研究,如苗怀明《开拓与总结:钱南扬先生南戏研究述略》和张真《明治词曲开山——森槐南生平及其南戏研究考述》,亦有对昆曲翻译方面的探讨,如王倩《从文化层面探析"昆曲"翻译》等。

本年度昆曲研究在取得较多成绩的同时,也存在许多不容忽视的问题,比如选题和内容的相仿,像《昆曲闺门旦表演艺术品格浅析》和《闺门旦表演艺术》两篇文章出自不同作者,然内容题旨相似,令人心生疑惑。有些论文简单粗糙、逻辑性不强或者推理不够严谨,难有说服力,如将汤显祖写出惊世之作《牡丹亭》的原因归结为他心系苍生、勇于批评朝政不幸遭贬的经历。像《昆曲中文、武判官戏的表演比较》虽然选题很好,但论述多停留在表面,未能深入。此外,还有运用新的理论探讨昆曲问题者,看似"面貌一新",实则是理论的套用和乱用。

# 面向 21 世纪，昆曲的思考
## ——第七届中国昆曲国际学术座谈会学术综述

曹南山

深秋十月，金风送爽，丹桂飘香。相约三年的第七届中国昆曲国际学术座谈会在昆曲的故乡苏州如期举行。本届座谈会由文化部和江苏省人民政府主办，中国昆曲研究中心和苏州市文化广电新闻出版局协办，是第六届中国昆剧节的重要组成部分。

2015 年 10 月 13 日，第七届中国昆曲国际学术座谈会开幕式在苏州图书馆隆重举行，中国昆曲研究中心主任、苏州市文广新局局长陈嵘女士致开幕词，上海戏剧学院叶长海教授代表与会学者致辞，德国汉学家布兰德尔教授代表海外来宾发表了演说，苏州大学副校长袁银男教授致欢迎辞。来自海内外从事昆曲研究的专家学者 40 余人参加了座谈会并发言，部分高校相关专业博士生和社会人士列席了座谈会。

座谈会共收到论文 45 篇，论题涵盖面广，青年学者和新选题较往届更多。会议主题分昆曲遗产的保护传承、声腔音乐研究、昆曲发展史研究、明清传奇研究、昆曲文献与研究、改编和新编本戏研究、昆曲艺术的海外传播、当代昆曲现象研究和昆曲教学与传播 9 场专题研讨。每场分别有 5 篇论文的作者发言，个别作者因事未能到场，论文由工作人员代为宣读。

## 一、当代昆曲的保护与传承

昆曲艺术的保护和传承是本届座谈会的重点议题。首场主题发言由丁修询、丛兆桓、吴新雷、江巨荣和叶长海诸位先生围绕此议题发表了各自的看法，香港城市大学郑培凯教授主持了本场座谈并做精彩点评。

座谈会伊始，87 岁高龄的丁修询先生率先做题为《昆曲的国家文化战略》发言。丁先生认为，中国昆曲是当今连接东西方之共通的人类戏剧学最高范则，具有国家文化战略的潜在价值。在将中国昆曲与古希腊戏剧、莎士比亚戏剧做了一番对比后，丁先生倡议以昆曲为蓝本，创设以系统地总结广博深远的中国戏曲文化为旨归的"中国演剧体系"。丁先生呼吁大家要努力运用科学方法进行昆曲本体的系统研究，这样既可以根本改变长期以来昆曲工作中盲目自流的弊端，将对昆曲的认识上升到全新高度，以结束古典戏剧文化遗产继续失传的危机，又可以向世界贡献一份完备的人类戏剧学科学蓝图。紧接着，丛兆桓先生作《"非遗"昆剧的保护传承需要四个"全面"》的主题发言，丛先生结合自身多年的工作实践，对未来的昆曲保护和传承提出了多条建设性的意见。

吴新雷先生谈了自己阅读杨守松报告文学新作《大美昆曲》的感想，他评价该书"把昆曲的前世和今生都写活了，把昆坛的人物和事情都写活了"。吴先生以谈读后感为名，借机声情并茂地向与会人员大谈昆曲之美，并讲述了许多昆曲有趣的故事，全场气氛顿时热烈起来，掌声经久不息。

三位已逾耄耋之年的前辈发言之后，江巨荣先生以《昆曲艺术传承需要好教材》为题，就自身参与上海戏剧学院所属上海戏曲学校编撰《昆曲精编教材 300 种》的体会畅谈昆曲传承中教材的重要性。江先生认为，作为新世纪的第一部昆曲专业和曲友自学教材，《昆曲精编教材 300 种》几乎囊括了近百年来昆曲舞台上最多最具代表性的剧目，集昆曲文本、曲谱、释文、表演特色表演要求为一体，开启了昆曲选本的新体例、新样式，无疑是已往昆曲教材的新发展。

剧目在昆曲的保护和传承中具有突出的价值。近年来对传统昆剧剧目的改编和新编昆剧成为一个较为普遍的现象。朱栋霖教授主持这个专题研讨。朱教授认为，新编昆曲，这是一个令人纠结的课题。从昆曲作为人类文化遗产的角度看，其不可替代的丰富的历史文化艺术美学信息无疑应该原汁原味地传承，原汁原味地传承古典剧目，这是昆曲工作的主流，也是学者们这么多年来竭力推动的，现在终于得到了大家的认可。但是，昆曲也是需要不断地在舞台上面向观众公演的，从而会产生不同的要求。一直记得蔡正仁先生不太赞同学者们坚持不动的主张，他说剧团是要不断地在舞台上演出的，观众不要你演出老是那一套，上海的观众要看新的，所以还是要编演新戏，但是一编演新戏，学者就反对，学者不了解剧团的苦衷。朱教授提出，学者不赞同是因为新戏有诸多问题。但是从另一方面看，今日经典名剧，当年也是经过不断打磨而成，今日《牡丹亭》《长生殿》的经典演出，也是经过两三百年、数代名伶曲家的不断修改丰富和逐步积淀才成就的。如果因新剧不如经典而不予探索,就永远不会有新的成就。上海戏剧学院丁盛就《当代昆曲的基本问题、观念与形态》发表了新的理论见解。

对于昆剧传统剧目的改编,专家们各抒己见。安裴智先生对新版昆剧《绿牡丹》的改编表达了强烈的不满,他以《错位的讽刺与扭曲的抢救》为题质疑郭启宏的本子改编得很不成功,认为郭启宏的新编本子已经没有吴炳原作那种古味、雅味了,吴炳原作文辞的雅气、古气被破坏得消失殆尽,结尾也被新改得不合情理,成为一处败笔,将一部经典喜剧改为悲不悲、喜不喜的"四不像"。谈及出现这种问题的原因时,安裴智认为,就是因为新任编剧、制乐者无力胜任昆剧的编剧工作,违背了昆曲本体美学特征,对原著的人物进行了错位的讽刺,于国家昆曲艺术抢救工程而言,也使抢救的对象发生了错位,是一种扭曲的"抢救",令人痛心而深思!

郑尚宪教授以广西桂剧《虎狼弹》对清初苏州作家丘园所作的昆曲《虎囊弹》改编为例,对照《曲海总目提要》的有关记载以及赵景深先生所介绍的《忠义璇图》残本情况,认为虽然桂剧《虎狼弹》比之昆剧《虎囊弹》前半部分稍为简略,但剧情首尾完整,自成全璧,是迄今为止所能看到的《虎囊弹》最完整的传本。余懋盛先生从自己为湘昆改编《白兔记》的体验出发,概括了改编传统大戏要注意的问题,他将之概括为"删繁就简,去芜存菁,保留传统,突出特色"。

陈芳女士的论文研究"红楼戏"从昆剧到越剧的改编,她运用西方互文性理论深入解读了当代越剧经典之作《红楼梦》,认为徐进《红楼梦》文本是"以优美、动人、难忘的方式"谨慎、细致地全面探讨真爱、自由与威权的复杂关系。而在创作手法上,运用重复中断、镶嵌对比修正比,参采"红楼戏"前文本,融入小说原著精神,形成亡灵回归现象,达到了"红楼戏"罕见之高度。

## 二、昆曲史论研究

昆曲艺术的历史与理论研究历来是学者们关注的重点。与会学者中很多都在这一领域取得了突出成绩。本届座谈会声腔音乐研究、昆曲发展史研究、明清传奇研究和昆曲文献与研究等多个场次集中反映了学者们的最新研究成果。

在声腔音乐研究专题研讨部分,俞为民先生发言的题目是《沈宠绥对新昆山腔的矫正与完善》。俞先生认为,沈宠绥《度曲须知》与《弦索辨讹》二书对南北曲的演唱提出了一些具体的规范,对经魏良辅改革后的新昆山腔做了矫正与完善,形成了较为系统的南北曲曲唱理论体系。两书中对南北曲曲唱技巧的论述十分具体,所总结的自然之音律具有较强的客观性与科学性。因此,两书不仅对新昆山腔做了矫正与完善,对指导革除当时曲坛上的弊端,掌握正确的演唱方法产生了十分重要的作用,而且也为后世的戏曲理论家们所借鉴和吸收。如清代李渔的《闲情偶寄》、徐大椿的《乐府传声》、黄幡绰的《梨园原》等所提出的戏曲声乐理论多受沈宠绥的《度曲须知》和《弦索辨讹》的影响。

周秦先生以《昆曲的宫调和套式》为题,系统辨析了历史上对宫调的诸般说法,最后以《牡丹亭》第十出《惊梦》中的宫调变化为例,认为维系套曲音乐统一性和连贯性的主要因素是较为稳定的管色,而依据曲情发展调剂管控音乐风格的主要因素则是调式,二者无疑都跟宫调有关,但又不是那么直接或必然地关联,这就使宫调的特性和作用显得微妙而难以捉摸。

曲学常用概念"宫谱"一词,王季烈在《螾庐曲谈》中早有辨析,李俊勇博士认为王季烈之说实际上并不准确。他在题为《"宫谱"新考》的论文中认为,曲谱最初并非指格律谱,而是指乐谱,格律谱的意义是南北曲兴起以后的事,同时仍旧保留乐谱的含义,概念较为宽泛。宫谱最早是指今人所谓的曲词"格律谱",以宫调分类编排曲牌,分句读,分正衬,不带工尺谱。到康乾时期,又在曲词格律谱的基础上加上了工尺谱,如《新定九宫大成南北词宫谱》,成为"典型的"宫谱。而到了乾隆末年,宫谱已经向南北曲折子戏工尺谱的用法转化。自近代以来,宫谱始如今人所言,专指带工尺谱的曲谱。

艾立中先生《论明末清初南北曲的演变》认为,明末清初北曲的复兴并未导致南曲的衰弱,南北曲都成为曲家常用曲体,二者功能的界限已经逐渐淡化。魏良辅改良南曲和沈宠绥振兴北曲在实质上都是复古,只是复古的理念不一致。黄思超博士从一个理论预设,即康熙年间通行的梨园唱法对《南词定律》有很大的影响,而工尺谱正是当时通行唱法的反映,来探讨《南词定律》的例曲与工尺谱在明清曲乐演变的过程中定位问题,并提出了自己的思考。李昂博士从实践角度所作的《徐大椿的字面口法论》,也给了与会学者一定的启示。

在昆曲发展史研究专场,诸位专家踊跃发言,会场气氛热烈。陈学凯先生的《昆曲与明代戏曲的发展与繁荣》认为,昆曲在明代中后期的兴盛与繁荣是有其历史缘由的,这个缘由就是元杂剧兴起于北方,到了明初,由于国家重新统一并定都于南京,随之便产生了政治文化中心的南移。昆曲的崛起与兴盛,和这种政治、文化中心的南移密切相关。而明代戏曲发展则是社会长期稳定、经济与文化繁荣的必然结果,也是中国传统艺术积累成熟之后的重要标志。而昆曲的发展与繁荣,则把中国传统戏曲与表演艺术推向了前所未有的高度。

刘水云教授提交的论文《明清曲师戏曲史地位的再认识——以南北曲曲师为考察对象》和基于此论文的发言,引起了在场专家的高度评价。刘水云认为,明清曲师是戏曲发展史中极其重要的群体,他们同剧本创作、演员培养、剧本的舞台搬演、戏曲的传播交流等方面关系至密,主要表现为:剧本创作和行之舞台有赖于曲师的定谱拍正;演员的培养必须有专业曲师的指导;曲师的辗转授艺推动了戏曲的传播和交流。曲师以雇佣形式为戏班教戏的演员培养模式延续数百年,直到近代戏曲科班及戏校的出现才发生重大转变。刘水云强调指出,揭橥明清曲师的历史作用、贡献,以弥补以往戏曲研究的不足,具有重要的学术意义。

赵山林教授引用"苏台歌舞到燕台,风雪旗亭看不足"中"苏台歌舞到燕台"一句为题,论述了四大徽班对昆曲艺术的吸收与借鉴。赵先生指出,自乾隆五十五年(1790)四大徽班进京,直至道光二十五年(1845)左右京剧正式形成,再加上其后四大徽班在北京活跃的几十年,四大徽班的艺术活动始终离不开对历史悠久的昆曲艺术的吸收与借鉴,同时它们也以各自不同的方式为昆曲的传播做出了贡献。四喜班演出昆曲剧目多,质量精,吸收昆曲表演人才持久不懈。三庆班编演连台大戏如三国戏,对昆曲多有借鉴,其代表人物程长庚、徐小香等具备深厚的昆曲修养。和春班的武戏,春台班的童伶,各具特色,但很多优秀演员京昆兼学,京昆兼擅,其中优秀者更能恪守"梁溪风范""梁溪规范",即正宗的昆曲传统。诸腔并奏,各显所长,但始终不忘汲取昆曲的艺术滋养,四大徽班这方面的历史经验值得认真总结。

徐宏图先生发言的题目是他为《新叶昆曲精选剧目曲谱》所做的序言。序言讲述了高雅的昆曲在新叶这个偏僻的山村落脚为根的原因,并指出新叶昆曲在非物质文化遗产保护的政策中逐渐复苏起来。邹元江教授从1922年到1942年《申报》上所刊登的戏曲新闻和广告看昆剧传习所"传"字辈的盛与衰,以小见大,透析了昆曲发展史上一段艰难的岁月。

明清传奇研究专场,与会专家主要针对具体的文本阐发了各自的见解。洪惟助教授以《琵琶记·赏荷》为例,探索其中的9个曲牌格律,参之以蒋孝《旧编南九宫谱》、沈璟《南曲全谱》、沈自晋《南词新谱》、徐于室和钮少雅合著的《南曲九宫正始》、王正祥《新定十二律昆腔谱》、王奕清等纂修的《钦定曲谱》、吕士雄等合编的《南词定律》、周祥钰和邹金生等编纂的《九宫大成谱》、吴梅《南北词简谱》9种重要曲谱,间有评论和阐发,其引用数据之详备,令人惊叹。洪先生管窥见豹,以9个曲牌格律之沿袭说明《琵琶记》在南曲历史上的重要地位,并指出昆曲曲牌音乐承袭南戏甚多,受南戏音乐影响颇大。

顾聆森先生世居苏州,对苏州和昆曲都有着深厚的情感,这次他提交的论文是《论苏州的昆曲创作流派》。顾先生指出,苏州昆曲有三大创作流派,即"昆山派""吴江派"以及"苏州派"。他们的艺术风格,均为时代潮流裹挟使然,是时代给苏州这个历史文化名城的特别赐予。李玉与昆曲"苏州派"在接受"昆山派"和"吴江派"理论基础的同时,则把他们的传奇作品牢牢根植于平民文化土壤,然而他们又将平民文化与贵族文化熔铸于一体,把昆曲的"贵族性"与"市民性"这两种社会属性发挥到了极致,把昆曲的"文学性""舞台性"兼容得天衣无缝。在这个基础上终于实现了昆曲"家歌户唱"的奇观。

王永健教授从18世纪末欧洲的"维特热"谈到明末清初的《牡丹亭》热。在细致考察的基础上,王先生指出,明末清初的"《牡丹亭》热"内容丰富,而表现形态多种多样,从多种视角广泛而连续不断地反映了《牡丹亭》文本和演唱的巨大社会反响。具体言之:既有《牡丹亭》的改作、仿作和续作,又有各具特色的《牡丹亭》的评点本;既有家乐和民间戏班的竞相搬演《牡丹亭》,又有阅读、欣赏和演出后的各种反应;既有文人的曲学争论,又有伶人演唱的逸事异闻;既有闺阁才女的圈注评点,又有市井妇女的吟玩成痴。

刘玮女士同样将研究的焦点集中在汤显祖剧作上。《紫钗记》作为汤显祖早期作品,历来受到的重视要比《牡丹亭》少得多。而刘玮通过研究《紫钗记》对《霍小玉传》的改写,探索当时的时代思潮和文体发展情况。她认为,《紫钗记》对唐传奇《霍小玉传》进行了较大改写,涉及人物形象、人物关系和故事情节,从这些改写中可以看出作者在主情的同时,也不乏对"理"与"礼"的认同,是情中含理的时代思潮的一种折射。同时这些改写也不同程度地反映出晚明戏曲中才子佳人的故事模式和传奇剧本的结构体制。

经典作品的永恒魅力吸引着一代代读者参与阅读,而一种好的版本的校注必然有助于加深读者对作品的理解。座谈会上,邹自振教授就其主编的《汤显祖戏曲全集》做了发言,这套作品对汤显祖的全部戏曲进行精当的注释和评析,力求通过简洁准确的注释为读者扫清阅读障碍,并从文本出发,联系舞台演出,涉及情节发展、人物性格、艺术特色等诸多方面，帮助读者进一步鉴赏和品评汤显祖戏曲，使全书成为一套兼顾学术性和普及性的汤显祖戏曲读本。

在对作品的阐释之外，本届座谈会还就昆曲文献研究做了专题。李晓先生以《活的记忆》为题，阐发了他对昆剧历史与当代艺术家的思考。李先生认为，昆剧的历史可以分三个200年来叙说：前200年是早期昆山腔的发展史，由昆山腔唱南曲发展到演唱南曲戏文；后400年则可称是昆剧的发展史，已用新腔"水磨调"唱南北曲和演唱传奇和南曲戏文，在万历年间创作和演唱趋于繁荣。在昆剧舞台，前辈艺术家多次出国演出，已闻名遐迩，而当今的中青年艺术家，如张静娴、史红梅、柯军等，代表着昆剧传承的活力，他们在舞台上的艺术风采正是延续着昆剧艺术的"活的记忆"。

朱建华先生在论文《昆曲对戏曲区域化限制的突破》中提到，传统戏曲的音乐声腔、美学风格等具有明显的区域文化色彩，昆曲却突破了区域文化的限制，成为唯一的全国性的剧种，这与昆曲的发展道路紧密相关：南北合腔的音乐机制，是昆曲突破区域文化限制的决定性因素；而文人主导的以家班为主的传播方式，对此也发挥了重要作用；昆曲在传播过程中由中心城市苏州而南京、扬州、北京、上海，是昆曲突破区域化限制的重要体现。

此外，王馨对《粟庐曲谱》的版本及其流传进行了较为详细的梳理，陈为蓬教授对《俞振飞书信选》部分书信写作时间重新进行了考订，两篇论文都具有较高的文献价值。

## 三、昆曲的传播和教育研究

昆曲艺术的教育和传播是近年来学界关注的新话题。本届座谈会为此专门设了昆曲艺术的海外传播和昆曲教学与传播两场专题讨论，与会学者结合自身的教学和工作实践，畅谈了各自的观点。都文伟先生介绍了昆曲在美国的传播现状，奎生先生谈的则是京昆在海外的传播，贡德曼先生则以《界碑亭》为例，细述了中国戏剧和巴洛克意大利歌剧的新创作演出和研究情况，汪榕培先生则以自身多次主持翻译英文字幕的经历，论述了字幕翻译在昆曲海外传播中的作用。刘志宏博士以自己近年来在英国北爱尔兰孔子学院从事昆曲教学的经验，阐发了自己对孔子学院作为昆曲海外传播平台的思考。来自海内外专家的发言，既开阔了与会学者的眼界，传递了新的信息，同时也为昆曲在海外的进一步传播贡献了各自的智慧。我们相信，本届座谈会的深入讨论，必将有助于推动昆曲艺术在海外的传播。

陈均以《〈青春版〈牡丹亭〉〉美西巡回演出2006》剪报册为例，通过对戏曲在国外演出的相关文献资料的完整收集，探讨了青春版《牡丹亭》在美西巡演的实际运作，及其策略、方案、过程、接受与效果，从而为以昆曲为代表的中国传统文化艺术如何走出国门提供了有益的思考。

昆曲的传承和发展离不开教育。朱恒夫教授提交的昆山市小学开设昆曲兴趣班的调查报告主题为《昆曲传承的希望在于从娃娃抓起》。朱先生以丰富的第一手资料介绍了昆曲兴趣班的教学情况，探讨了成功举办昆曲兴趣班的条件，同时也分析了存在的相关问题，并提供了相应的对策。昆曲的传承不仅要从娃娃抓起，更要培养当代大学生欣赏昆曲的习惯。何平老师则介绍了华南理工大学开展昆剧学习的情况，从中可以看出在大学生中开展昆曲教育大有可为。

昆曲的传播不仅要面向本土观众，更要将眼光放之四海。而让汉语文化圈之外的观众接受昆曲，首先要面对的问题便是昆曲的翻译。朱玲女士将目光聚焦在昆剧的翻译与翻译研究现状上，通过文献整理分析，她指出当前的昆剧翻译及其研究还十分薄弱，大部分剧目都没有译本，且已有的译本主要集中在《牡丹亭》一部戏中。基于对昆曲翻译现状的考察，朱玲女士表达了她对这一重要课题的思考。

郑元祉先生在论文《韩国盘索里与中国清唱的声音与唱法世界比较——"和而不同"观点之比较》中对中韩两国的传统清唱进行了呼吸、发音、唱法和唱者应具备的文化素养这四个方面的比较，通过比较，发现两者在唱法方面有四个异同点：首先，两者在"绝唱之境界"上有区别，即：中国的清唱重视呼吸、发音以及发声，而韩国的清唱——盘索里（pansori）则注重声音，尤其是嗓音。这说明中国的清唱重视自然的嗓音歌唱方法，而韩国的清唱则重视人为的嗓音歌唱方法。其次，中国的"字多声少、声多字少"和韩国的"语短声长"这两种说法之间有相通之处。再次，中国的"内里声"与韩国的"裏面之声"这两种术语完全相同。最后，两国都重视唱者应具备的文化素质。可以说，这些异同体现了韩中两国传统清唱艺术"和而不同"的面貌。

聚焦当代昆曲现象也是本次座谈会的一大亮点。刘祯先生的"走近大师班《牡丹亭》的大师们"主题发言，将目光从古代转到当下，以一种深切的人文精神观照当代昆曲大师。刘慧芬女士以青春版《牡丹亭》为例，从观演关系来讨论昆曲写意美学运用手法之演变与影响，指出当代昆曲中现代审美元素的大量使用，已经改变了传统戏曲表演与观众之间的互动机制。台湾兰庭昆剧团团长王志萍女士介绍了其所在的剧团运用数码技术为传统昆曲艺术服务的实践探索。郭腊梅女士以苏州昆曲博物馆"昆剧星期专场"为例，介绍了博物馆开展昆曲展演活动的实践形式和对这项活动的思考。洪敦远先生结合自身参与创作昆曲音乐的经历，对新编昆剧的编曲与配器发表了自己的看法。

此外，本届座谈会还就两部昆曲著作的出版情况做了说明。江苏凤凰教育出版社总编辑王瑞书介绍了由丁修询先生独自撰写的洋洋大作《昆曲表演学》的出版情况。安徽文艺出版社总编辑裴善明介绍了《昆曲艺术大典》的出版情况。特别值得一提的是，当100多册古色古香、精美大气的《昆曲艺术大典》出现在会场时，与会学者无不驻足观赏，交口称赞。据悉，《昆曲艺术大典》内容涵盖昆曲的历史理论、文学剧目、音乐谱录、表演资料、美术及音像资料等，是集昆曲艺术之大观、融学术性与资料性为一炉、规模超百卷的鸿篇巨制，是迄今对我国昆曲艺术最大、最为系统全面和科学的保护、整理与研究。

2015年10月15日，为期三天的第七届中国昆曲国际学术座谈会在全体与会专家的积极参与和热烈讨论中顺利闭幕。苏州文广新局副局长徐春宏先生致闭幕词。

# 昆曲杂剧三题

徐子方①

昆曲杂剧,随明中叶昆曲崛起而跻身舞台,沈璟之《十孝记》《博笑记》,梁辰鱼之《红线女》《无双传补》而后,创作且络绎不绝,今拈出数种,乃文人南杂剧特别是昆曲杂剧发展中独有意味者,试做一些阐释与分析。

## 一、《四艳记》——套剧之入昆曲

此系一短剧集,今存明崇祯间原刻本,原北京图书馆善本部藏,《古本戏曲丛刊》二集本据此影印。作者叶宪祖,字美度,一字相攸,号六桐、桐柏、槲园居士、槲园外史、紫金道人等,浙江余姚人。世宗嘉靖四十五年(1566)生,神宗万历四十七年(1619)进士,曾任新会知县、工部主事,以忤魏忠贤削籍家居,崇祯改元后起复,先后任南京刑部主事、四川顺庆知府,升四川参政,未到任;又升广西按察使,告长假回乡。崇祯十四年(1641)八月去世,年七十六。著有《白云初稿》《白云续集》《青锦园集》《青锦园续集》《蜀游草》及《大易玉匙》等。戏曲方面有传奇6种,传世有《鸾鎞记》《金锁记》2种,杂剧24种,今存11种,多为罢职家居时所作。

《四艳记》一题下包括四剧,因以春、夏、秋、冬组合,且皆为爱情剧,故称"四艳"。第一种题名《夭桃纨扇》,系秀才妓女戏。叙妓女任夭桃于日常交往中结识石秀才,二人相处甚笃,石之学友赖舍人嫉妒,暗设计谋,由石父出面拆散他俩,后又逼迫石赴京应试,幸得刘令公仗义,恩养夭桃于家。剧末石科举高中,钦差还乡,大喜团圆作结。此剧因女主人公名取夭桃,桃生春季,故在四剧中排名第一,是为"春艳"。第二种题名《碧莲绣符》,系一风情剧,叙书生张斌因端午节外出观龙舟并闲游,偶至已故秦侍中宅,恰逢侍中遗妾碧莲为大夫人幽闭在楼,时正凭窗远眺解闷,两人一见钟情,碧莲遂以绣符赠之,张生携归,展玩不置,因难忘情,故假扮佣书,得为秦宅公子秦子鱼掌书记,其才能为公子所倚重,因至不可作须臾离。为笼络张生,公子提出并求得大夫人应允,将碧莲许配,男女主人公遂大喜团圆。因碧莲生于夏,故在四剧中排行第二,为"夏艳"。第三种题名《丹桂钿合》,叙曾高中探花、官至学士之权次卿辞官归家,因欲续弦,偶购得半片钿合,又恰遇一姣丽,为其美貌吸引,当晚即探听该女名徐丹桂,现与其母旅居一寺庵,权因有意借住于该庵,与女仅隔一垣,稍通声息,不久更假托丹桂母亲之侄往拜,得以与女兄妹相处。最终乃得知丹桂原即许配其母内侄,以钿合各半为凭,碰巧次卿所购正是另半片,且所冒充之徐母内侄又恰为其多年未见面者,因允成连理。剧末朝命复召次卿,丹桂母女方知内侄快婿均为假冒,然已覆水难收,且为显宦,不致辱没,遂将错就错,团圆收场。因丹桂名见于秋季,故为四剧之三"秋艳"。第四种题名《素梅玉蟾》,叙书生凤来仪借读于某园林,与东邻女素梅相悦,遂托素梅侍婢赠情词及一玉蟾蜍通好,因得夜间幽会,不意为友人冲散。不久凤生被迫赴京应试,素梅亦以父母双亡,为伯母冯氏收养,因改冯姓。后凤生科举得中,选官回乡,舅父已为议娶冯氏女,而冯女即素梅,聘礼除他物外,亦有一玉蟾蜍。素梅初欲拒婚,后见玉蟾蜍心疑,遂通过侍婢侦知议婚为凤生,喜允。凤生方面,原亦不乐娶冯女,见侍女面熟,询之乃明,遂双双皆大欢喜。因素梅乃冬令景,故为第四种"冬艳"。此剧集所有4种,均取材于男女情事,题名"四艳",诚为不虚。吕天成《曲品·新传奇品》将其收入,称其"选胜地,按气节,赏名花,取珍物,而分扮丽人,可谓极排场之致矣";并云:"词调俊逸,姿态横生,密约幽情,宛宛如见。"对剧作者的选材处理和表现风格均予以较高评价。然以今天的目光衡量,书生与妓女、书生与孀妇、书生与小姐之间悲欢离合的爱情故事,类似题材在元杂剧及南戏中即多有表现,如《夭桃纨扇》之与关汉卿杂剧《钱大尹智宠谢天香》及南戏《张协状元》,《碧莲绣符》之与南戏《宦门子弟错立身》,《丹桂钿合》之与元杂剧《西厢记》及《温太真玉镜台》等题材上皆有继承关系,与作者同时人孟称舜之《花前一笑》、凌濛初之《拍案惊奇》、傅一臣之《苏门啸》等作品也有互相影响之处,选题方面并无明显创新,清以后谈论明杂剧对此未予过多留意不是没有道理的。

《四艳记》的真正价值或者说真正值得关注之处应为体制形式。从题目名称看,其与南戏及来的传奇相仿,似乎表现的是一个首尾完整的故事,即明代曲家所谓"全记体",而与杂剧之"剧体"相对。传统一般也将其

---

① 徐子方,东南大学艺术学院教授,文学博士。

归入传奇类。但从严格意义上看,该剧体制又不全然为传奇,因其事实上乃四个短剧之合集,准确讲应是介于传奇和杂剧之间。戏曲史上这还不算是最早,成化年间即出现过沈采的这本《四节记》,该剧分春、夏、秋、冬四季,以四名人配四景,各述一故事。春季为《杜子美曲江记》,夏季为《谢安石东山记》,秋季为《苏子瞻赤壁记》,冬季为《陶秀实邮亭记》,与此剧情况相似。时间较之沈采稍后且部分存于世的还有明世宗嘉靖时杨慎的《太和记》,该记篇幅更长,一共包括24种杂剧,每本皆为一折。① 沈德符《顾曲杂言》著录相当详尽:"向年曾见刻本《太和记》,按二十四节气,每季填词六折,用六古人故事,每事必具始终,每人必有本末。"② 无独有偶,同为嘉靖时人的湖南戏曲家许潮也有一本类似剧作传世,题作《泰和记》。吕天成《曲品》著录称之为传奇,却同时又说"似剧体",一出一个故事,按照岁月选择题材,与杨作基本相同,故历来著录经常混淆。站在现有留存角度考量,无论沈作、杨作还是许作,整个剧集已佚失不传,只是靠着一些戏曲选本方能够保存10多种。其中有的是全剧,道白、唱词俱全,如存于《盛明杂剧》二集的《兰亭会》等8种,存于《群音类选》中的《公孙丑东郭息忿争》等9种。有的是有曲无白,如存于《群音类选》中的《东方朔割肉遗细君》《张élevage》等4种,另外,《风月锦囊》《乐府红珊》《赛征歌集》《阳春奏》《玉谷新簧》等书也选了《四节记》《太和记》中若干残剧。明人并有《赛四节记》,衍陶渊明、李白等文人逸事,《群音类选》卷二十三收有该剧9出残剧。近人张全恭将此类剧体命为"套剧",我国台湾学者游宗蓉称之为"组剧"。很显然,"套剧"一词沿自元曲,为散曲中的套曲概念借用。至于"组剧"概念,则显然取自诗歌中的"组诗""组词"。套曲的本质为音乐,强调组成套曲的曲牌之间宫调和韵律的联系。组诗的本质为文学,突出各诗章与所咏事物之间的逻辑联系和情感联系。张、游二说一为突出曲体,一为突出文体,各有侧重,原不矛盾。但由于最终决定杂剧归属(北或南)的核心在曲,故"套剧"之称应较"组剧"更为妥当。无论如何,这种合集形式直接影响了后来的南杂剧,抑或可以说,它在相当程度上促进了文人南杂剧的诞生。本时期可以归入"套剧"的作品还有很多,如

顾大典《风教编》、徐渭《四声猿》、汪道昆《大雅堂四种》、程士廉《小雅四纪》等,但它们单从名称看即容易与"全记体"相区分,作为"套剧"或"组剧"并不典型。和仅存部分的《四节记》《太和记》相比,叶宪祖此剧最可注意之处是全剧留存至今,且盛行于昆曲占据舞台优势之明末,为今人考察"套剧"或"组剧"以及昆曲杂剧留下了完整的研究范例。

## 二、《男王后》——有意"一变剧体"之滥觞

《男王后》系一历史故事剧,叙南朝陈子高年轻貌美,侯景之乱时为临川王陈茜(后为陈文帝)所掳,王好男风,遂留身边服侍,不久竟使其衣女装,立为后。而王之妹玉华公主,偶知王嫂乃男身,也为其色所迷,设法挑逗,终成私情。不料做事不密,为王所知,王怒,欲诛二人,终不忍,遂做主让二人成婚,喜庆作结。此剧今存《盛明杂剧》卷二十七所收本,总题《男王后》,正名作"临川王不辨雌雄对,玉华主乔配裙钗婿;秋桃婢误做女媒人,陈子高改妆男后记"。祁彪佳《远山堂剧品》、祁理孙《祁氏读书楼目录》、黄文旸《重订曲海总目》及王国维《曲录》均著录之。清无名氏《传奇汇考标目》别本第一百五十六著录有《裙钗婿》一目,注云"陈子高事",近人蔡寄甫、邵著生校补称:"此杂剧,即《男王后》。"《曲海总目提要》卷二十著录及提要与此同。至于作者,今存本题署曰"秦楼外史",《传奇汇考标目》别本作"秦台外史",《重订曲海总目》《曲海总目提要》分别与今存本、汇考别本题署相同。而明祁彪佳《远山堂剧品》、清姚燮《今乐考证》则明署为王骥德(伯良)所撰。今存王骥德《曲律》亦云:"今好事者以《女状元》(徐渭作)并余旧所谱《陈子高传》称为《男皇后》,并刻以传,亦一之对。"③ 王字伯良,号方诸生,又号鹿阳外史、秦楼(秦台)外史,浙江会稽(今绍兴)人。幼嗜歌乐,及长,精研词曲,至壮不衰。始师同里徐渭,继与吴江沈璟讨论音律,为所推服。所作《曲律》,艺林重之。明天启三年(1623)卒。其剧作,据时人毛以遂《曲律》跋文,"有《题红记》及《男后》《离魂》《救友》《双环》《招魂》诸剧……最所得意则有《方诸馆乐府》二卷"。而此剧,当为其早年所作,《裙钗婿》显系此剧之别名。

---

① 关于杨慎《太和记》的折数体制,请参见清人李斗《扬州画舫录》卷五黄文旸《曲海目》,其在"太和记"题下注云:"二十四出,故事六种,每事四折。"以此,《太和记》应为含有6本短剧,每本4折的杂剧合集。由于时代久远,且与存10余本残剧状况不合,故不为研究者所采纳。

② (明)沈德符:顾曲杂言[M].中国戏曲研究院:中国古典戏曲论著集成(四).北京:中国戏剧出版社,1959年,第207页。

③ (明)王骥德:曲律[M].中国戏曲研究院:中国古典戏曲论著集成(四).北京:中国戏剧出版社,1959年,第168页。

从体制上看,此剧由【仙吕】【中吕】【越调】【双调】4套北曲构成,表面上不出元杂剧传统,然而作者创作态度已发生了根本性的变化,即既非元曲作家之面向市井勾栏,又非明初作家之面向宫廷藩府,而是纯粹为了寄托自己的感情。正如剧中道白所言:"我看那做剧戏的,也不过是借我和你这件事,发挥他些才情,寄寓他些嘲讽。今日座中君子,却认不得真哩!"这是典型的文人剧作法。不仅如此,此剧排场也已有了新的变化,并受到时人的重视,作者晚年著《曲律》时仍乐道不置。该书卷四有云:"余昔谱《男后》剧,曲用北调,而白不纯用北体,为南人设也。已为《离魂》,并用南调。郁蓝生谓:'自尔作祖,当一变剧体。'既遂有相继以南词作剧者,后为穆考功《救友》,又于燕中作《双环》及《招魂》二剧,悉用南体,知北剧之不复行于今日也。"①此言"郁蓝生"即明代曲论家吕天成,其称王氏作祖,以此剧等为标志,"当一变剧体",强调此剧之开时代风气之作用,所言忽视了此前南杂剧已经出现的事实,《四节记》《泰和记》《四声猿》等彻底脱离杂剧四折之传统且不论,即就基于四折北曲变入南体而言,也有康海、王九思、冯惟敏乃至明初贾仲明、朱有燉诸人的类似努力在前。但吕、王身为曲坛名家,当不致不顾常识而信口雌黄。此前曲家之变剧体,多为创作中的客观"自在"而非主观"自为",王骥德此剧则明显有意为之,与"一变剧体"的理论指导密切相关。

还应注意的是此剧声律与昆曲的关系。王骥德活动年代晚于徐渭、汪道昆、沈璟等,曾师事徐渭,又与沈璟为忘年交,《曲律》自述沈"尝一命余序《南九宫谱》,即就梓,误以均为韵。余请改正,先生复札,巽辞为谢"②,可见其于音律卓然行家。《曲律》卷二《论腔调第十》明云:"旧凡唱南调者,皆曰'海盐',今'海盐'不振,而曰'昆山'。'昆山'之派,以太仓魏良辅为祖。今自苏州而太仓松江,以及浙之杭、嘉、湖,声各小变,腔调略同。"由此可见,王骥德杂剧用曲,当亦为昆曲。就变而为昆曲杂剧而言,所谓"一变剧体"亦不无道理。此剧作时在前,"一变剧体"当并未完成,"导夫先路"应为不虚。《远山堂剧品》归此剧于"雅品",并有评云:"取境亦奇,词甚工美……但此等曲,玩之不厌,过眼亦不令人思。"③

讲究辞藻和意境,而于关目和排场则不甚措意,此大抵为明中叶后文人剧的共同特征,这也是它们难见于后世曲选曲谱之重要原因,毛以遂《曲律》跋文称此剧等"脍炙一时"④,虽属褒扬,亦从反面证明其曲坛影响之短暂。

## 三、《昭君出塞》与《文姬入塞》
### ——家乐扮演中的昆曲杂剧

此二剧亦为历史故事剧,前者叙汉时王昭君和番,后者叙汉末蔡文姬因战乱没入南匈奴12年,终为曹操赎回。二剧本事均耳熟能详,且为文人所津津乐道。元曲大家关汉卿、马致远及吴昌龄、张时起等均有王昭君题材之戏剧,其中马作《汉宫秋》至今犹存。金仁杰作有《蔡琰还朝》杂剧,虽已亡佚,但顾名思义,当为演述此事无疑。且曹本《录鬼簿》著录此剧时明云"次本",可知还有另一本同名杂剧,同样未留存而已。此外,明传奇中表现王昭君题材的有无名氏之《和戎记》(存富春堂刊本)、王元寿之《紫台怨》、陈宗鼎之《宁胡记》,俱佚。

二剧今存《盛明杂剧》所收本,祁彪佳《远山堂剧品》予以著录,然剧名略作《王昭君》和《蔡文姬》,《祁氏读书楼目录》因之,而黄文旸《重订曲海总目》、姚燮《今乐考证》及王国维《曲录》等书著录皆同于存本,唯黄目于《文姬入塞》发生了混乱。一方面,编者于"明人杂剧"栏内将此剧与《昭君出塞》、传奇集《诊痴符》一并列出,且皆归之于陈与郊名下,却同时于"国朝杂剧"亦即清人杂剧内列入署名"林于阁主人"之《淮阴侯》《中山狼》《蔡文姬》《义犬记》4种,末种且有小字注云"此种或云明陈玉阳作"。今案陈玉阳即陈与郊,"林于阁主人"则不知云何,论者一般认为乃选刊与郊四剧的清代书坊主人,黄目误以为作者。不过这种讹误至姚燮《今乐考证》已不再出现,而直接归之于陈与郊名下。与郊字广野,号隅阳(禺阳),别署玉阳仙史、高漫卿等,浙江海宁人。近人朱宝瑆《海宁州志稿》卷二十九本传云:与郊,"万历甲戌(1574)进士,授河间府推官,征拜吏科给事中,疏请召诸谆臣赵用贤等迁工科。时营大峪寿宫,言者聚讼,累疏折中其制,迁吏部(科)都给事中。居省八载,上裁织造、减营建、修实政及请进陆文定、陈恭介、邓文洁、邢司马诸疏。已擢提督四夷馆太常少卿,寻免,闭门著述,凡数

---

① (明)王骥德:曲律[M].中国戏曲研究院:中国古典戏曲论著集成(四).北京:中国戏剧出版社,1959年,第179页。
② (明)王骥德:曲律[M].中国戏曲研究院:中国古典戏曲论著集成(四).北京:中国戏剧出版社,1959年,第164页。
③ (明)祁彪佳:远山堂剧品[M].中国戏曲研究院:中国古典戏曲论著集成(六).北京:中国戏剧出版社,1959年,第161页。
④ (明)王骥德:曲律[M].中国戏曲研究院:中国古典戏曲论著集成(四).北京:中国戏剧出版社,1959年,第184页。

万言"。有散曲《隅园集》一卷(《饮虹簃丛刊》本),作传奇《灵宝刀》《麒麟阁》《鹦鹉洲》《樱桃梦》4种,合称《诠痴符》,均存。所著杂剧5种,现存《昭君出塞》《文姬入塞》《袁氏义犬》3种,《中山狼》及《淮阴侯》已佚。著述总集名《奉常佚稿》,凡分4种,首为《隅园集》,次为《黄门集》,次为《颍川集》,次为《诠痴符》。此外还辑有《古名家杂剧》,今有万历间刊本,颇富戏曲史料价值。此二剧作时,据已故徐朔方先生考证,当在万历三十二年甲辰(1604)以前。与郊生于明嘉靖二十三年甲辰(1544),至此已60整岁。6年后,即万历三十八年庚戌(1610),与郊以疾卒,年67。

就情事而言,与郊此二剧之前或当时同类剧作虽夥,但多已湮没,名剧唯马致远之《汉宫秋》,然明人自朱权开始即尊马,所谓"万花丛中马神仙"。《昭君出塞》之作,无疑以马剧为主要竞争目标,力争别具新意。这方面集中体现为主唱角色以旦色为主。如果说《汉宫秋》突出的是由于国力衰弱,汉元帝被迫将爱妃和番之酸楚,陈剧则着力开掘昭君本人被迫背井离乡和番之痛苦,二作恰恰互为补充,异曲同工。祁彪佳《远山堂剧品》将此剧列入"雅品",显示其于此剧之嘉许,且有评云:"明妃从来无南曲,此剧仅一出,便觉无限低回。"徐朔方先生认为:"就曲文而论,《昭君出塞》可以看作他(作者)包括传奇在内的全部戏曲的代表作。"①清人焦循《剧说》卷五评此剧云:"陈玉阳《昭君出塞》一折,不言其死,亦不言其嫁,写至出玉门关即止,最为高妙。"即为对与郊此剧处理传统题材过程中表现出来的驾驭能力之最高称许。历史事实(其嫁)、前人名作("其死")之结局处理手法,皆未给与郊此剧之结构布局造成限制。至于《文姬入塞》,也有同样艺术效果。作者显然有意与《昭君出塞》合为双璧,不仅题目两两相对,即内容和写法亦着意比并。《远山堂剧品》同样将此剧归入"雅品",并评云:"略具小景,以此入塞,配昭君出塞耳。"焦循说《昭君出塞》写昭君"不言其死,亦不言其嫁,写至出玉门关即止",而此剧写文姬则不言其北被掳,亦不言其南归改嫁,仅截取其得知汉朝派人来接她回归而与亲子诀别上路之场面,同样收到了极强烈的情感效果,以至于《盛明杂剧》此剧题下眉批称令人"哽咽不能读竟",与《出塞》亦有异曲同工之妙。清人南山逸史作《中郎女》杂剧,焦循《剧说》卷五称其"曹瞒(操)不用粉面,以外扮,亦取其片善之意"②。所谓"片善"即为在舞台上常作奸雄代表的曹操于文姬归汉这件事上行了善,当亦为此剧之后昆。而尤侗《吊琵琶》杂剧合昭君、文姬二事为一,实乃感于与郊此二剧之魅力所致。

《昭君出塞》《文姬入塞》最值得注意之处仍然是体制,它们都是一折短剧,属典型的南杂剧范畴。明人李日华《味水轩日记》记载,万历四十一年十一月初一日,"赴项楚东别驾之招,与王穉方孝廉联席,楚东命家乐演陈玉阳给谏所撰蔡琰《胡笳十八拍》与王嫱《琵琶出塞》"。今知明人李日华有二,一为曲家李日华(郑振铎疑即李景云),字实甫,江苏吴县人。生卒年及生平事迹无考,大约生活于正德、嘉靖年间,以剧作《南西厢记》闻名。另一位书画家李日华(1565—1635),字君实,号九嶷,又号竹懒,浙江嘉兴人,万历二十年进士,官至太仆寺少卿,性淡泊,与物无忤,工书画,善鉴赏,世称"博物君子"。时王惟俭与董其昌齐名,而日华亚之。日华著作宏富,有《恬堂集》四十卷,《明史艺文志》及《官制备考》《姓氏谱纂》《携李丛谈书画》《书画想象录》《紫桃轩杂缀》《竹懒画胜》《六研斋笔记》《味水轩日记》《恬致堂诗话》等。擅画山水、墨竹,用笔金贵,格调高雅。《味水轩日记》起于万历三十七年讫于万历四十四年,凡八年八卷,今存续修四库本。至于项楚东则为明代著名的家乐主人,名桂芳,浙江秀水人,累官广东韶州府通判,致仕后蓄有家乐一部,经常邀请当地缙绅前往观剧,李日华即为项家常客。《味水轩日记》上述记载颇值得玩味。文中"陈玉阳"即陈与郊,"蔡琰《胡笳十八拍》""王嫱《琵琶出塞》"分别是其杂剧《文姬入塞》《昭君出塞》之别称(与郊别无以此二情事入剧之传奇)。李日华为明代著名的书画家,于戏曲亦不外行,所记应不虚。且座中既无玉阳,便无应酬勉演之嫌,属正常的家班演出,该二剧之擅场可知。更进一步而言,乐曲方面,《昭君出塞》是南北合套,前半段汉元帝和王昭君对唱数支南曲,后半段昭君唱一套北【双调】,宫女等交替分唱南曲;《文姬入塞》则整体上是一套南曲。至于系何种南曲,根据前引王骥德《曲律》的记载,当时盛行曲坛的已是昆曲,项楚东家乐自然亦不能例外。故可断定,与郊此二剧为当时有确切记载的能擅场的昆曲杂剧无疑。

---

① 徐朔方:晚明曲家年谱(第2卷)[M].徐朔方集.杭州:浙江古籍出版社,1993年,第396页。
② (清)焦循:剧说[M].中国戏曲研究院:中国古典戏曲论著集成(八).北京:中国戏剧出版社,1959年,第190页。

# "南北曲"：清"内廷"昆弋两腔"同台"演剧的基石
## ——兼论昆弋"同体"现象的特殊性

胡明明

### 一、"南北曲"——清"内廷"昆弋两腔的"宫廷化"与"御制化"

"南北曲"是"词之余"之后，宋、金、元、明、清以来，以先"俗"（南戏诸调）后"雅"（北曲诸剧）的顺序在不同时代、不同地域以及在不同语言和不同文化生活习俗环境的影响下，按先"简"（散）后"繁"（套），先民间、后宫廷的"先下后上"的"赴节族而谐笙弦"的次序，按一定的曲式、宫调、平仄、声韵、字数、格律、规制等以曲牌"填词"基本方法而形成的宋南戏、金院本、元杂剧、明传奇等的总称谓。是既有"诗之余"的"词"的"长短句"传统，又有"词之余"的"曲"的"剧唱"发展；既有"曲唱"的"窠臼"，又有"剧唱"的"脱窠臼"；既有文人"雅趣"，又有世俗"俚语"的相对而言的"南曲"系统和"北曲"系统广义上的总称谓。

在"南北曲"南北不同发展路径上，不论是南方的"南戏诸调"等"南曲"，还是北方宋、金、元时期的"北曲诸剧"等"北曲"；不论是明代"南戏四大声腔"等（南套、北套），还是明代中期后出现的昆腔（南北合套）等，均是"南北曲"在不同历史时期、不同历史阶段，用不同的语言，在不同的地域，以不同的"曲唱"与"剧唱"的方式存在的一种文学艺术上的历史表述与舞台表演的产物。

在"南北曲"南北不同曲式的发展上，以明"南戏四大声腔"出现为标志则是"南北曲"全面成熟的阶段；而明清诸传奇中"南北合套"的大量熟练使用则是"南北曲"诸体大备的重要标志，是"南北曲"发展的最高阶段，是"曲体文学""曲体音乐""曲体声腔"三者高度完美的统一，标志着"南北曲"中"南曲"与"北曲"的既并峙又统一；既可以是"词谱"，亦可以为"曲谱"；既可依"声"而"曲唱"，亦可人"腔"而"剧唱"。

"南北曲"从"词"到"曲"的"前世今生"大致分两个历史阶段：

第一阶段——"诗之余"的"词"的阶段。如李煜、晏殊的词名【喜迁莺】属婉约"南词"，即"声情多而词情少"，其词体、词格、词律、词风与意境基本一致。而辛弃疾与完颜亮的同一词名【喜迁莺】则属豪放"北词"，即"词情多而声情少"，其中完颜亮属"北词"中的"长调金词"。"北词"的词格、词律及"咏史""抒怀""用典"等词体风格诸方面明显与前述二首"南词"不同，体现的是一种"促处见筋""神气鹰扬""毛发洒淅"而"足以作人勇往之态"的质朴、豪放、大气的意境与风格。作为词名【喜迁莺】，南唐冯延巳、韦庄，北宋秦观、张元幹，南宋姜夔、周端臣等著名词人也都先后留下过风格不同的同词名作品，"南词"与"北词"同一词名下在其格律与风格等方面亦不尽相同略见一斑。

第二阶段——"词之余"的"曲"的阶段。这个阶段的"词""花开两朵"，分道扬镳：一条继续走的是"诗之余"的"词"的道路；一条则走的是"词之余"的"曲"的道路，即初于宋（戏文）、始于金（院本）、兴于元（杂剧）、盛于明清（传奇）的"南北曲"道路。

现以"词之余"的"曲"中的曲名【喜迁莺】为例：金代董解元"始制北曲"，诸宫调《莺莺传》中"黄钟调"【喜迁莺缠令】与【四门子】为"北曲"最早的"套数"雏形。但只有"调式"而无"声律"，实为"唱赚"，属"弦索"之"说唱"而已。

至元代，因"诸贤形诸乐府"，有文章者谓之"乐府"，无文饰者谓之"俚歌"，于是"南北曲"发生了"俚歌"不可与"乐府"共论的南戏和北剧的分化。这种南戏与北剧的分化促成了大量南北文人参与"北曲"的"填词"并成为一代时尚的潮流，成为自"汉魏乐府"后中国文化史上"新乐府"的高峰，促成了"北曲"系统的快速发展，成为中国戏曲成熟的标志。如河北正定人侯正卿（侯克中）作北曲散套【黄钟·醉花阴】①，曲牌如下：【醉花阴】【喜迁莺】【出对子】【刮地风】【四门子】【水仙子】【塞雁儿】【神仗儿】【节节高范】【挂金索】【柳叶儿】【黄钟】【尾】。贾仲明赞其"【黄钟】令，【商调】情，千载标名"。朱权《太和正音谱》中称其"词势非笔舌可能拟，真词林之英杰"。

此后"久居燕地"的元人荆干臣作【黄钟·醉花阴北·幽情】套数。曲牌如下【醉花阴北】【画眉序南】【喜

---

① 《昆曲曲牌及套数范例集》（北套）载："侯正卿散套之一例最有代表性，《北词简谱》亦取此作定格。"

迁莺北】【画眉序南】【出对子北】【神仗儿南】【刮地风北】【耍鲍老南】【四门子北】【闹樊楼南】【古水仙子北】【尾声南】。荆干臣在侯正卿的基础上"填词"而成的"北套"是有历史记载以来在"元曲"中出现的"北南合套"之一。元代其他南北文人写"北曲"的如谷子敬、汤瞬民、宋方壶、白贲、陈子厚等人均有此类同名北套曲作。元代"北曲"系统中出现的"北南合套"无疑对明清诸传奇中出现"南北合套"起到了前导与示范的作用。

元末明初，"有意识做南曲"的文人高明（高则诚）在《琵琶记》第二十四出"官邸忧思"中"填词"作南曲【喜迁莺】，为"南曲戏文"中"南正宫·引子"的范例。南曲戏文《荆钗记》第二十七出"忆母"中亦如此。后世《康熙曲谱》中将南曲【喜迁莺】列入由10支曲子组成的"南正宫引子"之一。"康谱"中引用的范例在体例、句数、平仄等方面与高明的【喜迁莺】基本一致。

明洪武间，宁王朱权（1378—1448）写的《太和正音谱》，是有历史记载以来的第一部"赴节族而谐笙弦"的"北曲"曲谱。朱权在《太和正音谱》中列出了"北曲"的15种"府体"以及"北曲"9种"对式"，并依据这些"府体"与"对式"，对"北曲"诸体的风格进行了概括与解释。故《太和正音谱》亦称"诸体咸备"之《北雅》。这部朱氏"北曲"曲谱后被全部收入清《康熙曲谱》（"四库本"《钦定曲谱》）的"北曲"部分。其中朱权以"豪放不羁"的"丹丘体"（朱权字丹丘先生）给出的由"北黄钟宫"24支北曲曲子组成的"其音富贵缠绵"的"北散套"亦成为《康熙曲谱》的开篇。而朱氏"填词"而作的主曲【北黄钟宫·喜迁莺】更被《康熙曲谱》列为"丹丘体"的范例。

之后，被视为写"昆腔第一戏"的梁辰鱼（1521—1594）作《浣纱记》，在第十八出"得赦"一出中"填词"作"南套"【南黄钟宫·画眉序】，在第三十四出"思忆"中作【南正宫引子·喜迁莺】。在梁辰鱼去世4年后的1598年，汤显祖（1550—1616）"填词"作在当时被称为"杂调"的传奇《牡丹亭》。在"圆驾"一出中，汤氏突破窠臼，不拘一格，取法自然，在朱权的"北套"与梁辰鱼的"南套"基础上，北南结合，形成了既有"北黄钟宫"亦有"南黄钟宫"的"南北合套"的"剧唱"经典范例。汤氏这套"南北合套"是用24支"北套"中的7支曲子与45支"南套"中的6支曲子"集曲"而成。尤其值得注意的是，汤氏这套曲牌中，其"北曲"的牌子都是由旦角杜丽娘来唱。至清代，洪昇（1645—1704）和孔尚任（1648—1718）"填词"作传奇《长生殿》和《桃花扇》，前者洪氏第十九出"絮阁"与后者孔氏第四十出"入道"中都分别一丝不差地承袭照搬了汤氏《牡丹亭》中的这套"南北合套"。其中，《长生殿》"絮阁"一出也是由旦角杨贵妃唱"北曲"的牌子。

上述分别以"北曲"与"南曲"同一曲名【喜迁莺】的既有区别又有联系的传承发展过程为例，较详细地描述了"词之余"后宋元以来"南北曲"发生、发展的过程，说明了"南北曲"在自身不断突破窠臼传统上（如南曲曲牌和北曲曲牌原则上不能在同一宫调套数内使用），经过宋元以来的发展与丰富后，最终在明代成为"南北合套"的一种"制谱"定式，这是"南北曲"由宋金时期几个牌子组成的"诸宫调"发展到元明时期几十支上百支牌子组成的"大套"后"南北曲"在曲式与套数等方面的一次质变与飞跃，这次质变与飞跃基本框定了"南戏四大声腔"以后曲牌体声腔在"填词"方式上的整体格局。其中完全由这套"南北合套"曲牌构成的洪氏《长生殿》"絮阁"一出更是成为迄今南北昆曲舞台上经常上演的经典剧目。

从"诗之余"的"词"到"词之余"的"曲"，广义上的"南北曲"的发生与发展经历了宋、元、明、清整整四个朝代的演变，期间始终存在着"窠臼"与"脱窠臼"，"正体"与"又一体"的关系，始终在格律、平仄、句式、调式、字数、用法等方面有着诸多的不同、诸多的解释，但有一条始终未变，即"南北曲"的"填词"（倚声）方法千百年来至今未变。这个方法的重要作用在于：文学上，区分了韵文体文学与非韵文体文学的不同；声腔上，区分了曲体声腔与非曲体声腔的不同；剧种上，区分了古典性剧种与非古典性剧种的不同。

"南北曲"历经宋南戏、金院本、元杂剧、明传奇等几个历史发展阶段后，其文学与音乐上积淀丰厚，渐进成熟，诸体大备，于明代终成正果，成为昆腔与弋腔在舞台上共有的"词（牌）谱"和"曲（牌）谱"。昆腔和弋腔两种声腔是"南北曲"在文学与音乐上的"舞台化"，是"以歌舞演故事"的舞台"戏曲化"。

"南北曲"这种"文而不文，俗而非俗"的体式风貌和时代特征及"曲唱"之"窠臼"与"剧唱"之"鲜活"的传统成为后世南北"曲家"之"曲唱"与南北"伶人"之"剧唱"的主要区别之一；成为后世"曲唱"与"剧唱"不同演唱风格的主要区别之一。

"南北曲"历史悠久，横跨南北，不仅是产生宋元南戏、杂剧诸腔的土壤，更是滋养昆、弋两腔的"母体"。如以明代昆、弋两腔的形成为显著标志，"南北曲"则主导统领了"词之余"后昆、弋两腔产生之前的"史前史"（南曲诸调、北曲诸腔）与"南戏四大声腔"产生之后的"史后史"。前者"史前史"的特点可概括为"皆籍曲以传谱，非借谱以传曲者"（叶堂语）；而后者"史后史"的特点则反之，可概括为"皆借谱以传曲,非借曲以传谱者"(叶堂语)。

综上分析,清代皇帝之所以选择昆、弋两腔进入"内廷",看重的并不是某种声腔本身,而应是曲牌体声腔中源自宋(南戏)、金(院本)、元(杂剧)、明(传奇)以来以传承"乐府"神韵的"北曲为音,南曲为歌"的"取来歌里唱,胜向笛中吹"的"南北曲"。

"南北曲"在南北发展的悠久历史与多样化的成熟样式对昆、弋两腔的产生和在南北曲文、曲谱上的积累以及对中国传统文化带来的深刻与广泛的影响是空前的,也是独一无二的。这种朝代上"嗣续周正"与文化上"传承有序"的结果必然会成为清帝王将昆、弋两腔引入"内廷"的不二选择。因为当时没有任何一种声腔像昆、弋两腔那样具备如此厚重的文化资源和完美的艺术形式。正是如此,以"南北曲"为"母体"的一些历史上早已消失的如南曲戏文、北曲杂剧的概貌才得以通过后世昆、弋两腔保留传承下来,得以在昆曲"南戏昆唱""杂剧昆唱"中体现。而"南北曲"时代最重要的产物之一——昆曲也成为当下剧种中极少的以"南北曲"为艺术表现手法的具有"隔世遗音"的"古调""古风""古韵"风貌的古典性戏曲剧种。

"南北曲"相对于昆、弋两腔是"整体"概念,这个"整体"概念中除包括现存的昆、弋两腔套数、曲牌、曲词、曲调外,更应该包括从"诗之余"到"词之余"的整个发展过程,特别是"南戏诸调"与"北曲诸剧"等。而明代出现的昆、弋两腔等相对于"南北曲"则是"部分"概念,是昆、弋两腔建立在"南曲诸调"与"北曲诸剧"基础上的阶段性产物。"南北曲"的"整体"概念是昆、弋两腔"部分"概念存在的基石,没有这个"整体"的基石,就不会有"部分"的存在,二者的关系是整体与部分的关系。

综观中国戏曲史,"南北曲"的"场下之曲"为今天留下了"一代文学"经典,留下了如"花间美人"般众多"余香满口""绕梁三日"的传世千古辞章与优美的民族音乐;而"南北曲"的"场上之曲"则为今天留下了昆曲这个古老的剧种和与之相适应的演剧形制,留下了续存于这个古老剧种身上的代代传承的一些"南北曲"传世经典剧目与唱段。这一切皆为"南北曲"也,而非诸腔也。

"南北曲"的"场下之曲"与"场上之曲"共同组成了中国传统文化中"词、格、曲、腔、戏"的一个"大系统"。这个"大系统"上承两汉以来"旧乐府"之"歌辞体",下启宋元以来"新乐府"之"曲牌体"。在这个"大系统"里,诸如"南戏诸调""北曲诸剧""明清诸传奇"及"四大声腔"等都是这个"大系统"中风格各异的南北"子系统"。各南北"子系统"之间有着明显的相互影响、相互传承、此消彼长的关系,孤立地、割裂地、静止地看待"大系统"中的各南北"子系统"都是片面的和不完整的。

因此在中国戏曲史的有关表述中,称"南北曲"而非清"内廷"中某一种声腔为中国传统文化"乐府楷式""诸体咸备""传承有序""嗣续周正"的代表似更为全面、科学和准确。这是因为,宋元时期以"北曲"为代表,在小令、散曲、套数、杂剧等逐步发展的基础上,其"曲唱"与"剧唱"已日趋成熟,成为文人自主创作的一种"曲"的时尚体裁。明代以后"传奇"成为"南曲"的主流,使得以"南戏四大声腔"为代表的"南北曲"更是达到了前所未有的"文人化"高度。事实上,清"内廷""改攒"的昆、弋两腔剧目中尤其是一些连台本大戏在文学审美与艺术价值上是无法和元明时期文人自主写的"杂剧"与"传奇"相比的。除一些所谓"宫廷大戏"外,清"内廷"中其他传统意义上的昆、弋剧目大都是取材或直接传承于前代南戏、杂剧、传奇等延续的"南北曲"剧目。

综上,清"内廷"中之所以引入昆、弋两腔,皆因"南北曲"之"调名芜杂,旧谱未齐"而"赴节族而谐筦弦"也,非所谓"花部"与"雅部"之争也。因为"花部"各声腔系统不属"南北曲"系统,其各自成长系统与传承路径完全不同。且"南北曲"自元代起已属"大雅之音",根本无须竞争。这点在《康熙曲谱》("四库本"《钦定曲谱》)、《康熙词谱》("四库本"《钦定词谱》)与清"内廷承应"昆、弋两腔"同台"演剧形制中大量的"南北曲"遗存剧目中已经很是清楚。

清代皇家"内廷承应"中保存下来的昆、弋两腔剧目(大戏、本戏、单出戏)的"戏本"实际上都是"南北曲"舞台演出"诸曲本":

现今的人们,想当然地一见"曲"字就认定必当为"乐",一见"音"字就认定当然是"音乐",一见"谱"字就认定也必然是"乐谱"。于是,就有众多词典及《中国大百科全书》所谓:每一支曲牌都有其确定的唱腔曲调(即旋律),每一支曲牌的唱腔曲调都有自己的曲式、调式和调性以及本曲的情趣等等云云的说法,这类说法与事实严重相背!无须辨说,"元曲"总谱《太和正音谱》就在眼前,非常明确地,其三百三十五章(曲牌),全是文字,全书一个"宫、商、角、徵、羽"都没有,为什么会是音谱呢?它是音谱吗?当然是![1]

---

[1] 朱权著,姚品文点校笺评,洛地:太和正音谱笺评·序言.北京:中华书局,2010年1月.

古今"戏曲"概念差别很大,确不能想当然地去对待古人留下的戏曲文献档案。其实稍加比对,就不难发现,清代"内廷"存留下的大量昆、弋文献实际上就是一部恢宏的用昆、弋两腔呈现的清皇家"南北曲"的"曲本总谱",其中北曲主要以宋、元以来"诸家论说"为皇家制曲范例,南曲则主要以明、清以来"诸家论说"为皇家制曲范例。在"内廷承应"中各种昆、弋文献档案中,既可以看到如"月令承应""节令承应""宴寿承应"等各种"改攒"的"曲唱"(这类演唱实际就是一种"南北曲"的曲牌联唱)的"曲本",也可以看到"以歌舞演故事"的各种大戏、本戏、单出戏(折子)"剧唱"的"曲本"。"内廷承应"昆、弋两腔的"曲唱"和"剧唱"实际皆为御制的"南北曲""同台"演剧形制的"诸曲本"(文字谱、声调谱、板眼谱)。

清"内廷承应"各类昆、弋两腔"诸曲本"无论是"改旧为新",还是"翻简为繁"等,皆为"从字而变,因时以为好,古今不同尚,惟知音者审裁之",说明清"内廷承应"中各类昆、弋"曲本"都是以宋、元、明以来"南北曲"不同时期如元《中原音韵》(北文字谱)、元《太和正音谱》(北声调谱)及明《北词广正谱》(北板眼谱)、明《南九宫十三调曲谱》(南板眼谱)等中的各类词、曲、文为范词、范谱而不断地去"正字、正音、正谱"去"审音定律"的结果。最终在1746年(乾隆十一年)由清庄亲王允禄(1695—1767)主持形成了《新定九宫大成南北词宫谱》。

受清"内廷"中"南北曲"影响,清晚期大量进入清"内廷承应"中一些"花部"如皮黄等甚至包括"内廷"中大量出现的岔曲、子弟书等说唱艺术在其题材、剧目、音乐等方面也很高程度上是以昆弋两腔"诸曲本"为题材与曲目范本,通过"改腔""改调"等而成,以至今日戏曲舞台如京剧等一些剧种中仍"遗存"有众多"南北曲"曲牌剧目与曲牌音乐等。

清"内廷"中大量的"南北曲"演剧实践(如昆、弋"大戏、本戏、节戏、单出戏、单折戏"等)与清"内廷"奉旨编纂的浩瀚的"钦定""御制"中历代诸家论说"南北曲"的文献、典籍、文选、丛刊、著述等的出版实践,均可称得上是中国戏曲史上规模最大、时间最长、级别最高的"钦定"制谱演出标准,是一种以"审音定律"为"御制"的"填词"标准,以建"立本之乐""治世之音"为"文治"目的,在全面承袭"大明"政体的基础上,试图在清朝"大一统"的政体下,在政治、宗教、文化、文学、音乐、艺术、表演等层面上对历代"南北曲"进行的一次"整理""改良"的"宫廷化""御制化"的浩瀚的皇家文化艺术活动。尽管这个几乎覆盖整个清代"立本之乐""治世之音"的活动最终未能挽救清朝灭亡的命运,但客观上还是对后世戏曲诸声腔起到了巨大的影响与作用,留下了许多古代戏曲文献及许多古代戏曲著述等文化艺术遗产。

如是,尊"帝王之音""礼乐之盛""声教之美"的"南北曲"实应为中国戏曲自"乐府"以来一脉相承的"活韵文",循"北音为曲,南音为歌"的"既贵清圆,尤妙闪赚"的"南北曲"理应为中国戏曲自"词之余"以来一脉相承的"真戏曲"。

如此"曲中有戏,戏中有曲""俗中有雅,雅中见俗"的"南北曲"的历史现实存在较之王国维先生有着"一代文学"之称的元曲(北曲)而言("元曲"只是"南北曲"中的历史阶段性成果),无疑对中国戏曲史的研究有着更全面、更广泛、更积极、更深刻的历史、文学、戏剧意义,会使得当今中国戏曲史的研究视野更加开阔与深入。如清代皇家为什么选择昆、弋两腔?清"内廷承应"为什么会出现昆、弋"同台"演剧形制?为什么"内廷承应"中会出现昆、弋两腔"同体"现象?为什么出现"昆改弋"或"弋改昆"现象?为什么清以来皇帝亲自主导不遗余力地反复地编纂修订基于"南北曲"的如《康熙曲谱》("四库本"《钦定曲谱》)、《康熙词谱》("四库本"《钦定词谱》)、《新定九宫大成南北曲宫谱》?乃至为什么浩繁的清《四库全书》只收各类"南北曲"曲谱而不收诸腔剧目?为什么"南北曲"历史上只有"南北曲"没有流派?为什么板腔体声腔中会出现大量昆腔剧目与昆腔音乐?为什么皮黄能后来居上从"侉腔"成为第一大剧种?为什么历史上会出现南北职业"曲家""曲社"与南北职业"伶人""班社"之间有着既相对统一又有很大区别的现象?为什么在历史上乃至当下会出现复杂的昆曲"南北各表"现象?等等。如上述以"南北曲"的角度去考察,去作为历史考察的参照系,而不是以晚出的诸声腔去考察、去作为参照系,中国戏曲历史的一些史学问题或史学争论就可能看得更加清楚,就会得出更加符合历史和逻辑的阐述与解释。

## 二、清"内廷"昆、弋两腔"宫廷化"与"御制化"的本质是一部"南北曲"的"雅化"史

从"诗之余"的"词"到"词之余"的"曲",在漫长的历史嬗变过程中,"词"出多"门","曲"出多"家",尽管曾有《中原音韵》与《太和正音谱》等从音韵、制曲以及史论、曲论上试图规范定格,但鉴于当时社会处于极不发达状况,"南北曲"无论是"场上之曲"还是"场下之曲"总体上仍然处于"百家争鸣"的状态。显然"习惯思维"下的所谓"花雅之争"之说已无法客观合理地解释清"内

廷"戏曲演出中存在的这种情况。如果说昆腔是"雅部",那么清"内廷"中与昆腔相伴相随的弋腔算什么?当时甚至连"花部"都算不上的"侉腔"(皮黄)又算是什么?可是如果用它们的共同点"南北曲"去解释就全能说通。简单说,某种意义上,历史上留下的大量的各类内容各异、风格各异的"南北曲"剧目当时是可以用任何艺术形式表现的,即便现在也是如是。

清朝是中国历史上最后一个延续了270多年的封建帝王专制的政体,诚然统治者们的祖籍属北方游牧民族,但由于入关后诸皇帝们从小深受汉文化的熏陶与滋养,其性格、习惯、爱好等方面使得清代统治者在对汉民族主流文化认同与喜爱的同时也融进了很强的个人色彩,皇帝本人甚至还亲自参与审定"内廷承应""编词"与"制谱"的"时换新声"活动如《康熙曲谱》《康熙词谱》。故"内廷承应"中既有"吴侬软语"式"其腔皆清细"的"低腔"(水磨调),又有"燕赵悲歌"式"金鼓喧阗,一唱数合"的"高腔"(弋腔),使得昆、弋两腔"高台教化"的"导向"作用鲜明。清代昆、弋"两腔制"在宫廷的时间长达一个半世纪,经历了整个"康乾盛世"。从这点至少可以强烈地感觉到,深受汉文化影响的清代帝王们不满足于传承前代,他们如此前赴后继、不遗余力地尊崇"南北曲",尊崇昆、弋两腔,显然是想在"康乾盛世"文化层面上,在"南北曲"与昆、弋两腔"官化"与"雅化"的基础上,试图以"御制"的方式在清一代"南北曲"基础上"再造"出一个继唐诗、宋词、元曲、传奇之后能被满、汉后人效仿且能流芳后世的一种类似"一代文学"的样式。虽然这个"一代文学"的韵文样式最终没有达到,但"内廷"却在继宋南戏、元杂剧、明传奇之后,在空前的大量的"南北曲"昆、弋两腔演出实践中,把原本一种被称为"侉腔"的不入流的声腔雏形硬是生生造就成了一个采"南北曲"昆、弋两腔之精华而被后世称为"京剧"的全国性大剧种。

昆、弋两腔是明、清两代"皇家文化"舞台化的表现,是中国戏曲舞台上的明、清两代的"活故宫",是明、清两代帝王史中的重要文化组成部分。虽然清代的"韵文"总体成就没有超越前代,但清代的"演剧"是中国戏曲史上规模最大、时间最长、形制最完备、级别最高,足可为一部内容浩繁、形式多样的"南北曲"演剧史。

### 三、"南北曲"——清"内廷"昆、弋两腔"同台"演剧形制下昆、弋"同体"现象的特殊性

清"内廷"昆、弋两腔"同台"演剧形制下的昆、弋"同体"现象是"南北曲"在清"内廷"戏曲演出中的实际运用。

关于清"内廷承应"昆、弋两腔"同台"演剧形制中出现的昆、弋两腔"同体"现象,即在同一剧目中存在的"你中有我,我中有你,我可以是你,你可以是我"的"同体不同调"或是"同体不同腔"的现象,这个现象大致包括三种情况:同一题材或同一剧目中,某折唱昆,某折唱弋;同一题材或同一剧目中,昆、弋不分,折、出不分,甚至声腔不分;同一题材或同一剧目可以分昆腔和弋腔等两个以上版本。

昆腔为弋腔提供了严谨规范的文学与音乐"营养",而弋腔较之昆腔在题材、文本、文辞、曲牌、宫调、音乐、表演等方面具有的或可"随心入腔"或可"改调歌之"的"灵活性"与"自由性"则丰富了昆腔的舞台演剧表现力。从这个意义上说"内廷承应"中的弋腔可谓是"通俗化的昆腔"。"昆腔弋唱"或"弋唱昆本"在"南北曲"昆、弋剧目上没有根本性的不可逾越的艺术障碍。不仅如此,"内廷承应"中的"昆腔弋唱"或"弋唱昆本"对后世出现的"乱弹"还产生了很大的影响和示范作用,"乾隆时期的昆剧《昭代箫韶》《阐道除邪》,弋腔《铁旗阵》,在光绪年间都改成乱弹剧本上演"[①]。

就"南府"与"升平署"存世的大量各类昆、弋"曲本"分类来说,尤其是"奉旨"而"改攒"的称为"宫廷大戏"的昆、弋连台本"曲本"完全不同于"元杂剧"和"明传奇"等在体例、文学、音乐等属性上都很清晰的传统意义上的"文学本"。这些"昆腔戏本"或"昆腔承应戏"中常以"舞台提示"的方式出现只有在弋腔中才出现的"同叹、同白、同唱"的"帮腔"现象(亦称"众叹、众白、众唱")。也就是说,清代"内廷承应"中一些剧目在昆、弋两腔上是不分的,甚至有人就干脆把这种情况叫"昆弋腔"(意指昆、弋两腔之外的一种声腔)。此外这些剧目中有的甚至在同一剧目中出现了昆、弋及皮黄三种声腔的现象(如连台本"昆腔大戏"《昭代箫韶》中出现的"慢板西皮""摇板西皮"等),因此从这些剧目上很难区别或者说很难区分到底是昆腔还是弋腔。根据朱家溍先生对清朝宫廷戏本的分类,宫廷各声腔中昆腔、秦腔、皮黄(乱弹)等都是有"单出戏"单列的,唯独弋腔没有"单出戏"单列,弋腔基本都是以"昆弋"的称谓出现,这点在清代昭梿《啸亭续录》"大戏节戏"一节中也可以得到佐证。如按"朱家溍清朝宫廷剧本分类法"(简称"朱家溍分类

---

[①] 朱家溍:故宫退食录.北京:北京出版社,1999年1月.

法",下同)的分类,清"内廷承应"昆、弋两腔剧目在声腔的判断上既复杂又难分清,极易产生混乱与误传。如朱家溍先生明确的昆腔戏《阐道除邪》(亦称《混元盒》)中就出现了大量的不符合传统昆腔体制的"三同"甚至是"三腔"(昆腔、弋腔、皮黄)现象。"内廷承应"有着不同规制的"曲本",如给皇帝看的叫"安殿本",只抄录曲牌和唱词。这些不同时期随时变化的"曲本"即便在同一个时期甚至在每次演出中都有可能是不停地变化着,今天可以是昆腔,或许明天就"改调"成了弋腔,如元代杂剧《关大王单刀赴会》一剧唱的是"北曲",是"北剧"。而在"内廷承应"中既有取其一出的弋腔版的《单刀会》,也有昆腔版的《单刀会》。遗憾的是,这种昆、弋南北传承过程中的前后具体变化与具体区别在"朱家溍分类法"中是看不出来的。面对清代宫廷留下的浩瀚的各类昆、弋文献,今后如要想在戏曲音韵学、戏曲文献学、戏曲分类学、戏曲版本学、戏曲演剧学等方面彻底弄清楚清代宫廷这些"海量"的昆、弋文献"基因"中所包含的全部内容,恐怕还要走很长很难的路,还要下很大的气力,还要更加细致地进行各项深入的分析研究。如能像故宫里的其他文物一样为每个昆、弋剧目都建立一个完整的"基因谱系",那对中国戏曲的研究将是一个非常了不起的泽惠学林的贡献。

清"内廷承应"昆、弋两腔演出中各类版本众多且异常复杂是这个时期的一大特点。根本的原因是清代的历史很长(1644—1911),经历了从顺治到宣统10个朝代,每个朝代每个皇帝因时代的不同,对"内廷承应"都有着各自不同的态度、想法和要求。"内廷承应"各类戏本如此复杂,但清代宫廷演剧形制始终未变,几乎贯穿了整个清代"内廷"演剧历史,即清宫昆、弋两腔"同台"演剧形制始终未变,其昆、弋"同体"现象始终存在。

早在明代,昆、弋两腔"共有"的剧目粗略统计就有"《琵琶记》、《拜月记》、《荆钗记》、《白兔记》、《杀狗记》、《西厢记》、《红拂记》、《红梅记》、《鸣凤记》、《宝剑记》、《玉簪记》、《千金记》、《金貂记》、《狮吼记》、《义侠记》、《白蛇记》等百余出"①,"这是与昆、弋两腔的交流影响分不开的,李调元《剧话》云弋腔:'所唱皆南曲。'正是因为昆腔、弋腔同用南北曲,故二者演唱的剧本可通用,后来昆弋合班的戏班,及昆、弋合演的剧本也就成为必然"②。"其实在明嘉靖至万历舞台上,除了在官吏文人商贾雅集和宫廷演唱的昆腔外,民间的南戏和北剧还有很大的演出市场,并非是昆腔独家称雄的局面,而且昆腔和弋阳诸腔混杂演唱的情况也很普遍,这种现象一直到明朝灭亡依然延续。"③清代"内廷承应"昆、弋两腔"同体"现象说明清代戏曲在传承明制戏曲的基础上昆、弋两腔的演剧各自的戏本属性、音乐属性、表演属性乃至声腔属性之间在同一个题材同一剧目内存在着可以相互转换、相互融合的情况。清"内廷承应"昆、弋"同体"现象还有层意义,即诸声腔如昆腔、弋腔、秦腔、皮黄等在同一个题材、同一剧目中也可相互"翻新"和"移植""改攒"等,如乾隆时期的昆腔《昭代箫韶》和《阐道除邪》到了光绪时期就改成皮黄《昭代箫韶》和《混元盒》了,其剧目名称与标目名称和单折名称或可相同亦可不同:

昆曲和弋阳腔虽然有着显著的区别,但均为南戏四大声腔之一,都是曲牌体,曲兼南北,可以共用一个剧本而不做任何改动,同一剧目中,亦可某折唱昆,某折唱弋,昆弋两腔交替上演;甚至在同折之中,可以此曲牌唱昆,彼曲牌唱弋;这个人物唱昆,那个人物唱弋。昆弋同合同戏,水乳交融。艺人昆弋不挡,观众也兼听并蓄。昆、弋共有的剧目为数不少,清代"内廷承应"连台本大戏就是典型的例证。④

李俊勇、刘崇德在《嘉业堂藏抄本〈玉狮坠〉与乾隆刊本比较研究》一文认为"一个剧本之内,某折唱昆,某折唱弋"是一种"时代风气"。事实也确是如此,不仅同为曲牌体的昆、弋两腔如此,其他曲牌体与非曲牌体的"混搭"亦常见,如历史上出现的昆乱"同体"、昆苏"同体"等。

为具体说明昆、弋两腔"同体"现象,试举清"内廷"取材于《金印记》传奇的昆腔《封相》与弋腔《六国封相》为例:

【北仙吕宫·端正好】:【北点绛唇】【前腔】【北混江龙】【北村里迓鼓】【北后庭花】【北梧叶儿】【尾】⑤

---

① 李连生:昆山腔与弋阳腔的交流及融合.燕山大学学报(哲学社会科学版),2003年1月,第4卷第1期。
② 李连生:昆山腔与弋阳腔的交流及融合.燕山大学学报(哲学社会科学版),2003年1月,第4卷第1期。
③ 李连生:昆山腔与弋阳腔的交流及融合.燕山大学学报(哲学社会科学版),2003年1月,第4卷第1期。
④ 周传家:韩世昌——北方昆曲的灵魂与旗帜.戏曲艺术(增刊),2013年。
⑤ 朱权《太和正音谱》载"仙吕四十二章"。即北仙吕宫共42支北曲曲牌。昆腔《封相》与弋腔《六国封相》中皆为取其7支,实为北曲之"集曲"。

这两个戏虽剧名略有不同,但实际上是一个戏,属明传奇剧目。昆腔《封相》与弋腔《六国封相》用的都是同一宫调【北仙吕宫】的北曲牌子,曲牌相同,唱词相同,故事来源相同。所不同的是昆腔本是曲本,弋腔本是戏本。按照"南北曲"的传统,昆腔戏与弋腔戏中全是"北曲"牌子不符合明传奇的传统规制,因为全为"北曲"牌子的戏只能出现在昆、弋两腔之前的"元杂剧"中,但"元杂剧"舞台样式已经失传了。那么,清"内廷"为什么要这样做呢?

1. 清"内廷"中出现的昆腔《封相》与弋腔《六国封相》均取自《金印记》传奇,《金印记》传奇本属"南曲"系统,但昆腔《封相》与弋腔《六国封相》皆用了【北仙吕宫·端正好】。自昆腔出后,"南九宫谱虽不择词章,足为科律",原因是"弦索之学讲者渐衰",而"北六宫谱绝少师传"。这里的"弦索之学"指的就是"北曲"。而康熙这段话的意思用现在的话说就是"南曲"传下来了,但"北曲"或者说"北剧"却基本失传。显然这是清"内廷"在昆、弋两腔上试图强化"北曲"的真正意图。同时,这种强化"北曲"的意图在清"内廷"的实践过程中还带来了突破了"南曲"(传奇)中才有"集曲"的传统窠臼的结果。如取自元代的《胖姑》一折与取自明代的《刺虎》一折,在清"内廷"中是分别是用"北正宫"和"北双吕"的共7支曲子和"北双调"中的10支北曲。这两折戏因有着"北曲"遗风,至今仍为北昆经典保留剧目。

2. 在清"内廷"中,无论是昆腔还是弋腔,整出皆为"北曲"的有相当数量剧目。清"内廷"昆、弋两腔"同台""同体"现象大致说明了清"内廷"很是看重"北曲"系统,试图对"南曲"系统的昆腔与弋腔进行某些"回归"与"改良",至少在一些适合"北曲"演出的题材上。显然,清"内廷"引入昆、弋腔极可能是想用昆、弋腔中某些剧目"替代"已经失传的北曲杂剧! 因为传统意义上的北曲杂剧完全使用的是"北曲"系统而非"南曲"系统。而产生于南方的"昆腔""弋腔"传统上遵循的是"南曲"系统。在清"内廷"昆、弋两腔"同台"中出现的昆、弋腔"北曲化"的现象只能有一种合理解释,即清"内廷"试图用昆、弋两声腔"替代"已经失传的元代"北曲杂剧",即清代皇家版的"北曲杂剧"。清代皇家看中的是"乐府而作声律盛,自汉以来然矣。魏晋隋唐体制不一,音调亦异,往往于文虽工,于律则弊",而"北乐府一出一洗东南习俗之陋"①。周德清这里说的"北乐府"就是"北曲杂剧",其"东南习俗"意指"南曲戏文"。

不仅如此,在清"内廷"中还有一类更为特殊的"南北曲"样式"时剧",如现在大家所熟知的昆曲《思凡》《出塞》与京剧《贵妃醉酒》《霸王别姬》等。实际上,当时无论是在民间还是在"内廷",这4出"诸调混搭"的戏既非传统昆腔,也非传统弋腔,更非皮黄,在音乐分类上属"北曲"弦索类"时剧诸调",在唱法上为"时剧昆唱"。经逐步发展,上述4出属北弦索"时剧诸调"的戏后来分别成为当今昆曲舞台与京剧舞台的经典传统保留剧目。

显然,清"内廷"这种用昆、弋两腔再现"北曲",再现"北曲杂剧"的"穿越"现象与明、清两代尊崇的"北曲为音,南曲为歌"在本质上是一致的;与当今舞台上的"宋词昆唱""南戏昆唱""元杂昆唱"等在本质上也是一致的。当然这种一致性还尚待在戏曲史学与戏曲文献分类学上做进一步深入细致的研究,但一点可以肯定,如清"内廷"中没有"北曲",如清"内廷"没有把虽已在舞台失传却通过"文字"大量保留下来的众多"北剧"遗存搬上舞台,其清"内廷"中所谓的"内廷承应",清代帝王追求的所谓的"帝王之音"将成为空话。这一点谙熟中国传统文化、谙熟中国"南北曲"历史的北方游牧民族出身的清朝历代帝王是非常明白清楚的。清"内廷"对"北曲"的极端重视与不懈实践,甚至不惜让今天看来都很大胆的"脱窠臼"举动,在客观上使得历史上的一部分"北曲"与"北剧"剧目得以存留到今天,得以传承到今天,使得今日之"南北曲"能够"风格各异"而"比翼齐飞"。

虽然一部分"南北曲"的舞台形态失传了,但"南北曲"浩瀚的曲(剧)目文献本身保留了下来,依据这些留下的遗产,就能通过诸腔演唱的样式再现"南北曲"这些遗存曲(剧)目。清"内廷"昆、弋"同体"的特殊现象客观上既保存丰富了"南北曲"剧目,又相互借鉴了各自不同的表演形式与风格,既有"南曲"温润缠绵的柔美,亦有"北曲"高亢豪放的气势,"南北曲"中的"绵润"与"大气"得到了完美结合,事实上也正是如此。

---

① (元)周德清《中原音韵》原序(清"四库本")。

## 汤显祖剧作的当代阐释
### ——《汤显祖戏曲全集·总序》[①]

邹自振

日本学者青木正儿在《中国近世戏曲史》中写道:"显祖之诞生,先于英国莎士比亚十四年,后莎氏之逝世一年而卒(按:实为同一年)。东西曲坛伟人,同出其时,亦一奇也。"当伦敦的寰球戏院正在上演莎士比亚的《仲夏夜之梦》《罗密欧与朱丽叶》时,东方庙会的中国舞台则在演出汤显祖的《紫钗记》和《牡丹亭》。汤、莎二人是同时出现在东西方的两颗最耀眼的艺术明星。

汤显祖(1550—1616),字义仍,号若士、海若,又号清远道人,出生于临川(今江西抚州市)城东文昌里的一户书香之家。从小天资聪颖,刻苦攻读,"于古文词而外,能精乐府、歌行、五七言诗;诸史百家外,通天官、地理、医药、卜筮、河渠、墨、兵、神经、怪牒诸书"(邹迪光《临川汤先生传》)。他不但爱读"非圣"之书,更广交"义气"之士,积极参加社会活动,铸就了正直刚强、不肯趋炎附势的高尚品格。青年时代,汤显祖因不肯接受首辅张居正的拉拢而两次落第,直到万历十一年(1583)34岁时,即张居正死后次年,才中进士。但他仍不肯趋附新任首辅申时行,故仅能在南京任太常博士之类的闲官。在职期间,他与东林党人邹元标、顾宪成等交往甚密。

明王朝进入汤显祖所生活的嘉靖、万历年间,已是千疮百孔、腐朽不堪。万历十六年(1588),南京在连遭饥荒之后,又发生大疫,汤显祖目睹朝廷的救灾大员饱受地方官贿赂反而得到升迁的事实,便于万历十九年(1591)毅然上疏,抨击朝政,弹劾权臣。这篇震惊朝野的《论辅臣科臣疏》,使汤显祖遭到严重的政治迫害,他被谪贬广东徐闻县典史。一年后移任浙江遂昌知县。在任期间,他清廉俭朴,体恤民情,下乡劝农,兴办书院,抑制豪强,平反冤狱,驱除虎患,除夕放囚徒回家与亲人团聚。这些局部政治改革的成功,使汤显祖相信用"瞑眩之药"便能够医治明王朝的痼疾。然而事与愿违,他在遂昌五年,虽然政绩斐然,百姓拥戴,却受到上级官吏的欺陷和地方势力的反对。黑暗的现实既堵塞了他施展个人抱负的道路,也浇灭了他依赖明君贤相匡正天下的政治热情。万历二十六年(1598),他决计向吏部告归,回到老家临川玉茗堂寓所。就在这一年,他完成了代表作《牡丹亭》,接着又完成了《南柯记》(1600)、《邯郸记》(1601),加之早期的《紫钗记》(1587),汤显祖以"临川四梦"(又称"玉茗堂四梦")构成一幅明末社会的现实图景。既然仕途不通,政治抱负无法实现,那就把批判与理想诉诸笔端,通过作品去反映时代,反映他全部的爱与恨。

在中国文化史上,汤显祖是最富有哲学气质的文学家之一。他13岁即师事泰州学派的三传弟子罗汝芳,后来又非常敬仰被封建统治者视为"异端"的思想家李贽和名僧紫柏禅师(达观),并提出了著名的"情至说",与封建主义"理"的教义相对立。这种先进的哲学观点,为他的创作活动奠定了深厚的思想基础。

汤显祖一生共作传奇5种。《紫箫记》为未完成的处女作,在其未仕之时(1577)与友人谢九紫、吴拾芝、曾粤祥等临川才子合写于故乡。《紫箫记》的主题仍未脱"才子佳人"之俗套,基本上没有反映什么社会矛盾。此时汤显祖还未涉足官场,怀抱一腔用世壮志,出世思想还未出现。至于作品中出现的"侠"的观念,乃是其后来在创作中反映正义与邪恶斗争的一个基础。"临川四梦"的基调与特色,均能在《紫箫记》中找到雏形。

10年后,汤显祖在南京任上对《紫箫记》进行彻底改写,易名为《紫钗记》。《紫钗记》较好地继承了唐人蒋防的传奇小说《霍小玉传》的现实主义精神,也体现了汤显祖的"情至观",鞭挞了封建权贵,歌颂了理想的爱情。剧本除对霍小玉和李益的坚贞爱情进行了极为动人的描绘外,较之《紫箫记》,特别增加了卢太尉这一人物。对卢太尉专横跋扈的揭露,显然反映了汤显祖的个人经历。

在"临川四梦"中,作者自己最为得意,在社会上影响最大,并奠定汤显祖作为中国古代戏曲大家地位的是《牡丹亭》。《牡丹亭》以55出的篇幅,敷演了生死梦幻的奇情异彩——"梦中情""人鬼情""人间情"。全剧通

---

[①] 邹自振主编:汤显祖戏曲全集.南昌:百花洲文艺出版社,2015年3月。

过杜丽娘现实生活中的悲剧和幻想中的喜剧,深刻地揭露了封建礼教的残酷,表现了封建礼教的叛逆者冲决礼教罗网的决心,歌颂了他们为追求理想的婚姻所做的不屈不挠的斗争。可以说,《牡丹亭》这部悲喜剧,在中国古代文学中透露了要求个性解放的可贵信息。

《南柯记》取材于唐人李公佐的传奇小说《南柯太守传》,这部作品反映了汤显祖戏曲创作的一个大转变,同时也是其对现实社会进行深入思考的表现。在剧中,他一方面通过淳于棼居官南柯,严于律己,勤于政事,将南柯一郡治理得物阜民丰、世风淳厚的事迹,把自己在现实生活中不能实现的愿望寄托其中;一方面通过淳于棼的宦海浮沉,真实地反映了明朝中晚期统治集团内部争权夺利的斗争,特别是对于封建君臣之间所存在的尖锐矛盾,揭露至深。

《邯郸记》系由唐人沈既济传奇小说《枕中记》改编,其创作意图在于批判时政,揭露和讽刺上层统治者的卑鄙无耻。卢生不像《南柯记》中的淳于棼,他毫无匡时济世之志,只是一心追求个人的功名利禄和荣华富贵,地位越高就越加腐败,这正是对当政权臣的写照。剧中写卢生梦醒之后求仙证道,宁肯在天门清扫落花,也不愿在人间过那种争名夺利的龌龊生活,是大有深意的。这明显表达了作者对官场的极端厌恶。

《南柯记》《邯郸记》均是寓言性的讽世剧。它显然是汤显祖在经历了宦海风波后看破世情、理想幻灭后,欲在佛、老思想中求得解脱的虚无思想的反映。汤显祖的"四梦"所系莫非一"情":如果说《紫钗记》和《牡丹亭》是对"善情"的歌颂,《邯郸记》则是对"恶情"的批判,《南柯记》又别具一格,揭示了"善情"如何被"恶情"所吞噬。汤显祖那种在《牡丹亭》里充满喜剧氛围,饱含对一个春天新时代到来的自由期望和憧憬的呼唤已不复存在。但"后二梦"对晚明社会的揭露和批判,在广度和深度上,则比《牡丹亭》大大推进了一层。

综合评价"临川四梦",似可说《紫钗记》是希望的早春之梦,《牡丹亭》是炽热的仲夏夜之梦,李霍、杜柳的爱情,蹈扬了"真情"的力量;《南柯记》是失落的霜秋之梦,《邯郸记》是绝望的寒冬之梦,通过淳于棼、卢生的宦海沉浮,鞭挞了对"矫情"的贪恋。

汤显祖在文学思想上与同时代的徐渭、李贽和袁宏道等人相近,极力反对"前后七子"的复古主张,提倡抒写性灵,强调"世总为情,情生诗歌"(《耳伯麻姑游诗序》)。他一生写了2200多首诗歌,颇多佳作,特别是《感事》《闻都城渴雨,时苦摊税》等诗作,把矛头直指封建皇帝,其大胆和尖锐,为同时代诗作所罕见。

在戏曲批评和表演、导演理论上,汤显祖也有重要建树。他通过大量书札和对《西厢记》《焚香记》《红梅记》等剧作的眉批和总评,发表了对戏曲创作的新见解。他认为作品的内容比形式更重要,不要单纯强调曲牌格律而削足适履,"凡文以意、趣、神、色为主,四者到时,或有丽辞俊音可用。尔时能一一顾九宫四声否?如必按字模声,即有室滞迸拽之苦,恐不能成句矣"(《答吕姜山》)。他和以沈璟为首的偏重形式格律的吴江派进行了激烈的论争。他自己也勤于艺术实践,"为情作使,劬于伎剧"(《续栖贤莲社求友文》),"自踏新词教歌舞"(《寄嘉兴马乐二丈兼怀陆五台太宰》),"自掐檀痕教小伶"(《七夕醉答君东二首》),同临川一带上千名演唱宜黄腔的戏曲艺人保持着广泛的联系。作于万历三十年(1602)的《宜黄县戏神清源师庙记》,是我国古典戏曲导演学的拓荒之作,汤显祖堪称中国古典戏曲导演学的拓荒者。

汤显祖的戏曲作品和戏剧活动影响深远。师法于他的"玉茗堂派"戏曲家,在明代有吴炳、孟称舜等人,清代则有洪昇、张坚和蒋士铨等。直到今天,"四梦"里的许多精彩片断还保留在京剧、昆剧和地方戏舞台上。

汤显祖戏曲是我国乃至世界戏曲史上的杰作。400年来,汤显祖研究一直是学术研究的重要内容。自2001年中国昆曲被联合国教科文组织列为"人类口述和非物质遗产代表作"以来,汤显祖戏曲作为昆曲的代表作品,在中国乃至世界文化中发挥着日益重大的作用。汤学研究业已成为一门世界性的学问。

汤显祖的剧作初以抄本行世,传于友朋。《玉茗堂尺牍》卷四汤氏《答张梦泽》信中说:"谨以玉茗编《紫钗记》,操缦以前;余若《牡丹魂》、《南柯梦》,缮写而上。问黄粱其未熟,写卢生于正眠。"此信写于万历二十九年(1601),其时《邯郸记》尚在写作中。其后渐有刻本,汤氏生前刻本已经梓就,并广为流传。明清两代汤显祖剧作刻本众多,仅以《牡丹亭》而言,就不下30种。

比较而言,毛晋所刻《六十种曲》本是晚明剧坛上的通行本,也是明清刻本中传播最广、影响最大的一种。《六十种曲》不仅全部收录了汤显祖的"临川四梦",还收录了其未完成的处女作《紫箫记》,以及硕园删改本《还魂记》,充分说明了毛晋对于汤显祖及其剧作的推崇,可谓别具慧眼。他的版本,反映了明代后期社会的审美观念,也最接近汤显祖时代的思想风貌。

我们编撰的这套《汤显祖戏曲全集》即以毛晋汲古阁刻本为底本,并与明清其他版本参校,尤其参考了当代钱南扬、徐朔方诸先生悉心整理的笺校本。我们的工作是对汤显祖的全部戏曲进行精当的注释和评析,力求通过简洁准确的注释为读者扫清阅读障碍,并从文本出发,联系舞台演出,涉及情节发展、人物性格、艺术特色等诸多方面,帮助读者进一步鉴赏和品评汤显祖戏曲,使全书成为一套兼顾学术性和普及性的汤显祖戏曲读本。

《汤显祖戏曲全集》由邹自振主编。全书按汤氏戏曲创作的时间先后,依次分为《紫箫记》《紫钗记》《牡丹亭》《南柯记》《邯郸记》5册。具体分工如下:

《紫箫记》,黄仕忠、陈旭耀校注;

《紫钗记》,周秦、刘玮校注;

《牡丹亭》,邹自振、董瑞兰校注;

《南柯记》,胡金望、吕贤平校注;

《邯郸记》,王德宝、尹蓉校注。

2011年4月初,我们在百花洲文艺出版社和南昌大学召开了第一次编撰工作会议,确定了全书的编写方案和时间安排。5月底,应中国昆曲研究中心常务副主任、苏州大学周秦教授邀请,乘纪念中国昆曲列为"人类口述和非物质文化遗产"10周年暨苏州昆曲传习所创办90周年举办"两岸三地高校师生昆曲研讨会"之际,我们在昆山市千灯镇又一次对全书的内容要求和编写体例作了探讨。12月上旬,第三次编撰工作会议在漳州师范学院召开,主要讨论各位作者所完成的初稿。2012年9月,我们再次集中在南昌大学审定了全部书稿。

在《汤显祖戏曲全集》的编撰过程中,我们得到了南京大学吴新雷教授、苏州大学王永健教授、复旦大学江巨荣教授、华东师范大学赵山林教授的热情关怀与大力支持,他们对本书的编撰工作给予了悉心的指导和帮助。百花洲文艺出版社社长姚雪雪、副总编辑毛军英女士以及张越、张国功先生为本书的编辑出版做了许多艰苦细致的工作。临川籍著名书法家吴德恒、王银茂的书法篆刻亦为本书增色不少。谨此,诚致衷心的感谢!

在此,我还要特别感谢黄仕忠教授、周秦教授、胡金望教授、王德保教授对我的不离不弃、热情加盟,以及五位青年博士的不懈努力。正是大家的团结一致、辛勤劳动,才使本书如期完成。至于本书的缺憾和不足,则是本人要勇于承担的。

# 中国昆剧表演艺术的理论自觉
## ——评顾笃璜著《昆剧表演艺术论》

陆 咸

昆剧是中国历史悠久的一个剧种,也是世界上历史悠久的戏剧艺术之一。它继承了汉代的百戏、唐代的歌舞表演,又直接延续了宋元南戏和元北杂剧的艺术传统。到了明代中期,水磨调昆山腔兴起,吸引了许多文人参与,涌现了大批为昆腔而作的优秀剧本。在表演艺术方面,又进一步吸收了中国传统文化在诗词、绘画、舞蹈方面的成就,形成了一套更为完美的演出体系。又经过千锤百炼,产生了许多艺术精品而且影响巨大。清代中后期,各种地方剧种兴起,昆剧对后起的许多剧种的发展起到了哺育和滋养的作用,被尊为"百戏之师"。

历史进入近代以后,源于希腊、罗马的西方文化,挟持其在科学技术上的优势进入中国,在戏剧领域也是如此。西方戏剧模式主要是话剧、歌剧和芭蕾舞剧,使中国人感到新鲜;西方的演剧理论,特别是斯坦尼斯拉夫斯基的戏剧理论,以其严格的逻辑性使人折服。在这样的形势下,中国传统的戏剧表演模式受到了冲击。昆剧表演艺术虽然历史悠久,经验丰富,但缺少理论上的自觉,在受到外来文化冲击的情况下,显得被动。

在西方戏剧进入中国的同时,中国的传统戏剧也走向了西方,并且得到了很高的评价。法国著名作家莫泊桑认为:中国的戏剧表演冲破了西方国家戏剧界的"三一律"。20世纪30年代,梅兰芳率团出访欧洲和美国,多次演出昆剧和京剧,展现了中国传统戏剧的风采,更受到西方戏剧专家的高度评价。苏联的戏剧权威斯坦尼斯拉夫斯基认为:"中国的戏剧表演是一种有规则的自由动作。"德国著名的戏剧理论家布莱希特认为:"中国戏剧的表演更为深邃的……那就是臻于完美的境地。"他们认为:西方在表演艺术上存在的不少困难问题,中国传统戏剧在实践中已得到了解决。

近代以来,中国戏剧模式和西方戏剧模式相交流的过程说明了一个问题:中国戏剧表演所形成的模式和积累的经验,是对世界戏剧表演艺术的重大贡献;但由于缺少理论上的整理和提高,所以在和其他文化进行交流和对比中,也就缺乏自信。正如另一位苏联著名电影导演爱森斯坦所说:中国戏曲很需要"将它的规律加以整理",把昆剧已有的宝贵的实践经验进行整理,提高到美学的高度来认识,以形成理论上的自觉,是继承和弘扬昆剧文化一项根本性的建设任务。

这些年来,中国学术界人士对中国传统戏剧的基本规律从理论上进行了研究,提出了一些重要的观点。著名学者王国维提出中国戏剧的特色是"戏曲者,谓以歌舞演故事也",是最先概括中国戏剧特色的著名论断;著名话剧导演黄佐临把中国传统戏剧体系定名为"梅兰芳体系",与斯坦尼体系和布莱希特体系并列为世界三大戏剧体系;戏曲艺术家阿甲先生针对中国传统戏剧表演的主要特征,提出了"虚拟化"和"程式化"这样两个概念。这些,都是对中国戏剧特色相当准确的高度理论概括。

在这些研究成果的基础上,江苏省的一位戏曲学者提出了建立"昆剧学"的倡议,并开展系统研究,从史和论两个方面加强对以昆剧为中心的中国传统戏曲的理论研究,并将之作为一项重要的系统工程。顾笃璜先生所写的《昆剧表演艺概论》(以下简称《概论》),就是其中的一本。

《概论》继承了学术界研究中国戏剧特色的已有成果,结合了大量的实践经验,和一些世界流行的戏剧理论进行了比较研究,提出了不少新的观点。此书对于继承和弘扬传统戏剧文化以及建设有中国特色的中国戏剧文化,都有不少启发。

中国汉文化的一个特点,就是2000多年来没有中断过。戏剧文化也是如此。历史上希腊的古典悲剧和印度的梵剧均已失传,唯有中国的传统戏曲仍以古老的形式保存到现在。中国的戏剧从汉代的百戏发展到明代的南曲和北曲,一脉相承。明代中期南曲演变为"传奇",中国的戏剧发展达到了高潮。由于"传奇"广泛采用了魏良辅改造后的昆腔(水磨腔)而被称为"昆曲(昆剧)",达到了最完美的阶段,形成了一种体制,在以后的时期中,对其他地方剧种的产生发挥了哺育的作用,昆剧也因而被称为"百剧之师"。也因此,研究昆剧的表演艺术,也就是研究中国传统戏剧的特色,是为了保存古代中国传统戏剧艺术的精华,使它在新的历史时期继承下去,更是宣示中国传统戏剧艺术的内核,有益于现代戏剧艺术的发展。

顾笃璜先生的这部著作,把理论探讨和实践相结合,论述了昆剧表演艺术的基本特征。

## 一、《概论》认为:"唱念做打"相统一的原则,是中国戏剧的首要原则

人类早期的艺术活动,主要是利用人的肢体来表达情感,也就是"唱念做打",虽然质朴、简陋,却由此奠定了人类艺术活动的基因。以后,人类物质文明有了进步,可以借助于肢体以外的"物"来从事艺术活动,物的因素在表演艺术中增加了,但人类的肢体活动始终起决定性的作用,物只是肢体的延伸,过多的物反而成为障碍物。

比起人类艺术活动的其他项目来,如音乐、舞蹈、诗词、杂技、说话等方面,戏剧起步较晚,因此也就综合了以上多种因素,吸收了以上艺术的成果,丰富了"唱念做打"相结合的原则,这正是中国戏剧有古老历史的基因的表现。"唱念做打"相结合并不是简单的凑合,而是要使其适当变形,加以韵律化,相互协调,以利于叙述故事,也就是要用"心功"来进行统帅,通过肢体动作的艺术化,表达故事中人物的多种思想情感。

人类的肢体活动在戏剧的表演中被称为"做功",这也就是昆剧中的身段艺术之由来。昆剧演员的身段表演和歌唱(唱功)相互配合,就是人们常说的昆剧的"载歌载舞"。由于人类在没有出现语言的时候就有肢体表情,产生语言以后讲话还要有肢体活动加以强化,作为身段表演的演员的肢体动作便成为演技的主要表现。正如《概论》所指出的:身段是"把人在实际生活中的各种行为举止及其表情姿势加以提炼使其本质特点得以强调而更加传神"。

《概论》在指出中国传统戏剧突出强调人的肢体活动对昆剧表演艺术的重要性的同时,深入分析了服饰道具(物)和身段的关系。昆剧在重视身段表演的同时,也十分重视服饰和道具的精美,这是昆剧的又一大特色。但昆剧的服饰和道具在表演中的作用都要和人的肢体表演相配合,成为身段动作的延伸,成为身段表演的一个组成部分。服饰和道具的设计来源于生活却又有适度夸张,如旦角袖较长有利于舞蹈,生角的胡子较长有利于抖动,小生的翎毛长也是为了突出演员的表演,等等,目的就是突出人的身段表演。

## 二、《概论》提出中国戏剧的第二个原则是"非幻觉主义",对西方戏剧的主流思想"幻觉主义"进行了比照和批判

西方戏剧强调"幻觉主义",主张戏剧要动用各种手段来制造幻觉,要使观众产生"舞台上呈现的一切就是生活的逼真的再现"的幻觉,但生活中的真实是并不存在观众来观看的,所以这种理论就设定:观众看戏就是拆除了生活中的第四堵墙进行"偷窥",由此产生了"第四道墙"的学说。

中国戏剧并不讳言戏剧演出的假定性,演员和观众从进入剧场的那一刻起就知道这一切都是假设的。《概论》指出:从时、空两方面来说,舞台和真实相比总是有限的。中国古人的智慧就在于在假设中追求演员表演功能的极大化,使观众从假设中想象到真实,以此来弥补舞台的有限性以及物质条件的不足。

《概论》从心理学的角度论述了非幻觉主义的必要,指出:无论是演员还是观众,他们在进入剧场以后都知道是演员表演故事给观众看。观众和演员是面对面的,必然产生演员和观众在现场的交流。昆剧表演中采用"自报家门""独唱""独白""背工""旁白"等表现方法,实质上就是演员和观众直接交流。演员在表演过程中和观众的直接交流,突破了舞台在时空方面的界限,极大地扩展了表演的能量。如:一个演员在向观众旁白"让我快步追上去"的同时,在台上转上一圈,又有汗流浃背的挥汗身段,观众便能明白:他虽然只在舞台上转了几个圈子,却表示已经走了许多路,非常辛苦。

戏剧反映生活,这是中外共同的认识。但中国的戏剧是演员和观众在演出中共同在虚拟生活中交流而得到美的享受,这是中国戏曲更是昆剧表演艺术的特点。

昆剧表演的虚拟性要求在演员和观众之间没有实在附加物,因此,它排斥任何写实布景。由于这一问题的重要性,《概论》专门写了一章:"排斥写实布景,发展虚拟表演"。同时,由于中国传统戏剧秉持"非幻觉主义",历史上中国的剧场都是突出在观众中,观众在三面都可以观看,只有后面有墙把演员化妆和休息处与观众相隔离,但也有"出将""入相"的标志,说明在虚拟世界中前后台是相通的。

台前没有幕布,舞台不和观众隔离,这是中国剧场的传统形式,也是标准形式。但近代以来,受从西方引进的话剧的影响,舞台出现了三面墙式,台前设置了幕布,把观众和舞台相隔离,其实这样的舞台形式和中国传统戏剧的表演是并不相适应的。现在,有一些专家在研究中国古代舞台和中国传统戏剧表演的关系,这种研究很有必要。

## 三、《概论》论述了昆剧表演中的程式化,它的产生根源和在艺术表演中的必要性

程式化是昆剧表演的重要原则。斯坦尼斯拉夫斯

基把它称为"是一种有规律性的自由动作",指的就是程式化表演。也就是说:程式化是把演员表演的规律性和自由性完美地结合起来。

《概论》论述了程式化表演在中国戏剧表演中的重要作用,指出:"没有程式,就没有戏曲。"程式化表演产生于中国戏剧诞生的最早时期,到昆剧产生阶段则更加精致和完美。《概论》作者对程式化表演主要特征和产生根源做了深入而全面的分析。

戏剧表演艺术中的程式化源自生活。现实生活中的人千差万别,但又是分门别类的,从性别上分为男、女;从年龄上分为童、少、青、中、老;从社会地位上可以分贵族、平民、上层人士和低层人士;从职业上可分为文官、武将、书生、农民、工匠等;从性格上可分为刚毅、温和、粗鲁、智慧、奸诈等;从社会行为上可分为好人、坏人;等等。为了表现这不同的"类",于是产生了昆剧中各种不同的"脚色",并衍生出"家门""行当"等程式化表演。程式化表演产生的根源是模拟生活,只是比生活夸张,突出其"类"的特点,以使观众容易理解。《概论》指出:这是古人创造出的"一条化繁为简的通道"。

程式化在中国传统戏剧表演中到处存在。例如,在唱腔方面,生、旦、丑等偏向"狭口",净角则"阔口膛音";在服饰上,旦角用加长袖,生角袖也长,但较丑角短,武生则用短袖。在身段动作上,也有许多相适应的规定。总之,程式化表演是中国戏剧表演"化繁为简"的生存方式。

演员表演的程式化是中国戏剧产生时就出现的,发展到昆剧艺术阶段更加丰富。最早出现的角色分工主要是生、旦、净、末、丑五种,以后随着观察的深入以及戏剧表演内容的丰富,发展到昆剧成为"江湖十二色",唱腔、面谱、身段动作、砌末和舞台设置等也相应丰富起来。

## 四、《概论》指出:和中国古代传统戏剧相比,昆剧的特点是"精、细、慢"

对于这一特色,《概论》列了专章将昆剧和京剧做了比较,指出:京剧一股劲,昆剧一段情;京剧比较外露,昆剧比较内敛;京剧引吭高歌,昆剧委婉吟唱;京剧表演倾向于刚,昆剧表演倾向于柔;京剧表演张扬、粗放、明快、浓艳,昆剧表含蓄、细腻、缓缓、淡雅。所有这些,都是对昆剧"精、细、慢"特色的补充说明。

《概论》对产生昆剧"精细慢"特点的原因没有做详细的分析,这是本书论述的不足之处。昆剧这种特色的产生是有其时代背景的。明代中期,江南地区经济发达,商品经济繁荣,产生了大量的市民阶层。为了适应社会的这一大变化,文化人中重视个性解放成为主流,"重情","重视自然",倡导"适情,任性",思想上反对程朱理学,文体上排斥八股文,重视小说、山歌、戏曲等通俗文艺形式。这一时期,也是吴门画派、明代小品、吴门诗派和长短篇小说、苏州园林发展的高潮时期。这些艺术品种,都有"精、细、慢"的特点。昆剧即在这样的时代中产生,表演戏剧不再是简简单单的讲故事,还要表现过程,仔细抒情,当时叫"传奇",便不可能不精细;既要精细,节奏就不可能快。在"精、细、慢"的要求下,无论是写作还是排戏便都要"磨",由此而磨出了许多好剧本,磨出了许多好乐谱、好身段。

昆剧"精、细、慢"特色的产生和当时剧本的风格也有关系。中国历史上优秀的戏剧文学有两个高潮,第一个高潮是在元代,出现了关汉卿的《窦娥冤》《救风尘》《望江亭》等,以及王实甫的《西厢记》、白朴的《墙头马上》、马致远的《汉宫秋》等。第二个高潮是在明中期到清初期,这也是昆剧(传奇)演出达到高潮的时期,出现了在中国文学史上有重要地位的汤显祖的《牡丹亭》、洪昇的《长生殿》、孔尚任的《桃花扇》、李玉的《清忠谱》等传世佳作。两个时期的剧本相比,都重视写情,而"传奇"的描写更注重故事情节的曲折,描写人物心理细致入微,入木三分。优秀的剧作和优秀的演出是相辅相成的。剧本是一剧之本,没有好的剧本是难有好的演出的,而好的演出对剧本的成功也是必要的。明代昆剧之所以有"精、细、慢"的特色,正是传奇剧本和演出两者成功结合所致。

## 五、《概论》对昆剧演员的自我修养作了充分的研究

演员是表演艺术的主体,没有优秀的演员就没有表演艺术可言。《概论》对昆剧演员的修养,特别是演员的自我修养,做了系统的论述。

《概论》作者指出:在表演艺术中,演员的主体作用表现在"是剧中人物的创作者,又是作品的工具和材料,而且还是作品的本身",因此,演员自身的外形形象及嗓音、性格、气质等条件就显得非常重要。但具备了这些条件还是不够的,还要努力学习。这种学习,作者把它归纳为两点:一是特别发达的审美能力,二是把审美感受的能力传达给他人的艺术表现能力。一个优秀的昆剧演员要加强自我修养来达到这两个方面的目的。

一是要重视形体训练。保持身体动作的柔性。形体训练从少年学艺时就开始,要从走步开始,因为"台步

是百练之本",要达到适度松弛、自然、协调。在此基础上,还要进行毯子功和把子功的训练,以及适当进行一些武术训练,以增强体能、软度、开度、柔韧度,增强动作的灵巧、果断、协调等品质。这些训练,是为了身体各方面适应各种身段表演的需要。训练决不能使身体僵化,而要强化身体的柔韧度。念、唱方面的训练同样是昆剧演员的基本功,要从少年时期开始,终身不懈。要注意音色造型,不同角色有不同的音色造型,才能和身段表演相配合。训练的最好方法是把唱念及形体训练和身段设计结合起来,使之能相互适应。

在昆剧的行话中,对应表演艺术"唱、念、做、打"相结合的特色,在演员的培训方面,有"手、眼、身、法、步"的要求。《概论》引用了吴白匋先生的论述,指出:所谓"法","即内心技巧和外形技巧并重的原则",也就是昆剧要崇尚体验传统。

一个新演员演出昆剧常常从模仿入手,这是不可避免的,但这只能是第一步,必须由模仿进入创造。优秀的演员都是有创造才能的演员,而有创造性的演员,必须能独立体验,这就对演员提出了更高的要求。昆剧是高雅艺术,昆剧剧本的文学性很强,唱词继承了中国古代诗词的成果,乐谱集中了大量中国传统的音乐成果,服装、道具和人物造型的设计更是吸收了中国传统画的成果。大批文人参加昆剧活动,把中国传统小说中人物心理描写的技巧吸收到了昆剧中。所有这些,要演员都有体验,就要求演员在自我修养中强化自身的中国文化素养,要学诗词,懂音律,学一些绘画,更要了解社会,了解社会上形形色色的人物,体验他们的思想感情、他们的喜怒哀乐。这些当然不容易做到,但一个有出息的演员必须努力去做。当然,首先要学会做人,做一个热爱祖国、有人道主义精神和崇高情操的人。昆剧重在抒情,如果自己没有丰富的情感,是不可能成为一个有成就的昆剧演员的。要重视演员本人品格修养的培养。戏剧工作者是"真善美"的创造者和传布者,自己必须有高尚的人格,做到言行符合"真善美"的要求。要爱祖国的传统文化,尊重艺术,尊理观众,对人民要有"仁人之心",也就是要有人道主义精神。还要有进取精神,勇于开拓、敢于担当。演员具有高尚的自我品德修养,是成为一个成功演员的必要条件。

顾笃璜先生写的《昆剧表演艺术论》在昆剧表演艺术理论上继承了近年来已有的学术成果,但又有新的开拓,是一部承前启后的作品,他在掌握了大量历史资料和前辈著名演员的经验的同时,对比了国际上关于演剧艺术的理论,又结合了自身的体会,做到了理论和实践相结合,有利于推动中国演艺界进一步探讨中国特色的戏剧规律,增强昆剧表演艺术理论的自信。

## 《昆曲表演学》出版座谈会在苏州举行

钟明奇　周敬芝

10月13日，第七届中国昆曲国际学术座谈会在苏州举行。在座谈会的闭幕式上，举行了由江苏凤凰教育出版社出版的《昆曲表演学》一书的出版座谈会。

丁修询先生经过10多年精心撰著的50多万字的《昆曲表演学》，由江苏凤凰教育出版社2015年6月出版。这是一部具有重大开创意义的昆曲学著作。本书分为两卷，已经出版的一卷是"技术技巧卷"，另一卷是40多万字的"理论卷"，尚有待出版。

有关昆曲学的研究，数百年来已经取得了甚为丰硕的成果，但不得不实事求是地指出，落实到具体的"昆曲表演学"，在丁修询先生这部著作出版以前，还没有比较系统的研究，专门的比较深入的研究更是极为罕见。之所以出现此种格局，一方面是因为人们对于昆曲表演学没有引起足够的重视，往往习惯于从文辞、声律等视角去研究昆曲，另一方面也是因为有关昆曲表演的资料不易保存，研究的难度之大非寻常可比。

毫无疑问，昆曲表演学缺位的昆曲学，显然是不完整的。对于建构严格意义上的昆曲学来说，有关昆曲表演的技术技巧，是不可或缺的重要组成部分。不难设想，连起码的昆曲表演技术技巧都不懂的人，会真正建构成富于浓郁中国民族特色的昆曲学。这是因为，那看似程式化了的昆曲表演中的一招一式、一颦一笑，其实无不深深浸透了中国传统文化的"韵"与"味"。魏源说得非常好："技可进乎道，艺可通乎神。"因此，唯有了对昆曲表演技术技巧比较通透的了解与把握，当然同时也要深入地研究昆曲学其他重要的方面，我们才能由"技"入"道"，从而使富有中国作风与中国气派的昆曲学建构没有缺憾，实至名归。

这部著作的卓越之处就在于，不但有对昆曲演剧方法与中国演剧体系的宏观的把握，深刻地指出昆曲是中国民族演剧体系的范本，而且还将昆曲表演的技术技巧收罗殆尽。全书除"导言"之外分为6章，分别为"昆曲表演概述""昆曲表演技术基础（上）""昆曲表演技术基础（下）""身段组合举隅""折子戏表演提要""身段谱五种"，昆曲表演的主要技术技巧应该说尽在其中。更可贵的是，作者尚有对之非常细致与独到的解析，所论有很强的可操作性。例如，第三章第三节"眼为心窍"，将眼的表演分为"亮眼""定眼和愣眼"等14种表演技法，并细加剖析，指导如何具体实际演习，这比起李渔《闲情偶寄》之"演习部"之论"眼"的表演方法，仅短短的一节，无疑要详尽而且生动得多了。因此，丁修询先生孜孜矻矻、焚膏继晷，用无数心血写成的这部《昆曲表演学》，在昆曲学研究史上确乎具有重大的开创意义，是昆曲学研究史上的一个里程碑。

凤凰教育出版社总编辑王瑞书先生向与会专家介绍了该书的出版情况。著名戏曲评论家刘厚生先生在该书的序中给予了它极高的评价："这部书在昆曲和昆曲发展史上是早就应该有、现在终于有了的应运而生的书。这样的书理应在昆曲乃至整个戏曲界引起重视，并且长远地发挥作用。"著名作家、文学理论家钱杏邨的女儿钱璎也为该书写了序："这部著作，对昆曲的保护、发展，对提高昆曲工作者对昆曲价值的再认识，对昆曲青年演员水平的提高，都将会起很大的作用，这是他对昆曲事业作出的又一贡献。"

昆曲艺术节期间，吴新雷、俞为民、朱栋霖等昆曲专家和学者们一致认为该书的出版对昆曲艺术的保存具有不可替代的重大意义。他们说该书是丁先生花费了几十年的工夫观摩、学习、研究昆曲的理论结晶，对昆曲表演做了全面概述，详尽地记述和分析了各种家门规范、舞台体制等以及各种身段形态、身段组合和各种服饰道具的技艺等等。到目前为止，在戏曲研究方面还没有著作可以超越它。

原中国艺术研究院戏曲研究所所长、现梅兰芳纪念馆刘祯副馆长，原中国昆曲博物馆易晓珠馆长以及文化局相关领导都肯定了该书在昆曲界的贡献与成就。他们说："这部书把古典昆曲表演程式规范全都用文字具体记录了下来，对传统舞台技能进行了一次科学大整理。昆曲在历史的天空中就像一朵飘移的云，极易流变，丁先生的记录为后人留住了这片云。政府现在对中国戏曲表演学的建立与发展非常重视，这本书生逢其时，恰好为表演学的确立提供了理论支撑。这样的好书一定要大力宣传，得到各方面的重视和支持。"

《昆曲表演学》一书对昆曲表演部分的保存，为这一濒临失传的世界文化瑰宝之继承、甚至是永续薪传提供了可能，填补了昆曲舞台艺术研究的空白。这部书必将对昆曲舞台艺术的传承和发展产生深远影响。

昆曲研究 2015 年度推荐论文

# 论明末清初南北曲的演变
## ——兼论魏良辅和沈宠绥的曲唱理念①

艾立中②

## 一、南北曲演变的原因

自明代中叶嘉隆时期梁辰鱼以来,南曲开始成为文人戏曲和散曲创作的主要曲体,特别是和梁辰鱼同时代的魏良辅改良昆山腔以来,演唱南曲之风迅速蔓延开来,这让一批酷好北曲、复古元音的文人们痛心疾首。早在嘉靖时期的张羽曾说:"近时吴越间士人,乃弃古格、改新声,若南《西厢记》及公余漫兴等作,鄙俚特甚,而作者之意微矣,悲夫!……且今之缙绅先生,既多南士,渐染流俗,异哉所闻,故率喜欢南调,而吴越之音靡靡乎不可止已。间闻北调纵不为厌怪,然非心知其趣,亦莫能鉴赏,其间故信而好者不多有之,大抵新声之易悦,而古调之难知,所从来远矣。"③这是张羽在校对《董西厢》时所发的一段感慨。作者感叹《董西厢》这部早期的北曲唱本正日益被忽视、湮没,之所以积极把它整理出来,主要是针对北曲逐渐被南曲所代替的严峻形势而做的抢救性工作。这段文字写于嘉靖丁巳(1557)秋,而梁辰鱼的散曲集《甿东白苎》于嘉靖三十五年即1556年后刊行。嘉靖四十四年(1565),梁辰鱼《浣纱记》和李日华《南西厢》两大传奇风靡海内。这些都说明南曲裹挟着改良后的昆山腔正逐步代替北曲,并挑战着其他南曲声腔。与张羽同时代的何良俊也极力推崇北曲:"近世北曲,虽郑、卫之音,然犹古者总章,北里之韵,梨园教坊之调,是可证也。"④

推崇南曲,贬低北曲的也大有人在,徐渭在《南词叙录》谈道:"有人酷信北曲,以至伎女南歌为犯禁,愚哉是子!北曲岂唐、宋名家之遗?不过出于边鄙裔夷之伪造耳。夷、狄之音可唱,中国村坊之音独不可唱?"⑤其实这更多是负气之辞。实际上,南曲的发展已经不可遏止。晚明万历时期沈璟和王骥德等吴江派成员虽然还时时表示对北曲(更多是元代南戏)的崇敬,但在理论建构和实践上都在极力发展和完善南曲。他们在戏曲和散曲创作上大量使用南曲曲牌,编辑南曲曲谱,对格律提出了更严格的要求。尽管沈璟等人提倡古曲古调,但在实际创作中重辞藻,好典雅之风。正如任二北先生所说的:"沈璟之曲派,乃一面文字受梁氏之影响,而一面自己又专求律正与韵严。"⑥南曲的兴盛、北曲的衰落成为晚明曲坛上最显著的特色之一。

值得关注的是,明末清初(这里的明末清初指天启、崇祯、顺治、康熙四朝)出现了北曲复兴现象。这一阶段北曲的文学创作兴盛,曲家在创作戏曲和散曲时除了继续使用南曲曲牌,同时还对北曲曲牌发生了浓厚的兴趣,尤其是在散曲上。特别要强调的是,北曲的复兴只是相对晚明北曲极度衰落而言。明末清初不少著名散曲家如施绍莘、徐石麒、沈谦、朱彝尊等,他们部分甚至大量创作北曲。如朱彝尊的《叶儿乐府》除了一首【南商调·黄莺儿】,其他都是北曲小令。徐石麒《坦庵乐府》除了两首南曲套数,其他都是北曲。北曲在散曲中大量出现并非孤立现象,与此同时,北曲杂剧创作也呈现出复苏情形。当时如沈自征、凌濛初、尤侗、吴伟业、徐石麒等都有杂剧传世。当时吴江派沈氏族亲的一位女曲家叶纨纨还创作杂剧《鸳鸯梦》,沈君庸作序道:"若夫词曲一派,最盛于金元,未闻有擅能闺秀者。即国朝(明朝)杨升庵亦多诸剧,然其夫人第有《黄莺》数阕,未见染指北词……吾家词隐先生(沈璟),为词坛宗匠,其北词亦未多概见。"⑦晚明以来,杂剧选本也开始增多。自臧懋循的《元曲选》之后,明末又出现了《盛明杂剧》《古今名剧合选》《杂剧三集》等。不过,就整体来看,南曲仍多于北曲,到清中叶,南北曲已呈大致均衡之势。

另一方面,北曲演唱方法也在复兴。明末文学家张

---

① 基金项目:本文是2013年江苏省重大项目基金项目《江苏戏曲文化史研究》(编号13ZD008)阶段性成果。
② 作者简介:艾立中(1976— ),男,江西景德镇人,文学博士、教授。研究方向为中国戏曲史。
③ 张羽:西厢弹词序[A].蔡毅编:中国古典戏曲序跋汇编(第二册卷五)[C].济南:齐鲁书社,1989年,第571页。
④ 何良俊:曲论[A].中国古典戏曲论著集成(册四)[C].北京:中国戏剧出版社,1959年,第6页。
⑤ 徐渭:南词叙录[A].中国古典戏曲论著集成(册三)[C].北京:中国戏剧出版社,1959年,第241页。
⑥ 任二北:散曲概论(卷二"派别"第九)[M].上海:商务印书馆,1931年。
⑦ 沈君庸:鸳鸯梦序[A].叶绍袁编:午梦堂集[C].北京:中华书局,1998年,第387页。

岱《祁奕远鲜云小伶歌》诗云："昔日余曾教小伶,有其工致无其精。老腔既改白字换,谁能熟练更还生。出口字字能丢下,不配笙箫配弦索。"①又如清代章金牧《金谷悲》(其六)云:"伊梁弦索人云齐,旧本江南水调低。自学龟兹翻北曲,对人羞唱《白铜鞮》。"②这些诗说明当时北曲的演唱处于从不绝如缕到再度复兴的状态,曲家对北曲的尊崇一直延续至清代中叶,后面还将论述。

这一现象值得我们深入地寻绎。有学者已指出是缘于复古崇雅意识,正如曲学专家李昌集先生所说,"散曲本有'文本'与'歌本'的双重性质,一旦案头化,使之成为一种纯粹的'文体',这就使创作散曲时的'择调'有了极大的自由,在元散曲的避世超脱精神又获得文人心理契合的背景下,晚明以来久已'不唱'而鲜为人采用的北曲一体重新被文人起用,这一事实本身已在一个表面层次上映现了复古主义倾向","'元曲化'的清散曲,其时代的意味,不在'创造',而在'复古'。清初'元曲化'一流散曲的出现,不是北曲自身活力的产物,而是因元曲这一已'作古'的文学作为一种既有的精神范式契合了清初文人的某种心理"③。尽管他说的是散曲,戏曲也不外如此。不过,他把崇雅意识产生的时间仅限定在清代不够准确,其实曲家的崇雅复古意识并非突然始于清初,明末已有较为明显的反映。北曲复兴除上述原因之外,笔者认为还有以下三个原因。

第一,明末清初文人对南北曲抒情写意的功能有了更深刻的认识。

北曲在散曲和戏曲中的复苏,这二者不存在谁影响谁,而是共同受当时艺术观念的影响。正如明末徐翙所说的:"今之所谓南者,皆风流自赏者之所为也。今之所谓北者,皆牢骚肮脏不得于时者之所为也。"④这说明曲家意识到晚明以来占统治地位的南曲已经不能满足多种感情的宣泄,邹式金在《杂剧三集》序云:"北曲南词如车舟各有所习,北曲调长而节促,组织易工,终乖红豆;南词调短而节缓,柔靡倾听,难协丝弦。"再次说明南北曲各有长短,北曲这一传统的曲体才被再次重视起来。

与此相应的是,自明代万历以来不少曲家开始反思南曲繁缛俗艳之风。比如凌蒙初在《谭曲杂札》中说:"自梁伯龙出而始为工丽之滥觞,一时词名赫状。盖其生于嘉隆间,正七子雄长之会,崇尚华靡……以故吴音一派,竞为剿袭靡词……不惟曲家一种本色语抹尽无余,即人间一种真情话埋没不已。"⑤他尖锐批判了梁辰鱼把南曲带入雕琢靡丽的不良之境。孔尚任在《桃花扇·凡例》中也批评道"词曲入宫调,叶平仄,全以词意明亮为主。每见南曲艰涩扭捏,令人不解,虽强合丝竹,止可作工尺字谱,何以谓之填词耶。"⑥还有人批评南曲缺乏精深的学理,如冯梦龙说:"然而南不逮北之精者,声彻而下,而学废于上也。"⑦当时曲家正在寻找途径矫正南曲艰涩雕镂之弊,而一直被推崇但早已衰落的北曲被曲家看中,充当曲体、曲风变革的载体。

清中叶凌廷堪在《与程时斋论曲书》中精辟地总结了南北曲盛衰的原因:"虽然北曲以微而存,南曲以盛而亡,何则?北曲自元人而后,绝少问津,间有作者亦皆不甚逾越闲,无黎邱野狐之惑人,有豪杰之士兴取元人而法之,复古亦竭为力。若夫南曲之多不可胜计,握管者类皆文辞之士。彼之意以为吾既能文辞矣,则于度曲何有。于是悍然下笔,漫然成编,或诩称艳,或矜考据,谓之为诗也可,谓之为词也亦可,即谓之为文也亦无不可,独谓之为曲则不可。"⑧他把两百多年来南北曲的演变概括了。不过,清初以来北曲命运和南曲一样,常被用来写考据、艳情之作,北曲的复兴更多是表层的、形式上的,元代和明中叶北曲中豪放泼辣、率直纯朴的精神内涵早已丧失殆尽。

第二,北曲昆腔化后,南北曲体正在趋同。魏良辅在《曲律》中提出"南曲不可杂北腔,北曲不可杂南字"⑨。虽然南曲和北曲在演唱技巧、声情上仍有区别,但改良后的昆山腔以字声行腔,这就导致南曲曲体与北曲曲体走向趋同。王骥德《曲律》"论过搭二十二"中说:"或谓南曲原不配弦索,不必拘宫调,不知南人第取按

---

① 夏咸淳校点:张岱诗文集(张子诗秕卷之三)[M].上海:上海古籍出版社,1991年。
② 章金牧:莱山诗集(卷七)[C].四库全书存目丛书集[Z].济南:齐鲁书社,1997年,第235页。
③ 李昌集:中国古代散曲史[M].上海:华东师范大学出版社年,第426页。
④ 徐翙:盛明杂剧·序[A].沈泰:盛明杂剧初集[C].北京:中国戏剧出版社影印本,1958年。
⑤ 凌濛初:谭曲杂札[A].中国古典戏曲论著集成(册四)[C].北京:中国戏剧出版社[M].1959年,第253页。
⑥ 孔尚任:桃花扇[M].北京:人民文学出版社,1959年,第12页。
⑦ 冯梦龙:步雪初声集序[A].谢伯阳编:全明散曲(册三)[C].济南:齐鲁书社,1997年,第3646页。
⑧ 凌廷堪:校礼堂文集(卷二十二)[A].续修四库全书(册1480)[Z].上海:上海古籍出版社,1995—2001年。
⑨ 魏良辅:曲律[A].中国古典戏曲论著集成(册四)[C].北京:中国戏剧出版社,1959年,第7页。

板,然未尝不可取配弦索。"①明末清初,南北曲体趋同之势更明显,如沈自晋《南词新谱》卷十四【黄钟·点绛唇】曲下注曰:"此曲乃南吕引子,不可作北调唱……今人凡唱此调及【粉蝶儿】,俱作北腔,竟不知有【南点绛唇】及【南粉蝶儿】也,可笑。"又在【二犯江儿水】曲下注明:"此曲本为南调,前辈陈大声诸公作此调者甚多,今《银瓶记》亦作南曲唱。不知始自何人,将《宝剑记》诸曲唱北腔,此后《红拂》《浣纱》而下,皆被人作北腔唱矣。然作者元未尝以北调题之也。"②李玉在其所编订的《北词广正谱》里还第一次列了北曲中与南曲格律相同的曲调。如正宫内的【金殿喜重重】【怕春归】【锦庭芳】等曲调,皆注明"与南词同",还在【番马舞西风】【普天乐】【锦庭芳】三曲下注云:"以上三章一套,断属南调,北有其目,而缺其词也。"③因北曲无相应的曲文可选,故李玉以南曲为范文,这正说明南北曲体趋同已经成为曲学家的共识。

正因为南北曲走向趋同,所以南曲可以用北曲的旋律演唱,只要在旋律中加入乙、凡二音,即7和4两音,如《铁冠图·别母》有一【南越调·小桃红】用了北曲中的"乙"音,表达了苍凉悲壮的心境。《长生殿·惊变》中【南扑灯蛾】加入了凡音(即简谱中的4),在委婉中透出一种活泼。北曲也可用南曲的旋律来演唱。在《玉玦记》第二十九出中有如下的叙述:

(丑)大姐,央你唱一套马东篱《百岁光阴》。(小旦做北调唱介)(丑)我不喜北音,要做南调唱才好。(小旦)也罢。(唱【集贤宾】)光阴百岁如梦蝶,回首往事堪嗟……④

可见昆腔改革后,只要遵循依字声行腔,从理论上讲南北曲是可以换唱的,但实践中还不多。南北曲的通融性还表现在板式的变化上存在一致,正如《康熙曲谱·凡例》中说:"然亦随宜消息,欲曼衍则板可增,欲径净则板可减,欲变换新巧则板可移,南北曲皆然。"⑤

沈德符《顾曲杂言》曰:"今南方北曲,瓦缶乱鸣,此名'北南',非北曲也。"⑥沈宠绥还认为当时的北曲"名北而曲不真北也,年来业经厘剔,顾亦以字清腔径之故,渐近水磨,转无北气,则字北曲岂尽北哉"⑦。这一切正如俞为民先生所言:"从曲体上来说,无论是南曲,还是北曲,两者都与以前的南曲、北曲产生了差异,故从这点上来说,经过魏良辅对剧唱昆山腔加以改革后,南曲与北曲产生了交流与融合,昆山腔所唱的南北曲,不仅北曲已非以前的北曲,而且南曲也已不是以前的南曲了。"⑧当然,曲体的演变对剧唱的影响也渗透到了清唱的散曲。

第三,曲家的欣赏个性和创新意识。艺术规律昭示艺术家,一种文体如果臻于完善,并成为严格的法则,就会对艺术创作和发展产生制约作用。当传统的艺术规范束缚了艺术家自由表达情感时,体制的扩展、改造和重建就不可阻挡了。晚明汤显祖在《牡丹亭》中就有曲体的创新,如第47出《围释》曲牌构成是【出队子】【双劝酒】、北【夜行船】、北【清江引】【前腔】、北【尾】,【前腔】本为南曲所有,却引入北曲。明末清初由于昆唱北曲已经成熟,部分曲家在南曲中引入北曲只曲,如阮大铖《燕子笺》第20出:【南越调】【水底鱼】【前腔】【北双调】【清江引】。吴伟业《秣陵春》第6出:【南仙吕】【青歌儿】【光光乍】【皂罗袍】【前腔】北仙吕【骂玉郎带上小楼】【前腔】【南仙吕】【掉角儿序】。李渔《凰求凤》第8出:【北双调】【青玉案】【前腔】【南正宫】【玉芙蓉】【前腔】【前腔】【前腔】。

如果说上述曲家的创新还局限于文体上的,那么明末松江地区著名曲家施绍莘(1588—?)则将文体创新和音乐演奏方式名副其实地结合起来。施绍莘在套数《春游述怀》的跋云:"予雅好声乐,每闻琵琶筝阮声,便为魂销神舞。故迩来多作北宫,时教慧童,度以弦索,更以箫管叶予诸南词。院本诸曲,一切休却。"⑨可见,施绍莘偏好北曲弦索音乐,也不废南曲,这促使他在音乐上积极革新。他的很多散曲都体现着在南北曲文体和音乐上的创新。比如他的套数《旅怀》,曲牌构成是【南仙吕入双调·二犯江儿水】【前腔】【沽美酒】【幺篇】【清江引】,

---

① 王骥德:曲律[A].中国古典戏曲论著集成(册三)[C].北京:中国戏剧出版社,1959年,第128页。
② 沈自晋:南词新谱[M].北京:中国书店,1985年。
③ 李玉:北词广正谱[A].续修四库全书影印清刻本(册1748)[Z].上海:上海古籍出版社,1995—2002年。
④ 毛晋编:六十种曲(第九册)[M].北京:中华书局,1958年。
⑤ 王奕清主编:康熙曲谱[M].长沙:岳麓书社,2000年。
⑥ 沈德符:顾曲杂言[A].中国古典戏曲论著集成(册四)[C].北京:中国戏剧出版社,1959年,第204页。
⑦ 沈宠绥:度曲须知[A].中国古典戏曲论著集成(册五)[C].北京:中国戏剧出版社,1959年,第198页。
⑧ 俞为民:曲体研究[M].北京:中华书局,2005年,第75—76页。
⑨ 谢伯阳:全明散曲(册三)[C].济南:齐鲁书社,1997年。

前面两曲牌是南曲,后面三曲牌是北曲【双调】,而且前两曲子是押"尤侯"韵,后面三曲子是押"江阳韵",这种套曲模式明显不是严格意义上的南北合套,而是作者的一种创新,为的是配合北曲弦索音乐的演奏。又如他的《四景闺词》【北双调】,曲牌构成为【八不就】【前腔】【前腔】【前腔】,四支曲子分别押"庚青""萧豪""尤候""皆来",作者在后面写道:"此等词本被弦索,须带肉麻,当在不文不俗之间,方入词家三昧。右词似亦梦见一斑者,每花月之下,令两童以三弦箫管,凄声度之,宛然一燕赵佳人,攒眉酸涕矣。"①《弦索词》的曲牌构成为【北南吕·骂玉郎】【前腔】【前腔】②,也是南北曲牌融合。不过,由于这一创新更多是对于传统南北曲合套规律的天才式的破坏,而并未建立一种严谨的规范,明末清初这一段时期,正是昆曲曲律成型的重要时期,施绍莘的艺术创新只能是个别的实践,而不能被曲家广泛接受。

施绍莘《旅怀》所附陈继儒的跋中还论述道:

> 吾松弦索几绝统,近来诸名家,始稍稍起废,然不久便散逸……子野避地空山,绝迹城市,日撰新声,令宗工名手,商榷翻度,差为弦索兴灭继绝。时时率诸童过予顽仙庐,丝竹嘈嘈,随风飘扬,村姑里叟,皆负子凭肩而听,亦山林快事也。

又有王季长的评点:

> 王元美谓北曲多词情,南曲多声情。子野以南词韵语北词,且箫管弦索,合而翻度,宜其声情词情,洒洒倾听也。

由上观之,可以得出以下结论:明末以来弦索北曲的复兴也并非是施绍莘个人的心血来潮,而是时代风气在发生变化,陈继儒说松江地区"近来诸名家,始稍稍起废,然不久便散逸",证明当时有人力图恢复北曲,但效果不佳。后面要提到的明末清初著名曲家沈宠绥和冯梦龙便是恢复北曲弦索的代表人物之一。

自魏良辅改革昆曲后,昆曲的主要乐器由箫管和鼓板承担,弦索乐器居次要地位,而施绍莘"箫管弦索,合而翻度"与昆曲的演奏方式虽貌合但神离。施绍莘在套数《花生日祝花》后的《乙丑百花生日记》一文中叙述道:"予时有歌童六人,善三弦者曰停云,善琵琶者曰响泉,善头管及捣筝者曰秋声,善及箫笛者曰永新,善阮咸吹风笙者曰松涛、霓裳。于是各奏其技,称觞而前。每进一杯,歌小词一解,而丝竹之音,从而和之。"这是一支规模虽不大但乐器比较完备的家乐,箫管乐器与弦索乐器都有,但作者把乐器的主次顺序分得很明白,先弦索后箫管。这说明施绍莘家乐的主要乐器是弦索,符合他对北曲的审美喜好。除施绍莘之外,明末清初还有一些曲家投身北曲表演,徐珂《清稗类钞》"音乐类"记载:"(顺治康熙时期)醵城(今上海嘉定)陆君旸(陆曜)初尝学吴弦于吴门范昆白,得其技。已而尽弃不用。以为三弦,北音也。自金、元以降,曲分南北,今则有南音而无北音,三弦犹饩羊也。然而吴人歌之,而只为南曲之出调之半,吾将返于北,使撩捩之曼引而离迤者,尽归激决。"③显然他对当时流行的缠绵委婉的吴音即昆腔并不欣赏,出于物以稀为贵的原因,他推崇激决奔放的北曲,这其实是以复古为创新的艺术表现方式。

## 二、沈宠绥和魏良辅的复古实质

尽管明末北曲出现复苏,但依然有人对其忧心忡忡。著名吴江籍曲律专家沈宠绥在《度曲须知》"弦律存亡"中对北曲的演变做了如下阐述:

> 若乃古之弦索,则但以曲配弦,绝不以弦和曲。凡种种牌名,皆从未有曲文之先,预定工尺之谱,夫其以工尺谱词曲,即如琴之以钧别度诗歌,又如唱家箫谱,所为浪淘沙沽美酒之类,则皆有音无文,立为谱式者也。慨自南调繁兴(经魏良辅改良的新声昆腔),以轻讴废弹拨,不异匠氏之弃准绳。况词人率意挥毫,曲文非尽合矩,唱家又不按谱相稽,反就平仄例填之曲,刻意推敲,不知关头错认,曲词先已离轨,则字虽正而律且失矣。故同此字面,昔正之而合谱,今则梦中认醒而惟格是叛;同此弦索,昔弹之确有成式,今则依声附和而为曲子之奴。总是牌名,此套唱法,不施彼套;总是前腔,首曲腔规,非同后曲。以变化为新奇,以合掌为卑拙;符者不及二三,异者十常八九。即使以今式今,且毫无把捉,欲一古律绳之,不逞庭者!

与此相似,吴江派著名曲家冯梦龙在传奇《双雄记》叙中提到:"说者又谓:北调入于弦索,南调便于箫管。吴人贱弦索而贵箫管,以故南词最盛。是又不然。吴人

---

① 谢伯阳:全明散曲(册三)[C].济南:齐鲁书社,1997年。
② 谢伯阳《全明散曲》册三所收施绍莘《弦索词》的结构为【北南吕骂玉郎】—【幺篇】—【幺篇】,误。今依《续修四库全书》第1340册影印《秋水庵花影集》明末刻本。
③ 徐珂:清稗类钞(册十)[M].北京:中华书局,1986年,第4994页。

直不知弦索耳,宁贱之耶? 若箫管是何足贵? 夫填词之法,谓先有其音,而以字肖之。故声与音戾,谓之不协,不协者绌。今箫管之曲,反以歌者之字为主,而以音肖之,随声作响,共曲传讹,虽曰无箫管可也。然则,箫管之在今日,是又南词之一大不幸矣。"①

可见,沈、冯二人对魏良辅改良昆腔都持保留态度。他们批评魏良辅将北曲改成按平仄演唱的方式是背弃了按谱唱北曲的传统。在我们看来,魏良辅和沈宠绥、冯梦龙的理论区别主要在于如何看待南北曲音乐和文字孰重孰轻。沈、冯二人虽强调字声,但把乐器的旋律和声调抬到了最高的地位,文辞的演唱是从属于音高、旋律以及音乐风格,而魏更强调对文字平仄本身的把握:"五音以四声为主,四声不得其宜,则五音废矣。平上去入,逐一考究,务得中正,如或苟且舛误,声调自乖,虽具绕梁,终不足取。"

然而,就曲文和音乐的关系来看,沈宠绥在《度曲须知》中批评魏良辅之流云:"但目前字眼,不审词谱为何事;徒喜淫声聒听,不知宫调为何物。踵舛承讹,音理消败,则良辅者流,固时调功魁,亦叛古戎首矣。"但从历史的角度来看,沈、冯在复古,魏也在复古,魏和《尚书·尧典》"歌永言,声依永,律和声"的中国早期音乐理想有渊源关系,目标比沈、冯更久远。唐代元稹(字微之)的乐府古题》序云:"操、引、谣、讴、歌、曲、词、调……在音声者,因声以度词,审调以节唱,句度长短之数,声韵平上之差,莫不由之准度……诗、行、咏、吟、题、怨、叹、章、篇……往往取其度为歌曲,盖选词以配乐,非由乐以定词也。"②显然,元稹认为,在音乐和文辞的关系上,汉乐府存在两种方式,一种和沈、冯二人提倡的依乐腔唱词、填词方式相符,一种和魏良辅提倡的依字声唱词、填词方式吻合。北宋时期,依乐声填词的创作方式却遭到个别人的质疑。北宋王安石指出:"古之歌者,先有词,后有声,故曰:'歌永言,声依永'。如今先撰腔子后填词,却是永依声也。"③南宋王灼《碧鸡漫志》卷一云:"今先定音节,乃制词从之,倒置甚矣。"④王安石和王灼其实是遵从上古诗歌的创作和演唱方式,和沈、冯二人的观点正好相反,我们不难看出,晚唐北宋以来都是先有曲子或曲谱,然后填词。乐器演奏和音乐旋律决定了作词和唱词的方式,并成为自晚唐和北宋时期词作和演唱的主要方式。《碧鸡漫志》卷二中曰:"江南某氏者,解音律,时时度曲。周美成与有瓜葛,每一解(曲),即为填词,故周集中多新声。"⑤

又如苏轼的《醉翁操》自序云:

琅琊幽谷,山水奇丽,泉鸣空涧,若中音会。醉翁喜之,把酒临听,辄欣然忘归。既去十余年,而好奇之士沈遵闻之往游,以琴写其声,曰醉翁操,节奏疏宕,而音指华畅,知音者以为绝伦。然有其声而无其辞。翁虽为作歌,而与琴声不合。又依楚词作醉翁引,好事者亦倚其辞以制曲。虽粗合韵度,而琴声为词所绳约,非天成也。后三十余年,翁既捐馆舍,遵亦没久矣。有庐山玉涧道人崔闲,特妙于琴。恨此曲之无词,乃谱其声,而请于东坡居士以补之云。⑥

南宋陈秀明《东坡诗话录》对上面这段逸闻还有发挥:"方补其词,闲(崔闲)为弦其声,居士倚为词,顷刻而就,无所点窜。"⑦这两段逸闻反映了一个问题:北宋同时出现了依曲作词、依字声作曲的现象,但在当时文人看来,"虽粗合韵度,而琴声为词所绳约,非天成也",说明靠字声的把握来度曲总是不如靠对音乐节奏和旋律的把握来得自然。

这一方式还影响到元曲即早期北曲的写作和演唱。周德清《中原音韵》自序开头提到:"每病今之乐府有遵音调作者。"⑧正好说明当时的元曲大部分还是依乐曲旋律和乐器伴奏行腔,明代还有曲家以此法创作南曲。如明初朱有燉在【南南吕·楚江情】《春》的序中云:"迩者,闻人有歌南曲【罗江怨】者,予爱其音韵抑扬,有一唱三叹之妙。乃令其歌之十余度,予始能记其音调,遂制四时词四篇,更其名曰【楚江情】。"⑨考察朱有燉的【楚江情】的平仄及句式和原南曲【罗江怨】有所差异,显然

---

① 冯梦龙:双雄记叙[A].蔡毅编.中国古典戏曲序跋汇编(卷十一)[C].济南:齐鲁书社,1989年,第1342页。
② 元稹:乐府古题[A].郭绍虞主编.中国历代文论选(册二)[C].上海:上海古籍出版社,1979年,第110—111页。
③ 唐圭璋编:词话丛编(册一)[Z].北京:中华书局,1986年。
④ 唐圭璋编:词话丛编(册一)[Z].北京:中华书局,1986年。
⑤ 唐圭璋编:词话丛编(册一)[Z].北京:中华书局,1986年。
⑥ 唐圭璋编:全宋词(册一)[C].北京:中华书局,1965年,第331页。
⑦ 施蛰存、陈如江编:宋元词话[C].上海:上海书店出版社,1999年,第705页。
⑧ 周德清:中原音韵[A].中国古典戏曲论著集成(册一)[C].北京:中国戏剧出版社,1959年,第175页。
⑨ 谢伯阳:全明散曲(册一)[C].济南:齐鲁书社,1997年,第285页。

这并非是依字声作腔的,而应该是依乐曲音高旋律来制曲。至于北曲和旋律的配合要求更严格。又如沈德符《顾曲杂言》记载:"老乐工云:'凡学唱从弦索入者,遇清唱则字窒而喉劣。'"这都证明了弦索乐器对于演唱北曲的重要性。从这也说明一个问题,所谓的按音乐行腔过渡到按字声行腔并不是整齐划一的,正如路应昆先生所说的:"'文从乐'到'乐从文'的过渡很漫长,曲乐内部的不同种类也各有不同情形,并非步调一致,不同做法长期处于交错混杂状态。"①

显然,沈、冯二人期望的古音的写作和演唱方式远自晚唐、北宋依乐填词、依乐唱词,近承元至明中叶北曲的创作和演唱方式。沈宠绥在《度曲须知》"弦律存亡"中具体论述了字声和弦索乐器的配合:"而欲以作者之平仄阴阳,叶弹者之抑扬高下,则高徽须配去声字眼,平亦间用,至上声固枘凿不投者也……以故作者、歌者,兢兢共禀三尺,而口必应手,词必谐弦。"这和前面提到的苏轼的做法是相通的。当然沈宠绥上面讲究的以词配乐细化到四声,其实也有依字声行腔的成分,但这种腔格是不能违背乐曲旋律的。

和沈、冯以词配乐的做法相反,北宋末年特别是南宋出现了以乐配词、依字声唱词的方式。宋代词人在配乐填词或演唱的同时就逐渐严格字声,如李清照《词论》中说:"诗分平侧(仄),而歌词分五音,又分六律,又分清浊轻重。"②他们讲究四声与乐曲旋律的应和,但主要着眼点还是乐曲本身,字声安排妥当,可以帮助乐曲旋律更美。至于依字声唱词形成的原因,"是由'由乐以定词'所决定的文辞'字声'伏涵着音乐本质反生出的歌法,是'依字声成歌'古老形式在一个新层次上的返归,是一种自觉化、艺术化的'依字声成歌'"③。南宋王灼《碧鸡漫志》是主张先有文字然后谱曲,稍后词人姜夔所谓的"初率意为长短句,然后协以律"、张炎的"古人按律制谱,以词定声",这和魏良辅提出"箫管以工尺谱词曲,即如琴之勾、剔度诗歌也"意义一样。比魏良辅更早的周德清《中原音韵》也特别讲究"明腔、识谱、审音",把字的四声及阴阳提到一个极高的位置,对后来北曲昆唱的依字声行腔产生了深远影响。明初,朱有燉是比较鲜明地反对以乐定辞的代表人物,他在散曲《咏秋景引》的序言中云:"其时,已有李太白之【忆秦娥】【菩萨蛮】等词,渐流入腔调律吕,渐违于声依永之传,后遂全革古体,专以律吕音调,格定声句之长短缓急,反以吟咏情性,求之于音声词句耳。"④要补充说明的是,明中期所形成的依字声传腔的主流模式,在一定程度上反映了文人的音乐才华在逐渐退化。

从声乐变迁的角度来看,我们最后可以得到三点启示:第一,魏良辅的改良昆腔并没有"叛古",而是在复古。他的本意是借古老的"声依永"模式来改造南曲,使其按字声行腔,至于北曲后来的命运是魏良辅始料未及的。第二,宋代开始的所谓的曲唱复古与否的争论,很大程度上源于主流艺术理念与非主流艺术理念之间的摩擦互动。非主流艺术理念希望回到主流,而主流艺术理念不愿边缘化。宋以前,"声依永"和"永依声"并行不悖,二者无争论。当"咏依声"成为主流理念时,便遭到持"声依永"理念之人的批评,反之亦然。魏良辅批评"永依声"之时,正是南曲依字声传腔模式尚在社会边缘之时。而沈宠绥对魏良辅的批评,一方面是缘于魏良辅改良昆腔导致北曲唱法走向衰落,另一方面是已成为非主流的"永依声"曲唱理念对主流的"声依永"的理念的一次反击。反击的武器仍然是"复古",但沈宠绥缺乏先秦圣贤经典作为证据,只有宣扬金元以来的北曲依弦索乐器演唱的传统。可贵的是,他清醒认识到这是声乐变迁的必然结果,不可勉强,只能适应。第三,"永依声"和"声依永"并非完全对立,宋代词人在以乐声定词的同时就逐渐严格字声,他们讲究四声与音乐旋律的应和,沈宠绥讲究的以乐声定词细化到四声阴阳,其实也是在提倡"声依永"的理念。

---

① 路应昆:文、乐关系与词曲音乐演进[J].中国音乐学(季刊),2005年,第3期。
② 郭绍虞:中国历代文论选(册二)[C].上海:上海古籍出版社,1979年350页。
③ 李昌集:中国古代散曲史[M].上海:华东师范大学出版社,1991年,第120页。
④ 谢伯阳:全明散曲(册一)[C].济南:齐鲁书社,1997年,第277页。

# 论说"曲牌"(之一)
## ——曲牌之来源、类型、发展与北曲联套

曾永义

### 前 言

这里所谓的曲牌虽仅指南北曲的曲牌,但词牌性质相同,可以概括其中。北曲为中州之音调,南曲为大江以南之音调;北曲用于元人杂剧、散曲;南曲用于宋元明南戏,亦施于明清传奇、杂剧及散曲。其体制规律之谨严,若较诸杂曲小调,则杂曲小调为曲牌之雏形,而南北曲为曲牌之完成。所以南北曲的曲牌,虽亦有粗细之分,但总体而言,可以视之为精致歌曲。也因此曲牌各具鲜明之性格,歌者无法再像号子、山歌、小调那样有宽广的空间可以自由地运转,也就是说号子山歌小调以自然的语言旋律为重,而曲牌则讲究人工的语言旋律;越偏向人工则对歌者的制约就会越大,越偏向自然则歌者可发挥的地方就会越多。曲牌迄今仍有以下三个意义:其一,象征一种固定的语言旋律,它是由建构曲牌的"八律"所决定,依据其粗细之音律特性而各取所需构成的。其二,它是套数的基本单元。其三,它具有主腔所产生的音乐性格。

### 一、曲牌之来源

像这样的曲牌,若考其源生,则王骥德《曲律·论调名第三》云:

> 曲之调名,今俗曰"牌名",始于汉之【朱鹭】【石流】【艾如张】【巫山高】,梁、陈之【折杨柳】【梅花落】【鸡鸣高树巅】【玉树后庭花】等篇,于是词而为【金荃】【兰畹】【花间】【草堂】诸调,曲而为金、元剧戏诸调。北调载天台陶九成《辍耕录》及国朝涵虚子《太和正音谱》,南调载昆陵蒋维忠(名孝,嘉靖中进士)《南九宫十三调词谱》——今吴江词隐先生(姓沈名璟,万历中进士)又厘正而增益之者——诸书胪列甚备。然词之与曲,实分两途。间有采入南、北则于金而小令如【醉落魄】【点绛唇】类,长调如【满江红】【沁园春】类,皆仍其调而易其声,于元而小令如【青玉案】【捣练子】类,长调如【瑞鹤仙】【贺新郎】【满庭芳】【念奴娇】,或稍易其字句,或止用其名而尽变其调;南则小令如【卜算子】【生查子】【忆秦娥】【临江仙】类,长调如【鹊桥仙】【喜迁莺】【称人心】【意难忘】类,止用作引曲,过曲如【八声甘州】【桂枝香】类,亦止用其名而尽变其调。至南之于北,则如金【玉抱肚】【豆叶黄】【剔银灯】【绣带儿】类,如元【普天乐】【石榴花】【醉太平】【节节高】类,名同而调与声皆绝不同。其名则自宋之诗余,及金之变宋而为曲,元又变金而一为北曲,一为南曲,皆各立一种名色,视古乐府,不知更几沧桑矣。①

可见调名早见于汉代,但曲牌传播的变化也实在很大。而宋词源于唐五代,人所共知。至若南北曲:北曲所用曲牌,根据《中原音韵》与《太和正音谱》,共有335个。王国维《宋元戏曲考》第八章"元杂剧之渊源"谓"就此三百三十五章研究之,则其曲为前此所有者几半"。他进一步分析,则:出于大曲者十一,出于唐宋词者七十有五,出于诸宫调中各曲者二十有八,可证为宋代旧曲者九。合计123曲。王氏接着说:

> 由此推之,则其它二百十余章,其为宋金旧曲者,当复不鲜;特无由证明之耳。②

可见元曲与宋金旧曲的传承是多么的丰厚。但元曲中显然也有胡乐的成分,如【忽都白】【呆骨朵】【者刺古】【阿纳忽】等即是。宋曾敏行《独醒杂志》云:

> 先君尝言,宣和间客京师时,街巷鄙人多歌番曲,名曰【异国朝】【四国朝】【六国朝】【蛮牌序】【蓬蓬花】等。其言至俚,一时士大夫亦皆歌之。③

可见北宋末年在汴京已经流行"番曲",又金末刘祁《归

---

① 〔明〕王骥德:曲律.中国古典戏曲论著集成(四).北京:中国戏剧出版社,1959年,第57—58页。
② 王国维:宋元戏曲考.王国维遗书(第九册).上海:上海书店出版社,2011年,第51—53页,总第595—599页。笔者按:"可证为宋代旧曲者",王氏原作"十章",但其中所举之【乔捉蛇】一曲已见于所举之"出于诸宫调各曲中",当为重出,故应删作九曲。
③ (宋)曾敏行:独醒杂志.严一萍选辑:原刻影印百部丛书集成.台北:艺文印书馆,1966年据清乾隆鲍廷傅校刊知不足斋丛书本影印,第453册,卷5,第8页。

潜志》卷十三：

唐以前诗，在诗；至宋则多在长短句。今之诗，在俗间俚曲也，如所谓【源土令】之类……今人之诗，惟泥题目事实句法，将以新巧取声名，虽得人口称，而动人心者绝少，不若俗话俚曲之见其真情，而反能荡人血气也。①

可见金代俚曲之发达。像这样的番曲俚歌，应当也给元曲提供了不少的资源。

元曲 335 个曲牌，据笔者分析统计，计得小令专用曲 46 调，小令散套兼用曲 68 调，小令杂剧兼用曲 11 调，带过曲 33 调，总计散曲用曲 158 调，此外之 177 调俱为杂剧专用曲，如再合小令杂剧兼用之 11 曲，计得杂剧用曲 188 调。

何以散曲、杂剧之用曲有所分野？这应当和音乐的性质有密切关系。因为散曲用以清唱，剧曲用以搬演，自然要品味有别。也因此，散曲衬字少而剧曲衬字多，可为窥豹一斑。

南曲所用曲牌，静安先生《宋元戏曲考·十四、南戏之渊源及时代》考查戏文曲牌之出于古曲者，唐宋大曲有 24，唐宋词有 190，金诸宫调有 13，南宋唱赚有 10，同于元杂剧曲名者有 13，可知其出于古者有 18②，此外自为时曲。南曲曲牌后来亦有宫调统摄，所以在每一个宫调下含有所属之曲牌若干。

周维培《曲谱研究·南北曲的来源及命名》谓南北曲牌之主要来源有三方面，笔者摘录如下：

其一，汲取唐宋燕乐、词调、诸宫调、唱赚等艺术者。

其二，来自南北曲声腔剧种发源地之民歌俗曲，以及佛教道情和少数民族歌曲。

其三，南北曲曲牌中自身衍变的新调如犯调、集曲。③

至于曲牌命名之由，王骥德《曲律·论调名第三》云：

以下专论南曲：其义则有取古人诗词句中语而名者，如【满庭芳】则取吴融"满庭芳草易黄昏"，【点绛唇】则取江淹"明珠点绛唇"，【鹧鸪天】则取郑嵎"家在鹧鸪天"，【西江月】则取卫万"只今惟有西江月，曾照吴王宫里人"，【浣溪沙】则取少陵诗意，【青玉案】则取《四愁》诗语，【粉蝶儿】则取毛泽民"粉蝶儿共花同活"，【人月圆】则用王晋卿"年年此夜，华灯盛照，人月圆时"之类。有以地而名者，如【梁州序】【八声甘州】【伊州令】之类。有以音节而名者，如【步步娇】【急板令】【节节高】【滴溜子】【双声子】之类。其它无所取义，或以时序，或以人物，或以花鸟，或以寄托，或偶触所见而名者，纷错不可胜纪。④

曲牌名义固然有些可考述而出，如任讷《教坊记笺订》附录三"曲名事类"之分析归纳教坊曲名之本事本义⑤；但其不可考者终占绝大多数。因之我们但将曲牌视为曲律之象征符号可矣！

南北曲牌之数量可以从南北曲谱观之：

北曲曲牌，周德清《中原音韵》、朱权《太和正音谱》皆收有 335 调，李玉《北词广正谱》⑥收有 447 调，庄亲王等《九宫大成北词宫谱》收 581 调，吴梅《北词简谱》收 322 调，郑师因百（骞）《北曲新谱》收 382 调。

南曲曲牌，蒋孝《南九宫谱》收录戏文 31 种 415 支单曲，见所附《音节谱》收辑曲牌 485 调。沈璟《南曲全谱》较蒋谱新增 200 余章，合计约 685 调。徐于室、钮少雅《南曲九宫正始》收曲牌 1153 调，吕士雄等《南词定律》收 1342 调，庄亲王等《九宫大成南词宫谱》收 1513 调。

由诸谱所辑录之曲谱看来，曲牌因本身之衍生与集曲犯调之创制，自然越来越多，而以《九宫大成南北词宫谱》集大成。

## 二、曲牌之类型

在南北曲众多的曲牌中，含有不同的类型，曲以作用分，有散曲、剧曲。散曲无科白，剧曲有科白。所谓科白即动作和宾白。散曲又大别为散套与小令，剧曲又大别为南戏与北剧。兹先就散曲之体制表列其名类，而后

---

① （金）刘祁：归潜志．严一萍选辑：原刻影印百部丛书集成．台北：艺文印书馆，1966 年据清乾隆鲍廷傅校刊知不足斋丛书本影印，第 460 册，卷 13，第 4—5 页。
② 王国维：宋元戏曲考．王国维遗书（第九册）．上海：上海书店出版社，2011 年，第 82—86 页，总第 656—664 页。
③ 详参周维培：曲谱研究．南京：江苏古籍出版社，1997 年，第 278—283 页。
④ （明）王骥德：曲律．中国古典戏曲论著集成（四）．北京：中国戏剧出版社，1959 年，第 58 页。
⑤ 参看任讷：教坊记笺记．北京：中华书局，1962 年，第 255—262 页。
⑥ 魏洪洲《〈北词广正谱〉著作权归属研究——兼论〈九宫始〉的作者》谓支持李玉著《北词广正谱》之署名吴伟业的序文，为托名之伪作；应归生前曾与钮少雅编撰《九宫正始》的徐于室。见《古典戏曲辨疑与新说国际学术研讨会论文集》（黑龙江：黑龙江大学明清文学与文化研究中心，2012 年，第 393—407 页）。

——略予说明:

下表系根据任讷《散曲概论》①,下文说明亦酌取其说:

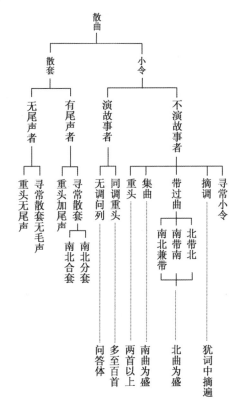

散套与小令之分:散套联合同宫调或管色相同之曲而成,首尾一韵;小令大多数为只曲,每首各自为韵。

寻常小令:指单阕之曲,为曲中之至简者,与诗一首、词一阕相当。如黄钟【节节高】【贺圣朝】等。

摘调:指从套曲中摘出之曲调,有如词中之摘遍,所摘之调必是套中精粹者。如《中原音韵·作词十法》所附定格40首中之【雁儿落带得胜令】,题下注一"摘"字,即是。

带过曲:即作者填一调毕,意犹未尽,再续拈一他调,而此两调之间音律又适能衔接。倘两调犹嫌不足,可以三之,但到三调为止,不能再增。北带北之例如正宫【脱布衫带小梁州】、南吕【骂玉郎带感皇恩、采茶歌】,南带南之例如双调【朝元歌带朝元令】,南北兼带之例如南中吕【红绣鞋带北红绣鞋】。

集曲:集合数调之美声而腔板可以衔接者以为一新曲,此南曲为盛,如仙吕【九回肠】乃集【解三酲】首至七、【三学士】首至合、【急三枪】四至末而成。北曲亦有之,如黄钟【刮地风犯】乃集【挂金索】首至四、【刮地风】四至末而成。另一种集曲乃以一曲保留首尾而犯以他调;北曲如《货郎旦》杂剧正宫【九转货郎儿】【二转】乃合【货郎儿】首三句、中吕【卖花声】二至四、【货郎儿】末句而成,南曲如仙吕【二犯桂枝花】乃合【桂枝香】首至四、【四季花】四至合、【皂罗袍】五至八、【桂枝香】九至末而成。

重头:即头尾悉同之调一再重复使用,有如诗词中之联章。李开先、王九思之百阕【傍妆台】即是。

同调重头演故事者:此对下一类异调而言。如《雍熙乐府》卷十九所载《摘翠百咏小春秋》,用【小桃红】100首,从张生离洛阳叙起,直至崔张团圆,一同赴官为止。

异调间列演故事之小令:如《乐府群玉》所载朱士凯双渐小青问答用【庆东原】【天香引】【凤引雏】【凌波仙】【天香引】【凌波仙】【天香引】【凌波仙】【天香引】【凌波仙】【天香引】【凌波仙】等12首。

南北分套:此对下文"南北合套"而言。北套之例如:仙吕【点绛唇】【混江龙】【油葫芦】【天下乐】【那吒令】【鹊踏枝】【寄生草】【煞尾】。其中【点绛唇】为首曲、【煞尾】为尾曲、【混江龙】等六曲为正曲。南套之例如:商调引子【绕池游】、商调过曲【字字锦】【不是路】【满园春】【前腔】【尾声】。南套有引子、过曲、尾声。

南北合套:合套之律当一南一北相间不乱;要在南北两调之声音恰能衔接而和美。如北中吕【粉蝶儿】、南【泣颜回】、北【石榴花】、南【泣颜回】、北【斗鹌鹑】、南【扑灯蛾】、北【上小楼】、南【扑灯蛾】、南【尾声】。

寻常无尾声之套:北套唯所用之末调可以代替尾声者,则不再用尾,如商调套曲以【浪来里】结,变调套曲以【清江引】结者均不用尾。南套寻常无尾声者在散曲中极少,有之则下列所谓重头无尾声者也。

重头无尾声之套:唯南曲有之。重头以无尾声为惯例。如越调引子【祝英台近】、越调过曲【祝英台】【前腔】【前腔】【前腔】。

重头有尾声之套:北曲至简之套有一调一煞者,稍长则为一调一幺篇一煞,有如南套中重头加尾声。南曲之例如:黄钟引子【西地锦】、黄钟过曲【降黄龙】【前腔】【前腔】【前腔】【太平令】【前腔】【黄龙衮】【前腔】【尾声】。

其次,南戏传奇之曲牌则可从粗细、增板有无、配

---

① 任讷:散曲概论·体段第四.散曲丛刊(第4册).台北:"中华书局",1964年,第16—32页。

搭、性格、联套等方面来观察。对此,许之衡《曲律易知》言之已详,兹撮其要如下。其《论粗细曲》云:

> 作曲合律之难者何?非徒难于明宫调、谐节奏也。宫调节奏,犹可玩索旧谱,潜心而考得之。所难者同宫之曲,纷然杂陈,若不知别择,以为同宫调即可任意联贯,则或以生旦唱【醉扶归】之后,接唱【光光乍】;唱【园林好】之后,接唱【普贤歌】,如是之类。于宫调节奏,毫无不合,而实属笑柄者,则以不知性质故也。曲牌性质之说,各家曲谱,从未极论。惟明人鸳湖逸者所著之《九宫谱定》一书,于各曲牌略注性质用法。然此种秘籍,不易常见,且亦仅得大略而已。性质之别甚繁,今就简明立论,可分为三类括之。
> 
> 一曰细曲,一名套数曲。谓宜于长套所用,即所谓缠绵文静之类是也。一曰粗曲,亦名非套数曲,谓宜于短剧过场等所用,即所谓鄙俚嚘杀之类也。二者各别部居,不相联属,非排场必要时,决无同在一处之理,误用则成笑柄。又有可粗可细之曲,以便随人运用。以此三类,可括曲之一切性质。明乎此则握管填词,成竹在胸,自无支支节节杂乱无章之弊矣。①

许氏于是根据沈璟《增定南九宫曲谱》,列举各宫调之粗曲与可粗可细之曲。如仙吕宫之粗曲为:【光光乍】【铁骑儿】【碧牡丹】【大斋郎】【青歌儿】【五方鬼】【油核桃】【十五郎】【番鼓儿】;可粗可细之曲为:【胜葫芦】【上马踢】【蛮江令】【凉草虫】【感亭秋】【喜还京】【美中美】【木丫叉】【皂罗袍】【罗袍歌】【一封书】【一封罗】【解三酲】。②

许氏之所以没有列出细曲,是因为细曲只要从套曲中即可求得,因为只要是生旦所唱之套数,其开首三两支一定是细曲。许氏又说:

> 粗曲大半兼用之冲场。冲场者,谓上场时即唱此曲,不用宾白或诗句引起。而此曲又非引子之谓也。盖此种唱时多可不和弦管,谓之干唱。既不和弦管,即无拘乎宫调矣。若集曲则细曲居多,间有可粗可细之列者。然亦不过三数调而已,若在粗曲之列,则绝无也。③

许氏又论及南北曲之"板式"。其《概论》云:

> 散套之律,较宽于传奇。北曲之律,较宽于南曲。何以故,则以有无赠板之故也。赠板者,专施之南曲。盖南曲板式,各有一定,某曲应若干板,某处应下板,皆有定程,不可移易。如此曲为十六板,歌者欲其和缓美听,则可加赠板式,增为三十二板。盖赠者,增也。但只许增一倍,不许增过于倍,或不及倍也。有赠板之曲,例应在前,无赠板之曲,例应在后,此为南曲第一关键。盖歌者初唱时,第一二三支曲,宜取和缓,必有赠板,入后则渐紧促,概无赠板矣。此为传奇每折一定之例,散套亦然。若北曲则板式概无一定,与南曲成反比例,亦无赠板之说。④

又其《论过曲节奏》云:

> 南曲最重要者,在知节奏之缓急。缓者有赠板,急者无赠板。有赠板之曲当在前,无赠板之曲当在后,此为南曲之金科玉律,第一关键也。⑤

于是许氏将各宫调之曲分为细、中、紧三种,如仙吕宫:【月儿高】【醉扶归】【八声甘州】【傍妆台】【桂枝香】,以上应有赠板;【二犯月儿高】【月云高】【月照仙】【月上五更】【醉罗袍】【醉罗歌】【醉归花月渡】【醉花云】【甘州歌】【甘州解酲】【二犯傍妆台】【二犯桂枝香】【香归罗袖】【羽调排歌】【三迭排歌】【蛮江令】【凉草虫】【望吾乡】【上马踢】【胜葫芦】,以上赠板可有可无,【望吾乡】以下均可作短曲冲场用;【木丫叉】【感亭秋】【喜还京】【美中美】【油核桃】间可当引子用。【长拍】【短拍】【皂罗袍】【皂罗罩黄莺】【罗袍歌】【一盆花】【天香满罗袖】【一封书】【一封歌】【一封罗】【安乐神犯】【解三酲】【解酲甘州】【解酲歌】【解酲望乡】【掉角儿序】【掉角望乡】【番鼓儿】【春从天上来】【三嘱咐】,以上无赠板;【光光乍】【铁骑儿】【大斋郎】【五方鬼】【上马踢】【腊梅花】均可当引子,【赚】【不是路】【一封书】,以上不拘宫调。⑥

可见许氏将作为过曲的曲牌节奏之缓急分作细、中、紧三类,亦即有赠板、可赠可不赠、无赠板三种。这三种应与曲之粗细相应,亦即有赠板者为细曲,可赠可不赠者为可粗可细之曲,无赠板者为粗曲。

---

① 许之衡:曲律易知,第89—90页。
② 许之衡:曲律易知,第91页。
③ 许之衡:曲律易知,第96页。
④ 许之衡:曲律易知,第18—19页。
⑤ 许之衡:曲律易知,第65页。
⑥ 许之衡:曲律易知,第66—68页。

又曲牌就其是否用于联套而言，又可分应联套、单用、兼用三类。许氏《论配搭》之后，就此三类列举各宫调之曲牌已详，兹不赘。

而曲牌每支有其性格，呈现不同之曲情。许氏《论排场》云：

> 剧情虽千变万化，然大别不外悲欢离合四字。故喜剧、悲剧可分为两大部分也。所谓欢乐者，如饮宴祝寿、结婚团圆之类均属之。此种均有一定之套数。宜按成式照填。①

于是许氏列举欢乐类、悲哀类、游览类、行动类、诉情类、过场短剧类、急遽短剧类、文静短剧类、武装短剧类9种不同的曲情套式；也可见许氏认为曲牌联套所产生的类型有这9种。

也因曲牌有性格，所以查继佐《九宫谱定总论》有"用曲合情"条，云：

> 凡声情既以宫分，而一宫又有悲欢文武缓急等，各异其致。如燕饮陈诉，道路车马，酸凄调笑，往往有专曲。②

因此过曲就配搭成套而言，有宜于与他曲配搭成套而可迭用者，如【红衫儿】；有宜于本身重头迭用成套而不宜与他曲联套者，如【祝英台近】；有两者皆可者，如【锁南枝】；有宜于与他曲配搭成套而本身不宜迭用者，如【一撮棹】。又由于曲牌随时空而有所变化，所以戏文曲牌配搭成套的基本原理，虽然也被传奇所继承，却会发生现象的变异。譬如【江儿水】戏文如《张协状元》第十出和《错立身》都专用成套，但传奇则转为与他曲相联成套。

曲牌的另一种类型见于其联套之中。就北曲而言，其"套式"尽管不同，但基本上都是由【首曲】【正曲】【尾】三部分组成的。北曲的首曲和尾曲相当固定，兹据郑师因百《北曲套式汇录详解》列举如下：

1. 黄钟宫：首曲【醉花阴】；尾曲【尾声】（又名随尾、煞尾、收尾）。
2. 正宫：首曲【端正好】；尾曲【尾声】【煞尾】（有七体，其第二体又名【煞尾】【随尾】；其第五体又名【黄钟尾】【黄钟煞】）、【啄木儿煞】（又名【鸳鸯儿煞】）、【收尾】（有二体，一体用于散套，一体用于剧套，俱只见一例）。
3. 仙吕宫：首曲【点绛唇】【八声甘州】；尾曲【赚煞】（又名【赚无尾】【赚尾】【煞尾】【尾声】）。
4. 南吕宫：首曲【一枝花】；尾曲【黄钟尾】（与正宫合用）。
5. 中吕宫：首曲【粉蝶儿】；尾曲【尾声】【随煞】【啄木儿煞】（与正宫通用）。
6. 大石调：首曲【六国朝】；尾曲【雁过南楼煞】【玉翼蝉煞】【好观音煞】。
7. 商调：首曲【集贤宾】；尾曲【浪来里煞】（又作【浪里来煞】【随调煞】【尾声】）。
8. 越调：首曲【斗鹌鹑】【梅花引】【耍三台】；尾曲【收尾】。
9. 双调：首曲【新水令】【五供养】；尾曲【收尾】【随煞】【本调煞】【煞】【鸳鸯煞】【离亭宴煞】【歇指煞】【离亭宴带歇指煞】【络丝娘煞尾】【尾】。

北曲的套数联曲体，有明显的首曲、正曲、尾曲，而这种"三部曲"的结构，其实是中国乐曲的传统，宋郭茂倩《乐府诗集》卷二十六云：

> 又诸调曲皆有辞、有声。而大曲又有艳、有趋、有乱。辞者，其歌诗也；声者，若"羊吾夷伊那何"之类也。艳在曲之前，趋与乱在曲之后，亦犹"吴声"、"西曲"前有和，后有送也。③

明方以智《通雅》卷二十九《乐曲》"乐曲有解有艳有趋有乱"条引南齐王僧虔之语云：

> 大曲有艳有趋有乱，艳在曲前，趋与乱在曲之后，亦犹吴声西曲，前有和后有送也。④

可见《乐府诗集》盖本王氏之语。按春秋时《论语·泰伯》孔子曾云："师挚之始，《关雎》之乱。"战国时楚辞亦有乱，汉乐府有《艳歌行》《艳歌罗敷行》《艳歌何尝行》等，又如《妇病行》《孤儿行》等诗中皆明标"乱曰"。所云之"艳"显然为曲前之引子，所云之"趋"与"乱"为曲末尾声之节拍形式，"趋"显然为快速之义。所云之"辞"既为歌诗，而声之为"羊吾夷伊那何"，则指泛声而言。又《乐府诗集》卷四十三引《宋书·乐志》所举大曲十五曲，并云：

---

① 许之衡：曲律易知，第98页。
② （清）查继佐（别号：东山钓史）：九宫谱定总论.新曲苑三十四种（第1册）.台北："中华书局"，1970年，第5页，总第181页。
③ （宋）郭茂倩：乐府诗集（卷26）.台北：里仁书局，1980年，第377页。
④ （明）方以智：通雅.文渊阁四库全书（子部十·杂家类二857册卷29）.台北："商务印书馆"，1983年，第22页，总第572页。

其《罗敷》《何尝》《夏门》三曲,前有艳,后有趋;《碣石》一篇,有艳;《白鹄》《为乐》《王者布大化》三曲,有趋;《白头吟》一曲,有乱。①

又举《满歌行》为晋乐所奏者分作"四解"并有"趋"。所云"解",按《乐府诗集》卷二十六《相和歌辞》云:

凡诸调歌辞,并以一章为一解。《古今乐录》曰:"伧歌以一句为一解,中国以一章为一解。"王僧虔启云:"古曰章,今曰解。解有多少。当时先诗而后声;诗叙事,声成文,必使志尽于诗,音尽于曲。是以作诗有丰约,制解有多少,犹诗《君子阳阳》两解,《南山有台》五解之类。"②

由此可见一解即一个乐章③,于是古乐府的完整结构是:艳——解——趋与乱,而"艳""趋""乱"似为可有可无,因之《宋书》所举大曲十五曲,有"艳""趋""乱"者皆特别指出。这种情形和后来南曲以引子、过曲、尾声所构成的套式很接近。

又根据刘宏度《宋歌舞剧考·总论》所叙,大曲结构可分成三部分:首为散序;次为排遍,亦名中序,始有拍,其第一遍为歌头,又名引歌;末为入破,舞者入场,其节拍之变化有虚催、前衮、实催、中衮、歇拍、煞衮。可见大曲亦为"三部曲",即:散序——排遍——入破。而大曲既前有艳、后有趋,则"散序"即"艳",而"入破"即"趋"。

综合以上所述,乐府、大曲、北曲、南曲皆由三部分构成,其关系如下:

艳——解——趋或乱(乐府)
散序——排遍——入破(大曲)
首曲——正曲——尾曲(北曲)
引子——过曲——尾声(南曲)

就南曲之引子、过曲、尾声而言,其性格稳定后的"引子"一般都是干唱,不用笛和,所以可不拘宫调,可以简省句数,不必全填;盖以其散板干唱难于美听,故以简省为宜。但戏文发展至传奇,则第二出生角上场必须全引,以笼罩剧情正式开展之气象。

一人上场只能用一引子,但一支引子可供一至四人上场使用,一出戏中至多用三次引子;引子有时也可用作尾声,也可以减省句数;一般都用在情节悲哀之时。

脚色上场不一定用引子,可用上场诗代替,可用带有引子性质的冲场曲代替,这类"冲场曲"一般是"粗曲",不用笛和,甚至有板无腔,不入套数,故可不拘宫调,也可不拘南北。冲场粗曲多为净丑所用,末也间用之;生旦所用冲场曲多属可粗可细之曲。至于以上场诗代引子,多半为配角如净末丑上场所用,末色尤多。

上述引子之种种规律,明清传奇亦相沿袭,然习用曲牌,颇不相同。即如拿引子作尾声来说,戏文有【临江仙】【鹧鸪天】【满江红】【粉蝶儿】【胡捣练】【哭相思】等;而传奇中只限于【临江仙】【鹧鸪天】【哭相思】三调,且【哭相思】一调简直已被作尾声而不再用作引子了。

但是早期戏文多有引曲、过曲不分的情形。譬如《张协状元》第七出单用仙吕引子【望远行】,第九出将双调引子【胡捣练】作过曲用;第二十三出旦出场唱双调过曲【福清歌】,却接唱南吕引子【虞美人】。《小孙屠》第十六出单用南吕引子【临江仙】,《错立身》第三出单用南吕引子【梁州令】,《荆钗记》影钞本第十七出用【点绛唇】【步蟾宫】二引而无过曲;《白兔记》富春堂本第十九出单用引子【齐天乐】,第五出末上场单唱【菊花新】,《拜月亭》世德堂本第二十四出净单唱【临江仙】组场。也许这些被后世归为《引子》的曲牌,在早期戏文里性格未定,尚有"过曲"的作用也未可知。

"过曲"之名大概到元朝才有,盖取其由引子过渡到尾声之意。而其"过渡"如人之生命历程,生死为起始,历程为重要,故云。

过曲有粗细,粗曲有板无眼,往往干念快速不耐听,细曲一板三眼,则曲折缓慢耐唱耐听,其间则为可粗可细一板一眼之曲。在明清传奇中,粗曲专供净丑之用,如【福马郎】【四边静】【光光乍】【吴小四】【金钱花】【水底鱼儿】【铧锹儿】等;但在戏文中则可用作生旦之曲,如《张协状元》第二十七出引子【卜算子】后用粗曲正宫【福马郎】由贴、末唱。《小孙屠》第五出生唱【光光乍】,《金钗记》第六十二出外唱【双劝酒】,《白兔记》汲古阁本第二十七出生唱【双劝酒】,《白兔记》富春堂本第十五、五十一出生和旦唱【金钱花】、第四出生唱【普贤歌】,《杀狗记》第二十五出旦唱【光光乍】、第二十八出生唱

---

① (宋)郭茂倩:乐府诗集(卷43).台北:里仁书局,1980年,第635页。
② (宋)郭茂倩:乐府诗集(卷26).台北:里仁书局,1980年,第376—377页。
③ 杨荫浏《中国古代音乐史稿》第四编第五章《解是什么》中认为:"汉代的大曲已是歌舞曲,它有歌唱的部分,所以有歌词,但它又有不须歌唱而只须用乐器演奏或用器乐伴奏着进行跳舞的部分,那就是'解'。'一解'是第一次奏乐或跳舞,'二解'是第二次奏乐或跳舞,余类推。"(上册,第116页)如果刘氏之说果然,事实上也无妨"一解"即是"一章"之义;因为在歌诗之间插入乐器演奏或舞蹈,就整首乐歌而言,也自然构成"分章"。

【普贤歌】,以上皆粗曲而为生、旦等脚色所唱。可能这些传奇中的"粗曲"在戏文时代尚属"一板一眼"可粗可细之曲,所以可以施诸生旦系脚色之口。同样的情况,净丑在戏文中也可以唱传奇中的细曲,譬如《赵氏孤儿》第卅二出南吕【节节高】由净丑唱,《白兔记》成化本第八出净丑唱中吕【石榴花】,《白兔记》汲古阁本第二十三出净丑唱【步步娇】【三月海棠】【红衲袄】,《白兔记》富春堂本第卅一出净丑唱【玉交枝】四支,第二十三出净丑唱【懒画眉】等,可能传奇中的这些细曲在戏文中尚属粗曲,故可以施诸净丑之口。

至于"尾声",传奇固定而简单,不因宫调不同而差别,皆为三句七言十二拍,固谓之【十二红】。但戏文则一宫调有一宫调之式样,名目因之亦殊异。《九宫正始》十三调尾声之名目如下:

黄钟【喜无穷煞】正宫【不绝令煞】大石【尚轻圆煞】

仙吕【情未断煞】中吕【三句儿煞】南吕【尚按节拍煞】

商调【尚绕梁煞】越调【有余情煞】双调【煞】

羽调【情未断煞】道宫【尚按节拍煞】般涉【尚如缕煞】

小石【好收因煞】①

此外尚有【双煞】【本音煞】【就煞】【随煞】【和煞】【长相忆煞】【坠飞尘煞】【凝行云煞】【借音煞】等名目,可见其繁复。所幸尾声格式虽多,但过场短戏不用尾声,重头迭用的套数不用尾声,所以尾声被用的机会不多,譬如《张协状元》五十二出中用尾声的只有第十四、第二十两出;《宦门子弟错立身》十四出中用尾声的仅第五、第九、第十三三出;《小孙屠》通本无尾声;《琵琶记》四十二出中用尾声的仅第二、第七、第九、第二十一、第二十七、第三十六、第四十二七出。

## 三、曲牌之发展

然而戏曲必须累积曲牌为套数,乃能演出剧情,其累增至为套式又实非一蹴而就,加上南北曲交流后所产生的现象,以及曲牌与曲牌间的集犯,就显得多彩多姿;大抵说来,同宫调或管色相同之曲牌,按照其板眼音程可以相联成套。所以套数可以说是以宫调、曲牌和板眼为基础,严密地扩大了曲牌的长度和范围。但在联套之组织规律趋于严密之前,曲之"聚众成群"由简单而繁复,已自有其方,有以下诸历程(其中重头、集曲、联套已

见前文。但说明可与此互参互补):

1. 重头:即一曲反复使用,如宋代鼓子词;如民歌,【四季相思】【五更调】【十二月调】。又南北曲用此法者亦多,南曲称"前腔",北曲称"幺篇"。词牌、曲牌之重头,如开首数句变化者,则称换头;其为南曲称"前腔换头",其为北曲称"幺篇换头"。

2. 重头变奏:如唐宋大曲【梁州】,即以【梁州】一调反复使用,而以散序、排遍、入破"三部曲"变化其音乐形态,散序为散板的器乐曲,排遍为有板有眼的歌唱曲,入破为节奏加快的舞曲,不仅音乐内容有变奏,速度也不相同。北曲迭用"幺篇""幺篇换头"者,南曲迭用"前腔""前腔换头"成套者,其节奏亦变化,前慢后快。

3. 子母调:即两曲交互反复使用,如北曲正宫【滚绣球】【倘秀才】二曲循环交替,如南曲【风入松】必带【急三枪】等。此与西洋音乐的回旋曲有异曲同工之妙。

4. 带过曲:结合二至三个曲牌固定连用,形成一新的曲调。见于元人散曲,其曲牌间或曰"带",或曰"过",或曰"兼",如【雁儿落带得胜令】【十二月过尧民歌】【醉高歌兼摊破喜春来】等,其形式有三种:其一,同宫带过,如【雁儿落】带【得胜令】;其二,异宫带过,如正宫【叨叨令】带双调【折桂令】;其三,南北曲带过,如南【楚江情】带北【金字经】,北【红绣鞋】带南【红绣鞋】等。

5. 姑舅兄弟(曲组):此见于芝庵《唱论》,专就北曲联套中自成"曲组"的数支曲,为套数中的一个段落。北曲联套即由曲组与单曲或曲组与曲组联缀而成。如:

(1) 黄钟宫:【醉花阴】【喜迁莺】【出队子】【刮地风】【四门子】【古水仙子】六曲照例连用,加尾声即可成套。

(2) 仙吕宫:【点绛唇】【混江龙】【油葫芦】【天下乐】四曲连用成组;此四曲之后加【哪吒令】【鹊踏枝】【寄生草】三曲为七曲,亦成组。又【村里迓鼓】【元和令】【上马娇】三曲连用成组;此三曲亦可加【游四门】【胜葫芦】为五曲成组。【后庭花】【青歌儿】【柳叶儿】亦可三曲连用成组。

(3) 南吕宫:【一枝花】【梁州第七】必连用,【骂玉郎】【感皇恩】【采茶歌】为带过曲。

(4) 中吕宫:【粉蝶儿】后接【醉春风】,【石榴花】后接【斗鹌鹑】,【十二月】后接【尧民歌】,【剔银灯】后接【蔓菁叶】,【柳青娘】后接【道和】,【上小楼】须连【幺篇】,借正宫【白鹤子】须连【幺篇】,借正宫【脱布衫】【小

---

① (明)徐于室、钮少雅:九宫正始.善本戏曲丛刊(第3辑第4册).台北:台湾学生书局,1984年据清康熙文靖书院刊本影印。

梁州】须连用,【般涉耍孩儿】与煞为连用曲

(5) 越调:首曲【斗鹌鹑】后须接【紫花儿序】,【棉搭絮】后接【拙鲁速】。

(6) 双调:【新水令】【驻马听】【沉醉东风】【步步娇】颇多连用成组者,【雁儿落】【得胜令】【沽美酒】【太平令】【甜水令】【折桂令】【侧砖儿】【竹枝歌】皆连用为带过曲,【川拨棹】【七弟兄】【梅花酒】【收江南】四曲连用成组。

6. 民歌小调杂缀:"杂缀"为笔者所创,即依情节需要择取不同的曲调运用,彼此不依宫调或管色相同与板眼相接之基本联套规律,所以曲调之间各自独立,如《长生殿》第十五出《进果》用正宫过曲【柳穿鱼】、双调过曲【撼动山】、正宫过曲【十棒鼓】、双调过曲【蛾郎儿】、黄钟过曲【小引】、羽调过曲【急急令】、南吕过曲【恁麻郎】三支,皆为各宫调之小曲。

7. 联套:有南曲联套,北曲联套,即同宫调或管色相同之曲牌,按照音乐曲式板眼衔接的原则,联缀成一套紧密结合的大型乐曲。诸宫调音乐大多已属于联套形式。就北套而言,前有首曲,中有正曲,末有尾曲;就南套而言,有引子、过曲、尾声。南套之套式如前文所述,有以下四种:其一,引子、过曲、尾声三者俱备;其二,无引子有过曲有尾声;其三,有引子、过曲无尾声;其四,但有过曲,无引子与尾声。

8. 合腔:笔者对这里的"合腔"是指于一出戏中,南北曲前后接用或杂用,其形式尚未达到一南一北或一北一南,南北曲相兼为用之整齐。如《长生殿》第廿八出《骂贼》:北仙吕【村里迓鼓】【元和令】【上马娇】【胜葫芦】【绕红楼】【尾序犯】【前腔换头】【扑灯蛾】【尾声】。

9. 合套:即南套与北套合用,一北一南或一南一北交相递进。其结构规范较严谨,例如构成合套中的南曲与北曲必须同一宫调。合套的形式有以下三种:其一,由各不相重的北曲与南曲交替出现;其二,在一套北曲里反复插入同一南曲曲牌;其三,在一套北曲里插入几支不同的南曲曲牌等。南戏如《宦门子弟错立身》,散曲如沈和的《潇湘八景》都曾使用南北合套,明清时应用更广。①

10. 集曲:即采用若干支曲牌,各摘取其中的若干乐句,重新组成一支新的曲牌。因此集曲乃是多首曲调的综合,为南曲中较为普遍运用的一种曲调变化方法。例如【山桃红】是【下山虎】与【小桃红】二曲集成。音乐曲式上,集曲的曲牌应是宫调相同或管色相同。其次,集曲的首数句和末数句必须是原曲的首数句和末数句,集曲的中间各句较为灵活,可依音乐的逻辑性、和谐性与完整性而加以安排。

11. 犯调:犯调在宋词有两种意义,一般指几个不同词牌的乐句联结起来成为一个新词牌,如【四犯剪梅花】;另一个意义是转调,如【凄凉犯】是仙吕调转双调。而曲的犯调有三种意义,其一为转宫(调高)、转调(调式)之意,即一曲的音阶形式转换调门或乐曲转换乐句调式性格,使人有耳目一新或不同的感受。其二指的是南曲中之"集曲"或北曲中之"借宫"。其三为南曲中狭义之犯调,即一支曲保留首尾,中间插入其他同宫调或同管色(调高)的几支曲,结合成为一支新曲,插入一支称"一犯",插入二支即"二犯",普通不超过"三犯"。此为我国传统音乐中丰富曲调变化的方法。②

这十一种曲牌"聚众成群"的方式,就南曲而言,戏文中如《张协状元》以重头、杂缀为主,异调联套为次;《宦门子弟错立身》与《小孙屠》《荆钗记》《白兔记》已见合套,《琵琶记》以下始见集曲犯调。

说到这里,如果将腔调或戏曲音乐之"载体"加以分类,那么可有以下三种类型:

1. 单一曲体:号子、歌谣、小调、诗赞、曲牌、集曲、犯调。

2. 曲组:子母调、带过曲、姑舅兄弟。

3. 联曲体:杂缀、重头、重头变奏、套数、合腔、合套。

若此,戏曲音乐之载体堪称缤纷多彩了;也因此其音乐内容是多么的丰富!

---

① 参见周维培:曲谱研究.南京:江苏古籍出版社,1997年,第312—313页:"《录鬼簿》'沈和'条载:'以南北调合腔,自和甫始,如《潇湘八景》《欢喜冤家》等曲,极为工巧。'沈和散套《潇湘八景》,辑入《全元散曲》,其套式为:仙吕北【赏花时】、北【那吒令】、南【排歌】、北【鹊踏枝】、南【桂枝香】、北【寄生草】、南【乐安神】、北【六么序】、南【尾声】。一北一南相间至尾,非常工整。其实,现存资料表明,南北合套的方法在沈和之前就已出现。北曲方面,元初杜仁杰所撰商调《七夕》散套,就是北南相间的合套样式:北【集贤宾】、南【集贤宾】、北【凤鸾吟】、南【门双鸡】、北【节节高】、南【耍鲍老】、北【四门子】、南【尾】。南曲方面,如《错立身》第五出合套:北仙吕【赏花时】、南【排歌】、北【哪吒令】、南【排歌】、北【鹊踏枝】、南【安乐神】、北【六么令】、南【尾声】。《小孙屠》一剧中也曾多次使用合套方法。如第九出套式为:北双调【新水令】、南【风入松】、北【折桂令】、南【风入松】、北【得胜令】、南【风入松】。《错立身》的创作年代,钱南扬先生主张为南宋末年,也有论者认为是元人手笔。《小孙屠》为元后期'古杭书会编撰'。但可以肯定它们都要比沈和合套早出。"

② 以上诸历程参见施德玉:中国地方小戏音乐之探讨.台北:学海出版社,2000年,第3—4页。

### 四、北曲联套之构成

而南北曲套数毕竟与南戏北剧演出关系最密切,其套数则由联套累积而成。因之若论套数的结构方式,郑师因百在《北曲套式汇录详解·序例》中列举其分析研究北曲套式所获致的结论如下:

1. 杂剧、散曲,每有其专用之套式而不相通假。虽剧用者偶可通用于散曲,散曲用者极少用于杂剧。因杂剧所受之限制较多,散曲所受之限制较少。(参阅下第三条)

2. 剧套所用首曲,均可用于散套,散套所用首曲,多数不能用于剧套。故剧套可用之首曲甚少,散套可用之首曲较多。

3. 杂剧每套所用牌调数量总在七八支至十四五支之间,甚少太短或太长者;散套则短者只二三支,长者可至二三十支。因剧套须与剧情配合,太短不足以发挥,太长则须顾及演唱者之体力与听众之兴趣;散套系清唱,有时且只供吟味,较可自由支配。

4. 杂剧所用套式甚少重复者,散曲则有若干作品,其套式完全相同。此亦因剧套须配合排场,排场变化,套式随之;散套则抒情寄意,全类诗歌,故一个套式可多次使用,例如"南吕【一枝花】【梁外第七】【尾声】"之一式是也。

5. 元初至元中叶为一期,元末及明初为一期,此两期作品所用套式颇有差别。例如,元末人杨景贤撰《西游记》杂剧,其中若干套式甚为特殊,显与关马诸人作品不同。散曲则前一期大多数为五六曲以下之短套,后一期渐多十曲以上之长套。

6. 各种套式中所用牌调数量偶可按一定之法则增灭,而次序不容颠倒错乱。此点观杂剧各种版本及诸选本所载同一剧之异同情形,可以知之。

7. 北曲联套规律甚严,无论杂剧、散曲,前期、后期,守常规者居多,变异者占少数。此盖由于联套所根据者为音乐,牌调之组织搭配、位置先后,无一不与乐歌之高下疾徐有关,自不能远离成规而以意为之。若夫神明变化,自出机杼,虽异常规而不悖乐理,则是专门名家之事矣。①

因百师的"结论"只说明北曲套式的基本现象和原则,而杨荫浏在《中国古代音乐史稿》第二十三章"杂剧的音乐"中则举例说明剧套的七种类型:

1. 一般的单曲联结:例如吴昌龄的《唐三藏西天取经〈饯送郊关开觉路〉》一折是由下列六个单曲联结而成:

仙吕【点绛唇】【混江龙】【油葫芦】【天下乐】【后庭花】【青哥儿】【煞尾】。

2. 参用两曲循环相间的手法:例如罗贯中的《风云会》中第三折用到单曲16次;对其中的【滚绣球】和【倘秀才】两曲计循环相间地连用了5次。其各曲的排列次序如下:

正宫【端正好】【滚绣球】【倘秀才】【呆骨朵】【倘秀】【滚绣球】【倘秀才】【滚球】【倘秀才】【滚绣球】【倘秀才】【滚绣球】【脱布衫】【醉太平】【二煞】【收尾】。

3. 【幺篇】用曲变体的连用:杂剧或北曲重复连用两次以上时,从第二曲起称为【幺篇】。在马致远《黄粱梦》杂剧的第二折中,曾连用【醋葫芦】曲10次之多,就是说有9个【醋葫芦】的【幺篇】。其全折中所用各曲的排列次序如下:

商调【集贤宾】【逍遥乐】【金菊香】【醋葫芦】【幺篇】【幺篇】【幺篇】【幺篇】【幺篇】【幺篇】【幺篇】【幺】【幺篇】【后庭花】【双雁儿】【高过浪里来】【随调煞】。

4. "煞"——结尾前同曲变体的连用:有时在套曲近尾处连用某曲的几段变体,由前至后,直至"煞尾"为止。可以用"煞"或用作引入"煞尾"的乐曲,仅是许多乐曲中的一小部分。如南吕宫的【牧羊关】【乌夜啼】【采茶歌】【菩萨梁州】【转青山】等曲,中吕宫的【耍孩儿】等曲,正宫的【耍孩儿】【滚绣球】【叨叨令】【倘秀才】【醉太平】【小梁州】【笑和尚】【塞鸿秋】等曲,双调的【太平令】【太清歌】等曲,都曾有过如此应用之例。兹举白仁甫《御沟红叶》剧②中所用【耍孩儿】曲的"煞"为例如下:

正宫【端正好】【滚绣球】【倘秀才】【叨叨令】【白鹤子】【幺篇】【红绣鞋】【快活三】【鲍老儿】【古鲍老】【柳青娘】【道和】【耍孩儿】【三煞】【二煞】【一煞】【煞尾】。

5. "隔尾"——引用"隔尾"之例,只见于南吕宫的套数中,其形式与作为全套尾声的"收尾"并无两样,只是它被用在套数中间,作为剧情转变的关键。兹举关汉

---

① 郑师因百.北曲套式汇录详解.台北:艺文印书馆,1973年,第3—4页。

② 仁甫此剧不见传本,仅存部分佚文及曲谱,但幸而是全折。《雍熙乐府》《九宫大成南北词宫谱》剧名均作《御沟红叶》,《太和正音谱》《词林摘艳》均作《流红叶》,《北词广正谱》作《流红剧》。所存全折曲词见《盛世新声·正宫卷》第23—25页、《词林摘艳》卷6、《雍熙乐府》卷2第32—34页;曲词见《九宫大成南北词宫谱》卷34第64—70页。

卿《蝴蝶梦》第二折为例：

南吕【一枝花】【梁州第七】【贺新郎】【隔尾】【草池春】【牧羊关】【隔尾】【牧羊关】【红芍药】【菩萨梁州】【水仙子】【煞尾】。

6. 一曲的着重运用：杂剧套数中有一种形式，是在相联的多个曲牌之中突出运用一个曲牌及其变体，使它多次出现于别的曲牌之间，成为前后贯穿的线索。例如马致远《黄粱梦》第三折，前后用【归塞北】5次。其各曲排列次序如下：

大石调【六国朝】【归塞北】【初问口】【怨别离】【归塞北】【幺篇】【雁过南楼】【六国朝】【归塞北】【擂鼓体】【归塞北】【净瓶儿】【玉蝉翼煞】。

7. 转调：譬如【货郎儿】原是由小贩叫卖声直接发展起来的一支民间歌曲，但后来有许多种变异。仅就《九宫大成南北词宫谱》卷三十三所引的三个【货郎儿】体式而言，已有相当的不同：其第一体出于元杨显之《临江驿潇湘秋夜雨》杂剧第四折，由六句构成；其第二体出于散曲【金殿喜重重】套，由五句构成；其第三体出于元无名氏《杨氏女杀狗劝夫》杂剧第二折，由六句构成。【货郎儿】的进一步发展形式是【转调货郎儿】。这是将【货郎儿】曲牌的乐句前后分成两个部分，保留首尾数句，在其间插入了另一个或另几个曲牌，而形成一种新的结构形式。譬如元无名氏《风雨像生货郎旦》杂剧第四折：

南吕【一枝花】【梁州第七】、"【转调货郎儿】（本调）、【二转】（【货郎儿】首三句、中吕【卖花声】二至四、【货郎儿】末句）、【三转】（【货郎儿】首五句、中吕【斗鹌鹑】首五句、【货郎儿】末句）、【四转】（【货郎儿】首三句、中吕【山坡羊】首至九、【货郎儿】末句）、【五转】（【货郎儿】首三句、中吕【迎仙客】全、中吕【红绣鞋】首至五、【货郎儿】末句）、【六转】（【货郎儿】首三句、正宫【叨叨令】首句、中吕【上小楼】三至末、【幺篇】首至入、【货郎儿】末句）、【七转】（【货郎儿】首三句、双调【殿前欢】二至七、【货郎儿】末句）、【八转】（【货郎儿】首二句、双调【快活年】首二句及迄字、中吕【尧民歌】五至六、正宫【叨叨令】五至六、正宫【倘秀才】第三句、双调【快活年】首二句及迄字、中吕【尧民歌】五至六、正宫【叨叨令】五至六、【货郎儿】末句）、【九转】（【货郎儿】首三字、【脱布衫】全、【货郎儿】末句）"、煞尾。①

以上所举七种"套式"尽管不同，但基本上都是由"首曲""正曲""尾"三部分组成的。

而郑师因百《北曲套式汇录详解》于北曲每宫调之套式皆有其归纳出来之"联套法则"，择要录之于后：

（1）黄钟宫：【醉花阴】【喜迁莺】【出队子】【刮地风】【四门子】【古水仙子】，此六曲照例连用，其后缀以【尾声】，七曲成套，是为黄钟宫联套之通用基本形式。其有稍加变化者，皆是于【古水仙子】与【尾声】之间加用【古寨儿令】【神仗儿】等牌调，上述六曲仍须依次连用。剧套皆照上述法则（不遵守者只见《潇湘雨》一例）。散套亦多如此作，入明以后，尤为通行。仅有少数散套形式各殊，如《侍香金童》《女冠子》等套，皆是早期作品，甚少效者。②

（2）正宫：正宫套式变化繁多，全部117例，甚少相同者，欲归纳其基本形式，颇多困难。应以朱凯《昊天塔》剧之"【端正好】【滚绣球】【倘秀才】【滚绣球】【倘秀才】【滚绣球】【煞尾】"最为近似。【滚绣球】【倘秀才】两调常循环使用，可多至四五次，是为正宫套之特点。欲作较长之套，除多用【滚绣球】【倘秀才】之外，并宜多用煞曲。正宫可用之煞有两种，一为正宫煞，一为般涉煞。散套如曾瑞《一枕梦魂惊》、剧套如马致远《青衫泪》，乃用正宫煞者；散套如刘时中《既官府甚清明》、剧套如无名氏《杀狗劝夫》，乃用般涉煞者。而其较长之套，甚少不借宫者。借宫之套，无论所借为中吕、般涉或双调，其次序皆是本宫曲调在前，借用他宫之曲调在后；借宫之后，除尾声外，不再用本宫之曲。又用【小梁州】者必用其【幺篇】。【脱布衫】后常带用【小梁州】。因百师又归纳正宫套数有以下五类：

一、用基本套式，间以其它曲牌，以求变化发展，而不借用其它宫调者。此类有《竹坞听琴》至《刘行首》三十一剧。

二、用基本套式，酌加变化，并借用其它宫调者。此类有《蓝采和》至《虎头牌》十三剧；除《虎头牌》借双调外，余十二剧借中吕。此类长套甚少，最长者十二曲。

三、用基本套式，酌加变化，尾声前用正宫煞者。此类有《十探子》至《渔樵记》二十九剧。此类俱不借宫，破

---

① 杨荫浏：中国古代音乐史稿（第3册），第二十三章《杂剧的音乐》，第95—115页；又可参第3册第七编第二十一章《民歌、小曲、艺术歌曲和说唱音乐》"货郎儿"条，第21—42页。所引"九转货郎儿"之结构分析，可参拙编《中国古典戏剧选注》，第755—762页。"九转货郎儿"在《货郎旦》第四折中作"插曲"用，其"转调"之方式，其实即【货郎儿】本调之"犯调"。

② 摘录自郑师因百：北曲套式赏录详解．台北：艺文印书馆，1973年，第4页。

例者仅有《渔樵记》,《贬夜郎》二剧借中吕。此类中十三四曲以上之长套颇多。

四、用基本套式,酌加变化,尾声前借用【般涉耍孩儿】及煞者。此类有《陈州粜米》至《杀狗劝夫》十二剧。此类多兼借中吕,位于正宫诸曲之后,【耍孩儿】之前。

五、套式较为特殊,或竟不合规律者。此类有《黄鹤楼》至《西游记》十剧,无尾声之三剧即归入此类。①

(3) 仙吕宫:仙吕宫联套,应以郑廷玉《冤家债主》、杨文奎《儿女团圆》诸剧之"【点绛唇】【混江龙】【油葫芦】【天下乐】【那吒令】【鹊踏枝】【寄生草】【赚煞】"为其基本形式。【点绛唇】后,必接【混江龙】。【点绛唇】【混江龙】【油葫芦】【天下乐】:此四曲连用者甚多,剧套有58,散套有1,共59例。【点绛唇】【混江龙】【油葫芦】【天下乐】【哪吒令】【鹊踏枝】【寄生草】:此七曲连用者更多,剧套有62,散套有8,共70例。

【村里迓鼓】【元和令】【上马娇】:此三曲须连用。破例者仅有四剧:无名氏《冻苏秦》缺【村里迓鼓】,无名氏《谢金吾》缺【上马娇】,王实甫《西厢记》第二本及无名氏《隔江斗智》只用【元和令】。

【村里迓鼓】【元和令】【上马娇】【游四门】【胜葫芦】:此五曲常接连使用,自成一组,因俱为仙吕与商调两收之曲也。

【后庭花】后常接用【青哥儿】或【柳叶儿】,或三曲接连使用。此三曲亦为仙吕与商调两收者。

仙吕联套之基本形式,即在上述之【点绛唇】至【天下乐】等四曲或【点绛唇】至【寄生草】等七曲之后接用其他曲牌若干,再加【赚煞】,即可成套。而用四曲者较少,七曲者较多;且七曲加赚煞即可成套,四曲则不能。故上文以七曲加【赚煞】为仙吕套之基本形式。

上述【村里迓鼓】至【胜葫芦】诸曲,腔板与仙吕宫其他诸牌调稍异,自成一组。故剧套于【点绛唇】等四曲或七曲之后接用此一组者多在剧情转变之际。

欲作仙吕短套,用【点绛唇】至【天下乐】四曲,接用其他曲调一两支,再加【赚煞】,即可成为六七曲之短套。欲作仙吕长套,用【点绛唇】至【寄生草】七曲,【村里迓鼓】至【胜葫芦】五曲,【后庭花】及【柳叶儿】(或【青哥儿】),诸曲联贯,再加【赚煞】即可。(【点绛唇】可代以【八声甘州】)。其式如下:【点绛唇】(或【八声甘州】)、【混江龙】【油葫芦】【天下乐】【哪吒令】【鹊踏枝】【寄生草】(或连【幺篇】)、【村里迓鼓】【元和令】【上马娇】【游四门】【胜葫芦】(或连【幺篇】)、【后庭花】【柳叶儿】(或【青哥儿】)、【赚煞】。

【六幺序】必连【幺篇】,无例外。

【金盏儿】【醉中天】【后庭花】三曲可"迎互循环"。迎互循环之解释见正宫联套法则。王国维《宋元戏曲考》第八章云:"《梦粱录》谓,宋之缠达,引子后只有两腔迎互循环。今于元剧仙吕宫正宫中曲实有用此体例者。"②即谓此三曲及正宫【滚绣球】【倘秀才】。以【后庭花】【金盏儿】迎互循环者如郑廷玉《忍字记》、马致远《青衫泪》;以【醉中天】【金盏儿】迎互循环者如关汉卿《西蜀梦》、白朴《梧桐雨》;以【醉中天】【金盏儿】【后庭花】三曲迎互循环者如马致远《陈抟高卧》《黄粱梦》。仙吕剧套可分为以下五类:

一、在【点绛唇】【混江龙】【油葫芦】【天下乐】等四曲之后,接用其它曲牌若干,再加【赚煞】。此类有《五侯宴》至《黄粱梦》等五十一剧;多系十曲以内较短之套。

二、在【点绛唇】【混江龙】【油葫芦】【天下乐】【那吒令】【鹊踏枝】【寄生草】等七曲之后,接用其它曲牌若干,再加【赚煞】。此类有《冤家债主》至《贬夜郎》等六十六剧,十三四曲以上之长套多属此类。

三、在上述【点绛唇】等四曲或七曲之后,接用【村里迓鼓】【元和令】【上马娇】三曲,或连用其同一系统诸曲(见上),再加【赚煞】。此类有《伍员吹箫》至《西厢记》第四本等二十三剧。因【村里迓鼓】一系诸曲腔板稍异,故列为独立之一类。

四、以【八声甘州】代【点绛唇】为首曲者。此类甚少,仅有《梧桐雨》《西厢记》第二本、《萧淑兰》《西游记》第三本等四剧。除首曲用【八声甘州】外,其余作法与第一类、或第二类、或第三类相同。

五、套式较为特殊,或竟不合规律者。此类有《玩江亭》至《叹骷髅》等二十三剧。【点绛唇】【混江龙】二曲之后,不用【油葫芦】诸曲而接用其它曲牌者,亦归入此类。③

(4) 南吕宫:散套中使用最多之"【一枝花】【梁州第七】【尾声】"为南吕套之基本形式。但剧套无用之者,太短故也。南吕宫所属曲牌不多,自他宫借来之曲极少,

---

① 摘录、引用自郑师因百:北曲套式赏录详解. 台北:艺文印书馆,1973年,第12—14页。
② 王国维. 宋元戏曲考. 王国维遗书(第九册). 上海:上海书店出版社,2011年,第53—54页,总第599—600页。
③ 摘录、引用自郑师因百:北曲套式赏录详解. 台北:艺文印书馆,1973年,第39—42页。

煞曲又只限用两支,故无论剧散,甚少长套,多数均在11曲以内。散套套式,上文所述者外,变化无多。剧套法则亦颇简单:【一枝花】【梁州第七】之后,不用隔尾而直接【牧羊关】或【贺新郎】诸曲。首曲必用【一枝花】,接用【梁州第七】。【牧羊关】与【隔尾】可使用多次。【骂玉郎】【感皇恩】【采茶歌】,此三者在小令中为兼带曲,在套数中须连用。煞曲只限两三支,用三支者题"三煞""二煞""一煞",用两支者题"二煞""一煞"。北曲用"夹套"者,只南吕宫有之,即《货郎儿》剧第四折之首尾用南吕宫,中间用正宫【转调货郎儿】是也。①

(5) 中吕宫:首曲【粉蝶儿】后接【醉春风】,【石榴花】接【斗鹌鹑】,【十二月】接【尧民歌】,【剔银灯】接【蔓菁叶】,【柳青娘】接【道和】,皆无例外。【上小楼】须连【幺篇】。

借正宫【白鹤子】须连【幺篇】,且可多用。借正宫【脱布衫】【小梁州】必须连用,【小梁州】必连【幺篇】。

【般涉耍孩儿】与煞为连用曲,但【耍孩儿】后可不用煞,煞前必用【耍孩儿】。【耍孩儿】只用一支者居多,连【幺篇】者甚少。煞之数目不拘,有多至10余煞者。中吕套大致分以下五类:

一、全用本宫曲无借宫者。
二、本宫曲之后接用【般涉耍孩儿】者。
三、【耍孩儿】及煞之外,又借用他曲者。
四、不用【耍孩儿】及煞而有借宫者。
五、套式较为特殊者。

综观中吕套数最通用之套式为:【粉蝶儿】【醉春风】【迎仙客】及【红绣鞋】(或只用其一),本宫曲若干,借【般涉耍孩儿】及煞,【尾声】。②

(6) 大石调:大石为不常用之调,剧套仅有4套,散套亦不过18,大致无甚差别。【六国朝】在剧套中,照例须用两次,一在首曲,一在套中。

(7) 小石调:只有五个曲牌,无剧套;散套亦只白朴"红轮而坠"一套。

(8) 般涉调:有曲七章,杂剧不单独用般涉,但联入正宫或中吕调,作为借宫之曲。每套所用煞曲数量不拘,故套式虽简,却能作成较长之套。

(9) 商调:虽有曲20余章,联套常用者为【集贤宾】【逍遥乐】外,不过【金菊香】【梧叶儿】【醋葫芦】【挂金索】【双雁儿】等数章。

其剧套颇为简单,大同小异,数量亦不多。大多数有借宫曲,最常用者为仙吕【后庭花】接【柳叶儿】或【青哥儿】,或以【双雁儿】接【后庭花】。

(10) 越调:套式颇为简单,大同小异。首曲【斗鹌鹑】例接【紫花儿序】,【麻郎儿】必连【幺篇】,【秃厮儿】例接【圣药王】,【绵搭絮】常接【拙鲁速】。

(11) 双调:剧套首曲用【新水令】,多接【驻马听】,其次为【沈醉东风】【步步娇】。双调90%以上用在杂剧之第四折,已为强弩之末,故几为短套,且不用【尾声】而代以【收江南】【太平令】【水仙子】【得胜令】【折桂令】等。

【雁儿落】【得胜令】【沽美酒】【太平令】【甜水令】【折桂令】【侧砖儿】【竹枝歌】,以上须连用。【川拨棹】【七弟兄】【梅花酒】【收江南】四曲须连用。

综观北曲之联套有以下之共性:

其一,有明显的首曲、正曲、尾曲"三部曲"。

其二,首曲几于固定。

其三,套中以"曲组"与只曲、尾声为基本单位,或曲组与曲组之间的联缀加上尾声,或曲组之间安排只曲承接,再加上尾声。所谓"曲组"是两三支或数支联缀自成单元的曲段,即所谓子母调、带过曲,或芝庵《唱论》所云之"姑舅兄弟"。以上凡郑师因百所云须连用之曲皆是。对此俞为民《曲体研究》亦有相同看法,他认为"北曲在串联曲组、只曲、尾声成套时,有五种不同的组合形式":(1) 曲组、只曲、尾声的组合;(2) 曲组与曲组、尾声的组合;(3) 曲组与只曲的组合;(4) 曲组与曲组的组合;(5) 只曲与只曲的组合。③

这五种组合方式也可概括北曲联套的五种体制。

---

① 摘录、引用自郑师因百:北曲套式赏录详解.台北:艺文印书馆,1973年,第70—71页。
② 摘录、引用自郑师因百:北曲套式赏录详解.台北:艺文印书馆,1973年,第91—92页。
③ 详参俞为民:曲体研究.北京:中华书局,2005年,第193—198页。

# 论说"曲牌"（之二）
## ——曲牌之建构与格律之变化

曾永义

## 一、曲牌之建构

曲牌虽绝大多数已经很难循其名责其实，它大抵可说只是个象征性的符号，象征曲类之为细曲、粗曲、可粗可细之曲，之为有增板、无增板、可增可不增之曲。象征宜用之排场情调：或为普通过场，或为悲伤、欢乐、游览、行动、诉情、文静、武打之场面。那么，这些象征性又是如何形成的呢？鄙意以为在于建构其曲律之元素，建构曲律之元素周备，则曲细而艺术性高，不周备则曲粗而艺术性低。

周备的曲律建构元素应当有以下8项：

1. 正字律；
2. 正句律；
3. 长短律；
4. 平仄声调律；
5. 句中音节形式律；
6. 协韵律；
7. 对偶律；
8. 词句特殊语法律。

以上八律，其长短律有定格，但3字、4字、5字、6字、7字五种句长，音节形式皆有单双，可并入"句中音节形式"一项讨论。又其句长所产生之增字变化，其原理亦在音节形式中，亦可不必单独讨论。因以下虽就其八律逐一说明，但由于正字律、正句律所涉较简单，故合并一节讨论。又其长短律与音节形式关系密切，故亦合并探讨。

（一）正字律、正句律

1. 正字律

正字律指曲牌的本格应有之正字数。兹举曲调北曲【南吕·一枝花】为例并做说明。据郑师因百《北曲新谱》【一枝花】的谱律是这样子的：

十平十ㄙ平·十仄平平ㄙ。。十平平ㄙ十·十仄仄平平。。十仄平平。。十仄平平ㄙ。。平平十ㄙ平。仄十平、十仄平平·十十十、十平去。。①

《北曲新谱》之符号"。。"（协韵之句）、"。"（不协韵之句）、"·"（在句下者表协否均可）、"△"（句中藏韵）、"ϛ"（藏否均可）、"*"（增句处）、"平"（平声）、"上"（上声）、"去"（去声）、"十"（平仄不拘）、"仄"（上去不拘）、"ㄓ"（平上不拘）、"ㄔ"（宜上可平）、"卜"（宜上可去）、"ㄙ"（宜去可上）。遇有连用三个"十"符号时，此三字须以平仄二声酌为分配。必不得已，宁可全仄，不可全平。②

兹以关汉卿《不伏老》套【南吕·一枝花】为例：

（攀）出墙朵朵花●（折）临路枝枝柳〇〇花攀红蕊嫩●柳折翠条柔〇〇浪子风流〇〇冯着我折柳攀花手〇〇直煞得花残柳败休〇〇半生来、折柳攀花●一世里、眠花卧柳〇〇③

这支曲牌，就正字而言，每句依序为5·5。。5·5。。4。。5。。5。。7（3、4）·7（3、4）。。正体字数为48。

但正字之外，如前例中"凭着我""直煞得"为本格之外的衬字，"攀"字、"折"字为本格之外的"增字"。其有关"衬字""正字"详下一节《曲牌格律之变化》。

2. 正句律

正句律指曲牌本格应有之正句数。如上举之例【一枝花】之正句数有9。另有所谓"增句"和"减句"，详下章《曲牌格律之变化》。

（二）协韵律

如上举【一枝花】之韵脚为"柳""柔""手""休""柳"诸字，于周德清《中原音韵》皆属"尤侯"部。

戏曲押韵，无论南戏北剧，一般皆以《中原音韵》为准。《中原音韵》19 韵部，兹列举并以国际音标注其每部所含之收音韵母如下：

1. 东钟韵 $-\mathrm{u\eta}, -\mathrm{iu\eta}$；
2. 江阳韵 $-\mathrm{a\eta}, -\mathrm{ia\eta}, -\mathrm{ua\eta}$；
3. 支思韵 $-\mathrm{ɿ}$；
4. 齐微韵 $-\mathrm{i}, -\mathrm{ei}, -\mathrm{uei}$；

---

① 郑师因百.北曲新谱.台北：艺文印书馆，1973年，第119页。
② 郑师因百.北曲新谱.台北：艺文印书馆，1973年，第1页。
③ 见于拙编：蒙元的新诗.元人散曲.台北：时报文化出版企业股份有限公司，1998年，第285页。

5. 鱼模韵 －u，－iu；
6. 皆来韵 －ai，－iai，－uai；
7. 真文韵 －ən，－iən，－uən，－iuən；
8. 寒山韵 －an，－ian，－uan；
9. 桓欢韵 －on；
10. 先天韵 －ien，－iuen；
11. 萧豪韵 －au，－iau；
12. 歌戈韵 －o，－io，－uo；
13. 家麻韵 －a，－ia，－ua；
14. 车遮韵 －ie，－iue；
15. 庚青韵 －əŋ，－ieŋ，－ueŋ，－iueŋ；
16. 尤侯韵 －ou，－iou；
17. 侵寻韵 －əm，－iəm；
18. 监咸韵 －am，－iam；
19. 廉纤韵 －iem①。

韵协对于韵文学腔调语言旋律的影响，除了其本身的回响作用外，韵脚的声调和音质亦有所关联。

（三）平仄声调律

上举郑师因百（骞）《北曲新谱》所标示之【南吕·一枝花】谱式，即该曲牌所应具备之平仄声调律。平仄四声之于语言旋律，已见上文论《戏曲音乐的语言基础及其载体》。

诗只讲平仄，但词曲进一步讲声调，凡讲声调之处，盖皆为务头之所在，亦即全调声情最精致的地方。曲比词又进一步讲阴阳。《牡丹亭·惊梦》【仙吕过曲·步步娇】首句"袅晴丝吹来闲庭院"本为上4下3七字句，增一"袅"字，成为3、2、3音节形成之八字句，虽然其中连用5个平声字不合调法，但因首音节"袅晴丝"为"上、阳平、阴平"，次音节"吹来"为"阴平、阳平"，三音节"闲庭院"为"阳平、阳平、去"，音调皆为变化，故能传唱而行歌场。如果平声不分阴阳，就犯了五平连用的大忌。

再就南北曲之平仄声调，就其样式来观察，《北曲新谱》已清楚标示于每一调之中，如上举之例，无须更为辑录。南曲则散见于《南词简谱》调后说明之中。兹就所见，录举如下：【黄钟·啄木鬼】倒第二句，如《奈何天》之"乌纱可使黄金变"之"黄"字必用阳平声。【黄龙衮】如《荆钗记》之末句"寻宿店"之"店"字必用去声。【玉漏迟序】末句如《霞绢记》"且借尌香糯"，"糯"字必用去声。【仙吕·长拍】第六句如《西楼记》"野渚水满"必用四上声字。【一盆花】第四句，如《牧羊记》"月冷权栖蓼花汀"须作"仄仄平平仄平平"。【桂花香】第五句，如"临川泪流"须作"平平仄平"。【天下乐】第五句，如《白兔记》"山鸡怎逐鸾凤飞"须作"平平仄平平仄平"，"逐"字以入代平。【三属付】第四句，如《花筵赚》"孤飞常惊恐"应作"平平平平仄"。【南吕·节节高】倒第二句，如《琵琶记》"只恐西风又惊秋"须作"仄仄平平仄平平"。【香柳娘】末句，如《双红记》"琼浆似泉"须作"平平仄平"。【女冠子】第五句，如《九九大庆》"兰子俊英"须作"平仄仄平"。【竹马儿】第三句、第八句，如《杀狗记》"岂知他，是逃荒的"应作"平平仄、仄仄平平"，而此句欠协；"把骨肉、下得轻弃"应作"平平仄、仄仄平平"，而此句亦欠协。【宜春令】末句，如《玉簪记》"送来佳会"，"会"字须去声。【香遍满】倒二句，如散曲"一似纸样轻"应作"平平仄仄平"，而此句欠协。【浣溪沙】倒二句，如《金丸记》"洞口桥边遇仙姝"须作"仄仄平平仄平平"。【商调·集贤宾】首句，如散曲"西风桂子香韵悠"须作"平平去上平去平"。【羽调·金凤钗】第七、八、十一三七言句，其首四字，如《练囊记》"翩翩粉蝶""呢喃燕儿""寻芳倦将"三句均须作"平平仄平"。其"蝶"字以入作平。【越调·祝英台近】第二、第四两五字句之下三字，如《浣纱记》"愁病两眉锁""阴甚闭门卧"须作"仄平仄"。【祝英台】第三四字句、第六六字句，如《琵琶记》"啼老杜鹃"应作"平仄仄平"，"端不为春闲愁"后四字应作"仄平平平"。

由以上所举之南曲特别需要讲求平仄声调律的地方，其所讲求不可变异之平仄组合，却几乎皆是为诗所当避忌者，曲调反而以此来营造其声情之特色，用以见此调之性格。

（四）对偶律

如所举【一枝花】例，"出墙朵朵花，临路枝枝柳"和"花攀红蕊嫩，柳折翠条柔"皆为对偶句。曲中大抵逢双必对，三句句式相同，往往为鼎足对；四句句式相同，亦每为扇面对。

对偶也称"对仗"，是中国文学单音节单形体所产生的文学特色。《文心雕龙·卷七丽辞第三十五》云：

造化赋形，支体必双；神理为用，事不孤立。夫心生文辞，运裁百虑，高下相须，自然成对。②

所以在中国古籍中，运用对偶已属常见。考对偶的运用，则义先于音，然后音义兼顾。其层次大约有以下六个等级：

---

① 详见陈新雄编著：新编中原音韵概要.台北：学海出版社，2001年，第30—42页。
② （梁）刘勰著、范文澜注：文心雕龙注（下册）.北京：人民文学出版社，2006年，第331页。

第一，意义分量相等。
第二，语言长度相同、词性相同。
第三，平仄相反。
第四，名词类别相近。
第五，名词类别相同。
第六，词句结构形式相同。

以上六个等级中在后之等级俱包含前面等级之条件，也就是说等级越高则对偶越工整。大抵说第一级止见于散文，第二级为一般对偶。第三级就诗而言则为近体诗律诗之基本条件，称之为"宽对"；其后第四第五则越趋工整，称之为"邻对"与"工对"。

对偶的工整程度则依存于名词类别与词句的构成形式两方面。就名词的分类而言，有天文、时令、地理、地名、宫室、器物、衣饰、饮食、文事、草木、鸟兽、形体、人事、人伦、人名、史事、方位、数字、颜色、干支等20类；就词句的构成形式而言，有叠字、联绵字、双声、叠韵、巧变、流水、错综、倒装、疑问、问答、句中自对、隔句互对、借义、借音、借字面等15种。例如杜甫《曲江二首》中的两句：

穿花蛱蝶深深见，点水蜻蜓款款飞。①

就平仄而言，"平平仄仄平平仄，仄仄平平仄仄平"，正好相反。就词性而言，"穿"对"点"、"见"对"飞"都是动词；"花"对"水"，"蛱蝶"对"蜻蜓"都是名词；"深深"对"款款"则是副词。可见这两句已符合律诗对偶的条件。再进一步观察，则"花"属名词类中的"草木"，而"水"属"地理"，为"宽对"；"蛱蝶"与"蜻蜓"同属"鸟兽虫鱼"类，为工对；"深深"与"款款"在词汇构成形式上同属选字衍声复词。如此就整个句子说来，可以算是第五级的"工对"。

对偶的运用，除了可以增加韵文学的形式美之外，也可以使意义产生凝重平稳的效果。"工对"所依存的两个要件，名词类别相同容易辨识，但词句结构形式相同较难，其结构形式有：(1) 叠字对；(2) 双声对；(3) 叠韵对；(4) 连绵对；(5) 巧变对；(6) 流水对；(7) 错综对；(8) 倒装对；(9) 疑问对；(10) 问答对；(11) 句中对；(12) 隔句对；(13) 借义；(15) 借字面对；(16) 音义相关对；(17) 嵌字对；(18) 离合对；(19) 隐字对；(20) 回文对；(21) 顶针对。所幸曲中对偶，没用到这么复杂精细。大抵说来，词和曲一样，词曲中邻句之句长相等的，往往就会对偶，两句为一般对偶，三句为鼎足对，四句为扇面对。如果必须对偶的，就成了规律，用此以平衡凝练句意，同时使声情较为厚实。如清人李玉《眉山秀》第十出【黄钟过曲·侍香金童】首二句："巫峡梦朝行，丰沛占奇气。"②徐复祚《红梨记》第六出《赴约》正宫【普天乐】首二句："只指望撩云拨雨巫山嶂，谁知道烟迷雾锁阳台上。"③三四句："想姻缘簿、空挂虚名，离恨债、实受赔偿。"明人陈铎【仙吕·皂罗袍】第6至第9四句作隔句对，散曲："恼人阶下，凄凄候虫；惊心楼上，当当晓钟。"④【中吕·驻马听】3至5句用鼎足对，如《长生殿》第三十六出《看袜》："叹红颜断送，一似青冢荒凉，紫玉销沉。"⑤

（五）音节形式律

韵文学句中同时含有意义形式和音节形式，诗之音乐形式，五七言只有单式音节，词曲则每个句长皆有单双式。单式音节健捷激袅，双式音节平稳舒徐，彼此不可互易。

南北曲均以音节形式之单双入律，也就是单式不可改作双式，反之亦然。这也就是【天净沙】末句，就音节形式而言，必须读作"断肠、人在、天涯"，而不可读作"断肠人、在天涯"。因为音节单双一失，全调节奏即乱。

就南曲而言，其必讲究音节形式之曲牌，举例如下：如【黄钟·三春柳】末句6字必作3、3，如散曲"早教人、如鱼似水"。【仙吕·紫苏儿】次句7字必作3、4，如《幽闺记》"跨青骢、径临庭宇"。【似娘儿】次句7字作3、4，三句7字则作4、3，如《劝善金科》"奋鹏程、万里飞扬，胪传金殿齐高唱"。【一封书】第1、3五字句作3、2，如《琵琶记》"一从你、去离""功名事、怎的"。【惜黄花】末二句5字作3、2，如《南西厢记》"莫再寄、零笺，莫再写、情诗"。【中吕·剔银灯】末句7字作3、4，如《彩楼记》"莫教我破窑中、眼巴巴望你"。【南宫·金莲子】倒二句五字作3、2，如《幽闺记》"亲骨肉、见了"。

（六）句中语法律

词句特殊结构，就复词而言有双声叠韵复词、叠字

---

① (唐)杜甫著、(清)杨伦笺注：杜诗镜铨(卷4)，第181页。
② (清)李玉：李玉戏曲集(中册).上海：上海古籍出版社，2004年，第938页。
③ (明)徐复祚：红梨记.(明)毛晋编：六十种曲(第4套第3本).北京：中华书局，1990年据上海开明书店原版重印，第16页。
④ (明)陈铎【南北黄钟合套·题情】："翠被今宵寒重，听萧萧落叶，乱走帘栊。绿云堆枕鬓髻松，不知溜却金钗凤。恼人阶下，凄凄候虫；惊心楼上，当当晓钟。无端画角声三弄。"收入谢伯阳编：全明散曲.济南：齐鲁书社，1994年，第669—670页。
⑤ 拙著：中国古典戏剧选注·长生殿·【驻马听】："翠辇西临，古驿千秋遗恨深。叹红颜断送，一似青冢荒凉，紫玉销沉。玉人一去杳难寻，伤心野店留残锦。且买酒徐斟，暂时把玩端详审"．台北："国家出版社"，1994年，第741页。

衍生复词;就句子结构而言,几为"俳体",有顶针体、反复体、重句体、连环句法等,已见前文举例。

这些词句的特殊结构方式,如果运用到曲牌词句中而成为定式,便会使此曲牌产生特殊的"声情",而成为此曲牌的"性格"。以下举南曲曲牌为例:

【黄钟·双声子】首二句;4、5二句;7、8二句;9、10二句,皆作三字句,且均须迭句,如《琵琶记》第十九出《强就鸾凤》【双声子】作"郎多福,郎多福","娘万福,娘万福","两意笃,两意笃","岂非福,岂非福"①。【仙吕·惜黄花】末四句为连环句,《南西厢》作"毕竟两无缘,毕竟俱不是。再莫寄云笺,再莫写情诗"。【中吕·麻婆子】首句与第3句用叠词格,形容叠字衍声。《幽闺记》第十三出《相泣路歧》作"路途路途行不惯""地冷地冷行不上"②。【双调·川拨棹】3、4两七字句、末二句两六字折腰句应迭。《月应承令》作"远只挂杨柳楼边,远只挂杨柳楼边","也常时、见谪仙,也深宵、见谪仙"。【武陵花】中之叠字叠句不可删改,《长生殿》作"袅袅旌旗""匹马崎岖怎暂停,怎暂停","兀的不惨杀人也么哥,兀的不惨杀人也么哥。"【前腔】作"渐渐零零""隔山隔树""一点一滴又一声,一点一滴又一声","只悔仓皇负了卿,负了卿"。【雌雄画眉】中之叠字不可更易,如散曲第3、4句"出出出,出出韵过了云霞",5、6句"玉关怨,玉关怨",16、17句"莫莫莫,莫莫说折莫的长沙"。21、22句"忽忽忽、忽忽听钲转胡笳"。23、24句"声声慢,声声慢"。【商调·高阳台序】第七句句末必用"也"字,《长生殿》作"妖氛幸喜销尽也。"【商调·字字锦】中叠字叠句须顶针续麻,都须遵照,如散曲第12、13句"缘何去年,去年人不见"。14、15句"空蹙破两眉尖,空蹙破两眉尖"。17、18两句"知他在那里,他在那里"。20、21两句"潇潇洒洒,欢欢喜喜"。22、23两句"咱这里思思想想,心心念念"③。【满园春】中之叠句倒句均不可移易,如散曲5、6两句"金风动,金风动",8、9两句"想杀人也天,盼杀人也天",10、11句"短行冤家,行短冤家"④。【羽调·四季花】末句须用连环句,如《长生殿》"不由我对你爱你怜你觑你扶你。"【黑麻令】叠字格不可移易,八句中止二字不迭,亦须依从。如《牡丹亭》第二十七出《魂游》:"不由俺、无情有情。凑着叫的人、三声两声。冷惺忪、红泪飘零。怕不是梦人儿、梅卿柳卿。俺记着这花亭水亭。趁的这风清月清。则这鬼宿前程。盼得上三星四星。"⑤

(七)小结

由以上对"曲牌格律建构"所含的八律进行分析之后,可以了解到曲牌名称虽然大多已成为象征性符号,多不可循名责实,却有其各自的声情质性。其声情质性,毫无疑问,是取决于其所以构成的八个律则。这八个律所形成的体制规律,也就不可以轻易破坏。如果要创作传奇、南杂剧那样的剧体,尤其运用昆山水磨调来歌唱,就非牢牢守住那体制规律不可。否则,便名不符其实而成为"冒牌"了。

然而这曲牌八律并非每一曲牌都要样样具备,其所需的条件端赖曲牌本身所具的艺术质性。如果是杂曲小调或粗曲,那么只具长短律、协韵律即可;若是可粗可细之曲,则无须讲求声调律与词句中语法律;若是细曲,则句中语法律或可不论;而若是性格鲜明之曲牌,则非八律俱全不可了。

笔者近年从事昆剧创作,已有《梁山伯祝英台》《孟姜女》《李香君》《杨妃梦》《魏良辅》《蔡文姬》六剧。

《梁山伯祝英台》:2004年12月24日至25日由国光剧团假台北"国家戏剧院"首演;2005年11月4日国光剧团参加上海艺术节,假逸夫剧院演出;11月8日在杭州、11月12日在佛山巡回演出。2009年11月8日,江苏省昆剧院版在南京首演;2010年6月3日,江苏省昆剧院参加文化部举办之"昆剧汇演",假紫金山大剧院演出修订版。国光剧团又于2012年元月2日至4日假

---

① (明)高明:琵琶记.(明)毛晋编:六十种曲(第1套第1本).北京:中华书局,1958年,第79页。再如陈铎【南北中吕合套】《元夜》第九支曲【双声子】"人欢庆,人欢庆。预把佳期定。酒漫行,酒漫行。摆列华筵盛。奏锦筝,奏锦筝。和凤笙,和凤笙。任醺醺那管,夜阑人静。"详见谢伯阳编:全明散曲.济南:齐鲁书社,1994年,第572页。

② (明)施惠:幽闺记.(明)毛晋编:六十种曲(第2套第2本).北京:中华书局,1958年,第38页。

③【商调过曲·字字锦】(散曲)"群芳绽(锦)鲜,香逐东风软。黄鹂弄巧声,提起伤春怨。睹名园,只见杏障桃屏,桃屏上,映着柳眉翠钿。天天,桃花隐约,可不强似去年。缘何去年,去年人不见。合空蹙,破两眉,尖空蹙、破两眉翠。尖奈山长水远,知他在那里,他在那里,和谁两个,欢欢喜喜,潇潇洒洒,咱这里思思想想,心心念念,欲待见他一面。"详见(明)沈璟:增定南九宫曲谱.善本戏曲丛刊(第三辑第2册卷十七).台北:台湾学生书局,1984年据明末永新龙襄刻本影印,第6页,总第559页。

④【满园春】"南楼外,雁翩翻。悄没个、信音传。长空响叶飘零舞。金风动、金风动,铁马儿声喧,纱窗外透银蟾。合真个想杀人也天,盼杀人也天。短行冤家,行短冤家,音稀信杳,莫不是负却盟言。"详见(明)沈璟:增定南九宫曲谱.善本戏曲丛刊(第三辑第2册卷十七).台北:台湾学生书局,1984年据明末永新龙襄刻本影印,第6页,总第560页。

⑤ (明)汤显祖著;(清)吴震生、程琼批评;华玮、江巨荣点校:才子牡丹亭.台北:台湾学生书局,2004年,第376页。

台北城市舞台更进行重排重演。

《孟姜女》:2007年3月2日至4日台湾戏曲学院京剧团假台北"国家戏剧院"首演。4月11日巡演于北京梅兰芳剧院,11日演于北京中国戏曲学院大礼堂。15日演于上海逸夫剧院,17日演于苏州大学,19日演于厦门大学。

《李香君》:2009年11月13日至15日台湾戏曲学院京剧团假台北城市舞台首演,12月5日参加厦门艺术节演出,8日巡演于河南商丘宋城大戏院,10日演于郑州大戏院,14日演于北京中国戏曲学院大礼堂,15日演于北京梅兰芳剧院。

《杨妃梦》于2011年9月21日至23日台湾戏曲学院京剧团假台北城市舞台演出,并巡回桃园、苗栗、彰化演出。

兹就以上拙编诸剧举《梁山伯祝英台》数曲说明如下,以见本人选调填词之合规中律:

譬如《梁祝·学堂风光》【仙吕·皂罗袍】:

(旦唱)放眼春来佳妙,似这般美蛱蝶、醉舞花梢。庄周晓梦尽逍遥,英台心谁知道。(贴合)咳呀!扑轻烟曼渺,翻飞又飘,托身灵巧,逞姿媚娇。美他成双作对皆同调。

这支曲牌,次句必作上3下4七字句,其后两七字句宜对偶,其四字四句应作扇面对。又如《梁祝·十八相送》【正宫·普天乐】:

(旦唱)看东风吹动垂杨浪,劝梁兄休把阳关唱。须知我、已断愁肠,不怨兄、犹置行囊。三载形影相依傍,只合守、蕉窗雨夜梅花帐。却缘何吞离恨、独自归乡,从今后定难穿、珠泪千丈。终落得孤雁凄楚,两地彷徨。

此曲句法仍是逢双须对,"只合守"三字本是衬字,但长久以来均于此点板,只好作正字看待。又如《梁祝·哭蝶化坟》【仙吕入双调·朝元令】:

洋洋快哉,喜气多骄态。山光荡开,水色深如黛。迎亲的队伍逶迤,大张光彩。闹锣鼓、横敲竖摆,乐坏文才。今宵得将花烛台,拥抱美裙钗。哎呀!风云忽地来,昏昏暧暧。原来是、阴山危隘,阴山危隘。

此曲必用作行动合唱,所以把它作为迎亲队伍绕行时的合唱曲。又此曲末四字句应叠前七字句之末四字,亦为其调法。

由以上可见,笔者纵使"新编昆剧",照样是遵守古人的体制规律。因此充分发挥曲牌所蕴含的语言旋律,音乐性自然很高,于是苏州大学的周秦教授和江苏省昆剧院的孙建安先生为我谱曲就能"得心应手"而且昆味十足了。

## 二、曲牌格律之变化

曲牌虽然由上面所说的"八律"构成,但是研究北曲的人,都有一种感觉,那就是曲子的格式变化多端,使人混淆不清,难以捉摸,也因此句读之间彼此便有歧义。推究其故,实因"曲"对于音乐旋律与语言旋律的融合无间,最为讲究。北曲除本格正字之外,尚有衬字、增字、减字、增句、减句、带白、夹白等现象。在宋词中也已有所谓"减字"和"偷声","偷声"即曲中之"增字"。

郑因百师(骞)于北曲格律之研究,专著有《北曲新谱》《北曲套数汇录详解》二书①,论文有《北曲格式的变化》和《论北曲之衬字与增字》二篇②。这两篇论文是一个题旨的前后之作,只是范围和详略不同而已;目的在探究北曲格式变化的两大因素,即"衬字""增字"的使用及其原则。此外因百师关于减字、增句、减句、带白、夹白等现象的说明,俱散见于其《北曲新谱》之中。

衬字、增字、减字、增句、减句固然会使北曲格律产生变化,而笔者以为北曲格式变化之诸因素有其连锁展延的关系。

所谓"连锁展延的关系"是曲中原来只有本格的"正字",其后加"衬字",使曲意流利活泼,"衬字"原为虚字,寖假而易为实字,于是意义分量与"正字"相敌,其地位乃提升而为"增字";"增字"起初不超出三字,后来也有逐渐累积的情形,因而成句,即所谓"增句"。"夹白"是夹于曲中的宾白,有些与普通宾白不殊,一望即知;有些地位和衬字相近,只是衬字和正字的关系更为密切,用作正字的形容和辅佐,而这一类夹白则用作下文的提端和呼唤,其附有语气词的,即所谓"带白"。也因为这一类夹白的地位和衬字相近,所以往往被误作衬字,认为是衬字的累增。至于"减字"和"减句",都是就本格正字和句数稍加损易,虽然也是促成北曲格式变化的因素,但其例不多,影响甚少。

以下且先举关汉卿【南吕一枝花】《不伏老》散套为例,然后逐次说明促成北曲格式变化的因素。

【南吕一枝花】(攀)出墙朵朵花。(折)临路枝枝

---

① 二书俱艺文印书馆出版。
② 《北曲格式的变化》载《大陆杂志》1卷7期(1950年10月),第12—16页;《论北曲之衬字与增字》载《幼狮学志》11卷2期(1973年6月),第1—17页,后收入郑师因百:龙渊述学.台湾:大安出版社,1992年,第119—144页。

柳。。花攀红蕊嫩。柳折翠条柔。。浪子风流。。凭着我折柳攀花手。。直煞得花残柳败休。。半生来、折柳攀花。一世里、眠花卧柳。。

【梁州第七】我是个普天下、郎君领袖。。盖世界、浪子班头。。愿朱颜不改常依旧。。花中消遣。酒内忘忧。。分茶攧竹。打马藏阄。通五音、六律滑熟。。甚闲愁、到我心头。。伴的是"银筝女、银台前、"理银筝、笑倚银屏。伴的是"玉天仙、携玉手"并玉肩、同登玉楼。。伴的是"金钗客、歌金缕"捧金樽、满泛金瓯。。你道我老也。暂休。。占排场风月功名首。。（更）玲珑又别透。。我是个锦阵花营都帅头。。曾玩府游州。【隔尾】（子弟每）"是个茅草岗、沙土窝"初生的兔羔儿乍向围场上走。"我是个经笼罩、受索网、苍翎毛"老野（鸡）蹅踏的阵马儿熟。。经了些窝弓冷箭镴枪头。。（不曾落）人后。。恰不道（人到中年万）事休。。我怎肯虚度了春秋。。

【尾】"我是个蒸不烂、煮不熟、捶不扁、炒不爆"响珰珰一粒铜豌豆。（怎子弟每）"谁教你，钻入他、锄不断、斫不下、解不开、顿不脱"，慢腾腾千层锦套头。"（我）玩的是梁园月。饮的是东京酒。赏的是洛阳花。攀的是章台柳。。我也会围棋。会蹴踘。会打围。会插科。会歌舞。会吹弹。会咽作。会吟诗。会双陆。你便是落了我牙。歪了我嘴。瘸了我腿。折了我手。（天赐与我）这几般儿歹症候。尚兀自不肯休。则除是阎王亲自唤。神鬼自来勾。。三魂归地府。七魄丧冥幽。"（天哪！）那其间（才）不向烟花路儿上走。

上举《不伏老》散套的曲文，包括：正字、增字、衬字、带白、增句五种不同的成分。凡不加括号而独占一行的字都属于正字，字体小而偏行书写之字则为衬字，加括号而独占一行的字则为增字，加括号而字体小偏行书写之字则为带白，引号中之句即为增句。

"正字"是指每支曲牌格式中所必须有的字。例如根据上文第四章《曲牌格律之来源、建构与类型》所举【南吕一枝花】的谱律，则《不伏老》套中的【南吕一枝花】，除去其中之"攀""折""凭着我""直煞得"诸字，即全为合乎本格之"正字"，"正字"为句中表示主要意义之字，故曲中去其"增字"或"衬字"，而曲意犹能自足。

（一）衬字

所谓"衬字"，因百师谓即"在不妨碍腔调节拍情形之下，可于本格正字之外添出若干字，以作转折、联续、形容、辅佐之用。此添出之若干字，即所谓衬字，盖取陪衬、衬托之意"。如上例中"凭着我""直煞得"即是。因百师列举有关衬字之原则12条，其第四条云：

衬字只能加于句首及句中。句首衬字，冠于全句之首，如水桶之提梁；句中衬字须加于句子分段之处，如庖丁解牛，在关节缝隙处下刀。前引蜯庐曲谈云："句末三字之内不可妄加衬字。"即因此三字为一整段，不能分开。①

其第八条云：

每处所加衬字以3个为度。所谓"衬不过三"，虽为南曲说法，实亦适用于北曲。一句之中所衬字之总数，则可多于3个，但须分布各处。例如前引《西厢记》【叨叨令】曲："见安排着车儿马儿不由人熬熬煎煎的气。"衬字至10个之多，然集中一处者仅"不由人"3字，其余或一字或两字，零星分布。（马儿之"儿"字属上读，与"不由人"不算集中一处。）②

右第四条说明加衬字之位置，第八条说明加衬字之限度。如上举"不伏老"套例【梁州第七】一曲中"我是个""愿""你道我""占""曾"诸字，隔尾一曲中"儿""上""的""经了些""恰不道""我"诸字，尾曲中"珰""腾""玩的是""饮的是""赏的是""攀的是""我也""你便是""了""这""儿""尚""则除是""那其间"诸字，都加在句首或句中的音步处，而且集中一处者俱不超过3个字，可以视为衬字无疑。但如【梁州第七】曲中"伴的是银筝女、银台前""伴的是玉天仙、携玉手""伴的是金钗客、歌金缕"诸语，隔尾中"（子弟每）是个茅草岗沙土窝""我是个经笼罩、受索网、苍翎毛"二语，尾曲中"我是个蒸不烂、煮不熟、捶不扁、炒不爆""（怎子弟每）谁教你，钻入他、锄不断、斫不下、解不开、顿不脱"二语，皆为本格正字之外所多出之字，若视之为"衬字"，则诸语皆超出3字甚多。因之其间必有已超出衬字之地位和作用而衍变为其他因素者。

王骥德《曲律》卷二《论衬字第十九》云：

古诗余无衬字，衬字自南、北二曲始。北曲配弦索，虽繁声稍多，不妨引带。南曲取按拍板，板眼紧慢有数，衬字太多，抢带不及，则调中正字，反不分明。大凡对口曲，不能不用衬字；各大曲及散套，只是不用为佳。细调板缓，多用二三字，尚不妨；紧调板急，若用多字，便躲闪不迭。凡曲自一字句起，至二字、三字、四字、五字、六字、七字句止。惟【虞美人】调有九字句，然是引曲，又非上二下七，则上四下五；若八字、十字以外，皆是衬字。

---

① 句末三字不可妄加衬字，但叠字与词尾则可。见郑师因百：论北曲之衬字与增字.龙渊述学.台湾：大安出版社，1992年，第133页。
② 《不伏老》套尾曲"（我）玩的是梁园月"句，其中之"我"字可视为提端之"夹白"。龙渊述学.台湾：大安出版社，1992年，第133页。

今人不解,将衬字多处,亦下实板,致主客不分。如古《荆钗记》【锦缠道】"说甚么晋陶潜认作阮郎","说甚么"三字,衬字也;《红拂记》却作"我有屠龙剑钓鳌钩射雕宝弓",增了"屠龙剑"三字,是以"说甚么"三字作实字也。《拜月亭》【玉芙蓉】末句"望当今圣明天子诏贤书",本七字句,"望当今"三字系衬字,后人连衬字入句,如"我为你数归期画损掠儿梢",遂成十一字句。……又如散套【越恁好】《闹花深处》一曲,纯是衬字,无异缠令,今皆着板,至不可句读。凡此类,皆衬字太多之故,讹以传讹,无所底止。①

凌濛初《南音三籁·凡例》云:

曲每误于衬字。盖曲限于调而文义有不属不畅者,不得不用一二字衬之,然大抵虚字耳。如"这、那、怎、着、的、个"之类。不知者以为句当如此,遂有用实字者,唱者不能抢过而腔戾矣。又有认衬字为实字,而衬外加衬者,唱者又不能抢多字而腔戾矣。固由度曲者愦于律,亦从来刻曲无分别者,遂使后学误认,徒按旧曲句之长短、字之多寡而仿以填词;意谓可以不差,而不知虚实音节之实非也。相沿之误,反见有本调正格,疑其不合者。其弊难以悉数。②

王、凌二氏都说出了正衬字不明所产生曲调讹变的现象。而对于衬字问题,明清曲籍加以讨论说明的,也只有王、凌二家,而且偏于南曲略于北曲。元人论曲,仅周德清《中原音韵·作词十法》提出"用字切不可用衬字",并云:

套数中可摘为乐府者能几?每调多则无十二三句,每句七字而止,却用衬字加倍,则刺眼矣。③

他所说的"乐府"是指小令而言。小令文字谨严、体制短小,固以少用衬字为佳,若谓切不可用,则过矣。王、凌二氏虽旨在说明南曲之衬字逐渐演变为正字,致使本格讹乱的缘故,但南北之曲理其实不殊,故北曲之衬字亦有寝假而与正字不分之现象。

(二) 增字

北曲中与正字下易分别之"衬字",因百师谓之"增字"。其《论北曲之衬字与增字》云:

衬字既为专供转折、联续、形容、辅佐之"虚字",似应容易看出。但常有时全句浑然一体,字数虽较本格应有者为多,而诸字势均力敌,铢两悉称,甚难从语气上或从文法上辨识其孰为正孰为衬。前人每云北曲正衬难分,即谓此种情形。细推其故,实因正字衬字之外,尚有予所谓增字。④

可见"增字"就是指本格正字之外所添加出来的字,它在地位上其实是衬字,但由于其意义分量与正字"势均力敌、铢两悉称",后人又在其上加上板眼,所以在全句中便有与正字浑然一体的关系。如上举《不伏老》套之例,【南吕一枝花】首二句为上2下3之五字句,故其正字为"出墙朵朵花""临路枝枝柳",而"攀""折"二字地位虽属衬字,但意义分量与正字浑然一体,故应由衬字而提升为"增字"。梁州第七中"更玲珑又剔透"之"更"字,隔尾中"老野鸡蹅踏的阵马儿熟"的"鸡"字,也都属于"增"字。

因百师将研究所得列举增字之重要原则十二条,兹为节省读者翻检之劳,并为下文说明方便起见,将此十二条原则胪列于后,每条并附实例以相印证。

(一) 一字句增两字变为三字(1+2→3)。如【阅金经】第四句本格为一字句,而张可久"若耶溪边路"曲作"(莺乱)啼"。

(二) 二字句再增两字变为四字,上2下2。(2+2→4)如【朝天子】首二句本格为二字句,而张可久作"(瓜田)、邵平。""(草堂)、杜陵。"

(三) 二字句增三字变为五乙,⑤上3下2。(2+3→5)如【朝天子】第九、十两句本格为二字句,而张养浩"挂冠"曲作"(严子陵)、钓滩。""(韩元帅)、将坛。"

(四) 三字句增两字变为五字,上2下3。(3+2→5)如【寄生草】首二句本格为三字句,而白朴《墙头马上》剧作"(榆散)、青钱乱""(梅攒)、翠叶肥"。

(五) 三字句再增三字变为六乙,上3下3。(3+3→6)如【沈醉东风】三、四两句本格为三字句,而张养

---

① (明)王骥德:曲律.中国古典戏曲论著集成(四).北京:中国戏剧出版社,1959年,第125—126页。
② (明)凌濛初:南音三籁.善本戏曲丛刊(第4辑第7册).台北:台湾学生书局,1984年据清康熙文靖书院刊本影印,第9—10页。
③ (元)周德清:中原音韵.俞为民,孙蓉蓉主编:历代曲话汇编·唐宋元编.合肥:黄山书社,2009年,第291页。
④ 郑师因百:论北曲之衬字与增字.龙渊述学.台湾:大安出版社,1992年,第135页。
⑤ 韵文的句子形式即所谓"句式",有意义形式和音节形式二种,就音节形式来说,又有单式和双式的不同。三言句的单式是21,双式是12;四言句则13,22;五言句则23,32;六言句则33,222;七言句则43,34。文中所称的五乙即因五言句音节形式的正格是23,故将32的双式称作五乙;下文六乙亦因六言句的正格是222,故将33的单式称为六乙;七乙则因七言句的正格是43,故将34的双式称作七乙。

浩"郭子仪功威吐蕃"曲作"(房玄龄)、经济才。""(尉敬德)、英雄汉。"

（六）四字句增一字变为五乙，上3下2。(4+1→5)如【醉太平】首二句本格是四字句，而张可久作"(洗)荷花、过雨。""(浴)明月、平湖。"

（七）四字句增三字变为七乙，上3下4。(4+3→7)如【赏花时】第四句本格为四字句，而石君宝《曲江池》剧作"这(万言策)、须当应口。"

（八）五字句增一字变为六乙，上3下3。(5+1→6)如【赏花时】第三句本格为五字句，而石君宝《曲江池》剧作"(题)金榜、占鳌头。"

（九）五字句增三字变为八字，上3下5。(5+3→8)如【赏花时】末句本格为五字句，而石君宝《曲江池》剧作"直着那(状元名)、喧满凤凰楼"。

（十）六字句增一字变为七乙，上3下4。(6+1→7)如【沈醉东风】首二句为六字句，而卢挚作"(挂)绝壁、枯松倒倚""(落)残霞、孤鹜齐飞"。

（十一）七字句增一字变为八字，上3下5。(7+1→8)【醉太平】第五六七等三句本格为七字句，而张可久"洗荷花过雨"曲作"(泝)凉波、似泛银河去""(对)清风、不放金杯住""(上)雕鞍、谁记玉人扶"。

（十二）七字句增两字变为九字，平分三段。(7+2→9)如【寄生草】第三四五等三句本格为七字句，而无名氏"问甚么虚名利"曲作"则不如(卸)罗衫、(纳)象简、张良退""学取他(枕)清风、(铺)明月、陈抟睡"。①

（三）增句与滚白、滚唱

增字的原则虽然以这十二条为主要，但像上文所举的【梁州第七】"伴的是'银筝女、银台前，'理银筝、笑倚银屏"等三句，隔尾〔子弟每〕是个'茅草岗、沙土窝'初生的兔羔儿乍向围场上走"等二句，尾曲"我是个'蒸不烂、煮不熟、捶不匾、炒不爆'响珰珰一粒铜豌豆"等二句，甚至于连隔尾中的"恰不道(人到中年万)事休"一句也都超出十二原则之外，也就是说，我们如果把()和''中的字当作增字看待的话，其增字的方式是超出十二原则之外的。这些增字虽然都其正字有密切的关系，在文法上都作正字的修饰语用，但从声情上说，除了只"(人到中年万)事休"一句外，都已经自成节奏，而且是一种节奏的重迭。因此笔者有一个大胆的假设，那就是：增字加多就会成句，曲中所谓的"增句"有一部分就是这样来的。"增句"如果不协韵，单句者则有如"夹白"，循环重复者则例须快念，有如"滚白"；"增句"如果协韵，其在全曲句中之地位则有如"增字"之于"正字"，大多点上板眼，而其循环重复者，当系"滚唱"性质。《不伏老》套中"银筝女、银台前""玉天仙、携玉手""金钗客、歌金缕""茅草岗、沙土窝""经笼罩、受索网、苍翎毛""蒸不烂、煮不熟、捶不匾、炒不爆""谁教你、钻入他、锄不断、斫不下、解不开、顿不脱"等语句式皆循环重复，且不协韵，当系"滚白"式之"增句"；而尾曲中从"梁园月"至"折了我手"为三字句之循环重复且协韵，从"这几般儿歹症候"至"七魄丧冥幽"为五字句之循环重复且协韵，都应当是"滚唱"式之"增句"。兹再举一两例说明如下：

马致远【玄鹤鸣】：

你有甚事疾忙奏。俺无那鼎镬边滚热油。您文臣合安社稷。武将合定戈矛。"你子会文武班头。山呼万岁。舞蹈扬尘。"道那声、诚惶顿首。"如今阳关路上。昭君出塞。当日未央宫里。女主专权。"我不信你敢差排吕太后。柱巴后龙争虎斗。都是俺鸾交凤友。

白朴【揽筝琶】：

〔高力士道与陈玄礼〕休没高下。岂可教妃子受刑罚。他见(情受)着皇后中宫、(兼踏)着寡人御榻。他又无罪过、颇贤达。"〔卿呵〕! 他不如吴太后般弄权。武则天似篡位。周褒姒(举火)取笑。纣妲己(敲胫)觑人。早间把他个哥哥坏了。(贵妃)有万千不是。"看寡人也合饶过他。

【玄鹤鸣】见于《汉宫秋》杂剧、【揽筝琶】见于《梧桐雨》杂剧，皆据《广正谱》所录。【玄鹤鸣】中"文武班头"等三句和"阳关路上"等四句，以及【揽筝琶】"吴太后般弄权"等六句，除了"文武班头"句因成语而偶然入韵外，皆不协韵，而句式又循环重复，故当为"滚白"式之"增句"。这些增句比起不伏老套"银筝女、银台前"的"滚白"式增句，在文法上要独立得多；也因此使我们想到，像"银筝女、银台前"等那样的"增句"还没有完全脱离"增字"的模式和作用，也就是说它们是介于"增字"和完全独立的"增句"之间。所以谱律之家并不把它们当作"增句"，甚至于只把它们当作"衬字"，于是吴梅《顾

---

① 韵文的句子形式即所谓"句式"，有意义形式和音节形式二种，就音节形式来说，又有单式和双式的不同。三言句的单式是21，双式是12；四言句则13，22；五言句23，32；六言句则33，222；七言句43，34。文中所称的五乙即因五言句音节形式的正格是23，故将32的双式称作五乙；下文六乙亦因六言句的正格是222，故将33的单式称为六乙；七乙则因七言句的正格是43，故将34的双式称作七乙。

曲尘谈》便说"北词调促而辞繁,下词至难稳惬;且衬字无定法,板式无定律"①。许之衡《曲律易知》也说"惟北曲衬字,多少不拘,虽虚实字并用亦无妨"②。其实若稍加整理,是可以观其变化之迹的。

其次举协韵的"滚唱"式增句二三例,说明如下:

马致远【端正好】:

(有意)送君行。。(无计)留君住。。怕的是君别后、有梦无书。。一尊酒尽青山暮。。"我揾翠袖。泪如珠。。你带落日。践长途。。情惨切。意踌躇。"你则身去心休去。。

乔吉【后庭花】:

今日在(汴)河边倚画船,明日在(天)津桥闻杜鹃。。最苦是相思病,极高的离恨天。。空教我泪涟涟。。凄凉杀花间莺燕,(散)东风榆荚钱。"(锁)春愁杨柳烟。。断肠(在)过雁前。销魂(向)落照边。苦恹(恹)恨怎言。。急煎(煎)情惨然。。"

乔吉【青哥儿】:

休央及偷香偷香韩寿。。怕惊回两行两行红袖。。感谢多情贤太守。。"我是个放浪江海儒流。。傲慢宰相王侯。既然宾主相酬。。闲叙笔砚交游。。对酒绸缪。交错觥筹。。银甲轻搊。金缕低讴。则为他倚着着云兜。。我控着骅骝。又不是司马江州。。商妇兰舟。烟水悠悠。。枫紫飕飕。"不争我听拨琵琶楚江头。。(愁泪湿)青衫袖。。

【端正好】见《青衫泪》杂剧、【后庭花】见《两世姻缘》杂剧、【青哥儿】见《扬州梦》杂剧。【端正好】"揾翠袖"等六句隔句押韵,成三三的循环重复,当系"滚唱"式的增句。此属仙吕宫,句数多少不拘,但必为双数。【后庭花】的增句在末句之后,须每句押韵,多少不拘。观其句式系末句的循环重复,末句本为五字,而入套之作99%增一字变为六字,故增句亦仿之为六字句。

由此看来,增句之理,另由纯由曲中之句重复而得,其形成之道虽与"增字"之累积成句者不同,但其累积原句而为"滚唱"式之增句则不殊,因为它们的结构也是循环重复的。至于【青哥儿】之增句,以增四字句为主,间有增六字句或四字六字并用者。上例"放浪江海儒流"等4句为六字句,"对酒绸缪"等10句为四字句。其实用六字句者,都可以看作四字句的累增,亦即由四字句增二字为六字句。就因为增句中不但可以衬字,而且可以增字,加带白、夹白,所以"增句"的形式往往又要迷人

眼目。【青哥儿】的增句为句句押韵,且循环重复,应当是"滚唱"式的增句。

所谓"滚白"或"滚唱",其实是弋阳腔系(含青阳腔、徽池雅调)的专有名词。"滚白"之例如《昭代箫韶》第二本卷上第九出【驻云飞】阕:

杨继业滚白自古弱不撄强,众寡难当。东西临口,南北高冈。刀枪簇簇,铁骑骎骎。围如铁壁,固如铜墙。要进无门,欲退无方。

又如《忠义璇图》第一本卷下第二十一出【东瓯令】阕:

(滚白)我这里心中思想,暗里踌躇,一方儿闭门安坐,这平地风波,却为何来?又不是从天降下,也非关别人酿就。

又如《玉谷调簧》所录《题红记》,则但云"滚":

【二犯朝天子】绣阁罗帏睡正浓。(占)夫人,既睡正浓,缘何这等黑早起来?(旦)小红!非是我起来太早,只为那春寒恼人眠不得,孤衾孤枕梦难成。料峭春寒透,梦初醒。那高树上,甚么鸟儿叫?(占)夫人!那是黄莺。(旦)小红!原来是黄莺了。滚"绿柳还乔太有情,交交时作弄机声;洛阳三月春如锦,我问你有多少工夫织得成?"绿杨枝上乱啼莺。(内作卖花声科)(占)夫人!我和你在此玩花,外面倒有个人卖花。(旦)小红!正是:有意送春来,无计留春住;花谢春归去,飞尽满园红。又听得卖花声。滚"小翠二红!你看白白红红满担挑,一肩挑过洛阳桥;声声唤起春闺女,笑倚阑干把手招。"被他们唤起我的春情,把芳心早惊。(占)夫人!你看那花半含半吐,好似人带笑一般。(旦)那春色撩人无限好,花如含笑似相迎。见花枝、笑脸相迎。(丑)夫人!前面雨停了,大家且到牡丹亭上略躲一会(旦)片云头上黑,应是雨催花。看催花雨晴,把六曲栏杆凭。门掩花阴静,徙倚遍牡丹亭,徙倚遍牡丹亭。(丑)夫人,一霎时雨散云收,依然现出一轮红日,我和你往花间游玩,看是何如?(行介)(旦)缓步穿芳径。你看!百花经细雨,分外长精神。(丑)好大风!恁的轻狂。(旦)翠红!你有所不知,当此春景,名曰长条风。又不觉晓风轻。(占)夫人!今早还未曾梳妆,可要对镜理容才好。(旦)小翠二红!我伤春自觉无聊赖,懒向妆台理旧容。教奴鸾镜蛾眉画不成。夫人!看那花红得好,待我摘取一枝过来。

弋阳腔在明代流布得很广,而且包容力很大,学者

---

① 吴梅:顾曲尘谈,第77页。
② 许之衡:曲律易知,第185页。

甚至于认为它传自北方，其来源可以远溯到金元。① 也因此笔者怀疑北曲中的"增句"应当和弋阳腔的"滚白"和"滚唱"有类似的关系。由右举的弋阳腔"滚白"二例看来，句子都是同一句式的循环重复，第一例协韵，第二例不协，可见弋阳腔的"滚白"和是否协韵无关。而上文笔者释北曲之增句，所以以不协韵者为"滚白"，以协韵者为"滚唱"的缘故，乃是因为所谓"滚白"与"滚唱"其实很难分别，它们都是属于"数唱"或"带唱"的性质，介于宾白与歌唱之间，如果将其偏于宾白来说就是"滚白"，如果将其偏于歌唱来说就是"滚唱"。而笔者认为不协韵之句比较接近白口，协韵之句比较接近唱词；故将"滚白"与"滚唱"区分，以利说明。再从上举二犯朝天子的全文看来，加"滚"的位置与方式，与北曲的"增句"实在很相近。也因此笔者以"滚白"和"滚唱"来释北曲的增句。

根据《北曲新谱》，可以增句的曲调有30支②，也就是说，这30支曲调的增句都已经成为惯例，而且入了谱律。但是也有些曲调的增句只是偶一见之，未能进入谱律。譬如白朴《梧桐雨》剧的正宫【蛮姑儿】：

懊恼。。暗约。。〔惊我来的〕"又不是楼头过雁。砌下寒蛩。檐间玉马。架上金鸡"是兀那窗儿外梧桐上雨潇潇。。一声声洒枝叶。一点点滴寒梢。。会把愁人定虐。

又如乔吉《两世姻缘》剧的商调【尾曲】：

（心事人）拔了短筹。。（有情）的太薄幸。。〔他说到三年来〕到如今五载不回程。好教咱"上天远。入地近。"泼残生恰便似风内灯。。〔比及你〕见俺那亏心的短命。。则我这一灵儿先飞出咸阳城。。

【蛮姑儿】"楼头过雁"四句和商调【尾曲】"上天远"二句，也应当是"滚白"式的增句；而它们和不伏老套中的"银筝女"等句一样，都只是偶然一见，并未进入谱律。

（四）夹白、减字、减句、犯调

其次说到"夹白"。诚如上文所云，夹白是夹于曲中的宾白，它有三种类型：一种与普通宾白不殊，一看即知，不至于教人和曲文相混。另两种则皆附着于曲文，其一往往带有语气辞，亦容易与曲文分辨，谓之"带白"；其一虽作用有如带白而缺少语气辞，则每每使人误以为是衬字。兹举例说明如下：

关汉卿【滚绣球】：

（有日月）朝暮悬。。（有鬼神）掌着生死权。〔天地也！〕只合把、清浊分辨。。可怎生胡涂了、盗跖颜渊。。为善的（受贫穷）更命短。。造恶的（享富贵）又寿延。。〔天地也！〕做得个、怕硬欺软。。却原来也这般、顺水推船。。〔地也！〕你不分好歹何为地？〔天也！〕你错勘贤愚枉做天。。〔哎！〕只落得两泪涟涟。。

金仁杰【村里迓鼓】：

凭着我五陵豪气。不信道一生穷暴。。我（若生在）春秋那时，英雄志、登时宣召。。凭着满腹才调，非咱心傲。。〔论勇呵！〕那里说下庄强。。〔论武呵！〕也不放廉颇会。。〔论文呵！〕怎肯让子产高。。〔论智呵！〕我敢和伍子胥、临潼斗宝。。

关汉卿【鸳鸯煞尾】：

从今后把金牌势剑从头摆。。将滥官污吏都杀坏。。与天子分忧，万民除害。。（云：）我忘了一件，爹爹！俺婆婆年纪高大，无人侍养，你可收家中，替你孩儿尽养生送死之礼，我便九泉之下，可也瞑目。（窦天章云：）好孝顺的儿也。（魂旦唱）嘱咐你爹爹。收养我奶奶。。可怜他无妇无儿。谁管顾年衰迈。。再将那文卷舒开〔带云：〕爹爹也！把我窦娥名下,（唱）屈死的于伏罪名儿改。。

李直夫【风流体】：

若到春时节，〔正月二月三月〕早有些和气喧。。若到夏时节，〔四月五月六月〕也有些葛风遍。。我最怕的是、〔七月八月九月〕秋暮天。。便休说、〔十月十一月腊月〕飞雪片。。

【滚绣球】见《元曲选》本《窦娥冤》杂剧，【村里迓鼓】见元刊本《追韩信》杂剧。【滚绣球】中"天地也"、"天也""地也"诸语，【村里迓鼓】中"论勇呵""论武呵""论文呵""论智呵"诸语，都是"带白"。【鸳鸯煞尾】见《元曲选·窦娥冤》，【风流体】见《广正谱》所录《虎头牌》。【鸳鸯煞尾】中魂旦和窦天章的对话与一般的宾白没有两样，而"爹爹也！把我窦娥名下"一语，明标"带云"，显然就是"带白"，而又附语气词"也"字。我们如果把"带云"二字和下文的"唱"字去掉，使"把我窦娥名下"一语直接于"屈死的于伏罪名儿改"句上，便要教人混淆为"毫无限制"的衬字或别为一句了。【风流体】中的"正月二月三月"等四语也应当是夹白，如此，曲文的

---

① 参见王古鲁：明代徽调戏曲散出辑佚·引言.上海：古典文学出版社，1956年，第1—18页。
② 即：黄钟刮刮地风，仙吕端正好、混江龙、油葫芦、那吒令、元和令、上马娇、游四门、后庭花、柳叶儿、青哥儿、六幺序、醉扶归，南吕玄鹤鸣、草池春、鹌鹑儿、隔尾、黄钟尾、中吕道和、越调斗鹌鹑、络丝娘、绵搭絮、拙鲁远、双调新水令、揽筝琶、川拨棹、梅花酒、拨不断、忽都白、随煞。

格式就很清楚。上文所举的《不伏老》套尾曲中的"天赐与我"、【蛮姑儿】中的"惊我来的",商调【尾曲】的"他说到三年来""比及你"等语,以及《货郎旦》杂剧【转调货郎儿】第六转《元曲选》本末句"〔倒与他妆就了一幅〕昏昏惨惨潇湘水墨图"中的"倒与他妆就了一幅"一语,也应当是"夹白"。

影响北曲格式变化的主要因素,有如上述。此外尚有减字、减句、曲调之入套与否与犯调四项,此四项之影响较小,兹简述如下:

减字:因百师《论北曲之衬字与增字》云:"北曲减字情形极为少见,不过'六字双式可减为四字'、'七字单式可减为六乙'等两三种减法,其影响甚少。"① 如仙吕【青哥儿】末第二句为七字单式句,而元曲选本《窦娥冤》作"母子每、到白头"为六乙。又如大石调【六国朝】第四句可由五字句变为四字句,无名氏《冰肌胜雪》套即作"牛筹相接"。

减句:根据《北曲新谱》,可减句之曲调有:仙吕【哪吒令】【村里迓鼓】【游四门】,南吕【贺新郎】【草池春】【鹌鹑儿】,越调【小络丝娘】【拙鲁速】,双调【新水令】【揽筝琶】【乱柳叶】【忽都白】等十二调,其中上边加小点者【哪吒令】等八调亦皆可增句,可能此等曲调音律比较灵活。减句最多只减去两句,不若增句往往不拘,所以影响格式之变化不大。

曲调入套与否则格律不同:如仙吕【后庭花】入套乃可增句,【青哥儿】作小令用者与作套数用者格律有别,【者剌古】作小令、散套、剧套格律各不同,【小梁州】首句之格律小令与散套、杂剧不同,【殿前欢】作小令用则减去第六句。所幸见于《北曲新谱》者亦仅此五例而已,其影响亦甚微。

犯调:犯调之曲南曲为多,北曲仅有10调,即:黄钟【刮地风犯】【节节高犯】,正宫【转调货郎儿】,大石调【催拍子带赚煞】【雁过南楼煞】【好观音煞】【玉翼蝉煞】,商调【高平煞】,双调【离亭宴煞】之又一格、【离亭宴带歇指煞】。兹举一例如下:

无名氏【转调货郎儿六转】:

(【货郎儿】首三句)我则见黯黯惨惨、天涯云布。。万万点点、潇湘夜雨。。正值着窄窄狭狭沟沟堑堑路崎岖。。(【叨叨令】首句)黑黑黯黯形云布。。(中吕【上小楼】三至末)赤留出律。潇潇洒洒。断断续续。出出律律、忽忽鲁鲁,阴云开处。。霍霍闪闪、电光星注。。(【幺篇】首至八)怎禁那飕飕摔摔风,淋淋渌渌雨。高高下下、凹凹凸凸、水渺模胡。。扑扑簌簌、湿湿渌渌。疏林人物。。(【货郎儿】末句)却便似惨惨昏昏潇湘水墨图。

此曲见货郎旦杂剧,为太和正音谱所录。观其结构乃【货郎儿】犯入【叨叨令】【上小楼】【幺篇】等曲而成。犯调之曲因为是集合诸曲调而成一新曲,故于北曲之格式自然亦产生变化,这种形式可能是受南曲的影响,观其作者皆为元末明初人可知。

由上所论,可知促成北曲格式变化之因素相当多,也因此其变化的情形颇为错综复杂,由上举不伏老套及诸曲可见一斑。一支曲中,如果正字之外又包含衬字、增字、增句、夹白,甚至于减字、减句,焉有不教人目眩神迷之感?虽然,如果能掌握其演化的原则和现象,参以谱律之书,多读元人作品,亦庶几可以拨云见日,使"诵读无棘喉涩舌之苦,写作不致贻失格舛律之讥"(见《北曲新谱·自序》),而曲文之为美,尤能得其神髓矣。

最后再以【百字知秋令】和【百字拆桂令】为例,试析其正、衬、增字以及其增句与夹白,以见北曲格式变化之多端,作为本节的结束。

王和卿【百字知秋令】:

"绛蜡残、半明不灭。"(寒灰)看时看节落。"沈烟烬、细里末里。"微分间即里渐里消。。碧(纱窗)风弄雨〔昔留昔零〕打芭蕉。"恼碎芳心。"近(砌下)〔啾啾唧唧〕寒蛩闹,"惊回幽梦。"〔丁丁当当〕(檐间)铁马敲。。"半敲单枕。"〔乞留乞良〕挨彻今宵。。〔只被这一弄儿凄凉〕断送的、愁人登间病了。。

白贲【百字拆桂令】:

(敝裘尘土)压征鞍、(鞭)倦袅芦花。。弓剑萧萧。径(入)烟霞。"动羁怀、西风禾黍。"秋水兼葭。"千点万点。"老树昏鸦。"三行两行。写长空呖呖。"雁落平沙。"曲岸西边"近水湾、(鱼网)纶竿钓槎。"断桥东壁。"傍溪山、(竹篱)茅舍人家。。"见满山满谷。"红叶黄花。。正是凄凉时候。(离人)又在天涯。

按商调【梧叶儿】又名【知秋令】,全支七句,作"三.三。。五。。三.三。。七乙。"句法,不过二十四字,双调【折桂令】全支十一句,作"七乙。。四.四:四。。四。四。七乙。。七乙。。四。四.四。。*"句法,不过五十三字;而又有所谓"百字知秋令"与"百字拆桂令",俱见《广正谱》,在元曲中虽均为孤例,但必有其变化之道。上例即笔者尝试分析所得。【百字知秋令】除本格正字外,又孳乳展延而有衬字、增字、增句与夹白;【百字折桂

---

① 郑师因百:论北曲之衬字与增字.龙渊述学.台湾:大安出版社,1992年,第136页。

令】除本格正字外,又有衬字而多用增字与增句。我们如果明白北曲格式变化的因素,尚且能够掌握;否则诵读之际,岂不教人直堕五里雾之中!

(五)又一体

笔者曾经以仙吕调只曲为例,考察《九宫大成北词宫谱》的"又一体",论述的根据即以《北曲格式变化的因素》为基础,指出促使北曲格式变化的主要因素是"衬字""增字"和"增句",次要因素是"夹白""减字""减句""犯调"及"曲调之入套与否"。如果能清楚而切实地掌握这八个因素,那么北曲格式虽如神龙变化,亦万变而不离其宗。而北曲谱自《广正》或一调列举数格以来,至《九宫大成》之"又一体"滋生最为繁多。其实这"数格"或众多的"又一体",都是在"正格"的基础上循着上举诸因素变化的结果。但是,由于曲谱作者未能完全辨明其理,以致自我混淆,贻误后学颇多。因举其最甚者《九宫大成》为例加以说明,然因《大成》卷帙浩繁,姑以其仙吕调只曲为范围,借此盖可以一斑见其全豹。

经笔者考察,其曲牌由"正格"产生的"又一体"有以下数种:

1. 其误于句式所产生的"又一体":混于音节形式与意义形式,或者音节单式双式误用。

2. 其误于正衬所产生的"又一体":不明曲中加衬之法,以致正衬混乱。

3. 因增减字所产生的"又一体":不明增减字之原理不可改易句式音节之单双。

4. 因"摊破"所产生的"又一体":不明白韵文学以韵间音节数为单元,即韵长,韵长可在不变易音节单双式的前提下,作不同的"摊破"。譬如东坡【水调歌头】上半阕"不知天上宫阙,今夕是何年",下半阕"不应有恨,何事长向别时圆",此调上下片第二韵长的十一音节,上片摊破为6、5,一六字双式句、一五字单式句;下片则摊破为一四字双式句、一七字单式句。上下句韵长相同,摊破方式不同,但音节形式之单双则不可变。

5. 其他因素所产生的"又一体":又可分为以下三类:

(1)合乎本格而误置的"又一体";

(2)并入幺篇而不自知;

(3)曲中有增句而不自知。①

《大成》仙吕调只曲八十七调列有"又一体"的有五十三调,其中像【赏花时】列"又一体"五曲,【混江龙】六曲,【煞尾】五曲,每叫人迷乱其格式之纷扰,好像北曲格式变化多端,无从掌握。其实不然,它的变化是依循着一定原理的。虽然北曲变化的因素不止本文所举衬字、增字、减字、增句和摊破,但据此以检验《大成》谱,已足以说明其编者于曲理未尽了了,其所谓"又一体",多数是可以删除的。其实正变格的基础,正如周维培《曲谱研究》所谓"从《广正谱》的整个谱式看,定变格的区别,或在句法上,或在字音平仄上,或于煞尾分辨上,或在特征性衬字上"②。

(六)小结

以上所论,皆以北曲举例,缘故是北曲格式变化多端较南曲为甚。若就南曲而言,不过衬字、增字为主而已;其减字、减句均偶一为之;带白、夹白则使用明确,不易混淆正字;至于滚白、滚唱,则是弋阳诸腔的事,正规南曲并未列入规律之中。因之,论曲牌格律之变化,北曲明,则南曲不待论而亦明矣!

---

① 北曲格式变化的因素.古典文学(第1集).台北:台湾学生书局,1979年;收入拙著.说俗文学.台湾:联经出版社,1984年,第325—345页。

② 周维培.曲谱研究.南京:江苏古籍出版社,1997年,第76页。

# 北方昆弋同台、同班、同籍演剧形制考察[①]
## ——以晚清民国时期北方昆弋职业班社荣庆社与祥庆社为例

张 蕾[②]

从清道光七年（1828）改"南府"为"升平署"将南府民籍学生全数退出至清最后一代皇帝宣统（1911）的80多年时间里，以北方籍为主的戏曲演员逐步占据了包括"内廷承应"在内的京城各主要戏曲舞台。随着皮黄在"内廷承应"中的不断势强，众多以演皮黄为主的名角在"内廷承应"中"承差"兼演昆腔剧目。清光绪九年（1883）后，"内廷承应"结束了长达一个半世纪之久的昆弋两腔独霸局面，清"内廷承应"已鲜见昆弋演员及昆弋剧目。

### 一、清"内廷"演剧形制的直接继承者——王府昆弋班

昆弋虽在晚清逐渐退出"内廷承应"的舞台，但昆弋在京城并没有全部消失，而是"下放"成为在晚清王府昆弋班中的两大声腔，可以说，"内廷承应"中的昆弋两大声腔在王府昆弋班中得以延续。如果说"南府"与"异平署"是"皇家剧团"，"王府昆弋班"则是所谓"皇族剧团"。道光年间醇亲王奕譞府兴办的"安庆昆弋班""恩庆昆弋班""小恩荣昆弋班"以及"袭封"的肃亲王善耆府兴办的"复出安庆昆弋班"等[③]，这些"皇族"开办的昆弋班社实行的是"半官制"的北方城乡昆弋艺人"合流"下的"同台、同班"演剧形制。

清王府昆弋班"同台、同班"演剧形制与"内廷承应"昆弋"同台"演剧形制相比，最大的特点与不同是：第一次实现了昆弋两腔"京城班"（北京）城市昆弋艺人与"本地班"（河北）乡村昆弋艺人"同班"间的双向"合流"。

河北在历史上是北曲杂剧流播之地，如元代"词势非笔舌可能拟，真词林之英杰"的河北正定元人侯正卿，以及"久居燕地"有着"珠玑鹦鹉"之誉的元人荆干臣等，历史上都因为专写"北曲""北剧"被明代朱权列入"古今群英乐府元代一百八十七人"。至于昆弋两腔的舞台演出，更可以说，清代皇帝在河北"行宫"的历史有多长，河北昆弋两腔的演出历史就有多久。早在清康熙"南府"时期，"内廷承应"中昆弋演出的"中心"虽在京城，但河北建有多处皇帝行宫与戏楼，如河北承德避暑山庄的清音阁皇家戏楼、河北蓟县（现归天津市管辖）盘山专为干隆看戏所建的皇家卧云楼等。清代的皇帝仅有康熙与干隆几下江南，但自康熙始，清代的皇帝们更多的时间是在河北，河北"行宫"建成后皇帝一年中大致有半年时间在河北避暑及处理政务。在河北，"内廷承应"自然是必不可少，成为常态。因此称河北为"内廷承应"演出的副中心实不为过。受皇帝的影响，清廷任命选拔的历代河北各府县官员必然投其所好，这也在一定程度上对昆弋在河北的流行起到了某种推动作用。由此可见，河北昆弋历史的土壤绝非贫瘠而是根基深厚。这点从清代撰写存世的当年河北一些昆弋流行地域的地方志如《保定府志》《高阳县志》《安新县志》等都可以看出。1935年天津版《大公报》连载的白云生写的《白云生自传》[④]里就写道：

> 我的故乡在河北省安新县马村……虽然不满三百户，文化却是很盛的，并且在清末曾出过一名翰林，一名进士，一名举人，两名拔贡，四十多名秀才。老翰林张怀信观尚健在。

从白云生的记述中可以看到，作为河北普通乡村的安新马村虽然人口不多，但在清末人才辈出。白文还提到，从安新走出来的晚清翰林张怀信当年曾热衷于安新昆弋"子弟会"（北方昆弋早期民间演出组织）。

19世纪末至20世纪初，随着晚清王府昆弋班的相继解散，京城的昆弋演出完全转移到了河北，隶属"京畿"的河北成为晚清民初北方最大的民间昆弋演出聚集地，集中了当时最优秀的昆弋演员。

河北的这一重要地位的形成与清官"内廷承应"在河北的演出史及当时河北各府县的官员们对昆弋在河

---

[①] 本文是《中国昆曲〈北方〉史稿》阶段性成果。
[②] 作者系中国戏曲学院戏文系硕士研究生、就职于北方昆曲剧院。
[③] 周传家. 韩世昌——北方昆曲的灵魂与旗帜. 戏曲艺术, 2013年增刊。
[④] 《白云生自传》连载（一），天津《大公报》1935年9月4日第13版。

北的流布与传播的重视不无关系；而上述历史过去被学界或多或少误解与忽视了。真实的历史是：第一，昆弋传入河北应该主要受清代以来皇家在河北"行宫"举办"内廷承应"昆弋演出的重要影响。第二，京城王府昆弋班散班后北方籍昆弋艺人多流向河北，是"回家"，不是"传入"，这也反证了为什么北方昆弋演员都来自河北。与当时南方各类"地方"昆弋班与"乡音"南方籍昆弋演员相比，北方的昆弋班社与北方籍演员离"天朝"最近，属"直隶"京畿圈内。他们传承了"内廷承应"的昆弋"同台"演剧形制；他们传承了"官制"昆弋剧目；他们所使用的舞台语言虽有河北"土音"成分，但绝非苏州昆曲、永嘉昆曲、郴州昆曲等南方籍昆弋演员所使用的"吴音""苏音"等属于南方"吴语"系统的语言，其主体语言应属北方"官话"系统。

与"内廷承应"时期"官制"的"同台"演剧形制相比，清晚时期王府昆弋班"同台、同班"的"半官制"演剧形制受清晚期新政、新体等改良思潮的深刻影响也发生了一些大的变化。主要表现为：班社完全没有了管理国家戏曲活动的职能；班社开始有了自己的称谓；班社大部分时间以在京城的公开的剧场演出为主；班社演出以传统昆弋折子戏为主；班社演出在声腔上以弋腔剧目为主，且这些弋腔剧目大都改自昆腔剧目；班社演员为城市昆弋艺人与河北乡村昆弋艺人的双向"合流"；班社演员以"直隶"河北籍为主。"北方昆弋"的称谓由此肇始。

对"北方昆弋"来说影响最大、最为直接的，无疑是王府城乡艺人"合流"的昆弋班及所形成的"同台、同班"演剧形制。北方昆弋第一代北方籍昆弋主要演员都曾在清王府昆弋班（京城班）当过"承差"，也都曾在河北"本地班"（如子弟会、同乐会等昆弋民间班社）中参加过演出、教习等活动，且北方昆弋第一代北方籍主要演员全部来自河北。

## 二、王府昆弋班是晚清民初京城昆弋演剧"市场化"的先行者

王府昆弋班中的城乡艺人"合流"所导致的直接结果是：

晚清王府昆弋班打破了"内廷承应"不示百姓的禁忌，走出了深宫，走向了剧场，与南方传统意义上以唱"堂会"为主的自娱自乐式的"家班"不同的是，晚清王府昆弋班初步具备了城市现代演出市场"票房制"的特征。

这是自1840年以来中国由封建社会进入半封建半殖民社会后一次重大的演剧形制变化。

晚清王府昆弋班中的昆弋演员以河北籍为主，北方昆弋的第一代演员开始按"字"排行，如庆、荣、益等。演员实行城乡之间的"合流"，采取的主要办法是：分别在京城与河北本地开办了数量不等的"京城班"与"本地班"，如京城里的"安庆班"与河北本地的"小恩荣班"等。一般情况下，新演员先在"本地班"跟"京城班"的老演员习戏，具备一定水平后再到"京城班"演出。这种情况类似于晚清时期一些皮黄演员在昇平署承差后再回到民间班社搭班演戏。这种"京城班"与"本地班"城乡艺人间的相互"合流"不仅减少了王府的花销，也使得"京城班"与"本地班"的昆弋演员在教戏、学戏、演戏这三方面有了很大的共通性。演员之间开始出现了竞争，不问出身只看艺，"角儿"的位置越来越重要，在剧目与表演风格等方面的传承上有了很强的直接性、针对性与连续性。

在这个历史过渡阶段里，南府和昇平署出现的各类昆弋宫廷大戏和节令戏、宴戏、寿戏、灯戏等形式大于内容的戏受到很大节制，代之而起的是各类注重表演特色的昆弋折子戏与串折戏，如一些"内廷承应"连台本中的某些折出被拆成了折子才得以保留传承到现在。此时王府昆弋戏班中弋腔剧目明显多于昆腔剧目①，弋腔呈现出了自清初以来的又一个高潮，同时也是其在京城的最后一次高潮。

晚清王府昆弋班在声腔剧目上与同时期南方各类昆班有一显著的不同：晚清王府昆弋班即便存在昆弋"同体"现象，但始终坚持昆弋两腔，其声腔剧目很"纯净"，可谓非昆（腔）即弋（腔）。而南方各类昆班的"杂糅性"则是他们在这个历史时期的显著特点。需要说明的是，清朝最后一个肃亲王王府昆弋班在京所演昆弋剧目的"戏单"被完整记录下来了，有时间、地点、剧目，记录者是同时代的刘半农、周明泰，这是第一手"戏单"史料，属"第一历史"，真实可信。而陆萼庭《清末上海昆剧演出剧目志》中关于清末昆曲在上海演出情况的描述则属"第二历史"，缺乏"第一历史"的"戏单"史料的佐证支撑，其关于清代末期昆曲在上海演出"如以一出戏作一个单位计算，经常上演的几乎有七八百出之多"②的说法的历史真实性值得存疑。

昆弋"双腔制"在经过清初期"内廷承应"昆弋两声

---

① 参见刘半农、周明泰：五十年来北平戏剧史材，1921年铅印本。
② 陆萼庭：昆剧演出史稿．上海：上海教育出版社，2006年，第344页。

腔的"合流"后,在经过清晚期王府昆弋班中京城班与本地班的城乡艺人之间的"合流"后①,在保持了200年左右的"皇家剧团"和"皇族剧团"各有不同的"同台"和"同台、同班"演剧形制后,最终为民国初年开始的北方昆弋班社"职业"与"民间"的既"分流"又"同流",在剧目和人才上,为适合北方昆弋发展自身特点的昆弋"双腔制"下的"同台、同班、同籍"的演剧形制打下了基础。

综上表明,民国时期北方昆弋"职业"与"民间"班社的既"同流"又"分流"——"市场竞争"下的北方昆弋"同台、同班、同籍"演剧形制与清"内廷承应"昆弋"双腔制"下"同台"演剧形制和清晚期王府昆弋班"双腔制"下的"同台、同班"演剧形制相比,虽在级别、职能、规模、组织、剧目等方面有许多不同,但昆弋"双腔制"始终不变地被继承了下来。当昆弋两腔褪去了昔日象征着清代帝王权力与奢华的色彩后,当昆弋两腔不再是晚清王公贵族们厅堂庭院中的消遣与娱乐之后,当皇家的"官制"与皇族"半官制"的昆弋演剧形制随着清代的结束而彻底结束后,民国时期的北方昆弋职业班社"同台、同班、同籍"的演剧形制逐渐占据了京城昆弋舞台的中心。

## 三、北方昆弋职业班社是民国期间南北昆弋演出的主体与主流

1918年,随着北方昆弋荣庆社的进京驻演,北方昆弋班社开始了"职业"与"民间"的"分流"。这是一种建立在"同流"基础上的"分流",这个"同流"的基础是:演剧形制上传承了清王府昆弋班昆弋"同台、同班"的演剧形制,演员全部为河北同籍。

正是这种城市与乡村、职业与民间的既分流又同流最终导致北方昆弋走出了一条不同于南方昆曲或南方"昆滩"(苏剧前身)以及北方"昆黄"的具有自身特色的传承与发展的道路,开启了昆弋双腔制下北方昆弋"同台、同班、同籍"演剧形制的北方昆弋时代。

北方昆弋职业与民间班社的分流所处的历史大背景是清末民初,在这样一个大动荡、大分化、大改组、大变革时代,北方昆弋班社分流导致的结果是:一曰北方昆弋民间班社。演出以在河北农村流动性演出为主,兼顾乡镇与中、小城市。二曰北方昆弋职业班社。演出范围城乡结合,以在北京、天津等大城市驻场演出为主,兼顾河北乡镇与中、小城市。

北方昆弋民间班社指晚清民国时期活动于河北农村一带民间的早期班社,如恩庆班、和顺班、庆长班、元庆班、和丰班、和翠班、德庆和班、宝山合班等。1911辛亥年前后这类民间班社在河北各地已达几十家,作为北方地区昆弋班社最主要的聚集地,当地人称之为昆弋热窝子。这些北方昆弋民间班社是北方昆弋演员早期活动的摇篮和根据地,他们生于斯,长于斯。班社性质多为"不离土。不离乡,不离爹和娘"的"半农半艺"式的"草台班子",主要活动范围为河北农村或本乡本土,虽数量较多,但大都规模较小,影响不大,存亡等命运转折也大都在转瞬之间。其特点为组织松散,时间较短,演员基本上家族化或宗亲化;演出没有固定场所,以露天跑大棚为主;剧目以当地喜闻乐见的弋腔为主,昆腔辅之,艺术上较为杂糅粗放;观众则以本乡本土文化水平不高的农民为主;各类演出活动完全处于场地无顶棚、晚上无电灯、演出无戏单、剧目无介绍、报纸无广告、媒体无报道、演员无剧照的七无状态。这种非职业化的状态在北方昆弋前辈们留下的各种回忆性的记录中都有很真实的记载。

与北方昆弋民间班社相比,北方昆弋职业班社是北方昆弋发展成熟期的主力军与典型代表,最著名的当属荣庆昆弋社(以下简称"荣庆社")②与祥庆昆弋社(以下简称"祥庆社")③。它们大都脱胎于早期在河北农村成立的北方昆弋民间班社,如1911年成立的荣庆社脱胎于1877年成立的庆长班;1935年成立的祥庆社脱胎于1912年成立的老祥庆社等。1918年后,因职业与民间的分流,"二庆"昆弋班社先后在北京、天津等大城市完成了华丽转身,由民间班社成为职业班社。"二庆"昆弋班社集中了当时一大批北方昆弋最著名最优秀的北方籍各行当演员,担当起了当时复兴昆曲的重任。

荣庆社与祥庆社均为私人开办的职业班社。其中祥庆社是在1935年荣庆社分箱的情况下组建的,两社均

---

① 关于清"内廷"昆腔剧目与清王府弋腔剧目的关系,可参看故宫博物院编《故宫珍本丛刊》(海江:海南出版社,2001年)收录的"昆腔单出戏"及"昆腔单出戏曲谱"和刘半农、周明泰编《五十年来北平戏剧史材》。

② 荣庆昆弋社,北方昆弋最著名的职业班社之一,前身系1911年成立的同名北方昆弋民间班社。1918年初应田际云之邀由社长王益友率班入京于1月12日首演于北京前门鲜鱼口胡同内的"天乐茶园"。1935年初分箱,在天津重组"荣庆昆弋社",1939年在天津解散。

③ 祥庆昆弋社,北方昆弋最著名的职业班社之一,前身系1920年成立的同名北方昆弋民间班社。1935年因"荣庆昆弋社"分箱,于北京重组"祥庆昆弋社"。1938年在北京解散。

承袭了晚清王府"安庆昆弋班"及"复出安庆昆弋班"为主要代表的昆弋双腔制下的"同台、同班"演剧形制,在昆弋两腔剧目上均有直接明显的传承关系。两社的北方籍演员均为河北籍,其中以河北省安新县、高阳县为两大来源。这两个地域方位史称"京东南"。来自"京南"的以韩世昌为代表的荣庆社与来自"京东"的以白云生为代表的祥庆社以京、津为主要驻场演出基地,并先后成为民国期间北方乃至全国昆弋演出最活跃、剧目最丰富、风格最鲜明、演员及行当最齐整、社会影响力最大的两个北方昆弋职业班社。

也正是由于两社昆弋演员同籍的原因,演员中具有远亲近邻关系的多达95%以上,有世家传承的多达98%以上,其中不乏爷孙、父子、夫妻、儿女、兄弟等直系血亲的传承。正是这种宗亲化、联姻化现象,使得两班社之间的演员存在着相互师承、相互学习、相互影响乃至相互竞争的关系,这种同籍化现象是受历史乃至地域、习俗、语言、传统、师承等因素影响而形成的。辩证地看这种同籍化现象,一方面其保证了北方昆弋的纯正性,使北方昆弋得以在残酷的生存环境下坚持下来并具有了和南方昆弋不一样的艺术风格,为后来的北方昆曲时代的到来打下了坚实的基础。而另一方面也在一定程度上限制了"二庆"昆弋班社吸收优秀的南北曲剧目来充实丰富自己。好在这种限制在韩世昌、白云生等当时被称为青年才俊的20岁上下的年轻演员中有了很大的突破和改观。韩、白先后师从南方籍大曲家吴梅、赵子敬、曹心泉等学习南曲剧目,开创了北方昆弋职业班社历史上北方籍演员师从南方籍曲家拍曲、学戏的先例。尤其值得一提的是,南方籍曲学大师吴梅门下并无南方籍演员弟子,却破例收下韩、白两位北方才俊,使得韩、白成为民国期间师承吴梅的唯一一对北方籍昆弋弟子,足见吴梅先生对北方昆弋的尊敬,对北方昆弋演员的厚爱:

近代曲学大师吴梅原本在苏州东吴大学堂、存古学堂、南京第四师范和上海民立中学任教。因其在曲学方面的突出贡献,引起了1916年担任北大校长的蔡元培的关注。翌年,蔡校长果断地将吴梅聘请到北大执教,中国大学文学系将宋词、戏曲乃至昆曲引开列为必修课程,乃自吴梅先生肇始……1936年12月14日,韩世昌率领祥庆社百余人,在多省巡回演出之后来到南京,演出时间长达一月多。老师吴梅亲自出面宴请报章广为宣传,并就荣庆社所演的每一戏码都予以了指点与评论。他认为"《搜山》《打车》较苏班为佳,《絮阁》《惊梦》亦可,唯《埋玉》则不合,且有未完。明日二生来,当一问之"。其中的"二生"指韩世昌和白云生。白云生在南京又拜吴梅为师,在演出之余刻苦认真地学习了《桃花扇》《西楼记》《寄扇》《题画》等一些昆曲剧目。祥庆社在宁演出期间,吴梅先后为二位挑班的爱徒题赠了四首绝句和两副楹联。其绝句有云:"曾掐檀板教小伶,吾才哪及《牡丹亭》。君家倘演《湘真阁》,阑夜还当侧耳听……东郎旧稿香查生,兰谷新词天籁铭。漫道西昆无后赏,万人空巷看双卿("双卿"即韩世昌、白云生)。"①

后来的历史无疑证明了吴梅当年的眼光是极其准确的。"双卿"成为北方昆弋与北方昆曲历史上最重要也是分量最重的一对"北昆双璧"。

无论是北方昆弋职业班社还是北方昆弋民间班社,其基本演剧形制的性质均属民制,即不再具有皇家官制与皇族半官制的任何官方属性,无论是职业班社还是民间班社都要靠自己养活自己。但二者分流后因所处的生态环境与生存环境大不相同,故在以后的传承与发展、道路与归宿、结果与最终影响上也大不相同:前者成为北方昆弋历史上的著名班社,其演员后来也大都成为北方昆曲的第一代拓荒者;而后者的演员最后大都自生自灭,无声无息地消失在历史中。由此可见,对于北方昆弋来说,都市化与职业化何其重要。

---

① 谢柏梁、顾卫英.韩世昌与梅兰芳、吴梅的文化夙缘.戏曲艺术,2013年增刊。

# 顾大典及明清两代的吴江顾氏曲学家族

周巩平

顾大典(1540—1596),字道行,号衡宇,吴江人。他出生在江南一个著名的望族,本人则是明代万历年间剧坛一位颇具风流盛名的戏曲作家,晚年辞官回乡后,创作了传奇《青衫记》等盛行于世。他还大兴土木地修葺自己的私家园林——谐赏园,在园中蓄养戏班,创制新剧以家乐搬演,并将此作为养老娱亲、陶冶性情的一种生活方式。他的行为举止在吴江乃至整个南方一带文人士绅中产生了很大影响,并引领了一时的社会风尚。时人常把他与同邑著名曲家沈璟相提并论,清初同邑文人潘柽章(1626—1663)说:"顾大典……家有清商一部……醉即为诗或自造新声被之管弦。时吏部员外郎沈璟年少,亦善音律,每相唱和。邑人慕其风流,多畜声伎,盖自二公始也。"①清初诗文名家常熟钱谦益(1582—1664)说:"(顾)大典,字道行,吴江人……家有谐赏园、清音阁、亭池佳胜。妙解音律,自按红牙度曲。今松陵多蓄声伎,其遗风也。"②他们的评价都表明顾大典和沈璟两人引领了吴江及南方一带士绅家庭酷爱戏曲的风气。

顾大典他们这个家族除了顾大典以外,还有其他多位著名曲家,是个颇有戏曲文化氛围的家族。而且,顾氏家族与吴江沈氏家族——戏曲家沈璟家族有连续几代的婚姻关系,两个家族曲家常在一起填词制曲、审音定律,对南方一带戏曲艺术的繁荣发展做出了重要贡献。这些情况,在现存《吴江顾氏族谱》中都有比较清晰的记载。过去,由于家谱资料未被充分挖掘,对顾大典及顾氏世家的戏曲活动叙述总嫌不够全面。徐朔方先生所著《晚明曲家年谱》之《顾大典年谱》,对现存顾大典的诗文进行了史料钩稽,梳理了顾大典一生的文学活动和戏曲活动线索,考证用力甚勤,是迄今为止研究顾大典戏曲活动最为全面的成果。但是,此谱仍存在许多错误和缺失。此外,向所研究也很少涉及顾氏家族除顾大典之外的其他曲家,顾氏家族与其他家族的婚姻以及婚姻关系对戏曲活动产生的影响,等等。这些情况在家谱资料充分挖掘出来之后也都逐渐显露。本文就是利用这些新开掘的资料,对顾大典一生的戏曲活动、对顾氏家族的曲家、顾氏家族与沈氏家族的婚姻关系乃至因这些婚姻关系而发生的一系列曲学活动做一些探究。

## 一、顾氏家族的历史以及明清时期的曲家

关于顾大典他们这个家族的家谱资料,在目前的公共收藏中,唯见上海图书馆图藏有四种:第一,《吴江顾氏世系表》(总世系表),清初顾绍业、顾绍龄等编纂,抄本1册;第二,《吴江顾氏族谱》(城中支谱),清初顾绍业、顾绍龄等纂修,抄本3册;第三,《同里顾氏世系表》(同里支世系表),清顾鼎暲等纂修,抄本1册;第四,《顾氏族谱》(城中支某系谱),清顾寅方等纂修,抄本1册。上述四种家谱资料,均为吴江顾氏家族支系后裔在清康熙年间和清乾隆年间先后纂修编写的。至民国初,这些编纂的原稿本仍存在吴江原籍顾氏后人家中。民国七年(1918)至十一年(1922),南社柳弃疾等人为整理吴江一邑文化遗产,便从顾氏后人手中借阅了这些资料,并迻录了上述副本。录毕,柳弃疾为各抄本题写了跋文。南社文献后经辗转被上海图书馆收藏,但顾氏后裔所藏原谱稿本不知下落,所以,目前,该家族的历史情况仅有上图藏南社抄录本可资参考。

据家谱和各种文献记载可知,吴江顾氏家族是个具有千年历史的望族,始祖为三国时期的吴国宰相顾雍。顾雍受封醴陵侯,与陆逊齐名。醴陵侯后裔世居江南,历经朝代更替,子孙繁衍,名流辈出,支脉愈多。延至宋末元初,醴陵侯三十三世孙顾亨(睦静公)迁居吴江,始析顾氏吴江一脉。顾亨有曾孙仁、义、礼、智、信5人,义为亨长孙岁芳子,居北芦墟;仁为亨次孙时茂长子,居同里;信为亨季孙令节子,居城中;礼、智二人则迁出吴江。自此,吴江顾氏家族又析为城中、同里、北芦墟三个支系。各系支脉渐次发展壮大,遂成巨族。延至明代嘉靖、隆庆、万历,江南一带已有"吴中四姓,顾得其一"(王

---

① (清)潘柽章:松陵文献(卷九).康熙三十二年潘耒刻本,1995年上海古籍出版社《续修四库全书》据复旦大学藏本影印,史部541册,第476页。

② (清)钱谦益:列朝诗集小传(丁集).上海:上海古籍出版社,1983年校点本,第486页。

稚登《衡宇顾公传》),"吴之著姓者曰朱、张、顾、陆"(俞琬纶嫂氏吴中派族谱序))的说法。

从明朝嘉靖起,这个家族就开始不断涌现曲家,至清康熙初,该家族连续五代共有顾大典、顾悦、顾伯起、顾万祺、顾必泰、顾其晖6位曲家见于曲目文献的记载。其中,顾大典撰有《青衫记》《葛衣记》《义乳记》《风教编》等传奇,最为著名,影响最大;顾必泰(顾来屏)撰有《摘金园》传奇和《耕烟集》散曲集,还曾协助沈自晋编纂《南词新谱》,也是颇有名气的曲家;此外,顾伯起著有《顾元喜散曲》(顾伯起字元喜);其他几位,如顾悦、顾万祺(顾大典曾孙)、顾其晖(顾必泰子)等都参与了《南词新谱》的编纂,他们都是当时南方曲坛活跃一时的人物。据家谱资料的记载,可知上述曲家分别出自吴江顾氏家族中的两个支族——城中支与同里支。根据家谱中的《系图》与《传略》,城中支的曲家按世次、年龄排序分别应为顾大典、顾悦、顾伯起、顾万祺(顾万祺虽年龄长于顾伯起,但辈分则低顾伯起一辈)4人;同里支的曲家按世次、年龄排序则有顾必泰、顾其晖2人。

笔者先将城中支曲家的生平简略介绍于下。先看顾大典:顾绍业等纂《吴江顾氏族谱》第二册《家传》对顾大典生平有详细的记录,因家谱的记载与徐朔方先生所撰《顾大典年谱》存在明显歧义,故笔者不惮其烦,将关于顾大典的传记原文录于下:

(城中支)九世

大典

梦淳长子,字道行,号恒岳,别号衡宇。嘉靖庚子八月二十一日生。治易,补邑庠生,隆庆丁卯中应天乡试三十四名。主考王希烈、孙铤。戊辰登进士三百四十八名,廷试三甲二百二十七名。请授浙江绍兴府儒学教授署山阴余姚县篆。庚午聘为江西同考试官,辛未擢处州府推官。万历癸酉聘为浙江同考试官。甲戌征拜刑部广东司主事,以周太宜人不欲北上,疏改南兵部武选司主事,晋阶承德郎,吏部稽勋司署郎中事主事,升奉政大夫吏部稽勋司郎中。甲申转山东按察副使,乙酉八月命提督福建学较仍副使,坐考工论谪,知大州不就而归。丙申二月初十日卒。享年五十七岁。泰昌元年以子恩追录原任福建提学副使。

所著有《清音阁集》《海岱吟》《闽游草》《园居稿》及《青衫》《葛衣》《义乳》《风教》,并行于世。其丹青字艺,后人比之文征仲、唐子畏云。住北门上塘宅,后即谐赏园,复建清音阁、玉华仙馆诸胜。

配长洲刘氏,工部主事饭苓子鸿胪丞见令女,敕封安人,加封宜人,三封太恭人。卒年八十七岁。初葬柳胥旧字圩先茔,淄川令沈琦状,同郡大学士王锡爵志墓,后改葬吴县龙池山桐皋字圩。侧室陈氏,嘉靖丁未十月初三日生,戊寅六月初三人卒。赠孺人。又崔氏、张氏,俱附葬旧字圩,莫氏,葬缺。

子六:庆延正出,庆恩陈出,庆畬、庆平俱崔出,庆午、庆云俱张出。

女三:一适沈琦礼部祠祭司主事,赠孺人,正出,一适常熟严桐大学士纳孙,邵武知府澂子,一适乌程沈育元龙游知县梦龙子,俱张出。

据《家传》可确知,顾大典字道行,号恒岳,别号衡宇,属城中支第九世(顾氏总第四十五世)人,生于明嘉靖庚子年,即嘉靖十九年(1540)的八月二十一日。但是,徐朔方先生所著《晚明曲家年谱》却说顾大典生于明世宗嘉靖二十年辛丑(1541)。原因是徐谱采用了顾大典《秋怀赋》序中"嘉靖辛酉(四十年)之岁,予二十有一"的材料,进行了想象和逆推,故形成此错误结论,从而使《顾大典年谱》对顾大典年龄的记载每年都差了一岁。① 其实,顾大典的出生年月家谱中有明确记载(详细到了年份、月、日的干支),顾大典《秋怀赋》序中所言"嘉靖辛酉之岁,予二十有一",是顾大典自指"实岁"年龄而非"虚岁"年龄,这本是徐先生理解偏差的结果。据家谱记载,顾大典于隆庆元年(1567)中应天乡试,次年(1568)登进士,万历二十四年(1596)二月初十日卒,享年五十七。著有诗文《清音阁集》《海岱吟》《闽游草》《园居稿》及传奇剧本《青衫》《葛衣》《义乳》《风教》等。配长洲刘氏,侧室陈氏,又娶崔氏、张氏、莫氏。子六:庆延、庆恩、庆畬、庆平、庆午、庆云。此外要注意的是他有三个女儿:长适沈琦,沈琦就是吴江沈氏家族沈璟的从弟;次适常熟严桐;幼适乌程沈育元。

顾大典的父亲是顾名义,《家传》所载原文如下:

(城中支)八世

名义

平野次子,字仲畏,号梦淳。产于将乐县治,春秋补邑庠生,卒年三十二岁。万历戊寅以子恩敕赠承德郎,吏部稽勋司主事加赠奉政大夫吏部稽勋司郎中。配周氏(顾大典之母),吏部尚书恭肃公用子寻甸知府国南女。嘉靖癸未十一月十三日,敕封太安人,加封太宜人,

---

① 见徐朔方著《晚明曲家年谱》第一卷之《顾大典年谱》,杭州:浙江古籍出版社,1993年,第263—83页。

万历壬寅三月二十八卒。合葬旧字圩献茔。子二：大典、大谟。

顾大典的祖父，《家传》所载原文亦节录如下：

（城中支）七世

昺

子正子，字仲光，号平野。弘治己酉八月二十五日生……嘉靖……戊申六月二十九日卒，享年六十岁。初令将乐，有惠政，士民德之，乃立去思碑。万历甲申，督学王公世懋特祠公名宦……公所著有宦游、园居稿。居北塘七保軨角字圩，第前有坊，万历二年孙大典所建，颜曰"世掌法曹"，宅后为谐赏园，池馆林泉之胜，为松陵第一……子二：名节、名义。

据上述载可知，顾大典父亲的姓名是顾名义。徐朔方《晚明曲家年谱》所言顾大典父为"倾义"，是错误的。顾大典的祖父顾昺有两个儿子，一个叫顾名节，另一个叫顾名义，顾名义即顾大典之父。他们这一辈的姓名按家族辈分字号的排列应该是"名"字辈，家谱中记载顾大典的从伯叔中还有顾名教、顾名誉、顾名臣、顾名实、顾名言、顾名科、顾名位等，顾大典的父亲叫"顾名义"是顺理成章的。

顾大典曾祖《家传》记载的原文节录如下：

（城中支）六世

项

墩隐次子，字子正。成化丁亥三月十六日生，正德辛未三月二十七日卒，享年四十五岁……子一：昺。

顾大典高祖《家传》记载的原文节录如下：

（城中支）五世

程

季瑷长子，号墩隐，徙居北塘……享年九十岁……子四：颛、项、颐、颢。

由此亦可确知，顾大典的曾祖父姓名是"顾项"，其得名因"颛项"二字而来，其兄名"顾颛"，按顺序他名"倾项"。徐朔方《晚明曲家年谱》所言顾大典曾祖名"倾琐"，则谬误大矣。

以上因须辨析《晚明曲家年谱》中的一些错误，因此笔者不厌其烦，摘录了《家传》中的许多原文。以下对其他曲家生平的介绍，则无须烦琐，均直接摘引《家传》材料，不再冗录原文。城中支其他曲家，据顾绍业等纂《吴江顾氏族谱》第二册《家传》，生平情况如下：

顾悦，字长乐，一名及，字八公。城中支第十一世（总第四十七世）人，右铭子，大璟孙。万历三十九年（1611）九月二十日生，配徐氏，继吴县沈氏。

顾伯起，字元喜，号殿臣。城中支第十一世（总第四十七世）人，应鼎子，大经孙。天启二年（1622）十月十六日生。配陈氏。

顾万祺，字庶其。城中支第十二世（总第四十八世）人，在闽子，庆延孙，大典曾孙。万历四十五年（1617）生，配丁氏。

据顾鼎暲等纂《同里顾氏世系表》，同里支曲家简略生平如下：

顾必泰，后改名顾来屏，字鸣九（鸣凡）。同里支十二世（总四十八世）人，祖宪子，而训孙，配沈氏蕙端，为吴江沈氏家族沈珂孙女。子一，其晖。

顾其晖，字傅天，号退庵。同里支十三世（总四十九世）人，必泰子，祖宪孙。

把相关记载进行概括合并，删除无关的枝蔓，这个吴江顾氏家族的族源、分支及各支系诸位曲家的血缘世次情况可大致勾勒如下（曲家以黑体字标出）：

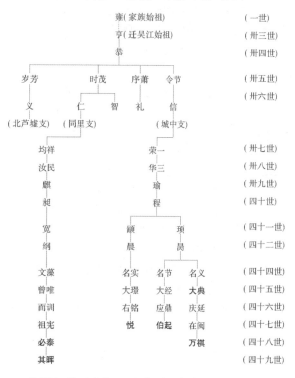

浏览记载不难发现，这个顾氏家族从第四十五世约明朝嘉靖年间起，就开始出现第一个见于文献记载的曲家顾大典，连续数代至第四十九世清康熙朝的顾其晖，整个家族见于曲目文献记载的曲家共6人，是个曲家辈出的家族。这些曲家相互之间的关系可以表述为：顾大典是顾伯起和顾悦的从伯祖，顾万祺的曾祖父，顾必泰的族曾祖父，顾其晖的族高祖；顾伯起与顾悦两人是从

兄弟,都是顾大典的从侄,顾万祺的从叔(顾伯起年龄还小于顾万祺),顾必泰族叔,顾其晖的族叔祖;顾万祺是顾大典的曾孙,顾伯起和顾悦的从侄,顾必泰的族兄,顾其晖的族伯父;顾必泰是顾大典的族曾孙,顾伯起与顾悦的族侄,顾万祺的族弟,顾其晖的父亲;顾其晖是顾大典的族玄孙,顾伯起与顾悦的族孙,顾万祺的族侄,顾必泰之子。也就是说,这6位曲家都是顾氏家族明末清初时期涌现出来的曲坛佼佼者,他们都有顾氏血缘,都受同一个顾氏家族文化传统的熏陶和影响,可视为同一家族文化背景,有亲缘关系的曲家群体。

顾氏家族众多曲家中最有成就和最具影响的人物就是顾大典。家谱关于顾大典的记载不少,除家传、系图外,重要的资料还有:王锡爵撰《衡宇墓志铭》,王稚登撰《衡宇顾公传》,王世贞、张凤翼、屠隆、茅坤等人赠诗(均见顾绍业等纂《吴江顾氏族谱》第3册),顾大典身着官服的画像以及李化龙、张献翼、汤显祖等人为小像所撰写的像赞题辞(均见顾绍业等纂《吴江顾氏族谱》第1册),等等。这些资料可使我们大致了解顾大典一生的戏曲活动,并进一步探讨顾大典痴迷于戏曲的原因。

据《衡宇顾公传》,顾大典自幼"性解音律",有戏曲音乐方面的天赋,而且生性爱乐。万历二年至万历十一年(1574—1583),他在南京先后任兵部主事,吏部郎中官职期间,经常"不为轩裳桎梏","每吏散乌啼,酒人词客常满座","暇则出游……弹筝邀笛",听曲赏伎,或挟伎外出。《衡宇墓志铭》也说:"公之在南也,乐金陵名胜之地……暇即呼同曹郎载酒往游……或连日夜忘返。人以此訾公,然公才敏,于曹事实无废也。"也就是说,顾大典在南都官署10年,颇有风流倜傥、嗜饮好游的名声,他经常载酒挟伎游览名胜,几日夜不归。有人指责他疏于公务,其实他才思敏捷,办事干练迅速,用时少而效率高,根本不必泡在官署,也从未因游玩而误事。尽管如此,顾大典率性所为的举止还是留下了隐患,万历十三年(1585)他改任福建按察司提学副使时,就因"为郎南京时……自放于诗酒,为考工所追论"而遭贬谪。"当调,自免归。"不久,"当事者……再以大州起公,公竟卧不起"。

顾大典辞官不再赴任,因为他觉得仕宦生活不自由,对自己的性情是一种桎梏,对才能学识则是一种浪费,总想找机会解脱。此番被"考工"追论遭贬,其实正中下怀。据《衡宇顾公传》,顾大典当时曾说"吾性麋鹿,而婴樊槛者余二十载,今获遂初志",表示自己对官位并没什么留恋,官职本来就使他感到像个囚笼,既然被贬,正好脱身,放手去追求自己向往的东西,实在不愿再去担任大州的官职,耗费生命光阴了。那么,顾大典所向往的"初志"又指什么呢?《衡宇顾公传》说,顾大典"归而葺故所为谐赏园者,奉太宜人板舆宴乐"。"家有梨园子弟奏郑卫新声,公性解音律,填词度曲,被之管弦。红牙金缕,与松风相间,翛然不知在百雉中也。"——原来,无忧无虑地生活,无拘无束地享受戏曲音律之美,这才是他的"初志"、他的夙愿!归田后,任官期间只能偶尔为之的听歌赏曲,成了他日常生活的重要内容。顾大典日日陶醉于此,全身心地制作新曲与探究音律,洋洋得意地欣赏艺伎,搬演自编剧本。他以此自娱,以此取悦老母,娱乐家庭,交往亲朋好友。

致仕回乡后的顾大典如鸟儿归林,鱼入大海,好不悠闲自在。这样的生活,他度过了10余年,于万历二十四年(1596)57岁时辞世。也就是他生命的这个最后10年,成就了他一生事业的全部辉煌。《青衫记》等剧本均创作完成于此期,他还修葺了自己的私家园林——谐赏园,在园中蓄养戏班,创制新曲"被之管弦",以家乐搬演,及至渐渐流传,"梨园子弟多歌之",风靡整个剧坛。谐赏园成了吴中一带著名的听歌赏曲乐园。

这一时期,顾大典共撰剧本四种,《青衫记》《葛衣记》《义乳记》和《风教篇》,合称《清音阁传奇》。

《青衫记》共30出,取材于白居易长诗《琵琶行》。全剧以白居易青衫为线索,先后有质衫、赎衫、携衫、赠衫等关目,而以泪衫作结,故名《青衫记》。吕天成《曲品》评曰"元、白好题目,点缀大概亦了了"[1]。此剧借古人以自况,抒发怀才不遇的失意心情,渲染沦落天涯的诗人才子与红颜佳人的萍水相逢与惺惺相惜,寄寓了作者的感慨,也引发了不少文人士子同感。张凤翼在《青衫记序》中说:"展公瑾顾曲之艺,编此一记,命名《青衫》。俾童客歌以侑觞……夫以乐天后身传乐天往事,何异镜中写真,虽事近虞初而才情互发,俟入口吐音,盖掷地可令有声也。"[2]梅鼎祚在给顾大典的书牍中也说:

---

[1] (明)吕天成.曲品(卷下)新传奇品·上中品.中国古典戏曲论著集成(六).北京:中国戏剧出版社,1959年,第232页。以下所引各剧《曲品》评语,出处同此。

[2] (明)张凤翼.处实堂续集(卷之十)壬癸稿,《续修四库全书》影印明万历刊本,第1353册,第542页。

"君家乐部,亦无误可顾,新谱《青衫》,引泣千古。"①至清初,该剧舞台演出已非常普遍,姚燮《今乐考证》说:"顾道行……撰《青衫》《葛衣》诸剧,梨园子弟多歌之。"②该剧存明末汲古阁原刻本,《古本戏曲丛刊》二集据以影印。至今京剧舞台仍有此剧改编的剧目《琵琶行》(又名《琵琶泪》《花溅泪》或《浔阳梦》)演出。

《葛衣记》27出。本事见《南史》《梁史》任昉传,剧情多出虚构。剧中主人公西华落魄时雪天身着葛衣流浪情节,为全剧重要关目,故以为剧名。吕天成《曲品》评曰:"此有为而作,感慨交情,令人呜咽。"该剧清初甚为流行,《祁彪佳日记》《王巢松年谱》《迦陵词全集》等均有该剧演出的记载。焦循《剧说》曰:"《清音阁》四种,《葛衣》最传。"③该剧现存清代梨园抄本一种,《古本戏曲丛刊》五集据以影印。《缀白裘》收《走雪》一出,《纳书楹曲谱》收《嘲笑》一出,均为昆曲舞台长期演出的保留折子。

《义乳记》,出目不详。事本《后汉书·独行传》,剧中有李善哺孤时找不到奶娘,无处觅乳,急切只能亲乳孤儿的情节。"男儿那得乳汁",但"义胆忠肝,一时裂碎,化作了保婴滋味",关目奇特,故为剧名。(《曲海总目题要》)《曲品》曰:"事真,故奇,且以之讽人奴,不可少。"此剧全本佚,今存《群英类选》所录《哭主保孤》《义乳哺孤》《日南雪冤》《妻家相会》《义仆遇墓》等散出。

《风教编》,亦名《风教记》,出目、内容均不详。《曲品》曰:"一记分四节,仿《四节》题。趣味不长,然取其范世。"剧无存本,唯《南词新谱》与《九宫正始》各录其单曲二支,为填词作曲音韵格律之范式。

总之,顾大典辞官回乡后"自造新声"的几部传奇,都是舞台流行剧目或音韵格律典范之作。顾大典在曲坛享有盛誉,除有剧本传世外,更重要的原因还是他做了两件事:一是大兴土木地修葺自己的私家园林——谐赏园;二是在园中蓄养戏班,创制新曲以家乐搬演。使谐赏园成了吴中一带著名的听歌赏曲乐园。他的举止引起了公众的好奇与关注,吴中一带猎奇者跟风模仿,以至影响了一时一地的社会风尚。关于顾大典晚年谐赏园的生活以及顾氏家乐演剧所造成的影响,文献记载颇多。

著名曲家屠隆曾撰《挝道行谐赏园》组诗(见顾绍业等纂《吴江顾氏族谱》第三册《赠诗》),诗曰:

其一

一返长林狎麋鹿,悠然心与白云齐。溪边柳碧藏新艇,石上新苔蚀旧题。
弦入清秋银甲冷,歌残子夜玉河低。风流千载香山后,彩笔摇看落紫霓。

其二

吴中旧有辟疆园,天与幽人此息喧。雨过花间闲散步,客来竹下共清言。性灵全赖弦歌写,疏懒犹言冠节烦。城郭千家春色里,却疑鸡犬隔桃源。④

诗中,"弦入清秋""歌残子夜""性灵全赖弦歌写"等句,都是描述谐赏园中的新剧演出,赞赏顾大典家乐的演出技艺水平。"风流千载香山后"句,则说顾大典家乐的演剧因园林胜景而更加流传,谐赏园胜景则因演剧而变得更负风流盛名。著名曲家王骥德在造访谐赏园后也留下了深刻印象,他在《曲律》一书中曾说:

> 顾道行先生……工书、画,侈姬侍,兼有顾曲之嗜。所畜家乐,皆自教之……余尝一访先生园亭,先生论词,亦倾倒不报。⑤

王氏特地指出顾大典"所畜家乐,皆自教之",即在谐赏园中表演的顾氏家乐艺人绝非泛泛之辈,他们都是经过主人顾大典精心调教,有相当专业水平的艺伎;顾大典不仅自制新曲撰写剧本,剧本"被之管弦"也亲自教演指导。顾氏家乐演出能这么精彩,吸引诸多访客,完全是主人调教的结果。主人顾大典与曲坛行家谈曲"论词",还颇多真知灼见,可使人"倾倒"折服,增长见识。这一切都说明谐赏园主人顾大典的非同寻常,是个有很高艺术修养,妙解音律的"度曲周郎"。其他的著名文人,如王世贞、张凤翼、王稚登也曾造访过谐赏园,都留下过自己赞美的诗文。

谐赏园和顾氏家乐名声在外,于是就有人邀约至苏州郡城进行演出。张凤翼于万历十八年左右写了一首七言诗《顾学宪携声伎入城纵观连日作》,诗曰:

---

① (明)梅鼎祚:与顾道行学使.见《鹿裘石室集·书牍》卷九《续修四库全书》影印山西大学藏明天启三年玄白堂刻本,第1379册,第579页。
② (清)姚燮:今乐考证(著录六).中国古典戏曲论著集成(十).北京:中国戏剧出版社,1959年,第115页。
③ (清)焦循:剧说(卷四).中国古典戏剧论著集成(八).北京:中国戏剧出版社,1959年,第156页。
④ (明)屠隆《过道行谐赏园》诗,见(清)顾绍业等纂《吴江顾氏族谱(城中支谱)》第三册《赠言·诗》,民国七年(1918)抄本。
⑤ (明)王骥德:曲律(卷四《杂论第三十九下》).中国古典戏曲论著集成(四).北京:中国戏剧出版社,1959年,第164—165页。

绝代新声信宿闻，秦青优孟总输君。飞觞刚及春将半，归路翻嫌夜未分。唤醒百年蝴蝶梦，妆成一队凤皇群。主人顾曲如公瑾，奇字犹劳问子云。①

"绝代新声""秦青优孟"等句都是赞赏顾氏家乐的高超演技，"顾曲如公瑾"则称赞主人顾大典是懂音知律的行家；"飞觞刚及"和"归路翻嫌"句，则写观剧文人的兴犹未尽，演出结束还嫌回家太早。诗作标题是对演出的"纵观连日"的感慨，可见顾氏家乐当时的演出吸引了诸多文人，盛况空前。

类似其他的文字记载还有不少，通过这些记载可以知道，当时的谐赏园就是个处处笙歌、夜夜闻笛，南来北往文人共同拍曲唱曲、欣赏技艺的文人雅集之地。而顾氏家乐在南方一带也几乎就是演技高超的代名词，人所皆知。当地士绅因慕其风流，也被顾氏家乐的精彩演出所打动，所以群起效仿，渐渐形成一邑缙绅争相蓄伎，纷纷在园林中演剧的风尚，此风直延续到清初。同邑文人潘柽章在清顺治年间所撰《松陵文献》中说：

顾大典……家有清商一部……醉即为诗或自造新声被之管弦。时吏部员外郎沈璟年少，亦善音律，每相唱和。邑人慕其风流，多畜声伎，盖自二公始也。②

常熟诗文名家钱谦益清康熙间所撰《列朝诗集小传》也说：

（顾）大典……家有谐赏园、清音阁、亭池佳胜。妙解音律，自按红牙度曲。今松陵多蓄声伎，其遗风也。③

两人的话都强调：清初吴江乃至南方一带士绅阶层度曲征歌、蓄伎养班风尚，就是明万历年间受到顾大典、沈璟的两人影响而形成的。顾、沈两人树帜，众士绅仿效，蓄养家乐和园林演剧之风遂在吴中及南方一带盛行。钱谦益和潘柽章的这些文字都写在顾大典去世后的几十年间，应属文人群体对顾大典盖棺论定的评说。

对于自己一生痴迷于曲的行为和名声，顾大典也颇为自得，顾绍业等纂《吴江顾氏族谱》第一册《像赞》中录有他为自己小像所题写的赞语一段，曰：

懒媲非倨，迂拙似愚。麋鹿之性，山泽之癯。金绯滥厕，竹素自娱。出振孔铎，入奉潘舆。栖迟陶径，偃仰班庐。或寄情于声伎，或玩志于玄虚。官减千金之产，家无儋石之储。置尔丘壑，涸迹渔樵，落落穆穆，殆天之放民而人之腐儒也欤。

他评价自己一生"或寄情于声伎，或玩志于玄虚"，是不受礼节约束的"天之放民"，得意之情溢于言表。

与沈璟同时代，但曲学思想和观点与沈璟完全相左的另一位曲坛领袖人物汤显祖对沈璟的指责非常激烈，但是，对这位与沈璟并称"顾沈"的顾大典却颇多好感。顾大典的画像，汤显祖也曾题写赞语，曰：

朝霞之松，零露之竹。汉曲之珠，昆陵之玉。以比斯人，微余鉴局。渊容有咩，冲襟既淑。对此不言，知其逸俗。

"汉曲之珠，昆陵之玉"等，均属很高评价。汤显祖说顾大典不同于一般文人，有"逸俗"之处，这显然是对其秉性率真，毅然辞官回乡，放情词曲、蓄养家乐行为的赞美。

综上记载与评述，顾大典在曲坛的影响和地位当可概括。

### 三、家族戏曲文化传统

如前所述，顾大典和顾氏家族这6位曲家都是顾氏家族明末清初时期涌现出来的佼佼者，他们都有顾氏血缘，都受同一个顾氏家族的文化传统的熏陶和影响，是同一家族文化背景下有亲缘关系的曲家群体。那么这个家族的文化传统又是什么，对他们的词曲才华又有什么影响呢？据家谱记载，吴江顾氏家族是个爱好音乐、深通音律的文化世家，而顾大典他们的词曲之才、风流倜傥，恰恰是祖上遗风，是家族遗传和家族环境影响的结果。

散曲家顾正谊在给顾大典的赠诗中说"顾雍词赋擅江东，此夜金尊笑语同"；曲论家王世贞赠诗说"倾荣江左彦，藻翰复超绝"。王稚登的《衡宇顾公传》则说："公（顾大典）以世卿贵胄，生长纨绮，去游闲公子之习，以公业起家，流连文酒，耽玩声伎，其风度不在元欢、彦先诸人之下。"这些诗文在盛赞顾大典诗才与词曲之才的同时，也都把他比作顾氏祖上的名人顾雍和顾荣。"元欢"是顾氏家族一世祖、三国时期才艺冠东南的文人领袖顾雍的字；"彦先"是顾氏家族三世祖、东晋时才艺出众的士林名流顾荣的字。可见，大家都认为顾大典"流连文酒，耽玩声伎"的做派就是顾氏祖上名人的遗风，是家族

---

① （明）张凤翼：处实堂续集（卷之七（庚辛稿），《续修四库全书》影印明万历刊本，第1353册，第497页。
② （清）潘柽章：松陵文献（卷九），康熙三十二年潘耒刻本《续修四库全书》据复旦大学藏本影印，史部541册，第476页。
③ （清）钱谦益：列朝诗集小传（丁集），第486页。

文化传统的延续。

记载显示，顾氏家族爱乐擅乐、研习音律的传统确实可以上溯到很早。东晋时期顾氏家族的三世祖顾荣（彦先）就是当时名闻天下、风流倜傥的音乐家。家谱传略引《晋书·顾荣传》记载：

> 顾荣字彦先，吴国吴人也，为南土著姓。祖雍，吴丞相……荣素好琴，及卒，家人常置琴于灵座。吴郡张翰哭之恸，既而上床鼓琴数曲，抚琴而叹曰："彦先复能赏此不？"因又恸哭，不吊丧主而去。①

顾荣痴迷于琴，是顾氏家族知音识律的代表人物。顾荣去世，家人举丧，所有祭供品均不重要，唯有琴一定要置于灵座，伴其亡灵。好友张翰前来吊丧，不行丧礼，却须鼓琴数曲以飨知音。顾荣与张翰这些懂得琴音天籁之妙的高人雅士，表现出与众不同的放荡和超越常理的潇洒，他们的举止却成了流传千古的佳话，见载史册。顾氏家族擅乐之名自那时起就传遍天下，为人所乐道。顾氏家族的这种传统历代相承，始终不断。延至宋末元初，家族三十三世又涌现一位懂音知律的著名学者睦静公顾亨，家谱所录魏天祐《睦静墓志铭》记载：

> 先生方七岁时，颖悟过人……自圣贤经传及诸子百家，靡不精究，更旁通九音音律，尤工于诗画，时人投门下者奚啻数百。②

据铭，顾亨在宋末元初时以"通九音音律"闻名，海内外投拜其门学艺者数百人。亨所授，除诸子百家、诗词书画外，自然还有"九音音律"。顾荣是家族三世祖，顾亨是顾氏迁吴江始祖，这些前辈名流的"通音律"，对家族子孙后裔的影响具体来说有两个方面：一是天赋遗传，因为音乐艺术的才能需要天赋，无天赋者极难成材；二是家族环境，前辈的"知音"与"遏音律"，使家族形成了喜爱音乐的氛围，后裔子孙生活在这个环境里，自然受到潜移默化的影响和熏陶，擅乐爱乐、精通音律就是顾氏家族的传统，是子孙后裔延续家族文化、光大门楣的一种荣耀。与其他家族相比，顾氏子孙就有更多学习音乐和掌握乐理的便利条件。一则天赋，二则环境，顾大典等人自然成了通晓音律者，在戏曲新声盛行的年代，他们又成了擅长填词制曲、通晓戏曲音韵格律的戏曲家。因此，文献记载顾大典"性解音律"、能"自度曲为新声"；顾必泰、顾其晖、顾悦、顾伯起、顾万祺参与沈自晋编纂《南词新谱》③，顾来屏与顾悦的剧本散曲被《南词新谱》列为填词作曲范本④，这些现象都可以解释为顾氏家族前辈"旁通九音音律"、擅乐爱乐传统的延续。

由于家族文化传统的延续，家族名人的文化活动也会在族内起到影响和引导示范作用。比如说，万历年间顾大典自制新曲在谐赏园中搬演，对当时吴江一地的社会风气造成了影响，自然也对本家族人士产生了影响。据载，顾大典似乎是明末清初这一阶段家族后辈们学习的楷模。《衡宇顾公传》言："（顾大典）有六男三女，婚嫁皆世家诸子，咸彬彬有父风。"可见顾大典子孙都有模仿顾大典行为做派的迹象。清嘉庆年间编辑刊刻的《松陵诗征前编》记载："（顾大典）副使园名谐赏，在吴江城北，园虽倾圮，尚为其子姓所居。"⑤即顾大典去世后很久，其子孙仍长期居住在他生前修建的谐赏园中，因此，很有可能他们还在园中延续着以家乐搬演戏曲的传统。虽然没有记载明说顾大典的儿子或孙子是曲家，但是，顾大典的嫡长曾孙顾万祺（顾大典长子顾庆延，庆延长子在闽，在闽长子万祺）确实就是曲家，他曾参与过《南词新谱》的编纂。这一切都说明，痴迷于曲的传统，在顾大典的嫡传子孙中至少直到清康熙年间尚未中断。至于这个家族的其他曲家，论年龄和辈分世次，也都是生活于顾大典同时期的后辈，受顾大典的影响也在所难免：顾悦是顾大典的从侄孙，其祖父顾大璟为顾大典从弟；顾伯起也是顾大典从侄孙，其祖父顾大经是顾大典堂兄弟。而顾必泰和顾其晖分别是顾大典的同里支族的族曾孙和族玄孙，他们本人爱曲嗜曲，对顾大典非常钦佩尊重与羡慕，顾大典在谐赏园自制新曲以家乐搬演，对他们就是一种鼓励和引导，促使这些嗜曲者更加热爱或痴迷于曲，更快地成长为曲家。曲家的不断成长和涌现，更促使整个家族形成良好的爱曲赏曲氛围，使顾氏家族成为一个有名望的戏曲家族。

### 四、戏曲活动与家族婚姻

顾氏家族曲家辈出，除受本家族文化传统影响和家

---

① 晋书(卷六八).顾荣传.北京：中华书局，1974年，第1815页。
② （元）魏天祐《睦静墓志铭》，撰写于至元三十年（1293），见清初顾绍业等纂《吴江顾氏族谱（城中支谱）》第三册《仕宦 迁徙考 赠言 墓志》。
③ （清）沈自晋：重定南九宫词谱.卷首《凡例续记》，见民国间影印清初沈自晋原刻本，上海图书馆藏。
④ （清）沈自晋：重定南九宫词谱.卷末《古今人谱词曲传剧总目》.见民国间影印清初沈自晋原刻本，上海图书馆藏。
⑤ （清）殷增编辑：松陵诗征前编(卷五).清嘉庆二十一年刻本，上海图书馆藏。

族前辈名家影响以外,受婚姻的影响也是很重要的原因。

据家谱,自明代中叶起,顾氏家族就与吴中一带许多世家大族互通婚姻,其中有不少就是曲家辈出并有曲律研习传统的家族,比如著名的吴江沈氏沈璟家族、吴江的周氏家族、吴氏家族、陈氏家族等。通过婚姻,织就了一张诸姓曲家之间的血缘关系网,促进了曲家之间的交流,逐渐形成一个带有姻亲和地域性质的整体文人曲家群体。举例来说,顾大典之母周氏,就是吴江周氏家族周国南之女,恭肃公周用之孙女。顾大典"生十二岁而孤",曾随母"依外家读书"(《衡宇墓志铭》)。周氏家族是个爱好音律、喜爱赏曲的家族,周家的氛围对少年顾大典的成长起了良好的熏陶作用。顾大典的长子顾庆延娶吴江吴氏家族吴承谦女,该家族也有爱曲赏曲的习惯,涌现了吴铿、吴兆骞等著名文人曲家;第三子顾庆备娶长洲王氏家族王无曲女,即王稚登孙女,王稚登也是著名曲家;顾大典侄孙女(顾庆闾女)嫁吴江陈氏家族陈犹聘(陈绍祉子),而陈氏父子均为曲家。顾伯起的生母叶氏是吴中叶氏家族叶来凤之女,该家族涌现过叶绍袁、叶世佶(叶燮)、叶时章(叶稚斐)、叶奕苞和才女叶小纨等一批曲家。顾伯起姑母嫁吴江赵氏家族赵士谔,该家族也涌现了赵瀚、赵申初、赵申祈等曲家。这些婚姻关系中最值得一提的,则是顾氏家族与吴江沈氏(即沈璟他们家族)家族的婚姻。

据南社抄本《吴江顾氏族谱》和抄本《吴江沈氏家谱》[①]的记载,吴江顾氏家族与吴江沈氏家族都是吴中一带望族,早在明代嘉、隆年间,两家就开始攀亲联姻,至清康熙朝,两家已连续五代共有八对结缘婚配,其婚姻具体情况,根据家谱记载钩稽如下(以《吴江顾氏族谱》记载为干,比照《吴江沈氏家谱》记载):

城中(顾信)支:九世:顾氏(顾名节女,顾大典堂姊妹)嫁沈位,生沈瑶。十世:顾氏(顾大典长女)嫁沈琦,生曲家沈自昌;顾氏(顾大纶女)嫁沈玸,生曲家沈自征;顾庆闾(顾大谟子,顾大典侄)娶沈氏(沈璵女)。十一世:顾在田(顾大典孙)娶沈氏(沈珣女,沈自友妹);顾氏(顾庆宁次女)嫁沈永维(沈象道曾孙)。

同里(顾仁)支:十一世:顾祖宪娶沈珂女(沈珂与卜氏所生女,沈蕙端姑母)。十二世:顾必泰娶沈蕙端(沈自旭女、沈珂孙女)。生曲家顾其晖。两家(与曲家相

关)的联姻的情况可用树状图标示如下(曲家用黑体字表示):

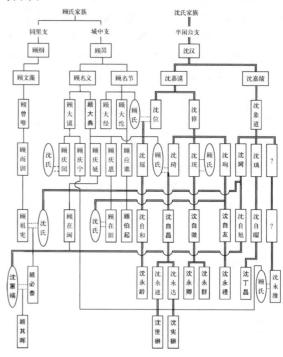

图中,实线表示"父母—子女兄弟姐妹"的血缘关系,顾氏家族血缘关系标单实线,凡与单实线相连者均为顾姓人;沈氏家族标双实线,凡与双实线相连者均为沈姓人。双虚线表示"夫—妻"的婚姻关系,婚姻双方加框:娶妻之男加方框,出嫁之女加椭圆框。两个家族相关的曲家以黑体字凸显。分析图谱可以发现:婚姻关系对顾、沈两个家族的血缘遗传以及爱曲赏曲的环境氛围都产生了重要影响,先说血缘遗传方面的影响。

顾大典之女嫁沈氏家族沈琦,生曲家沈自昌,曲家沈自昌就有一半顾氏家族的血缘,沈自昌的词曲之才在一定程度上就是顾大典血缘遗传的结果;连带而来的,沈自昌的两个孙子曲家沈宪楸与沈世楸也就有了八分之一的顾氏血缘(其祖母为顾大典之女)。

曲家沈珂之女嫁顾祖宪,生曲家顾必泰,则曲家顾必泰有一半沈氏家族的血缘,即曲家沈珂的血缘;而沈自旭是沈珂子,顾必泰母亲沈氏之兄,他本人是顾必泰的舅舅,而其女儿曲家沈蕙端是顾必泰的表妹;顾必泰再娶沈蕙端,顾、沈两家便连续两代曲家近亲联姻,再生子曲家顾其晖,则顾其晖就是顾、沈两家交错互缔婚姻

---

① 《吴江沈氏家谱》十卷首一卷末一卷,(清)乾隆年间沈光熙、沈叔煌、沈慕熙等纂修,民国二十年(1931)传抄乾隆五十二年(1787)刻本,中国国家图书馆方志家谱阅览室藏。

的结果,有四分之三的沈家血缘。顾其晖的词曲之才,有沈珂、顾必泰、沈蕙端等顾、沈两家几代人血缘遗传的影响。

顾伯起姑母(即其父顾应鼎亲妹,顾大典从兄顾大纶之女)嫁沈玹,生曲家沈自征;则沈氏家族最有影响的曲家之一沈自征也有一半的顾氏家族血缘,沈自征的两个儿子曲家沈永卿、沈永群也有四分之一的顾氏血缘。

总之,顾、沈两家均有上一代是曲家,经婚姻后再出现下一代也是曲家的情况,说明词曲天赋有通过婚姻在两家子孙后代中遗传的迹象。而且两家的婚姻形成了错综复杂的血缘关系网,沟通和融合了两个家族曲家之间的亲情。顾伯起与顾大典及顾大典之孙顾在闽、曾孙顾万祺之间,血缘关系本来已经隔了几层(顾伯起是顾大典伯父顾名节的曾孙,族兄顾大纶之孙,与顾在闽同辈),但是,由于顾大典女儿嫁给沈琦,顾伯起姑母嫁给沈玹,而沈琦、沈玹则是亲兄弟,反将顾伯起与顾在闽、曾孙顾万祺等人的关系拉近了。

婚姻不仅对顾、沈两姓曲家的血缘和亲情关系造成了影响,更促进了两个家族曲家之间的交往。因为婚姻,两家族的曲家成为姻戚,在官场、在社会生活和地方事务各个方面都有了亲缘关系和人脉关系。因此,诸多文化活动会在两个家族之间形成互相呼应。顾氏家族曲家在园林以家乐搬演新剧,得到沈氏家族的响应与支持;沈氏家族曲家爱曲赏曲、研习曲律,也得到顾氏家族的支持和响应。两个家族共同形成了比较一致的爱曲赏曲环境氛围。顾大典修葺园林,在谐赏园中填词作曲,以家乐搬演,他女儿嫁沈琦,于是沈氏家族沈琦的同辈兄弟沈璟、沈瓒、沈珣、沈理应玹、沈珂等人也纷纷在自家填词制曲并搬演,其中沈璟、沈瓒和沈珂都成了著名曲家,而沈琦、沈玹、沈珣子孙中也有很多人成了曲家。沈珣的儿子沈自友(字君张)家中也有"女乐七八人,俱十四五女子,演杂剧及玉茗堂诸本,声容双美",沈自友还"有女沈少君……能弹弦索,家有歌姬数人,曲误,少君必指之"①,可自教女乐演出,纠正歌姬演唱之误,与顾大典在谐赏园中指导家乐搬演如出一辙。而沈珣的女儿、沈自友之妹又嫁给顾大典的孙子顾在田(顾大典次子顾庆恩子),是曲家顾万祺的婶娘,等等。两家的血缘关系错综复杂,文化传统变得更为相近,戏曲活动更促进了人际交往,增强了亲密关系。而其中,对两家戏曲活动影响最大的人物应该是顾大典与沈璟,他俩的交往对两个家族文化活动产生的影响非常引人注目。

顾大典与沈璟都是各自家族最著名的曲家。顾大典生于明嘉靖十九年(1540),沈璟生于明嘉靖三十二年(1553),顾大典年长沈璟13岁;顾大典女儿嫁沈琦,沈琦是顾大典女婿,沈璟是沈琦从兄,则顾大典辈分也高沈璟一辈。但就是这两位年龄辈分都存在差距的曲家,却成了忘年交,当时山阴籍著名曲家王骥德曾说:

松陵词隐先生沈宁庵先生,讳璟……放情词曲……雅善歌,与同里顾学宪道行先生,并畜声伎,为香山、洛社之游。②

据王骥德所言,顾大典与沈璟两人关系就像唐代著名诗人朋友元稹与白居易一样亲密无间。元、白经常以诗唱和,而顾、沈两人则常以曲唱和。两人各有家乐搬演新曲,且互相观赏评价,交流心得,如元、白二人结社同游般地快乐。据王氏所言推断,顾大典和沈璟以曲交往之事应该发生在两人致仕回乡以后,即万历十七年(1589)至万历二十四年(1596)之间。因为顾大典是万历十三年(1585)46岁辞官回乡,"葺故所为谐赏园者","填词度曲,被之管弦"的;而沈璟则是万历十七年(1589)37岁时解组归田,"卜业郊居,遁名词隐"(吕天成《曲品》),"以其兼长余勇尽寄于词"(《沈氏家传·宁庵公传》)的,沈璟回乡那年,顾大典刚50岁,至万历二十四年(1596)顾大典57岁辞世,沈璟恰44岁。而这个八年,正是顾大典和沈璟两人戏曲创作都比较旺盛的阶段。潘柽章《松陵文献》说顾大典"醉即为诗或自造新声被之管弦。时吏部员外郎沈璟年少,亦善音律,每相唱和"。就说明,在这个阶段,顾大典常有新作推出,而新曲每出,比他年少的沈璟必然唱和应附,赞赏捧场。这不仅因为顾大典是他的姻戚长辈,也因为两人有共同的兴趣与爱好,两人都曾因嗜曲而有过出格的举止,譬如顾大典在官署"酒人词客常满座","暇则出游,……弹筝邀笛",回乡后不仅修葺园林,蓄养家乐,而且"所蓄家乐,皆自教之",这均是一般士绅所不能为;而沈璟则更进一步,"妙解音律,兄妹每共登场"③,干脆与其妹一起面敷粉墨,厕身优伶而不辞。他俩对戏曲的热爱与痴迷,不同于多数缙绅仅玩清曲,不肯放下身段登场搬演,

---

① 参见叶绍袁(沈自友从姊夫即沈宜修丈夫)撰《叶天寥年谱》之《年谱别记》,清嘉业堂刊本。
② (明)王骥德:曲律(卷四).杂论第三十九下.中国古典戏曲论著集成(四).北京:中国戏剧出版社,1959年,第164—165页。
③ "妙解音律,兄妹每共登场"句,见吕天成《曲品》清杨鸿志抄本,清华大学图书馆藏。其他版本《曲品》此句作"妙解音律,曲坛总堪主盟"。

也有别于文人社会普遍把戏曲视为正事之余的"小道末技"的观念,他俩把戏曲视为自己生命的一部分,可以不顾缙绅地位与身份,忘掉所有禁忌,率性而为。同声相求,同类相聚,心灵相通,他俩的举动对戏曲剧本的实际搬演,填词制曲的"被之管弦",做出了积极的探索与贡献,互相呼应,取得了很好的效果,反引得诸多受传统观念拘禁的文人士绅的惊羡和赞叹,乃至模仿跟风,由此才形成了吴江一地一时曲坛和社会的文化潮流。顾大典去世后,沈璟仍孜孜于曲,撰写剧本、考订音律、厘定曲谱,力纠传奇创作仅为文人抒发胸臆,偏离演出实际的倾向,提倡重视戏曲演出的特性,提出"本色"与恪守音律的艺术主张,受到诸多戏曲家如卜世臣、吕天成、冯梦龙、范文若、袁于令等人的推崇,其编著《南九宫十三调曲谱》也被众人尊为南曲格律的范本,追随者日众,成就与声望后来居上,超过了顾大典,成为吴江乃至南方曲坛的领袖人物,对昆曲艺术的发展造成深远的影响。

顾大典和沈璟活动和交往,在很大程度上带动和影响了两个家族的曲家后辈,他们追随或模仿学习顾大典与沈璟,痴迷于填词度曲与考订音律,并共同参与填词度曲和编纂曲谱的活动,使两个家族的曲家形成了一个曲家群体,两个家族也都成了有名望的曲学家族。众所周知,沈自晋是沈氏家族继沈璟之后最著名的曲家,《沈氏家传·鞠通公传》言其沈自晋"尤精音律……尝随其从伯词隐先生(沈璟)为东山之游,一时海内词家如范香令、卜大荒、袁幔亭、冯犹龙诸君子群相推服……又广辑词隐南九宫十三调词谱二十六卷,较原本益精详,至今词曲家奉为金科玉律"。而就是这项"广辑词隐南九宫十三调词谱二十六卷"重订南九宫曲谱的工程,实际上就是沈氏家族举族参与并动员诸多姻戚家族成员共同参与的一项浩大曲学工程。就沈家而言,除沈自晋外,仅署名参与编谱者,十世"自"字辈就有沈自继(君善)、沈自友(君张)、沈自南(留侯)等曲家10人,十一世"永"字辈有沈永令(一指)、沈永馨(建芳)等23人,十二世有沈世楳(羾美)、沈辛楳(龙媒)、沈宪楳(西豹)等4人;而一起参与编纂曲谱并署名"同阅""同较字"的姻戚家族成员有叶世佺(云期)、叶珏(朗润)、陈犹聘(眉生)、梅正妍(映蝉)、梅翀云(虬章)等多人,而顾氏家族的成员,则有顾来屏(必泰)和顾其晖(署名中均标"甥男")二人。其中,顾来屏(必泰)对于编谱所起的作用还非常重要。沈自晋在《重订南词全谱凡例续记》中特别提到了他:

重修词谱之役,防于乙酉(顺治二年)仲春……丙戌(顺治三年)夏,始得侨寓山居……渐而编次……(顺治四年丁亥)春来病躯,未遑展卷,拟于长夏细订之,适顾甥来屏寄语,曾入郡,访冯子犹先生令嗣赞明,出其先人易箦时手书致嘱,将所辑墨憨斋词谱未完之稿及他词若干,畀我卒业。

可见,当时编纂曲谱所急需使用的重要参考资料——冯梦龙《墨憨斋词谱》未完稿,就是顾来屏到郡城寻访冯梦龙之子冯焴(赞明)而采集到的,顾来屏还转达了冯梦龙的遗言,催促沈自晋尽快完成南九宫曲谱的编纂。若无顾来屏当时的努力,及时补充到这些资料,《南词新谱》的质量和权威性将会大打折扣。顾来屏与沈自晋的密切关系可见一斑。若论血缘,沈自晋堂妹沈氏即沈自晋五叔沈珂之女嫁给顾来屏之父顾宪祖,生顾来屏,因此,沈自晋就是顾来屏舅舅,顾来屏是沈自晋的甥男;不仅如此,沈珂孙女(沈自旭长女,沈自晋堂侄女)、曲家沈蕙端又嫁给了顾来屏,顾来屏与沈家的关系属亲上加亲,母亲是沈家人,娶妻又是沈家人,自己又有明显的曲学天赋,所以就特别受沈家长辈沈自晋及沈家许多曲家的赏识。根据各种记载判断,很可能顾来屏能经常随侍沈自晋左右,并曾和儿子顾其晖一起协助过沈自晋处理一些编纂曲谱具体事务,所以熟悉并了解编纂曲谱所急需资料的情况,否则,就不会有他发现了冯氏遗稿并且特地寄语转告沈自晋之事。顾来屏的词曲之才,沈自晋长子沈永隆在《南词新谱后叙》中说道:

家君(沈自晋)……谱既成乃呼隆而命之曰:……是谱也……异日隶太常诏雅乐,当进而洞析黄钟、肇明律历,庶几煌煌炜炜以勿坠我……隆亦不敢仰视……若乃风情轶宕,左文举而右德祖,则有杨子景夏与顾子来屏在,隆何敢望焉。

也就是说,尽管沈自晋去世时曾嘱咐沈永隆,待承平之日朝廷需要律学时,要儿子献上《南词新谱》以供"洞析黄钟、肇明律历",并继承自己的遗愿发扬曲学,但是沈永隆认为,其父沈自晋去世后,曲学成就方面可与其父一同相辉映并耀祖光宗的,也只有表兄顾来屏和杨景夏两人了,自己实在不足负此重任。可见沈家人对顾来屏的曲学才能是非常肯定与信任的。

在编纂《南词新谱》时沈自晋还曾"博访诸词家",征询意见和求审曲谱稿,凡曾参与审稿、提供意见或贡献资料的曲家,最后均被沈自晋列入《南词新谱参阅姓氏》这份95人的名单中,以表示曲谱编纂完成对他们的感谢。这95人包括卜世臣、吴伟业、冯梦龙、袁于令、叶绍袁、尤侗、李玉、叶稚斐、李渔等一些著名曲家,而顾氏家族也有顾万祺(庶其,顾大典曾孙)、顾悦(八公)、顾伯起(元喜)这3人列入名单。此外,顾氏家族的顾大典、顾伯起、顾来屏三人均有传奇或散曲作品被选为范例,编入《南词新谱》。

简言之,编纂《南词新谱》除了沈氏家族举族参与,人数最多以外,顾氏家族参与者也有5人(同阅:顾来屏、顾其晖;参阅:顾万祺、顾悦、顾伯起),与其他家族相比,属于参与人数较多的家族,可见沈氏家族与顾氏家族曲家之间来往很多,关系也较为密切。据记载,在编纂曲谱的过程中,两家族的曲家还曾经常以散曲互相唱和往来。沈自晋散曲集《越溪新咏》,是他在顺治丁亥年(1647)侨寓山居时与诸人唱酬的作品集,其中有他和顾悦的赠答散曲一套,题《别顾八公先生》,录如下:

【鹧鸪天】似水交情及水深,淡交今见久交心。玄亭正想分奇字,白雪翻愁去独吟。【换头】人别也,思难禁,武陵回首隔林深。知君不问归来路,占断幽蹊满绿荫。①

从该曲所写"似水交情及水深,淡交今见久交心""人别也,思难禁"等诗句的内容来看,沈自晋与顾悦之间的感情和关系还相当不错。丁亥年,即顺治四年(1647),正是顾来屏访冯熵得冯梦龙逸稿,告诉沈自晋,沈自晋获得资料后重新修订曲谱,并于当年七月完成编纂曲谱初稿的年份(见沈自晋《重订南词全谱凡例续记》),可见,从乙酉即顺治二年(1645)沈自晋等人开始编纂《南词新谱》,直到最终乙未即顺治十二年(1655)菊月刊行《南词新谱》,整个过程都有顾氏家族曲家的身影,都有顾氏曲家的支持和参与。编纂《南词新谱》的工程使两家人变得像一家人一样,成了同一个曲家群体。

顾、沈两家的曲家,从顾大典、沈璟开始,由个人到家庭家族,再因婚姻和交往扩大到整个家族,形成了一个整体的曲学家族阵容,他们互相唱和、声援,互为支撑,形成了曲坛上一股整体的力量。吴江曲坛之所以在曲坛有如此巨大的影响,执南方曲坛之牛耳,不仅是沈璟一人之力,更是由于沈璟与顾大典等著名曲家,沈氏家族、顾氏家族及其他家族曲家共同组成了一个地域性的庞大曲家阵容,形成了合力。一人首倡,众人呼应,从填词制曲到实际演唱,乃至建立规范编纂曲谱等等,出现了大量值得称道的成果,推动了戏曲艺术的发展,形成了一个阶段南方曲坛的繁荣,对日后戏曲艺术的发展也产生了深刻的影响。从这个角度讲,顾大典和顾氏家族曲家也功不可没。

---

① 见沈自晋:越溪新咏.鞠通乐府.民国十七年(1928)吴江敦厚堂印本。

# 论 曲 牌

庄永平

曲牌承载了我国千年的音乐信息，其首要功绩就在于我国大量的传统曲调以"曲牌"这一形式被保存了下来，其蕴藏量确实是极其丰富的。曲牌是中华文学艺术结晶的产物，它熔铸了民族所特有的音乐逻辑思维，造就了独特的框式结构曲体形式。曲牌因声腔中腔、词的对应，产生出"倚声填词"的创作方式，代表着最原始、最本质的民族语言与音乐特点而存在。这种创作方式长期主宰了我国传统声腔的创作，也是形成曲牌这一形式的最主要原因。正如当今对待古代的诗、词、曲那样，作为历史上不同时代声腔结构的定式，曲牌不仅是整个声腔曲式体制链中的重要一环，同时也充分展现了它的古典音乐之美。因此，通过中外音乐曲体的比较，研究曲牌体结构的特征，对于今天民族音乐遗产的了解与创新，均有着十分积极的意义。

曲牌是中国传统文化在音乐领域内容与形式上的最佳结晶之一，曲牌又是中国传统音乐最主要的结构形式之一。曲牌既深入中国音乐形式之底层，又浮现于中国音乐形式之表层。中国传统音乐发展到名义上以曲牌来涵盖，它就基本上囊括了传统音乐之一切。曲牌不仅涉及中国传统音乐深层次的哲学思维和创作理念的问题，同时也涉及曲牌结构中腔词关系变化与定式的问题，更涉及中国传统音乐实质性的创作方式与方法的问题，这些均是中国传统音乐最具特征的方面。因此，中国音乐体系的文化内涵、中国音乐的结构形态与特征、中国音乐独特的创作方式、中国音乐的欣赏习惯与审美观念以及曲牌本身的得与失，等等，如果不从这些方面去研究，就不可能得到中国传统音乐之真谛。

## 一、"曲""牌"与"曲牌"释义

"曲牌"就字义上来分析。"曲"字最早作弯曲、不正和曲折解。《书·洪范》："木曰曲直。"《左传·僖二八年》："师直为壮，曲为老。"《易·系辞》："其旨远，其辞文，其言曲而中。"①由于音乐旋律线条的高低曲折，故而又用"曲"来指乐曲或兼指旋律。《国语·周上》："使公卿至于列士献诗，瞽献曲，史献书。"②《乐记》："如歌者，上如抗，下如队（读'坠'），曲如折，止如槁木，倨中矩，句中钩，累累乎端如贯珠。"③汉代的"声曲折"可能也是把声音和曲折联系在一起，特指乐曲的旋律。以曲相称的还有汉代以来的清商曲、西曲、大曲以及"相和歌""吴歌"等未以曲相称之曲。再就是后来的曲子，可以上溯到隋代，乃是一脉相承的。曲子，后来就成了宋的词体，以至发展到元的曲体和明的南北曲、昆曲。尤其是自元代以来将"曲"兼指文体后，以"曲"字组词的不胜枚举。但是，因为进入了文学的领域，如"曲调"并不是指乐曲的旋律，而主要指"曲"的调名；"曲谱"也不是后来的乐曲旋律谱，而是"曲"（南北曲、昆曲）的唱词格律谱，乐曲旋律谱则称为"宫谱"，等等。直到后来"曲"的主体真正回归到音乐领域后，其"曲"又用于指乐曲形式本身。可见，"曲"既是音乐的主体，又与语言文字关系密切。而且，在漫长的音乐发展过程中，声乐一直占有主导的地位，腔词关系一直以唱词一方领先，这也是中国传统音乐以"曲牌"形式呈现的最主要原因。即使是非声乐的器乐形式，因追随声乐也就以"曲牌"形式为主体了。再就"牌"字来说，它左边的"片"字旁，说明它是来自片状的东西。《辞海》释"片"，其中一意是"泛指扁而薄的东西"，如木片、铁片、纸片、名片等，也就是指的如长方形等的物体。故而"牌"字的用语，如牌匾、牌照、骨牌以至牌位、牌坊、牌楼等，都是以一个物体形状为标志而称为"牌"的。那么，把"曲"与"牌"组成"曲牌"一词，明王骥德《曲律》中的解释是："曲之调名，今俗称牌名。"④曲的牌名后来也就简称为"曲牌"沿用至今。但是，这种解释仅是从字面而言，如果要探究"曲牌"二字的内涵与外延，显然是不够的。其实，"曲牌"两字的后一字对前一字而言更重要。因为"牌"字作为一种有形状的东西，其实质就是一个有形的框。正如在外国人看来就是一种

---

① 辞源.北京：商务印书馆，1987年，第1455页。
② 蔡仲德：中国音乐美学史资料注释（上册）.北京：人民音乐出版社，1990年，第16页。
③ 蔡仲德：中国音乐美学史资料注释（上册）.北京：人民音乐出版社，1990年，第282页。
④ （明）王骥德：曲律·论调名第三.中国古典戏曲论著集成（四），北京：中国戏剧出版社，1959年，第57页。

"长方形的节奏模式"①。于是,它也就象征着一种框架、一种规范、一种节奏模式,甚至就是一种思维定式。而且,又由于它是一种标志,"标"者就是一种标示、一种题目。这样,原是形而下的有形事物,就转化为形而上的一种创作思维定式,这就是"曲"首先要有个标题,然后把它放在一个合适的框式结构内加以思考表述,这种思维就涉及"曲牌"第一个实质性的方面,即中国传统音乐的哲学思维方式与创作理念的问题。

## 二、曲牌思维与标题性特征

首先,"曲牌"这种牌名思维的成因从民族文化大背景上而言,是汉以来正统思想在音乐领域里的反映。元光元年(前134)汉武帝下诏征求治国方略,儒生董仲舒在著名的《举贤良对策》中系统地提出了"天人感应""大一统"学说和"罢黜百家,独尊儒术"的主张。汉武帝采纳后就成为中国政治社会的正统思想,之后它就一直贯穿于中国2000余年的历史。正统思想的精髓就是维护儒家传统,强调文化传承,而曲牌的架构就是"大一统"和文化传承的典型。其次,正统思想表现之一就是事事要讲究所谓的"名正言顺"。《论语·子路》中说:"名不正,则言不顺;言不顺,则事不成。"②这就是说凡事先要正名,正名就包括把道理弄通在内。道理弄通了,讲话也就顺畅了,讲话顺畅了做起事来目的性就明确了,目的性明确了事情也就能办好了。于是,表现在音乐上一首乐曲必须先要有个标题曲名,然后根据曲名来思维组织内容,通过一定的形式再把它表现出来。如果没有曲名这曲子就做不成,即使做成了或文不对题也就做不好,这就是为什么中国传统音乐几乎都是标题音乐,与西洋乐曲大多是非标题音乐有着很大不同的原因。当然,这不是说西洋音乐是"名不正,言不顺"的,但是,毋庸讳言这二者之间确实存在着一个创作理念的差异问题。正是由于音乐在所有艺术中属于最为"虚幻"的一种,它也就提供了最为宽裕的想象空间。因此,音乐与绘画不同,在一幅国画上题诗,能够进一步阐发和完善画作的内容;如果一幅油画上没有题诗,观者通过观赏也能领会其意,这就是"眼见为实"。但是,音乐本身是"耳听为虚"的,却又是极富于想象空间的。这样,有标题便基本上规定了由此生发的想象内容,然而也限制了听者更多的想象空间。匈牙利作曲家李斯特认为:"用易于理解的文字写在器乐作品前面的一篇序言,作曲家用它来防止听众对作品的错误理解,向他们指明全部作品或其中特定部分所包涵的诗意。"③这里,李氏主要不是指的作品标题,而是一种说明作品主题思想及内容的一段文字,因而犹如画上的题诗,比标题更为明确。但是,李氏同时也认为这样做:"他们(听众)的主观理解就将遭到损害,他们的想象力也会受到束缚。"④因而,西洋非标题音乐正是出于这一点而少用标题,中国标题音乐也正是出于这一点而多用标题,这显然就是一个不同创作理念的问题了。当然,以上情况主要是指器乐方面而言的,至于声乐方面因为有歌词,大概中外音乐这种区别意义是不大的。问题是"正名"了之后,是否事实就按照标题既定的方向进行呢?其实也未必。例如,中国的词曲音乐,开始时的词调或曲牌标题通常与内容相符,如【忆江南】就是回忆江南的景色;【渔歌子】就是反映渔民生活。但是,后来"词"与"曲"成为一种纯文学形式后,这些标题也就脱离了内容,成为一种文学体式,与标题无关了。其实,早在北宋就出现这种现象了。宋沈括《梦溪笔谈·乐律一》中说:"然唐人填曲,多咏其曲名,所以哀乐与声尚相谐会。今人则不复知有声矣!哀声而歌乐词,乐声而歌怨词,故语虽切而不能感动人情,由声与意不相谐之故也。"⑤那么,从声腔方面来讲,它虽然仍然基本保留着原来的曲调,只是唱词的内容或与原来的标题不相符合了。于是,原来的曲名就类似于非标题的了,例如,【驻马听】【点绛唇】之类等。但是,这种非标题与西洋音乐的类似情况还是不尽相同的。因为它在形式上还是有标题的,只是标题与内容不合而已,即使后来转为纯器乐形式还常是有此类标题的。然而西洋音乐的作品,仅常常注明是某某作曲家第几号作品,或是献给某某人,这样连形式上的标题也没有了。可见,问题并不在于有无标题,更重要的在于这是一种哲学思维与创作理念的差异。德国音乐评论家汉斯立克认为:"音乐的内容就是乐音的运动形式。"⑥西洋作曲家多考虑的是乐音本身的运动形式,但这种运动形式也是反映作曲家头脑中想象的一些东西。因此,他们在创

---

① 〔澳〕毕铿:唐宋遗音.音乐艺术.1991年第1期。
② 新华词典.北京:商务印书馆,2001年,第689页。
③ 钱亦平编:钱仁康音乐文选(下册).上海:上海音乐出版社,1997年,第369页。
④ 钱亦平编:钱仁康音乐文选(下册).上海:上海音乐出版社,1997年,第369页。
⑤ (宋)沈括著;金良年、胡小静译:梦溪笔谈全译.上海:上海古籍出版社,2013年,第46页。
⑥ 〔德〕爱德华·汉斯立克著,杨业治译:论音乐的美.北京:人民音乐出版社,1980年,第50页。

作时并不就是那样无的放矢、随意而作的。虽然汉斯立克的观点正确与否尚有争论，但是仅就提出的这样一种观点，至少与中国传统音乐以标题来"匡格在曲"（借用明王骥德《曲律》语）就很不一样了。以致后来在器乐中如琵琶曲《十面埋伏》等，犹如章回体小说结构那样，不仅有曲名，每段还有小标题名，这些均反映出在创作思维与理念上的典型特征，那就是运用音乐的文学性标题来规范和提升乐曲的内容。

## 三、曲牌结构与程式性特征

曲牌是由词调（牌）发展而来，因而曲牌与词调在结构上是有承袭关系的。词分为单调、双调、三叠及四叠等形式，单调往往就是一首小令，属于字数最少的一种，后来发展到重复一遍，就成了分为上下片的结构形式，亦即双调，再后来就有了三叠及四叠等形式。同时，根据音乐速度快慢篇幅又有长短之分，这就是词调上"令、引、近、慢"的区分，以及三台、序子、法曲、大曲、缠令、诸宫调等曲式。① 词的创作发展手法，主要是运用所谓的"重头"与"换头"。"重头"即是从头开始反复一遍，"换头"是指下片第一句与上片第一句不同，其余的相同。从今天的曲式结构来看，音乐上较多运用的是"换尾"，因为这样可以突出乐句落音与调式的对比，那为什么词的结构反而是"换头"为多呢？这显然与文学唱词（字）有关。因为词句上如果用韵的话，相对来说就是一种相同与统一的句式关系。既然押了韵，句尾常就不再变化，能变化的只能是句首或句中了。从"词"过渡到"曲"，唱词结构也都是运用长短句式，之所以成为"曲"者，就是在"词"的基础上大量运用衬字（主要用在句首）。于是，篇幅相应增大而模糊了上下句拍与乐段的划分，打破了词的上下片结构，故只能以只曲面貌呈现。

因此，"曲"与"词"最大的不同在于，它是一通到底的只曲结构，曲内乐句长短参差不齐、节律不一，这是"曲牌"最主要的内部结构特征。正是由于结构节律上很难分割，如要是运用重复只能是整曲的重复，所以它在当时北曲中被称为"么篇"，南曲中称为"前腔"或运用"带过曲"。但与"词"不同的是，它还可以将若干曲牌联缀起来运用，这就是后来形成的"曲牌联缀体"（简称"曲牌体"）。这样一来，不仅强调了曲牌间音乐上"同宫调"的原则，而且更强调曲牌旋律风格的统一。这种曲牌结构后来也影响了我国的民歌、小调等体式，其中就不乏【五更调】【杨柳青】等只曲形式，凡是只曲通常也就称为曲牌。还有一些器乐曲如很多乐种的乐曲结构都是曲牌体；古琴、琵琶、古筝等器乐独奏曲，虽然有很多非曲牌乐曲，但也有诸如《板头曲》等曲牌体乐曲。其实，曲与诗、词一样，它们结构上的特点，包括句式的整齐与长短，平仄四声、用韵部位或换韵等，这些格律正代表着文学的奥妙与趣味所在，如果抹杀了这些方面的区别，也就取消了它们的特点。因此，不同时代的词牌或曲牌都是那个时代声腔上的一种定式，都是历史积淀的产物，各种形式的曲牌在整个音乐曲式体制链上都是不可或缺的。当然，长短乐句的结构确实也是制约音乐更大发展的原因之一。因为长短句节律犹如搭配好似的，它们都有定式，变化不可能很大。而后来的板腔变化体（简称"板腔体"）的整齐句式就较少受到这种牵制，由于句式整齐腔调变化就较少受到限制（如拖腔等）。正如苏联玛采尔在《论旋律》中所述："强拍的细分和节奏在弱拍上的停顿是东方音乐节奏的典型特征。"② 这种特征在曲牌体结构中最为突出，而且在乐曲中也是较易分辨的，例如，【底板】节奏就是落于弱拍眼上而拖到强拍板上，成为"弱拍上停顿"的最为典型者，如下例昆曲《牡丹亭·游园》唱腔：

---

① 任二北：南宋词之音谱拍眼考.词学研究论文集.上海：上海古籍出版社，1988年，第314页。
② 〔苏〕玛采尔著，孙静云译：论旋律.北京：人民音乐出版社，1983年，第174页。

上例句末"遍"字就是落于弱拍上(【赠板】的中眼,实际就是一板一眼板式的眼),再拖到后一拍的板上,这就是所谓的【底板】。接着后面的"似、这、般、都"均为衬字,都不在板上,这种腔词的节拍节奏关系就成为一种定式。下面将讲到这种节奏模式是较难被打破的,打破了也就抹杀了词曲唱腔的特点所在。再以流行极广的《老六板》为例,看上去此曲每句8小节很整齐,然而从节律上看乐句内部节奏是翻板的。也就是开始两句的内部句逗是典型的曲牌长短节律:3+2+3,但是,上句落do,下句落sol对称整齐的上下句,则是非曲牌句式落音的,可以看出它已交织着曲牌与非曲牌两种节律形式。而后面两句体现出是整齐句的4+4形式,这在曲牌体中是并不典型的,恰恰是板腔体整齐节律的表现,最后又是曲牌长短节律的。从这种节律(即"工工四尺上")就可以断定此曲的起源肯定是很早的,至少可以追溯到词曲的时代。想必在其演变成曲的过程中又受到了后来板腔体整齐句式的影响,真正成为一首乐曲而定型(但有多种变体)则又可能是较晚的,当然,说晚大约也有200年左右的历史了。① 其实在很多民歌体中也多少反映出上述所说的这种结构特点来。例如,流行很广的江苏民歌《茉莉花》,我们可以发现它的结构也交织着上面类似的情况在内。也就是说,它曲中唱句与乐句的结合也还不是很协调的,较明显的是乐句是较整齐的,且有起承转合落音的对比,而唱句则还是不很规则的。尤其是后半段或因加入了很多衬字的缘故,因而有硬把它们二者凑合在一起的意味:

很明显开始两小节一句很规整,原是安排五字句的,现乐句内部多消化了一个字,这样就安排了六字句,接着四小节是前面两句的综合。再后面的词句与乐句安排就不那么规整了,相对而言乐句基本上是4+2(后句为3)结构,不仅起到综合结构的作用,也体现出乐句的长短来。说明从音乐上讲此曲整齐句式的发展还不是很成熟,而且衬字的运用使乐句仍带有长短句的意味,但总体上听起来还是规整的部分占了上风。早在两百多年前,由玩花主人选编、钱德苍增辑、清乾隆年间(1736—1759)出版的戏曲剧本集《缀白裘》中已记下了《茉莉花》这首民歌的唱词。最早刊载曲谱的,由贮香主人编、道光十七年(1837)出版的《小慧集》中的《鲜花调》即是。而英国任中国第一任大使秘书的约翰·巴罗(John Barrow,1769—1848),回国后于1804年出版的一本《中国旅行》中即载有此曲,比《小慧集》早了30年。② 此两谱的旋律节拍与上述民歌相比要规整些,是(2+2)+4+4+4的形式,可以肯定上述民歌要比这两曲产生为早。当然,也可能是民间在增加衬字上表现出来的差异。

那么,正是由于曲牌结构上长短乐句节律的制约性,因而它的程式性也就特别的强。程式即是强调沿用旧曲格律的一招一式,强调在旧基础上逐步去改变它、发展它。正如唐刘禹锡诗句"听唱新翻《杨柳枝》"那样,大约自唐以来就是强调在原有基础上的翻新,这就与西洋音乐创作方式又不相同了。西洋乐曲的程式性常常表现在曲式方面,例如运用奏鸣曲式、回旋曲式等,在曲调方面还是各曲另行创作的,否则就无所谓作曲了。然而,就其曲式而言,也正如德国汉斯立克认为的

---

① 引自钱仁康:《老八板》源流考. 钱亦平编:钱仁康音乐文选(上册). 上海:上海音乐出版社,1997年,第155—180页。
② 钱仁康:流传到海外的第一首中国民歌———《茉莉花》. 钱亦平编:钱仁康音乐文选(上册). 上海:上海音乐出版社,1997年,第181—183页。

那样:"没有一种艺术,像音乐那样快地用旧了许多形式。"①因此,西洋音乐力求形式的变化,力求创造新的形式,是西洋作曲家为之而努力的。但是,中国曲牌的程式性不仅保留其曲式,常常连曲调也是基本相同的。这种思维方式的形成就不仅仅是政治、文化等大的方面的原因,应该说与所使用的语言等因素有着密切的关系。因为以声乐为主,因而其唱词(字)的声调等构成了曲牌上较为固定的腔格旋律,于是就常在旧曲基础上套用这种相对固定的腔格旋律。所谓"翻"者,即是在原有东西上移位动作,没有原有的东西也就无所谓"翻"了。我们经常可以看到在分析中国传统音乐作品时,如昆曲唱腔中保留所谓"主腔"之类的提法,就是很明显的例子。其实,西洋声乐作品的形式变化也是不大的,说明歌唱中由于追求与语言的配合关系,音乐旋律变化受到了一定的限制,这是中外音乐所共有的现象。问题是器乐的发展如何更进一步运用音乐发展的手段,这才是至关重要的。中国传统器乐方面也大多运用"曲牌"形式,说明它还没有完全摆脱声乐对其的影响。虽然语言的特点也构成了器乐曲式、旋律等一系列的特点,而且,今后也不可能完全去摆脱它,但是,无可否认在很多方面它受到声乐的一定制约力。因此,一方面应该总结曲牌程式性的特点,另一方面应该寻找与现代作曲手法能够结合的因素,这就是所谓的"要程式,不要程式化"的精髓之处,也就是"要程式,更要化程式"矣。

## 四、曲牌的可塑性和变异性特征

曲牌结构的标题性与程式性特点,也就形成了曲牌的另外两个特点,那就是它的可塑性和变异性。由于在实际运用中,同一曲牌的词句长短、平仄、用韵等方面不可能完全相同,腔格旋律多少也是有所变化的,因此,曲牌的可塑性和变异性其实原本就隐伏在词句格式之中。如果变化较大,传统上称为"又一体",说明已不同于以前的曲式体制,成为一种几近新的乐曲了。因此,可塑性就是指"翻唱"过程中的变形。而变异性就如"又一体"的变形或许产生出变异,"异"者的变化幅度肯定就更大了,但在现代音乐上"变形"与"变奏"是有所区别的。苏联玛采尔在《论旋律》中讲到:"变形大多被用在悠长的抒情歌曲中,允许旋律的动机可以较自由的变化,特别是音和音调的节拍移动和动机一般长度的改变等等。""变奏较常出现在快速歌曲、民间舞曲和器乐曲的旋律中,变奏在节拍的重心上不改变动机基本要素的相互关系。"②这就说明变形者较多运用于声乐曲,变奏者较多运用于器乐曲。变形主要是曲牌腔调的旋律变化与腔词关系变化带来的,例如,运用五声或七声音阶,有时就不太可能运用较严格的音程模进关系,因而只能采用不很严格的变形手法。现代的模进、分裂、倒转等手法常需要音阶的细分如十二声音阶,在传统五声或七声音阶上运用就比较难了。而传统民间的单借、双借等手法,大都也是为了调式变化而构成邻调的五声或七声音阶,从而形成自己的旋律变化特点,等等。因此,曲牌所带来的变形手法运用,是曲牌创作中可塑性和变异性的特征表现。我们说曲牌既是凝固的又是流动的,既是规范的又是可塑的,就是基于这一点上而言的,这也是共性与个性的关系问题。共性包含在一切的个性之中,无个性也就没有共性,然而在曲牌上共性则更显得重要些。例如,前人总结出的曲律即曲的格律,后人称为曲谱,某某曲谱就是某某曲牌之共性。像【点绛唇】的套数,多用于杂剧第一折的首曲,后面通常接【混江龙】,共五句,作"四四三四五"句式且规定平仄用韵。因此,曲的格律除了本身的长短句格外,还涉及前后曲牌运用即套数的问题。这样,唱词定性了,一般唱腔旋律也就定了。以后的创作常就以此先创作唱词然后填用唱腔,因此新曲牌就是在原曲牌基础上设计产生,不是重起炉灶创作的。这样,既是利用旧曲时而又有所突破,由此推动曲牌的变异发展。因而现在认为戏曲音乐的创作特点就是"他们的创作是在本剧种戏曲腔调的基础上进行的"③,这就成为"曲牌"创作的主要方式。那么,这种曲牌定式是适应过去的年代,符合历史的审美观念,而且也产生了很多优秀的音乐作品,尤其是作为整个音乐体系曲式结构链中的一环,确实是可以被保留接受的,也是现在戏曲等仍被人欣赏的原因之一。问题是流传到今天,曲牌体结构主要依靠不同词句格式来推动腔调音乐的发展,其音乐的推动力显然是不够的,表现在器乐中更显乏力,因而需要进一步的发展,这是顺理成章的事了。

## 五、曲牌中的腔词关系与创作方式特点

要论及"曲牌"先要知道它的来历与演变进程,也就是诗、词、曲的发展进程。"曲牌"是由"词牌"发展而来,

---

① 〔德〕爱德华·汉斯立克著,杨业治译:论音乐的美.北京:人民音乐出版社,1980年,第58页。
② 〔苏〕玛采尔著,孙静云译:论旋律.北京:人民音乐出版社,1983年,第184页。
③ 中央音乐学院中国音乐研究所编:民族音乐概论.北京:北京音乐出版社,1964年,第215页。

从歌诗、唱词到度曲的这种文体演变均与音乐不可分离。越到后来音乐的成分越不断提升,主要是因为到了曲牌体时期,文体也已越来越散文化,从而对曲体的影响越来越小甚至消失。等到文体中的小说出现后,几乎与音乐不发生关系了(小说脱胎于"话本",说明开始与音乐仍有联系)。以后写作的诗、词、曲已按文体的格律要求,不需要借助音乐来创作了。具体地说,声腔中的腔词关系大致在隋唐之前,是所谓的"以乐从诗""选诗配乐"或"先诗后乐"。由于汉语的种种特点在那时还未能被充分挖掘出来,腔词关系总的来说还比较自然而单纯,谈不上相顺、相背等等的对应关系。① 但是,自从汉魏以来随着外来佛教的传入,文学语言开始发生很大的变化,那就是语言文字类中音韵学的兴起。其突破口首先是参照印欧语系拼音原理发明了反切,接着是运用字的平仄和发现了四声,汉语文字潜在的音乐美被渐渐地挖掘了出来,从而进入了一个"文学的自觉时代"②,这是文学唱词的一方面。在音乐唱腔方面,也是随着佛教的传入以及文化开放的政治态势,外国外族音乐大量地流入我国,至隋唐形成了对我国后来音乐发展具有巨大影响力的"燕乐"。"燕乐"中外国外族音乐占了绝大多数,比如在当时就有一种被称为"拍弹"的新声,尤其受到年轻人的追捧。唐苏鹗《杜阳杂编》载:"(李)可及善转喉舌,对至尊弄眉眼、作头脑,连声作词,唱新声曲,须臾即百数方休。时京城不调少年相效,谓之拍弹。"③ 后南宋吴曾《能改斋漫录》更加以发挥:"迄于开元、天宝间,君臣相与为淫乐,而明皇尤溺于夷音,天下熏然成俗。于时才士始依乐工拍担之声,被之以辞。句之长短,各随曲度,而愈失古之'声依永'之理也。"④ 以佛教的梵语来说,它是一种多音节语言,今属印欧语系。在翻译佛经过程中,它与我国汉藏语系单音节语言的对应关系产生了极大的矛盾。南朝梁慧皎《高僧传》载:"自大教东流,乃译文者众,而传声益寡。良由梵音重复,汉语单奇。若用梵音以咏汉语,则声繁而偈促;若用汉曲以咏梵文,则韵短而辞长。"⑤ 这种语言的不同直到今天也还是存在的,而且古时用的是文言文,矛盾比今天还要突出。其矛盾的解决在一定程度上促使我国语言和文学结构发生变化。同样,外国及外族音乐的大量流入,也使我国音乐发生了很大的变化,这是与文体变化相适应的。问题是面对大量的外来乐曲,如何使它迅速地口头流传与保存呢?这就涉及汉语另一个显著特点,那就是各字于节奏配合上的灵活性,促使其产生一种新的创作方式。由于印欧语系在音节组合上常受到轻、重音间相配的制约,而汉语的单音节结构又使得每一个字都是独立的节奏单位,因而在与外来曲调的对应中,一旦"声繁而偈促"时多出来的"声",常常就可以单独填入虚字演唱,后来虚字改用实字,句式结构就发生了变化。这种汉语组词长短自如的特点,尤其适合用填词方式来歌唱,不仅使歌曲能够很快地流传开来,而且使"倚声填词"创作方式盛行起来。这种"倚声填词"的创作方式一旦形成,就对我国后来音乐的发展产生了巨大的影响。⑥

那么,为什么这种"倚声填词"创作方式在千余年的历史中会成为我国音乐创作的主要方式呢?正如上面所述的,除了政治、历史、社会、文化等大的方面有其孕育产生这种哲学思维的土壤以外,仅就技术层面而言,可以说语言特点就是最主要的因素。我们知道,汉藏语系与印欧语系相比,前者是一种以单音节词根为主的语言,后者则是一种以多音节为主的语言。具体地来说,前者是一种表形文字,也叫象形文字或表意文字;后者是一种表音文字,或叫音位文字(音素文字)、音节文字。正是由于汉字的象形,故而看到或听到一个字往往就有所联想了。例如,"走"字的字形就使人联想到一个人走路时的形象。相反,看到 A、B、C 就没有这种联想。如果按今天的汉语拼音那样,把"走"字拆成 z、o、u 三个字母,单拿字母来看是不可能产生这种联想的,这就很能理解表形文字所具有的形象特点。文学唱词上的修辞变化多样,有反复、对偶、排比、层递、顶真、倒装等;文体的变化更是丰富多彩,如赋、骈、乐府、诗、词、曲以及回文、离合、宝塔体,等等。这样无疑增加了唱词(字)在声腔中的分量,从而使唱词一方长期占据着声腔的中心地位。可以举个浅显的例子,像回文诗这种具有文字游戏性质的体裁,也可看作是文学一方变化的极致,如宋苏轼的《回文题金山寺》:"潮随暗浪雪山倾,远浦渔舟钓月明。"倒顺都可以念成诗句。但是,为什么后来西洋音乐

---

① 于会泳:腔词关系研究.北京:中央音乐学院出版社,2008 年。
② 鲁迅:魏晋风度及文章与药及酒之关系.转引自胡奇光:中国小学史.上海:上海人民出版社,1987 年,第 138 页。
③ (唐)苏鹗:杜阳杂编.(五代)王仁裕等撰.丁如明等校点:开元天宝遗事(外七种).上海:上海古籍出版社,2012 年,第 52 页。
④ (宋)吴曾:能改斋漫录.上海:上海古籍出版社,1979 年,第 537 页。
⑤ 杨荫浏:中国古代音乐史稿(上册).北京:人民音乐出版社,1981 年,第 159 页注。
⑥ 参见庄永平:音乐词曲关系史.台北:"国家出版社",2010 年。

中会出现"倒转曲""回旋曲"之类的曲式,而我国的回文诗却没有出现音乐上的同类体裁呢?说明中国文学与中国音乐相比实在是太过于强大了,不仅文学创作的兴趣无处不在,形式丰富多样,而且音乐上用文学性标题,画作上还要题诗,正所谓文学艺术,文学除了自身外,还侵占了艺术的一大半。当然,这与文字的记录保存比音乐曲调的记录保存要容易得多有着极大的关系。由此而产生了"倚声填词"方式,文学填词兴趣盎然,填词者往往是具名的,而曲调者往往不具名也具不了名。由于声腔创作的主体是创作者将唱词填入曲调中,腔调一般不作变化或随唱词稍有变化,腔调本身又基本上是无记名流传,所以像宋姜夔这样能同时作曲作词的实属凤毛麟角。相反,在西洋声乐创作中,曲调与曲词作者都是各具其名的,而且往往是作曲者优先。我们所知西方著名歌剧唱段的都是作曲家名,如威尔第、比才等,作词者却无人知晓,这就很能说明问题。总之,词的产生改变了以前的"先诗而后乐",出现了"先乐而填词"的创作方式。然而,正如宋王灼《碧鸡漫志》中所说的:"故有心则诗,有诗则有歌,有歌则有声律,有声律则有乐歌。永言则诗也,非于诗外求歌也。今先定音节,乃制词从之,倒置甚矣。"①古人知道这是倒置,但为什么会倒置而且倒置了千年之久?甚至直到今天,南方人还是喜欢用填词来创作歌曲,其间总有它的原因所在。如果从历史文化方面来讲,唐代是我国古代社会最为发达的时期,整个社会氤氲着一种自豪开朗、恢宏豁达的气氛,其文化心理结构基本上是外向的、开放的,从"飞流直下三千尺"(李白)的豪迈诗句即可见一斑。进入唐后期,尤其是宋代,复古主义思想抬头,士大夫们变外向追求为内向探寻,变开放粗犷为封闭细腻,形成了封闭内向的性格特征和非理性的艺术思维方式等,从"小红低唱我吹箫"(姜夔)即可见词的眼界明显缩小。但是,这些也仅是形成词调或曲牌框式结构的外因,真正技术性的内因是声腔本身腔词关系的变化。正所谓"细节改变一切",诗变词、词变曲正是由声腔中腔词对应关系的细节变化所推动的。因此,如果不从语言方面入手,就不可能得出"倚声填词"创作方式形成与长期应用的正确结论来。

## 六、曲牌的时期与内容形式划分

对于曲牌的阶段时期划分,因音乐记谱法的滞后,我们不得不大致以文体演变的脉络,作为音乐分期的依据。"诗"变"词"正如音乐学家沈知白认为的:"词字的增多与插入虚字确实是破坏歌曲形式的主要原因……这是诗服从音乐的结果。"②他又认为"词"变"曲"是"宋人于词中增加字句,并杂以虚字而造成了吟哦,这是词文支配了音乐的结果"。因此,把"曲"产生前的时期一概统称为非曲牌时期,那是未触及本质,因为曲牌与非曲牌之间还是有区别的;而把后来形成的板腔体认为是曲牌体的衍生,这也是不符合实际的。虽然它们二者在思维方式等各方面都有其共同的特征,但是,我们并不认为板腔体唱腔是由"倚声填词"创作的。实际上,板腔体整齐的7、10字句与长短句的定格是不能同日而语的,前者仅是一种粗略规定,而后者是一种定格。但可以认为"词"之形成之日即是"曲"的孕育时期,因为词中衬字的运用与后来曲中大量的衬字运用是有较明显联系的,如有的词调名称、句数、字数、平仄与曲完全相同,如【秦楼月】【忆王孙】【念奴娇】(同上片)、【蝶恋花】(取一片)等;有的调名相同但格律上不同,实际不是同一调,如【捣练子】【满庭芳】【天仙子】【醉太平】等。当然,诗与词也有上述这种现象,但那时的整齐诗句仅作为词长短句中的一种句式而已,而且平仄常是有变化的。到了元代,"词"由量变发展产生了"曲",这是"曲"的成型时期,出现了一些新创的曲牌,如【山坡羊】【耍孩儿】【秃厮儿】【呆骨朵】等,这些从曲名到内容均是词调中所没有的。曲牌的成型在创作上仍沿袭和接受了词调的"倚声填词"方式,但套数与联曲手法的运用使音乐更为突出了,这就是讲究所谓的"宫调",即今天所讲的各曲牌调门的一致,有时还常要求腔调所体现的情感内容的接近等。③"元曲"应该说是由北曲领引的,后来南曲崛起且进行南北合套,曲牌体式也就渐趋成熟,但真正进入成熟期是以明代魏良辅对昆曲改革成功为标志的。昆曲的曲牌体之所以成熟,则在于对板眼节拍的厘定。据文献记载,把"板"与"眼"合成一词首见于明魏良辅《曲律》:"拍,乃曲之余,全在板眼分明。"又说:"其有专于磨拟腔调,而不顾板眼;又有专主板眼而不审腔调,二者病则一般。惟腔与板两工者,乃为上乘。"④首次较完整地为昆曲曲谱点上板眼节拍的是明沈璟的《南曲全谱》。

---

① (宋)王灼:碧鸡漫志.中国古典戏曲论著集成(一).北京:中国戏剧出版社,1959年,第105页。
② 沈知白:元代杂剧与南宋戏文.姜椿芳、赵佳梓主编:沈知白音乐论文选.上海:上海音乐出版社,1994年,第68页。
③ (元)燕南芝庵:唱论.中国古典戏曲论著集成(一).北京:中国戏剧出版社,1959年,第160—161页。
④ (明)魏良辅:曲律.中国古典戏曲论著集成(五).北京:中国戏剧出版社,1959年,第5页。

明王骥德十分推崇沈璟点板眼的做法："词隐于板眼,一以反古为事。其言谓清唱则板之长、短,任意按之,试以鼓、板夹定,则锱铢可辨。"①这里明确提到了"鼓"与"板"两种乐器,那就是用板、鼓分别"拍头击板,拍尾点眼"来匡正具体的节拍了。由此,王骥德《曲律》中对板眼做了理论的界定:"盖凡曲,句有长短,字有多寡,调有紧慢,一视板以为节制,故谓之'板'、'眼'。"②昆曲曲牌体制的顶峰,就是一种被称为【赠板】的板式。这种板式的节奏缓慢平稳、旋律迂回悠扬,有着很强的音乐抒情性。我们现在感到昆曲是那样的悠扬动听,主要就是指的这种【赠板】曲调。当然,作为最初"冷板凳"的清唱而言,这种音乐抒情性确实得到了极大的发挥。然而,在被搬上舞台后,单有抒情性是远远不够的,必须要有快的板式来加强其叙事性和戏剧性,这对于昆曲的曲牌体制来说就显得有点先天不足了,它还没有创造出快的板式来,其至像王骥德那样还认为"今至'弋阳''太平'之'衮唱',而谓之'流水板',此又拍板之一大厄也"③。其实从今天来看,曲牌体中的"衮唱"正是突破其自身体制的开始。然而,由于整个体制的束缚,它不可能出现质的飞跃,后来被板腔体制所超越就是最好的证明。同时,板腔体制的崛起也说明了曲牌体制的式微。

总之,我国传统音乐就整体而言,可以分为曲牌与非曲牌两类,其中曲牌类占了绝大部分。它承载了我国千年的音乐信息,作为一种主要的音乐遗产是值得重视的。因此,曲牌音乐的首要功绩就在于它保存了我国大量的传统曲调,其蕴藏量是极其丰富的。从有关历史文献记录来看,成书于714年的唐崔令钦《教坊记》④载曲名324个,其中绝大部分是词调,如【生查子】【西江月】【柘枝引】等很多后来成为曲牌;唐杜佑(735—812)《理道要诀》(已佚)载曲名240个,其中与《教坊记》重复的有15个;成书于848—850年的唐南卓《羯鼓录》⑤载曲名131个,其中与《教坊记》重复的有10个。明胡震亨《唐音癸签》⑥也录有大量的曲名,虽然其间重复的不少。现据杨荫浏统计,元剧留存的曲谱至今尚有全部或一部分乐谱的约有121种;全折存有乐谱的约有86折;全折以外的另曲约有260曲。元散曲中北套曲(全套)29套,计199曲;北套曲(残套)121套,计264曲;北小令85曲;南套曲(残套)7套,20曲;南小令3曲;南集曲1曲;南北套曲(全套)1套,12曲;南北套曲(残套)3套,5曲。合计为161套,589曲。元南戏中至今尚有全部或一部分乐谱的,全出存有乐谱的约有188出,全出以外的另曲约有501曲。明沈璟《九宫词谱》共列曲牌685种。后据清庄亲王允禄奉旨编纂,由乐工周祥钰、邹金生、徐兴华、王文禄、徐应龙、朱廷镠等具体分任其事,且有大批民间艺人参加,成书于1746年的《九宫大成南北词宫谱》记载有南北曲的曲牌2094个,加上变体共4466个,这是一部最为宏丰的曲牌音谱大成。杨荫浏又根据明、清刊印民歌、小曲集中所列诸曲名,蒲松龄《俚曲》所用曲名,并参考《万历野获篇》《在园杂志》《扬州画舫录》等,见于明代记载的如【锁南枝】【傍妆台】等小曲凡31曲;出于清人记载的小曲凡208曲,除去重复的20曲外,计219曲。⑦另外,据1981—1982年中国艺术研究院戏曲研究所的统计,全国共有戏曲剧种317个;据中国曲艺家协会的统计,全国共有曲艺曲种345个,其中曲牌体唱腔占了很大一部分。尤其是曲艺曲种,有的唱腔就直接称为"牌子曲"。在器乐曲方面,各地的民间吹打乐几乎全是由曲牌组成的。其他乐种和各乐器曲牌如唢呐牌子、笛子牌子、胡琴牌子等更是无数。而更有意思的是,后来曲牌框式结构在内容与形式上已有所分别,例如,传统中常把带唱词的曲牌称为大字曲牌,纯器乐的曲牌称为小字曲牌,确实是主次分明且说明声乐仍占据主位。文场演奏的称文牌子、清牌子,加武场打击乐的称武牌子、混牌子,以及念与打击乐器结合的称干牌子,等等。因此,可以说我国传统音乐的大部分是以曲牌形式被保存了下来,如果寻找古代的音调,浩瀚的曲牌海洋确实是真正能探骊得珠的地方。

### 七、曲牌体的得与失

曲牌体作为历史积淀下来的一种曲式,自然有它的优势特点。从现在的音乐角度来看,词曲音乐是一种节奏较为缓慢,旋律较为曲折优美的音乐。我们通过流传

---

① (明)王骥德:曲律.中国古典戏曲论著集成(四).北京:中国戏剧出版社,1959年,第118页。
② (明)王骥德:曲律.中国古典戏曲论著集成(四).北京:中国戏剧出版社,1959年,第118页。
③ (明)王骥德:曲律.中国古典戏曲论著集成(四).北京:中国戏剧出版社,1959年,第119页。
④ (唐)崔令钦:教坊记.中国古典戏曲论著集成(一).北京:中国戏剧出版社,1959年。
⑤ (唐)南卓:羯鼓录.上海:上海古籍出版社,1988年。
⑥ (明)胡震亨:唐音癸签.上海:上海古籍出版社,1981年。
⑦ 杨荫浏:中国古代音乐史稿(下册).北京:人民音乐出版社,1981年,第757—759页。

下来唯一词调———《姜白石创作歌曲》的解译①,虽然旋律听起来还不是那样的流畅,这可能是因记谱法的缘故所造成的,但节奏是较为舒缓的,主要运用了"重头"与"换头"等手法来促进乐思的不断发展。当然,词调音乐也有多种体式,像说唱音乐中的"缠令""赚"等想必已有了一些戏剧性的效果,但总体上它并不是戏剧音乐之一种。"词"发展到"曲"后,其曲牌体的结构自然就以魏良辅改革昆曲而达到了顶峰。正如上面所谈到的,曲牌体结构的顶峰实际上是一种被称为【赠板】的慢节奏板式。这种板式旋律通常优美、迂回、曲折,节奏非常的舒缓、平稳,腔词关系达到异常紧密的程度,听起来十分的悠扬、抒情,这就是曲牌体音乐有所"得"的方面。其实,这种音乐作为"清唱曲"比戏曲中的"剧曲"更胜一筹。因为所谓的昆曲就是魏良辅改革成功的这种"清唱曲",以清冷拍板度(唱)曲而得名"冷板曲"。之前的这种腔调则是一种"昆山腔"而已,还不是后来"昆曲"的含义,之后由于搬演到了舞台上才成为"剧曲"。实际上由"昆曲"改称"昆剧"则是很晚的事,甚至现在人们常仍把它称为"昆曲"。因此,昆曲的最大特色就是上述那种【赠板】形式的演唱,在戏曲(戏剧)中当然是抒情性有余而叙事性与戏剧性不足的。例如,像多用富于特色的【底板】那样,比较舒缓、平稳以及旋律能舒展得开,显然与词体结合得较为紧密。我们说词体中慢词的产生,就是由于出现偶数字句后才拉慢了整个唱腔的节奏,后来曲体中出现【底板】也就是一种慢节奏的体现。玛采尔在《论旋律》中讲到俄罗斯悠长歌曲的特点,其实更适用于中国传统的词曲。其认为:"俄罗斯悠长歌曲的特点不仅表现在调式的丰富和多样性(特别是交替调式),也表现在节拍的丰富和多样化(特别是变节奏)。在悠长歌曲中,并不特别强调作为调式中心的主音和其他音进向主音的倾向;也不特别强调主要的节拍中心——小节的强拍以及弱拍进向强拍的倾向。"玛氏又说:"切分音是对最简单的、一般的节拍规范的破坏。""旋律中时常系统地出现避免强拍与较长音相符合的情况,这是风格或体裁特征的典型表现特点之一。"②我们只要把板腔体与曲牌体相对比,即可发现前者的结构常是分割的,字间关系已经出现某种节奏的倾向性;而后者的旋律常是连贯进行的,字间关系也较平均,通常不具有这种节奏的倾向性,只是在句首的衬字于一定的节奏倾向于正板上的字。至于【底板】节奏实际上就是一种切分式的节奏,它落在眼上拖音就不符合强拍与较长音结合的现象,相反,表现出的是典型的"弱拍上的停顿"。这种【赠板】式的音乐似乎较适合慢节奏生活的人们,具有悠扬、舒适的特点。这里可以举个结构与此较为接近的歌曲形式——瞿希贤作曲的歌曲《听妈妈讲那过去的事情》,旋律如娓娓细语,节奏非常舒缓,充满着憧憬和亲切的氛围,确实是较为悠长而动听的:

---

① 杨荫浏、阴法鲁:宋姜白石创作歌曲研究.北京:北京音乐出版社,1957年。
② [苏]玛采尔著,孙静云译:论旋律.北京:人民音乐出版社,1980年,第142—143、145—147页。

上面是此曲的前半段，句式明显是长短不齐的：13 + 12 + 11 + 10，乐句处理为6小节 + 3小节又1/2 + 4 + 4，也是长短不齐的。特别是"旁边"与"事情"的拖音，犹如【底板】处理，不符合长音与强拍相结合的形式。由于是落在"眼"的反拍上，因此，就必须拖两拍加以节奏平衡，这样节拍的间隙就较大，于是也就显得十分宽松且舒展了。这种节拍处理方式就汉语的词句表达而言，倒也自然贴切。不过，在现今的歌曲中这种结构并不多见。但是，它作为整个音乐体系曲式链中的一种形式，还是有存在的必要，因为我们现在还在使用着自古以来的汉语，语言与腔调的关系仍然可能产生出这种形式来。它似乎适应过去人们的生活节奏，在现代社会里也表现出一种舒适、休闲的情感。虽然不太符合时代节奏，尤其是年轻人快节奏的生活，但也不能否认这种传统音乐所带来的艺术美感。其实，昆曲音乐的美感也正于这些地方表现出来。

那么，曲牌体结构的"失"，首先就来自它的结构较难分解与综合。后来的板腔体结构会重起炉灶替代曲牌体结构，成为我国戏曲音乐结构的主流，也正在于这一点。因为对于音乐的发展来说，不就是结构上容易分解与综合吗？用句俗语来讲就是容易打得散，也容易捏得拢，这样才有发展的动力。词曲结构以各种定式格律来表现此调与他调的区别，一般而言，分解与综合的余地是很小的，变化大了不仅容易滑入他调，而且又产生出大量的"又一体"，对音乐发展的束缚确实是较大的。

正如苏联玛采尔在《论旋律》中讲到的："西方的音乐学家将'歌曲旋律'、'歌曲形式'、'歌曲结构的原则'等词归结于'四方形的'主调音乐，即歌曲舞曲风的乐曲（甚至主要是舞曲风的乐曲）。""主调音乐的曲调的意义是明显的；它促进乐想的突出性、易于记忆性，旋律各部分的等同性，每个乐句的逻辑机能的确切性。"①这种歌曲结构形式大致代表着现代音乐的主体部分。因此，正像上面所言的，在曲牌体结构基础上去发展创造就有很大的阻碍。例如，先不去谈乐中较多运用的动机发展模式，就是声乐曲中像现代京剧唱腔中的器乐过门，曲牌体上也常用不进去。又如，特性音调的贯穿运用需要模进式的转换，在曲牌体上也难于运用。这些手法大多不仅需要结构上的分解与综合，更主要的还是在于音阶上的细分。从现代的歌曲结构来看，大部分是长短不齐的唱句在腔调上处理成整齐的乐句，这就说明现在与以往不同的是，以前是腔调较多符合于唱句的结构，现在是唱句较适合于腔调的结构，这是音乐发展的结果，也是声乐中腔词关系开始偏向于音乐方面的缘故。从腔词关系及旋律进行上讲，曲牌与歌曲的区别就在于曲牌强调的是字调，现代歌曲强调的则是语调（句调）。传统声腔历来是只讲字调而极少讲语调的，相反现代歌曲则注重句的语调的表达，这是它们形成旋律进行不很相同的地方。从铁源作曲的歌曲《在那桃花盛开的地方》，我们就可以明显发现这种区别的所在：

此例第一句是9字句，第二句是7字句，第三、四句是10字句。如果按以前的曲牌体形式，它就是长短交替的句式，这样结构就较为松散，尤其是腔调旋律的逻辑性不强，很难给听者留下较为深刻的印象。现在的处理是每句唱词不管字数多少均为4小节，落音上又有起承转合的对比，这样音乐的结构整齐，乐思的逻辑性较强。正如上面所述的具有那种"四方形"的主调音乐，即歌曲舞曲风的特征，这是现代歌曲的优势所在。当然，我们也不难发现，在西洋的"四方形"主调音乐之前，像意大利《托赛里小夜曲》及《祝你生日快乐》等西洋传统歌曲，它们也并不符合后来常用的"四方形"结构规律②，只是正如玛采尔《论旋律》所讲的："西方各民族没

---

① 〔苏〕玛采尔著，孙静云译：论旋律.北京：人民音乐出版社，1980年，第199页。
② 庄永平主编：中国音乐主题辞典·器乐卷·前言.上海：上海音乐出版社，1999年，第3页。

有保存类似俄罗斯悠长歌曲式的民歌。"①昆曲产生后也曾出现过试图改变它结构的做法，以增强其作为戏剧音乐的表现力，那就是在曲牌体中加入整齐句式的"衮调"。现在一些以曲牌体结构为主的剧种中仍有加入整齐句式"衮调"运用的做法，然而，毕竟曲牌体结构上的局限性较大，其效果也并不那么明显。

其次，曲牌体唱腔除了结构上的问题以外，在唱法、表演等方面也存在着一定的缺陷，这是年代久远所造成的现象。音乐学家沈知白早在20世纪40年代在《论昆腔》一文中就敏锐地指出了昆腔的缺点：一是"过分着重吐字和单字的音韵，一字用三个音来唱出，把声腔拖得缓慢，婉转曲折，听来往往词句含糊……旋律的顿挫和词句的起讫也并不两相吻合"。二是"歌者为了要咬字清晰，往往加强'子音'……"笔者理解也就是过分强调"尖团音"的分别，这是与现今歌曲等唱法突出的不相一致的地方。三是"昆曲用笛伴奏，音域太高，发音亦太响亮，歌者常用假嗓去迁就笛声……失去声韵流畅之美"。这一点是昆曲早已开始落伍的显著原因之一，因为它的发声方法不甚科学，大小嗓以及男女声音域音区不分，尤其是旋律高了就翻低八度，旋律低了就翻高八度唱，这样旋律就产生了断层，失去了旋律的流畅之美，听起来是很不舒服的。当然，这种现象在速度较慢的【赠板】形式中并不突出，但在快的板式中就较为突出了。因此，后来的京剧用旋律移位的方法来解决男女声（或大小嗓）唱同一板腔的音域音区矛盾；在西洋歌剧中则更是分声部各自演唱适合自己的音域、音区旋律。以前在二胡等二弦乐器上低于内弦的音就翻高八度演奏，旋律听来就很不顺，甚至有歪曲旋律原意之嫌，现在虽然还是使用二弦乐器，但通过选择合适的调门（性）或转调等方法，就显得进步多了。四是"昆曲没有过门，不但唱者费尽气力，毫无喘息余地，且曲词亦无停顿（往往停顿与词句的起讫不相吻合），更使听者难于听取"②。关于这一点虽然看来并不是主要的，但从结构上来讲则是起决定性作用的。

总之，由于曲牌体中词与曲结构上的特征是比较难以打破的，因此现在要去改革它确实具有相当的难度。换句话说，像这种结构似乎就没有必要过多地去改动它，作为一种非物质遗产去保存它看来更好。至于唱法等方面的问题，现在的演唱已经比传统演唱有所改观了。

## 结　语

综上所述，曲牌体制对后世声腔及器乐产生了广泛而深远的影响。在板腔体制崛起之前，我国声腔几乎是曲牌体制一统天下。之后，无论是曲牌体还是板腔体，这种框式结构的思维方式和创作理念并无多大的变化。曲牌承传的"倚声填词"创作方式，作为历史上的主流创作方式虽不免有所变化，但总体上变化不大而一直延续至今。直到20世纪初，我国"学堂乐歌"的兴起标志着一种新的歌曲体制和新的创作方式的开始。然而，曲牌这种中国式框架结构思维与创作方式依然深深地影响着人们的创作，不仅标题音乐还大量存在，而且填词创作也时有运用，说明文化的历史是不可能完全被割裂的。只是像填词创作的这种方式，由于音乐的发展它在今天已不占主要地位了。当然，现今的填词作曲与传统的"倚声填词"，也是不能同日而语的。

总之，首先必须对自己的遗产宝藏有个充分的认识，其次是学习人家的长处。要知道各自特点形成的由来与运用条件，知己知彼才能优势互补。因此，总结历史上曲牌的成因以及所带来的一系列特征，主要是为了保存它、继承它。当然，像昆曲这种还在演出的剧种，在保留的同时，对一些明显不合潮流的东西可以相应做些变革。而对于各种器乐的曲牌来说，其发展的意义也就更大了，但是发展还得要有大手笔才行。正如现代著名作曲家刘天华所认为的："一国的文化，也断然不是抄袭别人的皮毛就可以算数的。反过来说，也不是死守老法，固执己见就可以算数的，必须一方面采取本国固有的精粹，一方面容纳外来的潮流，从东西的调和与合作之中，打出一条新路来，然后才能说得到'进步'两个字。"③看来关键在于"精粹"与"潮流"的结合，要在"调和""合作""打出"上狠下功夫。其实，西方莫扎特、贝多芬时代的古典音乐，其产生及鼎盛时期与我们昆曲差不多，也有好几百年的历史了。西方现在也在力求有所突破、有所发展，但步履也是很艰难的。很多所谓创新作品看来还是试验性质的，还不是能算数的。世界发展速度如此之快，为了防止在发展中丢失传统精粹的东西，强调保存非物质遗产文化的重要性也就顺理成章了。

---

① 〔苏〕玛采尔著，孙静云译：论旋律.北京：人民音乐出版社，1980年，第199页。
② 沈知白：论昆腔.姜椿芳、赵佳梓主编：沈知白音乐论文集.上海：上海音乐出版社，1994年，第43页。
③ 龙音编辑委员会编：刘天华作品全集·国乐改进社缘起.上海：上海音乐出版社，2010年，第2页。

# 试论昆曲字腔的音势不变性及形态可变性
## ——以昆曲南曲为例

周来达

总说昆曲博大精深,太难懂,其实,奥秘就在字腔中。昆曲运用依字行腔法创作出来的单个曲字的腔调或音调叫字腔。字腔是昆曲曲牌唱调(下称"昆唱")的核心和主体。

研究昆曲字腔音势不变性和字腔形态的可变性是对昆曲音乐基因的探索,对于辨识千姿百态的昆唱字腔、加深对昆曲音乐的实质性认识和传承保护昆曲等有至关重要的意义。

### 一、昆曲字腔音势的不变性

基于曲字的字调不变,由依字"行"出来的"字腔"之音势也不变。

所谓"字调",包括调类和调值两种含义。调类即平、上、去、入四声;调值则指具体字音的高低、升降、曲直、长短等。

大家知道,浩如烟海的汉字按字调来分总共只有四声阴阳八大类。昆曲中曲字的发音以中州韵为主,其归韵发音经多少年、多少代、多少文人曲家的努力,已经高度规范化、音韵化,由此归纳、提炼出来的四声阴阳八种调类,每一调类中的每个字都有一个共同不变的调值。

依字行腔构成各类字腔的乐音都有一个最低基数:入声字腔一个单音;阴平声字腔不能少于"先低后高"两个乐音;阳平声字腔不能少于"先低后高"两个乐音;上声字腔不能低于"两头高中间低"三个乐音;去声字腔不能低于"两头低中间高"三个乐音。

无论是口头创作或案头创作,凡依字行腔"行"出来"腔",即为"字腔"。字腔的音势未尽,腔亦不止。所谓字腔的音势,主要是指字腔内乐音运动的趋势,以及由此产生推动乐曲发展的势能。

昆曲字腔音势不变性集中体现在四声阴阳的字腔之中。分述如下:

(一)平声字腔音势不变性平声有阴、阳之别

1. 阴平声字腔音势不变性

阴平声的基本语势是由高而低,发音较高,腔尾略降,其音势呈⌢状。由这种语势和调值决定,凡用依字行腔法创作出来的阴平声字腔,其音势也必然要与语势和调值一致。

谱例1:《琵琶记·书馆》【解三酲】"我误妻房""妻"的字腔 1̂ － 6̂ (《中国昆剧大辞典》第676页。以下凡来自该著之谱例,均仅标页码)。

谱例2:《琵琶记·扫松》【风入松】"抛妻不睬""妻"的字腔 2 － | 2 2 2 1 6̲ 5 |(679)。

分析发现,上述两例阴平声字腔的音势都呈由高而低状,与曲字的调类、调值完全一致。这种字腔的音势与曲字调类、调值相对应的现象,就是平时所谓的"腔词对应"。值得留意的是,构成"生"和"妻"这两个字腔的乐音,虽然有多有少,但其音势无一不呈⌢状,这就是昆曲阴平声字腔音势的不变性。

2. 阳平声字腔音势不变性

阳平声字的基本语势由低而高,腔尾略升势,其音势呈⌣状。由这种调类、调值决定,凡用依字行腔法创作出来的阳平声字腔,其音势必然也呈⌣状。如:

谱例3:《荆钗记·见娘》【刮鼓令】"幸喜得今朝重会"(亦作上声)"重"的字腔 1̂ － 2̂ 3̂ (668)。

谱例4:《渔家乐·藏舟》【山坡羊】"如今教我早晚看何人面""如"的字腔 3 5 6̲ | 6̲ 1̂ (734)。

上述两例字腔的音势也呈由低而高、腔尾略升势,与曲字的调类、调值完全一致。这就是阳平声字腔的音势不变性。

(二)上声字腔音势不变性

昆曲的上声有阴上、阳上之别,但演化为字腔后两者的区别不很明显,因此,昆曲专用的权威韵书、划时代的著作《韵学骊珠》中的上声也就不分阴阳。为遵惯例,本文亦不分阴阳。

上声字的基本语势呈高—低—高√状,因此,这类字腔的音势也呈高—低—高的√状:

谱例5:《牡丹亭·游园》【皂罗袍】"赏心乐事谁家院""赏"的字腔 1̂ 6̂ 1̂ (707)。

谱例6:《南西厢·佳期》【十二红】"也不管最堕折

宝钗""宝"的字腔 $\underline{5}\ \underline{3}\ \underline{5}\ \underline{6}$ |(687)。

分析可证：上述两例上声字腔的音势都呈√状，这就是上声字腔音势不变性。

（三）去声字腔音势不变性

去声字虽然也有阴阳之别，但基本语势和调值都呈低—高—低的⋀状，因此，这类字腔的音势也呈低—高—低状。如：

谱例7：《散曲·兀的不套》【叠字锦】"这黑漆漆的裴别驾"阴去声字"驾"的字腔 $\overset{\frown}{1\ \overset{2}{\cdot}}\ 6$ (745)。

谱例8：《玉簪记·偷诗》【绣带儿】"更难听孤雁嚦嚦"阴去声字"雁"的字腔 $\underline{1\ 3\ 5}\ \underline{2\ 2\ 1}\ 6\ -\ |\ 6$ (698)。

谱例9：《祝发记·渡江》【锦缠道】"待会灵山把大乘演绎"阳去声字"大"的字腔 $\overset{\frown}{6\ \overset{2}{\cdot}\ \overset{3}{\cdot}}\ \underline{1\ 6}$ (700)。

谱例10：《玉簪记·偷诗》【绣带儿】"向幽窗偷弹珠泪"阳去声字"泪"的字腔 $\underline{6\cdot\ 1}\ 2\overset{3}{\cdot}1\ -\ |\ 6\ -\ 0\ 0\ ‖$ (698)。

以上阴阳去声字腔各两例的音势都呈低—高—低状，它们所体现的是去声字腔音势的不变性。可见，不管是阴去声字腔，还是阳去声字腔，它们的字腔音势都不变。

（四）入声字腔音势不变性

昆曲北曲无入声，昆曲南曲的入声有阴、阳之别。阴入声字读调值较高，阳入声字读调值较低，语势都比较短促，该类曲字"念"时可以分出阴阳，但在演化为唱调后的字腔中，基本音势都呈▼顿断状。如：

谱例11：《雷峰塔·断桥》【金络索】"听他一划胡言"阴入字"一"的字腔 $\overset{▼}{1}$(744)。

谱例12：《雷峰塔·断桥》【金络索】"怎不心儿警"阴入声字"不"的字腔 $\overset{▼}{5}$(744)。

谱例13：《琵琶记·书馆》【解三酲】"教儿读古圣文章"阳入声字"读"的字腔 $\overset{▼}{3}$(676)。

谱例14：《牡丹亭·游园》【好姐姐】"听呖呖莺声"阳入声字"呖"的字腔 $\overset{▼}{6}$(708)。

上述阴阳入声字腔各两例的音势都呈▼顿断状，它们所体现的就是入声字腔音势的不变性。

综上所述，曲字的调类、调值不变，字腔的音势亦不变；昆曲字腔的音势具不变性。原则上，昆曲字腔的音势无论到哪里都不改变。

此外，昆曲的入声字素有"阴入通阴平""阳入通阳平"以及"入声通三声"之说，这种情况在昆曲中确实存在，但也不能一概而论，其间的变化比较复杂，对此，若有可能，拟另文探讨，囿于篇幅，本习作恕不展开。

## 二、字腔形态的可变性

所谓字腔形态，首先是指字腔的显示方式、样式是显性的，还是隐性的；是显示了，还是没有显示。其次是指字腔内乐音的音高、时值、音数等情况。

字腔形态的可变性集中体现在字腔显示方式、样式的可变性和在同一显示方式、样式背景下，字腔内同一音势中的乐音运动形态的可变性两大方面。

字腔显示方式和样式的可变性集中表现为某些表示字腔腔头或腔尾音势的乐音可以是显性的，也可以是隐性的；可以是完全显示，也可以是仅仅显示其中的一个局部等方面。

概括整个昆唱字腔的显示方式、样式，大致有四：一是完全显示型（下称"完全型"）；二是部分显示、部分隐匿的显隐显示型（下称"显隐型"）；三是仅仅显示一个局部的局部显示型（下称"局部型"）；四是由各种失误性非依字行腔法产生的字腔，因其没有固定显示形态的不确定显示型（下称"不确型"）。[1]

从腔词关系看，第一类字腔的音势与曲字的调类、调值完全一致；第二类字腔的音势，表面看腔词不应，但其实也与曲字的调类、调值完全一致；唯第三类字腔的音势，也不能说它完全与调类、调值不符，而只是符合其中一部分。归根结底这三类字腔都同根同源，其呈现方式虽然不同，但都有一个共同特征：任一字腔的音势不

---

[1] 关于"不确型"字腔的说明：依据凡不符合依字行腔和约定俗成规则的"腔词不应"字腔，均为失误而来的字腔。失误性字腔的显示型各不相同，没有一个确定的形态，诚然这些字腔在正昆的唱调中比较少见，但就字腔形态的分类来说，也不能忽视。由于这类字腔"没有确定形态"，且与约定俗成字腔截然不同，故姑且冒昧以"不确型"名之。这类字腔在昆曲漫长的传播过程中难免出现。以现在的眼光看来，其主要特征是既不符合约定俗成的规矩、更不符合依字行腔理论的字腔。

变,形态可变。至于第四类的"不确型"字腔多由失误所致,且无规律可循,故不在本文探讨之列,恕不展开。回顾看,完全型、显隐型、局部型和不确型四种字腔显示型态,已把所有的昆曲字腔无一遗漏地囊括其中。

字腔内乐音形态的可变性主要表现在字腔显示方式、样式背景下,字腔内用以描述同一种音势的乐音之音高、时值、音数等的形态是可变的。其中的音数可多可寡,可增可减,时值可长或短,相对的音高亦可高可低等。

昆曲运用依字行腔法创作字腔常用的手法主要有本声法、借音造势法和略势法等。这些创作手法的名称不见经传,是笔者为便阐述而冒昧姑且用之,还望见谅。

下边即按三类显示方式、样式的次序,对各调类字腔的可变性进行粗浅探索:

(一)完全型字腔形态之可变性

所谓完全型字腔,即由本声法创作而来的、音势未被隐匿或省略的、完全符合曲字调类、调值的字腔。

所谓本声法,即依据曲字的字声(含调类、调值),运用依字行腔创作法来创作字腔的手法。用此法创作的字腔形态均为完全型,由此而来的各类字腔形态全然不同,也因此,此法不仅是昆曲依字行腔的基本法,而且也是区别阴阳四声字腔的基本法和衍生其他创作手法的基础。没有本声法,昆唱形态就会一片混沌。

完全型字腔之可变性主要表现为字腔内部在音势不变前提下的平上去入各类字腔的音数、时值、音高等是可变的。

1. 完全型平声字腔形态之可变性

平声有阴阳之别。

(1)完全型阴平声字腔形态之可变性

谱例15:《牡丹亭·寻梦》【嘉庆子】"平生半面""生"的字腔 $\underline{3\ -\ |\ 3\ -\ 2.\,2\ 1}$(712)。

谱例16:《琵琶记·描容》【三仙桥】"一从公婆死后""公"的字腔 $\underline{6\ \ \dot{5}}$(674)。

(2)完全型阳平声字腔形态之可变性

谱例17:《琵琶记·赏荷》【桂枝香】"只是你意慵心懒""慵"的字腔 $\underline{5\ 6\ |\ 6\ -}$(673)。

谱例18:《牡丹亭·游园》【皂罗袍】"赏心乐事谁家院""谁"的字腔 $\underline{6\cdot 1\ 2\ 3}$(707)。

分析发现,"谱例15、16""谱例1、2"等阴平声字腔的音势均呈 ——↘ 平后略降;而"谱例17、18"和"谱例3、4"等阳平声字腔的音势,均呈 ——↗ 平后略升,这些字腔的音势与曲字的调值完全一致,均为完全型平声字腔。但比较这些字腔的形态却发现,无论是音高、时值、音数都不一样。仅以乐音的高低为例,如"谱例15、16"与"谱例1、2"的阴平声字"生""公""妻""妻"字腔的首音分别是 Do、Re、Mi、La;"谱例17、18"和"谱例3、4"阳平声"慵""谁"及"重""如"字腔的首音分别是 Do、Mi、Sol、La;它们的乐音构成各不相同。这种不一样所体现的就是完全型平声字腔形态的可变性。事实上,完全型平声字腔在昆曲中无处不在,它们说明,完全型的平声字腔确具音势不变性和形态可变性。

2. 完全型上声字腔形态之可变性

谱例19:《琵琶记·描容》【三仙桥】"梦里暂时略聚首""首"的字腔音调 $\underline{5\ 3\ 0\ 5\ \ \dot{6}}$(674)。

谱例20:《琵琶记·辞朝》【啄木儿】"望得眼穿儿不到""眼"的字腔 $\underline{5\ 3\ \dot{5}\ \dot{6}}$(672)。

分析"谱例19、20"中"首""眼"以及"谱例5、6""宝""赏"等上声字腔的音势都呈↘↗状,符合上声字调值。据调值不变音势亦不变原则,可以判定它们就是完全型上声字腔。但比较两例字腔的形态,也可以发现无论是音高、时值、音数两者都不一样。仅以相同音高,不同时值为例。如"谱例6"的 $\underline{5\ 3\ \dot{5}\ \dot{6}}$ 和"谱例19、20"的 $\underline{5\ 3\ 0\ 5\ \ \dot{6}}$、$\underline{5\ 3\ \dot{5}\ \dot{6}}$ 三字腔都由 Sol、Mi、Sol、La 四个乐音组成,音高相同,但每一个乐音的长短都不同,这种不同所体现的即完全型上声字腔形态的可变性。由此认为,完全型的上声字腔也具音势不变和形态可变的性质。

3. 完全型去声字腔形态之可变性

去声有阴阳之别。

(1)完全型阴去声字腔形态之可变性

谱例21:《渔家乐·藏舟》【山坡羊】"泪盈盈做了江干的花片""做"的字腔 $\underline{6\ \dot{1}\ \dot{5}}$(734)。

谱例22:《玉簪记·琴挑》【朝元歌】"曾占风流性""性"的字腔 $\underline{6\ \dot{1}\ \ 6\ 5\ 3\ 2\cdot}$(695)。

(2)完全型阳去声字腔形态之可变性

谱例23:《雷峰塔·断桥》【金络索】"烦你劝解全仗

赖卿卿""赖"的字腔 $\underset{赖}{\overset{\frown}{3\underline{5}\ 2}}$（744）。

谱例24：《南西厢·佳期》【十二红】"一个半推半就""就"的字腔 $\underset{就,}{\underline{5.\underline{6}}\ \dot{1}\ -\ -\ \overset{2}{\frown}}\ |\ \underline{6.\underline{5}}\ \underline{3\ 0}\ 2$（687）（末音Re亦可作过腔解）。

分析"谱例21、22、23、24""做""性""赖""就"以及"谱例7、8、9、10""驾""雁""大""泪"等字腔可以知道，不管是阴去声字腔，还是阳去声字腔，其音势都完全符合去声字的√调值。据调值不变音势亦不变原则，可以认为它们就是完全型去声字腔。但比较各例字腔的形态，可以发现无论是音高、时值、音数两者都不一样。

如"谱例21"阴去声"做"和阳去声"谱例23""赖"的字腔，都由三个乐音组成，但同为去声的"谱例22"阴去声"性"和"谱例24"阳去声"就"的字腔 $\underset{性。}{\overset{\frown}{6\overset{1}{.}\ \underline{6\underline{5}\underline{3}}\ 2.}}\vee$ 和 $\underset{就,}{\underline{5.\underline{6}}\ \dot{1}\ -\ -\ \overset{2}{\frown}}\ |\ \underline{6.\underline{5}}\ \underline{3\ 0}\ 2$，却分别由6个和9个乐音组成。与其他调类相比，完全型去声字腔的这种音势不变、形态可变的特性表现得更为明显，更有特色。如一般来说，其他调类字腔的形态变化虽然也很多，但都没有相对固定的音调，而去声字腔在音势不变的前提下，还可以做到"变头不变尾"，即腔头的乐音可以改变，但腔尾的音调基本不变。以阴去声字腔的"变头不变尾"为例。

① Do 为首音者

谱例25：《雷峰塔·断桥》【山坡羊】"只怕怨雨尤云恨未平""怨"的字腔 $\underset{怨}{\overset{\frown}{1\overset{\frown}{7}1\dot{6}}}$（742）。

谱例26：《烂柯山·痴梦》【渔灯儿】"只管教人费口舌""教"（亦作阴平）的字腔 $\underset{教}{\dot{1}\ -\ \underline{1\underline{2}\underline{3}}\ \underline{2.\underline{1}}\ \dot{6}}$（722）。

② Re 为首音者

谱例27：《白兔记·回猎》【锦缠乐】"他跣足蓬头遭挫折""挫"的字腔 $\underset{挫}{2.\overset{3}{\frown}1\ \dot{6}}$（671）。

谱例28：《荆钗记·见娘》【刮鼓令】"从别后到京""到"的字腔 $\underset{到}{2\ -\ |\ \dot{2}\ -\ \overset{3}{\frown}\dot{1}\ \dot{6}}$（668）。

③ Mi 为首音者

谱例29：《西楼记·楼会》【红纳袄】"痛杀人一似剜肺肝""肺"的字腔 $\underset{肺}{3\overset{5}{\frown}\underline{2\ 1}\ \dot{6}}$（729）。

谱例30：《牡丹亭·游园》【步步娇】"摇漾春如线""线"的字腔 $\underset{线。}{3\ -\overset{5}{\frown}\ \underline{2.\underline{2}}\ 1\ |\ \dot{6}\ -}$（705）。

④ Sol 为首音者

谱例31：《散曲·兀的不》套·【雌雄画眉】"磷磷鬼火照着咱""照"的字腔 $\underset{照}{5\overset{7}{\frown}\ \underline{2.\underline{1}\underline{6}}}$（746）。

谱例32：《白兔记·回猎》【锦缠乐】"只怨刘大""怨"的字腔 $\underset{怨}{5\overset{7}{\frown}\ \underline{2.\underline{1}\underline{6}}\ -\ |\ \dot{6}.}$（672）。

⑤ La 为首音者 2

谱例33：《牧羊记·望乡》【江儿水】"李凌常挂牵""牵"的字腔 $\underset{牵}{6\ \underline{0\ 2}\ \underline{1\underline{2}\underline{1}\underline{6}}\ -\vee}$（682）。

谱例34：《牡丹亭·寻梦》【尹令】"生生抱咱去眠""去"的字腔 $\underset{去}{6\overset{7}{\frown}\ 5\ |\ 3.\ \underline{2\ 1}\ \dot{6}\ |}$（713）。

阳去声字腔"变头不变尾"的现象更为普遍。囿于篇幅，恕不赘列。

总之，不管是阴去声还是阳去声，其基本音势都是不变的"高—低—高"的√状，但构成这个音势的乐音之相对高度或时值或乐音的数量等确实可以不同。其中改变的位置多在字腔之首，更重要的是腔尾音调都是基本固定的 ReDoLa，这种情况在其他调类的字腔中极为罕见。

### 4. 完全型入声字腔形态之可变性

入声字有阴入和阳入之分。但不管哪一种入声字，其字腔均为顿断单音，这个顿断单音即为入声字的音势。其音数虽不可变，但音阶中的任一级均可作为该顿断性的单音，故入声字腔亦具音势不变性和字腔形态的可变性。囿于篇幅，仅以阴入声为例。

谱例35：《玉簪记·秋江》【小桃红】"秋江一望泪""一"的字腔 $\underset{一}{\overset{\triangledown}{\underline{1}}}$（699）；《牡丹亭·游园》【尾声】"观之不足""不"的字腔 $\underset{不}{\overset{\triangledown}{\underline{1}}}$（708）。

谱例36：商音者，如《琵琶记·书馆》【解三酲】"不识字的倒得终养"阴入声字"得"的字腔 $\underset{得}{\overset{\triangledown}{\underline{2}}}$（676）；《长生殿·定情》【绵搭絮】"钗不单分"的"不"的字腔 $\underset{不}{\overset{\triangledown}{\underline{2}}}$（737）。

谱例37：《寻亲记·茶坊》【孝南枝】"教君不闻"

"不"的字腔 $\underset{不}{\underline{3}}$ —(721)；《渔家乐·藏舟》【山坡羊】"骨肉今朝各一天""肉"的字腔 $\underset{肉}{\underline{3}}$(734)。

谱例38：《琵琶记·书馆》【解三酲】"白头吟记得不忘""得"的字腔 $\underset{得}{\underline{5}}$(676)；《渔家乐·藏舟》【山坡羊】"哭哀哀""哭"的字腔 $\underset{哭}{\underline{5}}$(734)。

谱例39：《玉簪记·琴挑》【朝元歌】"你一曲琴声""一"的字腔 $\underset{一}{\underline{6}}$(696)《西楼记·拆书》【一江风】"蓝桥咫尺间""尺"的字腔 $\underset{尺}{\underline{6}}$(728)。

谱例足证，凡入声字腔音势均为一个短促的单音，与入声调值一致，没有变。乐音的音高无论落在哪一级音上均可。这些音高不同的乐音所体现的就是完全型入声字腔形态的可变性。由此认为，完全型的入声字腔形态同样具有音势不变性和形态可变性。

综上所述，昆曲各类完全型字腔确具音势不变性和形态可变性。

（二）显隐型字腔形态之可变性

由乐音的运动性所决定，昆唱前后字腔在连接之际必然会产生新的音势，由此对前后两字腔的连接会产生影响。昆曲利用乐音运动的这一特性，运用借音造势的方法，借用前后字的音势和势能，实现和完善了本字腔依字行腔应有的音势之目的，由此使得原本应该完全显示的字腔变为有部分显示、有部分隐匿。从中亦可窥知，所谓显隐型字腔，即借音造势依字行腔的产物。故，凡由借音造势法创作而来的字腔形态均为显隐型。

显隐型字腔本身就体现了昆曲字腔形态的可变性。因此，显隐型的可变性突出体现在其本身字腔的显示方式、样式的可变性和字腔内同一音势中乐音的可变性两方面。

这类字腔的显示方式和样式的可变性集中体现在平、上、去三类字腔的腔头或腔尾音势的显或隐上，以至表面看来这类平上去字腔的形态也不完整，音势与曲字调值也不完全相符。至于入声字腔，因它只有一个顿断性的短音，不存在可以隐匿的条件，故不存在隐匿型字腔。

考论证实，所有的显隐型字腔同样具有字腔音势不变性和字腔形态的可变性。

1. 显隐型平声字腔形态之可变性

基于昆曲平声字腔的基本音势是平后略升或略降，其所隐匿的部位均为腔尾，因此，不管阴平声或阳平声字腔，凡显隐型平声字腔所显示的都是单音，其基本音势也都是或长或短的单音式平进势。如：

谱例40：《琵琶记·书馆》【解三酲】"绿鬓妇何故在他方，书只为其中有女颜如玉" $\underset{他}{\underline{3\ 5\ 5}}\ \underset{方?书,只为}{\underline{3.3}\ |\ 2\ \overset{\vee}{1}\ \underline{1\ 2\ 1}}$(676)。

其中，阴平声"方"的腔尾，就借了后字"书"的Do音，形成ReDo的降音势，从而使得阴平声"方"的⌒字腔音势得以完善。

谱例41：《牡丹亭·问路》【尾犯序】"从小俺看承他快长" $\underset{从}{\underline{3}}\ -\ |\ \underset{小}{\underline{5\ 3\ 2}}$(717)。其中，阳平声字腔"从"的腔尾，借了后字"小"的Sol音，形成Mi Sol略升音势，终使阳平声"从"的⌒字腔音势得以完善。

分析谱例可以发现，诸如上述阴平声和阳平声那样的字腔，由于腔尾被隐去，原来至少要有两个乐音才能构成的平声字腔，如今显示的都只有一个单音。

以这种方式来显示的平声字腔样式，本身就是字腔形态多变性之一。而分析字腔内的乐音形态，则可发现虽然它们都只有一个乐音，但音高和时值也不相同。事实证明，即使平声字腔的腔尾被隐匿了，但其音势并没有改变，变的仅是字腔的乐音形态，这就是本文所谓显隐型平声字腔音势的不变性和形态的可变性。

2. 显隐型上声字腔形态之可变性

基于昆曲上声字腔的基本音势是高—低—高，呈√状，故其所隐匿的部位有三处：一是腔头；二是腔尾；三是腔头和腔尾同时隐匿，仅显腹腔。至此，原本至少要有三个乐音构成的高—低—高才符合上声字腔调值的音势，如今变成了只有两个单音，甚至只有一个单音。如果单从其所显示的字腔音势看，没有一个符合上声字的调值要求，也因此都不能称之为上声字腔。但如果从这类字腔与之前后字腔乐音运动的音势及其所产生的势能看，不难发现，其实这些都是符合调值和学理要求的上声字腔。如：

谱例42：《紫钗记·阳关》【解三酲】"见了你晕轻眉翠""见了你"的字腔 $\underset{见}{\underline{1}}\ \ \underset{了你}{\underline{6\ 1}}$(702)。这里"了"只有一个乐音，由此呈现的音势只有一个平势，显然不符上声字腔的音势，但通过借用前字"见"和后字"你"的两个Do作高音，由此出现的 $\underline{1\ \ 6\ 1}$ 音调，就是完善的上声字腔。

谱例43：《牡丹亭·惊梦》【山坡羊】"拣名门一例一

例里神仙眷""例里神"的字腔 $\underset{例\ 里}{3.\overset{\frown}{5}\ \overset{\cdot}{2}\overset{\cdot}{6}}|\underset{神}{1.\ \overset{\cdot}{2}\ \overset{\cdot}{3}\overset{\cdot}{0}\ \overset{\cdot}{2}.\overset{\cdot}{3}\ \overset{\cdot}{3}\overset{\cdot}{2}\overset{\cdot}{1}}|$（709）。这里的"里"字只有两个乐音，由此呈现的音势只有一个降势，显然也不符上声字腔的音势，但通过借用后字"神"的首音 Do 后所形成的 $\overset{\cdot}{2}\overset{\cdot}{6}\ 1.$ 音调，也完全符合上声字腔高—低—高的音势。

谱例44：南曲《琵琶记·赏荷》【桂枝香】"我一弹再鼓""再鼓"的字腔 $\underset{再}{3.\overset{\frown}{\overset{5}{7}}\ 2\ 1\ 0\ 6\ 5}|\underset{鼓}{3.\ \overset{\frown}{5\ 6}\ -\ |\ 6.}$（673）。这里"鼓"虽然有三个乐音，但由此呈现的音势也只有一个升势，当然也不符上声字腔的音势。但通过借用前字"再"的末音 Sol，与本字音调构成 $\overset{\cdot}{5}\ 3.\ \overset{\frown}{5\ 6}\ -\ |\ 6.$ 的音势，也完全符合上声字腔的要求。

归根结底这类上声的字腔音势没有变，其所变的只是形态。

显隐型上声字腔的音势不变性和形态可变性非常有个性。其中，谱例42"了"的字腔只有一个单音，其形态堪谓没头没尾；谱例43"里"的字腔只有一个腔头，其形态是有头没尾；谱例44"鼓"的字腔只有一个腔尾，其形态就是有尾没头。

应该说，上声字腔中最有特色的是腔腹中的那个低音，将它突显出来需要一定的手段，这个手段就是借音造势法，上述三例都是此法的产物。

比较难以理解的是诸如"谱例42"那样的以一个单音来表示，原本至少要有三个乐音才能表达完整的上声字腔形态的做法。如果说"谱例43""里"的有头没尾是借尾法的结果，"谱例44""鼓"的有尾没头是借头法的结果，那么，"谱例43""了"的字腔就是"借头、借尾不借腹，没头没尾却有骨"的结果，其中的所谓"腹"和"骨"，其实就是代表上声字腔中最有特色的低音。

上声字腔以显隐型方式或样式出现，本身就是字腔形态多变性之一。而分析字腔内乐音的形态，也可以发现上述三例中乐音的音数、时值和高低等也各不相同。显隐型上声字腔在昆唱中不计其数，不管昆南、昆北差不多凡以上声字作结的字腔，几乎都是显隐型字腔。

上述考论说明什么？说明显隐型上声字腔确具音势不变性和形态可变性。

3. 显隐型去声字腔形态之可变性

基于昆曲去声字腔的基本音势是低—高—低，呈√状。故其所隐匿的部位亦有三处：一在腔头；二在腔尾；三是腔头和腔尾同时隐匿，显示的是腔腹。隐匿后所显示的字腔有降势式、升势式和单音平势式三种。原本至少要有三个乐音构成的低—高—低的音势，如今变成只有两个乐音，甚至只有一个乐音。仅从字腔显示的形态看，这类字腔根本就不符合去声字的调值，甚至也不能称之为去声字腔。与显隐型上声字腔一样，如果从这类字腔与之前后字腔乐音运动的音势及其所产生的势能看，其实这类字腔也都是符合学理要求的上声字腔。如：

（1）显隐型降势式去声字腔

谱例45：《浣纱记·寄子》【胜如花】"似浮萍无蒂""无蒂"的字腔 $\underset{无\ 蒂}{6\ 1\ \overset{\frown}{2\ 1\ 6}\ |\ 6}$（685）。这里的阴去声"蒂"的字腔虽然有三个乐音，但由此呈现的音势只有 $\overset{\frown}{2\ 1\ 6}\ |\ 6$ 的一个降势，显然不符去声字腔的音势。但通过借了前字"无" LaDo 两音作升势后，由此构成的 $6\ 1\ \overset{\frown}{2\ 1\ 6}\ |\ 6$ 却完全符合去声字腔调值要求。

谱例46：《南西厢·佳期》【节节高】"浑身上下都通泰""上下"的字腔 $\underset{上}{2\overset{3}{\overset{\frown}{\ }}}\ \underset{下}{\overset{\frown}{2\ 1}}$（689）。这里的阳去声"下"的字腔只有两个乐音，由此呈现的音势也只有一个 $\overset{\frown}{2\ 1}$ 的降势，显然也不符去声字腔音势。但通过借了前字"上"的 $2\overset{3}{\ }$ 做升势后，与本字构成的 $2\overset{3}{\ }\ \overset{\frown}{2\ 1}$ 却是一个完全符合低—高—低音势的去声字腔。

（2）显隐型升势式去声字腔

谱例47：《牧羊记·望乡》【江儿水】"把孝义忠心""忠孝"去声的字腔 $\underset{孝\ 义}{6\ \overset{\dot{1}}{\ }\ \overset{\frown}{6\ 5\ 3}}$（682）。这里的阴去声"孝"的字腔虽然有三个乐音，但由此呈现的音势只有一个 $6\ \overset{\dot{1}}{\ }$ 的升势，显然不符去声字腔的音势。但通过借了后字"义" $\overset{\frown}{6\ 5\ 3}$ 三音作降势而构成的 $6\ \overset{\dot{1}}{\ }\ \overset{\frown}{6\ 5\ 3}$，却是一个完全符合去声低—高—低音势的去声字腔。

谱例48：散曲《兀的不》套【尾声】"姐妹们不须别嫁""妹们"的字腔 $\underset{妹\ 们}{3\overset{5}{\overset{\frown}{\ }}\ 1}$（747）。这里的阳去声"妹"的字腔有两个乐音，由此形成的音势只有一个升势，显然也不符去声字腔的音势。但通过借后字"们"的 Do 音作降势后，由此构成的 $3\overset{5}{\ }\ 1\ |\ $ 俨然就是一个完全符合升降势的去声字腔。

（3）显隐型平势式去声字腔

谱例49：《浣纱记·寄子》【胜如花】"他年怎期，浪打东西""期浪打"字腔 $\underset{期}{\overset{\frown}{5\ 6}}\ ^{\vee}\ \underset{浪打}{1\ 6\ 1}$（685）。这里的阳去声"浪"的字腔只有一个乐音，其音势只有一个平行势，也不符去声字腔音势。但通过借了前字"期"末音低音La和后字"打"中音Do而构成 $\overset{\frown}{5\ 6}\ ^{\vee}\ 1\ 6$ 的低—高—低音势，却完全符合去声字腔的升降势。

谱例50：《浣纱记·寄子》【胜如花】"似浮萍无蒂，禁不住数行珠泪""蒂禁不住"的字腔 $\underset{蒂}{\overset{\frown}{2\ 1\ 6}}\ |\ \underset{禁\ 不\ 住}{6\ ^{\vee}\ 6\ 5\ 6}\ |$（685）。这里的阴去声"禁"的字腔只有一个乐音，其音势也只有一个平行势，显然不符去声字腔音势。但通过借了前字"蒂"末音低音 $\overset{\frown}{6}\ |\ 6\ ^{\vee}$ 和后字"不"的中音Sol而构成 $\overset{\frown}{6}\ |\ 6\ ^{\vee}\ 5$ 的低—高—低音势，同样完全符合去声字腔的升降势。

从中或可窥知：这些看似不规范的字腔，其实都是"腔词相应"的、规范的、完全符合学理的去声字腔；其次，此前之所以以为它不符合上声字腔规范，只是由于本该有的两头各一个的低音La都被隐匿了的缘故。归根结底，去声的字腔音势没有变，其所变只是它的显示形态，有的是显示的，有的是隐匿的。

审视上述三组显隐型去声字腔内的乐音形态，可以说无论是乐音的音数，或是音乐的高低和时值等，没有一个相同。

显隐型去声字腔的音势不变性和形态可变性比较典型。同样是运用借音造势法，它既可以做到如"谱例40、41"那样的"隐头不隐尾"，也可以做到"谱例42、43"那样的"隐尾不隐头"，甚至还可以做到如"谱例44、45"那样的"隐头隐尾不隐腹"，且能保持去声的音势个个不变，毫不逊色地担当起去声字腔的角色，这是非常奇妙的现象。

昆曲为了适应各种抒发情感的要求，尤其是为了适应快曲或急曲等唱调的需要，利用字腔乐音运动过程中所产生的势能，运用了前后字腔与本字腔形成音程之差，来创作符合本字调值、音势的字腔，由此出现了"隐头隐尾不隐腹"，不管哪一种调类的字腔都可以用一个单音来表示的新技术。这种技术已经成为昆曲表达情感和改变唱调节奏（如改换板式）等常用的技法，这种技法即本文所谓借音造势法。

借音造势法的出现为昆唱的创作开辟了广阔的前景，它的运用使得字腔的某部分是隐性的、某部分是显性的，既可隐头、又可隐尾，还可以头、尾一起隐，但又不违背依字行腔原则，这是何等的神奇！换言之，这是隐性的依字行腔法，是依字行腔法的另一种表现形式。由此产生的显隐型字腔在赋予昆唱以无穷魅力的同时，也丰富和扩大了昆唱表演力。昆唱因此而平添了几多诡谲神秘的色彩，人们也因此而增加了种种的不解和疑惑。笔者读书太少，这种创作方式非但没见过，甚至也没听说过，觉得实属世上罕见。稍觉可惜的是，如此珍贵的一笔文化财富，长期以来却未被我们发掘和认识。

上述考论说明什么？说明去声字腔字腔确具音势不变性和形态可变性。

以此类推，昆曲中的其他显隐型平势式去声字腔无不如此。

（三）局部型字腔形态的可变性

所谓局部型字腔，就是只显示字腔中的一个局部。其与显隐型字腔的区别在于，后者其实是完全型的字腔，而局部型字腔却不完全显示，字腔中未被显示部分的音势不是被隐匿了，而是被省略了。为便于阐述，本文把这种做法谓之为略势法。

所谓的略势法，其实是一种约定俗成的、运用省略字腔的腔头、腔尾，或同时省略腔头、腔尾音势的办法来创作字腔的创作手法。省略的部位不同，由此形成的字腔音势和形态也不同。

用略势法创作的字腔是一种比较特殊的字腔，其形态均为局部型，不具隐匿性。其最大特点是"腔词不应"，字腔音势与调类、调值不完全符合。

在长达600年的昆曲音乐创作实践中，以坤伶为主的艺术家们为了适应各种抒发情感的要求，对字腔的音势除了做显隐性处理外，还在字腔的腔头、腔腹、腔尾结构上做了"去头去尾不去骨"等剪裁性处理，由此形成的是长期积累起来的约定俗成的行腔规矩。应该说，它的形成和出现是人为之故意，其与由各种无意识失误性非依字行腔法产生的不确型字腔有所区别。

所谓约定俗成，不是写在纸上的明明白白的条文，这是一个比较难以明确界限的只有心里明白的规矩。如果大家都这么说、这么做，这就是约定俗成。那么，如何确定某一个局部型字腔是由约定俗成而来的，或不是由约定俗成而来呢？私以为，唯一的办法就是要凭作品说话，要凭这类字腔在昆唱中再现的次数多少来判定。再现次数多，说明用的人就多，认可这种做法的人就多，这就是约定俗成。有鉴于此，本文对于局部型字腔的研究对象，主要是昆唱中再现次数较多的那些局部型字腔。

归纳昆曲局部型字腔，主要有局部型平声字腔、局部型上声字腔、局部型去声字腔三类。其中，尤以平声字腔、上声字腔两种局部型最为突出。去声类局部型字腔，昆北稍多，昆南罕见。至于入声字腔，因它本体只有一个顿断性的短音，不存在可被省略的条件，因此，也不存在局部型字腔。由这类字腔特殊性所决定，局部型字腔的音势不变性仅限于该类字腔中某个局部的音势之中，字腔形态亦具多变性。下面是按平上去顺序的探讨：

1. 局部型平声字腔形态之可变性

平声有阴平声、阳平声之分，其区别在于腔尾是略升还是略降。但在局部型字腔中，由于腔尾都被省略了，因此大凡局部型的平声字腔概无腔尾，由此显示的往往只有一个单音式的腔头平势。如：

谱例51：《牡丹亭·寻梦》【嘉庆子】"他捏这眼奈烦也天，"阴平声字"天"的字腔 $\underline{5\ 3\ 0\ 5\ 6}$ | $\overline{1\ -\ -\ 1}\ \overset{\vee}{6}$（712）。

谱例52：《牡丹亭·游园》【绕池游】"恁今春关情似去年"两阴平声字"今春"的字腔 $\underline{1\ 1}\ 1$（705）。

谱例53：《玉簪记·秋江》【小桃红】"春老啼鹃"阳平声字"鹃"的字腔 $1\ \underline{2\ 3}\ |\ 5.\ \underline{3\ 2}\ 1\ |\ \overset{\frown}{2}\ -\ \|$（699）

谱例54：《浣纱记·寄子》【胜如花】"料团圆今生已稀"阳平声字"团"的字腔 $\overset{1}{6}\ \underline{3\ 3}\ |$（685）。

按规范，上述音调既不是阴平声字腔，又不是阳平声字腔，它们什么都不是。但分析发现，这类字腔的共同特征是腔尾不呈略升或略降势，它们与后字的首音也构不成符合阴平声或阳平声的腔尾音势。如"谱例51"阴平声"天"字需要的是略降的腔尾，但其与后字"咱"首音中音La构成的是大跳升势，这说明"天"的字腔确实就只是一个单长音Do，这种音势的形成与后字首音毫无关系。它意味着原本阴平声字腔尾该有的略降音势已被省略。这类字腔之所以"腔词不应"，就在于创作手法不同所致的显示方式和样式不同。

继续分析还可发现，不管是阴平声还是阳平声字腔，除了均为单音式的平进音势不变外，所有字腔内的乐音形态有高有低、有长有短，均具可变性。事实上，这类平声字腔于昆曲中无处不在。由此证实：诸如上述三例那样的字腔，其实就是遵约定俗成规矩而来的平势式局部型阴平声字腔；以这种方式出现的平声字腔，同样具有字腔音势不变性和字腔形态可变性。

2. 局部型上声字腔形态之可变性

这类上声字腔被省略的部位应该有腔头、腔尾省略及腔头和腔尾同时省略三种。省略后的上声字腔音势应该亦有三种：一是升势式，二是降势式，三是平势式。但事实上最常见的只是其中的升势式局部型上声字腔，本文即以此为例。

由于升势式局部型上声字腔的腔头往往被省略，由此显示的也往往只有一个升势的腔尾。如：

谱例55：《琵琶记·书馆》【解三酲】"毕竟是文章误我、我误妻房"第二个"我"的字腔 $\underline{3\ 5}\ \overset{\frown}{6}\ \overset{\cdot}{1}$ | $\underline{2\ 3\ 1}\ \overset{\frown}{6}\ |\ \overset{\frown}{6}$（676）。

谱例56：《琵琶记·描容》【三仙桥】"我待画你个庞儿展舒""展"的字腔 $2\ |\ \underline{3\ 5}\ 6\cdot$（675）。

显然，这类字腔所显示的仅仅是上声字腔腔尾的升势，按规范也不能算是合格的上声字腔。但分析发现，这类字腔的共同特征是这种升势的形成，与前字末音不存在借音造势关系，而是其本身所固有的。如"谱例55"的 $\overset{\frown}{6}\ \overset{\cdot}{1}$，"谱例56"的 $\underline{3\ 5}$，即为本体腔尾所应有的升势。尽管在它们之前的乐音是低于本字首音的低音Sol和低音Re，但毕竟"我"和"展"这两个上声字腔升势的形成与这些低音无关，而是省略本字腔头的结果。这类字腔之所以"腔词不应"就在于显示方式和样式的可变性。

继续分析还可发现，这类上声字腔除了升势不变外，构成同一音势的乐音亦具音数可多可少、时值可长可短、乐音可高可低等可变性。事实上，这类上声字腔在昆曲中的数量也不算少。事实表明：诸如上述"我"和"展"那样的字腔，其实就是由约定俗成而来的升势式局部型上声字腔；这类上声字腔同样具有字腔音势不变性和字腔形态的可变性。

3. 局部型去声字腔形态之可变性

与同为局部型字腔的平声类和上声类字腔相比较，去声局部型字腔在数量要少得多。

局部型去声字腔被省略的部位应该有腔头、腔尾省略以及腔头和腔尾同时省略的。省略后的去声字腔音势亦应该有降势式、升势式、平势式三种。但事实上比较常见的只是北曲中的降势式局部型去声字腔，本文即以此为例。

降势式局部型去声字腔的腔头被省略后，其所显示的只是腔尾的一个降势。如昆北的 Re Mi Do Si La、La Do Sol-Fa Mi 等音调，原本就是去声的字腔，而今被砍去了"脑袋"，留下的、既见的就是去声字腔降势部分的腔尾。如：

谱例57：《艳云亭·痴诉》【紫花儿序】"将珠帘高卷""卷"的字腔 3 3 32 17 6 6 (773)。

谱例58：《邯郸记·三醉》【粉蝶儿】"一步挨一步""步"的字腔 1 543 3 - (767)。

谱例59：《邯郸记·扫花》【赏花时】"翠凤毛翎扎寻叉""翠"的字腔 1 7 6 1 (766)。

谱例60：《长生殿·哭像》【脱布衫】"差杀咱掩面悲伤""杀"的字腔 2 17 6 - (780)。

上述去声字腔音势均呈降势，按规范，也不能算是合格的去声字腔。但分析发现，这种降势并不是从前字末音借来的，而是去声字腔的腔尾所固有的，这就意味着这些降势式的字腔与前字末音不存在借音造势关系，而是省略本字腔头的结果。这里所显示的仅仅是上声字腔中的一个局部。

进而考察这些去声字腔形态，除了下行降势不变外，实际上，字腔内乐音的音数、高低、时值等均具可变性。这些都意味着这些降势式局部型的去声字腔同样具有字腔音势不变性和字腔形态可变性。

纵观局部型字腔不难发现：首先是由于局部型字腔毕竟是"腔词不应"之腔，因此，其在昆唱中的数量不多。其次，局部型字腔中被省略的都是本字腔中的非主体音势，而被留下和突出显示的则都是本字腔中的最有特色、最能代表本字腔个性的音势。如平声的可长可短的单音，上声由低而高的低音，去声由高而低的高音，这三种字腔的特长都以局部显示的方式被昆曲突出地强调出来了。如果再加上入声字腔的短音，那么，作为昆曲音乐的长、短、高、低四个基本要素，在不同调类的组合中已经完备。

特别需要说明的是，这种被昆曲突出强调的局部型字腔并不是无源之水、空穴来风，其实它们也是由依字行腔而来，只不过其所依字行腔的对象仅仅是曲字调

值中高低曲直的某个局部罢了。说到底，由遵约定俗成的规矩而来的局部型字腔，也是昆曲字腔显示方式、样式可变性的一种体现。从这个意义上说，昆曲的这些约定俗成的规矩，其实也是对昆曲依字行腔的补充、丰富和发展。

至于局部型字腔的出现是否合理，昆曲是否允许存在，其中判定是非的标准是什么，是根据韵书的规定来判定还是根据约定俗成的规矩来判定，等等，当然自可各有所见。历史上"汤、沈"之争的核心，其实就是这个问题。私以为，最完美的答案应该是两者的完美结合。如果说由历代文人曲家不惜心血著成的、以中州韵为纲的大量曲谱韵书是历来为昆曲配谱独尊的规则的话，那么，以坤伶为主在长期艺术实践中积累起来的大量的约定俗成规矩，其实也是与曲家文人所撰的曲谱著述相辅相成、缺一不可的行腔规则。

## 结　语

综合考察结果：昆唱用依字行腔创作的字腔确有音势不变性和字腔形态的可变性。现将该特性图示如下：

昆曲的字腔音势不变性和形态的可变性是昆唱的基本特性。在字腔音势不变前提下的字腔形态之可变性是推动昆唱发展的基本动力和昆曲创造不同音乐形象的前提。它从根本上解释了昆唱为什么不存在"一曲多用"的问题。如果非要问昆唱有什么是多用的，那就是"一势多用"。所谓"一势多用"，就是同一调类中的千百万个曲字共用一种音势。其中的"一势"是指如上声字腔的↘↗音势，去声字腔的↗↘音势，阴平声字腔的———音势，阳平字腔的———，入声字腔的顿断性▼音势，这些就是它们共用的音势，由此而来有着千差万别的字腔，就是"一势多用"的结果。

以完全型、显隐型和局部型三种显示方式、样式为主所呈现的昆曲字腔浩如烟海、灿若星空，其形态变化万千、扑朔迷离，令人眼花缭乱、百思不解。其间的奥秘至今还未被我们完全揭开和认知，堪谓千古一谜。其谜底就在于昆曲在依字行腔过程中，运用不同的创作手法，致使昆曲字腔显示方式、样式产生改变，昆曲字腔内同一种音势中乐音形态具有可变性。略显遗憾的是，此前我们常把昆曲的诡谲多变归因为以唱句为单位的、带有板腔性质的各种落音和"定腔""定句"等的演变，这或为误会。

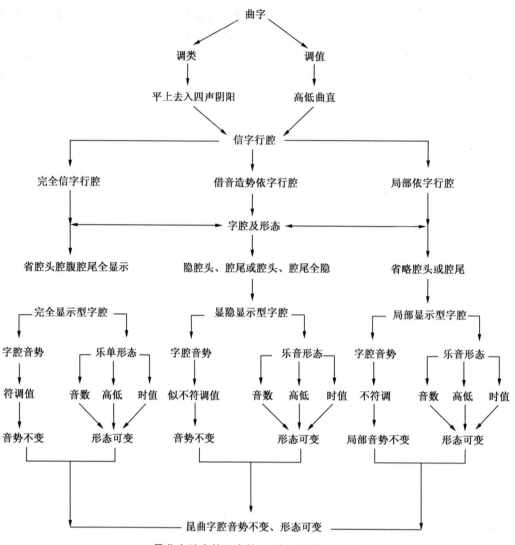

**昆曲字腔音势不变性、形态可变性示意图**

注：由各种失误性非依字行腔法产生的不确型字腔略

了解、研究字腔音势不变性和字腔形态的可变性，其实就是研究昆曲唱调的DNA，对于破解昆曲由来之奥秘，辨识千姿百态的昆唱字腔、消除对昆曲音乐的神秘感等或有一些启发。而熟悉、掌握乃至运用字腔显示的方式、样式以及字腔的这种特性，对于加深对昆曲音乐的实质性认识，进而运用这种特性分析昆曲音乐乃至指导昆曲唱调的创作，从根本上对昆曲进行科学的保护、传承等都有积极意义。

本文旨在抛砖引玉，衷心祈盼同好的参与、批评、探讨！①②

---

① 或是阴阳之别，首音为 La 音者多为阳去声字腔，阴去者较少。
② 当然，这类字腔的前字末音也不能比本字首音高，否则就会演变为借前字末音之高音而形成符合高—低—高的上声字音势。

# 昆曲曲牌及套数的艺术特点和应用规律

顾兆琳

昆曲作为曲牌体的中国戏曲声腔,它自身的文乐结合形式,对于从业者,特别是创作者提出了很高的要求。首先是对唱腔音乐要非常熟悉,理解剧种本体的本质规律,包括昆曲唱腔音乐的曲牌设置、结构等。再是熟练掌握作曲技法,包括如何去正词,如何把握板则、主腔、结音等。昆曲的唱腔音乐比其他剧种更加讲究和细腻,这与昆曲一直有文人的高度参与有关,因此昆曲声乐作品一直是古典戏曲的代表和典范。好的昆曲作品应该具备如下三个特点:曲牌联套;倚声填词;依牌谱曲。昆曲的艺术品位非常高雅,是套曲的音乐结构。在音乐史的进程中,中国戏曲经历过"花雅之争"[①],经历了从曲牌体过渡到板腔体,同时还经历了从文人创作到一般民众(艺人)参与。当然,从戏曲音乐的发展而言,曲牌体到板腔体的发展无疑是一种进步。然而就个体特征,即昆曲作为独立的、高雅的艺术品种来说,曲牌体的唱腔音乐使昆曲具备了特殊的文人气息和古典韵味。其可被辨识的风格特点及独特性,还是要在创作作品中彰显和强调。

要坚持昆曲唱腔音乐的本体,要做到三不变:第一,曲牌联套。坚持曲牌联套就是坚持昆曲是组曲的传统音乐结构不能变。在这个方面屡屡有失败的教训,但仍有创作者违背艺术规律不断犯错。第二,倚声填词。坚持倚声填词的艺术品位不能变。词海曲山的昆曲,就是由好多优秀文人留下来的传统格律,要坚持其高雅的品格。第三,依牌谱曲。坚持传统技法的艺术标准不能变。所谓传统技法,就是在创作中关注、熟悉和使用南北曲的曲牌主腔、板则、结音、衬词衬腔等。当然,这并不是说传统规律绝对不能撼动,而是在前面提到的三不变基础上的演进。脱离了传统技术,即使创作出的文辞再优美、旋律再动听,也很难发表现出的是昆曲之美。过往的昆曲唱腔研究中,对于昆曲音乐的文乐结合、词腔对应谈得多一点,本文是要按照不同的具体组别、曲牌套数,讨论昆曲的音乐特征和风格情趣。昆曲的音乐特点是曲牌连缀形成套数,这是指一折戏里若干曲牌按照一定次序形成实际组合,一折优秀的折子戏肯定是由良好的曲牌套数铺设而成的。南曲中不将【引子】和【尾声】算进套数,从"依腔定套"的原则出发,本文不把【引子】【尾声】和【赚】放在套数中论述。

从套数的音乐分类来看,可以分作北套和南套。北套曲牌相对固定和明晰,主要沿袭了元杂剧的套数程式。而南套情况比较复杂些,这是由于南套曲牌来源非常广泛,另外南套大多应用于明清时期的传奇折子,这些剧本从情节上就更为曲折,相应地,唱腔音乐要求也更富于变化。

从套数的结构分类来看,可以分作单套和复套两种。单套是把声腔上具有统一性的若干曲牌组成的套数,是一个单位。然而由于戏剧的起承转合,常常会有两个以上不同唱腔的单套组成,这种就称作"复套"。单套因为是由出自同一套数的曲牌组成,从旋律结音到笛色相对统一,而复套则存在比较大的差异。另外还有一种非常多见的孤牌单套的形式,是以【前腔】反复两到多次的单支曲牌的孤牌自套,这是单套中很重要的一种形式。单套套牌由首牌、次牌和附牌构成,其中首牌、次牌往往定位性比较强,而附牌前后移动的可能性大。有的套式用得比较多,尤其在经典剧目中留下来传唱,结构稳定和严实;而有的使用较少,传唱不多,结构松垮不严实,变化比较大。《螾庐曲谈》中提出的套数体式有43个,《南北词简谱》中提出的套数体式因为连同孤牌一起放在其中,有98个之多。《昆曲曲牌及套数范例集》编写组考证《六十种曲》《笠翁十种曲》中实用40多部传奇、3000多折一一对比,看剧目出现写作的年代次序,考证了相似曲牌中新老状况,最终总结出南曲套曲22套、北曲套曲8套和孤牌50个。这些套数在实际应用中数量有所变化,一种情况是增加,比如从【步步娇】到【皂罗袍】,在过去好多曲谱中,【皂罗袍】最早按照孤牌来用,但是由于《牡丹亭·游园》中将它们组合在一起,就成了经典,《牡丹亭·游园》便是套数的新发展。还有一种情况就是减少,南曲对比下来是22种套式,这些套数比较完整地反映出南曲的全貌。北曲套数比较单纯,除了《迎像哭像》等少数剧目中有复套之外,其他都比较单纯清晰和纯粹些,同时规律性比较强。

---

① "花雅之争"指在戏曲史上昆曲与昆曲以外声腔的竞争和交替。

下面就将创作中常用的北曲套数8套、南曲套数22套以及比较常用的26个南曲孤牌做一梳理。将宫调作为分类标目的依据，从套数、曲牌的音乐风格、适用的家门行当、善于表现的情绪类型等方面，谈谈这三部分曲牌的实际情况，并标注常用程度，希望可以为昆曲唱腔音乐的创作总布局提供一些参照和帮助。同时，在套数、孤牌摸排之中穿插讲解一定的昆曲音乐理论知识，复套、套包套等，将会在具体套数、曲牌中进行讲解。如：南北合套（北【黄钟宫·醉花阴】套）、套包套（南【仙吕入双调·嘉庆子】套）、集曲与集曲套（南【园林沉醉】套）等。

## 一、8种北曲单套的基本情况

1.【仙吕宫·点绛唇】套

【点绛唇】套属仙吕宫。这一套数有两类：第一类笛色为尺字调，落音1。适合运用的家门行当为花脸、老生。此套以【点绛唇】为首牌，【混江龙】为次牌，两支曲牌结合得极为严实，因而必然连用。此套数在以上两支曲牌后，有附牌：【油葫芦】【天下乐】【哪吒令】【鹊踏枝】【寄生草】【后庭花】【胜葫芦】。

传统戏在联套时附牌常用前五支，即：【油葫芦】【天下乐】【哪吒令】【鹊踏枝】【寄生草】。比较特殊的是：《长生殿·酒楼》中后部用了【后庭花】；《长生殿·骂贼》后部用了【胜葫芦】；寄生草】孤用的形式在《紫钗记·折柳》中出现，唱腔中通过去上添乙，形成了上五度旋宫，婉转多变；《虎囊弹·山门》中【油葫芦】旋律清新流畅，音调朴素，【哪吒令】节奏、旋律有上下句反复三次的特点；《酒楼》【后庭花】起伏很大，感染力强。

另一类【点绛唇】套笛色为正工调或者六字调，落3，曲风豪放、铿锵。例如：《牡丹·亭·花判》《四声猿·骂曹》《红梨记·花婆》中就用了这类的唱腔，较第一类更加富于变化，常有暂转调的手法。《骂曹》中甚至把【油葫芦】和【天下乐】合成一支唱曲，有变化、有高潮，极为耐听。【后庭花】这支曲牌虽然列入【仙吕·点绛唇】套数，但实际上已经暗转商调，笛色也按照商调转用六字调，因此，此曲牌双兼两个宫调。【后庭花】在传统戏中比较少用，《西游记·认子》中用玄奘之母殷氏所唱的【后庭花】后半部旋律非常感人，值得借鉴学习。

笔者作曲创作的新编昆剧《甲申祭》《画皮》中都曾运用此套数。《甲申祭》第五场《入主》中，李自成【油葫芦】【天下乐】，费贞娥【哪吒令】用六调系列，豪放铿锵。《画皮》第六场魔鬼所用【点绛唇】、媚娘所用【油葫芦】、道士所用【天下乐】六调系列，变幻迷离。辛清华作曲的《蔡文姬》第一场《别难》中，蔡文姬与左贤王的对唱本套，用尺调系列，清新流畅。

2.［双调·新水令］套

【新水令】套是北曲最常用的套数，双调素有"健捷激袅"之称，因此此套数各行皆可用，且非常适用于武戏。笛色为小工调或尺字调，结音为1。这一套数常用的套式为：【新水令】为首牌，【驻马听】【折桂令】为次牌，附牌有【雁儿落】【收江南】【沽美酒】【太平令】【沉醉东风】【乔牌儿】【搅筝琶】【川拨棹】【七兄弟】【梅花酒】。另有【步步娇】【胡十八】【庆东原】【挂玉钩】【豆叶黄】【一窝麻】。

运用这一套数比较典型的是《宝剑记·夜奔》，板式层层趋紧，激越高亢。《单刀会·刀会》用了此套的首牌次牌，音乐苍劲雄浑，但次牌没有用速度、旋律相对流动的【折桂令】，而是用了4/4【胡十八】，更显雍容大气。南北合套的《牡丹亭·硬拷》中【折桂令】在原旋法基础上衍化拓展，唱腔中连续运用16分音符、32分音符密集排列，同时连续切分节奏的使用，使唱腔闪赚而充满变化，形成了一连串的"花腔"。而在【得胜令】带【收江南】曲中，又充分利用了4、7偏音，在旋律上做华彩处理，玲珑剔透，脍炙人口。而在《西游记·胖姑》中的用法又不尽相同，曲调玲珑剔透，并以【豆叶黄】居首，套牌孤用，也属特例。

笔者作曲创作的新编昆剧《一片桃花红》第三场《伤心桃花雨》，钟妩妍一人连唱【新水令】【折桂令】【挂玉钩】，曲调层层递进，愤懑哀伤。笔者作曲的新编昆剧《班昭》也运用此套数。《班昭》第三场：马续【新水令】、班昭【新水令】、班固【雁儿落】带【得胜令】。特别是班昭为承继史稿向天地起誓后，班固的曲风节奏趋紧，酣畅淋漓。

3.［正宫宫·端正好］套

【端正好】套属正宫宫，笛色为小工调，结音6。套数中首牌【端正好】和次牌【滚绣球】结合得比较严实，附牌为【叨叨令】【脱布衫】【小梁州】【倘秀才】【灵寿杖】【白鹤子】【醉太平】。各家门行当皆可演唱此套，整体的音乐风格或惆怅或雄壮。此套曲主腔鲜明，表现力、可塑性都很强。用在剧情、人物激动处，旋律高亢挺拔。另外也经常被用在悲痛处，音乐深沉苍凉。

此套的运用比较典型的传统戏有：《长生殿·哭像》中【正宫·端正好】套曲（唱前五支）后，接【中吕宫·上小楼】—【快活三】—【朝天子】—【四边静】，继而又转入【般涉调·耍孩儿】，表达出的情感非常惆怅。同时，这种几个不同宫调曲牌连用的方法也比较罕见。【端正好】套数中的附牌联结,在《风云会·访普》《醉菩提·伏虎》《西游记·借扇》中都有运用。大部分的【滚绣球】为散板,而上板型的亦有成规,《铁冠图·刺虎》一剧中的【滚绣球】即为上板类,结构上起承转合布局很好,主腔循环贯穿且派生出新的旋律。唱腔经过层层铺垫和推进,当唱到最后时"方显得大明朝有个女佳人"时用了宕三眼拖腔,形成此曲的高潮。另外,此套数中的附牌【小梁州】曲牌,传统曲谱多为五句,随带【幺篇】①,但从清《钦定曲谱》开始就合并为10句,此后不再用【幺篇】。还有,附牌中极富特色的【叨叨令】,《哭像》中的【叨叨令】行腔感人肺腑,尤其这个曲牌在第5句、第6句词式中的"也么哥"频频自叹,流畅动人,很有特色。

笔者作曲创作的新编昆剧《景阳钟》第二场《夜披》,周皇后【端正好】【叨叨令】脱【布衫】,周奎【小梁州】,崇祯【上小楼】,周皇后【快活三】,崇祯与周皇后对唱【耍孩儿】,曲调哀怨惆怅。此外,刘青堤所唱的《目连救母》全部套曲前面,增加了上板的【滚绣球】,后增加了【朝天子】,曲调或悲痛,或苍凉。

4. 【中吕宫·粉蝶儿】套

【粉蝶儿】套数属中吕宫,笛色为小工调,结音3。此套中【粉蝶儿】为首牌,【醉春风】为次牌,两牌联结极为严实。【粉蝶儿】有两种类型的主腔:

a腔型：$\dot{2}$　6 7 5 4 3　2　2　—
b腔型：$\dot{1}$　5 1 6 5 3 3　3 2 1　1　—

【粉蝶儿】套还有净行的《单刀会·训子》为特例,运用六字调,旋律不同的唱式,全曲为散板。昆曲中有以【粉蝶儿】替代引子的做法,用于人物上场,后来这一做法被京剧吸收继承,多用于草莽英雄、番将或神怪妖魔登场。【粉蝶儿】套数的附牌有【迎仙客】【红绣鞋】【石榴花】【斗鹌鹑】【上小楼】【快活三】【朝天子】【四边静】。另有【十二月】【尧民歌】【普天乐】【满庭芳】几支。

此套数的用法在传统戏中有:《东窗事犯·扫秦》中运用了【粉蝶儿】—【醉春风】—【迎仙客】,这种曲牌联结的方式也是比较普遍的一种。【石榴花】【斗鹌鹑】【上小楼】这三个曲牌在北【中吕·粉蝶儿】剧套中构成一个套段,这种组合的运用比较规则,但【斗鹌鹑】【上小楼】之间的结合不很严实。《渔家乐·刺梁》《挑滑车》两出运用比较规则。附牌之中【快活三】和【朝天子】结合很严实,而【满庭芳】一般在最后运用。《邯郸梦·扫花》中的【粉蝶儿】和【醉春风】曲牌运用,色彩绚丽,时

而移宫,时而转调,变幻迷离,透着人物的仙风道骨。《邯郸梦·三醉》中的【红绣鞋】与【迎仙客】曲调酣畅,流动感很强,节奏自然贴切,伸展极为得体,是雅俗共赏的上佳曲牌。【快活三】曲牌在《西游记·借扇》等剧中曾被多次应用,板则是从2/4拍到散板再回到4/4拍,紧慢相错。【朝天子】通常在曲中出现高腔,而【满庭芳】常以寂静、低沉的调子起(见《焚香记·阳告》),多次以变宫音旋宫的手法,音乐变化更有深度。

笔者作曲创作的《班昭》第二场运用了此套曲,班昭【粉蝶儿】【迎仙客】【石榴花】,班固【红绣鞋】,马续、曹寿对唱【快活三】【朝天子】,班昭【四边静】,特别用此套曲表现少年班昭柔丽多姿的音乐形象。

5. 【南吕·一枝花】套

【一枝花】套属南吕宫,此套集成自元曲杂剧体例,以【一枝花】为首牌,【梁州第七】为次牌。后有【牧羊关】【四块玉】【骂玉郎】【哭皇天】【乌夜啼】等附属曲牌。这套曲牌笛色为六字调,结音为$\dot{6}$。联套结构较严实,整套情绪飘逸清新,感叹伤悲。首牌【一枝花】全曲为散板,次牌【梁州第七】原是散板,《邯郸梦·瑶台》中此曲牌的运用是散板起,继而上板,转入4/4拍的唱式。《瑶台》中的【梁州第七】,从曲调布局上看,在第九句"齐臻臻茜血裙风影吹开"之前一直是舒展的慢曲,色彩旖旎华丽。在这句舒缓腔以后,有许多切分、跳跃、旋法多变的音乐呈现,构思不落俗套,设计别具匠心。附牌【牧羊关】置于【南吕·一枝花】本套附牌之首,在《瑶台》中这一曲牌的唱腔更为流畅和舒展。尤其"你敢拼残生来触槐"的一句长腔,由主腔衍展而成,张弛有度,并贯穿以下的曲牌,很有韵味。此套的五支附牌【牧羊关】【四块玉】【骂玉郎】【哭皇天】【乌夜啼】在套数中前后有序,在个别折子中附牌或有删略,但没有前后位置颠倒的用法。且每牌只用一次,仅有《铁冠图·守门》中【哭皇天】后连用【幺篇】一支为特例。《瑶台》中的【哭皇天】后有一支【赚尾】,是插入曲,由于剧情故事在此有转折,【赚尾】对前部故事起到结束作用。

《班昭》《蔡文姬》中,也有单用【梁州第七】的例子。《班昭》第六场《尾声》,以及辛清华作曲创作的《蔡文姬》第三场《饯宴》,都是以【梁州第七】孤用的形式安排其中,意蕴幽怨,感叹悲伤。

6. 【商调·集贤宾】套

【集贤宾】套属商调,笛色为正宫调,结音为$\dot{6}$。擅

---

① 【幺篇】:简称为【幺】。北曲中连用同一个曲牌的第二首曲,相当于南曲的【前腔】。

长表现凄怆、诉怨的情绪，多用于旦角的唱腔中。此套以【集贤宾】为首牌，以【逍遥乐】为次牌，附牌为【上京马】【梧叶儿】【醋葫芦】【金菊香】【浪里来煞】。有的剧折偶有省略次牌【逍遥乐】，而将附牌直接运用在首牌后的做法。

北【集贤宾】套唱式有两种：第一，笛色正工调为旦唱式，例如《西游记·认子》《牡丹亭·离魂》中的【集贤宾】。尤以《认子》中旦角唱腔，旋律下行，充满凄怆之感，凸显出商调曲子低咽缠绵的特点。《认子》全剧音乐结构层层趋紧，曲中唱腔音乐设有小高潮，使得整套起伏有致，属经典的正旦类唱腔套数。第二，笛色尺字调为老生唱式，例如《酒楼》。《酒楼》用尺字调，落音为3，与《认子》唱腔呈现出的唱腔风格完全不同的是，《酒楼》曲调慷慨激昂，高亢挺拔，甚至类似北双调的情感类别。

此套的附牌以【上京马】居首，后面紧接【梧叶儿】，两牌各用一支，然后以【醋葫芦】【金菊香】两牌连用，或各交错反复数支。借自仙吕宫的【后庭花】和【柳叶儿】总是位近套尾，或与【醋葫芦】【金菊香】夹杂，或置于套数最后，紧贴【煞尾】之前。

笔者作曲创作的《班昭》《血手记》中也曾运用此套数。《班昭》第五场：班昭【逍遥乐】【集贤宾】，马续【上京马】【梧叶儿】，这是正旦唱式，表现老年班昭的音乐形象。《血手记》第三场《嫁祸》，马佩唱【集贤宾】【上京马】，这是老生唱式，表达人物的色厉内荏，旋律不乏起伏跌宕。

7.【黄钟宫·醉花阴】套

【醉花阴】套属黄钟宫，笛色属正工调，结音为1或者3，适用于各行。以【醉花阴】为首牌，附牌基本形式以【喜迁莺】【出队子】【刮地风】【四门子】【水仙子】六牌连用。这一套数结构严实，附牌偶有删减。《长生殿·絮阁》《邯郸梦·云阳》《麒麟阁·三挡》《连环记·问探》《雷峰塔·水斗》中都有此套的运用。除了《问探》外，其他都用南北合套的唱式。所谓南北合套，是指在一个复套曲里兼用南曲和北曲的一种体式。最初南北曲的曲牌不能出现在同一套曲内。元中叶以后，成规渐被打破。在同一宫调内，可选取若干音律相互和谐的南曲和北曲曲牌，交错使用，联成复套。南戏如《宦门子弟错立身》，散曲如沈和的《潇湘八景》，都曾使用南北合套，明清时应用尤广。昆曲北【黄钟·醉花阴】套常与南【黄钟·画眉序】套结成南北合套。【黄钟】南北合套中，南【画眉序】例用两支，合套的基本结构结构为：北【醉花阴】、南【画眉序】、北【喜迁莺】、南【画眉序】、北【出队子】、南【滴溜子】、北【刮地风】、南【滴滴金】、北【四门子】、南【鲍老催】、北【水仙子】、南【双声子】、北【煞尾】。《絮阁》等剧的【喜迁莺】主腔鲜明，原型重复多次，且每次结音1，直至合结音才收束至3。中间的结音形成曲调不稳定性，有一次次设问的意味，使得唱腔音乐中充满了悬念和推动音乐前行的内在动力。【水仙子】句头叠字格，并用同音连续重复，有上下句稳定节奏的旋律，结束句用旋宫手法，曲调很有个性特点。其他曲子节奏性强，适合安排身段舞蹈。

笔者作曲创作的《一片桃花红》《投井》中也曾运用此套数。《一片桃花红》第一场《走出桃花源》，钟妩妍【醉花阴】【喜迁莺】【刮地风】，齐王【四门子】，并把载歌载舞的【水仙子】作为桃花女的合唱，破例移植到了前面。《投井》是《金印记》中的一折，在整理整排中用此北套曲为苏秦神思恍惚而欲投井重新作了曲牌套数的铺排。

8.【越调·斗鹌鹑】套

【斗鹌鹑】套属越调，笛色为六字调或正工调，结音为1，适用于各个行当。此套以【斗鹌鹑】为首牌（注：另有【中吕·斗鹌鹑】系【中吕·粉蝶儿】的附牌，与此处【越调·斗鹌鹑】不同，不可混淆），另有附牌【斗鹌鹑】【紫花儿序】【天净沙】【调笑令】【小桃红】【秃厮儿】【圣药王】【麻郎儿】【络丝娘】【金蕉叶】一套曲牌。

【斗鹌鹑】【紫花儿序】【天净沙】乐式比较规则，一般都是散板，《草庐记·花荡》中的运用就是范例，从【调笑令】开始上板。但是在《艳云亭·痴诉》中，此套从【斗鹌鹑】开始即上板，是比较完整的一套北曲典范。《红楼梦·葬花》也用此套，散板居多，偏陶写悲诉。《痴诉》中运用此套，原本假装痴傻的惜芬得知帮她驱走顽童的人是诸葛先生，就想问洪绘的去向，急急地将几支北曲【斗鹌鹑】【紫花儿序】【小沙门】一气唱完，口气中带着冷笑、哭诉。而《花荡》中【调笑令】则配打击乐，节奏铿锵，有爆发力。

笔者作曲创作的新编昆曲《血手记》中也曾运用此套数。《血手记》第七场《闺疯》，铁氏【斗鹌鹑】【紫花儿序】【调笑令】【秃厮儿】一套，主要借鉴《花荡》的有打击混锣鼓的旋律气氛，来描绘铁氏的闺疯。

为方便读者查阅和运用，将以上8种常用北曲套数的基本信息归纳为下表：

表1  8种北曲套数应用表

| 套数名 | 宫调 | 笛色 | 结音 | 情感类别 | 家门 | 使用度 | 剧折 |
|---|---|---|---|---|---|---|---|
| 【点绛唇】套 | 仙吕宫 | 六字调 尺字调 | 3 1 | 豪放、铿锵 清新、流畅 | 花脸 老生 老旦 | 常用 | 《花判》《骂曹》《花婆》《山门》 |
| 【新水令】套 | 双调 | 小工调 尺字调 | 1 | 健捷激袅 | 各行 | 常用 | 《夜奔》《刀会》《胖姑》 |
| 【端正好】套 | 正宫宫 | 小工调 | 6 | 惆怅雄壮 | 各行 | 常用 | 《哭像》《访普》《借扇》 |
| 【粉蝶儿】套 | 中吕宫 | 小工调 | 3 | 高下闪赚 | 各行 | 常用 | 《扫秦》《扫花》《三醉》 |
| 【一枝花】套 | 南吕宫 | 六字调 | 6 | 飘逸清幽 感叹悲伤 | 各行 | 常用 | 《瑶台》《守门》 |
| 【集贤宾】套 | 商调 | 正工调 尺字调 | 6 3 | 凄怆、诉怨 激昂、挺拔 | 旦行 生行 | 常用 | 《认子》《离魂》《酒楼》 |
| 【醉花阴】套 | 黄钟宫 | 正工调 六字调 | 1 3 | 缠绵设问 | 各行 | 常用 | 《絮阁》《水斗》《云阳》《三挡》 |
| 【斗鹌鹑】套 | 越调 | 六字调 正工调 | 1 | 悲诉 冷笑 | 各行 | 常用 | 《痴诉》《葬花》《花荡》 |

## 二、22种南曲套数的基本情况

### 1.【长拍】套

【长拍】套属于仙吕宫,笛色为小工调或者凡字调,结音为1,各家门都可以使用。【长拍】并不是一支常用曲牌,它除与【短拍】连用外,一般不见孤用。套数性质为简套,情感类别为叙述为主。长拍以四字句为主,长达16句,有【桂枝香】+【赚】+【长拍】套的用法。【短拍】的字句则是【长拍】的一半,只有8句。4/4拍为主,也有2/4拍,旋律音乐性一般,唱词紧凑唱腔急。在剧情展开、音乐趋紧的地方运用,达到高潮。

从【长拍】与【短拍】的联系来看,【长拍】和【短拍】是依靠三个主腔起到联套作用的,二者词式很接近,都包括四个词句,前三句均为四字句。两牌有三句板位相同,四声只在个别主位上稍有差别。

从【长拍】与【短拍】的区别来看,【长拍】套个性较富于变化,或忧郁或痴嗔,而【短拍】则也可用于合唱的行路曲子。二者合用,有时可以营造出欢乐的气氛。

从使用位置上来看,【长拍】套常见的位置比较靠后,比如放在折尾,一般后面跟【尾声】,以《疗妒羹·题曲》中的运用为典型。

### 2.【醉扶归】套

【醉扶归】套属仙吕宫,笛色是小工调,落音为3,此套属于简套,适用于旦角演唱,表现少女咏怀、游赏或者写景状物。【醉扶归】不是常用曲牌,《集成曲谱》中只有三个折子用过四支,其中《琵琶记·题真》是用两支【醉扶归】组成的自套,前加【天下乐】引子而构成一支。《牡丹亭·游园》和《燕子笺·拾笺》均以【醉扶归】和【皂罗袍】所组成的短套形式出现,各用一支【醉扶归】。

昆曲早期的【皂罗袍】常常孤用,后期,前、后加【步步娇】【醉扶归】和【好姐姐】成为简套。在《游园》中有这样的运用。曲调不高,旋律线为鞍桥型①:"摇漾春如线",旋律线上下行,摇曳多姿的用法,得以贯穿。加上充满意蕴的文字、多姿的舞蹈和刻画入微的表演,把昆曲艺术的精华淋漓尽致地展示出来。笔者作曲创作的《画皮》第二场中,有叙情咏怀【皂罗袍】孤用的例子。

### 3.【步步娇】套

【步步娇】套属仙吕入双调,也是仙吕入双调中最常用的套式。笛色为小工调,落低音3为主。【步步娇】套

---

① 鞍桥型:是指旋律结构型常是首尾同音,可以向上波进,也可以向下波进,并常依唱词的句读划分旋律单元。武俊达《昆曲唱腔研究》中将昆曲曲牌唱腔的腔型归为四类:直线型、鞍桥型、环绕型、音型移动型。北京:人民音乐出版社,1993年。

的变化最为丰富,在传统剧目中的用法也不尽相同。通常情况下,应把【步步娇】【园林好】作为本套的首牌,【忒忒令】和【沉醉东风】定为次牌,其余【江儿水】【五供养】【玉交枝】【好姐姐】【玉抱肚】【川拨棹】作为附牌。【步步娇】和【园林好】都常用作本套的首牌,但是【园林好】的位置次于【步步娇】,在一个实用套数中,两曲牌同时出现,【园林好】不但总是落后于【步步娇】,有时还退居附牌的地位,甚至退到接近套尾。

【步步娇】套有一个南北合套的结构,即"北【新水令】——南【步步娇】套",以【步步娇】为首牌,领起一支南套再与北【双调·新水令】套,以复套的方式组成南北合套。这种套式运用得很多,而且结构非常严实,一北一南曲牌交替出现,排列顺序为:北【新水令】、南【步步娇】、北【折桂令】、南【江儿水】、北【雁儿落带得胜令】、南【侥侥令】、北【收江南】、南【园林好】、北【沽美酒带太平令】、南【尾声】。也有不用尾声或以南【清江引】来代替尾声的。

整套由慢至快,从叙述、抒情一直到激动的情绪。家门来看以生旦为主,这一套数非常常用。运用【步步娇】套的有《占花魁·受吐》,由【园林好】领起。《牧羊记·望乡》用的则是简套形式。同时【步步娇】套中的附牌大多可以孤用,尤以其中的【江儿水】悲痛欲绝、起伏有致,《荆钗记·见娘》《牡丹亭·寻梦》中都有使用。

笔者作曲创作的新编昆曲剧目《拜月亭》第一场《避难奇遇》,有王瑞兰北【折桂令】、蒋世隆南【江儿水】、王瑞兰北【雁儿落】、蒋世隆南【侥侥令】、王瑞兰北【沽美酒】的南北合套例子,表达离乱中一对偶遇的青年在路途中互相同情和帮助,而最终走到了一起。

4.【嘉庆子】套

【嘉庆子】套属仙吕入双调,笛色为小工调,从使用情况来看,家门以生旦为主,笛色为小工调,结音以落1为主。整套包括【嘉庆子】、【尹令】、【品令】、【豆叶黄】【幺令】,此套常用于叙事抒情。传统折子从未见过以这一个套式独立成折的,因此严格来说,这五个曲牌的组合不是完整的套式,而是实用套数的核心部分,因为见过的有关折子的常用套数常常置于【步步娇】套中,形成"套包套"的情形。即将【嘉庆子】套之前运用【园林好】或者【忒忒令】,而在【嘉庆子】套之后,以【江儿水】【川拨棹】再加【尾声】【嘉庆子】【尹令】【品令】【豆叶黄】包

在《牡丹亭·寻梦》【忒忒令】领起的套数中。

另外【玉交枝】也可加入其中。例如《占花魁·湖楼》中的套数用法即为【引子】【忒忒令】【尹令】【品令】【豆叶黄】【玉交枝】等。

5.【惜奴娇序】套

【惜奴娇序】套属仙吕入双调,笛色为小工调,有落5的情况,也有落2的情况,是由【惜奴娇序】【黑麻序】【锦衣香】【浆水令】一套曲牌构成的长套。善于表现叮咛、述说的情节,不太常用。【惜奴娇序】套曲牌定位性很强,在套式中只有抽删而无位置的挪移。全套一般前有【引子】,后面总跟【尾声】,套中未见有夹杂其他曲牌的情况,只有《琴心记·王孙作醵》在【锦衣香】之前运用了引子【生查子】,这是由于剧情在此有转折,这时有角色扮演人物初次上场,因此用【引子】把这个全套分成两个简套。全套曲牌中尤以【浆水令】最为口语化,充满了叮咛的味道,但使用频次一般。此套主要可以用于老生、净行等家门,例如《连环记·大宴》《牧羊记·看羊》中都有运用。

6.【风入松】套

【风入松】套属仙吕入双调,是一个常用简套,包括【风入松】【急三枪】两个曲牌,可以循环使用。此套由慢至快,激动而富有陈述性。《扫松》中的【风入松】套,节奏明快,曲词口语化,【急三枪】都是三字句,非常适合情感强烈处的表现。

【风入松】也可以自套出现,最多有连用五支的情况,而【急三枪】从未见过被孤用,一般总是随着【风入松】之后出现。而这两支熟曲,被京剧沿用为吹打牌子,用得非常普遍,乐谱同《千钟禄·搜山》。

笔者作曲创作的《班昭》第四场:班昭听到宫中闲言碎语后,在神思恍惚不安的场景下,先唱出情感强烈的【急三枪】,然后是再唱【风入松】陈述自己愤懑的情绪。根据剧情的需要,曲牌顺序做了突破性的调整。

7.【园林沉醉】套

【园林沉醉】属仙吕入双调,是一个由集曲①构成的套数,笛色为小工调,结音为1,是长套,善于表达委婉、深情的情绪,不太常用。在本套和自套之外,集曲套②是南曲中另外一种套式类型,由【园林沉醉】【沉醉海棠】

---

① 集曲:集曲是南曲中由原来两个或更多曲牌派生而成的,集曲的曲词,包括由原来曲牌摘取的,过曲中有很多集曲,引子中也有很少几支集曲。

② 集曲套:以同一原曲或少数主腔相似的原曲作为主曲,再与若干其他原曲组成的集曲,它们一定具有主腔相似性,因此可以合乎声律地联成套数,这就是集曲套。

【海棠沉醉】【姐姐六幺】【江水拨棹】【供养海棠】【玉交林】【拨棹饶】构成。典型的仙吕入双调集曲套是《红梨记·亭会》，这是一折熟戏，包括以上列举的 8 支集曲。涉及的原曲有【园林好】【沉醉东风】【月上海棠】【好姐姐】【六幺令】【江儿水】【川拨棹】【五供养】【玉交枝】【饶饶令】等 10 个。

首牌【园林沉醉】运用了【园林好】的 1—3 句，【沉醉东风】的 4—9 句。这个套数中的集曲所集的牌子多为孤牌，这也正是传统曲牌由简到繁、逐步发展的佐证。

8.【宜春令】套

【宜春令】套属南吕宫，笛色为六字调，结音为$\underline{3}$，为一长套。包括【宜春令】、【绣带儿】【太师引】【三学士】【东瓯令】【三换头】【刘泼帽】【秋夜月】【金莲子】9 个曲牌。【宜春令】为首牌，【绣带儿】为次牌，其他皆为附牌。此套结构比较松垮，首牌和次牌在折子中的前后位置甚至可以颠倒，比较灵活。相对完整的在《红梨记·盘秋》中运用过，全套速度是由慢到中速，擅长诉情。

根据组织简套灵活搭配的情形，7 个附牌可以分为两组：【太师引】【三学士】两个为一组，【东瓯令】【三换头】【刘泼帽】【秋夜月】【金莲子】为一组。【太师引】组结合比较严实，总是【太师引】在前，【三学士】紧随其后，且【太师引】的词式亦比较严格，首字定格，必然是去声，配以$\underline{\dot{1}\dot{2}}$的曲谱，常用于顿生惊讶的场景。【东瓯令】组结合比较松垮，简套中所有曲牌数和前后次序搭配都比较自由。

此套数中的部分曲牌都可作为孤牌运用：【宜春令】孤牌的运用见《狮吼记·跪池》，【绣带儿】【宜春令】的孤牌运用见《玉簪记·偷诗》；【太师引】孤用见《金雀记·乔醋》《白罗衫·看状》《琵琶记·书馆》。

笔者作曲创作的《班昭》第一场中，班固惊闻皇太后开了书禁，班氏两代人可以续写《汉书》后，选用了【太师引】（孤用）的曲牌来表达人物顿生惊讶的神情。

9.【梁州新郎】套

【梁州新郎】套属南吕宫，包含【梁州新郎】和【节节高】两支曲牌，笛色一般为凡字调，结音落$\underline{3}$，是具有戏剧色彩的套数，擅长表现有派头有排场的场景，可以常用。【梁·州新郎】是集曲，以【贺新郎】的合头作曲尾，因此也有用【贺新郎】与【节节高】联套的，但用得不多。【梁州新郎】可以孤用，单独唱 14 句。有时也用复套①的形式，《琵琶记·赏荷》中便用了复套，即【懒画眉】【桂枝

香】【梁州新郎】（两支）、【节节高】【尾声】的形式构成。

【梁州新郎】有时加在南【小石·渔灯儿】套前面，成为复套结构，其中的【梁州新郎】是孤用的，见《水浒记·活捉》。

10.【锦堂月】套

【锦堂月】套属双调系统，笛色为小工调，结音落 1。包括【锦堂月】【醉翁子】【饶饶令】三支曲牌。可以用长套形式，即加【前腔】孤牌；也可以用简套形式，为【锦堂月】与【饶饶令】成套。但无论是长套还是简套，都是前有【引子】后有【尾声】。从家门来看各行都可以运用。唱腔慢、中、快速度都有，适用范围较广，且曲风比较明朗。这个套数不太常见，但是结构严实，且多以全套的形式出现，可以进行进一步的挖掘。

运用过【锦堂月】套的传统剧目有《琵琶记·称庆》。首牌【锦堂月】速度可慢可快，次牌【醉翁子】曲牌词曲都有变化，很活跃。附牌【饶饶令】除了与以上曲牌成套之外，还常单独加入南北合套，以跨宫调的方式加入【仙吕入双调·步步娇】套式中，再与【双调·新水令】组成南北合套。

11.【画眉序】套

【画眉序】套属于黄钟宫，笛色为六字调，结音为 1。运用的家门行当以男角为主，善于表现明朗述说的情绪。全套包括【画眉序】【滴溜子】【滴滴金】【鲍老催】【双声子】5 支曲牌，为常用套数。使用本套的有《连环记·小宴》，其中用了【画眉序】（四支）+【滴溜子】（两支）+【双声子】，尤其其中的【双声子】重句叠字的运用非常具有喜剧色彩。而在《牧羊记·望乡》《琵琶记·花烛》中用于饮宴等。

首牌【画眉序】如果孤用在折子中的位置不定；次牌【滴溜子】在【画眉序】套中结合得较严实，一般都会在【画眉序】后出现，且位置不变；【滴滴金】在套数中则最为松散，经常被抽删掉；【鲍老催】和【双声子】与套式结合也比较严实，【鲍老催】在套式中的位置比较灵活，而【双声子】总是放在套尾。

这个套数也有南北合套的情况，一般为南【画眉序】全套与北【黄钟·醉花阴】套组成，在《邯郸梦·云阳》等剧目中有见。前文已经谈过，此处不再赘述。②

12.【啄木儿】套

【啄木儿】套属黄钟宫，笛色为六字调，结音落$\underline{3}$，由

---

① 复套：两个或两个以上单套的组合。
② 具体联套方式参见前文 8 种北曲套数之 7【黄钟宫·醉花阴】。

【啄木儿】【三段子】【归朝欢】三支曲牌联缀而成。【啄木儿】是首牌，常用两支领起本套，也有孤用多支形成自套的形式。【三段子】是本套附牌，一般用在首牌【啄木儿】之后，【归朝欢】之前，常用一支至两支，有时也在删去【啄木儿】的情况下与【归朝欢】组成附牌简套，有时也可孤用。【归朝欢】作为附牌运用在此套套尾，常用一支，也有两支的用法，一般不带【尾声】。此套可以常用，男角使用较多，适于表现激动、急切的内心节奏。尤其迭腔多，流动而急切。【啄木儿】套总是放在折子末尾来用，见《琵琶记·辞朝》【入破】套+【啄木儿】套，又见《满床笏·后纳》。

笔者作曲创作的《血手记》中也曾运用此套数。《血手记》第二场《密谋》中，铁氏【啄木儿】、马佩【前腔】、铁氏【归朝欢】，节奏流动，情绪急切。

13.【狮子序】套

【狮子序】套属黄钟宫，笛色为六字调为主，结音为$\underline{3}$，或者2、6。有【狮子序】【太平歌】【赏宫花】【降黄龙】【黄龙衮】5支曲牌，各牌的定位性很强，很少前后易位。本套有长套、简套两种形式。长套不常用，而简套常用，一般总是后缺【黄龙衮】。而【大圣乐】常加入【狮子序】套，跟在【降黄龙】后面。

【狮子序】套宜表达平稳、哀求、诉求的情感。【太平歌】位居【狮子序】附牌之首，与【狮子序】结合严实，两牌连用时，未见中间插入其他曲牌的情况。【赏宫花】除了参加【狮子序】套数外，更常孤用，用一支或者连用三支，孤用时较多放在折子之首或者引子后面。【降黄龙】有两种联套方法，一种是跟在【赏宫花】后面参加【狮子序】套，只用一支。另一种更常见的则是用作首牌跟【黄龙衮】组成【降黄龙】短套，多连用两支，也有连用四支的，独用一支的极为罕见。【黄龙衮】几乎总跟在【降黄龙】后构成短套，一般后跟【尾声】。

这个套数，在传统戏《琵琶记·谏父》《红梨记·赶车》中用了长套，在《渔家乐·藏舟》《西厢记·寄柬》中用的则是简套。

笔者作曲创作的整理改编昆剧《拜月亭》第二场《旅邸结亲》，有【黄龙衮】【降黄龙】简套的用法。

14.【粉孩儿】套

【粉孩儿】套属中吕宫，笛色为小工调，落音多重，为1、3或6。有【粉孩儿】【福马郎】【红芍药】【耍孩儿】【会河阳】【缕缕金】【越恁好】【红绣鞋】8支曲牌。整套运用属长套，可以常用。此套数快速、富于变化，较铿锵。首牌【粉孩儿】不唱赠板曲，附牌多为急曲。【福马郎】本为正宫过曲，因放入【粉孩儿】套内使用曲风非常相协，所以收入中吕宫。一般情况下，【福马郎】居【粉蝶儿】套附牌之首，定位在【红芍药】之前。但有些折子中，如《长生殿·埋玉》也有抽去【福马郎】而加入【摊破地锦花】的用法。【红芍药】在此套中位于【福马郎】之后、【耍孩儿】之前。《风筝误·前亲》《水浒记·杀惜》中都曾有运用。其余【耍孩儿】【会河阳】【缕缕金】【越恁好】【红绣鞋】等附牌都按照相应的顺序和位置排列，【红绣鞋】为急曲，通常用流水板，南曲中极少见，其之后通常接【尾声】。

【粉孩儿】套曲牌的特点是腔短板促，主腔形式比较简单，彼此之间的派生关系比较明显。联套的各支曲牌笛色相同，还在结音规律上高度一致，附牌未见有抽删或者移位的情况，可以说全套结构较为严实。

笔者作曲创作的《拜月亭》第三场《请医别妻》，招商店中父女偶遇，王瑞兰【粉孩儿】，王尚书【红芍药】，王瑞兰【会河阳】，王尚书【缕缕金】，王瑞兰、蒋世隆【红绣鞋】。全套曲忽局促、忽宕后，以简代繁，富有戏剧性。

15.【泣颜回】套

【泣颜回】套属于中吕宫，笛色为小工调，结音为5或者$\underline{3}$，包括【泣颜回】【千秋岁】【越恁好】【红绣鞋】几支曲牌，套数性质属于简套，可常用，情感适用性可衍化为各种类别。可抒情：在《惊变》中用了南北合套表现出幽静娴雅；可紧张：在《一捧雪·代戮》中表现非常悲愤的情绪。

【泣颜回】虽然是套牌，位于【泣颜回】套之首，但常以自套形式独自成折，或结合其他套数组成复套。【泣颜回】可用多种板则来演绎不同的情感，一般用一支或两支，如孤用两支，有时不连唱而隔以其他曲牌。【泣颜回】也常常与北中吕套牌连用组成南北合套。【泣颜回】第二支换头，增一个二字句。【泣颜回】各种家门都有运用的先例，演唱方式也有很多变化，如独唱、接唱、同唱。【泣颜回】已由京剧引用，作为吹奏牌子，用于较大的列队、行军场面，乐谱引自《连环记·起布》。

【千秋岁】是【泣颜回】套的附牌，【泣颜回】【千秋岁】两牌可以孤用，且较富于变化，【越恁好】【红绣鞋】也可入本套。笔者作曲创作的剧目中多次用到。

16.【山花子】套

【山花子】套数属于中吕宫，笛色为小工调或凡字调，结音多变。此套由【山花子】【大和佛】【舞霓裳】【红绣鞋】几支曲牌构成，后接【尾声】。其中，【红绣鞋】兼入【粉孩儿】套式和【泣颜回】套式。这个套数中的四个曲牌，主腔形式简单，在各牌中重现性不强，所起联套作用不大，之所以能联结成套，另靠其他因素，分析这个套式,找出其特征,对于这种粗曲短套的联套技巧能有所启迪。同时,此套中的四曲连用,在板制上造成一种一泄如注的感受,至于笛色统一这个首要的联套条件,这四个曲牌已经具备。【山花子】在四个折子中都是众人合唱的曲子,适合表现欢宴庆祝的急曲。【大和佛】以后各曲的感情气氛,《上寿》折是一出开场吉祥戏,自【山花子】起同场合唱,一气到底,板则的不变和笛色的一致就保证了各牌声律上的完整性。《风筝误·前亲》中只用了一支【山花子】,是孤用。《琵琶记·坠马》是【山花子】和【大和佛】连唱,由合唱转到独唱而能掩饰两牌主腔、结音之不一致,措施之妙在于【大和佛】首四句还延续【山花子】同样合唱的唱式,第五句起转为小生独唱。《浣纱记·发室》在合唱【山花子】之后,唱断加大段宾白,并有角色上下场的复杂穿插,然后起独唱【大和佛】,从剧情上分析,这其实是【山花子】孤用和【大和佛】简套的组合。《前亲》的【山花子】是孤用,并以【隔尾】与后面所用的【粉孩儿】套分隔。

17.【渔家傲】套

【渔家傲】套属于中吕宫,笛色为小工调,结音为 $\underline{3}$,适用于对话类粗曲,很少用。此套由【渔家傲】【剔银灯】【摊破地锦花】【麻婆子】等几支曲牌构成。【渔家傲】是南【中吕·渔家傲】套的首牌,常用一支领起单套或简套,单套成折或与别套连用。由于【渔家傲】套的主腔所起的联套作用是非常强的,各牌定位性强,没有见曲牌顺序颠倒的情况,因而曲牌联系紧密、浑然一体,套数非常严实。附牌之中【麻婆子】口语性极强,多用于对唱,由于曲牌风格上已显示故事的结束,所以【麻婆子】之后不跟【尾声】。

【渔家傲】套唱式较多变化,抒情性不强,多用于通过对话表演故事,其套数性格也富于变化。例如《拜月亭·走雨》中演的是王尚书的夫人携女为逃兵乱,途中遇雨的狼狈惊惶;而《风筝误·惊丑》中则是书生韩琪仲受骗,误入丑女闺房,被纠缠不得脱身的窘急。两折比较,气氛极为悬殊。但从曲牌分析观察,则这两折戏不但套数结构相同,而且每个曲牌的主腔和结音规律也几乎雷同,这恰说明昆曲音乐与感情之间关系的复杂,并非是单一的——对应那样简单。

18.【普天乐】套

【普天乐】套数属正宫,笛色为小工调,落音为 $\underline{3}$,是简套。此套由【普天乐】【雁过声】【倾杯序】【玉芙蓉】【小桃红】几支曲牌构成,多数表现凄凉、惨伤的情感。【普天乐】【玉芙蓉】常用,而整个套数的联套形式可以进一步挖掘。【普天乐】除了作为套式的首牌外,也常常孤用,无论入套或是孤用,一般只用一支。《西厢记·跳墙》中的【普天乐】唱腔很好。【雁过声】居附牌之首,没有见过孤用的形式。【玉芙蓉】可以孤用,见《跳墙》一折的用法。【倾杯序】在套数中定位在【雁过声】之后,间有与【普天乐】套其他附牌随机连用、构成简套的情况。【正宫·小桃红】和【越调·小桃红】同名异牌,不可混淆。【正宫·小桃红】在【普天乐】全套中,定位在最后,后面跟有【尾声】,或者在【尾声】之前再加有插入曲。在传统戏《牡丹亭·写真》《桃花扇·题画》《西厢记·长亭》中都有【普天乐】套数的应用。

笔者作曲创作的新编昆剧《宝黛红楼》第五场《葬花辞钗》,有林黛玉葬花中【普天乐】悲凄的唱段,以及辞钗中林黛玉【雁过声】【倾杯序】【玉芙蓉】情感层层递进的成套曲牌唱腔。

19.【锦缠道】套

【锦缠道】套数属于正宫调,笛色为小工调,落音为 $\underline{3}$,属于简套性质。此套由【锦缠道】【小普天乐】构成,常用于抒发忧郁的情感,适用于各个家门。【锦缠道】是常用曲牌,【小普天乐】除了入【锦缠道】套式以外,也常孤用。【小普天乐】与【锦缠道】主腔关系极其密切,所起的联套作用极强。【小普天乐】与【普天乐】虽然有个别主腔形式相似,但两个曲牌主腔规律迥异,绝不能进行联套。

【锦缠道】套数性格不甚鲜明,乐调平和之中略带沉闷,因而在《祝发记·渡江》《金雀记·觅花》《连环记·议剑》中多用这个套数表现忧郁情感。而《白兔记·回猎》中,也有咬脐郎运用此牌,唱出节奏略显跳跃的例子。

20.【渔灯儿】套

【渔灯儿】套属小石调,笛色为小工调,是一个较为常用的长套。此套包括【渔灯儿】【锦上花】【锦中拍】【锦后拍】【骂玉郎】几支曲牌。【渔灯儿】这个套式结构严实,总是以【渔灯儿】为首牌,其他四个曲牌依次序连用。除了【骂玉郎】可有可无以外,其他三个在传统用法中没有被抽删过。【渔灯儿】套后面总跟【尾声】,前面常冠以【引子】或别宫曲牌,别宫曲牌最常用的是【梁州新郎】。

【渔灯儿】的五支曲牌中,只有【锦上花】有时孤用,独用一支到连用三支不等。在【锦中拍】前面还有一个【锦前拍】,如《西厢记·听琴》中就有这样的成例。

【渔灯儿】套数在运用家门上看来主要以生、旦为主,旋律起伏比较大,适用于表现疑虑、局促的情绪。

《烂柯山·痴梦》《水浒记·活捉》(加【骂玉郎】)、《听琴》都运用了此套。特别是在《痴梦》中崔氏听到敲门声猜测,疑虑中有四个"为什么",音区、旋律都有变化,十分有层次,宜用于问答的语气。《墙头马上》第六场《责俊》也曾采用此套,也有"为什么"的用法。

笔者作曲创作的新编昆剧《班昭》(电影版)中有一段班昭见夫君曹寿自尽后悲痛欲绝的戏,选用的就是【渔灯儿】的套曲,三个"悔不该"的旋律顿挫有加,哀怨中有悔恨。

21.【二郎神】套

【二郎神】套属于商调,笛色为六字调,结音为 $\overset{\cdot}{3}$。全套包括【二郎神】【集贤宾】【啭林莺】【莺啼序】【黄莺儿】【簇御林】【琥珀猫儿坠】等曲牌。

【二郎神】套结构有些松垮,表现为简套的形式比较多,套牌孤用多,不太使用全套。【二郎神】【集贤宾】二曲牌常用,后面联缀一两个附牌,套中多夹杂集曲,集曲多(如【莺簇—金罗】),这成为【二郎神】套的特点,这是由于【二郎神】套主腔特别鲜明,原曲主腔高度相似,于是填词家可以视需要随机组织集曲,而不会造成难以入谱的情况。个别原曲与原曲之间的结合也强弱有别,【集贤宾】【啭林莺】虽都为次牌,但与首牌的结合力,【啭林莺】要强于【集贤宾】。【黄莺儿】在明传奇中运用得最多,它在此套中引起的附牌简套和孤用也最多。

此套适用于表现静谧、抒情的情感类别,家门方面适合于生、旦行当。《长生殿·密誓》《琵琶记·廊会》中用的是长套,而《西楼记·玩笺》中用的是短套。在《墙头马上》第三场李倩君、裴少俊花园相会中,也有运用此套曲的例子。

22.【小桃红】套

【小桃红】套属于越调,笛色为小工调,落音为2。包括【小桃红】【下山虎】【山桃红】(集曲)、【五般宜】【五韵美】【忆多娇】【斗黑麻】【山麻楷】【江头送别】【蛮牌令】共10支曲牌。这是一个常用的长套,特点是可结合曲牌多,其中大多是原曲,集曲入套的很少。首牌【小桃红】和次牌【下山虎】的结合很严实,附牌则由于选用范围宽,结合显得松散,似给人以联套无规律之感。

【小桃红】套数善于写景抒情,表现悲痛、缠绵的情绪,家门以生、旦为主。以《玉簪记·秋江》为范本的首牌【小桃红】中,音域跨越两个八度,佳腔迭出。传统戏中《玉簪记·秋江》《铁冠图·别母》两出戏运用了长套。《渔家乐·侠代》中用的简套:【小桃红】+【下山虎】+【蛮牌令】+【忆多娇】+【斗黑麻】。其中【斗黑麻】的词式、音乐都很有特点,最常见的用法是接在【忆多娇】后面构成【忆多娇】简套。【忆多娇】简套参加复套时都放在折子最后,【尾声】可有可无,常以【哭相思】【鹧鸪天】等代替【尾声】。

笔者作曲创作的新编昆曲剧目《班昭》《桃花扇》中也曾运用此套数。《班昭》第四场:班昭【小桃红】、马续【下山虎】、马续和班昭【五般宜】、曹寿【忆多娇】,缠绵中加以离别的悲痛。《桃花扇·扇语》一场中,也有侯方域、李香君在不同场景两处茫茫对唱【小桃红】套曲的例子。

为方便读者查阅和运用,将以上22种南曲单套的基本信息归纳为下表:

表2  22种南曲单套应用表

| 套数名 | 宫调 | 笛色 | 结音 | 套数性质 | 情感类别 | 家门 | 使用度 | 剧折 |
|---|---|---|---|---|---|---|---|---|
| 【长拍】套 | 仙吕宫 | 小工调(凡字调) | 1 | 简套 | 叙述 | 各行 | 不常用 | 《题曲》 |
| 【醉扶归】套 | 仙吕宫 | 小工调 | $\overset{\cdot}{3}$ | 简套 | 少女抒情、游赏、写景 | 旦行 | 可常用 | 《游园》 |
| 【步步娇】套 | 仙吕入双调 | 小工调 | $\overset{\cdot}{3}$ | 长套、简套,也可南北合套 | 由慢至快述情转激动 | 生旦为主 | 常用 | 《男祭》《受吐》《望乡》 |
| 【嘉庆子】套 | 仙吕入双调 | 小工调 | 1 | 长套 | 叙情 | 生旦为主 | 一般 | 《湖楼》《寻梦》 |
| 【惜奴娇序】套 | 仙吕入双调 | 小工调 | $\overset{\cdot}{5}\overset{\cdot}{2}$ | 长套 | 述说 | 老生净 | 不常用 | 《大宴》《看羊》 |
| 【风入松】套 | 仙吕入双调 | 小工调 | 1 | 简套(可循环使用) | 由慢到快激动陈述 | 各行 | 常用 | 《扫松》《搜山》 |

续表

| 套数名 | 宫调 | 笛色 | 结音 | 套数性质 | 情感类别 | 家门 | 使用度 | 剧折 |
|---|---|---|---|---|---|---|---|---|
| 【园林沉醉】（集曲套） | 仙吕入双调 | 小工调 | 1 | 长套 | 委婉深情 | 生旦 | 不常用 | 《亭会》 |
| 【宜春令】套 | 南吕宫 | 六字调 | 3 | 长套 | 由慢到中速，诉请 | 各行 | 有三支曲牌常用 | 《偷诗》《跪池》《盘秋》 |
| 【梁州新郎】套 | 南吕宫 | 凡字调 | 3 | 简套 | 有喜剧色彩，有排场 | 可合唱 | 可常用 | 《赏荷》 |
| 【锦堂月】套 | 双调 | 小工调 | 1 | 长套、简套 | 慢中快皆可，较明朗 | 各行 | 不常用 | 《称庆》 |
| 【画眉序】套 | 黄钟宫 | 六字调 | 1 | 单套，也可南北合套 | 明朗、述说 | 男角为主 | 常用 | 《絮阁》《云阳》 |
| 【啄木儿】套 | 黄钟宫 | 六字调 | 3 | 简套 | 急切地陈述 | 男角为多 | 可常用 | 《辞朝》《后纳》 |
| 【狮子序】套 | 黄钟宫 | 六字调（也有见小工调） | 3 2 6 | 长套 简套 | 平稳、哀求、诉求 | 生旦 | 长套不常用、简套常用 | 《谏父》《赶车》《藏舟》 |
| 【粉孩儿】套 | 中吕宫 | 小工调 | 1 3 6 | 长套 | 快速、富于变化、较铿锵 | 各行 | 常用 | 《埋玉》《前亲》《杀惜》 |
| 【泣颜回】套 | 中吕宫 | 小工调 | 5 3 | 简套 | 可演化各类情绪 | 生旦各行 | 常用 | 《惊变》《代戮》 |
| 【山花子】套 | 中吕宫 | 小工调 凡字调 | 多重 | 简套 | 欢宴急曲 | 可合唱 | 可常用 | 《上寿》《坠马》《发室》 |
| 【渔家傲】套 | 中吕宫 | 小工调 | 3 | 简套 | 对话类粗曲 | 各行 | 不常用 | 《惊丑》《走雨》 |
| 【普天乐】套 | 正宫宫 | 小工调 | 3 | 简套 | 多数凄凉、惨伤 | 生旦 | 可常用 | 《写真》《题画》《长亭》 |
| 【锦缠道】套 | 正宫宫 | 小工调 | 3 | 简套 | 忧郁抒发 | 各行 | 常用 | 《渡江》《觅花》 |
| 【渔灯儿】套 | 小石调 | 小工调 | 2 6 | 长套 | 疑虑局促 | 生旦为主 | 常用 | 《痴梦》《活捉》《听琴》 |
| 【二郎神】套 | 商调 | 六字调 | 3 | 长套 | 静谧抒情 | 生旦 | 常用 | 《密誓》《廊会》《玩笺》 |
| 【小桃红】套 | 越调 | 小工调 | 2 | 长套 | 悲痛缠绵 | 生旦各行 | 常用 | 《秋江》《别母》《侠代》 |

## 三、26 支南曲孤牌的基本情况

单个的孤牌是与套牌相对而言的，南曲孤牌较多，《范例集》收有 50 支各类孤牌。而北曲只有少数的几个曲牌，孤立不与别曲联套。孤牌与套牌的区别在于孤牌没有其他曲牌按主腔相似与之联套，但这并不是说孤牌的应用可以不讲套式。正相反，孤牌的选牌及其以各种不同板则(4/8,4/4,2/4)自套连用的技法，比各宫调套牌更复杂,这也是南曲套数比北曲套数更难掌握之处。以下选相对常用的 26 支南曲孤牌,并说明其艺术特征与应用情况。

1.【桂枝香】

【桂枝香】属仙吕宫,为常用曲牌,全牌共 11 句。笛色为小工调,结音落 $\underline{6}$。常用·【前腔】格式连用二至四支组成自套,有时也只用一支,连用其他套数组成复套折。当连用多支时,第二支及以后的均不换头。此牌一般设置在剧情展开而较为靠前的部分。由于第5、6 句为重句,曲调翻高八度,高亢入云,因而成为本牌最为显著的特征。

由于擅长诉情,在传统戏《红梨记·亭会》《琵琶记·赏荷》《西厢记·拷红》中都运用了此牌。还有两人对唱的范例,如《翠屏山·交账》中潘巧云和石秀的对唱即为此例。

笔者作曲创作的新编昆曲剧目《景阳钟》中将此牌放置在崇祯帝的开场,用以表现这位明朝末代皇帝面对国家的危急和欲救颓势的心境。《白蛇后传》中也以此牌来描绘许梦蛟得官后上场抒怀。当然,也有运用靠后的例子,比如《宝黛红楼》中的宝钗唱腔就将此牌安排在了后面。

2.【八声甘州】

【八声甘州】属仙吕宫,为常用曲牌,全牌共 8 句。笛色因家门不同为尺调、小工调或凡字调,宜用于表现行路、写景或问答等,诉情较少。本牌各家门均有运用,最常见的是用于男角,由主角领起一句后,同场合唱。也有由几个角色轮唱的情况,独唱较少。

从音乐上来看,此牌板宽腔多,有利于舞蹈的舒展。旋律环绕中音区 2,很少下行到 $\underline{5}$、$\underline{6}$ 长时间停留,所以曲调基本为明朗的色彩。如果两支连用,通常第一支散板起唱,第二支带板起唱。见传统折子戏《荆钗记·上路》《荆钗记·参相》。

3.【解三酲】

【解三酲】属仙吕宫,全牌共 9 句。笛色为六字调或凡字调,结音落 $\underline{6}$。此牌为常用曲牌,常以二至四支组成自套,再连用其他套数组成复套折子,但也有仅用一支联结其他套数成折的情况。在戏中通常此牌所用的位置较为靠前,曲调起唱时平稳而舒展,易于表现思索、回想,而后层层递进,曲调有起伏,旋律有跳进,善于表现感情气氛前松后紧,逐步抒怀的处理。各家门皆使用,宜用于述情、叙事,独唱、接唱或同唱。

传统折子戏《琵琶记·书馆》《白罗衫·看状》《鸣凤记·写本》都曾运用此牌。

4.【掉角儿序】

【掉角儿序】又称【皂角儿】,属仙吕宫,全牌共 14 句。笛色为凡字调、六字调或小工调,落音为 $\underline{6}$,是熟曲。适用的家门很宽,小生、旦、老生、贴、正旦、净、副、丑等角色都有,既可用于几个角色分别独唱,也可整个曲牌同场唱,或同唱最后几句。乐调气氛易于叙述或者申诉。从板则上看,此牌一般不用赠板,而常用 4/4、2/4 节拍。词式中第 6 句到第 9 句是三字句,跳跃中有连贯。《牡丹亭·学堂》《玉簪记·偷诗》《双红记·盗绡》都有运用,应属于粗曲细谱。

5.【一封书】

【一封书】属中吕宫,全牌共 9 句。笛色为小工调或尺字调,结音落 1。此牌专用于剧中拟稿、读信等场合,也见用于接谈时。唱式大都为独唱,部分为合唱,有时为干唱、干念,或干唱与干念相间。连用几支不换头。可见于《荆钗记·开眼》《西厢记·寄笺》和《寻亲记·荣归》等。

6.【光光乍】

【光光乍】属仙吕宫,全牌共 4 句,是小曲。笛色为小工调,结音为 $\underline{6}$ 或 6。音节简单,各行当都可以使用。此曲牌在折子里的位置不定,可以在前面代替引子,也可以在中间或者最后。用在较靠前位置时,通常 2/4 节拍,在上场时候演唱。四句的落音分别是 3、1、$\underline{5}$、$\underline{6}$,有起承转合的意蕴,很实用,见《琵琶记·别丈》。

笔者作曲创作整理改编剧目《拜月亭》第一场《避难奇遇》中,王母、王瑞兰上场时,两人对唱两支,表达战争中逃难的混乱紧张场面。

7.【朝元歌】

【朝元歌】属仙吕入双调,全牌共 14 句,笛色为正工调,结音落 $\underline{2}$。此牌以《玉簪记·琴挑》"长清短清"一支赠板曲之清新旖旎而被广为传唱,旋律下行,极富抒情和淡淡的忧伤,非常耐听。

因有曲谱标【朝元歌】,有曲谱标【朝元令】,而经常使人产生曲牌名的混淆。实际上,【朝元令】和【朝元歌】之间是曲牌来源和发展的关系,【朝元令】是来源,【朝元歌】是发展,不能以一体否定另一体,也不能看作是异名同曲。

此牌擅长表现忧愁不解的情怀,抒情中带有忧伤,适于生、旦演唱,或者生、旦同场对唱。在《长生殿·埋玉》中又用于上路和行军,可见昆曲的同一曲牌也可变幻出不同的气氛。

笔者作曲创作的《拜月亭·幽闺拜月》中,王瑞兰【朝元歌】,蒋瑞莲、王瑞兰两人又对唱后两支【前腔】。前后以不同板则的唱腔结构表达王瑞兰拜月时的委婉含蓄,以及蒋瑞莲认明哥嫂关系后的相知相爱,盼望"缺月重圆"的心情向往。

8. 【销金帐】

【销金帐】属仙吕入双调,全牌共11句。笛色为正工调,结音落 $\underline{2}$。这是一个呜咽、低诉之曲,表现凄凉的境遇和独自诉怨的情景。一般连用多支组成孤牌自套。此曲与【朝元歌】属同一类型的曲牌,不同之处在于 $\underline{3}\ \underline{5}\ |\ \underline{3}\ \underline{2}\ |\ 1\ \ 2$ 运用在强拍,且全曲比【朝元歌】短。第10、11句的词式重复前句的末两字,形成顶真格,加强了语气。此牌在《琵琶记·弥陀寺》中曾被应用,但使用不是很多,仍可挖掘采用。

9. 【六幺令】

【六幺令】属仙吕入双调,全牌共7句。笛色为小工调,落音为1。此牌是常用曲牌,连用多支不换头。最早见于《琵琶记·旌奖》折,连用7支构成自套,以后减用到两支或者一支。【六幺令】也入南【仙吕·步步娇】套。

此牌有时用于折子之首代替【引子】,有时用于折子之末,代替【尾声】。曲调平促接近口语,是各行皆可使用的小曲。《满床笏·跪门》则用唢呐伴奏,同场合唱,也有用笛伴奏或者干唱带念不用伴奏的情况,2/4节拍。《庵会》中是同场唱,《风筝误·后亲(诧美)》中是独唱。

10. 【江头金桂】

【江头金桂】属仙吕入双调,全牌共15句。笛色为正工调,落音为 $\underline{2}$。这支曲牌为集曲,依次由【仙吕入双调·五马江儿水】【仙吕入双调·金字令】【仙吕调·桂枝香】三支曲牌撷取其中若干句组成。此牌可用于对答、盘问。演唱时口法中撒腔、嚯腔、 腔、橄榄腔的运用,使曲调时而轻柔俏丽,时而顿挫有致,时而摇曳婉转,见《金雀记·乔醋》折中的运用。

笔者作曲创作的《宝黛红楼》第二场《宝黛初会》,有对唱的运用,颇具戏剧色彩。

11. 【一江风】

【一江风】属南吕宫,全牌共11句。笛色为小工调,结音为6或2。这是一支常用曲牌,一般是单用一支,也有连用两支到三支,都是在一折戏的开头,或紧接在【引子】后面,有领起全剧、使在剧情上起到一种过渡到主要场面的作用。偶然也有同场唱式,全曲从中音开始,向高音区作上行迂回,风格飘逸朗爽、舒展挺拔、婉转动听。宜用于写景抒情,各类情绪都能适应,各行皆

用,但以生、旦为主,见《牡丹亭·学堂》《西楼记·拆书》。

笔者作曲创作整理改编剧目《拜月亭》末场《劫后重圆》,蒋世隆得官后上场,唱【一江风】,既有思念娇妻的柔情,又不失状元的得意身份。

12. 【懒画眉】

【懒画眉】属南吕宫,全牌共5句。笛色为六字调,结音落 $\underline{6}$。这是一支常用曲牌,一般都是以连用四支或两支的自套形式出现,多用在一折的开头,前面很少用【引子】,人物上场即唱。后接其他套曲组成复套。偶然有用在别套之后的,后面不用【尾声】。【懒画眉】这支曲牌适用家门主要以生、小生、旦、贴为主,其他角色很少用。唱式主要是生、旦对唱,连用四支时,生、旦轮唱,有时也用独唱。每句结音都落在6,主腔鲜明,平稳柔和,行腔缠绵柔和中透着低沉、静谧,经常用于情思倾吐、揣念、徘徊思索等剧情。传统戏《玉簪记·琴挑》《西楼记·楼会》《牡丹亭·寻梦》中都有运用。笔者作曲创作的《拜月亭》《宝黛红楼》中,都是用在一场戏的开头,为人物以景叙情、倾吐情思用。

13. 【刮鼓令】

【刮鼓令】属南吕宫,全牌共8句。笛色为小工调,落音为1。这是一支常用曲牌,在折子中的位置多为中部或者后部,占一折戏的主要部分,以连用四支或者两支为普遍。适用的家门,多为生、小生、旦、贴、老旦等,唱式多为独唱、对唱和轮唱,也有同唱和接唱。由于结音为1,所以此牌在小工调类曲中旋律较高,有激越之情,宜用于踌躇、思考。在2/4节拍的唱腔中,有时还应用于充满惊疑之情的对话场面。可见《荆钗记·见娘》等剧。

14. 【三仙桥】

【三仙桥】属南吕宫,全牌共13句。笛色为六字调,结音为 $\underline{6}$。【三仙桥】不是常用曲牌,在《琵琶记·描容》和《长生殿·情悔》中用过,此曲风格有特殊之处,适合表现凄楚的情绪。【三仙桥】一般以连用三支的自套形式出现,也有用两支或只用一支的,它在折子中的位置比较自由,后面很少用【尾声】。【三仙桥】运用的家门很窄,一般只用于小生或旦,唱式一般也只有独唱一种。音乐上,节奏虽然较平稳,曲调也比较低沉,但传达出的是内心激动、凄楚的色彩。第二支结束前的"哭头",是人物迸发血泪的手段,撩人心弦。

笔者作曲创作新编昆曲《董小宛》第五场《侍病》中,有董小宛【三仙桥】,冒辟疆【前腔】的运用,意蕴幽远,凄

楚哀伤。

15.【红衲袄】

【红衲袄】属南吕宫，全牌共8句。笛色为小工调，结音落6。这是一支常用曲牌，一般连用两支或者四支，以自套形式出现，单用一支的情况比较少。自套在复套折中即便不出现为主套，在故事情节上，也总占重要的位置。【红衲袄】作为散板过曲，安排在剧中重要位置，仅此一曲。声腔上，一高一低、一起一伏，好似一问一答，形成上下句抑扬有致、口语性很强的散板唱段，用于劝说、揣摩、提问的场景。此牌适合的家门很宽，唱式上独唱、对唱、轮唱均可。传统剧折参见《琵琶记·盘夫》《西楼记·拆书》。

笔者作曲创作的《宝黛红楼》《邯郸梦》和《董小宛》，都有运用此牌，并用不同的唱式表达不同的场景的例子。

16.【锁南枝】

【锁南枝】属双调，全牌共9句。笛色为正工调或六字调，结音落2。此牌为常用曲牌，常以重复【前腔】连用两支至六支的形式组成自套，或自套成折，或参加其他套数组成复套。自套成折时，不用【尾声】。此牌赠板曲适合旦行含蓄的叙述，抒发伤痛。板则为2/4或不带赠板的4/4节拍，适用于花脸、老生，叙述流畅、通俗淡雅。在传统剧折《烂柯山·痴梦》《白兔记·磨房》《渔家乐·端阳》中有运用。

笔者作曲创作的《邯郸梦》《川上吟》中也曾运用此牌。

17.【武陵花】

【武陵花】属双调，全牌共19句。笛色为小工调，结音为2。此牌不是常用曲牌，《长生殿·闻铃》和《金印记·背剑》中有运用，但此牌是熟曲，这是因为《闻铃》一折至今演唱不辍的缘故。此牌生行运用最多，多用于表现行路中借景抒情的场景，表达凄凉、悲苦之情。由于此曲结构庞大，属于特长曲，素有"百板武陵花"之称。旋律上，从【武陵花】这支曲牌平稳的曲调中可以听出大气磅礴如帝王般的气派，干净大方的声调中可以传出荡气回肠的凄苦之情。

笔者作曲创作的《景阳钟》末场《景山》，崇祯帝于景山自尽前用了【武陵花】这支既符合帝王气度又有细腻刻画的大段曲牌唱腔。

18.【尾犯序】

【尾犯序】属中吕宫，全牌共10句。笛色为小工调，落音为6。这是一支常用曲牌，经常重复前腔，以四支、三支或两支的自套形式成折，但有时也仅以一支与别套连用。适用的家门行当相当宽，但主要以生、旦为主。旋律常以2为环绕音，中音区的2、3、6为起音和合结音。旋律音区较高，色彩清新。第9、10句是高潮所在，起伏很大。此曲在《琵琶记·南浦》《十五贯·见都》中都有运用，可以常用。

笔者作曲创作的整理改编剧目《拜月亭》末场中，蒋世隆连唱三支【尾犯序】叙说招商店别后的故事，旋律跌宕起伏，绘影绘形。

19.【古轮台】

【古轮台】属中吕宫，全牌共17句。笛色为小工调，结音为6。这是一支常用曲牌，旋律流畅明亮，各行皆用。在传统折子中，【古轮台】常以三种方式联为复套成折：前接【念奴娇序】后接【尾声】，如《长生殿·定情》；【锦缠道】（两支）的中间夹【普天乐】，后接【尾声】，如《祝发记·渡江》；以自套的方式组套如《拜月亭·踏伞》。在《定情》中第1至9句抒情，第10至17句音乐充满流动性，板则和旋律变化明显。

20.【颜子乐】

【颜子乐】属中吕宫，全牌共9句。笛色为小工调，结音为6。这是一支集曲，由【泣·颜回】【刷子序】【普天乐】的各部词曲集成。《牡丹亭·拾画》《一捧雪·坟遇》中都有一支，尤其《拾画》一曲为昆曲爱好者所喜爱，盛唱不衰。该曲风格一唱三叹，是舞蹈与歌唱结合最佳的载体，在结音为6的曲牌中，是最有起伏跌宕韵致的。常用于生、旦借景抒情的场景。

21.【朱奴儿】

【朱奴儿】属正宫孤牌，全牌共7句。笛色为小工调，结音落6或者5。这不是一支常用曲牌，但是熟曲。本身不入套数，以它为主曲的、犯本宫及别调的集曲有【朱奴插芙蓉】【朱奴带锦缠】【朱奴剔银灯】等则加入南正宫套数。此外【朱奴儿】也有京剧继承下来，作为吹奏牌子，用于发兵、行路等场合，乐谱引自《铁冠图·乱箭》。仅有2/4拍一种板则，各家门都可运用，但男角为主。演唱方式上可以上笛，也可以干唱。《铁冠图·乱箭》《荆钗记·改书》中都有运用。笔者作曲创作的新编昆曲剧目中曾多次运用。

22.【念奴娇序】

【念奴娇序】属大石调，全牌共12句。笛色为小工调或尺字调，落音为2。这是一支不太常用的曲牌，却为人熟知。以两支、四支的自套形式独立成折，常与南【中吕·古轮台】自套组成复套折。唱式为一人领起众人合唱,常用于宴会场合的同场合唱。第10句首有定格词"惟愿取"为曲牌标志。末尾三句,可作【合头】,剧折中可作点题式反复合唱。《长生殿·定情》中有"惟愿取、恩情美满,地久天长",《赏秋》中有"惟愿取、年年此夜,人月双清",适宜场面较大的欢宴。

23.【山坡羊】

【山坡羊】属商调,全牌共12句。笛色为凡字调、小工调,结音为6。这是一支常用·曲牌,常连用两支到四支,或以双曲出现于复套的前部。本牌可以独唱、接唱、数人同唱。演唱中第1至4句后可唱断,加自白或其他角色介白。擅长表现凄切、伤情,也可表现悲愤、怨恨的情感。第9、11句有曲牌表征词和腔。此牌曲调比较婉转细腻,家门以生旦为主。在《渔家乐·藏舟》《雷峰塔·断桥》中有所应用。

笔者作曲创作的新编昆曲剧目《班昭》第9场,班昭唱的【山坡羊】,表达班昭漫漫长夜中著书治学的凄冷场景。整理改编剧目《拜月亭》第二场《旅邸结亲》,表达蒋世隆、王瑞兰跋山涉水赶赴招商客店的场景。

24.【绵搭絮】

【绵搭絮】属越调,全牌共10句。笛色为小工调,落音为2。此牌虽不常用但是熟曲,在《牡丹亭·惊梦》《荆钗记·女祭》《长生殿·定情》中都曾运用过。可以连用两支或者四支组成自套,也可以独用一支,作为简套出现。在以2为结音的曲牌中,此牌旋律音区比较低,善于表达缠绵悱恻的情怀,吐露爱慕之意,或思索冥想,或彷徨含蓄。适合生、旦演唱,在剧折中的位置一般比较靠后。

25.【铧锹儿】

【铧锹儿】属越调,全牌共10句。笛色为小工调,结音为2。不是常用曲牌,但是熟曲。在《牧羊记·望乡》和《琵琶记·书馆》中都曾使用。在这两折戏中,【铧锹儿】都是以自套形式出现的。此曲只有4/4和2/4的板则,没有赠板曲。唱腔中速,旋律起伏有致,宜用于互诉离合、伤感的场合,在剧折中的位置一般靠后。在《墙头马上》第9场《悔休》中,裴少俊与其父裴行俭对白,剧情转折处亦用此牌。

26.【胜如花】

【胜如花】属羽调,全牌共11句。笛色定凡字调,结音落6。此牌为常用曲牌,通常连用两支或者四支,也有用一支的,常与其他套数联成复套,位于折子之首。【胜如花】的唱腔可以一低一高、一问一答,音色起落相差两个半八度,起伏有致非常独特,在昆曲曲牌中罕有其匹。唱式有独唱、对唱和同唱,适用于各行。宜表现行路中借景抒怀、问答规劝的情节,是一支情景交融、脍炙人口的好曲子。在传统剧折《浣纱记·寄子》《荆钗记·哭鞋》中曾有运用。

笔者作曲创作的整理改编剧目《拜月亭》第一场《避难奇遇》中,有蒋世隆、王瑞兰两人离乱中邂逅相逢,雨中行路,载歌载舞,漫歌【胜如花】的场景。

为方便读者查阅和运用,将以上26支南曲孤牌的基本信息归纳为下表:

**表3　26支南曲孤牌应用表**

| 曲牌名 | 宫调 | 笛色 | 结音 | 情感类别 | 家门 | 使用度 | 剧折 |
| --- | --- | --- | --- | --- | --- | --- | --- |
| 【桂枝香】 | 仙吕宫 | 小工调 | 6 | 诉情 | 各行 | 常用 | 《亭会》《赏荷》《拷红》 |
| 【八声甘州】 | 仙吕宫 | 尺调腔（小工调） | 2 | 行路、写景、问答 | 生行为主 | 常用 | 《上路》《参相》 |
| 【解三酲】 | 仙吕宫 | 六字调（凡字调） | 6 | 思索、回想、叙事、抒情 | 各行 | 常用 | 《书馆》《看状》《写本》 |
| 【掉角儿序】 | 仙吕宫 | 凡字调（六字调）（小工调） | 6 | 叙述、申诉 | 各行 | 常用 | 《学堂》 |
| 【一封书】 | 仙吕宫 | 小工调（尺字调） | 1 | 拟稿、读信 | 各行 | 常用 | 《开眼》《寄柬》 |
| 【光光乍】 | 仙吕宫 | 小工调 | 6 6 | 上下场、短曲 | 各行 | 可常用 | 《别丈》 |
| 【朝元歌】 | 仙吕入双调 | 正工 | 2 | 忧愁、不解 | 生旦同场合唱 | 常用 | 《琴挑》《埋玉》 |

续表

| 曲牌名 | 宫调 | 笛色 | 结音 | 情感类别 | 家门 | 使用度 | 剧折 |
|---|---|---|---|---|---|---|---|
| 【销金帐】 | 仙吕入双调 | 正工 | 2 | 凄凉境遇、独自诉怨 | 旦为主 | 可开发专用曲 | 《弥陀寺》 |
| 【六幺令】 | 仙吕入双调 | 小工调 | 1 | 口语化短曲 | 各行 | 常用 | 《庵会》《后亲》 |
| 【江头金桂】 | 仙吕入双调 | 正工 | 2 | 委婉、含蓄有戏剧色彩 | 生旦 | 不常用 | 《乔醋》 |
| 【一江风】 | 南吕宫 | 小工调 | 6 2 | 明朗、舒展 | 各行 | 常用 | 《学堂》《折书》 |
| 【懒画眉】 | 南吕宫 | 六字调 | 6 | 深沉 | 生旦 | 常用 | 《琴挑》《楼会》《寻梦》 |
| 【刮鼓令】 | 南吕宫 | 小工调 | 1 | 激越踌躇 | 各行生为主 | 常用 | 《见娘》 |
| 【三仙桥】 | 南吕宫 | 六字调 | 6 | 凄楚 | 生旦 | 不常用 | 《描容》《情悔》 |
| 【红衲袄】 | 南吕宫 | 小工调 | 6 | 揣摩、劝说问答 | 生旦各行 | 可常用 | 《盘夫》《折书》 |
| 【锁南枝】 | 双调 | 正工 | 2 | 含蓄叙述 | 各行 | 常用 | 《痴梦》《磨房》《端阳》 |
| 【武陵花】 | 双调 | 小工调 | 2 | 愁苦 | 生行 | 不常用 | 《闻铃》 |
| 【尾犯序】 | 中吕宫 | 小工调 | 6 | 清新而有活力 | 各行当 | 可常用 | 《南浦》《见都》 |
| 【古轮台】 | 中吕宫 | 小工调 | 6 | 明亮流利 | 各行 | 常用 | 《说亲》《渡江》 |
| 【颜子乐】 | 中吕宫 | 小工调 | 6 | 借景抒情 | 生旦 | 不常用 | 《拾画》《坟遇》 |
| 【朱奴儿】 | 正宫调 | 小工调 | 6 5 | 发兵、行路 | 各行 | 常用 | 《乱箭》《改书》 |
| 【念奴娇序】 | 大石调 | 小工调 | 2 | 宴乐场合 | 同场合唱 | 不常用 | 《定情》《赏秋》 |
| 【山坡羊】 | 商调 | 凡字调（小工调） | 6 | 凄切、伤感怨恨、悲愤 | 生旦为主 | 常用 | 《藏舟》《断桥》 |
| 【绵搭絮】 | 越调 | 小工调 | 2 | 缠绵悱恻 | 生旦 | 不常用 | 《定情》《惊梦》 |
| 【铧锹儿】 | 越调 | 小工调 | 2 | 凄凉流畅短曲 | 各行 | 可常用 | 《望乡》《书馆》 |
| 【胜如花】 | 羽调 | 凡字调小工调 | 6 | 行路、漫歌 | 各行 | 可常用 | 《寄子》《哭鞋》 |

李渔在《闲情偶寄》中讲道："词曲一道,但有前书堪读,并无成法可宗。"他认为在戏曲创作方面,若无处学习到规律和法则,就如同暗室无灯一般教后人在黑暗中摸索,以至失之毫厘、谬以千里。昆曲音乐创作与理论研究方面尤其合乎此理。基于此因,笔者将数十年整理、学习和在实践中归纳的内容呈现于此。熟悉并掌握曲牌及套数艺术特点及应用规律,对于创作者来说极为重要,关乎创作剧目中音乐曲式的整体布局,布局筹划周密,则事半功倍。一方面探本寻源深切体味传统昆曲音乐的本质规律,可使创作不失昆曲古典韵味;另一方面在作曲过程中适时、适度创新,敢于逾规越矩而不落窠臼,才可能创作出更优秀的昆曲音乐作品。

# 也论昆曲与梅兰芳

朱恒夫

人们总是用"京剧大师"或"京剧艺术家"来誉称梅兰芳先生,窃以为不够全面,应该用"京昆大师"或"京昆艺术家"的名号更符合实际一些。回顾梅兰芳一生的舞台实践,从未和昆曲分离过,而且两者还不是一般的关系。昆曲之于梅兰芳,是乳育的关系、携掣的关系;梅兰芳之于昆曲,是抢救的关系、传承的关系。

众所周知,梅兰芳虽然出生于京剧世家,但是,他的先辈们都受到过昆曲的训练。"我家从先祖起,都讲究唱昆曲。尤其是先伯,会的曲子更多。所以我从小在家里就耳濡目染,也喜欢哼几句。如《惊变》里的'天淡云闲'、《游园》里的'袅晴丝'。"①他祖母的娘家从陈金爵以下四代,也都以昆曲擅场。在家庭的影响下,他很小的时候就学习了昆曲,因而11岁在北京广和楼第一次登台演出的剧目不是京剧而是昆曲《长生殿·鹊桥密誓》,扮演剧中的织女。抗战胜利以后,梅兰芳除须复出,然而,演的也不是京剧,而是昆曲《雷峰塔·断桥》《牡丹亭·游园惊梦》《奇双会》《孽海记·下山》《铁冠图·刺虎》等,连演11场,为梅兰芳恢复演出给予了有力的支持。②梅兰芳一生拍了好多次戏曲电影,从无声到有声,从黑白到彩色③,但是他最满意的是和俞振飞等人合作演出的《牡丹亭·游园惊梦》:"我们对剧本、化妆、服装、道具、布景、唱腔、动作、音响、色彩都作了细密的研究。"④因而,其戏曲电影受众面最广的也是昆曲《游园惊梦》。新中国成立之后,梅兰芳看了很多地方戏的演出,写了一些有关地方戏剧目的评论,但是,写得最多的还是昆曲,影响较大的就有《我演〈游园惊梦〉》《谈杜丽娘》《昆曲〈文成公主〉序》《昆苏剧团的〈十五贯〉观后》《谈昆剧〈十五贯〉的表演艺术》等。梅兰芳也是我国将昆曲传播到海外的第一人。1919年,梅兰芳首次访问日本,带去的剧目中就有昆曲《琴挑》《思凡》。1930年访问美国时,他演出了昆曲《刺虎》与《春香闹学》,并应美国派拉蒙电影公司之请,拍摄了昆曲《刺虎》。凡此种种,都说明昆曲和梅兰芳关系的密切。因这种密切的关系是大家熟悉的,没有复述的必要,本文只想在这种关系的范围内,对一些问题细加考察。

## 向梅兰芳传授昆曲艺术的亲朋师友

为了尽可能多地学习昆曲剧目和掌握昆曲表演艺术的精粹,梅兰芳从幼年到中年,拜了多位昆曲界人士为师和向一些昆曲造诣较深的人士请益,对他影响较大的有梅雨田、陈嘉良、谢昆泉、丁兰荪、乔惠兰、陈德霖、孟崇如、屠星之、李寿峰、李寿山、郭春山、曹心泉、俞粟庐、俞振飞、吴梅等。他们是一些什么人呢?本文做一点介绍。

梅雨田(1869—1914),梅兰芳先生的伯父。早年受过昆曲的训练,曾从南昆名笛家钱青望习笛,能吹奏昆曲300余套。后拜贾祥瑞、李四为师,习胡琴。曾长期为谭鑫培操琴,对谭派艺术的形成起到了烘云托月的作用。谭鑫培在百代公司录制的《卖马》《洪羊洞》唱片,均是他操琴。其胡琴手音绝佳,沉着圆浑,好用长弓,指法、弓法、腕力均矫健灵活,伴奏疏密相间,应用得体。音之紧密处,手指上下,急如飞轮,准确流利。尺寸快慢,轻重疾徐,与"谭腔"配合,丝丝入扣。曾随谭鑫培供奉清廷。陈彦衡赞为"刚健而未尝失之粗豪,绵密而不流于纤巧"。因熟悉昆曲名句名段,在梅先生幼年时教其拍曲。

陈嘉良(1874—?),又名陈嘉梁。清末民初著名笛师。苏州人,系清光绪年间内廷供奉、昆曲名老生陈寿峰之长子。其父陈寿峰(1854—1903),原籍江苏金匮(今无锡),生于苏州。其父陈熙堂,又名金爵,嘉庆年间由苏州织造府选进内廷供奉承差,为民籍学生,赐名金雀,后嫁女于梅先生之祖父梅巧玲。陈熙堂故世,陈寿峰继为内廷供奉,工老生,颇得恭王器重。光绪初,恭王出资为其建昆曲科班,招生80余名,练习清音,亦习京剧。前后十八九年,名伶出其门下者众。清光绪二十六

---

① 梅兰芳:舞台生活四十年(第一集)第十章第八节"游园惊梦"(中).上海:平明出版社,1954年。
② 因梅先生歇艺8年,唱功有所下降,有些调子唱不上去,俞振飞建议他唱昆曲,结果受到观众高度赞赏。见俞振飞:前无古人,后无来者.郭宇主编:梅派艺术传习录.上海:中西书局,2013年,第361页。
③ 1920年,商务印书馆邀请梅兰芳在上海私人花园淞社拍摄了昆曲电影《春香闹学》(无声,有字幕)。
④ 许姬传:记拍摄《游园惊梦》.京剧谈往录.北京:北京出版社,1985年,第500页。

年(1900)始,亦应诏充任内廷供奉,在清宫演出时任主笛。在梅兰芳幼年时,为其抚笛、授曲。

谢昆泉,生卒年与生平经历不详。苏州昆曲艺人,约和陈嘉良年龄相仿,除了教过梅先生昆曲外,还教过程砚秋等人,亦曾到南京甘家任昆曲教师。

丁兰荪(1869—1937),苏州人。幼丧父母,依靠祖父丁纯兰(晚清著名昆旦)抚养长大,并习昆曲旦行。艺成后,曾搭文武全福班,在长江三角洲一带献艺,颇负时誉。王韬曾作这样的描述:"稚伶丁兰荪,玉琢兰牙,温文蕴藉。"徐凌云说他"身材颀长,演五旦,表演细腻"。他讲究戏情戏理和刻画人物性格,连头部动作及口型的变化也能表达剧中人物不同的思想感情。擅演《牡丹亭》中的杜丽娘、《玉簪记》中的陈妙常、《连环计》中的貂婵、《雷峰塔》中的白素贞、《紫钗记》中的霍小玉等角色。民国十二年(1923)秋全福班散班后,他旅沪专以教戏为业,"传"字辈中的朱传茗、张传芳、姚传芗曾受其业。梅兰芳的《牡丹亭》中的一些出目为其教授。

乔蕙兰,生卒年与生平经历不详,苏州人,工旦行,清廷供奉。曾教梅兰芳《思凡》等折子。梅兰芳在回忆排演《黛玉葬花》时亦提及乔蕙兰:"帘内的四节曲子,是请我的昆曲老师乔蕙兰先生唱的。他的年纪虽然老了,但那条嗓子,还是那么甜润有味。馆子方面还在报上登出'特烦乔蕙兰唱曲'的广告,观众也知道他不可能再上台来现身说法,借这个机会,隔着一层守旧,欣赏到他的清歌妙曲,也是一种意外的收获。"①

陈德霖(1862—1930),山东人。12岁时,入恭王府全福班学昆旦,艺名陈金翠。全福班解散后,陈德霖又入四箴堂(即三庆班)科班,改艺名为陈德霖。学习刀马旦,又从朱莲芬学习昆曲。19岁出科后,从田宝琳学京剧青衣,同时搭三庆班演出。他吐字讲究,发音准确,因幼时曾习昆旦和京剧武旦,身段、武功都很熟练。做工谨严端庄,扮演雍容华贵的妇女形象能合乎身份,是京剧艺人以昆剧为基本功的示范人物。陈德霖擅长剧目多为唱工和唱、做繁重的戏,如京剧《祭江》《祭塔》《孝义节》《落花园》《长坂坡》《三击掌》《探寒窑》《武家坡》《三娘教子》《六月雪》《南天门》等,其昆剧《琴挑》《出塞》等亦负盛名。他一生收徒甚众,有"老夫子"的称号。王瑶卿、梅兰芳、王蕙芳、王琴侬、姚玉芙、姜妙香并称为其六大弟子。此外还有门婿余叔岩也得到他很多教益。尚小云、韩世昌、黄桂秋等都曾得其亲传。

程继仙(1874—1944),又名继先,号振庭,谱名遵孔,又名春德。出身梨园世家,祖父程闻檄,即三庆班主大老板程长庚。其父程章圃为鼓师。继仙幼入小荣椿科班,先后学老生和小生,与杨小楼、刘春喜、郭春山、蔡荣贵等为师兄弟。出科后不久即入恭王府当差,一度辍演,辛亥革命后重返舞台。他有着深厚的昆曲根基,戏路极其宽广,雉尾生、扇子生、官生、穷生和武小生均洒脱不俗。梅兰芳与其关系密切,经常向他请教昆曲,在梅排演《一缕麻》《邓霞姑》等时装戏时,邀请他参加演出,安排他在《一缕麻》中扮演傻新郎。

孟崇如,生卒年与生平经历不详。苏州人,工旦行。

屠星之,生卒年与生平经历不详。苏州人,工旦行。

李寿峰(1863—1918),京剧老生。名成林,字伯华,小名六儿,人称李六。原籍徽州府祁门县。早年与其二弟李寿山同入四箴堂的三庆班,师承迟春祥,为清同治、光绪时著名文武老生,并精于昆曲,以硬里子著称。谭鑫培演《宁武关》,常邀其扮演周母。尤以《贩马记》之李奇、《春香闹学》之陈最良等享盛誉,晚年曾与梅兰芳合作演出并教授梅兰芳昆曲。

李寿山(1866—1932),京剧净角。名镜林,字仲华。与武净钱金福为师兄弟。初工花旦、昆旦,又改老生,后归武净兼架子花,文武皆能,昆乱不挡,擅演《白蛇传》之法海、《春香闹学》之陈最良、《风筝误》之丑小姐、《失空斩》之马谡、《芦花荡》之张飞等,尤以《贩马记》之李奇极享盛誉。曾供奉内廷。他早年曾搭长春班,晚年在梅兰芳剧团献技,梅的昆曲《金山寺》《断桥》《出塞》《风筝误》和《春香闹学》的身段即为李所授。

郭春山(1874—1946),自幼入小荣椿科班,从唐玉喜学丑角,兼工昆曲、皮黄。和杨小楼、程继仙是师兄弟,出科后便搭散班演出。对于昆曲的剧目与表演艺术,郭春山腹笥渊博,常与诸名家配演昆曲戏,梅兰芳向其请教昆曲,得益颇多。后梅兰芳搬演昆曲,他成了不可少的配角。如《金山寺》的小和尚、《游园惊梦》的睡梦神与闰月神等。在晚年,与萧长华、慈瑞泉被时人称为丑角"三大士"。

曹心泉(1864—1938),原籍安徽怀宁。出身梨园世家,祖父曹凤志是清嘉庆年间著名昆曲小生。父亲曹春山,亦为昆曲艺人,老生、大净、副净、小生等各行皆工。他幼承家学,长从陆炳云学昆生,后又拜徐小香为师。因嗓子关系不能登台演出,改学场面,初拜著名笛师、清廷供奉钱锦源为师,钱才艺甚博,能度《长生殿》《牡丹

---

① 梅兰芳:舞台生活四十年(第二集).北京:人民文学出版社,1957年,第88页。

亭》全本之曲,梅兰芳伯父梅雨田亦从其受业。钱锦源去世后,曹又投在名琴师李四门下学艺。艺成后,在三庆班献技。曹心泉精通多种民族乐器,如笛、月琴、古筝等。尤擅昆曲,并能记谱、作曲。1929年,曹心泉在昆曲专家傅芸子、傅惜华等人发起成立的昆曲研究会中任顾问。1932年,担任中华戏曲专科学校昆曲教师及音乐组主任,后又在富连成科班教授昆曲。同时,被聘为南京戏曲音乐研究院北京分院特约研究员,为该所主办的《剧学月刊》撰写了大量的文稿,如《近百年来昆曲之消长》《昆曲务头二十诀释》等,为传播昆曲艺术的知识做出了较多的贡献。梅兰芳向其请教昆曲,当在他效力三庆班之后。

俞粟庐(1847—1930),名宗海,江苏娄县人。清光绪年间,署金山县守备,后改太湖水师营务处办事,移家苏州。娄县人韩华卿善昆曲,得长洲叶堂唱法。粟庐从韩习曲,尽得奥秘。其法讲究出字重,行腔婉,结响沉而不浮,运气敛而不促;于音韵之阴阳、清浊,旋律之停顿、起伏,声音之轻重、虚实,节奏之松紧、快慢,要求尤为严格,人称"俞派唱法",对江南、浙西一带的昆曲界影响很大。75岁时在百代公司灌录唱片13面,皆冠生、巾生曲子。著有《度曲刍言》。1953年,其子俞振飞辑成《粟庐曲谱》两册行世。俞振飞(1902—1993),名远威,字涤盦,号箴非,生于苏州。6岁从父习曲,14岁起先后拜沈锡卿、沈月泉等名师学艺,能演昆曲戏200余折。1930年,拜程继仙为师,习京剧,并正式下海演戏。擅长的剧目,昆曲有《牡丹亭》《长生殿》《玉簪记》《荆钗记》《太白醉酒》《墙头马上》《千忠戮》等;京剧有《群英会》《奇双会》《玉堂春》《春秋配》《断桥》《打侄上坟》《鸿鸾禧》《辕门射戟》《红拂传》《春闺梦》等。梅兰芳在1920年听了俞氏父子所唱的昆曲后由衷地表示钦佩,他对秘书许姬传说:"我今天听了俞家父子唱的昆曲,才相信我对于昆曲的一种想法是完全对了。过去北京也有一班我们南方票友唱昆曲,也请我去听,听了总归有点怀疑。我就想啊,昆曲名气这么大,按照他们那么唱,好像不大理想。因为唱的东西不管是昆剧也好,京剧也好,你要唱出感情来,往往一些票友对咬字、放音、发音不大讲究,就按照谱子唱,这样不是在唱曲,而是在唱谱,这样也就唱不出感情来了。"①1932年,梅兰芳为了学到讲究吞吐开合、轻重抑扬以达到清新悦耳、感情丰富的"俞派"唱腔,特地请俞振飞教他《慈悲愿》中的"认子"一出。之后,二人常在舞台上合作演出昆曲。

吴梅(1884—1939),字瞿安,号霜厓,江苏长洲(今苏州)人。一生致力于戏曲及其他声律研究和教学。主要著作有《顾曲尘谈》《曲学通论》《中国戏曲概论》《元剧研究》《南北词谱》等。作《风洞山》《霜厓三剧》等传奇、杂剧10余种。他精通昆曲,能制曲、谱曲、度曲和演曲。吴梅在北京大学任教期间,梅兰芳曾向他学习昆曲。

昆曲有南北之分,在唱腔与表演上有较大的差异。梅兰芳学习昆曲,不分南北,转益多师。所以,梅兰芳的昆曲表演萃集了南北两派的艺术经验。无论是南方的昆曲戏迷,还是北方的昆曲观众,都欣赏他的表演。

## 梅兰芳对昆曲表演的美学追求

梅兰芳一生中学习了56出昆曲折子戏,但由于演出市场、演出搭档等多方面的原因,被搬到舞台上的也就是30出左右。它们是:《长生殿》中的《鹊桥》《密誓》(饰杨玉环);《白蛇传》中的《水斗》《断桥》(饰白素贞);《孽海记》中的《思凡》(饰赵色空);《牡丹亭》中的《闹学》(饰春香)与《游园》《惊梦》(饰杜丽娘);《风筝误》中的《惊丑》《前亲》《逼婚》《后亲》(饰詹淑娟);《西厢记》中的《佳期》《拷红》(饰红娘);《玉簪记》中的《琴挑》《问病》《偷诗》(饰陈妙常);《金雀记》中的《觅花》《庵会》《乔醋》《醉圆》(饰井文鸾);《狮吼记》中的《梳妆》《跪池》《三怕》(饰柳氏);《南柯梦》中的《瑶台》(饰金枝公主);《渔家乐》中的《藏舟》(饰邬飞霞);《铁冠图》中的《刺虎》(饰费贞娥);《昭君出塞》(饰王昭君);《奇双会》(饰李桂枝);《慈悲愿》中的《认子》(饰唐僧母殷氏);《红线盗盒》(饰红线);等等。

由梅兰芳所演的剧目和在这些剧目中扮演的角色以及他在舞台上的艺术呈现,可以看出他在昆曲表演上有这样的美学追求:

一是喜爱塑造敢于挑战现实、努力把握自己命运的女性人物形象。如冲破层层阻碍、锲而不舍地追求爱情的白素贞、扯下袈裟不顾佛门禁忌而要到山下寻找一个风流哥哥的尼姑、在风筝上留诗示好的詹淑娟、寻找梦中情人回味缱绻之情的杜丽娘、不甘心一辈子伴着青灯黄卷而与书生相恋的陈妙常、主动将金雀作为信物掷给心仪男子的井文鸾、责罚寻花问柳之丈夫的柳氏、不畏强暴敢于复仇的邬飞霞、捐身报国刺死敌将的费贞娥、在荒漠异国中没有颓丧的王昭君、胆略不让须眉的红线

---

① 俞振飞:前无古人,后无来者.郭宇主编:梅派艺术传习录.上海:中西书局,2013年,第359—360页。

女。就是杨玉环,也不像一般的妃嫔那样,其生活任凭帝王的摆布,她敢爱、敢怨,更敢于保护和争夺婚姻的幸福。如果说,梅先生所扮演的一两个女性为抗争性的形象,或许是偶然,而他所扮演的所有女性人物都有"强"的性格,这就不是偶然的了,应该是梅兰芳的有意选择,是他的美学追求。

二是扮演数个旦行角色,以汲取旦行多方面的表演经验。昆曲的旦行分为老旦、正旦、作旦、四旦、五旦、六旦,四旦就是刺杀旦,五旦为闺门旦,六旦即为贴旦。尽管梅兰芳所扮演的昆曲人物都是女性,为旦行,却分属不同的类别,如《长生殿》中的杨玉环、《慈悲愿》中的唐僧母殷氏为正旦,而《狮吼记》中的柳氏又为正旦中的翘袖旦,《雷峰塔》中的白素贞、《玉簪记》中的陈妙常、《金雀记》中的井文鸾为闺门旦,《渔家乐》中的邬飞霞、《铁冠图》中的费贞娥、《红线盗盒》中的红线女为刺杀旦,《孽海记》中的尼姑、《西厢记》中的红娘、《牡丹亭》中的春香则为贴旦,等等。这么多的旦行角色,表明梅兰芳从一开始学演昆曲时,就想把握旦行多类别的表演技艺,以融会贯通。我们都知道,梅兰芳工青衣,兼刀马旦、花旦,并在京剧中创造出"花衫"这一行当。所谓"花衫",是一种唱、念、做、打并重的旦行,它集中了青衣的端庄严肃、花旦的活泼开朗和武旦的武打工架,服装花艳,所扮演的人物以皇后、公主、贵夫人、女将、小贩、村姑等角色为主。可以肯定地说,"花衫"中融入了昆曲旦行各类别的表演技艺。试想,如果梅兰芳没有对昆曲旦行不同类别的表演艺术做自觉的追求,又怎能汲取到旦行诸多方面的表演经验呢?梅门弟子言慧珠曾做过这样的评论:"先生的表演技巧在很大程度上曾受益于昆曲。由于他具有深厚的昆曲根底,从而大大地丰富了京剧的表演艺术。比如《宇宙锋》中的赵女装疯,嚷着'我要上天'时朝天三指的步法,就有些像昆曲《断桥》中许仙唱'我暂时拼命向前行,时的身段。在开始装疯,唱【摇板】'抓花容'之前,双手拉住甩发的亮相,甚至好像袭用了《芦花荡》中架子花张飞的身段。"①就是京剧《天女散花》中的舞蹈,也是从昆曲《长生殿》中借鉴过来的。②

三是在继承的基础上创新。梅兰芳虽然敬重昆曲艺术,但在昆曲演出的艺术实践中并不墨守成规,而是结合剧情、刻画人物性格的需要与时代的审美要求,做合乎艺术规律的改变。"《断桥》里白娘子、小青追赶许仙以至见面的一节,向来只走一个圆场。梅先生把圆场改为'三插花',白娘、小青、许仙三人,在台上交叉奔驰,往来如梭,宛如穿花蝴蝶。这一改动非但好看,也合于追逐的情景。这次演出以后,群相效法,'三插花'用于《断桥》,一直风行到现在。"③

## 梅兰芳大力倡导昆曲艺术

梅兰芳倡导昆曲艺术,可谓不遗余力。之所以能如此,是因为他认为精美的昆曲艺术是民族艺术的一件瑰宝,可以为京剧等表演艺术提供无穷无尽的营养。每一位戏曲表演艺术家都应该谦逊地向它学习,并努力保护它的生命。

尽管昆曲有一些不合时宜的东西,但总的说,它仍是戏曲艺术的最高表现形式,梅兰芳打从心底里敬服:"昆曲的词句深奥,观众不能普遍听懂,这是它最大的缺点。不过,昆曲的身段,是复杂而美观的,可以供我们取材的地方,实在太多了。我认为昆曲有表演的价值,是想把它的身段尽量利用在京戏里面。你只要看前辈享名的老艺人,大半都有昆曲底子的。"④又说:"在京戏里,夹杂在唱工里面的身段,除了带一点武的,边唱边做,动作还比较多些之外,大半是指指戳戳,比画几下,没有具体组织。昆曲就不同了,所有各种细致繁重的身段,都安排在唱词里面。嘴里唱的那句词儿是什么意思,就要用动作来告诉观众。所以讲到'歌舞合一,唱做并重',昆曲是可以当之无愧的。"⑤由于受昆曲身段的启发,梅兰芳在他编演的近30个新剧目中,有12个就增加了"舞"——身段,如:1915年编演的《嫦娥奔月》(梅饰嫦娥,有花镰舞和袖舞),1915年初夏至1916年秋间编演的《黛玉葬花》(梅饰林黛玉,有花锄舞)和《千金一笑》(梅饰晴雯,有扑萤舞),1917年编演的《天女散花》(梅饰天女,有绸带舞),1918年编演的《麻姑献寿》(梅饰麻姑,有杯盘舞、袖舞)和《红线盗盒》(梅饰红线女,有单剑舞),1920年元宵节演的《上元夫人》(梅饰上元夫

---

① 言慧珠:忆梅师.戏剧报,1961年15—16期合刊。
② 凤笙阁主编:梅兰芳第76页中录有陈德霖回答若愚君的一段话:"陈德霖答:'西洋跳舞,予未曾见及。但此剧则纯由旧剧脱胎,当年昆剧中有《舞盘》一戏,今失传矣。是剧之身段略似之。'"上海梅社,1918年。
③ 徐凌云:从昆剧表演回忆梅先生.郭宇主编:梅派艺术传习录.上海:中西书局,2013年,第202页。
④ 梅兰芳:舞台生活四十年(第二集).北京:人民文学出版社,1957年,第45页。
⑤ 梅兰芳:舞台生活四十年(第二集).北京:人民文学出版社,1957年,第129页。

人,有袖舞、拂尘舞),1922年编演的《霸王别姬》(梅饰虞姬,有双剑舞),1923年编演的《西施》(梅饰西施,有佾舞)、《洛神》(梅饰洛神,有云帚舞)和《廉锦枫》(梅饰廉锦枫,有刺针舞),1925年夏至1926年冬编演的《太真外传》(梅饰杨玉环,有云裳舞和翠盘舞)。这些身段无疑大大增强了京剧的表现力。当然,昆曲的曲调也值得借鉴,梅兰芳亦很重视利用,在他所编演的剧目里,出现了京昆声腔合璧的形态,如他在1917年编演的《木兰从军》里,花木兰在《投军》一场中唱了北曲【新水令】【折桂令】和【尾声】等曲子;在同年编演的《天女散花》的末尾,天女唱了【赏花时】和【风吹荷叶煞】两支曲子;在1918年编演的《麻姑献寿》里,麻姑在敬酒时,唱了南曲【山花子】【红绣娃】和【尾声】等曲子;在1920年首演的《上元夫人》里,上元夫人唱了南曲【画眉序】和北曲【八仙会蓬海】【沉醉东风】及南曲【尾声】等曲子;在1933年编演的《抗金兵》中,梁红玉在擂鼓助战时,唱了【粉蝶儿】【石榴花】【上小楼】等曲子。

昆曲自从在乾隆年间开始的"花雅之争"中渐渐退出剧坛霸主的地位后,一路下滑,到了清末民初时,真是衰败不堪了。昆曲的发祥地与大本营苏州,已经没有了驻城演出的班社,艰难支撑了数十年的"大章""大雅""鸿福"到光绪末年先后被迫解散了,唯一的昆曲戏班"全福班"也只有20来个人,大部分时间是在杭嘉湖一带水陆码头上卖艺。北方的昆曲虽然有王公贵族的支持,但也仅出现在富贵之家的红氍毹之上,在戏馆中几乎看不到一场全部是昆曲的演出,至多以折子戏的形式夹杂在京剧之中。科班不教昆曲,也没有多少人愿意学习昆曲。就在这样的情况下,已经认识到昆曲艺术巨大价值的梅兰芳在一班有识之士的鼓励下,利用自己名角的号召力与影响力,扛起了保护昆曲艺术的大旗,做出了系列的传承举动。有人不解他既创编古装新戏,为什么还要搬演旧的昆曲。他解释道:"艺术是没有新旧的区别的,我们要抛弃的是旧的糟粕部分,至于精华部分,不但是要保留下来,而且应该细细地分析它的优点,更进一步把它推陈出新地加以发挥,这才是艺术进展的正道。"①在他的号召与示范下,许多正在学习京剧或已经在京剧界崭露头角的人,纷纷仿效,投拜昆曲艺人为师,拍曲习艺;许多戏馆看到梅兰芳演出昆曲也有很大的票房,于是便邀请生意寥落的韩世昌等昆曲艺人到戏馆献技;报社如《又新日报》《京报》等了解到人们对昆曲又有了兴趣,便在报纸上经常刊载有关昆曲的文章;更能表现出梅兰芳提倡成效的是京城纷纷成立了昆曲曲社。"我在民国四五年间,开始演出昆戏,到了民国七年,北京一般爱好昆曲的票友们也都兴致勃勃的,由溥西园、袁寒云等先后成立了好几个昆乱合璧的票房,如消夏社、钱秋社、延云社、温白社、言乐社。这里面有孙菊仙、陈德霖、赵子敬、韩世昌、朱杏卿、言菊朋、包丹庭等。包括了京、昆两方面的内行和名票,常常在江西会馆举行彩排。每次都挤满了座客。袁寒云和陈老夫子的《游园惊梦》《折柳阳关》……赵子敬的《迎像哭像》、韩世昌的《痴梦》、王麟卿的《醉皂》与《教歌》、朱杏卿的《昭君出塞》(他本来弹得一手好琵琶,扮昭君是最合适没有的)、陆大肚的《拾金》、陈老夫子的《刺虎》、余叔岩的《宁武关》、包丹庭的《探庄》,这些都是他们常露的戏。大家这样提倡昆曲,把本界一位老前辈孙菊仙的兴致也引了起来,在一次消夏社彩排的时候,他也排了一出几十年不动的老昆剧叫《钗钏大审》。这出戏《缀白裘》里有的,是程大老板的拿手好戏。据他对人说:程大老板每贴这出戏,不论是堂会或者馆子里,我必要赶去看的。戏里有'大审'一场,他扮的是李若水,审案时察言辨色的种种神气,有很多的变化。加上两旁红灯照耀,站满了衙役,在当时的观众看了,真有点像在那里'观审'呢。从程大老板死后,四十几年没有人唱过这出戏了。"②梅兰芳对昆曲如此用心,不仅仅是为了提升他本人与整个京剧的表演艺术水平,更多的是在认识到昆曲为民族艺术瑰宝之后自觉承担起了一份责任使然。天津有一位度曲行家恽兰荪老先生,工老生,与梅兰芳仅是一般的关系,然而,梅兰芳为了将他的唱腔传承下来,主动地联系一家唱片公司,谈妥一切条件,让老先生去灌4张《长生殿》中"弹词"的唱片,可惜老先生一病不起,梅兰芳为此感伤不已:"从此广陵散绝,这不是后一代曲家的损失吗?"③倘若没有对昆曲承绝继亡、振衰起敝的责任感,是不会有这份热忱的。

梅兰芳敬重昆曲的态度,在当时与之后的戏曲界内外产生了积极而深远的影响。一些地方戏剧种也像京剧那样,主动请昆曲做自己的"奶娘",从而提高了剧种的艺术水平;社会上一些人士在其精神的感召下,努力关注与保护这份民族的优秀文化遗产,以至昆曲至今仍有不息的生命力。

---

① 梅兰芳:舞台生活四十年(第二集).北京:人民文学出版社,1957年,第45页。
② 梅兰芳:舞台生活四十年(第二集).北京:人民文学出版社,1957年,第124页。
③ 梅兰芳:舞台生活四十年(第二集).北京:人民文学出版社,1957年,第126页。

# 梁辰鱼与中晚明曲家交往述略

黎国韬　杨　瑾

梁辰鱼(1520—1592),字伯龙,号少白,江苏昆山人,明代著名戏曲家、散曲家,同时又是一位诗人;有《浣纱记》《红线女》《江东白苎》《鹿城诗集》等作品传世,其中传奇《浣纱记》素被视为昆剧发展史上一部里程碑式的作品。生当中晚明时期的梁辰鱼交游极为广阔[1],上至王侯将相、名人达士,下至山僧道者、歌优妓女,无所不及,尤其与当时曲家的交往十分频密,这对其思想和创作均产生了一定的影响。当然,由于伯龙自身的声价及创作能力,对与其交往的曲家也产生了不少的影响。因此,探讨梁辰鱼与中晚明曲家的交往情况及相互影响,是古代戏剧史、文学史研究中较有价值的问题。可惜前人对此尚乏专文论述,故颇有补充的必要。探讨之前须稍做说明,本文所谓的"曲家",大致包括戏曲作家、散曲作家、曲论家三类[2],以下即按此分别展开论述。

## 一

与梁辰鱼交往的中晚明戏曲作家很多,比较重要的则有李开先、张凤翼、顾茂仁顾茂俭兄弟、屠隆、梅鼎祚、高濂等。

首先说李开先(1502—1568),字伯华,号中麓,山东章丘人,嘉靖八年进士,"嘉靖八才子"之一。代表作品有传奇《宝剑记》,曾与《鸣凤记》《浣纱记》并称为"明中叶三大传奇";另有《中麓小令》《市井艳词》等散曲200余首,及论曲著作《词谑》等。梁辰鱼《鹿城诗集》(卷二十)录有《留别章丘李太常开先》七言律诗一首,可见二人曾有过交往。

李开先年纪比伯龙长近20岁,社会地位又高,所以他影响伯龙之处较多,特别是传奇《宝剑记》,该剧作于嘉靖二十六年(1547)[3],较《浣纱记》早出10余年[4],伯龙撰《补陆天池无双传二十折后》的"小序"曾提到此作云:

> 本无双而作记,借明珠以联情。摛词哀怨,远可方瓯越之《琵琶》;吐论峥嵘,近不让章丘之《宝剑》。[5]

不难看出,梁辰鱼曾研读过(或曾观演过)李开先的《宝剑记》,并做出了较高评价,还把它和陆采的《无双传》(又名《明珠记》)相提并论,所以该剧对伯龙创作《浣纱记》应产生过影响。另从情节内容来看,"《宝剑记》所描写的虽然是宋代的故事",但"它实际上是嘉靖时期忠奸斗争的概括"[6];这种以古事影写时政的手法与《浣纱记》"借古鉴今"的写作法也是一致的。再者,《宝剑记》还在英雄传奇中穿插了林冲与张贞娘的爱情故事,这与《浣纱记》于吴越史事中穿插范蠡、西施爱情故事的"双线叙事结构"亦颇多相似之处。总之,李、梁二人的交往当以李开先影响梁辰鱼为多。

其次说张凤翼(1527—1613),字伯起,号灵墟,长洲人,有剧作《阳春六集》传世,其中包括《红拂记》《祝发记》等传奇6种。伯龙《鹿城诗集》送凤翼的诗作有二首(见本文《附表》),可见二人存在交往。凌濛初的《谭曲杂札》曾指出:

> (张凤翼)无奈为习俗流弊所沿,一嵌故实,便堆砌拼凑,亦是仿伯龙使然耳。[7]

若依此说,则张氏的传奇曾模仿过梁氏的剧作。然

---

[1] 案,学界对于"晚明"有不同的定义,兹以嘉靖(1522—1566)以后80年左右的时间为晚明,所以梁辰鱼大致生当中明、晚明之交。

[2] 案,这只是一个大致的分类,也考虑到行文方便,故并不绝对;因为像徐渭、李开先等,就既是戏曲作家又是曲论家;像王世贞、高濂等,就既是戏曲作家又是散曲作家。

[3] 案,《宝剑记》的创作时间可参见郭英德先生《明清传奇综录》"宝剑记"条所述(石家庄:河北教育出版社,1997年,第43—44页),兹不赘。

[4] 案,《浣纱记》作于嘉靖末年,详拙稿《梁辰鱼生卒年及〈浣纱记〉创作年代考》(载《五邑大学学报》,2008年第4期)所述,兹不赘。

[5] 吴书荫编:梁辰鱼集.上海:上海古籍出版社,1998年,第443页。

[6] 吴书荫、薛若邻:《宝剑记》《浣纱记》《鸣凤记》与明代政治斗争.沈达人、颜长珂主编:古典戏曲十讲.北京:中华书局,1986年,第114页。

[7] 凌濛初:谭曲杂札.收入《中国古代戏曲论著集成》(第六册).北京:中国戏剧出版社,1959年,第255页。

而,凌濛初的说法不尽可靠,因为伯起的代表作《红拂记》写成于公元1545年①,早于伯龙《红线女》《浣纱记》出现近20年,后者断不可能影响前者。事实可能和凌氏所说恰好相反,是伯龙的《浣纱记》对伯起的《红拂记》存在模仿之处。因为《红拂记》为张氏"年少时笔也,侠气辟易"②,而伯龙10多年后创作《红线女》《浣纱记》诸剧时,亦于剧中透露出类似的豪侠风格,这就是张氏影响梁氏的证据。另外,明人胡应麟《庄岳委谈》(下)曾指出:"红拂、红绡、红线三女子,皆唐人,皆见小说,又皆将家,皆姬媵,皆兼气侠。"③所谓"红拂"即《红拂记》,"红线"即《红线女》,胡应麟看到了两部杂剧在风格上的相似之处,是很有见地的,亦可为笔者的观点提供佐证。

再次说顾允默、顾允涛兄弟。允默,字懋仁(一作茂仁),江苏昆山人,著有《五鼎记》传奇;其弟允涛(1538—1608),字靖甫,一字懋俭(一作茂俭),著有《椒觞记》传奇。在伯龙《鹿城诗集》中,言及顾氏兄弟的诗作多达16首(见本文《附表》),足见他与二人关系之密切。《梅花草堂笔谈》卷十二"昆腔"条提到:

取声必宗伯龙氏,谓之"昆腔"。张进士新勿善也,乃取良辅校本,出青于蓝,偕赵瞻云、雷敷民、与其叔小泉翁,踏月邮亭,往来唱和,号"南马头曲"。其实禀律于梁,而自以其意稍为均节,昆腔之用,勿能易也。其后茂仁、靖甫兄弟皆能入室,间常为门下客解说其意。④

由此可见,从某种意义上讲顾氏兄弟可以算是梁辰鱼新改良"昆腔"的"入室"弟子;当梁氏门客在音律方面碰到不懂的问题时,顾氏兄弟还能代伯龙"解说其意"。所以在三人的交往过程中,明显是伯龙对二人的影响较大。而顾氏兄弟也获得了伯龙的真传,比如吕天成《曲品》对懋俭《椒觞记》的评语就说:"陈亮事真,此君似有感而作,梁伯龙极赏之,固是甚有学问者。"⑤《梅花草堂笔谈》卷八"梁顾"条又提到:"往见梁伯龙教人度曲,为设广床大案,西向坐,而序列之。两两三三,递传叠和,一韵之

乖,觥罚如约。尔时骚雅大振,往往压倒当场。其后则顾靖甫,掀髯徵歌,约束甚峻,每双鬟发韵,命酒弥连,颐翕翕而不敢动。伯龙已矣,靖甫岂可多得。"⑥并可为证。

再次说屠隆(1542—1605),字长卿,号赤水,鄞县人,万历五年(1577)进士,为明代"末五子"之一,事见《明史·文苑传》。⑦伯龙《鹿城诗集》赠屠隆的诗有两首(见本文《附表》),屠隆则为《鹿城诗集》作《序》,末尾署"东海友人屠隆撰",可见二人属于忘年之交,这篇《序》内有云:

伯龙少时好为新声,是天下之绝丽,余闻而太息。以彼其材,令力追大雅,上可东阿、萧统,下不失为王江陵、李王孙,而胡乃自比都尉,侈为艳歌?是以龙骧捕鼠也。近始得其古、近读之,隽才丰气,往往合作,益大欣赏,其始一何皮相也……伯龙既长丽情,复多旷度,身有八尺之躯,而家无百亩之产,入媚其妻子,而出傲其王侯,故天壤间何可无斯人,何可无斯语?⑧

不难看出,屠氏对于伯龙是比较尊重的,所以梁氏对于屠氏的剧作或有一定影响,而屠氏影响伯龙的地方应该不多。另据《万历野获编》记载:"《浣纱》初出时,梁游青浦,时屠纬真(隆)为令,以上客礼之。即命优人演其新剧为寿。每遇佳句,辄浮大白酬之,梁亦豪饮自快。演至《出猎》,有所谓'摆开摆开'者,屠厉声曰:'此恶语,当受罚!'盖已预储洿水,以酒海灌三大盂,梁气索,强尽之,大吐委顿。次日,不别竟去。"⑨这则记载既有可信之处,亦含虚构的成分。比如说梁辰鱼"游青浦",屠隆以"上客礼之",这是可信的。但屠隆于万历七年(1579)始改调青浦令⑩,当时《浣纱记》搬上戏剧舞台至少已有10余年之久,显然不能说是"初出";而且伯龙当时年及六旬,以屠氏对伯龙之尊重,用洿水灌之的恶作剧恐怕做不出来,故《万历野获编》所载大抵以虚构居多。

再次说梅鼎祚(1549—1615),字禹金,号汝南,安徽

---

① 案,张凤翼《红拂记》的创作时间可参考徐朔方先生《张凤翼年谱》(收入《晚明曲家年谱·苏州卷》,杭州:浙江古籍出版社,1993年)。此外,同时代人如王世贞、吕天成、臧懋循等论曲,均先张而后梁,亦可佐证张氏剧作在梁氏之前。
② 吕天成撰、吴书荫校注:曲品校注(卷下).北京:中华书局,1994年,第227页。
③ 胡应麟:少室山房笔丛(卷四十一).上海:上海书店,2001年,第434页。
④ 张大复:梅花草堂笔谈(卷十二).四库全书存目丛书(子部104册).济南:齐鲁书社,1997年,第457页。
⑤ 吕天成撰、吴书荫校注:曲品校注(卷下),第290页。
⑥ 张大复:梅花草堂笔谈(卷八).收入《四库全书存目丛书》子部104册,第387页。
⑦ 张廷玉等:明史(卷二百八十八).北京:中华书局,1974年,第7388—7389页。
⑧ 吴书荫编:梁辰鱼集.上海:上海古籍出版社,1998年,第35—36页。
⑨ 沈德符:万历野获编(卷二十五).北京:中华书局,1959年,第644页。
⑩ 案,参见徐朔方先生:屠隆年谱.晚明曲家年谱·浙江卷。

宣城人,以传奇《玉合记》著称于世。作为后辈,禹金对伯龙十分尊重;他曾在公元1586年亲往昆山谒见梁氏①,并在《与梁伯龙书》中提到:

章台故事,颇行乐部。闻吴中曾有谱者,倘不得伯龙一顾,误可知矣。②

由此可见,梅氏视梁辰鱼为当时音乐界、戏剧界的权威,受到后者影响乃理所当然的事。至于《与梁伯龙书》中言及的"章台故事",乃梅禹金自撰的传奇《玉合记》,该剧演唐代才子韩翃与章台柳氏的恋爱故事,为晚明"骈俪派"代表作品之一,与《浣纱记》实属同一风格类型。禹金还作有杂剧《昆仑奴》,以侠士昆仑奴为主角,其情节、风格亦与《红线女》相似,后人常将两剧并称,也可视为梅氏受伯龙影响之证。再次说说高濂(生卒年不详),字深甫,号瑞南,晚号湖上桃花渔,浙江钱塘人,作有传奇《玉簪记》《节孝记》二种,并有散曲作品30余首传世。梁辰鱼《鹿城诗集》(卷二十八)中录有《春夜高瑞南宅赏牡丹听歌姬次韵三首》,均为七言绝句,可见二人不但有交往,伯龙还曾到过高氏家中,很有可能观赏过高氏代表作《玉簪记》的演出。可惜目前资料有限,尚无法说明高濂与伯龙相互之间是否产生过影响。

最后说说陆采和汪道昆二人。陆采(1497—1576),字子元(一作子玄),号天池,长洲人,著名传奇《明珠记》(又名《无双传》)的作者。目前虽没有材料表明梁辰鱼与其有直接交往,但陆采的作品肯定对伯龙的创作产生过重要影响。因为伯龙曾为《无双传》补写了一折,《补》前有序称:

吴郡天池陆先生者,华亭退胄,茂苑名家,珪璋挺其惠心,英华秀其清气。操翰余暇,游心传奇。隐陆姓于平原之间,藏采讳于白受之下。本无双而作记,借明珠以联情。摛词哀怨,远可方瓯越之《琵琶》;吐论峥嵘,近不让章丘之《宝剑》。但始终事冗,未免丰外而啬中;离合情多,不欠详此而略彼。谨于二十折后,更增五百余言。重重誓盟之下,虽了百世之宿缘;匆匆花烛之余,更

馨两年之心事。③

由此可见,伯龙对陆天池先生是十分称许的,对其代表作《明珠记》也曾认真研读,所以不但清楚其"摛词哀怨""吐论峥嵘"之优点,亦能洞见其"始终事冗""详此而略彼"之缺点,于是才有"更增五百余言"的举动。因此,陆氏传奇的写作手法必然会对伯龙的传奇创作产生影响,特别值得注意的是,陆采为明代剧坛"骈俪派"代表人物之一,而伯龙《浣纱记》的曲辞、宾白写得也相当骈俪,其得益于陆氏可谓不少。

至于汪道昆(1525—1593),字伯玉,号南溟、天都外臣等,安徽歙县人,《明史·文苑传》列为"后五子"之一。④ 目前虽没有材料表明梁辰鱼与其有直接交往⑤,但汪氏作有《五湖游》杂剧(一折),不仅与《浣纱记》末出《泛湖》一样,写范蠡、西施"同泛五湖"事,而且同样采用了"南北合套"的形式,即末(生)唱一支北曲,旦唱一支南曲,一一相间。汪氏此剧作于公元1560年⑥,较《浣纱记》的产生早了数年,现在有些《浣纱记》的刊本,其第四十五出《泛湖》的曲文就干脆用《五湖游》的曲文予以代替。⑦ 据此我们推断,《五湖游》的写法有可能影响过《泛湖》一出的内容及曲文编排。

## 二

戏曲作家之外,与梁辰鱼交往的中晚明散曲作家也很多,较重要的有沈仕、金銮、王稚登、吴宗高等。

先说沈仕(1488—1565),字懋学,号青门,浙江仁和人,善绘画,兼擅诗歌词曲,有散曲集《唾窗绒》等传世。由于其散曲多摹写男女艳情,风格秾丽,开散曲中香奁一派,所以世称"青门体"。沈氏《郊居稿》卷一中录有《同冯开之湖上喜遇梁山人伯龙》《同梁伯龙冯道立登法相寺》二首,一为七古,一为五律,可证二人有过交往。当然,沈仕生年远早于伯龙,又是曲界前辈,所以主要是他影响了伯龙的散曲创作。在梁辰鱼的散曲集《江东白苎》(卷上)中就录有《驻云飞·杂咏效沈青门唾窗绒体

---

① 案,参见徐朔方先生:梁辰鱼年谱.晚明曲家年谱·江苏卷).
② 梅鼎祚:鹿裘石室集(卷五)·书牍.梁辰鱼集·附录.上海:上海古籍出版社,1998年,第625页.
③ 吴书荫编:梁辰鱼集.上海:上海古籍出版社,1998年,第443页.
④ 张廷玉等:明史(卷二百八十七).第7381页.
⑤ 案,汪道昆曾写过《席上观吴越春秋有作凡四首》,所谓"吴越春秋"亦即《浣纱记》,但这只能说明汪氏看过该剧,未必与伯龙有直接交往.
⑥ 案,参见徐朔方先生:汪道昆年谱.晚明曲家年谱·赣皖卷).
⑦ 案,如国家图书馆藏明万历间金陵富春堂刊本,即以《五湖游》之曲文代《泛湖》出之曲文.参见吴书荫先生关于《泛湖》出的校文(梁辰鱼集.上海:上海古籍出版社,1998年,第579—581页).

十首》，另一部散曲集《续江东白苎》（卷上）则录有《懒画眉·改定武林沈青门作》一套，均可说明伯龙散曲有学习、模仿沈仕之处。若再认真审视伯龙的其他散曲，则无论内容、风格等方面，都有许多接近青门的地方。① 可以说，伯龙之所以能成为南曲名家，正是在努力学习沈仕等曲界前辈的基础上取得的成就。

再说金銮（1494—1583），字在衡，号白屿，陇西人，明正德、嘉靖间随父侨寓南京，工诗，善词曲，有散曲集《萧爽斋乐府》等传世。其散曲现存160余首，内容广泛、风格多样，王世贞《曲藻》曾云：

> 北调如李空同、王浚川……俱有乐府，而未之见。予所知者：李尚实先芳、张职方重……金陵白屿銮，颇是当家，为北里所贵。②

不难看出，金銮在当时是以"北调"（北曲）名世的，并得到了"北里"（青楼）乐妓们的推重。梁辰鱼《鹿城诗集》中赠金氏的作品有三首（见本文《附表》），可见二人交情不浅。由于金銮也和沈仕相似，年长伯龙较多，所以主要是他影响了伯龙的散曲创作。在伯龙散曲集《续江东白苎》（卷上）中就录有《红衲袄·改定金陵白屿萧爽斋集寄情之作》（套数）。所谓"改定"，乃将北曲改为南曲，主要属音律上的问题，但也不可能离开原作的内容随意乱改，所以伯龙对于金銮的散曲必也认真研读、学习过。

再说吴欽（1517—1580），字宗高，号昆崙，南直隶武进人，工散曲，谢柏阳先生《全明散曲》中录其小令三首、套数一首。③ 事迹则见于《康熙常州府志·人物》的记载：

> 嘉靖乡举，先辈制义评鸷梓之，名曰《正脉》，穷乡僻里，无不传诵。著《四书》《诗经》讲义，选长垣教谕。④

在散曲创作上，吴氏亦有一定成就，所以吕天成《曲品》称他是"吴居士会心丝竹"⑤。梁辰鱼与之年辈相仿，过从也甚密，估计相互间都有影响。特别值得注意的是，吴宗高曾和曹大章、梁辰鱼一起，于南京组织了"莲台仙会"。这是一次文人倡聚，品评秦淮诸妓，列出详细花榜，"嗣后绝响"的盛会⑥，对后来的"征歌选妓"活动有重要影响。⑦ 此外，学界一般认为吴宗高即《真迹日录二集》本《南词引正》的校正者"吴昆崙"⑧，窃以为此说可信。

再说王稚登（1535—1612），字伯穀（一作百穀），江苏江阴人，移居吴县，以诗名世，还作有传奇《全德记》及散曲若干。《明史·文苑传》称他："嘉、隆、万历间，布衣、山人以诗名者十数，俞允文、王叔承、沈明臣辈尤为世所称，然声华烜赫，稚登为最。申时行以元老里居，特相推重。"⑨ 伯龙与稚登甚为交厚，《鹿城诗集》中赠王氏之作有二首，而且还在南京一起组织过"鹫峰诗社"。⑩ 从年辈来看，伯穀受伯龙的影响应较多，比如他参与编选的散曲集《吴骚集》就收录了梁辰鱼的多首作品。

最后说说陈铎（1454？—1507），字大声，号秋碧，下邳（今江苏睢宁）人，居金陵，以散曲名家，有《秋碧乐府》《梨云寄傲》等曲集传世。李昌集先生评价说："陈大声在散曲文学史上是个怪才、奇才，在艺术上，其奠定了南北曲分格的基本骨架，同时是南散曲的第一个行家里手。"⑪ 这一评价大抵是正确的。梁辰鱼虽然出生于大声去世之后，不可能与其有直接交往，但受其影响亦自不浅，其曲集《江东白苎》（卷上）就录有《梁州序·初夏题情改定陈大声原作》（套曲），可以为证。

## 三

除上述而外，梁辰鱼又与中晚明时期的多位曲论家

---

① 案，有关问题详拙文《梁辰鱼散曲论》（载《中国韵文学刊》2000年第2期）所述，兹不赘。
② 王世贞：曲藻.中国古典戏曲论著集成（第四册）.北京：中国戏剧出版社，1959年，第36—37页。
③ 谢柏阳编：全明散曲（第二册）.济南：齐鲁书社，1994年，第2168—2171页。
④ 陈玉璂纂：康熙常州府志（卷二十三）.中国地方志集成（第一辑36册）.南京：江苏古籍出版社，1991年，第514页。
⑤ 吕天成撰，吴书荫校注：曲品校注（卷上）.第157页。
⑥ 潘之恒：亘史·外纪（卷十七）.汪效倚辑注：潘之恒曲话.北京：中国戏剧出版社，1988年，第6页。
⑦ 案，有关莲台仙会的详细情况参见拙文《梁辰鱼与莲台仙会》（载《文化遗产》2008年第1期）所述，兹不赘。
⑧ 案，如钱南扬先生《魏良辅南词引正校注》指出："所说'同年吴昆崙'云云，是乡贡同年，不是进士同年；而总标题下题'毗陵吴昆崙'，又知其是常州人。查《常州府志·选举》，嘉靖二十五年乡试中式的，有两个姓吴，一个吴欽，一个吴可行。我们认为吴昆崙就是吴欽，因为'欽'与'昆崙'字义上是有联系的。再查《人物》：'吴欽，字宗高.'昆崙当是他的号。"（钱南扬：汉上宦文存.北京：中华书局，2009年，第99页）
⑨ 张廷玉等：明史（卷二百八十八）.第7389页。
⑩ 案，有关鹫峰诗社的详细情况参见拙文《梁辰鱼与鹫峰诗社》（载《中山大学学报》社科版，2005年第2期）所述，兹不赘。
⑪ 李昌集：中国古代散曲史.上海：华东师范大学出版社，1996年，第657页。

有过交往,其中比较重要的为徐渭、曹大章、王世贞、潘之恒4人。

先说徐渭(1521—1593),字文长,山阴(今浙江绍兴)人,著名文学家、画家、书法家。文长与伯龙年纪相仿,其集中有《送梁君还昆山》诗一首①,而伯龙《鹿城诗集》(卷十四)亦有《寄山阴徐文长》诗一首,可证二人存在交往。上述二诗均为五言律,属相互酬答之作,起因是伯龙受兵部尚书胡宗宪之辟,其后欲入胡幕而事不果②,二人的交往大约没有继续下去。徐渭在戏剧方面的代表作为《四声猿》,写成于公元1558年之前③,先于二人相识的时间,也早于伯龙《红线女》《浣纱记》两剧创作的时间。《四声猿》包括了四个杂剧,其中《女状元》《雌木兰》两剧对古代杰出妇女做出了不遗余力的歌颂,这对于梁氏的影响颇大。因为从梁辰鱼现存的各类作品来看,其早年之"妇女观"比较保守,但创作《红线女》《浣纱记》时则有了质的飞跃,表现得非常开明通达,对侠女红线和西施的歌颂同样不遗余力④,受《四声猿》的影响是不小的。

徐渭又是当时一位重要的曲论家,其《南词叙录》,乃现存最早的一部关于南戏概论性的著作。这部书探讨了南戏的源流、发展、风格、声律、作家、作品、术语、方言、戏目等多个问题,其中有云:

今昆山以笛、管、笙、琵按节而唱南曲者,字虽不应,颇相谐和,殊为可听,亦吴俗敏妙之事。⑤

今唱家称"弋阳腔",则出于江西,两京、湖南、闽、广用之;称"余姚腔"者,出于会稽,常、润、池、太、扬、徐用之;称"海盐腔"者,嘉、湖、温、台用之。惟"昆山腔"止行于吴中,流丽悠远,出乎三腔之上,听之最足荡人,妓女尤妙此。⑥

不难看出,徐渭对于昆山腔的评价是比较高的,认为它"出乎三腔之上"。由此可知,经过魏良辅、梁辰鱼为代表的吴中曲家的创新,昆山腔的表演已经达到了很高水平,这也在一定程度上改变了徐渭对南戏的旧有看法:"南戏始于宋光宗朝,永嘉人所作《赵贞女》《王魁》二种实首之……其曲,则宋人词而益以里巷歌谣,不叶宫调,故士夫罕有留意者。"⑦据此可知,徐氏对于早期南戏的评价是不高的,但新出的"昆山腔"显然已经风靡了士大夫阶层和平民阶层,所以魏、梁在南曲声律上取得的成绩着实改变了徐渭对于南曲的一些看法,并反映在他撰写的曲论著作之中。⑧

再说曹大章(1521—1575),字一呈,号含斋,南直隶金坛人,嘉靖三十二年(1553)进士,官至翰林院编修;《全明散曲》辑录其小令二首、套数一套。值得注意的是,在明人张广德所编《真迹日录二集》中,录有文徵明手写的《娄江尚泉魏良辅南词引正》一篇,题"毗陵吴昆麓校正",末尾则有"嘉靖丁未(二十六年)夏五月金坛曹含斋叙",其中写道:

右《南词引正》凡二十条,乃娄江魏良辅所撰,余同年吴昆麓较正。情正而调逸,思深而言婉,吾士夫辈咸尚之。昔郢人有歌《阳春》者,号为绝唱。今良辅善发宋元乐府之奥,其炼句之工,琢字之切,用腔之巧,盛于明时,岂弱郢人者哉。⑨

学界多数认为,《南词引正》是魏良辅《曲律》的修订本,曹氏若非对曲律之学有一定造诣,恐不敢贸然为这篇"校正"作"叙"。而从"叙"文来看,曹氏指出了魏良辅在曲律发展史上的重要地位,其评论堪称精到。如前所述,秦淮河畔盛大的"莲台仙会"即由曹大章、梁辰鱼、吴宗高三人一起组织,可见他们交情不浅,相互间存在影响不足为怪。更为重要的是,过往学界一直为一件事情所苦恼,即无法找到两代昆腔改良大师魏良辅和梁辰鱼之间交往的直接材料,魏氏如何影响梁氏的情况不得而知。但通过曹大章、吴宗高二人及"莲台仙会"的举办,我们至少可以知道,梁辰鱼对于魏良辅的《南词引正》是了解的,他将新改良的昆腔搬上戏剧表演舞台绝非没有

---

① 徐渭:徐渭集(卷六).北京:中华书局,1999年,第176页。
② 案,有关梁辰鱼受辟入幕等事详拙文《梁辰鱼入胡宗宪幕考》(载《南大戏剧论丛》八辑.南京:南京大学出版社,2012年12月)所述,兹不赘。
③ 案,参见徐朔方先生:徐渭年谱.晚明曲家年谱·浙江卷。
④ 案,有关梁辰鱼妇女观的问题详拙文《梁辰鱼与莲台仙会》(载《文化遗产》,2008年第1期)所述,兹不赘。
⑤ 徐渭:南词叙录.中国古典戏曲论著集成(第三册).北京:中国戏剧出版社,1959年,第242页。
⑥ 徐渭:南词叙录.中国古典戏曲论著集成(第三册).北京:中国戏剧出版社,1959年,第242页。
⑦ 徐渭:南词叙录.中国古典戏曲论著集成(第三册).北京:中国戏剧出版社,1959年,第239页。
⑧ 案,徐渭撰写南词叙录的时候,《浣纱记》可能尚未搬上戏剧舞台,但昆山腔的改革早已开始,也早已在清唱、散曲等方面取得重要成就。
⑨ 钱南扬:魏良辅南词引正校注.汉上宧文存.第99页。

依据。

再说王世贞(1526—1590),字元美,号弇州山人,江苏太仓人,明代"后七子"之一,当时的文坛领袖,《明史·文苑传》记载:"世贞始与李攀龙狎主文盟,攀龙殁,独操柄二十年。才最高,地望最显,声华意气笼盖海内。一时士大夫及山人、词客、衲子、羽流,莫不奔走门下。片言褒赏,声价骤起。其持论,文必西汉,诗必盛唐,大历以后书勿读,而藻饰太甚。"①一般认为,明中叶三大传奇之一《鸣凤记》的作者也是王世贞;另外,他还撰有《艺苑卮言》一书,其中论曲的文字被辑出单行,题为《曲藻》。

梁辰鱼与王世贞的关系非同一般,在《鹿城诗集》中涉及世贞的诗就有七首(见本文《附表》)。此外还有两层特殊关系:其一,王世贞是梁辰鱼的表叔,《鹿城诗集》(卷六)有《春夜宴离薋园别王元美敬美二表叔》一诗,说明他们是亲戚。其二,梁氏曾从游于世贞门下,王世贞在写给李攀龙的书信中曾提到:"所与从游者梁辰鱼,其人长七尺余,虬髯虎颧。"②李攀龙回复的书信中则说到:"梁生恒干魁梧,乃能宛延于君家兄弟,奇哉!东行,痌痌自罢,囊中装悬磬矣。揽眺之余,空言盈箧,不如一囊钱也。然御我为幸,沾沾焉不知其所苦,归为卒业门下,而令无负远游。"③这说明伯龙又曾是王世贞的门人。

因此,伯龙虽然略长世贞数岁,但受后者的影响极为深刻,除了史学观念和文学观念之外④,曲论方面亦然,比如梁辰鱼曾在其《南西厢记叙》中总结过南北曲演唱的一个规律:"凡曲:北字多而调促,促则辞情多而声情少;南字多[少]而调缓,缓则辞情少而声情多。"⑤类似的观点,王世贞在《曲藻》中也曾说过:"凡曲:北字多而调促,促处见筋;南字少而调缓,缓处见眼。北则辞情多而声情少,南则辞情少而声情多。北力在弦,南力在板。北宜和歌,南宜独奏。北气易粗,南气易弱。"⑥这与伯龙的说法非常接近,鉴于两人的关系,笔者认为是世贞的想法影响了伯龙居多。

最后说说潘之恒。之恒(1556—1622),字景升,号鸾啸生,歙县人,其杂著《亘史》《鸾啸小品》等记录了当时戏曲作家、戏曲作品的许多相关情况,是十分珍贵的第一手史料。之恒作为后辈,十分仰慕伯龙的才能,如《白下逢梁伯龙感旧》诗有云:"一别长已十年,填词赢得万人传。歌梁旧燕双栖处,不是乌衣亦可怜。"⑦足见其对于梁氏的推崇。此外,潘氏的"曲话"中有很多关于梁辰鱼的记载和评论,比如前文提到的"莲台仙会",在潘氏的《莲台仙会叙》(《亘史·外纪》卷十七)一文中就有详细记录。另如潘氏《叙曲》(《亘史·杂篇》卷四)一文有云:"嗟夫!梁伯龙、张伯起、吴允兆,皆审音者也。或云曲为情关,或云歌以当泣,或云听可忘忧。于余无间,然则余犹幸以多闻入也。"⑧约而言之,伯龙对于景升的影响是相当大的。

## 小 结

通过以上所述可知,作为昆剧发展史、散曲发展史上里程碑式人物之一的梁辰鱼,与中晚明时期一大批著名的戏曲作家、散曲作家、曲论家均有过交往,这些人或与其交厚,或对其生平、思想、创作有过影响,亦有深受梁氏影响者。探讨相关问题可以发现,梁辰鱼之所以取得如此成就,与某些著名"曲家"的影响是分不开的。比如散曲创作方面,伯龙就曾认真摹习过沈仕的作品,也研读过金銮的作品;又如戏曲创作方面,李开先、张凤翼、徐渭等人的作品就在伯龙剧作中有较深的烙印。

此外,梁辰鱼之所以在当时及后世曲坛上占有如此重要的地位,也与个别著名"曲家"的宣扬和推崇分不开。比如梅鼎祚、潘之恒、屠隆等就对梁氏备极推崇,顾茂仁、茂懋兄弟更号称梁氏的"入室弟子",由此一步步奠定了伯龙的宗师地位。当然,有些人与梁辰鱼并没有直接交往,但也对其思想和创作造成了影响,像陈大声、陆采等即是。总之,以上探讨是古代戏剧史、文学史研究中较有价值的问题,对于进一步研究中晚明士风、文学流派、作家群体等或亦有所帮助。最后,将《梁辰鱼集》内与本文所述"曲家"有关的作品列为《附表》,以便省览:

---

① 张廷玉等:明史(卷二百八十七).第7381页。
② 王世贞:弇州山人四部稿(卷一百一十七).上海:上海古籍出版社,1993年,第三册,第10页。
③ 李攀龙:沧溟先生集(卷三十).上海:上海古籍出版社,1992年,第711—712页。
④ 案,这两方面的影响参见拙文《论梁辰鱼的史学观及文艺思想》(载《艺苑》,2011年第4期)所述,兹不赘。
⑤ 吴书荫编:梁辰鱼集·补遗.上海:上海古籍出版社,1998年,第594页。
⑥ 王世贞:曲藻.中国古典戏曲论著集成(第四册).北京:中国戏剧出版社,1959年,第27页。
⑦ 汪效倚辑注:潘之恒曲话.北京:中国戏剧出版社,1988年,第236页。
⑧ 汪效倚辑注:潘之恒曲话.北京:中国戏剧出版社,1988年,第9页。

| 曲家姓名 | 代表作品 | 《梁辰鱼集》中有关篇目 |
| --- | --- | --- |
| 顾懋俭 | 《椒觞记》 | 《顾茂俭管稺圭自茅山归谈中峰之胜书以奉讯；月夜同袁黄州诸君宴顾茂俭宅听故顾相公侍姬弹筝》《九日顾茂俭西堂桃花忽开次韵》《分咏槐花送顾茂俭秋试》《送顾茂俭入楚》《重送茂俭入楚》《夜同董子元叶顺甫陆楚生莫云卿顾茂俭管稺圭集沈开子馆中以清夜沉沉动春酌灯前细雨檐花落分得春字》《次夜同董子元陆子野莫云卿沈子元管稺圭燕顾茂俭西堂以吴丝蜀桐张高秋燕山凝云颓不流分韵得燕字》《己巳仲冬十二夜孙齐之殷无美莫云卿张仲立顾茂俭斋中共得心字》《江上逢齐之同无美云卿茂俭君载仲立共限四韵》《楞伽山房梅花下有怀顾茂俭张仲立王世周》《和顾二茂俭青墩草堂观荷怀旧》 |
| 顾懋仁 | 《五鼎记》 | 《秋日陪周太仆丈燕顾茂仁南园因谈蜀郡滇池之胜赋此》《留别张师舜师文顾茂仁茂俭王伯钦幼文昆仲》《秋夕登北城楼有怀顾茂仁于南都奉寄一首》《冬夜莫云卿携妓燕故国顾文公南堂同李文仲张元甫陈仲甫张仲立顾茂仁茂俭分得梁字》 |
| 王世贞 | 《鸣凤记》《艺苑卮言》 | 《春夜宴离薋园别王元美敬美二表叔》《以王元美一语作末句各赋一诗》《送王元美入楚》《虎丘上方同徐子与彭孔嘉周公瑕黄淳父王元美敬美送袁鲁望张伯起游北京得如字》《送王元美叔赴晋阳》《同钱功甫游元美叔山池》《题王元美西园白鹦鹉》 |
| 王稺登 | 《全德记》 | 《毗陵别吴宗高童少瑜杜子庸王百谷采苓赠山中人》《送王伯谷北游》 |
| 屠隆 | 《昙花记》《彩毫记》 | 《送屠长卿游上京》《赤水歌赠屠明府长卿》 |
| 张凤翼 | 《红拂记》 | 《赋得终南龙湫诗送张伯起》《虎丘上方同徐子与彭孔嘉周公瑕黄淳父王元美敬美送袁鲁望张伯起游北京得如字》 |
| 徐渭 | 《四声猿》《南词叙录》 | 《寄山阴徐文长》 |
| 曹大章 | 《南词引正序》 | 《送管建初游华阳洞兼访曹内翰》 |
| 李开先 | 《宝剑记》《词谑》 | 《留别章丘李太常开先》 |
| 金銮 | 《萧爽斋乐府》 | 《秋日金白屿许石城陈横崖胡秋宇姚凤麓携酒邀笛阁燕一首》《金在衡以淮南招隐图见寄次韵奉答》《和金陵金在衡奉寄韵》《红衲袄·改定金陵白屿萧爽斋集寄情之作》 |
| 高濂 | 《玉簪记》 | 《春夜高瑞南宅赏牡丹听歌姬次韵三首》 |
| 沈仕 | 《唾窗绒》 | 《驻云飞·杂咏效沈青门唾窗绒体十首》《懒画眉·改定武林沈青门作》 |
| 陈铎 | 《秋碧乐府》《梨云寄傲》 | 《梁州序·初夏题情改定陈大声原作》 |
| 陆采 | 《无双传》 | 《补陆天池无双传二十折后》 |

# 昆曲表演艺术的当代传承
## ——以折子戏《惊梦》为例

赵天为

昆曲是传承有自的表演艺术，是一代又一代艺人薪火相传，用几百年的心血浇灌出来的艺术奇葩。自从2001年昆曲被联合国列为"人类口述和非物质遗产代表作"，昆曲的"传承"便引起了更加广泛的关注。国家文化部对昆曲也提出了"保护、继承、革新、发展"的八字方针。作为非物质文化遗产来说，我们无疑应该把昆曲奉为经典，精心地保护和继承；更重要的是，作为舞台艺术，昆曲不仅仅是文辞优雅的案头文学，更是唱念做打的场上生活。那么，就不能认为仅仅保存了剧本、服装、道具等物质形态，或者是对老艺人的唱腔、身段进行了录音、录像就是保护了昆曲，这样的保护只是"标本"式的，无法和老艺人对昆曲口传心授的继承相提并论。昆曲艺术的自身特点决定了它只有依靠活态的传承才能实现真正的保护。

然而，昆曲艺术的活态传承需要后人怎样去实现？前辈的艺术家留下了怎样的传承经验？几百年来流传下来的"戏以人传"之脉络究竟是怎样的？在这个意义上，针对昆剧表演传承问题的研究就显得尤为重要。

一直以来，都有观点认为昆剧表演具有严谨的规范，不可随意做表。然而，仔细观察自乾嘉以降的表演资料，我们发现这种典型和风范并非如想象那般一成不变，而是代有嬗变。恰恰是一代代艺术家在"口传心授"中的心灵体认所积累的经验、所做出的改进，推进了昆曲艺术的发展。同样，一些被公认为"原汁原味"的昆剧表演艺术家，其实也都在"口传心授"的艺术传承中加入了自己的理解和创造，从而被奉为新的典范。古人说："戏无定本。"其实戏曲的传承本来就不可能是一成不变的，正如清代李渔《闲情偶寄》所说："至于传奇一道，尤是新人耳目之事。""变则新，不变则腐；变则活，不变则板。"既然如此，所谓传承，恐怕就不应仅仅是亦步亦趋、人云亦云。

限于篇幅，本文只选择昆曲经典传世名剧《牡丹亭》中《惊梦》一折的表演加以分析梳理，并以汤显祖原本《牡丹亭》、臧懋循改本《还魂记》、冯梦龙改本《同梦记》，以及戏曲选本《醉怡情》《缀白裘》《审音鉴古录》，和当代梅兰芳演出版《游园惊梦》、张继青演出版《牡丹亭》、白先勇青春版《牡丹亭》加以对照，从个案视角展示出昆曲表演传承的轨迹，希望能够为当代昆曲艺术的活态传承提供一些有益的借鉴。

汤显祖原本《牡丹亭·惊梦》其实包括舞台演出的《游园》和《惊梦》两部分，其中又以"梦会"和"堆花"两个情节在表演上的改动最为显著。"梦会"始于杜丽娘游园回来，唱【山坡羊】"没乱里春情难遣，蓦地里怀人幽怨……"原著如下：

身子困乏了，且自隐几而眠。（睡介）（梦生介）（生持柳枝上）莺逢日暖歌声滑，人遇风情笑口开。一径落花随水入，今朝阮肇到天台。小生顺路儿跟着杜小姐回来，怎生不见？（回看介）呀，小姐，小姐！（旦作惊起介）（相见介）（生）小生那一处不寻访小姐来，却在这里！（旦作斜视不语介）（生）恰好花园内，折取垂柳半枝。姐姐，你既淹通书史，可作诗以赏此柳枝乎？（旦作惊喜，欲言又止介）（背想）这生素昧平生，何因到此？（生笑介）小姐，咱爱杀你哩！

【山桃红】则为你如花美眷，似水流年，是答儿闲寻遍。在幽闺自怜。小姐，和你那答儿讲话去。（旦作含笑不行）（生作牵衣介）（旦低问）那边去？（生）转过这芍药栏前，紧靠着湖山石边。（旦低问）秀才，去怎的？（生低答）和你把领扣松，衣带宽，袖梢儿揾着牙儿苫也，则待你忍耐温存一晌眠。（旦作羞）（生前抱）（旦推介）（合）是那处曾相见，相看俨然，早难道这好处相逢无一言？（生强抱旦下）……

不难看出，汤显祖加在此处的舞台表演提示比较细致。茅瑛在明代朱墨本眉批中说："此折全以介取胜，观众须于此着眼，方不负作者苦心。"深有见地。此处杜丽娘唱完【山坡羊】后，生旦的"入梦"表演就可以分为四个层次：相见、相认、相问、相抱。演员借助这些提示可以基本完成舞台表演的呈现：

1. （睡介）（梦生介）（生持柳枝上）（回看介）（旦作惊起介）（相见介）

2. （旦作斜视不语介）（旦作惊喜，欲言又止介）（背想）（生笑介）

3. （旦作含笑不行）（生作牵衣介）（旦低问）（旦低问）（生低答）

4.（旦作羞）（生前抱）（旦推介）（生强抱旦下）

对此，臧懋循删去了【山坡羊】，冯梦龙加进了【越调引·霜天晓角】，但对表演提示几无添改，后者在"相见"时添入一"羞"字而已（旦作惊起羞介）。臧懋循《还魂记》和冯梦龙《同梦记》虽然都是文人改本，但都是以场上搬演为目的的，可见汤氏原文能够满足演出需要。

清乾隆年间编选的《缀白裘》是清代刊印的戏曲剧本选集，收录当时剧场经常演出的昆曲和花部乱弹的折子戏。"入梦"时则增入了睡魔神：

（因介，丑扮梦神持镜上）睡魔睡魔分福禄，一梦悠悠，何曾睡熟。某乃睡魔神是也，奉花神之命，今有柳梦梅与杜丽娘有姻缘之分，着我勾取他二人入梦可也。（执镜引小生执柳枝上，又引旦起见介）

这里，因为增加了一个角色——睡魔神，生旦相见的表演环节更加丰富了。尽管后世有学者认为，神祇由旁观者的角色一变成为梦境的创造者、引发者，使杜丽娘成为被动的玩偶，也缺少了大家闺秀应有的矜持，但是这样一种表演形式还是被保留了下来，因为它赋予梦境更多的神话色彩，且丑角扮演的睡魔神谐趣的表演也使得这段戏的演出更加具有趣味性。

这一细节的承袭在《审音鉴古录》得到了印证。《审音鉴古录》是昆曲折子戏演出本及身段谱（身宫谱）选集，记录了清乾隆至道光间的舞台演出情况，对舞台身段的记录尤其细致。其"梦会"即采用了睡魔神，但是在表演上的补充更加细致精致。

1.（伸腰睡介）（副扮睡魔神上作梦中话白云）睡魔，睡魔，纷纷馥郁，一梦悠悠，何曾睡熟。某睡魔神是也，奉花神之命，说杜小姐与柳梦梅有姻缘之分，着我勾取二人魂魄入梦。（引小生折柳上，又引小旦与小生对面，小旦作惊式，副下）

2.（小旦作斜视不语介）（小旦作惊喜，欲言又止介）（小生笑介）

3.（小旦作含笑不行）（小生牵小旦衣介）（小旦低问）（小旦低问）（小生轻唱）

4.（小生欲近，小旦羞推介）（又近，小旦笑推急走介）（小生提衣急趋）（小旦远立凝望，先进）（小生紧随下）

可以看出，虽然都采用了睡魔神引生旦相见的表演，但《审音鉴古录》较《缀白裘》有了细节身段的增饰。如入梦时杜丽娘的"因介"敷演为"伸腰睡介"，生旦相见的"执镜引小生执柳枝上，又引旦起见介"，敷演为"引小生折柳上，又引小旦与小生对面，小旦作惊式，副下"，从而更加细致地勾勒出人物的性格、心理。尤其是第四个层次，《审音鉴古录》加入了丰富的情态、动作表演，与原著对比如下：

| 汤显祖《牡丹亭·惊梦》 | 《审音鉴古录·惊梦》 |
| --- | --- |
| 和你把领扣松，衣带宽，袖梢儿揾着牙儿苦也，则待你忍耐温存一晌眠。<br>（旦作羞）（生前抱）（旦推介）<br>（合）是那处曾相见，相看俨然，早难道这好处相逢无一言？<br>（生强抱旦下） | 和你把领扣松，衣带宽，袖梢儿揾着牙儿苦也，则待你忍耐温存一晌眠。<br>（小生欲近，小旦羞推介）<br>（合）是那处曾相见，相看俨然，早难道这好处相逢无一言？<br>（又近，小旦笑推急走介）<br>（小生提衣急趋）<br>（小旦远立凝望，先进）<br>（小生紧随下） |

小生是"欲近""又近""提衣急趋""紧随下"，痴情之态层层递进，跃然纸上；小旦则"羞推""笑推急走""远立凝望""先进"，使女孩儿家又惊又喜、欲推还就的情态如在目前，人物形象也生动许多。特别是"相看俨然"四字旁边，还特别注明"着神对窥"，想必应是艺人们的表演体验所得吧。

对于以《缀白裘》《审音鉴古录》等为代表的梨园本，陆萼庭先生认为是"纯以观众的好恶为依归"，它们不是"死材料"，而是"活脚本"，因而可以雅俗共赏。更重要的是，梨园本是完全为演出服务的，它与案头本的区别就在于：案头本"过于看重文采和作意，仅照顾读者的一般性，而忽视观众的特殊性"，而梨园本则"加强了舞台性、戏剧性，竭力使观众能愉快地看懂戏，并且从他们的意见中吸取养料来提高演出质量"。[①] 从以上两本的记载情况，可以明显地看到这一点。而这就是艺人们舞台实践的结晶，是表演艺术口传心授的最真实的传承记录。

现当代《惊梦》演出中影响最大的当属梅兰芳，他的昆曲表演也是传承有自，其师承可以上溯到清代同光十三绝之一的朱莲芬。朱莲芬是苏州人，清代咸丰至同治、光绪年间的昆剧名伶之一，擅演《游园》《惊梦》《寻

---

① 陆萼庭：昆剧演出史稿（修订本）．上海：上海教育出版社，2006年，第179页。

梦》。他长期在北京献艺,不固定搭班。与名丑杨鸣玉同台献演的《水浒记·活捉》脍炙人口。演至最后走场追逐时,足捷如风,身轻如纸,堪称一绝。京剧名角陈德霖主演的昆旦戏,大多由其亲授。而陈德霖正是梅兰芳的昆曲老师之一。梅兰芳的另一位昆曲老师是乔蕙兰。乔蕙兰也是昆曲名旦,擅长《挑帘》《刺虎》《风筝误》等剧目。据说他传授身段、动作和唱念、音乐,一招一式,一板一腔,都非常仔细。他不但教梅兰芳,而且教程砚秋。后来程砚秋与著名昆曲小生俞振飞合作多年,演出《游园惊梦》《金山寺》等昆曲剧目,许多得益于他的真传实授。梅兰芳在谈到自己的昆曲传承的时候曾经回忆说:

我一口气学了三十几出昆曲,就在民国四年开始演唱了。大部分是由乔蕙兰老先生教的。像属于闺门旦唱的《游园惊梦》这一类的戏,也是入手的时候必须学习的。乔先生是苏州人,在清廷供奉里,是有名的昆旦。他虽然久居北京,他的形状与举止,一望而知是一个南方人……他的耐心教导,真称得起是一位循循善诱的老教师。

我学去了《游园惊梦》,又请陈老夫子(按:陈德霖)给我排练。想在做工方面补充些身段。陈老夫子就把他学的那些宝贵的老玩意儿,很细心地教给我。

陈老夫子教到身段,也是不怕麻烦,一遍一遍地给我说。步位是非常准确,一点都不会走样的。①

可见梅兰芳的传承是在乔蕙兰的基础上补充了陈德林的身段而成,可谓汇集名家之长的综合成果,但在身段、步位等承继方面应当是严格、准确的。现将梅兰芳演出的《牡丹亭》"梦会"的表演与原本对照如下:

| 汤显祖《牡丹亭·惊梦》 | 梅兰芳《游园惊梦》 |
| --- | --- |
| 身子困乏了,且自隐几而眠。(睡介)(梦生介)(生持柳枝上)"莺逢日暖歌声滑,人遇风情笑口开。一径落花随水入,今朝阮肇到天台。"小生顺路儿跟着杜小姐回来,怎生不见?(回看介)呀,小姐,小姐!(旦作惊起介)(相见介) | 吹打住,睡魔神手持合着的一对小圆镜出场。<br>睡魔念:"睡魔睡魔,纷纷馥郁,一梦悠悠,何曾睡熟?某睡魔神是也,今有柳梦梅与杜丽娘有姻缘之分,奉花神之命,着我勾引他二人香魂入梦者。"<br>念毕,在吹打【万年欢】牌子中,分开两镜,左镜贴胸,高举右镜,从上场门把柳梦梅引出来。柳梦梅手执柳枝,双袖高拱,遮住脸出场,被引到大边侧身站住。睡魔神缩回右镜,伸出左镜照住柳,用右镜在桌上一拍,再举镜把杜丽娘由小边引出。杜丽娘抬起左袖挡脸,在小边与柳梦梅对面立定。这时睡魔神事毕,悄悄地合镜,从杜丽娘身后绕到杜的右边,先冲柳、杜二人一看,再看看台下观众,然后一笑下场。<br>杜、柳相对移步,愈走愈近,等到杜抬起的左手碰着柳拱着的右手,二人同时放下袖子,相见之下,柳有惊喜的表示,杜因害羞,又把左袖抬起,挡住柳的视线。 |
| (生)小生那一处不寻访小姐来,却在这里!(旦作斜视不语介)(生)恰好在花园内,折取垂柳半枝。姐姐,你既淹通书史,可作诗以赏此柳枝乎?(旦作惊喜,欲言又止介)(背想)这生素昧平生,何因到此? | 柳念:"姐姐,小生哪一处不寻到?却在这里,恰好在花园内,折得垂柳半枝。姐姐淹通诗书,何不作诗一首,以赏此柳枝乎?"<br>此时柳左手执枝,念到"柳枝乎",用右手指一下柳枝。杜听柳念毕,偷看柳。<br>杜念:"那生素昧平生,因何到此?"<br>这不是杜对柳讲话,而是心里转的念头,所以左袖仍挡住脸。念到"到此",又偷看柳一次,恰好柳也在看她。四目相对,杜害羞,赶快又用左袖挡住。 |
| (生笑介)小姐,咱爱杀你哩! | 柳念:"姐姐,咱一片闲情爱煞你哩!"<br>柳右手穿袖、翻袖,左手把柳枝大在右肘上,左腿微弯,右脚靴尖翘起,念到"哩"字,柳用右手把杜抬起的左袖轻轻往下按,杜含羞,又换用右手的袖子来挡住柳的视线。 |

---

① 梅兰芳口述,许姬传、许源来、朱家溍整理:梅兰芳回忆录.北京:团结出版社,2006年,第160—161页。

| 汤显祖《牡丹亭·惊梦》 | 梅兰芳《游园惊梦》 |
| --- | --- |
| 【山桃红】则为你如花美眷， | 柳唱："则为你如花美眷。"<br>这一句的身段，柳的手和头是要配合了来做的。右手先把柳枝拈过来，左手拈着右手的袖口，在面部来回晃三次：第一次"你"字，手在右边，头偏左边。第二次"花"字，手在左边，头偏右边。第三次"美"字，手又回到右边，头又偏在左边。这三晃身段里，手和头的部位正好相反。等唱到"眷"字，手又回到左边，在腔尾亮住。 |
| 似水流年， | 柳唱："似水流年。"<br>"似水"，柳右手执柳枝，左手投袖。"流"字，柳枝交左手。"年"字，右手投袖，这时杜也投左袖，在"年"字腔尾的一记板上，无意中与柳手相碰。二人对看一下，杜赶紧转过脸去，含羞仍遮住脸，柳含笑后退一步。 |
| 是答儿闲寻遍。 | 柳唱："是答儿、闲寻遍。"<br>"是答儿"，柳右手穿袖，向右转身，右手翻袖。杜向右转身，仍站小边。在"遍"字腔里柳亮高像，杜亮矮像。"遍"字腔尾对眼光。 |
| 在幽闺自怜。 | 柳唱："在幽闺自怜。"<br>"在幽闺"，柳右脚向后撤，右手穿袖，翻袖，向右平抬着，左转身向里走。"自怜"，把柳枝插在桌上花瓶里，马上又走到大边台口。杜在柳向里转的时候，也向右慢慢转身，仍站小边台口，挡住脸。 |
| 小姐，和你那答儿讲话去。 | 柳念："姐姐，我和你那答儿讲话去。"<br>柳右腿微弯，左脚前伸，靴尖微微翘起。 |
| （旦作含笑不行）（生作牵衣介）（旦低问）那边去？ | 杜念："哪里去？"杜放下袖来，抬眼看柳，二人对一次眼光。杜又抬袖挡住。 |
| （生）转过这芍药栏前， | 柳念："哪。"接唱："转过这芍药栏前。"<br>"哪"字后面有一记板，柳在板上用右手抓着杜的左腕，杜即换右手挡住脸。下面柳、杜二人配合着有左右指三次的身段：从"转过这"开始，柳向左横走两步，左手一环向左指，右脚从后面绕到左脚的左边，把相亮在"芍"字上。这时杜站在柳的右边，当柳向左指的时候，杜右手搭袖，右脚踏步，微蹲，随着柳指的方向看去（第一次指）。"栏"字刚出口，柳回过头来向右指，左脚从后面绕到右脚的右边，杜也回过头来向右看，左脚踏步（第二次指）。"栏"字腔中柳、杜又回向左指一下，和第一次的指法相同（第三次指）。"前"字腔尾，二人对眼光。 |
| 紧靠着湖山石边。 | 柳唱："紧靠着湖山石边。"<br>"紧靠着"，柳右手穿袖，右脚上步，二人转身脸冲里，杜仍在小边，柳改用左手抓住杜的右腕，下面也有左右三次指的身段，与上句里的指法相似。"山"字右指，"石"字左指，"边"字又右指。"边"字快唱完，二人对眼光。唱完这句，杜转身归大边，柳转身归小边。 |
| （旦低问）秀才，去怎的？<br>（生低答）和你把领扣松，衣带宽， | 柳唱："和你把领口松、衣带宽。"<br>"和你把领口松"，柳双手同时搭袖，抱形，在胸前交叉着表示"领口"，又把双袖轻轻投下来表示"松"的意思。"衣带宽"，双手平抬起，两袖下垂，左右来回晃三下，然后先翻左袖，再翻右袖，在"宽"字上向大边杜站的部位轻轻扑过去。因为杜要向左转身躲避，所以必须扑在杜的右边，右脚靴尖微微翘起，袖子轻轻放下，杜很轻快地向左转身到了小边。这种轻快动作，既表示了愉快心情，又描写了梦中人飘忽蹁跹的形态。 |

续表

| 汤显祖《牡丹亭·惊梦》 | 梅兰芳《游园惊梦》 |
| --- | --- |
| 袖梢儿揾着牙儿苦也， | 柳唱："袖梢儿揾着牙儿苦也。"<br>"袖梢儿"，柳转身站在大边。"牙"字，左脚微翘靴尖，左手拈着右手的袖子，右手指着脸。"儿"字，左手背在后面，右手用食指、中指夹住杜挡脸的左袖，慢慢拉开往下落，形成V形。"苦"字，右脚稍稍悬空，由外往里，来回晃荡几次，一直晃到"也"字唱完为止。杜的身子也随着节奏微晃几下。 |
| 则待你忍耐温存一晌眠。<br>（旦作羞）（生前抱）（旦推介） | 柳唱："则待你忍耐温存一晌眠。"<br>上句"也"字腔尾一记板上，二人双进门，柳仍在大边，与杜斜对面立，杜的脸仍偏右，避开柳的注视。"则待你忍耐"，柳双手撩起衣襟，走到杜的背后左侧，放下衣襟，双翻袖。"温存"，用双袖轻抚杜的双肩，翘左脚，杜在前面也配合着柳的动作，上身做轻微的摇晃，微蹲。 |
| （合）是那处曾相见，相看俨然， | 合唱："是那处，曾相见，相看俨然。"<br>"是那处"，杜在小边，柳在大边，各打背躬。"见"字，都回过身来对眼光。"相看"，二人同时穿袖，杜向右转，柳向左转，都仍站在原处脸冲里。"看"字，又对一次眼光。"俨然"，二人又回过身来脸冲外。 |
| 早难道这好处相逢无一言？（生强抱旦下） | 合唱："早难道好处相逢无一言。"<br>"早难道好处"，二人各冲外唱，唱到"逢"字，都回过身来相对立，各用两个食指相碰比一下，表示"相逢"的意思，等到二人对上眼光，杜立即把手缩回。"无一"，二人冲外双摊手。柳又在"一言"中穿袖，一翻两翻袖，在乐队吹的【万年欢】曲牌中，向小边的杜轻轻扑去，左脚靴尖翘起，这次要扑在杜的左边。杜向右转身躲到下场门角，挡住脸，连蹲带转身偷看柳。同时，柳见扑了个空，慢慢向左右两看，左手穿袖，翻袖挡脸，右手背在后面，翘左脚，亮靴底，也向左偷看杜。在一记小锣声中，二人对眼光，杜又含羞挡脸，慢慢站起来。柳双手撩起衣襟，两脚先后抬起打小圈子，先右脚，后左脚，再右脚，共打三次，然后用小窜步向下场门角走过去，放下衣襟，扶杜下场。 |

由上可以看出，梅兰芳的演出不但比汤显祖原著细腻，而且比《审音鉴古录》还要细腻。这应是自朱莲芬至陈德霖、乔蕙兰，再至梅兰芳，这样几代艺人不断积累的结果。梅兰芳自己曾说，杜丽娘在梦中的表演，他是抓住"羞"和"爱"两个字来刻画的。因为杜丽娘"看见了柳梦梅，认为是合乎理想的对象，当然会爱他，但是封建时代关在屋里的宦门小姐，很难有接触一个陌生男子的机会，所以她遇到了柳梦梅，必然又会害羞。既爱又羞，既羞又爱，在她的梦中一直是纠缠在一起的"①。可见，这细腻精致的表演融进了梅兰芳自己多少的琢磨和体会。然而，梅兰芳并没有满足，在《惊梦》的演出中仍然有过多次修改。甚至一度取消了睡魔神的出现。他在《舞台生活四十年》中谈到《游园惊梦》时这样说：

《惊梦》的演出惯例，是在杜丽娘唱完《山坡羊》曲子以后，场上接吹一个《万年欢》的牌子，她就入梦了。吹打一住，睡梦神就要出场。手里拿着两面用绸子包扎成的镜子，念完。"睡魔睡魔，纷纷馥郁。一梦悠悠，何曾睡熟。吾乃睡梦神是也。今有柳梦梅与杜丽娘有姻缘之分，奉花神之命，着我勾引他二人香魂入梦者！"这几句，就走到上场门，把右手拿的一面镜子举起来向里一照，柳梦梅就拱起双手，遮住眼睛，跟着出场了。睡梦神把他引到台口大边站住，再用左手拿的一面镜子，在桌上一拍，也照样把杜丽娘引出了桌外站在小边。然后睡梦神把双镜合起，就匆匆下场了。他们二人放下手来，睁开眼睛，就成了梦中的相会。老路子一向都是这样做的。

现在我们改的是，杜丽娘唱完曲子，吹牌子入梦。

---

① 梅兰芳：我演《游园惊梦》. 梅兰芳全集（第三卷）. 石家庄：河北教育出版社，2001年，第79页。

吹打住,柳梦梅自己出场。亮完了相,就转身面朝里,背冲外,慢慢退着走向大边去。他的神志仿佛一路在找人似的。同时杜丽娘也自己离座,由大边走出桌子,背冲着柳梦梅,也退了走。等他俩刚刚碰背,就转过身来,先互换位置(仍归到柳站大边,杜站小边)。杜丽娘举起左手,挡住面部。由柳梦梅用手按下杜手,归到梦中相会了。

这个方法,一点没有生硬牵强的毛病。反倒增加了梦中迷离惝恍的情调,可以说改得相当成功。就是俞五爷本人也觉得从前每次拱起双手,在等杜丽娘的时候,总是显得怪僵的,倒是改后出场生动得多了。①

可见,梅兰芳也是在演出中尝试找到最适合的表演方法,使得入梦的出场"生动得多了"。至今昆曲舞台上演出《惊梦》,生旦彼此相背出场、碰背后再转身的设计,仍然是梅先生改动的结果。

当然,有一些改动是为了满足演出场合的特殊需要。梅兰芳的《游园惊梦》曾在1960年拍摄成影片,也因此,这一版的《游园惊梦》流传甚广。但基于电影拍摄的特殊性,表演上也相应做了许多调整和重新设计。比如"转过这芍药栏前"的身段:

舞台上是斜一字形,动作是先向外,又转向里,电影里的要求都朝外,振飞要从我身后绕过去,在表演位置上,似乎变动不大,但我们都临场排演了好几遍才达到圆顺的程度。"是那处曾相见,相看俨然,早难道好处相逢无一言",有人提出:"曾相见"与"相逢"的身段犯重。我与振飞研究,觉得从杜、柳碰面一直到进场为止,对眼光的地方很多。我感到演员彼此交流情感是必要的,但重复则难免令人生厌。昆曲的身段是按照唱词内容来做的,譬如"曾相见""相看""相逢"等要对眼光,我们变更"曾相见"的角度,改为斜看。②

于细腻之处切磋琢磨,避免重复性,增加丰富性,艺术家的精益求精也使得演出成为经典。

另一位以表演《牡丹亭》誉满天下的昆剧名家张继青也是这样。张继青是大家公认的昆曲最"原汁原味"的传承者之一,她的师承也可以追溯到清代咸丰至同治、光绪年间活跃于苏州上海的昆剧名伶葛子香。葛子香是苏州人,隶苏州大雅班、全福班,工五旦。歌声舞姿,一时无双,堪称当时红极一时的名旦。梨园竹枝词中曾有"昆腔出色更何人?葛子香来赛阿增"之句。其子葛小香,深得乃父真传。苏州全福班著名昆旦丁兰荪也问业于他,后授艺予曾长生、朱传茗、姚传芗、张传芳、梅兰芳等。其后"传"字辈艺师、苏州全福班昆剧名角尤彩云又从名旦葛小香、丁兰荪习艺。民国二十七年(1938)10月,仙霓社假上海东方书场演出时,他曾与原全福班名角沈盘生、施桂林同台客串《牡丹亭·游园惊梦》,饰杜丽娘。而尤彩云正是张继青的老师,1954年曾给张继青、华继韵等传授《学堂》《游园》《拷红》等昆剧优秀折子戏。张继青从尤彩云、曾长生学昆曲,又受到过俞振飞、沈传芷、朱传茗、姚传芗、俞锡侯等著名昆剧艺术家的传授指点。

比如上文讲到的"梦会"一段,张继青也有自己的想法和创造性的处理,其"入梦"的动作设计是这样的:

杜丽娘入梦后,走下座来,面向左,似寻觅什么,一路由舞台左侧轻盈地走半圆场至舞台中央;与杜丽娘走下座的同时,柳梦梅从舞台右侧持柳枝上场,面向右,一面说着:"小生顺路而来……怎生不见。"一面退着慢慢走向舞台中央。二人相背,臂部略略一碰,均吃一惊,柳梦梅回首发现杜丽娘,高兴地一揖说:"姐姐……你倒却在这里。"杜丽娘突然发现一青年男子,未看清书生是何等人物,忙加快脚步交臂走向舞台右侧,对柳梦梅的话没有搭理。站定后略略转身回首,以袖半遮面庞,偷觑柳梦梅。稍停,转为微露喜色。③

这一组杜、柳二人初见的动作,修正了原著中"睡介"后即"梦生介"和"旦作惊起相见介""旦作斜视不语介"三条舞台指示。评论家汪澄先生认为,这些修正是"值得称道的"。因为"梦生介"过直,缺乏曲折。"旦作惊起相见介"是杜丽娘主动与柳梦梅相见,又不符合"素昧平生"这一特定情境下名门闺秀的行为逻辑,显得急遽简单;张继青将动作设计成下位走半圆场,似有寻觅什么的情态,这正是入梦前"想幽梦谁边"的心理状态转化为寻求的行动。而"旦作斜视不语介",使得杜丽娘的形象不够美好;张继青则略转身回首,遮面偷觑,动作设计传神绝妙。她还分析了这一组动作所体现的人物心理状态和潜台词:

1. 二人相背相碰后,杜丽娘加快脚步走向舞台右侧:长期受封建礼教束缚的杜丽娘,突然发现青年书生,

---

① 梅兰芳口述,许姬传、许源来、朱家溍整理:梅兰芳回忆录.北京:团结出版社,2006年,第172—173页。
② 梅兰芳:《游园惊梦》从舞台到银幕.中国戏剧,1961年第5期。
③ 朱禧、姚继焜.青出于蓝——张继青昆曲五十五年.北京:文化艺术出版社,2009年,第178页。

受惊之下,本能地逃避。

2. 站定:惊魂略定,意识恢复,青春觉醒的从未见过青年男子的少女,想弄清碰到的书生是什么样的人物。

3. 转身回首,遮面偷觑:正在寻求理想爱侣的杜丽娘,既不能不看,而她的身份、教养又使她不能无顾忌地正面去看,加以少女初见青年男子,不能不是含羞偷觑。

4. 稍停:看清书生后,略加考虑。

5. 微露喜色:其潜台词为,这正是自己理想中的情人。①

这一组动作在舞台上虽然不过是一两分钟的时间,却细腻地揭示了杜丽娘初见柳梦梅时的心理活动的过程,合情合理,清楚明了。由此,这段表演"比之原著的舞台指示,更准确而又符合人物个性,更合理而又层次分明"。②

下场的动作,张继青也有创新。尽管有汤显祖原著的"生强抱旦下",有《缀白裘》的"搂旦下",《审音鉴古录》细密详尽的"小生提衣急趋,小旦远立凝望,先进,小生紧随下",张继青还是自己设计了这样的表演:小生强拉,旦半推半就被拉下。相较而言,尽管是梦中的幽会,但是"生强抱旦下"终有强迫之嫌,不利于表现情的美好;"搂旦下"也不够文雅含蓄。"半推半就"则可以较好地表现出杜丽娘与柳梦梅梦中初会的娇羞。对此,我国台湾的魏子云先生评价说:"如照原著,双双合唱合舞完了【山桃红】'……早难道这好处相逢无一言'之后,'生强抱旦下'远不如今之由小生强拉,旦则半推半就被拉下,更有含蓄的戏趣。"③

可见,张继青和梅兰芳一样,虽然师承名师,但是并没有囿于成法,表演上都是博采众家之长,又融合了自己的理解和改进,形成了自己的特色。他们的心灵体认和所做出的改进使《牡丹亭》的表演日益丰富起来,推进了昆剧艺术的发展,也完成了昆剧表演艺术的活态传承。

近年风靡海内外、广受欢迎的白先勇青春版《牡丹亭》从生旦翘楚汪世瑜、张继青那里传承了《惊梦》,但是表演方面根据制作方的艺术要求、时代的要求又有了革新。汪世瑜在《青春版〈牡丹亭〉舞台总体构想》中谈到这一点时说:

《惊梦》是杜、柳两人梦中相遇的一段情感戏。是有传承的,其风格基本上倾向于淡雅和含蓄,即便唱到"和你把领扣松,衣带宽……忍耐温存一晌眠"这些露骨的曲文也一带而过,最多拉拉水袖,荡荡脚。

白先勇一再要求加强这段戏,两个人要奔放、热烈,表现"情",表现"性"。我领悟到他的精神,确实在那"存天理,去人欲"的年代里,人只有在梦幻里,青春之热情与人性的欲望才能没遮没拦地自由奔放,纵情、放射。摆脱一切礼教束缚。享受着爱的温存和性的甜蜜。因此,演员表演必须亲昵、缠绵热情。柳梦梅念"姐姐,咱一片闲情爱煞你也",双手慢慢地搭在杜的肩上,用嘴紧贴在杜的耳边,轻轻地、深情地、非常甜蜜地倾诉。杜丽娘呢?陶醉在情爱的享受中,紧挨着柳梦梅,好似找到了依靠了。同时,在场景处理上加强了水袖的舞动力,相拥、相磨、对视、仰背。互转水袖时又不时地绞缠在一起。充分反映了一对梦中恋人狂热的爱。一种性爱的展示。用舞蹈、眼神、气息来表现梦的浪漫,梦的诗境,梦的浓情。这一场"梦"决定了两个年轻人一生的追求,这一场"梦"也决定了青春版《牡丹亭》的艺术走向。④

这样的改动虽然更加热烈和亲昵,但是仍然遵循了昆剧写意、含蓄、诗化、虚拟的原则,运用了昆剧的水袖程序,强化了舞姿的曼妙、渲染了爱情的美好,从观众的反应来看,是成功的、被接受和认可的。

除了"梦会",花神也是突出的一例。从汤显祖原著《惊梦》中的"末扮花神"到现在舞台上载歌载舞的《堆花》,也是许多艺术家一代代尝试积淀的结晶。在汤显祖原本中,花神是作为杜丽娘"情"的见证而出现的。一次是"惊梦"时,花神上场,"保护他,要他云雨十分欢幸也";一次是"冥判"时,为丽娘证明"慕色而亡"的因由。但剧中的花神只有一个,且是男性的"末扮","束发冠,红衣插花上"。他上场后,念引子,唱一段【鲍老催】,然后抛下花片惊醒杜、柳,就离开了。他的出场可谓经济简约:

【山桃红】则为你如花美眷……

(末扮花神束发冠,红衣插花上)"催花御史惜花天,检点春工又一年。蘸客伤心红雨下,勾人悬梦彩云边。"吾乃掌管南安府后花园花神是也。因杜府小姐丽娘,与柳梦梅秀才,后日有姻缘之分。杜小姐游春感伤,致使柳秀才入梦。咱花神专掌惜玉怜香,竟来保护他,要

---

① 朱禧、姚继焜:青出于蓝——张继青昆曲五十五年.北京:文化艺术出版社,2009年,第178页。
② 朱禧、姚继焜:青出于蓝——张继青昆曲五十五年.北京:文化艺术出版社,2009年,第177页。
③ 朱禧、姚继焜:青出于蓝——张继青昆曲五十五年.北京:文化艺术出版社,2009年,第188页。
④ 白先勇:圆梦:白先勇与青春版《牡丹亭》.广州:花城出版社,2006年,第105—106页。

他云雨十分欢幸也。

【鲍老催】(末)单则是混阳蒸变,看他似虫儿般蠢动把风情煽。一般儿娇凝翠绽魂儿颤。这是景上缘,想内成,因中见。呀,淫邪展污了花台殿。咱待拈片落花儿惊醒他。(向鬼门丢花介)他梦酣春透了怎留连? 拈花闪碎的红如片。秀才才到的半梦儿,梦毕之时,好送杜小姐仍归香阁。吾神去也。(下)

【山桃红】(生、旦携手上)(生)这一霎天留人便,草藉花眠。……

尽管如此,臧懋循还是从演出的功能性着眼,认为花神专为《冥判》看护丽娘肉身张本,断不可少,但不过多占用时间,因此删去了【鲍老催】一曲。

重视舞台效果的冯梦龙则删去【鲍老催】,改成【五般宜】:

一个儿意昏昏梦魂颠,一个心耿耿丽情牵。一个巫山女趁着这云雨天,一个桃花浪逐幻成刘阮。一个精神忒展,一个欢娱恨浅。他两个贪着欢情,抵死不放,不免拈片落花,惊醒他则个。(向鬼门抛花介)两下里万种恩情,则随这落花儿早一会儿转。

曲文加强了对梦境中欢爱情景的描述,较原文更加通俗易懂,后世常常采用。明崇祯间刊行的戏曲选集《醉怡情》,选有《入梦》一折,反映了当时舞台演出的情形。要注意的是,汤显祖原著中"末"扮的花神改由"小生"扮,且由他引领众花神上场,可见,明末已出现花神堆花舞蹈的雏形,演出内容也增加很多。

【山桃红】……

小生扮花神,众随上。

【出队子】娇红嫩白,竞向东风次第开。愿教青帝护根荄,莫遣纷纷点翠苔。把梦里姻缘发付秀才。

催花御史惜花天……

【画眉序】好景艳阳天,万紫千红尽开遍。满雕栏宝砌,云簇霞鲜,督春工连夜芳菲,慎莫待晓风吹颤。为佳人才子谐缱绻,梦儿中十分欢忭。

【滴溜子】湖山畔,湖山畔,云缠雨绵。雕栏外,雕栏外,红翻翠骈。苍下蜂愁蝶恋,三生石上缘,非因梦幻,一枕华胥,两下蓬然。

【鲍老催】

【双声子】柳梦梅,柳梦梅,梦儿里成姻眷。杜丽娘,杜丽娘,勾引得香魂乱。两下缘,非偶然。梦里相逢,梦儿里合欢。

【山桃红】

【绵搭絮】

【尾声】

陆萼庭先生将这种改动称为"锦上添花",认为"其舞姿安排,美听美观,热闹极了",且"营造出热闹浓烈的气氛,以烘托主人公的惆怅",是"是雅俗共赏的好例"。① 到了清代道光间的《审音鉴古录》,首度增入"堆花"出目,对于花神表演有较为详尽的舞台指示。

【山桃红】……

依次一对徐徐并上,分开两边对面而立,以后照前式,闰月花神立于大花神旁,末扮大花神上,居中。合唱

【出队子】……

【画眉序】……

【滴溜子】……(搭台上下坐立介)

【鲍老催】……(向鬼门丢花介)

【五般宜】……(众花神下,生携旦手上)

可见,至乾隆年间,台本演出已增至十二月花神,另有"末"扮大花神和闰月花神。他们有了固定的队形站位,众花神"依次一对徐徐并上,分开两边对面而立",大花神居中,"闰月花神立于大花神旁"。后又变化队形,"搭台上下坐立"。他们合唱【出队子】【画眉序】【滴溜子】诸曲,大花神唱【鲍老催】【五般宜】两曲。花神歌舞的增加,渲染了故事情节的浪漫主义色彩,平添了舞台表演的变化形式,在一出生、旦的对戏中加入了群舞、合唱的热闹场面,冷热相济,感官效果上较原本增色许多。不仅如此,《审音鉴古录》还在【出对子】曲上注曰:"花神各色亦皆贯相点缀西湖梦境,大花神依古不戴髭须为是。"可以想见这时舞台上的演出和汤显祖时代已经多么不同了。

许姬传先生在《记拍摄〈游园惊梦〉》一文中记载这种曾经盛行一时的堆花演出的情形:

这场戏舞台上称作"堆花",十二个花神分扮生、旦、净、丑各种角色,手持画着代表一至十二月的花枝绢灯,先由五月花神钟馗登场舞蹈,众花神依次出场,站定后引大花神(老生挂黑三绺髯)穿黄帔、戴九龙冠、持牡丹花出场,从扮相看他是花王而不是大花神了。由他领唱几支曲子,唱时,有的站着唱,有的配合舞蹈动作唱,大

---

① 陆萼庭:昆剧演出史稿(修订本).上海:上海教育出版社,2006年,第194、371页。

花神没有动作。①

20世纪初的《牡丹亭曲谱》②也是场上演出的记录,可以看到当时舞台呈现的多种面貌。如《惊梦》一折,《牡丹亭曲谱》依梨园故本加入"堆花"内容,同时在【五般宜】后说明:"如不连《堆花》,单唱《惊梦》者,小生、旦唱【山桃红】一曲完,末上,念'催花御使惜花天',至'保护他二人云雨也',连唱【鲍老催】一曲,至'吾神去也',接唱【双声子】一曲完,下。"并接下去又录【双声子】一曲。由此,可以归纳出《惊梦》表演的两种改编形式,与汤显祖原本对照如下:

| 汤显祖原本 | 《牡丹亭曲谱》(连《堆花》) | 《牡丹亭曲谱》(不连《堆花》) |
| --- | --- | --- |
| 【山桃红】则为你如花美眷…… | 【山桃红】则为你如花美眷…… | 【山桃红】则为你如花美眷…… |
|  | (末引众上)(连堆花)【出队子】娇红嫩白,竞向东风次第开。愿教青帝护根荄,莫遣纷纷点翠苔。把梦里姻缘发付秀才。 |  |
| (末扮花神束发冠,红衣插花上)"催花御史惜花天,检点春工又一年。蘸客伤心红雨下,勾人悬梦彩云边。"吾乃掌管南安府后花园花神是也。因杜知府小姐丽娘,与柳梦梅秀才,后日有姻缘之分。杜小姐游春感伤,致使柳秀才入梦。咱花神专掌惜玉怜香,竟来保护他,要他云雨十分欢幸也。 | (末)催花御史惜花天,(众)检点春工又一年。(末)蘸客伤心红雨下,(众)勾人悬梦彩云边。(末)吾乃南安府后花园花神是也。因杜知府小姐丽娘,与柳梦梅秀才,后日有姻缘之分。杜小姐游春感伤,致使柳秀才入梦。吾神专掌惜玉怜香,前去保护他云雨十分欢幸也。(众)吾等万紫千红,正宜他惜玉怜香。(合唱) | (末引众上)(末)催花御史惜花天,(众)检点春工又一年。(末)蘸客伤心红雨下,(众)勾人悬梦彩云边。(末)吾乃南安府后花园花神是也。因杜知府小姐丽娘,与柳梦梅秀才,后日有姻缘之分。杜小姐游春感伤,致使柳秀才入梦。吾神专掌惜玉怜香,前去保护他云雨十分欢幸也。(众)吾等万紫千红,正宜他惜玉怜香。 |
|  | 【画眉序】好景艳阳天,万紫千红尽开遍。满雕栏宝砌,云簇霞鲜,督春工连夜芳菲,慎莫待晓风吹颤。为佳人才子谐缱绻,梦儿中十分欢忭。 |  |
|  | 【滴溜子】湖山畔,湖山畔,云缠雨绵。雕栏外,雕栏外,红翻翠骈。惹下蜂愁蝶恋,三生石上缘,非因梦幻,一枕华胥,两下蘧然。 |  |
| 【鲍老催】(末)单则是混阳蒸变,看他似虫儿般蠢动把风情煽。一般儿娇凝翠绽魂儿颤。这是景上缘,想内成,因中见。呀,淫邪展污了花台殿。咱待拈片落花儿惊醒他。(向鬼门丢花介)他梦酣春透了怎留连?拈花闪碎的红如片。秀才到的半梦儿,梦毕之时,好送杜小姐仍归香阁。吾神去也。(下) | 【鲍老催】单则是混阳蒸变,看他似虫儿般蠢动把风情煽。一般儿娇凝翠绽魂儿颤。这是景上缘,想内成,因中见。呀,淫邪展污了花台殿。(末)待咱待拈片落花惊醒他。呀,他梦酣春透了怎留连?拈花闪碎的红如片。柳秀才你梦毕之时,好生送杜小姐仍归香阁。吾神去也。(合唱) | 【鲍老催】(末)单则是混阳蒸变,看他似虫儿般蠢动把风情煽。一般儿娇凝翠绽魂儿颤。这是景上缘,想内成,因中见。呀,淫邪展污了花台殿。咱待拈片落花儿惊醒他。(向鬼门丢花介)他梦酣春透了怎留连?拈花闪碎的红如片。秀才到的半梦儿,梦毕之时,好送杜小姐仍归香阁。吾神去也。(下) |
|  | 【五般宜】一个儿意昏昏梦魂颠,一个心耿耿丽情牵。一个巫山女趁着这云雨天,一个桃花浪逐幻成刘阮。一个精神忒展,一个欢娱恨浅,两下里万种恩情,则随这落花儿早一会儿转。 | 【双声子】柳梦梅,柳梦梅,梦儿里成姻眷。杜丽娘,杜丽娘,勾引得香魂乱。两下缘,非偶然。梦里相逢,梦儿里合欢。 |

---

① 许姬传:许姬传艺坛漫录.北京:中华书局,2007年,第385页。
② 殷溎深原稿,张余荪校订,1921年上海朝记书庄石印本。

续表

| 汤显祖原本 | 《牡丹亭曲谱》(连《堆花》) | 《牡丹亭曲谱》(不连《堆花》) |
|---|---|---|
| 【山桃红】(生、旦携手上)<br>(生)这一霎天留人便,草藉花眠。…… | (末下吹住)(小生旦接唱)<br>【山桃红】这一霎天留人便…… | (末下吹住)(小生旦接唱)<br>【山桃红】这一霎天留人便…… |

这样我们可以同时了解《惊梦》的两种不同的改编搬演方法,无疑是很有实用意义的。相对于叶堂在《惊梦》出【鲍老催】曲上注云"俗增【双声子】,鄙俚可厌,今删",《牡丹亭曲谱》对实际演出的重视更为可贵。

20世纪五六十年代,梅兰芳电影版《游园惊梦》则对旧的演法做了相当大的改动,创编了"仙女堆花",20位旦角古装披纱、手持花朵的仙女造型,后为上海昆剧团采用。他们创制的【万年欢】杂糅【画眉序】【滴溜子】【双声子】【五般宜】诸曲,还"将睡魔神免了职"。其中花神的唱词是上海戏校改写的,许姬传先生认为"华丽切题",梅兰芳也认为:"改得不错,能合乎当时的情景。"兹移录如下:

好景艳阳天,万紫千红尽开遍,满雕栏宝砌,云簇霞鲜。督园工珍护芳菲,免被那晓风吹颤,使才子佳人少系念,梦儿中,也十分欢忻。

湖山畔,湖山畔,云蒸霞焕,雕栏外,雕栏外,红翻翠妍。惹下蜂愁蝶恋,三生石上缘,非属梦幻,一阵香风送到林园。

一边儿燕喃喃软又甜,一边儿莺呖呖脆又圆,一边蝶飞舞往来在花丛间,一边蜂儿逐趁眼花缭乱,一边红桃呈艳,一边绿柳垂线,似这等万紫千红齐装点,大地上景物多灿烂。

柳梦梅,柳梦梅,梦儿里成姻眷,杜丽娘,杜丽娘,勾引得香魂乱。两下缘非偶然,梦里相逢,梦儿里全欢。

这样大段的唱词,加上20位披纱仙女的歌舞表演,我们可以想见场面的热闹和美妙。梅兰芳先生在《〈游园惊梦〉从舞台到银幕》写道:

"堆花"在舞台上演出,本是群众歌舞场面,由十二个花神分扮生旦净丑各种不同的角色,手持画着代表一至十二月的各种花枝的绢灯。先由五月花神钟馗登场舞蹈,众花神依次出场,站定后引大花神穿黄帔、戴九龙冠持牡丹出场,合唱几支曲子。唱时,有的配合舞蹈动作,有的站定唱,大花神没有动作。我当年初演《游园惊梦》,特约斌庆社科班学生协助,以后就请富连成的学生配演。这次拍摄电影,导演主张全部由上海戏校女生扮演,人数增至二十人,一律是旦角穿古装,外披红绿纱,舞蹈形式也有所改变,舞台上用的是"编辫子"(南方称为"三插花")、"四合如意"、"十字靠"(南方称为"绞十字")等各种舞蹈程序,这次由戏校老师郑传鉴、方传芸编舞,参用了"绞十字"等队形,身段中采用了卧鱼、鹞子翻身的动作,加以集体化,颇适合仙女的翩跹舞姿。我问郑传鉴:"似乎大家的脚步还不够匀整?"他说:"这二十个人虽然都唱旦,但老旦、正旦、作旦、刺杀旦、闺门旦、贴旦而外,还有武旦、刀马旦,脚步所以不一样,贴旦比闺门旦快,老旦就走不快,武旦则最快。"我看到方传芸在排身段时就很注意每个人的台步动作,一连排了几次,纠正了不少。接着就拍了几个镜头,还用电影迭印手法,在灰色背景前拍大红花一朵,拉开变成四朵,又在黑丝绒背景前拍粉红花、红绿绸、亮片等,象征梦景中万紫千红。

……有一个镜头是花神分列两行摆成一条"花胡同",杜丽娘、柳梦梅从胡同中走出来,郑传鉴向振飞和我建议:花神都有动作,杜、柳没有身段,似乎单调,是否可以对做一"推磨"的身段?我们照他的意思试排了一遍,似乎还不错。①

可以看到,堆花时众花神有"鹞子翻身""卧鱼"等动作,还要走"绞十字"的队形,再配上流云片和烟雾,呈现给观众的是仙宫一样美好的梦境。搬上银幕的视觉效果也非常之好。更值得注意的是,《牡丹亭》原本中的花神在传承中已发生了性别的转化———由"末"扮的男性花神变成了女性的花神花仙。表演的氛围当然也与原本大有差异了。张庚先生曾回忆说:"《牡丹亭》过去的演出,大花神是由男角担任,副末扮,当杜丽娘和柳梦梅两情欢好时,花神在严肃地歌唱。场面处理得庄严。记得我从前看《牡丹亭》,看到这里便感到气氛肃然,感受到汤显祖那'人情即天理'的精神力量。"②梅兰芳电影版改用女性花神,则更侧重于对"情"的美好的歌颂和

---

① 梅兰芳:《游园惊梦》从舞台到银幕. 中国戏剧,1961年第5期。
② 张庚:和上昆同志谈《牡丹亭》. 戏剧报,1983年第1期。

渲染。梅兰芳曾经说起看到样片时的兴奋心情：

> 花神的舞蹈队形也变了，每五个人一组，有的从地上涌现，有的从朱栏边、花台上各个不同的角度次第出现，也有两个对舞的镜头，或是从一个人的近景拉开来，或是从全景推到一个人的近景。一个花神先以轻纱障面，渐渐露出面貌的特写镜头，是非常绰约多姿的。这些都令人感到凌空飘忽，来去无踪。队形舞蹈也达到了整齐美观变化多的程度。还有众花神围绕杜丽娘、柳梦梅构成一朵花的俯瞰镜头，花神在转动的圆台上，花与花神交叉迭印，花片散落在花神身上的镜头，都很有艺术性。①

当代的许多《牡丹亭》改本中都充分发挥了花神在剧中的作用，收到了不同的效果。如上海昆剧院唐葆祥改本，在《游园惊梦》前加写了《花神巡游》一场，叙生前相爱的花公花婆受天帝敕封为护花之神，催开南安府后花园凋零的百花。在最后一场《掘坟回生》中，花公花婆又幻化成尼姑和园子，试探柳梦梅的真情，说服他开棺，与还魂复生的杜丽娘团圆。这里的花神不但是杜丽娘"情"的见证者，而且是其维护者、帮助者。

更如白先勇青春版《牡丹亭》，花神由3位男神和12位女神组成，并特意请著名编舞家吴素君为《牡丹亭》编排了三段花神的舞蹈。在三段舞蹈中，还别出心裁地设计了大花神手中飘扬的长幡："惊梦"中的幡为绿色，表现纯洁的男女之爱；"离魂"中的幡为白色，表现伊人逝去的伤痛；"回生"中的幡为红色，表现还魂团圆的喜悦。服装造型上则摒弃了长时期以来众花神手持花束登场的做法，改为穿当令花纹绣制的大披风，让众花神"把花穿在身上"，一转身，飘带如柳枝般摇曳生姿。三种颜色的幡配合舞蹈、服饰，形象地传达出剧中的情景和气氛。每演到此处，全场观众都会发出由衷的惊喜和赞叹。

从以上《惊梦》的传承轨迹可以看出，一段好戏是磨出来的，而这种打磨正是在不断的改进中实现的，是历代梨园搬演家心灵体认和舞台实践积累的结果，逐步进行、逐步深化。正如陆萼庭先生说的那样："改戏"，无形中成为梨园行一条牢固的例则。"艺人们几乎辈辈相传，都有一手改戏的本领，积有丰富的经验。"②但是，改哪里？怎样改？却是我们要着意借鉴之处。

纵览《惊梦》的表演传承，改动无非两个方面：敷演细节、渲染情境。前者如"梦会"，后者如"堆花"。作为昆曲，最重要处在韵味，而韵味最在细微处见精神。众所周知，昆曲的演唱如果忽略了细微的腔格，则会听起来平直如歌、韵味寡淡。同理，昆曲的表演也是如此，身段精致细腻、精益求精，才能准确到位地表现人物、表现感情。正如折子戏的艺术加工，其成功之处就是"即使是在极琐细的地方，也要润饰得醒人耳目"③，因此才能活在舞台上、常演不衰。历代艺人直至梅兰芳、张继青、青春版《牡丹亭》，对"入梦"的敷演铺排、打磨润饰，如此可见一斑。情境的渲染其实也是为了强化韵味，睡魔神如此，花神也如此，手段不同，目标一致。当然对于戏曲中歌舞形式的加入这一点，见仁见智。有人认为："大量的新编舞蹈取代了传统的戏曲程序，使戏曲看起来更像是歌舞剧。""中国戏曲独特的美学精神被'解构'了。"有人认为："戏曲艺术在观念上应该是多元的，不应该拘泥于传统的演剧方式。"④这无疑直接牵扯到戏曲的传承问题。其实，"新"也要有度，李渔将之界定为"仍其体质，变其丰姿"，具体说来，"曲文与大段关目不可改"，"科诨与细微说白不可不变"。⑤后者即是艺术形式的变革。这一点上传承者们都力争做到"好看好听"，既要留住老观众，又要争取年轻的新观众，添加进一些新的形式是可以理解的。但只要仍然突出了"昆"味，哪怕从末扮的大花神变为20个仙女的众花神，相信观众还是会接受的。

传承中，各家改动的方法自然多种多样，诸如增加人物、添改曲辞、润饰身段等，不一而足，但是有一条大原则是他们始终谨守的，即昆剧无声不歌、无动不舞的程式性。梅兰芳先生《〈游园惊梦〉从舞台到银幕》谈到唱【步步娇】梳妆时的身段，说：

> 穿衣的身段很难讨巧，在舞台上，我就觉得不够舞蹈化，戏曲表演的原则，从生活中提炼，经过艺术加工；一举一动都要求美化……

例如，京剧《汾河湾》《坐楼杀惜》中的搬凳子，《铁弓缘》茶馆一场的生活细节，《扫松》的扫松，《铁莲花》的跌雪，《碰碑》的卸甲丢盔，《奇双会》的旦角要在一击锣声时卸去罗帽、裙子等动作，必须做得逼真好看，才是

---

① 梅兰芳：《游园惊梦》从舞台到银幕. 中国戏剧,1961年第5期。
② 陆萼庭:昆剧演出史稿(修订本). 上海:上海教育出版社,2006年,第178页。
③ 陆萼庭:昆剧演出史稿(修订本). 上海:上海教育出版社,2006年,第195页。
④ 陈世雄:当代戏曲舞台值得关注的几个问题. 中国戏剧,2004年第3期。
⑤ (清)李渔:闲情偶寄("变调第二"). 中国古典戏曲论著集成(七). 北京:中国戏剧出版社,1959年,第79页。

艺术。①

这一段非常重要，直接关乎戏曲传承时增饰动作的设计。梅兰芳认为，只有从生活中提炼，经过舞蹈化、艺术化，表演出来既逼真又好看，合乎程式性的动作，才真正是"艺术"的，才符合需要。用这个标准去衡量昆剧《惊梦》的传承，自然可以看到历代艺人直至当代艺术家所取得的成就；若去衡量当代的很多新编历史剧，相信就不难解释为什么看起来会像话剧加唱、韵味寡淡了。

纵观昆剧演出史，关于《牡丹亭》的演出，不乏记载。如乾、嘉年间著名昆曲艺人金德辉擅演《牡丹亭·寻梦》，"如春蚕欲死"，"冷淡处别饶一种哀艳"，并形成流派。② 乾隆年间江西艺人王茂材，擅演《离魂》，"每演是折下场时，看其衫袖泪湿如洗，可谓无双"③。另据珠泉居士《续板桥杂记》载："周伶之《寻梦》《题曲》，四喜之《拾画》《叫画》，含态腾芳，传神阿堵，能使观者感心娱目，回肠荡气，虽老伎师，自叹弗如也。"戴延年《吴语》载："杜玉奇以汤若士《离魂》出擅名，年六十余登场，宛是亭亭倩女，绝可怜人也。"芝兰生《评花新谱》载："景春陆小芬……气韵沉着，仪态幽娴。工《游园惊梦》，粉腻脂柔，真足令柳郎情死也。"此外，作于同治十二年（1873）邗江小游仙客的《菊部群英》一书，较全面地记录了当时的剧坛情况，其中记载常演《游园惊梦》的伶人就有四喜班的杜阿五、曹福寿、王湘云，三庆班的陈桂亭、乔蕙兰、周琴芳、仲瑞生、沈芷秋，另有昆乱兼擅、声誉卓著的徐小香、朱莲芬等。④

可见《牡丹亭》的演出者代不乏人，每一位艺人在表演上都得是匠心独运、精益求精，才能在演出史上留下属于自己的一笔。对于这些艺术财富，当代的传承者当然要好好地继承，这是传承的基础和前提。就如从昆曲传习所到仙霓社，短短10多年的活动中，"传"字辈艺人做的主要就是"抱残守缺"的工作。谨守师承，步趋前贤，这是时代的限制，也是他们最大的贡献。⑤ 但是，这样还不够，所谓"取其上者得其中，取其中者得其下"，亦步亦趋、人云亦云的传承只能够苟延残喘，而不能够使昆曲获得鲜活的生命力。《惊梦》折子代有嬗变的历史告诉我们，只有坚实掌握了昆剧的艺术规律，在表演上博采众长，对剧目悉心揣摩、细腻琢磨，真正融入了自己的心灵体认，才能够传承昆剧的精髓、神韵，从而继承和推动昆剧的发展，完成昆剧的活态传承。当然，这无疑给当代昆剧传承者提出了更高的要求，因为，我们盼望昆曲活在舞台上。

---

① 梅兰芳：《游园惊梦》从舞台到银幕.中国戏剧，1961年第5期。
② （清）李斗：扬州画舫录.济南：友谊出版社，2001年，第94页。
③ 徐扶明：牡丹亭研究资料考释.上海：上海古籍出版社，1987年，第157页。
④ 陆萼庭：昆剧演出史稿（修订本）.上海：上海教育出版社，2006年，第266—271页。
⑤ 陆萼庭：昆剧演出史稿（修订本）.上海：上海教育出版社，2006年，第369页。

昆曲博物馆

# 中国昆曲博物馆2015年昆曲工作综述

孙伊婷 整理

## 一、加强文物保护，全面修缮提升

为了进一步加强对国家文物保护单位全晋会馆的保护，同时也是加强对世界文化遗产"中国大运河"苏州段历史遗产的保护，我馆于2014年10月启动全晋会馆的整体维修工程。工程按照"全晋会馆保养性修缮方案"的要求，严格按照文物维修和保护规范，修旧如旧。工程历时9个多月，于2015年7月底竣工并通过了苏州市文物局组织的项目竣工验收。

整体维修工程结束后，中国昆曲博物馆陈列提升工程已于2015年10月开工，在保持与全晋会馆古建筑风格一致的基础上，全面提升中国昆曲博物馆的基本陈列，并增添视听欣赏区、观众体验区、昆曲与生活展区等全新的内容，工程计划于2015年底基本完成。

## 二、配合中国昆剧节，承担编辑出版任务

2015年，配合第六届中国昆剧艺术节，我馆承担了文化部《春华秋实 兰苑芳菲——"国家昆曲艺术抢救、保护和扶持工程"十年成果展示》一书的编辑出版工作，并于昆剧节期间首发。该书展示了国家自2005年至2014年这10年间昆曲艺术抢救、保护和扶持的成果，以图文并茂的形式全方位展示了昆曲这一古老的艺术在这10年间艰辛的发展历程。此外，于第六届中国昆剧节期间在苏州各大剧场推出了《春华秋实 兰苑芳菲："国家昆曲艺术抢救、保护和扶持工程"十年成果展示》流动展，吸引了社会各界对中国昆曲艺术近年发展状况和趋势的关注。

## 三、树立服务意识，提高接待水平

为了提升服务质量，进一步规范讲解导览工作，更好地为广大参观者提供语音讲解服务，在参观者和博物馆之间架起沟通的桥梁，我馆除了每月定期邀请专业讲解员为青年员工进行教育培训外，还对2015年新招募的中国昆曲博物馆的志愿者开展了讲解服务专题培训。经过培训，我馆目前已有专业讲解员3人，兼职讲解员12人，志愿者讲解员19人，为群众深入了解苏州戏曲和曲艺文化提供全天候服务。

## 四、巩固基础业务，紧抓资料征集

在馆部的统筹安排和社会各界的热心支持下，我馆全年征集（含接受捐赠）昆曲、评弹等戏曲曲艺珍贵史料共计1023册（件），其中包括清末民初"扬州谢氏昆曲珍藏"，京昆大师俞振飞1979年手书大楷墨宝，部分昆曲、评弹及其他戏曲的近代抄本、刻本、印本及名家遗珍等。

## 五、力推精品展览，打造特色活动

因中国昆曲博物馆馆址全晋会馆已于2014年10月开始保护性维修工程，因此，2015年，中国昆曲博物馆拓宽思路，大胆采取"走出家门"的办展方式，将展览送进社区、剧院和兄弟博物馆，先后于3月走进北京国家大剧院，参加"游园惊梦"苏州昆曲艺术展；于5月至9月走进桂花、吉庆、道前、佳安等多个社区，举办了"昆缘——回顾经典昆曲摄影巡展"社区巡展；于10月走进南京博物院，参与了"南腔北调——中国戏曲文化展"。2015年，我馆共举办昆曲民俗等群众喜闻乐见的社会活动10余次，包含了一系列打响我馆品牌的社会教育活动和形式丰富的惠民活动以及志愿者服务活动，如"喜气洋洋"元宵青少年画昆曲脸谱活动、《桂花亭》甲午宫谱抄录活动、"三羊开泰，乙未福来"迎新春猜灯谜活动、"家在苏州，E路成长"主题活动、"七彩夏日"昆曲小课堂等。我馆以社会教育、社会实践为阵地，将社会教育与我馆的戏曲曲艺特色教育相结合，与全市多所学校建立长期合作关系，组织了形式多样、内容丰富的社会实践课程，为区域青少年提供了接触戏曲文化、古典文化、民俗文化的机会。

## 六、利用现代技术，加强数字化建设

由我馆承担开发的国家级项目"中国昆曲艺术音视频资源库"，制定项目数据库功能框架，确定项目元数据和数据库结构，完成数据库前台制作，完成应用网站的制作工作，并赴相关昆剧院团收集、整理和加工项目所需的馆藏昆曲音视频资料，整理并录入数据库系统。

## 七、开展学术研究，做好出版工作

2015年度，我馆还参与了文化部项目《中国昆曲年

鉴（2015）》的编撰工作，完成上戏、中戏、苏州艺校、昆博、昆事记忆五部分的组稿、编撰；完成"国家可移动文物保护项目"之《戏博馆藏纸质文物保护修复》的前期筹备洽谈工作；完成了馆部课题《如花美眷 似水流年——中国昆曲博物馆藏高马得戏画精选》的编辑出版工作；做好被列入"十三五"国家重点图书、音像、电子出版物出版规划的《昆博馆藏稀见昆剧手抄曲谱汇编》之《莼江曲谱》出版项目筹划的相关拍摄工作及专家推荐的联络事宜；做好我馆同中国曲协计划筹建"中华曲艺资源库"的前期调研工作。

### 八、加强宣传推广，做好媒体工作

信息平台工作方面，我馆积极配合苏州市政府门户网站信息公开保障平台和文广新局OA系统，撰写并报送本馆宣传通讯报道、演出预告、工作信息共72篇；维护更新馆部官方网站，定期发布演出信息和各类动态，共计123次。

网络媒体方面，我馆充分利用官方微博这一新媒体平台，做好单位各项活动的宣传通联工作，2015年全年"中国昆曲博物馆—中国苏州评弹博物馆"新浪微博累计发布各类微博信息1018条，在博物馆与受众之间搭建起一座沟通的桥梁，被"苏州文化发布"转发521条，进一步扩大了博物馆的影响。此外，2015年，我馆在光明日报网、人民网、中国日报网、中国评弹网、中国新闻社、名城苏州网等网站发表各类通讯报道共计221篇。纸质媒体方面，我馆与《苏州日报》《姑苏晚报》《扬子晚报》等纸质媒体开展广泛的合作，撰写并报送本馆宣传通讯报道、演出预告、工作信息50余篇。

2015年7月，我馆官方微信公众平台订阅号正式开通投入使用，目前订阅的用户总数已超过400人，已经推送有关成果展示、特展前沿、志愿者招募信息等资讯累计81篇，图文消息转发量突破3500次，点击量超过12000次。

### 九、规范志愿服务，热诚回馈社会

2015年5月，我馆启动了中国昆曲博物馆志愿者招募活动，面向社会公开招募20名志愿者。这是中国昆曲博物馆首次公开对外招募志愿者。经过严格的筛选，20名来自各行各业的群众成为中国昆曲博物馆的首批志愿者。8月至12月间，我馆共组织了9次志愿者培训活动，对中国昆曲博物馆首批志愿者进行了包括仪容仪表、志愿精神、戏曲知识、讲解服务等多项内容的培训。目前，我馆的注册志愿者人数已达到27人。新成立的中国昆曲博物馆志愿者在第六届中国昆剧节期间担任通讯员和信息员，为昆剧节官方微信服务号撰写剧评和通讯，深度服务戏曲爱好者，累计服务时间超过20小时，服务人数约5000人次。苏州戏曲博物馆志愿者团队在弘扬祖国优秀曲艺文化、传播社会主义核心价值观的同时，极好地体现了"奉献、友爱、互助、进步"的志愿服务精神，受到社会各界的普遍好评。

# 中国昆曲博物馆
## ——全晋会馆保护性整体维修工程

2016年5月18日起，历时一年多整治维修和陈列提升工程的中国昆曲博物馆正式向社会公众开放。中国昆曲博物馆（以下简称昆博）坐落于平江历史街区中张家巷的全晋会馆内，于2003年11月正式对外开放，是全国唯一一家以中国昆曲艺术为主题的专业博物馆。小桥流水、粉墙黛瓦的平江路，吸引着大批游人，而昆博则成为最热门的去处之一。人们在历史建筑间流连的同时，也感受着昆曲的历史温度和当代活力。为了更好地保护和呈现全晋会馆的历史风貌，优化昆博陈列的效果，给博物馆观众带来更好的体验，2014年10月，昆博启动了全晋会馆保护性整体维修工程，并于2015年10月起对昆博基本陈列进行全面提升。整修一新和全面提升后的昆博，将更好地履行博物馆的社会职能，更好地服务公众。

### "双遗产"博物馆与时俱进的转身

1986年，苏州市政府决定成立苏州戏曲博物馆（苏州戏曲艺术研究所），选址全晋会馆。2001年5月18日，发源于苏州的中国昆曲被联合国教科文组织列为首批"人类口述和非物质遗产代表作"。为了更好地保护和弘扬昆曲艺术，经国家文化部和江苏省政府批准，在原苏州戏曲博物馆的基础上，立项筹建中国昆曲博物馆。2003年11月，中国昆曲博物馆正式向公众开放。全晋会馆为清代山西寓苏商人集资兴建，2006年被列为全国重点文物保护单位。2014年6月22日，中国大运河正式入选世界遗产名录，而全晋会馆作为大运河沿岸城邦经济发展的重要历史遗迹，成为中国大运河遗产点之一。如今的昆博，已经成为全国范围内较为罕见的"双遗产"博物馆，一方面，立足丰富的馆藏戏曲资源，开展了收藏、展览、研究、文创等多项博物馆职能；另一方面，凭借平江历史街区优美的窗口形象和浓厚的文化氛围，融合戏曲宣教、公益展演、休闲旅游、文化体验等多元社会功能，成为苏州古城区公共文化服务的一个亮点，实现了"世界遗产"在当代的华丽转身。

## 从"修旧如旧"到"焕然一新"

此次全晋会馆整体维修工程，本着"修旧如旧"的原则，严格按照历史建筑的维修和保护规范来进行，既保存了山西特色建筑的原有风貌，又深度融入苏州的古城风貌和文化氛围。在竣工验收时，受到了文保专家和建筑专业人士的一致好评。

全晋会馆保护性整体维修工程尘埃未落，昆博陈列提升工程已悄然启动。为了在拓展展陈方式和提升展陈质量的同时，使昆曲艺术主题展览与全晋会馆古建筑群的功能展示天衣无缝地结合起来，昆博先后多次召集昆曲研究学者和博物馆展陈专家举行座谈会。展陈方案几易其稿。经过专家组仔细的研究、反复的打磨和不懈的努力，全面提升后的昆博基本陈列焕然一新，将中国传统戏剧与现代审美元素巧妙融合，实现了四个方面的更新。

## 文化遗产保护的"新起点"

有效利用空间，优化整体布局。全晋会馆古建筑群占地面积虽约3600多平方米，其特点为建筑精巧、结构紧凑、布局古雅，兼有曲径通幽、庭园玲珑和亭阁轩敞的景致，但是，受到古建筑功能的限制，有效展陈面积不足。此次陈列提升工程对展陈空间进行了重新划分，增设临特展区，承担起博物馆举办临特展的需要，为引入高质量的戏剧展览开辟"窗口"。新增视听欣赏室、教育活动室等体验、互动分区，强化了博物馆的休闲、教育功能。视听欣赏室里设置了电子屏，实现实时点播功能，让观众不论何时来到昆博都能够欣赏到昆曲演出。教育活动室则进一步为昆曲教唱、描画脸谱、抄录工尺谱等公众参与活动提供了可能。

拉长参观动线，增加展陈面积。为了最大限度地弥补展陈空间上的不足，本次陈列提升工程在保留经典展陈的同时着力拉长参观动线，将原本主要承担通行功能的门厅、东西庑廊纳入展陈范围，打造"昆曲史话""晚清民国昆曲展区""新中国昆曲展区"，追溯了昆曲艺术的历史发展脉络，新增展陈面积约354平方米。此外，在重要空间结点设置了导示系统，引导行进路线，优化参观体验。并将动线出口与博物馆文创商店通连，呈现博物馆与文化创意的紧密联系。

利用现代技术，引入影音媒介。为了扭转老建筑照明设施老旧、陈列效果不佳的状况，此次陈列提升，采用了全新的灯光照明方案，在保存古建筑传统风格的同时，协调自然光线和人工光源，既不能损害藏品又要保证陈列效果，让承载着百年历史的藏品和建筑在光线的衬托下都更加明晰动人。与此同时，"晚清民国昆曲展区""新中国昆曲展区"等多个展区都设置了多媒体影音设备，循环播放各个时期"活态化"的昆曲演出资料，让昆曲发展史"分分钟"生动起来，不仅能够看在眼睛里，而且能够听到耳朵里，极大地增强了观众的感性体验。

充实陈列内容，丰富展品类型。陈列提升前的昆博，展出的实物以昆曲史料为主，其中又以古籍善本、书信手稿数量最多，虽颇具历史价值，但在观赏性上有所欠缺。如今的展品，则在注重历史价值的同时更侧重可看性和观赏性，尽可能为观众呈现丰富有趣、生动鲜活的昆曲人生。新设立的"昆曲生活馆"，重点展示了昆曲艺术与市民生活的文化联系，以堂名乐谱、民间戏约等与普通民众生活息息相关的昆曲文物，勾勒出舞台下的百味人生，还原了昆曲艺术最本真的面貌——既有台上的风情万种，更有台下的源远流长。这样的展示，不仅真实而全面，可谓独具匠心，且耐人寻味，赋予现代生活诸多启示。

重装上阵的中国昆曲博物馆，在兼容外在的古典风韵的同时，将以优雅时尚、简约大气的全新展陈效果迎接四方宾客，同时定期推出丰富多彩的展览、展演、特色宣教和公众体验活动，展示全晋会馆这一"世界文化遗产点"和中国昆曲这一"人类非物质文化遗产代表作"的深厚韵味，为苏州再添一抹文化亮色！

昆事记忆

# 说昆剧传习所

顾笃璜

## 一

昆曲(指水磨调的昆曲)形成于明代中叶,很快进入了她的全盛时期,作为一种声腔,一个剧种,风光了200年。而在清道咸以来的100多年中却遭遇了由胜至衰的大波折,从时代的宠儿跌落为时代的弃儿,强势的昆曲沦为弱势的昆剧,其观众面不断缩小,民间职业戏班营业不振,出现生存危机,年轻子弟不愿从事连糊口都成问题的昆剧演艺事业,形成了人员老化、后继无人的颓势,在发源地苏州,最后只剩下全福班一支孤军勉强维持着昆剧的残局。眼看着昆剧的场上艺术已到了几将消亡的地步。

正在这样的危急时刻,苏州创办了昆剧传习所,于1921年8月成立。

最初发起倡办昆剧传习所的是苏州曲友贝晋眉、张紫东、徐镜清三人,又联合吴粹伦、潘振霄、李式安、徐印若、陈贯之、汪鼎臣、吴瞿安、叶柳村、孙咏雩等共12人为董事,组成董事会。商定每人出资100元作为开办费,最后集得开办费1000元,向由谢氏经管的公益组织借用设在城北西大营门五亩地的轮香局善堂10多间房屋作所址,开始办学。推举孙咏雩为所长,主持工作。

传习所聘任的教师都是一时之选,有沈月泉、沈斌泉(三年后因病辞职,由陆寿卿接替)、吴义生、许彩金(不久辞职,改聘九彩云,后又增聘施桂林任教)。

此外,还先后聘请国文教师傅子衡(先)、周铸九(后),以及英语、算术教师孙卓人,开设文化课。

原计划招学员30名,学习3年,帮演(实习演出)2年,共5年结业。开学半年时,实业家穆藕初加入,根据他的意见,决定扩招学员50名,学习期延长为5年,帮演2年,共7年结业。经费则由他全额负责。

## 二

这里让我们说一说当时戏曲界办学的一些情况。辛亥革命前后,我国戏曲界曾掀起过一场戏曲改良活动。这是由一群热心戏曲艺术的文化人所倡导的。与此同时,兴办有别于旧科班的新型学校式的培训机构,以造就有思想有文化的新一代戏曲从业人员,也成为风气。

开风气之先且极有代表性的,首推民国元年(1912)创立于西安的易俗社(秦腔)。它的全称是"易俗伶学社",简称"易俗社",后来又定名为"陕西易俗社"。这个易俗社自1912年创办起先后办班13期,培养学生600多人。一直延续到1949年新中国成立后由国家接办,更名为"西安易俗社"。

"易俗社"首先是一所学校,又不仅是一所学校。该社仿照共和制建社,以社员大会为最高权力机构。下又分设行政管理及业务管理两个机构。行政管理机构下设干事部及评议部,干事部为办事机构,评议部为监督机构。业务管理机构下设编辑部(负责剧目创作等)、学习部(负责文化教育)、训练部(负责训练和演出)。可见这是一所兼有学校、演出团和创作部的复合机构。他们的演出团由成熟的艺人组成,而学校的毕业生中之优秀者经双向选择,可以转为演出团的演职员,这又与以童伶为号召的旧科班实习演出不同了。

该社订有严密而周详的章程。其教学工作则引入了新型学校的办学理念。

且看该社章程第六条——学术教授之科目一节,便可见其大概:

(一)高小班

知识学科:三民、国文、算术、历史、地理、习字。

艺术学科:修养学、戏剧学、服装学、心理学。

(二)初小班

三民、国语、常识、算术、习字、修养。

又有第七条——戏曲训练之科目:

姿势、做工、道白、声调、武艺。

请注意,这里没有临摹传统剧目的课程,全部属于元素训练,这在传统戏曲教育中是前所未有的。

还值得注意的是,章程又规定,学生入学后首先学习初小、高小文化课程,然后再升文史进修班,学习及格者发给结业证书。然后再学习6年戏曲专业,及格者发给戏曲专业毕业证书。可见学艺并非自幼年开始,而是相当于初中生的年龄了。这也是传统戏曲教育前所未有的。

再看第二章——编演种类:

本社编演戏曲以下列各类为准:

一、历史戏曲 就古今中外政治之利弊,及个人行为之善恶,足引为鉴戒者编演之。

二、社会戏曲 就习俗之宜改良,道德之宜提倡者编演之。

三、家庭戏曲 就古今家庭得失成败最有关系者编演之。

四、科学戏曲 就浅近易解之科学,及实业创造之艰苦卓著者编演之。

五、诙谐戏曲 就稗官小说及乡村市井之琐事轶闻,含有教育意味者编演之。

这里完全没有提及搬演传统剧目。

可见他们的宗旨不在继承传统剧目,而在编演新戏,改良秦腔。据统计,在新中国成立前的37年中他们共创作演出新剧500多个,平均每月有1个新剧目演出。

他们所演仍贯以秦腔之名,但和传统秦腔已有一定差别,被称为"西安梆子"或"改良梆子"。

易俗社的办社宗旨是:"补助社会教育、移风易俗、启发民智",而他们认为"旧秦腔剧目陈腐恶劣,殊不足以为社会教育尽其辅助之责"。

易俗社的创办人李桐轩、孙仁玉、高培支、李约祉等都是西安地区具有民主主义思想的进步知识分子,他们借群众喜爱的戏曲形式编演新戏,宣传新思想,进行通俗教育,其目标是非常明确的。

## 三

到了1919年,在南方又有"南通伶工学社"的建立。

创办人张謇。他虽是清光绪二十年的状元,但也是一位提倡实业救国的新派人士。辛亥革命胜利,南京国民政府成立,孙中山聘请他入阁担任实业部长。北京政府成立,袁世凯力聘其出任实业部长、农商总长等职。后因为反对袁世凯称帝,愤然辞职归里。在家乡南通,他举办实业、大兴教育。他又注重文化事业,认为"至于改良社会,文字及戏曲之捷,提倡美术工艺,不如戏曲之便"。为了发挥戏曲的教育功能,他又主张改良戏曲应该"订旧从改正脚本始,启新从养成艺员始"。于是创办了京剧学校"南通伶工学社"。张謇自任董事长,梅兰芳任名誉社长,张謇之子张孝若任社长,聘欧阳予倩任主任兼主教务。学制为7年,学习5年,实习2年。欧阳予倩主张办学应该取"融贯中西"的方针,所以设计了一枚校徽,纹样是五线谱加毛笔、钢笔各一支。他主张取新型学校形式,用现代教育方法,以区别于旧科班。设置的文化课程有国文、历史、地理、算术、英文、体操等。业务教师由昆剧和京剧艺人组成,是由欧阳予倩亲自物色延聘,均为一时之选。为丰富学生知识,提高艺术素养,还开设了西洋音乐、话剧、西洋舞蹈等课程。

由于更俗剧场的建立,许多名演员纷纷应邀到南通演出,为学生们提供了难得的观摩机会。

这个学校自1919年下半年开学,于1926年停办。欧阳予倩则于1922年1月就离开了,前后不足3年时间。

欧阳予倩自己这样记述道:"我到南通的目的,是想借机养成一班比较有知识的演员,我又想在演剧学生能用的时候,便组织江湖班似的流动团体,四处表演自己编的戏。其次我想用种种方法,把二黄戏彻底改造一下。""伶工学社的学生,大半都是些贫民子弟,伶工学社的办法第一是要求他们能读书识字,所以我聘请比较好的国文教师,而且对于社会常识都很注意。我把一切科班的方法打破,完全按照学校的组织,用另一种方法教授学生。"但是有一股守旧势力反对他这样做,要他照旧科班办。而欧阳予倩自有其"牢不可破的主张",他"在校内写了几个信条,张贴在各处。第一条开宗明义就说:伶工学社是为社会效力之艺术团体,不是私家歌僮养习所。第二条说:伶工学社是要造就改革戏剧的演员,不是科班"(以上引文均摘自欧阳予倩的自述《自我演戏以来》)。

他在南通三年,究竟做了些什么呢?欧阳山尊所写的《我的父亲》一文中有如下的记述:"他在南通创办了伶工学社,这是一座崭新的培养戏曲演员的学校,这是一项启蒙工作,也是向旧文化、旧习俗的挑战。学生所学的课程除语文外,还有西洋的歌唱舞蹈和弹钢琴,还挑选出学生组织了一个西洋管弦乐队。他买了许多新杂志如《新青年》、《新潮》、《建设》等给学生读,并亲自为他们讲解。他创建了南通更俗剧场,剧场的管理制度完全由他一手拟定。内容是:观众座位依一定的号码,场内不售食物,观众不吐痰,不吃瓜子,有吐痰的马上有人拿手巾替他擦干净,有自己带瓜子进来的,有人马上替他拾起吐下的皮。台后不许喧哗,不许随地吐痰,不许到前台看戏,所有的人都有一定的座位,反对杂乱无章的现象。"但是结局颇不如意。"父亲对于伶工学社和更俗剧场的这些改革做法,受到当地上层人士和一些戏曲界同行的讥讽和攻击,但他并没有退却。办学的经费有困难,他就用自己的薪酬来贴补,他当伶工学社主任,每月薪金一百银圆,可是他从来没有拿过。在南通三年中,他垫出去的钱不下七八千元。弄得自己穷困不堪,无法以继。再加上各方面的压力越来越大,使他不得不离开南通,重新回到上海,在亦舞台搭班,和余叔岩一起唱京戏。这不能不说是一个启蒙者、革新者的悲哀。"

欧阳予倩离开后,先由徐梅萍,继由陈树森接替他的工作。欧阳予倩所制定的办学方针当然不能贯彻了。延至1926年该社停办。

先后入社学生90余人,后从事京剧工作的约20人。

据上述可以看到,无论易俗社或南通伶工学社的宗旨都是推动戏曲改革。

这是因为他们面对的是秦腔和皮黄,其时这两个剧种均处于上升时期,既无后继无人的危局,又无艺术失传的恐慌,而在艺术上则又深感其欠成熟,有待改进与提高的地方正多。

他们办学的目的在于改变旧科班的教育方法,融入先进的教育理念,旨在培养有思想有文化的新一代戏曲演员。在艺术走向方面,则受当时文艺新思潮的影响,正构想着如何投身于戏曲改良运动。尤其是南通伶工学社创办于1919年秋,正当北京爆发反帝爱国运动——五四运动之时。这对于欧阳予倩的思想影响是非常巨大的。他,一个热血青年,正是带着满腔革命热情投身于此一工作的。

## 四

于是要说到苏州昆剧传习所的创办。从时间的先后来说,西安"易俗社"和"南通伶工学社"都是昆剧传习所的先驱者。说到把现代教育理念来改造旧科班教育的办学方针,昆剧传习所与之是完全一致的。

无论是"易俗社""南通伶工学社"还是"昆剧传习所"的创办者们,都是受过新思想洗礼的。他们都抱有改进戏曲教育的理念,他们不约而同,创办的都不是旧式科班,而是新型的戏曲职业学校。例如,他们都废除了旧式科班的师徒体制,建立了学校式的师生关系。他们都严格禁止了旧式科班普遍存在的对学生进行体罚的陋习,又都为学生开设了文化知识课程等。"易俗社"与"南通伶工学社"的文化课程设置已见前述,"苏州昆剧传习所"则开设了"语文""算术""英语"等课程。非常值得注意的是设有英语课(这一点与"南通伶工学社"正好相同),可见他们都考虑到了日后学生们向西方吸收知识的需要,也是为着未来戏曲走向世界的文化交流做准备的。在当时,有这样的构想,实在是很超前的。但是在昆剧传习所,"英语"和"算术"两门功课开课不久便取消了。据说主要原因是学生们对这两门功课普遍缺乏兴趣,学习成绩上不去,又考虑到昆剧专业人才必须对古典文学、音韵学、曲律学等方面有一定的修养,为了加强这方面的教育,并让学生更多地集中精力,才把这两门学生不感兴趣的课程取消了。实践证明,这样做收到了效果,"传"字辈一代人中在学期间便出现了能改编剧本与谱曲的高才生。

## 五

这三座学校的创办人们,其办学理念是如此的相似,然而其办学宗旨却是根本不同的。"易俗社"与"南通伶工学社"是为了造就梆子与京剧的一代革新者,而"昆剧传习所"却是以挽救昆剧于危亡而培养昆剧遗产传承人为使命的。

正因为办学的宗旨不同,所以在专业培训方面从内容到方法也就各异了。前者从教学内容到方法有不少革新,而"昆剧传习所"在其专业培训方面从内容到方法则基本遵守传统。整个学习计划总体分为"基本训练"及"学演传统剧目"两个阶段。"基本训练"又分为"嘴里"(即:"练声"与学习"唱念口法"),"身上"(即形体训练之"体能"及"技能"两项)。初期训练时,演员并不分行当,逐渐发现演员素质特性之后,才为之定"行当",而训练才有所区别。"基本训练"合格之后,便进入"学演传统剧目"阶段,也分"嘴里"及"身上"两个方面。先学"嘴里",即某些传统剧目的唱念。"嘴里"有了,再学"身上",称"踏戏",即是学习某些传统剧目的形体表演。

进入"学习传统剧目"阶段以后,基本训练仍继续进行,既为了巩固已有的体能、技能水平,更为了一步步有所提高,所谓是熟能生巧。

所有这些都是按照传统章法进行的。有关这方面的经验得失容另文详述,这里不展开。

说到各行当的学生学演传统剧目,也自有其循序渐进的规则,首学什么剧目(称开蒙),继学什么剧目,都有大体的规范,而且又有数量与质量的严格要求。因为学生必须学会各行当的常演剧目,又有一定的艺术质量之后,才具备搭班充当演员也即就业的资格。而昆剧传习所则更增添了为昆剧之传承不灭而抢救继承遗产的使命,所以在继承传统剧目的数量与质量上也就必然地有更高、更严的要求了,正是在这一点上,"昆剧传习所"与"易俗社"与"南通伶工学社"的方针也是根本不同的。

"传"字辈一代人不负使命,是出色地完成了任务的。他们几乎把老师辈能演的剧目全部学到了手,至于前辈们能演的优秀传统剧目,由于人亡艺绝而他们不曾见到、学到,那便无可奈何了。

## 六

昆剧传习所创办于1921年,与中国共产党建党正好是同一年,这当然完全是巧合,却反映出昆剧传习所创办时所处的时代背景。

那时革命浪潮席卷全国,在这样的大背景下,一些进步人士主张把文艺区分为两大类:新文艺和旧文艺;戏剧区分成两大类:新剧(从西方传入的话剧)和旧剧(我国的传统戏曲);文艺工作者则区分为两大类:新文艺工作者和旧文人或旧艺人。而这里的"旧"是完完全全的贬义词,有着没落、垂死等含义。说到戏曲是旧剧,那么昆剧自是旧中之旧了,昆剧是封建士大夫的艺术这顶帽子是被戴定了的。而执着于保存昆剧的人即使不被视为封建余孽、顽固分子,至少也是跟不上时代步伐的恋旧者,应该划入旧文人行列则是理所当然的了。

然而,昆剧传习所的三位发起人除张紫东外却都是接受过当时称为"新法学堂"的教育的。贝晋眉(1887—1968)毕业于北京高等工业学校,学的是染织。徐镜清(1891—1939)则是教会学校苏州东吴大学(今苏州大学前身)文学院毕业的。至于昆剧传习所的主要出资人、传习所开办半年后加入的穆藕初(1876—1943)更是留美归国的农学硕士,是一位从事实业救国的企业家,又是一位倡导教育救国的教育家。唯有张紫东(1881—1951)没有在"新法学堂"读过书,受的还是科举教育,而且1902年中了秀才,1907年曾赴北京当过小京官(度支部主事)。张紫东在北京总共工作了4年光景,他在北京的4年正是辛亥革命的前夜,那时他读进步书籍、接受新思想,倾向于推翻帝制拥护民主革命。1911年辛亥革命胜利,他便剪了辫子穿了西装回到苏州来了(那时苏州的不少遗老遗少还留着辫子)。从此他一面经营着家族产业,一面从事昆剧研究,直至发起创办昆剧传习所。贝晋眉年轻时非常活跃,除了办曲社、搭戏台、置行头,于清唱且彩串昆剧以外,又是新剧运动的积极参与者,曾多次参加新剧(文明戏)演出。说到穆藕初,除身体力行进行实业救国外,他又倡导教育救国。他与蔡元培合作,资助优秀学生出国留学,为祖国培养高级人才不遗余力,而且收效很大。他与黄炎培合作,成立中华职业教育社,任校董会主席,稍后创办中华职业学校,这是培养人才的教育机构。又出资建立位育学校,为普及基础教育而努力。在其青年时代,即在上海组织过"阅书报社""沪学会""体育会""音乐会""通鉴学校"和演出文明戏的"春阳社"等文化团体。但他热衷于文体、音乐、戏剧,并非单纯出于娱乐的目的,而是为了"启蒙启智""尚武精神",他说:"感人至深者,莫善于讲求音乐","欲图社会捷收改良之伟效,舍不用文字之表演教化无以奏功"。徐镜清先生英年早逝,关于他的事迹笔者知道得很少,但他是教会学校的一位大学毕业生,著名曲友,又发起创办昆剧传习所,便已说明了一切。

介绍以上这些情况,想要说明的是,他们并不是应该被划入旧文人之列的人,他们偏偏都是受过新思想洗礼的人,其中还有接受新思想比较多的、从美国留洋归来的人。但是他们又深刻地认识到传统文化的价值。

据穆藕初自己说,在他听到了俞粟庐唱曲之后"始憬悟昆曲之关于国粹文化之重要"。而这正是他慷慨地承担昆剧传习所全额办学经费,并将生员名额从30人扩充到50人,把学习期限从3年延长至5年,再加上所谓"帮演"的实习演出2年,合为7年的思想基础了。

## 七

昆剧传习所对于学生的实习演出是非常重视的。

学艺未及一年,1922年夏,正值董事张紫东为他母亲做寿,学员们便在张家开始了他们的第一次演出,剧目为:

《大赐福》《上寿》,全体学员合演。

《三挡》由沈月泉最小的儿子即沈传芷之弟沈南生(传锐)主演,饰秦琼。沈南生技艺甚佳,可惜未结业就病夭。

《见娘》,顾时雨(传玠)饰王十朋,马家荣(传菁)饰王老夫人,施培根(传镇)饰李舅。

《借茶》,王森如(传淞)饰张文远,华和卿(传萍)饰阎婆惜。

《刀会》,邵锦源(传镛)饰关羽,王森如(传淞)饰周仓,倪筱荣(传钺)饰鲁肃。

《学堂、游园、惊梦》,张金寿(传芳)饰春香,朱祖根(传茗)饰杜丽娘,郑荣寿(传鉴)陈最良,顾时雨(传玠)饰柳梦梅。

《起布》《问探》,沈葆荪(传芷)饰吕布,包根生(传铎)饰丁建阳,华福麟(传浩)饰探子。

《养子》,朱祖根(传茗)主演。

《坠马》,徐永福(传溱)主演。

(按:其时尚未以"传"字排行,但为了阅读方便起见,均加注"传"字艺名。)

这次演出是成功的,获得了曲友们的一致称赞。

办所第三年(1924),请上海曲友王慕喆为学员提艺名,除用"传"字排行外,以第三字来分别脚色行当:末、净取金字旁,生取斜玉旁,丑取三点水旁,旦取草字头。不久,就用昆剧传习所名义,借苏州青年会剧场公演,从此,就边演边学。

公演将近一年,上海曲友徐凌云家中举行堂会,邀请部分学员赴沪演唱,梅兰芳也参加了这次演出。大家都感到这些学员大有希望,昆剧后继有人。于是,徐凌云就与上海的曲友联系,决定邀请全体学员赴沪公演。徐凌云是上海庚申曲社曲友,在商得该社同意后,将行头借给昆剧传习所使用,并将自己的私家园林——徐园作为传习所公演场所,收入全部充办所经费。所长孙咏雩带领全体赴沪连续公演了几个月。当学员载誉返苏后,又假座玄妙观机房殿来鹤堂道和曲社公演。

1926年秋,传习所应邀前往上海新世界游艺场公演,一切都在正常进行中。

昆剧传习所的创办人对昆剧的价值有清醒的认知,他们认识到昆剧的场上艺术必须以人为载体,挽救昆剧的唯一途径便是培养接班人,只有这样才能把昆剧传下去。正因为昆剧观众减少,艺人生活窘困,弃行转业的不少,青年人则望而却步,不愿入行,已陷入老辈凋零、后继乏人的险境。正是为了挽救这样的危局,才有昆剧传习所的创办。其目标首先是培养一代合格的演员,把昆剧遗产——保留在老一代身上的传统剧目的表演艺术继承下来;又期望他们日后能成为合格的昆剧教师,把这些遗产再传给下一代,使昆剧薪火得以延续。毫无疑问,昆剧又必须存活于舞台上,只有拥有观众,才能永生,昆剧的形势决定了昆剧传习所的学生们毕业后必须迅速组建剧团并进行演出,这不但早在计划中,且已到了刻不容缓的地步。然而现实的情况是,昆剧没有多少基本观众,剧团很难依靠演出收入维持生计。却又正因为此,昆剧更须多多演出,以培育观众群。若是昆剧没有演出,便失去了自身的存在,便是所谓自动退出历史舞台了,这样的局面,是决不应该出现的。但如果任其在演出市场中自生自灭,那么昆剧的走向必定是向通俗的流行艺术转化,以迎合观众求得上座率的提高,或者便是从演出市场中逐渐退却。昆剧既要多演出,又要坚守自己的本真性与艺术品位,这首先要求从业者有自觉、自信、自重和自强的精神,然而从业者的经济收入却是无法回避的现实问题;为了稳定队伍,至少应该保证他们有一个中等的收入,这就必须另有经济来源。穆藕初不但对此有清醒的认识,并且是有计划、有准备的。他的方案是,学生毕业后一律就吸收到他的企业中,拿一份稳定的工资,然后让他们去从事昆剧事业。遗憾的是,正当学生实习演出(帮师)即将期满毕业之时,他的企业出现危机,最终遭遇破产,这使他的计划无法实现。在这样的情况下,他以极端负责的精神请来了他的朋友严惠宇、陶希泉两位,继续他未竟的事业,于是而有维昆公司及新乐府昆剧团在上海的成立,时在1927年10月。

投资者们新制了全套行头;为演职员们准备了舒适的宿舍;聘请了昆剧老艺人任教,为青年演员进修和继续继承传统剧目提供条件;租借了剧场,把剧场装修一新,专演昆剧;又创建了许多服务设施,为观众营造了优雅的环境。

"昆剧传习所"在改组为"新乐府"在上海公演之时,在申报刊登了巨幅广告,那是1927年12月间的事。广告内容是一篇题为《笑舞台新乐府昆戏缘起》的告白。现全文抄录于后:

雅颂不作,声音道衰,元明以还,传奇大著,虽病绮靡,颇赡文辞。胜清之初,踵事增华,作者并起,斯风不坠。乾隆末叶,乱弹渐盛,然在士夫辈,多嗜风雅,当时菊部,仍娴昆奏。至是以降,世趋简易,吴歈曼声,听着艰涩,燕筑激响,遂代笙箫。第江南曲部,典型尚在。洪杨而后,迄于清末,世варy故,魁桀之士,瘁心国是,未遑语此,旧日梨园,都成白发,片玉昆山,扫地将尽,南北剧院,亦闲从事,俗尚既异,知音用希。吴越俊彦,慇也忧之,乃集颖秀,结社肄习,历年六七,能者辈出,顾朱张施,所造尤深,海上试艺,久博众誉,兴废继绝,创者伟已,同人等端居多暇,结习同深,爰立新院,以为后劲,网罗全部,益进佳材,著名曲家,按谱硕匠,隆礼致远,用资导帅,名词旧曲,佳话逸闻,制剧以著,衣冠帷幕,观瞻所系,制造经营,不甘固陋,又顾曲乐事,几席宜精,兹出新裁,悉更旧制,轻裘缓带,绰裕可容,茗馥兰馨,捆缊相接,他若粉饰涂垩,期于雅洁,斯为余事,何庸靓绣。兹上仲冬,吉日始事,玉佩琼裾,会当萃集。惟同人等智识有限,难语周详,嘤鸣求友,玉错可攻,尚冀雅言,不吝指导,顿首谨白,毋任主臣。

所有告白他们都是一一在做着的。传习所毕业生全部网罗了。团结老艺人、曲家共同来耕耘这块园地,他们也是做了的,而且是大有成绩的,许多曲家聚集在他们周围,纷纷伸出援助之手。还继续聘请陆寿卿、施桂林与吴义生三位老艺人,为"传"字辈青年演员继续学习传统剧目创造了条件。至于投资制作戏衣戏具,装潢剧场,营造昆剧场应有的高雅气氛,提高服务质量等,当然更是做到了的。他们是一群有文化修养又有专业知识的热心人士,对于昆剧事业,他们是有构想的,他们目光远大,看到了昆剧的价值,看到了昆剧的未来。

当时,"传"字辈艺人向京剧艺人王洪、周宝奎、林树森、林树堂、盖叫天、夏月恒等学戏。学的都是保留在京剧舞台上的昆腔戏及吹腔武戏。尤以汪传钤、方传芸学习武戏极为努力,成为新乐府中最有造诣的昆剧武戏演员。新增的剧目有《全本玉麒麟大名府》《乾元山》《雅观楼》《反武场》《安天会》《割发代首》等。还有《义侠记》《水浒记》《铁冠图》《南楼传》《白罗衫》《十五贯》《寻亲记》《奈何天》《玉搔头》等传统昆剧叠头戏。其中《南楼传》《白罗衫》两剧是请赵景深先生重加修改和填词,倪传钺等自打工谱自行排演的。还排演过吴梅创作的《湘真阁》传奇(李十娘故事)。

于是,剧目就从学员结业时能演的500多折逐渐积累至600多折戏,演技也有了提高,"传"字辈进入了全盛时期。到了1928年4月5日,与"笑舞台"的合约期满,剧团先回苏州短期巡演,不久返沪,转入"大世界游乐场"继续演出。一切进展尚称顺利。

但遗憾的是好景不长,1930年,新乐府内部发生纠纷。事情是这样的:也许是出于市场运作的需要,又受当时京剧界与电影界的影响,严、陶二位着力于包装顾传玠与朱传茗二人为昆坛明星,在各种待遇方面与师兄弟间亦拉开了较大距离。这与昆剧班社的传统体制不合。昆剧当然也有当红的演员,所以客观上也存在明星,但班社的组织体制一向是脚色行当制,而不是明星制的。新乐府这样的举措引起了大多数"传"字辈的反对,而且矛盾无法调和而致双方决裂,严、陶二位宣布退出,并收回演出行头,演员顾传玠亦于此时离班。1931年4月15日演出结束,"新乐府"宣告停办解散。"传"字辈决定自主组班,推举倪传钺、施传镇、张传芳等为负责人。他们苦心筹款,重置了行头,并更名为"仙霓社",于1931年10月1日宣告成立,首演于上海大世界游艺场。此后仙霓社除继续在上海与苏州演出外,又至昆山、盛泽、青浦、无锡、南京以及杭、嘉、湖等地巡回演出。

1936年农历正月,聘请前鸿福班老艺人汪双全为坐班,转为江湖班。其时,国难当头,政局动荡,经济萧条,民生凋敝,剧团营业不振,演员收入微薄,仙霓社陷入困境。同年六月四日,施传镇不幸在苏州病逝。他不但技艺出众,而且有组织能力,在同辈演员中威信很高。他的死亡如雪上加霜,给仙霓社一个极大的打击。在祭奠他的时候,仙霓社同仁个个心情忧郁,泣不成声。

1937年仙霓社又去上海,在福安公司演出,正是这一年"七·七"抗战爆发,不久,"八·一三"事变,仙霓社千辛万苦所置办的行头全部毁于日本帝国主义的侵略战火之中。在重重困难之下,挣扎苦斗至1942年2月,仙霓社再也无法维持,终于宣告解散。从此"传"字辈艺人被迫脱离昆剧舞台,有的改演京剧、苏滩、苏剧、文明戏,有的以为曲友拍曲教戏为生,有的参加堂名班或当吹鼓手。有的脱离演艺界,还有的生活无着,如赵传珺竟至贫病交迫路毙在上海街头;乐师徐金虎卧轨自杀。

## 八

行文至此,特别应该说到:仙霓社虽已解散,"传"字辈被迫脱离了昆剧舞台,但难能可贵的是,他们对于昆剧的那颗赤诚的心没有改变,把继承昆剧遗产视为自己的责任这一点绝大部分"传"字辈都是终其一生坚守的。只要有机会,他们便会为传承与弘扬昆剧尽心尽力地做奉献。

新中国成立后,迎来了戏曲的复兴,1956年因《十五贯》的演出成功,昆剧成为热点。其时除早期转业的"传"字辈不在其列,姚传湄、顾传玠定居海外不曾归来外,分散各地的23位"传"字辈艺术家无一遗漏地全部回归到了文艺工作岗位上。他们或者任职于戏曲学校,为培养新一代昆剧演员而努力,或则受邀担任如越剧、粤剧等剧团的艺术指导,其任务是用昆剧艺术元素丰富与滋养兄弟剧种,并让演员通过学习昆剧提高其自身的艺术素养。还有几位则应聘参加民族舞蹈的研究与教学工作。这几位虽不在昆剧专业岗位上,但凡有需要都曾为教授昆剧而贡献力量。对于昆剧,他们有信仰、有理想、有使命感,都把传承昆剧视为自己的历史责任,并且当他们进入老年以后都退而不休,发挥余热、终生坚守。尤其令人感动的有沈传芷,他两次中风,留下后遗症,仍拐着腿坚持为学生授戏;沈传琨,癌症晚期,住在医院里,正在输液中的他提出要在这最后的时刻为学生传授行将失传的折子戏,而且态度坚决,终于征得医生许可,教学在病床边进行。这些事都发生在苏州,为笔者所亲见。他们可贵可敬的精神将永远是后人的学习榜样。他们不负当年以"传"字辈所寓的历史使命,这又无疑应归功于传习所的品德教育。

应该引起我们深思的还有:

一个昆剧传习所造就了一代昆剧演员,而且除了早期转业者外可以说个个成材,每一位"传"字辈演员都有相当的艺术造诣,他们都是很好的演员,又都是很好的教师,事实是,每一位"传"字辈演员都有很强的教学能力。这不可能出于偶然,也不是招生时选材特别严格的缘故,而是昆剧艺术体系乃至其教学内容及训练方法的成果。这无疑也是应该继承的宝贵遗产。

## 九

今天不妨做一番逆向思考:假如当年不办这个昆剧传习所,昆剧会怎样呢?大约有一点可以肯定,传统的苏州昆剧早已是历史的陈迹,要保护也来不及了。

难能可贵的正是在那样的时代背景下,先贤们能认识到昆剧的价值,并立志要把这份遗产传承下去,而且做到了。

事实是,对昆剧持否定态度,100多年来作为主流思潮,一直延续到了新中国成立之时也并没有根本改变。"昆剧从总体来说已无存在的价值,从其分体来说,则尚可以用之于滋养其他戏曲剧种。"这便是新中国成立之时戏曲工作的主导思想。直到1956年《十五贯》演出成功,周恩来总理说了"一出戏救活一个剧种"这句话之后,昆剧才有了转机。为什么是"救活"?当然因为昆剧已经"垂死",而且似乎已经放弃"抢救",只准备将其"有用器官移植"给别人了。《十五贯》的成功证明了昆剧从总体上来说依然有存活的价值,而且作为一个剧种仍具活力。《十五贯》一下子改变了人们对昆剧的认识,所以说是《十五贯》"救活"了昆剧。当时引出的结论是:昆曲只要沿着《十五贯》的经验继续走"古为今用"之路,便可以在新时代重获生机,而且前程远大。当时的认识还并不是从昆剧遗产本身所具的全部价值来肯定昆剧的,所以那时虽也提出继承遗产的重要性,但继承的目的是给改革提供可利用的材料,继承只是手段,改革才是目的之所在。昆剧必须改革,又成为当时昆剧工作的主导意见。

接着而来的是"文化大革命",昆剧作为封建主义文化的代表,被归入了"历史的垃圾堆"。

历史进入改革开放时代,昆剧才重又得到了新生。

## 十

直到人们处于经济全球化大趋势面前时,才更加觉悟到文化多样性的重要意义。世界文化的多样性是建筑在充分发挥各民族文化的独特性的基础之上的。没有独特性便没有多样性,而正因其独特性,各民族才对人类文化宝库的丰富性做出了贡献。而归根到底,民族的独特性离不开民族文化的独特性为支持。

然而,在经济全球化的过程中,世界各民族的许多文化遗产正面临消亡的危险。

联合国教科文组织设立"人类口述和非物质遗产代表作"项目正是以"保存文化特异性永久不灭为宗旨"的。而"杰出的文化代表性"和"亟须保护的紧迫性"又是"进入名录必须兼备的条件"。其目的就是鼓励各国政府、非政府组织及各地方团体鉴别、保护和利用口述和非物质文化遗产。因为这些遗产是世界各国人民的智慧的结晶,唯有这些文化遗产得到保护,才能够确保人类文化特性和多样性得以不灭。

昆曲被列入首批名录,表明昆曲的价值得到肯定,自此,昆曲将受到联合国《保护非物质文化公约》的保护。在《公约》中,"保护"是指对遗产全方位的"确认、立档、研究、保存、保护、宣扬、弘扬、传承和振兴"。

从"昆剧已无保留价值,应该扫进历史的垃圾堆",到"昆剧应该保存"并将受到联合国《保护非物质文化公约》的保护,曾几何时,消灭昆曲是"革命行动",现在又一变而为破坏昆曲遗产将成为历史罪人,真可以说是天翻地覆的大转变了。

经过100多年的风风雨雨,昆剧终于熬出头了。此时此刻,回顾往事,不得不钦佩前贤们的真知灼见和实干精神。他们在根本没有政府支持更谈不上联合国的支持的情况下,完全依靠民间自发的力量,办起了昆剧传习所。今天联合国《保护非物质文化公约》要求对昆曲遗产进行全方位的确认、立档、研究、保存、保护、宣扬、弘扬、传承和振兴,早在1921年之时他们已尽力去做了。他们的有效工作,把发源地在苏州的昆剧遗产从濒临灭绝的险境中挽救了过来。

不妨再做一个逆向思考:假如当年不办这个昆剧传习所,那么昆剧的场上艺术即使不曾完全灭绝,也已基本上不存在了。又假如办这个昆剧传习所的指导思想不是认真地把传统剧目的舞台艺术一出出继承下来,而是把精力投放在走向时尚化、大众改革上面,结果又会是什么呢?大约有一点是可以肯定的:遗产大量流失,昆剧已经不姓昆了。

**附记:**

传习所开办时原定招生30人,但仅得25人,不曾满额。穆藕初加入后,原定扩招为50人,但直至1927年也不曾满额,仅续招到19人,所以得"传"字辈排名者总共为44人,尚缺6名①。现列表如下:

1921年入所者:

顾传玠(1910—1965)(1931年新乐府停办时告别舞台,后定居我国台湾)

周传瑛(1912—1988)

赵传珺(1904—1942)(原名钧,后转生行而改珺)

朱传茗(1909—1974)

张传芳(1911—1983)

华传萍(1911—1939)

---

① 凡在新乐府及仙霓社演出中,原非传习所成员,受邀参加,而临时亦冠名"传"字者,有沈盘生等,均不计在内。

姚传芗(1912—1996)(仙霓社解散后一度转业离开文艺界,新中国成立后归队)

刘传蘅(1908—1986)

王传蕖(1911—2003)

马传菁(1909—1972)

龚传华(1911—1932)

沈传琨(1911—1987)

邵传镛(1908—1995)(仙霓社解散后一度转业离开文艺界,新中国成立后归队)

周传铮(1904—1977)

郑传鉴(1910—1996)

包传铎(1911—1997)(1936—1944年一度转业以画绣稿为生,后参加国风苏剧团)

屈传钟(1912—1940)(1930年因犯班规除名,离开新乐府转业)

沈传锐(1909—1924)

王传淞(1906—1987)

顾传澜(1912—1939)

张传湘(1905—?)(学艺不成,改事文书。1929年转业)

姚传湄①(1909—?)(1940年改搭京班赴南洋演出,后定居海外)

华传浩(1912—1975)

周传沧(1912—1990)(仙霓社散班后一度在上海摆拆字摊糊口)

徐传溱(1901—1942)(因吸毒于1926年被除名,1933年又重搭仙霓社)

1922年入所者:

顾传琳(1908—1931)

沈传芷(1906—1994)

金传铃(1904—?)(1924年因偷窃被除名,后情况不详)

施传镇(1911—1936)

倪传钺(1908—2010)(仙霓社解散后一度转业离开文艺界,新中国成立后归队)

蔡传锐(1904—1937)(带艺入所。笛师)

1923年入所者:

方传芸(1913—1984)

沈传芹(1909—1952)

薛传钢(1910—1990)

汪传铃(1911—1958)

袁传蕃(1911—1974)

1924年入所者:

沈传球(1913—?)(1932年离班求学,后转业报界)

史传瑜(1913—1933)(1931年转业报界)

华传铨(1914—1931)

章传溶(1914—1941)(1931年冬转业电话局)

1926年入所者:

吕传洪(1917—?)

陈传琦(1916—1936)

1927年入所者:

陈传黉(1916—?)(1935年转业银行工作)

陈传镒(1916—?)(1928年4月离开新乐府,转业情况不详)

(以上据沈传芷、王传蕖、倪传钺口述材料整理)

---

① 20世纪60年代初,曾得夏衍同志关心,通过外事部门获知姚传湄时定居柬埔寨金边,并已取得联系,准备动员其回国传艺,奈因"文化大革命"开始而未果。

# 明清浙江家族祭会演剧考论

杨惠玲

明清两代,家族祭祀活动名目繁多。除了全族男性都须参加的祭祖仪式,还有部分族人自发组织祭会,在先辈或某些神祇的诞辰、部分时令节日设祭,以补大型仪式之不足。从笔者掌握的资料来看,浙江、江西、湖南、安徽和湖北等地都曾活跃着一批家族祭会。其中,浙江比较集中,祭会的演剧活动也更常见。本文将主要考察浙江家族祭会演剧的由来、组织形式、规制及其作用与影响等,旨在把握家族文化和昆曲艺术的互动关系。

## 祭会的组织结构与形式

据笔者在上海图书馆查阅的资料,从明万历年间到清末,绍兴、宁波和湖州等地有 11 个家族先后组织 39 个祭会。另外,《(江山)邑前毛氏宗谱》目录记载卷九〇有《亲贤会田》《邑前毛氏重建报功会记》《崇德会田》《文昌会田》《永思会田》和《亲睦会田》等,知衢州江山邑前毛氏曾组织 7 个祭会。由于该谱卷九〇已佚,其详情无法得知,暂不列入。

上述 11 个家族中,鄞县屠氏、山阴阳川孙氏和余姚兰风魏氏最为典型。屠氏创立过 6 个祭会,其中,岳降会和嵩生会的历史最悠久。明万历四十一年(1613),由屠孝溥倡议,一批族人捐资成立岳降会,"置有祀田祀屋,岁收其息",用于每年九月二十五日屠滽①诞辰的祭祀。"自后世远年湮,不肖辈渐就侵蚀,递及乾隆二十九年,会中十去其五",难以为继。"自强等又集同志者十一人另集是会,更名嵩生"。②据《甬上屠氏宗谱》卷三五的《(嵩生会)会则》和《(嵩生会)祭文》,嵩生会在民国仍有活动。孙氏先后创办 11 个祭会,其中,文昌会最为隆重。在清康熙、雍正年间,孙氏旧有文昌、武帝二会,"缘祀产无多,租息微薄,难伸尽物之诚"。雍正七年(1729),30 位孙氏族人与 5 位同里王姓"各捐资一两二钱,续增一会,即交司事之人生息置产"。该会将会员分成五扇,轮流主持文昌帝诞辰的祭祀。嘉庆十八年(1813),又有 20 位族人捐资入会。③据此推测,该会很可能延续到清末。据《(余姚)兰风魏氏宗谱》卷三,该族于清乾隆、道光和同治年间相继成立了新老特祭会、新老灯祭会、新老蒸祭会、宗报会和宗德会等 8 个祭会,于冬至和元宵节祭祀会员的祖、父与始祖等。另外,宁波的姚南丁山方氏,湖州的吴氏,上虞的驿亭李氏,山阴的张川胡氏和水澄刘氏,余姚的杨氏,四门谢氏和北城邹氏等亦设有祭会。

上述祭会部分设有会长或掌事,主要依靠会则进行管理。会则由成员公议决定,内容主要有以下四点:第一,入会与退会:入会途径一般是捐资,或交纳会费,是否加入多由族人自行决定。至于退会,部分祭会不允许;有的要求另找族人顶替;有的允许退出,却不退还会费;允许退会,又退还部分会费的只是个别。第二,会员的权利与义务:权利主要是祭毕享餕,而义务则是按时参加祭祀,态度认真、恭敬,如有违背,须交纳罚金。第三,会产的管理:族人的捐资和会费是祭会的公产,会员推选专人经营,或交与宗祠置产生息,不能私相授受,也不能挪用。如违规,则处以罚金。第四,祭祀仪式一般由会员轮流主持,参与者一般限于会员,有的祭会也邀请族长或其他尊长参加。当值者须提前开始各项准备,包括领取经费,告知会员和族人,打扫祠堂,清洁祭器,摆放香案,准备祭品和酒席,张灯结彩,约请戏班并选定戏码等。

由上可知,家族祭会以族人捐资、纳费为基础,以举办祭祀仪式为目的。一般说来,祭会的组织结构和形式具有以下三点特征:其一,主要由本族子弟组成,偶尔也杂入同里异姓,人数由 10 余人到数十人不等。有的祭会以扇为单位,分为几个分部。其二,就性质来说,祭会是家族内部自发组织的团体,有相当程度的自发性、自主性和公共性。族人多自愿加入,会中事务往往通过公议裁决,如有重大决定,也须知会族人。不过,族人一旦入会,须接受会则的约束。其三,祭祀仪式由会员轮流操办,所需经费由祭会提供。总之,家族祭会是家族内部从事祭祀的组织,拥有固定的公产,组织和管理都比

---

① 屠滽(1440—1512),字朝宗,号丹山,屠氏七世祖,明成化二年(1466)登进士第,官至太子太傅,吏部尚书兼左都御史,谥襄惠。
② 张美翊:甬上屠氏宗谱[M].民国八年(1819)木活字本(卷三五《(嵩生会)会则》)。
③ 孙循诚:(山阴)阳川孙氏宗谱[M].清道光十年(1830)刻本(卷二七《文昌会序》《(文昌会)祭文》)。

较严密。

## 祭会演剧的组织形式和规制

上文提到的39个祭会中,明确记载曾演剧的有21个,约占总数的54%。可见,祭会演剧相当普遍,值得关注。由于存在较强的依附性,祭会演剧的形式及规制在很大程度上取决于祭会,同时与仪式和民俗有着非常密切的关系。

不少祭会明文规定须搬戏致祭。屠氏《嵩生会序言》云:"于公(屠浦)生甲之辰则演梨园以致祝。"屠氏《一阳会)会则》云:"是会限定冬至前后五日鼓乐祭奠,演剧日夕。"孙氏文昌会"向于诞辰三五日前预庆,排设供筵,悬灯结彩,演戏必上三班,致祭必三献礼";而土谷神、土谷夫人神会、新老子母神会和武帝会亦"演戏设祭,以申庆祝"。①魏氏新老特祭会、新旧灯祭会、宗德会和宗报会等也须"演戏致敬"。②还有不少祭会,虽无明文规定,但演戏已成惯例。山阴水澄刘氏的扇会在忠显公③诞辰"演剧致祭,盛极一时"。④余姚四门谢氏的保泰会专事祭祀龙王,"时附日戏一台"。⑤宁波姚南丁山方氏的戏文会于每年冬至"执赛谢神敬祖之戏"。⑥

有关演戏的大小事宜一般由祭会决定,交给当值者操办。祭会的规定主要有三点:一是"演戏须上三名班",并按照名班的戏价拨给当值者经费。"如定低班,将缺减之数加倍处罚。"⑦"上三名班"指的是演艺精,名气响,在当地名列前茅的上等戏班。二是"禁演淫戏"。⑧三是部分祭会对族中的领导层乃至参加演剧的优伶也有要求。《(宁波)姚南丁山方氏宗谱》卷二二《宗事纪实》载,由于演戏意在敬祖,在最后一夜,戏文会"务须恭请宗房长、绅董、执事人等入祠拜谒,行九献、九叩大礼"。伶人亦须入祠参谒,"戏毕,宗房长、绅董及有功赏者享馂"。可见,祭会演剧兼具仪式性和娱乐性,对戏班和剧目都有要求,娱乐和教化二者并重。

当值者须做的事主要有三件:第一,向掌事或会产经理人支取戏金。戏金由祭会提供,包含在拨给当值者的经费中。至于戏金的多少,只有谢氏的保泰会明确规定每年"贴首家戏价钱六千文"。⑨按相关资料估计,六千文等于六贯钱,或称六吊钱。由于演戏的开支较大,恐当值者蒙受经济损失,故而有贴补之举。《(宁波)姚南丁山方氏宗谱》卷二二《宗事纪实》载,戏文会的各项支出"均照时价销算"。可见,戏金很可能以行情价估算,戏班演艺的高低和名气的大小也是影响戏金的因素,名班索要的戏金比较高。第二,选定戏班与戏码,通知族人和会员。《(嵩生会)会则》云:"每岁亘于九月二十五日演戏庆祝,当办者于十日前在门首标红一张,在会子姓各分纠纸。"演戏前,当值者必须定下戏班和戏码,并在祠堂大门张贴用红纸书写的海报,知会族人。同时,还须将有关信息抄写若干份,分送会员手中,以示尊重。第三,接待戏班,并给付戏金或其他报酬。

由于具有稳定的经济基础,祭会演剧延续的年限大都比较长。据《甬上屠氏宗谱》卷二五《文学渐水公传》,屠氏岳降会和嵩生会的演剧活动至少坚持了近三百年,其他祭会也大多延续了数十年以上。不同的祭会,演剧的日期各不一样,屠氏是每年九月二十五和冬至的前后五日;孙氏分别是正月初四、正月初六、二月初三、二月十九和五月十三;魏氏是元宵和冬至前后;方氏是夏至、中元节和冬至,其中,"(冬至节)其戏或三夜,或二夜,随花息支用,定期不出十月二十九日"⑩;谢氏"每年三月择日治斋",演剧致祭⑪;多数祭会,如屠氏的嵩生会、一阳会,魏氏的宗报会、特祭会等,明确要求演戏两本,昼夜相继。可见,祭会演剧相当繁扰、活跃,正月和冬至最兴盛。

演戏地点以宗祠和神庙为主。《(鄞县)北渡孙氏宗谱》卷二一云:"元旦次一日,应祀人等备牲醴,张鼓乐于庙,迎境主与龙神,后先演剧于祠。"余姚梅川沈氏认为:

---

① 孙循诚:(山阴)阳川孙氏宗谱[M].清道光十年(1830)刻本(卷二七《文昌会》《子母会》等)。
② 魏鼎三等:(余姚)兰凤魏氏宗谱[M].清光绪四年(1878)木活字本(卷三《新特祭会碑记》等)。
③ 刘翰(1067—1127),字仲偃,崇安(今福建武夷山市)人,宋哲宗元祐九年(1094)进士,宣和初知越州,后京城四壁分御史。京城不守,遣使金营,不屈而死,年六十一,谥忠显,《宋史》卷四四六有传。山阴水澄刘氏以刘翰为远祖,故而设祭奉祀。
④ 刘应桂等:(山阴)水澄刘氏家谱[M].民国二十二年(1933)铅印本(卷一一《典礼志五续编》)。
⑤ 谢联璠、谢存:堂简明谱(不分卷)[M].民国八年(1919)木活字本(第五册《祀事项记》)。
⑥ 方正等:(宁波)姚南丁山方氏宗谱[M].民国十年(1921)木活字本(卷末《家礼志略》)。
⑦ 张美翊:甬上屠氏宗谱[M].民国八年(1819)木活字本(卷三五《嵩生会)会则》)。
⑧ 张美翊:甬上屠氏宗谱[M].民国八年(1819)木活字本(卷三五《一阳会)会则》)。
⑨ 谢联璠、谢存:堂简明谱(不分卷)[M].民国八年(1919)木活字本(第五册《祀事项记》)。
⑩ 方正等:(宁波)姚南丁山方氏宗谱[M].民国十年(1921)木活字本(卷末《家礼志略》)。
⑪ 谢联璠、谢存:堂简明谱(不分卷)[M].民国八年(1919)木活字本(第五册《祀事项记》)。

"祠中以诚敬为主,我姚俗例演优,转致人众扰攘,喧哗达旦。"①《(光绪)慈溪县志》卷五五"冬至"条引《鄞县志》云:"巨族有宗祠者,洁牲醴以祀其先,用乐演剧。按语:'此亦鄞慈同者'。"可见,宗祠演剧是最常见的。另外,土谷神及夫人、观音、文昌帝和武帝等都有专门的神庙,演剧活动多在庙中戏台进行。由于演出地点是具有公共性的宗祠或神庙,演出前当值者张贴红纸广而告之,少数祭会又杂有同里异姓,因此,观众应该不限于会员和族人,异姓乡邻也很可能获许观看。

祭会演剧一天往往要演两本。从祭会大多延续了数十年的情况来看,剧目应该相当丰富,可惜相关资料都没有具体的记载。上述屠氏祭会禁演淫戏,《(余姚)毛氏永思堂族谱》卷首制定于清乾隆八年(1743)《大宗祠规例》云:"宗祠演戏侑神,以忠孝节义等剧为主。若佻达奸邪之类,非所以敦教化厚风俗也,当重戒之。"浙江遂昌县东乡项氏宗祠分别于清乾隆五十七年(1792)、道光二年(1812)、道光十二年(1822)请戏班演出《十义记》。②该戏演唐时韩朋夫妇因拒黄巢而遭难,张义、韩福等10人仗义相救,最后全家团聚。项氏屡次演出这一剧目,显然是为了培养族人的道德观念。《(宣统)诸暨县志》卷一七《风俗志》"社日"条云:"祠庙社戏,多演《琵琶记》。"据此推测,表现忠孝节义的作品应相当常见。会稽陶奭龄在《小柴桑喃喃录》卷上曾对晚明家族演剧的现状深为不满,认为《西厢记》《玉簪记》"诸淫媟之戏,亟宜放绝"。山阴刘宗周和桂林陈宏谋分别在《人谱类记》"记警观戏剧第四一"和《五种遗规》"训俗遗规"卷二中引用了他的评论:"近时所撰院本多是男女私媒之事,深可痛恨,而世人喜为搬演,聚父子兄弟,并帏其妇人而观之。见其淫谑亵狎,备极丑态,恬不知愧,此与昔人使妇女裸逐何异?曾不思男女之欲如水浸灌,即日时防闲,犹时有渎伦犯义之事,而况乎宣淫以道之!"陶奭龄和刘宗周是浙江人;陈宏谋于清雍乾年间历任浙江道御史等职,比较了解浙江的民情风俗。可见,才子佳人戏也应该为数不少。

至于剧种,应该是昆曲占主导。《余姚孙境宗谱》卷四《宗事记》云:"清明、冬至两祭演戏改议,不拘昆调或用乱弹。"但"用乱弹班者,不给戏钱,即将十千戏钱现缴归公,付殷实家出息,以备公用;其有虽系昆调,而陋劣不堪及初习小班,公议给费外,余钱仍贮公家"。原则上允许演出昆曲以外的戏码,却不给予经济上的支持,而演出昆曲,则贴补当值者戏钱十千文。据此可知,祭会演剧应以昆曲为主。

由上可知,家族祭会对演剧的影响主要有四点:第一,赋予演剧敬祖酬神的功能。第二,将演剧作为仪式的一部分写入会则,在一定程度上使之制度化。第三,提供必要的经济支持。欧阳光和黄爱华的《明清时期乡村演剧戏资体制初探》指出乡村演剧筹集戏资的方式主要有四种,即临时募集(包括摊派、捐赠和罚缴等)、定额定期摊派、村社轮流和置办固定戏田等。祭会演剧的集资方式与这四种都有明显的不同,独具特色。第四,对剧种、戏班和剧目提出要求,使演剧兼具仪式性和娱乐性,又负有教化之责,实现了娱神、娱人、育人三者的结合。

## 祭会演剧的作用和影响

演戏历来被视为诲淫诲盗、铺张浪费之举,不少家族明令禁止或加以限制。《甬上屠氏宗族》卷首的《宗约》和《续定宗约》对唱歌、演戏设定了不少限制;山阴水澄刘氏主张诵读古诗歌以代替演戏,规定"凡宴会禁梨园,尤禁庙中梨园宴会"。③刘宗周在《人谱类记》"记警观戏剧第四一"中指出:"梨园唱剧,至今日而滥觞极矣。然而敬神宴客,世俗必不能废。"刘宗周对演剧成风颇不满,但又不得不承认敬神宴客的必要性。禁止、限制演剧的家规显然没有严格执行,笔者认为原因主要在于演剧能起到多重文化功能。

演剧能起到多重作用的基础在于礼乐传统。"礼"在本质上是一种制度,其功能是规范和教化。"乐"是各种仪式中所用的音乐、舞蹈,其功能在于熏陶、调节。明清两代,人们多将戏曲归于"乐"的范畴。明代程羽文在《盛明杂剧·序》中指出:"曲者,歌之变,乐声也;戏者,舞之变,乐容也。皆乐也,何以不言乐?"④这一观点很有代表性,实际上承认了戏曲在家族文化中的合理性和合法性,"凡敬祖之礼,莫大乎演剧"的观念深入人心。⑤而且,不仅要演剧,还要定名班、演好剧。在人们心目中,昆剧优美、典雅,优于各地方戏。祭会演剧中,昆剧

---

① 沈蕃等:姚江梅川沈氏宗谱[M].清咸丰十一年(1861)木活字本(卷六《宗规》)。
② 中国戏曲志编辑委员会:中国戏曲志(浙江卷)[M].北京:中国ISBN中心,1997年,第667—668页。
③ 刘应桂等:(山阴)水澄刘氏家谱[M].民国二十二年(1933)铅印本(卷一一《宗祠教约》)。
④ 蔡毅:中国古典戏曲序跋汇编(第一册)[C].济南:齐鲁书社,1989年,462页。
⑤ 黄仰锡:(余姚)孝义黄氏宗谱(孝集)[M].民国二十五年(1936)木活字本(《公定条约》)。

之所以占据主导,主要原因即在于此。

受此传统的影响,不少家族"礼""乐"并用,建构了两重相辅相成、互为补充的文化空间。家族仪式建构的文化空间以族谱为根基,以宗祠和祖坟为支柱,以仪式为主要的活动形式。各种仪式中,在尊长的带领下,族人聚集在宗祠,祭拜祖先,诵读家谱,尤其是家规族约,了解本家族的历史和传统,认识其他各派、各房。通过不断重复,族人牢牢地树立起家族观念,家族的凝聚力无形中得到提升和强化。由于仪式重在规训和宣告,有一整套严格、固定的礼仪程序,场面庄严、肃穆,时间长,娱乐功能弱,需要建构另一重文化空间来支持、补充。这一文化空间是在演剧活动中建构起来的,由观众、剧中人物和优伶组成,依托于戏台与剧场,既存在于现实之中,又超脱于现实之外,具有相当灵活的弹性,能发挥多种文化功能。首先,演戏能敬祖、娱神,以申报本追远之思;其次,演戏能寄托族人的心愿,祈求祖先和神灵的庇护。以孙氏为例,孙氏的11个祭会中,与文教和科举密切相关就有文昌会、魁星会和新老字纸会,文昌会仪式最为隆重,字纸会成员多达64人,财力雄厚,魁星会也较受重视。由此可知,孙氏致力于祭祀,也是为了寄托人才辈出、光耀门楣的诉求。最后,演戏能满足族人的娱乐需求,保证仪式的顺利完成,发挥睦族、收族的作用。《(山阴)水澄刘氏家谱》卷一一《宗祠教约》谈及演剧的作用时引"崇祯甲戌旧规"云:"遇大庆宴会于家庙,聚客七八十人,非梨园不镇嚣压俗。"按,甲戌,明崇祯七年(1634)。由于参加仪式的人多,时间长,必须借众人共同喜爱的娱乐活动来提高族人的参与热情,维持现场秩序,稳定人心,此即"镇嚣压俗"的含义。可见,演剧不是可有可无的点缀,而是能起到重要作用,是仪式的一部分。

上述两重文化空间,第一重是基础,而第二重是延续和补充。没有前者,后者失去了依托,显示不出足够的重要性;而没有后者,前者的功用不能充分有效地发挥。所以说,这两重空间互相依存,都不可缺少。正因为能起到多重作用,祭会演剧才广为流行,即便明令禁戏的家族也不得不对它亮起了绿灯。

祭会演剧不仅促进了家族的文化建设,同时也有益于昆曲艺术的繁荣,其推动作用可从以下四个方面来认识:第一,家族祭会每年都能提供大量的演出机会。明清两代,浙江一带家族繁庶。祭祀和演剧之风又很盛行,组织祭会并定期演剧的家族应该不在少数。上述11个家族,其祭会有演剧之举的就多达7个。《(同治)嵊县志》卷二○"社日"条云:"用牲醴延巫祈于社庙,谓之'烧春福'。巨族演戏先后,不以期限。秋报亦如之。"《(光绪)镇海县志》卷三"冬至"引《(雍正)宁波府志》云:"各家具香烛以祀神祇,其大族宗祠亦有演戏,用鼓乐,具牲醴以祀者。"可见,在春秋社日和冬至,家族演剧活动相当普遍,其中一部分很可能是由祭会组织的。据此估计,祭会提供的演出机会相当可观。而需求量大,演出市场就大,势必催生一大批戏班和艺人,为昆曲艺术注入强劲的动力。第二,多数祭会明确要求约请名班,导致竞争更为激烈。戏班必须在两个方面下足功夫,才能在众多的戏班中脱颖而出,获得被挑选的资格,从而在演出市场占有一席之地,并不断扩大份额。这两个方面,一是演艺,力争行当齐全,聘请或培养名角,促使伶人努力提高唱、做、念、打的功夫,化妆、服装和砌末也不能忽视;另一是剧目,戏班在熟练掌握一大批流行剧目的同时,还须不断排演新剧,才能保持并增强其号召力。冯梦龙《永团圆·叙》(墨憨斋订本)云:"初编《人兽关》盛行,优人每获异稿,竞购新剧,甫属草,便攘以去。"钱谦益《眉山秀·题词》云:"元玉言词满天下,每一纸落,鸡林好事者争被管弦。"吴禹洛《梅花簪·序》云:"稿甫脱,即为名优购去,被诸管弦。"①戏班不惜重金争先恐后地购买名家新剧,当然不一定是专门为祭会演剧做准备,但打出新剧的名号能有效地提高竞争力,却是可以肯定的。第三,祭会演剧频繁,不仅提高了对新剧目的需求量,同时也对题材和内容提出了要求。明、清两代传奇创作非常繁荣,涌现了大量伦理剧,祭会演剧在一定程度上起到了推动作用。第四,活跃的祭会演剧有助于观众的培养。这些观众的爱好、情趣各不相同,或喜欢某一题材的剧目,或追捧某个戏班,或痴迷于某个名角。他们分别属于各个家族,影响着身边的亲友,形成一个个小圈子。这些圈子又互相作用,形成了浓厚的氛围,促使演剧之风持续高涨。观众是戏曲生存并发展不可缺少之基础,祭会演剧显然有利于这一基础的巩固。总之,家族祭会演剧在拓展演出市场、班社建设、新剧创作和观众培养等方面都起到了推动作用,其贡献不容忽视。

综上所述,作为大型祭祀仪式的补充,祭会有效地发挥了敬祖尊宗、睦族合族的作用,有利于共同体的凝聚。因此,从根本上来说,成立祭会是为了满足家族文化建设

---

① 蔡毅:中国古典戏曲序跋汇编(第三册)[C].济南:齐鲁书社,1989年,第1467页、第1470页、第1686页。

的需要;另一方面,祭会为昆曲提供了大量的演出机会,有力地促进了昆曲艺术的繁荣。可见,家族文化和昆曲艺术互相影响、推动,成为文化史上一道独特的风景。

**附表:明清浙江家族祭会一览表**

| 祭会 | 家族 | 成立时间 | 祭祀活动 | 材料出处 |
| --- | --- | --- | --- | --- |
| 岳降会 | 鄞县屠氏 | 明万历四十一年(1613) | "每岁亘于九月二十五日演戏庆祝" | 《甬上屠氏宗谱》(民国八年修)卷35《嵩生会序》 |
| 嵩生会 | 同上 | 清乾隆二十九年(1764) | 同上 | 同上 |
| 辉映社 | 同上 | 清道光元年(1821) | 于九世祖屠大山诞辰、十世祖屠献宸忌日设祭 | 同上《辉映社会序》 |
| 冬至会 | 同上 | 清道光二年(1822) | 冬至祭祖 | 同上《冬至会序言》 |
| 中元会 | 同上 | 清咸丰八年(1858) | 中元节祭祖 | 同上《中元会序言》 |
| 一阳会 | 同上 | 清光绪十八年(1892) | 冬至前后设祭演戏 | 同上《一阳会序言》 |
| 老文昌会 | 山阴阳川孙氏 | 清康熙年间 | 于文昌帝诞辰(二月初三)设祭 | 《阳川孙氏宗谱》(清道光十年修)卷27《文昌会序》 |
| 老武帝会 | 同上 | 清康熙年间 | 于武帝关羽诞辰设祭 | 同上 |
| 土谷神会 | 同上 | 清康熙四十九年(1710) | 于土谷神诞辰(正月初四)"设供筵,陈俳优,以申庆祝" | 同上《供会碑记》《土谷神会序》 |
| 土谷夫人神会 | 同上 | 清雍正七年(1729) | 于土谷神夫人诞辰(正月初六)演剧致祭 | 同上《土谷夫人神会序》 |
| 文昌会 | 同上 | 清雍正七年(1729) | 于文昌帝诞辰"演戏庆祝" | 同上《文昌会序》 |
| 武帝会 | 同上 | 不详 | 于关羽诞辰演剧致祭 | 同上《武帝会序》 |
| 字纸会 | 同上 | 清乾隆二十二年(1757) | 收化字纸,以示惜字之意,又称敬惜会 | 同上《武帝会序》《字纸会序》 |
| 子母会 | 同上 | 清嘉庆二年(1797) | 于观音诞辰(二月十九日)"演戏致祭,以申庆祝" | 同上《子母会》 |
| 新子母神会 | 同上 | 不详 | 于观音诞辰演戏致祭 | 同上 |
| 魁星会 | 同上 | 清道光元年(1821) | 于魁星诞辰(四月初一)设祭 | 同上《魁星会》《魁星神会序》 |
| 新字纸会 | 同上 | 清道光九年(1829) | 同老字纸会 | 同上《新字纸会启》 |
| 特祭会 | 余姚兰风魏氏 | 清乾隆五十六年(1791) | "于祠内大祫之第三日演剧设筵","以祀其祖与父" | 《(余姚)兰风魏氏宗谱》(清光绪四年修)卷3《特祭会碑记》 |
| 灯祭会 | 同上 | 清道光十三年(1833) | "吾祠元宵良辰,向有新老灯祭两会演戏肆筵" | 同上《灯祭会》 |
| 新灯祭会 | 同上 | 清咸丰四年(1854) | "于老灯祭后张灯奏乐" | 同上《新灯祭会》《宗报会碑记》 |

续表

| 祭会 | 家族 | 成立时间 | 祭祀活动 | 材料出处 |
| --- | --- | --- | --- | --- |
| 宗报会 | 同上 | 清同治三年（1864） | 元宵设祭，昼夜演戏两台 | 同上《宗报会碑记》 |
| 新特祭会 | 同上 | 清同治八年（1869） | "每届冬至于老特祭后演戏致敬" | 同上《新特祭会碑记》 |
| 宗德会 | 同上 | 清光绪四年（1878） | "每年冬至及春正两节在祠祭祖"，"日夜配享，筵宴演剧" | 同上《宗德会碑记》 |
| 蒸祭会 | 同上 | 清嘉庆十五年（1810） | "每岁公戏后，另立始祖神位于中堂"，演剧祭祖 | 同上《蒸祭会碑记》《新蒸祭会碑记》 |
| 新蒸祭会 | 同上 | 清道光十四年（1834） | "凡款式条规，尽如老会" | 同上《新蒸祭会碑记》 |
| 惜字会 | 湖州吴氏 | 清光绪年间 | 收化字纸，以示惜字之意 | 《吴氏宗谱》（清光绪三十二年修）第六册《惜字会规条》 |
| 文昌社 | 山阴张川胡氏 | 清顺治十三年（1656） | 于文昌帝诞辰设祭 | 《（山阴）张川胡氏宗谱》（清光绪三十一年修）卷39《文昌社序》 |
| 土谷会 | 同上 | 不详 | 于土谷神诞辰设祭 | 同上卷37《田产》 |
| 五忠祠会 | 山阴水澄刘氏 | 清乾隆三十五年（1770） | 于忠显公忌日（正月十六日）设祭 | 《（山阴）水澄刘氏家谱》（民国二十二年修）卷11《五宗祠祭典》 |
| 扇会 | 同上 | 清乾隆年间 | 于忠显公诞辰（八月十二日）设祭，"值年者向掌事支领息金，演戏致祭，盛极一时" | 同上《五宗祠祭典》 |
| 宗会 | 同上 | 清雍正年间 | 于正月二十五日祭扫始祖墓 | 同上《宗会祀典典》 |
| 亲贤会 | 同上 | 清道光八年（1828） | 于忠介公刘忠周忌日（闰六月初八）与清明前三日设祭 | 同上《亲贤会祀典》 |
| 冬祭会 | 上虞驿亭李氏 | 清同治九年（1870） | "演戏虽不限期，要不逾十一月内" | 《（上虞）驿亭李氏宗谱》（清光绪三十四年修）卷2《冬祭会引》 |
| 新冬祭会 | 同上 | 清光绪十年（1884） | 祭祀会员曾祖 | 同上《新冬祭会引》 |
| 锭会 | 余姚杨氏 | 清同治末年 | 有会田20多亩，用于祭祖 | 《余姚杨氏宗谱》（民国十年修）卷10《杨宗祠锭会序》 |
| 戏文会 | 宁波姚南丁山方氏 | 不详 | 夏至、中元节与冬至演剧祭祖 | 《（宁波）姚南丁山方氏宗谱》（民国十年修）卷22《宗事纪实》、卷末《家礼志略》 |
| 保泰会 | 余姚四门谢氏 | 不详 | 三月择日祭祀龙神，白天演戏一台 | 《谢存著堂简明谱》（民国八年修）第五册《祀事琐记》 |
| 香烛会 | 余姚北城邹氏 | 清光绪年间 | 每月朔望至祠谒祖，正月初一与元宵最隆重，元宵需唱班五名 | 《（余姚）北城邹氏宗谱》（清光绪六年）卷2《宗祠香烛会序》 |
| 锭会 | 同上 | 清光绪六年（1880） | 八月二十六日祭祖，需唱班五名 | 同上《宗祠锭会序》 |

# 江南园林雅集与晚明戏曲的繁荣[①]

董 雁

晚明戏曲繁荣的一个显著现象是随着园林兴造之风的盛行,士人以园林雅集作为习常的形式躬践戏曲艺术。其时,江南精通音律的士人几乎都曾主持或参与过园林声伎活动,在园林这一胜境中他们风雅相高,声气相求,戏曲活动甚为兴盛。这成为晚明戏曲繁荣的一个直接动因。在考察晚明戏曲发展、繁盛的现象和原因时,江南士人的园林雅集现象应纳入我们的视野。

## 一、江南园林的兴建与士人园林雅集的兴盛

明初处于经济休养生息时期,世风较为淳朴节俭,政府对百官士庶的家宅庭园建制有严格的管制,故而即使是富厚之家,亦是"多谨礼法,居室不敢淫","其时大家鲜有为园囿者"[②]。但从明中叶始,在经济迅速发展的背景下,兴造园林的管制禁令渐受挑战,名公显贵、富商大贾竞筑园林,整个社会一改明初单纯质朴的面貌,呈现出一幅色彩斑斓的生活图景。

江南致仕绪绅是一个庞大的士人群体,他们退离官场,适意园亭,正可消解岑寂、陶冶性情。苏州人王鏊于明正德四年(1509)以武英殿大学士致仕,告老还乡后蛰居苏州东山,建有"招隐园""怡老园";长洲人申时行系明万历朝首辅,卸职归乡后亦是大造园亭,名为"乐圃"。园林成为江南致仕缙绅高枕无忧、修身养性的诗意处所。江南地区还有众多精于艺事的不仕文人,他们家底殷厚且无意举业,在很大程度上摆脱了体制的羁绊,将园林作为另类人生情境,借园林雅集尽展闲情余技,以此安身立命,如苏州吴县人唐寅30岁时受科场舞弊案牵连被黜后在苏州城北桃花坞建造了一所幽静清雅的园林;山阴人张岱一生不仕,喜结交天下名士,其私家园林"不二斋"中的"云林秘阁"是当时山阴枫社的雅集之地。而对于那些中年落职的江南解缓官员来说,园林作为生命的另一种寄托,个人可以在此天地中尽情舒展心性,挥洒别样情怀。嘉靖时,上海人潘允端任四川右布政使,因遭政治排挤而解职,归乡后以愉悦老亲为名修筑"豫园"。万历时,华亭人陆树声任礼部尚书,为人淡泊名利,屡次辞官,后在松江城北门外造为"愉怿心志,寄耳目之适"[③]的"适园"。

江南士人园林的传统其来有自,自魏晋以降至元末,已积淀为一种别具士文化意涵的空间形式。晚明时期,经济的繁荣为江南园林的兴造奠定了物质基础,而士文化的发展,进一步为江南园林的繁荣提供了文化上的依凭。余英时认为,明中叶以后,"虽然仍然有不少的'士'关怀着合理秩序的重建,但他们的实践方向已从朝廷转移到社会",他们在"开拓社会和文化空间这一方面显露出他们特有的精神"。[④] 园林的兴造即显示了晚明士阶层在开拓社会和文化空间方面的努力,他们借助园林构建出一种新型的隐逸文化——有别于山林隐逸的传统,以此来参与文化竞争,构建文化理想,确认其社会地位,并证实其存在的优越性。晚明江南士人造园之风的盛行,即是此种士文化发展的反映。

江南自古有士人雅集的传统,"吴中盛文会,济济多英彦"[⑤]乃普遍现象。明中叶以来,士人的价值观念日趋多元化,许多士人背离传统,表现出新的人生诉求。尤其是江南地区经济发达,士人群体庞大,加之自魏晋以来"晋人高致""玉山风流"的文化血脉延绵不绝,江南士人群体再次掀起了园林雅集的风潮。这些江南士人往往有着文化精英的身份,具有精深入微的文艺修养,闳通超卓的创作才华,共同趋奉的审美情趣。他们广交四方名士,于园林中尽情抒发性情,挥洒才华,相激互应,无论是城市、园林、山水,还是其中的扬风挖雅、朝歌夜弦,江南士文化呈现出既有的血脉精髓和斑斓色彩。

晚明士人园林雅集兼具群体性和常态化的特征,且形式多样,有社交雅集、家族雅集、文社雅集等。社交雅集乃晚明士人园林中习见的形式,士人主持园林雅集,广交四方文士,于园林中宴游赏花、诗酒觞咏、书画遣

---

[①] 本文为国家社会科学基金艺术学项目"明清戏曲与园林文化研究"(项目编号:13BB016)阶段性成果。
[②] 顾起元.客座赘语(卷五).北京:中华书局,1987年,第170页、第162页。
[③] 范濂.云间据目抄(卷五).笔记小说大观(第十三册).扬州:广陵古籍刻印社,1983年,第126页。
[④] 余英时.士与中国文化·新版序.上海:上海人民出版社,2003年,第3页。
[⑤] 徐有贞.题唐氏南园雅集图.武功集(卷五).文渊阁四库全书(集部第1245册).上海:上海古籍出版社,1989年,第204页。

兴、征歌度曲,这样的雅集社交,既能释缓官场的压力,又能确立文化声望。邹迪光"愚公谷""卜筑惠锡之下,极园亭歌舞之胜。宾朋满座,觞咏穷日,享山林之乐几三十载"①;曹学佺"石仓园""水木佳胜,宾友禽集,声伎杂进,享诗酒谈宴之乐,近世所罕有也"②。由此可知,晚明士人园林已非单纯的私人空间,而是转化为迎送笈折的雅集社交场域。

晚明江南世家大族继承家族风雅传统,常常于园林中开展雅集活动,一门联吟的雅集盛况颇为常见。上海潘氏家族的潘恩致仕归田后,诸弟在仕者也相继引归,在其子潘允端为其构筑的"豫园"中,他们时常"徜徉觞咏其中,无间旦夕"③;吴江叶氏家族的叶绍袁不堪朝廷腐败,以母老为由告归,隐居汾湖"东园","与嫂氏举案之余,辄以吟咏倡随,暨诸侄女俱以篇章赓和"④。这些文化家族通过园林雅集活动,既扩大了家族之外的交往,又彰显一门风雅,巩固了家族在江南的文化声望。

以社集形式组织的士人园林雅聚,在晚明江南也颇为常见。明中叶以来,士人结社之风甚为盛行,诸多社集中充满风雅逸乐情调。如皋人冒襄的"水绘园"是晚明复社文人往来相聚的胜地,宾主在园中"流连高咏,羽觞醉月,曲水歌风,花之朝,月之夕,搦笺刻烛,杂以丝竹管弦之盛"⑤。松江人陆树德"南园"则是崇祯年间几社同仁雅集的佳境,"几社诸子每就此园宴集"⑥。士人社集本就包含了声气相求的文化认同意味,江南遍地的私家园林为士人社集提供了优雅胜景,故而园林社集在晚明江南甚为繁盛。

由此可知,园林不仅是士阶层的隐逸空间,也是其通过雅集社交实现群体认同的重要场域。王羲之《兰亭序》中所谓"群贤毕至,少长咸集"⑦,指出了士人园林雅集所蕴含的文化认同意味。晚明江南园林秉承了这一传统,文士雅集社交成为园林中的重要场景,园林中的文艺活动,很大程度上便服务于士人的雅集宴游。故而,晚明士人园林虽为私家所有,但这并不意味着它是完全封闭的,士人们仍可通过园林雅集,跨越园林一己之空间限制,建构一个属于士阶层的文化社交圈。

## 二、园林雅集与晚明戏曲的繁荣

从文艺传统来看,"以雅相尚""去俗复雅"一直是士阶层特定的审美意识,诗、词如此,戏曲亦应作如是观。至晚在元末私家园林"玉山草堂"中,南曲就开始进入士人的园林雅集空间了。在各种南曲声腔中,昆山腔清柔婉折,最接近士人趣味,故而玉山文人对这种南曲声腔情有独钟。

关于昆山腔的产生,魏良辅《南词引正》称:"元朝有顾坚者,虽离昆山三十里,居千墩,精于南辞,善作古赋。扩廓帖木儿闻其善歌,屡招不屈。与杨铁笛、顾阿瑛、倪元镇为友,自号风月散人……善发南曲之奥,故国初有昆山腔之称。"⑧魏良辅称顾坚与当时最负盛名的诗文家、曲家、画家为友,而这些文人正是"玉山雅集"的主要参与者,他们对昆山土腔有共同的兴趣,将其与古乐雅音相融合而创出昆山腔。这既代表了士阶层要求"去俗复雅"的戏曲审美,也昭示了戏曲一旦进入士人园林,雅化即为必然。

尽管顾坚等人创制出昆山腔,但那只是玉山文人的随意而为,并非出于自觉的艺术创造。徐渭《南词叙录》称南曲所唱为里巷歌谣,是一些本无宫调、亦罕节奏的村坊小曲,听来浅俗可嗤,昆山腔亦只是以笛管座琵按节而歌,颇相谐和而已。⑨祝允明《猥谈》亦指南曲诸腔都略无音律腔调,只是愚人蠢工徇意更变的东西,若披之管弦,必令人失笑。⑩这说明,顾坚等人创制的昆山腔比较粗糙质陋,音乐水准并不高。对这种颇具原生态的昆山腔,文人雅士自然会以自身的审美趣味对其提出进一步雅化的要求。

明嘉靖年间,魏良辅等一批深通音律、熟悉南北曲的曲师,聚集于太仓、苏州,对昆山腔定腔、定板,自制新

---

① 钱谦益:列朝诗集小传.上海:上海古籍出版社,1983年,第647页、第607页。
② 钱谦益:列朝诗集小传.上海:上海古籍出版社,1983年,第647页、第607页。
③ 何三畏:潘公定笠江公传.云间志略(卷十二).明代传记丛刊(第2册).台北:明文书局,1991年,第179页。
④ 叶绍顾:重订午梦堂集序.叶绍袁:午梦堂集.北京:中华书局,1998年,第1092页。
⑤ 陈济生:祝冒辟疆社盟翁先生双寿序.冒襄:同人集(卷二).四库全书存目丛书(集部385册).上海:上海古籍出版社,1989年,第53页。
⑥ 宋如林修,孙星衍,莫晋纂:嘉庆·松江府志(卷七十七).续修四库全书(史部第688册).上海:上海古籍出版社,2002年,第474页。
⑦ 房玄龄等:晋书(卷八十).北京:中华书局,1974年,第2099页。
⑧ 魏良辅:南词引正.转引自钱南扬:汉上宦文存.上海:上海文艺出版社,1980年,第94—95页。
⑨ 参见徐渭:南词叙录.中国古典戏曲论著集成(三).北京:中国戏剧出版社,1959年,第239—242页。
⑩ 参见祝允明:猥谈.陶珽:说郛续(卷四十六).续修四库全书(子部第1192册).上海:上海古籍出版社,1989年,第365页。

声,完成了昆山腔的进一步雅化。这种雅化后的昆曲"尽洗乖声,别开堂奥,调用水磨,拍捱冷板,声则平上去入之婉协,字则头腹尾音之毕匀,功深熔琢,气无烟火,启口清圆,收音纯细"①。同时,他们又融合南北曲之所长,在弦索之外加入箫管,完善了昆曲的伴奏;加之士人内心所含有的对社会、人生的幽怨感伤,又赋予了昆曲婉约惆怅的诗化情感。所有这一切,都使昆曲最适宜传达士阶层幽深隐秘的情愫,也最适合在优雅静谧的园林中袅娜穿行。

当昆曲完成雅化后,这种曲调即在园林遍地的江南唱响,令整个士阶层翕然向之。明中叶以后,江南士人对园林声伎的喜好,可用上下靡从、性命以之来形容。在私家园林中邀友人雅聚,一边品茗饮酒,一边聆听昆曲,成了晚明江南士人普遍追求的闲雅生活情调。永嘉人王叔杲"晨夕偕兄弟宾客置酒高会,酒酣自度曲为新声,授童子,令按节奏之,歌声鸟影,相间错于峦容川色间,骓如也"②;常州人许自昌"花时柑候,命驾相期,雀舫布帆,间集梅花墅下,开帘张乐,丝肉迭陈"③。在晚明时期,像这种朝歌夜弦的园林雅集场景实属司空见惯,妙曲清音流响于园林雅集之中,推动了晚明戏曲的持续繁荣。

士人园林雅集时,往往由家乐昆班进行演出,家乐昆班的发展,提高了昆曲艺术的表演水平。早期的戏曲艺人是被称为"路岐人"的流浪艺人,他们游走四方,撂地为场,以一些简单的戏曲表演来谋生。宋元以来随着城市瓦舍勾栏的普及和市民阶层戏曲欣赏需求的提升,更多的职业优伶产生了。总体来看,职业艺人大多目不识丁,表演技艺简单粗糙,难以满足士阶层的艺术欣赏需求,王骥德《曲律》中即称:"庸下优人,遇文人之作,不惟不晓,不易入口。村俗戏本,正与其见识不相上下。"④于是,家乐昆班应运而生。华亭何良俊,太仓王锡爵,吴县申时行,无锡邹迪光,如皋冒襄,上海潘允端,扬州汪季玄,怀宁阮大铖,山阴张岱、祁彪佳,海宁查继佐,常熟钱岱等人的家乐戏班在晚明江南名闻一时,它们几乎无一不是昆班。

"园林成后教歌舞,子弟两班工按谱"⑤,士人往往在园林建成之后即组家乐昆班,并亲拍檀板、教习优伶。这些家班主人既广蓄财富,又富文艺修养,他们出于对昆曲的热爱,不惜尽其心力,亲加教导。祁彪佳训练优童的曲文音律,"咬钉嚼铁,一字百磨,口口亲授"⑥;张岱延师教戏,其对家乐训练的严格程度,人畏之如"过剑门"⑦。在士人如此精心调教下,家乐优伶的表演水平往往会超出职业艺人,何良俊"蓄家僮习唱,一时优人俱避舍"⑧,张岱家乐艺人马小卿所演《白兔记》,唱做俱佳,使得职业艺人"锣不得响,灯不得亮"⑨,均是例证。

借助园林雅集,昆腔清曲与剧曲在士阶层都得到广泛传播。本来,魏良辅是以昆曲清工对昆山腔进行改良的,所以改良后的昆腔新声仅以"清歌冷唱"的形态在士阶层传播,在士人看来,"大凡江左歌者有二:一曰清曲,一曰剧曲。清曲为雅燕,剧为狎游,至严不相犯"⑩。清曲代表了士人审美的最高范型,而剧曲却属优伶搬弄的戏场声口,二者的区隔蕴含着士庶有别的文化品位和欣赏趣味。但是,经由家乐昆班的精湛表演,昆曲一改清歌冷唱的传统,无论清曲剧曲还是清工戏工,昆曲艺术的表演水平都得到极大提升。

士人园林雅集促进了晚明传奇创作的繁盛。其时,士人往往谙熟声律、长于度曲,而江南士人尤其精于此道,如许自昌、屠隆、张岱、阮大铖、祁彪佳、冒襄等,他们皆谙熟音律并热衷于传奇创作。这些士人在创作出剧本后,通常会让家乐昆班先行排演,之后即于园林中演出。许自昌创作的传奇新剧《水浒记》《橘浦记》《报主记》等,就是由家乐在其"梅花墅"雅集时首先上演的;阮大铖自撰的《燕子笺》《十错认》等传奇,亦由家乐于"石巢园"雅集中演出。如此一来,园林雅集自然成为晚明传奇产出的一个主要渠道。

戏曲本是场上艺术,晚明士人园林雅集促进了戏曲的场上发展。士人拥有一所园林,一个家乐戏班,可以

---

① 沈宠绥:度曲须知.中国古典戏曲论著集成(五).北京:中国戏剧出版社,1959年,第198页。
② 焦竑:参岳王公传.澹园集(卷二十四).北京:中华书局,1999年,第342页。
③ 董其昌:中书舍人许玄佑墓志铭.容台文集(卷八),明崇祯三年董庭刻本。
④ 王骥德:曲律.中国古典戏曲论著集成(四).北京:中国戏剧出版社,1959年,第154页。
⑤ 赵翼:青山庄歌.瓯北集(卷一).上海:上海古籍出版社,1997年,第13页。
⑥ 张岱:陶庵梦忆(卷四).上海:上海古籍出版社,1982年,第39页、70页。
⑦ 张岱:陶庵梦忆(卷四).上海:上海古籍出版社,1982年,第39页、70页。
⑧ 沈德符:顾曲杂言.中国古典戏曲论著集成(四).北京:中国戏剧出版社,1959年,第204页。
⑨ 张岱:陶庵梦忆(卷四).上海:上海古籍出版社,1982年,第34页。
⑩ 龚自珍:书金伶.龚自珍全集(第二辑).上海:上海人民出版社,1975年,第181页。

让传奇剧本尽快付诸排练、演出,这在很大程度上保证了戏曲向着场上方向良性发展。同时,借由园林雅集评判创作缺失,士人创作的传奇剧本能趋于完善。钱岱在其"小辋川"宴请刘半舫,令家乐演出自撰时事剧《冰山记》,刘半舫观剧后提供改进剧本的建议,钱岱闻言即连夜增加七出,督促家伶排演,次日即至道署搬演。① 对于热衷园林雅集的士人来说,其戏曲作品无疑具有较为生动的场上效果,在很大程度上避免了文人剧创作案头化、骈俪化的倾向,对于扭转明初戏曲创作脱离舞台的不良风气起到了积极的作用。

江南士人频繁的园林雅集,奠定了晚明以昆曲为主流的雅化基调。昆曲发展到后来,不仅"情正而调逸,思深而言婉"②,其炼句之工、琢字之切、用腔之巧,已与民间戏曲渐行渐远,成为士人所称赏的清雅之曲。其接受人群与文化空间不断缩小,不仅只有文人雅士方能欣赏,演出场所也趋向小众化的园林雅集空间。昆曲不适于在喧嚣的市井场合上演,却能于幽雅的私家园林中游刃有余,不能不说是士人园林雅集濡染、陶冶的结果。

昆曲系水磨清音,伴奏多笙箫管笛,与园林在艺术品性上存在天然的契合,园林的清幽与昆曲的清雅相得益彰——有了园林,昆曲才愈加清雅;有了昆曲,园林也更添清幽情致。晚明士人无疑深谙此道,明人王骥德论及"曲之亨",认为曲之兴隆取决于名士雅集于"华堂、青楼、名园、水亭、雪阁、画舫、花下、柳边",座有"知音客、鉴赏家",其间"诗人赋赠篇,座客能走笔度新声"③,描述的正是士人园林雅集的场景。在江南士人心目中,"园林""昆曲"以及"雅集"俨然成为士阶层身份确认和文化认同的符号,它们的聚合构成一种强势的文化导向,形成并保持了昆曲清逸蕴藉、气韵淡雅的文化品格。晚明的戏曲发展终走向雅正一途,并得到持续繁荣。

## "老郎菩萨"李翥冈据清内廷供奉陈金雀观心室 祖传藏本之手抄孤本《昆剧全目》初探

孙伊婷

素有"老郎菩萨"之美誉的近现代昆曲曲家李翥冈先生旧藏《同咏霓裳曲谱》,系中国昆曲博物馆馆藏近现代昆曲抄本系列中最负盛名的珍品之一。就其题材内容而言,这批手抄本涵盖了清末民初各类昆曲传奇、杂剧演出本、案头本及其他珍贵文史资料。内中存一册李翥冈于民国中叶据清嘉庆年间内廷供奉陈金雀观心室祖传藏本之手抄珍本《昆剧全目》,可谓清代中叶昆曲演剧盛况的上好佐证,亦系研究考证清代中后期乃至民国中期昆曲场上搬演情况变迁的极佳史料,现已成海内外孤本,弥足珍贵,具有较高的历史文物、文学艺术和科学研究价值,兹为国家三级文物。本文就此孤本的相关情况略做初探。

首先,就《昆剧全目》的抄录人和旧藏人,清末民初著名曲家、曲本收藏家李翥冈之生平及其在近现代昆曲史上的杰出贡献与重要地位做一简述。

据载,李翥冈生于1873年,卒于1945年,为"上海业余昆曲家。字季荣,号馥荪,别号蓉镜,原籍福建省同安县,生于上海。早年曾一度与人合资开设汉口德太、福太洋行,湖南沙市谦信洋行;并在上海芝川洋行、华商纱布交易所、棉花检验处等机构任职。一生酷爱昆曲,年轻时即在沪参加霓裳集曲社。清光绪二十八年(1902)七月自己创建了赓春曲社,主持社务长达数十年,是清末民初上海曲友中颇有影响的人物。他工旦角(主五旦),能戏颇多,在曲友中有'老郎菩萨'之称。平时常唱的折目有《定情》《赐盒》《絮阁》《鹊桥》《密誓》《惊变》《埋玉》《茶叙》《琴挑》《问病》《偷诗》《乔醋》《佳期》《水斗》《断桥》《独占》《盘夫》《瑶台》《楼会》《亭会》《折柳》《阳关》等七八十折,并兼能彩串。在光绪三十一年(1905)庆元宵曲友会串时,首次登台饰演了《絮阁》《惊变》中的杨贵妃,引人注目。此后,在赓春主办的彩串或赈灾义演中,亦常粉墨登场。直至民国十一年(1922)七月为祝贺爱俪园主人百三十龄合寿而举行昆曲会串时,虽已年届五旬,仍先后饰演了《渔钱》中邬飞霞、《游殿》中崔莺莺,风韵犹存,唱白、

---

① 张岱:陶庵梦忆(卷七).上海:上海古籍出版社,1982年,第70页.
② 曹含斋:《南词引正》后叙.转引自钱南扬《汉上宦文存》.北京:中华书局,2009年,第107页.
③ 王骥德:曲律.中国古典戏曲论著集成(四).北京:中国戏剧出版社,1959年,第182—183页.

台步均稳妥、合拍,表演亦较传神而获好评。他平生嗜好传抄、收藏昆曲脚本,每见坊间未刊的曲谱,即设法借抄,已成为其公务之暇的一大乐事。四十年间,不管严冬、酷暑,常伏案缮写,从不间断。据不完全统计,他共抄录了一百一十种杂剧、传奇中的九百四十七折戏,其中大部分均属宾白、曲词、工尺谱三者俱全的舞台演唱本。均用毛笔书写,字迹刚劲有力,工整清晰,宫谱精密周全,并分订线装成册,其中不乏罕见本。他于甲戌(1934)秋、癸未(1943)春先后两次精选抄录下的一百折戏,编成《蓉镜盦曲谱》正、续集共十册(未刊印)。上述手抄曲本,对昆剧的保存、传播发挥了积极的作用。例如1934年仙霓社于小世界游艺场首演的前、后本《一捧雪》,就是由他提供的全套曲谱。这批凝聚着翥冈先生毕生心血的抄本,除少量已散佚外,经过其后裔的种种努力,大部分仍完整地保存了下来,并已全部捐献给国家,现珍藏在苏州戏曲博物馆"①。由此可见,李翥冈对昆曲艺术主要做出了两大方面的杰出贡献:其一,创建"赓春曲社"并长期主持社务,酷爱、擅长昆曲表演艺术,在近现代上海曲友名辈中影响极大;其二,嗜好并精于传抄、收藏昆曲曲本,且坚持数十年之久,毕生珍藏《同咏霓裳曲谱》系列抄本流传于世。

其次,对李氏抄本所据《昆曲戏目》的旧藏者、清代嘉庆年间内廷供奉陈金雀之生平以及《昆剧全目》孤本成册始末略表一二。

据考,陈金雀生于1791年,卒于1877年,为"清代嘉庆年间昆曲名伶。本姓姚,后随母姓改为陈。名荫,字煦棠,号金觉,又自称'学古篆人'。原籍江苏镇江东乡姚家桥,祖上从金匮(今无锡)流寓苏城,乃以苏州为其出生之地。幼受家庭昆曲熏陶,打下了较坚实的基础。嘉庆年间,苏州织造府召其至清宫昇平署为内廷供奉,从师孙茂林,工小生,以演《金雀记》成名,嘉庆帝乃赐名'金雀'。道光七年(1827)出宫,在京搭四喜班演出长达三十余年。他住在京中宣武坊,书房名为'观心室',于道光二十年(1840)抄了刘亮采辑本《梨园原序》和陈吾省撰《梨园辨讹》。他曾向乾隆时昆曲名伶奚松年借抄了吴永嘉的原本《明心鉴》,杜步云又根据他的传本传抄,使这一珍贵的演剧论著得以完整地保存下来。咸丰十年(1860),文宗预备万寿节演戏庆贺,复召其至宫承应差事。他将先世遗下的手抄《昆曲戏目》珍本一册(内载昆剧传统折子戏目录共1298出)亦携入宫内。同年八月二十二日英军侵入圆明园,他因仓促避难,以致遗失。九月初五偕二子及友人杜步云、方镇泉等返园。时值阴雨,却在道旁水中拾得这本册子,遂急取晒晾后仍藏入筐中。该《戏目》失而复得,陈氏在欣喜之余,特于同治元年(1862)闰八月十二日在卷首加了小序,以志其事。次年起,即出宫家居颐养,悉心向儿孙辈授艺。光绪三年(1877)农历十二月初三在北京病逝,享年八十七岁。子寿彭、寿峰,亦为清宫著名内廷供奉。女婿钱阿四和梅巧玲(梅兰芳的祖父)皆为当时昆曲或京昆兼擅的名旦"②。至民国年间,陈氏后人定居沪上,李翥冈于其府上偶见此其祖传抄本,爱不释手,乃借之恭敬抄录,并缀以弁言、批注等,细加装订成《昆剧全目》一册。而今陈氏祖传藏本早已不知所终,唯李氏手抄珍本幸得保存至今而成孤本。

再次,谨就李氏手抄《昆剧全目》孤本之全册内页详情做一番简析初探。

此本为李翥冈民国十九年(1930)柔毫抄录真迹,字体多为楷书,少许行楷,字迹清晰工整易识,书册开本尺寸24.5×13.5∗1cm,保存较好。封面有李氏题签"昆剧全目"四字大楷,并伴以"沪滨李氏蓉镜盦藏本"朱砂印章。书中另刻有"陇西伯子翥冈氏"印。全书多处缀以这两种字样、形制各异的李氏私印,篆刻精美考究。《昆剧全目》总目录载录了清代中叶场上盛行、当时应存剧本的元、明、清三代所创百余部昆曲传统剧目的名称及所出朝代,其中少量剧目创作时间不详。

弁言文前按"翥冈录观心室陈氏藏本,庚午正月上旬"。李氏所作弁言内含陈氏清同治元年所作《昆曲戏目》卷首小序。全文曰:"昆剧当全盛时所演之戏,除摘锦者仅一二出或数出外,其余各种传奇皆有全本多者自始至终或数十出。今日梨园所演类皆一鳞片爪,首尾不全。《缀白裘》等曲谱所载亦俱未及且不详何种传奇撰自何人。苟或有人询及,每皆茫然莫对。观心室陈氏,剧界世家也,藏有其先世手抄之词目一册,卷首且有小序云:'此本于咸丰十年三月携入海甸圆明园昇平署内。八月二十二日英人入圆明园,因仓卒避难,不遑顾及,以致遗矢。旋于九月初五偕二儿与杜步云、方镇泉回园,时值阴雨,在道旁水中复得之,且获零星书籍,如见故人,此心大慰,遂急取晒晾藏诸筐中。同治元年闰八月十二日,陈金雀记。'观此则知全目之存殊为天幸。今日纵脚本散失,不能照目排演,然某传奇本有若干剧及为

---

① 吴新雷:中国昆剧大辞典.南京:南京大学出版社,2002年,第421页、第336页。
② 吴新雷:中国昆剧大辞典.南京:南京大学出版社,2002年,第421页、第336页。

何代何人所撰，则从此可流传后世不致就湮也。"据此可见陈氏旧本之珍稀价值，其抢救本事亦从另一个侧面记载、印证了我国近代史上英法联军入侵京城的沧桑浩劫；此外，尚可推断昆曲场上演剧自清代中期极盛，然此后直至民国中期数十年间由盛而衰、所演戏目折目锐减之变，以及李氏《昆剧全目》抄本之于后世的珍贵价值和重要意义。

全书正文载录了清代中叶盛行搬演、当时应存剧本的元、明、清三代所创112部昆曲传统戏等的剧目名称及别称、所出朝代、作者简介及其他相关著录信息，以及该剧于昆曲全盛期所搬演折目的名称及别称；其中李氏抄录时值民国中期盛行常演的经典折子戏则予着重标红，共计1298出。① 抄录人另附少许按语，就每剧所据本事、历代文学旧本或传奇原本稍做考证，并将该剧清中叶昆曲全盛期同民国中期的折目搬演情况做大致对比，局部考据补缺、勘误校正。内中部分出自传奇的昆剧剧目，其存留折目在陈氏旧本中即已残缺不全。此外，卷末另附录16种剧，李氏推测陈氏当时剧本已佚，是故仅载剧名而无折目。由此可断，非但民国时期上演的昆剧剧目折目远差清代中叶，如今场上所演较之民国亦无法比拟，可见近两百年来昆曲的衰微与濒危，因而更足见当今抢救和传承昆曲这项世界级"非遗"，尤其是昆剧经典传统戏之紧迫。

书后附录"陈寿丰供奉（即观心室主）之轶事"，对于考证和研究清代后期宫廷演剧之况、陈金雀祖孙三代其人其事，以及民国初年昆剧演出情况，无疑颇具价值。此处谨摘全文："逊清咸同年间北京昆剧颇盛行'四大徽班'之中，每日演三五出堂戏，则有'无昆不为胜'之谚。时文宗东西后皆好之，恒携曲谱往来研究，驾前一班昆剧供奉员均受殊宠。文宗六弟奕訢犹嗜昆曲而重视之，谓能增学问也，尝自备一班有昆员十数名，如杜步云（苏州玉壶春主人）、徐小香、方振全、钱阿四、姚阿逤、杨明玉、徐阿二、宋福泰、周阿长、乔蕙兰、王阿巧、诸秋芬、陆金桂、陈桂亭、冯金寿等诸前辈到处相随，而以陈供奉寿丰为领袖，颇为恭王所器，十数年如一日。陈供奉原籍苏州，工正生，如《小逄》《牧羊》《望乡》《弹词》《酒楼》《访普》《草诏》《大会审》等戏最为擅长，乃翁熙堂系清文宗时民籍学生，由江南织造聘进内廷承差，赐名'金雀'，故后供奉继之。光绪戊寅间，恭王出资立昆剧科班，班名'小学堂'，招生八十余名，习练清音代串昆戏，后加文武京剧，专应各王公府邸堂戏，前后十八、九年，名伶出其门者颇多；又于光绪癸巳年，慈禧后面谕着组织昆班专班全本昆剧，并赐班名'万年同庆'，前后至申聘去小桂林、黄玉泉、小金虎（名章瑞卿）等人，所排之戏如《称人心》《十全福》《伏虎韬》《双官诰》《十五贯》等戏，深得美满之誉，皆陈供奉一人之力也。有子四人，长嘉樑工昆笛，亦为供奉，有清逊位后代梅兰芳操乐授曲；次嘉栋唱武生，己酉年故于苏；三嘉璘、四嘉祥皆莅沪献艺。"文末落款"民国十九年正月中浣，翥冈录《梨园公报》"。据此，清代后期，昆剧在京城"四大徽班"中盛行依旧，较之明末清初极盛光景虽不可及，然因清廷皇室对其殊好钟爱，在相当长一段时期内得到了极力扶持提携。俗云，"瘦死的骆驼比马大"，作为"百戏之师"的"雅部"昆剧强撑为继数十年直至民国初年，然而在"花雅之争"的长期拉锯战中，其总体衰颓之势却已成历史必然。

最后，权将李氏手抄《昆剧全目》孤本总目刊录如下，与众同享，以备查考。

**《昆剧全目》总目录：**

| | | | | | |
|---|---|---|---|---|---|
| 琵琶记 | 荆钗记 | 千金记 | 百顺记 | 双珠记 | 白兔记 |
| 鸣凤记 | 寻亲记 | 八义记 | 绣襦记 | 连环计 | 牧羊记 |
| 浣纱记 | 红梨记 | 西楼记 | 悠闺记 | 钗钏记 | 西厢记 |
| 玉簪记 | 金雀记 | 金锁记 | 双红记 | 鲛绡记 | 鸾钗记 |
| 虎符记 | 占花魁 | 义侠记 | 金印记 | 牡丹亭 | 邯郸梦 |
| 一捧雪 | 衣珠记 | 渔家乐 | 倒精忠 | 麒麟阁 | 儿孙福 |
| 永团圆 | 长生殿 | 风云会 | 水浒记 | 铁冠图 | 金不换 |
| 风筝误 | 双冠诰 | 白罗衫 | 翠屏山 | 宵光剑 | 烂柯山 |
| 东窗事犯 | 孽海记 | 后寻亲 | 祝发记 | 跃鲤记 | 九莲灯 |
| 北樵记 | 四弦秋 | 节孝记 | 艳云亭 | 一文钱 | 雁翎甲 |
| 吉庆图 | 慈悲愿 | 望湖亭 | 眉山秀 | 人兽关 | 昊天塔 |
| 祥麟现 | 西川图 | 疗妒羹 | 千忠戮 | 三元报 | 雷峰塔 |
| 牟尼匣 | 东郭记 | 四节记 | 醉菩提 | 货郎旦 | 桂花亭 |
| 红拂记 | 马陵道 | 一种情 | 古城记 | 燕子笺 | 碧玉串 |
| 四声猿 | 彩楼记 | 宝剑记 | 还带记 | 青塚记 | 狮吼记 |
| 虎囊弹 | 南柯梦 | 蝴蝶梦 | 红梅记 | 杀狗记 | 香囊记 |
| 惊鸿记 | 千秋鉴 | 天下乐 | 乾坤鞘 | 太平钱 | 黄鹤楼 |
| 党人碑 | 葛衣记 | 雍熙乐府 | 翡翠园 | 万里圆 | 西游记 |
| 彩毫记 | 摘锦 | 满床笏 | 十五贯 | | |

**另存十余种剧，仅载剧名而无折目：**

| | | | | | |
|---|---|---|---|---|---|
| 明珠记 | 蕉帕记 | 全福记 | 五人墓 | 扬州梦 | 锦香亭 |
| 江天雪 | 桃花扇 | 蜃中楼 | 奈何天 | 桃符记 | 折桂传 |
| 画中人 | 双珠凤 | 通天犀 | 芝龛记 | | |

---

① 此112部绝大多数为昆剧剧目，仅《雍熙乐府》一种当为明代曲集，然据此本为清代所撰，待考。

# 祥庆昆弋社1936年在湖北湖南演出活动钩沉

王 馨

昆曲自清同光后日渐式微。此时的北方地区,在南方昆曲班社久已绝迹的情况下,出现了昆腔与高腔同班演唱的北方昆弋这种独具特色的艺术形式,主要流布于京南、京东的直隶各县和北京城里,出现了南北方昆曲艺术各成"孤岛"的现象。及至民国初,江南最后一个昆曲班社——全福班报散,江南的昆曲演出几近停滞,与此同时,北方昆弋则自同光至清季走过了整整半个世纪从产生形成到发展完备的道路,不仅一直活跃在京、津、河北等地的舞台上,还在清末和民初两度轰动北京。[1]

民国二十五年(1936),北京昆曲名角韩世昌在历经了荣庆社分家之变后搭入侯炳文组班的祥庆昆弋社,率班由天津出发,开始了为期两年的巡回演出,一路历经山东、河南、湖北、湖南、江苏、浙江六省,在济南、开封、汉口、长沙、南京、上海、嘉兴、无锡、镇江、杭州、苏州、烟台等12城市登台表演。与过往仅由南方向北方的昆曲输送相比,此次巡回演出以其时间之久、地域之广、剧目之多、影响之深,书写了北方昆弋史上北方向南方进行大范围昆曲传播的浓重一笔。

关于此次巡回演出的历史材料并不多。过往仅有韩世昌口述、张琦翔整理的《我的昆曲艺术生活》[2]中单列"巡回六省"一节对演出历程就记忆进行简要介绍,白宝林、马玉森撰《白云生先生传记》[3]简要提及在上海的演出效果。2014年,昆曲博物馆浦海涅撰《祥庆昆弋社1937年上海恩派亚大戏院演出考》[4]一文,首次对祥庆昆弋社于1937年春在上海恩派亚大戏院的演出情况进行了较为详细之介绍。有关其他各省份的巡演时间和剧目,研究尚未开展。

近期,笔者遍检国家图书馆馆藏之湖北、湖南民国二十五年旧报,于《武汉日报》《新快报》《新民报》(以上武汉报纸)、《湖南国民日报》《全民日报》《卡麦斯》《力报》(以上长沙报纸)等数家报纸上寻得祥庆社巡演踪迹,并结合湘中文人为祥庆社巡演之题咏合集《青云集》[5]及过往材料,试为祥庆昆弋1936年巡演至湖北武汉和湖南长沙之演出过程做一钩沉。

1936年9月,应西北文化社之邀的祥庆社结束在开封的演出后,由于好评如潮,汉口法租界鑫记公司特派人赴豫约请该社前往武汉演出一期。9月10日,祥庆社一行80余人抵达汉口,11日拜访各界,12日在剧作家桑稼轩陪同下至新市场大舞台观看时代汉剧社演出的汉剧《玉堂春》《刘秀归位》等,15日开始正式上演于汉口鑫记大舞台,票价分一元一角、八角、六角、五角、四角、三角、二角七级。这一定价在当时剧界颇高,彼时评戏皇后白玉霜恰同在汉口演出,其夜场定价最高仅八角。

汉口大舞台位于汉口法租界辅里堂(现武汉友益街103号),始称共和升平楼,民国三年(1914)建造,初时专演花鼓戏,民国十年(1921)改称大舞台,专演京戏。民国二十一年(1932)进行改建,在舞台建筑、观众座席等方面做了很大的革新,率先实行废除泡茶、对号入座等措施[6],韩世昌在自传中称之为"新式的园子,椅子都是钉住的"。

演出自9月15日始,至10月7日止,为期近一个月,综合各报广告及副刊剧评诸文,具体演出剧目如下[7]:

9月15日,《洮安府》(王金锁),《三战吕布》(崔祥云饰吕布、王荣萱饰刘备、张文生饰关羽、郭文范饰张

---

[1] 侯玉山述、学昀整理:北方昆弋渊源述略.河北戏曲资料汇编(第六辑),第262页.
[2] 韩世昌口述,张琦翔整理:我的昆曲艺术生活.河北戏曲资料汇编(第六辑),第1页.
[3] 白宝林,马玉森:白云生先生传记·白云生文集.北京:中国戏剧出版社,2002年,第436页.
[4] 浦海涅:祥庆昆弋社1937年上海恩派亚大戏院演出考.中国昆曲艺术,2015年.
[5] 刘宗向编:青云集·刘宗向先生百廿诞辰纪念册.湖南大学长沙校友会编印,第193页.
[6] 参见《汉口租界志》第四章第四节,武汉市地情文献网络版,http://www.whfz.gov.cn:8080/pub/dqwx/zyz/hkzjz/wjsy/wh/201207/t20120718_40763.shtml
[7] 当时报纸印制因口音等问题多有错漏别字,如将《洮安府》写成《桃安府》,《铁冠图》写成《铁冠头》,《渔家乐》写成《鱼家乐》,《九莲灯》写成《九巡灯》等,此外多有将二字剧目硬扩充为四字剧目者,如《惨睹》写作《惨睹八阳》,《刺虎》写作《贞娥刺虎》,《思凡》写作《尼姑思凡》,文中俱改为昆剧折子戏标准名称。

飞)、《嫁妹》(侯玉山)、《牡丹亭》(由闹学、劝农、游园、惊梦等折子串成,韩世昌、白云生、李凤云饰演)。①

9月16日,《铁公鸡》(王金锁)、《通天犀》(侯玉山、张文生、冯惠祥)、《狮吼记》(由梳妆、游春、跪池、三怕等折子串成)(韩世昌、白云生、魏庆林、李凤云)。②

9月17日,《别母乱箭》、二本《洮安府》《打囚车》《快活林》《芦花荡》、前部《西厢》。

9月18日,停演一日。

9月19日,《闹昆阳》《兴隆会》《九莲灯》、后部《西厢》。

自9月20日起,逢周日加演日场。9月30日、10月1日逢中秋节加演日场。

9月20日,日戏为《青石山》、全本《蝴蝶梦》,夜戏为全本《奇双会》。

9月21日,《激良》(侯玉山)、全部《奇双会》(韩世昌、白云生)。

9月22日,《斩秦琪》(张文生)、全部《渔家乐》(韩世昌、白云生)。

9月23日,《霸王别姬》(侯玉山)、全部《金雀记》(韩世昌、白云生)。

9月24日,《千里驹》《三闯》《凤仪亭》。

9月25日,《反五关》(侯炳武)、《夜奔》(崔祥云)、《绣襦记》(白云生、魏庆林)、《通天犀》(侯玉山、张文生)、《思凡》(韩世昌)。③

9月26日,《断桥》、头本《铁冠图》。

9月27日,日戏为《惨睹》《铁公鸡》《昭君出塞》,夜戏为《麒麟阁》、二本《铁冠图》

9月28日,《惠明》(侯玉山)、《争强大名府》(陶鑫泉、张文生、冯惠祥)、《霞笺记》前部(韩世昌、白云生、魏庆林)。

9月29日,《义侠记》(崔祥云)、《武松打店》(张文生)、《霞笺记》后部(韩世昌、白云生、魏庆林)。

9月30日,日戏为韩世昌的全本《刺虎》(应为全本《铁冠图》,《刺虎》只是其中一折)、白云生的《哭贵妃》(即《长生殿》之《闻铃》),夜戏为白云生、侯玉山、李凤云的《唐皇游月宫》(即《长生殿》之《重圆》)。

10月1日,日戏为全本《奇双会》,夜戏为《三笑姻缘》。

10月2日,《牛头山》《夜巡》《大审刺客》《五人义》《玉簪记》。

10月3日,《反西凉》《负荆》《钗钏大审》。

10月4日,《天罡阵》《御果园》、全部《风筝误》。

10月5日,《兴隆会》《激孟良》《绣襦记》《思凡》。

10月6日,《打面缸》《功臣宴》《虎牢关》《嫁妹》、前后《西厢记》(一夜演完)。

10月7日,《巧连环》《棋盘会》《狮吼记》。

祥庆社在河南开封演出时,广智院剧场的梁子舸擅长策划,取得了很好的宣传效应,并因此顶替了祥庆社原来办外交的马俊英,随班抵汉。汉口大舞台在其策划下继续了这一宣传手段,以"重金礼聘名震环球昆曲独一旦角韩世昌,驰名小生白云生"为名,自9月12日起提前3日在武汉各大报纸上均刊登演出广告,《武汉日报》《新快报》副刊还刊登了剧团抵汉新闻。当有剧评人以《韩世昌与白玉霜》为题,称二者代表着阳春白雪与下里巴人在打对台,并提出阳春白雪很可能不敌下里巴人之忧时,大舞台马上做出回应,在同一报上刊登一封来

---

① 具体剧目饰演情况取自1936年9月17日《新民报》第二张第二版"戏剧漫谈"栏目《韩白昆弋班印象记》。
② 具体剧目饰演情况取自1936年9月18日《新民报》第二张第二版"戏剧漫谈"栏目《大舞台昆剧第二夜》。
③ 具体剧目饰演情况取自1936年9月27日《新民报》第二张第二版"戏剧漫谈"栏目《阅尼姑思凡演出记》。

自开封的信《由韩世昌说到提倡昆曲》,对祥庆社演出大加赞扬,并在文尾提出了"昆曲是我国最完善的戏剧,我们应该提倡宣扬,使他恢复盛世旧观,武汉虽是皮黄天下,听说知音好曲之士也很多,大家何不努力提倡一下"的呼吁。《新快报》在一个月内连刊4篇摘自《明湖顾曲集》①的观剧题诗。署名"青磷"的剧评人自祥庆社第一晚演出起便亲临观剧并在《新民报》刊文对演员一一细评,赞赏有加,称韩、白合演之《牡丹亭》"恰到好处""无懈可击",对侯玉山之做表特具青眼,由于错过了第四晚之《火判》深感遗憾,特刊文提出《侯玉山应重演嫁妹火判二剧》。《武汉日报》9月25日刊出署名"昆声"的剧评人所撰长文《韩世昌演〈思凡〉》,对韩之《思凡》从曲唱到作表,细至每个字、腔、身段、走位,一一细叙,今日读来,仍不啻为对韩派《思凡》表演的珍贵忠实记录。祥庆社在武汉的演出可谓成功,虽然后期大舞台随票赠送香茗,但一元一角的票价自始至终保持未变。武汉演出结束后,《新民报》再次刊登对昆曲的介绍文章《从昆曲说起》(转载自《西北风》)和白云生亲自撰文的《谈谈昆曲》,前文介绍昆曲之历史,后文介绍昆曲之腔调歌唱,可谓戏终曲未散。

祥庆昆弋社在汉口的演出盛况传至长沙,长沙万国戏院特派人接洽,邀请祥庆社赴长演出一期。10月12日,祥庆昆弋社由汉口乘船抵达长沙,下榻大乐居旅舍,自10月16日起登台演出于万国戏院,初定票价为楼下一元,楼上六角。

万国戏院位于长沙市织机街耕耘圃,前身为清叶德辉创建之同春园湘剧戏园。同春园率先革新三面看台为现代镜框式正面看台,置有全新灯光设备,剧院中设有堂座,改方桌凳为长条木靠椅,另设雅座、包厢,分等级售票,是当时长沙规模最大、设备最新的湘剧戏园。②叶氏死后,梁月波于1929年招股20000元承建,改名为万国戏院,后与民乐戏院联营,可上演歌舞、话剧、杂技等。1935年夏,在省内首制戏院座次表,观众点号购票入座,改变以往争抢座位的陋习,剧场秩序井然。1938年长沙"文夕"大火后停业。

祥庆社的演出自10月16日始,至11月18日止,为期仅一月挂零,而非韩世昌自传中所云"将近两个月",

主要参演艺人有韩世昌、王金锁、魏庆林、白云生、侯玉山、崔祥云、张文生、唐益贵等,综合各报广告、副刊剧评以及湘中名宿之题咏汇集《青云集》,其演出剧目大致如下③:

10月16日,《洮安府》《打山门》《通天犀》、全部《奇双会》。

10月17日,《虎牢关》《打囚车》《钟馗嫁妹》《倒铜旗》、头本《西厢记》。

10月18日,后部《西厢记》。

10月19日,《斩秦琪》《别母乱箭》《五人义》《狮吼记》。

10月20日,《闹昆阳》《铁公鸡》《激良》《铁冠图》。

10月21日,《草诏》《棋盘会》《长生殿》。

10月22日,全本《长生殿》。

10月23日,《洮安府》《洞庭湖》、全本《钗钏大审》。

10月24日,《下河南》《夜巡》《九里山》《玉簪记》。

10月25日,停演一日。

10月26日,全部《三笑缘》。

10月27日,《天罡阵》《御果园》、全部《风筝误》。

自10月28日起,票价降为楼下六角,楼上四角。

10月28日,《大名府》《三国志》《蝴蝶梦》。

10月29日,《打虎》《丁甲山》《牡丹亭》。

10月30日,《反五关》《夜奔》《绣襦记》《通天犀》《思凡》。

10月31日,《酒楼》《大战岱州》《三战吕布》《惠明下书》《金雀记》。

11月1日,午后一时半,青年会,《单刀会》(唐益贵),《桃花扇》(争座、和战,由魏庆林、白云生饰演),《嫁妹》(侯玉山)、《迎像哭像》(白云生),《渔家乐》(鱼钱、藏舟、相梁、刺梁,由韩世昌、白云生、孟祥生饰演)④;晚场,万国戏院,《祝家庄》《饭店》《扫花三醉》《嫁妹》《翡翠园》。

11月2日,《入府》《富奴救主》《藏舟》《刺梁》。

11月3日,《入侯府》《棋盘会》《罗义斩子》《赠剑联姻》。

11月4日,《时迁盗鸡》《杨桃打马》《大反西凉》《胖

---

① 《明湖顾曲集》为祥庆社巡演首站济南演出时,时任济南市财政局局长邢蓝田将其与文献学家王献唐等山东名士观剧后的唱和诗词结集出版,由济南后思适斋刊行。

② 尹伯康:湖南戏剧史纲.长沙:湖南文艺出版社,第121页。

③ 当时报纸印制因口音等问题多有错漏别字,如将《洮安府》写成《桃南府》,《倒铜旗》写成《倒旗》,《胖姑学舌》写成《姑儿学舌》等,此外亦有将二字剧目硬扩充为四字剧目者,如《惨睹》写作《惨睹八阳》,文中俱已改正。

④ 具体剧目饰演情况取自1936年11月5日《卡麦斯报》副刊《青年会顾曲追记》。

姑学舌》《惨睹》《昭君出塞》。

11月5日,《功勋会》《史可法》《铁公鸡》《青石山》。

11月6日,一二本《西厢记》。

11月7日,《英雄台》《玉簪记》。

11月8日,全部《牡丹亭》。

11月9日,剧目未刊。

11月10日,《霸王别姬》(侯玉山饰霸王、白云生饰虞姬)、《思凡》(韩世昌)。

11月11日,全部《狮吼记》《祝家庄》。

11月12日,《棋盘山》《霞笺记》。

11月13日,剧目未刊。

11月14日,《定情赐盒》《瑶台城》(即《南柯记》之《瑶台》)。

11月15日,《琵琶记》《西游记》。

11月16日,《战吕布》《风筝误》。

11月17日,全部《金雀记》。

11月18日,剧目不详。

虽然《全民日报》演出信息栏中韩世昌剧团一栏的演出登至11月21日,但19至21日具体剧目均未刊出,而且11月20日《卡麦斯》报刊出《长沙拟建昆剧戏院》一文中明确指出"兹者该团满约,汉口来函催促,离无留理,遂于前晚唱骊歌矣",可推知祥庆社最后演出时间为11月18日,随后便离长返汉。

关于祥庆社在长沙的演出情况,有《昆弋社与中旅社失败之原因》一文于12月2日刊于《卡麦斯报》,可知与汉口坚挺的票房成绩相比,祥庆社在长沙的演出情况并不尽如人意。此外还表现在,著名的文武老生林树森率领的皮黄班于10月24日抵长演出后,万国戏院随之将票价由一元和六角降为六角和四角,原本同时刊登每日剧目表的《湖南国民日报》和《全民日报》,在11月5日后仅剩《全民日报》断续刊登简略剧目,故令祥庆社后半期演出剧目较难考订。其中,值得一提的是11月10日演出的《霸王别姬》和《思凡》,《霸王别姬》由侯玉山与白云生合演,白云生反串虞姬。韩世昌主演的《思凡》也一改往日唱独角戏的常规,后半场唱至数罗汉时有十八罗汉在台上摆出各种姿势以为背景①,这些也算是为招揽观众而别出心裁的安排吧。

虽然票房成绩平平,但祥庆社来长演出昆曲在长沙学界引起了很大的震动。以刘宗向(湖南大学中文系教授)、宗子威(湖南大学中文系教授)、王啸苏(湖南大学教授)、曾宝荪(教育家,长沙艺芳女子学校创始人、校长,曾国藩的曾孙女)、曾约农(教育家,长沙艺芳女子学校创始人,曾国藩的嫡系曾孙)、宗志黄(宗子威之子,著名元曲研究家)为代表的一批教育家、学者纷纷踊跃带头看戏,自发在朱德龄主办的私营进步报纸《卡麦斯报》《力报》上广为宣传,不仅对祥庆社的技艺大加赞赏(《力报》10月16日刊《由昆曲说到昆弋社人才》《卡麦斯报》10月18日刊《评昆弋剧团之技术》),特别是对韩世昌和白云生十分推崇(《卡麦斯报》10月21日刊《记白云生》、24日连刊《韩白之唱如锟刀切玉之栗然》《我之对于韩世昌》二文),而且大力介绍宣扬昆曲(《卡麦斯报》10月27日、11月2日刊登白云生撰《略谈昆曲之五正与二变》《昆曲四声唱法概谈》)。宗子威、宗志黄父子约请韩世昌、白云生前往家中曲叙,并于《卡麦斯报》刊出曲叙后题赠的长诗与正宫调套曲一套。刘宗向先生代表湖南大学中国文学会邀请祥庆社做义务演出(《大公报》《全民日报》《卡麦斯报》均有演出预告新闻,《卡麦斯报》11月5日刊《青年会顾曲追记》对整场演出进行了详细叙述),并且在祥庆社临别之际设宴饯别。他们与韩世昌、白云生建立了深厚的私人感情,韩世昌在其自传中对长沙一行印象亦特别之深刻,虽然武汉演出票房要好过长沙,但他在自传中仅一笔带过(其中可能由于发生了主办外交的梁子舸卷款潜逃事),反而写长沙演出的笔墨要浓重得多,还特别提到刘宗向先生十分欣赏自己且要教他写诗云云。

刘宗向先生清末毕业于京师大学堂,宗子威先生民国初曾任教于北京师范学院,其子宗志黄亦早与韩世昌、白云生二人相识于北京,因此对北方昆弋十分熟悉,

---

① 详见1936年11月10日《湖南国民日报》刊《白云生反串虞姬》。

除了看戏捧场、广为宣扬、设宴曲叙外,他们还遍邀湘中诸名宿为祥庆社写诗填词作赋为赠并汇聚成集,以韩世昌字君青与白云生名中各取一字命名为《青云集》(宗子威父子最先于 10 月 21 日、24 日以《青云集》为标题在《卡麦斯报》上刊出题赠长诗与套曲各一)。《青云集》中,仅刘宗向先生一人的题赠诗就有 19 首,占了总数近一半,参与题咏的除前述学者外,还有曹典球(湖南大学前任校长,中文系教授)、王齐陶(湘绮老人王闿运之孙①)、陈照炳、黄厘叔、傅佐高、王印僧、叶荔浦、刘澹园、向毓麟、左景馨等诗友师生。《青云集》由刘宗向先生整理汇集,宗子威先生亲自为序,一时传诵,称为韵事。在近代昆剧史上,文人为某一昆班专门题咏结集于昆曲史上亦属罕事(此外尚有《明湖顾曲集》,为时任济南市财政局局长邢蓝田将其与文献学家王献唐等山东名士观剧后的唱和诗词之结集出版)。

11 月 18 日,祥庆社演出最后一晚后由长沙返回汉口,长沙学界对昆弋社的离去依依不舍,11 月 20 日于《卡麦斯报》具文称"某等与该团相约,期于来年,集资五千元建剧场一所,专供该团奏艺之用。该团以知音难得,允于年内游历江浙后,即行北上,添置行头,增聘演角,俾新院落成时,前来重整旗鼓也"。惜乎时隔一月便有西安事变,半年后"七七事变"爆发,全国进入抗战时期,所谓知音之约,也只能作为一种美好的愿望。自祥庆昆弋社 1936 年离长之后,昆曲笛声再次在长沙响起,便到了新中国成立后 1957 年郴州昆曲艺人匡升平、刘国卿在长沙演出的《武松杀嫂》。

祥庆社由长返汉的日期,按韩世昌自传所记在 11 月底,这个日期据其由长返汉的日期推算是可信的。抵达汉口后,祥庆社继续停留了一段时间,出演于汉口新市场。汉口新市场曾与天津劝业场、上海大世界并称为三大娱乐场,是一座集游览、观光、娱乐和购物于一体的大型娱乐场所,内置三个剧场、两个书场、中西餐厅、商场、溜冰场等。②

关于这段时期的演出仅有《新民报》从 12 月 5 日至 12 月 12 日 8 天的剧目广告,除第一天演出剧目为《功臣宴》《洮安府》《打山门》《通天犀》、全本《奇双会》外,其余皆未刊登具体剧目。韩世昌在口述自传中说,祥庆社到汉口后于新市场中又演出了 15 天,逢周日加演日场,且最后一个周日日场演出的是《昭君出塞》(韩世昌)、《八阳》(白云生)、《学舌》(李凤云)、《反西凉》(侯玉山)。按:12 月 12 日是周日,两日后的 12 月 14 日韩世昌便携白云生到南京吴梅先生寓所拜会(见吴梅日记的记载),可知 12 月 12 日应为祥庆社在汉口演出的最后一日,随后便乘船至南京。

祥庆社离开湖北前往南京,之后由南京至上海,相关演出情况可详见《祥庆昆弋社 1937 年上海恩派亚大戏院演出考》一文。

祥庆昆弋社以其齐整之阵容、高超之技艺,于昆曲式微之时代,巡演于南北六省,虽无力扭转昆曲的衰颓之势,但于大江南北仍钟爱昆曲的广大曲友和观众,无疑带去一丝安慰与期冀,也正是在这次巡演的鼓舞下,彼时在南方已然散班的仅存之昆曲班社仙霓社得以重新集结恢复演出。此外,这次巡演也是新中国成立前的最后一次南北昆剧的交流演出,下一次南北昆剧的交流便到了 1956 年国风苏昆剧团来北京演出著名的"一出戏救活一个剧种"的《十五贯》了。

# 吴江七都昆曲提线木偶剧发现记

陈 波

木偶昆曲,又叫昆曲提线木偶剧,是一门木偶演昆曲的独特民间艺术,是昆曲的又一种表演形式。全国各地木偶剧不少,唯有演唱昆曲的木偶剧罕见。它采用人偶同台的形式,表演时,演员一面手提 10 多根线操纵手中约 60 厘米高、七八斤重的木偶,一面配唱昆曲,表演者既要能唱又会操作木偶,以线传情,以木偶的动作神态来叙述故事情节,展现人物性格,表现人物情感,把动作表情融为一体,达到木偶演戏胜似人演的境界,可

---

① 湘绮老人王闿运是清晚民初著名经学家、文学家,曾任成都尊经书院主讲、长沙思贤讲舍主讲、衡阳船山书院山长,门生弟子遍布天下,知名者子有杨度、夏寿田、廖平、杨锐、刘光第、齐白石、张晃及女弟子杨庄等。

② 参见《武汉市志》之《城市建设志(下卷)》http://www.whfz.gov.cn:8080/pub/dqwx/dylsz/csjszx/xj/jzsj/201001/t20100117_13957.shtml

谓"双手提活生旦净丑千般态;一口唱妙喜怒哀乐百样声",将华丽典雅、婉转细腻的昆曲和草根性的木偶杂技融为一,雅俗共赏。

在昆曲衰微的年代,它是怎样被发掘、保护并传承下来的呢?

## 一、木偶昆曲的历史沿革

洪福木偶昆剧团原系七都镇吴越村祠山庙桥"姚姓公保和堂"班子,始建于清道光(1820—1850)年间,是姚氏嫡传的班底。《南林丛刊正集》记载:"清道光年间,手技杂戏(即木偶戏)演剧无虚日。"新中国成立前,木偶昆剧团主要活动在吴江及浙江省南浔、湖州、嘉兴一带的城镇和乡村,也到过无锡、江阴、松江、太仓、常熟、菱湖、塘栖、梅李、浒浦等周边地区以及南京夫子庙、沈家巷戏校、杭州凤凰山、行宫、后桥山、中山公园、工人俱乐部,上海五角场、周家桥、杨树浦、老闸桥、浦东等处演出。

新中国成立初期,木偶昆剧团有8人演出:姚荣财(小生兼联系人)、姚荣诊(花旦)、姚荣山(小丑)、姚荣培(花脸)、姚荣高(老生)、姚廉荣(老生)、姚季生、姚五宝。1957年,七都洪福木偶昆剧团(公记保和堂班)接受吴江县民间职业剧团登记,更名为"吴江县洪福木偶昆剧团"。是年,演职员11人,其中姚姓9人,团长姚荣才。"文革"中,木偶班解散。

## 二、木偶昆曲的演出及剧目

木偶昆曲表演用的木偶高约60厘米,重约4公斤,按生、旦、净、丑等角色,用木头雕刻制作,配以服饰而成,以提线牵动。木偶提线有多有少,最多16根。一般的木偶嘴巴会动,小丑、花旦木偶眼、舌、颈都会动。据查,剧团原存的木偶头系吴兴县马腰老艺人陈志勇等人制作。木偶昆曲舞台表演对演员操作和表演技能要求很高,木偶表演还有特技和绝技,如《洛阳桥》"五色灯彩",《水漫金山》"水漫""斗法",还有"腾云驾雾""一捧烟""射箭""中箭""蜡钎点火""鸟飞""点烟吸烟""电闪雷鸣""水底景致"等。演出剧目曾有500多出,均是传抄的唱本,传到姚季生、姚五宝手里只存约200出。洪福木偶剧团木偶戏唱腔用的均系姚氏祖传的昆腔。

至2008年,七都洪福木偶昆剧团演出剧目主要有《长生殿》(10出)、《蝴蝶梦》(10出)、《邯郸梦》(4出)、《游龙船》(10出)、《白兔记》(8出)、《火焰山》《猪八戒招亲》《大补缸》《水漫金山》《王道士斩妖》《孙悟空三打白骨精》《乌盆记》《劈山救母》等传统剧目,改编移植现代昆剧《白毛女》《除四害》等。

## 三、木偶昆曲的发现和传承

木偶昆曲的发现有点偶然,这要从苏州顾笃璜先生在20世纪50年代的一次寻找开始讲起。50年代中期,顾笃璜先生从苏昆剧团教师、昆弋鸿福武班硕果仅存的老艺人汪双全处获知,吴江七都曾有姚家木偶昆曲洪福班在杭嘉湖一带流动演出,现虽久已停业,但还有好几位老艺人健在,不但提线木偶技艺高超,而且昆曲唱腔用的均系姚氏祖传的昆腔,很规范,又能按照纯正的昆剧风格为演出伴奏。顾先生随即赴七都寻访,见到了姚氏弟兄共8位。他们的健康状况都不差,演出用品亦未散失,重登舞台的条件是具备的,说起往事,他们对于祖传而毕生从事的传统艺术濒临灭绝不能释怀!顾笃璜先生返苏后,立即向上级汇报,经批准,将8位老艺人全部聘请到苏州,安排在苏昆剧团任教。

昆剧伴奏,尤其是打击乐,受京剧影响,失去了传统风格,几乎全部京剧化了,正可以从他们身上找回来。而木偶昆曲这么独特的昆曲表演艺术也需要传承下来,可以通过招收培养学员等方式实现。1959年1月,江苏省戏曲学校增设木偶班,省文化厅指示,将姚氏弟兄调南京参加省戏校木偶班工作,为12名木偶班学员培训提线木偶技法,这对抢救继承这一文化遗产来说当然是更为理想的安排。但紧接着受大形势的影响,这件工作不幸夭折。1962年10月因大调整,剧团解散,从农村来的回农村去,姚氏兄弟便重又回到了七都。

1986年,吴江县文教局在吴江三套集成(民间文学、民间戏曲、民间歌谣谚语)普查中,发掘出七都洪福木偶昆剧团有关资料,费子文先生将之记录在案。直到2002年,昆曲被联合国教科文组织列为"人类口述和非物质遗产代表作"之后,木偶昆曲又受到了重视,此时姚五宝老人是姚氏兄弟中唯一的健在者,他还记得顾笃璜先生,并通过费子文先生邀请顾笃璜先生到七都,姚五宝依然能唱原汁原味的昆曲,并当即唱了《水漫金山》,法海、许仙、白娘娘、小青青一个人一口气唱念下来,这是很少见的昆曲演唱技艺。

当时费子文先生供职于吴江市文化广播电视管理局文化科,他的夫人王斐女士为吴江市政协副主席,分管文史方面的工作,经过他们夫妇二人的宣传、推动,2003年秋,苏州恢复虎丘曲会,老艺人姚五宝演出木偶昆曲。是年,为抢救保护传承木偶昆曲这一濒危民间文化遗产,七都镇政府实施抢救方案。2004年七都镇人民代表大会把保护传承木偶昆曲列入政府10件实事工程之一,重建七都木偶剧团。至此,木偶昆曲的项目传承工作正式启动，招收了施晓明、施锦芳、孙青、孙箐4名学生，和具有10多年昆曲教学经验的苏州市艺术学校合作，培养木偶昆曲演员。2004年7月1日在苏州昆曲博物馆姚五宝老人举行了对4名学员的收徒仪式，为木偶昆曲正式招收了传承人。

在此期间，顾笃璜先生又先后到七都去了三次，在木偶昆曲的传承和演员培养方面提出了建议，如建议他们先找一两位京剧木偶的老艺人合作，因为他们肯定会几出昆剧，《水漫金山》《小尼姑下山》等也是京剧木偶的常演剧目。

正是各方力量的推动，使有着300年历史的昆曲独特艺术延伸形式——木偶昆曲得以保护和传承，丰富了昆曲这一古老艺术。2005年6月13日，木偶昆曲作为全国唯一剧种，被列入第一批苏州非物质文化遗产名录。2007年6月15日，被列入第一批吴江市非物质文化遗产名录。

2016年5月4日

资料来源：吴江市文化广播电视志、七都文化站、顾笃璜录音及提供资料、王斐录音

# 风义兼师友　清歌结胜因
## ——顾兆琳《昆剧曲学探究》书后

江沛毅

丙辰、丁巳间，予随先君子虎臣公读诗观剧。既长，辄深嗜之。丙寅秋月，始参加上海昆剧团"每周一曲"学习班。时顾丈兆琳先生以该团艺术室主任之身，主持教唱事务。举凡延聘教师，择定曲目，刻印宫谱，撷笛习唱，教排身段，寄发通知，编辑简讯，事无巨细，必亲躬之。每逢周日，白头翁媪，绿鬓儿女，济济于兰馨舞台。玉笛横吹，香檀轻按，咿呀学歌，极一时之盛，诚中兴之象也！予初学芳声，蒙昧无所知。先生尝设讲肆，授以四声、五音、宫调之要，予乃知诗词、昆曲，皆合乐之韵文。溯其源流，音乐在先，文字在后。文辞、乐谱，相互依辅，方能被之管弦，歌于喉吻。此予结识先生之始也。

越廿载，先生已调任上海市戏曲学校常务副校长有年。菁莪化育，桃李秾华。执教有道，传薪不尽。时方荣休，返聘教学指导委员会及剧目工作室，主持编纂大型丛书《昆剧精编剧目典藏》（初名《昆曲精编教材三百种》）。是书初动议于20世纪50年代，已杀青待梓。讵料"文革"骤起，初稿遽遭焚火。予因先生及王老师诗昌、江教授巨荣、戴教授敦邦、倪公传钺力荐，复经公开招聘，得专事编注之役。入校伊始，即与先生会商，议定具体折子，凡基础、必学、常演、特色、开拓剧目五类，计三百出，涵盖生、旦、净、末、丑诸行当。各出合作者简介、剧情提要、艺术特色、穿戴砌末、剧本正文、曲辞注释、宫谱锣经等，详为疏考斠释，皆已揭橥明了。裨益莘莘昆生，良非浅鲜。予以独力完成九十二出，猥蒙谬赞。其间，疑义相析，顾误为乐，涵泳清歌，倍感欣幸。又为予所填【粉蝶儿】【石榴花】【念奴娇序】诸零支制谱，使昆班学子、曲会同人习唱，予以为不虞之荣，不啻尺璧之赐也。

先生夙承庭训，其令堂顾夫人景梅女史系梅（兰芳）门高第弟子也。家学渊源，长于顾曲之家。年方髫龄，偕大兄兆琪、二兄兆璋，负笈华东戏曲研究院昆曲演员训练班（上海市戏曲学校前身）。初习小生，师从沈公传芷、俞校长振飞。后经言校长慧珠建议，改习老生，师事郑公传鉴、倪公传钺。诸公固世之宗师，流风佳话，至今盛传。演艺之余，犹深研曲律。复承上海音乐学院连波、刘如曾二教授指导，精进不已，异军突起。为《班昭》《邯郸梦》《长生殿》《一片桃花红》《景阳钟》《拜月亭》等十余剧制谱，依宫调，察曲性，点正板式，辨别四声，认明主腔，联络工尺，所谱分获国家舞台艺术精品、文华诸项大奖。或幽闲单静，涤荡沉渺；或流动尖新，声韵啴啴。换羽移宫，充盈耳界；高山流水，重现氍毹。俞老生前欣然赠诗曰："乐府翻新点勘春，魏、梁、徐、叶嗣谁人？履痕深处传心印，正始微茫识谛真。兆琳顾生爨演之余，耽研曲律。十年来融会贯通，颇有所获。余喜其继承绝学，用志不纷，诗以嘉之。"庶不负此佳誉耳。复与曲界诸老合力编纂《昆曲曲牌及套数范例集》，成南、北二套，凡四巨册。于填词、制谱、合乐、歌唱诸则，有谱有论，旨在树范设例。横空出世，实前所未有之巨著，使昆曲剧种熠传弗替，厥功伟焉。先生由编委而副主编，旋兼任出版组长，并独力撰写专论数十万言，博采约取，昭若发蒙。是书当与《昆剧精编剧目典藏》前后辉映，双峰对峙，诚不朽也。

予与先生交，垂三十年于兹。由习曲弟子，进而爨舍同事，执卷问字，得承启诱，予之幸也！因感先生从艺已逾六十春秋，寝馈曲学，一以贯之。当辑印文集，式昭方来。甲午孟冬，乃倡议之，蒙校部首肯。遂议定书名、体例，选辑文稿、图版，整理排比，阅八月余。辱承编务相嘱，以佐勘校之事，循览之余，谨赘数语报命。是书之成也，更度金针，要而不烦，曲而能达，尤足当利器之助，以兴起来者。乃曰：昆曲一道，奄有剧作之学、声律之学、表演之学，副以舞美之学，各擅专场，以臻妙艺。梨园冠冕，人间瑰宝，寰宇同珍，当如"春兰兮秋菊，长无绝兮终古"也！

乙未孟春拜书于莘西双红豆馆

本文原载于《昆剧曲学探究》一书

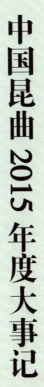
中国昆曲 2015 年度大事记

# 中国昆曲 2015 年度大事记

艾立中 整编

## 1月

1月　江苏省昆剧院在南京博物院老茶馆举办昆曲专场月。

1月2日至3日、9日至10日、16日至17日、23日至24日、30日至31日　浙江省昆剧团演出御庭版《牡丹亭》。

1月7日　北方昆曲剧院在钓鱼台国宴上演出《红楼梦》"读西厢"片段，由朱冰贞、邵天帅、翁佳慧主演。

1月26至29日　江苏省昆剧院在江南剧院参加江苏省演艺集团"2015新年演出季"的4场演出，剧目分别为《牡丹亭》（上下本）、《红楼梦》（折子戏版）（前五折）和"新春昆曲大反串"。

1月28日至30日　浙江省昆剧团传承剧目汇报彩排。28日：《白水滩》《望乡》《亭会》《闹龙宫》；29日：《问探》《惊梦、寻梦》《搜山打车》《昭君出塞》；30日艺委会点评。

1月30日至31日　上海昆剧团在我国香港高山剧场新翼演出《墙头马上》《游殿》《扫松》《挑帘裁衣》和《乔醋》。

## 2月

2月6日至7日　浙江省昆剧团演出御庭版《牡丹亭》。

2月9日　永嘉昆剧团在温州市南戏博物馆举行《南戏印象·琵琶记》首演仪式。

2月27日至28日　北方昆曲剧院在国家大剧院戏剧场分别演出《红楼梦》上本和下本。

## 3月

3月　苏州昆剧院赴台湾地区进行"昆曲之美：台湾大学示范演出"活动。

3月　浙江省昆剧团实施2015年新春演出季计划，依次为：4日《红梅记》；5日《西园记》；10、11日金华婺剧院演出《大将军韩信》；17、18日国家大剧院演出《大将军韩信》；21日下午杭州电视台洪园春恋演出。

3月　湖南省昆剧团邀请张洵澎、蔡正仁来团传承《贩马记》，青年演员全部参加了学习。

3月2日至7日　应我国台湾舞蹈家协会邀请，江苏省昆剧院李鸿良等27人随昆山市人民政府组团赴台参加"中秋在昆山　元宵在台湾"——2015台湾元宵灯会昆曲演出。

3月3日　湖南省昆剧团参加由国家大剧院和北京市文化局联合主办的"昆曲艺术周"演出活动，在国家大剧院戏剧场演出天香版《牡丹亭》。

3月5日　上海昆剧团在俞振飞昆曲厅举办"传统·中国元宵节"演出，由黎安、沈昳丽演出《占花魁》。

3月6日　北方昆曲剧院在北京大学多功能厅演出《白兔记》，主要演员：刘巍、陈娟娟、刘亚琳、海军；编剧：刘建军；总导演：周世琮；导演：刘巍；作曲：王大元。

3月8日　北方昆曲剧院在大兴剧院演出《续琵琶》（周末场）。

3月10日至11日　上海昆剧团参加由北京市文化局与国家大剧院联合举办的"昆曲艺术周"主题活动，在国家大剧院演出精华版《长生殿》。

3月13日至15日　上海昆剧团在兰心大戏院举办"新普之夜"昆曲经典剧目展演，剧目为《牡丹亭》《嫁妹》《弹词》《出塞》《乔醋》和《烂柯山》。此次演出是中国国际文化对外交流中心上海总部与上昆签署的三年演出合同中的一项内容。

3月13日　北方昆曲剧院在上海东方艺术中心演出《董小宛》。

3月14日至15日　江苏省昆剧院在国家大剧院演出《南柯梦》。这是2015年度"苏韵繁花"江苏舞台精品艺术剧目巡演北京站的首演。

3月15日　北方昆曲剧院在上海东方艺术中心演出《续琵琶》。

3月18日至19日　北方昆曲剧院在上海东方艺术中心分别演出《红楼梦》上本和下本。

3月20日　永嘉昆剧团参加由北京市文化局与国家大剧院联合举办的"昆曲艺术周"主题活动，在长安大戏院演出《张协状元》。

3月21日　湖南昆剧团继续举办"小桃红·满庭芳"美丽郴州赏昆曲活动，邀请北方昆曲剧院来郴州演出。剧目有《打虎》《长亭》《芦林》和《小放牛》，由饶子为、肖宇江、李恒宇、张媛媛、王琛、张欢、马靖、柴亚玲、张暖主演。

3月22日　上海昆剧团五班三代在嘉定保利剧院同场演出典藏版《牡丹亭》。

3月25日至26日　北方昆曲剧院在深圳市少年宫分别演出《红楼梦》上本和下本。

3月26日　上海昆剧团在俞振飞昆曲厅举办"寻亲访源——昆剧·川剧交流演出"，剧目为《游街》（上昆）、《打饼》（成都市川剧研究院）、《挑帘裁衣》（上昆）和《武松杀嫂》（成都市川剧研究院）。

## 4月

4月　苏州昆剧院赴香港中文大学演出昆曲折子戏，并赴美国纽约、洛杉矶、旧金山三所城市进行昆曲示范讲座和经典折子戏演出。

4月　湖南省昆剧团邀请侯少奎来团传承折子戏《林冲夜奔》，唐珲、刘瑶轩、刘志雄、蔡路军等青年演员参加了学习，并彩排演出。

4月3日至4、10日至11、17至18日　浙江省昆剧团演出御庭版《牡丹亭》。

4月4日　上海昆剧团在东方艺术中心歌剧厅演出新编历史剧《景阳钟》。

4月9日至12日　浙江省昆剧团进行"文化惠民"下乡系列演出。缙云地区：9日下午演出《三岔口》《游园惊梦》《湖楼》《前亲》《试马》，晚上演出《烂柯山》；10日下午演出《狮子楼》《教哥》《测字》《望乡》，晚上演出《西园记》。松阳地区：11日下午演出《三岔口》《游园惊梦》《湖楼》《前亲》《试马》，晚上演出《烂柯山》；12日下午演出《狮子楼》《教哥》《测字》《望乡》，晚上演出《西园记》。

4月10日至12日　江苏省昆剧院"春风上巳天2015演出季"启动，在紫金大戏院演出《红楼梦》（折子戏版）（前五折）、《白罗衫》和昆曲经典折子戏专场。

4月11日　湖南昆剧团"昆曲周周演"项目开演，定于每周六演出昆曲大戏或折子戏、昆曲演唱会、音乐会等。

4月15日　北方昆曲剧院在正乙祠古戏楼演出摘锦版《西厢记》。

4月20日　江苏省昆剧院和南京地铁第三次牵手举办"昆曲大美，地铁有戏"活动，以"昆剧《红楼梦》进地铁"为主题，延续之前"列车内饰"加"现场表演"两种形式相结合的方式。

4月20日至23日　浙江省昆剧团实施"雏鹰计划"，在安吉演出《小萝卜头》。

4月23日　北方昆曲剧院在上海逸夫舞台举办肖向平专场，剧目为《绣襦记·莲花》（肖向平、刘亚琳）、《玉簪记·偷诗》（肖向平、顾卫英）、《荆钗记·见娘》（肖向平、白晓君、曹文震）。

4月24日　江苏省昆剧院在北京大学讲堂多功能厅举办昆剧《牡丹亭》经典唱段清赏会，此为"春风上巳天"系列活动之一。

4月26日至27日　上海戏剧家学会与上海昆剧团共同举办"娴情偶记"清唱会，展示昆剧表演艺术家张静娴从艺55年来的艺术经历。

4月27日至5月1日　应香港城市大学邀请，江苏省昆剧院在该校演出了三场经典昆剧折子戏专场，并和苏州中国昆曲博物馆联手举办了相关的昆曲展览活动。

## 5月

5月　湖南省昆剧团邀请张洵澎、蔡正仁、陆永昌再次来团传承、指导《贩马记》，并完成彩排和汇报演出。

5月7日至8日　江苏省昆剧院"一脉相承"昆剧演出计划（分"小生专场"和"花旦专场"）、南昆传承版《牡丹亭》在江南剧院参加"江苏省演艺集团春之演出季"的两场演出。

5月9日　上海昆剧团在俞振飞昆曲厅举办"老老雅集"慈善演出及义拍活动。

5月10日　北方昆曲剧院在中国评剧院举办音乐会。

5月13日　北方昆曲剧院在北京大学小剧场演出《游园惊梦》《小宴》《夜奔》；在正乙祠古戏楼演出摘锦版《西厢记》。

5月16日至17日　受澳门特别行政区政府文化局邀请，江苏省昆剧院90人携大型昆剧《1699·桃花扇》及"南昆风度"——昆剧经典折子戏赴澳门文化中心综合剧院参加第二十六届澳门艺术节，进行了两场演出。

5月16日　北方昆曲剧院在日本大使馆演出《游园》。

5月23日　上海昆剧团在逸夫舞台演出《班昭》。

5月24日至30日　江苏省昆剧院柯军、杨阳和李立特赴德国汉诺威演出"荣念曾实验剧场"《夜奔》。

5月28日　北方昆曲剧院在北京二十五中演出《打虎》《游园》《钟馗嫁妹》。

## 6月

6月4日至5日　北方昆曲剧院在民族宫剧场分别演出《红楼梦》上本和下本。

6月6日、13日　浙江昆剧团演出御庭版《牡丹亭》。

6月9日　永嘉昆剧团老、中、青三代演员联合打造的传统版《荆钗记》在永嘉县文化中心举行首演仪式。

6月13日　江苏省昆剧院在常州剧院演出由"苏演院线"推介主办的《梁山伯与祝英台》。

6月18日至19日　北方昆曲剧院在清华大学新清华学堂分别演出《红楼梦》上本和下本。

6月19日　2015年"昆曲回故乡——高雅艺术进校园、进社区、进企业活动"在石予小学落下帷幕。江苏省昆剧院在全程活动中累计派出数十位昆曲表演艺术家，走进昆山74所学校、22个社区和2家企业，进行了总计98场昆曲传统折子戏的演出和赏析。

6月23日至24日　北方昆曲剧院在解放军歌剧院演出《续琵琶》。

6月23日　北方昆曲剧院在龙港演出《未生怨》。

6月24日　北方昆曲剧院在北京传奇时代影城举办"昆曲电影《红楼梦》首映发布会"，杨凤一、凌金玉、曹颖、王大元出席。

6月24日至25日　上海昆剧团在艺海剧院演出《川上吟》。

6月26日至28日　由江苏省昆剧院和上海张军昆曲艺术中心联合出品，以江苏省昆剧院为演出班底的新编昆剧《春江花月夜》在上海大剧院连演3天。

6月28日　上海昆剧团、苏州昆剧院、浙江昆剧团三地联合演出《十五贯》。

## 7月

7月　苏州昆剧院赴香港特区参加香港艺术节演出。

7月4日至25日　北方昆曲剧院于雪娇、张媛媛赴美国演出芭蕾《牡丹亭》。

7月4日、18日、25日　浙江昆剧团演出御庭版《牡丹亭》。

7月5日至8月22日　江苏省昆剧院和国家图书馆社会教育部、昆山市文广新局联合举办"不到园林怎知春色如许——昆曲艺术赏析"8场系列讲座。每周一讲，地点在国家图书馆。

7月7日　江苏省昆剧院新创昆曲《曲圣魏良辅》剧组成立，成立大会在昆剧院兰苑小剧场举行，院长李鸿良、昆剧表演艺术家蔡正仁、导演周世琮、京剧名家朱雅及全组演职员与会。

7月16日　浙江昆剧团在绍兴演出《西园记》。

7月18日至8月10日　应新加坡实践剧场邀请，江苏省昆剧院李鸿良、赵于涛、朱虹等3人分两批赴新加坡参加"M1华文小剧场节"相关的文化交流与活动。

## 8月

8月3日　上海昆剧团在一楼多功能厅举行新任副团长武鹏任命大会。

8月4日至20日　浙江昆剧团"2015传承计划"排练。

8月11日　北方昆曲剧院在长安大戏院演出摘锦版《西厢记》，由周好璐饰演崔莺莺，肖向平饰演张生，王琳琳饰演红娘。

8月12日　北方昆曲剧院在长安大戏院演出芬兰版《白蛇传》，由哈冬雪饰演白娘子，邵铮饰演许仙，谭潇潇饰演小青，海军饰演法海。

8月16日　北方昆曲剧院在梅兰芳大剧院首演《李清照》，由顾卫英饰演李清照、肖向平饰演赵明诚、张贝勒饰演赵汝舟。

8月24日至25日　北方昆曲剧院在芬兰演出《白蛇传》。

8月25日至26日　江苏省昆剧院经典昆曲《1699·桃花扇》及"夏日兰韵"经典昆曲折子戏在江南剧场参加2015年暑期艺术夏令营演出季活动。

8月27日　北方昆曲剧院在北昆大厅举办文化沙龙讲座《下山》。

8月27日至29日　浙江昆剧团在杭州胜利剧院进行汇报传承演出，27日第一台，28日第二台，29日点评。

8月29日至30日　北方昆曲剧院在淮安市人民大会堂演出摘锦版《牡丹亭》，由周好璐、刘鹏建、王琳琳主演。

## 9月

9月1日至12日　上海昆剧团在车墩影视基地拍摄3D电影《景阳钟》。

9月6日　北方昆曲剧院在北京大观园露天演出，剧目为《夜奔》《百花赠剑》。

9月15日　北方昆曲剧院进行"高雅艺术进校园"活动，赴华北电力大学演出《牡丹亭》。

9月16日至28日　江苏省昆剧院应邀携《南柯梦》剧组及经典昆曲折子戏赴马来西亚参加文化交流演出。

9月17至23日　北方昆曲剧院赴日本进行三场演出，剧目为《牡丹亭》《续琵琶》。

9月18日至24日　上海昆剧团进行"高雅艺术进

校园活动——西安站"演出。

9月24日　浙江昆剧团演出新松计划名家传承专场。

9月25日　北方昆曲剧院在北京二十五中演出《夜奔》《长亭》《窦娥冤》。

9月25日　浙江昆剧团举办"新松计划"武戏专场。

9月28日至29日　北方昆曲剧院在北京解放军歌剧院演出《李清照》，由顾卫英、肖向平、张贝勒主演。

9月28日　永嘉昆剧团在永嘉县文化中心举行第六届昆剧节参演剧目《赠书记》的首演仪式。

## 10月

10月　苏州昆剧院在由国家文化部、江苏省人民政府主办的第六届中国昆剧艺术节期间，以《白兔记》参加第六届中国昆剧艺术节开幕演出；举办第三届名师收徒仪式、"昆韵歌咏"大型公益昆歌演出和林继凡"戏画人生"丑角昆曲专场演出及书画作品展览活动。

10月3日　江苏省昆剧院李鸿良率队赴英国参加"精彩江苏"进剑桥文化交流活动。

10月4日　北方昆曲剧院剧院在天桥剧场演出大都版《牡丹亭》，由朱冰贞、翁佳慧主演。

10月8至11日　北方昆曲剧院顾卫英在中国评剧院主演《李清照》（一装三演）。

10月10日　上海昆剧团在豫园举行《妙玉与宝玉》演出发布会。

10月12日　第六届中国昆剧艺术节在苏州开幕，地点在昆山文化艺术中心保利大剧院。开幕式上演江苏省苏州昆剧院《白兔记》，王芳主演。

10月13日　浙江昆剧团参加第六届中国昆剧艺术节演出，在苏州文化艺术中心上演《大将军韩信》。

10月14日　永嘉昆剧团参加第六届中国昆剧艺术节演出，在苏州市公共文化中心上演《赠书记》。

10月14至18日　浙江昆剧团参加"名家传艺"观摩汇报演出，于17日在苏州开明大戏院上演《借靴》《题曲》《借扇》《望乡》。

10月14日　湖南昆剧团参加第六届中国昆剧艺术节，在苏州昆山保利大剧院演出新编历史剧《湘妃梦》。

10月15日　北方昆曲剧院在苏州市会议中心演出《李清照》。

10月16日　北方昆曲剧院在苏州文化艺术中心演出《董小宛》。

10月21日至22日　北方昆曲剧院在昆山市保利剧院演出《李清照》。

10月26日　浙江昆剧团在苏州参加中国戏剧节演出，上演《大将军韩信》。

10月28日　浙江昆剧团进行"高雅艺术进校园"活动，在浙江同济科技学院讲课。

10月29日　上海昆剧团在北京梅兰芳大剧院演出《景阳钟》。

10月29日　湖南昆剧团参加湖南艺术节，在湖南长沙花鼓大舞台剧场演出《湘妃梦》，荣获第五届湖南艺术节"新创剧目奖"，主演罗艳、王福文荣获"田汉表演奖"，唐邵华荣获作曲奖。

10月31日至11月1日　由文化部艺术司、北京市文化局主办，北方昆曲剧院承办，上海昆剧团、江苏省演艺集团昆剧院、浙江昆剧团、苏州昆剧院协办的"大师版《牡丹亭》"在上海大剧院上演。

## 11月

11月　苏州昆剧院赴加拿大多伦多进行"祝贺中加建交45周年、中加文化交流年苏州昆曲行"演出。

11月3日　永嘉昆剧团参加由中共温州市委宣传部、温州市文化广电新闻出版局主办的温州市第十三届戏剧节活动，在温州市东南剧院演出《赠书记》。

11月4日至5日　北方昆曲剧院在清华大学演出《李清照》。

11月4日　浙江昆剧团"新松计划"10周年演出。

11月6日　上海昆剧团在豫园首演《妙玉与宝玉》。

11月6日至8日　浙江昆剧团在香港志莲净苑演出《未生怨》。

11月8日至10日　北方昆曲剧院在中国评剧院演出《李清照》。

11月9日至14日　上海昆剧团进行"高雅艺术进校园"活动，在武汉高校巡演。

11月9日、16、23日、30日　浙江昆剧团进行幽兰讲堂活动，由俞志青、耿绿洁等主讲。

11月中旬　湖南省昆剧团邀请陈治平来团传承《九莲灯·火判》，为期一个月，12月10日完成彩排汇报演出。

11月13日　北方昆曲剧院魏春荣与我国台湾的温宇航合作，在国家大剧院演出《梁祝》。

11月16日　北方昆曲剧院在北京工业大学演出《西厢记》。

11月20日至22日　北方昆曲剧院在梅兰芳大剧院演出《李清照》。

11月21日　永嘉昆剧团参加温州市南戏演出月活

动,演出《张协状元》。

11月25日　北方昆曲剧院在华北电力大学(北京)演出《西厢记》。

11月27日　湖南省昆剧团团长罗艳应清华大学艺术教育中心的邀请,做客清华大学艺术教育中心"艺术名家讲堂"暨"文化素质教育讲座",介绍郴州湘昆的历史流源、艺术特色以及闺门旦的表演特点。这是湘昆剧团首次受邀在清华大学授课。

11月29日　江苏省昆剧院传承版《桃花扇》在昆山文化艺术中心大剧场进行一场公益性演出。

11月30日　北方昆曲剧院在首都师范大学演出《玉簪记》。

## 12月

12月　苏州昆剧院完成《洪母骂畴》《刺虎》《莲花》《养子》《琴挑》《偷诗》6个折子戏的传承工作,并于12月25日在剧场进行两场汇报演出。

12月2日　湖南昆剧团团长罗艳应湘南学院团委邀请,在湘南学院扬帆音乐厅讲昆曲欣赏课。

12月3日　上海昆剧团在话剧中心首演《夫的人》。

12月3日　北方昆曲剧院在首都师范大学演出《西厢记》。

12月4日至14日　江苏省昆剧院应台湾地区邀请,由李鸿良率领传承版《桃花扇》剧组赴台参加文化艺术交流活动。

12月5日、12日、19日、26日　浙江昆剧团演出御庭版《牡丹亭》。

12月7日、14日、28日　浙江昆剧团进行幽兰讲堂活动,由俞志青、耿绿洁等主讲。

12月8日至9日　上海昆剧团在兰心大戏院举办"纪念汤显祖、莎士比亚逝世400周年系列演出"。

12月10日　北方昆曲剧院在清华大学新清华学堂演出新编剧《图雅雷玛》,编剧王焱,总导演裴福林,导演蔡小龙,主演张媛媛、杨帆、王怡、史舒越,唱腔设计王大元,音乐洪敦远(台湾)。

12月11日　北方昆曲剧院在清华大学蒙民伟音乐厅参演俄罗斯"欧隆克"《牡丹亭》。

12月17日　浙江昆剧团进行"高雅艺术进校园"活动,在宁波进校园讲课。

12月18日　北方昆曲剧院在青岛大剧院演出交响版《红楼梦》。

12月18日　浙江昆剧团进行"高雅艺术进校园"活动,在中国美术学院象山校区演出《西园记》。

12月20日　北方昆曲剧院在北京理工大学演出《西厢记》。

12月22日　北方昆曲剧院在梅兰芳大剧院演出《李清照》。

12月22日　浙江昆剧团进行"高雅艺术进校园"活动,在浙江大学玉泉校区演出。

12月31日　上海昆剧团在逸夫舞台举办"《临川四梦》唱段精粹"演唱会。

12月31日　浙江昆剧团在中国美院象山校区演出,汪茜、毛文霞、李琼瑶等参演。

# 后　　记

　　首部《中国昆曲年鉴》于2012年6月第五届中国昆剧艺术节问世,至今已连续编辑5年。现在《中国昆剧年鉴2016》已经编辑完稿,即将出版。

　　中国昆曲年鉴编纂委员会在文化部艺术司领导下组成,编纂工作得到董伟副部长和艺术司吕育忠处长的指导。《中国昆剧年鉴2016》编纂工作自2016年5月启动,历经5个月,获得了7个昆剧院团和台湾地区昆剧团的支持。苏州市文广新局徐春宏副局长主持策划,七院团领导、资料室专职人员紧密配合,提供相应资料、图片,并根据要求反复修改、更换,始终不厌其烦,终于基本达到要求。苏州大学出版社张建初社长视《中国昆曲年鉴》为年度重要出版计划,责任编辑刘海对昆曲知识的熟悉和热爱保证了本书的编辑水准和品位。

　　《中国昆曲年鉴2016》反映的是2015年度中国昆曲的动态情况。本年度特载为2015年10月在苏州举办的第六届中国昆剧艺术节。

　　年度推荐剧目、年度推荐艺术家由各剧团研究决定。昆曲研究年度推荐论文系由专家评审、投票产生。

　　全书目录由张莉博士译为英文。

　　图片,除个别署名者,均为各昆剧团拍摄、提供。

　　中国昆曲年鉴编辑部设在苏州大学。除主编外,艾立中、鲍开恺、庄吉、李蓉、孙伊婷、谭飞、郭浏、陈晓东、王敏玲等承担各自的联络、搜集、编辑工作。

　　敬请昆剧界人士、专家学者批评指正,提供信息、资料。

　　联系邮箱:lxcowboys@qq.com。

朱栋霖<br>
2016年11月18日